Janine Fubel
Krieg, Bewegung und extreme Gewalt

Janine Fubel

Krieg, Bewegung und extreme Gewalt

Die Auflösung des Konzentrationslagers Sachsenhausen 1945

Wallstein Verlag

Gedruckt mit freundlicher Unterstützung der Alfred Freiherr von Oppenheim-Stiftung zur Förderung der Wissenschaften, der Axel Springer Stiftung, der Stiftung Zeitlehren, der Hans-Böckler-Stiftung und der FernUniversität Hagen.

Dieses Werk ist im Open Access unter der Creative-Commons-Lizenz CC BY 4.0 lizenziert.

Die Bestimmungen der Creative-Commons-Lizenz beziehen sich nur auf das Originalmaterial der Open-Access-Publikation, nicht aber auf die Weiterverwendung von Fremdmaterialien (z. B. Abbildungen, Schaubildern oder auch Textauszügen, jeweils gekennzeichnet durch Quellenangaben). Diese erfordert ggf. das Einverständnis der jeweiligen Rechteinhaberinnen und Rechteinhaber.

Bibliografische Information der Deutschen Nationalbibliothek
Die Deutsche Nationalbibliothek verzeichnet diese Publikation in der Deutschen Nationalbibliografie; detaillierte bibliografische Daten sind im Internet über http://dnb.d-nb.de abrufbar.

© Janine Fubel 2025, https://orcid.org/0009-0003-0943-2360
Publikation: Wallstein Verlag GmbH, Göttingen 2025
Geiststr. 11, 37073 Göttingen
www.wallstein-verlag.de
info@wallstein-verlag.de
Vom Verlag gesetzt aus der Minion Pro und der Myriad Pro
Umschlaggestaltung: Susanne Gerhards, Düsseldorf
Umschlagabbildung: Willy Pfister (21.04.1945), World War II. Death march from the Oranienburg-Sachsenhausen to the Wittstock concentration camps, ICRC Genf, V-P-HIST-01548-08.
Druck und Verarbeitung: bookSolutions Vertriebs GmbH, Göttingen
ISBN (Print) 978-3-8353-5839-3
ISBN (Open Access) 978-3-8353-8127-8
DOI https://doi.org/10.46500/83535839

Inhalt

Einleitung 7

    Konzentrationslagerevakuierungen und Todesmärsche 1944/45 9
    Zur Theorie von Gewalt, Raum und Bewegung 13
    Methodisches Vorgehen 24
    Materialien, Medien und Perspektiven 31
    Sprache 36

TEIL I
Krieg – Bewegung – Gewalt 39

1 Kriegsschauplatz »Ostfront« 40

    1.1 Kriegsschauplätze 40
    1.2 Vernichtungskrieg 42
    1.3 Rückzüge 1943/44 45

2 Mobilisierung im Nationalsozialismus 56

    2.1 Evakuierungsschauplätze 56
    2.2 Territoriale Mobilisierungsgrößen 58
    2.3 Mobilisierungspläne der Wehrmacht 64
    2.4 »Einsätze« – Zum Vorgehen der SS/Polizei 72
    2.5 Evakuierung als Tätigkeitsfeld der Partei 81

3 Sachsenhausen 86

    3.1 Die SS 86
    3.2 Konzentrationslagersystem 89
    3.3 Konzentrationslagerkomplex 93
    3.4 Mordstätte 97
    3.5 Akteur:innen 102
    3.6 Sachsenhausen Ende 1944 – ein Zwischenfazit 126

TEIL II
Verläufe – Entscheidungen – Praktiken 129

4 Unsichere Lage: Sachsenhausen im Januar 1945 130

    4.1 Deutsch-sowjetischer Kriegsschauplatz 130
    4.2 »Rückwärtige« Gebiete 136

4.3	Alarmausgabe	147
4.4	Maßnahmen	158
4.5	Alarmrücknahme	171

5 Spannungszeit: Sachsenhausen im Februar und März 1945 174

5.1	Kriegsschauplatz »Oderfront«	174
5.2	Militärisches Hinterland	182
5.3	Sachsenhausen Anfang Februar 1945	193
5.4	Sicherung	199
5.5	Räumungsvorbereitung	212
5.6	»Kommando Moll«	258
5.7	Unruhe im Lager	267
5.8	Weiße Busse	279

6 Die letzten Wochen: Sachsenhausen im April und Mai 1945 284

6.1	Zwischen Oder und Elbe	284
6.2	Rückzugsgebiet	289
6.3	Alarm am SS-Standort	299
6.4	Amtsgruppe D	303
6.5	Räumung des Hauptlagers	308
6.6	Letzte Außenlager	322
6.7	Gewaltmärsche	333
6.8	Verbleib im Lager	349
6.9	»Sippengemeinschaft«	353
6.10	Tortur	357
6.11	Bevölkerung	364
6.12	IKRK	380
6.13	Passage I: Flucht und Freilassung	391
6.14	Passage II: Flucht oder Kriegsgefangenschaft	409

Konzentrationslager »in Bewegung« – Ein Fazit 423

Danksagung 434
Abkürzungsverzeichnis 436
Bildverzeichnis 439
Quellenverzeichnis 440
Literaturverzeichnis 448
Namensregister 488
Ortsregister 492

Einleitung

Am 5. Mai 1945 dechiffrierte und transkribierte der britische Geheimdienst in Bletchley Park nördlich von London folgenden, ins Englische übersetzten Funkspruch:

> »In agreement with Reichsführer SS, the following is ordered: All PWs, foreign workers and persons detained in concentration camps are to be handed over to the enemy under a small guard when areas are *evacuated*. They may no longer *be brought back* nor may *camps be moved*. All orders to the contrary are hereby cancelled.«[1]

Der Chef des Oberkommandos der Wehrmacht (OKW), Wilhelm Keitel, hatte die Übergabe der Kriegsgefangenen, Zwangsarbeiter:innen und in Konzentrationslagern (KL)[2] Internierten an die Alliierten angeordnet. Seit Monaten wurden »Gefangenenrückführungen«, so der zeitgenössische Wortlaut, vollzogen, wenn deutsche Grenzgebiete und weitere Regionen des »Altreichs«[3] auf Weisung der Wehrmacht für Gefechtshandlungen zu evakuieren waren. Dies betraf neben den Gefangenen in Kriegsgefangenenlagern (KGL), sogenannten Arbeitserziehungslagern (AEL) und Gefängnissen auch männliche Zwangsarbeiter, vor allem jedoch die zu diesem Zeitpunkt noch hunderttausendfach in den Konzentrationslagern der SS gefangen gehaltenen Frauen, Männer, Jugendlichen und Kinder.[4] Obwohl es 1945 kaum noch Orte und Einrichtungen gab, in die ganze Konzentrationslagerkomplexe evakuiert werden konnten, sollten deren Insass:innen – das verdeutlichen weitere von der

---

1 Funkspruch Nr. 010012 vom 5.5.1945, in: PRO, HW 5/706. Hervorhebung J. F.
2 Bereits in zeitgenössischen Dokumenten lassen sich unterschiedliche Akronyme für den Konzentrationslagerbegriff finden. Die Lager-SS und Angehörigen der Wachmannschaften griffen sowohl auf die Abkürzungen »KL«, »K. L.« als auch »KZ« und »K. Z.« zurück. Vgl. Helmut Heiber und Hildegard von Kotze: Facsimile Querschnitt. Das schwarze Korps, München 1968, S. 74 und S. 128; Karl-Heinz Brackmann und Renate Birkenhauer: NS-Deutsch. »Selbstverständliche« Begriffe und Schlagwörter aus der Zeit des Nationalsozialismus, Darmstadt 1988, S. 112 und S. 119. Eugen Kogon verweist auf die aufgrund ihres schärferen Klanges favorisierte Verwendung von »KZ«. Vgl. Eugen Kogon: Der SS-Staat. Das System der deutschen Konzentrationslager, Berlin 1947, S. 34. In der historischen Forschung hat sich die Verwendung dieses Akronyms ebenfalls durchgesetzt, vereinzelt findet auch »KL« Verwendung. Für die vorliegende Studie habe ich mich in Anlehnung an das Akronym »IKL« für die dem Konzentrationslagersystem vorstehende Inspektion ebenfalls für »KL« entschieden.
3 Das Territorium des Deutschen Reiches in den Grenzen von 1937 wurde zeitgenössisch als »Altreich« bezeichnet.
4 Am 1. Januar 1945 zählte die SS 479.292 Männer und 156.294 Frauen als Häftlinge des KL-Systems. Vgl. Aufstellung der Amtsgruppe D vom 1. und 15.1.1945, in: BArch B, NS 3/439.

britischen Seite abgefangene Funksprüche[5] – unter keinen Umständen »lebend dem Feind in die Hände fallen«.[6] Stattdessen vollzog die Lager-SS mit Unterstützung weiterer Akteure auch im Reichsinneren und bis in den Mai noch Deportationen in Form von Todeszügen und -märschen, bevor sich das deutsche Konzentrationslagersystem endgültig auflösen sollte. Bei unmittelbar bevorstehendem Kontakt mit den Alliierten sollten zumindest die jüdischen Deportierten im April 1945 noch »auf jeden Fall verlegt werden«.[7]

Gegenstand der vorliegenden Untersuchung ist die Situation in Sachsenhausen im Jahr 1945. An der Schnittstelle der Holocaustforschung als Gewaltgeschichte des 20. Jahrhunderts mit jüngeren Ansätzen der Militär- und Sicherheitsgeschichte untersuche ich den dort im Januar einsetzenden und durch extreme Gewalt gekennzeichneten Evakuierungs- und Auflösungsprozess. Zu Anfang des Jahres verfügte Sachsenhausen über ein weites Netz an Außenlagern und Arbeitskommandos in der (Metropolen-)Region Berlin-Brandenburg, an deren Standorten die zu diesem Zeitpunkt registrierten 47.665 männlichen und 13.214 weiblichen Gefangenen Zwangsarbeit leisten mussten.[8] Das Hauptlager im Oranienburger Ortsteil Sachsenhausen stellte mit weiteren, in der brandenburgischen Stadt lokalisierten Einrichtungen der Waffen-SS einen zentralen SS-Standort nördlich von Berlin dar. Hier befand sich mit der sogenannten Inspektion der Konzentrationslager (IKL), die ab 1942 als Amtsgruppe D des SS-Wirtschafts- und Verwaltungshauptamtes (SS-WVHA) geführt wurde, auch die Zentrale des nationalsozialistischen KL-Systems.[9]

Als sowjetische Truppen Ende Januar in die Region Brandenburg ein- und an die Oder vordrangen, galt der SS-Komplex Oranienburg-Sachsenhausen aus Sicht der Amtsgruppe D zum ersten Mal als »gefährdet«; die SS/Polizei[10] löste daraufhin den Evakuierungsprozess für Sachsenhausen aus. Dieser hielt bis zur endgültigen Auf-

---

5 Vgl. Funkspruch Nr. 1/10« zu Weisungen Himmlers an den SS-Standartenführer und Kommandanten des KL Mauthausen, Franz Ziereis, vom 7. 4. 1945, in: PRO, HW 16/43; Funkspruch des Reichsinnenministers an Vertreter der Reichsverwaltung im nordwestlichen Teil Deutschlands vom 30. 4. 1945, in: PRO, HW 5/706.

6 Stanislav Zámečník: Kein Häftling darf lebend in die Hände des Feindes fallen. Zur Existenz des Himmler-Befehls vom 14./18. April 1945, in: Dachauer Hefte. Studien und Dokumente zur Geschichte der national-sozialistischen Konzentrationslager 1/1 (1985), S. 219-231.

7 Funkspruch vom Chef der Amtsgruppe D, Richard Glücks, an den HSSPF »Main«, Benno Martin, vom 16. 4. 1945, in: PRO, HW 5/706.

8 Vgl. Aufstellung der Amtsgruppe D vom 1. und 15. 1. 1945, in: BArch B, NS 3/439.

9 Vgl. Zentrale des KZ-Terrors. Die Inspektion der Konzentrationslager 1934-1945. Eine Ausstellung am historischen Ort, hg. von Günter Morsch und Agnes Ohm, Berlin 2015 (Schriftenreihe der Stiftung Brandenburgische Gedenkstätten, Bd. 47).

10 Auf die organisatorische Verzahnung der SS mit der Polizei ab 1936 verweisend, nutze ich in der vorliegenden Studie in Anlehnung an Ruth Bettina Birn die Schreibweise »SS/Polizei«. Vgl. Ruth Bettina Birn: Die SS – Ideologie und Herrschaftsausübung. Zur Frage der Inkorporierung von »Fremdvölkischen«, in: Die SS, Himmler und die Wewelsburg, hg. von Jan Erik Schulte, Paderborn 2009 (Schriftenreihe des Kreismuseums Wewelsburg, Bd. 7), S. 60-75.

lösung des »Lagers in Bewegung« im Mai 1945 an. Die Evakuierung von Sachsenhausen umfasste die materielle und personelle Vorbereitung des Rückzugs der Lager-SS aus der Region Berlin-Brandenburg. Für die Gefangenen hingegen bedeutete sie die (erneute) Verschleppung mit unbekanntem Ziel. Vom 21. April bis in die ersten Maitage trieben die Wachmannschaften die Mehrzahl der verbliebenen Insass:innen durch noch nicht von den Alliierten besetztes Gebiet. Die Bedingungen der in unterschiedlicher Richtung verlaufenden Verschleppungsodysseen und die große Anzahl an Opfern, die diese forderten, fanden in den Bezeichnungen »Todes-« oder »Elendsmärsche«, die Überlebende nach dem Krieg für diese Tortur verwendeten, ihren Niederschlag.[11] Mindestens 1.000 der noch in den letzten Kriegstagen Verschleppten waren unterwegs noch ermordet worden.[12] Erst Anfang Mai 1945 fand die prozesshafte Auflösung und damit auch das neunjährige Bestehen des Gewaltkomplexes Sachsenhausen sein Ende.

Konzentrationslagerevakuierungen und Todesmärsche 1944/45

Während die kriegsbedingten Evakuierungen von Gefängnissen und Kriegsgefangenenlagern – obwohl zeitgleich und vielerorts in derselben Richtung vollzogen – nach wie vor der Erforschung harren,[13] sind im Hinblick auf das Ende des Konzentrationslagersystems, die Konzentrationslagerräumungen und die Todesmärsche

---

11 In dem mir für diese Studie vorliegenden Material, das Überlebende zum Konzentrationslager Sachsenhausen nach dem Krieg anfertigten, finden hauptsächlich die Bezeichnungen »Todes-« und »Elendsmarsch« aber auch »Evakuierung« und »Verschleppung« Verwendung. Ehemalige SS-Angehörige benutzten neben »Evakuierung« vor allem die Begriffe »Räumung«, »Rückführung« und »Verlagerung«. Zu einem ähnlichen Befund kommt auch Karin Greiser. Vgl. Katrin Greiser: Die Todesmärsche von Buchenwald. Räumung des Lagerkomplexes im Frühjahr 1945 und Spuren der Erinnerung, Göttingen 2008, S. 10. In der historischen Forschung hat sich die Bezeichnung Todesmarsch für die per Fußmarsch vollzogenen KL-Räumungen 1944/45 durchgesetzt. Vgl. exempl. Martin Clemens Winter: Gewalt und Erinnerung im ländlichen Raum. Die deutsche Bevölkerung und die Todesmärsche, Berlin 2018; Daniel Blatman: Die Todesmärsche 1944/45. Das letzte Kapitel des Nationalsozialistischen Massenmords, Hamburg 2011.
12 Vgl. Bericht Harry Oberheinrich vom 20.2.1946, in: GARF, 7021/115/31, S. 24.
13 Im Hinblick auf Gefängnisevakuierungen 1944/45 liegen bisher nur vereinzelt Untersuchungen vor. Vgl. exempl. Beiträge in: Konzentrationslager und Zuchthaus Sonnenburg, hg. von Hans Coppi und Kamil Majchrzak, Berlin 2015; André Hohenhagen: Das Massaker im Zuchthaus Sonnenburg vom 30./31. Januar 1945, Luxemburg 1979; Winfried R. Garscha und Claudia Kuretsidis-Haider: Die Räumung der Justizhaftanstalten 1945 als Gegenstand von Nachkriegsprozessen – am Beispiel des Volksgerichtsverfahrens gegen Leo Pilz und 14 weitere Angeklagte, in: Stein, 6. April 1945. Das Urteil des Volksgerichts Wien (August 1946) gegen die Verantwortlichen des Massakers im Zuchthaus Stein, hg. von Gerhard Jagschitz und Wolfgang Neugebauer, Wien 1995, S. 12-35. Eine Überblicksdarstellung, die die Gefängnisräumungen zu Kriegsende zum Gegenstand hat, stellt nach wie vor ein Desiderat dar. Gleiches ist für den Umgang mit den Kriegsgefangenen 1944/45 zu attestieren.

1944/45 bereits grundlegende Untersuchungen erfolgt.[14] Gemäß der Periodisierung, die Karin Orth und Daniel Blatman für die Konzentrationslagerevakuierungen vorgenommen haben, lassen sich sowohl drei Phasen als auch als idealtypisch verstandene Abläufe ausmachen, die in Abhängigkeit zu den Frontverläufen des Zweiten Weltkrieges in Europa standen: Als erste Phase gilt die Auflösung des Konzentrations- und Vernichtungslagers Majdanek, der SS-Lager im Baltikum sowie von Herzogenbusch und Natzweiler-Struthof im Sommer und Herbst 1944.[15] In die zweite Phase fallen die (Teil-)Aufgaben der Komplexe Auschwitz, Groß-Rosen und Stutthof im Januar 1945,[16] bis im April 1945 drittens die Evakuierungen und Auflösungen der letzten Konzentrationslager im Reichsinneren einsetzten.[17]

Die Räumungen waren mehrheitlich durch folgendes Vorgehen gekennzeichnet: Vor Aufgabe der Lagerstandorte brachten die Wachmannschaften die Gefangenen von ihren Zwangsarbeitseinsätzen in die sogenannten Stammlager zurück. Von dort aus fand der Abtransport in andere, noch nicht als »frontbedroht« erachtete KL-Komplexe sowie 1945 in kurzfristig eingerichtete »Sammel-« und »Sterbelager« statt. Hierfür trennte das Lagerpersonal als »arbeits-« und »marschfähig« erachtete Gefangene von kranken, schwachen und politischen Insass:innen oder Kriegsgefangenen. Nach den Kriterien des Lager- und Sicherheitsregimes der SS/Polizei selektiert, ermordete das Lagerpersonal Letztere vielfach noch in den Monaten und Wochen, zum Teil auch Tagen und Stunden vor der endgültigen Aufgabe der SS- und KL-Standorte.[18] Während die wenigen dort zurückgelassenen, meist kranken oder sich versteckenden

---

14   Vgl. Alexander Prenninger: Das letzte Lager. Evakuierungstransporte und Todesmärsche in der Endphase des KZ-Komplexes Mauthausen, Wien 2022; Das KZ Auschwitz 1942-1945 und die Zeit der Todesmärsche 1944745, bearb. von Andrea Rudorff, Berlin 2018 (Die Verfolgung und Ermordung der europäischen Juden durch das nationalsozialistische Deutschland 1933-1945, Bd. 16); Blatman, Todesmärsche; Greiser, Todesmärsche; Simone Erpel: Zwischen Vernichtung und Befreiung. Das Frauen-Konzentrationslager Ravensbrück in der letzten Kriegsphase, Berlin 2005; Andrzej Strzelecki: Endphase des KL Auschwitz. Evakuierung, Liquidierung und Befreiung des Lagers, Oświęcim 1995.

15   Vgl. Blatman, Todesmärsche, S. 88-121; Karin Orth: Das System der nationalsozialistischen Konzentrationslager. Eine politische Organisationsgeschichte, Hamburg 1999, S. 270-275.; dies., Planungen und Befehle der SS-Führung zur Räumung des KZ-Systems, in: Häftlinge zwischen Vernichtung und Befreiung. Die Auflösung des KZ Neuengamme und seiner Außenlager durch die SS im Frühjahr 1945, hg. von Detlef Garbe und Carmen Lange, Bremen 2005, S. 33-45.

16   Vgl. Blatman, Todesmärsche, S. 122-205; Orth, System, S. 276-282.

17   Vgl. Orth, System, S. 305-336.

18   Vgl. Ley, Verbrechen; Stefan Hördler: Rationalisierung des KZ-Systems 1943-1945. »Arbeitsfähigkeit« und »Arbeitsunfähigkeit« als ordnende Selektionskriterien, in: Arbeit im Nationalsozialismus, hg. von Marc Buggeln und Michael Wildt, München 2014, S. 349-370; Marc Buggeln: Das System der KZ-Außenlager. Krieg, Sklavenarbeit und Massengewalt, Bonn 2012, S. 148; Andreas Weigelt: »Komm, geh mit! Wir gehn zum Judenschiessen ...« Massenmord bei der Auflösung des KZ-Aussenlagers Lieberose im Februar 1945: in: Dachauer Hefte. Studien und Dokumente zur Geschichte der nationalsozialistischer Konzentrationslager 20 (2004), S. 179-193.

Insass:innen mit dem Vorrücken der Alliierten als befreit galten,[19] wurde die Mehrzahl der sich im Reichsgebiet noch in der Gewalt der SS befindlichen Gefangenen in den letzten Wochen vor Kriegsende auf dem schmalen Streifen zwischen den östlichen und westlichen Frontlinien in Zügen hin- und hergefahren oder, wie im Falle Sachsenhausens, von den Wachmannschaften zu Fuß weiterverschleppt.

Obwohl Sachsenhausen im Reichsinneren verortet war und zentrale Quellen alliierter Ermittlungen, die in Moskauer Archiven lagern, mittlerweile in Kopie sowohl im Archiv des United States Holocaust Memorial Museum in Washington DC als auch im Archiv der Oranienburger Gedenkstätte vorliegen, wissen wir sehr wenig über die Räumung dieses Komplexes.[20] Die Beschäftigung mit ihr findet entsprechend den zeitlichen Abläufen zumeist nur als abschließendes Kapitel statt,[21] oder bestimmte Kennzeichen werden in den Blick genommen.[22] So hat Stefan Hördler in seiner grundlegenden Studie zum Konzentrationslagersystem 1944/45 zentrale Aspekte der Situation zu Kriegsende – wie z. B. hinsichtlich der Heterogenität des Lagerpersonals – auch für Sachsenhausen offengelegt.[23] In der Untersuchung von Martin Clemens Winter lassen sich zudem Beispiele der Beteiligung der Bevölkerung an der Gewalt gegenüber den Gefangenen während eines Todesmarsches, der Oranienburg-Sachsenhausen im April 1945 verlassen hatte, finden.[24] An diese Befunde knüpfe ich in der vorliegenden Untersuchung an. Darüber hinaus reagiere ich auf die signifikante Asymmetrie und Unausgewogenheit im bisherigen Bild und führe demgegenüber neue Perspektiven und Stimmen ein.

Die Mehrheit der bisherigen Studien basiert auf Aussagen männlicher KL-Insassen, die Krieg, Verschleppung und Gefangenschaft überlebt haben und im Rahmen von Prozessvorbereitungen oder als Egodokumente Berichte und Briefe in deutscher

---

19 Vgl. Dan Stone: The Liberation of the Camps. The End of the Holocaust and Its Aftermath, London u. a. 2015; Günter Morsch und Alfred Reckendrees (Hg.): Befreiung Sachsenhausen 1945, Berlin 1996 (Schriftenreihe der Stiftung Brandenburgische Gedenkstätten, Bd. 7).

20 Bisher liegen eine knapp gehaltene Monografie aus den 1980er Jahren sowie einige Artikel zum Thema vor. Vgl. Barbara Kühle: Die Todesmärsche der Häftlinge des KZ Sachsenhausen, Oranienburg 1988; Antje Zeiger: Die Auflösung des Konzentrationslagerkomplexes Sachsenhausen im Frühjahr 1945, in: Häftlinge zwischen Vernichtung und Befreiung. Die Auflösung des KZ Neuengamme und seiner Außenlager durch die SS im Frühjahr 1945, hg. von Detlef Garbe und Carmen Lange, Bremen 2005, S. 251-270; dies.: Die Todesmärsche, in: Morsch, Befreiung, S. 64-72.

21 Vgl. exempl. Hermann Kaienburg: Das Konzentrationslager Sachsenhausen 1936-1945. Zentrallager des KZ-Systems, Berlin 2021, S. 466-487.

22 Vgl. Ley, Verbrechen; Carmen Lange: »Ihr Vermächtnis lebt in unseren Taten fort«. Todesmarschgedenken in der DDR, in: Blondel, Freilegungen, S. 328-344; dies.: »Ich hätte nicht gedacht, dass das auch Spaß machen kann!« Pädagogische Arbeit an einem Ort, der für Leid, Verbrechen und Tod steht, in: Gedenkstättenrundbrief 3/173 (2014), S. 16-21; dies.: Gedenkstätte Todesmarsch im Belower Wald nach umfassender Neugestaltung wieder eröffnet, in: Gedenkstättenrundbrief 8/155 (2010), S. 3-13.

23 Vgl. Stefan Hördler: Ordnung und Inferno. Das KZ-System im letzten Kriegsjahr, Göttingen 2020.

24 Vgl. Winter, Gewalt.

Sprache verfasst haben.²⁵ Dies ist vornehmlich dem Umstand geschuldet, dass vor allem männliche Personen, die auf deutsche Sprachkenntnisse zurückgreifen konnten, von der SS als sogenannte Funktionshäftlinge in der Lagerverwaltung eingesetzt wurden. Aufgrund dieser Position hatte diese Gefangenengruppe Einblicke in die Abläufe und die Organisation der Konzentrationslager, welche für die Nachkriegsermittlungen und -prozesse von elementarer Bedeutung waren. Für die Forschung sollte hingegen der Umstand, dass die Gruppe der Deutsch sprechenden Insass:innen Anfang 1945 nur noch eine kleine Minderheit darstellte und die Heterogenität der Verfolgungs-, Deportations- und Internierungserfahrungen der zu diesem Zeitpunkt sowohl im gesamten Konzentrationslagersystem als auch im Komplex Sachsenhausen Internierten nicht widerspiegelt, Berücksichtigung finden.

Die bisherige Übergewichtung deutscher Stimmen in den für Untersuchungen herangezogenen Erlebnisberichten hat außerdem zur Folge, dass in der historischen Forschung zum Konzentrationslagersystem die geschlechterspezifischen Erfahrungen der insbesondere osteuropäischen Deportierten und Davongekommenen bzw. Geretteten, so die (frühe) vor allem jüdische Selbstbezeichnung,²⁶ nach wie vor vergleichsweise wenig Beachtung findet. Auf diesen Umstand ist vermutlich auch zurückzuführen, dass sowohl die auf den Transporten eingesetzte Gewalt innerhalb des Deportationssystems der SS/Polizei und der diesem in den Besatzungsgebieten zuarbeitenden einheimischen Akteur:innen als auch der Umstand, dass Todesmärsche sowohl bereits 1941/42 als auch 1944 spezifische Deportationsformen und -phasen kennzeichneten, charakteristische Leerstellen der (deutschsprachigen) Konzentrationslagerforschung darstellen.²⁷ In der analytischen Verklammerung von

---

25   Eine Ausnahme stellt die Studie von Andreas Weigelt dar. Eine außerordentliche Leistung der Untersuchung ist der Platz, den Weigelt den Stimmen und Gesichtern der verfolgten jüdischen Menschen einräumt. Vgl. Andreas Weigelt: Judenmord im Reichsgebiet. Lieberose: Außenlager des KZ Sachsenhausen, Berlin 2011.
26   Vgl. exempl David Rousset: Das KZ-Universum, Berlin 2020.
27   Vgl. Janine Fubel: »Die schießen nicht mehr!« Entstehung, Wahrnehmungen und (Be-)Deutungen fotografischer Aufnahmen von »Gewaltmärschen« sowjetischer Kriegsgefangener 1941-1942, in: Leerstelle(n)? Der deutsche Vernichtungskrieg 1941-1944 und die Vergegenwärtigung des Geschehens in der Bundesrepublik Deutschland nach 1989, hg. von Alexandra Klei und Katrin Stoll, Berlin 2019, S. 17-39; Wendy Lower: A Ravine. A Family, a Photograph, a Holocaust Massacre Revealed, Boston 2021, S. 44 und S. 74; Eleonore Lappin-Eppel: Ungarisch-jüdische Zwangsarbeiter und Zwangsarbeiterinnen in Österreich 1944/45. Arbeitseinsatz – Todesmärsche – Folgen, Berlin 2010. Die zentralen Publikationen zum nationalsozialistischen Konzentrationslagersystem von Karin Orth und Nikolaus Wachsmann ebenso wie die von Wolfgang Benz und Barbara Distel herausgegebene Reihe zur Geschichte der nationalsozialistischen Konzentrationslager sparen das »Transportwesen« der SS/Polizei in ihren Übersichten aus. Wenig Beachtung fand bisher auch die umfangreiche Studie, die H. G. Adler bereits 1974 vorgelegt hat. Vgl. H. G. Adler: Der verwaltete Mensch. Studien zur Deportation der Juden aus Deutschland, Tübingen 1974. Andrea Löw hat sich jüngst aus erfahrungshistorischer Perspektive in einer beeindruckenden Studie mit den Deportationen deutscher Juden:Jüdinnen befasst. Vgl. Andrea Löw: Deportiert.

»Raum«, »Bewegung« und »Gewalt« wird die Weiterverschleppung der Insass:innen Sachsenhausens 1945 hier daher sowohl als »Lager in Bewegung« als auch als »Transportgewalt« konzipiert und auf deren Akteur:innen und Praktiken befragt.

Zur Theorie von Gewalt, Raum und Bewegung

Die Untersuchung zielt darauf ab, offenzulegen, *was* 1945 innerhalb des Konzentrationslagerkomplexes Sachsenhausen *wie, durch wen* und *mit welchen Mitteln* geschah, um im Anschluss daran zu reflektieren, *warum* der SS/Polizei ihr Handeln trotz der desaströsen Lage zu Kriegsende mehrheitlich (weiterhin) sinnvoll erschien. Um die der Evakuierung und Auflösung von Sachsenhausen 1945 zugrundeliegenden Logiken zu explizieren und den spezifischen Dynamiken, Prozessen und Praktiken der dabei massenhaft und kollektiv vollzogenen Gewalt auf die Spur zu kommen, war es notwendig, darüber nachzudenken, mit welchen Werkzeugen und auf Basis welcher Prämissen diese Gewaltverbrechen beschrieben und analysiert werden sollen. Für die vorliegende Studie habe ich »Gewalt«, »Raum« und »Bewegung« als Analysekategorien gewählt. Da Gewalt hierbei als körpergerichtet untersucht wird, gehört »Körper« bzw. körperliche Verletzungsoffenheit wie -mächtigkeit indirekt ebenfalls zum Arsenal der für die Untersuchung verwendeten analytischen Werkzeuge. Von besonderem Interesse ist dabei auch, auf das relationale und wechselseitige Verhältnis zwischen Körper und Raum zu verweisen und offenzulegen, dass »jegliche Eigenschaft, jeglicher Ort, jeder Körper in Verbindung zu anderen [steht] und [...] erst in diesem Gefüge von Relationen zu sich selbst [wird]«.[28]

Körper wie Räume werden mit Bedeutungen versehen, performativ – im Sinne permanenter Aktivität – hergestellt und sind somit stets auch Veränderungen unterworfen. Bewegungen von Körpern – als Mobilität oder Transfer gefasst – erzeugen räumliche Dynamiken und dadurch sich wandelnde Raumkonfigurationen. Diese können wiederum in einem wechselseitigen Verhältnis zu Gewalt stehen. Insbesondere hinsichtlich Deportation und Vernichtung, Besatzung und Vertreibung, Siedlung und Raumordnung sowie Evakuierung und Flucht, darauf hat Markus Strehle bereits verwiesen, spielt das Verhältnis von Raum und (Körpern in) Bewegung für die historische Beschäftigung mit dem Nationalsozialismus (NS) eine zentrale Rolle.[29]

»Immer mit einem Fuß im Grab« – Erfahrungen deutscher Juden. Eine kollektive Erzählung auf Basis Hunderter Zeugnisse, Frankfurt a. M. 2024.
28 Aenne Gottschalk, Susanne Kersten und Felix Krämer: Doing Space while Doing Gender. Eine Einleitung, in: Doing Space while Doing Gender – Vernetzungen von Raum und Geschlecht in Forschung und Politik, hg. von Aenne Gottschalk, Susanne Kersten und Felix Krämer, Bielefeld 2018 (Dynamiken von Raum und Geschlecht, Bd. 4), S. 7-40, hier S. 7; sowie vgl. Imke Schmincke: Körper, in: ebd., S. 63-74.
29 Vgl. Markus Strehle: Der NS-Gau Thüringen als Evakuierungs- und Verlagerungsgau (1939-1945), in: Evakuierungen im Europa der Weltkriege, hg. von Fabian Lemmes, Johannes Groß-

Im Anschluss an den Spatial Turn[30] sind in den letzten Jahren zentrale Publikationen erschienen, die das Verhältnis von Raum und Gewalt im Holocaust zum Gegenstand haben.[31] Diese beiden Forschungsperspektiven aufgreifend, entfalte ich im folgenden Untersuchungsabschnitt das den Analysekategorien zugrundeliegende theoretische Verständnis.

Gewalt

In analytischer Hinwendung zu einem Gewaltereignis kann ich an folgende sozial- und geschichtswissenschaftliche Grundannahmen anknüpfen: Physische Gewalt stellt eine körperliche Verletzungshandlung im Sinne eines »verantwortlichen Tun[s]«[32] und einer »Jedermanns-Ressource«[33] dar. »Gewalt ist Tat«, so Jan Philipp Reemtsma, »und Gewalt ist Erleiden. In der Gewalttat verbindet den Täter und den Erleidenden eines – die (tendenzielle) Reduktion des die Gewalt Erleidenden auf seinen Körper.«[34] In seiner Ausübung ist der Gewaltakt mit (Über-)Macht, aber auch mit Lust verbunden. Als Erfahrung steht er in unmittelbarem Zusammenhang mit Erniedrigung, Angst, Schmerz und Leid. Gewalt wirkt auf die verletzungsmächtigen wie die verletzungsoffenen Körper physisch und psychisch ein. Bei ihr handelt es sich um eine »Wirklichkeit der Emotionen«,[35] die im (intergenerationalen) Trauma Manifestierung findet.[36]

mann, Nicholas Williams, Olivier Forcade und Rainer Hudemann, Berlin 2014, S. 95-108, hier S. 95; Jochen Oltmer: Einführung. Migrationsregime und »Volksgemeinschaft« im nationalsozialistischen Deutschland, in: Nationalsozialistisches Migrationsregime und »Volksgemeinschaft«, hg. von Jochen Oltmer, Paderborn 2012, S. 9-25.

30 Vgl. Stefan Günzel: Raum. Eine kulturwissenschaftliche Einführung, Bielefeld 2017; Tobias Riedl: Mode oder Methode? Der spatial turn im Spannungsfeld einer zeitgemäßen Geschichtswissenschaft, in: Reichskreise und Regionen im frühmodernen Europa – Horizonte und Grenzen im spatial turn, hg. von Wolfgang Wüst und Michael Müller, Frankfurt a. M. 2011 (Mainzer Studien zur Neueren Geschichte, 29), S. 25-37; Riccardo Bavaj: Was bringt der »spatial turn« der Regionalgeschichte? Ein Beitrag zur Methodendiskussion, in: Westfälische Forschungen 56 (2006), S. 457-484.

31 Einen Überblick bietet der Band: Space in Holocaust-Research. A Transdisciplinary Approach to Spatial Thinking, hg. von Janine Fubel, Alexandra Klei und Annika Wienert, Berlin 2024.

32 Trutz von Trotha: Zur Soziologie der Gewalt, in: Soziologie der Gewalt, hg. von Trutz von Trotha, Opladen 1997, S. 9-56, S. 31.

33 Heinrich Popitz: Phänome der Macht, Tübingen 1992, S. 50; von Trotha, Soziologie, S. 17.

34 Jan Phillip Reemtsma: Vertrauen und Gewalt. Versuch über eine besondere Konstellation der Moderne, Hamburg 2017, S. 124.

35 Jörg Baberowski: Gewalt verstehen, in: Zur Gewaltsoziologie von Georges Bataille, hg. von Michael Riekenberg, Leipzig 2012, S. 35-49, S. 42. Der Autor bezieht sich hierbei auf Trutz von Trotha: Die Zukunft von Gewalt, in: Kursbuch 147 (2002), S. 161-173.

36 Vgl. exempl. Kurt Grünberg: Trauma-Tradierung. Überlebende der Shoah und ihre Nachkommen in der Bundesrepublik Deutschland, in: NS-Täter aus interdisziplinärer Perspektive, hg. von Helgard Kramer, München 2007, S. 27-43; Unverlierbare Zeit. Psychosoziale Spätfolgen des Nationalsozialismus bei Nachkommen von Opfern und Tätern, hg. von Kurt Grünberg und Jürgen Straub, Tübingen 2001.

Gewalt entzieht sich einer adäquaten Übersetzung in Sprache,[37] stellt aber selbst ein Mittel, insbesondere wenn öffentlich vollzogen, der Kommunikation dar.[38]

Über den individuellen Gewaltakt hinaus, wird physische Gewalt auch von Kollektiven, die dazu im Sinne einer Gewaltorganisation ermächtigt und mit Personen besonderer Gewaltexpertise ausgestattet sind, vollzogen.[39] Ferner sind auch nicht-organisierte Gewaltmassen in das Interesse der Forschung gerückt sowie die Rituale oder Skripte, an denen sich ihre Gewaltausübung orientiert.[40] Dass Gewalthandlungen mehrheitlich durch »ganz normale Männer«,[41] mitunter auch durch Frauen, Jugendliche und Kinder ausgeübt werden, hat die Forschung zu Täter:innenschaft in den letzten drei Jahrzehnten vielfach darlegen können.[42] Die Mobilisierung zur Gewalt bedarf vielfach nur einiger »violent few«[43] und ist dabei stets auch – über einen Top-Down-Effekt hinaus – als Selbstmobilisierung zu denken.[44] Ob in organisierter oder nicht-organisierter Weise – stets zeichnet sich Gewalt durch situative und prozesshafte Dynamiken aus.[45] In der wissenschaftlichen Beschäftigung wird Gewalt dabei mehrheitlich »in der Perspektive einer Ordnung [betrachtet], und sei es auch als deren

---

37 Vgl. Michael Riekenberg: Einführende Ansichten der Gewaltsoziologie George Batailles, in: ders., Gewaltsoziologie, S. 9-34, hier S. 26-29.
38 Vgl. Dirk Baecker: Form und Formen der Kommunikation, Frankfurt a. M. 2005, S. 171 f.
39 Vgl. exempl. Stefan Kühl: Ganz normale Organisationen. Zur Soziologie des Holocaust, Frankfurt a. M. 2014.
40 Vgl. Beiträge in: Gewaltmassen. Über Eigendynamik und Selbstorganisation kollektiver Gewalt, hg. von Axel T. Paul und Benjamin Schwalb, Hamburg 2015.
41 Christopher R. Browning: Ganz normale Männer. Das Reserve-Polizeibataillon 101 und die »Endlösung« in Polen, Reinbek bei Hamburg 1993; vgl. auch Harald Welzer: Täter. Wie aus ganz normalen Menschen Massenmörder werden, Frankfurt a. M. 2013.
42 Vgl. Beiträge in: The Routledge Handbook of Perpetrator Studies, hg. von Susanne C. Knittel und Zachary J. Goldberg, London 2019; Frank Bajohr: Täterforschung. Ertrag, Probleme und Perspektiven eines Forschungsansatzes, in: Der Holocaust. Ergebnisse und neue Fragen der Forschung, hg. von Frank Bajohr und Andrea Löw, Frankfurt a. M. 2015, S. 167-185; Michael Wildt: Von Apparaten zu Akteuren. Zur Entwicklung der NS-Täterforschung, in: Bewachung und Ausführung. Alltag der Täter in nationalsozialistischen Lagern, hg. von Angelika Benz und Marija Vulesica, Berlin 2011 (Geschichte der Konzentrationslager 1933-1945, Bd. 14), S. 11-22.
43 Randall Collins: Violence. A Micro-sociological Theory, Princeton 2008, S. 370.
44 Vgl. Michael Wildt: Volksgemeinschaft als Selbstermächtigung. Gewalt gegen Juden in der deutschen Provinz 1919 bis 1939, Hamburg 2007; ders.: Gewalt als Partizipation. Der Nationalsozialismus als Ermächtigungsregime, in: Staats-Gewalt. Ausnahmezustand und Sicherheitsregimes, hg. von Michael Wildt und Alf Lüdtke, Hamburg 2008 (Göttinger Gespräche zur Geschichtswissenschaft, Bd. 27), S. 215-240.
45 Vgl. Randall Collins: Dynamik der Gewalt. Eine mikrosoziologische Theorie, Hamburg 2011; Randall Collins: Vorwärtspaniken und die Dynamik der Massengewalt, in: Paul, Gewaltmassen, S. 204-230; Thomas Klatzetzki: »Hang'em high«. Der Lynchmob als temporäre Organisation, in: ebd., S. 147-175; Ulrike Jureit: Skripte der Gewalt. Städtischer Raum und kollektive Gewalt in der mittelfränkischen Provinz, in: Städte im Nationalsozialismus. Urbane Räume und soziale Ordnungen, hg. von Winfried Süß und Malte Thießen, Göttingen 2017, S. 47-65.

Zerstörung«.[46] Für die Gewaltforschung zum Nationalsozialismus gilt zudem als Gemeinplatz, dass in den Mechanismen der auf den Prinzipien des Antibolschewismus und der völkisch-rassistischen Auslese beruhenden Vergesellschaftungskonzeption »Volksgemeinschaft« das »Prinzip Ordnung durch Gewalt«[47] bzw. »Ordnung des Terrors«[48] und der Ordnungswahn eines »gärtnerischen Staates«[49] von Beginn an angelegt war.

Sowohl die Gewaltausübung innerhalb kriegerischer als auch genozidaler Handlungen werden in der historischen Forschung als »extreme Gewalt« untersucht.[50] Beide Gewaltphänomene können zudem in Abhängigkeit voneinander stehen und sich gegenseitig dynamisieren. Als »extreme Gewalt« wird insbesondere im Anschluss an den französischen Soziologen Jacques Sémelin körpergerichtetes Gewalthandeln benannt, das durch Brutalität und Massivität gekennzeichnet ist und in der (Massen-)Tötung von Menschen mündet, denen schon zuvor jedes Menschsein abgesprochen wurde.[51] Während Sémelin seinen Blick auf das »Zur-Tat-Schreiten« im Rahmen derartigen Gewalthandelns richtet,[52] fasste der französische Theoretiker Georges Bataille unter den Begriffen von »schrecklicher Gewalt« das »Sich-Überschreiten« und »bedingungslose Verausgaben« von Menschen im Moment der Ausübung eines Gewaltaktes.[53] In Batailles Schriften vermengen sich die Begriffe »Gewalt« und »Grausamkeit« daher zu »Gewaltsamkeit«.[54] Bataille war, wie Michael Riekenberg dargelegt hat, vor allem von der Frage geleitet, »*wie* Gewalt immer neu die Grenzen

---

46 Riekenberg, Ansichten, S. 10; Baberowski, Gewalt verstehen, S. 42.
47 Ulrike Jureit: Das Ordnen von Räumen. Territorien und Lebensraum im 19. und 20. Jahrhundert, Hamburg 2012, S. 289; vgl. auch Detlef Peukert, Volksgenossen und Gemeinschaftsfremde. Anpassung, Ausmerze und Aufbegehren unter dem Nationalsozialismus, Köln 1982, S. 233-236.
48 Wolfgang Sofsky: Die Ordnung des Terrors. Das Konzentrationslager, Frankfurt a. M. 2008 (Erstausgabe 1997); Hördler, Ordnung.
49 Vgl. Zygmunt Bauman: Moderne und Ambivalenz. Das Ende der Eindeutigkeit, Hamburg 2016, S. 51-80.
50 Vgl. Susanne Kuß: Deutsches Militär auf kolonialen Schauplätzen. Eskalation von Gewalt zu Beginn des 20. Jahrhunderts, Berlin 2010, S. 11 f.; Jacques Sémelin: Säubern und Vernichten. Die politische Dimension von Massakern und Völkermorden, Hamburg 2007; Christian Gerlach: Extrem gewalttätige Gesellschaften. Massengewalt im 20. Jahrhundert, München 2011; Elissa Mailänder Koslov: Gewalt im Dienstalltag. Die SS-Aufseherinnen des Konzentrations-und Vernichtungslagers Majdanek, Hamburg 2009.
51 Vgl. Jacques Sémelin: Introduction. Violences extrêmes: peut-on comprendre? in: Revue international des sciences sociales, 147 (2002), S. 479-481.
52 Vgl. Sémelin, Säubern, S. 11.
53 Vgl. Georges Bataille: Reflexionen über Henker und Opfer, in: Georges Bataille: Henker und Opfer, mit einem Vorwort von André Masson, Berlin 2016, S. 11-20, ders.: Die Erotik. Neu übersetzt und mit einem Essay versehen von Gerd Bergfleth, München 1994; ders.: Die Aufhebung der Ökonomie, München 1985, S. 12; Gerd Bergfleth: Theorie der Verschwendung, München 1985, S. 61.
54 Vgl. Bergfleth, Theorie, S. 64; Riekenberg, Ansichten, S. 17.

von Ordnungen überschreitet«, anstatt sie,[55] ähnlich wie Sémelin Jahrzehnte später,[56] als unbegreiflich abzutun. Für die vorliegende Untersuchung, in der ich mich den konkreten Gewaltdynamiken in Sachsenhausen und der Frage widme, wie diese bis in die letzten Kriegstage andauern und wie sich die Gewaltausübung sowohl auf immer weitere Personenkreise ausdehnen als auch immer weitere Personenkreise betreffen konnte, liefern beide Theoretiker zentrale Denkanstöße.

Raum

Eine weitere zentrale Analysekategorie der Untersuchung stellt »Raum« dar und wird, dem Soziologen Georg Simmel folgend, nicht als »Naturding«, sondern als eine Gestalt, in der sich Gesellschaft ausdrückt, gefasst.[57] Mit Verweis auf den Soziologen Henri Lefebvre und den Geografen Edward Soja lässt sich ergänzend anführen, dass Räume stets mit bestimmten Bedeutungszuweisungen versehen sind und ihnen somit Wissen, Ideologie und Macht eingeschrieben ist.[58] Entgegen einem statischen Verständnis von Raum als »Behälter« bzw. »Container« hat sich in jüngeren Raumtheorien der Sozial- und Geisteswissenschaften die Vorstellung von Raum als relationaler Ordnung durchgesetzt. Autor:innen der Sozial- und der Kulturgeografie haben hierbei dargelegt, dass Raum erst über die Beziehungen zwischen Objekten und Körpern Bedeutungszuschreibung erlangt und dass sich soziale Prozesse und Strukturen in ihm materialisieren.[59]

Darüber hinaus fand durch die Soziologin Martina Löw Betonung, dass menschliche Körper über Praktiken des *Spacings* in einem Raum angeordnet werden: Sowohl der physische als auch der soziale Raum sind durch einen Prozess der Zuweisung von Positionen gekennzeichnet.[60] Da Zugangschancen zu platzierten Gütern und damit die Gestaltungsmöglichkeiten von Räumen stets asymmetrisch verteilt sind, werden mit der Hervorbringung von Räumen auch gesellschaftliche In- und Exklusionseffekte produziert und hierbei sowohl Körper als auch Raum wechselseitig

---

55 Ebd., S. 17 f. Hervorhebung J. F.
56 Vgl. Sémelin, Säubern, S. 11-18.
57 Georg Simmel: Über räumliche Projektionen sozialer Formen, in: Aufsätze und Abhandlungen 1901-1908, hg. von Georg Simmel, Frankfurt a. M. 1995, S. 201-220, hier S. 201.
58 Vgl. Henri Lefebvre: The Production of Space, Oxford 199; Andy Merrifield: Henri Lefebvre. A Socialist in Space, in: Thinking Space, hg. von Mike Crang und Nigel Thrift, London 2000, S. 167-182; Edward Soja: Postmodern Geographies. The Reassertion of Space in Critical Social Theory, London 1989.
59 Vgl. Sighard Neckel: Felder, Relationen, Ortseffekte. Sozialer und physischer Raum, in: Kommunikation – Gedächtnis – Raum, hg. von Moritz Csáky und Christoph Leitgeb, Bielefeld 2009, S. 45-55, hier S. 46 f.; Julia Lossau: Räume von Bedeutung. Spatial turn, cultural turn und Kulturgeografie, in: Kommunikation – Gedächtnis – Raum, hg. von Moritz Csáky und Christoph Leitgeb, Bielefeld 2009, S. 29-43.
60 Vgl. Martina Löw: Raumsoziologie, Frankfurt a. M. 2001, insb. S. 159, 198, 214 und S. 217.

symbolisch markiert.[61] Die Wechselwirkung operiert dabei auf zwei Ebenen: Als Bestandteil des Sozialen werden Räume einerseits auf eine bestimmte Art und Weise von hegemonialen Diskursen konzipiert und durch permanente Aktivität hergestellt. Andererseits wird Raum auf höchst individuelle und nicht gänzlich vorhersehbare Weise körperlich erfahren. Räumliche und körperliche Praktiken, auch als Raumkörperpraktiken eines *Doing Space*[62] verstanden, verbinden den konzipierten hierbei mit dem erlebten Raum. Raum unterliegt somit gesellschaftlichen Konstituierungs- und Konstruktionsprozessen, die durch das Handeln von Akteur:innen bestimmt und somit historisierbar sind.

Die Beschäftigung mit Territorien ermöglicht zudem, wie der Literaturwissenschaftler Thomas Dikant dargelegt hat, Nationalstaaten samt den »Bedingungen ihrer Konstitution, ihrer räumlichen Verfasstheit, aber auch die Menschen innerhalb des Raumes kritisch in den Blick zu nehmen«. Wird neben den Begriff des Territoriums noch der der Territorialität gestellt, können, so Dikant, »die individuellen wie auch die kollektiven Praktiken im Raum noch stärker« konturiert werden.[63] So gerate räumliches Denken und Verhalten in den Fokus, das geografisch wie sozial grundiert und historisierbar ist. Der Anthropologe Edward T. Hall verweist zudem darauf, Territorium nicht nur als »ein festes Herrschaftsgebiet, sondern als mobile Zone, die durch Flucht- und Angriffsdistanz bestimmt wird« und dementsprechend historisch instabil und wandelbar ist, aufzufassen.[64] Robert David Sack hat darüber hinaus dargelegt, Territorialität auch als räumliche Strategien zu denken.[65]

Neben Territorialität stellt auch Regionalität, wie Benno Werlen dargelegt hat, eine Alltagspraxis handelnder Subjekte mit verräumlichender Wirkung dar.[66] Wie Andrej Werth aufgezeigt hat, lässt sich Region ebenfalls als ein »spezifisches Raumkonstrukt« fassen, welches »als *Abbild* des territorial übergeordneten Raumkonstrukts Nationalstaat angesehen werden muss«. Es stellt »ein ebenso künstlich geschaffenes«, wie wirkmächtiges Gebilde dar, »welches keine Grenzen in gesellschaftlicher, sondern in

---

61 Vgl. ebd., S. 214 und S. 217.
62 Vgl. Gottschalk, Doing Space, S. 8; Gianna Hettling und Julian Trostmann: Interdisciplinary Matters. Doing Space while Doing Gender. Neue Perspektiven auf Materialität, Medialität und Temporalität. Abschlusssymposium des DFG-Graduiertenkollegs 1599 am 28. und 29. Juli 2016 an der Georg-August-Universität Göttingen, GENDER 1 2017, S. 154-159; vgl. auch Beiträge in: Neue Muster, alte Maschen? Interdisziplinäre Perspektiven auf die Verschränkungen von Geschlecht und Raum, hg. von Sonja Lehmann, Karina Müller-Wienbergen und Julia Elena Thiel, Bielefeld 2015; Verorten – Verhandeln – Verkörpern. Interdisziplinäre Analysen zu Raum und Geschlecht, hg. von Silke Förschler, Rebekka Habermas und Nikola Roßbach, Bielefeld 2014.
63 Thomas Dikat: Landschaft und Territorium. Amerikanische Literatur, Expansion und die Krise der Nation 1784-1866, Paderborn 2014, S. 25f.
64 Edward T. Hall: Die Sprache des Raumes, Düsseldorf 1976, S. 119-133.
65 Robert David Sack: Human Territoriality. A Theory, in: Annals of Association of American Geographers 73/1 (1983), S. 55-74.
66 Vgl. Benno Werlen: Sozialgeographie alltäglicher Regionalisierungen. 2. Globalisierung, Region und Regionalisierung, Stuttgart 1997, S. 253.

politischer Hinsicht aufweist und realiter als ein gesellschaftliches Beziehungsgeflecht von Kommunikation, Information und Interaktion anzusehen« und zu untersuchen ist.[67]

In den aufgezeigten Perspektiven lassen sich Staats- wie regionale Räume als kognitive Konstrukte untersuchen, die – so Julia Lossau – »im alltäglichen Handeln bei der Bezugnahme auf physische Welt hergestellt und aufrechterhalten«[68] werden und – so Wirth – als sich »abgrenzender politische[r] Handlungsrahmen«[69] stets auch auf räumlichen wie sozialen Grenzziehungsprozessen beruhen. Grenzziehungsprozesse und ihre Konsequenzen sind in den letzten Jahren ebenfalls verstärkt zum Gegenstand wissenschaftlicher Beschäftigung geworden. In die vorliegende Untersuchung einbezogen werden Forschungsarbeiten, die Grenzen als »für das Konzept moderner Staatlichkeit konstitutiv« fassen, »während sie zugleich historisch spezifisch, umstritten und veränderbar sind« und damit Transformationsprozessen unterliegen.[70] Wird Kriegführung als kulturelle Praxis gefasst,[71] lässt sich zudem offenlegen, dass in interstaatlichen Konflikten neben geopolitischen stets auch soziosymbolische Grenzziehungen verhandelt werden.[72]

Der Tatsache, dass Gewaltereignisse somit auch hinsichtlich der Räume und Zeiten, in denen diese stattfinden, analysiert werden können, tragen Forschungsarbeiten zur Theoretisierung von »Gewalträumen« und »-zeiten« Rechnung.[73] Der Gewaltraum-Begriff geht zurück auf den Soziologen Wolfgang Sofsky, der ihn in seiner Studie zum nationalsozialistischen Konzentrationslager nutzte – allerdings ohne ihn theoretisch weiter auszuführen.[74] Gabriele Metzler und Jörg Baberowski machen Gewalträume zu einem eigenen Untersuchungsgegenstand. So hat Baberowski dargelegt, dass sich diese als spezifische »Zonen entfesselter« und zeitlich begrenzter »Ermöglichungsräume«

---

67 Andrej Wirth: Raum – Region – Tirol. Die (De-)Konstruktion politischer Räume am Beispiel der Europaregion Tirol – Südtirol – Trentino, Frankfurt a. M. 2011, S. 261. Hervorhebung J. F.
68 Lossau, Räume, S. 35.
69 Wirth, Raum, S. 261. Hervorhebung J. F.
70 Goetz Herrmann und Andreas Vasilache: Grenze, Staat und Staatlichkeit, in: Grenzforschung. Handbuch für Wissenschaft und Studium, hg. von Dominik Gerst, Maria Klessmann und Hannes Krämer, Baden-Baden 2021, S. 68-88, hier S. 69.
71 Vgl. Bernd Hüppauf: Was ist Krieg? Zur Grundlegung einer Kulturgeschichte des Krieges, Bielefeld 2013.
72 Vgl. Herrmann, Grenze; Claudia Bruns: »Rasse« und Raum. Überlegungen zu einer komplexen Relation, in: »Rasse« und Raum. Topologien zwischen Kolonial-, Geo- und Biopolitik. Geschichte, Kunst, Erinnerung, hg. von Claudia Bruns, Wiesbaden 2017, S. 1-44.
73 Vgl. Jörg Baberowski und Gabriele Metzler (Hg.): Gewalträume. Soziale Ordnungen im Ausnahmezustand, Frankfurt a. M. 2012; Jörg Baberowski: Räume der Gewalt, Franfurt a. M. 2015. Den zeitlichen Dimensionen von Gewaltereignissen widmet sich seit 2020 die Hamburger Forschungsgruppe »Gewalt-Zeiten«. Online unter: https://www.geschichte.uni-hamburg.de/forschung/forschungsprojekt-gewalt-zeiten/forschungsgruppe-gewalt-zeiten.html (letzter Zugriff am: 21. 9. 2024).
74 Vgl. Wolfgang Sofsky: Zeiten des Schreckens. Amok, Terror, Krieg, Frankfurt a. M. 2002, S. 117.

physischer Gewalt fassen lassen.[75] Die gewaltvolle Interaktion zwischen Akteur:innen in einem sozialen Raum wird hierbei auf den Mangel von institutionell wirksamer Gewaltkontrolle zurückgeführt.[76] Ulrike Jureit erweitert diese Perspektive, indem sie ausführt, dass im Hinblick auf Gewalträume von einer »Entriegelung sozialer Sicherungen« gesprochen werden könne. Dementsprechend stelle der Gewaltraum einen sozialen Raum dar, in dem die drei Dimensionen von Ordnung, Raum und Gewalt verankert sind, in dem jedoch grundlegend andere Bedingungen als in »Normalgesellschaften« herrschen. Jureits Überlegungen zielen – und das ist für die vorliegende Untersuchung zentral – auch auf die Betrachtung der Herstellung einer Symmetrie zwischen der Organisation eines Raumes und den Ideologien innerhalb des Raumes ab, anstatt die Gewalt einzig aus einer anthropologisch-situativen Perspektive heraus zu betrachten.[77] So lässt sich Raum historisieren und der verräumlichende Effekt von Gewalt in den Blick nehmen.

Zu einem das Untersuchungsinstrument »Gewaltraum« analytisch schärfenden Verständnis trägt außerdem Lucas Hardt bei, wenn er betont, dass neben den Akteur:innen, ihren Praktiken, Motiven und Erfahrungen auch nach den »raumstrukturierenden Effekten der Gewalt zu fragen [ist], die den Moment der konkreten Ausübung von Gewalt überdauern«. Entsprechend »wäre aus historischer Perspektive dann von einem Gewaltraum zu sprechen, wenn Effekte von Gewalt nachgewiesen würden, welche die räumliche Wahrnehmung der betroffenen Akteure entscheidend verändern und diese Effekte den Moment der eigentlichen Geschichtsschreibung überdauern«, wie dies beispielsweise bei Pogromen, dem Lynching, aber auch bei Kriegsschauplätzen der Fall ist.[78] Erstere konstituierten sich, wie Jureit am Beispiel des Gunzenhauser Pogroms ausführlich entfaltet hat, durch die Bildung einer Personengruppe – auch als Mob gefasst – und durch deren gewaltvolles, 1934 gegen jüdische Anwohner:innen gerichtetes Umherziehen im Ort, somit also auch durch die Bewegungen gewalthandelnder Akteur:innen im Raum.[79]

Bewegung

»Bewegung« stellt die dritte Analysekategorie der Studie dar und rekurriert darauf, Körper, Objekte, aber auch Ideen aus einem Ruhezustand in einen mobilen bzw.

---

75 Vgl. Jörg Baberowski: Einleitung. Ermöglichungsräume exzessiver Gewalt, in: Baberowski/Metzler, Gewalträume, S. 14.
76 Vgl. Felix Schnell: Ukraine 1918. Besatzer und Besetzte im Gewaltraum, in: Baberowski/Metzler, Gewalträume, S. 135-168, hier S. 137-140.
77 Vgl. Jureit, Skripte, S. 48 f.
78 Lucas Hardt: Gewaltraum als Forschungskonzept. Neue Perspektiven auf die Geschichte der Gewalt am Beispiel Lothringens (1870-1962), in: Gewalt vor Ort: Raum – Körper – Kommunikation, hg. von Falk Bretschneider, Ariane Jossin, Teresa Koloma Beck und Daniel Schönpflug, Frankfurt a. M. 2019, S. 275-302, hier S. 284.
79 Vgl. Jureit, Skripte.

virulenten zu versetzen. Insbesondere das In-Bewegung-Sein von Menschen und Wissen gerät zunehmend in den Fokus der historischen Forschung – auch zum Holocaust.[80] Im Hinblick auf den Nationalsozialismus liegen dem Bewegungsbegriff – in der historischen Forschung vornehmlich als Mobilisierung gefasst[81] – unterschiedliche Bedeutungsebenen zugrunde, von denen drei für die Studie als zentral erachtet werden.[82]

Zum einen konzipierte sich der nationalsozialistische Kreis um Hitler selbst als »völkische Bewegung« und in Abgrenzung zur parlamentarischen Parteienlandschaft der Weimarer Republik explizit nicht als Parteiorganisation. Diese politische Bewegung sollte in der rassisierten »Volksgemeinschaft« aufgehen, im »Kampf um Lebensraum« ihre auf die Zukunft ausgerichtete Entsprechung finden und nicht zuletzt über das Mittel der Gewaltmobilisierung eigene Gesetze einfordern. Zum Zweiten rekurriert der Begriff auf das In-Bewegung-Versetzen und Kampfbereit-Machen von militärischen Verbänden – im deutschen Sprachgebrauch auch als »Mobilmachung« gefasst. Militärisches Vorrücken stellt darüber hinaus offensives, Rückzug und Flucht hingegen defensives Handeln innerhalb von Bewegungskriegen wie dem Zweiten Weltkrieg dar. Das Kriegsende 1944/45 war durch den Rückzug deutscher Einheiten und Soldaten in das Reichsinnere gekennzeichnet und löste hierbei umfangreiche Bevölkerungsbewegungen wie Flucht und Vertreibung sowie Massendeportationen Gefangener aus. Die Bedeutung dieser Analysekategorie wird daher zum Dritten auch konzise im Hinblick auf den Transfer von Menschen entfaltet.

»Mobilisierung«, so lässt sich ganz grundsätzlich festhalten, stellte im Nationalsozialismus einen omnipräsenten, vieldeutigen und unscharfen Sammelbegriff dar und gehört mittlerweile »zu den gängigen Termini«, mit denen – so Oliver Werner – in der historischen Forschung »die gesellschaftliche Dynamik, die (wirtschaftlichen) Kriegsvorbereitungen und die Durchhaltefähigkeit des NS-Regimes beschrieben und untersucht werden«.[83] Im Anschluss an Jürgen John wird Mobilisierung in der vorliegenden Studie daher als Grundzug und Leitbegriff des nationalsozialistischen

---

80 Vgl. Bericht zur Konferenz »Knowledge on the Move: Information Networks During and After the Holocaust.« Workshop at the University of Southern California in Los Angeles, April 3-5, 2022, in: Bulletin der GHI Washington, Issue 70 (Fall 2022), S. 122-128.; vgl. auch Marija Wakounig und Ferdinand Kühne (Hg.): People and Ideas on the Move, Berlin u. a. 2020.
81 Vgl. Beiträge in: Mobilisierung im Nationalsozialismus. Institutionen und Regionen in der Kriegswirtschaft und der Verwaltung des »Dritten Reichs« 1936-1945, hg. von Oliver Werner, Paderborn 2013 (Nationalsozialistische »Volksgemeinschaft«. Studien zur Konstruktion, gesellschaftlichen Wirkungsmacht und Erinnerung, Bd. 3).
82 Eine ausführliche Aufstellung und Diskussion der Bedeutungsvarianten und analytischen Möglichkeiten des Begriffs befindet sich bei Oliver Werner: Mobilisierung im Nationalsozialismus – eine Einführung, in: Mobilisierung im Nationalsozialismus. Institutionen und Regionen in der Kriegswirtschaft und der Verwaltung des »Dritten Reichs« 1936-1945, hg. von Oliver Werner, Paderborn 2013 (Nationalsozialistische »Volksgemeinschaft«. Studien zur Konstruktion, gesellschaftlichen Wirkungsmacht und Erinnerung, Bd. 3), S. 9-26.
83 Ebd., S. 9. Hervorhebung J. F.

Systems gefasst.⁸⁴ Wie John dargelegt hat, schließt der Mobilisierungsbegriff »Attribute wie ›beweglich‹ und ›aktiv‹, die Vorstellung von gezieltem, zweckbestimmten, planvollem Handeln sowie handlungs- und prozessorientierte Unter- und Nebenbegriffe wie ›Einsatz‹, ›Steuerung‹, ›Lenkung‹, ›Maßnahme‹, ›Aktion‹ oder ›Kampagne‹ ein«.⁸⁵ Zu mobilisieren und zu stabilisieren stehen dabei in einem komplementären Verhältnis. Mobilisierung kann sowohl auf materielle Dinge wie auf Menschen gerichtet sein. Als Prozess, »durch den eine Einheit beträchtliche Zugewinne in der Kontrolle von Ressourcen erzielt, die sie vorher nicht kontrolliert hat«, gefasst, können – so John – für das Deutsche Reich unter nationalsozialistischer Herrschaft besondere Mobilisierungsvorgänge und »mehrere große Mobilisierungsschübe« konstatiert werden.⁸⁶ Hervorzuheben ist dabei, dass diese stets auch – über einen Top-Down-Effekt hinaus – als Selbstmobilisierung zu denken sind.⁸⁷ Gegenstand der vorliegenden Untersuchung ist der Mobilisierungsschub, den John für das Kriegsende 1944/45 konstatiert:

> »Die Extremsituation der letzten Kriegsmonate 1944/45 schließlich bewirkte an der ›Heimatfront‹ einen – bislang freilich unzureichend untersuchten – letzten Mobilisierungsschub, der in dieser Phase des ›totalen Krieges‹ vor allem dezentral auf mittlerer und lokaler Ebene erfolgte. Er war durch gesteigerte Radikalität, Entgrenzung und den Verlust rationaler Maßstäbe auch für die Beurteilung eigener Mobilisierungsmöglichkeiten gekennzeichnet.«⁸⁸

Militärhistorisch konzipiert rekurriert »Mobilisierung« auch auf das In-Bewegung-Versetzen und Kampfbereit-Machen von Streitkräften. In Bezug auf den Nationalsozialismus soll Betonung finden, dass der Zweite Weltkrieg durch eine totale, das heißt alle gesellschaftlichen Bereiche umfassende, Bewegungskriegführung gekennzeichnet war.⁸⁹ Mit dem Ziel, einen langwierigen und materialintensiven Stellungskrieg zu vermeiden, waren diese auf das zügige Vorstoßen motorisierter Truppen und Geländegewinn ausgerichtet. Davon zeugen auch die militärstrategischen Bezeichnungen vom »Blitzkrieg« des deutschen Militärs oder den »tiefen Operationen« der sowjetischen Streitkräfte. Die für die Zivilbevölkerung verheerende Blockade Leningrads durch deutsche und spanische Verbände oder die Gefechte um Stalingrad zeugen davon, dass dies nicht durchgehend gelang. Auch der militärische Rückzug stellt militärtaktisches Handeln dar. Während der Vormarsch der Eroberung und

---

84 Vgl. Jürgen John: Mobilisierung als Charakteristikum des NS-Systems?, in: Werner, Mobilisierung, S. 29-57.
85 John, Mobilisierung, S. 32.
86 Vgl. ebd.
87 Vgl. Wildt, Selbstermächtigung; ders., Partizipation.
88 John, Mobilisierung, S. 56 f.
89 Zur totalen Kriegführung vgl. Peter Imbusch: Moderne und Gewalt. Zivilisationstheoretische Perspektiven auf das 20. Jahrhundert, Wiesbaden 2005, S. 526-529.

Besetzung von Territorium dient, haben Rückzugsbewegungen – auch als »Ausweichen« gefasst – den Zweck, in einer als nicht zu meistern erachteten Kampflage Soldaten, Waffen und als kriegswichtig erachtete Ressourcen über Evakuierungen zu sichern und Fluchten zu verhindern. Ziel ist hierbei, den militärischen Verband für die Weiterführung des Kampfes in eine bessere Ausgangslage zu versetzen. Mit Rückzügen geht allerdings auch Territorialverlust einher. Darüber hinaus gibt es einen weiteren Grund, warum Rückzüge historisch vielfach mit einem Tabu, mit den Verboten Hitlers belegt waren: »Seit die Armee die Nation-in-Waffen verkörpert«, so hat Wolfgang Schivelbusch dargelegt, »sind ihre Triumphe, ihre Niederlagen und ihre Rückzüge die der Nation«.[90]

Nicht erst die Zeit der deutschen Rückzüge 1943/44 war durch umfangreiche Bevölkerungsbewegungen gekennzeichnet, die im Hinblick auf den Umfang in Europa bis dahin jedoch ihresgleichen gesucht hatten.[91] Millionen von Menschen gerieten aufgrund von Vertreibung, Umsiedlung, Deportation und Evakuierung bereits mit Kriegsbeginn 1939 und staatlicherseits organisiert in Bewegung oder entschieden sich selbst für Flucht und Exil. Seit nunmehr zwanzig Jahren befasst sich die historische Forschung verstärkt mit diesen Phänomenen, indem sie diese unter der Perspektive eines nationalsozialistischen Migrationsregimes untersucht.[92] Migration stellt eine »auf einen längerfristigen Aufenthalt angelegte räumliche Verlagerung des Lebensmittelpunktes« dar.[93] Vertreibung, Umsiedlung, Evakuierung und Deportation werden hierbei als unterschiedliche Formen von Zwangsmigration betrachtet.[94] Dass sich das deutsche Deportationssystem zur Vernichtung jüdischer Menschen dem migrationshistorischen Zugang versperrt und stattdessen Forschungsansätze der Holocaust- und Genozid-Forschung gefordert sind, findet dabei Betonung.[95] Aus gewalthistorischer Perspektive greifen migrationshistorische Ansätze aber auch für die Untersuchung des nationalsozialistischen Ausbeutungsregimes zu kurz. Denn stets stellten diese einer-

---

90 Wolfgang Schivelbusch: Rückzug. Geschichten eines Tabus, München 2019, S. 7f.
91 Homogenisierende Bevölkerungskonzeptionen mit entsprechenden Umsiedlungsmaßnahmen gehörten seit dem Ersten Weltkrieg zum Repertoire sich neu- oder umformierender europäischer Nationalstaaten. Vgl. Arno Barth: »Störfaktoren entfernen«? Minderheitenpolitik als Risikoabwägung im Langen Ersten Weltkrieg, Frankfurt a. M. 2021 (Kontingenzgeschichten, Bd. 8); Pertti Ahonen (Hg.): People on the Move. Forced Population Movements in the Second World War and Its Aftermath, Oxford 2008, S. 1-10. Mit Blick auf die polen- und judenfeindliche Ausweisungspolitik Otto von Bismarcks lassen sie sich auch für Preußen in den 1880er Jahren aufzeigen. Vgl. Helmut Neubach: Die Ausweisungen von Polen und Juden aus Preussen 1885/86, Wiesbaden 1967.
92 Vgl. Jochen Oltmer (Hg.): Nationalsozialistisches Migrationsregime und »Volksgemeinschaft«, Paderborn 2012 (Schriftenreihe Nationalsozialistische Volksgemeinschaft, Bd. 2).
93 Jochen Oltmer: Migration im 19. und 20. Jahrhundert, München 2013, S. 1; Ahonen, People; Klaus J. Bade: Europa in Bewegung. Migration vom späten 18. Jahrhundert bis zur Gegenwart, München 2000.
94 Vgl. Jochen Oltmer: Migration und »Volksgemeinschaft« im nationalsozialistischen Deutschland, in: Oltmer, Migrationsregime, S. 9-25, hier S. 15.
95 Vgl. ebd.

seits entweder selbst elementare Praktiken des deutschen Vertreibungs-, Verfolgungs-, Verschleppungs- und Vernichtungsprogramms dar oder dynamisierten dieses. Im Hinblick auf die im Zuge des NS-Bevölkerungszwangstransfers gemachten Erfahrungen versprechen daher vor allem alltags- und kulturgeschichtliche, aber auch sicherheits- und militärgeschichtliche Perspektiven, die die Akteur:innen einbeziehen, Erkenntnisgewinn.[96]

Methodisches Vorgehen

Am Beispiel Sachsenhausens richte ich im Rahmen der vorliegenden Untersuchung den Fokus auf das In-Bewegung-Versetzen ganzer Konzentrationslager. Anliegen der vorliegenden Studie ist es, neue Erkenntnisse zur gewaltvollen Evakuierung und Auflösung des Konzentrationslagers Sachsenhausen zu generieren. Bisherige Studien fassen die Gewaltereignisse zum Ende des Konzentrationslagersystems 1944/45 als eigenständige, letzte Phase des im Nationalsozialismus verübten Genozids.[97] Neben der gewaltvollen Evakuierung und Auflösung der Konzentrationslager werden in der historischen NS-Forschung zudem weitere Verbrechenskomplexe wie die Gefangenenmorde durch die Gestapo, die Lynchmorde an abgeschossenen alliierten Piloten oder Racheakte an Personen der Widerstandsbewegungen, als »Endphasenverbrechen« untersucht.[98] Übereinstimmung herrscht dabei darüber, dass das Kriegsende im Deutschen Reich durch spezifische Gewaltdynamiken gekennzeichnet war, die stets in Abhängigkeit zur Kriegs- und zur spezifischen Frontlage standen.[99] Trotz Analyse der situativen Dynamiken wird dem konkreten Kriegs- bzw. Frontgeschehen hierbei bisher allerdings wenig analytische Gewichtung gegeben.

Indem das Räumungshandeln in Sachsenhausen einerseits im militärischen Rückzugs- sowie zivilen Evakuierungs- und Fluchtgeschehen und andererseits im nationalsozialistischen Verfolgungs-, Verschleppungs- und Vernichtungsprogramm verortet wird, das 1945 weiterhin Gültigkeit besaß und nun zunehmend durch räumliche Enge sowie das Antizipieren der bevorstehenden Kriegsniederlage und politischen Transformation gekennzeichnet war, verfolgt die Studie einen neuen Weg. Über den Begriff der Endphasengewalt hinaus wird mit einem analytisch offenen und Kontinui-

---

96 Vgl. Laura Eckl: Sowjetische Evakuierung und deutscher Rückzug – Evakuierungserfahrungen der Charkiver Bevölkerung im Zweiten Weltkrieg, in: Militärgeschichtliche Zeitschrift 81/1 (2022), S. 62-90.
97 Blatman, Todesmärsche, S. 13.
98 Vgl. Sven Keller: Gesellschaft und Gewalt 1944/45, Göttingen 2013 (Quellen und Darstellungen zur Zeitgeschichte, Bd. 97), S. 419-426; Beiträge in: Terror nach innen. Verbrechen am Ende des Zweiten Weltkrieges, hg. von Cord Arendes, Edgar Wolfrum und Jörg Zedler, Göttingen 2006.
99 Vgl. Bastiaan Willems: Violence in Defeat. The Wehrmacht on German Soil, 1944-1945, Cambridge 2021; Markus Günnewig: »Die Betreffenden sind zu vernichten«. Gestapoverbrechen in der Endphase des Zweiten Weltkrieges, Göttingen 2023 (Gestapo – Herrschaft – Terror, Bd. 3).

tätslinien fokussierenden Ansatz operiert, der nach den Signaturen und Verfahrensweisen der 1945 in Sachsenhausen freigesetzten Gewalt fragt und diese dabei auch in Relation zu weiteren, zeitgleich in Berlin-Brandenburg vollzogenen Gewaltverbrechen setzt. Dies geschieht vor dem Hintergrund, dass sowohl das deutsche Vorgehen im Krieg gegen Polen und die Sowjetunion als auch das innerhalb des sich vor allem ostwärts ausdehnenden Konzentrations- und Vernichtungslagersystems der SS von Beginn an Bestandteil der nach rassistischen Parametern geführten Vernichtungskriegführung war.[100] Wie sich mit dem Vordringen der sowjetischen Streitkräfte auch die Akteur:innen der deutschen Vernichtungskriegführung und damit deren Gewaltpraktiken 1945 in die Region Berlin-Brandenburg verlagerten und dort mit denen in Sachsenhausen korrespondierten sowie sich gegenseitig dynamisierten, ist Gegenstand der historischen Studie.

Über die analytische Methode, die ein Vorgehen in drei Schritten vorsieht, lassen sich so bisherige Darstellungen zum Ende des Konzentrationslagers Sachsenhausens um neue Befunde ergänzen.[101] Der Dreischritt umfasst dabei zunächst, zu fokussieren, wodurch das Geschehen an der Ostfront gekennzeichnet war, als sich dieses Anfang 1945 nach Brandenburg verlagerte. Daraufhin skizziere ich, wie sich die Verlagerung des Kriegsgeschehens auf die Situation in der Region auswirkte, die die deutsche Reichshauptstadt umschloss und nun das militärische Hinterland der Front bildete. Dann wird der Blick auf den Komplex Sachsenhausen gerichtet, dessen Haupt- wie Außenlager in der Region Berlin-Brandenburg verortet waren, und das gewaltvolle Geschehen, das die Lager-SS dort in Reaktion auf die Frontnähe auslöste, untersucht. Bisherige Interpretationen, beispielsweise im Hinblick auf die Tatbeteiligungen an den im Hauptlager 1945 durchgeführten Massenmorden, werden hierbei kritisch zu hinterfragen sein.

Das Anliegen ist, der historischen Forschung zum Ende des nationalsozialistischen Konzentrationslagersystems einen substanziellen und quellengesicherten Baustein hinzuzufügen. Gleichzeitig soll die gewählte Methodik zu einer (weiteren) Öffnung der Konzentrationslagerforschung hinsichtlich interdisziplinärer und multiperspektivischer Ansätze anregen. Denn bisherige Forschungsarbeiten zu den Evakuierungen und gewaltvollen Auflösungen der Konzentrationslager im Reichsinneren rekurrieren bezüglich des *Warum* zwar einheitlich auf die Frontnähe als situativen Faktor, allerdings ohne den jeweiligen, das Evakuierungs- und Liquidierungsgeschehen auslösenden Kriegsschauplätzen analytische Gewichtung zu geben. Insbesondere im Hinblick auf das vielschichtige und komplexe Spannungsverhältnis zwischen der Entlassung von

---

100 Vgl. Hannes Heer und Christian Streit: Vernichtungskrieg im Osten. Judenmord, Kriegsgefangene und Hungerpolitik, Hamburg 2020; Jochen Böhler: Auftakt zum Vernichtungskrieg. Die Wehrmacht in Polen 1939, Frankfurt a. M. 2006.
101 Für die Anregung dieser Vorgehensweise möchte ich mich an dieser Stelle ausdrücklich bei Ulrike Jureit bedanken. Inspirierend war außerdem die Studie von Susanne Kuß zu den Kriegsschauplätzen inhärenten Dynamiken extremer Gewalt. Vgl. Kuß, Militär.

KL-Insass:innen auf der einen Seite und der (Weiter-)Verschleppung wie Ermordung auf der anderen kann, so die hier vertretene These, nur eine Forschung die an der Schnittstelle der historischen Holocaustforschung mit der Sicherheits- und Militärgeschichte operiert, die dem Vorgehen zugrundeliegenden Logiken und Dynamiken der gewaltvollen Auflösung des KL-Systems 1945 erfassen.

Als Erklärungsansatz im Hinblick auf die im Zuge der Konzentrationslagerräumungen (weiterhin) begangenen Gewaltverbrechen wird bisher vielfach auch auf den Zielkonflikt zwischen Adolf Hitler und Heinrich Himmler verwiesen, der sich auf das Geschehen innerhalb des KL-Systems ausgewirkt habe.[102] Hitler hatte an der »Endlösung der Judenfrage« festgehalten. Aufgrund der desaströsen deutschen Kriegslage war die Vernichtung aus seiner Sicht auf alle Insass:innen auszuweiten. Zudem sollte der Krieg um jeden Preis und an beiden Fronten weitergeführt werden. Himmler hingegen unternahm – ohne das Wissen Hitlers – Versuche, die Westalliierten über die Freigabe von Gefangenen zu einem Sonderfrieden zu bewegen. Hier griff nun eine Geiselpolitik, um Devisen und Zugeständnisse zu erzwingen. Indem danach gefragt wird, wie die Weiterverschleppung der Mehrzahl der Insass:innen begründet und durchgeführt wurde, während ein Teil von ihnen zeitgleich bereits die Freiheit erlangte, geraten das organisationsinterne Selbstverständnis der SS und deren Sinn- und Erwartungshorizonte in den Blick.[103]

Die beiden in der bisherigen Forschung (re-)konstruierten Zielvorgaben Hitlers und Himmlers zum Verbleib der Konzentrationslagergefangenen 1945 wurden am 30. April 1945 allerdings obsolet: Hitler hatte Suizid begangen und die Westalliierten hatten Himmler, indem sie seine Bestrebungen für einen Separatfrieden tags zuvor in der internationalen Presse öffentlich gemacht und dem Reichsführer SS und Chef der deutschen Polizei damit eine Abfuhr erteilt hatten, in Deutschland zur *persona non grata* werden lassen.[104] Auch ohne die beiden zentralen Figuren im Konflikt um den Verbleib der Gefangenen behielten – das verdeutlicht der eingangs vorangestellte Funkspruch Keitels – die Maßnahmen der Gefangenenverschleppung noch bis zum 5. Mai ihre Gültigkeit. Das heißt, sie wurden auch nach der (Selbst-)Entmachtung Hitlers und Himmlers nicht umgehend eingestellt. Von den Kommunikationswegen abgeschnitten, trieben Wachmannschaften des Komplexes Sachsenhausen Gefangene zum Teil noch bis zum 7. Mai durch unbesetztes Gebiet. Zudem beteiligten sich weitere, lagerexterne Akteur:innen sowohl an der Bewachung als auch an der Suche und Ermordung zurückgelassener oder flüchtender Gefangener. Diesem Gewalthandeln »von unten« am Beispiel Sachsenhausens nachzugehen, ist ebenfalls Gegenstand der vorliegenden Untersuchung.

---

102 Vgl. Orth, KZ-System, S. 274; Ley, Verbrechen, S. 40.
103 Vgl. Reinhart Koselleck: Erfahrungsraum und Erwartungshorizont – zwei historische Kategorien, in: Reinhart Koselleck: Vergangene Zukunft. Zur Semantik geschichtlicher Zeiten, Frankfurt a. M. 1979, S. 349-375.
104 Vgl. Peter Longerich: Heinrich Himmler. Biographie, München 2008, S. 751-755.

Auf Grundlage der Befunde der historischen Forschung, dass insbesondere die regionalen und lokalen Instanzen zu Kriegsende entscheidend zum Systemerhalt beitrugen,[105] lege ich den Fokus auf die Mittel- und lokalen Instanzen der Partei und der SS/Polizei in der Region Berlin-Brandenburg. Der Tatsache Nachdruck verleihend, dass die Kommunikation mit den ihnen übergeordneten Ebenen aufgrund des alliierten Bombardements zunehmend zusammenbrach und die Kriegslage eigenverantwortliches Handeln erforderte, sehe ich davon ab, von durch übergeordnete Instanzen ausgegebenen Liquidierungsbefehlen auszugehen. Diese ließen sich trotz intensiver, auch umfangreicher internationaler Recherchen nicht finden. Stattdessen wird am untersuchten Gegenstand aufzuzeigen sein, dass die Annahme eines alle Politikfelder überspannenden »Führerstaates«[106] vor allem auf den Entlastungsstrategien der wenigen nach dem Krieg vor Gericht gestellten Akteur:innen fußten, die »Befehlsnotstand« in der »Kriegsendphase« geltend machten. Übergeordnete Weisungen waren für die Gewaltmobilisierung 1945 mehrheitlich nicht mehr nötig. Das Agieren im Sinne des NS-Regimes gehörte stattdessen vielmehr zum »selbstverständlichen«[107] Repertoire der Mittelinstanzen und lokalen Amtsträger sowie insbesondere der Lager-SS und KL-Wachmannschaften. Im letzten Kriegsjahr folgte das Handeln Letzterer neben ursprünglich spezifisch militärischen Logiken, die in den Jahren zuvor eingeübt worden waren, wie aufzuzeigen sein wird, zunehmend auf sicherheitspolizeilichen.

Die Evakuierung und Auflösung des Komplexes Sachsenhausen untersuche ich daher mit Hilfe der analytischen Korrespondenzkonzepte »Versicherheitlichung« und »Entsicherheitlichung«.[108] Seit dem 18. Jahrhundert stellte Sicherheit eine »politische Leit- und Legitimationsgröße […], deren Gegenstand der Schutz von Staat und Gesellschaft vor inneren und äußeren Bedrohungen und Gefahren ist«, dar.[109] Bei »Sicherheit« handelt es sich, so Jean Conrad Tyrichter, um eine »abstrakte und dynamische Größe […], die sich in spezifischen Diskursen, Normen und Praktiken der Sicher-

---

105 Vgl. Phillip Erdmann: Kommunales Krisenhandeln im Zweiten Weltkrieg und in der Nachkriegszeit. Die Stadtverwaltung Münster zwischen Nationalsozialismus und Demokratisierung, Berlin 2019, S. 198-210; Ralf Blank: Mobilisierung im Krieg. Der Gau Westfalen-Süd 1943 bis 1945, in: Werner, Mobilisierung, S. 197-216; Strehle, Thüringen.
106 Norbert Frei: Der Führerstaat. Nationalsozialistische Herrschaft 1933 bis 1945, München 2013.
107 Karl-Heinz Brockmann und Renate Birkenhauser: NS-Deutsch. »Selbstverständliche« Begriffe und Schlagwörter aus der Zeit des Nationalsozialismus, Straelen 1988.
108 Vgl. Eckart Conze: Securitization. Gegenwartsdiagnose oder Historischer Analyseansatz, in: Geschichte und Gesellschaft 38 (2012), S. 453-467, Ole Waever: Securitization and Desecuritization. International Security: Widening Security 3/2007, S. 66-99.
109 Jean Conrad Tyrichter: Die Erhaltung der Sicherheit. Deutscher Bund, politische Kriminalität und transnationale Sicherheitsregime im Vormärz (Studien zur Policey, Kriminalitätsgeschichte und Konfliktregulierung), Frankfurt a. M. 2019, S. 5; Karl Härter: Sicherheit und gute Policey im frühneuzeitlichen Alten Reich. Konzepte, Gesetze und Instrumente, in: Sicherer Alltag?, hg. von Bernd Bollinger und Henning Schmidt-Semisch, Wiesbaden 2016, S. 29-55.

heitsproduktion und -kommunikation manifestiert«.[110] So gefasst, ist Sicherheit als ein durch Akteur:innen konstruiertes Narrativ zu verstehen, das dem Ausbau von Sicherheits- und Kontrollmaßnahmen und damit der Herrschaftsstabilisierung dient. An Forschungsarbeiten zur Sicherheitsgeschichte anschließend, die den Zusammenhang zwischen Gewalt- und Sicherheitsakteur:innen in den Blick nehmen,[111] eignet sich die analytische Vorgehensweise, den Fokus auf das nationalsozialistische Sicherheitsregime zu legen, um die Gewaltmobilisierung 1945 im Moment der herannahenden Front zu untersuchen.

»Regime« wird hierbei, so Tyrichter, als »sektoral eingrenzbares Bündel von Normen, Diskursen und Praktiken, die der Bewältigung eines spezifischen [...] Problem- und Regelungsfelds dienen«, verstanden. Wird der Fokus der »Regime-Perspektive« auf »Sicherheit« gelegt, ziele die Betrachtung »stärker auf Dynamiken, Interaktionen und Themenfelder« ab,[112] die sich historisieren lassen. So verfügte der Nationalsozialismus über ein spezifisches Sicherheitsregime, das zum einen weiterhin politische Dissidenz bzw. »politische Kriminalität«[113] zum Kriterium hatte. Zum anderen richtete es sich gegen jüdische sowie weitere Bevölkerungsgruppen, die als Gefahr für die »Volksgemeinschaft« konzeptualisiert, wahrgenommen und in einem Prozess der Entmenschlichung ausgegrenzt sowie der systematischen Gewalt ausgeliefert wurden. Im Nationalsozialismus wurde »Volksgemeinschaft« hierbei als »Objekt« einer »jüdisch-bolschewistischen Verschwörung« konstruiert. In diesem Verschwörungsnarrativ verdichteten, manifestierten und dynamisierten sich antisemitische und antislawische Denkmuster mit Ordnungsvorstellungen und Problemwahrnehmungen, die sich aus den Erfahrungshorizonten des Ersten Weltkrieges und der Oktoberrevolution 1917 ergaben. Wie aufzuzeigen sein

---

110 Tyrichter, Sicherheit, S. 5; Conze, Securitization; Eckart Conze: Sicherheit als Kultur. Überlegungen zu einer »modernen Politikgeschichte« der Bundesrepublik Deutschland, in: Vierteljahrshefte für Zeitgeschichte 53 (2005), S. 357-380. Härter, Sicherheit; Cornel Zwierlein: Sicherheitsgeschichte. Ein neues Feld der Geschichtswissenschaften, in: Geschichte und Gesellschaft 3/38 (2012), S. 365-386.

111 Vgl. A. Dirk Moses: The Problems of Genocide. Permanent Security and the Language of Transgression, Cambridge 2021; Carola Westermeier und Horst Carl: Einleitung. »Sicherheitsakteure«, in: Sicherheitsakteure. Epochenübergreifende Perspektiven zu Praxisformen und Versicherheitlichung, hg. von Carola Westermeier, Baden-Baden 2018, S. 11-27; Horst Carl und Werner Distler: Einleitung. »Gewaltakteure«, in: ebd., S. 31-46; Horst Carl: Wenn Gewaltakteure für Sicherheit sorgen sollen – Militärherrschaft und Militärdiktatur in der Neuzeit, in: ebd., S. 47-64.

112 Tyrichter, Sicherheit, S. 5f.; Jost Dülffer: Recht, Normen und Macht, in: Dimensionen internationaler Geschichte, hg. von Jost Dülffer und Wilfried Loth, München 2012, S. 169-188, hier S. 182-184; Reinhard Wesel: Internationale Regime und Organisationen, Konstanz 2012.

113 Tyrichter, Sicherheit, S. 9; Dirk Blasius: Geschichte der politischen Kriminalität in Deutschland (1800-1980). Eine Studie zu Justiz und Staatsverbrechen, Frankfurt a. M. 1983, S. 10-13; Karl Härter und Beatrice de Graaf: Vom Majestätsverbrechen zum Terrorismus. Politische Kriminalität, Recht, Justiz und Polizei zwischen Früher Neuzeit und 20. Jahrhundert, Frankfurt a. M. 2021 (Studien zur europäischen Rechtsgeschichte, Bd. 268), S. 4.

wird, dienten diese Narrative bis zuletzt einer gezielten politischen Instrumentalisierung und Gewaltmobilisierung.

Indem den nationalsozialistischen Feindkonzeptionen in ihren Dynamiken und Wechselwirkungen sowie den militärischen und polizeilichen Sicherungs- und Verteidigungslogiken nachgegangen wird, lässt sich ermitteln und nachvollziehen, *wie*, also *durch wen* und *mit welchen* Mitteln der gewaltvolle Auflösungsprozess des Komplexes Sachsenhausen vollzogen wurde. Indem danach gefragt wird, *was* laut diesen Konzeptionalisierungen mit den Gefangenen *wie* zu passieren hatte, als sich die staatlichen und parteipolitischen Institutionen, sprich ihre Akteur:innen und Praktiken – aus denen sich die nationalsozialistische Herrschaft konstituierte[114] – kriegsbedingt aus den deutsch-besetzten Gebieten Europas immer weiter in das Reichsinnere zurückziehen mussten, lassen sich daraufhin auch Rückschlüsse auf das *Warum* der bis zuletzt nicht endenden kollektiven Gewaltausübung ziehen. Was bedeutete die Ausgabe des Evakuierungs- und Rückzugsalarms jeweils für die Angehörigen der Kommandantur, das Wachpersonal und die Gefangenen in Sachsenhausen? Welche Vorbereitungs- und Handlungsspielräume oder (Überlebens-)Strategien gab es in dieser Situation? Wie gestaltete sich die Organisation der (Weiter-)Verschleppung der Gefangenen? Mit welchen Zielorten? Wie wurde aus der Gewaltanwendung innerhalb des Komplexes Sachsenhausen der Prozess kollektiver Gewalt der Todesmärsche? Welche Auswirkung hatte dieser Prozess auf die Sozialität und Topografie der ländlichen und kleinstädtischen Räume und nicht zuletzt auf die dort lebenden Menschen, durch die die Wachmannschaften die Gefangenen trieben? Wie gestaltete sich die Befreiung oder Flucht der Verschleppten, wie die Verhaftung oder Flucht des Lagerpersonals und weiterer an den Verbrechen beteiligter Akteur:innen?

Denn ebenso wie zuvor die massive Gewaltausübung und -erfahrung in den Konzentrationslagern bedarf auch die im Rahmen der Konzentrationslagerauflösungen und Gefangenenverschleppungen 1945 eingesetzte Gewalt einer Erklärung.[115] Insbesondere, da sich an den Gefangenentötungen während der Todesmärsche vielfach auch Personen beteiligten, die nicht zum Lagerpersonal zählten, sondern die in den Orten wohnten, durch die die Gefangenen getrieben wurden, sich dort während ihrer Flucht aufhielten oder die zu Sicherungs- oder Verteidigungsaufgaben eingesetzt wurden.[116] Diese Gewaltdynamiken »von unten« lassen sich nicht allein aus dem Konzentrationslagersystem heraus erklären, sondern müssen, so die zentrale These der vorliegenden Arbeit, nicht nur in der deutschen Kriegsgesellschaft 1945 verortet,[117]

---

114 Vgl. Alf Lüdtke: Herrschaft als soziale Praxis. Historische und sozial-anthropologische Studien, Göttingen 1991 (Veröffentlichungen des Max-Planck-Instituts für Geschichte, Bd. 91).
115 Ebd., S. 11.
116 Vgl. Winter, Gewalt.
117 Vgl. Martin Clemens Winter: Entgrenzte Gewalt zwischen Räumung und Befreiung. Die Todesmärsche als Gesellschaftsverbrechen, in: Geschichte und Erinnerung der nationalsozialistischen Konzentrationslager, hg. von Axel Drecoll und Michael Wildt, Berlin 2024, S. 114-122; Keller, Volksgemeinschaft.

sondern stets auch in Relation zum konkreten Frontgeschehen und der – nach 1918 erneuten – deutschen Kriegsniederlage gesetzt, analysiert werden.

Mit dieser Konzeption reagiert die vorliegende Studie in ihrer Vorgehensweise auf die »besorgniserregende Lücke der Holocaustforschung, die sich«, wie Doris L. Bergen dargelegt hat, »bislang wenig mit Militärgeschichte beschäftigt hat«. Der Holocaust war, so hebt Bergen hervor, »von Anfang an eng mit der deutschen Kriegführung verbunden«. Dies gelte darüber hinaus auch für die Besatzungszeit und für das letzte, vor allem ungarische Kapitel.[118] Die militärischen Ereignisse hatten auch noch zu Kriegsende 1944/45 Auswirkungen auf das deutsche Vernichtungshandeln – das verdeutlichen insbesondere die von den »reichwärts« vordrängenden Fronten wegführenden Todesmärsche. Die »Endlösung der Judenfrage« stand darüber hinaus stets in Wechselwirkung und Zusammenhang mit anderen NS-Verbrechen. Wie Dieter Pohl bereits im Hinblick auf den »Wechsel zwischen Mordaktionen an Juden, politischen Gegnern, Kriegsgefangenen« für 1941/42 betont hat, fanden die »Aktionen« einzelner Einheiten oder Dienststellen der SS/Polizei, wie aufzuzeigen sein wird, auch 1944/45 gleichzeitig statt.[119]

Um der Situation in Berlin-Brandenburg auf die Spur zu kommen und ins Verhältnis zu Sachsenhausen zu setzen, habe ich die Studie wie folgt untergliedert. Das erste Kapitel dient der Einführung in die Kennzeichen der deutschen Vernichtungskriegführung an der Ostfront. Anschließend wird der Blick auf das Geschehen im militärischen Hinterland gerichtet und nach den Konzeptionen, die dem dortigen Vorgehen insbesondere der SS/Polizei zugrunde lagen, gefragt, bevor daraufhin auszuführen sein wird, was den SS-Komplex Oranienburg-Sachsenhausen bis 1944 charakterisierte.

Im zweiten Teil meiner Untersuchung widme ich mich in den Kapiteln vier bis sechs explizit dem Kriegs- und Evakuierungsgeschehen in Berlin-Brandenburg 1945. Dabei wähle ich, wie bereits angedeutet, ein schrittweises Vorgehen. Zuerst wird der Blick auf den Kriegsschauplatz des mittleren Abschnitts der Ostfront 1945 gerichtet und beschrieben, was diesen kennzeichnete, als er sich nach Brandenburg verlagerte. Daraufhin nehme ich das Geschehen im militärischen Hinterland in den Fokus, das ich zur Analyse auch als Evakuierungsschauplatz fasse. Wesentlich ausführlicher wird dann drittens die Situation für Sachsenhausen in den Blick genommen und beschrieben, wodurch das Vorgehen des Lagerpersonals dort charakterisiert war und wie sich dieses auf die Situation der Insass:innen auswirkte. Hierbei teile ich die Untersuchung zeitlich in die Alarm- bzw. Einsatzphasen der SS/Polizei zum Monats-

---

118 Doris L. Bergen: Holocaust und Besatzungsgeschichte, in: Der Holocaust. Ergebnisse und neue Fragen der Forschung, hg. von Frank Bajohr und Andrea Löw, Frankfurt a. M. 2015, S. 299-320, hier S. 301 f.; dies.: War & Genocide. A Concise History of the Holocaust, Lanham 2009.

119 Vgl. Dieter Pohl: Der Holocaust und die anderen NS-Verbrechen. Wechselwirkungen und Zusammenhänge, in: Der Holocaust. Ergebnisse und neue Fragen der Forschung, hg. von Frank Bajohr und Andrea Löw, Frankfurt a. M. 2015, S. 124-140, hier S. 134.

wechsel Januar/Februar 1945 (Kapitel 4) und von Mitte April bis Anfang Mai (Kapitel 6) ein, die durch die Phase erhöhter Alarmbereitschaft der Spannungszeit im Februar und März (Kapitel 5) getrennt waren. Der analytische Dreischritt – Betrachtung des Kriegsgeschehens (1.), Beschreibung der Situation im militärischen Hinterland (2.) und ausführliche und multiperspektivische Darlegung der Situation in Sachsenhausen (3.) – strukturiert dabei jeden der Untersuchungsabschnitte.

Über dieses analytische Vorgehen lassen sich Abhängigkeiten und Wechselwirkungen der Gewaltdynamiken innerhalb Sachsenhausens mit dem Geschehen sowohl an der Ostfront als auch in deren militärischem Hinterland 1945 offenlegen und die folgende, an bestimmte (Gefangenen-)Räume gebundene Gewaltmobilisierung der SS/Polizei sowie die (Selbst-)Mobilisierung weiterer Akteur:innen untersuchen. Außerdem gerät so auch in den Blick, dass die Endphase des Krieges 1944/45 nicht allein und ausschließlich als Phase eines chaotischen, unkoordinierten Zerfalls von NS-Herrschaft zu begreifen ist, sondern weiterhin bestimmten, vor dem Krieg entwickelten und »im Osten« radikalisierten Zerstörungs- und Gewaltpraktiken folgte. Der Blick auf die (Dis-)Kontinuitäten und Radikalisierungen der Praktiken sogenannter Gebietsfreimachungen im militärischen Rückzug ermöglicht zudem die klare Distanzierung von einem tradierten Verständnis von Endphasenverbrechen, das in der juristischen Aufarbeitung nach 1945 entlastend wirken und mitunter auch in Urteilssprüchen mit geringerem Strafmaß münden sollte.[120]

Materialien, Medien und Perspektiven

Dass die Wahl des konkreten Untersuchungsgegenstands auf Sachsenhausen fiel, hat unter anderem mit der Materiallage zu tun: Während für die nationalsozialistischen Konzentrationslager und insbesondere deren Räumungen 1944/45 gemeinhin eine schlechte Quellenlage zu konstatieren ist, liegt für diesen Komplex der zweite, von der Kommandantur in Oranienburg am 2. Februar 1945 erneuerte Räumungsbefehl vor. Gefangenen war es im April 1945 gelungen, einzelne Dokumente der Lagerleitung vor dem Verbrennen zu sichern. Auch für den im Januar 1945 ebenfalls durch die Rote Armee als »bedroht« erachteten Komplex Stutthof bei Danzig (Gdańsk) ist ein derartiger Einsatzbefehl überliefert.[121] Damit liegen zwei Einsatzbefehle der SS für den Fall vor, dass sich Gefechtshandlungen der Ostfront weiter auf Reichs- oder dem Deutschen Reich 1939 eingegliedertes Gebiet und somit in die Nähe dort lokalisierter Konzentrationslager verlagerten.

Bei Ausgabe des Alarmstichwortes »Sonnenburg« sollte der SS-Standort Oranienburg geräumt und »[d]er Abtransport des Lagers K.L. Sachsenhausen sowie der Zweig-

---

120 Vgl. Norbert Frei: Vergangenheitspolitik. Die Anfänge der Bundesrepublik und die NS-Vergangenheit, München 2012, S. 116 und S. 127-129.
121 Vgl. Kommandantur des KL Stutthof, Einsatzbefehl 5 vom 25.1.1945, in: AMS, I-IB-5.

lager und der verschiedenen Arbeitskommandos [...] *sofort* [vorbereitet]« werden.[122] Der zweiseitige Befehl enthielt somit einerseits Anweisungen, wie die Evakuierung konkret zu erfolgen hatte. Darüber hinaus verweist die Wahl des Stichwortes »Sonnenburg« auf das regional spezifische Vorgehen der Konzentrationslagerauflösung. In Sonnenburg (Neumark), das in der Nähe von Frankfurt (Oder) und damit ebenfalls in der Region Brandenburg lag, hatte das Gefängnispersonal in Zusammenarbeit mit Polizeiangehörigen der Dienststelle Frankfurt (Oder) bereits in der Nacht vom 30. zum 31. Januar die Räumung des Gefängnisses vollzogen. Hierbei trieb das Gefängnispersonal circa 150 Insassen westwärts über die Oder zum Konzentrationslager Sachsenhausen. Von dort aus gelangte ein Teil weiter in das Zuchthaus Brandenburg-Görden. Noch vor Ort in Sonnenburg erschoss ein Einsatzkommando der Polizei aus Frankfurt (Oder) über 800 Gefangene, die nicht weiterverschleppt werden sollten. Sowjetische Vorauseinheiten trafen am 2. Februar im Gefängnishof ein und fanden den Tatort sowie zwei Überlebende des Massakers vor.[123] Die Wahl dieses Stichwortes bekräftigt somit, dass die 1945 in Sachsenhausen vollzogenen Verbrechen ins Verhältnis sowohl zum Kriegs- als auch zum gesamten, im militärischen Hinterland vollzogenen Verfolgungs-, Verschleppungs- und Vernichtungsgeschehen in der Region Berlin-Brandenburg zu Kriegsende gesetzt untersucht werden müssen.

Teile Brandenburgs stellten ab dem 25. Januar das Operationsgebiet der Heeresgruppe »Weichsel« dar. Am 28. Januar hatte deren Befehlshaber, Heinrich Himmler, das erste Mal den Befehl zur Räumung der östlichen Kreise der Region erteilt – das Gebiet war für mögliche Kampfhandlungen »freizumachen«.[124] Um die verschiedenen und in Zusammenhang mit der Erteilung von Räumungsbefehlen in Brandenburg stehenden Gewaltverbrechen der SS/Polizei zu analysieren und sie sowohl ins Verhältnis zur Frontlage als auch in Relation zum Geschehen innerhalb des Komplexes Sachsenhausen 1945 zu setzen, wurden somit zum einen sowohl zeitgenössische Dokumente der Heeresgruppe »Weichsel« als auch militärische Räumungsanordnungen, die seit 1934 für den Fall der Verteidigung deutschen Reichsgebietes vorlagen und bis 1944 immer wieder aktualisiert wurden, eingesehen und ausgewertet.[125]

---

122 Vgl. Kommandantur des KL Sachsenhausen, Tagesbefehl (Tgb.) Nr. 6/45 vom 2.2.1945, in: GARF, 7021/104/8, S. 5. Hervorhebung im Original.
123 Vgl. Janine Fubel: Evakuierungs- und Kriegsschauplatz Mark Brandenburg. Das Aufeinandertreffen von Ostfront und »innerer« Front im Januar 1945, in: Militärgeschichtliche Zeitschrift 81/1 (2022), S. 174-208, hier S. 197-200; Daniel Queiser: Das Massaker in der Nacht vom 30. auf den 31. Januar 1945, in: Coppi, Sonnenburg, S. 49-61; Hohengarten, Massaker.
124 Fernschreiben des RFSS vom 28.1.1945, Kriegstagebuch (KTB) der Heeresgruppe »Weichsel« (HGrW), in: BArch F, RH 19/XV 2.
125 Diese Dokumente werden im Bundesarchiv, Abteilung Militärarchiv, in Freiburg verwahrt. Weiterhin können Dokumente deutscher Militärprovenienz im Rahmen des deutsch-russischen Projektes zur Digitalisierung deutscher Dokumente in Archiven der Russischen Föderation eingesehen werden. Online unter: https://wwii.germandocsinrussia.org/de/nodes/1-bestand-500 (letzter Zugriff am: 21.9.2024).

Zum anderen dienten Dokumente aus und zu Haftstätten und NS-Zwangslagern, die in Brandenburg ab Ende Januar 1945 frontbedingt aufgelöst wurden, der Studie als Materialgrundlage. Die Suche nach Dokumenten der SS/Polizei zu den Mordaktionen und Gefangenentransporten im Rahmen von Evakuierungen gestaltete sich dabei weitaus schwieriger als die zum Kriegsgeschehen: Die SS/Polizei vernichtete ihre Aktenbestände 1945 großzügig.[126] Originaldokumente des deutschen Konzentrationslagersystems befinden sich, wenn sie zuvor nicht von der SS vernichtet wurden oder von den Alliierten bei Eintreffen gesichert werden konnten, in vielen unterschiedlichen Archiven und sind mitunter international verteilt. Die fragmentarische Dokumentenlage lässt sich außerdem auf die zu Kriegsende zunehmende Entbürokratisierung sowie auf die Tatsache, dass Akten und Kriegstagebücher im Zuge des Zusammenbruchs immer weniger geführt, Berichte immer seltener geschrieben und Befehle oft nur noch mündlich weitergeleitet wurden, zurückführen. Im Zuge der alliierten Bombardierungen fielen Dokumente zudem den Flammen zum Opfer. Das Funknetz war immer wieder gestört, das Telefonnetz zunehmend zerstört. Und auch wenn auf Befehl Himmlers auf Kuriere und Brieftauben zurückgegriffen werden sollte,[127] brach der Kontakt zwischen der NS-Führung und regionalen wie lokalen Funktionsträgern im Frühjahr 1945 zunehmend zusammen.

Hier helfen Dokumente zum deutschen Deportations- und Konzentrationslagersystem und zur SS/Polizei aus alliierter Provenienz und des IKRK weiter, die zwischen 1944 und 1947 entstanden sind. Zu diesen zählen auch die Transkripte deutscher Funksprüche. Aufgrund des britischen Einbruchs in die Funkschlüssel der Wehrmacht-, SS/Polizei- und Parteiführung konnte ich für die Untersuchung auf transkribierte Dechiffrierungen, welche vom britischen Geheimdienst in Bletchley Park 1944/1945 angefertigt wurden und im Londoner Nationalarchiv eingesehen werden können, zurückgreifen.[128] Luftbildaufnahmen, welche von westalliierten Luftstreitkräften angefertigt, und Flugblätter, die von ihnen abgeworfen wurden, liefern zusätzliches Material für die Analyse des Geschehens 1945. Von

---

126 Die Aktenvernichtungsaktionen gehen unter anderem auf einen Befehl Goebbels vom 20. Februar 1945 zurück, der zur systematischen Vernichtung aller geheimen und heiklen Dokumente, darunter auch aller Papiere, die sich auf Juden und Jüdinnen bezogen, aufforderte. Vgl. Raul Hilberg: Die Quellen des Holocaust. Entschlüsseln und Interpretieren, Frankfurt a. M. 2002, S. 22.

127 Zur Nutzung von Brieftauben vgl. Brief Brandt an Himmler vom 11.1.1945, abgedr. in: Reichsführer! ...: Briefe an und von Himmler, hg. von Helmut Heiber, Stuttgart 1968, S. 301. Zur ausdrücklichen Nutzung von Kurieren anstelle von Funk- und Telefonverbindungen vgl. das Schreiben des HSSPF »Spree« und Befehlshaber der Ordnungspolizei (BdO) im WK III, August Heißmeyer, vom 6.3.1945, in: BLHA, Rep. 61 A NSDAP 574.

128 Zum Abfangen von Funksprüchen durch den britischen Geheimdienst vgl. Jan Erik Schulte: London war informiert. KZ-Expansion und Judenverfolgung. Entschlüsselte KZ-Stärkemeldungen vom Januar 1942 bis zum Januar 1943 in den britischen National Archives in Kew, in: Hitlers Kommissare. Sondergewalten in der nationalsozialistischen Diktatur, hg. von Rüdiger Hachtmann und Winfried Süß, Göttingen 2006 (Beiträge zur Geschichte des Nationalsozialismus, Bd. 22), S. 207-225.

zentralem Wert für die vorliegende Studie ist das Ermittlungsmaterial, welches die britischen und sowjetischen Militäradministrationen in Vorbereitung der Nachkriegsprozesse unmittelbar nach der deutschen Kapitulation, teilweise auch schon während des Krieges, zusammenzustellen begannen.[129] Auch wenn im Hinblick auf die in den Nachkriegsverhören entstandenen Dokumente Vorsicht walten zu lassen ist und für das führende SS/Polizei- wie das Konzentrationslagerpersonal außerdem Entlastungsfunktionen ihrer (Falsch-)Aussagen bedacht werden müssen, die der Überprüfung mittels Aussagen von Überlebenden und weiteren Zeugen bedürfen, stellen die Ermittlungs- und Prozessakten elementares Material dar, ohne das die Gewaltdynamiken im Zuge der Konzentrationslagerräumungen nicht zu analysieren wären. Eine weitere Analysegrundlage boten mir zudem Fotografien, die ein Delegierter des IKRK während des Todesmarsches heimlich angefertigt hatte. Unmittelbar nach dem Krieg fügte er diesen einen ausführlichen schriftlichen Bericht bei.[130] Unter Einbezug fototheoretischer und medienwissenschaftlich informierter Ansätze wird dieses Material wie auch die Aufnahmen, mit denen Jaroslav Šklíba die Befreiung einer Gruppe tschechischer Häftlinge und deren Übergang in die Freiheit Anfang Mai 1945 dokumentierte,[131] quellenkritisch auf das Geschehen in Sachsenhausen befragt.

Des Weiteren ist es mir gelungen, eine Vielzahl früher Erinnerungsberichte zusammenzutragen, die der internationalen sowie der Geschlechterzusammensetzung von Sachsenhausen gerecht wird – 1945 waren in dem ursprünglich als Männerlager konzipierten Komplex auch über 10.000 Frauen interniert.[132] Bereits unmittelbar nach der Befreiung verfassten Überlebende, die in alliierten Sammelunterkünften für Displaced Persons (DP) zu Kräften kamen und auf ihre Repatriierung warteten, Berichte über das zuvor im Rahmen der Verfolgung, Deportation, Gefangenschaft und Ausbeutung Erfahrene. Einige von ihnen sind nach dem Todesmarsch auch noch einmal nach Oranienburg zurückgekehrt und haben dort Zeugnis über ihre Deportations- und Lagerzeit abgelegt. Vereinzelt wurden den Alliierten oder später den Archiven auch Tagebücher überlassen und publiziert, die bereits während der Todesmärsche angefertigt worden waren. Mit Hilfe dieser Aufzeichnungen gelang es nachträglich, Kartenmaterial von den Routen der Todesmärsche zu erstellen und diese dann Ermittlungsbehörden zur Verfügung zu stellen. Ohne den Materialkorpus

---

129 Vgl. Winfried Meyer: Britischer oder sowjetischer Sachsenhausen-Prozeß? Zur Vorgeschichte des »Berliner Prozesses« vom Oktober 1947, in: Zeitschrift für Geschichtswissenschaft 45 (1997), S. 965-991.

130 Vgl. Sébastian Farré und Yan Schubert: From Sachsenhausen to Schwerin. The International Committee of the Red Cross (ICRC) and the Death Marches, in: Blondel, Freilegungen, S. 282-299, hier S. 285 f.

131 Mein ausdrücklicher Dank gilt an dieser Stelle Vlasta Měštánková, die mir die Ergebnisse ihrer Untersuchungen zu Jaroslav Šklíba zur Verfügung stellte und mich bei meiner Recherche im tschechischen Nationalarchiv in Prag unterstützte.

132 Vgl. Aufstellung der Amtsgruppe D vom 1. und 15.1.1945, in: BArch B, NS 3/439.

dieser Berichte wäre eine (Re-)Konstruktion der Situation in Sachsenhausen 1945 ebenfalls nicht möglich.

Hinsichtlich im Rahmen späterer Prozesse verfasster Berichte, die für die Untersuchung herangezogen wurden, ist zu bedenken, dass diese zwar für die Analyse ebenfalls relevante Zeugnisse darstellen, zum Teil aber Jahre, einige sogar Jahrzehnte nach den Ereignissen geschrieben wurden und daher eine retrospektive Sichtweise abbilden. Hier gilt es zu beachten, dass die Erinnerung an Ereignisse und Ausnahmezustände, aber auch Alltäglichkeiten nach längerer Zeit Faktoren der Rekonstruktion und Deformation unterworfen sind, die diese Zeugnisse jedoch nicht weniger relevant machen.[133] Bei der Auswertung der Erlebnisberichte wurde stellenweise auch deutlich, wie das »kollektive Gedächtnis« in die Rekonstruktion der Erinnerungen »eingegriffen« hatte und diese Kontexten zuordnete, die sich im Zuge von Ermittlungen, Prozessen oder Publikationen erst in der Nachkriegszeit ergeben haben konnten.[134]

In weitaus geringerer Zahl als die Berichte der Überlebenden sind in die vorliegende Untersuchung auch Aussagen, die von Augenzeug:innen aus der Umgebung stammen und die den Todesmärschen beiwohnten, eingeflossen. Hierbei handelt es sich hauptsächlich um Berichte von Frauen und Menschen, die zur Zeit der Todesmärsche Kinder waren. In Hinblick auf diese Zeugnisse ist mitzudenken, dass eine Verstrickung in oder subjektive Nähe zu Gewalttaten oder zu Täter:innen bestanden haben kann. Von einer Verstrickung der Zivilbevölkerung in die Beseitigung der Tatorte ist ebenfalls auszugehen und dementsprechend zu reflektieren, dass auch diese Aussagen Entlastungsfunktion haben konnten.

Die Bruchstücke, welche sich aus der ungenügenden Dokumentenlage bzw. »der zunehmend informellen Befehlspraxis« für Sachsenhausen ergeben,[135] konnten somit durch umfangreiches Material alliierter Provenienz, die Zeugnisse von Überlebenden, der anwesenden Delegierten des IKRK wie auch der Bevölkerung zu einem Gesamtbild zusammengesetzt werden. Erklärtes Ziel war hierbei, sich von der fragmentierten Dokumentenlage nicht einschüchtern zu lassen und stattdessen nach weiteren Materialien und Medien, mit denen die Analyse des Gewaltkomplexes Sachsenhausen 1945 vollzogen werden kann, zu recherchieren. Hierfür wurde eine Vielzahl an Archiven im In- und Ausland genutzt. Nicht zuletzt auf die Hilfe der Archivar:innen, meiner Übersetzerin Ludmila Grigorjeva in Moskau sowie dem regen Austausch mit Wissenschaftler:innen, die sich in ihren Untersuchungen ebenfalls dem Rückzugs- und Räumungsgeschehen im Zweiten Weltkrieg oder den Dynamiken

---

133 Vgl. Dori Laub: An Event Without a Witness. Truth, Testimony and Survival, in: Testimony Crises of Witnessing in Literature, Psychoanalysis and History, hg. von Shoshana Felman und Dori Laub, New York 1993, S. 75-92.
134 Vgl. Jan Assmann, Das kulturelle Gedächtnis. Schrift, Erinnerung und politische Identität in frühen Hochkulturen, München 2007; Aleida Assmann, Erinnerungsräume. Formen und Wandlungen des kulturellen Gedächtnisses, München 2006.
135 Hördler, Ordnung, S. 15.

NS-spezifischer Gewalträume widmen,[136] ist es zurückzuführen, dass es für die vorliegende Studie – obwohl so viele Dokumente vernichtet worden sind – möglich wurde, auf einen umfangreichen Korpus zeitgenössischer Text- und Bilddokumente zurück- sowie umfangreiche Forschungsperspektiven aufzugreifen. Bei der Analyse dieses umfangreichen »Materialmixes« werden Narrative und Visualisierungspraktiken mit Methoden der Kulturgeschichte in den Blick genommen, um eine multiperspektivische – im Sinne von »integrierter«[137] und »dichter«[138] – Geschichtsschreibung des prozesshaften Gewaltereignisses »Evakuierung und Auflösung des Konzentrationslagerkomplex Sachsenhausen 1945« zu praktizieren. Hierbei ist auch viel Zeit in die Übersetzungsarbeit geflossen, also die Reflexion über die Sprache, mit der die zur Anwendung gekommene Gewalt mit einem möglichst geringen Rückgriff auf die Terminologie der Täter:innen beschrieben werden soll.

Sprache

Überlegungen dazu, wie die Ereignisse der Evakuierungen der Konzentrationslager und Todesmärsche im Rahmen einer Gewaltgeschichte des 20. Jahrhunderts beschrieben werden können, haben die vorliegende Studie von Beginn an begleitet. Die Frage kreiste immer wieder darum, welche Begriffe im Zusammenhang mit meinem Forschungsgegenstand gewählt werden sollen und wie eine Sprache gestaltet sein müsste, in der die kollektive Gewaltanwendung einerseits und die Gewalterfahrungen der Betroffenen andererseits adäquat beschrieben werden.[139] Diese Überlegungen fußten dabei auf der Grundannahme, dass die deutsche Sprache im Nationalsozialismus durch semantische Umkodierungen gekennzeichnet war und gegenüber den in zeitgenössischen Dokumenten deutscher Provenienz enthaltenen Begrifflichkeiten Vorsicht walten zu lassen ist. Insbesondere jüdische Autor:innen haben frühzeitig auf die spezifische Verschränkung von Sprache und Gewalt verwiesen und betont, dass sich die Präzedenzlosigkeit der Shoah nicht über althergebrachte Begriffe fassen lasse. Als prominentestes Beispiel dürfte hierbei Victor Klemperers »LTI« gelten.[140] Aber

---

136 Vgl. Ausführungen in der Danksagung.
137 Saul Friedländer: Den Holocaust beschreiben. Auf dem Weg zu einer integrierten Geschichte, Wallstein 2007.
138 Clifford Geertz: Dichte Beschreibung. Beiträge zum Verstehen kultureller Systeme, Frankfurt a. M. 1983. Zur nötigen (Sprach-)Sensibilität und den semantischen Grenzen einer »dichten Beschreibung« von Gewaltereignissen vgl. Riekenberg: Einführende Ansichten, S. 19-22 und S. 26-29.
139 Besonders wertvoll für mich waren die sprachkritischen Rückmeldungen im Rahmen der Sitzungen des Doktorand:innenkolloquiums von Claudia Bruns am Institut für Kulturwissenschaft der Humboldt-Universität zu Berlin, welche die Arbeit an dieser Dissertation über Jahre begleitet haben.
140 Vgl. Victor Klemperer: LTI – Notizbuch eines Philologen, Leipzig 1975.

auch H. G. Adler, Nachman Blumental oder Karl Kraus, um nur einige zu nennen, haben die Zurichtung der deutschen Sprache im Hinblick auf ihre Gewaltfunktion zum Gegenstand ihrer Untersuchungen gemacht.[141] Kraus brachte die NS-Spezifik bereits 1933 prägnant auf die Formel des »Betrug[s] der alten Metaphern durch eine neue Wirklichkeit«.[142] Er benannte damit präzise den vorgreifenden Einfluss, den der nationalsozialistische Sprachgebrauch auf die späteren Praktiken der Diktatur hatte.

In ihren Zeitdiagnosen beschrieben die jüdischen Wissenschaftler:innen Sprache als Tat. An die Sprachkritik der *Survivor Scholars* anschließend, greifen aktuelle Forschungsprojekte die »gewaltsame Funktionalisierung der deutschen Sprache in der NS-Terminologie« erneut auf und rücken diese – als »Sprachhandeln« gefasst – ins Zentrum ihrer Untersuchungen.[143] Als »Sprache der Übertretung« fasst Dirk Moses in seinem Konzept der »permanenten Sicherheit« diskursanalytisch zudem, was die Obergrenze von (genozidaler) Massengewalt bestimmt und dabei das Gefüge von Bezeichnungen und Konzepten umfasst, die zur definitorischen Deutung und Überwachung dieser Schwelle verwendet werden.[144] An diese Forschungszugänge anschließend, beende ich meine Einleitung über die Diskussion einzelner, zentraler Begriffe und lege dabei beispielhaft dar, welche Termini und sprachlichen Markierungen ich für die vorliegende Studie warum gewählt und wie eingesetzt habe.

Wenn ich über die Menschen, die im Konzentrationslager Sachsenhausen 1945 interniert waren, schreibe, stellt mich der Häftlingsbegriff vor Herausforderungen. Aus meiner Sicht verdeckt er die unterschiedlichen Gefangenschafts- und Deportationserfahrungen der Insass:innen. Zu Kriegsende handelte es sich neben den in »Schutz-« oder »Vorbeugehaft« genommenen Menschen auch um Kriegsgefangene, männliche Insassen der sogenannten Sonderabteilung-Wehrmacht (SAW), jüdische Deportierte, Sinti:zze und Rom:nja, weitere von der Gestapo nach Sachsenhausen verschleppte Zivilist:innen, unter ihnen viele sowjetische oder polnische Zwangsarbeiter:innen und auch politische Gefangene der Justizvollzugsanstalten, die kriegsbedingt geräumt wurden. Der Heterogenität der »Lagergesellschaft« 1945 versuche ich daher über die Begriffe »Insass:innen« und »Gefangene« gerecht zu werden. Problematisch erscheint mir zudem, auf militärische Begrifflichkeiten oder die Tarnsprache der Täter:innen zurückzugreifen. Begriffe wie »Kolonne« oder »Marsch« fassen das Evakuierungsgeschehen nicht adäquat und evozieren darüber hinaus ein Bild militärischen Vorgehens, das ebenso wie etwa die Bezeichnung der Unterkunfts-

---

141 Vgl. exempl. Nachman Blumental: Slowa Niewinne (Unschuldige Wörter), Centralna Żydowska Komisja Historyczna przy Centralnym Komitecie Żydów w. Polsce Nr. 34, Kraków 1947; ders., From the Nazi Vocabulary, in: Yad Vashem Studies on the European Jewish Catastrophe and Resistance VI, Jerusalem 1967, S. 69-82.
142 Karl Kraus: Die dritte Walpurgisnacht, München 1965, S. 121.
143 Cornelia von Einem: Tagungsbericht: »Sprachhandeln«. Reflexionen über die deutsche Sprache nach dem Holocaust, 21. 10. -22. 10. 2019 Leipzig, in: H-Soz-Kult, 23. 3. 2020. Online unter: www.hsozkult.de/conferencereport/id/tagungsberichte-8701 (letzter Zugriff am 24. 9. 2024).
144 Moses, Problems, S. 28.

baracken in den »Schutzhaftlager«-Bereichen als »Blöcke« auf vermeintliche Ordnung und Disziplin rekurriert und so die für die Gefangenen des Konzentrationslagersystems menschenunwürdige und gefährliche Situation verdeckt. Verwende ich den Begriff der Evakuierung, geschieht dies ausdrücklich in Bezug auf die Verlagerung des gesamten SS-Komplexes Oranienburg-Sachsenhausen, zu dem über die Weiterverschleppung der Insass:innen hinaus immer auch das In-Sicherheit-Bringen des Lagerpersonals, von Familienangehörigen, Maschinen, Materialien und Wertsachen sowie eines Teils der Dokumente zählte. Beziehen sich die Aussagen auf die spezifische, extreme Gewalt der durch die Lager-SS/Polizei und das Wachpersonal vollzogenen Evakuierungshandlungen, nutze ich neben den Begriffen »Gewalt-« bzw. »Todesmarsch« auch »Rück-« oder »Weiterdeportation« und »Verschleppung«, um den fortdauernden Gewalterfahrungen der Betroffenen gerecht zu werden.

Der Wunsch, dem Forschungsgegenstand auch sprachlich in angemessener, d. h. der Gewaltsituation des Konzentrationslagersystems gerecht werdender Form zu begegnen, stellte mich aufgrund der bis heute wirksamen Kontamination der deutschen Sprache und der Schwierigkeit – vielleicht sogar Unmöglichkeit –, sich dieser komplett zu entziehen, vor Herausforderungen. Konnte ich für spezifische, insbesondere zur Tarnung der Gewaltverbrechen etablierte NS-Begriffe keine angemessenen Synonyme finden bzw. verwende ich sie als Quellenbegriffe zur Beschreibung oder Analyse, habe ich Markierungen gesetzt, nicht zuletzt, um die NS-Sprache damit oder über die Gegenüberstellung mit Termini, die Überlebende nach dem Krieg prägten, zu dekonstruieren.[145] An die zentralen Befunde der Täter:innenforschung anschließend, die insbesondere durch die Frauen- und Geschlechtergeschichte angeregt auf Aspekte wie NS-spezifische Männlichkeitsimperative oder den Einbezug von Frauen als Täterinnen verweisen,[146] nutze ich in der Untersuchung weitere sprachliche Markierungen wie die Verwendung von Doppelpunkten, die zum Nachdenken über geschlechtsbinär wirkmächtige Vorstellungen anregen und ebenfalls der Dekonstruktion derselben dienen sollen.

---

145 Für Hervorhebungen, ebenso wie für den Verweis auf weitere spezifisch nationalsozialistische Begriffe werden Chevrons (französische Anführungszeichen) verwendet.
146 Vgl. exempl. Thomas Kühne: The Rise and Fall of Comradeship. Hitler's Soldiers, Male Bonding and Mass Violence in the Twentieth Century, Cambridge 2017; Kathrin Kompisch: Täterinnen. Frauen im Nationalsozialismus, Köln 2008.

TEIL I

Krieg – Bewegung – Gewalt

Gegenstand des ersten Teils der Untersuchung ist die Einführung in die Akteure, Räume und Mobilisierungskonzeptionen, die grundlegend für das Gewaltereignis waren, das der Prozess der Evakuierung und Auflösung Sachsenhausens zu Kriegsende 1945 darstellte. Bevor dieses Geschehen im zweiten Teil ausführlich beschrieben und analysiert wird, widme ich mich in diesem Teil der Klärung folgender Fragen: Wodurch war die deutsche Mobilisierung für den Krieg, für dessen Durchführung und für die deutschen Rückzüge gekennzeichnet? Da sich die deutsch-sowjetischen Kampfhandlungen 1945 in die Region Berlin-Brandenburg verlagern sollten, liegt der Fokus hier auf den Kennzeichen der deutschen Kriegführung »im Osten« (Kapitel 1). Daraufhin gehe ich der Frage nach, welche Pläne für den Fall, dass es dem militärischen Gegner gelingen sollte, auf Reichsgebiet vorzudringen, vorlagen. Dabei wird auch zu klären sein, welche Rolle Evakuierungen hierbei spielten (Kapitel 2). Im dritten und den ersten Teil der Studie abschließenden Kapitel widme ich mich am Beispiel Sachsenhausens dem deutschen Konzentrationslagersystem: Wodurch war dieses gekennzeichnet und welchen Platz nahm der Oranienburger Komplex in diesem ein? Dabei wird auch darzulegen sein, durch welche grundlegenden Entwicklungen die Situation dort bis Ende 1944 charakterisiert war (Kapitel 3).

1 Kriegsschauplatz »Ostfront«

Die Studie widmet sich der Verlagerung der Kriegshandlungen an der deutsch-sowjetischen Front zu Kriegsende in die Region Berlin-Brandenburg sowie den daraufhin dort ausgelösten Evakuierungs- und Sicherungsmaßnahmen. Seit dem deutschen Einfall in Polen 1939 und insbesondere im Zuge des Angriffs der Sowjetunion 1941 hatte sich auf der deutschen Seite eine spezifische Kriegführung herausgebildet, die sich eklatant von den Feldzügen unterschied, die die Wehrmacht beispielsweise in Frankreich führte. Um was für einen Kriegsschauplatz handelte es sich bei dem allgemein als »Ostfront« bezeichneten Kampfgeschehen? Bevor ich konzise aufzeige, was den deutschen Krieg »im Osten« kennzeichnete, möchte ich in einem ersten Schritt jedoch darlegen, wie sich Kriegsschauplätze als spezifische Gewalträume historisch fassen und analysieren lassen. Bewerkstelligen lässt sich dies über ein Analysemodell, das Susanne Kuß in die historische Forschung eingeführt hat.

1.1 Kriegsschauplätze

Zur Beantwortung der Frage nach den Einflussfaktoren auf eine Kriegführung hat Kuß am Beispiel der deutschen Kolonialkriege das Analysemodell vom Kriegsschauplatz erprobt, mit dem sich die Ausübung extremer Kriegsgewalt erfassen und analysieren lässt.[1] Auch wenn sich die Vorstellungen vom künftigen Krieg und somit auch den hierfür als militärstrategisch notwendig erachteten flächendeckenden Evakuierungen im Nationalsozialismus, wie aufzuzeigen sein wird, vor allem aus den Erfahrungen des Ersten Weltkrieges – und nicht der Kolonialkriege – speisten,[2] lassen sich aus diesem Analysekonzept zentrale Überlegungen zur Untersuchung der Kriegführung an der deutsch-sowjetischen Front 1945 übertragen. Bei dem Begriff des Kriegsschauplatzes handelt es sich um einen Relationenbegriff, der Beziehungen zwischen verschiedenen Elementen herstellt.[3] Er steht in einem engen semantischen Zusammenhang mit dem des »Raumes« und enthält drei unterschiedliche Raumbegriffe – den geografischen, den sozialen und den imaginierten.[4] Der imaginierte Raum stellt dabei »eine auf die Zukunft gerichtete Variante des sozialen Raums« dar. In dieser Konzeptionierung geraten somit auch die Bilder, Fantasien und die

---

1 Vgl. Kuß, Militär. S. 32-37.
2 Vgl. Johannes Großmann und Fabian Lemmes: Evakuierungen im Zeitalter der Weltkriege. Stand der Forschung, Konzepte und Perspektiven, in: Forcade, Evakuierungen im Europa der Weltkriege, S. 11-35.
3 Vgl. Kuß, Militär, S. 32-37.
4 Ebd., S. 36f.

mit alternativen Raummodellen und -nutzungen befrachteten Vorstellungen von zu verteidigenden Räumen in den Blick.[5]

Durch den Zugriff auf Kriegsgebiete über die Analysekategorie »Raum« gerät in der vorliegenden Untersuchung zum einen die regionalisierende Wirkung von Kriegsschauplätzen in den Fokus. Zum anderen wird über die Beschaffenheit von Fronten oder deren Abschnitten als räumliche Grenzen nachgedacht. Bereits Kurt Lewin hatte in seiner Phänomenologie des Schlachtfeldes 1917 die räumliche Beschaffenheit der Kriegslandschaft reflektiert und diese als Begrenzung *in* der Landschaft konzipiert. Temporalität führe hier dazu, Raum anders – nämlich in seiner Begrenzung zu erfahren.[6] In der vorliegenden Studie wird die historisch spezifische Raumkonfiguration »Ostfront« ebenfalls als *spacial boundary* und hierbei insbesondere als inter- oder transnationale Konflikt- und Kontaktzone konzipiert.[7] An die Befunde zur Spezifik von Gewalträumen und der jüngeren Militärgeschichte anschließend, lässt sich darlegen, dass Kriegsgebiete Zonen entfachter Gewalt darstellen, in denen die Regeln von Gesellschaften im Krieg gelten.[8] Im Hinblick auf die Temporalitäten in Kriegsunternehmungen soll zudem Betonung finden, dass die Gefechtshandlungen in Kriegszonen sowohl durch Kampf- als auch Ruhephasen, langes Ausharren und plötzliches Zuschlagen, Vorwarnzeiten oder Überraschungsmomente gekennzeichnet sind. Entlang einer Frontlinie herrscht nicht ständig und auch nicht überall Krieg, sondern nur in bestimmten Gefechtsräumen und zu bestimmten Zeiten.

Zur Konzeptionierung von Kriegsschauplätzen bzw. -zonen wird somit an Forschungsarbeiten angeschlossen, die territoriale wie soziale Grenzen als dynamische Produkte von gewaltvollen Aushandlungen fassen. Dementsprechend lassen sich Kriegsschauplätze als historisch spezifische Raum- bzw. Grenzkonfigurationen untersuchen, die sich aus unterschiedlichen Faktoren konstituieren. Zu diesen zählen laut Kuß neben den jeweiligen Streitkräften und einheimischen Akteur:innen unter anderem auch die geophysischen Gegebenheiten wie Topografie und Klima oder kulturgeografische Rahmenbedingungen wie die Siedlungsstruktur, Bevölkerungsdichte, Infrastruktur und Ökonomie. Im Hinblick auf die sowohl angreifende als auch die verteidigende Akteursgruppe gilt, dass »[d]eren Einstellungen und Verhaltensweisen, Wahrnehmungen und Erfahrungen« ebenfalls durch spezifische Faktoren wie Herkunft und Sozialisation, die Zugehörigkeit zu einer speziellen Handlungseinheit und weltanschauliche Entwürfe geprägt sind. Das Handeln von Kombattant:innen ist überdies durch äußere Vorgaben wie politische Ziele, konkrete »Zeiterwartungen der Politik und

---

5 Vgl. ebd., S. 35.
6 Vgl. Kurt Lewin: Kriegslandschaft, in: Kurt-Lewin Werkausgabe, Bd. 4, hg. von Carl-Friedrich Graumann, Bern 1982, S. 315-325.
7 Vgl. Ausschreibung zur Konferenz »War as Contact Zone in the Nineteenth Century«, Paris 28.-29. 6. 2018. Online unter: www.hsozkult.de/event/id/event-85767 (letzter Zugriff am: 21. 9. 2024).
8 Vgl. Baberowski, Einleitung, S. 14.

die Finanzierung des Krieges« oder die Legitimierung des Krieges in der öffentlichen Meinung bestimmt.[9]

Neben den aufgeführten Voraussetzungen für eine Kriegführung, die Kuß als politische, soziale, mentale und institutionelle fasst, ist ein Kriegsgeschehen stets auch durch Verzögerungen, Hindernisse, Fehler und Missverständnisse, die in ihrer Summe das Kampfgeschehen von deren Vorbereitungen abweichen lassen können, gekennzeichnet. In der Militärtheorie findet dieser Umstand unter dem Begriff »Friktion« Beachtung.[10] Aus dem Zusammenspiel der aufgezeigten Faktoren entwickelt sich eine eigene, unvorhersehbare Kriegsdynamik. Eine Kriegführung entsteht somit immer »aus dem Zusammentreffen der von ›außen‹ kommenden Akteure mit den vorgefundenen Bedingungen, welche den Ort und die einheimischen Akteure gleichermaßen einschließen«. Die deutsche Kriegführung »im Osten« verdeutlicht zudem den Umstand, dass ein Kriegsgeschehen »von Kriegsschauplatz zu Kriegsschauplatz variieren« kann.[11]

1.2 Vernichtungskrieg

Seit 1939 führte Deutschland in Europa Krieg und trug die Gefechtshandlungen auch in außereuropäische Regionen. Da sich die deutsch-sowjetischen Gefechte 1945 nach Brandenburg und Berlin verlagerten, ist vor allem die Frage nach den Kennzeichen und der Organisation der Kriegführung für die Studie relevant, die den deutschen Überfall auf die Sowjetunion im Juni 1941 und das anschließende Besatzregime charakterisierten. Die politische wie die militärische Führung in Berlin und Zossen führte diesen Krieg als »Ostkrieg« bzw. »Ostfeldzug«. Bis zum Jahreswechsel 1942/43 diente er der deutschen Seite zur Gewinnung von »Lebensraum«. Mit der im Anschluss an die Schlacht von Stalingrad eingetretenen Wende zur zunehmend defensiveren deutschen Kriegführung wurde er als »antibolschewistischer Abwehrkampf« propagiert.

Den nach ideologischen Prämissen geführten Bewegungskrieg kennzeichnete von Beginn an eine Vernichtungsstrategie, die sich sowohl gegen sowjetische Kombattant:innen als auch gegen die Zivilbevölkerung richtete und durch eine spezifische Struktur gekennzeichnet war. Für die Kriegführung in der Sowjetunion war das Oberkommando des Heeres (OKH) mit Sitz in Zossen verantwortlich. Die in den Kampf an der Ostfront geführten Armeen fasste die Wehrmacht in Heeresgruppen zusammen. Jede Heeresgruppe verfügte über einen Generalstab. Entlang der Frontlinie waren ihnen ab 1941 sowjetische Gebiete zugewiesen worden, die sich in der territorialen Einteilung in die Heeresgebiete und -gruppen »Süd«, »Mitte« und

---

9 Kuß, Militär, S. 32 f.
10 Vgl. Carl von Clausewitz: Vom Kriege, Berlin 2010 (Erstausgabe 1832), S. 45-47.
11 Kuß, Militär, S. 34.

»Nord« niederschlugen. Die Gebiete der an der Ostfront eingesetzten deutschen Heeresgruppen waren als bewegliches Operationsgebiet konzipiert. Zur Organisation der als Militärverwaltungsgebiet erachteten Regionen griff das deutsche Heer auf ein »gestaffeltes System der Militärverwaltung« zurück.[12] Dieses System sah die Parzellierung in drei Zonen vor.[13]

Die Gefechtszone, auch als »Hauptkampflinie« bezeichnet, war beschränkt auf den Bereich der am militärischen Gegner befindlichen Divisionen und Armeekorps. Die militärische Kontaktzone stellte ein »schmales Band von Stellungen, Gräben und Unterständen« dar, das selten breiter als 20 Kilometer war. Hier befand sich das Gros der im Krieg gegen die Sowjetunion befindlichen Soldaten.[14] Die Exekutive lag hier, ebenso wie in dem dahinterliegenden Gebiet, beim Oberbefehlshaber der jeweiligen Armee. An die Gefechtszone schloss die als »rückwärtiges Armeegebiet« bezeichnete Etappe an, die vor allem der Versorgung der an der Front stehenden Truppen sowie der Sicherung der Kampfhandlungen diente. Dieses Gebiet stellte die Besatzungsräume der deutschen Armeen dar. In der Regel handelte es sich um eine 50 Kilometer breite Zone. Das »rückwärtige Armeegebiet« reichte bis zur Grenze des unter Verwaltung der deutschen Heeresgruppen stehenden »rückwärtigen Heeresgebietes«, eines der Kriegsverwaltung unterstellten okkupierten Gebietes bzw. ab 1944 des sogenannten Heimatkriegsgebietes. Das personell eher schwach besetzte militärische Hinterland hatte die Wehrmacht somit in zwei Zonen unterteilt.[15] Ersteres unterstand dem jeweiligen Armeeoberkommando (AOK) und verfügte über einen »Kommandanten des rückwärtigen Armeegebiets« (Korück). Letzteres unterstand dem »Befehlshaber des rückwärtigen Heeresgebietes« (Berück) – eine Institution, die eigens für den Krieg gegen die Sowjetunion geschaffen worden war. Sie umfasste mehrere »rückwärtige Armeegebiete«.[16] Mit der Übergabe der vormals sowjetischen Territorien in die deutsche Zivilverwaltung der »Reichskommissariate Ukraine«, »Ostland« oder dem »Generalkommissariat Estland« endete die militärische Verwaltung der besetzten Gebiete.[17]

In den militärischen Konzeptionen gehörten die Sicherung der Nachschubwege und die des besetzten Gebietes zu den Aufgaben des Korück. Hierfür verfügte der jeweilige Kommandant über eine Sicherungsdivision, Landesschützenbataillone, Feld- und Ortskommandanturen und die Geheime Feldpolizei. Letztere hatte als »rigide[s] Sicherungsmittel« zusammen mit der Feldgendarmerie, den »Kommandeuren für die Urlaubsüber-

---

12 Dieter Pohl: Die Herrschaft der Wehrmacht. Deutsche Militärbesatzung und einheimische Bevölkerung in der Sowjetunion 1941-1944, München 2008, S. 98.
13 Christian Hartmann: Verbrecherischer Krieg – verbrecherische Wehrmacht? Überlegungen zur Struktur des deutschen Ostheeres, in: Der deutsche Krieg im Osten 1941-1944. Facetten einer Grenzüberschreitung, hg. von Christian Hartmann, Johannes Hürter und Peter Lieb, München 2009, S. 4-71, hier S. 9.
14 Ebd.; Pohl, Herrschaft, S. 98.
15 Vgl. Hartmann, Krieg, S. 10 f.
16 Vgl. Pohl, Herrschaft, S. 100.
17 Hartmann, Krieg, S. 8.

wachung« und »mit Hilfe einer drakonischen Militärjustiz« dafür Sorge zu tragen, dass die Soldaten an der Ostfront blieben. Auch die frontnahen Sammelstellen und Lager für Kriegsgefangene – als Durchgangslager (Dulag) bezeichnet – waren dem Korück unterstellt. Als Territorialbefehlshaber der Wehrmacht übte der Berück im Operationsgebiet nach den Weisungen des Oberbefehlshabers der Heeresgruppe die vollziehende Gewalt aus und verfügte über eine militärische Verwaltung. Hierbei kooperierte er mit den Territorialbefehlshabern der SS/Polizei, denen als sogenannten Höhere SS- und Polizei-Führer (HSSPF) die Einsatzgruppen und weitere SS/Polizei- sowie lokale Hilfspolizeieinheiten unterstellt waren.[18] Für die Sicherungsaufgaben standen auch den Sicherungsdivisionen der Wehrmacht ebenfalls Hilfstruppen sowie verbündete Armeen zur Verfügung – insbesondere aus Rumänien, Ungarn, Italien und der Slowakei.[19]

Christian Hartmann hat bereits dargelegt, dass der deutsch-sowjetische Krieg neben der militärischen auch eine eigene Topografie des Terrors besaß.[20] Der deutsche Krieg in der Sowjetunion war durch eine rassistische Eroberungs- und Vernichtungskriegführung gekennzeichnet, die als »Kommissare« identifizierte politische Funktionäre in der Roten Armee sowie jüdische Soldaten zu ermorden suchte. Darüber hinaus richtete sie sich gegen loyale Sowjetbürger:innen und insbesondere gegen die jüdische Zivilbevölkerung.[21] Hierbei kamen Gewaltpraktiken zur Anwendung, die zuvor in Polen eingeübt worden waren,[22] aber mit Blick auf »die enthemmende Wirkung des Antibolschewismus« und auf »die Eskalation der Judenverfolgung« in der Sowjetunion noch einmal erheblich radikalisiert wurden.[23]

Erstere schlug sich im Juni 1941 in dem Vorgehen nieder, keine Gefangenen zu machen oder diese auf den Gewaltmärschen hunderttausender Kriegsgefangener durch das militärische Hinterland zu ermorden.[24] Die Gewalt der Vernichtung brach sich auch in der deutschen Belagerung sowjetischer Städte Bahnen, die z. B. während der dreieinhalb Jahre andauernden Belagerung Leningrads den Hungertod von über einer Million Zivilist:innen herbeiführte.[25] Diese Verbrechenskomplexe können der Wehrmacht zugeordnet werden. Die Einteilung in militärische und sicherheits-

---

18 Vgl. ebd., S. 10-12.
19 Vgl. Pohl, Herrschaft, S. 105 f.
20 Vgl. Hartmann, Krieg, S. 12; Johannes Hürter: Hitlers Heerführer. Die deutschen Oberbefehlshaber im Krieg gegen die Sowjetunion 1941/42, München 2007 (Quellen und Darstellungen zur Zeitgeschichte, Bd. 66), S. 535-595.
21 Vgl. Hannes Heer und Christian Streit (Hg.): Vernichtungskrieg im Osten. Judenmord, Kriegsgefangene und Hungerpolitik, Hamburg 2020; Hartmann, Krieg.
22 Vgl. Böhler, Auftakt.
23 Pohl, Herrschaft, S. 51-56, hier S. 56.
24 Vgl. Fubel, »Die schießen«; Christian Gerlach: Kalkulierte Morde. Die deutsche Wirtschafts- und Vernichtungspolitik in Weißrußland 1941 bis 1944, Hamburg 1996, S. 843-848; Christian Streit: Keine Kameraden. Die Wehrmacht und die sowjetischen Kriegsgefangenen 1941-1945, Bonn 1991, S. 162-171.
25 Vgl. Ales Adamowitsch und Daniil Granin: Blockadebuch. Leningrad 1941-1944, Berlin 2018.

polizeiliche Operationsräume galt zudem dem arbeitsteiligen Prozess des deutschen »Unternehmens Barbarossa« – »[d]ie Wehrmacht sollte den Lebensraum im Osten erobern, vielleicht noch sichern, aber nicht mehr gestalten.«[26] Die »Gestaltung« hatte sich in spezifischen territorialen Institutionen wie den HSSPF und den Befehlshabern der Sicherheitspolizei und des SD (BdS) niedergeschlagen, dem Kommandeure der Sicherheitspolizei und des SD (KdS) unterstanden, die mit den Einsatzgruppen der SS/ Polizei hinter der Front zur Tat schritten. Während die HSSPF Himmler direkt unterstellt waren und den ihnen zugeordneten SS- und Polizei-Führern (SSPF) Weisungen erteilten, stellten die BdS in den besetzten Gebieten eine Art Außenstelle des RSHA dar. Sie erhielten zudem auch Weisungen von den HSSPF.

Einem BdS waren dabei mehrere Kommandeure der Sicherheitspolizei und des SD (KdS) untergeordnet. Zum Aufgabenfeld der H/SSPF wie der B/KdS in der Sowjetunion gehörte der »Holocaust ›vor Ort‹«.[27] Sie koordinierten den Massenmord an der jüdischen Bevölkerung, den die Einsatzgruppen wie die ihnen zuarbeitenden Wehrmachtseinheiten und lokalen Hilfskräfte im militärischen Hinterland vollzogen. Hinzu kamen weitere systematisch vollzogene NS-Massenverbrechen wie die Patient:innenmorde oder die Selektion und Ermordung sowjetischer Kriegsgefangener. Mit zunehmender Dauer des Krieges erweiterte sich das Tätigkeitsfeld der SS/Polizei um den als »Bandenkrieg« bezeichneten Partisan:innenkrieg, der sich auch gegen die unbeteiligte Bevölkerung richtete und durch Massenmord, Plünderung, Vertreibung und Zerstörung gekennzeichnet war. Hinzu kamen die brutalen Auflösungen von Gettos und NS-Zwangslagern im Zuge der »Endlösung der Judenfrage« sowie im Falle militärischer Rückzüge und Gebietsaufgaben.

1.3 Rückzüge 1943/44

Die Kriegsjahre 1943/44 waren durch umfangreiche und großflächig vollzogene Rückzüge der deutschen Streitkräfte auf dem Territorium der Sowjetunion gekennzeichnet. Bei Rückzügen handelt es sich um die gefechtsmäßige Loslösung vom Feind. Sie stellen eine defensive Kampfführung dar. Das planmäßige Ausweichen dient taktisch dazu, die eigenen Truppen zu schützen und im Hinterland Positionen zu beziehen, von denen eine erneute Offensive angetreten werden kann. Geregelte Rückzüge unter ständiger Feindeinwirkung gelten als die schwierigste Form des militärischen Manövers, das in eine Flucht, also ein zielloses, mitunter auch panisches Ausweichen übergehen kann. Bei Rückzügen handelt es sich somit auch aus psychologischer Sicht um ein schwer zu fassendes Phänomen.[28]

---

26 Vgl. Hartmann, Krieg, S. 63.
27 Weisbrod, Bernd: Die Dynamik der Gewalt und der Holocaust »vor Ort«, in: Werkstatt Geschichte, Heft 58 (2011), S. 87-97.
28 Vgl. Hans von Hentig: Die Besiegten. Zur Psychologie der Masse auf dem Rückzug, München 1966.

Auch wenn Moskau bereits 1941/42 für die Deutschen unerreicht blieb, setzte mit dem Kampf um die Stadt Stalingrad erst zu Jahreswechsel 1942/43 die Kriegswende ein. Fortan war das deutsche Agieren an der Ostfront hauptsächlich durch eine defensive Kriegführung gekennzeichnet. Die Rückzüge bewegten sich dabei in dem Spannungsverhältnis zwischen Zusammenbrüchen ganzer Frontabschnitte auf der einen Seite und systematischen, gut vorbereiteten Absetzbewegungen auf der anderen. Dazwischen gab es Formen des kurzfristigen und improvisierten Ausweichens. Im Jahr 1944 folgten umfangreiche Gebietsverluste und erstmalig der Rückzug deutscher Einheiten an und hinter die östlichen Reichsgrenzen. Mit der Landung der Westalliierten in Italien (Juli 1943) und Frankreich (Juni 1944) war das deutsche Kriegsgeschehen auch in Süd- und Westeuropa durch Rückzugskämpfe gekennzeichnet. Gleichzeitig begann Deutschland 1943 mit Italien und 1944 mit Ungarn seine militärischen Verbündeten zu verlieren – die Achse brach zusammen. Flächendeckend in der Sowjetunion und punktuell in Polen, aber auch in Frankreich und Italien waren die deutschen Rückzüge durch eine menschenverachtende Evakuierungs- und Zerstörungspolitik gekennzeichnet, die sich auch in der Verschleppung von Zwangsarbeitskräften und der nachhaltigen Destruktion ländlicher Räume und Städte niederschlug. Befehle, beim Rückzug keine Gefangenen zu machen,[29] bestanden hierbei genauso wie exorbitante Vorgaben, Zwangsarbeitskräfte in das Reich zu deportieren. Vielerorts wurden Zivilist:innen beim Rückzug ermordet.[30] Im Griechenland und Italien sowie in Süd- und Westfrankreich fielen Menschen, die mit dem Kriegsgeschehen nichts zu tun hatten, ebenfalls Massakern zum Opfer.[31] Vor allem aber in der Sowjetunion und Polen sollten die deutschen Rückzüge ein Destruktionspotential freisetzen, das in direktem Zusammenhang mit der deutschen Vernichtungskriegführung »im Osten« stand.

Als deutscher Oberbefehlshaber suchte Hitler die Rückzüge durch Haltebefehle und Rückzugsverbote zu unterbinden. Hierfür griff er in seinen Weisungen vom März 1944 auf das militärische Vorgehen der »Festen Plätze« zurück. Städte, denen als logistische Verkehrsknotenpunkte eine strategische Bedeutung zukam, erklärte Hitler zu »Festungen«, die unter allen Umständen zu halten waren, und unterstellte sie sogenannten Festungskommandanten. Im Operationsgebiet liegende Städte sollten daraufhin einerseits von lokalen wie hierhin verschleppten Kriegsgefangenen und Bevölkerungsteilen mittels Schanzarbeiten und der Errichtung von Panzersperren zu Wehranlagen ausgebaut werden. Andererseits hatten sich die deutschen Truppen bei Rückzug hier zu sammeln und die belagernden sowjetischen Einheiten an sich zu binden. Denn das deutsche Heer verfügte ab 1943 nicht mehr über ausreichende

---

29 Gerlach, Morde, S. 1104.
30 Vgl. ebd.
31 Vgl. Lieb, Krieg, S. 364-368 und S. 462-467; Carlo Gentile: Wehrmacht und Waffen-SS im Partisanenkrieg. Italien 1943-1945, Paderborn 2012 (Krieg in der Geschichte, Bd. 65), S. 216-221; Dieter Begemann: Distomo 1944, in: Orte des Grauens. Verbrechen im Zweiten Weltkrieg, hg. von Gerd R. Ueberschär, Darmstadt 2003, S. 30-36.

Personalstärke, um die bis zu 1.200 Kilometer lange deutsch-sowjetische Kontaktlinie ausreichend dicht zu besetzen und zu verteidigen. Somit zielte das Vorgehen, »feste Plätze« zu schaffen, auch darauf ab, einem Zusammenbruch von Frontabschnitten entgegenzuwirken. Sie sollten als Wellenbrecher der feindlichen Front fungieren und den Ausgangspunkt neuer deutscher Offensiven bilden.[32]

Die Weisungen Hitlers und des OKHs hielten den sowjetischen Vormarsch nicht auf. Im Zuge ihrer »Operation Bagration« hatten die sowjetischen Streitkräfte die Mehrzahl der in der Heeresgruppe »Mitte« aufgebrachten Divisionen (28 von 38) sowie drei Armeen im Sommer 1944 aufgerieben. Die während dieser Kämpfe erlittenen Verluste konnte die Wehrmacht nicht mehr ausgleichen. Die sowjetische Großoffensive und der Zusammenbruch der Heeresgruppe gelten dabei als die schwerste und verlustreichste Niederlage der deutschen Militärgeschichte. Bis zum 29. Juli war die Rote Armee im mittleren Frontabschnitt an die Weichsel vorgerückt – gegenüber lag Warschau. Dort hatten sich am 1. August 1944 im militärischen Hinterland der Ostfront erstmals große Teile der Stadtbevölkerung militarisiert und gegen die Besatzer erhoben. Die Rote Armee blieb jedoch am rechten Flussufer stehen und rückte nicht weiter vor. Die brutale, acht Wochen andauernde Niederschlagung des Aufstandes durch SS/Polizei-Einheiten erfolgte.[33]

Mit dem Zusammenbruch der Heeresgruppe »Mitte« verloren die Befehlshaber der »rückwärtigen Heeresgebiete« ihre Funktion. Das OKH löste die Berück-Stäbe auf; die verbliebenen Sicherungstruppen wurden anderweitig unterstellt. In Reaktion auf den zügigen sowjetischen Vormarsch war nun stattdessen eine militärische Auffangorganisation gebildet worden. Als Auffanglinien galten die Weichsel »abwärts von Warschau«, an deren Brücken sich Einheiten des Wehrmachtsstreifendienstes postierten, die sich westwärts zurückziehende Soldaten und Verbände aufzuhalten hatten. Als weitere Auffanglinie im mittleren Heeresgebiet der Ostfront galt die deutsche Reichsgrenze, die um jeden Preis zu halten war.[34] Im Anschluss an den Attentatsversuch vom 20. Juli 1944 waren zudem die Operationsräume der Wehrmacht auf 20 bis maximal 30 Kilometer hinter den Gefechtslinien begrenzt worden, um die Handlungsspielräume der militärischen Führung einzuschränken.[35] Himmler

---

32   Vgl. Führer-Befehl Nr. 11 (Kommandanten der festen Plätze und Kampfkommandanten) vom 8.3.1944, abgedruckt in: Walter Hubatsch (Hg.): Hitlers Weisungen für die Kriegführung 1939-194. Dokumente des Oberkommandos der Wehrmacht, Frankfurt a. M. 1962, S. 243-250. Zur Bewertung der »festen Plätze«-Taktik vgl. Karl-Heinz Frieser: Der Zusammenbruch im Osten. Die Rückzugskämpfe seit Sommer 1944, in: Das Deutsche Reich und der Zweite Weltkrieg, Bd. 8: Die Ostfront 1943/1944 – Der Krieg im Osten und die Nebenfronten, hg. von Karl-Heinz Frieser im Auftrag des Militärgeschichtlichen Forschungsamtes, München 2007, S. 493-525, hier S. 518-525.
33   Vgl. Kay, Alex J.: Empire of Destruction. A History of Nazi Mass Killing, Yale 2021, S. 269-277.
34   KR-Fernschreiben des WFSt/Org. im Führerhauptquartier vom 19.7.1944, in: BArch F, RW 4/494, Bl. 2f.
35   Vgl. Andreas Kunz: Wehrmacht und Niederlage. Die bewaffnete Macht in der Endphase der nationalsozialistischen Herrschaft 1944 bis 1945, München 2007 (Beiträge zur Militärgeschichte, Bd. 64), S. 132.

bekam das Ersatzheer unterstellt und gab Anregungen, wie die militärische Auffangorganisation seiner Meinung nach einzurichten war, um ein weiteres Absetzen deutscher Einheiten wie einzelner Soldaten von den Kampfgebieten der Ostfront zu unterbinden:

> »Die Auffangkommandos haben aus brutalsten Kommandeuren (Generalmajoren, Obersten und Oberstleutnants mit einer Anzahl von je 20-25 ausgezeichneten jungen Offizieren) sich zusammenzusetzen. Es muß rücksichtslos alles, was das Maul aufmacht, erschossen werden. Die anderen müssen eingefangen und richtiggehend einige Tage in Ordnung gebracht werden.«[36]

Damit war die Stoßrichtung des Vorgehens klar, mit welchem Rückzüge für die Zukunft unterbunden werden sollten.

»Verbrannte Erde«

Kennzeichen der deutschen Rückzüge aus der Sowjetunion 1943/44 war, »verbrannte Erde« zu hinterlassen. Die im internationalen Kriegsrecht verbotenen, dort aber großflächig und systematisch angewandten Praktiken stellte ein »System ineinandergreifender Maßnahmen, die zur Räumung und Zerstörung der jeweils aufgegebenen Gebiete führten«, dar.[37] Im Zuge der systematisierten deutschen Verheerungspolitik kamen sogenannte Räumkommandos aus Pionieren zum Einsatz, die bei angeordneten Rückzügen als letztes zurückgingen und ihre »Räumungsergebnisse« täglich zu melden hatten.[38] Ihr Einsatz zielte darauf ab, bei Gebietsaufgaben weder verwertbare Güter noch Wehr- und Arbeitskräfte zurückzulassen.[39] Die deutsche Politik, aufzugebende Gebiete auf dem Territorium der Sowjetunion in »Wüstenzonen« zu verwandeln, fußte auf den »ARLZ-Maßnahmen« – das Akronym stand für »Auflockerung«, »Räumung«, »Lähmung« und »Zerstörung«.[40] Die Richtlinien dieser

---

36   Funkspruch Himmlers an SS-Gruf. Fegelein (Führerhauptquartier) vom 26.7.1944, abgedruckt in: Beatrice und Helmut Heiber: Die Rückseite des Hakenkreuzes. Absonderliches aus den Akten des Dritten Reiches, München 1993, S. 387; vgl. auch Keller, Volksgemeinschaft, S. 338.
37   Jan Philipp Reemtsma und Ulrike Jureit (Hg.): Verbrechen der Wehrmacht. Dimensionen des Vernichtungskrieges 1941-1944. Ausstellungskatalog, Hamburg 2002, S. 386-393, hier S. 386.
38   Ludger Tewes: Die Panzergrenadierdivision »Grossdeutschland« im Feldzug gegen die Sowjetunion 1942 bis 1945, Essen 2020, S. 403-406; vgl. auch die Meldung der Wirtschaftsinspektion »Süd« vom 29.9.1943, in: BArch F, RH 22/104.
39   Vgl. Reemtsma, Verbrechen, S. 386.
40   Vgl. Übersicht für das Kriegstagebuch (1.1-31.3.1943), Wirtschaftsstab »Ost« Abteilung I/Ia vom 30.4.1943, in: BArch F, RW 31/27, Bl. 195; Merkblatt über Räumungs-, Lähmungs- und Zerstörungsaufgaben von Wi-Dienststellen, Wirtschaftsstab »Ost« Abt I/Ia vom 21.2.1943, in: BArch F, RW 31/28. Vgl. auch Armin Nolzen: »Verbrannte Erde«. Der Rückzug der Wehrmacht

Maßnahmen stellten ein Stufensystem der deutschen Evakuierungskriegführung dar,[41] das unterschiedliche Grade der organisierten Plünderung und Zerstörung enthielt und sowohl für ländliche Räume als auch für Städte galt. So fuhren die Transportdienste der Wehrmacht seit der Schlacht um Stalingrad 1942/43 sowjetische Güter in einer Größenordnung von insgesamt schätzungsweise 250.000 Eisbahnwaggons nach Deutschland ab – bei der Hälfte des geraubten Gutes handelte es sich um Agrarprodukte.[42] Gelangen Demontage und Abtransport aufgrund fehlender Transportmittel nicht, erfolgten die Zerstörung der Anlagen und Erzeugnisse sowie die Tötung der Tiere vor Ort.[43] Die ARLZ-Merkblätter dienten als Handlungsanweisungen und wurden im weiteren Kriegsverlauf fortlaufend um neu gewonnene Erfahrungen aktualisiert. Sie enthielten auch Deportationsanordnungen.[44]

Im Rahmen der deutschen Rückzüge 1943/44 vertrieben deutsche Truppen schätzungsweise 2,5 Millionen Menschen über lange Fußmärsche westwärts, um sie dem deutschen Zwangsarbeitsregime zu unterwerfen.[45] Für die vorliegende Studie von zentraler Bedeutung sind die Evakuierungen und Deportationen, die zivile Stellen wie auch die SS/Polizei im Zuge der sogenannten Auflockerungs- und Räumungsmaßnahmen vollzogen. Der zwangsweise Bevölkerungstransfer basierte dabei auf dem Grundgedanken, der Roten Armee bei Rückzügen keine kampf- und arbeitsfähigen Menschen zu hinterlassen, sondern diese im Stellungs- oder Festungsbau sowie in der eigenen Kriegsproduktion und Landwirtschaft auszubeuten. Die Zivilbevölkerung sah sich einer rigorosen deutschen Evakuierungs- und Verschleppungspolitik unterworfen, die in westwärts führenden Massendeportationen mündete, denn vielerorts zog sie nicht freiwillig ab. Infolgedessen kam es zu gewaltvollen »Greifaktionen«, die nach Dringlichkeitsstufen erfolgten und den Fachkräftemangel im Reich ausgleichen

---

aus den besetzten sowjetischen Gebieten, 1941/42-1944/45, in: Besatzung. Funktion und Gestalt militärischer Fremdherrschaft von der Antike bis zum 20. Jahrhundert, hg. von Günter Kronenbitter, Markus Pöhlmann und Dierk Walter, Paderborn 2006, S. 161-175; Norbert Müller: Wehrmacht und Okkupation 1941-1944, Berlin (Ost) 1971, S. 326-330.

41 Zum Begriff der Evakuierungskriegführung vgl. Felix Ackermann, Janine Fubel und Claudia Weber: Der Zweite Weltkrieg als Evakuierungskrieg. Praktiken der Deportation, Räumung und Zerstörung im militärischen Rückzug, in: Militärgeschichtliche Zeitschrift 81/1 (2022), S. 1-27.

42 Vgl. Rolf Dieter Müller: Die Konsequenzen der »Volksgemeinschaft«. Ernährung, Ausbeutung und Vernichtung, in: Der Zweite Weltkrieg. Analysen, Grundzüge, Forschungsbilanz, hg. von Wolfgang Michalka, München 1997, S. 240-248, hier S. 245.

43 Tewes, Panzergrenadierdivision, S. 402.

44 Christian Stein: Kontrollverlust und unumkehrbare Tatsachen. Die deutschen Rückzüge im Zweiten Weltkrieg, in: Militärgeschichtliche Zeitschrift 81/1 (2022), S. 91-115.

45 Vgl. Rolf-Dieter Müller: Es begann am Kuban. Flucht und Deportationsbewegungen in Osteuropa während des Rückzugs der deutschen Wehrmacht 1943/44, in: Flucht und Vertreibung. Zwischen Aufrechnung und Verdrängung, hg. von Robert Streibel, Wien 1994, S. 42-76; Christoph Rass: »Menschenmaterial«. Deutsche Soldaten an der Ostfront. Innenansichten einer Infanteriedivision 1939-1945, Paderborn 2003 (Krieg in der Geschichte, Bd. 17), S. 59.

helfen sollten.⁴⁶ Jungen und Männer wurden deportiert, damit sie die Rote Armee nicht rekrutieren konnte.⁴⁷ Die Menschen wurden mit ihren Familien in Auffanglager getrieben, wo sie anschließend nach den Weisungen des Generalbevollmächtigten für den Arbeitseinsatz (GbA), Fritz Sauckel, getrennt und zu unterschiedlichen (Zwangs-) Arbeitsstellen weiterdeportiert wurden.⁴⁸ Sammellager für Kriegsgefangene dienten der Internierung der »Wehrfähigen«.⁴⁹

Die Deportationen der osteuropäischen Zwangsarbeitskräfte wurden mehrheitlich zu Fuß durchgeführt, obwohl in den Weisungen festgelegt worden war, mittels Eisenbahn oder Wagenmitteln »rückzuführen«. Bei diesen Fußmärschen war nach dem preußischen »Kolonnen-Relais-System« zu verfahren.⁵⁰ »Relais« stand hierbei für Stationen.⁵¹ Für den Transportdienst des preußischen Militärs im Kriege war konzipiert worden, dieses System zur »Personal-Beförderung und zur Fortschaffung von Artillerie-Material« zu verwenden, das ein »Auf- und Abladen an jedem Wechselort« sowie die Feststellung »d[e]s Gewicht[s] und d[er] Menge der Ladung« vorsah. Denn ohne dieses »Verfahren es unmöglich ist«, so der damalige Wortlaut, »die Nachlässigen und Schuldigen die Verantwortlichkeit für Fehlendes tragen zu lassen.«⁵²

Sich an den Ausführungen preußischer Militärstrategen orientierend, erfolgten die Deportationen in Gewaltmärschen,⁵³ die von den deutsch-sowjetischen Kontaktlinien wegführten und sich bis zu mehrere hundert Kilometer und damit über einen Zeitraum von Wochen und Monaten erstrecken konnten.⁵⁴ Mancherorts musste die als »arbeitsfähig« erachtete Bevölkerung dabei Nummern um den Hals tragen, um deren Fehlen an den Übergabepunkten ermitteln zu können.⁵⁵ Während die zurückgehenden deutschen Einheiten in Häusern Unterkunft suchten und diese requirierten, hatten

---

46 Vgl. Räumungsanordnung des Wirtschaftsstab »Ost« vom 5.8.1943, abgedruckt in: Müller, Wirtschaftspolitik. Zur Anwendung der »Greifaktionen« im militärischen Hinterland der deutschen Südfront (Italien) und Westfront (Frankreich) 1944 vgl. Fabian Lemmes: Zwangsarbeit im besetzten Europa. Die Organisation Todt in Frankreich und Italien, 1940-1945, in: Rüstung, Kriegswirtschaft und Zwangsarbeit im »Dritten Reich«, hg. von Andreas Heusler, Mark Spoerer und Helmuth Trischler, München 2010, S. 219-252, hier S. 239-243.
47 Vgl. Tewes, Panzergrenadierdivision, S. 401.
48 Vgl. Bericht der Propagandakompanie »K« an das Oberkommando der Heeresgruppe »A« Oktober 1943, in: BArch F, RH 23/355, abgedruckt in: Reemtsma, Verbrechen, S. 428.
49 Tewes, Panzergrenadierdivision, S. 405.
50 Vgl. Merkblatt des Wirtschaftsstabes »Ost« über Räumungs-, Lähmungs- und Zerstörungsaufgaben vom 21.2.1943, in: BArch F, RW 31/28, abgedruckt in: Reemtsma, Verbrechen, S. 390.
51 Vgl. Gustav von Glasenapp (Hg.): Neue Militärische Blätter. XXVIII. Land (Erstes Semester 1886), Potsdam 1886, S. 235.
52 Vgl. L. A. W. Fröhlich: Preußens Militair-Verwaltung. Dargestellt nach amtlichen Quellen, Berlin 1865, S. 517 f.
53 Vgl. Jakob Meckel: Grundriß der Taktik. Dritte durchgearbeitete Auflage der »Elemente der Taktik«, Berlin 1895, S. 166-186. Zur Definition von Gewaltmärschen vgl. ebd., S. 169.
54 Vgl. Gerlach, Morde, S. 1093.
55 Vgl. ebd., S. 1092.

die verschleppten Menschen die gesamte Zeit der Transporte unter freiem Himmel zu übernachten.[56] Aufgrund der Strapazen und fehlenden Versorgung brachen Verschleppte unterwegs zusammen und wurden an Ort und Stelle erschossen.[57] Im Zuge der Gebietsräumungen griff eine Deportationspraxis, die bereits im Zuge der Gewaltmärsche 1941/42, als hunderttausende Kriegsgefangene westwärts getrieben worden waren, angewendet wurde.[58]

Die Situation in der anschließenden Internierung in Sammel- und Auffanglagern war ebenfalls durch lebensbedrohlichen Mangel sowie den Ausbruch von Epidemien gekennzeichnet. Denn hierfür wurden beispielsweise ehemalige Kriegsgefangenenlager genutzt, die weder über Unterkünfte noch über sanitäre Anlagen verfügten. Hinzu kamen die Selektionen, die einerseits in »arbeitsfähig« und »arbeitsunfähig« kategorisierten und Erstere nach den GbA-Vorgaben ins Reich oder für den 1944 einsetzenden, erneuten Ausbau des sogenannten Ostwalls zwangsmobilisierten.[59] »Kranke (Fleckfieber! und sonstige Seuchen), Krüppel, sowie Männer und Frauen, die infolge hohen Alters nicht mehr marschfähig sind«, wurden – als »lästige« oder »nutzlose Esser« kategorisiert[60] – ohne Versorgung und Schutz vor Kälte oder Regen in den nun unbewohnbar gemachten Gegenden zurückgelassen und damit dem Tod preisgegeben.[61]

Darüber hinaus wurden »unzuverlässige Elemente« – so die Bezeichnung für Menschen, von denen die Besatzer:innen annahmen, dass sie sich im Falle von Rückzug und Evakuierung nicht loyal verhalten würden – und Fleckfieberkranke auch zur direkten Ermordung selektiert und vor Rückzügen erschossen.[62] Weder unterwegs noch in den Auffangorten wurden die Menschen richtig versorgt.[63] In Osarici in der

---

56 Vgl. Bericht der Propagandakompanie »K« an das Oberkommando der Heeresgruppe »A« Oktober 1943, in: BArch F, RH 23/355, abgedruckt in: Reemtsma, Verbrechen, S. 428.
57 Vgl. Gerlach, Morde, S. 1093.
58 Vgl. Fubel, »Die schießen«.
59 Vgl. Bericht Generalkommando XXXXII. Armeekorps zu Selektionen in den Sammelstellen vom 8.6.1943, in: BArch F, RH 20-8/203, Bl. 17 f., abgedruckt in: Reemtsma, Verbrechen, S. 426; Bericht Generalbevollmächtigter für den Arbeitseinsatz (GbA) zur Arbeitsrekrutierung während der Räumungen vom 8.9.1943, in: BArch F, RW 31/XX, abgedruckt in: ebd., S. 319. Zur als »Ostwall« bezeichneten über 100 Kilometer langen Verteidigungsanlage des Oder-Warthe-Bogens vgl. André Vogel und Uwe Klar: Brennpunkt »Ostwall«. Die Kämpfe um die Festungsfront Oder-Warthe-Bogen im Winter 1945, Aachen 2015.
60 Vgl. Ausführungen des Panzeroberkommando 3 zur Durchführung der Zwangsevakuierung von Witebsk und Polozk vom 25.11.1943, in: BArch F, RH 21-3/653, abgedruckt in: Reemtsma, Verbrechen, S. 422; Gerlach, Kalkulierte Morde, S. 1097.
61 Ausführungen des Generalkommando XX. Armeekorps zum Abschub der Zivilbevölkerung, Anlage 1 vom 2.8.193, in: BArch F, RH 23/263, abgedruckt in: Reemtsma, Verbrechen, S. 426.
62 Vgl. Gerlach, Morde, S. 1093 f.
63 Vgl. Bericht der Propagandakompanie »K« an das Oberkommando der Heeresgruppe »A« vom Oktober 1943, in: BArch F, RH 23/355, abgedruckt in: Reemtsma, Verbrechen, S. 428. Vgl. auch Pohl, Militärbesatzung, S. 91; Rass, »Menschenmaterial«, S. 377 f.; Reemtsma, Verbrechen, S. 386; Hartmann, Krieg, S. 59; Gerlach, Morde, S. 1095-1109.

Nähe der Stadt Masyr (heute: Belarus) richtete die Wehrmacht ein Aufnahme- und Sammellager gar einzig mit dem Ziel ein, Menschen, die vertrieben worden waren, verhungern zu lassen oder zu erschießen.[64] Zurückgelassene blieben dort bis zur Befreiung durch die Rote Armee sich selbst überlassen.[65] Wie viele Opfer diese deutsche Rückzugskriegführung forderte, ist bisher nicht systematisch erforscht worden und aufgrund der mangelnden Quellenlage vermutlich auch kaum noch zu rekonstruieren.[66]

Von Beginn der Massendeportationen sowie während der einzelnen Stationen unterwegs kam es vielerorts zu Versuchen auf Seiten der sowjetischen Bevölkerung, sich den Deportationen zu entziehen. Auch versuchten sie, die wenigen verbliebenen Teile ihres Hab und Gutes in Sicherheit zu bringen – z. B., indem sie es eingruben. Es gab allerdings auch nicht wenige Menschen, die sich freiwillig anschlossen. Neben dem in den Zivilverwaltungen und anderen Besatzungsinstitutionen eingesetzten »reichsdeutschen« Personal und »volksdeutschen« Anwohner:innen bzw. Siedler:innen gingen auch lokale Hilfs- und Ortskräfte der Einsatzgruppen sowie die Familien der in der Waffen-SS aktiven »fremdvölkischen Freiwilligen« mit, wenn deutsche Verbände Rückzuge antraten. Sie zogen mit zurückweichenden Einheiten westwärts in eine unsichere Zukunft. In Auffanglagern gesammelt, sollten auch sie daraufhin dem Arbeitseinsatz zugeführt werden. Dies bot ihnen die Möglichkeit, sowjetischen Ermittlungen und der Ahndung ihrer Verbrechensbeteiligung zu entkommen.[67]

Gefangenenmorde und Räumungen

Bei Rückzügen räumte die Wehrmacht mit Hilfe von Hilfskräften ebenso wie die SS/Polizei ihre Gefängnisse und Zwangslager. Gettos wurden »liquidiert«, was bedeutete, dass Einsatzgruppen erneut und in großem Umfang jüdische Menschen ermordeten. So waren auf dem Gebiet des heutigen Belarus beispielsweise bereits im Mai 1944 circa 2.500 als »Geheimnisträger« erachtete Personen in der Nähe von Minsk in einem Lager konzentriert und ermordet worden. Ein Vorgehen, das der Vorbereitung der Rückzüge diente und euphemistisch als »Auflockerung« gefasst wurde. Als »Geheimnisträger« galten dabei Menschen, die aufgrund ihres Einbezugs Wissen von den zuvor vollzogenen deutschen Massenverbrechen hatten. Aus einem Zwangsarbeitslager in Baryrssau unweit von Minsk waren zur gleichen Zeit alte Menschen und Kinder ab-

---

64 Das vermutlich brutalste Vorgehen der deutschen Evakuierungskriegführung wurde im Gebiet des heutigen Belarus vollzogen. Vgl. Rass, »Menschenmaterial«, S. 386-402.
65 Vgl. ebd., S. 59; Pohl, Militärbesatzung, S. 90 f.; Gerlach, Kalkulierte Morde, S. 1097 f.
66 Zu den »gravierende[n] Wissenslücken« diesbezüglich vgl. Gerlach, Kalkulierte Morde, S. 1093.
67 Vgl. Johannes Spohr: »Evakuierende« und »Evakuierte«. Die doppelte Rolle der ukrainischen Hilfspolizei im Kontext der Kriegswende 1943/44, in: Militärgeschichtliche Zeitschrift 81/1 (2022), S. 116-145; Jan-Hinnerk Antons: Flucht ins »Dritte Reich«. Wie Osteuropäer Schutz im NS-Staat suchten (1943-1945), in: Zeithistorische Forschungen/Studies in Contemporary History 14 (2017), S. 231-257.

transportiert und getötet worden. Nach den utilitaristischen Logiken des deutschen Besatzungsregimes galten diese als »arbeits-« und »marschunfähig« und damit als nicht systemerhaltend. Auf diese Maßnahmen der sogenannten Spannungszeit, die Rückzügen vorausgingen, folgte im Zuge der eintretenden Räumung des Gebietes in der zweiten Junihälfte 1944 und vermutlich auf Weisung des BdS die Ermordung von weiteren mindestens 12.000 der in NS-Zwangslagern und Gefängnissen im Großraum Minsk verbliebenen Menschen. Am 25. Juni 1944 erschossen deutsche Polizisten 60 Gefangene des SD-Gefängnisses in Bobrujsk; weitere 430 wurden in eine Scheune bei Dubrowki verschleppt, die Polizeiangehörige anschließend in Brand steckten. Am 26. Juni setzte die »Liquidierung« des Zwangsarbeitslagers in Baryssau ein. Circa 2.900 Männer, Frauen und Kinder wurden ermordet. Vom 27. bis zum 29. Juni löste der SD sein Lager in Kolditschewo bei Baranowitschi auf. Auch diese circa 2.000 Gefangenen wurden ermordet. Ende Juni machten Einsatzkommandos das deutsche Vernichtungszentrum Maly Trostinec dem Boden gleich. Die zu diesem Zeitpunkt dort noch verblieben circa 6.500 mehrheitlich jüdischen Menschen wurden hierbei entweder erschossen oder in »pausenlosen Gaswageneinsätzen ermordet«. Anschließend verbrannten die Täter die Leichen in einer Scheune.[68]

Wie das Vorgehen im Gebiet Minsk verdeutlicht, waren die deutschen Gebietsaufgaben auf dem Territorium der Sowjetunion durch Massenmord gekennzeichnet. Ergingen Räumungs- und Rückzugsanordnungen, verschleppten deutsche Wachmannschaften Gefangene oder zuvor in die Gegend Deportierte entweder westwärts weiter oder erschossen sie noch an Ort und Stelle. Das gilt insbesondere für die Insass:innen von Gettos und Konzentrationslagern. So setzte in Riga-Kaiserwald, das vor allem jüdische Insass:innen führte, im April 1944 die stufenweise Auflösung ein, die sich am Vormarsch der sowjetischen Truppen orientierte.[69] Gefangene aus den Außenlagern wurden in das Zentrallager zurückgebracht, das als »zentraler Anlaufpunkt bei der Durchführung der Evakuierungen« diente.[70] Parallel dazu erfolgte einerseits die Weiterdeportation der als »arbeitsfähig« erachteten Insass:innen per Fußmarsch, Bahn, Schiff oder Schleppkahn nach Stutthof.[71] Von dort wurden Zwangsarbeitskräfte auch an die Konzentrationslager im Reich abgegeben.[72] Weil sie von der SS/Polizei als »marschunfähig« und somit für die Durchführung einer »effizienten« Evakuierung als hinderlich erachtet wurden, ermordete das Lagerpersonal andererseits kranke und alte Gefangene sowie Kinder. Das Geschehen beobachtend, häuften sich die Fluchtfälle. Wiederergriffene Insass:innen wurden ebenfalls getötet. Unmittelbar vor dem Abzug vernichtete das führende Lagerpersonal noch Dokumente, zerstörte einige Gebäude

---

68 Gerlach, Morde, S. 1101.
69 Vgl. Franziska Jahn: Das KZ Riga-Kaiserwald und seine Außenlager. Strukturen und Entwicklungen, Berlin 2018, S. 407.
70 Ebd.
71 Vgl. ebd., S. 424-426.
72 Vgl. ebd., S. 430.

des Hauptlagers und »verschiffte« die hierbei eingesetzten letzten Gefangenen und das Lagerpersonal in Richtung Stutthof. Die stufenweise Auflösung von Riga-Kaiserwald nutzte die Lager-SS, um Erfahrungen hinsichtlich der Räumung ihrer Einrichtungen zu sammeln. Sie galt späteren Konzentrationslagerräumungen als Muster.[73]

Im Zuge der deutschen Rückzüge gab das SS-Wirtschaftsverwaltungshauptamt bis zum Herbst 1944 alle Konzentrationslager im Baltikum auf. Zu diesen zählten Vaivara (Estland), Kauen (Kaunas, Litauen) und Riga (Lettland). Auch der Vernichtungs- und Konzentrationslagerkomplex Majdanek, der auf polnischem Territorium eingerichtet worden war, wurde geräumt. Da die Deutschen nach den alliierten Landungen in Nord- und Südfrankreich auch im Westen Gebiete räumen mussten, zog sich die Lager-SS zudem aus Herzogenbusch (Kamp Vught, Niederlande) und Natzweiler-Struthof (im Elsass, Frankreich) zurück.[74] Der Erfahrungshorizont dieser ersten Phase der Evakuierungen und Auflösungen, mit denen die Gefangenen »reichswärts« weiterverschleppt wurden, sollte der Lager-SS für folgende Standorträumungen dienen.[75] Die Evakuierung des Lagerpersonals sowie die hierbei erstmalig massenhaft vollzogenen und nachträglich von den Überlebenden als Todesmärsche bezeichneten Deportationen waren von den Kommandeuren und Transportführern der aufgelösten Konzentrationslager in Berichten dokumentiert worden.[76]

Den Standort- und Gebietsaufgaben war zudem die »Aktion 1005« vorausgegangen, mit der die Spuren der Vernichtung verwischt werden sollten. In sogenannte Sonderkommandos gezwungene jüdische Männer hatten Massengräber zu öffnen, die Leichenreste (erneut) zu verbrennen und die Gebiete anschließend zur Tarnung zu bepflanzen. Danach wurden sie ermordet.[77] Darüber hinaus zerstörte die SS in den WVHA-Lagerkomplexen die Gebäude, die der Ermordung von Gefangenen gedient hatten, also beispielsweise Gaskammern enthielten.[78]

---

73 Vgl. ebd., S. 407-411.
74 Vgl. Orth, System, S. 271.
75 Vgl. Blatman, Todesmärsche, S. 88-121.
76 Gefängnisdirektoren oder Staatsanwälte hatten nach Abschluss einer Gefängnisräumung Berichte über den Ablauf der Evakuierung anzufertigen. Gleiches galt für die Räumungen, die Kreisleiter zu verantworten hatten. Diese waren den übergeordneten Stellen vorzulegen. Vgl. exempl. Rogall, Räumung. Auch wenn laut heutigem Forschungsstand kein derartiger Bericht über eine abgeschlossene KL-Räumung überliefert ist, verweisen Ausführungen von ehemaligen SS-Angehörigen in Nachkriegsprozessen darauf, dass die Amtsgruppe D ebenfalls Berichte einforderte und diese Ende 1944 zur Vorbereitung weiterer Räumungen an die Kommandanturen ausgab. Vgl. Weigelt, Judenmord, S. 290; Monika Knop und Monika Schmidt: Das KZ Sachsenhausen in den letzten Monaten vor der Befreiung, in: Morsch, Befreiung, S. 22-34, hier S. 22.
77 Vgl. Andrej Angrick: »Aktion 1005« – Spurenbeseitigung von NS-Massenverbrechen 1942-1945. Eine geheime Reichssache im Spannungsfeld von Kriegswende und Propaganda, Göttingen 2018.
78 Vgl. Tomasz Kranz: Lublin-Majdanek – Stammlager, in: Der Ort des Terrors. Geschichte der nationalsozialistischen Konzentrationslager, Bd. 7: Niederhagen/Wewelsburg, Lublin-Majdanek, Arbeitsdorf, Herzogenbusch (Vught), Bergen-Belsen, Mittelbau-Dora, hg. von Wolfgang Benz und Barbara Distel, München 2008, S. 33-84, hier S. 68; Sybille Steinbacher: Auschwitz. Geschichte

Auch für die im Zuge des deutschen Besatzungsregimes etablierten Gefängnisse lässt sich ein Muster für das Vorgehen insbesondere der deutschen Sicherheitspolizei offenlegen. Im Unterschied zu den Räumungen der WVHA-Komplexe ist dieses bisher aber noch nicht systematisch untersucht worden. So ermordeten Einsatzkommandos der SS/Polizei bei Gebietsaufgaben vielerorts Gefängnisinsass:innen noch vor Ort, wenn sie zeitlich nicht mehr rechtzeitig zurückzuführen waren oder – zuvor als »gefährlich« eingestuft – erschossen werden sollten. Nicht nur im Zuge der Rückzüge aus der Sowjetunion wurden »Leerschießungen«[79] der Gefängnisse vollzogen. Auch im Gebiet um Lyon hatte der zuständige HSSPF, Carl Oberg, im Sommer 1944 den Befehl zur Räumung der Gefängnisse erteilt, dem Gefangenenexekutionen folgten. Bei den Ermordeten handelte es sich um Widerstandskämpfer und jüdische Gefangene.[80] Wie Peter Lieb betont, hing »[d]as deutsche Handeln kurz vor dem Abzug [...] sehr stark ab von der Situation und den Verantwortlichen vor Ort.«[81] Während politische Gefangene in Frankreich durch SS/Polizei-Angehörige erschossen wurden, kam es in einigen Fällen auch zu Deportationen ins Reich oder zu Freilassungen durch Wehrmachtsstellen. Wehrmachtsangehörige fanden bei Erschießungen als Absperrkommandos Verwendung.[82] Bei den Gefangenenmorden handelte es sich um einen »Import von ›Ostmethoden‹«.[83]

Das Geschehen bei Aufgabe besetzter und annektierte Gebiete 1943/44 war vor allem »im Osten« durch umfangreiche, fortlaufend radikalisierte Mobilisierungen sowohl innerhalb der Wehrmacht als auch innerhalb der SS/Polizei gekennzeichnet. Im Zuge der Rückzüge aus Frankreich und Italien wurden diese auch auf andere europäische Kriegsschauplätze übertragen – punktuell und zu keiner Zeit derart destruktiv wie in der Sowjetunion und in Polen, wo sich die Gesellschaften noch Jahrzehnte später nicht von der deutschen Vernichtungskriegführung erholen sollten. Wie sich die »Ostmethoden«, die in Frankreich und Italien vor allem gegen Gefangene des NS-Regimes und als »Verräter« klassifizierte Menschen gerichtet wurden, auf das Reichsgebiet verlagern sollten, ist Gegenstand dieser Studie. Doch zuerst ist in einem nächsten Schritt zu klären, welche Handlungsanweisungen und Konzeptionen für den Fall vorlagen, sollten Kampfhandlungen sich auf deutsches Territorium verlagern.

---

und Nachgeschichte, München 2007, S. 101; dies.: Die Geschichte des Konzentrations- und Vernichtungslagers Auschwitz-Birkenau 1940-1945, in: Der Frankfurter Auschwitz-Prozess (1963-1965). Kommentierte Quellenedition, Bd. 1, hg. von Raphael Gross und Werner Renz, Frankfurt a. M. 2013, S. 17-54, hier S. 52.

79 Elisabeth Meier: Die deutsche Besatzung in Lyon im Blick der Täterforschung, Frankfurt a. M. 2016 (Moderne Geschichte und Politik, Bd. 28), S. 112.
80 Vgl. ebd., S. 111 f.; Bernd Kasten: Zwischen Pragmatismus und exzessiver Gewalt. Die Gestapo in Frankreich 1940-1944, in: Die Gestapo im Zweiten Weltkrieg. »Heimatfront« und besetztes Europa, hg. von Klaus-Michael Mallmann und Gerhard Paul, Darmstadt 2000, S. 370-377.
81 Lieb, Krieg, S. 454.
82 Vgl. ebd., S. 449-455.
83 Meier, Besatzung, S. 113.

2 Mobilisierung im Nationalsozialismus

Im Zuge der deutschen Rückzüge sollten sowjetische Soldaten im Oktober 1944 in Ostpreußen erstmalig das Reichgebiet betreten. Auf den Grenzübertritt folgte von deutscher Seite ein umfangreiches Mobilisierungsgeschehen zur Reichsverteidigung. Der Wehrmacht gelang es mit Unterstützung von Alarmeinheiten des Ersatzheeres und des Volkssturms, die Rote Armee wieder hinter den Fluss Rominte (heute: Krasnaja) zurückzudrängen. In Ostpreußen war damit jedoch erstmalig eine Situation eingetreten, die nach den Anfangserfolgen der deutschen Kriegführung 1939 und 1941 sowie der großflächigen deutschen Besatzungsherrschaft im östlichen Europa lange Zeit niemand für möglich gehalten hatte. Die Frage nach den »Drehbüchern«, die für einen Belagerungszustand in Deutschland insbesondere für Brandenburg sowie zur Verteidigung der deutschen Reichshauptstadt Berlin vorlagen, ist Gegenstand des zweiten Kapitels. Wie sollte auf eine Invasion und die sie begleitenden Erscheinungen reagiert werden? Welches Vorgehen war hierfür zuvor durch wen konzipiert und eingeübt worden? Welche Rolle spielten kriegsbedingte Evakuierungen hierbei und wie lassen diese sich analytisch fassen?

2.1 Evakuierungsschauplätze

Bei kriegsbedingten Evakuierungen handelt es sich um einen militärischen beziehungsweise militärisch angeordneten Bevölkerungstransfer, der – als Schutz- und Sicherungsmaßnahme konzipiert – aus militärischen Kampfzonen herausführen soll. Der Terminus »Evakuierung« geht zurück auf die lateinische Bezeichnung »evacuare« für »Ausleerung«.[1] Aufgrund einer als Notlage gefassten Situation werden Räume *geleert*.[2] Für die vorliegende Studie relevant, fasst der Vorgang zeitlich begrenzte Maßnahmen, die zum Schutz oder der Sicherung von Personen, Dokumenten, Mobilien oder Materialien ergriffen werden. Insbesondere im Zeitalter der Weltkriege stellten diese ein flächendeckendes Phänomen dar.[3] Erste, durch einen Krieg bedingte Evakuierungsmaßnahmen lassen sich für Brandenburg aber bereits für das 17. und 19. Jahrhundert nachweisen.[4] Sie sind sowohl durch einen Fürsorge- als auch durch

---

1 Vgl. Eintrag zu »evakuieren«, in: Kluge. Etymologisches Wörterbuch der deutschen Sprache, bearbeitet von Elmar Seebold, Berlin/Boston 2011 (25., durchgesehene und erweiterte Auflage), S. 264.
2 Vgl. Ackermann u. a., Evakuierungskrieg, S. 19 f.; Fubel, Evakuierungsschauplatz, S. 192.
3 Vgl. Großmann/Lemmes, Evakuierungen, S. 11-35.
4 Vgl. exempl. Bestand zur »Evakuierung des Viehs im Amt Sonnenburg wegen der Kriegsgefahr« von 1636, in: BLHA, 9 B Johanniterorden 6250; Bestand zur »Nachweisung der durch die Franzosen 1806 bis zur Evakuierung entstandenen Kriegsschäden und Leistungen der Stadt Treuenbrietzen«, in: BLHA, 52 A Treuenbrietzen 96; Bestand zur »Erledigung der Dispositalschäden bei den

einen Zwangscharakter gekennzeichnet. Letzterer ergibt sich aus der behördlichen Anordnung und deren Durchsetzung wie auch aus der Gefahrensituation, die Gefechtshandlungen darstellen.[5]

Innerhalb der historischen Militär- und der Migrationsforschung werden Evakuierungen als angeordneter Bevölkerungstransfer im Falle von Kriegshandlungen gefasst. Die als temporär konzipierten und staatlicherseits durchgesetzten Maßnahmen zielen auf Bewegungen, die aus einem Kriegsgebiet hinaus in als sicher erachtete Räume führen sollen und aufgrund von militärischem Kalkül sowie auf Basis eines relationalen Raumverständnisses neue Raumgebilde konstituieren.[6] Kriegsbedingte Evakuierungen stellen einen von verschiedenen Faktoren abhängigen und damit dynamischen Prozess dar, der dazu führt, Raum anders zu erfahren.[7] Zu den Faktoren, die auf deren Durchführung einwirken können, gehören neben der Geschwindigkeit heranrückender oder der Kampfkraft belagernder Truppen des militärischen Gegners auch die geografischen und klimatischen Gegebenheiten, die sozialen Interaktionen, die Vorstellungen und Lageeinschätzungen der für die Evakuierung zuständigen Handelnden. Als Faktoren hinzu kommen vorhandene oder fehlende Transport- und Kommunikationsmittel, der Zeitpunkt des Aufbruchs oder die Wege der während des Zweiten Weltkriegs auch als »Trecks« bezeichneten Transporte, die Erfahrungen der Transportführenden sowie die Bereitschaft der zu Evakuierenden, sich abtransportieren zu lassen.

Für die Evakuierungsmaßnahmen der beiden Weltkriege haben Johannes Grossmann und Fabian Lemmes mustergültige Abläufe, die eine Planungs- und Vorbereitungs-, eine Durchführungs-, eine Unterbringungs- und eine Rückkehrphase enthalten, bestimmen können.[8] Wie im Rahmen der vorliegenden Studie aufzuzeigen sein wird, kann ein Evakuierungsgeschehen auch durch unterschiedliche Perioden gekennzeichnet sein, die in Abhängigkeit zum Kriegsverlauf stehen.[9] Evakuierungen können sowohl im Rahmen von Vorbereitungen militärischer Bereitstellungs- oder Aufmarschräume als auch im Moment von Rückzügen angeordnet und vollzogen werden.[10] Sie lassen sich durch bestimmte Zielvorgaben charakterisieren. So zeigen

---

Justizämtern bei Evakuierung der Dispositorien während der französischen Invasion 1807«, in: BLHA, 2 Kurmärkische Kammer D 1059.

5   Vgl. Großmann/Lemmes, Evakuierungen, S. 15; Oltmer, Einführung, S. 14 f.
6   Vgl. Armin Nolzen: Planung und Durchführung der »Freimachungen« an der westlichen Reichsgrenze 1939/40, in: Oltmer, Migrationsregime, S. 243-263, hier S. 261 f.
7   Vgl. Ackermann u. a., Evakuierungskrieg, S. 6; Großmann/Lemmes, Evakuierungen, S. 11-35, hier S. 16 f.
8   Großmann/Lemmes, Evakuierungen, S. 19 f.
9   Vgl. Laura Eckl: Sowjetische Evakuierung und deutscher Rückzug – Evakuierungserfahrungen der Charkiwer Bevölkerung im Zweiten Weltkrieg, in: Der Zweite Weltkrieg als Evakuierungskrieg. Praktiken der Deportation, Räumung und Zerstörung im militärischen Rückzug, MGZ 81/1 (2022), S. 62-90.
10 Vgl. Stein, Luise: Grenzlandschicksale. Unternehmen evakuieren in Deutschland und Frankreich, 1939/40, Berlin 2018 (Schriftenreihe zur Zeitschrift für Unternehmensgeschichte, 31); Birgit

Großmann und Lemmes auf, dass Evakuierungen bei unterschiedlicher Priorisierung zugleich humanitäre, militärische, politische oder ökonomische Ziele verfolgen können.[11] Welche Ziele die SS/Polizei 1945 mit der auf militärischen Mobilisierungspraktiken fußenden Konzentrationslagerevakuierung in Berlin-Brandenburg verfolgte, ist Gegenstand der vorliegenden Untersuchung. Hierfür ist zunächst zu klären, welche räumlichen Größen hierfür relevant waren.

2.2 Territoriale Mobilisierungsgrößen

Mit der Machtübernahme der Nationalsozialist:innen kamen neue territoriale Gliederungen für das Deutsche Reich zum Tragen. Neben der NSDAP-Verwaltungseinheit der »Gaue« verfügten die meisten der NS-Massenorganisationen über eigene regionale und durchaus unterschiedliche Gliederungen.[12] Die Regionalisierungen fußten dabei auf spezifischen Funktions- und Bedeutungszuweisungen, die im folgenden Untersuchungsabschnitt am Beispiel der Region Berlin-Brandenburg für die Partei, das Militär und die SS/Polizei mit dem Ziel skizziert werden, in die regionalen Mittelinstanzen des NS-Regimes einzuführen. Dass Berlin und Brandenburg hierbei gemeinsam betrachtet werden, ist dem Umstand geschuldet, dass das politische Zentrum (Berlin) und dessen unmittelbare Peripherie (Brandenburg) historisch eng miteinander verwachsen und aufeinander bezogen waren sowie hinsichtlich der militärischen Mobilisierung zusammengedacht wurden.[13] Bezüglich der Frage nach den Bedeutungszuschreibungen gerät darüber hinaus in den Blick, dass das brandenburgische Gebiet östlich der Oder seit den Beschlüssen von Versailles 1919 und den folgenden Gebietsabtretungen an den neuen polnischen Staat deutsch-polnisches Grenzgebiet darstellte.

Arnold, Die Freimachung und Räumung der Grenzgebiete in Baden 1939/40, Heidelberg 1996 (Heidelberger Abhandlungen zur mittleren und neueren Geschichte, Bd. 9).

11 Vgl. Großmann/Lemmes, Evakuierungen, S. 17.
12 Walter Ziegler: Gaue und Gauleiter im Dritten Reich, in: Nationalsozialismus in der Region. Beiträge zur regionalen und lokalen Erforschung und zum internationalen Vergleich, hg. von Walter Ziegler, Horst Möller und Andreas Wirsching, München 1996 (Schriftenreihe der Vierteljahrshefte für Zeitgeschichte, Sondernummer), S. 139-160, hier S. 149; Arnim Nolzen: Die Gaue als Verwaltungseinheiten der NSDAP. Entwicklungen und Tendenzen in der NS-Zeit, in: Die NS-Gaue. Regionale Mittelinstanzen im zentralistischen »Führerstaat«, hg. von Jürgen John, Horst Möller und Thomas Schaarschmidt, München 2007 (Schriftenreihe der Vierteljahrshefte für Zeitgeschichte, Sondernummer), S. 199-217.
13 Vgl. Kristina Hübner und Wolfgang Rose: Der brandenburgische NS-Gau – Eine Bestandsaufnahme, in: John, NS-Gaue, S. 263-279, hier S. 272.

Preußische Provinz und deutsche Reichshauptstadt

Die Metropolen- bzw. Hauptstadtregion Berlin-Brandenburg setzte sich 1933 aus der Provinz Brandenburg und der deutschen Reichshauptstadt Berlin – die beide zwei je eigene preußische Regierungsbezirke darstellten – zusammen. Die Region repräsentierte das Machtzentrum Preußens. Berlin erlebte insbesondere in der ersten Hälfte der 1920er Jahre zudem einen immensen industriellen und kulturellen Aufschwung, der sich in der Entwicklung zur Migrationsstadt niederschlug und sich auch auf das Brandenburger Umland auswirkte. Nach den großflächigen Eingemeindungen von 1920 galt Berlin – neben London und New York – als eine der größten und attraktivsten Weltmetropolen.[14] Die territoriale Einteilung der preußischen Region in zwei brandenburgische, die Reichshauptstadt Berlin als eigene Verwaltungseinheit räumlich umschließende Regierungsbezirke Potsdam und Frankfurt (Oder) behielt die nationalsozialistische Führung bei und vergab, wo möglich, zentrale Verwaltungsposten an Parteifunktionäre. Positionen der bisherigen Regierungs- und Polizeipräsidenten besetzte die NSDAP mit Mitgliedern. Darüber hinaus konnten die Nationalsozialist:innen auf ihre Organisationsstruktur der »Parteigaue« zurückgreifen, um über die bereits 1925 eingerichteten und mehrfach an die Parteibelange angepassten Verwaltungseinheiten die Herrschaftskonsolidierung des NS-Regimes durchzusetzen und regionale Mittelinstanzen auszubilden.

NS-Gaue

Die NSDAP sah eine auf sogenannte Parteigaue ausgerichtete Regionalstruktur vor.[15] Vor 1933 hatten die Gauleiter in den ihnen zugewiesenen Gebieten »wahlmäßig zu mobilisieren«.[16] Als selbsternanntes »Führerkorps Adolf Hitler« arbeiteten sie dabei eng mit den Kreis- und Ortsgruppenleitern der NSDAP zusammen.[17] Als lokale Parteiinstanzen in den Regionen agierten Bürgermeister oder sogenannte Ortsgruppenleiter. Ihnen waren zudem Zellen- und Blockleiter unterstellt.[18] Auch den lokalen NSDAP-Bauernführern und den der Partei angehörenden Großgrundbesitzern fiel,

---

14 Vgl. Rüdiger Hachtmann, Thomas Schaarschmidt und Winfried Süß: Einleitung. Berlin im Nationalsozialismus, in: Berlin im Nationalsozialismus, Politik und Gesellschaft 1933-1945, hg. von Rüdiger Hachtmann, Thomas Schaarschmidt und Winfried Süß, Göttingen 2011 (Beiträge zur Geschichte des Nationalsozialismus, Bd. 27), S. 19-38; Hübner/Rose, NS-Gau, S. 265.
15 Vgl. Ziegler, Gaue, S. 142; Karl Höffkes: Hitlers politische Generale. Die Gauleiter des Dritten Reiches – Ein biographisches Nachschlagewerk, Tübingen 1986 (Institut für deutsche Nachkriegsgeschichte, Bd. 13), S. 12.
16 Vgl. Höffkes, Generale, S. 12.
17 So die Selbstbezeichnung des Brandenburger Gauleiters Wilhelm Kube. Vgl. Ausführungen Kubes im Nationalsozialistischen Jahrbuch 1936, S. 220, zit. n. Ziegler, Gaue, S. 145.
18 Vgl. Dok. Kriegsdienst der NSDAP 2. Kriegsaufgaben der NSDAP. Zuständigkeit der Dienststellen der NSDAP (1944), in: Landeshauptarchiv Sachsen-Anhalt, zit. n.: Joachim Hendel und

insbesondere im agrarisch geprägten Brandenburg, eine elementare Rolle bei der Durchsetzung der Parteiinteressen, beim Aufbau des nationalsozialistischen Herrschaftssystems und dessen Stabilisierung zu.[19]

Nach der Machtübertragung an die NSDAP bildeten die NS-Gaue zunehmend »regionale Funktionseinheiten« mit »quasistaatlichen Aufgabenfeldern« aus.[20] Die Gauleiter galten hierbei als »Repräsentanten des Führers im Lande«.[21] Mit »bürokratischen Funktionen« versehen, »trugen [sie] Hitler gegenüber [...] die Verantwortung für die ›weltanschauliche Erziehung und Ausrichtung‹ der politischen Leiter, der Parteimitglieder und der Bevölkerung«.[22] Joseph Goebbels bekleidete in Berlin die Funktion des Gauleiters – der internationalsten der deutschen Großstädte, die Mitte der 1930er Jahre München als »Hauptstadt der Bewegung« ablöste:[23]

> »Die Stadt avancierte zum administrativen Zentrum des nationalsozialistischen Herrschaftssystems und wurde Ausgangspunkt des Terrors, mit dem das Regime ab 1938 ganz Europa überzog. [...] Die [...] Bündelung politischer Einrichtungen machte die Spreemetropole zu einem Kommunikations- und Koordinationsort von lokalen, regionalen und reichsweit agierenden Herrschaftsträgern, von ›Partei‹ und ›Staat‹ sowie überhaupt von alten und neuen Eliten, der durch die räumliche Verdichtung von Macht singulär unter den Städten des Deutschen Reiches war.«[24]

Im anfänglich als »Kurmark« bezeichneten Gau »Mark Brandenburg« übernahm Emil Stürtz 1936 die Leitungsfunktion.[25] Wie sein Vorgänger bekleidete Stürtz in Personalunion sowohl das Amt des Oberpräsidenten der preußischen Provinz als auch das des Gauleiters. Die östlich der Oder gelegenen Kreise Brandenburgs stellten nach den in den 1930er Jahren mehrfach vollzogenen Gebietsanpassungen – ein heutzutage fast in Vergessenheit geratenes – Grenzgebiet zu Polen dar.[26] Aufgrund der politischen

---

Oliver Werner: Regionale Mittelinstanzen im Nationalsozialismus. Materialien zur Erforschung der NS-Gaue als Mobilisierungsstrukturen, Jena 2015, S. 93-168, hier S. 95f.

19 Vgl. Rainer Pomp: Bauern und Großgrundbesitzer auf ihrem Weg ins Dritte Reich. Der brandenburgische Landbund 1919-1933, Berlin 2011.
20 Markus Fleischhauer: Der NS-Gau Thüringen. Eine Struktur- und Funktionsgeschichte, Köln 2010, S. 45.
21 Ziegler, Gaue, S. 139; Fleischhauer, NS-Gau, S. 57.
22 Fleischhauer, NS-Gau, S. 41.
23 Vgl. Björn Mensing und Friedrich Prinz (Hg.): Irrlicht im leuchtenden München? Der Nationalsozialismus in der »Hauptstadt der Bewegung«, Regensburg 1991.
24 Hachtmann, Einleitung, S. 10.
25 Zur Biografie Kubes vgl. Ernst Klee: Personenlexikon zum Dritten Reich. Wer war was vor und nach 1945, Frankfurt a. M. 2013 (Erstausgabe 2003), S. 346 f.; Höffkes, Generale, S. 195-201; Fabian Scheffczyk: Der Provinzialverband der preußischen Provinz Brandenburg 1933-1945. Regionale Leistungs- und Lenkungsverwaltung im Nationalsozialismus, Tübingen 2008, S. 45-49 und S. 81-85.
26 Vgl. Dagmara Jajeśniak-Quast und Uwe Rada: Die vergessene Grenze oder Wo liegen eigentlich Neu Bentschen und Zbąszyń?, in: Jajeśniak-Quast, Grenze, S. 9-24; Bogdan Twardochleb:

Spannungen herrschte sowohl im Deutschen Reich als auch im neuen polnischen Staat die Auffassung, dass diese Grenze besonders zu sichern war.[27] Entsprechend wurden die ostdeutschen »Grenzgaue« als »Bollwerke« konzipiert. Sie stellten territoriale Einheiten mit zunehmend auf den Krieg ausgerichteten Funktionen dar.[28] Im Osten Brandenburgs sollte sich dies in der von 1934 bis 1939 ausgebauten, stark befestigten und als »Ostwall« bezeichneten Verteidigungslinie niederschlagen.[29]

Die topografischen Grenzverdichtungen wie auch der Aufstieg der deutschen »Ostforschung« und »Geopolitik« nach 1933 verdeutlichen, dass das NS-Regime der »Gestaltung des Ostens« innerhalb wie außerhalb des Deutschen Reiches eine besondere Bedeutung beimaß.[30] Die Gaue des ostdeutschen Grenzlandes bekamen hierbei die Funktion als »Rassebollwerke« zugeschrieben.[31] Damit erhielten die »Grenzgaue« im Osten Deutschlands rassisierte Attribute zugewiesen,[32] um mit Blick auf den von deutscher Seite anvisierten Krieg ein Bild »wehrhafter Grenzlandschaften« zeichnen zu können.[33] Ab der Machtübernahme diente die territoriale Einteilung somit nicht mehr nur als parteipolitische und kriegswirtschaftliche Mobilisierungseinheit, sondern auch als völkisch imaginierte und an vermeintliche Landschaftsbesonderheiten geknüpfte staatliche Struktur, welche die Organisation der Länder im Deutschen Reich mittels eigener regionaler Mittelinstanzen abzulösen suchte.[34]

Zu Kriegsbeginn 1939 stellte Brandenburg flächenmäßig den größten NS-Gau im Deutschen Reich dar. Aufgrund der geografischen Lage und aus Sicht des deutschen

In einem anderen Land. Nationale Minderheiten im deutsch-polnischen Grenzgebiet, in: ebd., S. 98-107.

27 Vgl. Krzysztof Ruchniewicz: Die deutsch-polnischen Beziehungen 1918-1939, in: ebd., S. 25-33; Vogel/Klar, »Ostwall«, S. 7-17.

28 Vgl. Horst-Georg Lehmann: Der Gau Pommern einst – heute – morgen, in: Das Buch der deutschen Gaue. Fünf Jahre nationalsozialistische Aufbauleistung, hg. von Otto Dietrich, Bayreuth 1938, S. 71-82, hier S. 81. Die Parteiführung hatte eine Unterteilung in »Grenz-« und »Kerngaue« vorgenommen. Vgl. weitere Beiträge in: ebd. Das Gebiet in den Grenzen von 1937 galt dabei als »Kernland« bzw. als »Reichsinneres« und wird in der historischen Forschung weiterhin als »Altreich« gefasst.

29 Vgl. Gottfried Schneider: Die Kurmark – Grenzland im deutschen Osten, in: Dietrich, Gaue, S. 109-117, hier S. 111.

30 Vgl. Jörg Hackmann: Deutsche Ostforschung und polnische Westforschung. Eine Verflechtungsgeschichte, in: Jajeśniak-Quast, Grenze, S. 173-180; Müller, Wissenschaft, S. 18-41; Niels Gutschow: Ordnungswahn. Architekten planen im »eingedeutschten Osten« 1939-1945, Gütersloh 2001, S. 19-42.

31 Vgl. Rüdiger Stutz: »Rassebollwerke« und »Rüstungsschmieden« des »Dritten Reiches«. Eine Skizze zur Typologisierung der NS-Gaue in den Vorkriegsjahren, in: Couragierte Wissenschaft. Eine Festschrift für Jürgen John zum 65. Geburtstag, hg. von Rüdiger Stutz, Monika Gibas und Justus H. Ulbricht, Jena 2007, S. 44-59.

32 Vgl. Lehmann, Pommern, S. 81; Schneider, Kurmark, S. 112.

33 Vgl. Ingo Haar: Biopolitische Differenzkonstruktionen als bevölkerungspolitisches Ordnungsinstrument in den Ostgauen. Raum- und Bevölkerungsplanung im Spannungsfeld zwischen regionaler Verankerung und zentralstaatlichem Planungsanspruch, in: John, NS-Gaue, S. 105-122.

34 Vgl. Fleischhauer, NS-Gau, S. 58.

Militärs als außerhalb der Reichweite britischer Luftflotten erachtet, etablierte sich die Metropolenregion neben dem Ruhrgebiet ab Mitte der 1930er Jahren zu *der* zentralen deutschen Rüstungs- und Industrieregion. Eine Vielzahl als kriegswichtig erachteter großer Rüstungsbetriebe der Metallindustrie, des Fahrzeug- und Flugzeugbaus oder der Elektro- und Chemieindustrie waren hier lokalisiert. Darüber hinaus galt Brandenburg als das Zentrum des preußischen Militärs und aus Sicht des NS-Regimes entsprechend als »Gau der Soldaten«, der über eine Vielzahl an Militärstandorten der Landes- und Luftstreitkräfte verfügte.[35] Anstatt der Gaustruktur nutzte das deutsche Militär im Nationalsozialismus weiterhin seine in der Weimarer Republik etablierte Regionalstruktur.

Wehrkreise und Reichsverteidigungsbezirke

Das deutsche Militär verfügte 1933 über eine nach dem Ersten Weltkrieg etablierte territoriale Struktur, die eine Einteilung des Reichsgebiets in sogenannte Wehrkreise vorsah. Seit 1920 oblag den dortigen Wehrkreiskommandos die militärische Sicherung des jeweiligen Kreises. Hinzu kamen die Ersatzgestellung und Ausbildung von Teilen des Heeres. Entsprechend lassen sich die Befehlshaber der Wehrkreise als militärische Mittelinstanzen fassen. Gleichsam galt die räumliche Unterteilung in Bezirken der Organisation der Reichsverteidigung, zu der vordergründig die Mobilisierung von Reservisten, aber auch weitere Maßnahmen wie Evakuierungen zählten. Die 1935 aus der Reichswehr hervorgegangene Wehrmacht behielt die räumliche Einteilung bei und verfügte nach dem »Anschluss« Österreichs 1938 über 15 Wehrkreise. Der Wehrkreis III (Berlin-Brandenburg) umfasste die drei Wehrersatzbezirke Berlin, Potsdam und Frankfurt (Oder) und verfügte über ein Hauptquartier des »Befehlshabers im Wehrkreis III« sowie das als »Wehrkreiskommando« bezeichnete Generalkommando – beide mit Sitz in Berlin-Schmargendorf.[36]

Bei Kriegsbeginn 1939 hatte Hitler zudem sogenannte Reichsverteidigungsbezirke geschaffen und den Teil der Gauleiter, die schon mit Staatsämtern betraut waren, zu deren Kommissare berufen.[37] Der militärischen Kommandoführung in den Wehrkreisen, welche zu diesem Zeitpunkt der Gliederung der Reichsverteidigungsbezirke entsprachen, stellte die NS-Führung damit loyale Parteifunktionäre gegenüber. Diese

---

35 Schneider, Kurmark, S. 113.
36 Zu den Gliederungen und Verbänden im Wehrkreis III vgl. Georg Tessin: Verbände und Truppen der deutschen Wehrmacht und Waffen-SS im Zweiten Weltkrieg 1939-1945. Band 16: Standortverzeichnis. Gegliedert nach Wehrkreisen bzw. außerdeutschen besetzten Ländern, Teil 1: Wehrkreise I-VI, Osnabrück 1996, S. 113-183.
37 Vgl. Verordnung über die Bestellung von Reichsverteidigungskommissaren vom 1. 9. 1939, in: RGBl, I 1939, S. 1565 f. Die Verordnung sorgte für Konkurrenzkämpfe unter den Gauleitern, da nicht alle zu RVK berufen worden waren, und zwang die Reichsleitung zu Änderungen. 1942 wurden die Reichsverteidigungsbezirke den territorialen Gliederungen der Gaue angepasst und alle Gauleiter zu RVK berufen. Vgl. Hoeffkes, Generale, S. 20; Fleischhauer, NS-Gau, S. 133-135.

unterstanden zwar dem Reichsinnenministerium, bekamen ihre Anweisungen aber vom Ministerrat für die Reichsverteidigung und waren im Kriegsfall für alle zivilen Belange weisungsbefugt.[38] Im Reichsverteidigungsbezirk (RVB) »Berlin-Brandenburg« übernahm Stürtz die Funktion des Reichsverteidigungskommissars (RVK) – zumindest bis 1942, als die Bezirke den Gaustrukturen angepasst wurden und fortan Goebbels »Groß-Berlin« vorstand.[39] Ab Kriegsbeginn sollte sich auch die SS/Polizei an der militärischen Regionalstruktur orientieren.

SS/Polizei-Territorialbefehlshaber

Über die Einrichtung der HSSPF im November 1937 und die Ernennung von – der Anzahl der Wehrkreise im Deutschen Reich entsprechend – 15 Territorialbefehlshabern im September 1939 schlug sich auch in der SS/Polizei das als kriegsnotwendig erachtete Vorhaben nieder, deren regionale Organisationsstruktur an die des Militärs anzugleichen. Zusätzlich zu den »SS-Oberabschnitten«, über die die Organisation seit 1929 ihre Mitglieder rekrutierte und die als »Standarten« zusammengefasste Verbände verwaltete, orientierte sich Himmler an der Einteilung der Wehrkreise und installierte dort die HSSPF. Ihm direkt unterstellt, galten diese SS/Polizei-Führer als Vertretung des Reichsführers SS und Chef der deutschen Polizei im Reich und ab 1939, wie aufgezeigt, auch darüber hinaus.[40] Mit den HSSPF formten sich zu Kriegsbeginn die regionalen Mittelinstanzen der SS/Polizei heraus. Dies sollte insbesondere zu Kriegsende 1944/45 für das NS-Regime von Bedeutung sein. Solange die Wehrmacht militärische Erfolge verbuchen konnte und die innerhalb der SS/Polizei als »Sicherung« der Reichsverteidigung gefassten Bereiche damit kaum von Belang waren, blieben die HSSPF im »Altreich« – ebenso wie die Reichsverteidigungskommissare – »für das Regime von untergeordneter Bedeutung«.[41] Im Wehrkreis III war August Heißmeyer als SS-Oberabschnittsleiter »Ost« und HSSPF »Spree« mit Sitz in Berlin-Spandau tätig. Zu seinen Aufgaben zählten die Verbindungsführung zu den beiden Gauleitern in Berlin und Brandenburg und die Durchführung regionaler Arbeitstagungen mit den Leitern der Dienststellen der Sicherheitspolizei und des SD.[42] Als HSSPF »Spree« agierte Heißmeyer darüber hinaus als oberster Gerichtsherr des SS- und Polizeigerichts III »Berlin«.[43]

---

38 Vgl. Dieter Rebentisch und Karl Teppe: Verwaltung contra Menschenführung im Staat Hitlers, Göttingen 1986, S. 132-143; Keller, Volksgemeinschaft, S. 75 f.; Hoeffkes, Generale, S. 20.
39 Stürtz zeichnete weiterhin und ebenfalls bis zu Kriegsende 1945 für den RVB Brandenburg verantwortlich.
40 Vgl. Ruth Bettina Birn: Die Höheren SS- und Polizeiführer. Himmlers Vertreter im Reich und in den besetzten Gebieten, Düsseldorf 1986.
41 Fleischhauer, Thüringen, S. 45.
42 Vgl. Dok. »Der Chef der Sicherheitspolizei und des SD an die HSSPF« vom 23.3.1940, in: Tschechisches Nationalarchiv Prag (NA), 246/109 3/25, Bl. 11.
43 Vgl. Dok. »SS-Obersturmbannführer Horst Bender, Feldkommandostelle [des RFSS] an den SS-Hauptsturmführer Dr. Ralf Wehser« vom 17.12.1942, in: Tuviah Friedman: Die drei ältesten

Militärisches Hinterland

Für die vorliegende Untersuchung von historischem Evakuierungshandeln zentral ist auch die Zonierung, die als militärisches Hinterland gilt. Von der Wehrmacht wurde diese, wie aufgezeigt, auch als »rückwärtige Gebiete« bezeichnet, die mobil zu denken sind und sich mit dem Frontvorlauf je nach Kriegsgeschehen vorwärts oder rückwärts verlagern können. Im deutschen Vernichtungskrieg gegen die Sowjetunion hatte dieses Gebiet neben der militärischen auch eine eigene Topografie des Terrors besessen.[44] Insbesondere im Zuge der deutschen Rückzüge stellte es den Raum dar, in dem die »rückwärtigen« Einheiten unter der Befehlsführung der Befehlshaber der Sicherheitspolizei und des SD, aber auch die Pioniere der Wehrmacht Evakuierungen und Auflösungen vollzogen. Wie aufzuzeigen sein wird, sollten die Mobilisierungen mit dem Rückzug hinter die früheren Grenzen ab Ende 1944 auch im Reich greifen und sowohl auf Plänen, die bereits in den 1930er Jahren entwickelt worden waren, als auch auf »im Osten« gemachten Erfahrungen fußen.

2.3 Mobilisierungspläne der Wehrmacht

Seit dem Ersten Weltkrieg gehörten flächendeckende Evakuierungen zum Repertoire der Mobilisierung für den Krieg.[45] In den Jahren 1939/40 an der deutschen Westgrenze vollzogen, stellten sie auch ein Mittel der nationalsozialistischen Kriegsmobilisierung dar. Das Vorgehen basierte auf Mobilmachungsplänen, die ab 1934 für die Grenzräume des Deutschen Reiches ausgearbeitet und bis 1939 fortlaufend weiterentwickelt wurden. »Mobilmachung« bezeichnet dabei die »Umstellung eines Landes auf die Erfordernisse des Krieges« und den konkreten »Übergang der Streitkräfte von der Friedens- auf die Kriegsstärke.«[46] Für die Untersuchung zur Evakuierung und Auflösung des Konzentrationslagers Sachsenhausen sind die Mobilmachungspläne deshalb so relevant und bedürfen der Ausführung, weil sich die SS/Polizei 1945 an den Konzeptionen der Wehrmacht orientieren sollte.

SS-Generale Himmlers. SS-Obergruppenführer August Heyssmayer [sic!], SS-Obergruppenführer Wilhelm Reinhard, SS-Obergruppenführer Udo von Woyrsch. Eine dokumentarische Sammlung, hg. vom Institute of Documentation in Israel for the Investigation of Nazi War Crimes, Haifa 1998, o. S.

44 Vgl. Hartmann, Krieg, S. 12; Hürter, Heerführer.

45 Vgl. Großmann/Lemmes, Evakuierungen; Jochen Oltmer: Einführung. Migrationsregime und »Volksgemeinschaft« im nationalsozialistischen Deutschland, in: Nationalsozialistisches Migrationsregime und »Volksgemeinschaft«, hg. von Jochen Oltmer, Paderborn 2012 (Nationalsozialistische Volksgemeinschaft, Bd. 2), S. 9-25, hier S. 15.

46 Reinhard Brühl: Wörterbuch zur deutschen Militärgeschichte, Bd. 2, Berlin (Ost) 1985, S. 644.

Mobilmachung

»Mobil« ist dem Französischen und darüber hinaus dem militärischen Sprachgebrauch entlehnt. Der Begriff fasst, etwas zu »bewegen« bzw. »in Bewegung [zu] versetzen«.[47] Militärisch rekurriert er auf das Mobilisieren von Streitkräften. Ab 1936 entwickelte das deutsche Militär unterschiedliche Mobilisierungsabläufe, die bei Ausgabe von Kennwörtern zu erfolgen hatten. Der »Übergang der vollziehenden Gewalt auf das Heer« wurde in als »Mob-Kalendern« bezeichneten militärischen Mobilisierungsplänen geregelt.[48] Für diese waren die jeweiligen Wehrkreiskommandos zuständig, wobei das deutsche Heer in Feld- und Ersatzheer unterteilt wurde.[49] Das Ziel der Entwicklung abgestufter Handlungsabläufe war, schnelle militärische Marsch- und Einsatzbereitschaft zu gewährleisten.[50] Denn der Faktor »Zeit« – das betont auch das Rekurrieren auf die deutsche »Blitzkriegsführung« ab 1939 – spielte in den deutschen Kriegsplänen eine zentrale Rolle. Entsprechend enthielten die militärischen Mobilisierungsabläufe auch zeitliche Vorgaben. Je nach Alarmstufe galt der der Ausgabe des Befehls zur Mobilmachung – als »Mob-« oder »X-Fall« gefasst – vorausgehende, aber auch der folgende Zeitraum als »Spannungszeit«.

Laut den Konzeptionen wurde die Spannungszeit »als solche […] nicht befohlen, sondern ist nur ein technischer Ausdruck für eine Zeit besonderer außenpolitischer Spannung, in der vorbereitende Maßnahmen (›Vorausmaßnahmen‹) angeordnet werden können.«[51] Zu diesen gehörte beispielsweise die als »Räumung« und »Freimachung« bezeichnete Evakuierung von Gebieten. Bei Ausgabe des »Mob-Falles« waren die aktiven Teile des Heeres innerhalb von zwölf Stunden marsch- bzw. einsatzbereit zu machen. Und auch wenn das Mobilisierungssystem »reichlich komplizierte« Handlungsabläufe festlegte, bot es der nationalsozialistischen Führung – zusätzlich zur schnellen Mobilisierung der Streitkräfte – die Möglichkeit, »während einer politischen Spannungszeit die eigene Entschlußfreiheit zu bewahren.«[52]

Neben der Kriegführung wurden auch innere Unruhen als Phasen politischer Spannung gefasst. Für den Fall dieses im Ersten Weltkrieg noch militärisch konzipierten Ausnahmezustandes stand das juristische Mittel der »Schutzhaft« zur

---

47 Eintrag: mobil, in: Kluge, Etymologisches Wörterbuch, S. 628.
48 Hans Umbreit: Deutsche Militärverwaltungen 1938/39. Die militärische Besetzung der Tschechoslowakei und Polens, Stuttgart 1977 (Beiträge zur Militär- und Kriegsgeschichte), S. 80-82, hier S. 80; Michael Salewski, Wolfgang Petter, Rolf Güth (Hg.): Handbuch zur deutschen Militärgeschichte 1648-1939, Band 4, Abschnitt VII, VIII: Wehrmacht und Nationalsozialismus 1933-1939, München 1979, S. 385 f.
49 Vgl. Salewski, Handbuch, S. 386 und S. 388.
50 Vgl. ebd., S. 101 und S. 385.
51 Mobilmachungsbuch für die Zivilverwaltungen (1939), in: BArch F, RW 19/944, S. 4.
52 Horst Rohde: Hitlers erster »Blitzkrieg« und seine Auswirkungen auf Nordosteuropa, in: Das Deutsche Reich und der Zweite Weltkrieg, Bd. 2: Die Errichtung der Hegemonie auf dem europäischen Kontinent, im Auftrag des Militärgeschichtlichen Forschungsamtes hg. von Klaus A. Maier u. a., Stuttgart 1979, S. 79-157, hier S. 101.

Verfügung.[53] Während des Zweiten Weltkrieges kam die Aufstellung eines Ersatzheeres hinzu. Auf die Kriegslage reagierend, entwarf die Wehrmacht ab 1941 Maßnahmenkataloge zu einer teilweisen Mobilmachung des Ersatzheeres. Diese zielten darauf ab, im Fall von Aufständen – bei denen innerhalb des deutschen Militärs davon ausgegangen wurde, dass sie sich in den besetzten Gebieten ereignen konnten – und im Fall einer Luftlandung schnell über einsatzfähige Alarmeinheiten verfügen zu können. Die Mobilisierungspläne entsprachen dabei den zuvor in Friedenszeiten entwickelten:

»Stellenbesetzung und Stärke der Mob-Einheiten waren in Mob-Kalendern festgelegt, nur daß diese infolge der sehr wechselnden Stärke der Ersatztruppenteile ständig berichtigt werden mußten; Ausgabe von Waffen, Munition und Gerät war festgelegt. Die Auslösung der Mobilmachung des Ersatzheeres erfolgte auf ein Stichwort: genau wie bei der Allgemeinen Mobilmachung.«[54]

Bei Ausgabe der Stichwörter waren in den von Unruhen oder Invasion betroffenen Wehrkreisen sogenannte frontverwendungsfähige Kampfgruppen zu bilden, die unterschiedlicher Stärke sein konnten.[55]

Evakuierungspläne

Unmittelbar nach der nationalsozialistischen Machtübernahme begann die deutsche Militärführung damit, Mobilisierungspläne auszuarbeiten, die für ost- und westdeutschen Grenzgebiete Evakuierungsmaßnahmen vorsahen. Diese basierten auf den »Volkskrieg«-Konzeptionen Joachim von Stülpnagels.[56] Als Chef der Operationsabteilung im Truppenamt hatte er im Februar 1924 vor Offizieren seine Überlegungen bezüglich der Frage zukünftiger Kriegführung gegen Frankreich skizziert.[57] Räumungen befand er hierbei als Teil eines aktiven, wenn auch zunächst defensiven Kampfgeschehens. In einem »Volkskrieg« der Zukunft sollten sogenannte Guerilla-Aktionen – von den wehrfähig erachteten, sprich männlichen Bewohnern des Grenzgebietes ausgeführt –

---

53 Vgl. André Keil und Matthew Stibbe: Ein Laboratorium des Ausnahmezustands. Schutzhaft während des Ersten Weltkriegs und in den Anfangsjahren der Weimarer Republik – Preußen und Bayern 1914 bis 1923, in: Vierteljahrshefte für Zeitgeschichte 68 (2020), S. 535-573; Wolfram Pyta: Vorbereitungen für den militärischen Ausnahmezustand unter Papen/Schleicher, in: Militärgeschichtliche Mitteilungen 51 (1992), S. 385-428.

54 Georg Tessin: Verbände und Truppen der deutschen Wehrmacht und Waffen-SS im Zweiten Weltkrieg 1939-1945, Bd. 1: Die Waffengattungen – Gesamtübersicht, Osnabrück 1977, S. 134-139, hier S. 134.

55 Tessin, Verbände (Bd. 1), S. 136.

56 Wilhelm Deist: Die Reichswehr und der Krieg der Zukunft, in: Militärgeschichtliche Zeitschrift, 45/1 (1989), S. 81-92.

57 Vgl. Manuskript des Vortrages über den Krieg der Zukunft, gehalten im Februar 1924, in: BArch B, N 5/10 fol. 5; vgl. auch Stein, Grenzlandschicksale, S. 43 f.; Arnold, Freimachung, S. 7-13.

und umfangreiche Räumungen im Verteidigungsfall dazu dienen, Kampfhandlungen zu verzögern, bis reguläre Militärverbände eingetroffen waren.[58] Neben der Radikalisierung und Ideologisierung zukünftiger Kriegführung, die den wesentlichen Schwerpunkt des Vortrages ausgemacht hatten, werden die Ausführungen auch als »Ausgangspunkt militärisch-ziviler Diskussionen« zu Evakuierungsmaßnahmen gefasst.[59]

Bereits ab Sommer 1934 lagen im Deutschen Reich militärische Evakuierungsrichtlinien vor. Laut Keitel, der im Arbeitsausschuss federführend an deren Ausarbeitung beteiligt gewesen war, galt ihre Entwicklung als eines der wichtigsten Kapitel der deutschen Mobilmachungsplanungen.[60] Ausgangspunkt war, dass die deutschen Militärstrategen bei kriegerischen Auseinandersetzungen mit einem raschen Vordringen des Gegners in weite Teile des Reiches rechneten und glaubten, nur den als »Rumpf-« oder »Innerdeutschland« gefassten Kern Deutschlands verteidigen zu können.[61] Auf den Mangel militärischer Schlagkraft sollte mit spezifischen Maßnahmen reagiert werden. In den Richtlinien wurden »Räumungen« – als welche die Evakuierungen zu bezeichnen waren[62] – auch begrifflich bestimmt und Kartenmaterial beigelegt:

»Unter Räumung ist die planmäßige Zurückführung von Personen, Tieren und Gütern zu verstehen, die für die Wehrmacht, die Kriegswirtschaft wichtig sind oder aus anderen Gründen dem Feind entzogen werden sollen, aus bedrohten Teilen des Reichsgebiets – den Räumungsgebieten – in voraussichtlich nicht bedrohte Teile – die Bergungsgebiete.«[63]

Die Planungen sahen die Erstellung sogenannter Räumungskalender und Vorbereitungen zu unterschiedlichen Räumungsszenarien vor, die regional vorzunehmen

---

58 Vgl. Herbert, Nationalsozialisten, S. 43 f.; Stein, Grenzlandschicksale, S. 43 f.
59 Stein, Grenzlandschicksale, S. 43 f.; Arnold, Freimachung, S. 8-13. Zur Radikalisierung vgl. Herbert, Nationalsozialisten, S. 43 f.; Deist, Reichswehr, S. 86.
60 Vgl. Aussage Wilhelm Keitel vom 3. 4. 1946 in Nürnberg, in: International Military Tribunal: Der Prozeß gegen die Hauptkriegsverbrecher vor dem Internationalen Militärgerichtshof Nürnberg. 14. November 1945-1. Oktober 1946, Bd. 10, Nürnberg 1947-1949, S. 551 f. (nachfolgend zitiert als IMT).
61 Arnold, Freimachung, S. 20. Zu den Begriffen von »Rumpf-« und »Innerdeutschland« vgl. Georg Thomas: Geschichte der deutschen Wehr- und Rüstungswirtschaft (1918-1943/45), Boppard a. R. 1966 (Schriftenreihe des Bundesarchivs, Bd. 14), S. 55.
62 Aufgrund ihres defensiven Charakters waren sie nach Weisungen des Propagandaministeriums als »Räumung« oder »Freimachung« zu bezeichnen. Vgl. Ackermann, Evakuierungskrieg, S. 5; Stein, Grenzlandschicksale, S. 19; Katja Klee: Im »Luftschutzkeller des Reiches«. Evakuierte in Bayern 1939-1953. Politik, soziale Lage, Erfahrungen, München 1999 (Schriftenreihe der Vierteljahrshefte für Zeitgeschichte, Bd. 78), S. 45, insb. Anm. 135. In NS-Dokumenten taucht der Begriff »Evakuierung« zur Räumung von kriegsbedrohten Gebieten allerdings immer wieder auf.
63 Vgl. Teil I der Richtlinien für die Räumung feindbedrohten Reichsgebietes des Reichsverteidigungsministeriums (RVM) vom 11. 6. 1934, in: BArch F, RW 19/2414, S. 1.

waren.⁶⁴ Darüber hinaus umfassten die Richtlinien die Unterteilung in einen militärisch und einen zivil konzipierten Bereich. Die »Militärräumung-Heer« zielte auf die standortweise durchzuführende Evakuierung aller Militärpersonen. Die Mitnahme von Familienangehörigen war hierbei nicht vorgesehen, hingegen aber der Abtransport aller für die Kriegführung als wertvoll erachteter beweglicher Güter, die sich in der Verwaltung der Truppe oder der militärischen Verwaltungsstellen befanden.⁶⁵ Die »Zivilräumung« umfasste die personelle Räumung. Unter diese fielen die wehrpflichtige männliche Bevölkerung im Alter von 18 bis 35 Jahren und der Abtransport der von der Rüstungsindustrie benötigten Facharbeiter:innen.⁶⁶

Die 1934 einsetzenden Mobilmachungsvorbereitungen konzentrierten sich zu Beginn vor allem auf Not- und Alarmmaßnahmen.⁶⁷ Von einem Angriffsszenario ausgehend und unter Berücksichtigung der prekären Verteidigungskraft, der »exponierte[n] geografische[n] Lage« Deutschlands sowie »seine[r] ungünstig langen Grenzen«,⁶⁸ wurden Handlungsabläufe entworfen, die auf Sofortmaßnahmen der militärischen Sicherung grenznaher Gebiete abzielten. Der strategische Fokus lag hierbei auf der Evakuierung der deutsch-französischen und deutsch-polnischen Grenzgebiete als Bestandteil taktischer Verteidigung. Mit den »Richtlinien für die Räumung feindbedrohter Reichsgebiete« (1934) und den »Mobilmachungsbüchern« (Mob-Buch) für die Militär- und die Zivilverwaltung (1936) lagen Mitte der 1930er Jahre erste mustergültige »Drehbücher« vor, die einen planmäßigen Mobilisierungsablauf im Verteidigungs- bzw. Kriegsfall garantieren sollten und Evakuierungsmaßnahmen vorsahen. Diese wurden bis zu Kriegsbeginn fortlaufend aktualisiert. Für die vorliegende Untersuchung sind vor allem die Weisungen zentral, die auf die Entfernung von als »störend« für das Kampfgeschehen erachteten Personen abzielten.

»Rückführungen«

Die Evakuierungsrichtlinien, die das deutsche Militär in den 1930er Jahren entwickelte, sahen den Abtransport von »Marschunfähigen«, von sogenannten Feindstaatenangehörigen oder sonstigen, als illoyal erachteten Personen sowie von Gefangenen vor. Der Abtransport von Häftlingen, der auch per Fußmarsch erfolgen konnte, basierte hierbei auf folgendem Gedanken:⁶⁹ »Die Abbeförderung staatsgefährlicher Strafgefangener und politischer Schutzhäftlinge muss vorbereitet und durchgeführt werden, damit sie dem Feinde bei einem Einmarsch keine landes-

---

64 Vgl. Arnold, Freimachung, S. 20 f.
65 Vgl. Teil II der Richtlinien für die Räumung feindbedrohten Reichsgebietes des RVM vom 11.6.1934, in: BArch F, RW 19/2414; vgl. auch Arnold, Freimachung, S. 21.
66 Vgl. ebd.
67 Vgl. Salewski, Handbuch, S. 385.
68 Zur militärischen Konzeption von Evakuierungen vgl. Ackermann, Evakuierungskrieg, S. 5-14.
69 Sonderanweisung für die Justizverwaltung, Anlage 5 zu den RVM-Räumungsrichtlinien vom 11.6.1934, in: BArch F, RW 19/2414, S. 3 f.

verräterische Hilfe leisten können.«⁷⁰ Hier griffen Konzeptionen einer möglichen »fünften Kolonne«⁷¹, die sich in konkreten Weisungen niederschlugen. Gemeinsam mit der deutschen Zivilverwaltung hatte die Wehrmacht Merkblätter zur Durchführung der Räumung von Gefangeneneinrichtungen in Grenzgebieten ausgearbeitet, die bei den Leitungen der Strafanstalten zu hinterlegen waren. Sie enthielten Vorgaben zur »Bestimmung der Beförderungsmittel, des Weges, der Begleitmannschaften, Mitgabe der Personalakten, Sicherstellung der Verpflegung.«⁷² Darüber hinaus sollten in Grenznähe fortan keine Konzentrationslager mehr lokalisiert sein, was 1936 in der Entscheidung mündete, das nahe der deutsch-niederländischen Grenze verortete KL Esterwegen »aus Gründen der Landesverteidigung nach Oranienburg« zu verlegen.⁷³

Als ebenfalls potenziell »illoyal« und dem militärischen Gegner hilfeleistend konzipiert, betrafen die Richtlinien Personen, die aufgrund des »Gesetzes zur Wiederherstellung des Berufsbeamtentums« vom 7. April 1933 entlassen oder in Ruhestand versetzt worden waren. Neben jüdischen Männern waren dies zu politischen Gegner:innen erklärte »Beamte, die nach ihrer bisherigen politischen Betätigung nicht die Gewähr dafür bieten, dass sie jederzeit rückhaltlos für den nationalen Staat eintreten« und entsprechend aus dem Staatsdienst entlassen worden waren.⁷⁴ Dieser Personenkreis sollte im Kriegsfall von der Polizei festgenommen werden, die auch deren »Rückführung« zu vollziehen hatte.⁷⁵ Auf Forderung des Militärs legte die Gestapo unter Reinhard Heydrichs Führung daraufhin die »A-Kartei« an. Das »A« der Karteibezeichnung stand hierbei entweder für *Alarm* – im Sinne einer Mobilisierung aufgrund von kritischen innenpolitischen Situationen oder bei Kriegsbeginn.⁷⁶ Mög-

---

70 Sonderanweisung für die Polizei und Landjägerei, Anlage 4 zu den RVM-Räumungsrichtlinien vom 11.6.1934, in: BArch F, RW 19/2414, S. 5.
71 Dieser Begriff wurde historisch in Anlehnung an die Franco-Anhänger verwendet, die sich während des Spanischen Bürgerkriegs auf dem Herrschaftsgebiet der Regierungstruppen aufhielten. Zur Etymologie des Begriffs vgl. The Merriam-Webster New Book of Word Histories, Springfield 1991, S. 178 f. Der Begriff fand während des Zweiten Weltkriegs in unterschiedlichen Kontexten Anwendung als Sinnbild für eine angenommene feindliche Gefahr von »innen«.
72 Sonderanweisung für die Justizverwaltung, Anlage 5 zu den RVM-Räumungsrichtlinien vom 11.6.1934, in: BArch F, RW 19/2414, hier Bl. 9.
73 Schreiben des RJM vom 8.7.1936, abgedruckt in: Erich Kosthorst und Bernd Walter: Konzentrations- und Strafgefangenenlager im Dritten Reich. Beispiel Emsland. Dokumentation und Analyse zum Verhältnis von NS-Regime und Justiz, Bd. 1, Düsseldorf 1983, S. 585 f.; vgl. auch Knoch, Emslandlager, S. 542.
74 Paragraf 4 des Gesetzes zur Wiederherstellung des Berufsbeamtentums. Online unter: https://de.wikisource.org/wiki/Gesetz_zur_Wiederherstellung_des_Berufsbeamtentums#%C2%A7_4 (letzter Zugriff am: 21.9.2024).
75 Vgl. Arnold, Freimachung, S. 24.
76 Vgl. Hans-Peter Klausch: Polizei, Wehrmacht und KZ-System. Die A-Kartei-Aktion zu Beginn des Zweiten Weltkrieges, in: Polizei, Verfolgung und Gesellschaft im Nationalsozialismus, hg. von Herbert Diercks, Bremen 2013 (Beiträge zur Geschichte der nationalsozialistischen Verfolgung in Norddeutschland, Heft 15), S. 105-118.

lich ist auch, dass der Buchstabe auf das Unter-*Aufsicht*-Stellen von bestimmten Personengruppen rekurrierte.[77] Die Gestapo baute die Kartei daraufhin kontinuierlich mit dem Ziel auf, schlagartig Razzien durchführen zu können. In vom NS-Regime als kritisch erachteten Situationen sollten auf deren Basis innerhalb kurzer Zeit Festnahmen erfolgen und die Menschen in Konzentrationslager verschleppt werden.

Der Abtransport der übrigen Zivilbevölkerung war im Kriegsfall hingegen nicht vorgesehen. Dieser sollte nur erfolgen, wenn unmittelbare Kampfhandlungen bevorstanden und das Operationsgebiet »freizumachen« war.[78] Entsprechend hatten Räumungsvorbereitungen auch der strikten Geheimhaltung zu unterliegen. Die Maßnahmen zielten darauf ab, die als »marschfähig« erachtete Bevölkerung zu Fuß abzutransportieren – Züge waren im Kriegsfall dem Militär vorbehalten.[79] Als »marschunfähig« erachtete die NS-Führung Schwangere, Mütter mit Kindern unter 15 Jahren sowie alte und kranke Menschen, für die Transportmittel bereitzustellen waren.[80] Zu Kriegsbeginn traten die Maßnahmen im Zuge der »Freimachung West« erstmalig an der Grenze zu Frankreich und Luxemburg in Kraft. Gleichzeitig wurden entsprechend der »Mob-Pläne« als Feinde erachtete Menschen in Konzentrationslager verschleppt und Haftanstalten geräumt. Die großflächige Evakuierung endete im Sommer 1940.[81]

Bis 1939 waren die Maßnahmenkataloge, die auf Evakuierungsmaßnahmen abzielten, noch fortlaufend aktualisiert worden.[82] Die Planungen sahen dabei weiterhin vor, dass »Freimachungen« nach Teilgebieten wie Regierungsbezirken oder Landkreisen und innerhalb von acht Stunden nach Befehlsausgabe zu erfolgen hatten.[83] Das Mobilmachungsbuch, das Keitel 1939 im Neudruck für die Zivilverwaltungen ausgeben ließ, hatte zudem zentrale Anweisungen zum Umgang mit ausländischen Menschen und Staatenlosen enthalten, die sich im Reichsgebiet aufhielten und die aufgrund der Anordnung einer »sofortigen allgemeinen Grenzsperre« bei einer Mobilmachung das Reichsgebiet nicht mehr verlassen konnten.[84] Konzipiert war

---

77 Vgl. Hermann Kaienburg: Sachsenhausen: Stammlager, in: Der Ort des Terrors. Geschichte der nationalsozialistischen Konzentrationslager, Bd. 3: Sachsenhausen, Buchenwald, hg. von Wolfgang Benz und Barbara Distel, München 2005, S. 17-72, hier S. 19.
78 Vgl. Arnold, Freimachung, S. 21.
79 Vgl. GenStdH-Besprechungsnotiz vom 3.11.1938 zur Änderung der Richtlinien für Räumung, in: BArch F, RW 19/18, Bl. 79.
80 Vgl. Arnold, Freimachung, S. 84.
81 Vgl. Stein, Grenzlandschicksale; Arnold, Freimachung, S. 149-158. Wie die Gefängnisse und NS-Zwangslager 1939/40 temporär evakuiert wurden, stellt ein Forschungsdesiderat dar.
82 Vgl. dazu den Schriftverkehr für die Jahre 1934 bis 1937 in: BArch F, RW 19/2414.
83 Vgl. Anlage 3a zu den vom Kriegsminister ausgegebenen Räumungsrichtlinien in der Neufassung vom 1.7.1935, in: BArch F, RW 19/2414, Bl. 132.
84 Vgl. Ausführungen unter Kennziffer »1096«, in: Reichministerium des Innern, Mobilmachungsbuch für die Zivilverwaltungen, Neudruck 1939, Teil IV, Kennziffern Z 1001-Z 1500, in: BArch F, RW 19/994, Bl. 38.

zudem eine Verstärkung der Polizeikräfte im Grenzgebiet.[85] Darüber hinaus war im »Mob-Buch« die Aufstellung der Verstärkung der SS-Totenkopfverbände (SS-Polizeiverstärkung) sowie die Vorbereitung der Einrichtung neuer Konzentrationslager und die Bereitstellung der erforderlichen Bewachungskräfte geregelt.[86] Diese sollten nun auch der Internierung von »Feindstaatenangehörigen« dienen. Gleichzeitig war die »Einbürgerung der seit Generationen im Inland lebenden Angehörigen der Feindstaaten« einzustellen.[87] Entsprechend hatte der deutsche Überfall Polens am 1. September 1939 auch Auswirkungen auf die im Reich befindliche polnische Minderheit, die nun ebenfalls von Konzentrationslagerhaft bedroht war.[88]

Zudem waren Handlungsabläufe auf dem »Gebiet des Judenrechts« festgelegt geworden. Diese umfassten im Kriegsfall:

> »Beaufsichtigung der kriegswirtschaftlich wichtigen Betriebe, die in jüdischer Hand sind, Ausschluss aller Juden vom Wandergewerbe wegen der Gefahr der Spionage und Miesmacherei, Ausschluss der Juden von Kriegswirtschaftsstellen, verschärfte *Aufsicht* über die jüdischen Verbände, Verhinderung der Kriegsdrückebergerei durch absichtliche Ausübung der Rassenschande, Entscheidung des Führers und Reichskanzlers über die Behandlung von Befreiungsanträgen auf Grundlage der Nürnberger Gesetze usw.«[89]

»Aufsicht« bedeutete hier, analog zum Vorgehen mithilfe der »A-Kartei« der Gestapo, die »getarnte Inschutzhaftnahme«.[90] Zu Kriegsanfang verschleppte die Sicherheitspolizei damit in großer Zahl und nun als »Feindstaatenangehörige« verfolgte jüdische Männer in Konzentrationslager.[91] Darüber hinaus erfolgte mit dem tatsächlichen Beginn des deutschen Angriffskrieges die Verordnung von Einkaufs- und Ausgangsbeschränkungen für Juden:Jüdinnen sowie das Verbot des Besitzes von Rundfunkgeräten.[92] Neben den Maßnahmen der Festnahme und Internierung der politischen

---

85 Vgl. Ausführungen unter Kennziffer »1093«, in: ebd.
86 Ausführungen unter Kennziffern »1094« und »1111«, in: ebd, Bl. 38.
87 Vgl. Ausführungen unter der Kennziffer »1030«, in: ebd., Bl. 37.
88 Peter Oliver Loew: Wir Unsichtbaren. Geschichte der Polen in Deutschland, München 2014, S. 163 f.
89 Ausführungen unter der Kennziffer »1040«, in: Reichsministerium des Innern, Mobilmachungsbuch für die Zivilverwaltungen, Neudruck 1939, Teil IV, Kennziffern Z 1001-Z 1500, in: BArch F, RW 19/994, Bl. 37. Hervorhebung J. F.
90 Im Falle der »A1-Kartei« betraf sie alle »spionage-, sabotage-, landesverrats- und hochverratsverdächtige Personen«. Ausführungen unter der Kennziffer »1112«, in: ebd., Bl. 39.
91 Vgl. Chana Schütz: Berliner Juden – feindliche Ausländer, in: Ausgewiesen! Berlin, 28. Oktober 1938. Die Geschichte der »Polenaktion«, hg. von Alina Bothe und Gertrud Pickhan, Berlin 2018, S. 202-211.
92 Vgl. Deutschland im Zweiten Weltkrieg. Bd. 1: Vorbereitung, Entfesselung und Verlauf des Krieges bis zum 22. Juni 1941, hg. von der Akademie der Wissenschaften der DDR unter Leitung von Gerhart Hass, Berlin (Ost) 1974, S. 210.

Opposition anhand der »A-Kartei« zählte die Überwachung und mögliche Internierung von »Feindstaatenangehörigen« und sowohl staatenlosen oder ausländischen als auch deutschen, vor allem jüdischen Männern zu den Maßnahmen, die die politische und militärische Führung zur Absicherung ihrer Kriegführung konzipiert hatte.

Mit der tatsächlichen Mobilmachung im August 1939 und dem deutschen Überfall Polens wurden die nationalsozialistischen Anstrengungen, »juristisch möglichst pauschal gegen Juden vorgehen zu können«,[93] weiter radikalisiert. Aus Mitgliedern jüdischer Gemeinden wurden »Feindstaatenangehörige«.[94] Ab 1940 mündete die antijüdische Vertreibungspolitik in den Massendeportationen der zu »inneren« wie »äußeren« Gegner:innen erklärten jüdischen Menschen, denen zuvor – und im Mobilmachungsbuch 1939 verschriftlicht[95] – kollektiv »Spionage«, »Miesmacherei«, »Kriegsdrückebergerei« und damit die Sabotage der deutschen Kriegsbemühungen unterstellt worden war. Während des Krieges entwickelte sich die SS/Polizei hierbei – neben dem Umstand, die internierende Instanz zu sein – zum zentralen Akteur einer europaweiten antijüdischen Verfolgungs- und Mordpolitik.

2.4 »Einsätze« – Zum Vorgehen der SS/Polizei

Neben der Wehrmacht und in ihrer organisatorischen Verzahnung mit der SS verfügte auch die Polizei über spezifische Mobilisierungsverfahren, die sie entsprechend ihrem Selbstverständnis als »Weltanschauungsexekutive«[96] zur Organisation und Durchführung von Razzien und Großfahndungen nutzte. Ihr sicherheitspolizeiliches Agieren konzipierte sie als »Einsätze«, die auf Konzeptionen des Staatsschutzes und ab 1939 auf der »Sicherung« der deutschen Kriegs- und Besatzungsschauplätze basierte. Wie der »Mob-Fall« für das Militär löste der »A-Fall« innerhalb der SS/Polizei Einsätze aus. So sollte diese Alarmauslösung 1936/37 auf die »Sicherung des Reiches« abzielen.[97] Stand »A-Fall« 1936 bis 1939 noch synonym für den Fall der

---

93   Miriam Rürup: Wie aus Deutschen Juden wurden. Staatsangehörigkeit von Jüdinnen und Juden in den 1930er Jahren, in: Bothe, Ausgewiesen!, S. 50-59, hier S. 57.
94   Vgl. Yfaat Weiss: Deutsche und polnische Juden vor dem Holocaust. Jüdische Identität zwischen Staatsbürgerschaft und Ethnizität 1933-1940, München 2000, S. 211-218.
95   Vgl. Ausführungen unter der Kennziffer »1112«, in: Reichsministerium des Innern, Mobilmachungsbuch für die Zivilverwaltungen, Neudruck 1939, Teil IV, Kennziffern Z 1001-Z 1500, in: BArch F, RW 19/994, Bl. 39.
96   Klaus-Michael Mallmann und Gerhard Paul: Die Gestapo. Weltanschauungsexekutive mit gesellschaftlichem Rückhalt, in: Die Gestapo im Zweiten Weltkrieg. »Heimatfront« und besetztes Europa, hg. von Klaus-Michael Mallmann und Gerhard Paul, Darmstadt 2000, S. 499-650.
97   Vgl. Dok. C II 12, abgedruckt in: Erich Kosthorst und Bernd Walter: Konzentrations- und Strafgefangenenlager im Emsland 1933-1945. Zum Verhältnis von NS-Regime und Justiz. Darstellung und Dokumentation, Düsseldorf 1985, S. 172 f.; Schreiben Theordor Eickes an das Forstamt Sachsenhausen vom 19. 6.1936, in: BLHA, Rep 2A III FI 16238, Bl. 48-50.

militärischen Mobilmachung,[98] zielte die so bezeichnete Mobilisierung ab 1939 auf die Niederschlagung von Aufständen.[99] Fortlaufend an die Kriegsentwicklung angepasst, fassten Wehrmacht und SS/Polizei ab September 1942 auch die Möglichkeit alliierter Luftlandungen über deutschem Reichs- oder diesem eingegliederten Gebiet als »A-Fall«.[100] Dieser stellte somit keine alleinige Erfindung der SS/Polizei dar, die erst ab 1944/45 zum Tragen kommen sollte. Vielmehr handelte es sich um das Ausrufen eines Zustandes erhöhter »innerer« Spannung – einer »alert period«,[101] auf die spezifische, als polizeilich gefasste Mobilisierungsmaßnahmen folgen sollten. Bis Ende 1944 hatte die SS/Polizei, wie nun aufzuzeigen sein wird, auf Basis von Organisations- und Durchführungsweisungen sowie Planspielen Mobilisierungsverfahren für den Fall von Invasion und Aufständen entwickelt.

»A-Fall«

Seite Ende 1942 verfügte das Reichssicherheitshauptamt (RSHA) über umfangreiche Alarmpläne, mit denen die deutsche Sicherheitspolizei Großfahndungen durchzuführen gedachte. Als »A-Fall« fasste die SS/Polizei nun Einsätze, die für den Fall alliierter Luftlandetruppen auf das Reichsgebiet ausgelöst werden sollten. Die Zuständigkeit für die Auslösung eines Alarms lag bei den jeweiligen SS/Polizei-Territorialbefehlshabern des von einer Invasion betroffenen Wehrkreises – den HSSPF.[102] Auf Weisung Himmlers hatten die Bezirksdienststellen der Kripo und die Inspekteure der Sicherheitspolizei (IdS) und des SD Alarm- und Einsatzpläne erstellt, die auf einen schnellen Zugriff ausgerichtet waren.[103] Gleichzeitig ordnete Himmler das Abhalten von Planspielen zum Einüben der Einsätze an. Darüber hinaus sollten für Polizei-

---

98 Vgl. Klausch, Polizei, S. 105; vgl. Manfred Weissbecker und Gerd Noack: »Die Partei als Rückgrat der inneren Front«. Mobilmachungspläne der NSDAP für den Krieg (1937 bis 1939), in: Der Weg in den Krieg. Studien zur Geschichte der Vorkriegsjahre (1935/36 bis 1939), hg. von Dietrich Eichholtz und Kurt Pätzold, Berlin (Ost) 1989, S. 67-90, hier S. 67.
99 Vgl. Bernhard R. Kroener: Generaloberst Friedrich Fromm. »Der starke Mann im Heimatskriegsgebiet«. Eine Biographie, Paderborn 2005, S. 421.
100 Zu den Konzeptionen der Wehrmacht vgl. ebd.; Gerd R. Ueberschär: Der militärische Umsturzplan »Walküre«, in: Widerstand gegen die nationalsozialistische Diktatur 1933-1945, hg. von Peter Steinbach und Johannes Tuchel, Bonn 2004 (Schriftenreihe der Bundeszentrale für politische Bildung, Bd. 438), S. 489-504, hier S. 492 f.
101 Transkript eines »A-Fall«-Befehls vom 13.1.1945 durch den britischen Counter Intelligence Monitor (C.I.M.), in: PRO, WO 309/217; vgl. auch C.I.M.-Transkript No. 1 vom 20.1.1945, in: Aussage Joseph Leniewsky vom 3.6.1947, in: AA, 5.1/82325133.
102 Vgl. Schreiben des Befehlshabers der Waffen-SS, Böhmen und Mähren, an den HSSPF in Böhmen und Mähren vom 12.9.1942, in: NA, 1799/674/109-4/422, Bl. 15-16; Scharnhorst-Befehl des HSSPF »Spree«/Chef Hauptamt Dienststelle SS-Obergruppenführer Heißmeyer vom 31.1.1945, in: BArch B, NS 34/20.
103 Vgl. Erlass des Reichsführers SS und Chef der deutschen Polizei (RFSSuChdtP) im RMdI vom 28.9.1942, in: NA, 1799/2128/109-8/11, Bl. 34a; Sonderfahndungsplan der Sicherheitspolizei und

bezirke, in denen sich Stammlager (Stalags), vor allem aber Offizierslager (Oflags) für Kriegsgefangene befanden, sowie Gebiete, die durch das Absetzen alliierter Fallschirmspringer als »gefährdet« galten, besondere Vorkehrungen getroffen werden.[104] So waren ab 1943 »Sperrringe« und »Sperrgürtel« um Großstädte einzurichten, auch um »das Abwandern von ausländischen Arbeitern nach Luftangriffen« zu unterbinden. Des Weiteren suchte die regionale SS/Polizei-Führung auf die Massenfluchten von Zwangsarbeiter:innen mit Auffanglagern zu reagieren.[105] Für die Durchführung der sicherheitspolizeilichen Tätigkeit in Grenzgebieten war hingegen die Gestapo verantwortlich. Bei Fahndungsaufrufen und Razzien, die das »Protektorat«, das »Generalgouvernement« und die besetzten Gebiete betrafen, sollten lokale Hilfspolizeikräfte einbezogen werden.[106]

Ab Dezember 1942 lagen allen IdS bzw. Befehlshabern der Sicherheitspolizei und des SD (BdS), HSSPF und Kripo(leit)stellen sowie dem RKA ausgearbeitete Alarm- bzw. Einsatzpläne vor. Als zentral für den Erfolg von Einsätzen erachtet, dienten sie dazu, eine reibungslose Kommunikation zu gewährleisten. Damit hatte die SS/Polizei kriegsspezifische Mobilisierungsverfahren ausgearbeitet, die die »schlagartige Auslösung« von Fahndungsalarmen regelten,[107] fortlaufend ergänzt und an die Kriegslage angepasst werden konnten und – aus Sicht der SS/Polizei-Führung – ab 1944 auch mussten. Ab Anfang Oktober 1944 rechnete sowohl die SS/Polizei als auch die Wehrmacht »[ständig] mit dem Einsatz von größeren Luftlandetruppen«.[108] In Reaktion auf die erfolgreiche Landung der Westalliierten in der Normandie hatte Himmler am 17. Juni 1944 angeordnet, dass die äußere Sicherung der Konzentrationslager und damit die Befehlsführung über die Wachmannschaften im »A-Fall« auf die regional zuständigen HSSPF überging. Als im Falle von aus der Luft vollzogenen alliierten Großlandungen besonders kritische Situationen und gefährdete Räume erachtet, erteilten zudem sowohl Goebbels als auch Himmler Weisungen zur Verstärkung der Sicherung der KL-Komplexe.[109]

    des SD der Kriminalpolizeileitstelle Berlin vom 15.12.1942, in: BLHA, Rep 161 NS-Archiv des MfS ZR 932 A. 14, Bl. 4-30.
104 Vgl. ebd.
105 Schreiben IdS Hamburg an die Staatspolizei- und Kripostellen seines Bezirks vom 31.8.1944, in: Staatsarchiv Bremen (StAB), 5,4-37, Bl. 4; vgl. Schreiben Kripostelle Wilhelmshaven vom 15.9.1943, in: ebd., Bl. 5a.
106 Vgl. Erlass des RFSSuChdtP im RMdI vom 28.9.1942, in: NA, 1799/2128/109-8/11, Bl. 35.
107 Vgl. Sonderfahndungsplan der Sicherheitspolizei und des SD, Anlage zum Erlass des RFSSuChdtP im RMdI vom 28.9.1942, in: NA, 1799/2128/ 109-8/11, Bl. 36-47, hier Bl. 39a.
108 Rainer Mennel: Die Schlussphase des Zweiten Weltkrieges im Westen (1944/45). Eine Studie zur politischen Geographie, Osnabrück 1981, S. 242.
109 So hatte der RMdI, Himmler, über seinen Stellvertreter Brandt das WVHA im Frühjahr 1944 den Ausbau des Luftschutzes für den Komplex Auschwitz angewiesen, nachdem Goebbels in seiner Funktion als Vorsitzender des Luftkriegsschädenausschusses diese gefordert hatte. Vgl. Brandt an Pohl vom 24.3.1944, in: BArch B, NS 19/994, Bl. 9 zit. n. Uhl u. a., Dienstkalender, S. 666. Tatsächlich war Auschwitz das erste Mal in der Nacht vom

In Absprache mit den HSSPF gab die Amtsgruppe D daraufhin Handlungsabläufe vor, die SS/Polizei-Angehörige anschließend über Planspiele – sowohl regional als auch in den Konzentrationslagern – einübten.[110] So arbeitete beispielsweise die Kommandantur in Sachsenhausen im Sommer 1944 Pläne aus, wie bei einem Gefangenenaufstand zu reagieren sei.[111] Bei der Vorstellung, Luftlandetruppen würden sich hinter der Frontlinie in Konzentrations- oder anderen NS-Zwangslagern absetzen, um dort Aufstände zu initiieren, handelte es sich dabei nicht allein um eine Projektion der SS/Polizei, die auch auf eigenem Vorgehen basierte.[112] Tatsächlich sollten sich, wie weiter unten zu behandeln sein wird, zu Kriegsende westalliierte Fallschirmspringer in der Nähe von Kriegsgefangenenlagern mit dem Ziel absetzen, dort einzudringen und die weitere Verschleppung der Gefangenen zu unterbinden.[113]

»SS-« und »U-Fall«

Darüber hinaus hatten die HSSPF 1944 eigene, als »SS-« oder »U-Fall« bezeichnete Alarmskripte entwickelt, die auch auf die topografischen Lagen der Wehrkreise zugeschnitten wurden. So erwartete die SS/Polizeiführung zum Beispiel eine alliierte Landeoperation über die Nordsee. Bereits im Frühjahr hatte der HSSPF »Nordsee«, Georg-Henning Graf von Bassewitz-Behr, im Wehrkreis X (Schleswig-Holstein/Hamburg/Bremen) mit dem IdS in Hamburg, Johannes Thiele, dem dortigen Leiter der Gestapoleitstelle, Hans Wilhelm Blomberg, und weiteren Personen regelmäßig Besprechungen abgehalten, um Pläne für den Fall eines »Feindeinbruches« in

---

4. auf den 5. Mai 1943, vermutlich von sowjetischen Luftstreitkräften, angegriffen worden. Weitere schwere, westalliierte Luftangriffe erfolgten im August 1944 auf diesen Rüstungsstandort, im Zuge derselben es Gefangenen auch gelang, zu fliehen. Gleichzeitig war es zu Toten und Verletzten unter den Insass:innen gekommen, weil ihnen das Aufsuchen von Luftschutzeinrichtungen verwehrt wurde. Vgl. Luftangriffe auf Auschwitz, in: wollheim memorial. Online unter: http://www.wollheim-memorial.de/de/luftangriffe_auf_auschwitz (letzter Zugriff am: 2.8.2022). Zu Luftsicherungsanweisungen für KL-Komplexe vgl. auch Jens-Christian Wagner: Die Produktion des Todes. Das KZ Mittelbau-Dora, Göttingen 2015, S. 491. Seit dem Sommer 1944 war Himmler zudem dabei, seine Befugnisse auch im Hinblick auf die Bekämpfung feindlicher Luftlandetruppen auszuweiten. Vgl. Heinemann, »Walküre«, S. 425.

110 Vgl. Schreiben des IdS Hamburg vom 11.10.1944, in: StAB, 7.1.02.5,4-47. Ich danke Markus Günnewig für den Verweis auf diese Quelle.
111 Vgl. Aussage Jaroslav Purš vom 9.2.1960, in: BArch ZStL, B 162/1508, S. 4.
112 So war es deutschen Fallschirmjägern am 12. September 1943 gelungen, den in Gran Sasso d'Italia internierten italienischen Diktator Benito Mussolini zu befreien. Unter ihnen befand sich ein 17 Mann starkes SS-Kommando unter der Führung Otto Skorzenys, das nach dem erfolgreichen und anschließend propagandistisch aufbereiteten »Unternehmen Eichen« die Ruhmeslorbeeren für sich beanspruchen sollte. Vgl. Óscar González López: Fallschirmjäger at the Gran Sasso, Valladolid 2007.
113 Vgl. Paul Kannmann: Das Stalag XI A Altengrabow 1939-1945, Halle 2015, S. 379-388.

das Gebiet der Nordseeküste aufzustellen und die hierbei möglicherweise auftretenden »Ausländerunruhen« niederzuschlagen.[114] Bis in den Herbst 1944 hinein wurde ein Maßnahmenkatalog für diesen als »SS-Fall« bezeichneten Alarm entwickelt und erprobt, der »die Schnelligkeit des Eingreifens und straffste Führung der Polizeikräfte gewährleisten« sollte. Als »SS-Fall« galt:

> »die Bekämpfung von Ausländerunruhen, die Zusammenziehung, Bewachung und Rückführung ausländischer Arbeiter im Falle einer feindlichen Luft- und Seeinvasion in unserem oder einem Nachbargebiet oder bei verstärkten Luftangriffen, die Sicherstellung der staatspolizeilich unsicheren Elemente, die Bewachung und Rückführung der Polizei, Gerichts- und KZ-Gefangenen, sowie die Bekämpfung abgesetzter feindlicher Terrorgruppen usw.«[115]

Der Alarm trat dabei erst ein, wenn die Unruhen nicht mehr auf einzelne Lager beschränkt waren und die örtlichen Kräfte nicht mehr ausreichten, um sie zu unterdrücken.[116] Zur Entwicklung der Maßnahmen sowie zu deren Koordinierung im Falle eines Alarmeinsatzes der SS/Polizei im Wehrkreis X etablierte von Bassewitz-Behr einen Führungsstab, der konkrete Organisations- und Durchführungsrichtlinien ausarbeitete.[117] Hierbei wurden Alarmstufen festgelegt. Die Stichwortausgabe sollte durch die regionalen Territorialbefehlshaber der SS/Polizei erfolgen.[118] Das Vorgehen basierte auf dem von der Wehrmacht bereits vor dem Krieg entwickelten Stufenprinzip, das je nach Gefahrenlage drei Alarmstufen vorsah und hierfür Stichwörter festlegte.[119] Entsprechend dem militärischen Vorgehen der Erstellung von »Mob-Plänen«, auf die in den Durchführungsanweisungen für den »SS-Fall« verwiesen wird, waren auch »Mob-Kalender« für den »SS-Fall« anzulegen und das für die Einsätze konzipierte Vorgehen über Planspiele einzuüben.[120]

So sah der bereits am 5. Mai 1944 ausgegebene Organisationsbefehl für den »SS-Fall« beispielsweise die drei Mobilisierungsstufen »Falke« (I), »Adler« (II) und »Nachteule« (III) vor, über die unterschiedliche Maßnahmen ausgelöst und koordiniert werden sollten.[121] »Adler« regelte dabei auch die Vorbereitung von KL- und AEL-

---

114 Vgl. Aussage Georg-Henning Graf von Bassewitz-Behr vom 20.4.1947, in: AA, Dok-ID 5.1./82325119-132, hier 82325124; HSSPF »Nordsee«-Führungsstab Ia 5223 Tgb. Nr. 201/44 vom 28.4.1944, in: StAB, 7.1066-368, Bl. 47 f.
115 HSSPF »Nordsee« Ia Tgb. Nr. 180/44 vom 5.5.1944, in: ebd., Bl. 48-53, hier Bl. 48.
116 Vgl. HSSPF »Nordsee« Ia 5211 Tgb. Nr. 221/44 vom 8.5.1944, in: ebd., Bl. 62.
117 HSSPF »Nordsee« Ia 52 11 Tgb. Nr. 220/44 vom 7.5.1944, in: ebd., Bl. 54-56; HSSPF »Nordsee« Ia 52 11 Tgb. Nr. 221/44 vom 13.9.1944, in: ebd., Bl. 58-65, hier Bl. 58.
118 Vgl. ebd. Die Ausgabe des Alarms sollte – in folgender Reihenfolge – durch »Fernschreiber, das LS-Sondernetz, Fernsprecher und ggf. durch [Draht-]Funk.« erfolgen. Ebd., S. 59.
119 Vgl. Nolzen, Planung, S. 253-260; Arnold, Freimachung, S. 4.
120 Vgl. HSSPF »Nordsee« Ia 52 11 Tgb. Nr. 221/44 vom 13.9.1944, in: StAB, 7.1066-368, Bl. 65.
121 Vgl. ebd., Bl. 49-51.

Räumungen.¹²² Gleichzeitig wurden der Ablauf der Alarmierung und die Aufgabenbereiche der Polizeisparten abgesteckt.¹²³ Darüber hinaus war der »Abtransport der Polizei-, Kripo- und Stapogefangenen in die KZ- bzw. AEL-Läger [sic!] Neuengamme, Farge und Bergen-Belsen« sowie die »[v]erstärkte Bewachung der KZ- bzw. AEL-Läger [sic!]« für die Ausgabe der zweiten Alarmstufe festgelegt.¹²⁴ Für die höchste Alarmstufe (Stichwort III) war die umgehende »Rückführung« der »Ausländer in die Hauptsammellager am Süd- und Ostrand des BdO-Bereiches« festgelegt worden.¹²⁵ Das heißt, sowohl ausländische Gefangene als auch sich nicht in NS-Zwangslagern befindliche Zwangsarbeitskräfte – vor allem die männlichen¹²⁶ – waren von der Front weg an die Grenzen der Wehrkreise abzutransportieren. Die »Rückführung« wurde dabei als innerhalb der Wehrkreise zu vollziehende Maßnahme konzipiert.¹²⁷ Damit lagen umfangreiche Handlungsanweisungen für Einsätze der SS/Polizei im Fall alliierten Vordringens in deutsche Gebiete vor.

Auch die durch Keitel angeordnete Vorbereitung der Reichsverteidigung vom 19. Juli 1944, das Hitler-Attentat vom 20. Juli 1944 und der Ausbruch des Warschauer Aufstandes am 1. August 1944 hatten Auswirkungen auf das Vorgehen der SS/Polizei.¹²⁸ Die Befugnisse der HSSPF wurden erneut ausgeweitet. Am 20. August 1944 gab Himmler »den Befehl zur Vorbereitung der Bekämpfung innerer Unruhen« aus, »da es unter den augenblicklichen Lageverhältnissen auch im Heimatkriegsgebiet zu Störungen der öffentlichen Sicherheit und Ordnung kommen« könne.¹²⁹ Hieraufhin entwickelte der HSSPF »Nordsee«, von Bassewitz-Behr, am 16. September 1944 den ersten »Organisationsbefehl für die Vorbereitungen zur Bekämpfung innerer Unruhen (kurz: U-Fall)«.¹³⁰ Der Befehl, der als Zusatz zum »SS-Fall« an die Ordnungs-

---

122 Vgl. Aussage Georg-Henning Graf von Bassewitz-Behr vom 20. 4. 1947, in: AA, Dok-ID 5.1./82325119-132, hier 82325124. Zu den Stichwörtern und den Maßnahmen vgl. HSSPF »Nordsee« Ia Tgb. Nr. 180/44 vom 5. 5. 1944, in: StAB, 7.1066-368, Bl. 49 f.; HSSPF »Nordsee«, Ia 52 11 Tgb. Nr. 221/44 vom 13. 9. 1944, in: ebd., Bl. 5962.
123 Vgl. HSSPF »Nordsee« Ia Tgb. Nr. 180/44 vom 5. 5. 1944, in: ebd., Bl. 51-53.
124 Ebd., Bl. 50. Hervorhebung J. F.
125 Ebd., Bl. 55.
126 Vgl. HSSPF »Nordsee« Ia 52 11 Tgb. Nr. 220/44 vom 7. 5. 1944, in: ebd., Bl. 54; Schreiben des IdS Hamburg vom 10. 8. 1944, in: StAB, 5,4-40.
127 Vgl. HSSPF »Nordsee« Ia 52 11 Tgb. Nr. 221/44 vom 13. 9. 1944, in: StAB, 7.1066-368, Bl. 59-62, Bl. 61.
128 Zur diesbezüglichen Anordnung Keitels vgl. Herbert Michaelis (Hg.): Ursachen und Folgen. Vom deutschen Zusammenbruch 1918 und 1945 bis zur staatlichen Neuordnung Deutschlands in der Gegenwart; eine Urkunden- und Dokumentensammlung zur Zeitgeschichte, Bd. 21: Das Dritte Reich: Der Sturm auf die Festung Europa. Emigration und Widerstand, die Invasion der Anglo-Amerikaner, der 20. Juli 1944, der Zusammenbruch der Mittelfront im Osten, das polnische Problem, der totale Kriegseinsatz, Berlin 1975, S. xiii und S. 286.
129 Verweis auf den Erlass des RFSSuChdtPol. Nr. 57/44 vom 20. 8. 1944, in: HSSPF »Nordsee« Führungsstab Ia Tgb. Nr. 509/44 vom 16. 9. 1944, in: StAB, 7.1.02.5,4-47, S. 1.
130 HSSPF »Nordsee« Führungsstab Ia Tgb. Nr. 509/44 vom 16. 9. 1944, in: ebd., S. 1.

polizei ausgegeben wurde, galt der Entwicklung eines »gut funktionierenden Alarmsystems«.[131] Er legte zudem die Stoßrichtung zukünftiger Einsätze der Polizei fest:

»Allen bei der Bekämpfung innerer Unruhen eingesetzten Polizei-Organen muss als stetiger oberster Grundsatz gelten: Nur durch das Zusammenfassen aller Kräfte und durch größte Anstrengungen kann der Sieg errungen werden. Jeder, der diesen Bestrebungen entgegenarbeitet und dem kämpfenden Volk in den Rücken fällt, ist sein Feind. Wer innere Unruhe erregt, gleich wer er sei, ist sein Feind. Er ist rücksichtslos zu vernichten. Energisches Auftreten und rasches Handeln spart Blut. Zögernder Einsatz und halbe Massnahmen können wertvolle Kräfte aufs Spiel setzen.«[132]

Hierbei definierte Bassewitz-Behr und sein Stab auch, wer als »Unruhestifter« galt: »a) asoziale Elemente, b) ausl. Arbeitskräfte, c) Banden (ausl. Arbeitskräfte, ausgebrochene Angehörige von AEL- und KZ-Lägern [sic!], abgesprungene Fallschirmagenten in Zivil, entwichene Kriegsgefangene).«[133]

Als Initiator der inneren Unruhen galt zudem, so kann es einem Befehl des HSSPF »Spree« im Wehrkreis III (Berlin/Brandenburg) entnommen werden, der US-amerikanische Präsident Dwight D. Eisenhower. Am 26. September 1944 ließ Heißmeyer verlauten, als vermeintlicher »Oberbefehlshaber der Alliierten Streitkräfte« habe Eisenhower am Tage zuvor über den britischen Rundfunk zu Sabotage- und Gewaltakten Kriegsgefangener aufgerufen und koordiniere die Auslösung innerer Unruhen. Über den Abwurf von Flugblättern sowie Sabotage- und Brandstiftungsmitteln würde der amerikanische Präsident eine Erhebung provozieren, für die sich die Zwangsarbeiter mit den deutschen Arbeitern verbrüdern sollten. Dies mache eine »Erhöhung der Aufmerksamkeit«,[134] so Heißmeyer, nötig. Die Weisungen der HSSPF in Hamburg und Berlin rekurrierten damit auf die NS-spezifischen Konzeptionen, gegen jeden vorzugehen, »der dem kämpfenden Volk in den Rücken fällt.«[135] Über den »Dolchstoß« hinaus griffen mit den Anschuldigungen gegenüber Eisenhower zudem antiamerikanische Verschwörungstheorien, die das NS-Regime kriegsbegleitend propagierte.

Zusätzlich zu den »SS-Fall«-Weisungen war im September 1944 in Hamburg auch die Ausgabe eines umfangreichen »U-Fall«-Durchführungsbefehls erfolgt, den der dortige IdS ausgab. In Ergänzung zu den durch von Bassewitz-Behr ausgegebenen

---

131 Ebd., S. 3.
132 Ebd., S. 4.
133 Ebd., S. 1.
134 Vgl. HSSPF »Spree« Führungsstab Ia Tgb. Nr. 2178/44 vom 26. 9. 1944, in: BLHA, Rep. 41 Schönewalde NB 4; vgl. Gestapo-Stelle Potsdam Tgb. Nr. 320/44 vom 26. 9. 1944, in: BLHA, 61A NSDAP Brbg 16, Bl. 7 f.
135 HSSPF »Nordsee« Führungsstab Ia Tgb. Nr. 509/44 vom 16. 9. 1944, in: StAB, 7.1.02.5, S. 4.

Mobilisierungsanweisungen sah dieser für die Sicherheitspolizei vor, dass als »verstärkte Einsatzreserven« bezeichnete Einheiten der Sicherheitspolizei und des SD »in erster Linie auch im U-Falle staatspolizeiliche Aufgaben durchzuführen« haben.[136] Damit griff die SS/Polizei 1944 im Reich auf das Mittel der Einsatzgruppen zurück.[137] Der in Hamburg entwickelte Organisationsbefehl für den »U-Fall« enthielt zwei Alarmstufen, die sich an den für den »SS-Fall« festgelegten orientierten.[138] Die Führung der Einsätze unterlag den Kommandeuren der Schutzpolizei, die auf »bewegliche Einsatzreserven« zurückgreifen sollten. Als Einsatzfeld konzipiert worden war hierbei, im Falle einer Invasion »Kräfte für die Zusammenziehung, Bewachung und Rückführung ausländischer Arbeiter [...], zur Sicherstellung etwa noch vorhandener staatspolizeilich unsicherer Elemente sowie zur Bewachung und Rückführung der Polizei-, Gerichts- und KZ-Gefangenen« zu mobilisieren. Des Weiteren war vorgesehen, »bewegliche Einsatz-Reserven zur Bekämpfung von inneren Unruhen und abgesetzter feindlicher Terrorgruppen« aufzustellen.[139] Darüber hinaus kam es zur Bildung von Alarmkompanien, die zur Sicherung der Rüstungsbetriebe eingesetzt werden sollten.[140]

Auch der HSSPF »Spree« in Berlin ordnete »im Einvernehmen mit dem Befehlshaber/Inspekteur der Sicherheitspolizei und des SD« für die »gesamte Ordnungspolizei, Stadt- und Landwacht, Abwehrbeauftragte, Werkschutzleiter und Lagerführer« an, bei Massenfluchten ausländischer Zwangsarbeiter die »Streifentätigkeit« zu erhöhen und gegebenenfalls »Razzien in ländlichen Gebieten« durchzuführen. Die Kreisleitungen der Ordnungs- und Schutzpolizei, der Gendarmerie und des Objektschutzes hatten sowohl mit der Sicherheitspolizei als auch mit den Standorten der Wehrmacht und den Kommandeuren der Konzentrations- und Arbeitserziehungslager »ständig Verbindung zu halten«.[141] Hierfür ließ Heißmeyer am 25. September 1944 einen ausgearbeiteten Alarmplan zur Vorbereitung der »Bekämpfung innerer Unruhen« innerhalb »aller dem B.d.O. unterstellten Kräfte« zirkulieren.[142] Dass er sich dabei an den Weisungen orientierte, die zuvor in Hamburg entwickelt und in der SS/Polizei großflächig in Umlauf gebracht worden waren, steht zu vermuten.[143] Für den Fall innerer Unruhen verfügte Heißmeyer über die gesamte Ordnungspolizei

---

136 Schreiben des IdS Hamburg 224/44 vom 18.9.1944, in: StAB, 7.1.02.5,4-47, S. 1.
137 Vgl. Günnewig, Gestapoverbrechen, S. 262-304.
138 Vgl. HSSPF »Nordsee« Führungsstab Ia Tgb. Nr. 509/44 vom 16.9.1944, in: StAB, 7.1.02.5, S. 3.
139 Ebd., S. 2. Hervorhebung J. F.
140 Vgl. ebd., S. 2; HSSPF »Nordsee« Ia 52.08 Tgb. Nr. 771/44 vom 20.11.1944, in: StAB, 7.1066-368, Bl. 48-51.
141 Vgl. HSSPF »Spree« Führungsstab Ia Tgb. Nr. 2178/44 vom 26.9.1944, in: BLHA, Rep. 41 Schönewalde NB 4.
142 Vgl. ebd.
143 Der HSSPF »Nordsee« hatte die Vorlage für die Alarmpläne der HSSPF (»Mitte«, »Ostsee« und »West«) im Nordraum entwickelt. Ausfertigungen der Alarmpläne gingen zudem auch an den RFSS und an die RVK Mecklenburg und Brandenburg. Der dreiseitige Verteiler befindet sich

einschließlich der Feuerschutzpolizei, der Luftschutzpolizei sowie der Freiwilligen Feuerwehren, die Technische Nothilfe, die Land- und Stadtwacht sowie die verfügbaren »Kräfte der SA, der Allgemeinen SS, der Partei und aller Gliederungen« im Wehrkreis III, die sich im Herbst 1944 auf »Sondereinsätze« vorzubereiten hatten.[144]

Im Rahmen dieser 1944 entwickelten Mobilisierungspläne fanden mehrfach Planspiele mit dem Ziel statt, die Aufstandsniederschlagung einzuüben.[145] Ulrich Herbert fasste diese Übungen als »regelrechte Manöver«.[146] Hierbei gemachte Erfahrungen wurden wiederum in die »Mob-Bücher« der SS/Polizei aufgenommen. Den gesamten Herbst 1944 über war es beispielsweise im Wehrkreis X noch zu Treffen zwischen dem HSSPF »Nordsee« und dem IdS gekommen, bei denen auch die Frage der Gefängnis- und Lagerräumungen diskutiert wurde. Laut von Bassewitz-Behr lagen Thiele diesbezüglich bereits Weisungen des RSHA vor, die einen identischen Umgang im Hinblick auf den Verbleib von Gefangenen der Justizhaftanstalten und der Polizeigefängnisse vorsahen. Einerseits waren Entlassungen vorzunehmen, andererseits und insbesondere im Falle von Hoch- und Landesverrat-Urteilen waren Gefangene »rückzuführen«. Sollte es zu einer Invasion des militärischen Gegners in den deutschen Nordseeraum kommen – bei der sowohl Thiele als auch von Bassewitz-Behr mit einer (erneuten) Verstärkung der Bombardierung Hamburgs rechneten –, waren diese Gefangenen dem Konzentrationslager Neuengamme zur Exekution zu übergeben.[147]

Damit lagen im Oktober 1944 umfangreiche Mobilisierungsverfahren vor,[148] die auch auf die Rückdeportation von KL-Insass:innen abzielten. Alle hierbei festgelegten Maßnahmen unterstanden der Befehlsführung Himmlers, der diese an seine Stellvertreter in den Regionen übertrug. Die 1944 in Hamburg entwickelten Verfahrensweisen für die Alarmeinsätze der SS/Polizei, die diese als »SS-« wie als »U-Fall« fasste, verfügten im Anhang über einen Verteiler, der 350 Ausfertigungen vorsah. Der derart umfangreiche Verteiler verdeutlicht, dass die Weisungen über den Wehrkreis X hinaus für den gesamten deutschen Nordraum entwickelt worden waren. Ausfertigungen erhielten auch die SS/Polizei-Dienststellen benachbarter Wehrkreise. Im Verlauf dieser Untersuchung wird aufzuzeigen sein, wie diese 1945 dort tatsächlich zur Anwendung kamen. Darüber hinaus gingen an Himmler sowie die Chefs der Ordnungs- und der Sicherheitspolizei Exemplare der Mobilisierungsrichtlinien. Aufgrund des engen

    im Anhang von HSSPF »Nordsee«, Führungsstab Ia Tgb. Nr. 509/44 vom 16.9.1944, in: StAB, 7.1.02.5,4-47.
144 Vgl. HSSPF »Spree«, Führungsstab Ia Tgb. Nr. 2178/44 vom 26.9.1944, in: BLHA, Rep. 41 Schönewalde NB 4.
145 Vgl. HSSPF »Nordsee« Ia 5223 Tgb. Nr. 201/44 vom 28.4.1944, in: StAB, 7.1066-368, Bl. 47 f.; IdS B. Nr. I – IV E 65 vom 11.10.1944, in: StAB, 7.1.02.5,4-47.
146 Herbert, Fremdarbeiter, S. 375 f.
147 Vgl. Aussage Georg-Henning Graf von Bassewitz-Behr vom 20.4.1947, in: AA, Dok-ID 5.1./82325119-132, hier 82325124.
148 Schreiben des IdS »Hamburg« B. Nr. – IV E 65-166/44 vom 31.10.1944, in: StAB, 7.1.02.5,4-47.

Kontakts, den die regionale Partei- wie die SS/Polizei-Führung – aufgrund der 1943 luftkriegsbedingten Evakuierungen der Hamburger Zivilbevölkerung – zu Friedrich Hildebrandt und Emil Stürtz pflegte, wurden die Gauleiter/RVK in Mecklenburg und Brandenburg ebenfalls mit einer Ausfertigung der Alarmpläne bedacht.[149]

2.5 Evakuierung als Tätigkeitsfeld der Partei

Mit Kriegsbeginn 1939 mobilisierten die Mittelinstanzen der Partei nicht mehr nur politisch, sondern ebenfalls räumlich. Evakuierungs- und Umquartierungsprogramme, die die NS-Führung ab 1939 regional wie kommunal durchführte, entwickelten sich zu einem zentralen Tätigkeitsfeld der Gau- wie der Kreisleiter. Zu diesen hatten die »Freimachung West« 1939/40, die »Erweiterte Kinderlandverschickung« ab 1940 und ab 1943/44 luftkriegsbedingte Umquartierungen gezählt. Bis 1944 hatten sich vor allem die NS-Gaue im Reichsinneren als »Evakuierungseinheiten« des NS-Staats etabliert und damit Wehrkreis-, Provinzial- und Länderfunktionen verdrängt.[150] Welche Vorbereitungen trafen die Gauleitungen nun im Hinblick auf eine mögliche alliierte Invasion in das als »Altreich« gefasste Territorium oder die dem Deutschen Reich eingegliederten Gebiete Polens?

»Eva-Fall«

Ab Herbst 1944 rückten die Alliierten im Westen wie im Osten zudem zunehmend an die alten Reichsgrenzen vor. In Ostpreußen waren sowjetischen Verbänden bereits erste Grenzübertritte gelungen. Die Rückkehr deutscher Staatsangehöriger aus dem Ausland, den besetzten Gebieten und dem Generalgouvernement wie auch die Ankunft weiterer Flüchtlinge kündigte 1944 an, was auch der Bevölkerung in den dem Reich eingegliederten vormals polnischen Gebieten bevorstehen sollte. Die Kriegssituation erforderte aus Sicht der NS- wie der Wehrmachtsführung die Umstellung auf die Reichsverteidigung, die nach dem gescheiterten Attentat auf Hitler am 20. Juli 1944 vornehmliche Aufgabe der regionalen Mittelinstanzen wurde. Alles wurde nun der Reichsverteidigung unterworfen, zu der auch die Ausarbeitung der Evakuierungspläne durch die Gauleiter/RVK gehörte.[151] Gleichzeitig waren die Mittelinstanzen der Partei ab Herbst 1944 – in Zusammenarbeit mit der SS – für die Aufstellung des Volkssturms verantwortlich.

---

149 HSSPF »Nordsee« Führungsstab Ia Tgb. Nr. 509/44 vom 16.9.1944, in: StAB, 7.1.02.5,4-47.
150 Vgl. Strehle, Thüringen, S. 101.
151 Befehl des OKW-Chefs, Keitel, vom 19.7.1944, abgedruckt in: Ursachen und Folgen. Vom deutschen Zusammenbruch 1918 und 1945 bis zur staatlichen Neuordnung Deutschlands in der Gegenwart. Eine Urkunden- und Dokumentensammlung zur Zeitgeschichte, Band 21, hg. von Horst Michaelis und Ernst Schraeper, Berlin 1959, S. 286.

Der Plan, den beispielsweise der Gauleiter/RVK Arthur Greiser auf Anraten des Befehlshabers des Wehrkreiskommandos in Posen daraufhin für den »Reichsgau Wartheland« ausarbeiten ließ, sah beispielsweise vor, die »reichsdeutsche« und dort in den Jahren zuvor angesiedelte »volksdeutsche« Bevölkerung zu evakuieren. Der Abtransport der polnischen Bevölkerung bei Frontnähe war nicht vorgesehen; ihr Anschließen an die Trecks aber auch nicht ausgeschlossen. Für den Fall einer invasionsbedingten Evakuierung wurde der Gau in drei Zonen eingeteilt: Die östlichen Kreise galten als »Räumungszone«, die westlich daran anschließenden mittleren Kreise als »Durchgangszone« und die Kreise im Westen des NS-Gaus, die an Brandenburg angrenzten, als »Aufnahmezone«. Anstatt also die flächendeckende Evakuierung der gesamten Region konzeptionell vorzubereiten, wurde – als »vorübergehende Vorbeugungsmaßnahme« gefasst – nur die Evakuierung der östlichen Kreise in Betracht gezogen. Die reale Möglichkeit der Aufgabe des »nationalsozialistischen Mustergaus« und des Rückzugs aus den annektierten polnischen Gebieten zog auf Parteiebene im Unterschied zum Wehrkreiskommando niemand – zumindest offiziell nicht – in Betracht. Entsprechend der vom Reichsministerium des Inneren erteilten Weisungen, »Flüchtlingsbewegungen von Gau zu Gau, sei es durch Eisenbahn oder Trecks, zu unterbinden«,[152] sah der Plan deshalb nur vor, innerhalb des Gaus zu evakuieren.[153]

In den Planungen waren zwei Räumungsstufen konzipiert und mit Stichwörtern versehen worden. Die erste Stufe sah vor, Frauen und Mütter mit Kindern unter zehn Jahren sowie alte Menschen vorsorglich zu evakuieren. Diese sollten bei Verwandten oder in den westlichen, an Brandenburg angrenzenden Kreisen des Gaus unterkommen. Bei Ausgabe der zweiten Stufe sollte die gesamte Bevölkerung einer Stadt oder eines Kreises evakuiert werden. Gleichzeitig waren in wichtigen Versorgungs- und Industriebetrieben zentrale Teile zu entfernen oder zu zerstören.[154] Die gesamte Planung ging davon aus, dass im Falle eines Evakuierungsalarms

> »a) Ausreichend Transportraum, nicht nur für die Menschen, sondern zum Abtransport von Verwaltungsgut verfügbar sei; b) Der anrückende Feind lange genug von eigenen Verteidigungskräften und -stellungen aufgehalten würde, so daß ausreichend Zeit für die Evakuierung zur Verfügung stünde; c) Die vorgesehenen Treckwege im Ernstfall für die Räumung freigehalten werden könnten.«[155]

Als die sowjetische Winteroffensive am 12. Januar 1945 los- und wenige Tage später in das »Wartheland« einbrach, sollte für Evakuierungen anhand der vorher dafür aus-

---

152 Fernschreiben des RMdI II RV 9736/44 367 R vom 14.12.1944, in: BLHA, Rep. 6B Beeskow-Storkow 1273.
153 Vgl. Joachim Rogall (Hg.): Die Räumung des »Reichsgaus Wartheland« vom 16. bis 26. Januar 1945 im Spiegel amtlicher Berichte, Sigmaringen 1993, S. 26-29.
154 Vgl. ebd., S. 28.
155 Ebd.

gearbeiteten Pläne jedoch kaum noch Zeit bleiben.[156] Das Tempo des Vormarschs der Roten Armee machte die Planungen, innerhalb des NS-Gaus stufenweise zu evakuieren, obsolet. Bereits am 20. Januar ordnete Greiser nach Rücksprache mit Hitler die Räumung der gesamten Region an und begab sich, noch bevor die Bevölkerung auf den Weg gebracht wurde, mit seinem Stab selbst auf die Flucht nach Frankfurt (Oder).[157]

Westlich des »Warthelandes« in Brandenburg waren 1944 hingegen keine Evakuierungspläne entwickelt und vorbereitende Maßnahmen getroffen worden bzw. sind diese in den Akten, die hinsichtlich der deutschen Evakuierungsmaßnahmen von 1939 bis 1945 überliefert sind, nicht enthalten.[158] Eine Invasion über die Wehranlagen des »Ostwalls«, der seit 1944 baulich verstärkt wurde,[159] und die Oder hielten die Parteispitzen im Unterschied zu den führenden Militärs entweder nicht für möglich oder trauten sich schlicht nicht, dies öffentlich bei Hitler vorzutragen. Nördlich des »Reichsgaus Wartheland« in Danzig-Westpreußen hatte auch der Gauleiter/RVK, Albert Forster, durch die in seinem Büro tätige »Gaukommission für den totalen Kriegseinsatz« hingegen ebenfalls einen regionsspezifischen und streng geheimen Evakuierungsplan ausarbeiten lassen. Im Unterschied zu seinen Amtskollegen in Ostpreußen, Erich Koch, und in Pommern, Franz Schwede, hielt Forster die großflächige Invasion sowjetischer Verbände in seinen Gau ähnlich wie Greiser für möglich und agierte entsprechend.

Nachdem sowjetische Einheiten den Bug – der heute den Grenzfluss zwischen Polen und Belarus darstellt[160] – im Juli 1944 überquert und einen Flüchtlingsstrom aus Ostpreußen ausgelöst hatten, ließ Forster Maßnahmen für den Fall einer Evakuierung vorbereiten.[161] Am 4. September 1944 lagen die Richtlinien zum »Eva-Fall« vor.[162] Zur gleichen Zeit setzten im Westen des Altreiches die ersten »Gebietsfreimachungen« ein. Als Leiter der Parteikanzlei sah sich Martin Bormann genötigt, darauf zu verweisen, dass diese der Genehmigung Hitlers bedürfen.[163]

Die in Danzig-Westpreußen entwickelten Evakuierungspläne sahen vor, dass Forster für die Evakuierung der Zivilbevölkerung und der beweglichen Güter zuständig

---

156 Vgl. Bericht des Oberbürgermeisters von Litzmannstadt betr. Ablauf der Räumung der Stadt Litzmannstadt, abgedruckt in: ebd., S. 47-53, hier S. 51.
157 Vgl. ebd., S. 30 f.
158 Vgl. Hübner/Rose, NS-Gau, S. 264; Hendel, Mittelinstanzen, S. 17-19.
159 Vgl. Vogel/Klar, »Ostwall«, S. 81-91.
160 Im Hitler-Stalin-Pakt war die Interessengrenze zwischen dem Deutschen Reich und der Sowjetunion entlang des westlichen Bugufers vereinbart worden.
161 Vgl. Ruth Schwertfeger: A Nazi camp near Danzig. Perspectives on shame and on the Holocaust from Stutthof, London 2022, S. 143; Hermann Kuhn und Janina Grabowska-Chałka (Hg.): Stutthof. Ein Konzentrationslager vor den Toren Danzigs, Bremen 2004, S. 190.
162 Vgl. Marek Orski: Organisation und Ordnungsprinzipien des Lagers Stutthof, in: Herbert, Konzentrationslager (Bd. 1), S. 285-308, hier S. 305.
163 Vgl. Arnold, Freimachungen, S. 232.

war.[164] Der Präsident des Oberlandesgerichtes in Danzig, Walter Wohler, war für die Räumung der Gefängnisse und den Abtransport der Justizakten zuständig.[165] Die Weisungen beinhalteten zudem Vorgaben zum Verbleib der Zwangsarbeitskräfte, die auf dem Land und in der Industrie eingesetzt waren.[166] Auch der sich in der Region befindliche Konzentrationslagerkomplex Stutthof wurde in die Planungen für den »Eva-Fall« einbezogen.[167] Die Zwangsarbeiter:innen wie die KL-Insass:innen sollten von der vorrückenden Roten Armee weggeführt werden.[168] Der Teil in den Evakuierungsplänen, der Stutthof betraf, war allerdings »sehr allgemein formuliert und in einer späteren Phase Gegenstand von Vereinbarungen und Verhandlungen zwischen der Lagerkommandantur und dem zuständigen HSSPF sowie der Zentrale in Berlin.«[169]

Dem HSSPF »Weichsel/Danzig-Westpreußen«, Fritz Katzmann, unterstand die Organisation der Evakuierung von SS- und Polizeieinrichtungen, zu denen auch Stutthof zählte.[170] Katzmann hatte bereits am 28. Juli eine »Organisationsanweisung für den Fall der Durchführung des Plans ›Eva‹« ausgegeben, die vorsah, die »in politischer und staatlicher Hinsicht unsichere[n] Elemente« präventiv festzunehmen, um möglichen Störungen durch ausländische Zwangsarbeitskräfte und Kriegsgefangene oder einem möglichen bewaffneten Aufstand der polnischen Bevölkerung im Falle einer sowjetischer Invasion entgegenzuwirken.[171] Entsprechend der seit dem 4. September vorliegenden »Eva-Fall«-Planungen sollte die Alarmierung und der Beginn der Evakuierungsmaßnahmen nur im gegenseitigen Einvernehmen von Forster und Katzmann erfolgen.

Für die Standorte und Bereiche der SS/Polizei waren daraufhin drei Alarmstufen festgelegt worden: Bei Ausgabe des Stichwortes »Forelle« (Stufe 1) wurden alle Kräfte, die der SS/Polizei zur Verfügung standen, in Alarmbereitschaft versetzt. Sie hatten sich an den Standorten einzufinden, deren Sicherheit verstärkt werden sollte. Bei Ausgabe des Stichwortes »Hecht« (Stufe 2) waren alle Zwangsarbeitskräfte in Lagern zu sammeln. Insass:innen von Polizeigefängnissen waren an Stutthof abzugeben. Das Stichwort »Seehund« (Stufe 3) löste den Beginn der Evakuierung aus. Insbesondere die Insass:innen von Stutthof waren gemäß der vorbereiteten Route abzutransportieren.

164 Vgl. Danuta Drywa: The Extermination of the Jews in Stutthof Concentrations Camps 1939-1945, Gdańsk 2004, S. 259; Dieter Schenk: Hitlers Mann in Danzig. Gauleiter Forster und die Verbrechen in Danzig-Westpreußen, Bonn 2000, S. 352.
165 Vgl. Schenk, Forster, S. 354; Moritz von Köckritz: Die deutschen Oberlandesgerichtspräsidenten im Nationalsozialismus (1933-1945) (Rechtshistorische Reihe, Bd. 413), Frankfurt a. M. 2011, S. 452-459.
166 Vgl. Janina Grabowska: Marsz smierci. Ewakuacja piesza wiezniow KL Stutthof i jego podobozow 25 stycznia – 3 Maja 1945, Gdańsk 1992, S. 183.
167 Vgl. Aussage Theodor Traugott Meyer vom 13. 8.1947, in: GUMSt, Z-V-20, S. 24.
168 Schwertfeger, S. 143; Kuhn, S. 190.
169 Orski, Organisation, S. 305.
170 Vgl. Schenk, Forster, S. 352.
171 Ebd.

Hierfür waren Standorte für Sammellager festgelegt worden. Mit vorheriger Zustimmung von Himmler setzte bei Ausgabe dieser Stufe die umgehende Evakuierung des SS/Polizei-Personals, der Waffen, Fahrzeuge und Akten ein.[172]

Damit lagen umfangreiche Handlungsrichtlinien für ein stufenweises Prozedere zur Evakuierung des Komplexes Stutthof vor, sollten sich sowjetische Einheiten annähern. Parallel zu den Arbeiten an den »Eva-Fall«-Plänen hatte Forster zudem den Versuch unternommen, auf überregionaler Ebene eine Sonderkonferenz zu organisieren, deren Zweck es war, die Vorbereitungen für die Evakuierung der ostdeutschen Bevölkerung aus kriegsgefährdeten Gebieten zu koordinieren. Weil die ostpreußische Bevölkerung im Falle desweiteren sowjetischen Vordringens nach Westpreußen – in den Gau Forsters – fliehen würde und womöglich auch die dortige Bevölkerung nach Westpommern evakuiert werden müsse, hatte er Koch und Schwede dazu eingeladen. Beide Gauleiter/RVK lehnten Forsters Anliegen ab.[173] Für die Weisungen zum »Eva-Fall« hatten somit nur die Planer in Danzig und Posen auf Räumungs- und »Freimachungs«-konzeptionen zurückgegriffen, die bis 1939 für die deutschen Grenzregionen entwickelt worden waren.[174] Zu vermuten ist auch, dass sie sich an den in Hamburg entwickelten Weisungen zum »SS-« und »U-Fall« orientierten und die Maßnahmen darüber hinaus um die Praktiken der seit 1943 vollzogenen deutschen Evakuierungskriegführung ergänzten. Wie sich an den Ausführungen zu Stutthof bereits aufzeigen lässt und für den Komplex Sachsenhausen zu vertiefen sein wird, hatte die SS auf Grundlage der Mobilisierungspläne, die das deutsche Militär von 1934 bis 1939 für Gebietsräumungen entwickelt hatte, eigene Evakuierungsmaßnahmen konzipiert. Diese lagen Ende 1944 für den Fall vor, sollte die Rote Armee vorrücken.

---

172 Vgl. ebd.; Drywa, Extermination, S. 260.
173 Janina Grabowska-Chałka: Stutthof. Guide. Historical Information Stutthof Museum, Gdańsk 2011, S. 103.
174 Vgl. Mob-Bücher für die Zivilverwaltungen, in: BArch F, RW 19/944; Anordnungen und Richtlinien der »Abteilung M« im Stab des Stellvertreters des Führers für den Einsatz des Ortsgruppenleiters im Kriege 1939, in: BArch B, NS 6/146, Bl. 16 f. abgedr. in: Weissbecker, »Rückgrat«, S. 84-88; Anordnungen und Richtlinien der »Abteilung M« im Stab des Stellvertreters des Führers für den Einsatz der M-Beauftragten im Kriege, in: ebd., S. 88-90.

3 Sachsenhausen

Das NS-Regime etablierte zeit seines Bestehens eine Vielzahl an unterschiedlichen Zwangslagern. In diesen wurden als tatsächliche und vermeintliche politische Gegner:innen, Kriegs- oder Arbeitsdienstverweiger:innen sowie nach kriminalbiologistischen oder rassistischen Parametern verfolgte Menschen inhaftiert, ausgebeutet und Terror ausgesetzt.[1] Die Lager der SS, für die ab 1934 die »Inspektion der Konzentrationslager« (IKL) und ab 1942 die Amtsgruppe D des SS-WVHA organisatorisch verantwortlich zeichnete, gelten als Einrichtungen des nationalsozialistischen Konzentrationslagersystems.[2] Bis 1944 war es der Gewaltorganisation gelungen, ein breites Netz an Haupt- und Außenlagern zu etablieren und hierbei auch in die besetzten oder dem Reich eingegliederten Gebiete zu expandieren. Gegenstand des vorliegenden Kapitels ist die Frage nach den Kennzeichen dieses Systems. Der Schwerpunkt liegt dabei auf Sachsenhausen und der Frage, was die SS, ihr Lagersystem und insbesondere den Oranienburger Komplex Ende 1944 charakterisierte.

3.1 Die SS

Die nach dem Krieg als verbrecherisch eingestufte Massenorganisation »SS« hatte sich in der Verzahnung mit der deutschen Polizei bereits vor dem Krieg zu *dem* staatlichen Sicherheitsakteur entwickelt. Als »Staatsschutzkorps«[3] und Waffen-SS stellte die von Heinrich Himmler geführte Organisation ein Instrument zur Eroberung, Konsolidierung und Erhaltung der Macht der Nationalsozialist:innen mit den Mitteln des Terrors dar, den sie mit dem Krieg in alle deutsch besetzten Gebiete trug.[4] Himmler

---

1 Hinsichtlich der Vielzahl der vom NS-Regime etablierten Lager vgl. Gudrun Schwarz: Die nationalsozialistischen Lager, Frankfurt a. M. 1990; Wolfgang Benz: Nationalsozialistische Zwangslager. Ein Überblick, in: ders., Ort des Terrors (Bd. 1), S. 11-29.
2 Vgl. Orth, System; Drobisch, System.
3 Zum »Staatsschutzkorps« vgl. Michael Wildt: Generation des Unbedingten. Das Führungskorps des Reichssicherheitshauptamtes, Hamburg 2015, S. 258; Bernd Wegner: Hitlers Politische Soldaten: Die Waffen-SS 1933-1945. Leitbild, Struktur und Funktion einer nationalsozialistischen Elite, Paderborn 1997, S. 110-112.
4 Die vorliegende Studie orientiert sich im Wesentlichen an den historischen Forschungsarbeiten von Hans Buchheim, Bastian Hein, Isabell Heinemann, Hermann Kaienburg, Jean-Luc Leleu, Jan Erik Schulte und Bernd Wegner. Vgl. Hans Buchheim: Die SS – das Herrschaftsinstrument. Befehl und Gehorsam, in: Anatomie des SS-Staates, Bd. 1, hg. von Hans Buchheim u. a., München 1967; Bastian Hein: Die SS. Geschichte und Verbrechen, München 2015; ders.: Elite für Volk und Führer? Die Allgemeine SS und ihre Mitglieder 1925-1945, München 2012 (Quellen und Darstellungen zur Zeitgeschichte, Bd. 92); Isabell Heinemann: »Rasse, Siedlung, deutsches Blut.« Das Rasse- und Siedlungshauptamt der SS und die rassenpolitische Neuordnung Europas, Göttingen 2003 (Moderne Zeit. Neue Forschungen zur Gesellschafts- und Kulturgeschichte des 19. und

war 1929 mit dem Ziel angetreten, die kontinuierliche Erweiterung der personellen wie materiellen Ressourcen der SS und damit eine machtvolle Stellung innerhalb des NS-Staates zu erlangen. Zusammen mit Richard Walter Darré hatte er hierfür das elitäre Selbstverständnis der Organisation ausgearbeitet, das auf rassistischer Auslese des »Schwarzen Ordens« und männerbündischer Vergemeinschaftung basierte.[5] Bei der SS sollte es sich fortan um eine im Sinne des NS-Regimes tätige, streng hierarchisch durchorganisierte und politisch zuverlässige – das heißt auf Hitler eingeschworene – Schicht handeln, die im nationalsozialistischen Deutschland zukünftig politische Führung und damit machtvolle Positionen einnehmen würde. Deren Mitglieder sollten sich entsprechend »rassenbiologischer« und heterosexueller Vorstellungen und Maßstäbe durch (vermeintlich) besondere männliche Qualitäten auszeichnen. Über eine eigene Dienstordnung schuf die SS-Führung den Rahmen für die Pflichten der Männer.[6] Mit dem Ziel, eine nach »rassischen« Gesichtspunkten »reine SS-Sippengemeinschaft« zu schaffen, hatten sie sich Verlobungen und Heiraten genehmigen zu lassen.[7] Kinderreiche Familien wurden als Ideal dieser Gemeinschaft erachtet.

Auch wenn insbesondere in der zweiten Kriegshälfte, als die Waffen-SS eine ständig wachsende Zahl an Rekruten benötigte, die Organisationsführung ihre elitären Vorstellungen lockern musste und dazu übergehen sollte, für die Dauer des Krieges auch »Fremdvölkische« in ihre Reihen aufzunehmen, war es Himmler und den mit ihm aktiven SS-Führern gelungen, ihre Macht stetig auszubauen. Zentrale Wegmarken dieser Entwicklung waren der Terror gegen die politische Opposition und die Einrichtung früher Lager (1933/34), die Femermorde an den Spitzen der SA (1934), die Verzahnung mit der deutschen Polizei zum »Staatsschutzkorps« (1935/36) bei

---

20. Jahrhunderts, Bd. 2); Hermann Kaienburg: Die Wirtschaft der SS, Berlin 2003; Jean-Luc Leleu: La Waffen-SS. Soldiers politiques en guerre, Paris 2007; Jan Erik Schulte: Zwangsarbeit und Vernichtung. Das Wirtschaftsimperium der SS. Oswald Pohl und das SS-Wirtschaftsverwaltungshauptamt, 1933-1945, Paderborn 2001; Bernd Wegner: Hitlers Politische Soldaten. Die Waffen-SS 1933-1945. Leitbild, Struktur und Funktion einer nationalsozialistischen Elite, Paderborn 1999. Einbezogen werden auch generationsspezifische und biografische Studien, wie sie Michael Wildt, Peter Longerich und Ulrich Herbert vorgelegt haben. Vgl. Wildt, Generation; Ulrich Herbert: Best. Biographische Studien über Radikalismus, Weltanschauung und Vernunft 1903-1989, Bonn 1996. Aufgegriffen wurden darüber hinaus auch organisationssoziologische sowie politik- und kulturwissenschaftliche Perspektiven, wie sie insbesondere Stefan Kühl und Paula Diehl eingebracht haben. Vgl. Stefan Kühl: Ganz normale Organisationen. Zur Soziologie des Holocaust, Frankfurt a. M. 2014; Paula Diehl: Macht – Mythos – Utopie. Die Körperbilder der SS-Männer, Berlin 2005 (Politische Ideen, Bd. 17).

5   Vgl. Hein, Elite, S. 92-101, Diehl, Körperbilder, S. 159-162; Heinemann, »Rasse«, S. 50-62.
6   Vgl. Hein, Elite, S. 94.
7   Abgedruckt in: Erik Beck u. a. (Hg.): Ausstellungskatalog zur Sonderausstellung. Die Körper der SS – Ideologie, Propaganda und Gewalt, Paderborn 2016 (Historische Schriftenreihe des Kreismuseums Wewelsburg, Bd. 9), S. 88. Zur »SS-Sippengemeinschaft« vgl. Heinemann, »Rasse«, S. 50-62; Gudrun Schwarz: Eine Frau an seiner Seite. Ehefrauen in der »SS-Sippengemeinschaft«, Hamburg 1997, S. 17-97.

gleichzeitiger Entwicklung eines eigenen Konzentrationslagersystems mit der Einrichtung neuer Komplexe sowie der Verstetigung und Militarisierung der Wachmannschaften durch Theodor Eicke. Ab 1936 wurden Letztere aus Staatsmitteln finanziert.[8] Die SS-Führung setzte daraufhin einen »Emanzipationsprozess« ihres bewaffneten Organisationsteils in Gang, der ab Herbst 1939 in den Einsätzen der Waffen-SS und der Einsatzgruppen münden sollte.[9]

Die Machtfülle der SS repräsentieren auch die Ämter, die sie als »Institution neuen Typs«[10] schuf. Für die vorliegende Untersuchung zentral sind hierbei vor allem das RSHA unter der Führung von Reinhardt Heydrich (bis 1942) und Ernst Kaltenbrunner (bis 1945) sowie das Wirtschafts- und Verwaltungshauptamt unter der Leitung von Oswald Pohl – beide mit Sitz in Berlin – zu nennen. Im RSHA waren die Geheime Staatspolizei und die Kriminalpolizei vereint und mit dem Amt »Gegnerbekämpfung«, das Heinrich Müller leitete, die Abteilung verortet, die für die europaweite Verfolgungs- und Verschleppungspolitik verantwortlich zeichnete. Die Inspektion der Konzentrationslager, die das Lagersystem der SS organisierte, ging 1942 als Amtsgruppe D in das WVHA über, behielt ihren Sitz aber in Oranienburg, wo Eicke sie 1939 in Nähe zum KL Sachsenhausen hatte errichten lassen. Nach dessen Tod übernahm Richard Glücks die Leitung. Im Jahr 1944 bekam Himmler von Hitler das Reichsinnenministerium und das Ersatzwesen der Wehrmacht übertragen. Damit befand sich nicht nur er, sondern auch seine Gewaltorganisation auf dem Höhepunkt der Macht. Den Aufstieg hatten das Leitungskorps und die in der Organisation ebenfalls nach machtvollen Positionen strebenden Offiziere und einfachen Männer von Beginn an ihren Opfern entrissen. Ihr Vorgehen fußte auf Verfolgung und millionenfachen Mord – innerhalb wie außerhalb der Konzentrationslager.

Seit 1935/36 dehnte die Führung die sozial-rassistischen und Devianz-feindlichen Konzeptionen innerhalb der SS, die bis dahin nur für die Organisationsangehörige und deren Familien gegolten hatten, auf die gesamte deutsche Bevölkerung aus. Fortan sollten die Kripo, Arbeits- und Gesundheitsämter, sogenannte Erbgesundheitsgerichte, der Werkschutz in Betrieben und nicht zuletzt auch die deutsche Bevölkerung selbst als »abweichend« klassifiziertes Verhalten der Gestapo melden. Sowohl diese als auch die Kripo nahmen aufgrund solcher Denunziationen dann Verhaftungen vor. Nach Verhören und ohne Einbindung der Justiz konnte Erstere daraufhin mit der Einlieferung in ein Konzentrationslager sanktionieren. Damit vollzog sich in der zweiten Hälfte der 1930er Jahre der Übergang zu einer rassistisch-biologistisch konzipierten, polizeilichen Präventionspraxis, die mit Dirk Moses als »permanente Sicherheit«[11]

8 Vgl. Niels Weise: Eicke. Eine SS-Karriere zwischen Nervenklinik, KZ-System und Waffen-SS, Paderborn 2013, S. 262.
9 Vgl. René Rohrkamp: Die Rekrutierungspraxis der Waffen-SS in Frieden und Krieg, in: Schulte, Waffen-SS, S. 42-60, hier S. 45; Wegner, Soldaten, S. 105 und S. 115.
10 Wildt, Generation, S. 410-415.
11 Moses, Problems of Genocide, S. 35 f.

gefasst werden kann und die im Zuge der deutschen Angriffskriege auch die Bevölkerungen der besetzten Staaten einbezog.

Moses' Konzept hebt auf »einen zutiefst utopischen und unheimlichen Imperativ« ab, »der nicht nur auf die Beseitigung unmittelbarer«, so Norbert Finzsch, »sondern auch auf die künftiger Bedrohungen abzielt und damit der Logik der Prävention künftiger sowie der präemptiven Beseitigung unmittelbarer Bedrohungen unterliegt.«[12] Den Nationalsozialismus fasst Moses dabei als »illiberale permanente Sicherheit«, die die präventive Tötung mutmaßlicher zukünftiger Bedrohungen eines bestimmten Ethnos, einer Nation oder Religion in einem begrenzten »Territorium unter Missachtung des Völkerrechts und des Anspruchs auf universelle Moral« beinhalte.[13] So suchte die nationalsozialistische Präventionspraxis als abweichend klassifiziertes Verhalten an (vermeintlich) körperliche Eigenschaften zu binden, unter Generalverdacht zu stellen und zu verfolgen. Die Definitionsmacht über das, was als »volksschädlich« galt, lag bei den Nationalsozialist:innen selbst, die ihre Konzeptionen in Gesetze und Weisungen gossen. Die Etablierung eines NS-spezifisch »kategorialen Sicherheitswissens«[14] durch die SS/Polizei, die Verfolgung der anhand diesem definierten »inneren« und »äußeren« Gegner:innen – insbesondere von Juden:Jüdinnen –, die staatliche Verankerung der Konzentrationslager, in denen diese inhaftiert, ausgebeutet und zu Kriegsende auch ermordet werden sollten, und die Machtzunahme der SS standen dabei in einem sich gegenseitig stabilisierenden und wechselseitig dynamisierenden Verhältnis.[15]

3.2 Konzentrationslagersystem

Laut heutigem Forschungsstand hatten circa 150 von der SA und der SS eingerichtete Lager 1933/34 dazu gedient, den Widerstand der politischen Opposition der NSDAP zu brechen, als diese die Macht im Deutschen Reich übernahm.[16] Dem Terror der

---

12 Norbert Finzsch, Rezension zu: Dirk A. Moses: The Problems of Genocide. Permanent Security and the Language of Transgression. Cambridge 2021, in: H-Soz-Kult, 13. 5. 2022. Online unter: https://www.hsozkult.de/publicationreview/id/reb-95724 (letzter Zugriff am: 21. 9. 2024).
13 Moses, Problems of Genocide, S. 37 und S. 277-331.
14 Zum Begriff des »kategorialen Sicherheitswissens« vgl. Tobias Müller: Sicherheitswissen und Extremismus. Definitionsdynamiken in der deutschen Islampolitik, in: Der inspizierte Muslim. Zur Politisierung der Islamforschung in Europa, hg. von Schirin Amir-Moazami, Bielefeld 2018, S. 185-214, hier S. 187 f. und S. 190.
15 Vgl. ebd.; Stefan F. Bondzio: Doing »Volksgemeinschaft«. Wissensproduktion und Ordnungshandeln der Geheimen Staatspolizei, in: Geschichte und Gesellschaft 47 (2021), S. 343-379.
16 Vgl. Ausführungen im Anhang zu den Dokumenten, in: Morsch, Oranienburg, S. 144; Peter Longerich: Vom Straßenkampf zum Anstaltsterror: in: ebd., S. 23-33, hier S. 28; Klaus Drobisch und Günther Wieland: System der NS-Konzentrationslager 1933-1939, Berlin 1993, S. 12 und S. 73-75.

Straße der vorangegangenen Jahre und Monate folgend, verschleppten zur Hilfspolizei ernannte SA- und SS-Angehörige Mitglieder der KPD und der SPD. Aber auch weitere Personen wie Gewerkschafter:innen, Journalist:innen, Obdachlose oder als Juden:Jüdinnen verfolgte Menschen wurden in die Lager gebracht, dort gefoltert und auch getötet.[17] Die frühen Lager hatten bis 1934 bestanden. Im unmittelbaren Anschluss an die Ermordung der SA-Führungsriege, der über 90 Personen zum Opfer fielen,[18] war die SS-Führung zur Reorganisation aller frühen Lager und zum Ausbau des eigenen Lagersystems übergegangen.[19] Den Auftrag hierfür hatte der Kommandant des Dachauer SS-Lagers, Eicke, erhalten, der sich in den Augen Himmlers durch die direkte Beteiligung am Fememord des SA-Führers, Ernst Röhm, »bewährt« hatte.[20]

In den folgenden Jahren entstanden unter der Regie des Stabs um Eicke neue und wesentlich größere Lagerkomplexe. Zu Kriegsbeginn 1939 verfügte die SS neben einem eigens für den »Inspektor der Konzentrationslager«, Eicke, und seinen Stab in Oranienburg errichteten Gebäudes mit Dachau, Sachsenhausen, Buchenwald, Mauthausen, Flossenbürg und Ravensbrück über fünf eigenständige Männer- und ein Frauenkonzentrationslager. Diese waren durch eine einheitliche Organisation und Verwaltung gekennzeichnet.[21] Während des Krieges kamen die Komplexe Neuengamme und Groß-Rosen, die zuvor ebenso wie Natzweiler-Struthof (im Elsass, Frankreich) Sachsenhausen unterstellt gewesen waren und nun zu eigenständigen KL erhoben wurden, hinzu. In den eingegliederten und besetzten Gebieten verfügte die IKL zudem über die Komplexe Herzogenbusch (Kamp Vught, Niederlande) und auf ehemals polnischem Gebiet über Auschwitz, Stutthof und Majdanek. Lagerstandorte im Baltikum wie Kauen, Lublin und Riga-Kaiserwald unterstanden ihr später ebenfalls.

Den Komplexen war gemein, dass sie sich zu keinem Zeitpunkt komplett abschotten ließen, allerdings über Bereiche verfügten, die der (strengen) Isolierung unterlagen. Zentral war, dass allen die gleiche Organisation und Verwaltung zugrunde lag, weshalb sich nachträglich auch von einem System der Konzentrationslager sprechen lässt.[22] Zusätzlich zu den seit der Reorganisationsphase durch den Stab um Eicke etablierten Organisations- und Verwaltungsstrukturen, die weiter unten am konkreten

---

17 Vgl. Beiträge in: »… der schrankenlosen Willkür ausgeliefert«. Häftlinge der frühen Konzentrationslager 1933-1936/37, hg. von Jörg Osterloh und Kim Wünschmann, Frankfurt a. M. 2017.
18 Vgl. Daniel Siemens: Stormtroopers. A New History of Hitler's Brownshirts, New Haven 2017, S. 169 f.
19 Vgl. Johannes Tuchel: Konzentrationslager. Organisationsgeschichte und Funktion der »Inspektion der Konzentrationslager« 1934-1938, Boppard a. Rh. 1991 (Schriften des Bundesarchivs, Bd. 39), S. 159-204.
20 Zur Beteiligung Eickes an der Ermordung Röhms vgl. Weise, Eicke, S. 238-247; Peter Longerich: Die braunen Bataillone. Geschichte der SA, München 1989, S. 219.
21 Vgl. Günter Morsch: Die Zentrale des KZ-Terrors. Die Inspektion der Konzentrationslager 1934-1945. Eine Ausstellung am historischen Ort, Berlin 2015 (Schriftenreihe Brandenburgische Gedenkstätten, Bd. 47).
22 Vgl. Orth, System; Drobisch, System.

Beispiel Sachsenhausen dargelegt werden, verfügten sie einheitlich, und neben dem als »Schutzhaftlager« bezeichneten Gefangenenbereich, über Kommandantur- bzw. Verwaltungs- und Wirtschaftsgebäude, Lagerwerkstätten, SS-Betriebe, Kasernen der SS-Wachverbände und SS-eigene Siedlungen, in denen auch die Familienangehörigen wohnten.

Für die Gefangenen bedeutete die ab 1934 forcierte Normierung der Konzentrationslager vor allem die Verschärfung der Haftbedingungen. Sowohl in topografischer als auch in organisatorischer Hinsicht sollte das neue Konzentrationslager der SS ab 1936 gegen die Umgebungsgesellschaft sowie gegen eine (weitere) Presseberichterstattung abgeschirmt werden.[23] Dies geschah mit dem Ziel, dass keine Informationen mehr darüber, was sich in den Lagern abspielte, insbesondere in Richtung Justiz, vordrangen. Inwieweit die Wahl der Standorte für die Lagerkomplexe diese Vorstellungen der SS konterkarierten und wie tief diese bereits zu Beginn in die sie umgebende deutsche Gesellschaft hineinragten, sich Städte oder Kommunen gar um die Errichtung der Konzentrationslager bemühten, haben Eduard Führ und Frédéric Bonnesoeur für Sachsenhausen sowie Sibylle Steinbacher für Dachau dargelegt.[24]

Wie an Sachsenhausen aufzuzeigen sein wird, handelte es sich bei den Insass:innen der Konzentrationslager um eine äußerst heterogene »Gesellschaft« von Gefangenen. Grundlage hierfür war die nationalsozialistische Verfolgungs- und Deportationspolitik, die unter der Regie der SS/Polizei erfolgte. Parallel zur Entwicklung des organisationseigenen Lagersystems hatte der Kreis um Himmler polizeiliche Argumentationen ausgearbeitet, mit denen die SS den Erhalt ihrer Lager zu sichern suchte. Nachdem die politische Opposition 1934 als weitestgehend zerschlagen und die SA als entmachtet galt, war zu konzipieren, wer die Konzentrationslager zukünftig führen und wer diese belegen sollte. Die Definitionsmacht hierfür lag bei der SS/Polizei-Führung, die 1935 Pläne entwickeln sollte, die auf einem Einsatz von polizeilichen Präventivmaßnahmen basierten sowie auf zeitgenössischen kriminalpolizeilichen Konzeptionen fußten.[25]

---

23 Zur Berichterstattung über die frühen Lager vgl. Jörg Osterloh: »Es wurde ja auch darüber geschrieben, in der Zeitung ...« Die Berichterstattung im Deutschen Reich über die Häftlinge der frühen Konzentrationslager, in: Osterloh/Wünschmann, »Willkür«, S. 317-348.
24 Eduard Führ: Morphologie und Topologie eines Konzentrationslagers, in: Von der Erinnerung zum Monument. Die Entstehungsgeschichte der Nationalen Mahn- und Gedenkstätte Sachsenhausen, hg. von Günter Morsch, Berlin 1996 (Schriftenreihe der Stiftung Brandenburgische Gedenkstätten, Bd. 8), S. 30-58, hier S. 43. Vgl. Frédéric Bonnesoeur: Im guten Einvernehmen. Die Stadt Oranienburg und die Konzentrationslager Oranienburg und Sachsenhausen 1933-1945, Berlin 2018 (Forschungsbeiträge und Materialien der Stiftung Brandenburgische Gedenkstätten, Bd. 22); Sybille Steinbacher: Die Stadt und ihr Konzentrationslager. Das Beispiel Dachau, in: »... mitten im deutschen Volke.« Buchenwald, Weimar und die nationalsozialistische Volksgemeinschaft, hg. von Volkhard Knigge, Göttingen 2008, S. 58-70.
25 Vgl. Melanie Becker: Organisationskultur der Sicherheitspolizei im Nationalsozialismus, in: Polizei, Gewalt und Staat im 20. Jahrhundert, hg. von Alf Lüdtke, Herbert Reinke und Michael Sturm, Wiesbaden 2011 (Studien zur Inneren Sicherheit, Bd. 14), S. 249-278, hier S. 263.

Nachdem die SS/Polizei reichseinheitlich zentralisiert und staatlich fest verankert war, zeichnete sie für das nationalsozialistische Sicherheitsregime verantwortlich.

In den Jahren 1937/38 begann sie ihr Vorgehen gegen zu »volksschädlichen Elementen« erklärte Personengruppen. Als »Berufs-« und »Gewohnheitsverbrecher« kategorisierte sowie als »asozial« kriminalisierte Menschen wurden verfolgt und neben den politischen Häftlingen nun ebenfalls in Konzentrationslager verschleppt. Zuvor noch nicht systematisch verfolgt, deportierte die deutsche Polizei während der Pogromwoche 1938 jüdische Männer deutscher Staatsangehörigkeit in Konzentrationslager, wo diese misshandelt wurden. Der Großteil von ihnen kam daraufhin nach einigen Wochen wieder frei. Ziel dieser antijüdisch und staatlich organisierten Terrormaßnahme war das Erzwingen von Auswanderungen.[26] Gleichzeitig forcierte die SS nun die Ökonomisierung des Zwangsarbeitseinsatzes in organisationseigenen Betrieben. Mit Beginn der Eingliederung der österreichischen und tschechischen Territorien in das Deutsche Reich wurde auch die Bevölkerung dieser Gebiete dem nationalsozialistischen Verfolgungs-, Deportations- und Lagerregime unterworfen. All dies führte zu einem sprunghaften Anwachsen der Anzahl an Gefangenen in den Konzentrationslagern – Männer und Frauen – und änderte sich noch einmal grundlegend, als Deutschland in Europa Krieg zu führen begann und die Menschen dort nach politischen, antisemitischen und rassistischen Parametern verfolgte.

Die seit den 1930er Jahren durch die SS und die deutsche Polizei – auch in Zusammenarbeit mit der Wehrmacht – entwickelten und im Krieg stetig radikalisierten Verfahrensweisen sollten, wie aufzuzeigen wird, in der für die Nationalsozialist:innen politischen Krisensituation des langen Kriegsendes 1944/45 eine zentrale Rolle spielen und um die während des deutschen Vernichtungskrieges und der Rückzüge ab 1943 gemachten Erfahrungen erweitert werden. Einmal als Gegner:innen des Regimes klassifiziert, wurden Menschen, die sich der deutschen Kriegführung widersetzten, diese tatsächlich oder vermeintlich zu sabotieren suchten oder sich gegen die Verfolgung ihrer Mitmenschen aussprachen, in Konzentrationslager deportiert und dort fortan körperlich ausgebeutet. Auch nach Freilassungen im Zuge von Amnestien, die vor dem Krieg nicht zuletzt dazu dienten, deutsche Männer wehrfähigen Alters für die Rekrutierung freizugeben, wurden die Verfolgten fortlaufend durch die deutsche Sicherheitspolizei überwacht und spätestens 1944 im Zuge der »Aktion Gitter« erneut festgenommen.[27] Gestapoangehörige entschieden über Deportation und Konzentrationslagerhaft oder die Übergabe an die Justiz. In den Konzentrationslagern »verwaltete« die Lager-SS die Gefangenen, d. h., sie setzte sie der Willkür aus

---

26 Vgl. Stefanie Schüler-Springorum: Masseneinweisungen in Konzentrationslager. Aktion »Arbeitsscheu Reich«, Novemberpogrom, Aktion »Gewitter«, in: Der Ort des Terrors. Geschichte der nationalsozialistischen Konzentrationslager, Bd. 1: Die Organisation des Terrors: Geschichte der nationalsozialistischen Konzentrationslager, hg. von Wolfgang Benz und Barbara Distel, München 2005, S. 156-164.
27 Vgl. ebd.

und beutete sie, wie nun am Beispiel Sachsenhausens aufzuzeigen sein wird, fortan für die Interessen ihrer Organisation aus.[28]

3.3 Konzentrationslagerkomplex

Im Lagersystem der SS nahm der ab 1936 im gleichnamigen Oranienburger Stadtteil errichtete und mehrfach erweiterte Komplex Sachsenhausen von Beginn an eine wichtige Stellung ein. Er galt als der erste am Reißbrett entworfene Lagerneubau und in den Konzeptionen der SS als das »Konzentrationslager bei der Reichshauptstadt«.[29] Über einen Zeitraum von zwei Jahren und für die Bevölkerung sichtbar, rodeten im Sommer 1936 Häftlinge aus den Konzentrationslagern Esterwegen, Columbia-Haus in Berlin und Lichtenburg in Prettin sowie aus Polizei- und Justizgefängnissen circa 80 Hektar Wald – dabei bewachten sie auch Mitarbeiter des Preußischen Forstamtes.[30] Um die 100 Gebäude wurden errichtet. Darunter befanden sich die halbbogenförmig um den Appellplatz angeordneten Gefangenenbaracken, die Kommandantur, das SS-Truppenlager sowie die Wohnsiedlungen, in denen die Wachmannschaften und die Familien von SS-Führern untergebracht waren, sowie ein Industriehof.[31] 1938 wurde das Gefangenenlager über eine Mauer samt elektrisch geladenem Drahtzaun gegen ungewollte Blicke von außen, insbesondere jedoch zur Vermeidung von Fluchten der Gefangenen, abgeschirmt und um ein Gefängnisgebäude mit 80 Zellen erweitert. Dieser Trakt unterstand zu Beginn der Gestapo und beherbergte später die Politische Abteilung des Lagers.[32] Nördlich des Konzentrationslagers ließ die SS eine Siedlung für SS-Offiziere errichten, die vor allem die Familien des Kommandanturstabes be-

---

28 Zur Diskussion der Begrifflichkeiten um unfreie Arbeit bzw. Zwangsarbeit im Nationalsozialismus vgl. Marc Buggeln: Unfreie Arbeit im Nationalsozialismus. Begrifflichkeiten und Vergleichsaspekte zu den Arbeitsbedingungen im Deutschen Reich und in den besetzten Gebieten, in: Arbeit im Nationalsozialismus, hg. von Marc Buggeln und Michael Wildt, München 2014, S. 231-252.
29 Günter Morsch: Sachsenhausen, das »Konzentrationslager bei der Reichshauptstadt«. Gründung und Ausbau, Berlin 2014 (Forschungsbeiträge und Materialien der Stiftung Brandenburgische Gedenkstätten, Bd. 10).
30 Vgl. Bonnesoeur, Einvernehmen, S. 71; Günter Morsch: Gründung und Aufbau des Konzentrationslagers Sachsenhausen, in: Von der Sachsenburg nach Sachsenhausen. Bilder aus dem Fotoalbum eines KZ-Kommandanten, hg. von Günter Morsch, Berlin 2007 (Schriftenreihe der Stiftung Brandenburgische Gedenkstätten, Bd. 19), S. 87-194, S. 88 f. und S. 100-123; Andrea Riedle: Die Angehörigen des Kommandanturstabs im KZ Sachsenhausen. Sozialstruktur, Dienstwege und Biografische Studien, Berlin 2011 (Schriftenreihe der Stiftung Brandenburgische Gedenkstätten, Bd. 31), S. 37.
31 Im Zuge der Baumaßnahmen stieg die Belegungsstärke zwischen September 1936 und Juli 1937 von 900 auf rund 3.000 männliche Lagerinsassen an. Vgl. Günter Morsch: Vorwort, in: ders., Sachsenburg, S. 7-10, hier S. 7.
32 Zur Baugeschichte des Lagers vgl. ausführlich Morsch, Sachsenhausen, S. 25-44.

zogen.[33] Die Gefangenen mussten darüber hinaus Wohnblöcke, Werkstätten sowie Gebäude für die Fuhrparks der SS errichten. Das alles nahm einen zunehmend größeren Platz in der brandenburgischen Stadt ein.

Damit hatte sich Oranienburg bis 1939 zu einem wichtigen SS-Standort entwickelt, der auch nach Abzug der Waffen-SS an die Kriegsfronten intensiv genutzt wurde.[34] Aufgrund der Nähe zur Reichshauptstadt und insbesondere der Verlegung der Inspektion sowie weiterer SS/Polizei-Dienststellen wie beispielsweise des Kriminaltechnischen Instituts (KTI) des RSHA nahm Oranienburg-Sachsenhausen zu Kriegsbeginn eine zentrale Stellung innerhalb der SS/Polizei ein. Die IKL hatte das Lagersystem zudem auf die ökonomisierte Ausbeutung der Gefangenen in organisationseigenen Betrieben ausgerichtet. Zu Kriegsbeginn war die Gefangenschaft in Sachsenhausen auch an den Zwangsarbeitseinsatz für Betriebe der SS-eigenen Deutschen Ausrüstungswerke (DAW) gekoppelt.[35] Ab 1940 verfügte das Lager über eine eigene Großbäckerei, in der bis zu 80 Gefangene die Belieferung des Konzentrationslagers und der SS-Dienststellen mit Brot zu gewährleisten hatten. Im darauffolgenden Jahr kam die Einrichtung einer Fleischerei im Großbetrieb hinzu.

Die Mehrheit der in Sachsenhausen Inhaftierten wurde von der SS jedoch zum Bau der als »Klinkerwerk« bezeichneten Großziegelei und zum Ausbau des Oranienburger Hafenareals mit dem Ziel eingesetzt, zukünftig die zu produzierenden Produkte des Werkes über die Havel-Oder-Wasserstraße nach Berlin zu transportieren. Bereits 1941 wurde das Klinkerwerk zum Sachsenhausener Außenlager erklärt, das aufgrund der dortigen Misshandlungen und starken körperlichen Belastung von Überlebenden als besonders brutaler Einsatzort beschrieben wurde. Unter Ausnutzung der Produktionskraft der Insassen wurden wenige Kilometer vom Hauptlager entfernt Ziegel gebrannt und über die Havel nach Berlin geliefert – so sah es zumindest die Planung vor. Zu keiner Zeit jedoch war die SS in Oranienburg aufgrund ihrer eigenen und gigantischen Fehlplanung in der Lage, die gewünschte Qualität für die Umgestaltung zur »Führerstadt« zu liefern.[36]

Im Zuge des wirtschaftlichen Ausbaus der SS kamen Sachsenhausener Häftlinge auch an Außenstandorten zum Einsatz. Weitere erste Nebenlager stellten die Standorte SS-eigener Baustoffproduktion in Neuengamme (1938-1940) und Groß-Rosen (1940/41) dar, bevor sie zu selbstständigen Konzentrationslagern erhoben wurden. Ab 1941 kamen Häftlinge in Berlin-Lichterfelde, Brandenburg (Havel), Fürstenberg (Havel), Hohenlychen und Prettin zum Zwangsarbeitseinsatz. In Kleinmachnow

33 Zum Prozedere des Grundstückerwerbs, bei dem die SS auch auf das Mittel der Erpressung zurückgegriffen hatte, vgl. Bonnesoeur, Einvernehmen, S. 73 f.
34 Vgl. Hermann Kaienburg: Der Militär- und Wirtschaftskomplex der SS im KZ-Standort Sachsenhausen-Oranienburg. Schnittpunkt von KZ-System, Waffen-SS und Judenmord, Berlin 2006 (Schriftenreihe der Stiftung Brandenburgische Gedenkstätten, Bd. 16).
35 Vgl. ebd., S. 283.
36 Vgl. Christel Trouvé: Das Klinkerwerk Oranienburg (1938-1945), Dissertationsschrift, Technische Universität Berlin 2004.

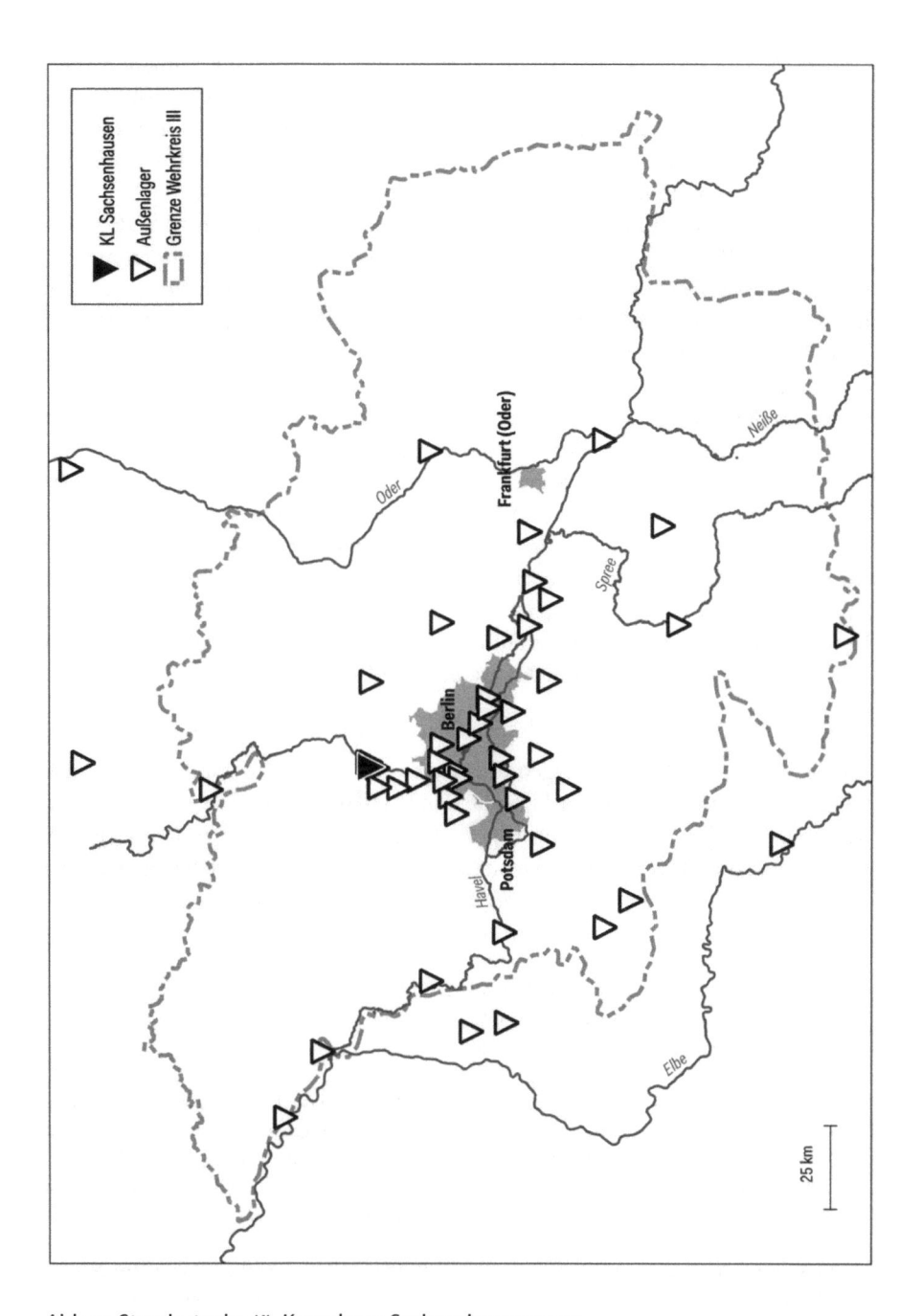

Abb. 1: Standorte des KL-Komplexes Sachsenhausen 1945

richtete die Lager-SS 1942 ein Männerlager ein. Im sogenannten Kommando Speer wurden Gefangene ab 1942 im Klinkerwerk zur Rückgewinnung von Rohstoffen aus Kriegsbeutegut eingesetzt – Albert Speer bekleidete seit 1942 das Amt des Reichsministers für Bewaffnung und Munition. Insbesondere aus alten Metallkabeln sollten hier wertvolle Rohstoffe für die Kriegswirtschaft gewonnen werden.[37]

Neben der SS profitierte von der Zwangsarbeit der Gefangenen auch die Stadt Oranienburg. Während seines gesamten Bestehens versahen die Insass:innen aus dem Konzentrationslager sowohl in städtischen und kommunalen als auch in privaten Betrieben Zwangsarbeit.[38] Im Laufe der Jahre entstand so ein dichtes Beziehungsgeflecht zwischen lokalen und überregionalen Wirtschaftsunternehmen auf der einen Seite und dem SS-Standort Oranienburg-Sachsenhausen auf der anderen. Dieses Beziehungsgeflecht trug einen wesentlichen Teil dazu bei, dass es der SS gelang, ihren Sachsenhausener Lagerkomplex im Krieg stetig auszubauen.[39] Zeitgleich zur Unterstellung der Konzentrationslagerverwaltung unter das SS-WVHA setzte im März 1942 der Zwangsarbeitseinsatz von männlichen Gefangenen in den Oranienburger Heinkel-Werken ein.[40] Zur Fertigung von Flugzeugteilen in das Werk I gebracht, wurden sie anfangs noch provisorisch in den Kellern der Werksgebäude untergebracht. Um den Weg zur Arbeit einzusparen und die Gefangenen damit noch länger ausbeuten zu können, ließ die Firma auf dem Werksgelände im darauffolgenden Jahr Holzbaracken errichten. Bis zum Kriegsende wurden hier mehrere tausend Männer in Zwangsarbeit ausgebeutet.[41]

Ab 1943 und insbesondere im darauffolgenden Jahr schoss die Zahl der Außenstandorte, die Sachsenhausen zugeordnet waren, in die Höhe. In unmittelbarer Nähe zu deutschen Rüstungsfirmen richtete die Kommandantur Außenlager ein. Aufgrund des zunehmenden Materialmangels gestalteten sich die topografischen Gegebenheiten der Außenlager im Vergleich zu dem in Oranienburg verorteten Stammlager hierbei immer vielgestaltiger, zunehmend improvisierter und hinsichtlich Fluchtmöglichkeiten damit auch wesentlich durchlässiger. Hinzu kam, dass die westalliierten

---

37 Vgl. Christel Trouvé: Oranienburg (Klinkerwerk), in: Benz, Ort des Terrors (Bd. 3), S. 248-254; Thomas Irmer: Oranienburg (»Kommando-Speer«), in: ebd., S. 254-256.
38 Vgl. Bonneseour, Einvernehmen, S. 70-138.
39 Vgl. ebd., S. 67.
40 Vgl. Roman Fröhlich: »Der Häftlingseinsatz wurde befohlen«. Handlungsspielräume beim Einsatz von Häftlingen des KZ Sachsenhausen im Heinkel-Flugzeugwerk Oranienburg, Berlin 2018; Lutz Budraß: Ernst Heinkel, das Werk Oranienburg und der Einstieg der Beschäftigung von KZ-Häftlingen, in: Zwangsarbeit während der NS-Zeit in Berlin und Brandenburg, hg. von Winfried Meyer, Potsdam 2001 (Bibliothek der brandenburgischen und preußischen Geschichte, Bd. 7), S. 129-162.
41 Im Februar 1944 waren 5.939 Gefangene im Werk eingesetzt. Vgl. Norbert Rohde: Historische Militärobjekte der Region Oberhavel. Band 1: Das Heinkel-Flugzeugwerk Oranienburg, Velten 2010, S. 131. Im Juni 1944 war mit einer Belegung von 6.966 Insassen die höchste Gefangenenzahl erreicht. Vgl. Franziska Jahn und Niklaas Machunsky: Oranienburg (Heinkel-Werke), in: Benz, Ort des Terrors (Bd. 3), S. 245-248, hier S. 245.

Bombengeschwader ab 1943 deutsche Großstädte und ab 1944 Rüstungsstandorte ins Visier nahmen. Ebenso gelangten nun die für den Krieg dringend benötigte Infrastruktur und damit Eisenbahngleise, Umladebahnhöfe oder Straßenknotenpunkte unter alliierten Beschuss. Mit dem Einsatz von SS-Baubrigaden sowie im Zuge des mobilen und damit flexibel einsetzbaren Zwangsarbeitseinsatzes zu Bergungs- und Reparaturarbeiten innerhalb der »Lager auf Schienen«[42], als welche die Eisenbahnbaubrigaden in der historischen Forschung gefasst werden, fielen bauliche Begrenzungen der Außenkommandos schließlich komplett weg.[43]

Für den Zeitraum von 1942 bis 1944 bleibt festzuhalten, dass Sachsenhausen über schätzungsweise 100 Außenstandorte und Arbeitskommandos verfügte, in denen die Mehrheit der Gefangenen auch Anfang 1945 noch Zwangsarbeit für die deutsche Kriegsproduktion leisten musste.[44] Konzentrationslagerhaft begann damit, über die Deportationen in die WVHA-Lagerkomplexe hinaus, zunehmend mobil zu werden und sich an den Bedürfnissen der deutschen Kriegswirtschaft auszurichten, die nach immer mehr Zwangsarbeitskräften verlangte. Dies, wie auch die desolate deutsche Lage an den Kriegsfronten, hatte für Sachsenhausen zur Folge, dass sich die Zahl der Insass:innen exorbitant erhöhte und sich die Zusammensetzung, wie weiter unten ausführlich darzulegen sein wird, sowohl der Wachmannschaften als auch insbesondere der Gefangenen grundlegend änderte. Ende 1944 zählte der Komplex Sachsenhausen über 60.000 Gefangene.[45] Bis dahin hatte er sich zudem zu einem Ort entwickelt, an dem die SS auch massenhaft mordete.

3.4 Mordstätte

Neben der Ausdehnung eines breiten Netzes an Außenlagern stellte der Umstand, dass das Konzentrationslager der SS/Polizei als Exekutionsstätte diente und spezifische Mordverfahren hier Einübung fanden, einen zentralen Bestandteil der kriegsbegleitenden Entwicklungen Sachsenhausens dar.[46] Bereits 1938/39 war es dort zu ersten Massakern und Mehrfachtötungen gekommen, nachdem tschechische und polnische Männer eingeliefert worden waren. Während die Lager-SS für ihre Gewaltexzesse hierbei vorerst noch auf Sandkuhlen zurückgriff, schuf die Bauleitung

---

42 Vgl. Karl Kassenbrock: Konzentrationslager auf Schienen. Die Geschichte der 5. SS-Eisenbahnbaubrigade, Göttingen 2019 (Schriftenreihe der Stiftung Niedersächsische Gedenkstätten, Bd. 5); Joachim Hennig: Rollendes KZ – Die 12. SS-Eisenbahnbaubrigade in Kamp/Rhein, Bad Kreuznach und anderswo, in: Jahrbuch für westdeutsche Landesgeschichte 41 (2015), S. 591-661.
43 Vgl. Fings, SS-Baubrigaden.
44 Einen umfangreichen Überblick über die Außenstandorte Sachsenhausens liefert: Benz, Ort des Terrors (Bd. 3).
45 Vgl. Zusammenstellung der Wachmannschaften und Anzahl der KL-Insass:innen der Amtsgruppe D vom 1. und 15.1.1945 in: BArch B, NS 3/439.
46 Vgl. Morsch, Mord, S. 153-215; Kaienburg, Stammlager, S. 63-66.

des Konzentrationslagers, parallel zu der sich gleichzeitig etablierenden Polizeijustiz, eine eigene Mordeinrichtung.[47] Ab Ende 1939 verfügte Sachsenhausen über einen Erschießungsgraben, in dem ein Exekutionskommando zur Tat schritt.[48] Im Dezember 1941 wurde der Hinrichtungstrakt mit unterschiedlichen Tötungsvorrichtungen eingerichtet und das lagereigene Krematorium, nun mit vier Verbrennungsöfen ausgestattet, dorthin verlegt.[49] In dem zynisch als »Station Z«[50] bezeichneten Areal befand sich neben dem Erschießungsgraben, mehreren Galgen und der Genickschussanlage ab 1943 auch eine stationäre Gaskammer.[51]

Fortan wurden in Sachsenhausen die Todesurteile, welche u. a. die Gestapo in Berlin, Frankfurt (Oder) und Potsdam im Rahmen polizeilich definierter Kriegsdelikte sowie an der Justiz als sanktionierende Instanz vorbei aussprach, vollzogen.[52] Damit wandelten sich die Konzentrationslager »zu Vollstreckungsorten für Menschen, die keinen Häftlingsstatus besaßen«, wie Detlef Garbe ausführt. »In Sachsenhausen, das wegen seiner Nähe zur Reichshauptstadt besonders häufig als Hinrichtungsstätte diente«, vollzog das Lagerpersonal »fortan Hinrichtungen in großer Zahl.«[53] Zu Kriegsbeginn berichtete die Berliner Presse noch über die neue SS/Polizei-Exekutionspraxis.[54] Hinrichtungen von Insassen fanden in Sachsenhausen zudem lageröffentlich statt.[55] Das »Staging«[56] der Gewalt diente der Einschüchterung und Abschreckung.[57]

---

47 Detlef Garbe: Konzentrationslager als Stätten des Massenmordes, in: Neue Studien zu nationalsozialistischen Massentötungen durch Giftgas. Historische Bedeutung, technische Entwicklung, revisionistische Leugnung, hg. von Günter Morsch und Bertrand Perz, Berlin 2011 (Schriftenreihe der Stiftung Brandenburgische Gedenkstätten, Bd. 29), S. 316-334, hier S. 322.

48 Die als »Exekutionskommandos« gefassten Mordspezialisten in Sachsenhausen setzten sich aus SS-Blockführern zusammen. Vgl. Nikolaus Wachsmann: KL. Die Geschichte der nationalsozialistischen Konzentrationslager, Berlin 2016 (Schriftenreihe der Bundeszentrale für politische Bildung, Bd. 1708), S. 308-311; Kaienburg, Sachsenhausen, S. 393-398.

49 Die Spuren der Misshandlungen sollten verwischt werden. Die Leichen der Ermordeten wurden daher ab 1939 zur Einäscherung nach Berlin verbracht. Seit Anfang 1940 verfügte Sachsenhausen über ein eigenes Krematorium. Vgl. Kaienburg, Stammlager, S. 65; Riedel, Ordnungshüter, S. 250. Zum Bau des Hinrichtungstraktes vgl. Morsch, Tötungen, S. 264-266; ders., Mord, S. 33-43.

50 Der letzte Buchstabe des Alphabets stand hierbei synonym für die letzte Station der Gefangenen.

51 Vgl. Günter Morsch: Tötungen durch Giftgas im Konzentrationslager Sachsenhausen, in: Neue Studien zu nationalsozialistischen Massentötungen durch Giftgas. Historische Bedeutung, technische Entwicklung, revisionistische Leugnung, hg. von Günter Morsch und Bertrand Perz, Berlin 2011 (Schriftenreihe der Stiftung Brandenburgische Gedenkstätten, Bd. 29), S. 260-276.

52 Vgl. Kaienburg, Stammlager, S. 391-393.

53 Garbe, Stätten, S. 323 f.

54 Vgl. »Das 12 Uhr Blatt«, Berliner Tageszeitung vom 8. 9. 1939; abgedruckt in: Morsch, Mord, S. 158.

55 Vgl. Garbe, Stätten, S. 323; Kaienburg, Stammlager, S. 63.

56 Vgl. Klaus Theweleit: Das Lachen der Täter. Breivik u. a. Psychogramm der Tötungslust, Salzburg 2015, S. 49-51.

57 Vgl. Kaienburg, Stammlager, S. 63.

Unter strengster Geheimhaltung vollzog die SS in Zusammenarbeit mit der Partei-Kanzlei[58] hingegen ab Frühjahr 1941 den als »Aktion 14f13« bezeichneten Mord an Kranken. Folge der Lagerhaft in Sachsenhausen war, dass die Gefangenen aufgrund von Unterversorgung und Mangel bei erschöpfendem Zwangsarbeitseinsatz und aufgrund der massiv gegen sie gerichteten Willkür und Gewalt (schwer) erkrankten oder sich verletzten. Anstatt entsprechende Behandlungen zu ermöglichen, reagierte die Lager-SS mit der Überstellung Schwerkranker in die deutschen »Euthanasie«-Zentren. Im Zeitraum von April 1941 bis zum Frühjahr 1942 überstellte Sachsenhausen circa 500 Insassen nach Sonnenstein/Pirna und Bernburg, um sie dort töten zu lassen. Betroffen hiervon waren als »arbeitsunfähig« oder nach rassistischen oder politischen Kriterien selektierte Gefangene. Die Selektionen nahmen die SS-Standortärzte des Konzentrationslagers in Zusammenarbeit mit einer Kommission von Medizinern, die bereits an »T4«-Patient:innenmorden beteiligt waren, vor.[59] Nachdem sich öffentlicher Protest gegen den Krankenmord formiert und die zumindest vorläufige Einstellung der »Aktion T4« erzwungen hatte, vollzog das Mordpersonal die Tötungen Schwerkranker zunehmend vor Ort. Diese ersten systematisch vollzogenen Massenmordaktionen in Sachsenhausen stellten dabei, wie Garbe ausführt, den »Übergang vom utilitaristisch motivierten Tötungshandeln zum rassistischen Massenmord« dar.[60]

Der in der Sowjetunion ab Herbst 1941 geführte deutsche Vernichtungskrieg beförderte auch die Entwicklung systematisierter Massentötungsverfahren innerhalb des KL-Systems. Sowohl im militärischen Hinterland der Ostfront als auch in den deutschen Konzentrationslagern erfolgte der Massenmord zuerst über das Mittel der Massenerschießung und betraf, neben der vor allem jüdischen Zivilbevölkerung, sowjetische Kriegsgefangene, die von der deutschen Sicherheitspolizei als Kommissare und/oder Juden identifiziert und zur Ermordung selektiert wurden. Insbesondere die ersten Monate des deutschen Vernichtungskrieges waren durch exorbitant hohe Zahlen an sowjetischen Kriegsgefangenen gekennzeichnet. Eine Vielzahl von ihnen deportierte die Wehrmacht über Gewaltmärsche in sogenannte Durchgangslager (Dulags) und dann per Zug weiter nach Deutschland, wo sie in als »Russenlager« bezeichneten Kriegsgefangenenlagern gesammelt wurden.[61] Die Lager waren bestimmten Wehrkreisen zugeordnet. Angehörige der jeweils regional zuständigen Gestapo(leit)stellen vollzogen dort als »Aussonderungen« bezeichnete

---

58   Der »Stab des Stellvertreters des Führers« wurde als »Partei-Kanzlei« bezeichnet. Bis 1941 wurde dieser von Rudolf Heß und anschließend von Martin Bormann geleitet.
59   Ley, Astrid: Krankenmord im Konzentrationslager. Die »Aktion 14f13«, in: »Euthanasie« und Holocaust. Kontinuitäten, Kausalitäten, Parallelitäten, hg. von Jörg Osterloh und Jan Erik Schulte, Paderborn 2021 (Schriftenreihe der Gedenkstätte Hadamar; Bd. 1), S. 195-210; dies., Medizin, S. 307-327.
60   Garbe, Stätten, S. 327f.
61   Zur Planung und Einrichtung gesonderter Kriegsgefangenenlager für sowjetische Kriegsgefangene im Reichsgebiet vgl. Reinhard Otto: Wehrmacht, Gestapo und sowjetische Kriegsgefangene im deutschen Reichsgebiet 1941/42, München 1998, S. 33-46.

Selektionen, auf die Überstellungen in Konzentrationslager folgten. Zum Vorgehen der SS/Polizei gehörte es, die sowjetischen Militärangehörigen in »in politischer, krimineller oder sonstigen Hinsicht untragbare [...] Elemente« einerseits und »jene [...] Personen, die für den Wiederaufbau der besetzten Gebiete verwendet werden können«, andererseits einzuteilen.[62] Anschließend wurden sie dementsprechend entweder ermordet oder im Sinne der SS/Polizei weiterverwendet. Dies konnte den Zwang zur Kollaboration als »Handlanger der SS«,[63] die Ausbeutung zur Zwangsarbeit oder die absichtliche körperliche Verletzung durch pseudo-medizinische Versuche umfassen.

So entsandte die brandenburgische Staatspolizeistelle in Frankfurt (Oder) ihre Selektionsexperten 1941 in das Stammlager (Stalag) III B in Fürstenberg (Oder). Dort musterten sie Gefangene für die Überstellung nach Groß-Rosen und Sachsenhausen.[64] Sachsenhausen war für die Ermordung von sowjetischen Kriegsgefangenen aus den Wehrkreisen II, III, X und XI vorgesehen, womit sich die hohe Zahl der im zweiten Halbjahr 1941 dort erschossenen Rotarmisten erklären lässt.[65] Ab Ende August und den ganzen Herbst 1941 über trafen mehrere Züge mit schätzungsweise 13.000 völlig entkräfteten sowjetischen Kriegsgefangenen in Oranienburg ein. Die desaströse körperliche Situation der großen Zahl an Gefangenen blieb auch der Bevölkerung nicht verborgen. In Sachsenhausen wurden anschließend innerhalb von zehn Wochen circa 10.000 Rotarmisten ermordet.

In Vorbereitung des Massenmords war eine Erschießungsanlage installiert und Mitte September 1941 von allen KL-Kommandanten inspiziert worden. Nach Oranienburg beordert, wohnten sie dem in Sachsenhausen entwickelten »Genickschussverfahren« an sowjetischen Kriegsgefangenen bei. Ende 1941 sollte die Lager-SS diesen in Sachsenhausen »mustergültig« vollzogenen Massenmord nur abbrechen, weil an der unter den zur Exekution deportierten sowjetischen Männern ausgebrochenen Fleckentyphus-Epidemie auch SS-Angehörige erkrankten und verstarben.[66] Darüber hinaus fielen 1942/43 auch Männer, die die Polizei aufgrund des Paragrafen 175 in das Konzentrationslager deportierte, sowie aus der Sicherungsverwahrung überstellte Gefangene in Sachsenhausen Mordaktionen zum Opfer.[67]

---

62 Ebd., S. 52.
63 Angelika Benz: Handlanger der SS. Die Rolle der Trawniki-Männer im Holocaust, Berlin 2015.
64 Vgl. Morsch, Mord, S. 167 und S. 177; Otto, Wehrmacht, S. 69-76.
65 Aus den von der Wehrmacht eroberten sowjetischen Gebieten wurden die Kriegsgefangenen in die Stammlager (Stalags) nach Neubrandenburg, Groß Born-Rederitz, Hammerstein, Stargard, Alt-Drewitz, Fürstenberg (Oder), Wietzendorf, Oerbke und Bergen-Belsen deportiert, wo sie auf Basis des »Kommissarbefehls« und der Einsatzbefehle Heydrichs vom Personal des SD und der Gestapo selektiert und nachts in Zügen nach Sachsenhausen zur Ermordung überstellt wurden. Vgl. Riedel, Ordnungshüter, S. 55f.
66 Vgl. Morsch, Mord, S. 165-177, Riedel, Ordnungshüter, S. 255-272.
67 Vgl. Joachim Müller: »Unnatürliche Todesfälle.« Vorfälle in den Außenbereichen Klinkerwerk, Schießplatz und Tongruppe, in: ders., Homosexuelle, S. 216-263.

Auch wenn der Oranienburger Lagerkomplex in der historischen Forschung als nationalsozialistisches Konzentrations- und nicht als Vernichtungslager der SS/Polizei gefasst wird, ist auf die Rolle dieses SS-Standortes in der deutschen Vernichtungskriegführung zu verweisen. Auf dem Territorium der Sowjetunion umfasste diese sowohl die Massenerschießungen von sowjetischen Kriegsgefangenen als auch den 1941/42 vollzogenen »Holocaust by Bullet«. Überlegungen hinsichtlich der Effizienz von Massenerschießungen und nicht zuletzt auch deren psychischen Auswirkungen auf die Täter führten zur Entwicklung weiterer Massenmordmethoden. In einem Gebäude der Desinfektionsabteilung der Waffen-SS, das sich auf dem Gelände des Truppenlagers befand, führte die SS Schulungen für das Konzentrationslagerpersonal und die Polizei durch, welche unter anderem die Handhabung von Zyklon B sowie die Erprobung von Zyklon A und flüssigem Zyklon B umfassten.[68] Das dem RSHA unterstellte KTI unterhielt in Sachsenhausen eine Außenstelle. Seine Mitarbeiter nahmen hier Menschenversuche an Insassen vor.[69] So hatten Techniker bereits im Herbst 1941 begonnen, an sowjetischen Kriegsgefangenen den Einsatz von Gaswagen zu erproben.[70] Über die »Bereitstellung« der Gefangenen war Sachsenhausen damit an der Entwicklung einer mobilen Tötungsmethode beteiligt, mit der die deutsche Sicherheitspolizei in Minsk und Mogilev Ende 1941 mindestens 200.000 jüdische Menschen ermorden sollte.[71] Ab 1943 fand die Ausbildung von Mordspezialisten sowie die Erprobung und Weiterentwicklung von Verfahren für den chemischen Massenmord in Sachsenhausen statt.[72] Auf dem Gelände der »Station Z« befand sich nun auch eine stationäre Gaskammer.[73]

Damit sind die zentralen Entwicklungslinien von Sachsenhausen grob skizziert. Wie aufgezeigt, handelte es sich bei diesem um einen aus dem Hauptlager und weiteren Außenlagern und -kommandos bestehenden Zwangslagerkomplex. Die dorthin verschleppten Menschen waren dem Deportations- und Lagerregime der SS unterworfen, das auf die rigorose Ausbeutung ihrer Arbeitskraft abzielte. Gleichzeitig stellte Sachsenhausen eine Stätte dar, die die SS/Polizei zum Morden nutzte. Mit dem vertiefenden Blick auf die Menschen, die als »Häftlinge« der SS gefasst nach

---

68 Vgl. Morsch, Tötungen, S. 262.
69 Im Herbst 1944 vollzogen Angehörige der KTI tödliche Menschenexperimente mit vergifteter Munition an sowjetischen Kriegsgefangenen. Vgl. Wildt, Generation, S. 334 Anm. 151; Paul Weindling: Epidemics and Genocide in Eastern Europe 1890-1945, Oxford 2000, S. 416.
70 Vgl. Bonnesoeur, Einvernehmen, S. 66.
71 Vgl. Bernhard Bremberger: Mobile Gaskammern und Zwangsarbeit, in: Zwangsarbeit in Berlin. Archivrecherchen, Nachweissuche und Entschädigung, hg. von Cord Pagenstecher, Bernhard Bremberger und Gisela Wenzel, Berlin 2008, S. 232-252, hier S. 235-238.
72 Vgl. Morsch, Tötungen, S. 262; Weindling, Epidemics, S. 311.
73 Vgl. Günter Morsch: Tötungen durch Giftgas im Konzentrationslager Sachsenhausen, in: Neue Studien zu nationalsozialistischen Massentötungen durch Giftgas. Historische Bedeutung, technische Entwicklung, revisionistische Leugnung, hg. von Günter Morsch und Bertrand Perz, Berlin 2011 (Schriftenreihe der Stiftung Brandenburgische Gedenkstätten, Bd. 29), S. 260-276.

Sachsenhausen kamen, schließe ich in einem nächsten Schritt die Ausführungen zu den Entwicklungslinien Sachsenhausens ab. Doch vorab lege ich den Fokus auf das Lagerpersonal, mit dem Ziel, die Organisation und Zusammensetzung des 1944/45 im Konzentrationslager tätigen Personenkreises offenzulegen.

3.5 Akteur:innen

Bei der vorliegenden Studie handelt es sich um eine akteurzentrierte Untersuchung. Das heißt, der Blick wird auf die Menschen und ihr Handeln gelegt. Dies gilt – wird multiperspektivisch gearbeitet – sowohl für das Lagerpersonal als auch für die Gefangenen von Sachsenhausen. Wer war in diesem Komplex in welchen Bereichen tätig? Wer ist gemeint, wenn von den Insass:innen die Rede ist? Um in den Blick nehmen zu können, wen die Evakuierung des Komplexes Sachsenhausen 1945 wie betraf, ist darzulegen, welche Personen zu diesem Zeitpunkt einerseits in der Kommandatur und den Wachmannschaften tätig waren und wer andererseits nach Sachsenhausen deportiert und dort zur Zwangsarbeit gezwungen wurde.

Lager-SS

Die in Oranienburg ansässige Inspektion war für die Bedingungen in den Konzentrationslagern verantwortlich.[74] Neben der topografischen Struktur, für die KL-Neubauleitungen auf Baracken- und Zeltbauten zurückgriffen,[75] stellte die für alle Komplexe einheitliche Führungs- und Verwaltungsstruktur einen der grundlegenden Aspekte des nationalsozialistischen Konzentrationslagersystems dar.[76] Kommandantur und Wachtruppe galten in allen ab 1936 neu eingerichteten Konzentrationslagern als getrennte Bereiche der in den Lagern tätigen SS. Zudem hatte der Stab um Eicke auch die Kompetenzen im Lager vereinheitlicht. Die Lagerkommandanten erhielten vollziehende Strafgewalt, bei deren Ausübung sie nur der Politischen Polizei gegenüber verantwortlich waren.[77] Mit den ihnen unterstellten Kommandanturstäben verfügten sie über eine Abteilung zur Verwaltung der Lager. Entsprechend den Abteilungen innerhalb der IKL wurde jede Kommandantur in die folgenden Bereiche untergliedert: 1. Kommandantur/Adjutantur, 2. Politische Abteilung, 3. Schutzhaftlager, 4. Verwaltung, 5. Lager- bzw. Standortarzt.[78]

---

74 Vgl. Tuchel, »Inspektion«, S. 205-233.
75 Vgl. Führ, Morphologie, S. 43f.; Paul Martin Neurath: Die Gesellschaft des Terrors. Innenansichten der Konzentrationslager Dachau und Buchenwald, hg. von Christian Fleck und Nico Stehr, Frankfurt a. M. 2004 (engl. Erstausgabe 1951), S. 40.
76 Zu den Organisations- und Verwaltungsstrukturen vgl. Orth, System, S. 39-46.
77 Eicke übernahm hier die meisten Prinzipien der »Sonderbestimmungen« seines Vorgängers, Hilmar Wäckerle, in Dachau. Vgl. Broszat, Konzentrationslager, S. 50.
78 Zu den Tätigkeiten der Untergruppen sowie zur lagerinternen Hierarchie innerhalb der SS vgl. Hördler, Ordnung, S. 33-42; Orth, System, S. 40-46.

Die Abteilungen erhielten ihre fachlichen Weisungen von dort bzw. im Falle der Politischen Abteilung von der Gestapo und ab 1939 dem RSHA – demgemäß standen diesen Abteilungen Angehörige der Gestapo oder der Kripo vor.[79] Disziplinarisch waren die jeweiligen Verwaltungsleiter aller Abteilungen, bis auf die Leitung selbst sowie die Politische Abteilung, dem jeweiligen Kommandanten unterstellt.

In den Konzentrationslagern dienten somit zwei verschiedene Gruppierungen mit unterschiedlichen Funktionen, die den Betrieb dieser nationalsozialistischen Zwangslager ermöglichten: erstens die ranghohe Konzentrationslager-SS der Kommandanturstäbe, die nach Karin Orth die Kerngruppe der Täter:innen in den Konzentrationslagern stellte und die ein gemeinsamer politischer, professioneller und sogar sozialer Nenner verband,[80] und zweitens die Wachmannschaften. Bei den männlichen Angehörigen der Kommandanturen handelte es sich um eine stabile und konstante Personengruppe, die meist von Beginn an im KL-System tätig war und – entgegen den Wachmannschaftsangehörigen – mehrheitlich und bis zu Kriegsende auch in diesem verblieb. Bis Kriegsende zählte Sachsenhausen sechs verschiedene Kommandanten.[81] Von 1936 bis 1945 waren in deren Stab schätzungsweise insgesamt 1.000 SS-Männer tätig.[82]

Im März 1942 war die IKL als »Amtsgruppe D« in das neugegründete und Pohl unterstellte SS-Wirtschafts- und Verwaltungshauptamt übergegangen. Während Glücks seinen Leitungsposten beibehielt, nahm Pohl eine Neubesetzung der Kommandanturen vor. In Sachsenhausen setzte er Anton Kaindl ein, der dem Lagerkomplex ab dem 22. August 1942 als Kommandant und SS-Standartenführer vorstand. Kaindl hatte zuvor den Vorsitz der Verwaltungsabteilung in der IKL bekleidet und sich bereits in Oranienburg befunden. Mit ihm verfügte die Sachsenhausener Kommandantur damit zu der ihr übergeordneten Instanz – im räumlichen wie im sozialen Sinne – über kurze Dienstwege. Ab Herbst 1944 bekleidete Kaindl zudem den Posten des Standortältesten der SS in Oranienburg. Bis zur Evakuierung des Standortes im April 1945 lebten Anton und Anna Kaindl mit ihrem Pflege- und späteren Adoptivkind in der Kommandantenvilla.[83]

Als Leiter der Abteilung »Kommandatur/Adjutantur« in Sachsenhausen agierte der Adjutant als die »rechte Hand« des Kommandanten.[84] In Sachsenhausen nahm diese Schlüsselrolle am 1. September 1942 Heinrich Wessel ein. Nachdem der gelernte Buchhalter bereits vom Rechnungsprüfer zum Adjutanten des Wachbataillon-

---

79 Vgl. Hördler, Abteilungen; Broszat, Konzentrationslager, S. 58-61.
80 Vgl. Karin Orth: Die Konzentrationslager-SS. Sozialstrukturelle Analyse und biografische Studien, Göttingen 2000.
81 Zu den einzelnen Kommandanten und ihren Dienstzeiten vgl. Kaienburg, Sachsenhausen, S. 81; Riedle, Angehörigen, S. 50.
82 Vgl. ebd., S. 11.
83 Vgl. Astrid Ley, Annina Schmidt und Christl Wickert: Anton Kaindl, in: Morsch, Täterschaft, S. 272-274.
84 Riedle, Angehörigen, S. 52.

Kommandeurs aufgestiegen war, setzte ihn die Amtsgruppe D aufgrund seiner »profunden Verwaltungskenntnisse« als persönlichen Referenten Kaindls ein.[85] Wessel verblieb in dieser Position ebenfalls bis zum Kriegsende und verfügte auch außerhalb des Dienstes über guten Kontakt zu seinem Vorgesetzten – 1943 bezogen Heinrich und Elsa Wessel gar einige Räume in der privaten Kommandantenvilla Kaindls. Der Adjutant hatte weitgehende Einblicke in alle Bereiche des Lagers. Sämtliche Korrespondenzen – auch die Exekutionsbefehle – gingen über seinen Tisch.[86] Für die Ausführungen seiner Tätigkeit standen Wessel ein SS-Stabsscharführer (»Spieß«) sowie weitere SS-Männer und Hilfskräfte für die Sachbearbeitung sowie Schreib- und Ordonnanzdienste zur Verfügung. Der Abteilung I (»Kommandantur/Adjutantur«) waren außerdem die technischen Abteilungen unterstellt.[87]

Zu den Aufgaben der Politischen Abteilung (Abteilung II) gehörte der gesamte Schriftverkehr, der die Gefangenen betraf. Dieser umfasste das sogenannte Registraturwesen, mit dem die Angehörigen dieser Abteilungen sowohl Akten zu den Gefangenen samt erkennungsdienstlicher Aufnahmen als auch eine sogenannte Häftlingskartei anlegten und darüber Aufnahmen, Entlassungen, Transporte und als »Abgänge« verschleierte Todesfälle dokumentierten. Die Mitarbeiter der Politischen Abteilung führten Vernehmungen durch. Zudem setzten die Polizeibeamten innerhalb des Lagers Gefangene als Spitzel ein. Die Abteilung war in die Bereiche Aufnahme- und Erkennungsdienst, die sogenannte Häftlingsregistratur, den Vernehmungsdienst, in Schubwesen (Überstellung) und Entlassung sowie – zur Verwischung von Todesfällen und Morden – in Standesamt und Krematorium untergliedert.[88] Ab Ende 1944 stand der Kriminalbeamte Kurt Erdmann dieser Abteilung vor, der zuvor im RSHA der »Kriminalinspektion VORB (Vorbeugung) III« angehört hatte. Erdmann erhielt seine fachlichen Weisungen vom Chef der Gestapo, Müller. Ihm waren sowohl Kriminalpolizeibeamte als auch Angehörige der Lager-SS unterstellt. Die Abteilung arbeitete der Kommandantur zu und dabei vor allem mit den beiden Abteilungen »Kommandantur/Adjutantur« und »Schutzhaftlager« zusammen. Hierfür nahmen die Polizisten an den »Führerbesprechungen« des Kommandanten teil.[89] Erdmann

---

85 Astrid Ley: Heinrich Wessel, in: Morsch, Täterschaft, S. 353-355, hier S. 354.
86 Vgl. ebd., S. 354.
87 Diese umfassten die Fahrbereitschaft und die Nachrichtenstelle, den Lageringenieur, die Waffen- und Geräteverwaltung als auch das Lagerfeuerwehrwesen – insbesondere während des (west-)alliierten Luftkrieges gegen Deutschland 1944/45 von zentraler Bedeutung. Zu den Unterstellungsverhältnissen der Abteilung I in Sachsenhausen vgl. Riedle, Angehörige, S. 52 f.
88 Vgl. ebd., S. 53-55; Stefan Hördler: Die Politischen Abteilungen im KZ-System. Polizei und SS in gutem Einvernehmen, in: Polizei, Verfolgung und Gesellschaft im Nationalsozialismus, hg. von Herbert Diercks, Bremen 2013 (Beiträge zur Geschichte der nationalsozialistischen Verfolgung in Norddeutschland, Heft 15), S. 90-104; Günter Morsch: Organisations- und Verwaltungsstruktur der Konzentrationslager, in: Benz, Ort des Terrors (Bd. 1), S. 58-75, hier S. 65 f.
89 Vgl. Aussage Kurt Erdmann vom 21.9.1962, Kopie in: YV, TR 19/130; vgl. Riedle, Angehörige, S. 55.

zog mit seiner Familie ebenfalls nach Oranienburg, nachdem ihre Berliner Wohnung im Zuge des Luftkriegs zerstört worden war. Sie wohnten dort in einer 1944 eingerichteten Behelfsunterkunft.[90]

Seit seiner Errichtung im Frühjahr 1940 leitete Alfred Klein das Sachsenhausener Krematorium und in Personalunion ab 1942 das im Gebäude der IKL/Amtsgruppe D untergebrachte Standesamt II. Zusammen mit seiner Ehefrau Rosina und den Kindern hatte er ein Haus in der SS-Siedlung bezogen. Ab 1943 unterstand Klein der Hinrichtungstrakt und die »Station Z« in Sachsenhausen.[91] Paul Jude versah als SS-Standesbeamter ab 1939 ebenfalls Dienst in der Politischen Abteilung Sachsenhausens. Im Jahr 1942 unterstellte sich Klein den SS-Oberscharführer als seinen Stellvertreter.[92] Die Angehörigen der Politischen Abteilungen waren kollektiv an den Verbrechen und Mordaktionen in Sachsenhausen beteiligt. Dazu gehörte, dass sie aktiv an Gefangenentötungen teilnahmen und mit dem Personal der Krematorien und des Standesamtes II sowie den Todesschützen aus der Abteilung »Schutzhaftlager« den »Kern von Vernichtungsspezialisten« in Sachsenhausen stellten.[93]

Für den Alltag der Gefangenen war die Abteilung III (»Schutzhaftlager«) zuständig. Die von dort angewiesenen »Rapport-« und »Blockführer« organisierten die fremdbestimmten Tagesabläufe der Gefangenen. Wie der ehemalige Lagerälteste Harry Naujoks nach dem Krieg ausführte, waren sie wie auch die Arbeitsdienstführer »die eigentlichen Herren des Häftlingslagers«.[94] Im Rang des Ersten Schutzhaftlagerführers war der dafür 1943 zum SS-Hauptsturmführer beförderte August Kolb tätig. Zu seinen Tätigkeitsfeldern gehörte die Festlegung des Tagesablaufes der Gefangenen. Dieser umfasste das Wecken, die Appelle und die Aufstellung der Arbeitskommandos, den Barackeneinschluss sowie das Verhalten beim Alarm. Das heißt, Kolb sorgte für die Durchsetzung der Lagerordnung.[95] Zur Unterstützung waren ihm seit 1943 drei weitere Schutzhaftlagerführer zur Seite gestellt. Als Zweiter Schutzhaftlagerführer fungierte August Höhn (ab Frühjahr 1944).[96] Albert Sauer (ab 1943) und Michael Körner (ab 1944) versahen die Funktion des Dritten und Vierten Schutzhaftlagerführers.[97]

90 Vgl. Aussage Kurt Erdmann vom 21.9.1962, Kopie in: YV, TR 19/130.
91 Vgl. Hördler, Abteilungen, S. 93; Riedle, Angehörigen, S. 222-231; Astrid Ley und Mariam Reichert: Alfred Klein, in: Morsch, Täterschaft, S. 284-286.
92 Vgl. SS-Personalbogen zu Alfred Klein und Paul Jude von 1942, in: BLHA, 161 NS-Archiv ZM 1340 A. 05.
93 Hördler, Abteilungen, S. 101.
94 Martha Naujoks (Hg.): Mein Leben im KZ Sachsenhausen 1936-1942. Erinnerungen des ehemaligen Lagerältesten Harry Naujoks, Berlin 1989, S. 128.
95 Vgl. Riedle, Angehörigen, S. 55; Morsch, Verwaltungsstruktur, S. 66-68.
96 Nachdem Kolb die Führung der Wachmannschaften übernommen hatte, bekleidete Höhn ab Ende 1944 die Stelle des Ersten Schutzhaftlagerführers in Sachsenhausen. Vgl. Astrid Ley: August Höhn, in: Morsch, Täterschaft, S. 268-270.
97 Sauer hatte die Funktion des Schutzhaftlagerführers seit März 1943 inne, Körner ab Oktober 1944. Vgl. Riedle, Angehörigen, S. 56.

Die den Schutzhaftlagerführern direkt unterstellten Rapportführer dienten als Bindeglied zwischen der Abteilung III und den Blockführern im Lager beziehungsweise den Kommandoführern der Außenstandorte.[98] In Personalunion bekleidete Otto Böhm ab 1943 die Funktion des Ersten Rapportführers in Sachsenhausen. Zu seinen Aufgaben gehörte es, nicht nur die täglichen Zählappelle abzuhalten, sondern nach dem Morgenappell auch die Unterkünfte der Gefangenen zu kontrollieren. Als Leiter der Häftlingsschreibstube war er für die Erstellung der Veränderungsmeldungen, den 14-tägigen Veränderungsrapport und den Monatsbericht verantwortlich. Hier hatten ihm sogenannte Funktionshäftlinge zuzuarbeiten. Bei der Ankunft von Gefangenenneuzugängen war er für deren Verteilung auf die von der SS als »Blöcke« bezeichneten Barackenunterkünfte zuständig und bereitete in Zusammenarbeit mit dem Arbeitsdienstführer, Ludwig Rehn, Deportationen in andere Lager vor. Ferner gehörten die Vorführung der Insassen zum Strafrapport beim Schutzhaftlagerführer, die Durchführung der Lagerstrafen und die Protokollführung bei Hinrichtungen zu Böhms Aufgaben.[99] Er war für die Diensteinteilung der SS-Blockführer und des ihm zugewiesenen Wach- und Bereitschaftsdienstes zuständig – in Sachsenhausen sah der SS-Dienstplan 24-stündige Schichten vor.[100]

Mit Unterführerdiensträngen oder dem Rang eines SS-Rottenführers versehen, sorgten die als »Blockführer« eingesetzten Männer innerhalb der ein bis drei ihnen unterstellten »Häftlingsblöcke« sowohl zur Tages- als auch zur Nachtzeit für die Durchsetzung des Lagerregimes. Wie Riedle ausführt, waren es »in der Regel die Rapport- und Blockführer, die Misshandlungen, Folter und Mord unmittelbar an den Häftlingen ausübten – häufig auf Befehl, oft aber auch aus Eigeninitiative. Mit dieser Tätergruppe waren die KZ-Insassen am häufigsten konfrontiert.«[101] Entgegen den Angehörigen der Wachkompanien blieben die als »Blockführer« eingesetzten SS-Männer während des Krieges mehrheitlich konstant und über lange Zeiträume in einem KL-Komplex eingesetzt. Als Arbeitseinsatz- und Kommandoführer hatten sie »laufend die Arbeiten der Häftlinge und die Sicherung der Arbeitsstellen (Posten) zu überwachen«.[102] Bei den SS-Block- oder Kommandoführern handelte es sich um langjährige Angehörige der SS. Vielfach verfügten sie sowohl über Erfahrungen aus unterschiedlichen Konzentrationslagern als auch aus Kriegseinsätzen mit der Waffen-SS.[103] Zur Durchführung von Hinrichtungen und größeren »Aktionen« kamen vor allem diese Männer zum Einsatz.[104] Wie viele mit unteren Offiziersrängen bekleidete

---

98 Ebd., S. 58.
99 Riedle, Angehörigen, S. 57 f.
100 Zu den Aufgaben der »Blockführer vom Dienst« sowie dem ihm zugeordneten »Hilfsdienst« vgl. Riedle, Angehörigen, S. 59.
101 Ebd., S. 12.
102 Dokument »Aufgaben in einem Konzentrationslager«, zit. n. Riedle, Angehörigen, S. 50.
103 Vgl. Aussage Oskar Burkhardt vom 23.8.1946, in: GUMS, JSU 1/23/2; vgl. auch SS-Personalunterlagen, in: BArch B, R 9361-III/264604. Zu den SS-Blockführern in Sachsenhausen vgl. auch die Ausführungen von Andreas Weigelt, in: Weigelt, Judenmord, S. 98-105.
104 Vgl. Riedle, Angehörigen, S. 58.

SS-Blockführer in Sachsenhausen Dienst taten, lässt sich nicht genau beziffern. Riedle hat anhand der Nachkriegsaussagen Kolbs allerdings dargelegt, dass vom Sommer 1942 bis zum April 1945 schätzungsweise 50 SS-Männer in dieser Funktion tätig waren.[105]

Im Zuge des forcierten Zwangsarbeitseinsatzes und der Umstrukturierung des KL-Systems war die Stelle des Arbeitseinsatzführers 1942 aus der Abteilung »Schutzhaftlager« ausgegliedert und zur eigenständigen Abteilung erhoben worden. Ab August 1943 bekleidete der SS-Oberscharführer Ludwig Rehn diese in Sachsenhausen. Rehn hatte zuvor Erfahrungen als Arbeitsdienstführer (1941 in Wewelsburg) sowie als Stellvertretender Arbeitseinsatzführer (1942 in Neuengamme) gesammelt und war unmittelbar vor seinem Wechsel nach Sachsenhausen als Kommissarischer Arbeitseinsatzführer noch in Majdanek tätig gewesen. Damit brachte er weitreichende Erfahrungen nach Sachsenhausen mit. Zu seinen dortigen Aufgaben gehörte es, die Arbeits- und Transportkommandos der Insassen zusammenzustellen. Außerdem rechnete Rehn monatlich mit den Firmen, die auf Gefangene zurückgriffen, buchhalterisch ab. Seit 1935 SS-Mitglied, stieg Rehn 1944 zum SS-Untersturmführer auf.[106]

Für die Versorgung der Gefangenen war die Verwaltungsabteilung der Sachsenhausener Kommandantur verantwortlich. Die vom Ersten Verwaltungsführer und SS-Sturmbannführer Hubert Lauer seit Januar 1940 geführte Abteilung IV hatte für die Unterbringung, Verpflegung und Bekleidung sowohl der Gefangenen als auch der SS-Angehörigen Sorge zu tragen.[107] Zur Unterstützung bekam Lauer einen Zweiten Verwaltungsführer zur Seite gestellt. Der Verwaltungsabteilung unterstanden zudem die Selbstversorgungsbereiche des Lagers. Diese umfassten die Geräte- und Materiallager und Lagerwerkstätten sowie Kleiderkammern, Küchen und Wäschereien. Darüber hinaus verfügte die Verwaltungsabteilung über einen technischen Bereich, der für die Instandhaltungs- und Wartungsarbeiten in Sachsenhausen zuständig war. Zu diesen zählte auch die Überprüfung der Sicherungsvorrichtungen, sprich des elektrisch geladenen Drahtzauns, der Innen- und Außenbeleuchtung sowie der Scheinwerfer, Sirenen und der Lagermauer.[108] Mit der Verwahrung und Verwaltung der Effekten – des Gefangeneneigentums – sowie der Löhne, die Firmen für den Zwangsarbeitseinsatz zu erbringen und an die SS zu zahlen hatten, war Lauers Abteilung auch für den Bereich Finanzen zuständig. Im Zuge des in den deutschen Mordzentren vollzogenen Judenmords sah sich diese Abteilung auch mit »dem Einsammeln, Sortieren und Verwerten der den Ermordeten abgenommenen Kleider, Taschen, Koffer und Wertsachen« betraut, die Sachsenhausen über Züge beispielsweise aus Auschwitz erreichten.[109]

Die medizinischen Bereiche in Sachsenhausen wurden von der Abteilung V (»Lager-/Standortarzt«) verwaltet, die der SS-Obersturmführer Dr. med. Heinrich

---

105 Vgl. ebd., S. 58 f.
106 Vgl. Jessica Burmeister und Astrid Ley: Ludwig Rehn, in: Morsch, Täterschaft, S. 324-326.
107 Vgl. Anne Fröhlich: Hubert Lauer, in: Morsch, Täterschaft, S. 294 f.
108 Vgl. Riedle, Angehörigen, S. 61 f.; Morsch, Verwaltungsstruktur, S. 68.
109 Morsch, Verwaltungsstruktur, S. 68.

Baumkötter leitete. Baumkötter war seit 1943 Erster Lagerarzt in Sachsenhausen. In dieser Funktion unterstanden ihm die als »Revier« bezeichneten Krankenbaracken, die Apotheke und die zahnmedizinische Abteilung. Darüber hinaus übte Baumkötter die Stellvertretung des ihm übergeordneten Amtschefs D III, Enno Lolling, im SS-WVHA aus.[110] Mit der Unterstellung dieser, nach SS-Angehörigen und dem weiteren Lagerpersonal einerseits und den Gefangenen der Konzentrationslager andererseits streng getrennten Abteilungen – in Letzterer arbeiteten vor allem medizinisch geschulte Insassen – waren die in Sachsenhausen tätigen SS-Mediziner für den Mangel an medizinischer Versorgung der Gefangenen verantwortlich.[111] Baumkötter ging das medizinische SS-Fach- und Sanitätspersonal zur Hand, zu denen beispielsweise der Lagerchirurg und ab 1944 SS-Untersturmführer Dr. Alois Garberle sowie der Leiter der Inneren Abteilung Otto Adam zählten.[112] In Sachsenhausen verfügten diese Männer über ein »relativ hohes Maß an Selbstständigkeit«, das neben der Minimalversorgung kranker Gefangener auch Selektionen und Krankenmorde, Kastrationen und pseudomedizinische Versuche an Insass:innen umfasste.[113] Zudem war das medizinische SS-Personal bei Hinrichtungen und Massentötungen zugegen.[114] Ab 1944 führte es die Tauglichkeitsuntersuchungen bei Insassen durch, die in Sachsenhausen für den Kriegseinsatz gemustert wurden.[115]

Die Abteilung VI (»Fürsorge, Schulung und Truppenbetreuung«) war für die »Weltanschaulichen Schulungen« zuständig. Die in Sachsenhausen von 1941 bis 1942 dem SS-Rottenführer Josef Mayerhofer unterstellte Abteilung diente der ideologischen Einarbeitung des Personals in den »KL-Betrieb«.[116] Wer die Tätigkeit danach übernahm, konnte ich nicht rekonstruieren. Bis zum Kriegsende 1945 erfolgten über diese Abteilung regelmäßig vollzogene ideologische Unterweisungen.[117] Für die erwünschte Einwirkung auf die Freizeitgestaltung des Lagerpersonals und der sich am Standort Oranienburg befindlichen Waffen-SS-Angehörigen stand ein Bibliothekar

---

110 Vgl. Marco Pukrop: SS-Mediziner zwischen Lagerdienst und Fronteinsatz. Die personelle Besetzung der Medizinischen Abteilung im Konzentrationslager Sachsenhausen 1936-1945, Dissertationsschrift, Philosophische Fakultät der Gottfried-Wilhelm-Leibniz-Universität Hannover 2015, S. 103-105.

111 Vgl. Astrid Ley und Lydia Stötzer: Dr. med Heinrich Baumkötter, in: Morsch, Täterschaft, S. 209-211; Ley, Medizin, S. 188-190.

112 Vgl. Dagmar Lieske: Dr. Alois Gaberle, in: Morsch, Täterschaft, S. 238-240; zu Otto Adam vgl. Jessica Tannenbaum: Medizin im Konzentrationslager Flossenbürg 1938 bis 1945. Biografische Annäherungen an Täter, Opfer und Tatbestände, Frankfurt a. M. 2016, S. 36-46.

113 Morsch, Verwaltungsstruktur, S. 69.

114 Vgl. ebd., S. 69 f.

115 Vgl. Pukrop, SS-Mediziner, S. 515.

116 Vgl. Katharina Steinberg: Josef Mayerhofer, in: Morsch, Täterschaft, S. 300-302. Auf den auffallend niedrigen Dienstrang hat Andrea Riedle bereits verwiesen. Vgl. Riedle, Angehörigen, S. 64.

117 Vgl. Marc Buggeln: Die weltanschauliche Schulung der KZ-Wachmannschaften in den letzten Kriegsmonaten, in: Benz, Bewachung, S. 177-190.

zur Verfügung, der auch für die Verteilung des SS-Magazins »Das Schwarze Korps« zuständig war. Zudem organisierte die Abteilung VI Film- und Kameradschaftsabende, Varieté- und Theateraufführungen, »Julfeiern«[118] sowie Weiterbildungsangebote für »volksdeutsche« SS-Angehörige und erwarb Musikinstrumente für die SS-eigene Musikkapelle.[119] Bis zuletzt stellte insbesondere die ideologische Unterfütterung des gewaltvollen Umgangs gegenüber den Insassen mithilfe der Feindfiguration »Judeo-Bolschewismus« das Schulungsziel dar.[120]

Die Führung der in Kompanien eingeteilten Wachmänner, die zur äußeren Sicherung Sachsenhausens und Bewachung der Gefangenen an ihren Arbeitsstätten eingesetzt wurden, unterstand seit 1940 dem Kommandeur des SS-Wachbataillons Sachsenhausen, Gustav Wegner. Nach kurzem Fronteinsatz mit der Waffen-SS war Wegner als ehemaliger Adjutant des Wachbataillons Sachsenhausen (bis 1939) nach Oranienburg zurückgekehrt. Für seinen Einsatz in den deutschen Angriffskriegen gegen Polen (1939) und Frankreich (1940) war er mit dem »Eisernen Kreuz II. Klasse« ausgezeichnet worden – dem Kriegsverdienstorden, den SS/Polizei-Angehörige für »besondere Leistungen« erhielten.[121] Wegner befehligte fortan die Wachmänner, die als »Postenkette« das Haupt- wie die Nebenlager und Arbeitskommandos umstellten sowie die Wachtürme besetzen. Zudem belehrte er die SS-Männer, die in Sachsenhausen in Exekutionskommandos zum Einsatz kamen, überprüfte deren Waffen und wohnte den Hinrichtungen bei.[122] Er war der Amtsgruppe D direkt unterstellt und wohnte mit seiner Ehefrau und den drei Kindern in der Oranienburger SS-Siedlung.[123]

Die Disziplinargewalt über die Angehörigen der Wachmannschaften und des Kommandanturstabes übten hingegen nicht der Kommandant oder der Führer des Wachbataillons, sondern ein SS/Polizei-Gerichtsführer aus. Zur Sanktionierung des Lagerpersonals und mit eigener Abteilung versehen, ging er dem Kommandanten zur Hand und nahm hierfür ebenfalls an den Besprechungen der Kommandantur teil.[124] Seit September 1939 verfügte mit der Einführung der SS/Polizei-Gerichtbarkeit

118 Das Weihnachtsfest beging die SS als »Julfest«.
119 Vgl. Riedle, Angehörigen, S. 64.
120 Vgl. Paul A. Hanebrink: A specter haunting Europe. The myth of Judeo-Bolshevism, Massachusetts 2018, S. 83-162. Zur Tradition dieser Feindfiguration im deutschen Militär vgl. Brian E. Crim: »Our Most Serious Enemy«: The Specter of Judeo-Bolshevism in the German Military Community, 1914-1923, in: Central European History 44/4 (2011), S. 624-641.
121 Vgl. Dieter Pohl: Orden für Massenmord, in: Die Zeit 5.6.2008. Online unter: https://www.zeit.de/2008/24/Eisernes-Kreuz/komplettansicht (letzter Zugriff am: 21.9.2024).
122 Vgl. Aussage Jaroslav Purš vom 9.2.1960, in: BArch ZStL, B 162/1508, S. 2f.
123 Vgl. Volker Strähle: Gustav Wegner, in: Morsch, Direkttäter, S. 287-289.
124 Der Gerichtsführer verfügte in Sachsenhausens über eine eigene Abteilung, die dem zuständigen SS/Polizei-Gericht unterstand. Vgl. Erklärung des Leiters der Politischen Abteilung in Sachsenhausen, Kurt Erdmann, vom 16.6.1947 vor dem Zentral-Justizamt der Britischen Zone, in: GUMS, Ordner 27; Morsch, Verwaltungsstrukturen, S. 64f.

jedes Konzentrationslager über die Abteilung »SS-Gericht«, die über straffälliges Verhalten urteilte und das Lagerpersonal damit der deutschen Justiz entzog. Diebstahl, militärischer Ungehorsam, aber auch Kontakte zu Gefangenen – insbesondere zu jüdischen – wurden hierbei stets härter sanktioniert als deren Misshandlungen. Zu den Tätigkeitsfeldern der Gerichtsführer gehörte somit erstens, die Kommandanten bei der Ausübung ihrer Disziplinargewalt über das ihnen unterstellte SS-Personal zu unterstützen. Zweitens wurden sie zur Überprüfung der im Lager regelmäßig auftretenden Todes- und Mordfälle mit dem Ziel eingesetzt, die Taten zu vertuschen.[125] Ab 1943 übernahm der SS-Obersturmbannführer Dr. jur. Fritz Schmidt in Sachsenhausen diese Tätigkeit. Schmidt hatte Verdachtsfällen von Unterschlagung, Diebstahl oder Korruption durch das Lagerpersonal nachzugehen und seine Ergebnisse an das regional zuständige SS/Polizei-Gericht zu melden. Dieses war am Dienstsitz des HSSPF »Spree« eingerichtet, das in eingeleiteten Verfahren als Gerichtsherr fungierte. Damit unterstand Schmidt dem SS-Obergruppenführer Heißmeyer in Berlin-Grunewald.[126]

Wachpersonal

Die Wachtruppe der Lager stellte die zweite, in der äußeren Bewachung und Sicherung tätige Gruppe im KL-System dar.[127] Das »Schutzhaftlager« wie auch die außerhalb in Arbeitskommandos eingesetzten Gefangenen wurden von Wachmännern, die eine sogenannte Postenkette zu formieren hatten, überwacht.[128] Mit dem Erlass Hitlers vom 17. August 1938, der die Abgrenzung der Aufgaben der SS von der Wehrmacht und die Zuständigkeiten von SS/Polizei neu regelte, war der Weg für die SS-Führung geebnet, die Totenkopfverbände zu erweitern und zu militarisieren. Dies diente jedoch nicht nur dem Kriegseinsatz, sondern ist auch darauf zurückzuführen, so Karin Orth, »[d]ass die SS [...] nach Kriegsbeginn mit einem starken Anstieg der feindlichen

125 Vgl. ebd.
126 Astrid Ley: Dr. jur. Fritz Schmidt, in: Morsch, Täterschaft, S. 335-337.
127 Im Rahmen der vorliegenden Untersuchung wurden 611 männliche Angehörige der Wachkompanien namentlich ermittelt. Zentrales Kriterium hierfür war, dass sich der Dienstort »KL Sachsenhausen« in deren Wehrpässen, Soldbüchern oder Verpflichtungserklärungen bis 1945 nachweisen ließ. Mithilfe der zusammengetragenen SS-Personalunterlagen wurden Informationen in einer Datenbank zusammengetragen, mit denen sich im Folgenden allgemeingültige Aussagen über die Zusammensetzung des zu Kriegsende im Komplex Sachsenhausen eingesetzten Wachpersonals treffen lassen. Die überlieferten Personalunterlagen wurden eingesehen im Russischen Staatlichen Militärarchiv in Moskau (RGVA), in welchem »Beuteakten« des Zweiten Weltkriegs in der dortigen Abteilung »Sonderarchiv« aufbewahrt werden, in der Deutschen Dienststelle (WASt) in Berlin (mittlerweile in das Bundesarchiv überführt, Standort Berlin-Reinickendorf) sowie im Berlin Document Center (ebenfalls Bundesarchiv, Standort Berlin-Lichterfelde).
128 Vgl. Orth, Konzentrationslager-SS, S. 35.

Elemente im Innern des Staates und in den überfallenen Ländern [rechnete], die es in Konzentrationslagern zu bekämpfen galt.«[129] Dafür zog die SS auf Basis der sogenannten Notdienstverordnung vom 15. Oktober 1938 und mit dem Versprechen auf rasche Beförderungsmöglichkeiten Reservisten heran.[130] Die meist älteren Angehörigen der Allgemeinen SS füllten die Wachmannschaften auf und erweiterten deren zahlenmäßigen Umfang.[131] Letztendlich standen im Herbst 1939 Reservisten bereit und versahen fortan in Sachsenhausen Wachdienst, während Eicke mit den SS-Totenkopf-Einheiten, die hier in den Jahren zuvor ausgebildet worden waren, in den Krieg zog.[132]

Auch während des Krieges kam es zu Dienstverpflichtungen. Im Jahr 1944 nahmen sie jedoch neue Ausmaße an. Bis Ende 1944 erhöhte die SS in Sachsenhausen die Zahl der Wachmänner auf 3.005.[133] Darüber hinaus beschäftigte die Kommandantur Ende 1944 auch 351 Aufseherinnen, die in den Frauenaußenlagern Wachdienst tätigten.[134] Männer der SS-Totenkopfverbände der Vorkriegszeit oder »alte Kämpfer« aus SA und SS waren in den Wachkompanien von Sachsenhausen – im Unterschied zum Personal der Kommandantur – jetzt kaum noch vertreten. Aufgrund des mit zunehmender Kriegsdauer steigenden Personalmangels an Wachpersonal sah sich die SS ab 1941/42 dazu gezwungen, ihre elitären – auf Vorstellungen einer deutschen »Herrenrasse« beruhenden[135] – körperlichen Vorgaben zu lockern. Zum Auffüllen der Wachmannschaften griff die SS zunehmend auch auf »volksdeutsche« Männer aus den deutschen Siedlungsgebieten in Südosteuropa zurück – hauptsächlich aus Kroatien, Rumänien, der Slowakei und Ungarn.[136] Im Oktober 1943 versahen in Sachsenhausen bereits 400 als »volksdeutsch« geltende Männer Wachdienst.[137] Mit zunehmender Kriegsdauer nahm auch deren Zahl zu. Die Männer wurden entweder direkt zum Wachbataillon nach Sachsenhausen überstellt oder sie kamen über den Transfer innerhalb des KL-Systems oder nach Verwundungen im Zuge ihres Fronteinsatzes mit der Waffen-SS nach Oranienburg.

129 Orth, System, S. 63.
130 Vgl. Wegner, Soldaten, S. 124-126.
131 Vgl. Wachsmann, KL, S. 232-235.
132 Orth, System, S. 63 f.
133 Vgl. Zusammenstellung der Amtsgruppe D vom 1. und 15.1.1945 in: BArch B, NS 3/439.
134 Vgl. ebd.
135 Vgl. Diehl, Körperbilder, S. 151-175.
136 Zum Konzept »volksdeutsch« vgl. Doris L. Bergen: The Nazi Concept of ›Volksdeutsche‹ and the Exacerbation of Anti-Semitism in Eastern Europe, 1939-45, in: Journal of Contemporary History 29/4 (1994), S. 569-582; Stefan Hördler: »Volksdeutsche SS-Freiwillige« aus Südosteuropa. Rekrutierung, Einsatz, Gewalt 1941-1945, in: Nationalsozialismus und Regionalbewusstsein im östlichen Europa, hg. von Burkhard Olschowsky und Ingo Loose, München 2016, S. 345-367; ders., Ordnung, S. 182-184. Die folgenden zum »volksdeutschen« Wachpersonal getroffenen Aussagen basierten auf einem Sample von 84 Personen, zu denen sich besonders aussagekräftige, weil vollständig und lesbar überlieferte Wehrpässe und Papiere aus SS-Personalakten finden ließen, die im Moskauer Sonderarchiv und/oder der Berliner WASt aufbewahrt werden.
137 Vgl. Hördler, Ordnung, S. 183.

Für Sachsenhausen lassen sich auch Männer, die vor der deutschen Besatzung dänische, niederländische oder polnische Staatsangehörige waren, in den Reihen der Wachmannschaften finden. Die in einigen Fällen als »SS-tauglich«, in der Mehrzahl vor allem jedoch als »kriegsverwendungsfähig« gemusterten Männer der Jahrgänge 1899 bis 1924 kamen in allen Wachkompanien zum Einsatz. Dabei durchliefen sie hier mehrheitlich auch verschiedene der ab Januar 1943 als »SS-Totenkopf-Wachbataillone Sachsenhausen« bezeichneten Kompanien. In Sachsenhausen war damit keine »Zusammenstellung der Kompanien nach Nationalität, Ethnie, Sprache, regionaler Herkunft und früherem Truppenteil« erfolgt, wie Stefan Hördler sie für Mauthausen herausarbeiten konnte.[138] Vielmehr fand eine personelle Durchmischung der Wachbataillone statt.

Anders verhielt es sich vermutlich hinsichtlich der als »Trawniki«[139] bezeichneten Hilfswachmänner. Zur kriegsbedingten Anpassung des Konzentrationslagersystems gehörte ab 1943 auch die »Inkorporierung von ›Fremdvölkischen‹«.[140] Diese Rekrutierung war höchst unerwünscht, erfolgte aber aus kriegsbedingt pragmatischen Gründen und auf der Grundlage einer zunehmenden Radikalisierung.[141] Nach dem Ende der »Aktion Reinhard«[142] im Herbst 1943 überführte die SS eine große Anzahl der in den Vernichtungslagern als Wachpersonal eingesetzten Männer in das KL-System. Aufgrund ihrer vorherigen Beteiligung an der Ermordung der europäischen Juden:Jüdinnen sah das SS-WVHA die »Trawniki« als geeignet für den Wachdienst an. Nachdem das Ausbildungslager in Trawniki im September 1943 dem WVHA unterstellt war, kamen circa 1.000 der Männer zum Wachdienst in die Konzentrationslager – auch nach Sachsenhausen, wo sie vermutlich als geschlossene Reserveeinheit fungierten.[143] Die Männer, meist männliche sowjetische Kriegsgefangene im Alter zwischen 19 und 39 Jahren, stammten aus den deutsch-besetzten Teilrepubliken der Sowjetunion – vor allem aus der Ukraine. Die meisten von ihnen kamen als einfache Soldaten aus ärmlichen Verhältnissen und wählten den Hilfsdienst für die SS/Polizei nicht zuletzt, um der Gewalt und dem Hungertod in den deutschen Lagern für sowjetische Kriegsgefangene zu entgehen.[144] Neben der Bezeichnung als »Wachleute« bekräftigte auch ihre Einkleidung, dass sie dort den untersten Platz in der Hierarchie der Wachmannschaften bekleideten.[145]

---

138 Vgl. ebd., S. 186.
139 Die Bezeichnung geht auf den Ort zurück, an dem sich ihr Ausbildungslager befand. Bei Trawniki handelt es sich um ein Dorf in der Woiwodschaft Lublin, Polen, in dem sich von 1941 bis 1943 ein SS-Zwangsarbeits- und Ausbildungslager befand.
140 Vgl. Birn, Ideologie; Hördler, Ordnung, S. 187-191.
141 Vgl. Benz, Handlanger, S. 48 und S. 247; Hördler, Ordnung, S. 187-191.
142 »Aktion Reinhard« war die Tarnbezeichnung für den Massenmord jüdischer Männer, Frauen und Kinder auf dem von den Deutschen als »Generalgouvernement« gefassten polnischen Territorium. Den Gasmord vollzog die SS dort an den Standorten Belzec, Sobibór und Treblinka.
143 Vgl. Benz, Handlanger, S. 62; Hördler, Ordnung, S. 187-189.
144 Vgl. Benz, Handlanger, S. 47-64.
145 Vgl. ebd., S. 83-85.

Die Reihen der Wachkompanien füllten jedoch insbesondere Angehörige der Wehrmacht und Reservisten. Unter den Wachmännern in Sachsenhausen stellten sie zum Ende des Jahres 1944 die Mehrzahl der zur äußeren Bewachung der Außenstandorte und Zwangsarbeitskommandos eingesetzten Kompanien dar. Als Kommandoführer in Außenlagern eingesetzt, waren sie in einigen Fällen auch als Personal der inneren Lagerverwaltung tätig. Die zum Wachdienst in einem Konzentrationslager abkommandierten Soldaten setzten sich vor allem aus Luftwaffenangehörigen und älteren Landesschützen zusammen.[146] Zuvor waren Letztere zu Sicherungsaufgaben und hierbei unter anderem zur Bewachung von Kriegsgefangenen eingesetzt gewesen.[147] Ihr Wissen zu den in Osteuropa bzw. gegenüber insbesondere sowjetischen Kriegsgefangenen vollzogenen Gewaltverbrechen sowie eigene, an den deutschen Kriegsschauplätzen gemachte Erfahrungen brachten sie dabei in den Wachdienst mit. Nachdem sie eine 10- bis 14-tägige Ausbildung durchlaufen hatten und nur für die Dauer des Krieges vorgesehen waren, reihte die SS die Wehrmachtsangehörigen in die Wachmannschaften ein, belehrte sie und unterstellte sie damit in allen dienstlichen und außerdienstlichen Vergehen der SS/Polizei-Gerichtsbarkeit.

Entsprechend ihrer militärischen Ränge mit unteren Mannschaftsdienstgraden versehen, waren diese Männer vor allem als Wachposten tätig. Die regelmäßige Teilnahme an den »Weltanschaulichen Schulungen« war für sie verpflichtend.[148] Auf eigenmächtiges Verhalten von Wehrmachtsangehörigen verweisen vereinzelt Strafanordnungen.[149] In sehr seltenen Fällen kam es zu Fluchtversuchen und damit zu Desertationen.[150] Vereinzelt lassen sich Berichte von Überlebenden finden, in denen dokumentiert ist, dass sich einzelne Wehrmachtsangehörige im Wachdienst den Gefangenen gegenüber zurückhaltender hinsichtlich des Einsatzes von Gewalt oder gar unterstützend verhielten, Insass:innen beispielsweise mit zusätzlichen Lebensmitteln versorgten. Jedoch setzte durch den Einbezug der großen Zahl an Wehrmachtsangehörigen 1944, die damit erst spät in den Reihen der SS/Polizei sozialisiert worden waren, für das Gros der Gefangenen keine Verbesserung ihrer Existenz-

---

146 Vgl. Reiner Möller: Wehrmachtsangehörige als Wachmannschaften im KZ Neuengamme, in: Diercks, Wehrmacht, S. 24-39, hier S. 30.
147 Vgl. Tessin, Verbände (Bd. 1), S. 297-305. Zum Einsatz von Landesschützen zur Bewachung von Kriegsgefangenenlagern vgl. Rolf Keller und Silke Petry (Hg.): Sowjetische Kriegsgefangene im Arbeitseinsatz 1941-1945. Dokumente zu den Lebens- und Arbeitsbedingungen in Norddeutschland, Göttingen 2013 (Schriften der Stiftung Niedersächsische Gedenkstätten, Bd. 2), S. 46-51.
148 Vgl. Buggeln, Schulung. Zur separaten Schulung von Wehrmachtsangehörigen vgl. Hördler, Wehrmacht, S. 17.
149 So wurde dem ehemaligen Heeresangehörigen Hugo Lang »Begünstigung von Häftlingen« vorgeworfen. Ein Wachvergehen habe den »Kartoffeldiebstahl von Häftlingen« begünstigt. Vgl. Strafanordnung, in: BArch WASt, Z/B 191/8. Franz Hoof erhielt fünf Tage »verschärften Arrest«, weil er die Postenkette verlassen hatte, »um Luftlagemeldungen zu hören«. Vgl. Strafanordnung, in: BArch WASt, Z/B 178/14.
150 Vgl. Mirbach, Luftwaffensoldaten, S. 264f.

bedingungen ein.¹⁵¹ Trotz des mitunter angespannten Verhältnisses zwischen Angehörigen der Lager-SS und den in das KL-System abkommandierten älteren Wehrmachtsangehörigen bleibt zu betonen, dass sich die Mehrzahl der für den Wachdienst in einem Konzentrationslager rekrutierten Militärangehörigen schnell an die Anforderungen der SS und ihres Lagerregimes anpassten.¹⁵²

Ebenfalls mit einfachen Diensträngen bekleidet, kamen insbesondere ab der zweiten Hälfte des Jahres 1944 und in großer Zahl auch Angehörige der sogenannten Polizeireserve zum Wachdienst nach Sachsenhausen. Aufgrund der kriegsbedingten Schwierigkeiten, neues Personal zu rekrutieren, griff die SS/Polizei auch auf Angestellte staatlicher Institutionen oder der Rüstungsbetriebe zurück. So begann sie beispielsweise damit, Werbungsreisen durch Rüstungsunternehmen durchzuführen. Zudem gab sie Inserate in lokalen Zeitungen auf, um für den als »Werkschutz« ausgeschriebenen Wachdienst in den Außenlagern zu werben.¹⁵³ Hierbei wurden auch die Arbeitsämter tätig.¹⁵⁴ Darüber hinaus beauftragten die Behörden die Rüstungsbetriebe auch selbst, im eigenen Unternehmen um Wachpersonal zu werben. Der deutschen Ordnungspolizei kam in den Rekrutierungsverfahren die Rolle der heranziehenden Stelle zu, die sogenannte Notdienstverpflichtungen aussprach.¹⁵⁵

Auch für den Komplex Sachsenhausen kam es zu einer groß angelegten Heranziehung durch den Berliner Polizeipräsidenten und der daran anschließenden Abordnung zum Wachdienst zumeist in den Außenlagern des Oranienburger Konzentrations-

---

151 Vgl. Stefan Hördler: Die KZ-Wachmannschaften in der zweiten Kriegshälfte. Genese und Praxis, in: Bewachung und Ausführung. Alltag der Täter in nationalsozialistischen Lagern, hg. von Angelika Censebrunn-Benz und Marija Vulesica, Metropol 2011 (Geschichte der Konzentrationslager 1933-1945, Bd. 14), S. 127-145; Bertrand Perz: Wehrmacht und KZ-Bewachung, in: Mittelweg 36, Heft 4/5 (1992), S. 69-82; Heinz Boberach: Die Überführung von Soldaten des Heeres und der Luftwaffe in die SS-Totenkopfverbände zur Bewachung von Konzentrationslagern 1944, in: Militärgeschichtliche Mitteilungen 2/1983, S. 185-190. Zur Diskussion des Unterschiedes zwischen SS-Angehörigen oder ab 1943 zum Wachdienst in einem Konzentrationslager eingesetzten Polizeireservisten und Zivilkräften der SS-Baubrigaden vgl. Fings, SS-Baubrigaden, S. 82 f. Zu Misshandlungen durch Wehrmachtsangehörige vgl. Boberach, Überführung, S. 187.
152 Zu den Spannungen vgl. Wagner, Produktion, S. 311 f.; Mirbach, Luftwaffensoldaten, S. 264 f.
153 Vgl. Anzeige in »Stellengesuche« der Leipziger Neusten Nachrichten vom 26.8.1944.
154 Die Arbeitsämter waren durch die »Verordnung zur Sicherstellung des Kräftebedarfs für Aufgaben von besonderer staatlicher Bedeutung« vom 13.2.1939 an dazu befugt, »Bewohner des Reichsgebietes zur Dienstleistung [zu] verpflichten«. Vgl. RGBl, I 1939, 206, zit. n. Anika Burkhardt: Das NS-Euthanasie-Unrecht vor den Schranken der Justiz. Eine strafrechtliche Analyse, Tübingen 2015, S. 126, Anm. 242.
155 Durch die am 15. Oktober 1938 erlassene »Notdienstverordnung« konnten alle Bewohner:innen des deutschen Reichs zu bestimmten Diensten zwangsverpflichtet werden. Demnach waren bestimmte Behörden berechtigt, »Notdienstverpflichtungen« auszusprechen, um Engpässe zu bekämpfen. Für die Dauer des Notdienstes löste das Arbeitsamt vorherige Arbeitsverhältnisse und sprach Beurlaubungen aus. Vgl. Eckart Reidegeld: Staatliche Sozialpolitik in Deutschland. Bd. 2: Sozialpolitik in Demokratie und Diktatur 1919-1945, Wiesbaden 2006, S. 425-428.

lagers.¹⁵⁶ Dies lässt sich zum Beispiel gut am Berliner Außenlager Berlin-Haselhorst rekonstruieren, in dem Insass:innen aus Sachsenhausen für Siemens Zwangsarbeit verrichten mussten. Zivilarbeitskräfte des Unternehmens, das bereits seit einigen Jahren und in großer Zahl auf Zwangsarbeit zurückgriff, wurden über das Zusammenwirken von Polizei, deutscher Arbeitseinsatzverwaltung und der Betriebsleitung der Firma zum Wachdienst rekrutiert.¹⁵⁷ Auch Angehörige von Reichsministerien wurden zum Wachdienst abgestellt. In Anbetracht des territorialen Verlustes galten Angestellte des Reichsministeriums für die besetzten Ostgebiete ab Sommer 1944 als entbehrlich.¹⁵⁸ Gleiches war für Mitarbeiter der Presseabteilung der Reichsregierung im Ressort Kultur der Fall, die Dienst in den Reihen der Wachmannschaften übernahmen.¹⁵⁹ Als die Amtsgruppe D in Reaktion auf das gezielte alliierte Bombardement kriegswichtiger Verkehrsinfrastrukturen im Herbst 1944 mobile Eisenbahnbaubrigaden aus Gefangenen aufstellte und zur Reparatur zentraler Bahnverbindungen einsetzte, wurden auf Befehl der HSSPF auch Reichsbahnangehörige zum Wachdienst herangezogen.¹⁶⁰ Ab Januar 1945 waren diese »rollenden Konzentrationslager« Sachsenhausen verwaltungstechnisch zugeordnet.¹⁶¹

Das Heranziehen der Militärangehörigen und der Reservisten stellte ein umfangreiches, mehrwöchiges Prozedere dar, das den Rekrutierten die Möglichkeit bot, sich dem zeitlich parallel verlaufenden Einzug zum deutschen Volkssturm und damit verbundenen Fronteinsatz zu entziehen bzw. sich wieder aus diesem zu lösen. Nach absolvierter Eignungsuntersuchung wurden die herangezogenen Männer »uk« (un-

---

156 Vgl. die »Heranziehung zum langfristigen Notdienst« (Notdienstverpflichtungsformular) für Wilhelm Burggraf vom 24.11.1944, in: BArch WASt, Z/B 158/7; Notdienstverpflichtungsformular für Max Müller vom 4.11.1943, in: BArch WASt, Z/B 199/10; Notdienstverpflichtungsformular von Erich Höhne vom 26.10.1944, in: RGVA, 1367/2/8, S. 9a. Insgesamt lagen mir 31 Personalakten bzw. deren Fragmente vor, die 1944 erfolgte Notdienstverpflichtungen enthielten.
157 Vgl. Karl Heinz Roth: Zwangsarbeit im Siemens-Konzern (1938-1945). Fakten – Kontroversen – Probleme, in: Konzentrationslager und deutsche Wirtschaft 1939-1945, hg. von Hermann Kaienburg, Opladen 1996 (Sozialwissenschaftliche Studien, Bd. 34), S. 149-168.
158 So war Max Müller bspw. als Versicherungsangestellter beim Reichsminister für die besetzten Ostgebiete tätig, bevor er zum Wachdienst kam. Vgl. SS-Personalunterlagen für Max Müller, in: BArch WASt, Z/B 199/10.
159 Vgl. SS-Personalunterlagen für Dr. Ludwig Rudloff, in: BArch WASt, Z/B 210/04.
160 Auf Befehl des HSSPF »Nordsee« gelangten im November 1944 600 Männer der Jahrgänge 1890 bis 1895 zu den Wachmannschaften in Neuengamme. Vgl. der HSSPF »Nordsee« an die P[olizei]V[erwaltung] Hamburg, Hamburg 13.11.1944, in: StA HH, 3331-1, I-1169, abgedruckt in: Gedenkstätte Neuengamme (Hg.): Polizisten, Zollbeamte und Reichsbahnangehörige im KZ-Wachdienst. Online unter: https://www.lernwerkstatt-neuengamme.de/medien/pdf/ss3_1_thm_1930.pdf (letzter Zugriff am: 21.9.2024). Einige der rekrutierten Männer waren aufgrund von Rotation oder Wechsel des Unterstellungsverhältnisses im Frühjahr 1945 Sachsenhausen zugeordnet. Vgl. exempl. SS-Personalunterlagen zum ehemaligen Reichsbahnangestellten Malte Kaukel, in: BArch WASt, Z/B 4550.
161 Vgl. Kaienburg, Sachsenhausen, S. 347.

abkömmlich) gestellt, von der Polizei eingekleidet und einer kurzen Ausbildung unterzogen.[162] Das neue Wachpersonal, das verdeutlichen die Personalakten zu den in Sachsenhausen ab 1944 eingesetzten Reservisten, wurde für die Dauer des Krieges »vollamtlich zu Bewachungszwecken« eingestellt und von der Lager-SS dienstgradmäßig eingestuft.[163] Bei allen mittels Notdienstverordnung zum Wachdienst in Sachsenhausen herangezogenen Reservisten handelte es sich um Männer der Jahrgänge 1885 bis 1895. Die Männer verfügten durchgängig – meist aufgrund ihres militärischen Einsatzes im Ersten Weltkrieg – über Erfahrungen der soldatischen Vergemeinschaftung. Zudem lassen sich kaum Krankmeldungen noch Anträge auf Versetzungen oder Disziplinarfälle finden. Die Mehrzahl von ihnen reihte sich unauffällig zur Gefangenenbewachung ein und versah den Dienst »ohne besondere Auffälligkeiten«.[164] Für Sachsenhausen sind nur einzelne Fälle dokumentiert, die als Versuch, sich dem Wachdienst innerhalb oder kurz nach dem Einstellungsprozess wieder zu entziehen oder auf Zwang beim Wechsel des Arbeitsplatzes hinzuweisen, interpretiert werden können.[165] Vielmehr übernahmen Angehörige der sogenannten Polizeireserve zusammen mit den Wehrmachtsangehörigen sowie den ebenfalls 1944 für den Wachdienst im Komplex Sachsenhausen tätigen Aufseherinnen eine für den Erhalt des Lagerregimes der SS wesentliche Funktion.

Bereits seit 1943 waren in einigen wenigen Außenlagern des Komplexes Sachsenhausen weibliche Gefangene zur Zwangsarbeit eingesetzt. Im Herbst 1944 erfolgte die verwaltungstechnische Unterstellung weiterer Außenlager, die Frauen führten und zuvor Ravensbrück zugeordnet waren. Damit stieg die Zahl der weiblichen, in Sachsenhausen registrierten Gefangenen an. Entsprechend wurden im zunehmenden Maße auch Aufseherinnen für Sachsenhausen tätig. Zum Ende des Jahres waren für den ursprünglich als Männerlager konzipierten Komplex 351 Aufseherinnen im Dienst – im Januar 1945 hatte sich die Zahl auf 361 leicht erhöht.[166] Das weibliche Wachpersonal wurde als »Gefolge« der SS geführt. Als Schutzhaftlagerführer war

---

162 Die Ausbildung dauerte 10 bis 14 Tage. Vgl. Aussage Franz Haft vom 9.5.1980, abgedruckt in: Gedenkstätte Neuengamme, Polizisten, S. 13.
163 Vgl. Walter Naasner: Neue Machtzentren in der deutschen Kriegswirtschaft 1942-1945. Die Wirtschaftsorganisation der SS, das Amt des Generalbevollmächtigten für den Arbeitseinsatz und das Reichsministerium für Bewaffnung und Munition, Reichsministerium für Rüstung und Kriegsproduktion im nationalsozialistischen Herrschaftssystem, Boppard a. Rh. 1994 (Schriften des Bundesarchivs, Bd. 45), S. 337f.
164 Fings, SS-Baubrigaden, S. 81.
165 So lässt sich der kaufmännische Sachbearbeiter Adolf Duwner unmittelbar nach seiner Notdienstverpflichtung für den Wachdienst im November 1944 krankschreiben. Seinen Dienst in der 11. Wachkompanie Sachsenhausens trat er erst im Februar 1945 an. Vgl. SS-Personalunterlagen zu Adolf Duwner, in: BArch WASt, Z/B 4674. Der Mitarbeiter der Reichspresseabteilung (Kulturpresse) Dr. Ludwig Rudloff bringt auf dem »Meldevordruck für die Einstellung als Freiwilliger in die Waffen-SS« vom 11.9.1944 Streichungen an und notiert, dass er sich für die Wehrmacht gemeldet hatte. Vgl. SS-Personalunterlagen zu Dr. Ludwig Rudloff, in: BArch WASt, Z/B 210/04.
166 Aufstellung der Amtsgruppe D vom 1. und 15.1.1945 in: BArch B, NS 3/439.

Kolb für die Führung der Aufseherinnen zuständig. Ihm waren Oberaufseherinnen zugeordnet, die Weisungen an das weibliche Wachpersonal in den Außenlagern weitergaben. Zu den Aufgaben der Oberaufseherin eines Frauenaußenlagers gehörte es, den Dienstplan der Aufseherinnen zu koordinieren. Darüber hinaus nahm sie den morgendlichen Appell der Insassinnen ab. Zur Durchsetzung des Lagerregimes konnte sie Gewalt ausüben. So war die Ober- oder Erste Aufseherin dazu berechtigt, Nahrungsmittelentzug und Arreststrafen zu verhängen.[167] Die Aufseherinnen waren im inneren Lagerbereich sowie an den Produktionsstandorten zur Überwachung des Zwangsarbeitseinsatz tätig und begleiteten die Insassinnen auch auf den Wegen dorthin. Sie hatten unmittelbaren Einfluss auf das tägliche Leben und den Gesundheitszustand der weiblichen Gefangenen. Im Hinblick auf den Einsatz von Schikanen und Willkür bis hin zu körperlicher Gewalt standen sie dem männlichen Wachpersonal in vielen Fällen in nichts nach.[168] So ist für den Komplex Sachsenhausen bisher nur ein Fall beschrieben worden, bei dem sich eine Aufseherin erfolgreich bemüht hatte, von ihrer Tätigkeit im Berliner Außenlager Neukölln entbunden zu werden.[169]

Ab 1943 hatten Arbeitsämter und Rüstungsbetriebe ebenfalls verstärkt begonnen, Frauen den Wachdienst nahezulegen.[170] Auch hier hielt die SS Vorträge in den Werken, in denen Aufseherinnen für den Zwangsarbeitseinsatz von KL-Insassinnen benötigt wurden.[171] Um das Gewissen der Anwärterinnen hinsichtlich der Entscheidung für diese Tätigkeit zu entlasten, wurden die zu bewachenden Insassinnen als Frauen, »die irgendwelche Verstöße gegen die Volksgemeinschaft begangen haben«, beschrieben.[172] Nachdem die Anwärterinnen, zunächst als Hilfsaufseherinnen eingesetzt, eine Ausbildung in Ravensbrück sowie eine dreimonatige Probezeit durchlaufen hatten, wurden sie als Reichsangestellte in den Frauenaußenlagern zur Bewachung der weiblichen Arbeitskommandos dienstverpflichtet.[173] Die Tätigkeit im WVHA-Lagersystem bot den Frauen eine vergleichsweise gute Verdienstmöglichkeit, die allerdings deutlich unter denen der Wachmänner lag.[174] Zusätzliche Anreize sollten

---

167 Vgl. Monika Knop und Christel Wickert: Weibliche Häftlinge im Konzentrationslager Sachsenhausen, 12-seitiges Manuskript samt Anlagen in: GUMS, R 132/14, S. 1.
168 Vgl. Stephan Jegielka: Das KZ-Außenlager Genshagen. Struktur und Wahrnehmung der Zwangsarbeit in einem Rüstungsbetrieb 1944/45, Marburg 2005, S. 88 f. Zum Einsatz von Gewalt von Aufseherinnen im WVHA-Lagersystem vgl. Mailänder-Koslov, Gewalt; vgl. auch Andrea Rudorff: Frauen in den Außenlagern des Konzentrationslagers Groß-Rosen, Berlin 2014 (Geschichte der Konzentrationslager 1933-1945, Bd. 15), S. 274-284.
169 Vgl. Alexander Korb: Berlin-Neukölln, in: Benz, Ort des Terrors (Bd. 3), S. 111-115, hier S. 113.
170 Vgl. Johannes Schwartz: »Weibliche Angelegenheiten.«, Handlungsräume von KZ-Aufseherinnen in Ravensbrück und Neubrandenburg, Hamburg 2018 (Gewaltgeschichte des 20. Jahrhunderts), S. 82-91; Jegielka, Genshagen, S. 85.
171 So beispielsweise 1944 im Flugmotorenwerk in Genshagen. Vgl. Jegielka, Genshagen, S. 84.
172 Vgl. »Informationsblatt des KL Ravensbrück«, zit. n. Kompisch, Täterinnen, S. 166.
173 Vgl. ebd., S. 163-169.
174 Vgl. ebd., S. 155 f.; Jegielka, Genshagen, S. 83 f.

zur Entscheidung für den Wacheinsatz motivieren.[175] Bevor sie am 1. September 1944 den Kommandanten direkt unterstellt wurden, verpflichteten sich die Frauen über Dienstverträge mit dem WVHA zu Dienstleistungen für die Waffen-SS.[176] Sie verfügten über eigene Dienstkleidung, wurden – entgegen zeitgenössischer Geschlechtervorstellungen – durchaus mit Handfeuerwaffen und z. T. auch mit Peitschen ausgestattet oder zu Hundeführerinnen ausgebildet,[177] ideologisch geschult und fielen ebenfalls unter die SS/Polizei-Gerichtsbarkeit.[178]

Das Jahr 1944 gilt als das der meisten Diensteintritte von Aufseherinnen.[179] Gemäß den Vorgaben des WVHA, innerhalb der Lagerkomplexe eine strikte geschlechtliche Trennung durchzusetzen, wurde auch in dem bisher als Männerlager geführten Komplex Sachsenhausen der Einsatz von Aufseherinnen nötig.[180] Die in den Außenlagern tätigen Aufseherinnen bleiben hinsichtlich der Besoldung und Abordnungen weiterhin Ravensbrück zugeordnet. Disziplinarisch unterstanden sie 1944 hingegen Kompanieführern der Wacheinheiten Sachsenhausens.[181] Mit dieser Unterstellung reagierte das WVHA auf den Kriegsverlauf und zog offenkundig bereits frühzeitig in Betracht, dass auch die Komplexe im Reichsinneren zu evakuieren waren. Basierend auf den Erfahrungen der 1944 bereits vollzogenen Konzentrationslagerräumungen war eine an regionale Parameter gebundene Reorganisation des KL-Systems erfolgt.

175 Zu diesen gehörte die Unterbringung in Dienstwohnungen, welche von Insassinnen gereinigt wurden. Zudem sorgte die SS für eine Kinderversorgung vor Ort. Hierbei kamen neben gelernten Kindergärtnerinnen ebenfalls weibliche Gefangene zum Einsatz. In der Nähe von großen Hauptlagern wurden Friseursalons eingerichtet, die zusätzliche Vorzüge boten. Vgl. Jeanette Toussaint: Nach Dienstschluss, in: Im Gefolge der SS. Aufseherinnen des Frauen-KZ Ravensbrück, hg. von Simone Erpel, Berlin 2007 (Schriftenreihe der Stiftung Brandenburgische Gedenkstätten, Bd. 17), S. 89-100, hier S. 92.
176 Vgl. Gudrun Schwarz: Frauen in Konzentrationslagern. Täterinnen und Zuschauerinnen, in: Herbert, Konzentrationslager (Bd. 1), S. 800-821, hier S. 805.
177 Zur Ausstattung der Aufseherinnen vgl. Kompisch, Täterinnen, S. 159; Barbara Distel: Frauen in nationalsozialistischen Konzentrationslagern, in: Benz, Ort des Terrors (Bd. 1), S. 195-209, hier S. 204.
178 Vgl. Kompisch, Täterinnen, S. 155; Simone Erpel: Einführung, in: Im Gefolge der SS. Aufseherinnen des Frauen-KZ Ravensbrück, hg. von Simone Erpel, Berlin 2007 (Schriftenreihe der Stiftung Brandenburgische Gedenkstätten, Bd. 17), S. 15-37, hier S. 20 f. Wobei von der Verhängung von Arreststrafen bei Disziplinarverstößen auf Anordnung Richard Glücks' abgesehen werden sollte. Vgl. Schreiben der WVHA-Amtsgruppe D vom 17.1.1944, in: YV, M.9/444.
179 Im Sommer 1944 richtete das WVHA auch in Stutthof bei Danzig eine Schule für weibliches Wachpersonal ein. Zudem führte die SS auch in Flossenbürg und Groß-Rosen Ausbildungskurse für Frauen durch. Vgl. Distel, Frauen, S. 204; Kompisch, Täterinnen, S. 160 f.
180 Der Einsatz von weiblichem Wachpersonal im Komplex Sachsenhausen 1944/45 stellt nach wie vor ein Desiderat der historischen Forschung dar. Bisher liegen weder wissenschaftlich publizierte Artikel noch eine Monographie zu diesem Thema vor. Auch der Ausstellungskatalog zur arbeitsteiligen Täterschaft in Sachsenhausen spart den Einsatz der mindestens 361 Aufseherinnen (Stand am 15.1.1945) aus. Vgl. Morsch, Täterschaft.
181 Vgl. Jegielka, Genshagen, S. 85 f.

Mittels neuer regionaler Zuordnungen der Außenlager sollte der von Himmler für den sogenannten A-Fall bereits am 17. Juni 1944 festgelegte Übergang der Wachmannschaften unter die Befehlsgewalt der HSSPF erleichtert werden. Der Befehl sah vor, dass die HSSPF im »A-Fall« Weisungen zu Konzentrationslagerräumungen und dem Verbleib der Gefangenen geben sollte und nicht die Amtsgruppe D oder die Kommandanten. Um die für diese Situation vorgesehenen Befehlsketten klar abzugrenzen, wurden im Zuge der Reorganisation die Nebenlager, die in der Region Berlin-Brandenburg verortet waren und deren Wachpersonal aufgrund der Belegung mit weiblichen Gefangenen eigentlich dem Schutzhaftlagerführer des – zu diesem Zeitpunkt in Mecklenburg verorteten – Frauenkonzentrationslagers Ravensbrück zugeordnet waren, an Sachsenhausen übergeben.[182]

Damit wird deutlich, dass das Wachpersonal in Sachsenhausen im Unterschied zu den hohen SS-Rängen der Kommandanturangehörigen und den mittleren SS-Rängen der im Schutzhaftlagerbereich eingesetzten Männer 1944 durch Heterogenität gekennzeichnet war. Sowohl Männer als auch Frauen waren in der Bewachung der Gefangenen tätig. Bei den Männern handelte es sich mehrheitlich um Wehrmachtsangehörige und Reservisten. Auch »volksdeutsche« und »fremdvölkische« Männer versahen Wachdienst und trugen damit zum Erhalt des brutalen Lagerregimes, dem die Insass:innen unterworfen waren, bei, als das NS-Regime 1945 zusammenzubrechen begann.

Insass:innen

In den Konzeptionen der IKL/Amtsgruppe D galt Sachsenhausen bis Mitte 1944 als Männerlager. Zu Beginn handelte es sich um politische Häftlinge, die dorthin deportiert wurden. Dies sollte bis Kriegsende auch so bleiben, wobei die SS/Polizei die Definitionen von Feind- bzw. Gegner:innenschaft seit 1935 stetig ausweitete.[183] Als die SS/Polizei politische Gefangene aus den eroberten Gebieten nach Sachsenhausen verschleppte, sollte dies nicht mehr die einzige Kategorie sein, die die SS/Polizei für KL-Insass:innen führte. Bereits in der Errichtungsphase des Konzentrationslagers war es auch zur Einlieferung von vorbestraften Männern gekommen. Aufgrund ihrer Verweigerung, Wehrdienst zu leisten oder mit dem »Hitlergruß« zu salutieren, wurden zudem männliche Angehörige der Religionsgemeinschaft Zeug:innen Jehovas in die Konzentrationslager verschleppt.[184] Auch waren Angehörige der beiden großen christlichen Kirchen in das Visier der Gestapo geraten, die zunehmend gegen deren Mitglieder vorging.[185] Seit 1937 befanden sich darüber hinaus Männer in Sachsen-

---

182 Vgl. ebd., S. 38; vgl. dazu auch die Aussage Margarete Paeslers abgedruckt in: ebd., S. 87.
183 Vgl. Drobisch, System, S. 280-289.
184 Vgl. Astrid Ley und Günter Morsch: Medizin und Verbrechen. Das Krankenrevier des KZ Sachsenhausen, Berlin 2007 (Schriftenreihe der Stiftung Brandenburgische Gedenkstätten, Bd. 21), S. 223-273.
185 Wachsmann, KL, S. 152.

hausen, die aufgrund des – sich vor 1933 bereits kurz vor der Streichung befindlichen – Paragraphen 175 des deutschen Strafgesetzbuches (StGB) als Homosexuelle von der Polizei kriminalisiert und in Konzentrationslager eingewiesen wurden. Auch als »Berufsverbrecher« oder als »asozial« Verfolgte gerieten auf die Fahndungslisten. Im Zuge der großflächig angelegten »vorbeugenden Verbrechensbekämpfung« wurden Menschen aufgrund von vermeintlich kriminellem, das heißt auffälligem und deviantem Verhalten verfolgt und nach Sachsenhausen überstellt.[186]

Im Anschluss an die Razzien der sicherheitspolizeilichen »Aktion Arbeitsscheu Reich«[187] sowie der »Juni-« und der »November-Aktion« hatte sich die Zahl der bis Ende 1938 in Sachsenhausen internierten Männer auf circa 14.000 erhöht und damit verfünffacht.[188] Von den Verhaftungswellen waren auch Sinti:zze und Rom:nja betroffen. Anfang August 1938 befanden sich 442 von ihnen in Sachsenhausen.[189] Darüber hinaus deportierte die deutsche Polizei im Anschluss an die Pogrome vom November über 6.000 jüdische Männer nach Sachsenhausen.[190] Nachdem sie unterschrieben hatten, dass sie das Land mit ihren Familien verlassen werden, wurden sie wieder freigelassen. Auch Zeugen Jehovas kamen frei, wenn sie darlegten, sich von der Religionsgemeinschaft abzuwenden. Anlässlich seines 50. Geburtstag und »im Einklang mit damaligen kriminologischen Theorien« begnadigte Hitler im April 1939 zudem Männer mit dem Ziel, sie für den Einzug in die Wehrmacht freizugeben.[191] Im Zuge der Amnestie kehrten tausende Männer als gebrochene Menschen in die deutsche Gesellschaft zurück.[192] Die Gefangenen des NS-Regimes, die die Deportationszüge ab 1938 aus Tschechien, ab 1939

186 Vgl. Julia Hörath: »Asoziale« und »Berufsverbrecher« in den Konzentrationslagern 1933 bis 1938, Göttingen 2017; Dagmar Lieske: Unbequeme Opfer? Berufsverbrecher als Häftlinge im KZ Sachsenhausen, Berlin 2016 (Forschungsbeiträge und Materialien der Stiftung Brandenburgische Gedenkstätten, Bd. 16); Thomas Roth: Von den »Antisozialen« zu den »Asozialen«. Ideologie und Struktur kriminalpolizeilicher »Verbrechensbekämpfung« im Nationalsozialismus, in: »minderwertig« und »asozial«. Stationen der Verfolgung gesellschaftlicher Außenseiter, hg. von Ingrid Tomkowiak, Dietmar Sedlaczek, Thomas Lutz und Ulrike Puvogel, Zürich 2005, S. 65-88.
187 Innerhalb mehrerer Wochen und insbesondere über die »Juni-Aktion« der sogenannten »Aktion Arbeitsscheu Reich« wurden circa 6.000 als »asozial« stigmatisierte Menschen – darunter auch jüdische Männer und Sinti:zze und Rom:nja – nach Sachsenhausen verschleppt. Vgl. Bonnesoeur, Einvernehmen, S. 56. Zur »Aktion Arbeitsscheu Reich« vgl. Wolfgang Ayaß: Die Einweisung von »Asozialen« in Konzentrationslager. Die »Aktion Arbeitsscheu Reich« und die kriminalpolizeiliche Praxis bei der Verhängung von Vorbeugungshaft, in: Tomkowiak, »minderwertig«, S. 51-64.
188 Vgl. Bonnesoeur, Einvernehmen, S. 9.
189 Vgl. Kaienburg, Sachsenhausen, S. 118; Wachsmann, KL, S. 177.
190 Vgl. Kaienburg, Stammlager, S. 32.
191 Wachsmann, KL, S. 141.
192 Vgl. Johannes Tuchel: Planung und Realität des Systems der Konzentrationslager, in: Die nationalsozialistischen Konzentrationslager. Entwicklung und Struktur, Bd. 1, hg. von Ulrich Herbert, Karin Orth und Christoph Dieckmann, Göttingen 1998, S. 43-59, hier S. 56; Hans-Dieter Schmid: Die Aktion »Arbeitsscheu Reich« 1938, in: Ausgegrenzt. »Asoziale« und »Kriminelle« im nationalsozialistischen Lagersystem, hg. von der KZ-Gedenkstätte Neuengamme, Bremen

aus Polen und ab 1940 aus Frankreich brachten, füllten die Lager wieder. Wie aufgezeigt, kamen im Herbst 1941 auch sowjetische Kriegsgefangene nach Sachsenhausen. Die unter ihnen, die die Lager-SS nicht ermordete, kamen in einen für »Arbeitsrussen« abgesonderten Bereich, bestehend aus vier gesondert umzäunten Baracken.[193]

Im Zuge der Ausrichtung auf die Ausbeutung der Gefangenen in der deutschen Kriegswirtschaft und der Etablierung einer Vielzahl an Außenlagern und -kommandos stieg die Zahl der Insass:innen ab 1943 exorbitant an. Dass die SS/Polizei nun in großem Umfang erneut jüdische Männer und Frauen in das Reich (zurück-)deportierte, schlug sich auch in Sachsenhausen nieder – vor allem in den Existenzbedingungen der Gefangenen, aber auch in der geschlechtlichen Zusammensetzung. Weibliche Häftlinge waren ab 1943 nur in einigen wenigen Außenlagern Sachsenhausens vertreten. Hinzu kamen zehn Frauen, die seit dem Sommer 1944 im Hauptlager im lagereigenen Bordell zur Prostitution gezwungen und in einem Anbau neben der Pathologie im sogenannten Krankenrevier isoliert wurden.[194] Wie Robert Sommer diesbezüglich dargelegt hat, gehörte Sex-Zwangsarbeit »zu einem Gratifikationssystem, das den Grundwiderspruch zwischen Arbeit und Überleben aufheben und die Ausbeutung der Häftlinge maximieren sollte.«[195] Es basierte auf einem Prämiensystem und war seit 1943 fester Bestandteil der Zwangsarbeit im KL-System.

Über die Etablierung des Lagerbordells hinaus wurden weibliche Gefangene im letzten Kriegsjahr in zunehmenden Maßen von Sachsenhausen aus verwaltet und bewacht. Auf Basis regionaler Parameter hatte die Amtsgruppe D, wie aufgezeigt, im September 1944 eine Reorganisation des WVHA-Lagersystems vorgenommen. Innerhalb der Neuzuordnung der Außenlager gingen daraufhin mehrere Außenlager von Ravensbrück an Sachsenhausen über – so z. B. das Außenlager in Kleinmachnow und die Berliner Außenstandorte Ravensbrücks.[196] Die in den Außenlagern befindlichen Frauen hatten mehrheitlich Zwangsarbeit für die deutsche Rüstung und Kriegswirtschaft zu leisten. Dort wurden sie vom Wach- und Werkspersonal zu mitunter gefährlichen Tätigkeiten, bei denen es zu auch Todesfällen kam, gezwungen.[197]

Infolge der großflächigen Deportation von als »polnische Partisaninnen« verfolgten Frauen in das KL-System, (re-)deportierten Jüdinnen – beispielsweise aus

---

2009 (Beiträge zur Geschichte der nationalsozialistischen Verfolgung in Norddeutschland, Bd. 11), S. 31-42, hier S. 38.
193 Vgl. Morsch, Mord, S. 177.
194 Vgl. Robert Sommer: »Sonderbau« und Lagergesellschaft. Die Bedeutung von Bordellen in den KZ, in: Theresienstädter Studien und Dokumente, Prag 2007, S. 288-339, hier S. 292; ders.: KZ-Bordell. Sexuelle Zwangsarbeit in nationalsozialistischen Konzentrationslagern, Paderborn 2009, S. 150-155.
195 Sommer, KZ-Bordell, S. 245.
196 Zur Reorganisation vgl. Jegielka, Genshagen, S. 11; Knop/Wickert, Häftlinge, S. 7.
197 Vgl. Bericht von vier ungarisch-jüdischen Frauen vom 8.7.1945, in: National Committee for Attending Deportees (DEGOB). Online unter: http://degob.org/index.php?showjk=296 (letzter Zugriff am: 21.9.2024).

dem aufgelösten Getto Litzmannstadt[198] – sowie den ebenfalls 1944 einsetzenden Massendeportationen und Verteilungen ungarischer Juden:Jüdinnen auf die KL-Komplexe wurde die Konzeptionierung von Sachsenhausen als Männerlagerkomplex obsolet. Aufgrund der Neuorganisation des Unterstellungsverhältnisses der Außenlager in der Region Berlin-Brandenburg befanden sich unter den Sachsenhausener Gefangenen neben den nun vor allem süd-/osteuropäischen auch »reichsdeutsche« Frauen, die in der Kommandantur als »politisch« oder »asozial« geführt wurden, oder weil sie der Religionsgemeinschaft der Zeug:innen Jehovas angehörten.[199] Zudem wurden seit Sommer 1944 in großer Zahl auch weibliche Gefangene der vorrangig in Osteuropa verorteten und kriegsbedingt zu räumenden WVHA-Komplexe nach Sachsenhausen (rück-)deportiert.[200] 1944 kam es im gesamten KL-System daher zu einer Aufhebung vormals geschlechtlich getrennt konzipierter Lagerzuweisungen. Anstelle einiger weniger Frauenlager wie Ravensbrück oder Auschwitz verfügten nun alle noch nicht geräumten Lager über Außenlager für weibliche Gefangene. An der strikten geschlechtlichen Trennung hielt die SS allerdings mittels Einrichtung von als »Frauenlager« bezeichneten Zonen innerhalb der Hauptlager sowie über die für weibliche und männliche Gefangene getrennten Außenlager(-bereiche) und den Einsatz von Aufseherinnen fest – so auch in Sachsenhausen.

Im Hinblick auf eine weitere, zentrale und in den Jahren zuvor ebenfalls räumlich durchgesetzte Segregation ergab sich ab 1944 eine Änderung. Jüdische Menschen wurden erneut und in großer Zahl nach Sachsenhausen bzw. in dessen Außenlager deportiert. Im Anschluss an ihre Verschleppung nach Sachsenhausen isolierte die SS jüdische Männer dort bereits 1938 in einer gesonderten und als »Judenlager« bezeichneten Zone.[201] Als im Zuge der »Endlösung der Judenfrage« das Deutsche Reich »judenrein« gemacht werden sollte, galt dies auch für Sachsenhausen. Die deutsche Deportationspolitik betraf auch die jüdischen Gefangenen in den Konzentrationslagern.[202] Zeit seines Bestehens waren jüdische Gefangene aber in Sachsenhausen interniert und wurden beispielsweise in der sogenannten Fälscherwerkstatt, und streng

---

198 Die Frauen aus dem Getto Litzmannstadt wurden über Auschwitz direkt in das Außenlager Berlin-Neukölln zur Zwangsarbeit bei Krupp deportiert. Vgl. Das Außenlager Berlin-Neukölln des KZ Sachsenhausen – Zwangsarbeit für NCR, 10-seitiges Manuskript, in: GUMS, LSG 1/75, S. 2; Korb, Berlin-Neukölln.
199 Zur Verfolgung von Zeug:innen Jehovas vgl. Garbe, Widerstand; Fings, Rassismus.
200 Vgl. Knop/Wickert, Häftlinge, S. 7.
201 Im Zuge der November-Pogrome verschleppte die SS/Polizei über 6.300 jüdische Männer nach Sachsenhausen. Unter der Auflage, Deutschland umgehend zu verlassen, wurde die Mehrheit von ihnen nach einigen Wochen wieder entlassen. Vgl. Astrid Ley: »Im Reich der Nummern, wo die Männer keine Namen haben.« Die Novemberpogrom-Gefangenen des KZ Sachsenhausen. Haft und Exil, Berlin 2020.
202 Vgl. Saul Friedländer und Orna Kenan: Das Dritte Reich und die Juden 1933-1945. Gekürzte Ausgabe, München 2010, S. 284-309; H. G. Adler: Der verwaltete Mensch. Studien zur Deportation der Juden aus Deutschland, Tübingen 1974, S. 168-204.

von den restlichen Gefangenen isoliert, ausgebeutet.[203] Ab dem Frühjahr 1944 stieg die Zahl jüdischer bzw. gemäß nationalsozialistischer Definitionen als »jüdisch«[204] identifizierter Menschen in Sachsenhausen wieder an.[205] Die Rationalisierung des Zwangsarbeitseinsatzes, die Lagerräumungen der WVHA-Komplexe in Osteuropa sowie die im Sommer 1944 einsetzenden Deportationen der ungarisch-jüdischen Bevölkerung in die Konzentrationslager hatten zur Folge, dass jüdische Deportierte in Sachsenhausen im letzten Kriegsjahr zu einer der größten Gefangenengruppen anwuchsen, die die SS zu schwerster Zwangsarbeit einsetzte.[206]

Darüber hinaus kam es 1944 erneut zu großangelegten Verhaftungen im Deutschen Reich – wie aufgezeigt, fürchtete die NS-Führung den Aufstand auch im »Inneren«. Im Anschluss an das gescheiterte Hitler-Attentat vom 20. Juli 1944 wurden deutsche Militär- oder deren Familienangehörige von der Gestapo oder der Justiz als »Sonder-« und »Sippenhäftlinge« gefasst und in die Konzentrationslager überstellt. In Sachsenhausen bezogen sie dafür einen sich zum Teil noch im Bau befindlichen Extrabereich.[207] Nachdem Angehörige der politischen Opposition bereits im Zuge der Machtübernahme in die frühen Lager verschleppt, in der zweiten Hälfte der 1930er Jahre weiterhin im Lagersystem der SS interniert, aber im Zuge von Amnestierungen in den Vorkriegsjahren vielfach wieder entlassen wurden, standen sie weiterhin unter Beobachtung. Das RSHA verfügte zu diesem Zwecke über die »A-Kartei«. Über die »Aktion G(ew)itter« griff die deutsche Sicherheitspolizei 1944 erneut auf sie zu. Verhaftungen, Verhöre und Einweisungen in Konzentrationslager folgten.[208]

Entsprechend verschleppte die Polizei nach dem Attentat auf Hitler am 20. Juli 1944 erneut und in großer Zahl wieder Angehörige der deutschen Bevölkerung nach Sachsenhausen. Personen, denen die Gestapo keine widerständigen Tätigkeiten nachweisen konnte, wurden einige Wochen später wieder entlassen. Die in die sogenannte Sonderabteilung-Wehrmacht (SAW) von der Gestapo überstellten Soldaten

---

203 Vgl. Florian Osuch: »Blüten« aus dem KZ. Die Falschgeldaktion »Operation Bernhard« im Konzentrationslager Sachsenhausen, Hamburg 2009 (Karl-Richter-Edition, Bd. 3).

204 Hierbei wesentlich waren die Nürnberger Gesetze 1935 und weitere, unter dem Eindruck von Krieg und Besetzung erlassene Verfügungen. Vgl. Wolf Gruner: Von der Kollektivausweisung zur Deportation der Juden aus Deutschland (1938-1945). Neue Perspektiven und Dokumente, in: Die Deportation der Juden aus Deutschland. Pläne, Praxis, Reaktionen 1938-1945, hg. von Birthe Kundrus und Beate Meyer, Göttingen 2004 (Beiträge zur Geschichte des Nationalsozialismus, Bd. 20), S. 21-62.

205 Vgl. Hermann Kaienburg: »Vernichtung durch Arbeit.« Der Fall Neuengamme. Die Wirtschaftsbestrebungen der SS und ihre Auswirkungen auf die Existenzbedingungen der KZ-Gefangenen, Bonn 1990, S. 310.

206 Vgl. Knop/Wickert, Häftlinge, S. 7.

207 Vgl. Ulrich Hartung: Zur Baugeschichte des Konzentrationslagers Sachsenhausen, in: Morsch, Erinnerung, 26-29, hier S. 29.

208 Vgl. Winfried Meyer: 20. Juli 1944 und »Aktion Gewitter« 1944/45, Informationsblatt hg. von der Stiftung Brandenburgische Gedenkstätten, Oranienburg 1999; Schüler-Springorum, Masseneinweisungen, S. 163.

verblieben hingegen in Sachsenhausen.²⁰⁹ Bereits zu Beginn des Krieges gegen Polen waren schätzungsweise 200 »SAWler« in Sachsenhausen eingeliefert worden, die nach Erinnerung des damaligen Lagerältesten Harry Naujoks vom Lagerpersonal »als geschlossene Gruppe in einem Block« konzentriert und »hart drangsaliert« wurden.²¹⁰ Zum Jahreswechsel 1944/45 stieg deren Zahl »von 103 im Dezember 1944 auf 357 im Januar 1945 an«, wovon die Mehrzahl in der Sachsenhausen unterstellten 1. SS-Baubrigade zu Gleisbauarbeiten eingesetzt wurde.²¹¹ Unter ihnen befanden sich auch mindestens zwanzig Männer, die, wie der Hauptmann Krafft Werner Jaeger, im Anschluss an den 20. Juli 1944 als »Verschwörer« vom Zellengefängnis Berlin-Moabit nach Sachsenhausen überstellt worden waren.²¹²

Zu den »SAW«lern gehörten 1944 auch ehemalige SS-Männer, die zum Teil zuvor selbst in Sachsenhausen tätig gewesen waren.²¹³ Im letzten Kriegsjahr bekamen verurteilte SS/Polizei-Angehörige allerdings die Möglichkeit, sich über den Fronteinsatz zu »bewähren«.²¹⁴ Gleiches galt für als »deutsch« geführte Insassen. Auch in Sachsenhausen fanden politische Überprüfungen und Tauglichkeitsuntersuchungen statt. Dies bedeutete, für sogenannte Himmelfahrtskommandos freigestellt zu werden, um in Verbänden wie der berüchtigten »Sonderbrigade Dirlewanger« an vorderster Front zum Kampfeinsatz zwangsverpflichtet zu werden.²¹⁵ Dies galt allerdings nur für einen kleinen Teil der 1944 in Sachsenhausen internierten Männer. Für die Mehrheit der Gefangenen war die Internierung durch erschöpfende Zwangsarbeit in der deutschen Rüstung oder in anderen als kriegswichtig eingestuften Firmen gekennzeichnet. Hierbei wurden sie auch von Mitgefangenen überwacht und drangsaliert.

209 Hierbei handelt sich um Insassen, die die Wehrmacht zur »Disziplinierung« bzw. »Abrichtung« in das KL-System überstellte. Die Abkürzung stand dabei für »Sonderabteilung Wehrmacht« beziehungsweise »Schutzhaft: ehemaliger Angehöriger der Wehrmacht«. Vgl. Hans-Peter Klausch: Von der Wehrmacht ins KZ. Die Häftlingskategorien der SAW- und Zwischenhaft-Gefangenen, in: Wehrmacht und Konzentrationslager, hg. von Herbert Diercks, Bremen 2012 (Beiträge zur Geschichte der nationalsozialistischen Verfolgung in Norddeutschland, Bd. 13), S. 67-105.
210 Naujoks, Leben, S. 156.
211 Klausch, Wehrmacht, S. 86 und S. 92.
212 Vgl. Winfried Meyer: Verschwörer im KZ. Hans von Dohnanyi und die Häftlinge des 20. Juli 1944 im KZ Sachsenhausen, Berlin 1998 (Schriftenreihe der Stiftung Brandenburgische Gedenkstätten, Bd. 5), S. 278-281.
213 Vgl. Fred Brade: »… was Einmaliges im Lager, daß ein Homo solche Machtbefugnisse besaß«. Die SS-Leute Karl Schwerbel und Heinz Beerbaum, in: Homosexuelle Männer im KZ Sachsenhausen, hg. von Joachim Müller und Andreas Sternweiler, Berlin 2000, S. 331-337.
214 Vgl. Stuart B. T. Emmett: Strafvollzugslager der SS und Polizei. Himmler's Wartime Institutions for the Detention of Waffen-SS and Polizei Criminals, Stroud 2017, S. 355-500.
215 Vgl. Lieske, Opfer, S. 291-306; Hans-Peter Klausch: Antifaschisten in SS-Uniform. Schicksal und Widerstand der deutschen politischen KZ-Häftlinge, Zuchthaus- und Wehrmachtsstrafgefangenen in der SS-Sonderformation Dirlewanger, Bremen 1993.

Grauzone

Das System der nationalsozialistischen Konzentrationslager basierte zeit seines Bestehens auf dem Einsatz von Insass:innen zur sogenannten Häftlingsselbstverwaltung.[216] Für die Durchsetzung ihres Lagerregimes setzte die SS Gefangene als sogenannte Lager- und Blockälteste ein. Daneben hatten Insass:innen, die in Schreibstuben oder als Vorarbeiter in Arbeitskommandos eingeteilt waren, den Lagerbetrieb tragende Funktionen inne. Diese ermöglichten ihnen einerseits, sich für die Verbesserung der eigenen Existenzbedingungen wie der der ihnen »unterstellten« Gefangenen einzusetzen, dienten der SS/Polizei andererseits aber vielfach dazu, den Terror in die Zwangsgemeinschaft hineinzutragen und Missgunst unter den Insass:innen zu schüren.[217] Denn zusätzlich zur Markierung der Gefangenen, die die SS über farbliche Stoffwinkel an der Kleidung und ab 1944 über unterschiedliche Haarlängen,[218] farbliche Markierungen an der Kleidung oder später auch im Gesicht vollzog und die stets auf den Einweisungsgrund verwiesen,[219] etablierte sie mit der Verteilung von Tätigkeiten, die der Lagerorganisation dienten und Funktionär:innen unter den Gefangenen herausbildeten, auf perfide Weise eine Lagerhierarchie.[220] Auf das intendiert grausame Vorgehen, Gefangene zur Überwachung und der Ausführung von Strafen gegenüber Mitgefangenen einzusetzen und ihnen dafür Privilegien zukommen zu lassen, die das eigene Überleben ermöglichen, hat Karin Orth bereits verwiesen.[221] Auf die damit verbundene Schwierigkeit der analytischen Grenzziehung zwischen Täter:innen und Opfern sowie die Scham derer, welche die Verschleppung in das deutsche Lagersystem mittels Übernahme von Funktionen überlebt haben, verweist der von dem italienischen Schriftsteller und Auschwitz-Überlebenden Primo Levi etablierte Topos der Grauzone.[222]

Neben den Block- und Kommandoführern der Lager-SS waren auch sogenannte Funktionshäftlinge für das Regime innerhalb der Lager zuständig. Hierfür setzte die SS in Sachsenhausen politische oder vorbestrafte Gefangene ein, die der deutschen

---

216 Vgl. Morsch, Verwaltungsstruktur, S. 70 f.
217 Vgl. Schreiben des Lagerältesten des KL Sachsenhausen an den Verwalter des Krankenbaus vom 11.10.1944, in: GARF, 7021/104/8, Bl. 1; vgl. auch Riedle, Angehörigen, S. 65 f.
218 Vgl. Schreiben des Lagerältesten des KL Sachsenhausen an den Verwalter des Krankenbaus vom 11.10.1944, in: GARF, 7021/104/8, Bl. 1.
219 Zu den Gesichtsmarkierungen vgl. Abbildung in: Morsch, Mord, S. 208.
220 Zu den einzelnen Gefangenenkategorien vgl. Wachmann, KL, S. 151-155. Zu Solidarität und Spannungen unter den Gefangenen vgl. ebd., S. 155-158.
221 Vgl. Orth, System, S. 56-61, insbesondere S. 61. Zum Einsatz von sogenannten Kapos vgl. Wachsmann, KL, S. 148-151.
222 Vgl. Primo Levi: Die Untergegangenen und die Geretteten, München 1990, S. 33-68; Marie L. Baird: »The Gray Zone« as a Complex of Tensions. Primo Levi on Holocaust Survival, in: The Legacy of Primo Levi, hg. von Stanislao G. Pugliese, New York 2005, S. 193-206; Martina Mengoni: The gray zone. Power and privilege in Primo Levi (2012). Online unter: https://auschwitz.be/images/_inedits/mengoni.pdf (letzter Zugriff am: 21.9.2024).

Sprache mächtig waren.²²³ Diese hatten als »Lager«- oder »Blockälteste« für die Gewährleistung von »Ruhe und Ordnung« unter den Gefangenen Sorge zu tragen, gewannen so aber auch grundlegende Einblicke in die Abläufe im Lager, welche der Mehrzahl der Insass:innen verborgen blieben. Nach dem Kriegsende konnten sie daher wichtige Aussagen zum Lagersystem liefern.²²⁴ Oder sie nahmen Positionen in der Verwaltung, zum Beispiel als Schreiber, ein und verfügten damit über Wissen zu den in Sachsenhausen begangenen Verbrechen.²²⁵ Darüber hinaus setzten die Lager-SS und die in Sachsenhausen tätigen Polizeibeamten Gefangene auch als Spitzel und zur Durchführung von Bestrafungen Mitgefangener oder zur Verbrennung von Leichen nach Mordaktionen und damit zur Verwischung der Spuren der Gewaltverbrechen ein. Im als »Station Z« bezeichneten Hinrichtungstrakt sowie dortigen Krematorium zwangseingesetzt, betrachtete die Kommandantur diese Häftlinge als Geheimnisträger und brachte sie isoliert von den restlichen Gefangenen unter.²²⁶

3.6 Sachsenhausen Ende 1944 – ein Zwischenfazit

Die Zwangsgemeinschaft der im Komplex Sachsenhausen internierten Menschen zeichnete sich durch Heterogenität im Hinblick auf Herkunft, Religiosität, Alter und Geschlecht aus. Ab Jahresende 1944 ist von einer Mehrzahl süd-/osteuropäischer Insass:innen auszugehen. Neben Männern und Frauen befanden sich zunehmend auch Kinder und Jugendliche unter den Internierten.²²⁷ Die Existenzbedingungen der in Sachsenhausen und vor allem in einem weiten Netz an Nebenlagern und Außenkommandos zur Zwangsarbeit eingesetzten Gefangenen differierten, waren aber mehrheitlich durch den lebensbedrohlichen Mangel an Lebensmitteln, Kleidung, Medikamenten, Ruhe und Hygiene sowie durch katastrophale Unterbringung gekennzeichnet. Sachsenhausen und die ihm zugeordneten Nebenlager stellten Räume dar, in denen sich mit vielfach tödlicher Konsequenz Krankheiten ausbreiteten. Der Zwangsarbeitseinsatz und die Massenunterbringung hatten zur Folge, dass die Mehrzahl der Menschen im Lager zu keiner Zeit über Momente der Privatsphäre, des Rückzugs und der Erholung verfügte und sich ihr Gesundheitszustand immer weiter verschlechterte. Die 1944 umfangreich einsetzenden (Rück-)Deportationen

---

223 Vgl. Irmtraudt Kuß: Funktionshäftlinge im Konzentrationslager Sachsenhausen. Möglichkeiten und Grenzen ihrer Tätigkeit, Hamburg 2011.
224 Vgl. Naujoks, Leben, S. 130.
225 Vgl. Emil Büge: 1470 KZ-Geheimnisse. Heimliche Aufzeichnungen aus der Politischen Abteilung des KZ Sachsenhausen Dezember 1939 bis April 1943, Berlin 2010 (ÜberLebenszeugnisse, Bd. 5).
226 Vgl. Aussage Walter Hardt vom 8.3.1962, in: GUMS, JD 21/34; Aussage Jaroslav Purš vom 5.10.1961, in: ebd.
227 Vgl. Verena Buser: Überleben von Kindern und Jugendlichen in den Konzentrationslagern Sachsenhausen, Auschwitz und Bergen-Belsen, Berlin 2011 (Geschichte der Konzentrationslager 1933-1945, Bd. 13), S. 37-102.

von Juden:Jüdinnen, nun zum Arbeitseinsatz innerhalb des Reiches gezwungen oder im Zuge von Gebietsräumungen dorthin verbracht, sorgten dafür, dass sich die Situation weiter zuspitzte. Das beunruhigte die SS/Polizei zu diesem Zeitpunkt zudem nicht mehr nur hinsichtlich der Bewachung und des Ausbruchs von Infektionskrankheiten wie der Ruhr oder Tuberkulose, die auch das Lagerpersonal bedrohten. Vielmehr lag mit dem erfolgreichen Vordringen der sowjetischen Streitkräfte an die Weichsel und nach Ostpreußen im Herbst 1944 die Möglichkeit deutlich vor Augen, dass in den nächsten Monaten großflächig Reichsgebiet zu verteidigen sein würde und damit womöglich – nachdem die Standorte im Baltikum und auch Majdanek aufgegeben worden waren – weitere Konzentrationslager zu räumen waren. Wie aufgezeigt, lagen für einen derartigen Fall seit den 1930er Jahren Pläne vor, die einerseits auf Evakuierungen und anderseits auf erneute Verhaftungen und Deportationen abzielten. Diese waren von der SS/Polizei bis 1944 sowohl für ganze Regionen als auch für KL-Standorte konkretisiert worden. Wie sie im Zuge des sowjetischen Vormarschs an die Oder 1945 in Berlin-Brandenburg zur Anwendung gebracht wurden und welche Auswirkungen sie insbesondere auf die Menschen in Sachsenhausen hatten, ist Gegenstand des nun folgenden zweiten Teils dieser historischen Untersuchung.

TEIL II

Verläufe – Entscheidungen – Praktiken

Der zweite, ausführlichere Teil der Studie hat die Verlagerung der deutsch-sowjetischen Gefechtshandlungen in die Region Brandenburg-Berlin und die Situation im militärischen Hinterland zum Gegenstand. Der Fokus liegt dabei auf dem Geschehen in Sachsenhausen. Wie aufzuzeigen sein wird, hatte die Rote Armee 1945 zwei Mal und mit großen Verlusten angreifen müssen, um die Unterzeichnung der bedingungslosen Kapitulation der deutschen Wehrmacht in Berlin-Karlshorst am 8. Mai zu erzwingen – einmal im Zuge ihrer nachträglich als Weichsel-Oder-Offensive bezeichneten Operation im Januar 1945 und ein weiteres Mal im Zuge des Angriffs auf die deutsche Oder-Front, des Kampfes um Berlin und des Vormarschs an die Elbe im April und Mai. Was löste diese etappenweise und damit prozesshafte Verlagerung des »Ostkriegsschauplatzes« in die Region Berlin-Brandenburg auf der deutschen Seite hinsichtlich der Mobilisierung zum Krieg (1.), zur »Sicherung« des als »frontnah« erachteten Gebietes (2.) und insbesondere innerhalb des KL-Komplexes Sachsenhausen (3.) aus? Was kennzeichnete die Situation in Sachsenhausen und seinen Außenlagern sowohl während der beiden sowjetischen Angriffszeiträume im Januar und April/Mai als auch während der Phase, als die Rote Armee sich im Februar/März an der Oder auf ihren nächsten Angriff vorbereitete? Wie wirkte sich die Kriegslage auf die der Gefangenen aus? Was stand ihnen bevor, als der SS/Polizei in den Zentralen wie auch in Sachsenhausen deutlich vor Augen lag, dass der Rückzug und damit auch eine Evakuierung immer wahrscheinlicher wurden? Durch welche Praktiken war diese dann im April/Mai 1945 gekennzeichnet?

4 Unsichere Lage: Sachsenhausen im Januar 1945

In der zweiten Januarhälfte 1945 verlagerte sich das Kriegsgeschehen an der Ostfront in die brandenburgischen Kreise östlich der Oder. Da die deutsche Kriegspartei nicht bereit war, nach ihrem Rückzug hinter die Vorkriegsgrenze zu kapitulieren, wurde auch diese Region Schauplatz einer weiterhin äußerst brutalen Kriegführung.[1] In Reaktion auf den erfolgreichen sowjetischen Vormarsch setzten im Wehrkreis III (Berlin-Brandenburg) umfangreiche Mobilisierungsmaßnahmen ein, zu denen auch die Auslösung erster Standortaufgaben des KL-Komplexes Sachsenhausen gehörte. Die dortigen Abläufe, insbesondere zum Monatswechsel Januar/Februar 1945, werden rekonstruiert und mithilfe folgender Fragen in das Verhältnis zum Kriegsgeschehen gesetzt: Wodurch war das deutsch-sowjetische Kampfgeschehen im auf Berlin zusteuernden mittleren Abschnitt der Ostfront Mitte Januar gekennzeichnet? Was charakterisierte die Verlagerung des militärischen Hinterlandes der deutschen Truppen in diese Region? Welche konkreten Auswirkungen hatte das deutsche Kriegs- und Mobilisierungsgeschehen im Wehrkreis III auf den zentralen SS-Standort Oranienburg, zu dem auch das Mitte Januar über 65.000 Häftlinge zählende Konzentrationslager gehörte?

4.1 Deutsch-sowjetischer Kriegsschauplatz

Am 12. Januar 1945 setzten die sowjetischen Streitkräfte zu ihrer dynamisch vollzogenen Winteroffensive an.[2] Hierbei wurden sie von polnischen, tschechoslowakischen, rumänischen und bulgarischen Verbänden unterstützt.[3] Im für die vorliegende Studie relevanten Mittelabschnitt der Ostfront starteten die vor Warschau dislozierten Einheiten der I. Belarussischen Front am 14. Januar unter dem Kommando von Georgij K. Žukovs ihren Angriff. Zusätzlich zum Auftrag, über Posen (Poznań) in Richtung Berlin vorzustoßen, war dem Marschall der Sowjetunion von Stalin auch die Führung der gesamten Großoffensive übertragen worden.[4] Mit enormer Geschwindigkeit, die

---

1 Vgl. Klaus-Dietmar Henke: Deutschland – Zweierlei Kriegsende, in: Das Kriegsende in Europa. Vom Beginn des deutschen Machtzerfalls bis zur Stabilisierung der Nachkriegsordnung 1944-1948, hg. von Ulrich Herbert und Axel Schildt, Essen 1998, S. 337-354; Bernd Jürgen Wendt: Deutschland 1933-1945. Das »Dritte Reich«. Handbuch zur Geschichte, Hannover 1995, S. 648.
2 Ausführlich vgl. Richard Lakowski: Der Zusammenbruch der deutschen Verteidigung zwischen Ostsee und Karpaten, in: Das Deutsche Reich und der Zweite Weltkrieg, Bd. 10: Der Zusammenbruch des Deutschen Reiches 1945, hg. von Rolf-Dieter Müller im Auftrag des Militärgeschichtlichen Forschungsamtes, München 2008, S. 491-679, hier S. 588-625; Manfred Zeidler: Kriegsende im Osten. Die Rote Armee und die Besetzung Deutschlands östlich von Oder und Neiße 1944/45, München 1996.
3 Vgl. Georgi Konstantinowitsch Shukow: Erinnerungen und Gedanken, Berlin 1976, S. 283.
4 Vgl. Tony Le Tissier: Durchbruch an der Oder, Augsburg 1997, S. 14-26.

dem deutschen Militär bewusst die Möglichkeit nehmen sollte, eine Verteidigungslinie aufzubauen, sollten Žukovs Truppen bis zum Ende des Monats sowohl die ihnen entgegengeworfenen deutschen Verbände als auch einen immer größer werdenden Flüchtlingsstrom westwärts hinter die Oder vertreiben.

In Reaktion auf den Beginn der sowjetischen Großoffensive und obwohl noch nicht unmittelbar bedroht, unterstellte sich der Generalstab des Heeres die Wehrkreiskommandos II (Stettin) und III (Berlin-Brandenburg).[5] Mit Blick auf den erfolgreichen Vormarsch des militärischen Gegners ordnete der deutsche Generalstabschef, Heinz Guderian, am 16. Januar zudem an, in allen 20 Wehrkreisen, die zu diesem Zeitpunkt noch nicht von Invasionen der Alliierten betroffenen waren, Volkssturm-Bataillone aufzustellen. Die hastig mobilgemachten, sowie militärisch völlig unzureichend ausgebildeten wie ausgestatteten Volkssturmmänner waren innerhalb einer Woche in die Hauptstadt des »Warthelandes« – das zur »Festung« erklärte Posen – in Marsch zu setzen.[6] Am 18. Januar hob auch der Großadmiral der deutschen Marine, Karl Dönitz, die bis dato geltenden zeitlichen, räumlichen wie auch operativen Beschränkungen für den Einsatz Marine-Angehöriger mit dem Ziel auf, Einheiten für die Verwendung an einer Landfront, insbesondere der deutsch-sowjetischen, freizugeben.[7] Gleichzeitig beorderte Hitler in seiner Funktion als deutscher Oberbefehlshaber Himmler nach Berlin, um ihn am 20. Januar mit der Aufstellung einer neuen Heeresgruppe zu beauftragen.[8]

Zuvor als Kommandeur der Heeresgruppe »Oberrhein« eingesetzt, hatte Himmler erneut einen militärischen Auftrag erhalten. Die im Zuge der sowjetischen Winteroffensive Mitte Januar in der deutschen Verteidigungslinie zwischen den Heeresgruppen »Mitte« und »Nord« entstandene 120 Kilometer breite Lücke sollte geschlossen, die Einschließung Ostpreußens über den sowjetischen Vorstoß nach Danzig und Posen verhindert und so die »nationale Verteidigung« gesichert werden.[9] Hierfür war eine militärische Führungsstruktur aufzubauen. Himmler setzte erfahrene und ihm vertraute SS/Polizei-Führer ein. Verbindungsoffizier zwischen dem Führerhauptquartier und dem designierten Kommandeur der Heeresgruppe »Weichsel«

---

5   Vgl. OKW WFSt/Qu.2 (II) Nr. 0176/45 vom 14.1.1945, Abschrift des Oberkommandos der Luftwaffe (OKL), in: BArch F, RL 2/III 1367.
6   Vgl. Vogel/Klar, »Ostwall«, S. 115; Klaus Mammach: Der Volkssturm. Das letzte Aufgebot 1944/45, Köln 1981, S. 113.
7   Vgl. Bernd Bölscher: An den Ufern der Oder. Genesis eines Kriegsendes. Die 1. Marine-Infanterie-Division und das letzte Aufgebot des Großadmirals Dönitz am Ende des Zweiten Weltkrieges, Norderstedt 2020, S. 37.
8   Vgl. Eintrag vom 20.1.1945, in: Die Ordnung des Terrors. Der Dienstkalender Heinrich Himmlers, hg. von Matthias Uhl, Thomas Pruschwitz, Martin Holler, Jean-Luc Leleu und Dieter Pohl, München 2020, S. 1004 f.
9   Vgl. Funkspruch an das V. SS-Gebirgskorps, stellv. II. Armeekorps und XVII. SS-Armeekorps vom 25.1.1945 in der Anlage des Kriegstagebuchs (KTB) der Heeresgruppe »Weichsel« (HGrW), in: BArch F, WF 03/5082.

wurde beispielsweise der SS-Gruppenführer und General der Waffen-SS, Hermann Fegelein;[10] Stabschef wurde der SS-Gruppenführer und Generalleutnant der Waffen-SS, Heinz Lammerding. Mit der Aufstellung der Heeresgruppe »Weichsel« betraut, hielt Himmler den gesamten 22. und 23. Januar über Lagebesprechungen ab.[11] Dabei konnte er auf Manöverkonzeptionen zurückgreifen, die Guderian zuvor ausgearbeitet hatte.[12] Oberste Priorität hatte die Zuführung von Verbänden des Heeres und der Waffen-SS sowie von weiteren Alarm- und Volkssturmeinheiten an die als »Krisenherde« erachteten Abschnitte der mittleren Ostfront.[13]

Für den zum 25. Januar 1945 anvisierten Einsatz der neuen Heeresgruppe bestand die Aufgabe darin, die Rote Armee zum Stehen zu bringen und damit von ihrem Vordringen in Richtung Berlin abzuhalten. Dies gelang erst an der Oder. Um nicht aufgerieben zu werden, zogen sich die nach vorn in die Kampfzone geworfenen Wehrmachts-, Waffen-SS-, Volkssturm- und Alarmverbände zunehmend westwärts in die Region Brandenburg bis an den Fluss zurück. Die Verbände der I. Belarussischen Front drangen damit in den Operationsraum der Heeresgruppe »Weichsel« ein. Vom 26. bis zum 28. Januar 1945 rückte der militärische Gegner an die Grenze zu Brandenburg vor und war nun auch im Mittelabschnitt der deutsch-sowjetischen Front dabei, das Gebiet des »Altreichs« zu betreten. Die Möglichkeit eines sowjetischen Angriffs auf die östliche Grenze Brandenburgs antizipierend, waren die Wehranlagen des »Ostwalls« 1944 noch erneuert worden. Aufgrund von Schneeverwehungen gelang es den wenigen bereits vor Ort befindlichen Alarmeinheiten jedoch nicht, die Anlagen rechtzeitig zu beziehen.[14]

Beim Gauleiter/RVK in Brandenburg, Emil Stürtz, erging am 28. Januar daher die Anordnung Himmlers, die zivile Räumung einer 16 Kilometer breiten Zone westlich des sogenannten Tirschtiegel-Riegels[15] zu veranlassen. Mit den östlichsten Kreisen Brandenburgs wurden erstmalig Teile des Wehrkreises III zum militärischen Operationsgebiet erklärt – Brandenburg wurde damit »Frontgau«.[16] Sowjetische Stoß-

10 Vgl. KTB der HGrW, Funkspruch Himmlers an Hitler über Fegelein vom 26.1.1945, in: BArch F, RH 19/XV 2.
11 Vgl. Einträge vom 22. und 23.1.1945, in: Uhl u. a., Dienstkalender, S. 1007.
12 Vgl. Magnus Pahl: Fremde Heere Ost. Hitlers militärische Feindaufklärung, Berlin 2012, S. 230-233.
13 Vgl. Notiz des Generalinspekteurs der Panzertruppe für den Führervortrag am 1.2.1945, erstellt am 31.1.1945, in: CAMO, 500/12451/500, Bl. 1. vgl. auch Vogel/Klar, Brennpunkt, S. 111 f.
14 Vgl. ebd., S. 88 f.
15 Bei dieser Befestigung handelte es sich um eine Defensivstellung des als »Ostwall« bezeichneten Oder-Warthe-Bogens an der Ostgrenze Brandenburgs, die aus spezifischen Wehranlagen bestand. Diese waren im Zuge der Vorbereitung auf die Reichsverteidigung 1944 noch ausgebaut worden – insbesondere durch Zwangsarbeiter: innen. Vgl. Rundruf Nr. 110 des Gauleiters der Mark Brandenburg an alle Kreisleiter (mit Ausnahme der Kreise Ost- und Westprignitz) vom 1.2.1945, in: BLHA, Rep. 75 Boswan Knauer, 80; vgl. auch Vogel/Klar, Brennpunkt, S. 81-91.
16 Vgl. KTB des Oberkommandos der Wehrmacht (OKW) 1940-1945: 1.1.1944-22.5.1945: Band 2, eingeleitet und erläutert von Percy Ernst Schramm, Frankfurt a. M. 1961, S. 1325.

einheiten drangen in die Abwehrstellungen ein.[17] Nach drei Tagen war der endgültige Durchbruch gelungen.[18] Während die Rote Armee hier an einigen Stellen auf verbitterte Gegenwehr traf, flohen Wehrmacht, Alarmeinheiten und Volkssturmangehörige andernorts und zogen sich an die Oder, beispielsweise nach Küstrin, zurück.[19] Die Oderstadt war neben Frankfurt (Oder) am 26. Januar von Hitler zur »Festung« erklärt worden und stellte damit einen Sammelpunkt für sich zurückziehende deutsche Soldaten dar.[20]

Wenn auch nicht ausreichend, waren die Stellungsanlagen des Ostwalls noch personell verstärkt worden. In den östlichen Ortschaften Brandenburgs, die sich – aus Sicht des militärischen Gegners – ab etwa 100 Kilometer westlich von Posen jenseits der Wehranlagen befanden, trafen die vordringenden sowjetischen Verbände auf ihrem Vormarsch in Richtung der Oder vielerorts hingegen überhaupt keine Gegenwehr mehr an. Die wenigen dort eingesetzten Alarm- und Volkssturmeinheiten flüchteten westwärts hinter die Oder zurück. Zum Monatswechsel Januar/Februar 1945 zog sich auch Himmler mit seinem mobilen Hauptquartier der Heeresgruppe »Weichsel« – dem Sonderzug »Steiermark« – westlich der Oder in die Gegend bei Prenzlau zurück.[21] Im Frontmittelabschnitt hatte die Rote Armee das 1939 annektierte, ehemals polnische »Wartheland« durchschritten, hielt bis auf einige zu »Festungen« erklärte deutsche Städte nun auch den Osten Brandenburgs besetzt und drang weiter in Richtung Berlin vor. An der Oder, und damit weniger als 80 Kilometer von der deutschen Reichshauptstadt entfernt, kamen die sowjetischen Truppen Anfang Februar zum Stehen.

Aufgrund der personellen wie materiellen Überlegenheit und nicht zuletzt auch der für sie klimatisch äußerst günstigen Bedingungen war es den Vorauseinheiten der I. Belarussischen Front gelungen, zügig auf den mittleren Oderabschnitt zuzusteuern. Schneeverwehungen und Minusgrade hatten die Grabensysteme, Panzerwehren und das Versumpfungsgelände der Abwehranlagen ebenso passierbar werden lassen, wie zugefrorene Seen, Wiesen und Moorlandschaften den schnellen Vormarsch der in Bezug auf harte Wintertemperaturen erfahrenen Roten Armee und den Einsatz ihres militärischen Geräts begünstigten.[22] Dagegen kam auch das Aufschlagen der Eisdecken, zu dem Volkssturmangehörige eingesetzt worden waren, nicht an.[23] Ende Januar 1945

17 Vgl. Alastair Noble: Nazi Rule and the Soviet Offensive in Eastern Germany, 1944-1945. The Darkest Hour, Portland 2009, S. 193; Antony Beevor, Berlin 1945. Das Ende, München 2012, S. 79.
18 Vgl. Vogel/Klar, Brennpunkt, S. 111; Alexander Karl Hielscher: Das Kriegsende im Westen des Warthelandes und im Osten der Kurmark, Bielefeld 1987, S. 32.
19 Vgl. Mammach, Volkssturm, S. 112.
20 Vgl. Fritz Kohlase: Küstrins Untergang im Jahre 1945. Eine militärhistorische Zusammenfassung. Online unter: https://www.vfdgkuestrins.de/texts/kohlase/kunt1945.html (letzter Zugriff am: 21.9.2024).
21 Eintrag vom 1.2.1945, in: Uhl u. a., Dienstkalender, S. 1017.
22 Vgl. Hielscher, Kriegsende, S. 32 f.
23 Bericht Leo Lotzkat, o. O. o. D., in: StB, AX 0825.

galt mit der deutschen Oderlinie die letzte natürliche Grenze vor der deutschen Reichshauptstadt als unmittelbar bedroht. Am 29. Januar standen erste Einheiten Žukovs am Ufer der Oder und hatten Berlin vor Augen.[24] Auf der deutschen Seite erging der Befehl an die Ortsgruppenleiter und Gendarmerieposten, zwischen der Oder und Berlin ein Sperrsystem zu errichten.[25] An den darauffolgenden Tagen gelang es sowjetischen Stoßtrupps, in der brandenburgischen Oderniederung über den Fluss zu setzen.[26]

Am Abend des 30. Januar 1945 überquerten sowjetische Vorauseinheiten die unter Eis liegende Oder. Die Rote Armee kam damit in die Lage, nördlich von Küstrin einen Brückenkopf einzurichten. Am darauffolgenden Morgen drangen Angehörige der Stoßarmee von Generaloberst Nikolaj Ėrastovič Berzarin in das brandenburgische Dorf Kienitz ein. Damit war es sowjetischen Kombattanten auch am 31. Januar gelungen, über den zugefrorenen Fluss zu gelangen. Am selben Tag sollten weitere sowjetische Stoßtrupps südlich von Küstrin über die Oder setzen und am westlichen Ufer einen Brückenkopf einrichten.[27] Über waghalsige Aktionen und zum Preis hochgradiger körperlicher Erschöpfung ihrer Soldaten war es den Vorauseinheiten der Roten Armee im Oderbruch an mehreren Stellen gelungen, die letzte natürliche Barriere auf dem Weg nach Berlin zu überwinden. Außer einigen, meist nur mit Gewehren und Panzerfäusten ausgestatteten Alarm-, SA-, Polizei-, Volkssturm- und HJ-Einheiten, trafen sie im Osten Brandenburgs dabei kaum auf deutsche Truppen. Hier hatten sie Ende Januar vor allem deutschen Angriffen aus der Luft zu trotzen. Zudem hatte die Kriegslage beeinflussendes Tauwetter eingesetzt. Schweres militärisches Gerät und die zuvor rasant vormarschierenden Einheiten Žukovs blieben zunehmend im Schlamm stecken.[28]

Das hastige Zurückfluten der eigenen Einheiten machte die Kriegslage an der Oder für die deutsche Seite zunehmend unübersichtlicher und schwer kalkulierbar. Mitunter kam es vor, dass vorrückende sowjetische Lastwagenkolonnen nicht als diese erkannt und stattdessen als sich zurückziehendes deutsches Militär angesehen wurden.[29] Die deutsche Militärführung benötigte die letzten Januartage 1945 vor allem, um sich selbst und die zur Abwehr bestimmten militärischen Verbände zu sammeln und an die Oder zu transportieren.[30] In Reaktion auf die erfolgreiche Oderüberquerung des militärischen Gegners und obwohl sich in deren Nähe zahlreiche Dörfer befanden, hatte Himmler auf der Besprechung des Generalstabes seiner

24 Vgl. Richard Overy: Russlands Krieg 1941-1945, Reinbek bei Hamburg 2012 (2. Auflage), S. 396.
25 Vgl. KTB der HGrW, Befehl des Chefs des Generalstabes des Heeres vom 29.1.1945, in: BArch F, RH 19/XV 2.
26 Vgl. Lakowski, Zusammenbruch, S. 523-531; Ian Kershaw: Das Ende. Kampf bis in den Untergang NS-Deutschlands 1944/45, München 2013, S. 245-297; Overy, Krieg, S. 393-397; Beevor, Berlin, S. 71-92.
27 Vgl. Beevor, Berlin, S. 85 f.; Hielscher, Kriegsende, S. 30.
28 Vgl. Beevor, Berlin, S. 86; Kershaw, Ende, S. 255; Noble, Nazi Rule, S. 215.
29 Vgl. ebd.
30 Vgl. KTB der HGrW, Fernschreiben des Oberkommandos der HGrW vom 30.1.1945, in: BArch F, RH 19/XV 2.

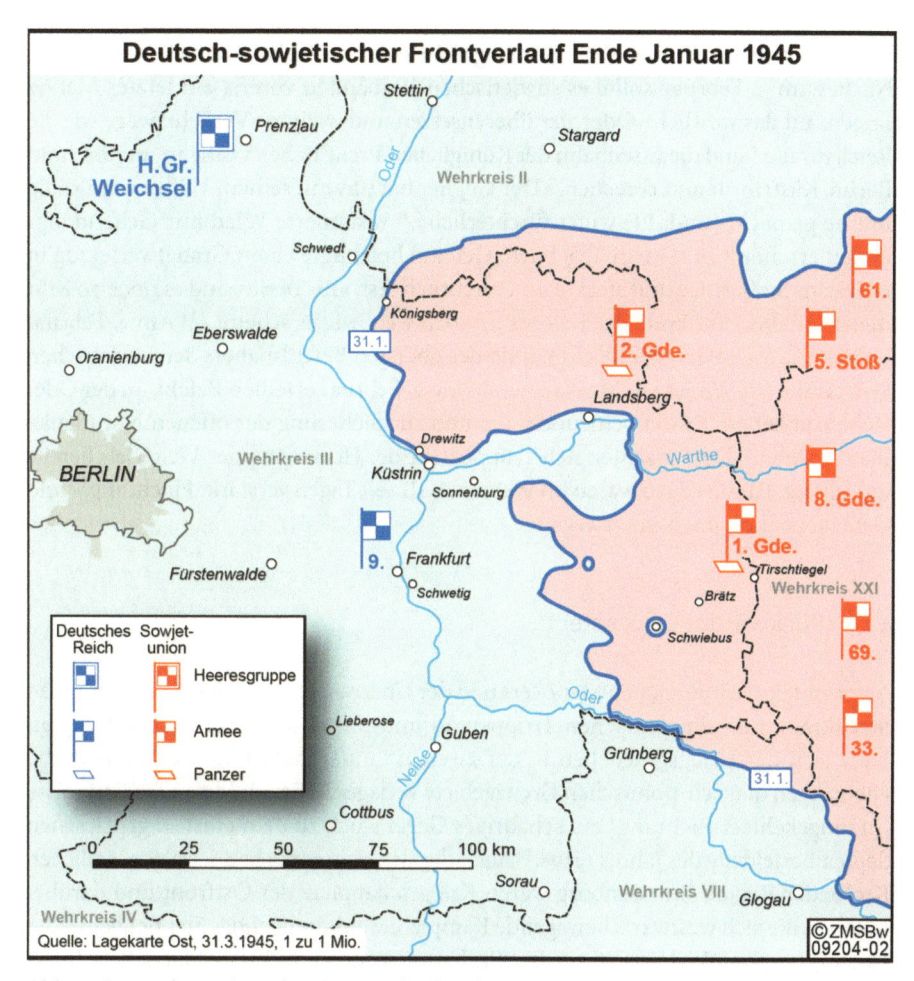

Abb. 2: Deutsch-sowjetischer Frontverlauf Ende Januar 1945

Heeresgruppe am Mittag des 31. Januars auch panisch gefordert, die Eisdecke durch Bombenabwurf zu sprengen.[31]

Am 1. Februar gelang es sowjetischen Verbänden noch, Küstrin einzuschließen. Zur »Festung« ernannt, blockierte die Stadt den weiteren Zugang nach Berlin. Obwohl die deutsche Luftwaffe dort Angriffe flog, war es sowjetischen Voraustrupps am 2. Februar noch gelungen, weiter in die Gegend um Frankfurt vorzudringen.[32] Im

---

31 Vgl. Notiz des Generalinspekteurs der Panzertruppe für den Führervortrag am 1.2.1945, erstellt am 31.1.1945, in: CAMO, 500/12451/500, Bl. 2; Eintrag vom 31.1.1945, in: Uhl u. a., Dienstkalender, S. 1016.
32 Vgl. Einträge vom 2. und 3.2.1945, in: Wladimir Gelfand: Deutschland-Tagebuch 1945-1946, hg. von Elke Scherstjanoi, Berlin 2008, S. 30.

Oderbruch setzten nun auch zu Boden geführte deutsche Konterattacken ein. In der Nacht zum 3. Februar sollte es sowjetischen Verbänden vorerst ein letztes Mal gelingen, auf das westliche Oderufer überzusetzen und wichtige Verkehrswege wie die Reichsstraße I und die Eisenbahn der Königlichen Preußischen Ostbahn im Abschnitt Berlin-Küstrin zu unterbrechen. »Der Gegner hat uns mit seinem Widerstand völlig mürbe gemacht [und, FJ] wütet fürchterlich«,[33] resümierte Wladimir Gelfand tags darauf erschöpft in seinem Tagebuch. Gelfand befehligte einen Granatwerferzug in Berzarins Stoßarmee und steckte im Oderbruch fest. »Bis Berlin sind es noch 70 Kilometer und bis zum Ende des Krieges ... noch weit, wie es scheint.«[34] Am 4. Februar bekräftigte Stalin den vom Kommando des obersten Befehlshabers der sowjetischen Streitkräfte (STWAKA) in Moskau bereits am 2. Februar erteilten Befehl, an der Oder stehenzubleiben, Küstrin einzunehmen und zur Sicherung der offenen Nordflanke überzugehen.[35] Dort brachten sich Truppenteile der Heeresgruppe »Weichsel« bereits in Stellung. Parallel dazu waren im Wehrkreis III seit Tagen verstärkt Flüchtlings- und Gefangenenkolonnen unterwegs.

4.2 »Rückwärtige« Gebiete

Aufgrund des temporeichen Manövers und der Übermacht,[36] mit der die sowjetischen Streitkräfte nun die deutschen Truppen an und hinter die Oder zurückdrängten, hatte sich das Kriegsgeschehen in der zweiten Januarhälfte 1945 westwärts in die ehemaligen deutsch-polnischen Grenzgebiete verlagert. Hier »bildeten die Ereignisse [in umgekehrter Richtung] ein schauriges Gegenstück zu dem einst so gepriesenen Septemberfeldzug des Jahres 1939«.[37] Auch die als »Neumark« bezeichneten, östlichen Kreise der Region Brandenburg waren Kriegsschauplatz der Ostfront und darüber hinaus – die sich westwärts bewegende Kampfzone ankündigend – Etappengebiet der Heeresgruppe »Weichsel« geworden. Sie hatten somit zunächst militärisches Hinterland dargestellt, bevor sich das eigentliche Kampfgeschehen dorthin verlagerte. Kennzeichen der »rückwärtigen« Gebiete war 1944/45 weiterhin ein reges Mobilisierungsgeschehen. Dieses war auf die Sicherung der deutschen Kriegführung ausgerichtet und umfasste auch Evakuierungsmaßnahmen.

---

33 Eintrag vom 4.2.1945, in: ebd., S. 31.
34 Eintrag vom 6. oder 7.2.1945, in: ebd.
35 Vgl. Lakowski, Zusammenbruch, S. 590.
36 Im Zentralabschnitt der deutsch-sowjetischen Front standen bei Beginn der sowjetischen Winteroffensive 2,25 Millionen Soldaten der Roten Armee 400.000 Soldaten der Wehrmacht gegenüber. Vgl. Nicholas Stargardt: Der deutsche Krieg. Zwischen Angst, Zweifel und Durchhaltewillen – wie die Menschen den Zweiten Weltkrieg erlebten, Frankfurt a. M. 2017, S. 575.
37 Hielscher, Kriegsende, S. II.

Gefechtssicherung

Mit Blick auf die an den zentralen Frontabschnitten während der vorangegangenen Jahre gemachten Erfahrungen erwartete Himmler beim Übertritt sowjetischer Einheiten über die Oder Ende Januar 1945 ein Absetzen von Luftlandetruppen.[38] Im Zuge der Ausgabe des »Scharnhorst«-Aufrufs, mit der Alarmeinheiten der Waffen-SS für den Fronteinsatz aufgestellt wurden, aktivierte der HSSPF »Spree« Heißmeyer am 31. Januar mobile SS/Polizei-Einheiten. Für den erwarteten Fall, dass der sowjetischen Bodeninvasion an der Oder ein Absetzen von Luftlandetruppen folgen würde, sollten jene in Berlin und Brandenburg nun auch zur Sicherung des Westufers der Oder eingesetzt werden.[39] Hierfür griff Heißmeyer auf die Alarmpläne der SS/Polizei für das Reichsgebiet zurück. Von Beginn dieser Alarmplanungen an hatte die SS/Polizei-Führung, wie aufgezeigt, die Gefahr aus der Luft und die von Gefangenenaufständen als wechselseitig bedingt konzipiert. Angehörige der Stapo(leit)stellen in der Region Berlin-Brandenburg, die 1944 noch Ausbildungen im Infanteriekampf erhalten hatten, kamen nun zum Einsatz.[40] Auch Dienststellen der Kripo wurden in »Kampfgruppen« umgewandelt.[41] Für ihren Einsatz sollten die Männer der Einsatzkommandos vor Kriegsende noch das Kriegsverdienstkreuz 2. Klasse ohne Schwerter erhalten.[42]

Ende Januar kam es jedoch weder zum großflächigen Absetzen alliierter Luftlandetruppen auf das westliche Oderufer noch zu einem Aufstand in Sachsenhausen. »Abzufangen« im Sinne der Frontaufklärung waren weiterhin vielmehr – insbesondere durch die Nachrichtendienste der Wehrmacht »Fremde Heere Ost« und den SD – die Funksprüche der Alliierten oder Agentenwissen zum militärischen Vorgehen.[43] Hinzu kam das Zusammentragen von alliierten Flugblättern, die sich an die Kriegsgefangenen und Zwangsarbeiter:innen im Reichsgebiet richteten und diese zu Fluchten in den Untergrund aufriefen.[44] Wie das Empfangen alliierter Radiosendungen, stand auch der Besitz und das Weitergeben dieser Flugblätter unter Strafe. In das Visier der SS/

---

38 Die Rote Armee hatte zuvor bspw. 1942 bei Wjasma und September 1943 zur Überwindung des Dnjepr größere Luftlandeunternehmen unternommen.
39 Vgl. Befehl des SS-Hauptamtschefs vom 31.1.1945, Stichwort: »Scharnhorst«, in: BArch B, NS 34/20.
40 Vgl. ebd.
41 Vgl. Stephan Linck: »Festung Nord« und »Alpenfestung«. Das Ende des NS-Sicherheitsapparates, in: Die Gestapo im Zweiten Weltkrieg, hg. von Gerhard Paul und Klaus-Michael Mallmann, Darmstadt 2000, S. 569-595, hier S. 572.
42 Vgl. Vorschlagliste für die Verleihung des Kriegsverdienstkreuz 2. Klasse ohne Schwerter vom 6.4.1945, in: BArch B, R 9354/600.
43 Vgl. Pahl, Fremde Heere, S. 229-291; Klaus-Michael Mallmann: Krieg im Dunkeln. Das Unternehmen »Zeppelin« 1942-1945, in: Nachrichtendienst, politische Elite, Mordeinheit. Der Sicherheitsdienst des Reichsführers SS, hg. von Michael Wildt, Hamburg 2016, S. 324-346, hier S. 339 f.
44 Vgl. Klaus Kirchner: Flugblatt – Propaganda im 2. Weltkrieg. Europa, Bd. 7: Flugblätter aus England, aus den USA 1944/45, Erlangen 1980, S. 242 und S. 248.

Polizei geriet zudem als Desertation oder »Defätismus« klassifiziertes Verhalten deutscher Militär- und SS/Polizei-Angehöriger.

Von Beginn der deutschen Kriegführung gegen die Sowjetunion an besaß das militärische Hinterland neben der Versorgung der an vorderster Linie stehenden Einheiten und der Absicherung des Kampfgeschehens auch die »Funktion eines internen Sicherungsgürtels«.[45] Über die frühzeitige Etablierung der eigenen Gerichtsbarkeit hinaus hatten sowohl die Wehrmacht- als auch die SS/Polizei-Führung für den deutschen Vernichtungskrieg »im Osten« ein engmaschiges Überwachungs- und Strafsystem für ihre Angehörigen institutionalisiert. Mit diesem wurden die deutschen Kombattanten auch Anfang 1945 noch dorthin gezwungen oder vor Ort gehalten, wo sie aus Sicht des Generalstabes des Heeres zu Beginn des sechsten Kriegsjahres vor allem einzusetzen waren: an der Ostfront.[46] Bereits am 26. Januar hatten Bormann, Goebbels, Himmler und Keitel die »Verordnung zur Sicherung des Fronteinsatzes« herausgegeben, auf deren Basis als Deserteure aufgegriffene Soldaten per Standgericht zum Tode verurteilt werden konnten.[47] In Zusammenarbeit mit der Partei-Kanzlei arbeitete das Reichsministerium der Justiz parallel daran, eine Sondergerichtsbarkeit für den Volkssturm auf den Weg zu bringen. Damit reagierte das NS-Regime auf das Nichterscheinen von Volkssturm-Angehörigen zum Kriegseinsatz.[48]

Zusätzlich zur Wehrmachtsjustiz und den SS/Polizei-Gerichten kamen im Wehrkreis III nun auch die das militärische Hinterland patrouillierenden Einheiten der Geheimen Feldpolizei,[49] der Feldgendarmerie[50] und der Heeresstreifentruppen[51] zum Einsatz. Um die östlichsten Kreise Brandenburgs auf sich nicht bei ihren Einheiten befindliche Soldaten zu durchsuchen, mobilisierte Himmler außerdem das Feldjäger-Kommando III. Am 29. Januar bezog dessen Stab in Frankfurt (Oder) Quartier. Die Angehörigen des Feldjäger-Kommandos hatten das »rückwärtige« Gebiet ostwärts zu patrouillieren und festgenommene Soldaten an die 9. Armee abzugeben.[52] Unterstützt wurden sie hierbei von mobilen Einsatzkommandos des Befehlshabers der sogenannten Sperr- und Auffanglinie der Heeresgruppe »Weichsel«.

---

45 Christian Hartmann: Wehrmacht im Ostkrieg: Front und militärisches Hinterland 1941/42 (Quellen und Darstellungen zur Zeitgeschichte, Bd. 75), Berlin 2010, S. 461f.
46 Vgl. ebd.; Pahl, Fremde Heere, S. 231f.
47 Vgl. RGBl. I (4) 1945, S. 20.
48 Vgl. Schreiben des RMdJ vom 24.1.1945, Abschrift in: BLHA, Rep 5 E Senftenberg 164, Bl. 53.
49 Die Geheime Feldpolizei stellte ein geheimpolizeiliches Exekutivorgan der Wehrmacht dar. Zum Tätigkeitsfeld der Geheimen Feldpolizei vgl. Schreiben des Heeresfeldpolizeichefs im OKH vom 15.10.1944, abgedr. in: Klaus Geßner, Geheime Feldpolizei. Die Gestapo der Wehrmacht, Berlin 2010 (Erstausgabe 1995), S. 167-169.
50 Vgl. Karlheinz Böckle: Feldgendarmen, Feldjäger, Militärpolizisten. Ihre Geschichte bis heute, Stuttgart 1987, S. 158-159.
51 Vgl. Bernhard R. Kroener: Generaloberst Friedrich Fromm. »Der starke Mann im Heimatskriegsgebiet«. Eine Biographie, Paderborn 2005, S. 547f.
52 Vgl. KTB der HGrW, Aktenvermerk vom 29.1.1945, in: BArch F, RH 19/XV 2.

Auch die aus SS-Offizieren zu bildenden Kommandos an der Sperr- und Auffanglinie wurden eingesetzt, um deutsche Kombattanten, mitunter auch ganze Verbände, vom Rückzug abzuhalten. Mit der Bildung der Auffangeinheiten hatte Himmler den SS-Obergruppenführer und General der Polizei, Carl Oberg, beauftragt. Unterstützung erhielt Oberg von Martin Grases Feldjäger-Kommando III und vom SS-Gruppenführer und Generalleutnant der Polizei, Heinz Reinefarth.[53] Diese Männer waren Himmler direkt unterstellt. Vordergründige Aufgabe war, Oderbrücken mit dem Ziel zu sperren, »die Angehörigen aller Wehrmachtsteile, die rückwärts wollen, abzufangen, in Sammellager zu bringen und dort dem Kommandeur für Auffrischung und Neuaufstellung zuzuführen.«[54] Fahrzeuge waren anzuhalten, Flüchtlings- und Evakuierungstrecks nach sich zurückziehenden sowie die Gebiete nach sich versteckenden Soldaten abzusuchen. Himmler appellierte zudem an die weibliche Bevölkerung, Soldaten keinen Unterschlupf zu gewähren.[55]

Entlang der deutschen Oderlinie waren damit mehrere Auffangstellen und eine Vielzahl an Kontrollpunkten mit dem Ziel eingerichtet worden, sich zurückziehende Soldaten und Einheiten zu sammeln, erneut zu bewaffnen und an die Front zurückzuschicken. Sich aus Kampfzonen zurückziehende Soldaten reagierten auf die Kontrollpunkte der Auffangeinheiten, indem sie diese weitläufig umgingen.[56] Das Geschehen zur Mobilisierung war allerdings nicht nur durch Zwang und die Androhung, mancherorts auch Ausübung von Gewalt gekennzeichnet. Vielmehr stellte dies für die Soldaten ein ambivalentes Unterfangen dar, das auch durch die Bereitschaft, an der Ostfront »durchzuhalten«, sowie durch Selbstmobilisierung geprägt war.[57] Dass die sowjetischen Streitkräfte ab dem 2. Februar an der Oder zum Halten kommen sollten, war in den letzten Januartagen, in der die Heeresgruppe »Weichsel« unter Himmlers Befehl den Kampf antrat, der vielerorts weiterhin durch das Zurückfluten deutscher Truppen gekennzeichnet war, nicht abzuschätzen gewesen. Demensprechend waren bereits Räumungen erfolgt.[58]

53 Vgl. KTB der HGrW, Funkspruch zur Ernennung Obergs vom 23.1.1945, in: BArch F, RH 19XV/2; KTB der HGrW, Funkspruch Himmler an Oberg vom 27.1.1945, in: ebd.; Geheime Kommandosache des RFSS und Ob.H.Gr. »Weichsel« vom 29.1.1945 betr. »Befehlshaber der Sperr- und Auffanglinien«, in: BArch F, N 756/324 a; Notiz des WFSt / Org. F vom 1.2.1945 betr. »Auffang-Organisation bei HGr. Mitte und HGr. Weichsel«, in: ebd.
54 Vgl. KTB der HGrW, Fernschreiben zur Ernennung Obergs vom 23.1.1945, in: BArch F, RH 19XV/2.
55 Vgl. KTB der HGrW, Funkspruch »An die Bevölkerung in den deutschen Ostgauen« vom 30.1.1945, in: BArch F, RH19XV/2.
56 Vgl. Hielscher, Kriegsende, S. 35.
57 Nachdem er bereits 1942 bis 1944 an der Ostfront gekämpft hatte und verwundet worden war, bat Rudi Kutter bspw. schriftlich darum, zur Verteidigung seiner Heimat wieder an die Ostfront versetzt zu werden. Vgl. Schreiben des Gefreiten Rudi Kutter vom 1.2.1945 betr. »Versetzung an die Ostfront«, in: BLHA, Rep 5 E Senftenberg 164.
58 Vgl. KTB der HGrW, Funkspruch des RFSS an 1. RMdI zu Hd. Stuckart, 2. Gauleiter/Oberpräsident Stürtz vom 28.1.1945, in: BArch F, RH 19/XV 2, Bl. 118 f.

Evakuierung

Evakuierungen, welche die Räumungen von Dienststellen der Partei oder des Staates, von als kriegswichtig erachteten Betrieben oder Gefängnissen ebenso wie die Verbringung der Zivilbevölkerung betrafen, wurden 1945 vom Gauleiter und nicht mehr durch die Wehrkreiskommandos angeordnet. Eine reichseinheitliche Evakuierungspolitik war nicht mehr vorgesehen.[59] Seit Juli 1944 lagen hierfür spezifische Weisungen für die Gauleiter als »Reichsverteidigungskommissare im Operationsgebiet« vor.[60] Trotz der nun massenhaft in Brandenburg eintreffenden Flüchtlinge, die den Menschen gerade im Osten der preußischen Provinz deutlich vor Augen führten, was ihnen unmittelbar bevorstand, waren vorsorgende Evakuierungsmaßnahmen von Stürtz verboten worden.[61] Der brandenburgische Gauleiter/RVK folgte damit den Weisungen Keitels,[62] die einerseits vorsahen, eine frühzeitige und unkoordinierte Fluchtbewegung der ostdeutschen Bevölkerung mit dem Ziel zu unterbinden, der Demoralisierung der Truppe entgegenzuarbeiten. Andererseits gab es aufgrund der Kriegseinwirkungen und Frontverlagerungen in Richtung Reichsinneres auch zunehmend weniger Platz, um Evakuierte und Flüchtlinge aufzunehmen. Dies veranlasste die Partei-Kanzlei in Berlin am 21. Januar unter anderem dazu, in den als »Aufnahmegaue« vorgesehenen Regionen Schulschließungen anzuordnen, um die Gebäude für Flüchtlinge nutzen zu können.[63]

Stürtz hielt sich an die Vorgaben der Wehrmacht, gab diese an die Kreisleiter weiter und blockierte deren Evakuierungsanfragen auch dann noch, als erste Einheiten der Roten Armee bereits in den Wehrkreis eindrangen. Obwohl sowjetische Panzer bereits in der Nähe waren und Ortschaften des Kreises unter feindlichem Artilleriebeschuss lagen, lehnte Stürtz die Anfragen des Leiters im ehemaligen Grenzkreis Züllichau-Schwiebus hinsichtlich der Räumung zweimal ab. Zur Bekräftigung des Verbots drohte er dem Kreisleiter am 27. Januar, ihn bei Missachtung vor ein Kriegsgericht stellen zu lassen. Am darauffolgenden Tag argumentierte Stürtz erneut gegen die Evakuierung

---

59 Vgl. Klee, »Luftschutzkeller«, S. 155-162.
60 Vgl. Erlaß des Führers (EdF) vom 13.7.1944, abgedr. in: Martin Moll: »Führer-Erlasse« 1939-1945. Edition sämtlicher überlieferte, nicht im Reichsgesetzblatt abgedruckter, von Hitler im Zweiten Weltkrieg schriftlich erteilter Direktiven aus den Bereichen Staat, Partei, Wirtschaft, Besatzungspolitik und Militärverwaltung, Stuttgart 1997; S. 336-338; EdF vom 19.9.1944, in: ebd., S. 445-457.
61 Vgl. Noble, Nazi Rule, S. 204.
62 Vgl. KTB der HGrW, Telegramm des OKW, WFSt vom 28.1.1945, in: BArch F, RH 19/XV 2, Bl. 104 f.
63 Vgl. Rundschreiben 16/45 des Leiters der Partei-Kanzlei Martin Borman zur Schließung der Schulen vom 21.1.1945, in: BArch B, NS 6/353, Bl. 7, abgedr. in: Karl Heinz Jahnke: Hitlers letztes Aufgebot. Die deutsche Jugend im sechsten Kriegsjahr 1944/45, Essen 1993, S. 122. In Brandenburg erging am 23. Januar 1945 die Anordnung zu Schulschließungen. Vgl. Schreiben des Landrates im Kreis Beeskow-Storkow vom 23.1.1945 betr. »Einstellung des Schulbetriebes«, in: BLHA, Rep 6 B Beeskow-Storkow 1275, Bl. 31; Funkspruch des Oberpräsidenten der Provinz Mark Brandenburg an die Landräte und Oberbürgermeister vom 25.1.1945, in: ebd., Bl. 32.

der dortigen Bevölkerung mit der Begründung, dass sich bereits Alarmeinheiten auf dem Weg befänden. Selbst aktiv werdend, stellten die noch verbliebenen, vor allem weiblichen und älteren Anwohner:innen des Kreises fest, dass sie keine Bahnfahrkarten in westliche Gebiete mehr kaufen konnten. Die Deutsche Reichsbahn hatte am 23. Januar 1945 den öffentlichen D- und Eilzugverkehr zugunsten der Truppen- und Munitionstransporte an die Ostfront weitestgehend eingestellt.[64] Leerfahrten in westlicher Richtung sollten kriegswichtigem und dem nach Dringlichkeitslisten zu evakuierendem Gut vorbehalten bleiben.[65] Evakuierungszüge mussten beantragt werden. Vielfach wurden diejenigen, die sich in Züllichau-Schwiebus daraufhin auf die Straße begaben, von der (Militär-)Polizei angehalten und zur Rückkehr aufgefordert.[66]

Der Kreisleiter von Meseritz, dem auch der Kreis Schwerin unterstand, gab per öffentlichem Aushang hingegen selbst Anweisung, Widerstand zu leisten, anstatt zu fliehen. In Meseritz ging er sogar soweit, flüchtende Frauen in das angrenzende »Wartheland« und damit in das Kriegsgebiet zurückzuschicken, obwohl brandenburgische Kreise als Aufnahmeraum vorgesehen waren.[67] Auch wenn Wehrmachtsangehörige dafür gesorgt hatten, dass sich Teile der Bevölkerung bereits früher auf die Flucht begaben, oder, als der Kreisleiter am Morgen des 29. Januars die Genehmigung zum Verlassen endlich erteilt hatte, aufbrachen und hierfür am 30. Januar 1945 in Meseritz auch noch einen letzten Zug in westlicher Richtung besteigen konnten, gelang nicht allen die Flucht. Familien wurden getrennt. Frauen und Mädchen blieben zurück und sahen sich damit den massenhaften Vergewaltigungen durch sowjetische Soldaten ausgeliefert. Der Kreisleiter nahm sich das Leben.[68]

Allerdings hatte die Bunkerlinie des »Ostwalls« auch dafür gesorgt, dass sich Teile der Bevölkerung sicher fühlten und nicht bereit waren, ihre Wohnorte zu verlassen.[69] Hier wogen die Überlegungen über den Verbleib des eigenen Hauses oder des zu versorgenden Viehs schwerer als die zur Flucht. Teile der Anwohner:innenschaft waren, wie in Zühlsdorf (nördliche Neumark, heute: Suliszewo), auch aufgrund des

---

64 Vgl. Schreibens des RMI vom 29.1.1945 betr. »Reisebeschränkungen«, Abschrift im Verteiler des Regierungspräsidenten in Potsdam vom 5.2.1945, in: BLHA, Rep. ZA I Pol, 2318, Bl. 125; vgl. auch Brief von Ida Neuhaus, Schönhausen 2.1.1946, in: StB, AX 0825.
65 Zu den Dringlichkeitsstufen, die auch den SS/Polizei-Dienststellen vorlagen, vgl. Aufstellung vom 12.9.1944, in: BArch B, NS 19/2408 sowie in: BArch F, RW 4/794.
66 Schreibens des RMdI vom 27.1.1945, Abschrift im Verteiler des RVK Mark Brandenburg vom 28.1.1945, in: BLHA, Rep. ZA I Pol, 2318, Bl. 117.
67 Vgl. Hielscher, Kriegsende, S. 14-21, hier vor allem S. 15 und S. 17; vgl. auch Funkspruch der Landesplanungsbehörde (des Oberpräsidenten der Provinz Mark Brandenburg) vom 24.1.1945 an alle Landräte und Bürgermeister, in: BLHA, Rep 6 B Beeskow-Storkow 1275, Bl. 30; Schreiben NSDAP-Amt für Volkswohlfahrt – Gauleitung Mark Brandenburg, Frankfurt (Oder) vom 22.1.1945 betr. »Umquartierung aus dem Osten«, in: ebd., Bl. 34-36; Schreiben Gau Wartheland der NSDAP, Stellvertr. Gauleiter in Frankfurt (Oder) vom 22.1.1945, betr. »Marschrichtung und Aufnahme der Rückgeführten aus dem Reichsgau Wartheland im Gau Mark Brandenburg«, in: ebd., Bl. 45f.
68 Vgl. Hielscher, Kriegsende, S. 18f.
69 Vgl. ebd., S. 22.

intensiven Schneetreibens nicht bereit gewesen, aufzubrechen. Als der Bürgermeister und Ortsgruppenleiter dort am 28. Januar die Erlaubnis zum Aufbruch ausgab, die auch einen durch ihn ausgearbeiteten Evakuierungsplan mit dem Ziel Anklam enthielt, beschlossen die örtlichen Bauern auf einer Versammlung mehrheitlich, bei ihren Höfen zu bleiben und informierten die restliche Bevölkerung darüber per Laufzettel. Nur ein Drittel der lokalen Bevölkerung floh daraufhin, bevor sowjetische Einheiten den Ort am 4. Februar erreichten.[70]

Am 28. Januar 1945 war beim brandenburgischen Gauleiter/RVK somit das erste Mal die Evakuierungsanordnung für die östlichsten Teile der Region eingegangen. Im Zuge der Verlagerung der deutsch-sowjetischen Gefechtshandlungen in den Wehrkreis III hatte der Oberbefehlshaber der Heeresgruppe »Weichsel«, Himmler, den Befehl erteilt, ein auf 16 Kilometer begrenztes Gebiet westlich des Tirschtiegel-Riegels zu räumen.[71] Frauen und Kinder, unter ihnen nicht wenige, die erst im Jahr zuvor luftkriegsbedingt in diese Gegend evakuiert worden waren, hatten die Gegend zu verlassen. Die männliche Bevölkerung sollte hingegen vor Ort und Partei- und Polizeidienststellen sollten besetzt bleiben, um sich im Ernstfall den kämpfenden Einheiten anzuschließen.[72] Die hier vielerorts in der Landwirtschaft zur Zwangsarbeit eingesetzten polnischen Männer waren auf ausdrückliche Weisung Himmlers mit ihren Familien »nach Westen abzuführen«.[73] Tags zuvor hatte Himmler den Landräten der östlich der Oder gelegenen brandenburgischen Landkreise hierfür »bewährte [und, FJ] in Volkstumsfragen des Ostens erfahrene Beamte aus den geräumten Regierungsbezirken« in Aussicht gestellt. Angehörige der Volksdeutschen Mittelstelle (VoMi) hatten den »Flüchtlingsstrom aus dem Osten«, so Himmler, »in geordnete Bahnen [zu leiten]«.[74] Der Polizei wie auch den Einheiten Obergs fiel hierbei die Rolle zu, die westwärts ziehenden Trecks entsprechend zu kontrollieren und dabei auch dafür Sorge zu tragen, dass die einheimische Bevölkerung möglichst vor Ort und Hauptstraßen dem Militär vorbehalten blieben.[75]

70 Vgl. Bericht Leo Lotzkat, o. O. o. D., in: StB, AX 0825; vgl. auch Abschrift des Briefes von Lucie und Erna Eichler (aus der Gemeinde Zühlsdorf bei Arnswalde), Berlin-Frohnau vom 16.12.1945, in: ebd.; sowie vgl. Abschrift des Briefes von Ida Neuhaus vom 2.1.1946, in: ebd.
71 Damit setzte sich Himmler über die Weisungen des OKW hinweg. Keitel hatte angeordnet, nur östlich von Tirschtiegel zu evakuieren, und vorsorgliche Maßnahmen verboten. Vgl. KTB der HGrW, Telegramm des OKW, WFSt vom 28.1.1945, in: BArch F, RH 19/XV 2, Bl. 104 f.
72 Vgl. KTB der HGrW, Funkspruch des RFSS an 1. RMdI zu Hd. Stuckart, 2. Gauleiter/Oberpräsident Stürtz vom 28.1.1945, in: BArch F, RH 19/XV 2, Bl. 118 f.; vgl. auch Schreiben des Generalbevollmächtigten für die Reichsverwaltung, i. V. Stuckart, vom 23.1.1945 im Verteiler des RVK der Mark Brandenburg vom 3.2.1945, in: BLHA, Rep. ZA I Pol, 2318, Bl. 123.
73 Vgl. Fernschreiben des RFSS an 1. RMdI zu Hd. Stuckart, 2. Gauleiter/Oberpräsident Stürtz vom 28.1.1945, in: BArch F, RH 19/XV 2, Bl. 118 f.
74 Schreibens des RMdI, Himmler, vom 27.1.1945 im Verteiler des RVK Mark Brandenburg vom 28.1.1945, in: BLHA, Rep. ZA I Pol, 2318, Bl. 117; vgl. auch KTB der HGrW, Ernennung Obergs vom 23.1.1945, in: BArch F, RH19 XV/2.
75 Vgl. ebd.

Als die Freigaben zur Evakuierung für die Kreise Züllichau-Schwiebus und Meseritz-Schwerin endlich ergangen waren, konnten die wenigen Züge, die zur Evakuierung bereitgestellt wurden,[76] die zuvor hierhin geflüchtete wie auch die einheimische Bevölkerung allerdings nicht mehr vollständig abtransportieren. Zu spät auf den Weg gebracht und durch Schnee und Glätte stark behindert, wurden Flüchtlingstrecks daraufhin von den in hohem Tempo hinter ihnen ebenfalls westwärts drängenden Panzern der Roten Armee überrollt.[77] Wie der sowjetische Schriftsteller Wassili Grossman unterwegs dokumentierte, war die vor Ort angetroffene Bevölkerung nun der massiven Gewaltanwendung durch sowjetische Soldaten ausgesetzt.[78] Die Angehörigen der Roten Armee nahmen – nicht zuletzt am Reichtum der Häuser, die sie betraten, oder den dort gefundenen »Knipser«-Aufnahmen deutscher Kriegsverbrechen[79] – sehr genau wahr, dass sie die Vorkriegsgrenze erreicht hatten und das Territorium des militärischen Gegners betraten, der seit Jahren gegen sie und ihre Angehörigen einen Vernichtungskrieg führte.[80]

Zusätzlich zum Vormarsch sowjetischer Einheiten hatte sich der Luftkrieg über Brandenburg noch einmal intensiviert. Die Westalliierten trugen diesen bereits geraume Zeit über dem Berliner Umland aus. Anfang 1945 noch einmal verstärkt, griffen sie nun auch gezielt Transportzüge, -kolonnen, Rüstungsbetriebe und Bahnhöfe an. Nicht zuletzt die Detonationen der sich dort für die deutschen Fronten in Verladung befindlichen Kampfmittel führten zu Toten als auch zu umfangreichen Zerstörungen brandenburgischer Städte. An der Oder – und damit über »eigenem« Territorium – flog auch die deutsche Luftwaffe zum Monatswechsel Januar/Februar 1945 Angriffe, um den Vormarsch der sowjetischen Bodentruppen abzuwehren. Zusätzlich zur zunehmenden Gefahr aus der Luft und der dieser oft folgenden, kriegsbedingten Obdachlosigkeit und der Unterbringung in Sammelunterkünften hatte die brandenburgische Bevölkerung hinzunehmen, dass Stürtz Ende Januar 1945 – bei Temperaturen weit unter dem Gefrierpunkt – die Reduzierung des Stromverbrauchs anordnete.[81] Heizmaterial war in Brandenburg bereits seit Monaten Mangelware.[82]

76 Vgl. Hielscher, Kriegsende, S. 22.
77 Vgl. Noble, Nazi Rule, S. 205; Hielscher, Kriegsende, S. 18.
78 Vgl. Antony Beevor: Ein Schriftsteller im Krieg. Wassili Grossman und die Rote Armee 1941-1945, unter Mitarbeit von Luba Vinogradovna, München 2007, S. 400-402.
79 Vgl. Einträge vom 27., 28. und 30.1.1945, in: Gelfand, Deutschland-Tagebuch, S. 27-29. So fand bspw. der sowjetische Major Lukewitsch in einer Privatwohnung in Königsberg (Neumark) ein Fotoalbum, das Aufnahmen von Massenerschießungen in Belarus durch Angehörige eines Einsatzkommandos enthielt. Vgl. Brief und Aufnahmen, in: BArch ZStL, B 162/30120.
80 Vgl. Zeidler, Kriegsende, S. 135-143.
81 Vgl. Schreiben des Oberpräsidenten der Mark Brandenburg vom 27.1.1945, zit. n. Jürgen Pfeiler: »Der Krieg war plötzlich da.« Alltag westlich der Oder, Spree und Dahme zwischen Neujahr und Himmelfahrt 1945, in: Brandenburg im Jahr 1945, hg. von Werner Stang, Potsdam 1995, S. 84-105, hier S. 88.
82 Vgl. Schreiben des Landrates im Kreis Niederbarnim vom 20.9.1944, in: BLHA, Rep. 61 A NSDAP 574.

Lebensmittel gab es nur noch per Marke. Rationen wurden zusehends reduziert.[83] All diese Maßnahmen trafen die Bevölkerung hart. Das Ende Januar 1945 vielerorts ergangene Verbot, die frontbedrohten ostbrandenburgischen Kreise zu verlassen, sowie die Zerstörungen von Brücken und weiterer Infrastruktur durch sich zurückziehende deutsche Pioniereinheiten bedeuteten hingegen den Tod für Hunderte, die so gezwungen wurden, während der militärischen Kämpfe zu flüchten, nicht schnell genug vorankamen und dabei ins unmittelbare Gefechtsgeschehen gerieten. Kaum eine deutsche Region verzeichnete 1945 so viele Tote unter der Bevölkerung wie die brandenburgische Neumark östlich der Oder, deren Gebiet später Polen zugeschlagen werden sollte.[84] Hinzu kamen die Massenvergewaltigungen durch sowjetische Soldaten, vielfach ebenfalls mit Todesfolge, denen sich Frauen und Mädchen, die nicht hatten flüchten können, kaum entziehen konnten.[85]

Deportation und (Massen-)Mord

Während die Bevölkerung also entweder vor Ort festgehalten, zurückgeschickt oder zu spät evakuiert worden war, wurden als »frontbedroht« erachtete Gefängnisse und NS-Zwangslager hingegen geräumt. Als das östliche Gebiet Brandenburgs zum militärischen Operationsgebiet der Heeresgruppe »Weichsel« erklärt wurde, war die Situation im militärischen Hinterland somit dahingehend gekennzeichnet, dass der Gauleiter/RVK auf der einen Seite für Verbote bzw. zu spät angeordnete Evakuierungen der ostbrandenburgischen Bevölkerung verantwortlich war. Auf der anderen Seite ordnete Stürtz Evakuierungen von als »feindbedroht« erachteten Haftanstalten an und griff damit in die Belange der deutschen Justiz ein. Auch Heißmeyer muss Weisungen zu Räumungen erteilt haben, wie das Vorgehen in den sogenannten Arbeitserziehungslagern, die östlich der Oder lagen, im Folgenden verdeutlicht.

Östlich der Oder setzte bereits am 20. Januar im Kreis Meseritz (Międzyrzecz) die Auflösung des sogenannten Arbeitserziehungslagers in Brätz (Brójce) ein. Die Gefangenen wurden per Fußmarsch in das weiter westlich gelegene AEL »Oderblick« in Schwetig (Świecko) getrieben. Beide Zwangslager waren gemeinsam mit der Außenstelle in Schwiebus der Gestapostelle Frankfurt (Oder) unterstellt und dienten 1944/45 auch als erweiterte Polizeigefängnisse. Am 29. Januar 1945 trat das Gestapo-Personal aus Schwiebus den Rückzug an und erstattete dem an der Auffanglinie neben Oberg kommandierenden Reinefarth über die Frankfurter Dienststelle Meldung. Zuvor hatte

---

83 Vgl. Übersichten »Lebensmittelmengen auf Kartengrundlage« ab Zuteilungsperiode 72 (5.2.-4.3.1945), in: BLHA, Rep. 1 Oberpräsident Nr. 3738.
84 Vgl. Richard Bessel: The Shadow of Death in Germany at the Ende of the Second World War, in: Between Mass Death and Individual Loss, hg. von Alon Confino, Paul Betts und Dirk Schumann, Oxford 2020, S. 51-68, hier S. 61.
85 Vgl. Zeidler, Kriegsende.

es gemäß den Weisungen des RSHA noch zentrale Einrichtungen der Dienststelle wie den Fernschreiber zerstört.[86]

Ende Januar 1945 ging auch für das in Schwetig verortete AEL der Befehl zur Standortaufgabe ein. Zu diesem Zeitpunkt befanden sich dort circa 1.600 Gefangene – die Hälfte von ihnen war erst am Vortag aus Brätz eingetroffen. Viele der Gefangenen kamen ursprünglich aus Polen und der Sowjetunion und waren zuvor als Zwangsarbeitskräfte im Reich eingesetzt gewesen. Unter den im AEL Schwetig internierten Frauen hatten sich auch Jüdinnen befunden. Alle als »marschfähig« Erachteten trieb das Wachpersonal daraufhin über einen mehrwöchigen Fußmarsch nach Sachsenhausen, wo sie eine Nacht verblieben und dann nach Buchenwald weiterdeportiert wurden. Als »deutsch« selektierte Gefangene waren unterwegs in Frankfurt (Oder) auch aus der Kolonne genommen und, dem Befehl von Stürtz zum Festungsbau folgend, zu Schanzarbeiten zwangseingesetzt worden.[87] Weitere wurden bei Bauarbeiten am Potsdamer Flughafen zur Zwangsarbeit gebracht. Circa 70 als »marschunfähig« erachtete Gefangene wurden hingegen in Schwetig zurückgelassen und in der Krankenbaracke des Lagers niedergeschossen. Danach steckten die Täter die Baracke in Brand. Wenige Tage später fuhren Gestapo-Angehörige mit einem Trupp SS-Männer noch einmal auf das Lagergelände zurück, um die Spuren des Massakers zu beseitigen.[88]

Als die östlichsten Kreise Brandenburgs zum militärischen Operationsgebiet erklärt wurden, gingen auch bei der Leitung des Zuchthauses Sonnenburg erste Weisungen zur bevorstehenden Räumung ein. Am Abend des 30. Januars 1945 erteilte Stürtz für die Justizvollzugsanstalt den Räumungsbefehl.[89] Dieser umfasste jedoch nur den Abtransport von circa 150 der noch im Zuchthaus befindlichen circa 1.000 Gefangenen.[90] Vielmehr löste die Weisung die Ermordung der Mehrzahl der sich noch in Sonnenburg befindlichen Insassen aus.[91] Über 800 Männer wurden im Gefängnishof von einem Erschießungspeloton der Gestapostelle Frankfurt (Oder) ermordet, das vom Leiter der Dienststelle, Heinz Richter, aufgestellt worden war und dem SS-Hauptsturmführer, Wilhelm Nickel, unterstand.[92] Mitgefangene hatten die Leichen im Ge-

---

86 Vgl. KTB der HGrW, Funkspruch Reinefarth an RFSS und OB »Weichsel«, in: BArch F, RH 19/XV 2, Bl. 142.

87 Vgl. Rundruf Nr. 110 des Gauleiters der Mark Brandenburg an alle Kreisleiter (mit Ausnahme der Kreise Ost- und Westprignitz) vom 1. 2. 1945, in: BLHA, Rep. 75 Boswan Knauer, 80.

88 Vgl. Elisabeth Thalhofer: Entgrenzung der Gewalt. Gestapo-Lager in der Endphase des Dritten Reiches, Paderborn 2020, S. 223 f.

89 Vgl. Aussage Dr. jur. Eugen Eggensperger vom 25. 1. 1946, in: BArch ZStL, B 162/20728, Bl. 64-68, hier Bl. 68.; vgl. auch Tuchel, Todesurteile, S. 45.

90 Vgl. Aussage Richard Gerloff vom 6. 6. 1962, in: BArch ZStL, B 162/20728, Bl. 2.

91 Vgl. Aussage Walter Glasneck vom 22. 3. 1951, Kopie in: IPN, GK 162/887.

92 Vgl. Aussage Heinz Richter vom 19. 6. 1962, in: BArch ZStL, B 162/20728, Bl. 5-12, hier Bl. 7-10; Aussage Wilhelm Nickel vom 20. 6. 1962, in: ebd., Bl. 13-15, Aussage Friedrich-Karl Bauer vom 24. 5. 1966, in: ebd., Bl. 48-52, hier Bl. 48 f.; Queiser, Massaker; Hohenhagen, Massaker. Gerhard Paul verweist zudem darauf, dass der Umfang des brutalen Vorgehens in Sonnenburg reichsweit seinesgleichen suchte. Vgl. Gerhard Paul: »Die Erschießungen haben mich innerlich gar nicht

fängnishof aufzustapeln. Für das Spurenverwischen blieb den Tätern hier aufgrund der unsicheren Frontlage keine Zeit. Das Anstaltspersonal machte sich mit den restlichen 150 Insassen und den Familienangehörigen der Strafvollzugsbeamten auf den Weg in Richtung Babelsberg.[93] Von dort wurden die Gefangenen auf dem Wasserweg in das Elb-Lager Griebo weiterdeportiert, anschließend in das Strafarbeitslager Straguth bei Zerbst (Anhalt) gebracht und auf dem Zerbster Flugplatz zu schwerster Zwangsarbeit eingesetzt.[94]

Nordöstlich von Küstrin in Alt-Drewitz (Kostrzyn-Drzewice) befand sich das Kriegsgefangenenlager Stalag III C. Dieses unterstand seit Herbst 1944 dem HSSPF »Spree« in seiner Funktion als »Höherer Kommandeur der Kriegsgefangenen im Wehrkreis III«.[95] Zum Zeitpunkt der Standortaufgabe am 30. Januar war es noch mit schätzungsweise 2.000 Kriegsgefangenen der US-Bodentruppen, die im September 1944 an der Westfront aufgerieben worden waren, und 2.000 weiteren Kriegsgefangenen belegt. Die Wachmannschaften trieben die männlichen Gefangenen ebenfalls westwärts in Richtung Küstrin und dort über die gefrorene Oder. Dem Transport schloss sich auch die einheimische Zivilbevölkerung an.[96] Während die Mehrzahl der Kriegsgefangenen über einen tagelangen Fußmarsch nach Luckenwalde in das Stalag III A getrieben wurde, stieß eine Gruppe samt Wachpersonal auf einen sowjetischen Stoßtrupp. Nicht wissend, dass es sich um einen Gefangenentransport handelte, eröffneten die sowjetischen Panzer das Feuer. Daraufhin gab es Tote und Verletzte. Einige mutige Gefangene liefen dem Stoßtrupp trotzdem entgegen, um die sowjetische Einheit zu informieren. Sowjetische Soldaten befreiten die Kriegsgefangenen und schickten sie auf das Gelände des Stalags zurück, wo sie auf folgende Nachschub- und Versorgungseinheiten warten sollten. Für diese Männer bestand nun die Möglichkeit bzw. der Zwang zum erneuten Kriegseinsatz. Denn wie Richard Overy dargelegt hat, mobilisierte die Rote Armee im Hinterland ihrer Armeegebiete:[97] »Be-

---

mehr berührt.« Die Kriegsendphaseverbrechen der Gestapo 1944/45, in: Die Gestapo im Zweiten Weltkrieg. Heimatfront. und besetztes Europa, hg. von Gerhard Paul und Klaus-Michael Mallmann, Darmstadt 2000, S. 543-568, hier S. 557.

93 Aussage Richard Gerloff vom 6.6.1962, in: BArch ZStL, B 162/20728, Bl. 2.

94 Vgl. Aussage Walter Glasneck vom 29.9.1950, Kopie in: IPN, GK 162/885.

95 Vgl. Aussage des früheren HSSPF »Nordsee« (im Wehrkreis X), Georg-Henning Graf von Bassewitz-Behr, vom 20.4.1947, in: AA, 5.1/82325119-32, hier 82325128-41. Seit Oktober 1944 unterstand mit dem Ersatzwesen der Wehrmacht auch das Kriegsgefangenenwesen der SS.

96 Vgl. Tony Le Tissier: The Siege of Küstrin, 1945. Gateway to Berlin, Barnsley 2009, S. 10.

97 Vgl. Bericht des Sohns von Sgt. Gordon Pack, James Pack, der die Erlebnisse seines Vaters anhand von Gesprächen dokumentiert hat, o. O. o. D., in: The Wartime Memories Project – STALAG 3c POW camp. Online unter: https://web.archive.org/web/20130821040651/http://www.wartimememories.co.uk/pow/stalag3c.html (letzter Zugriff am: 29.9.2024); Bericht von William P. Hall: Escape From III-C, o. O., o. D. Online unter: https://web.archive.org/web/20081203021424/http://www.rb-29.net/HTML/52E(Speed)Homan/52.RelatedStories/52.RStory02.02.htm (letzter Zugriff am: 24.9.2024); Bericht von Maurice J. A. Markworth: All Hell Can't Stop Us, o. O. 1968. Online unter: https://web.archive.org/web/20150605180828/http://www.coulthart.com/134/

freite Kriegsgefangene wurden ebenso herangezogen wie russische Zwangsarbeiter, die in vielen Fällen nur unzulängliche oder gar keine militärische Ausbildung besaßen.«[98] Über den Verbleib der Wachmänner des Stalag III C finden sich widersprüchliche Angaben, die besagen, dass die Wachen entweder geflohen oder zusammengetrieben und noch vor Ort erschossen wurden.

Aufgrund der vielerorts durch die regionalen und lokalen Instanzen zu spät erteilten oder nicht weitergegebenen Räumungsbefehle überlagerte sich im Osten Brandenburgs zum Monatswechsel Januar/Februar 1945 vielerorts nicht nur das Flucht- mit dem Kriegsgeschehen – mit katastrophalen Konsequenzen für die Fliehenden. Weil die weiter westwärts verschleppten Gefangenen nicht rechtzeitig auf den Weg gebracht wurden, bestand ebenfalls die Gefahr des Zusammentreffens der sowjetischen Voraustrupps mit den Deportationstransporten. Wie der Fall des Kriegsgefangenentransportes aus Alt-Drewitz verdeutlicht, überlagerten sich mitunter beide Schauplätze – der (Ost-)Kriegsschauplatz und die als »innerer Kriegsschauplatz« von der SS/Polizei gefassten NS-Zwangslager – und es kam zu Gefechten. Mit dem Verbot, sowohl die Gefangenen- als auch Flüchtlingstrecks rechtzeitig auf den Weg zu bringen, hatten Militärbefehlshaber wie Keitel und Himmler, SS/Polizei-Führer wie Heißmeyer, Oberg oder Reinefahrt in Zusammenarbeit mit NS-Funktionären wie Stürtz den Tod vor allem der Gefangenen, aber auch der Bevölkerung wissentlich in Kauf genommen. Aufgrund des Verbots, Züge, Kolonnen, aber auch Ortschaften mit einem roten Kreuz oder weißen Fahnen kenntlich zu machen – auch, um sie vor alliierten Luftangriffen zu schützen[99] – erreichten und überrollten die Stoßtrupps der gegnerischen Bodentruppen die Transporte oder griffen sie, wenn von den Wachmannschaften beschossen, auch an. Anders verhielt es sich allerdings im Hinblick auf den Komplex Sachsenhausen. Das westlich der Oder bei Berlin gelegene Konzentrationslager hatte mit der Alarmausgabe am 31. Januar 1945 den Befehl zur Vorbereitung der Evakuierung erhalten, obwohl die gegnerischen Einheiten sich weit mehr als 20 Kilometer entfernt befanden.

4.3 Alarmausgabe

Die östlichsten Teile Brandenburgs waren, wie aufgezeigt, am 28. Januar erstmalig zum militärischen Operationsgebiet erklärt worden. In Reaktion auf den zügigen Vormarsch der Roten Armee setzten in den folgenden Tagen in der gesamten Region Berlin-Brandenburg Sicherungs- und Verteidigungsmaßnahmen ein. Bereits am 31. Januar

---

markworth.htm (letzter Zugriff am: 24.9.2024); Bericht des ehemaligen Kriegsgefangenen Harold Marsh, o.O. o.D., in POW Stories. Online unter: http://www.pegasusarchive.org/pow/harold_marsh.htm (letzter Zugriff am: 24.9.2024).
98 Overy, Krieg, S. 409.
99 Vgl. exempl. Funkspruch von Gen.-Feldmarschall Kesselring an den Befehlshaber der 11. Armee vom 17.4.1945, in: PRO, HW 5/706.

»erreichten panzerstarke sowjetische Vorausabteilungen die Oder und standen vor der ›Haustür‹ Berlins, nur rund 60 Kilometer von der Reichshauptstadt entfernt«.[100] Dort herrschte daraufhin, wie Magnus Pahl dargelegt hat, »Alarmstimmung«:

> »Berlin war mit seinen zentralen Regierungsstellen sowohl das politische Gravitationszentrum des Dritten Reiches als auch der militärische Dreh- und Angelpunkt. Die wichtigsten Kommandobehörden lagen entweder direkt in der Stadt (Führerhauptquartier, Oberkommando der Wehrmacht) oder in deren Weichbild (Oberkommando des Heeres in Zossen, Oberkommando der Luftwaffe in Wildpark-Werder bei Potsdam).«[101]

Gleiches galt für die Zentralen der SS/Polizei, die sich in Berlin befanden oder Abteilungen aufgrund des Luftkrieges bereits in das Brandenburger Umland evakuiert hatten – also für das RSHA, das SS-Führungshauptamt (FHA) und das SS-WVHA sowie dessen Amtsgruppe D in Oranienburg:

> »Die sowjetischen Truppen bedrohten diese Stellen unmittelbar. In aller Eile kratzten die verschiedenen Kommandostellen buchstäblich alles zusammen, was die Oderfront verteidigen konnte. Die Luftwaffe zog einen Großteil ihrer Flakkräfte für den Erdkampf ab und verlegte sie an die Oder. Die Schulen des Ersatzheeres mobilisierten Lehrpersonal und Lehrgangsteilnehmer und stellten daraus Kampfgruppen auf, Parteidienststellen beorderten Volkssturm- und Hitlerjungeneinheiten an die Oder.«[102]

Die Mobilisierungsmaßnahmen vom 31. Januar 1945 unter dem Stichwort »Scharnhorst« betrafen die gesamte SS/Polizei im Wehrkreis III.[103] Auch am SS-Standort Oranienburg-Sachsenhausen trafen diesbezüglich Weisungen ein.[104] Die Aus-

---

100 Pahl, Heere, S. 238.
101 Ebd., S. 250.
102 Ebd.
103 Astrid Leys Interpretation zufolge trafen am 31. Januar 1945 sowohl der Chef der Amtsgruppe D, Glücks, als auch der Kommandant des KL Sachsenhausen, Kaindl, mit Himmler in der Feldkommandostelle des RFSS zusammen. Kaindl führte in seinen Nachkriegsaussagen aus, er habe dort von Glücks mündliche Weisungen erhalten. Vgl. Ley, Verbrechen, S. 44 f. In dem akribisch geführten Dienstkalender des RFSS ist kein derartiges Zusammentreffen vermerkt. Himmler befand sich zu diesem Zeitpunkt in der Nähe der NS-Ordensburg Krössinsee in Pommern. Vgl. Uhl u. a., Dienstkalender, S. 1016. Vielmehr ist davon auszugehen, dass es sich bei den – Mitte der 1950er Jahre getätigten – Aussagen, die Ley für ihre Untersuchung heranzieht, um Entlastungsbehauptungen der Sachsenhausener Kommandanturangehörigen handelt, die dazu dienten, nachträglich eine Befehlskette zu konstruieren. Vgl. exempl. Aussage Heinrich Wessel vom 18.10.1956 und Aussage August Höhn vom 1.10.1956, Kopie in: GUMS, JD 1/11.
104 Befehle zu Standortaufgaben des WVHA-Komplexes Sachsenhausen wurden 1945 sowohl mündlich als auch schriftlich erteilt. Vgl. Weigelt, Judenmord, S. 269. Zur Kommunikation

gabe der Mobilmachungs- bzw. Alarmstichwörter für die SS/Polizei lag bei Himmler selbst und seinen territorialen Stellvertretern – den HSSPF. Hierfür waren mit den bis 1944 entwickelten Mobilisierungsplänen die Grundlagen geschaffen worden.[105] Sie basierten außerdem auf der Weisung Himmlers zum »A-Fall«, die er am 17. Juni 1944 ausgegeben und im Hinblick auf die Verlagerung der Ostfront im Januar 1945 noch einmal bekräftigt hatte.

»A-Fall« im Wehrkreis III

Das Übertreten der Oderlinie durch Stoßtrupps der sowjetischen Infanterie und deren Einrichtung eines ersten Brückenkopfes am Westufer am 31. Januar 1945 galt für den Wehrkreis III als Invasions- bzw. Verteidigungsfall. Getrieben von der Sorge, dass der erfolgreichen Invasion sowjetischer Bodentruppen in das brandenburgische Gebiet westlich der Oder auch ein großflächiges Absetzen von alliierten Luftlandetruppen anschließen würde, erfolgte am selben Tag die als »A-Fall« konzipierte Alarmausgabe.[106] Innerhalb der SS/Polizei galt insbesondere die Bekämpfung von Luftlandetruppen und Fallschirmjägern der militärischen Gegner seit 1942 als »Alarm-Fall«. Auf die Ausgabe vom 31. Januar folgte daher die Mobilisierung sicherheitspolizeilicher Fahndungen. Hierfür lagen Alarmpläne und Listen zu Funkverbindungen vor, nach denen Polizeirazzien in als bedroht erachteten Gebieten auszulösen und während des Alarmzeitraums durchzuführen waren. Mobile Einsatzgruppen hatten nun das westliche Ufergebiet der Oder zu patrouillieren.[107] Die deutsche Frontaufklärung sah sich gleichzeitig damit beschäftigt, »ein Agentennetzwerk entlang der Oder aufzuziehen«.[108]

An die Ausgabe des »A-Fall«-Alarms war die Übergabe der Befehlsgewalt über alle SS/Polizei-Angehörigen im Wehrkreis III, die sich nicht im Fronteinsatz befanden, an den HSSPF gekoppelt. Der Sicherungsalarm galt, wie Himmler wenige Tage zuvor mehrfach bekräftigt und wie der britische Geheimdienst abgefangen hatte, darüber hinaus insbesondere für die im Hinblick auf die Landung alliierter Luftlandetruppen als besonders sicherungswürdig erachteten Konzentrationslager:

»Camp commands continue responsible to the WVHA for all general administrative matters except during alert periods (A-Fall), when the HSSPF (Hohere [sic!] SS un [sic!] Polizei Führer) assumes complete control of Concentration camps in

von als »geheim« klassifizierten Befehlen innerhalb der SS/Polizei vgl. das Schreiben des BdO beim HSSPF »Spree« im WK III vom 6.3.1945, in: BLHA, Rep. 61 NSDAP 574.
105 Vgl. Tino Jacobs: Himmlers Mann in Hamburg. Georg Henning Graf von Bassewitz-Behr als Höherer SS- und Polizeiführer im Wehrkreis X 1943-1945, Hamburg 2001, S. 108-111.
106 Vgl. Pahl, Heere, S. 251f.
107 Vgl. Befehl des SS-Hauptamtschefs vom 31.1.1945, Stichwort: »Scharnhorst«, in: BArch B, NS 34/20.
108 Pahl, Heere, S. 251.

his Wehrkreis and the Camp Commandants become members of his staff. The HSSPF is, henceforth, responsible for the military security (militärische Sicherung) of all Concentrations Camps and Work Camps (Arbeitslager) in his district with the exception of Special Purpose Camps (Sonderlager) and Political Sections (Politischen Abteilungen).«[109]

Am 20. Januar 1945 war Himmler von Hitler mit der Aufstellung der Heeresgruppe »Weichsel« betraut worden. In mehreren Fällen hatte er daraufhin den ihm direkt unterstellten HSSPF die Befehlsgewalt über die Konzentrationslagerwachmannschaften in ihren Wehrkreisen übertragen. Die Kriegslage wie auch die eigene Eingebundenheit in das militärische Geschehen an der Ostfront antizipierend, leitete er vorsorglich Änderungen in der Verwaltung der Konzentrationslager ein.[110] So auch hinsichtlich des HSSPFs »Spree« im Wehrkreis III, der die konkreten, Sachsenhausen betreffenden Alarmausgaben daraufhin mit der »Scharnhorst«-Mobilisierung verband.[111] Gemäß den Weisungen Heißmeyers vom 31. Januar 1945 befanden sich mit der Alarmausgabe somit sämtliche im Wehrkreis III (Berlin/Brandenburg) befindlichen Offiziere, Unterführer und Männer der SS/Polizei sowie die Kreisleiter der gesamten Provinz Mark Brandenburg in höchster Alarmbereitschaft, das heißt im Dauerdienst. Nachts hatten sie auf ihren Dienststellen zu bleiben.[112] Die Befehlsgewalt über die Sicherung des Konzentrationslagers unterstand nun dem HSSPF.[113]

»Scharnhorst«-Alarm in Sachsenhausen

In Reaktion auf das Vordringen und erstmalige Übertreten der Oder durch Stoßtrupps der sowjetischen Infanterie am 31. Januar 1945 war die »Scharnhorst«-Ausgabe erfolgt. Neben den Angehörigen der Konzentrationslagerkommandantur wurden auch die Wachmannschaften – kriegsbedingt bereits seit Herbst 1944 Kaindl bzw. stell-

---

109 Vgl. übersetzter Funkspruch vom 13.1.1945, Abschrift des C.I.M. in den Unterlagen der United Nations War Crimes Commission (UNWCC), Summary of Information No. X vom 30.6.1945, in: PRO, WO 309/217; C.I.M. No. 1 vom 20.1.1945 nach Aussage Joseph Leniewsky vom 3.6.1947, in: AA 5.1/82325133.
110 Vgl. Aussage Joseph Leniewsky vom 3.6.1947, in: AA, 5.1/82325133.
111 Vgl. Befehl des SS-Hauptamtschefs vom 31.1.1945, Stichwort: »Scharnhorst«, in: BArch B, NS 34/20. Vgl. auch Aussagen des früheren HSSPF »Nordsee«, von Bassewitz-Behr, zum »A-Fall« vom 17.2.1946, in: PRO, WO 309/408, S. 4; sowie Aussagen von Bassewitz-Behr vom 12.8. und 15.8.1947, in: PRO, WO 235/389, S. 43 und S. 68.
112 Vgl. Abschrift des Schreibens des BdO Brandenburg beim HSSPF »Spree« vom 10.3.1945, in: BLHA, Rep. 41 Klaudiushof 29.
113 Ich gehe allerdings davon aus, dass Heißmeyer die Befehlsgewalt für den »A-Fall« von Himmler vorsorglich bereits am 20. Januar übertragen bekommen hatte, als der RFSS die Befehlsführung der Heeresgruppe Weichsel von Hitler übernommen hatte.

vertretend August Kolb unterstellt[114] – und sonstigen Mitglieder der Waffen-SS am Standort Oranienburg in Alarmbereitschaft versetzt. In den Abendstunden des letzten Januartages gab Kaindl als SS-Standortältester den Abteilungsleitern in Sachsenhausen sowie den Einheits- bzw. Kompanieführern des dortigen Wachbataillons die Auslösung des Alarms bekannt.[115] SS-Angehörige, die sich zu diesem Zeitpunkt nicht an ihren Dienststellen befanden, erfuhren vom »Scharnhorst«-Alarm über das Radio.[116]

Entgegen den bisher in historischen Untersuchungen zum Ende des Konzentrationslagers Sachsenhausen 1945 ventilierten Interpretationen war die Auslösung von Evakuierungs- und Deportationsmaßnahmen nicht Bestandteil der »Scharnhorst«-Mobilisierung.[117] Innerhalb dieses SS-Komplexes galt »Scharnhorst« nur für die Außenlager Lieberose-Jamlitz und Wulkow als Evakuierungsalarm und stand dort – wie weiter unten darzulegen sein wird – im Zusammenhang mit der Umnutzung der Gelände zu militärischen Zwecken. Vielmehr war Kaindl am Abend des 31. Januar 1945 mit den

---

114 Vgl. Sonderbefehl des Kommandanten des KL Sachsenhausen vom 19.9.1944, in: RGVA, 1367/1/60, Bl. 26.
115 Vgl. Aussage August Höhn vom 6.7.1956, in: BArch BStU, RHE-West 330/1, Bl. 75; Aussage Heinrich Wessel vom 18.10.1956 und Aussage August Höhn vom 1.10.1956, Kopie in: GUMS, JD 1/11; Urteilsschrift des Schwurgerichts beim Landgericht Düsseldorf vom 15.10.1960, Kopie in: GUMS, LAG XX III/17; Ermittlungsergebnis der StA beim Landgericht Stade vom 15.10.1962, in: BArch ZStL, B 162/1907, Bl. 351-353. Vgl. Bericht Jaroslav Purš vom 5.5.1964, in: GUMS, LAG XXVI/6/106, S. 2.
116 Vgl. Aussage Horst Hempel vom 23.8.1946, Kopie in: GUMS, JSU 1/17/2, Bl. 162.
117 Zur Interpretation des »Scharnhorst«-Ausrufes als Evakuierungsalarm vgl. Knop/Schmidt, KZ Sachsenhausen, S. 25. Weitere Forschungsarbeiten stützen sich auf die von Knop und Schmidt getätigte Quelleninterpretation. Vgl. exempl. Hördler, Ordnung, S. 449; Irmer, Fürstenberg/Oder, in: Benz/Distel, Ort des Terrors (Bd. 3), S. 117-180, hier S. 178. Obwohl Andreas Weigelt bereits auf die Planung von drei Alarmstufen verweist, ignorierte er in seiner Studie, dass es sich bei »Scharnhorst« und »Blücher« um militärische Mobilmachungsstichwörter handelt, und interpretiert »Scharnhorst« stattdessen als erste Räumungsstufe. Vgl. Weigelt, Judenmord, S. 264. Die Fehlinterpretationen lassen sich einerseits auf die mangelnde Auseinandersetzung mit der konkreten militärischen Lage und den die Räumungen auslösenden Mobilisierungsplänen sowie andererseits auf die Aussagen, die frühere Angehörige des Kommandanturstabes in den 1950er und -60er Jahre tätigten, zurückzuführen. »Scharnhorst« diente den ehemaligen Angehörigen der Kommandantur in den Prozessen dieser Zeit als Entlastungsstrategie. Zu dem konkreten im Januar 1945 von der KL-Leitungsebene erstellten Alarmplan schwiegen die an der Ausarbeitung beteiligten Männer mehrheitlich, warnten sich Anfang der 1960er Jahre gegenseitig und sprachen sich bezüglich ihrer Aussagen auch untereinander ab. Vgl. exempl. Verhörprotokoll Alfred Klein vom 18.5.1962, Kopie in: GUMS, NL 6/28/2. Wie die milden Urteile oder Freisprüche verdeutlichen, hatten sie damit Erfolg. Vgl. Urteilsschrift vom 15.10.1960 des LG Düsseldorf 8 KS 2/59, Kopie in: GUMS, LAG XX III/17; vgl. auch StA-Ermittlungsergebnis beim LG Stade vom 15.10.1962, in: BArch ZStL, B 162/1907, Bl. 351-353. Zu der durch zunehmend mildere Urteile gekennzeichneten Phase der Nachkriegsprozesse 1958-1968, vgl. Hans-Christian Jasch und Wolf Kaiser (Hg.): Der Holocaust vor deutschen Gerichten, Ditzingen 2017, S. 94-158. Zu Falschaussagen von NS-Täter:innen vgl. Eva Mona Altmann: Das Unsagbare verschweigen. Holocaust-Literatur aus Täterperspektive. Eine interdisziplinäre Textanalyse, Bielefeld 2021.

Führern der Wachkompanien zusammengetroffen, um ihnen neben der Alarmausgabe Anweisungen bezüglich der militärischen Sicherung sowie das neue Unterstellungsverhältnis unter den HSSPF »Spree« bekanntzugeben.[118] Auf der Grundannahme der SS/Polizei basierend, dass den Luftangriffen Gefangenenaufstände folgen würden, verhängte die Kommandantur Lagersperre.[119] Die Angehörigen der Wachmannschaften – auch die in den Außenlagern tätigen Aufseherinnen – wurden darüber in Einsatzbereitschaft versetzt. Urlaub konnte zu diesem Zeitpunkt nur stundenweise bei der Kommandantur beantragt werden. Besuche waren verboten. Sich nicht am Standort befindliche Kommandanturangehörige wurden zurückberufen. Die Zivilangestellten der Baufirmen und sonstigen im Konzentrationslager tätigen Firmen konnten das Lager nur mit besonderem Passierschein wieder verlassen. Für sie waren Unterbringung und Verpflegung sicherzustellen.[120] Die für den Fall der kriegsbedingten Standortaufgabe vorbereiteten Evakuierungsrichtlinien waren zu überprüfen.[121] Für den als »Evakuierung« gefassten Vorgang – den sogenannten »SS-« oder »Eva-Fall« – des geordneten Absetzens bzw. als militärisch konzipierten Rückzugs der Oranienburger SS-Angehörigen, zu dem auch die (erneute) Verschleppung der in Sachsenhausen und seinen Außenlagern befindlichen Gefangenen gehörte, lag ein zuvor ausgearbeitetes Prozedere vor, das drei Stufen und dementsprechend drei weitere Alarm-Stichwörter vorsah.

Evakuierungspläne

Für den Fall, dass sich das Kriegsgeschehen den Standorten des Komplexes Sachsenhausen nähern sollte, arbeitete die Kommandantur auf Anordnung des SS-WVHA seit Anfang Januar 1945 an konkreten Evakuierungsplänen. Die deutsche Militäraufklärung hatte den Beginn der nächsten sowjetischen Großoffensive für Mitte Januar 1945 vorausgesagt.[122] Sowohl Pohl als auch Heißmeyer hatten Kaindl daher

118 Vgl. Ausführungen im StA-Ermittlungsergebnis beim LG Stade vom 15.10.1962, in: BArch ZStL, B 162/1907, Bl. 351-353.
119 Am 31. Januar gab sowohl die Feldkommandostelle Himmlers als auch der HSSPF »Spree« Heißmeyer »Scharnhorst«-Alarm für den Wehrkreis III aus. Vgl. Befehl des SS-Hauptamtschefs vom 31.1.1945, in: BArch B, NS 34/20; vgl. auch Urteilsschrift des Schwurgerichts beim Landgericht Düsseldorf vom 15.10.1960, Abschrift in: GUMS, LAG XX III/17, S. 193; Ermittlungsergebnis der StA beim Landgericht Stade vom 15.10.1962, in: BArch ZStL, B 162/1907, Bl. 351-353.
120 Zur Lagersperre für durch die Ostfront »bedrohte« Konzentrationslager 1945 vgl. Sonderbefehl der Kommandantur des KL Stutthof vom 21.1.1945, in: GUMSt, I-IB-3. Zur Sicherung der Konzentrationslager vor Luftlandetruppen oder -angriffen vgl. Schreiben der Amtsgruppe D im WVHA betr. »Luftschutzmaßnahmen in den Konzentrationslagern und bei den Außenlagern, Bezug: Kommandantenbesprechung am 3.5.1944«, vom 9.5.1944, in: AA, 1.1.0.6./82339496.
121 Vgl. Mobilmachungsbuch für die Zivilverwaltungen (1939), in: BArch F, RW 19/944, S. 9.
122 Einschätzung der sowjetischen Operationsmöglichkeiten durch die Abteilung Fremde Heere Ost (I) im Generalstab des Heeres vom 5.1.1945, abgedr. in: Gerhard Förster und Richard Lakowski:

Weisungen erteilt, ein konkretes Prozedere auszuarbeiten und sich hierfür Anfang Januar auch persönlich mit Himmler besprochen.¹²³ Mitte Januar hatte Himmler bezüglich der in Sachsenhausen befindlichen Zeug:innen Jehovas außerdem die Weisung erteilt, mit Ausnahme der tschechischen, alle als »Bibelforscher« internierten Gefangenen zu entlassen. Aus seiner Sicht sollte dies in feierlicher Form erfolgen, »um gerade damit im Ausland beste politische Wirkung zu erzielen«.¹²⁴ Darüber hinaus sollte so in den Außenkommandos eingesetztes Wachpersonal für den Fronteinsatz freiwerden.

Zur Erstellung eines Rückzugs- und Räumungsplans für die Waffen-SS des Komplexes Oranienburg-Sachsenhausen und insbesondere für den Abtransport der großen Zahl an Gefangenen wurde der Kommandantur in Sachsenhausen neben den in Hamburg angefertigten Plänen zum »SS-Fall« auch ein Erfahrungsbericht, der die Abläufe von bereits vollzogenen Auflösungen von Konzentrationslagern zusammenfasste, vorgelegt. Die Amtsgruppe D des WVHA hatte den Bericht ausgearbeitet und an die verbliebenen und nun ebenfalls als bedroht erachteten Konzentrationslager ausgegeben.¹²⁵ Als Verfasser kann hierbei aller Wahrscheinlichkeit nach Rudolf Höß gelten. Der Leiter der Abteilung D1 hatte auf Befehl seines Vorgesetzten, Glücks, Konzentrationslagerräumungen und dabei insbesondere auch die »seines« (ehemaligen) Komplexes Auschwitz zu überwachen – Höß entwickelte sich spätestens ab Januar 1945 zum diesbezüglichen Ansprechpartner und internen Räumungsexperten der Amtsgruppe D.¹²⁶ Da der in seiner Funktion als Reichsverteidigungskommissar

1945. Das Jahr der endgültigen Niederlage der faschistischen Wehrmacht. Dokumente, Berlin 1975, S. 84-87, hier S. 86.
123 Am 5. Januar 1945 traf sich Himmler in seiner Feldkommandostelle mit Heißmeyer, Pohl und Otto Hofmann. Hofmann war HSSPF im Wehrkreis XX, wo sich die Gefangenen des bereits evakuierten KL Natzweiler befanden. Vgl. Uhl u. a., Dienstkalender, S. 990 f. Andreas Weigelt gibt hingegen an, dass Himmler Anfang Januar 1945 alle wichtigen SS-Führer des Gaus Berlin zu sich berufen habe und auch Kaindl zu der Beratung dazugekommen sei. Vgl. Weigelt, Judenmord, S. 262. Ein derartiges Treffen ist in dem Dienstkalender Himmlers hingegen nicht vermerkt. Hierbei ist von einer Falschaussage Kaindls auszugehen, mit der vielmehr eine eindeutige Befehlskette zum Ziel der eigenen Entlastung konstruiert wurde. Vgl. Aussage Anton Kaindl vom 11. 10. 1946, Kopie in: GUMS, JSU 1/15/2, Bl. 206-208.
124 Brief Himmlers an die Witwe Reinhard Heydrichs, Lina Heydrich vom 14.1.1945, abgedr. in: Heiber, »Reichsführer!«, S. 301.
125 Der Bericht gab die Vorgänge auf den Räumungstransporten wieder. Vgl. Aussage August Höhn vom 30. 9. 1965, zit. n. Weigelt, Judenmord, S. 290. Laut Knop und Schmidt bestimmte dieser Bericht das Vorgehen folgender KL-Räumungen. Vgl. Knop/Schmidt, Sachsenhausen, S. 22.
126 Höß war seit November 1943 Amtschef der Abteilung DI des SS-WVHA. In dieser Funktion war er innerhalb der Amtsgruppe D des SS-WVHA für Räumungsfragen verantwortlich, wie er nach dem Krieg selbst darlegte: »Als Pohl bei der Räumung von Auschwitz von Baer keine Meldung bekam, jagte er mich nach Schlesien, um nach dem Rechten zu sehen.« Autobiografische Aufzeichnungen Höß, Krakau 1946, in: Rudolf Höss: Kommandant in Auschwitz. Autobiografische Aufzeichnungen, hg. von Martin Broszat, München 1998 (Erstausgabe: 1958),

mit Sicherungs- und Verteidigungsfragen ebenfalls beschäftigte Berliner Gauleiter, Goebbels, bzw. sein Stellvertreter, Gerhard Schach, die große Zahl der in Berlin-Brandenburg zur Zwangsarbeit eingesetzten Gefangenen als Sicherheitsrisiko für die Reichshauptstadt ansah, war im Januar auch von dort die Aufforderung, deren Abtransport vorzubereiten, ergangen.[127] Den gesamten Monat über traf das leitende Personal Sachsenhausens daraufhin sonntags mit den Verbindungsführern der übergeordneten Instanzen zu Besprechungen im Oranienburger SS-Kasino zusammen.[128] Neben den Abteilungsleitern nahmen auch weitere SS-Führer an den Besprechungen teil.[129]

Die außerplanmäßigen Sitzungen fanden statt, um einen dreistufigen Plan zur Evakuierung des SS-Standortes unter Mitführung der Insass:innen auszuarbeiten. Dieser orientierte sich an den Evakuierungskonzeptionen der Wehrmacht und sah Vorausmaßnahmen vor, sollte das Gebiet um das Hauptlager zum militärischen Operationsgebiet erklärt werden.[130] In dem als »Spannungszeit« bezeichneten Zeitraum erhöhter Alarmbereitschaft, der aufgrund der möglichen Invasion eines militärischen Gegners ausgerufen werden sollte, waren Gefangenenanstalten zu räumen. Die bereits in den 1930er Jahren entwickelten Richtlinien lagen den in der Nähe der Reichsgrenzen lokalisierten Gefängnissen vor.[131] 1944 arbeitete der HSSPF »Nordsee« diese auch im Hinblick auf die Konzentrationslager der SS aus und legte sie der SS/Polizei-Führung und den Reichsverteidigungskommissaren der angrenzenden Wehrkreise vor.[132] Anfang 1945 wurden diese »Mob-Pläne« durch den Chef der Ge-

---

S. 141. Höß war auch bei den Räumungen von Groß-Rosen (Januar 1945), Sachsenhausen und Ravensbrück (beide April 1945) zugegen. Vgl. ebd., S. 142.

127 Vgl. Verhörprotokoll Ludwig Rehn vom 23.10.1946, Kopie in: GUMS, JSU 1/23/1, Bl. 126 f. Vgl. auch Weigelt, Judenmord, S. 262. Während für den 31. Januar 1945 ein Telefonat mit seinem brandenburgischen Kollegen, Stürtz, festgehalten ist, lassen sich in dem vom deutschen Propagandaminister und Berliner Gauleiter, Goebbels, auch im Januar 1945 noch akribisch geführten Tagebüchern diesbezüglich keine Einträge finden. Vgl. Elke Fröhlich (Hg.): Die Tagebücher von Joseph Goebbels, Diktate 1941-1945, Bd. 2/15: Januar-April 1945, München 1995, S. 278-285. Da Gerhard Schach aufgrund der vielfältigen Führungsposten und Tätigkeitsfelder, die Goebbels innerhalb des NS-Regimes 1945 bekleidete, die Tätigkeiten des Gauleiters weitestgehend übernommen hatte, ist davon auszugehen, dass Schacht hier selbstständig aktiv wurde. Darüber hinaus kannte er Sachsenhausen auch aus eigener Erfahrung, da er zusammen mit Bormann vor Ort an einer Führung durch Teile des Konzentrationslagers teilgenommen hatte. Vgl. Aussage Anton Kaindl vom 18.6.1946, in: AA, Dok-ID. 1.1.0.6 / 82338850-60, hier S. 82338852.

128 Vgl. Urteilsschrift des Schwurgerichts beim LG Düsseldorf vom 15.10.1960, Kopie in: GUMS, LAG XX III/17, S. 192 f.

129 Vgl. StA-Ermittlungsergebnis beim LG Stade vom 15.10.1962, in: BArch ZStL, B 162/1907.

130 Vgl. Verhörprotokoll August Höhn vom 30.7.1946, Kopie in: GUMS, JSU 1/15/2. Zum »Mob-Plan« der SS vgl. auch Jacobs, Mann, S. 108 f.

131 Anlage 5 zu den Räumungsrichtlinien vom 11.6.1934, Sonderanweisung für die Justizverwaltung, in: BArch F, RW 19/2414, S. 9.

132 Vgl. Jacobs, Mann, S. 108 f.

stapo, Müller, auch der Kommandantur in Sachsenhausen vorgelegt, die daraufhin eigene Pläne auszuarbeiten hatte.[133] Der in Absprache mit der Amtsgruppe D des WVHA und dem HSSPF daraufhin ausgearbeitete Plan sah unterschiedliche Alarmstufen vor. Diese sollten je nach Geschwindigkeit des militärischen Gegners und der Größe der Einbruchsstellen an der Oder – dies bekräftigt nicht zuletzt deren Wortwahl[134] – ausgegeben werden.

Bei Ausgabe der Stufe I (Stichwort: »Flut«) hatten sich die SS-Offiziere im Lager einzufinden. Diese Stufe galt als allgemeiner Alarmzustand.[135] Die Gefangenen sollten hierbei vor Ort in den Haupt- und Außenlagern verbleiben und nicht zu den jeweiligen Zwangsarbeitsstellen ausrücken. Stufe II (Stichwort: »Hochwasser«) sah vor, dass sich alle SS/Polizei-Angehörigen, die ihren Dienst im Oranienburger Hauptlager versahen, marschbereit einzufinden hatten. Das Lagerpersonal hatte mit wenigen Privatsachen anzutreten.[136] Privatgüter sollten nur in beschränktem Maße mitgeführt werden und waren durch die zuständigen SS-Führer zu überprüfen.[137] Die Gefangenen waren aufzustellen und für den Abtransport auf angeforderte und bereitgestellte Züge zu verteilen. Gleichzeitig war die Hinrichtung bestimmter Gefangener vorzunehmen.[138] Wachmannschaften und Gefangene der Außenlagerstandorte sollten hingegen vor Ort bleiben und gegebenenfalls von dort aufbrechen. Bei Ausgabe der Stufe III (Stichwort: »Dammbruch«) war die sofortige Standortaufgabe einzuleiten.[139] Als Evakuierungsziel war Mitteldeutschland vorgesehen.[140]

Die für Sachsenhausen im Januar 1945 erstellten und sowohl Heißmeyer als auch dem Chef der Amtsgruppe IV im RSHA, Müller, und dem Chef der Amtsgruppe D im WVHA, Glücks, vorgelegten Pläne fokussierten im Falle von Frontnähe auf den Abtransport

---

133 Gemäß den Nachkriegsaussagen Kaindls hatte Müller Vorgaben für das Verhalten bei Alarm erteilt, die drei Handlungsebenen enthielten. Vgl. Verhörprotokoll Anton Kaindl vom 11.10.1946, Kopie in: GUMS, JSU 1/15/2, Bl. 206-213; vgl. auch Jacobs, Mann, S. 109.
134 Die Sachsenhauser Kommandantur griff hierbei auf Codewörter zurück, die semantisch sowohl an die Flut- oder Hordenmetaphorik der deutschen Propaganda für die Rote Armee gebunden als auch im Hinblick auf die gefährdete Flusslinie interpretiert werden können. Zur Flut- und Hordenmetaphorik, vgl. Fubel, »Die schießen«, S. 25-38.
135 Vgl. Jacobs, Mann, S. 109.
136 Vgl. Verhörprotokoll August Höhn vom 27.7.1946, Kopie in: GUMS, JSU 1/17, Bl. 65-67; Aussage August Höhn vom 30.7.1946, Kopie in: GUMS, JSU 1/15/2, Bl. 260-262.
137 Vgl. exempl. Einsatzbefehl Nr. 2 der Kommandantur des KL Stutthof vom 23.1.1945, in: GUMSt, I-IB-4.
138 Vgl. Jacobs, Mann, S. 109.
139 Vgl. Aussage August Höhn vom 27.7.1946, Kopie in: GUMS, JSU 1/17, Bl. 65-67; Aussage August Höhn vom 30.7.1946, Kopie in: GUMS, JSU 1/15/2, Bl. 260-262; Aussage August Höhn vom 2.5.1962, Kopie in: GUMS, NL 6/28/2, S. 4; vgl. auch Jacobs, Mann, S. 109.
140 Vgl. Aussage Ludwig Rehn vom 23.10.1946, Kopie in: GUMS, JSU 1/23/1, Bl. 126; sowie vgl. Weigelt, Judenmord, S. 262.

der Gefangenen nach Buchenwald und Bergen-Belsen.[141] Für die Situation der kriegsbedingten Standortaufgabe enthielten sie konkrete Angaben zu den Transporträumen und -wegen.[142] Für den Fall, dass keine Züge zur Verfügung standen oder die Gleise aufgrund des alliierten Bombardements nicht mehr genutzt werden konnten, war ihnen Kartenmaterial beigelegt worden. Sie sahen außerdem die Verpackung und Verladung von Gerätschaften, Dokumenten, Gefangeneneffekten und deren Evakuierung in die Gegend um Dachau vor.[143] Ein Befehl zur Zerstörung des gesamten Konzentrationslagers mittels Sprengung o. ä., auf den einzelne Kommandanturangehörige nach dem Krieg im Zuge von Ermittlungen verwiesen, lag hingegen weder durch Himmler noch durch Müller und Heißmeyer autorisiert vor.[144] Von Höß – der innerhalb der Amtsgruppe D im Januar 1945 hauptamtlich mit den Räumungen befasst war[145] – erhielt Kaindl allerdings die Weisung Müllers übermittelt, dass für alle Konzentrationslager, für die eine Möglichkeit bestand, in Frontnähe zu geraten, anhand der »A1-Kartei«[146]

---

141 Vgl. Aussage Ludwig Rehn vom 16.12.1946, Kopie in: GUMS, JSU 1/3/2, Bl. 12; Aussage Anton Kaindl vom 31.8.1946, Kopie in: GUMS, J SU 1/15/2. Diese 1946 getroffenen Aussagen stehen im Widerspruch zu den von Astrid Ley herangezogenen und Mitte der 1950er Jahren getroffenen Aussagen der ehemaligen Kommandanturangehörigen Höhn und Rehn, die Süddeutschland als im Plan vermerktes Ziel angaben. Vgl. Ley, Verbrechen, S. 44. Ich gehe davon aus, dass die Wahl auf die KL Bergen-Belsen und Buchenwald fiel, weil diese die nächstliegenden WVHA-Komplexe darstellten und die Evakuierung dorthin mit dem kürzesten Transportweg verbunden war. Ob die SS/Polizei-Führung hierbei das Ziel verfolgte, kranke (und jüdische) Insass:innen in Bergen-Belsen und die restlichen in Sachsenhausen registrierten Gefangenen nach Buchenwald abzutransportieren, muss an dieser Stelle offenbleiben. Aufgrund der unterschiedlichen Funktionszuweisungen, welche die Amtsgruppe D 1945 für diese beiden WVHA-Komplexe vornahm, kann dies allerdings angenommen werden.

142 Vgl. Aussage Dr. Fritz Schmidt vom 18.5.1962, Kopie in: GUMS, NL 6/28/2.

143 Vgl. Aussage Ludwig Rehn vom 16.12.1946, Kopie in: GUMS, J SU 1/3/2, Bl. 12. Vgl. Wehrmacht-Fracht-Brief: Deutsche Wehrmacht an die Verwaltung des Strafvollzugslagers der SS/Polizei in Dachau durch die Verwaltung des KL Sachsenhausen in Oranienburg, Transportgut: »A«-Behälter mit Häftlingseffekten, Januar 1945, in: RGVA, 1364/1/8 Bl. 1f.

144 Bei den Aussagen einiger Kommandanturangehörigen, die nach dem Krieg darauf rekurrierten, dass das gesamte Lager »liquidiert« werden sollte, ist von einer Entlastungsstrategie auszugehen. Diese sollte es sowohl Kaindl und Wessel als auch Rehn gegenüber der ermittelnden SMAD 1946 und dem deutschen Landgericht in Verden 1962 ermöglichen, die Geschichte der eigenen Intervention gegen den vermeintlich erteilten Vernichtungsbefehl zu konstruieren. Vgl. Aussage Anton Kaindl vom 11.10.1946, Kopie in: GUMS, JSU 1/15/2, Bl. 206-208. Zur Rezeption dieser (Falsch-)Aussagen in der historischen Forschung vgl. Weigelt, Judenmord, S. 263f.; Morsch, Mord, S. 135f.

145 Vgl. Aussage Rudolf Höß vom 20.3.1946, Kopie in: GUMS, D 25 B 1/3; Aussage Anton Kaindl vom 19.7.1946, in: AA, 1.1.0.6/82335571-82, hier 82335578f. Vgl. auch Orth, System, S. 296; Blatman, Todesmärsche, S. 206f.

146 Die Kartei diente im Mobilmachungsfall bzw. der diesem vorgehenden Spannungszeit dem Zugriff und der getarnten In-Schutzhaft-Nahme aller spionage-, sabotage-, landesverrats- und hochverratsverdächtigen Personen.

des RSHA und der »Häftlingssonderkartei«[147] in Sachsenhausen eine Gefangenenliste anzulegen war.[148]

Mit der Erstellung dieser Liste waren daraufhin mindestens der Kommandant, der Adjutant und dessen Schreibkraft, der Leiter der Politischen Abteilung, die Schutzhaftlagerführer und der Arbeitseinsatzleiter befasst.[149] Als Schreibkraft in der Politischen Abteilung eingesetzt, durfte der aus Holland nach Sachsenhausen deportierte Insasse Johannes Zwaart die Abteilung zu diesem Zeitpunkt mehrere Tage nicht betreten.[150] Auf der Liste wurden die Namen der Gefangenen zusammengetragen, die die SS/Polizei für den Fall einer gegnerischen Invasion und Mobilmachung zur Reichsverteidigung sowie den hierbei möglicherweise zu vollziehenden Standortaufgaben als »gefährlich« und »illoyal« erachtete.[151] Die Liste legte Kaindl daraufhin Müller zur Ergänzung und Prüfung vor.[152] Mit deren Rückgabe verfügte die Kommandantur in Sachsenhausen über eine Hinrichtungsanordnung des Gestapo-Chefs, die über 200 männliche Gefangene umfasste und zu der im Fall einer drohenden Invasion des militärischen Gegners und angeordneter Standortaufgabe keine weiteren Absprachen mehr nötig waren.[153]

Nachdem er im Zuge des »Scharnhorst«-Aufrufs den Oberbefehl über die Wachmannschaften in Sachsenhausen erhalten hatte und die militärische Lage an der Oder

---

147 Die Kartei enthielt die Namen von Gefangenen, die bei der Lager-SS als »Geheimnisträger« galten oder des Widerstandes verdächtigt wurden. Vgl. Aussage der früheren Schreibkraft des Arbeitseinsatzführers Flegel vom 14. 5. 1962, Kopie in: GUMS, NL 6/38/2, Bl. 22; Aussage Anton Kaindl vom 18. 6. 1946, in: AA, 82335571-82, 82335573; Aussage Gerhard Lehmann vom 3. 5. 1962, Kopie in: GUMS, NL 6/38/2, Bl. 22.

148 Höß gab den Befehl nach eigenen Angaben per Telegramm und im Falle Sachsenhausens persönlich an Kaindl weiter. Die Politischen Abteilungen in Ravensbrück, Stutthof, Sachsenhausen und Buchenwald sollten Müller direkt melden, so Höß. Wessel meldete daraufhin an Höß, dass Müller die Liste vorgelegt worden sei. Vgl. Aussage Rudolf Höß vom 20. 3. 1946, Kopie in: GUMS, D 25 B 1/3; Aussage Anton Kaindl vom 19. 7. 1946, in: AA, 1.1.0.6/82335571-82, hier S. 82335578 f. Vgl. auch Orth, System, S. 296; Blatman, Todesmärsche, S. 206 f.

149 Laut Höhn erstellten Kaindl, Kolb und Erdmann die Liste. Höhn suchte die Karteikarten hierfür heraus und übergab sie Kaindl. Vgl. Aussage August Höhn vom 30. 7. 1946, Kopie in: GUMS, JSU 1/15/2 Bl. 261; sowie vgl. Aussage Höhns, in: Gegenüberstellungsprotokoll Anton Kaindl und August Höhn vom 21. 12. 1946, Kopie in: GUMS, J SU 1/6, Bl. 10. Kaindl belastet hingegen nur den Leiter der Politischen Abteilung Erdmann. Vgl. Aussage Anton Kaindl vom 19. 7. 1946, in: AA, 1.1.0.6/82335571-82, hier 82335578 f. Laut Horst Hempel waren neben Höhn und Erdmann auch Körner und Strache mit der Erstellung der Liste beschäftigt. Sauter bestätigt die Aussagen Hempels. Vgl. Gegenüberstellungsprotokoll Emil Sauter/Horst Hempel vom 10. 9. 1946, Kopien in: GUMS, JSU 1/19, Bl. 46; Aussage Horst Hempel vom 23. 8. 1946, Kopie in: GUMS, JSU 1/17/2, Bl. 162.

150 Vgl. Aussage Johannes Zwaart vom 8. 5. 1962, Kopie in: GUMS, NL 6/38/2, Bl. 34.
151 Vgl. Aussage August Höhn vom 30. 7. 1946, Kopie in: GUMS, JSU 1/15/2, Bl. 261.
152 Vgl. Orth, System, S. 297.
153 Vgl. Aussage Rudolf Höß vom 20. 3. 1946, Kopie in: GUMS, D 25 B 1/3; Aussage Anton Kaindl vom 19. 7. 1946, in: AA, 1.1.0.6/ 82335571-82, hier 82335578 f.; Aussage August Höhn vom 30. 7. 1946, Kopie in: GUMS, JSU 1/15/2.

nach wie vor ungewiss war, erteilte Heißmeyer am 31. Januar 1945 für den SS-Standort Oranienburg-Sachsenhausen den Befehl, den Rückzug der Waffen-SS und den Abtransport der Gefangenen vorzubereiten.[154] Für Sachsenhausen war damit die Alarmstufe »Hochwasser« (II) ausgegeben worden.[155] Die Kommandanturangehörigen fanden sich daraufhin abends zur Besprechung des weiteren Prozederes zusammen, das am Folgetag einsetzen sollte.[156] Der Schutzhaftlagerführer vom Dienst informierte auch die als Blockältesten eingesetzten Gefangenen darüber, dass das Lager geräumt werden würde, und mahnte sie, die Mitgefangenen ruhig zu halten.[157] Gemäß des zuvor ausgearbeiteten Prozederes hatten sich mit Ausgabe dieser Alarmstufe alle SS/Polizei-Angehörigen, die ihren Dienst im Oranienburger Hauptlager versahen, marschbereit einzufinden.[158] Die Gefangenen sollten am 2. Februar für den Abtransport aufgestellt und »in bereitgestellten Zügen verladen« werden.[159] Die Ausgabe der ersten Alarmstufe hätte hingegen erst einmal nur vorgesehen, dass sich die SS-Offiziere im Lager einzufinden und die Gefangenen vor Ort in den Haupt- und Außenlagern zu verbleiben hatten. Die Kriegssituation an der Oder war hierfür am 31. Januar 1945 allerdings (noch) zu undurchsichtig und zudem war nicht sicher, ob es dem militärischen Gegner gelingen würde, an weiteren Stellen über die Oder zu setzen. Offensichtlich stand die Rote Armee allerdings immer noch weit genug entfernt, so dass der sofortige Rückzug aus Oranienburg – Alarmstufe III – noch nicht als nötig erachtet wurde. Mit der zweiten Alarmstufe setzten jedoch die Vorausmaßnahmen zur SS-Standortaufgabe ein.

4.4 Maßnahmen

Am 31. Januar 1945 war der Befehl zur Vorbereitung der Aufgabe des SS-Standortes Oranienburg-Sachsenhausen ergangen. Die Angehörigen der Wachmannschaften nutzten den darauffolgenden Tag, um sich auf den Abtransport der Gefangenen vorzubereiten, ihr Marschgepäck zu packen und ihre Familien zu informieren. Die Kommandantur war außerdem mit der Vorbereitung einer für die Nacht anvisierten

---

154 Vgl. Bericht A[…] Schöning aus dem Jahr 1945, in: GUMS, NL 6/31, S. 20; Bericht Jaroslav Purš vom 5. 5. 1964, in: GUMS, LAG XXVI/6/106, S. 2; Aussage Anton Kaindl vom 11. 10. 1946, Kopie in: GUMS, JSU 1/15/2, Bl. 206-208.
155 Vgl. Aussage August Höhn vom 30. 7. 1946, Kopie in: GUMS, JSU 1/15/2. Es ist davon auszugehen, dass der Befehl, analog dem Räumungsprozedere in Stutthof, vom HSSPF »Spree«, Heißmeyer, erteilt wurde.
156 Vgl. Bericht Jaroslav Purš vom 5. 5. 1964, in: GUMS, LAG XXVI/6/106, S. 2.
157 Vgl. Bericht A[…] Schöning aus dem Jahr 1945, in: GUMS, NL 6/31, S. 20.
158 Die SS-Männer hatten mit wenigen Privatsachen anzutreten. Privatgüter konnten nur in beschränktem Maße mitgeführt werden und waren durch die zuständigen SS-Führer zu überprüfen. Vgl. Einsatzbefehl Nr. 2 der Kommandantur des KL Stutthof vom 23. 1. 1945, in: GUMSt, I-IB-4.
159 Aussage Jaroslav Purš vom 11. 12. 1959, in: GUMS, LAG XXXIII/3, Bl. 28.

Massenexekution beschäftigt, die mit der zweiten Alarmstufe ausgelöst worden war und gemäß der mehr als 200 Gefangene hinzurichten waren. Parallel dazu lief bereits seit Tagen die durch die Kommandantur angeordnete Auflösung erster Außenkommandos, die in der Nähe der Oder lokalisiert waren. Gefangene der Außenlager sowie anderer im Wehrkreis III »aufgelockerter« und aufgelöster Gefängnisse und NS-Zwangslager waren daraufhin ebenso im Hauptlager aufzunehmen oder auf andere Außenlager zu verteilen, wie die aus Auschwitz und Stutthof kommenden Deportierten.

Rück- und Weiterdeportation

In Reaktion auf die gegnerische Offensive erging im Januar zum ersten Mal die Anordnung, erste östlich der Oder im Wehrkreis III gelegene Außenlager aufzulösen. Insass:innen aus Sachsenhausen und Ravensbrück, die an östlich der Oder gelegenen Standorten Zwangsarbeit leisten mussten, waren auf Weisung von Glücks und Heißmeyer abzutransportieren.[160] Als sowjetische Streitkräfte in die Gegend von Posen vorrückten und damit am 22. Januar auch erste Mobilmachungen im Wehrkreis III ausgelöst hatten, setzte tags darauf die Auflösung des Außenstandortes in Küstrin ein.[161] Das östlich der Oder gelegene Außenlager gehörte seit Mai 1943 zum Komplex Sachsenhausen. Männliche Gefangene hatten hier für die Zellwolle und Zellulose AG Zwangsarbeit zu leisten.[162] Ein Teil der Gefangenen, darunter schätzungsweise 300 Männer französischer Herkunft, die sich im Küstriner Außenlager befanden, trieb das Wachpersonal zu Fuß über die Oder in das Außenlager Briesen/Falkenhagen. Gleichzeitig hatten weitere Insassen zurück zum Hauptlager zu laufen und kamen Anfang Februar in Oranienburg an.[163] Am 29. Januar 1945 trieben Wachmänner die nächste Gruppe als »marschfähig« erachteter Gefangene zu Fuß über die Oder nach Briesen, wo sich ebenfalls ein Außenlager befand. Da das Hauptlager sie zu diesem Zeitpunkt nicht wie geplant aufnehmen konnte, wurden die als »marschunfähig« selektierten Insassen hingegen per Zug nach Buchenwald umgeleitet.[164] Die Sachsenhausener Kommandantur war zu diesem Zeitpunkt mit der Aufnahme von aus Auschwitz eingetroffenen Deportierten überlastet, die Ende Januar einsetzte und mehrere Tage andauerte.[165] Weitere, von der SS in Küstrin

---

160 Vgl. Aussage des frühen Kommandanten des FKL Ravensbrück, Fritz Suhren, vom April 1946, in: YV, M.9/432.
161 Vgl. französischer Ermittlungsbericht vom 19.12.1945, Kopie in: GUMS, LAG LII/1, Bl. 483; Aussage Karl Vollmerhaus vom 15.4.1953, in: BArch ZStL, B 162/20331, Bl. 90.
162 Vgl. Kaienburg, Sachsenhausen, S. 347 und S. 672 f.; Weigelt, Küstrin, S. 222 f.
163 Vgl. Aussage Karl Vollmerhaus vom 15.4.1953, in: BArch ZStL, B 162/20331, Bl. 90 f.
164 Vgl. französischer Ermittlungsbericht vom 19.12.1945, Kopie in: GUMS, LAG LII/1, Bl. 483; vorläufiges Ermittlungsergebnis betr. NS-Gewaltverbrechen in NL und AK des KL Sachsenhausen – NL Küstrin, Koblenz 1967, in: BArch ZStL, B 162/20331, Bl. 268-270, hier Bl. 269.
165 Die Kommandantur verlor hierbei zunehmend den Überblick über die eingetroffenen und einzugliedernden SS-Angehörigen. Vgl. Sonderbefehl der Waffen-SS, SS-Totenkopf-Wachbataillon Sachsenhausen vom 17.1.1945, in: RGVA, 1367/1/60, Bl. 4. Züge, die KL-Insass:innen

zur Zwangsarbeit eingesetzte Gefangene, mussten zum Außerlager in Lübben laufen. Kranke Gefangene brachten die Wachmänner von dort anschließend mit dem Zug in das Oranienburger Hauptlager; zuvor als »arbeitsfähig« selektierte Insassen wurden hingegen auch nach Buchenwald weiterdeportiert.[166]

Seit Herbst 1944, verstärkt jedoch ab dem 28. Januar 1945, trafen in den Bahnhöfen Oranienburgs und Sachsenhausens Deportationszüge aus den Lagern »im Osten« ein, die jüdische Deportierte in das Reichsinnere (zurück-)brachten.[167] Des Weiteren transportierte das Wachpersonal seit Ende 1944 auch die Gefangenen der östlich der Oder in Brandenburg verorteten Gefängnisse und NS-Zwangslager von der Front weg nach Oranienburg-Sachsenhausen. Neben Groß-Rosen diente auch Sachsenhausen zum Jahreswechsel 1944/45 als Aufnahme- und Transitlager für KL-externe Gefangene.[168] Im Dezember 1944 war beispielsweise die Justizvollzugsanstalt im östlich der Oder gelegenen Sonnenburg (Neumark) »aufgelockert« worden. Die Maßnahme betraf die dort internierten polnischen und sowjetischen, aber auch niederländischen und tschechischen Insassen. Circa 1.000 polnische Gefangene wurden frühzeitig zu Fuß nach Sachsenhausen verbracht.[169] Der weitere Verbleib dieser Justizgefangenen konnte bisher nicht aufgeklärt werden.[170]

Auch für die AEL in Brätz und Schwetig galt Sachsenhausen als Aufnahmelager. Im Zuge der »Auflockerungsmaßnahmen« in den östlich der Oder gelegenen Haft-

»reichswärts« deportierten, wurden daher in andere KL-Komplexe und dabei vorrangig nach Buchenwald umgeleitet.

166 Vgl. vorläufiges Ermittlungsergebnis betr. NS-Gewaltverbrechen in NL und AK des KL Sachsenhausen – NL Küstrin, Koblenz 1967, in: BArch ZStL, B 162/20331, Bl. 268-270, hier Bl. 268. Bei der Zeugenaussage aus dem Jahre 1969, auf die sich Andreas Weigelt im Hinblick auf den Abtransport von Gefangenen aus Küstrin nach Lübben im Dezember 1944 beruft, ist entweder von »Auflockerungsmaßnahmen« oder aber von einem zu früh erinnerten Datum auszugehen. Vgl. Andreas Weigelt: Lübben, in: Benz, Ort des Terrors (Bd. 3), S. 229-231, hier S. 230.

167 Vgl. Abschrift des Tagebuchs von E[...] Boers, in: GUMS, P3 Boers, E[...], S. 4.

168 Vgl. Janine Fubel: Ein hybrides Lager. Der Konzentrationslagerkomplex Sachsenhausen zum Jahreswechsel 1944/45, in: Geschichte und Erinnerung der nationalsozialistischen Konzentrationslager, hg. von Axel Drecoll und Michael Wildt, Berlin 2024, S. 266-279.

169 Die tschechischen Insassen wurden nach Mauthausen deportiert. Der Verbleib der ebenfalls abtransportierten sowjetischen Insassen Sonnenburgs konnte bisher nicht geklärt werden. Vgl. Aussage Walter Glasneck vom 22.3.1950, in: IPN, GK 184/725. Zum Abtransport niederländischer Gefangener im November 1944, vgl. Schreiben A. J. van der Leeuw, wissenschaftlicher Referent der Zentralen Stelle der Landesjustizverwaltung Ludwigsburg, an die Staatsanwaltschaft Kiel vom 25.1.1968, in: BArch ZStL, B 162/20728, Bl. 98. Im November 1944 hatte die Verwaltung des Zuchthauses zudem 335 französische Insassen nach Sachsenhausen überstellt. Vgl. Kaienburg, Sachsenhausen, S. 141. Zur Aufnahme von 1.000 Gefangenen aus Sonnenburg vgl. Aussage Ludwig Rehn vom 22.10.1946, Kopie in: GUMS, JSU 1/23/1, Bl. 110 f.; Bericht A[...] Schöning, Hamburg 1945, in: GUMS, NL 6/21, S. 14.

170 Zum Verbleib der Gefangenen aus Sonnenburg macht Rehn trotz Nachfrage der ermittelnden SMAD-Angehörigen keine Angaben. Vgl. Aussage Ludwig Rehn vom 22.10.1946, Kopie in: GUMS, JSU 1/23/1, Bl. 110 f.

anstalten und Zwangslagern Brandenburgs waren aus Sonnenburg und Brätz bereits im November und Dezember 1944 Gefangene nach Sachsenhausen überstellt worden.[171] Die in Brätz noch verbliebenen Insass:innen trieben die Polizeiangehörigen des Wachpersonals am 26. Januar 1945 nach Schwetig. Am 30. Januar 1945 erfolgte ihr Abtransport zusammen mit den dortigen Gefangenen. Die AEL-Insassen wurden hierfür erst einmal zu Fuß über die Oder nach Frankfurt (Oder) weiterverschleppt. Auf Weisung der dortigen Gestapo-Stelle trieb das Wachpersonal sie anschließend weiter nach Sachsenhausen. Unterwegs erschossen Wachmänner schwache Gefangene außerhalb der Ortschaften, die sie zu Fuß passieren mussten, und ließen die Leichen in Straßengräben liegen.[172] Bei Auflösung des Schwetiger Lagers wie auch während der Station in Frankfurt (Oder) waren hingegen auch einige »reichsdeutsche« Gefangene entlassen worden.[173] Die den Fußmarsch überlebenden Gefangenen aus Brätz und Schwetig erreichten Sachsenhausen am 6. oder 7. Februar. Von dort aus wurden sie auf Weisung des RSHA nach Buchenwald deportiert.[174]

Auch aus dem sich in Auflösung befindlichen Komplex Auschwitz deportierte das Lagerpersonal im Januar 1945 Gefangene nach Oranienburg-Sachsenhausen, nachdem dort der Räumungsbefehl erteilt worden war. Am 17. Januar 1945 hatte die Standortaufgabe des schlesischen SS-Komplexes eingesetzt, die das Lagerpersonal in den beiden Folgetagen vollzog.[175] In den Tagen vom 19. bis zum 23. Januar 1945 stellte die Lager-SS/Polizei in Loslau (Wodzisław Śląski) und Gleiwitz (Gliwice), bis wohin die Gefangene zu Fuß laufen mussten, Bahntransporte zusammen. Bei Temperaturen weit unter dem Gefrierpunkt und Fahrtzeiten von zum Teil mehr als einer Woche wurden die Gefangenen in offenen Güterwaggons in die Konzentrationslager im Reichsinneren (rück-)deportiert.[176] Andrzej Strzelecki geht in seiner Studie zur Evakuierung des KL Auschwitz davon aus, dass Ende Januar/Anfang Februar 1945 schätzungsweise 2.000 Männer von dort in Oranienburg-Sachsenhausen eintrafen.[177] Die Zahlen dürften allerdings zu niedrig angesetzt sein. So notierte der Häftlingsarzt Odd Nansen, dass bereits am 24./25. Januar zwei große Transporte aus Auschwitz eintrafen. Ein weiterer, aus offenen Güterwaggons bestehender Deportationszug aus Auschwitz kam, wie der Häftlingsarzt E[...] Boers heimlich in sein Tagebuch notierte, am 28. Januar 1945 in

---

171 Zu Brätz vgl. Thalhofer, Entgrenzung, S. 222.
172 Vgl. ebd., S. 225.
173 Vgl. Ralf Dahrendorf: Über Grenzen. Lebenserinnerungen, München 2002, S. 75 f.
174 Vgl. Thalhofer, Entgrenzung, S. 225 f.
175 Vgl. Einleitung, in: Die Verfolgung und Ermordung der europäischen Juden durch das nationalsozialistische Deutschland 1933-1945, Bd. 16: Das KZ Auschwitz 1942-1945 und die Zeit der Todesmärsche 1944/45, bearbeitet von Andrea Rudorff, Berlin 2018, S. 44.
176 Vgl. Strzelecki, Endphase, S. 161 f. Vgl. auch Bildmaterial auf der Homepage des Wollheim Memorial der Goethe-Universität Frankfurt a. M. Online unter: www.wollheim-memorial. de/de/raeumung_des_lagerkomplexes_auschwitz_der_todesmarsch (letzter Zugriff am: 21.9.2024).
177 Vgl. Strzelecki, Endphase, S. 366.

Oranienburg an.[178] Auch befanden sich Frauen – so konnte es Läbi Däsidir während seiner Weiterdeportation beobachten – auf einigen der offenen Waggons, die von Gleiwitz nach Mauthausen fuhren, von dort aber nach Sachsenhausen weitergeleitet worden waren. Die Frauen mussten kurz vor Oranienburg auf offener Strecke aussteigen. Über ihren Verbleib ist nichts bekannt.[179] Norbert Wollheim gab nach dem Krieg an, dass der Zugtransport, mit dem er neun Tage lang von Gleiwitz nach Sachsenhausen deportiert worden war, insgesamt circa 6.000 Gefangene führte. Höchstens 2.500 von ihnen, so Wollheim, sind aufgrund der katastrophalen Bedingungen des Transportes überhaupt lebend in Sachsenhausen angekommen.[180] Auch der 1920 in Berlin geborene Rolf Pakuscher wurde, nachdem er bis zum 17. Januar Zwangsarbeit für die I. G. Farben verrichten musste, von Auschwitz zurück in das Reich deportiert und in Sachsenhausen daraufhin nach einer brutalen Aufnahme- und zweiwöchigen Selektionsprozedur im Heinkel-Werk untergebracht.[181]

Sich ihres todbringenden Vorgehens der Deportationen per Fußmarsch und offenen Güterwaggons bewusst, hatte die Kommandantur in Auschwitz in ihren Planungen eine Sterberate von circa 30 Prozent einkalkuliert.[182] Wie hoch sie tatsächlich war, kann nachträglich kaum rekonstruiert werden. Dass sie wesentlich höher lag als von der SS einkalkuliert, muss aber angenommen werden. In den Waggons erfroren die Menschen im Januar in großer Zahl, so dass – wie Albert Kimmenstiel bereits 1945 notiert – »wir uns keinen anderen Rat wussten, als die Toten aus dem Waggon zu werfen.«[183] Auch das Transportwachpersonal selektierte und mordete unterwegs und entledigte sich der Leichen.[184] Züge, wie der von Boers wahrgenommene, führten aber auch Tote bei sich.[185] Boers war als Häftlingsarzt bei der Ankunft von der Lager-SS/Polizei für die Versorgung der Kranken eingesetzt worden. Andre Grevenrath teilte die Lager-SS hingegen einem Gefangenenkommando zu, das die Waggons der in Oranienburg eingetroffenen Züge anschließend reinigen und hierbei auch die aufgrund der Minustemperaturen festgefrorenen Leichen gewaltsam lösen musste.[186]

---

178 Vgl. Abschrift des Tagebuchs von E[…] Boers, in: GUMS, P3 Boers, E[…], S. 4.
179 Vgl. Bericht Läbi Däsidir aus dem Jahr 1945, in: GARF, 7021/115/31, Bl. 92.
180 Vgl. Aussage Norbert Wolheim vom 31.8.1950, in: BArch ZStL, B 162/28466, S. 32 f.; Urteil des LG Osnabrück vom 9.11.1959, in: BArch ZStL, B 162/28474, S. 8; Urteil des LG Osnabrück vom 9.11.1959, in: BArch ZStL, B 162/28475, S. 6.
181 Vgl. Bericht Rolf Pakuscher vom 4.4.1946, in: The Wiener Library (TWL), 570 a und b.
182 Aussage Richard Baer in der Anklageschrift zur Strafsache Richard Baer & andere (Frankfurter Auschwitz-Prozess) vom 16.4.1963, Kopie in: IPN, BU 2586/325, S. 335.
183 Bericht Albert Reinhold Kimmenstiel vom 11.11.1945, zit. n. Löw, Deportiert, S. 253.
184 Vgl. ebd.; auch Odd Nansen, Von Tag zu Tag, Hamburg 1949, S. 258 f. und S. 262.
185 Boers zählt 275 unterwegs verstorbene Deportierte. Vgl. Abschrift des Tagebuchs von E[…] Boers, in: GUMS, P3 Boers, E[…], S. 4.
186 Vgl. Bericht Andre Grevenrath aus dem Jahr 1945, in: GUMS, LAG LII/1, S. 2. Zur Ankunft und dem Umgang mit den Toten vgl. auch Bericht Läbi Däsidir aus dem Jahr 1945, in: GARF, 7021/115/31, Bl. 92.

Aus dem bei Danzig verorteten und im Januar 1945 ebenfalls durch die Ostfront »bedrohten« Komplex Stutthof sollten auch jüdische Frauen nach Sachsenhausen weiterdeportiert werden. Danuta Drywa führt in ihrer Untersuchung diesbezüglich aus, dass das Wachpersonal am 20. Januar 1945 circa 1.290 Jüdinnen, die in den Nebenlagern Bromberg-Brahnau und Bromberg-Ost zur Zwangsarbeit eingesetzt worden waren, zu Fuß abtransportierte – mit dem Ziel Sachsenhausen. Während es einem Teil der erneut verschleppten Frauen gelang, noch auf vormals polnischem Territorium am 4. Februar 1945 befreit zu werden, erreichten die auf dem Transport Verbliebenen nach einer Verschleppungsodyssee von circa drei Wochen das Gebiet des »Altreiches«. Der weitere Verbleib dieser Frauen und die Frage, ob sie Sachsenhausen erreichten, ist nicht geklärt.[187] Aus Stutthof eingetroffenes Wachpersonal ist in den Zugangslisten der Wachkompanien in Sachsenhausen hingegen vermerkt.[188] Mit der Zahl der Gefangenen war auch die Zahl des Wachpersonals angestiegen.[189] Die 1944/45 immer weiter zunehmende Überbelegung hatte außerdem eine Zunahme des Anteils jüdischer Deportierter und die existentielle Verschlechterung der Existenzbedingungen für alle Insass:innen des Oranienburger Konzentrationslagers zur Folge.[190]

Innerhalb des Komplexes Sachsenhausen war Ende Januar, so konnte der frühere Lagerälteste Harry Naujoks nach dem Krieg zusammentragen, bereits eine erste Weiterdeportation nach Bergen-Belsen erfolgt, die circa 300 Gefangene umfasste.[191] Mit der Anordnung zur Räumung des Außenlagers Lieberose am 31. Januar 1945 sowie des in Wulkow befindlichen Zwangslagers waren weitere Evakuierungen von in Brandenburg lokalisierten SS-Standorten, zu denen auch Zwangslager gehörten, eingeleitet worden. Während das Außenlager Wulkow Theresienstadt zugeordnet war, aber auch Verbindungen nach Sachsenhausen unterhielt und der Errichtung einer Ausweichdienststelle des RSHA durch jüdische Deportierte diente,[192] hatte Lieberose seit 1944 »in enger Verbindung mit dem Lager Auschwitz« gestanden, war verwaltungstechnisch aber Sachsenhausen zugeordnet.[193] Jüdische Männer aus Polen und Ungarn waren von Auschwitz nach Lieberose deportiert worden, um dort den Übungsplatz der Waffen-SS »Kurmark« zu errichten. Es verfügte daher temporär über eine eigene Politische Abteilung, welche die Deportierten registrierte und Todesfälle

---

187 Vgl. Drywa, Extermination, S. 242 f.
188 Vgl. Aufnahmelisten und Kartei der SS-Totenkopf-Wachkompanien Sachsenhausen, in: RGVA, 1367/1/88, Bl. 12-15, 17-20, 2225, 88 und 8; sowie RGVA, 1367/1/79, Bl. 4-9a.
189 Vgl. Aufstellung der Amtsgruppe D vom 1. und 15.1.1945, in: BArch B, NS 3/439.
190 Zu den Existenzbedingungen 1942-1945 vgl. Kaienburg, Sachsenhausen, S. 285-365. Zur Verschlechterung der Existenzbedingungen 1944/45 vgl. Hördler, Existenzbedingungen.
191 Vgl. Bericht der Recherchen von Harry Naujoks vom 4.4.1961, in: AA, 1.1.47.0/82353683.
192 Vgl. Bericht Herbert Kolb: The Final Act of Wulkow by Herbert Kolb (text & illustrations), 2008. Online unter: https://rijo.hier-im-netz.de/pdf/EN_DE_NS_wulkow.pdf, S. 6 f. (letzter Zugriff am: 22.8.2024). Ich danke Nils Weigt für den Verweis auf diese Quelle.
193 Bericht Dr. Henry Clemens Meyer aus dem Jahr 1945, in: GUMS, NL 6/32, S. 6.

vermerkte.[194] In Lieberose befanden sich zudem nicht-jüdische Gefangene anderer Nationalitäten.[195] Hinzu kamen schätzungsweise 50 bis 60 »reichsdeutsche Funktionshäftlinge«.[196] Für diesen Außenstandort hatte Kaindl bereits Anfang Januar 1945 angeordnet, Maßnahmen für eine mögliche Standortaufgabe vorzubereiten.[197] Am 28. Januar erging in Lieberose der Befehl, die Standortaufgabe des Außenlagers einzuleiten. Der Befehl wurde jedoch bereits am nächsten Tag widerrufen.[198] Am 31. Januar 1945 erging er erneut und kam nun zur Ausführung.[199] Laut dem Rapportschreiber in Sachsenhausen, Horst Hempel, als auch dem im Lieberoser »Revier« von der SS eingesetzten Arzt, Dr. Henry C. Meyer, befanden sich zu diesem Zeitpunkt insgesamt circa 3.500 männliche Insassen vor Ort.[200] Für die Standortaufgabe und die große Zahl der Gefangenen war in den Planungen eine Vorbereitungszeit von drei Tagen vorgesehen gewesen.[201]

Da das Außenlager westlich der Oder lokalisiert war und damit aus Sicht der SS/Polizei noch nicht als unmittelbar »frontbedroht« galt, stand die Auflösung des Außenlagers hier vor allem im Zusammenhang mit der Nähe zum Militärkomplex der Waffen-SS »Kurmark«. Seit Dezember 1943 waren auf dem Truppenübungsplatz Einheiten stationiert, die militärische Übungen abhielten.[202] Im Januar 1945 wurden dort SS-Angehörige für die Division »30. Januar« gesammelt und ausgebildet. Im Unterschied zu dem Geschehen

194 Vgl. Aussage Arno Seipel von 28.5.1962, in: BArch ZStL, B 162/1907, Bl. 333. Vgl. auch Weigelt, Judenmord, S. 51.
195 Vgl. Bericht Dr. Henry Clemens Meyer aus dem Jahr 1945, in: GUMS, NL 6/32, S. 6. Vgl. Einstellungsverfügung vom 10.6.1964, in: BArch ZStL, B 162/21249, S. 3. Vgl. auch Weigelt, Judenmord, S. 52 f.
196 Vgl. Einstellungsverfügung vom 10.6.1964, in: BArch ZStL, B 162/21249, S. 3. Zur Zusammensetzung der Gefangenen vgl. Weigelt, Judenmord, S. 50-53 und S. 55-74.
197 Vgl. Knop/Schmidt, Sachsenhausen, S. 26. Zur Errichtung des Waffen-SS-Truppenübungsplatzes »Kurmark« vgl. Weigelt, Judenmord, S. 19-23 und S. 267.
198 Vgl. Aussage Gunther R. Lys vom 26.7.1946, Kopie in: GUMS, JSU 1/21/2, Bl. 251 f.; Aussage Erwin Sauer vom 13.6.1949, in: Archiv der Hauptkommission zur Untersuchung der Hitlerischen Verbrechen gegen das polnische Volk, Warschau, Bd. 66 II, S. 127.
199 Der frühere Rapportschreiber in Sachsenhausen gab nach dem Krieg an, dass am 31. Januar 1945 der Befehl zum Abtransport der 3.500 Gefangenen aus Lieberose ausgegeben worden war. Vgl. Aussage Horst Hempel vom 19.12.1946, Kopie in: GUMS, P4 Janzen, August 1/2, S. 13. Auch der ehemalige Insasse Ludwig Simon bestätigt den Eingang des Befehls zur Standortaufgabe Ende Januar und führt aus, dass der Abtransport der Gefangenen dann aber auf den 2. Februar 1945 verschoben wurde. Vgl. Aussage Ludwig Simon vom 11.9.1961, in: BArch ZStL, B 162/3926 (Strafsache Erich Schemel), Bl. 5 f. Die Ausführungen Weigelts, dass der Kommandoführer in Lieberose, Wilhelm Kersten, die Ausrufung des Räumungsalarms selbstständig tätigen konnte, fußen auf Aussagen, die der ehemalige Adjutant des Kommandanten in Sachsenhausen, Wessel, Mitte der 1960er Jahren tätigte. Vgl. Weigelt, Judenmord, S. 267 inkl. Anm. 166.
200 Vgl. Aussage Horst Hempel vom 19.12.1946, Kopie in: GUMS, P4 Janzen, August 1/2, Bl. 13; Bericht Dr. Henry Clemens Meyer aus dem Jahr 1945, in: GUMS, NL 6/32/9.
201 Vgl. Weigelt, Judenmord, S. 167.
202 Ebd., S. 21.

an den restlichen Standorten Sachsenhausens stand die Auflösung hier im Zusammenhang mit der »Scharnhorst«-Mobilisierung der Waffen-SS. Weil der Truppenübungsplatz ab dem 1. Februar 1945 als *das* zentrale »SS-Auffanglager ›Kurmark‹« vorgesehen war,[203] hatte die SS-Standortkommandantur, die das Wachbataillon in Lieberose stellte, den Auflösungsbefehl erhalten.[204] Gleiches dürfte für den Standort Wulkow gelten. Die Insass:innen des Außenlagers konnten die Baracken ab dem 1. Februar nicht verlassen.[205] Am folgenden Tag setzte die Räumung ein.

Das Prozedere, Lagerstandorte der SS zu militärischen Zwecken umzunutzen, war nicht neu. Bereits 1939, und dabei ebenfalls in unmittelbarem Zusammenhang mit der deutschen Kriegführung stehend, war Dachau temporär geräumt worden. Nachdem der Inspektor der SS-Totenkopfverbände, Eicke, mit »seinen« Einheiten im Herbst 1939 in den Krieg gezogen war, nutzte die Lager-SS diesen Konzentrationslagerkomplex zu Ausbildungszwecken. Die Insassen wurden dafür vorübergehend in andere Konzentrationslager überstellt.[206] In eklatantem Unterschied zu dieser temporär konzipierten Räumung sah die ab dem 1. Februar 1945 für Lieberose vorgesehene Umnutzung allerdings den Abtransport mittels Fußmarschs von zuvor als »marschfähig« selektierten Gefangenen vor. Die als »nicht-marschfähig« erachteten, mehrheitlich jüdischen Deportierten wurden hingegen – wie in späteren Untersuchungsabschnitten ausführlich darzulegen sein wird – sowohl noch vor Ort als auch, direkt in den Tötungstrakt des Hauptlagers deportiert, in Sachsenhausen ermordet.

Erschießungen

Aufgrund des schnellen sowjetischen Vormarschs an und über die Oder, für den aus Sicht der deutschen Verteidigung am 31. Januar nicht einschätzbar war, ob er aufzuhalten sein würde,[207] aktivierte die Kommandantur in Sachsenhausen in Absprache mit Heißmeyer den Alarmplan der Stufe »Hochwasser« (II). Die Weisungen der zweiten Alarmstufe, die für die Standortaufgabe(n) des KL-Komplexes ausgearbeitet worden waren, sahen die umgehende Vorbereitung des Abtransports der Gefangenen vor. Darüber hinaus enthielten sie eine Exekutionsanordnung. Demnach sollten nach der zuvor im Auftrag des RSHA angefertigten Liste 200 bis 250 Gefangene erschossen

---

203 Vgl. Verordnungsblatt der Waffen-SS (VO Bl.d. W.-SS), 3 (1945), Ziffer 101 und 102, Berlin, 1.2.1945, Abschrift in: BArch B, N 756/324a; VO Bl.d. W.-SS, 4 (1945), Ziffer 119 und 120, Berlin, 15.2.1945, Abschrift in: ebd.
204 Vgl. Weigelt, Judenmord, S. 269.
205 Vgl. ebd.; Bericht Walter Grunwald: Erlebtes. Jugend – Verfolgung – Befreiung. Eine Autobiographie, 2008, S. 79. Online unter: http://www.rijo.homepage.t-online.de/pdf/DE_DE_JU_grunwald.pdf. (letzter Zugriff am: 22.8.2024). Ich danke Nils Weigt für den Verweis auf diese Quelle.
206 Um die Reihen der Wachmannschaften zu schließen, wurden Angehörige der Allgemeinen SS über das mehrwöchige Prozedere der Dienstverpflichtung zur Polizeireserve eingezogen und in Dachau ausgebildet.
207 Vgl. Joseph Goebbels, Eintrag vom 31.1.1945, in: Fröhlich, Goebbels-Tagebuch (Bd. 2/15), S. 281.

werden, die in den Augen der SS/Polizei 1945 aus zweierlei Hinsicht als »gefährlich« galten.[208] Zum einen waren auf der Liste Gefangene notiert, bei denen die SS/Polizei im Falle einer Evakuierung mit Widerstand rechnete.[209] Zum Zweiten galten Insass:innen, die in der Lagerverwaltung als Hilfskräfte oder von der Politischen Abteilung als Spitzel zwangseingesetzt worden waren, als »Geheimnisträger«.[210] Das heißt, sie hatten wie der Gefangene Reinhold Scheil Einblicke in und Wissen von den in Sachsenhausen begangenen Verbrechen und konnten SS/Polizei-Angehörigen im Hinblick auf die im Falle der Kriegsniederlage erwartete alliierte Ahndung gefährlich werden. Scheil war als Schreibkraft beim Arbeitsdienstführer Rehn eingesetzt und sollte der Erschießungsaktion nur entgehen, weil er im Krankenrevier lag und anschließend nach Bergen-Belsen kam.[211] Laut eigener Aussage habe sich Rehn aber selbst auch für einen Insassen eingesetzt und bewirkt, dass dieser von der Liste genommen wurde.[212]

Noch am Abend des 31. Januar 1945 hatte Kaindl die Kommandanturangehörigen über die Ausgabe der Alarmstufe informiert und das weitere Prozedere besprochen.[213] Hierbei übergab er die zur Alarmausgabe gehörige Exekutionsliste dem Schutzhaftlagerführer, Höhn. Noch in derselben Nacht begaben sich Höhn sowie der Rapportführer in Sachsenhausen, Böhm, und der erste Rapportschreiber, Hempel, damit zur Häftlingskartei, die sich im Dienstzimmer Höhns befunden hatte.[214] Während Höhn und Böhm daraufhin mit allen Blockführern des Hauptlagers eine Besprechung zum bevorstehenden Mordeinsatzes abhielten,[215] suchte Hempel die Karteikarten zu den Namen der Liste heraus, auf denen die Gefangenennummern

---

208 Vgl. Aussage August Höhn vom 27.7.1946, Kopie in: GUMS, JSU 1/17; Aussage August Höhn vom 30. und 31.7.1946, Kopie in: GUMS, JSU 1/15/2, Bl. 260 f. und 266; Aussage Horst Hempel in: Gegenüberstellungsprotokoll Emil Sauter/Horst Hempel vom 10.9.1946, Kopien in: GUMS, JSU 1/19, Bl. 45. Vgl. auch Kaienburg, Sachsenhausen, S. 389.
209 Vgl. Aussage August Höhn in: Gegenüberstellungsprotokoll August Höhn/Michael Körner vom 21.12.1946, Kopie in: GUMS, J SU 1/6, Bl. 22; vgl. auch Aussage Kurt Eccarius in: Gegenüberstellungsprotokoll Kurt Eccarius/Paul Sakowski vom 20.12.1946, Kopie in: GUMS, J SU 1/6, Bl. 29. Vgl. Aussage Ludwig Rehn vom 20.12.1946, Kopie in: GUMS, J SU 1/6, Bl. 51.
210 Vgl. Bericht Andre Grevenrath aus dem Jahr 1945, in: GUMS, LAG LII/1, S. 1; Aussage Horst Hempel vom 23.8.1946, Kopie in: GUMS, JSU 1/17/2, Bl. 161 f.
211 Vgl. Aussage Reinhold Scheil vom 14.5.1962, Kopie in: GUMS, NL 6/28/2, Bl. 45.
212 Vgl. Aussage Ludwig Rehn vom 14.5.1962, Kopie in: ebd., Bl. 46.
213 Vgl. ebd.
214 Vgl. Aussage August Höhn vom 30.7.1946, Kopie in: GUMS, JSU 1/15/2, Bl. 261; Aussage Horst Hempel vom 23.8.1946, Kopie in: GUMS, JSU 1/17/2, Bl. 162; Urteilsschrift des SG beim LG Düsseldorf vom 15.10.1960, Kopie in: GUMS, LAG XX III/17, Bl. 194 f., StA-Ermittlungsergebnis LG Stade vom 15.10.1962, in: BArch ZStL, B 162/1907, Bl. 351 f.
215 Vgl. Aussage August Höhn vom 30.7.1946, Kopie in: GUMS, JSU 1/15/2, Bl. 261; Aussage Emil Sauter, in: Gegenüberstellungsprotokoll Emil Sauter/Horst Hempel vom 10.9.1946, Kopie in: GUMS, JSU 1/19, Bl. 42 f.; Aussage Horst Hempel, in: ebd., Bl. 45 und 47.

und die der Unterkunftsbaracken vermerkt waren.[216] Die Erschießungsaktion setzte am Folgeabend gegen 22 Uhr ein.[217] Ein Teil der als »Blockführer« eingesetzten SS-Angehörigen begann daraufhin anhand der ausgegebenen Karteikarten die Insassen aus den Baracken zu holen, die zur Erschießung vorgesehen waren, und brachte sie zum Lagertor. Sie bekamen hierbei sowohl Unterstützung durch den Rapportführer Böhm als auch durch die Kompanieführer der Wachmannschaften.[218] Zusammen mit dem Führer der 7. Wachkompanie, Kurt Ludewig, und dem als Dolmetscher eingesetzten Häftling, Fritz Sigl, holte der Blockführer, Emil Sauter, zur Erschießung vorgesehene sowjetische Kriegsgefangene aus der als »Block 11« geführten Baracke.[219] Ludewig und Sauter brachten daraufhin mehrmals je fünf sowjetische Gefangene zum Lagertor. Dort legten sie ihnen Fesseln an. Circa weitere 20 SS-Blockführer standen am Lagertor bereit, um zu zweit je drei Gefangene zum Hinrichtungstrakt des Konzentrationslagers zu führen.[220] Sauter begleitete die Blockführer Paulussen und Metzner zum Krematorium, als sie die sowjetischen Kriegsgefangenen übernahmen, und wiederholte diesen Vorgang insgesamt wohl fünf bis sechs Mal.[221] Auch die aus Insassen zusammengestellte »Lagerpolizei« hatte zur Exekution bestimmte Gefangene am Lagertor »abzuliefern«. Der »Lagerälteste« Kurt Bayer erhielt dazu eine entsprechende Liste.[222] Der in der Schreibstube Höhns zur Zwangsarbeit eingesetzte »Aufräumer« M[…] Christiansen musste sich nach ihrer namentlichen Bekanntgabe daran beteiligen, zehn jüdische Deportierte zum Lagertor zu führen. Daraufhin hatte er beim Abholen britischer und sowjetischer Kriegsgefangener mitzuhelfen. Hierbei beobachtete er, wie ein englischer Kriegsgefangener versuchte, zu fliehen.[223]

Der Weg, den die Gefangenen außerhalb der Lagermauer zu ihrer Ermordung laufen mussten, war durch eine Wachkompanie gesäumt, die »zur Sicherung der Aktion und Verhinderung von Fluchtversuchen« aufgestellt worden war.[224] Der Adjutant Wessel und Höhn überwachten den Einsatz.[225] Blockführer brachten die zur Hinrichtung Vorgesehenen durch ein schlecht beleuchtetes Doppelspalier aus schwer bewaffneten Wachmännern in den Industriehof zum Hinrichtungstrakt. Unter den Gefangenen, die ein Exekutionskommando der Lager-SS/Polizei darauf erschoss, be-

---

216 Vgl. Urteilsschrift des SG beim LG Düsseldorf vom 15.10.1960, Kopie in: GUMS, LAG XX III/17.
217 Vgl. Bericht A[…] Schöning aus dem Jahr 1945, in: GUMS, NL 6/21; Bericht Jaroslav Purš vom 5.5.1964, in: GUMS, LAG XXVI/6/105.
218 Vgl. Bericht Jaroslav Purš vom 11.12.1959, in: GUMS, LAG XXXIII/3; Urteilsschrift des SG beim LG Düsseldorf vom 15.10.1960, Kopie in: GUMS, LAG XX III/17, Bl. 194f.
219 Vgl. Aussage Heinz Junge vom 15.5.1962, Kopie in: GUMS, NL 6/28/2, Bl. 54.
220 Vgl. Aussage Emil Sauter, in: Gegenüberstellungsprotokoll Emil Sauter/Horst Hempel vom 10.9.1946, Kopie in: GUMS, JSU 1/19, Bl. 45.
221 Vgl. ebd., Bl. 42f.; Aussage Horst Hempel, in: ebd., Bl. 45 und Bl. 47.
222 Vgl. Aussage Emil Sauter, in: ebd., Bl. 44; Aussage Horst Hempels, in: ebd, Bl. 45.
223 Vgl. Aussage M[…] Christiansen vom 10.7.1945, Kopie in: GUMS, JSU 1/19, Bl. 52-57.
224 Vgl. Aussage August Höhn vom 30.7.1946, Kopie in: GUMS, JSU 1/15/2, Bl. 261.
225 Vgl. Aussage Horst Hempel vom 23.8.1946, Kopie in: GUMS, JSU 1/17/2, Bl. 163.

fanden sich auch 19 luxemburgische Polizei- und Gardeangehörige.[226] Des Weiteren sind fünf von sieben dafür vorgesehenen britischen Kriegsgefangenen ermordet worden.[227] Außerdem erschoss das Mordkommando mindestens 40 hochrangige sowjetische Militärangehörige,[228] unter ihnen befanden sich ein General und mehrere Offiziere.[229] Zu den Opfern zählten auch französische, polnische und holländische Gefangene.[230] Zusätzlich ermordete das Erschießungskommando zwischen 15 und 18 Personen, die unmittelbar zuvor von der Gestapo zur Hinrichtung ins Lager gebracht und daher nicht registriert worden waren – unter ihnen sollen sich ebenfalls sowjetische Kriegsgefangene befunden haben.[231]

Die Erschießungsaktion hatte am späten Abend eingesetzt und musste gegen Mitternacht, als bereits mindestens 144 Personen ermordet worden waren, unterbrochen werden.[232] Kaindl befahl, die Aktion einzustellen, als sowjetische Kriegsgefangene den SS-Cordon durchbrochen und versucht hatten, in die Dunkelheit zu flüchten. Einem Gefangenen war es gelungen, sich aus den Fesseln zu lösen und in den Industriehof zu fliehen.[233] Als die Wachmannschaften daraufhin das Feuer eröffneten,

226 Zu den Luxemburgern vgl. Bericht Andre Grevenrath aus dem Jahr 1945, in: GUMS, LAG LII/1, Bl. 1; Bericht »Konzentrationslager Sachsenhausen. Ehemalige Schutzhäftlinge und Genossen der KPD« verfasst von H. Pointer, Ungemann und Helmut Bock vom 9.5.1945, in: AA, 1.1.38.0/001, S. 40. Der norwegische Überlebende Isak R[...] gibt 1946 an, dass 17 Luxemburger ermordet wurden. Vgl. Aussage Isak R[...] vom 4.5.1946, in: PRO, WO 311/412. August Höhn gibt an, dass 20 luxemburgische Insassen getötet worden waren. Vgl. Aussage August Höhn vom 30.7.1946, Kopie in: GUMS, JSU 1/15/2, Bl. 263. Im Prozess gegen Höhn u. a. ist von 19 Luxemburgern die Rede. Vgl. Urteil des SG beim LG Düsseldorf vom 15.10.1960, Kopie in: GUMS, LAG XX III/17, Bl. 196 f. Günter Morsch übernimmt diese Zahl in seinen Ausführungen. Vgl. Morsch, Mord, S. 139 f. Jaroslav Purš führt 1964 aus, dass in dieser Nacht 13 luxemburgische Gefangene getötet worden waren. Vgl. Bericht Jaroslav Purš vom 5.5.1964, in: GUMS, LAG XXVI / 6. Unter ihnen war ein luxemburgischer Polizist mit dem Namen Reuland. Vgl. Weigelt, Fürstenwalde, S. 180-183, hier S. 182.
227 Laut August Höhn waren auf der vorher angefertigten Liste sieben britische Kriegsgefangene vermerkt. Es wurden in dieser Nacht nur fünf erschossen, weil einer fälschlicherweise nach Neuengamme überstellt worden war. Der zweite Kriegsgefangene war nicht zur Exekution geführt worden, weil er im Krankenrevier lag und für die Lager-SS in dieser Nacht nicht auffindbar war. Vgl. Aussage August Höhn vom 31.7.1946, Kopie in: GUMS, JSU 1/15/2, Bl. 266; vgl. auch Morsch, Mord, S. 137 f.
228 Vgl. Kaienburg, Sachsenhausen, S. 389.
229 Vgl. Bericht Jaroslav Purš vom 11.12.1959, in: GUMS, LAG XXXIII/3.
230 Heinz Junge gibt nach dem Krieg an, dass unter den Ermordeten auch ein polnischer Gefangener war, den die Lager-SS in einer ihrer Schreibstuben und als V-Mann eingesetzt hatte. Vgl. Aussage Heinz Junge vom 15.5.1962, Kopie in: GUMS, NL 6/28/2, Bl. 54; vgl. auch Bericht einer französischen Ermittlung vom 1945, in: AA, 1.1.0.6/82329666-79, hier S. 82329667.
231 Vgl. Aussagen August Höhn vom 30. und 31.7.1946, Kopien in: GUMS, JSU 1/15/2, Bl. 262 und 266 f.; Aussage Horst Hempel, in: Gegenüberstellungsprotokoll Emil Sauter/Horst Hempel vom 10.9.1946, Kopien in: GUMS, JSU 1/19, Bl. 46.
232 Vgl. ebd.
233 Vgl. Aussage August Höhn vom 30.7.1946, Kopie in: GUMS, JSU 1/15/2, Bl. 262.

wurde ein SS-Unterscharführer durch einen Fehlschuss an der Hand verletzt.[234] Entgegen anders lautendem Befehl ließ Böhm die sich bereits am Lagertor befindlichen zwei oder drei Gefangenen noch zur Hinrichtung abführen. Kaindl hatte sich schon entfernt und der Rapportführer war sich nicht sicher, ob die sowjetischen Kriegsgefangenen – die nun Wissen von der Aktion hatten – zurück ins Lager gebracht werden sollten. Er befürchtete Unruhe unter den Gefangenen, wenn diese in ihren Unterkunftsbaracken von den Morden berichteten, und führte den Einsatz daher fort.[235] Daraufhin kam es zu einem erneuten Fluchtversuch. Bei den anschließenden Schussabgaben durch das Wachpersonal wurde erneut ein SS-Oberscharführer verletzt – dieses Mal tödlich.[236] Die widerstandleistenden Insassen überlebten ebenfalls nicht. Die Suche nach einem der Geflüchteten dauerte bis in die Morgenstunden des folgenden Tages. Kaindl stellte Wessel und Höhn, die von dem Kommandanten mit der Leitung des Massenmords beauftragt worden waren,[237] unmittelbar nachdem das zweite Mal das Feuer eröffnet worden war, zur Rede und gab hierbei die Aufhebung des Evakuierungsalarms bekannt.[238]

Der Vorfall sorgte am Morgen für Verzögerungen im Tagesablauf des Hauptlagers, weshalb sich einige Gefangene ein ziemlich genaues Bild von den Verbrechen machen konnten. Die in den Werkstätten der SS eingesetzten Gefangenen sollten beispielsweise nicht zu ihren Arbeitsstellen ausrücken, weil noch nach einem der Entflohenen gesucht und anschließend die Spuren seiner in der Tischlerei begangenen Ermordung beseitigt werden sollten – der geflohene sowjetische General war an Ort und Stelle erschlagen worden.[239] Auch Jaroslav Purš konnte mit den ihm zugewiesenen Tätigkeiten nicht beginnen, da der verletzte Blockführer erst mit dem Sanitätsauto abgeholt werden musste. Purš war für die Reinigung der Blockführerstube eingeteilt worden und musste diese vom Blut des verletzten SS-Mannes säubern. Hierbei bekam er die Gespräche aufgebrachter SS-Blockführer mit. Außerdem bot sich dem Gefangenen ein vollständigeres Bild, als er der Blockführerstube den morgendlichen Kaffee brachte und im Anschluss die Fesselketten, mit denen die Lager-SS die Gefangenen stets zur Exekution führte, im Zellenbau abzuliefern hatte – Purš war der deutschen Sprache so gut mächtig, dass er in die Lagerverwaltung innerhalb des Hauptlagers und über die »neutrale Zone« hinaus für bestimmte Wege eingesetzt und als »Schwung« bezeichnet wurde.[240]

Die nachts in den Industriehof zur »Station Z« abgeführten Gefangenen erschoss dort ein lagerinternes Exekutionskommando. In der historischen Forschung ist dies-

---

234 Vgl. Urteilsschrift des SG beim LG Düsseldorf vom 15.10.1960, Kopie in: GUMS, LAG XX III/17, Bl. 196 f.
235 Vgl. Bericht Jaroslav Purš vom 11.12.1959, in: GUMS, LAG XXXIII/3; Urteilsschrift des SG beim LG Düsseldorf vom 15.10.1960, Kopie in: GUMS, LAG XX III/17, Bl. 196 f.
236 Vgl. Bericht Jaroslav Purš vom 11.12.1959, in: GUMS, LAG XXXIII/3.
237 Vgl. Aussage August Höhn vom 30.7.1946, Kopie in: GUMS, JSU 1/15/2, Bl. 262.
238 Der Abbruch der Aktion war gegen 1 Uhr erfolgt. Vgl. ebd.
239 Vgl. Bericht Jaroslav Purš vom 5.5.1964, in: GUMS, LAG XXVI/6.
240 Vgl. ebd.

bezüglich bisher davon ausgegangen worden, dass die Exekutionen vom 1./2. Februar 1945 vom sogenannten Sonderkommando Moll durchgeführt wurden.[241] Wie aufzuzeigen sein wird, war Otto Moll zu dieser Zeit aber noch nicht in Sachsenhausen tätig.[242] Vielmehr war die Massenerschießung vom 1./2. Februar von Höhn geleitet worden;[243] auch Körner war beteiligt.[244] Beide Männer überwachten die für die Erschießung eingeteilten SS-Blockführer des Schutzhaftlagers. Zudem war Baumkötter hierbei ebenfalls in überwachender Funktion tätig.[245] Das Personal des Kommandanturstabes war bereits für die in den Jahren und Monaten zuvor begangenen Mehrfachexekutionen verantwortlich. Höhn lernte hierfür im Herbst 1944 den zum »Dritten Schutzhaftlagerführer« ernannten Michael Körner an, der fortan das Genickschussverfahren bei Mordaktionen selbstständig zu leiten hatte. Höhn und Körner wechselten sich bei der Exekutionsleitung in Sachsenhausen daraufhin wöchentlich ab.[246] Laut Wilhelm Heinskill, der ab Oktober 1944 im »Isolierungsblock« inhaftiert war, aus dem das Wachpersonal wöchentlich Gefangene zur Hinrichtung abführte, war der Mittwoch fester Erschießungstag in Sachsenhausen.[247] Am 1. März 1945 sollte Körner für seinen »Einsatz« das Kriegsverdienstkreuz I. Klasse mit Schwertern erhalten – eine Auszeichnung, die SS/Polizeiangehörige seit 1941 erhielten, wenn sie sich an Massenerschießungen beteiligt hatten.[248] Der Führer der Wachmannschaften stellte das aus Blockführern gebildete Exekutionskommando zusammen.[249] Bei Mordaktionen zugegen war zudem immer auch das medizinische SS-Personal des Konzentrationslagers, das den Tod festzustellen hatte und, wurde mittels Giftspritzen gemordet, selbst zur Tat schritt.

Die Tötungsaktion in der Nacht vom 1. zum 2. Februar 1945 hatte vorzeitig geendet. Aufgrund der Fluchtversuche sowjetischer Kriegsgefangener war die Mehrfachexekution von Kaindl abgebrochen worden, bevor das Erschießungskommando alle dafür vorgesehenen Gefangenen ermordet hatte. Höhn vernichtete anschließend die

---

241 Vgl. Kaienburg, Sachsenhausen, S. 389 f.; Dagmar Lieske: Otto Moll, in: Morsch, Täterschaft, S. 313-315, hier S. 314 f.; Ley, Verbrechen, S. 45; Hördler, Ordnung, S. 417; Weigelt, Judenmord, S. 265 sowie vgl. ders.: Mordaktionen im Vorfeld der Räumung des Hauptlagers, in: Morsch, Mord, S. 135-151, hier S. 135 und S. 145; Orth, System, S. 297; Knop/Schmidt, Sachsenhausen, S. 29.
242 Vgl. Ausführungen in Kapitel 5.7.
243 Vgl. Aussage Anton Kaindl, in: Gegenüberstellungsprotokoll Anton Kaindl/August Höhn vom 21.12.1946, Kopie in: GUMS, J SU 1/6, Bl. 10.
244 Vgl. Urteil im Namen der Union der Sozialistischen Sowjetrepubliken 1947, Abschrift in: BArch ZStL, B 162/3316, S. 6.
245 Vgl. Aussage August Höhn vom 30.7.1946, Kopie in: GUMS, JSU 1/15/2, Bl. 263.
246 Vgl. Aussage Michael Körner in: Gegenüberstellungsprotokoll August Höhn/Michael Körner vom 12.9.1946, Kopie in: GUMS, JSU 1/19, Bl. 48-50.
247 Vgl. Aussage Wilhelm Heinskill vom 22.5.1945, Kopie in: GUMS, NL 6/28/2, Bl. 75.
248 Vgl. Beurteilung Körners durch den Kommandanten des KL Sachsenhausen vom 1.3.1945, Kopie in: GUMS, JSU 1/19, Bl. 73.
249 Vgl. Aussage Jaroslav Purš vom 9.2.1960, in: BArch ZStL, 162/1508.

Karteikarten der Ermordeten.²⁵⁰ Kaindl sprach beim Chef der Amtsgruppe D, Glücks, vor und erstattete Bericht.²⁵¹ Der Gerichtsoffizier in Sachsenhausen, Schmidt, ermittelte, von wem der tödliche Schuss auf den SS-Mann abgegeben worden war, und legte dem RSHA ein Protokoll über den Vorfall vor.²⁵² In Bezug auf die Vorbereitung der Standortaufgabe in Oranienburg-Sachsenhausen hatten sowohl die Amtsgruppe D als auch die KL-Kommandantur Zeit in die Hand bekommen – in den ersten Stunden des 2. Februar 1945 war die Aufhebung des Evakuierungsalarms bekannt gegeben worden.²⁵³

4.5 Alarmrücknahme

Am 1. Februar war Himmler mit seinem mobilen Hauptquartier hinter die Oder ausgewichen und bezog die Kommandozentrale »Birkenwald« bei Prenzlau.²⁵⁴ Die militärische Lage an der Oder begann sich aus deutscher Sicht langsam zu klären. Der Temperaturumschwung von -3,7 Grad Celsius am 30. Januar auf +5,4 Grad Celsius am 1. Februar und das ihm folgende Tauwetter ließen das Oderbruch zunehmend unpassierbar werden.²⁵⁵ Das über dem Fluss liegende Eis schmolz und die Oderwiesen verwandelten sich in eine Sumpflandschaft, in der die Panzerspitzen der Roten Armee steckenblieben. Sowohl die zur Verteidigung Berlins eingesetzten deutschen Verbände als auch die SS/Polizei am Standort Oranienburg-Sachsenhausen hatten damit einen zeitlichen Aufschub erhalten.

In seiner Funktion als Befehlshaber der Heeresgruppe »Weichsel« ordnete Himmler am 2. Februar die Schaffung einer durchgehenden Verteidigungslinie an der Oder an. Aufgabe der Heeresgruppe war es, die Oderlinie zu halten.²⁵⁶ Hitler sagte hierfür die Zuführung von Verbänden zu.²⁵⁷ Keitel verfügte gleichzeitig, jeden »Soldaten sofort an die Front zu werfen, wenn Versprengte aufgegriffen werden«.²⁵⁸ Zur Bekräftigung verfügte Himmler im Falle von »Drückebergerei« und »Feigheit« öffentliche Hinrichtungen durch Standgerichte.²⁵⁹ In Reaktion auf die sich stabilisierende deutsche Front an der

---

250 Vgl. Aussage August Höhn vom 30.7.1946, Kopie in: GUMS, JSU 1/15/2, Bl. 263.
251 Vgl. Aussage Rudolf Höß vom 20.3.1946, Kopie in: GUMS, D 25 B 1/3.
252 Vgl. Aussage Schmidt vom 18.5.1962, Kopie in: GUMS, NL 6/28/2, Bl. 60.
253 Vgl. Aussage August Höhn vom 30.7.1946, Kopie in: GUMS, JSU 1/15/2, Bl. 262.
254 Eintrag vom 1.2.1945, in: Uhl u. a., Dienstkalender, S. 1017.
255 Zu den Temperaturen am 30. Januar 1945 vgl. historische Wetterangaben. Online unter: https://chroniknet.de/extra/historisches-wetter/?wetter-datum=30.1.1945 (letzter Zugriff am: 24.9.2024). Zum 1. Februar 1945 vgl. ebd. Online unter: https://chroniknet.de/extra/historisches-wetter/?wetter-datum=1.2.1945 (letzter Zugriff am: 24.9.2024).
256 Vgl. KTB der HGrW, Fernschreiben an AOK 9, Gen. Kdo. Oder-Korps, AOK 11 und AOK 2 vom 2.2.1945, in: BArch F, RH 19/XV 3, Bl. 23; Fernschreiben an Guderian vom 2.2.1945, in: ebd., Bl. 25.
257 Vgl. Uhl u. a., Dienstkalender, S. 1018, Anm. 84.
258 Vgl. KR-Fernschreiben des OKW/WFSt/Org (I) vom 2.2.1945, in: BArch F, RL 2III/1317.
259 Vgl. Fernmeldung des RFSS vom 2.2.1945, abgedr. in: Förster, 1945, S. 120 f.

Oder hatte Heißmeyer die Alarmstufe II für Sachsenhausen in den frühen Morgenstunden des 2. Februar aufgehoben.[260] Den Tag über hielt Kaindl daraufhin eine Besprechung mit den Einheitsführern und Abteilungsleitern des Konzentrationslagers ab. Das weitere Vorgehen war zu erörtern.[261] Auch wenn vorerst zum Stehen gebracht, war Gewissheit geworden, dass die Rote Armee eine nächste Offensive mit dem Ziel vorbereiten würde, Berlin einzunehmen. Der Zeitraum, in dem die deutschen Truppen die Oderlinie halten würden, galt der SS/Polizei am Standort Oranienburg-Sachsenhausen im Hinblick auf seine bevorstehende Evakuierung als Spannungszeit.

»Spannungszeit« als solche wird nicht befohlen, sondern dient der Ausführung von »Vorausmaßnahmen nach Spannungsstufen, die zu tarnen sind«.[262] Für diese hatten die obersten Reichsbehörden – im Hinblick auf Sachsenhausen waren dies das SS-WVHA und das RSHA – »Einzelanordnungen in ihren Bereichen« auszugeben.[263] Zu diesen gehörten Urlaubssperren. Sich nicht am Dienstort befindliche Beamte und SS-Angehörige wurden zurückberufen. Vorbereitete Räumungspläne waren zu prüfen und an die geänderte Kriegslage anzupassen.[264] Sachsenhausen befand sich ab dem 2. Februar im Spannungszustand. Für den Fall, dass die deutsche Oderlinie nicht zu halten sein sollte und sich die Angehörigen des Wachpersonals mit den Gefangenen zurückzuziehen hatten, gab Kaindl neue Weisungen aus. Bei Ausgabe des neuen Alarmstichwortes hatte der umgehende Rückzug aus Oranienburg-Sachsenhausen und der Abtransport der Insass:innen einzusetzen.[265] Das Stichwort hierfür lautete nun »Sonnenburg«.

Vorausabteilungen der 5. Stoßarmee Bersarins, welche sich in einem Geländewagen auf dem Weg von Landsberg (Gorzów Wielkolski) nach Berlin befunden hatten – unter ihnen auch der Vorgesetzte Gelfands[266] – waren an diesem Tag im Zuchthaus eingetroffen, wo das Frankfurter Einsatzkommando zuvor die »Aktion Sonnenburg«[267] durchgeführt hatte.[268] In Oranienburg bemühten sich zu diesem Zeitpunkt bereits IKRK-Delegierte bei dem Chef der medizinischen Abteilung der Amtsgruppe D, Enno Lolling, um die Versorgung der Insass:innen mit Medikamenten. Sie sprachen auch mit Höß darüber, Zutritt zu den Konzentrationslagern zu erhalten.[269] In Sachsen-

---

260 Vgl. Aussage August Höhn vom 30.7.1946, Kopie in: GUMS, JSU 1/15/2, Bl. 262.
261 Vgl. Aussage Anton Kaindl vom 11.10.1946, Kopie in: GUMS, JSU 1/15/2, Bl. 206-208.
262 Vgl. Mobilmachungsbuch für die Zivilverwaltungen (1939), in: BArch F, RW 19/944, S. 4.
263 Vgl. ebd., S. 9.
264 Vgl. ebd.
265 Vgl. Waffen-SS, Kommandantur Konzentrationslager Sachsenhausen, Tagesbefehl (TGB) vom 2.2.1945, in: GARF, 7021/104/8, Bl. 5 f.
266 Vgl. Einträge vom 2. und 3.2.1945, in: Gelfand, Deutschland-Tagebuch, S. 30.
267 Vgl. Aussage Dr. jur. Eugen Eggensperger vom 28.7.1962, in: BArch ZStL, B 162/20728, Bl. 23-27, hier Bl. 24.
268 Vgl. Hohenhagen, Massaker, S. 102 f.
269 Vgl. II. Bericht über die Verhandlungen der IKRK-Delegierten in Berlin mit den deutschen Behörden und über die Tätigkeit zugunsten der Häftlinge in Konzentrationslagern (nach dem

hausen nahmen die Gefangenen die zunehmende Nervosität wahr, die aufgrund der Kriegssituation »unter der gesamten Lagerbewachung«, so Hugo Eicker, seit Januar herrschte.[270] Während die Lager-SS dort über das Vorgehen der nächsten Tage und Wochen beriet, sollte in Mauthausen an diesem Tag ein Großausbruch von über 300 sowjetischen Kriegsgefangenen gelingen – unter ihnen viele Offiziere der sowjetischen Luftwaffe.[271]

deutschsprachigen Originaltext), abgedruckt in: Dokumentation über die Tätigkeit des Internationalen Komitees vom Roten Kreuz zugunsten der in den deutschen Konzentrationslagern inhaftierten Zivilpersonen (1939-1945), hg. vom Internationalen Komitee vom Roten Kreuz, Genf 1947, S. 92-101, hier S. 94 f.
270 Bericht Hugo Eicker o. O. o. D., in: GUMS, P3 Eicker, Hugo, S. 64.
271 Vgl. Hans Maršálek: Die Geschichte des Konzentrationslagers Mauthausen. Dokumentation, Wien 1980, S. 255-263.

5 Spannungszeit:
Sachsenhausen im Februar und März 1945

Zum Monatswechsel Januar/Februar 1945 sah sich die Rote Armee am mittleren Abschnitt der Oder mit erheblicher Gegenwehr konfrontiert. Wie Gelfand erschöpft notierte, »[leisteten] die Deutschen […] nicht nur Widerstand, sondern sind tatsächlich in der Lage, uns aufzuhalten (einige Tage schon treten wir auf der Stelle) und uns unersetzbare Verluste zuzufügen«.[1] Der weitere Vormarsch auf Berlin kam zum Erliegen. Žukovs Verbänden sollte es erst Ende März und mit großen Verlusten gelingen, Küstrin einzunehmen und daraufhin über den benötigten operativen Brückenkopf am Westufer der Oder zu verfügen, von dem der Vormarsch auf die deutsche Reichshauptstadt erfolgen konnte. Frankfurt (Oder) fiel sogar erst im April in sowjetische Hände. Der auf der deutschen Seite mit großen personellen wie städtebaulichen Verlusten erkämpfte zeitliche Aufschub von Anfang Februar bis Ende März 1945 stellt den zeitlichen Rahmen für das folgende Kapitel dar. Wie aufzuzeigen sein wird, wirkte sich das von der politischen und militärischen Führung geforderte »Durchhalten« auf das weitere Mobilisierungsgeschehen in der Region Berlin-Brandenburg aus. Im militärischen Hinterland radikalisierte die SS/Polizei ihre Verfolgungspolitik, die sich nun gegen jede:n richtete, der oder die sich der Weiterführung des Krieges (vermeintlich) zu entziehen oder diese zu sabotieren suchte. Gleichzeitig gewann die Lager-SS Zeit, die Aufgabe des Standortes Oranienburg-Sachsenhausen vorzubereiten und ihre Deportations- und Vernichtungspolitik fortzuführen. Wie sich das Kriegsgeschehen bzw. der als Spannungszeit gefasste Zeitraum, der in Sachsenhausen der Stabilisierung und dem Erhalt der Kontrollfähigkeit diente und den Stefan Hördler als Periode der »Rationalisierung«[2] fasst, ist Gegenstand des folgenden Kapitels.

5.1 Kriegsschauplatz »Oderfront«

In der Zeit vom 31. Januar bis zum 2. Februar 1945 hatten die von Žukov befehligten, sowjetischen Verbände den mittleren Flussabschnitt der Oder fast auf der gesamten Länge erreicht und eine Vielzahl von größeren und kleineren Brückenköpfen am westlichen Flussufer errichtet. Nicht zuletzt aufgrund der Wetterlage sahen sie sich dort allerdings nicht im Stande, weiter vorzudrängen. Die etwa 40 cm dicke Eisdecke über der Oder begann zu schmelzen und wurde unpassierbar, die Schneeschmelze ließ den Fluss anschwellen und das Wasser überflutete die Uferböschungen bis zu den Deichanlagen. Wegen des hohen Grundwasserspiegels, aber auch wegen des Schmelz-

---

1 Eintrag vom 6. und 7.2.1945, in: Gelfand, Deutschland-Tagebuch, S. 31.
2 Hördler, Ordnung, S. 13, S. 431 und S. 467-470.

wassers und starker Regenfälle war der Untergrund im Oderbruch[3] aufgeweicht. Militärisches Gerät blieb im Schlamm stecken. Ein Ausheben von Schützengräben und Stellungen war hier nahezu unmöglich. Die angreifenden Soldaten waren in dem flachen Land von weitem sichtbar.[4]

Neben den topografischen und klimatischen Gegebenheiten kam der deutschen Verteidigung zugute, dass die Luftwaffe über betonierte Rollfelder in und um Berlin verfügte und von Fürstenwalde aus operierte, während die sowjetischen Flugzeuge im militärischen Hinterland ihrer Verbände aufgrund des nicht ablaufenden Schmelzwassers nicht abheben konnten. Trotz des zunehmenden Mangels an Treibstoff wurde der Luftkrieg über der Oder tagelang von der deutschen Luftwaffe bestimmt. Anstatt wie geplant weiter auf Berlin vorzurücken, erklärte das STAWKA die Großoffensive am 2. Februar für beendet[5] – Stalin bekräftige die Weisung zwei Tage später. Zwischen Frankfurt und Küstrin sollten sich die sowjetischen Verbände vereinigen und die kleinen Brückenköpfe zu einem großen operativen auszubauen.[6] Der Widerstand der deutschen Einheiten und die mit gnadenloser Härte geführten Gefechte verschoben die Durchführung dieses Plans allerdings auf Ende März.

Infolge der Vertreibungen der deutschen Einheiten an und hinter die Oder hatte der Oberbefehlshaber der Heeresgruppe »Weichsel« sein erst wenige Tage zuvor bezogenes Quartier in Falkenburg (Złocieniec) in Pommern Anfang Februar räumen müssen.[7] Himmlers Stab zog sich mit dem Sonderzug in den Norden Brandenburgs zurück. Seine Feldkommandantur nutzte daraufhin in der Uckermark Barackenbauten der zuvor von männlichen Insassen des Konzentrationslagers Ravensbrück im Wald errichteten Ausweichstelle »Birkenwald«.[8] Gleichzeitig setzte Himmler für die Angehörigen der Heeresgruppe »Weichsel« die neue Sperr- und Auffanglinie »Oder« in Kraft,[9] um deutsche Soldaten im Gefecht zu halten. Am 2. Februar erhielt Himmler von Hitler die Zusage über die Zuführung weiterer Verbände.[10] Der Heeresgruppe lagen nun zudem konkrete Weisungen des OKH vor:

---

3   Das Oderbruch stellt ein knapp 60 km langes und 12 bis 20 km breites Binnendelta der Oder dar, das deutlich tiefer als die Umgebung gelegen ist und sich ungefähr zwischen den Städten Lebus im Südosten und Oderberg im Nordwesten erstreckt.
4   Tissier, Durchbruch, S. 62 und S. 66-72; Lakowski, Zusammenbruch, S. 588-593.
5   Vgl. Lakowski, Zusammenbruch, S. 591 und S. 595f.; ders., Seelow 1945. Die Entscheidungsschlacht an der Oder, Hamburg 2009, S. 20-24; Christopher Duffy: Red Storm on the Reich. The Soviet March on Germany, 1945, London 1991, S. 113. Zur Topografie und den klimatischen Bedingungen vgl. auch die Ausführungen Wladimir Gelfands, in: Gelfand, Deutschland-Tagebuch, S. 37 und S. 52.
6   Vgl. Tissier, Durchbruch, S. 63-65; Lakowski, Zusammenbruch, S. 590.
7   Vgl. Eintrag vom 27.1.1945, in: Uhl u. a., Dienstkalender, S. 1011.
8   Vgl. Eintrag vom 1.2.1945, in: ebd., S. 1017; vgl. auch Beevor, Berlin, S. 149.
9   WSt/Org. F vom 1.2.1945, in: BArch F, N 756/324a.
10 Vgl. Hitler an Himmler vom 2.2.1945, zit. n.: Uhl u. a., Dienstkalender, S. 1018, Anm. 84.

»Aufgabe der Heeresgruppe ist es, das Vorgehen des Feindes beiderseits der Warthe in Richtung Berlin an der Oder zum Erliegen zu bringen und mit allen verfügbaren Kräften eine durchgehende Frontbesetzung der Oder-Linie bis Schwedt aufzubauen. Über die Oder vorangegangener Feind ist unverzüglich anzugreifen und zurückzuwerfen.«[11]

Eine Reihe von militärischen und sicherheitspolizeilichen Befehlen Himmlers zur Schaffung und Erhaltung einer durchgehenden Verteidigungslinie an der Oder folgten.

Im Wehrkreis III (Berlin-Brandenburg) konzentrierte sich die deutsche Kriegführung daraufhin vor allem auf die der Wehrmacht verbliebenen Brückenköpfe an der Oder sowie auf die zu »Festungen« ernannten Städte Frankfurt (Oder) und Küstrin.[12] Für diese Kriegsschauplätze war die 9. Armee zuständig, die die sowjetischen Streitkräfte abwehren und hinter die Oder zurückdrängen sollte. Wobei die Bezeichnung »Armee« irreführend ist. Bei den zur Verteidigung der Oder eingesetzten Verbänden handelte es sich vielmehr um ein Konglomerat unterschiedlicher Einheiten, zu denen auch die im Januar hastig mobilisierten Alarmeinheiten und der Volkssturm gehörten. Diese standen unter dem Befehl von General Theodor Busse. Busse hatte mit seinem Stab in Golzow westlich von Küstrin mit der Weisung Hitlers Quartier bezogen, die zusammenhängende Front ostwärts vor Berlin um jeden Preis zu halten bzw. in den Einbruchsräumen der Roten Armee erneut aufzubauen.[13] Der 9. Armee gegenüber befanden sich die I. Belarussische Front, deren Verbände zum einen um den Erhalt und den Ausbau der zum Monatswechsel erlangten Brückenköpfe, zum anderen um die beiden zentralen Oderbrücken auf dem Weg nach Berlin in Frankfurt (Oder) und Küstrin kämpften.

So setzten am 2. Februar in Frankfurt erbitterte Gefechte um Brückenköpfe und die im Hinblick auf die Verkehrsinfrastruktur zentrale Oderstadt ein.[14] Als gebürtiger Frankfurter hatte Busse auch ein persönliches Interesse an der Verteidigung der Stadt.[15] Um sich selbst ein Bild von der Lage zu machen, war er am 13. Februar zusammen mit Goebbels vor Ort gewesen.[16] Nachdem der als »Dammvorstadt« bezeichnete Teil Frankfurts erst am 21. April in sowjetische Hände geriet, galt die Stadt als verloren. An diesem Tag erging der Befehl an die verteidigenden Soldaten, sich aus der mittlerweile umfangreich zerstörten Stadt zurückzuziehen. Pioniereinheiten sprengten die Oderbrücke.[17]

11 Weisung d. Generalstabs des Heeres (GenStdH) für die HGrW vom 2.2.1945, in: BArch F, RH 19 XV/3, Bl. 37, zit. n.: Lakowski, Zusammenbruch, S. 593.
12 Vgl. Noble, Nazi Rule, S. 280, Anm. 28; Tissier, Durchbruch, S. 70-142.
13 Vgl. Kershaw, Berlin, S. 353; Le Tissier, Siege, S. 68; Duffy, Red Storm, S. 240 f.; Lakowski, Zusammenbruch, S. 418.
14 Lakowski, Zusammenbruch, S. 589.
15 Vgl. Tissier, Durchbruch, S. 87.
16 Ebd., S. 110.
17 Vgl. ebd., S. 59; Duffy, Red Storm, S. 113 und S. 240.

Am Zusammenfluss von Oder und Warthe nördlich von Frankfurt befand sich mit der historischen Festungsstadt Küstrin »einer der am stärksten befestigten Abschnitte Ostdeutschlands«, der den direkten Zugang nach Berlin abriegelte.[18] Küstrin bot mit 65 Kilometern Länge den kürzesten Weg nach Berlin entlang der Reichsstraße (heutige Bundesstraße 1) durch das Oderbruch, Seelow und Müncheberg.[19] Die Oderstadt war für den sowjetischen Vormarsch somit von zentraler Bedeutung.[20] Die Altstadt Küstrins verfügte über preußische Festungsanlagen, deren militärische Nutzung erst 1920 geendet hatte. Im Herbst 1944 hatten deutsche Pioniereinheiten dort noch Zwangsarbeiter eingesetzt, um die Anlagen zu erneuern.[21] Der erste sowjetische Angriff Küstrins erfolgte am Nachmittag des 1. Februar 1945 auf die Zellulose-Fabrik. Das Fabrikgelände bot Schutz und Überblick auf das flache Land ringsum.[22] Damit war es für beide Kriegsseiten von zentraler Bedeutung.[23] Nachdem das dortige Sachsenhausener Außenlager erst tags zuvor aufgelöst und auch die Kriegsgefangenen des Stalags III C in Alt-Drewitz bei Küstrin abtransportiert worden waren,[24] hatten Volkssturmangehörige und eine ungarische Kompanie ab dem Nachmittag des 30. Januar 1945 das Fabrikgelände zu verteidigen. Weil sich Teile der dort eingesetzten Soldaten hierbei auf die Insel der Altstadt zurückgezogen hatten,[25] erreichten sowjetische Einheiten das Fabrikgelände mühelos und bezogen dort am 1. Februar erstmalig Stellung.[26] Am 2. Februar 1945 entbrannte auch hier ein heftiger Kampf, der vorerst mit der deutschen Rückeroberung des Fabrikgeländes endete.[27] Nach zähen und sehr verlustreichen Gefechten ging Küstrin am 30. März endgültig verloren.[28] Die I. Belarussische Front verfügte nun auch hier über den für ihre nächste Großoffensive benötigten Brückenkopf.[29]

Dass entlang der Oder so erbittert gekämpft wurde, lag an den dortigen Befehlshabern. Dieses Kriegsgebiet stellte einen Kriegsschauplatz der SS/Polizei dar. »Politische Zuverlässigkeit zog der misstrauische Hitler«, wie Magnus Pahl im Hinblick auf die an der Oderfront 1945 mehrheitlich eingesetzten Befehlshaber dargelegt hat, »militärischer Professionalität inzwischen vor«.[30] Darüber hinaus fanden orts-

---

18 Peter Gosztony (Hg.): Der Kampf um Berlin in Augenzeugenberichten, München 1985, S. 123.
19 Vgl. ebd., S. 66.
20 Vgl. Tissier, Durchbruch, S. 66.
21 Vgl. Stargardt, Krieg, S. 545; Lakowksi, Zusammenbruch, S. 496-501.
22 Vgl. Bericht des Offiziersanwärters, Karl-Heinz Peters, zit. n. Tissier, Siege, S. 81-83, hier S. 81.
23 Vgl. ebd., S. 72.
24 Vgl. Fubel, Evakuierungsschauplatz, S. 201.
25 Vgl. Bericht des Luftwaffenhelfers, Fritz Oldenhage, zit. n. Tissier, Siege, S. 83-85, hier S. 83.
26 Vgl. ebd., S. 72; vgl. auch Bericht Erich Wuttge vom 9. 9. 1957 zit. n. Lakowski, Zusammenbruch, S. 429.
27 Vgl. Tissier, Siege, S. 86.
28 Vgl. Noble, Nazi Rule, S. 197; Lakowski, Zusammenbruch, S. 599 f.; Tissier, Durchbruch, S. 141.
29 Vgl. Lakowski, Zusammenbruch, S. 603.
30 Pahl, Heere, S. 244.

und regionskundige Kommandeure Verwendung, was schon die Personalie Busses verdeutlicht. So waren für die Verteidigung Frankfurts circa 14.000 Mann eingesetzt und dem zum Festungskommandeur ernannten Oberst Ernst Biehler unterstellt – Biehler war gebürtiger Frankfurter und suchte die Stadt um jeden Preis zu halten.[31] In Küstrin setzte Hitler Heinz Reinefahrt ein, der aus Cottbus stammte, das südlich von Frankfurt (Oder) ebenfalls in Odernähe liegt.[32] Zuvor als HSSPF »Warthe« tätig, hatte sich der designierte Festungskommandeur im Rahmen der Befehlsführung der Niederschlagung des Warschauer Aufstandes 1944 durch äußerste Brutalität hervorgetan.[33] Nun mit dem Halten der Oderstadt beauftragt, unterteilte Reinefarth die Stadt in mehrere Verteidigungssektoren sowie einen äußeren und inneren Verteidigungsring. Mit der Führung des Verteidigungssektors Neustadt beauftragte er beispielsweise den Oberst der Feldgendarmerie namens Walter.[34] Womit die Stoßrichtung der Befehlsführung Reinefahrts deutlich wird. Die zur Verteidigung eingesetzten Männer sollten mit Methoden der Feldgendarmerie an der Front gehalten werden. In dem Ausdruck des NS-loyalen Truppenführers und Oberbefehlshabers der Heeresgruppe »Mitte«, Ferdinand Schöners, dass die Soldaten »mehr Angst im Rücken als von vorne« haben müssten,[35] finden die Grundsätze dieses Vorgehens ihren Wortlaut.

Den Abschnitt zwischen Frankfurt (Oder) und Küstrin hatte das V. SS-Gebirgskorps zu verteidigen, das dem SS-Obergruppenführer Friedrich-Wilhelm Krüger unterstellt war und zuvor die Stellung bei Tischtiegel zu verteidigen hatte. Nun hatte der frühere HSSPF »Ost«, zu dessen Tätigkeiten zuvor die »Liquidierung« der Gettos im Generalgouvernement, die Niederschlagung des Aufstands im Warschauer Getto und der als »Partisanenbekämpfung« bezeichnete Terror gegenüber der polnischen Bevölkerung gehört hatten, dieses Gebiet zu halten, ohne dass eine stabile Nachrichtenverbindung bestand.[36] Ab dem 4. Februar wurden in diesem Frontabschnitt weitere deutsche Verbände disloziert und unter das Kommando des SS-Obergruppenführers und Generals der Waffen-SS, Matthias Kleinheisterkamp, gestellt. Kleinheisterkamp bezog seinen Befehlsstand sechs Kilometer südwestlich von

---

31 Vgl. Duffy, Red Storm, S. 186; Wolfgang Buwert: Festung Frankfurt (Oder). Eine Stadt am Kriegsende, in: Brandenburg im Jahre 1945. Studien, hg. von Werner Stang, Potsdam 1995, S. 38-83, hier S. 52.
32 Vgl. Personalunterlagen des Justizministeriums zu Heinz Reinefahrt, in: BArch B, R 3001/71865.
33 Vgl. Kay, Empire, S. 269-277.
34 Vgl. Tissier, Siege, S. 93 und S. 107.
35 Klaus W. Tofahrn: Das Dritte Reich und der Holocaust, Frankfurt a. M. 2008, S. 268; Klaus Schönherr: Ferdinand Schörner. Der idealtypische Nazigeneral, in: Die Militärelite des Dritten Reiches. 27 biographische Skizzen, hg. von Roland Smelser und Enrico Syring, Berlin 1995, S. 497-509.
36 Vgl. Larry V. Thompson: Friedrich-Wilhelm Krüger – Höherer SS- und Polizeiführer Ost, in: Die SS. Elite unter dem Totenkopf, hg. von Ronald Smelser und Enrico Syring, Paderborn 2000, S. 320-331, hier S. 327 f.

Seelow.[37] Die Verteidigung des deutschen Brückenkopfes weiter nördlich bei Schwedt hatte Himmler bereits am 30. Januar 1945 sogenannten SS-Jagdverbänden übertragen, die von SS-Obersturmbannführer Otto Skorzeny befehligt wurden.[38] Nördlich der Division »Skorzeny«, in der Waffen-SS-, Wehrmachts-, Lufwaffe-, Marine- und Volkssturmangehörigen zusammengefasst waren, agierte ab dem 17. Februar 1945 das sogenannte Oder-Korps der Heeresgruppe »Weichsel«. Es wurde von dem SS-Obergruppenführer Erich von dem Bach-Zelewski kommandiert, der zuvor als HSSPF »Russland-Mitte« und Chef der »Bandenbekämpfung« tätig gewesen war und somit einen *der* Akteure der deutschen Vernichtungskriegführung in der Sowjetunion darstellte. Neben Reinefarth hatte auch er die Brutalität der Niederschlagung des Warschauer Aufstandes zu verantworten. Des Weiteren griffen russische Soldaten, die der Heeresgruppe »Weichsel« unterstanden, nördlich von Küstrin den sowjetischen Brückenkopf an. Befehligt wurden sie von dem antisowjetischen General Andrej Wlassow, der sein persönliches Schutzbataillon in den Dienst von Himmlers Heeresgruppe gestellt hatte.[39]

Das Vorgehen Hitlers, politisch zuverlässige, anstatt militärisch erfahrene Kommandeure zur Verteidigung der Oderfront einzusetzen, hatte Himmler nach unten weitergegeben. Wie die Stellenbesetzungen der Verteidigungszonen Küstrins durch Reinefarth verdeutlichen, taten die SS/Polizei-Führer es Himmler nach. Aber auch wenn das Ringen um die Brückenköpfe mit äußerster Härte geführt wurde, war die Heeresgruppe »Weichsel« mit der Situation an der Oder überfordert.[40] Dies schlug sich in immensen Verlustzahlen insbesondere auf der deutschen Seite nieder.[41] Nachdem 30 Prozent der von ihm befehligten Männer aufgerieben worden waren, hatte Himmler Skorzeny bereits am 21. Februar 1945 seiner Tätigkeit enthoben.[42] Auch Krüger erhielt neue Aufgaben.[43] Den Kommandoposten für das V. SS-Gebirgskorps übernahm der ehemalige HSSPF »Russland-Süd«, Friedrich Jeckeln.[44] Reinefarth und Walter war es nicht gelungen, Küstrin mit den gegebenen Ausweich- und Rückzugsverboten zu halten. Nachdem Küstrin gefallen war, erging am 30. März für die Heeresgruppe »Weichsel« der Befehl, sämtliche Angriffshandlungen einzu-

---

37 Vgl. Lakowski, Zusammenbruch, S. 594; Tissier, Siege, S. 133; ders., Durchbruch, S. 97; Duffy, Red Storm, S. 97 f.
38 Vgl. Pahl, Heere, S. 247 f.; Bölscher, An den Ufern, S. 70.
39 Vgl. Beevor, Berlin, S. 89 f. und S. 130 f.; Pahl, Heere, S. 21 f. und S. 154-156.
40 Lakowski, Zusammenbruch, S. 596 und S. 598.
41 Vgl. ebd., S. 603.
42 Vgl. Pahl, Heere, S. 247 f.; Noble, Nazi Rule, S. 212 f.
43 Im April und Mai 1945 war Krüger Kommandeur einer Kampfgruppe der Ordnungspolizei bei der Heeresgruppe »Süd« Vgl. Bernhard Kieknap: SS-Junkerschule: SA und SS in Braunschweig, Braunschweig 2009, S. 90.
44 Vgl. Richard Breitman: Friedrich Jeckeln – Spezialist für die »Endlösung« im Osten, in: Die SS. Elite unter dem Totenkopf. 30 Lebensläufe, hg. von Roland Smelser und Enrico Syring, Paderborn 2000, S. 267-275, hier S. 274.

stellen.⁴⁵ Bereits zuvor hatte Guderian bei Hitler bewirkt, dass Himmler von seiner Aufgabe als militärischer Befehlshaber entbunden wurde. Die Befehlsführung über die Heeresgruppe »Weichsel« übernahm nun der in der Defensive äußerst erfahrene Gotthard Heinrici am 22. März 1945 in Hohenlychen (Uckermarck) von Himmler.⁴⁶ Der unerfahrene und schon bald völlig überforderte Heeresgruppenführer Himmler hatte das Kriegsgeschehen nur von seinem Sonderzug aus kommandiert.⁴⁷ Anstatt sich selbst ein Bild von der Lage an der Front zu machen, zitierte er sowohl die militärischen als auch die sicherheitspolizeilichen Befehlshaber zu sich.⁴⁸ Vom 2. März an, und ohne den Generalstab zu informieren, begab er sich – an Angina erkrankt – in das SS-Sanatorium in Hohenlychen zu seinem Jugendfreund und Leibarzt, SS-Gruppenführer Dr. Karl Gebhardt. Für den Erhalt weiterer Anweisungen, das Kriegsgeschehen betreffend, war er dort aufzusuchen. Bis zu seiner Ablösung durch Heinrici verblieb Himmler im SS-Sanatorium, hielt sich in Deckung und begab sich erst wieder zu dessen Geburtstag am 20. April nach Berlin zu Hitler.⁴⁹ Angesichts der desaströsen Kriegslage zog sich auch Hitler immer weiter zurück. Seine letzte öffentliche Rede hielt er am 30. Januar 1945 über den Rundfunk. Mit seinem Besuch im Hauptquartier Busses am 3. März 1945 hatte der deutsche Oberbefehlshaber Berlin nur noch ein einziges Mal verlassen, um sich zu propagandistischen Zwecken an der Ostfront blicken zu lassen. Fortan hielt er sich nur noch im »Führerbunker« der unter alliiertem Bombardement stehenden Berliner Reichskanzlei auf.

»Man reißt blutige Witze«, notierte der Berliner Schriftsteller Erich Kästner am 7. Februar 1945 in sein Tagebuch. »Roosevelt und Hitler, sagt man, hätten die für den Rest des Krieges verbindliche Übereinkunft getroffen, dass jener die Flugzeuge und dieser den Luftraum zur Verfügung stelle.«⁵⁰ Noch bis in die zweite Aprilhälfte erfolgten westalliierte Luftangriffe auf die deutsche Reichshauptstadt.⁵¹ Der Luftangriff vom 3. Februar, bei dem mit dem Reichssicherheitshauptamt und dem Volksgerichtshof auch zwei Zentralen der nationalsozialistischen Terrorherrschaft zerstört wurden, galt als der schwerste der Stadt. Kästner hatte sich zu dieser Zeit mit seiner Partnerin, der Journalistin Lotte Enderle, an den Wochenenden zu Bekannten nach Ketzin in den brandenburgischen Kreis Havelland zurückgezogen

---

45 Vgl. Lakowski, Zusammenbruch, S. 600.
46 Vgl. Tissier, Durchbruch, S. 129; ders., Siege, S. 214 f.; Fraenkel, Himmler, S. 200.
47 Vgl. Beevor, Berlin, S. 106.
48 Für den Zeitraum vom Aufbau der Heeresgruppe »Weichsel« bis zu deren Abgabe an Heinrici ist kein einziger Frontbesuch im Dienstkalender Himmlers verzeichnet. Vgl. Uhl u. a., Dienstkalender, S. 1005-1060.
49 Vgl. Einträge vom 2.3. bis 14.3.1945, in: Uhl u. a., Dienstkalender, S. 1050-1060; Longerich, Himmler, S. 739 und S. 742; Beevor, Berlin, S. 150 f.; Fraenkel, Himmler, S. 199-208.
50 Eintrag vom 7. 2. 1945, in: Erich Kästner: Notabene 45. Ein Tagebuch, Zürich 2018, S. 28.
51 Vgl. Laurenz Demps: Berlin im Bombenkrieg, in: Berlin 1933-1945, hg. von Michael Wildt und Christoph Kreutzmüller, München 2013, S. 357-371; ders. (Hg.): Luftangriffe auf Berlin. Die Berichte der Hauptluftschutzstelle 1940-1945, Berlin 2012, S. 33-46.

und beobachtete die nächtlichen Angriffe auf seine Heimatstadt dort gemeinsam mit der lokalen Bevölkerung.[52]

Im Gegensatz zu Berlin waren die Städte und Gemeinden in Brandenburg relativ lange von direkten Luftangriffen verschont geblieben. Anfang 1945 änderte sich die Situation allerdings noch einmal grundlegend und betraf nun auch die Zivilbevölkerung des vorherigen »Aufnahmegaus« für kriegsbedingt Obdachlose aus Berlin, Hamburg oder dem Ruhrgebiet. Dadurch, dass das deutsche Luftverteidigungssystems in Westeuropa zunehmend zusammenbrach, die deutsche Luftflotte unter Görings Führung geschwächt war, starke FLAK[53]-Einheiten aus dem Objektschutz der Städte – nun als Panzerabwehrkanonen (PAK) umfunktioniert[54] – zur artilleristischen Verstärkung der Ostfront verlegt wurden und nicht zuletzt, weil die Alliierten über verbesserte Bombenflugzeuge verfügten, geriet die gesamte Region Berlin-Brandenburg »in das Epizentrum«[55] der letzten alliierten Luftkriegsgefechte in Mitteleuropa. Die Westalliierten nahmen nun auch die dortige Rüstungsindustrie sowie strategisch relevante Verkehrsknoten ins Visier. Bislang wenig oder kaum beachtete Städte rückten in die strategische Planung ihrer Bombardierungsoperationen. Neben der Zerstörung des Schienennetzes und der Rangierbahnhöfe wurden auch Lokomotiv-Reparaturwerkstätten und weitere Bahnhöfe Ziele der radargeleiteten Luftangriffe.[56]

Auch für Oranienburg sahen die Westalliierten ein Flächenbombardement vor. Nachdem sie bereits am 15. März 1945 Bomben abgeworfen hatte, flog die US Air Force ab dem 22. März täglich Luftangriffe auf die brandenburgische Stadt. Ziele waren vor allem der Oranienburger Bahnhof und das angrenzende Industriegelände der Heinkel- und der Auerwerke.[57] Auch das Hydrierwerk in Schwarzheide südöstlich von Berlin in der Nähe der Grenze zu Sachsen wurde Hauptziel alliierter Luftangriffe in Brandenburg. Das Werk stellte 1945 einen der wichtigsten Treibstoffproduzenten für die Wehrmacht, insbesondere für die Heeresgruppe »Weichsel«, dar. Nachdem sowjetischen Truppen im Januar und Februar 1945 die schlesischen Hydrierwerke besetzt hatten, wurde das Schwarzheider Werk nach mehreren nicht zielführenden Angriffen am 22. März 1945 zerstört.[58] Mit den alliierten Bombardierungen Brandenburgs brach zudem das fernmündliche und telegrafische Netz zunehmend zusammen. Von den Luftangriffen betroffen waren auch Fahrzeugkolonnen, Eisenbahnzüge und

---

52 Vgl. Erich Kästner: Das Blaue Buch. Geheimes Kriegstagebuch 1941-1945, hg. von Sven Hanuschek in Zusammenarbeit mit Ulrich von Bülow und Silke Becker, Zürich 2018, S. 144 und S. 150; ders., Notabene 45, S. 19 f.
53 Das Akronym steht für Flugabwehrkanone.
54 Vgl. Lakowski, Zusammenbruch, S. 591.
55 Olaf Groehler: Der Luftkrieg gegen Brandenburg in den letzten Kriegsmonaten, in: Brandenburg im Jahr 1945. Studien, hg. von Werner Stang, Potsdam 1995, S. 9-37, hier S. 12.
56 Vgl. Groehler, Luftkrieg, S. 12-22.
57 Vgl. Bericht der Royal Air Force vom 20.4.1945 in: PRO, AIR 40/848; vgl. auch Groehler, Luftkrieg, S. 21.
58 Vgl. Groehler, Luftkrieg, S. 18-22.

Trecks, die Flüchtlinge oder Gefangene von der Front weg durch das militärische Hinterland transportierten und auf Weisung der NS-Führung nicht besonders kenntlich gemacht werden sollten.

5.2 Militärisches Hinterland

Ursprünglich für die Westfront ausgegeben, galt den zur Reichsverteidigung 1944/45 eingesetzten Soldaten folgende Devise Hitlers: »Es gibt nur noch ein Halten der Stellung oder Vernichtung.«[59] Nach den Vorgaben des bereits am 16. September 1944 erteilten und am 19. März 1945 erneut aktualisierten »Nero-Befehls« war der Kampf auf dem Territorium des »Altreiches« wenn nötig bis zur Selbstzerstörung fortzuführen.[60] Um die Soldaten in ihren Stellungen zu halten oder im Falle von angetretenen Rückzügen erneut zur Gefechtsführung zu zwingen, waren auch entsprechende Weisungen für die »rückwärtigen« Gebiete an der Oder ergangen. Am 2. Februar hieß es aus dem OKW, dass Soldaten, die sich nicht bei ihren Einheiten in der militärischen Kontaktzone befanden, »zu erfassen und auf dem schnellsten Wege der kämpfenden Truppe wieder zuzuführen« waren.[61] Der Chef des OKW, Keitel, wies sie zum Gebrauch von »rücksichtslose[r] Härte, Pflichterfüllung und [der] Anwendung radikaler Mittel« an: »Reicht die Standgerichtsbarkeit nicht aus, ist rücksichtslos von der Waffe Gebrauch zu machen.«[62] Zur Durchsetzung des Durchhalte- und Loyalitätszwanges für die an der Oderfront ab Februar 1945 eingesetzten Soldaten hatte der Befehlshaber der 9. Armee, Busse, in Absprache mit dem Stab der Heeresgruppe »Weichsel« darüber hinaus befohlen, Hinrichtungen wegen »Fahnenflucht« oder »Feigheit« öffentlich bekanntzugeben.[63]

Die Befehlshaber der Auffanglinien der Heeresgruppe »Weichsel«, Oberg, und der Infanteriegeneral, Grase, erhielten die Freigabe, mit »schärfsten Mitteln« gegen als »Drückebergerei«, »Feigheit« und »Wehrkraftzersetzung« erachtetes Verhalten »durchzugreifen«;[64] Grase erhielt zudem den Auftrag, gegen deutsche Einheiten vorzugehen, die in der Gegend um Frankfurt (Oder) begannen, ihre eigenen Waffen zu zerstören, um nicht weiterkämpfen zu müssen.[65] Die Angehörigen der Feldjäger- und Auffangeinheiten hatten Soldaten, die sich nicht bei ihren Einheiten an der Front befanden, festzunehmen und den an den Orten ihrer Abteilungen eingerichteten Sammellagern

---

59 Heinrich Schwendemann: »Verbrannte Erde«? Hitlers »Nero-Befehl« vom 19. März 1945, in: Kriegsende in Deutschland, Hamburg 2005, S. 158-167, hier S. 158.
60 Vgl. ebd.
61 Fernschreiben des OKW/WFSt vom 2.2.1945, in: BArch F, RL 2III/1317.
62 Vgl. Befehl OKW vom 7.2.1945, abgedruckt in: Förster, 1945, S. 103f.
63 Vgl. Lakowski, Seelow, S. 59.
64 Vgl. Himmler an Oberg vom 2.2.1945, in: BArch F, N 756/324; Schreiben Lammerding an Oberg und Grase vom 5.2.1945, in: ebd.
65 Vgl. Ausführungen der Herausgeber zum Eintrag vom 3.2.1945, in: Uhl u. a., Dienstkalender, S. 1020.

zuzuführen.⁶⁶ War dies nicht möglich, waren sie dem – zu dieser Zeit bei Molkenburg (Fürstenwalde) befindlichen⁶⁷ – Korück 532 zur Neuaufstellung und Ausrüstung zu übergeben oder in die Sammellager der Festungskommandanten in Frankfurt (Oder) oder Küstrin zu überstellen. Auf dem Truppenübungsplatz der Waffen-SS »Kurmark« in Lieberose-Jamlitz befand sich mit dem SS-Auffanglager »Kurmark« ab dem 1. Februar 1945 zudem das zentrale Auffanglager der Waffen-SS, das allerdings bereits zum 15. Februar 1945 wieder aufgelöst und nach Göttingen verlegt wurde.⁶⁸ An diesem Tag erfolgte zudem die Ausweitung der Standgerichtbarkeit auf die Zivilbevölkerung in »feindbedrohten Gebieten«.⁶⁹ Himmler erwartete tägliche Meldungen über die Aktivitäten.⁷⁰ Gleichzeitig wurden nun auch rigoros Minderjährige für die Front mobilisiert.

Seit Ende Januar 1945 wurden Minderjährige zur FLAK-Betätigung herangezogen, die zu diesem Zeitpunkt an der Ostfront zunehmend der Panzerabwehr diente.⁷¹ Ab Februar rekrutierte der Volkssturm männliche Jugendliche des Jahrgangs 1929.⁷² Aufgrund des Protests der Eltern wurde die Weisung im März allerdings dahingehend abgeschwächt, dass die Jungen nicht zum direkten Kampfeinsatz gebracht werden sollten.⁷³ Bis zum Ende des Krieges gehörte der Einzug Minderjähriger durch die örtliche Schutzpolizei zur Verteidigung des Reiches insbesondere in Berlin und Brandenburg aber zur gängigen Praxis.⁷⁴ In Erwartung der nächsten sowjetischen Großoffensive erhielten HJ-Jungen eine infanteristische Kampfausbildung. Als »Kanoniere« der Wehrmacht vereidigt und mit Soldbüchern versehen, wurden sie anschließend zum Kampfeinsatz gebracht.⁷⁵ HJ-Angehörige wurden auch aus Flüchtlingstrecks herausgezogen und rekrutiert, um beispielsweise Küstrin zu verteidigen.⁷⁶ Die Mobilisierung Minderjähriger dauerte, wie sich an Soldbüchern nachvollziehen lässt, mindestens bis in die zweite Aprilhälfte an. Viele der Heranwachsenden oder 1945 noch »wehrfähig«

---

66 Vgl. Verfügung Keitels vom 24.2.1945 und Befehl Guderians vom 07.3.1945, in: ebd.
67 Vgl. Wassili S. Christoforow, Wladimir G. Makarow und Matthias Uhl (Hg.): Verhört – Die Befragungen deutscher Generale und Offiziere durch die sowjetischen Geheimdienste 1945-1952, Berlin 2015, S. 274-281.
68 Vgl. Notiz »SS-Auffanglager Kurmark«, in: BArch F, N 756/324 a.
69 Vgl. RGBl., I. 1945, Teil I, S. 30.
70 Vgl. Himmler an Oberg vom 2.2.1945, in: BArch F, N 756/324a.
71 Vgl. Schreiben des Generalbevollmächtigten für den Arbeitseinsatz, Fritz Sauckel, an die Präsidenten der Gauarbeitsämter vom 30.1.1945, in: BArch F, R 21-530, Bl. 12-14, abgedruckt in: Jahnke, Aufgebot, S. 123-125; Schnellbrief der Reichswirtschaftskammer an die Gauwirtschaftskammern vom 7.2.1945, in: BArch, R 11-192, Bl. 45 ff., abgedruckt in: ebd., S. 132-134.
72 Vgl. Anordnung 29/45 des Leiters der Partei-Kanzlei, Martin Bormann, an die Gauleiter über die Eingliederung des Jahrgangs 1929 in den Volkssturm vom 27.2.1945, abgedruckt in: ebd., S. 143.
73 Vgl. Martin Bormann an die Gauleiter vom 7.3.1945, Anordnung 36/45, abgedruckt in: ebd., S. 152.
74 Vgl. Meldung der Schutzpolizei Prenzlau vom 9.3.1945, in: BLHA, Rep ZA I Pol, 1020/2.
75 Bericht Hans Hansen, »... allezeit meine Pflicht zu tun.« Erinnerungen an meine Luftwaffenhelferzeit 1944/45, abgedruckt in: Lakowski, 1945, S. 432 f.
76 Vgl. Bericht Hans Dalbkermeyer, zit. n. Tissier, Siege, S. 78.

gewordenen jungen Männer überlebten das Kriegsende nicht.[77] Darüber hinaus kamen in Brandenburg HJ-Jungen auch zur Evakuierung von als für die Kriegsproduktion wertvoll erachteten Sachgütern aus den Frontgebieten zum Einsatz.[78]

Das östliche und westliche Gebiet der Oder galt ab Anfang Februar 1945 zum einen als Sperrgebiet. Zur Aufnahme im Falle von Evakuierungen und Flüchtlingen vorgesehen, wurden die Gebiete der Ost- und Westprignitz hierfür vorerst noch ausgenommen. Alle anderen brandenburgischen Kreisleiter bekamen Offiziere zur Seite gestellt und hatten unter Einbezug der Organisation Todt und der Verwendung von Zwangsarbeiter:innen umgehend mit dem Bau von Panzersperren zu beginnen.[79] In der Gegend um Schwarzheide wurden hierfür auch Insassen des Konzentrationslagers Sachsenhausen eingesetzt.[80] Vorgesehen war, Hauptverkehrs- und Reichsstraßen sowie Reichsautobahnen zu blockieren. Nebenwege und Schneisen waren zu schließen, Versorgungswege jedoch offen zu halten, aber mit der Möglichkeit zu versehen, dass diese sofort geschlossen werden können. An allen Ortsein- und -ausgängen waren Blockaden zu errichten.[81] Die Organisation und Aufsicht oblag den lokalen Ortsgruppenleitern und Gendarmerieposten.[82] Die Kreisleiter wiesen diesbezüglich auch an, Kriegsgefangene für den Bau von Stellungen und Straßensperren einzusetzen.[83] In den Ortschaften hatte sich der Volkssturm nun auf die »Panzernahbekämpfung ein[zu]stellen«.[84] Doch selbst Flüchtlinge, wie die aus Danzig stammende und sich in Potsdam aufhaltende Dietlind Erich, bemerkten die Sinnlosigkeit dieser Maßnahmen: »Hier in Potsdam werden nun tüchtig Barrikaden errichtet; denn [sic!] das für die russischen Panzer ein Hindernis sein soll, ist geradezu lächerlich.«[85]

Zum anderen stellte die Region, wie aufgezeigt, nun großflächig ein Einsatzgebiet mobiler SS/Polizei-Kommandos dar. Insbesondere die Kreise entlang der Oder waren ab dem 2. Februar umfangreich sicherheitspolizeilich besetzt und in Ab-

77 Vgl. Soldbücher, in: BLHA, Rep 250 Ruppin, 2318.
78 Vgl. Staatssekretär Dr. Stuckart über den Kriegseinsatz der HJ in der Mark Brandenburg vom 5.4.1945, in: BArch F, R 55-620, Bl. 140, abgedruckt in: Jahnke, Aufgebot, S. 162.
79 Vgl. Der Gauleiter in Potsdam am 1.2.1945, Rundruf Nr. 110, in: BLHA, Rep 75 Boswan Knauer, 80; Peter Bahl: Belastung und Bereicherung. Vertriebenenintegration in Brandenburg ab 1945, Berlin 2020 (Bibliothek der Brandenburgischen und Preußischen Geschichte), S. 79.
80 Vgl. Thomas Irmer: Schwarzheide, in: Benz, Ort des Terrors (Bd. 3), S. 268-271, hier S. 269.
81 Vgl. Der Gauleiter in Potsdam am 1.2.1945, Rundruf Nr. 110, in: BLHA, Rep 75 Boswan Knauer, 80; Bahl, Belastung, S. 79.
82 Vgl. Lakowski, 1945, S. 414.
83 Wolfgang Schumann (Hg.): Deutschland im Zweiten Weltkrieg (Bd. 6). Die Zerschlagung des Hitlerfaschismus und die Befreiung des deutschen Volkes (Juni 1944 bis zum 8. Mai 1945), Berlin (Ost) 1988, S. 633.
84 Der Gauleiter in Potsdam am 1.2.1945, Rundruf Nr. 110, in: BLHA, Rep 75 Boswan Knauer, 80.
85 Eintrag vom 10./12.2.1945, in: Dietlind Erich. Tagebuch 1945-1951, in: Deutsches Tagebucharchiv (DTA), 232-1, S. 3.

schnitte untergliedert. Hier hatten die Einheiten an Flussübergängen, Straßen und Verkehrsknotenpunkten zu patrouillieren, um sie nach sich absetzenden Soldaten abzusuchen. Des Weiteren waren Züge, Bahnhöfe, Betreuungsstellen und Trecks auch auf wehrfähige Männer und Jungen zu kontrollieren, die zum Fronteinsatz gebracht werden konnten.[86] Die Einsatzkommandos stellten auch Waffen, Munition, Kraftfahrzeuge und als kriegswichtig erachtete Gerätschaften sicher. Hinzu kam, dass die lokale Ordnungspolizei das militärische Hinterland ebenfalls zu sichern hatte. Hierfür wurde sie 1945 dem BdO im Stab des HSSPF »Spree« unterstellt, hatte aber auch mit den SS/Polizei-Auffangkommandanturen zusammenzuarbeiten. Ihr Einsatz galt vornehmlich der Verkehrsregelung, der Verhinderung von Plünderungen durch eigene Soldaten und der Festnahme von Deserteuren. Zur Tätigkeit aller Sicherungs- und Ordnungseinheiten gehörte darüber hinaus auch die Überwachung von Zwangsarbeiter:innen und Kriegsgefangenen. Wenn sich diese nicht bei ihren Arbeitsorten oder Lagern befanden, waren sie festzunehmen und an die Gestapo zu übergeben. Alle SS/Polizei-Angehörigen hatten das militärische Hinterland auch hinsichtlich sich absetzender Angehöriger der alliierten Luftflotten zu überwachen. Notgelandete Piloten und Fallschirmjäger waren festzunehmen. Als bewegliche Reserve eingesetzt, sollte das Personal der Ordnungspolizei hierfür mit Fahrrädern und kleinen Motorrädern ausgestattet sein. Der HSSPF »Spree« in Berlin-Spandau, Heißmeyer, erwartete tägliche Meldungen.[87] Heißmeyer wiederum hatte Goebbels und Himmler hinsichtlich »Bandenbildung« und Flüchtlingsgruppen an der Oder zu informieren.[88]

Damit hatte die SS/Polizei ein engmaschiges Netz über insbesondere den östlichen Teil der Region Brandenburg ausgeworfen. Praktiken der deutschen »Bandenkriegführung«, die seit 1941 im Hinterland der Ostfront durch den Einsatz extremer Gewalt gekennzeichnet waren, wurden auf die Region übertragen, um sowohl die Soldaten als auch die Zivilbevölkerung auf Kriegskurs zu halten. Zusätzlich zu den SS/Polizei-Einheiten, die beweglich einzusetzen waren und Großrazzien durchführten,[89] konnten Ortsgruppenleiter und örtliche Volkssturmangehörige sich zurückziehende Soldaten oder als »verdächtig« geltende Personen festnehmen.[90] Ein westlich der Oder am Nordrand Frankfurts eingesetztes Bataillon aus Volkssturmmännern aus Franken trieb Anfang Februar beispielsweise Wehrmachtsangehörige in ihre Stellungen zurück, als

86 Vgl. Feldjäger-Kdo. (mot.) III, Einsatzbefehl Nr. 6 vom 5.2.1945, in: BArch F, N 756/324a.
87 Vgl. Einsatzbefehl des BdO im Stab des HSSPF »Spree« vom 6.3.1945, in: BLHA, Rep 61 A, NSDAP 574; »Scharnhorst«-Befehl des SS-Personalhauptamtchefs vom 31.1.1945, in: BArch B, NS 34/20.
88 Vgl. HSSPF »Spree« an Gauleitung Berlin, nachrichtlich auch an RFSS vom 13.2.1945, in: BArch, NS 19/2262.
89 Vgl. RFSS vom 20.2.1945, in: BArch F, N 756/324a; Funkspruch »An alle Ortsgruppenleiter!«, in: BLHA, Rep 61 NSDAP 574.
90 Vgl. Weisung des Auffangkommandanten in Groß-Schönebeck/Zehdenick aus dem Sonderstab des RFSS an die Ortsgruppenleiter und den Volkssturm vom 9.2.1945, in: BLHA, Rep 61 A, NSDAP 574.

diese sich zum Rückzug aufgestellt hatten.[91] Darüber hinaus befand sich eine Vielzahl hoher SS/Polizei-Führer und NSDAP-Funktionäre, wie etwa der Leiter des »Reichsgaus Wartheland«, Greiser, im militärischen Hinterland der Heeresgruppe »Weichsel« und bot Himmler seine Dienste an.[92] Während Greiser keine Verwendung fand und den weiteren Kriegsverlauf später – unter Himmlers persönlichen Schutz gestellt – in Böhmen abwarten sollte, fand der Leiter der VoMi, General der Waffen-SS und SS-Obergruppenführer, Werner Lorenz, Aufnahme im Generalstab der Heeresgruppe »Weichsel«. Lorenz wurde dort am 25. Februar General der Wehrmachtsordnungstruppen.[93] VoMi-Angehörige fanden in Brandenburg Verwendung, um den »Flüchtlingsstrom aus dem Osten«, so Himmler, in Zusammenarbeit mit den Landräten, den Dienststellen der Partei und der NSV zu kontrollieren.[94]

Weitere SS/Polizei-Führer waren wie die HSSPF von dem Bach-Zelewski, Jeckeln, Krüger oder Reinefahrt entweder direkt an den Gefechtsschauplätzen der Heeresgruppe »Weichsel« im Einsatz oder hielten sich im militärischen Hinterland auf. Obwohl sowohl die politische als auch die militärische Führung und mit ihr auch Himmler gefordert hatte, dies zu unterlassen, beschlagnahmten sie hierfür Gutshäuser oder noble Gasthöfe. So quartierten sich beispielsweise auch der ehemalige HSSPF »Rußland-Süd und Ukraine«, Hans-Adolf Prützmann, mit seinem Stab sowie eine weitere, nicht näher benannte SS-Dienststelle eigenmächtig in Rheinsberg ein. Prützmanns Entourage bezog hier 13 Zimmer des Hotels »Alter Fritz«, die ursprünglich für Flüchtlinge vorgesehen waren. Die zweite SS-Dienststelle richtete im örtlichen Amtsgericht ihre »Ortskommandantur« ein.[95] Ziel der SS/Polizei-Führer war es, sich erstens gemäß ihrem Selbstverständnis herrschaftlich und zweitens in der Nähe zur Ausweichstelle »Birkenwald« bzw. zum SS-Sanatorium in Hohenlychen einzurichten, wo sich Himmler den Februar und März 1945 über aufhielt. Die regionalen SS/Polizei-Befehlshaber und Kommandeure waren sich der SS/Polizei-Prominenz in ihren Einsatzgegenden und deren Eingriffe in das Geschehen vor Ort bewusst und wiesen ihre Einsatzkräfte entsprechend an.[96]

Damit stellte das militärische Hinterland in Brandenburg ein Gebiet dar, das von einer starken SS/Polizei-Präsenz gekennzeichnet war, die sich so vermutlich für keine

---

91 Vgl. Bericht Freytag von Loringhoven: Das letzte Aufgebot des Teufels. Dramatischer Einsatz des Volkssturmbataillon 7/108 Franken mit den Kompanien Rothenburg o. d. T, Ansbach, Weißenburg, Dinkelsbühl, o. O. o. J., abgedruckt in: Lakowski, 1945, S. 428 f.
92 Vgl. Beevor, Berlin, S. 179.
93 Vgl. Himmler an Lorenz vom 25.2.1945, in: BArch F, N 756/324a.
94 Abschrift der RMI-Weisung vom 27.1.1945 im Verteiler des RVK Mark Brandenburg vom 28.1.1945, in: BLHA, Rep. ZA I Pol, 2318, Bl. 117.
95 Vgl. Korrespondenz zw. dem Bürgermeisters von Rheinsberg, dem Landrat von Neuruppin und dem Wehrmacht-Standortältesten in Neuruppin vom 03., 19. und 28.3.1945, in: BLHA, Rep 6 B Ruppin, 160.
96 Vgl. Weisungen des KdO im Abschnitt »Nord« in Joachimsthal, Major der Gendarmerie Axt, vom 9.3.1945, in: BLHA, Rep 61 A, NSDAP, 574.

andere deutsche Region im Februar und März aufzeigen lässt, was daran lag, dass es hier um die Sicherung der Verteidigung Berlins ging. Soldaten, die nicht bereit waren, (weiter) zu kämpfen, sich – die Kriegslage richtig einschätzend – zurückzogen oder Kontakt mit den sowjetischen Verbänden zur kampffreien Übergabe von Städten und Ortschaften aufnehmen wollten, sahen sich nun verstärkt der Gefahr ausgesetzt, festgenommen und hingerichtet zu werden. Gleiches galt für lokale Amtsträger, Partei- und Polizeiangehörige.[97] Zurückweichende Soldaten entwickelten daher Strategien, um nicht von der (Militär-)Polizei oder von SS-Einheiten aufgegriffen und abgeurteilt zu werden. Luftwaffenangehörige, die zur Verteidigung der Zellulose-Fabrik in Küstrin eingesetzt waren, schlossen sich etwa selbstständig weiter westlich eingesetzten Verbänden an.[98] Andere fälschten erfolgreich Marschpapiere, um durch die Kontrollpunkte, die im Hinterland eingerichtet worden waren, zu gelangen.[99] Allein auf der Strecke Küstrin-Berlin, so wurde dem schwedischen Militärattaché von einem Landesgenossen berichtet, der den Weg mit dem Auto gefahren war, befanden sich etwa 20 Kontrollpunkte der Feldgendarmerie.[100] Als Goebbels diese Strecke zwei Wochen später fuhr,[101] sah er die Leichen von hingerichteten deutschen Soldaten in voller Uniform an den Stahlträgern der Oderbrücke hängen – deutlich gekennzeichnet mit der Aufschrift »Ich bin ein Deserteur«.[102]

In Küstrin hatte Reinefarth, dem seit dem 1. Februar eine Wehrmachtsstreifengruppe des Feldjäger-Kommandos III zugeordnet war und der ab dem 2. Februar das militärische Amt des Festungskommandanten von Küstrin bekleidete,[103] gleich zu Beginn seiner »Festungszeit« Soldaten an einer der Warthe-Brücken aufhängen und ihnen Schilder mit der Aufschrift »Ich war ein Feigling« umbinden lassen.[104] In den folgenden Wochen kam es in Kietz bei Küstrin noch zur Erschießung von deutschen Soldaten. In der zweiten Februarhälfte hingen Wehrmachtsangehörige auch tot am Kietzer Tor, mit einem Schild mit der Aufschrift »Ich bin desertiert«.[105]

In Lieberose – wo sich ebenfalls eine Abteilung der Wehrmachtsstreifengruppe befand – war am 21. Februar auch der ehemalige politische Häftling aus Dachau, Georg Lai, im Alter von 33 Jahren hingerichtet worden, der sich als Grenadier mit

---

97 Vgl. Peter Lieb: Die Schlacht um Berlin und das Ende des Dritten Reichs 1945, Ditzingen 2020, S. 106-110.
98 Vgl. Bericht Helmut Schmidt, zit. n. Tissier, Siege, S. 74-78, hier S. 77.
99 Vgl. Befehlsblatt des Chefs der Sicherheitspolizei und des SD, Ausgabe B, hg. vom RSHA Berlin, Nr. 10, Jg. 6. (21.3.1945), S. 53, in: RGVA 500/4/31, S. 1.
100 Vgl. Beevor, Berlin, S. 151.
101 Vgl. Buwert, Festung Frankfurt, S. 71.
102 Vgl. Noble, Nazi Rule, S. 194f.
103 Vgl. Vortragsnotiz des WFSt/Org F. vom 1.2.1945, in: BArch F, N 756/324a.
104 Vgl. Bericht Helmut Schmidt, zit. n. Tissier, Siege, S. 74-78, hier S. 77; Bericht Luftwaffenhelfer Fritz Oldenhage, zit. n. ebd., S. 83-85, hier S. 83; Kohlase, Untergang.
105 Vgl. Kohlase, Untergang.

der SS-Sturmbrigade »Dirlewanger« in der Gegend um Guben befand.[106] Die dem Oberführer der Waffen-SS der Reserve (d. R.), Oskar Dirlewanger, unterstellte Einheit war für ihre Brutalität bekannt – neben Reinefahrt und von dem Bach-Zelewski war auch Dirlewanger für die grausame Niederschlagung des Warschauer Aufstandes und insbesondere das Massaker von Wola verantwortlich. In seiner Einheit kamen Häftlinge der Konzentrationslager an den vordersten Gefechtslinien zum Kriegseinsatz. Weil er sich geweigert hatte, an der Oderfront (weiter) zu kämpfen, war Lai wegen »Meuterei« getötet worden.[107] Am 25. Februar exekutierte ein Standgericht auch den Grenadier, Helmut Hugo, im benachbarten Jamlitz.[108] Am 19. März wurde dort mit Martin Dohm ein weiterer Soldat erschossen, weil er nicht bereit war, weiter zu kämpfen.[109] In Jamlitz hatte sich seit 1943 auch eine Einheit der Feldgendarmerie befunden, die bis zum April 1945 für militärpolizeiliche Ordnungsaufgaben auf dem Truppenübungsplatz »Kurmark« eingesetzt war.[110] Noch bis in den März 1945 diente das Gelände der Sammlung und Neuaufstellung von Angehörigen unterschiedlicher SS-Einheiten unter anderem des SS-Kommandos »Dirlewanger«.[111]

Das Vollziehen öffentlicher Exempel mittels standesgerichtlicher Hinrichtungen hoher Parteifunktionäre oder SS/Polizei-Führer wie des Polizeipräsidenten und SS-Standartenführers von Bromberg, Karl Otto von Salisch, sollte hingegen eine Ausnahme darstellen. Es traf aber durchaus lokale Amtsträger der NSDAP. Von Salisch hatte sich im Januar aus seinem Befehlsbereich vor den anrückenden sowjetischen Verbänden in Sicherheit gebracht. Am 31. Januar richtete ihn ein Erschießungskommando auf Befehl Himmlers im Hof der Danziger Gestapo wegen »Feigheit« hin. Der Regierungspräsident und der Bürgermeister der Stadt wurden einem »Bewährungsbataillon« zugeteilt.[112] Aber auch Bürgermeister, die ihre Ortschaften ohne Räumungsbefehl verlassen hatten, wurden hingerichtet. Der Bürgermeister und Volkssturm-Kommandant des östlich der Oder gelegenen Königsberg (Neumark, heute: Chojna), Kurt Flöter, hatte die Stadt Ende Januar 1945 ohne Räumungsbefehl verlassen. Daraufhin wurde er wenige Tage später in Schwedt vor das militärische Standgericht gestellt, dem Skorzeny vorstand. Skorzeny ließ ihn öffentlich hängen.[113] Die Bevölkerung erfuhr, wie Erich Kästner notierte, von den beiden Hinrichtungen über das Radio.[114] Von den Rundfunksprechern der Gauleitung sahen sich die »Volksgenoss:innen« zudem »herzhaft aufgefordert, Deserteure aus dem Osten fest-

---

106 Vgl. Pfeiler, »Der Krieg«, S. 90.
107 Vgl. ebd.; Werner Röder und Christoph Weisz: Erschließungsband zur Mikrofiche-Edition Widerstand als Hochverrat, München 2012, S. 303; Klausch, Antifaschisten, S. 303.
108 Vgl. Pfeiler, »Der Krieg«, S. 91.
109 Vgl. ebd., S. 93.
110 Vgl. Notiz »SS-Feldgendarmerietrupp/SS-Tr.Üb.Pl. ›Kurmark‹«, in: BArch F, N 756/324a.
111 Vgl. Verfügungsblätter der Waffen-SS. 3/6 (1945) vom 1. 2. 1945 und 4/6 (1945) vom 15. 2. 1945.
112 Vgl. Longerich, Himmler, S. 739.
113 Beevor, Berlin, S. 84; Keller, Volksgemeinschaft, S. 90; Noble, Nazi Rule, S. 195.
114 Vgl. Eintrag vom 12. 2. 1945, in: Kästner, Notabene, S. 30 und S. 36.

zunehmen, diesen Schweinehunden«, so der Berliner Schriftsteller zynisch, »mitleidlos entgegenzutreten und, in jedem Falle, neue Arbeitskräfte nur durchs zuständige Arbeitsamt zu beziehen.«[115]

Die unter dem juristischen Deckmantel der fliegenden Standgerichte durchgeführten Gewaltexzesse betrafen in Brandenburg nicht nur Soldaten, die nicht bereit waren weiterzukämpfen, und Zivilpersonen, denen Kriegssabotage oder Plünderung vorgeworfen wurde. Das brutale Vorgehen traf vor allem Zwangsarbeiter:innen, Kriegsgefangene, alliierte Piloten abgeschossener Flugzeuge, politische Gegner:innen und jüdische Menschen, deren Leben in Brandenburg 1945 durch die Unsicherheit, das Kriegsende überhaupt zu erleben, gekennzeichnet war. So waren die Kriegsgefangenen aus dem Stalag III B bei Küstrin Ende Januar 1945 per Fußmarsch westwärts gen Oder getrieben worden. Da, wo sie zuvor wie in Landsberg (Warthe) auf Gutshöfen zur Zwangsarbeit eingesetzt worden waren, erfolgte Anfang Februar auch die Mitführung auf den Trecks der Zivilbevölkerung.[116] Hier bestand die Gefahr, in die Hände mobiler Einheiten der SS/Polizei zu fallen, die das militärische Hinterland patrouillierten und Weisung hatten, Kriegsgefangene und Zwangsarbeiter:innen den Bürgermeistern oder der örtlichen Polizei zu übergeben.

Der Aufbruch der ostbrandenburgischen Bevölkerung zur Flucht westwärts bot den vor Ort zur Zwangsarbeit eingesetzten Menschen die Möglichkeit unterzutauchen. Sie konnten sich in den nun unbewohnten Häusern verstecken und dort die Ankunft sowjetischer Einheiten abwarten. Die Suche nach etwas Essbarem, besserer Kleidung und Unterschlupf bot den Flüchtenden genauso wie den sich temporär nicht an ihren Arbeitsstellen aufhaltenden Zwangsarbeiter:innen oder Kriegsgefangenen meist die einzige Möglichkeit, die ungewisse Zeitspanne bis zum Kriegsende zu überstehen. Das NS-Regime reagierte entsprechend – für Kriegsgefangene wurden nächtliche Ausgangssperren verhängt. Die Aufnahme von Personen oder die Weitergabe von Lebensmittelmarken in den Haushalten, die durch Abwanderung gekennzeichnet waren, wie denen, deren Dörfer die Trecks passierten, wurde verboten. Verdächtige Personen waren festzunehmen, Ortsfremde den Bürgermeistern zu melden.[117]

Mobile Einsatzkommandos patrouillierten das Hinterland und konnten jede Person aufgreifen, die sich aus ihrer Sicht verdächtig verhielt oder zuvor denunziert worden war. Zum Einsatz kamen hierbei auch Volkssturmangehörige und Streifen aus Forstarbeitern. Sie kontrollierten nicht nur Männer, die sich nicht bei ihren Einheiten im Kampfgebiet befanden, sondern machten auch Jagd auf andere Verdächtige und zerrten sie vor Standgerichte.[118] In Frankfurt (Oder) ließ Biehler neben deutschen

---

115 Eintrag vom 9.2.1945, in: Kästner, Notabene, S. 33.
116 Vgl. Bahl, Belastung, S. 95.
117 Vgl. Weisung des Auffangkommandanten in Groß-Schönebeck/Zehdenick aus dem Sonderstab des RFSS an die Ortsgruppenleiter und den Volkssturm vom 9.2.1945, in: BLHA, Rep 61 A, NSDAP, 574.
118 Vgl. ebd.

Soldaten und Zivilist:innen auch zwei tschechische und einen polnischen Zwangsarbeiter hinrichten, die aufgrund der Mangelversorgung für das eigene Überleben zum Stehlen gezwungen und hierbei ertappt worden waren.[119] Ihre Namen sind nicht bekannt. In Küstrin ließ Reinefahrth neben deutschen Soldaten am 4. Februar ebenfalls 14 osteuropäische Zwangsarbeiter wegen sogenannter Plünderungsvergehen erschießen. Am 24. Februar wurde ein italienischer Kriegsgefangener aus demselben Grund ermordet.[120] Auch zu ihnen lassen sich keine Namen mehr finden. In den Fällen, wo die Zwangsarbeiter:innen oder Kriegsgefangenen nicht vor Ort hingerichtet wurden, erfolgten Überstellungen an die Gestapo.

Die Gestapo hatte seit Jahren Zugriff auf die osteuropäische Zwangsarbeiter:innen und wies diese bei »Arbeitsvertragsbruch« oder »Verletzung der Arbeitsdisziplin« in ihre »Arbeits- und Erziehungslager« ein. Am 5. Februar 1945 radikalisierte Kaltenbrunner als Chef des RSHA die Vorgehensweise und wies die Befehlshaber und Kommandeure der Sicherheitspolizei und des SD sowie die Stapo(leit)stellen zur »Sonderbehandlung von Ostarbeitern bei todeswürdigem Verbrechen (weit auszulegen)« an.[121] Damit waren, wie die öffentlich vollstreckten Todesurteile in Küstrin verdeutlichen, ab Anfang Februar 1945 vor allem sowjetische Zwangsarbeiter:innen, aber auch Menschen polnischer oder tschechischer Herkunft einer noch stärkeren Verfolgung unterworfen. »Hinzu kamen aufgehängte Plakate,« wie Christine Glauning darlegt, »wonach Plünderer erschossen werden sollten, was jeden Deutschen de facto zur Lynchjustiz aufforderte.«[122] Wurde nicht vor Ort gemordet, erfolgten Verschleppungen nach Sachsenhausen. Gleiches gilt für entflohene Kriegsgefangene und Insass:innen, die, (erneut) aufgegriffen, in das Konzentrationslager verschleppt und dort, wie aufzuzeigen sein wird, anschließend ebenfalls ermordet wurden.

Des Weiteren ging die Gestapo noch einmal verstärkt gegen die (frühere) politische Opposition vor. Wie Erich Kästner dokumentierte, waren die polizeilichen Ordnungstruppen auch in Berlin aktiv. Kästner selbst war vom Dienst in der Wehrmacht freigestellt und konnte so in Berlin die Kontrollposten der Feldgendarmerie und die Errichtung von Straßenblockaden mit weniger Sorge beobachten, selbst festgenommen zu werden. Nachdem er aber die Warnung erhalten hatte, auf einer Exekutionsliste der Gestapo zu stehen, und ins Versteck gehen solle, zog er sich aus dem öffentlichen Leben zurück. Ohne Passierschein konnte Kästner die Stadt allerdings nicht verlassen.[123]

119 Vgl. Buwert, Festung, S. 67-69.
120 Vgl. Kohlase, Untergang.
121 RSHA-Funkspruch Kaltenbrunners vom 5.2.1945, in: BArch F, R 58/243, zit. n. Christine Glauning: »Es ist in allen sich zeigenden Fällen sofort und brutal zuzuschlagen.« Kriegsendverbrechen an zivilen Zwangsarbeiterinnen und Zwangsarbeitern, in: Kriegsendverbrechen zwischen Untergangschaos und Vernichtungsprogramm, hg. von Detlef Garbe und Günter Morsch, Berlin 2015 (Konzentrationslager, Heft 1), S. 97-119, hier S. 104.
122 Ebd., S. 104.
123 Vgl. Eintrag vom 22.2.1945, in: Kästner, Notabene, S. 41. Dass es derartige Warnungen auch durch Polizeiangehörige gab, belegt der Fall der jüdischen Familie Mamorosch in Wittenberge.

Mittels der »A-Karteien« des RSHA griff die Gestapo ab Ende Januar 1945 erneut verstärkt Menschen auf, die ab 1933/34 registriert und in vielen Fällen zuvor bereits (mehrfach) in Konzentrationslager verschleppt worden waren. Am 22. und 23. August 1944 hatte die Gestapo unter dem Stichwort »Gewitter« – auch Aktion »Gitter« oder Aktion »Himmler« genannt – bereits großflächige Verhaftungsaktionen gegen diesen Personenkreis durchgeführt. Zu Kriegsende richtete sie der Verfolgung erneut auf ehemalige Funktionäre und Mandatsträger der Weimarer Republik aus. Von ihr betroffen waren vor allem frühere Kommunist:innen und Sozialdemokrat:innen, aber auch Gewerkschafter:innen, Liberale, Mitglieder des Zentrums und der Bayerischen Volkspartei. Mit ihrer (erneuten) Inhaftierung »sollte jeglicher Neuformierung einer politischen Opposition die personelle Grundlage entzogen werden«.[124]

Im Zuge der »A-Fall«-Ausgabe vom 31. Januar 1945 intensivierte die Gestapo ihre politische Verfolgung in Berlin-Brandenburg erneut. Noch im März 1945 wurden Männer und Frauen von der Gestapo nach Sachsenhausen verschleppt.[125] Das Vorgehen fußte auf einer reichsweiten Großfahndung, die die SS/Polizei am 18. März 1945 durchführte.[126] In Sachsenhausen bekam Jaroslav Purš aufgrund seines Zwangsarbeitseinsatzes zu Putz- und Laufarbeiten in der Wachstube über die Gespräche der SS-Angehörigen von dem Mordgeschehen mit.[127] Darüber hinaus verschleppte die Gestapo im Frühjahr 1945 auch Personen nach Sachsenhausen, die wegen (vermeintlicher) Beteiligung am Umsturzversuch vom 20. Juli 1944 vor den Volksgerichtshof gestellt, aber freigesprochen worden waren.[128]

Doch nicht nur die Ordnungstruppen der Wehrmacht und der SS/Polizei oder die Gestapo gingen 1945 (erneut) und derart brutal gegen Zivilist:innen vor. Dass Himmler sich persönlich genötigt sah, gegen die Bildung »wilder Streifen« zu intervenieren,[129] lässt erahnen, wie sich das militärische Hinterland der Heeresgruppe »Weichsel« zu einer politischen »Kampfzone« entwickelte, in der sich weitere Personenkreise dazu ermächtigt fühlten, Gewalt auszuüben, oder zu Exzessen mobilisierten.

In Fürstenberg südlich von Frankfurt (Oder) drangen am Morgen des 13. Februar 1945 beispielsweise zwei Volkssturmangehörige in das Haus der Prinz-Carolat-Straße 10 ein. Sie waren mit dem Ziel gekommen, das ehemalige SPD-Mitglied Siegfried

---

1941 war sie vom Kriminalpolizeibeamten Friedrich Meitzel gewarnt worden, dass die Verhaftung zur Deportation durch die Gestapo unmittelbar bevorstünde. Vgl. Aussage Friedrich Meitzel vom 21. 8. 1950, in: BLHA, Rep 161 – NS-Archiv des MfS ZB 2944.

124 Winfried Meyer: 20. Juli 1944 und »Aktion Gewitter« 1944/45, Informationsblatt hg. von der Stiftung Brandenburgische Gedenkstätten, Oranienburg 1999; Schüler-Springorum, Masseneinweisungen, S. 163.
125 Vgl. Bericht Jaroslav Purš vom 8. 3. 1961, in: GUMS, LAG XXVI/6, S. 12 f.
126 Vgl. Funkspruch »An alle Ortsgruppenleiter!«, in: BLHA, Rep 61 NSDAP 574.
127 Vgl. Bericht Jaroslav Purš vom 8. 3. 1961, in: GUMS, LAG XXVI/6, S. 12.
128 Vgl. Meyer, 20. Juli 1944; ders. (Hg.): Verschwörer im KZ. Hans von Dohnanyi und die Häftlinge des 20. Juli 1944 im KZ Sachsenhausen, Berlin 1999.
129 Vgl. Weisung RFSS vom 20. 2. 1945, in: BArch F, N 756/324a.

Fellert und seine Ehefrau Emma aus ihrem Zwangsquartier nahe dem Bahnhof abzuholen. Fellert stammte aus einer in der Gegend um Frankfurt bekannten jüdischen Handelsfamilie. Auch seine vier Brüder waren vor 1933 politisch in linken Parteien aktiv gewesen. Während der Novemberpogrome 1938 war sein Bruder Martin aus Frankfurt (Oder) nach Sachsenhausen verschleppt und sein Textilgeschäft wie die Läden seiner Brüder später »arisiert« worden. Dass Emma Fellert – selbst Nicht-Jüdin – nicht bereit war, sich von ihrem Mann loszusagen, hatte Siegfried Fellert bis dahin vor der Deportation geschützt. Die zwei Volkssturmmänner zwangen nun beide aus dem Haus und führten die Eheleute ab. Ob sie im nahen Waldstück oder auf dem Gelände des Stalag III B, wo ihre Leichen später mit zwei weiteren entdeckt wurden, ermordet wurden, konnte bisher abschließend ebenso wenig rekonstruiert werden, wie von wem sie letztlich getötet worden waren. Als Grund für den Gewaltexzess wurde Fellert »illegale[s] Herumtreiben im Frontgebiet« und seiner Frau »tätige Beihilfe« vorgeworfen.[130] Damit griffen die im militärischen Hinterland des deutschen Vernichtungskrieges als »Sicherung« durchgeführten Terrormaßnahmen nun auf Reichsgebiet. Analog dem Vorgehen der Einsatzgruppen der SS/Polizei, die auf die Unterstützung sowohl der Wehrmacht als auch lokaler Sicherheitskräfte zurückgreifen konnten, wurden diese 1945 in kommunaler Selbstermächtigung auch in Brandenburg gegen als jüdisch identifizierte Personen und alte politische Gegner:innen gerichtet. Gleiches gilt für alliierte Piloten, die hinter feindlichen Linien notlandeten.

Mit der Zunahme alliierter Luftangriffe auf deutsche Rüstungsbetriebe und die Verkehrsinfrastruktur kam es ab 1944 auch in der Region Berlin-Brandenburg, z. B. in Wittenberge (Prignitz) und Eberswalde, zu Übergriffen auf alliierte Piloten, die in der historischen Forschung als »Fliegerlynchmorde«[131] gefasst werden.[132] Für abgeschossene oder abgesprungene Piloten war die Situation zudem durch die Gefahr gekennzeichnet, dass sie mit ihren Fallschirmen auf Grundstücken notlandeten, die die SS als Außenlager nutzte – insbesondere, weil die Westalliierten die Rüstungsbetriebe ins Visier nahmen, in denen die Insass:innen Zwangsarbeit verrichten mussten. So

130 Vgl. Pfeiler, »Der Krieg«, S. 90; Alexander Stöcker: Schicksale jüdischer Menschen im einstigen Fürstenberg (Oder), in: Neuer Tag, Frankfurt (Oder) vom 12.2.1988, Beilage; Hendrik Pytel: Ein Fellert zurück in Fürstenberg, in: Märkische Oder-Zeitung vom 27.6.2017. Zu weiteren Familienangehörigen vgl. Dana Gierke: Schicksale. Familie Kurt Fellert. Online in: juedischesvirtuellesfrankfurt.de (letzter Zugriff am 21.9.2024).
131 Vgl. Georg Hoffmann: Fliegerlynchjustiz. Gewalt gegen abgeschossene alliierte Flugzeugbesatzungen 1943-1945, Paderborn 2015; Barbara Grimm: Lynchmorde an alliierten Fliegern im Zweiten Weltkrieg, in: Deutschland im Luftkrieg. Geschichte und Erinnerung, hg. von Dietmar Süß, München 2007, S. 71-84; Klaus-Michael Mallmann: »Volksjustiz gegen anglo-amerikanische Mörder.« Die Massaker an westalliierten Fliegern und Fallschirmspringern 1944/45, in: NS-Gewaltherrschaft. Beiträge zur historischen Forschung und juristischen Aufarbeitung, hg. von Alfred Gottwaldt, Norbert Kampe und Peter Klein, Berlin 2005, S. 202-213.
132 Vgl. Aussage Ernst Henning vom 6.10.1947, in: BLHA, Rep. 161 – NS-Archiv des MfS Obj. 04 ZB 2944, S. 6 f.; Kriegsgefangenenermittlungsbogen des Internierungslagers Lichterfelde (U.S. Zone) vom 26.2.1946 zu Wilhelm Ohm, in: BArch WASt, Z/B 5451, Bl. 181.

notlandete ein alliierter Pilot im Frühjahr 1945 beispielsweise auf dem Gelände in Lichterfelde, das Sachsenhausen als Außenlager diente. Angehörigen der Wachmannschaften misshandelten und ermordeten ihn daraufhin.[133]

Im Februar 1945 kam es in den Samariter-Anstalten in Ketschendorf bei Fürstenwalde wahrscheinlich auch noch zu »Euthanasiemorden«. Hiervon war Harald Schulz betroffen, den seine Eltern aufgrund der Blindheit und schweren geistigen wie körperlichen Behinderung in die Obhut des Heims gegeben hatten. »Dort wurde er«, wie sein späterer Halbbruder, Walter Schulz junior, in einem Brief an seine Kinder darlegt, »am 17.2.1945 im Alter von 12 Jahren im Euthanasieverfahren von den Nazis umgebracht.«[134] Im März forderte der Leiter der Anstalt, Hoffmann, die Angehörigen auf, ihre Kinder und Verwandten abzuholen, da mit einem »plötzlichen Aufbruchsbefehl« zu rechnen war und er »die Verantwortung für sie nicht mehr tragen könne«.[135] Die Anstalt lag in Ketschendorf bei Fürstenwalde und entsprechend unweit der Oder. Welche Weisungen es bezüglich des Verbleibs seiner Bewohner:innen im Frühjahr 1945 gab, konnte ich im Rahmen der vorliegenden Studie nicht ermitteln, da der Fokus hier vor allem auf den Evakuierungsanordnungen und vorbereitenden Maßnahmen für das Konzentrationslager Sachsenhausen und seine Außenlager liegt.

5.3 Sachsenhausen Anfang Februar 1945

In Reaktion auf das sowjetische Vordringen über die Oder in Richtung Berlin erging am 31. Januar 1945 für die Waffen-SS im Wehrkreis III »Scharnhorst«-Alarm. Diesem folgte die Anordnung zur Vorbereitung der Standortaufgabe des SS-Komplexes Oranienburg-Sachsenhausen. Da sich die deutsche Abwehrfront, wie aufgezeigt, am darauffolgenden Tag an der Oder zu festigen und den weiteren Vormarsch der Roten Armee zu blockieren begann, hob Heißmeyer den Evakuierungsalarm in den frühen Morgenstunden des 2. Februar auf. Die SS- und Polizei-Führer am Standort Oranienburg, zu denen sowohl die Angehörigen der Amtsgruppe D des SS-WVHA als auch die Angehörigen der Kommandantur des Konzentrationslagers Sachsenhausen gehörten, hatten im Hinblick auf den kriegsbedingten Rückzug Zeit in die Hand bekommen. In der historischen Konzentrationslagerforschung wird die Zeitspanne bis zur tatsächlichen Auflösung der letzten der SS noch verbliebenen Konzentrationslagerkomplexe im Reichsinneren als »Interimszeit«[136] gefasst. Sicherheits- und militärhistorisch hingegen

---

133 Vgl. Dr. Henry Meyer: Bericht nach 19 Monaten Aufenthalt in deutschen Gefängnissen und Konzentrationslagern in Dänemark und Deutschland, o.O. 1945, Übersetzung in: GUMS, NL 6/32/9, S. 15.
134 Prolog zum Tagebuch von Walter Schulz, in: DTA, 51-1.
135 Unterwegs dokumentiert. Die Zeitschrift der Samariteranstalten 2/2012, Themenheft anlässlich 120 Jahre Samariteranstalten 1892-2012, S. 26.
136 Orth, Planungen, S. 38; Ley, Verbrechen, S. 40.

gilt dieser Zeitraum – wie aufgezeigt – erhöhter Alarmbereitschaft als »Spannungszeit«, die stets durch ein reges Mobilisierungsgeschehen gekennzeichnet ist.

Gemäß den bereits in den 1930er Jahren entwickelten Mobilmachungsbüchern der Reichswehr/Wehrmacht und den 1944 aktualisierten militärischen und sicherheitspolizeilichen Richtlinien für die Reichsverteidigung war die Spannungszeit für bestimmte Maßnahmen zu nutzen. Im Hinblick auf Gefängnisse und NS-Zwangslager gehörten die Verstärkung der Sicherung und die Überprüfung der zuvor entwickelten Räumungspläne sowie deren Anpassung an die aktuelle Kriegslage zu diesen Maßnahmen. Mit dem Wissen darum, dass die ihr verbleibende Spannungszeit nur so lange andauern würde, wie die Rote Armee von deutschen Truppen an der Oder aufgehalten werden konnte, aktivierte die Lager-SS/Polizei weitere Maßnahmen zur Räumungsvorbereitung. Analog dem Vorgehen vom 31. Januar 1945 ging der Mobilisierung eine Führerbesprechung am SS-Standort Oranienburg voraus.

Um das weitere Prozedere zur Vorbereitung der Standortaufgabe durchzusprechen, hatte der SS-Standortälteste und Kommandant Sachsenhausens, Kaindl, zusammen mit dem Chef der Amtsgruppe D im SS-WVHA, Glücks, am 2. Februar 1945 eine SS/Polizei-Führerbesprechung einberaumt.[137] Glücks zeichnete für die Vorbereitung der Evakuierung der Oranienburger Dienststelle des SS-WVHA verantwortlich, gab diese aber an seinen Adjutanten, Höß, ab.[138] Entsprechend war neben Glücks vermutlich auch Höß bei der Sitzung zugegen. Als ehemaliger Lagerkommandant in Auschwitz war er darüber hinaus nicht nur im Zuge der »Ungarn-Aktion« 1944 erneut in Auschwitz tätig gewesen,[139] sondern hatte auch den Ablauf des Auflösungsgeschehens der schlesischen Konzentrationslagerkomplexe Auschwitz und Groß-Rosen sowie einzelne Streckenabschnitte der Deportationstransporte in das Reichsinnere überwacht.[140] Innerhalb der Amtsgruppe D war er damit im Januar und Februar 1945 neben seinem Ansehen als Vernichtungsspezialist der SS auch zum Evakuierungs- und Auflösungsexperten reüssiert.[141] Bezüglich der im Januar 1945 ebenfalls in den Bereich des Möglichen gerückten Räumung Sachsenhausens konnte Höß auf der

---

137 Vgl. Aussage August Höhn in Urteil des LG Düsseldorf vom 15.10.1960, Kopie in: GUMS, LAG XX III/17, S. 14 f.; Aussage Dr. jur. Fritz Schmidt vom 18.5.1962, Kopie in: GUMS, NL 6/28/2, Bl. 60.

138 Vgl. Aussage Oswald Pohl vom 28.5.1946, in: PRO, WO 309/217; Volker Koop: Rudolf Höß. Der Kommandant von Auschwitz, Köln 2014, S. 260 f.

139 Von Ende April bis Anfang Juli 1944 wurden schätzungsweise 438.000 Juden und Jüdinnen aus Ungarn nach Auschwitz verschleppt. Ungefähr drei Viertel von ihnen ermordete die SS unmittelbar nach ihrer Ankunft in den Gaskammern. Höß war hierfür im Mai 1944 in Auschwitz eingetroffen. Daher trug der Massenmord innerhalb der SS auch die Tarnbezeichnung »Aktion Höß«. Vgl. Rudorff, Auschwitz 1944/45, S. 38-40.

140 Vgl. Aussage Karl Gerber vom 11.1.1965, in: Unterlagen des Fritz Bauer Instituts zum Frankfurter Auschwitz-Prozess. Online unter: https://www.auschwitz-prozess.de/resources/transcripts/pdf/Gerber-Karl.pdf (letzter Zugriff am: 12.9.2024) S. 5; Broszat, Kommandant, S. 141 f. und S. 219-221.

141 Vgl. Koop, Höß, S. 260 f.

Führerbesprechung neben seinen eigenen Erfahrungen auch den Bericht, den seine Dienststelle im Anschluss an die bereits vollzogenen Auflösungen der östlichen Konzentrationslager erstellt hatte, beisteuern.[142]

Seit Herbst 1944 waren Kaindl auch die SS-Wachkompanien von Sachsenhausen unterstellt.[143] Im Hinblick auf die Befehlsführung der Wachmannschaften unterstand er gemäß den »A-Fall«-Vorgaben Himmlers seit Januar 1945 allerdings nicht mehr der Amtsgruppe D, sondern dem HSSPF »Spree«, Heißmeyer. Mit dem Gerichtsoffizier der SS/Polizei in Sachsenhausen, Schmidt, verfügte Heißmeyer zudem über einen ihm direkt unterstellten Verbindungsführer, der am 2. Februar 1945 ebenfalls an der Führerbesprechung teilnahm.[144] Des Weiteren ist davon auszugehen, dass der Leiter der Politischen Abteilung und Kriminalbeamte (ohne SS-Zugehörigkeit), Erdmann, bei der Besprechung zugegen war. Erdmann galt aufgrund seines Unterstellungsverhältnisses als Verbindungsführer zum RSHA.[145] Aus dem Kommandanturstab des Konzentrationslagers waren neben Kaindl und Erdmann auch der Adjutant Kaindls, Wessel, die Schutzhaftlagerführer Kolb, Höhn und Körner, der Arbeitseinsatzführer und Leiter des Transportwesens in Sachsenhausen, Rehn, sowie der Erste Lagerarzt, Baumkötter, anwesend.[146]

Die auf die Aufhebung des Evakuierungsalarms am 2. Februar folgende Führerbesprechung diente zum einen dem Abgleich der zuvor ausgearbeiteten Räumungsmaßnahmen mit der aktuellen Kriegssituation. In den bisherigen Planungen war die Weiterdeportation der Gefangenen per Zug nach Buchenwald und Bergen-Belsen vorgesehen gewesen.[147] Darüber hinaus sollten die als Rückführungsgut erachteten Gerätschaften, Dokumente und Wertgegenstände nach Dachau evakuiert werden.[148]

142 Laut Aussage des ehemaligen 2. Schutzhaftlagerführers, Höhn, lag der Kommandantur in Sachsenhausen seit Ende 1944 ein geheimes Rundschreiben der Amtsgruppe D mit dem Betreff »Erfahrungen bei der Evakuierung von Konzentrationslagern in den östlichen Gebieten« vor. Das Rundschreiben gab die Vorgänge auf den Todesmärschen wieder, zu denen die Bildung sogenannter Marschblöcke und das Erschießen zurückbleibender Gefangener gehörte. Vgl. Aussage August Höhn vom 30.9.1965, zit. n. Weigelt, Judenmord, S. 290. Zum Räumungsprozedere von NS-Haftstätten und Zwangslagern 1944/45 gehörte für deren Transportleitungspersonal stets, nach dem Vollzug Berichte über den Ablauf anzufertigen und diese den übergeordneten Dienststellen vorzulegen. Zu Erfahrungsberichten innerhalb des Komplexes Sachsenhausen siehe Knop/Schmidt, Sachsenhausen, S. 22.
143 Vgl. Sonderbefehl der Waffen-SS, Konzentrationslager Sachsenhausen vom 19.9.1944, in: RGVA, 1367/1/60, S. 26.
144 Vgl. Aussage Fritz Schmidt vom 18.5.1962, Kopie in: GUMS, NL 6/28/2, Bl. 60.
145 Vgl. Astrid Ley: Kurt Erdmann, in: Morsch, Täterschaft, S. 232-234.
146 Vgl. Aussage August Höhn im Gegenüberstellungsprotokoll August Höhn und Michael Körner vom 21.12.1946, Kopie in: GUMS, J SU 1/6, Bl. 22; Aussage August Höhn in Urteil LG Düsseldorf vom 15.10.1960, Kopie in: GUMS, LAG XX III/17, S. 14f.
147 Vgl. Aussage Ludwig Rehn vom 16.12.1946, Kopie in: GUMs, J SU 1/3/2, Bl. 2-14, hier Bl. 10.
148 Vgl. Wehrmacht-Frachtbrief der Waffen-SS, Konzentrationslager Sachsenhausen, Januar 1945, in: RGVA, 1367/1/8, S. 1f.

Da kaum noch Züge für Weiterdeportationen zur Verfügung standen und die Bahninfrastruktur unter alliiertem Bombardement stand, wurde ein neuer Räumungsbefehl ausgearbeitet. Auf Basis des Räumungsberichtes der Amtsgruppe D diente die Sitzung dazu, ein aktualisiertes Prozedere zur (Weiter-)Verschleppung der Gefangenen auszuarbeiten, das nun Gewaltmärsche als Transportmittel vorgab, allerdings ohne konkrete Abmarschwege festzulegen.[149] Vielmehr einigten sich die SS-Führer auf das Ziel und diskutierten mögliche Routen.[150] Bei Ausrufung der Alarmstufe »Sonnenburg« sollte die am 2. Februar erarbeitete Handlungsanweisung zukünftig für den Abtransport der Gefangenen in Richtung Mittelbau-Dora zum Tragen kommen. Nach der Sitzung wurde der Räumungsbefehl den als »Transportführern« vorgesehenen Führern der Wachkompanien und Blockführern des Schutzhaftlagers ausgegeben.[151] Arsene Weiss, den die SS als Dolmetscher einsetzte, gelang so ein Blick auf die Evakuierungspläne:

> »[I]n Sachsenhausen während der Abwesenheit meines Kompanie-Chefs.... konnte ich die Evakuierungspläne sehen. Gemäß diesen Plänen mußte das gesamte Lager evakuiert werden, entweder in Richtung ›Nordhausen,‹ [sic!] oder über ›Sangerhausen‹, und das alles zu Fuß, in Kolonnen von 1.000 Gefangenen.«[152]

In Nordhausen befand sich Mittelbau-Dora, das bei Rottleberode im Kreis Sangerhausen über ein großes Außenlager verfügte. Mittelbau-Dora hatte im Januar und Februar bereits mehrere tausend Deportierte aus Auschwitz aufzunehmen. Die Amtsgruppe D richtete dort zudem die »Abwicklungsstelle KL Auschwitz« ein und ließ Richard Baer, den letzten Kommandanten in Auschwitz, dort am 1. Februar die Führung übernehmen.[153]

Das Prozedere, bei Räumungsalarm auf einen dreistufigen Ablauf der einzuleitenden Maßnahmen zurückzugreifen, wurde damit aufgegeben. Vielmehr war die Auflösung des SS-Standorts Oranienburg-Sachsenhausen bei Ausgabe des »Sonnenburg«-Stichwortes umgehend einzuleiten. Bei der Wahl ihres Codewortes hatten die Männer auf den Ortsnamen der ostbrandenburgischen Kleinstadt Sonnenburg (Neumark, Słonsk) zurückgegriffen. Dort war, wie aufgezeigt, aufgrund des Vordringens sowjetischer Einheiten am Abend des 30./31. Januar 1945 die Räumung des örtlichen Gefängnisses eingeleitet worden. Ein mobiles SS/Polizei-Einsatzkommando aus Frankfurt (Oder) verübte hierbei den Gefangenenmord an über 800 Insassen.

---

149 Vgl. Waffen-SS Kommandantur Konzentrationslager Sachsenhausen, Tgb. Nr. 6/45 vom 2.2.1945, in: GARF, 7021/104/8, S. 5 f.
150 Zu den Zielen vgl. Auskünfte Arsene Weiss vom 1.8.1945, in: AA, Dok.-ID: 1.1.38.0/82150574. Zur Diskussion der Routen vgl. Aussage Fritz Schmidt vom 18.5.1962, Kopie in: GUMS, NL 6/28/2, Bl. 60. Schmidt stritt die Ausgabe von Zielorten hingegen ab.
151 Vgl. Verteiler zu Waffen-SS, Kommandantur Konzentrationslager Sachsenhausen, Tgb. Nr. 6/45 vom 2.2.1945, in: GARF, 7021/104/8, S. 5 f.
152 Auskünfte Arsene Weiss vom 1.8.1945, in: AA, Dok.-ID: 1.1.38.0/82150574.
153 Vgl. Hördler, Ordnung, S. 48.

Circa 150 Gefangene wurden vom Gefängnispersonal über die Oder nach Potsdam getrieben und von dort weiter per Schiff verschleppt. Sonnenburg galt daraufhin nicht nur als Vorlage für die am 5. Februar durch das Reichsjustizministerium (RJM) ausgegebenen Richtlinien für Räumungen von Justizvollzugsanstalten, die einen direkten Aufruf zum Gefangenenmord enthielten.[154] Die Wortwahl für den neuen, am 2. Februar für Sachsenhausen ausgegebenen Räumungsbefehl kann auch als Chiffre für das weitere Vorgehen im Oranienburger Konzentrationslagerkomplex interpretiert werden – an diesem Tag hatten die sowjetischen Streitkräfte Sonnenburg erreicht und auf dem Gefängnisgelände den Tatort des wenige Tage zuvor verübten Massakers vorgefunden. Aufgrund fehlender Kommunikationsmittel und Wissensstände hinsichtlich des Tempos der Roten Armee diente Sonnenburg der Kommandantur auch als Richtwert bei der Kalkulation des ihr verbleibenden Zeitfensters: Von der Ausgabe des Räumungsbefehls am Abend des 30. Januar bis zum Eintreffen der sowjetischen Einheiten am Nachmittag des 2. Februar waren keine drei Tage vergangen.

Analog zum Vorgehen in Sonnenburg, von der SS/Polizei als »gefährlich« kategorisierte Gefangene vor Ort zu ermorden, waren im Anschluss an die erste Evakuierungsanordnung in der Nacht vom 1. zum 2. Februar auch in Sachsenhausen Insassen aufgrund ihrer militärischen oder polizeilichen Erfahrungen oder politischen Inhaftierungsgründe erschossen worden. Parallel dazu kamen immer weitere Deportationstransporte an, die neben den aus Außenstellen Sachsenhausens rückdeportierten Insass:innen auch schwer kranke und sterbende Menschen aus Auschwitz nach Oranienburg brachten. Seit Herbst 1944 nahm Sachsenhausen Insass:innen aus sich in Auflösung befindlichen WVHA-Lagerkomplexen auf, was sich in katastrophaler Überfüllung und radikaler Verschlechterung der Überlebensbedingungen für die Gesamtheit der Gefangenen niederschlug. Als sowjetische Truppen an die Oder vorrückten, sah sich die Kommandantur vor das Problem gestellt, wie mit ihrer großen Anzahl verblieben werden sollte[155] – Ende Januar waren 68.701 Gefangene für Sachsenhausen registriert. 45.507 von ihnen befanden sich in Außenlagern und -kommandos und damit vor allem auf die gesamte Region Berlin-Brandenburg sowie auch darüber hinaus verteilt.[156] Grundlage der Besprechung vom 2. Februar war, dass die Insass:innen – in völliger Verklärung ihrer körperlichen Zustände und Verkennung der Machtasymmetrien – von der regionalen Partei- wie auch der SS/

---

154 Vgl. Kamil Majchrzak: Die juristische (Nicht-)Aufarbeitung der Verbrechen im KZ und Zuchthaus Sonnenburg, in: Das Konzentrationslager und Zuchthaus Sonnenburg, hg. von Hans Coppi und Kamil Majchrzak, Berlin 2015, S. 200-215. Ich danke Christoph Gollasch für den Hinweis auf diesen Sachverhalt. Zu den Räumungsrichtlinien für Justizvollzugsanstalten, die ab dem 5. Februar in schriftlicher Form vorlagen, vgl. Garscha, Räumung, S. 10-17.
155 Vgl. Aussage Heinz Baumkötter vom 16.2.1946, Kopie in: GUMS, JSU 21/3, Bl. 304.
156 Vgl. Kaienburg, Sachsenhausen, S. 105. Mit schätzungsweise 5.100 männlichen Gefangenen befand sich auch ein Teil von ihnen in den »Konzentrationslagern auf Schienen«, in denen die sogenannten SS-Baubrigaden reichsweit zur Beseitigung von Luftkriegsschäden oder Reparaturen von Gleisanlagen zum Zwangsarbeitseinsatz kamen. Vgl. ebd., S. 106.

Polizei-Führung als Sicherheitsrisiko für die Verteidigung Berlins erachtet wurden. Aus Sicht der regionalen NS-Stellen, aber auch der SS-Führer am Standort Oranienburg, war die Anzahl an Gefangenen im Hauptlager, das vor allem die Kranken und nicht mehr »Arbeitsfähigen« aufzunehmen hatte, daher um circa 10.000 bis 11.000 Personen zu reduzieren.[157]

Anstatt sich in Anbetracht der bevorstehenden Kriegsniederlage für eine Verbesserung der Bedingungen in Sachsenhausen auszusprechen oder sich für eine Abgabe aller Gefangenen an internationale Hilfsorganisationen wie das IKRK einzusetzen, wurden auf der Führerbesprechung Anfang Februar gemäß den dem Konzentrationslagersystem inhärenten Erfahrungshorizont weitere Maßnahmen festgelegt, die auf die Senkung der Gefangenenzahl abzielten. Hierbei wählten die SS/Polizei-Führer in Absprache mit den ihnen übergeordneten Stellen ein Vorgehen, das bereits im Zuge der Getto-Liquidierungen und Zwangslagerauflösungen 1943/44 in den besetzten Gebieten Osteuropas zur Anwendung gekommen war: die Festlegung von Gefangenenkontingenten und deren systematische Weiterverschleppung und Ermordung.[158] So sagte auch Ludwig Rehn 1946 vor sowjetischen Ermittlern aus:

> »Anfang Februar 1945 teilte mir Kaindl bei einer Sonderberatung des leitenden Lagerpersonals mit, dass er die Anweisung erhalten habe, vor der Räumung alle kranken und arbeitsunfähigen Häftlinge des Lagers Sachsenhausen zu vernichten. [...] Im Februar 1945 kam aus Berlin von der Amtsgruppe D die Anweisung, 5.000 Häftlinge, die nicht marsch-fähig waren, nach ›Bergen-Belsen‹ abzutransportieren.«[159]

Wie bereits vorherige Grundsatzentscheidungen zu nationalsozialistischen Massenverbrechen, wurden diese Weisungen für die Spannungszeit in Oranienburg-Sachsenhausen nicht schriftlich fixiert.[160] Rekonstruiert werden kann jedoch trotzdem, dass die Kommandantur die ihr verbleibende Zeit zur Vorbereitung der Räumung vor Ort wie folgt nutzte: Einerseits erfolgte die planmäßige Ermordung der als »marschunfähig« erachteten Insass:innen. Gleichzeitig setzte die Dokumentenvernichtung sowie Spuren-, Tatort- und Zeug:innenbeseitigung ein. Das RSHA erwartete tägliche Vollzugsmeldungen.[161] Andererseits erfolgte der »Abschub« von Gefangenen auf andere KL-Komplexe.

Die bevorstehenden Konzentrationslagerabwicklungen im Reichsinneren antizipierend, kündigte Oswald Pohls Abteilung WI des SS-WVHA der Allianz Ver-

---

157 Vgl. Plädoyer des Staatsanwaltes vom 30.5.1962, Kopie in: GUMS, NL 6/28/2, Bl. 82.
158 Vgl. Aussage August Höhn in Gegenüberstellungsprotokoll August Höhn und Michael Körner vom 21.12.1946, Kopie in: GUMS, JSU 1/6, Bl. 22.
159 Aussage Ludwig Rehn vom 16.12.1946, in: GUMS, JSU 1/3/2.
160 Vgl. Max Domarus (Hg.): Hitler. Reden und Proklamationen 1932-1945, kommentiert von einem deutschen Zeitgenossen, Bd. 4/2: Untergang: 1941-1945, Leonberg 1988, S. 1846.
161 Vgl. Plädoyer des Staatsanwaltes vom 30.5.1962, Kopie in: GUMS, NL 6/28/2, Bl. 82.

sicherung am 2. Februar die Versicherungspolicen für die Komplexe Auschwitz, Buchenwald, Dachau, Ravensbrück, Sachsenhausen, Stutthof und Neuengamme.[162] Während Pohl in Berlin damit erste verwaltungstechnische Schritte zum Auflösungsprozess des Konzentrationslagersystems einleitete, sprachen in Oranienburg an diesem Tag IKRK-Delegierte beim SS-Standartenführer Lolling (Amtsgruppe D III – »Sanitätswesen und Lagerhygiene«) mit dem Ziel vor, die Versorgung der Insass:innen mit Medikamenten und Lebensmitteln zu ermöglichen und Zutritt zu den verbliebenen Konzentrationslagern zu erlangen. Im Anschluss daran trugen die Delegierten auch Höß den Plan der internationalen Hilfsorganisation vor, die Gefangenen zu versorgen. Hierbei drängten sie auf die mit ihm diesbezüglich bereits am 11. Januar 1945 getroffenen Absprachen – der Leiter der Amtsgruppe D, Glücks, war für sie nicht erreichbar.[163] Stattdessen setzte nebenan im Oranienburger Konzentrationslager Sachsenhausen wie auch in einzelnen Außenlagern zu diesem Zeitpunkt auf Glücks Weisungen hin die für »frontbedroht« erachtete Konzentrationslager entwickelte Mobilisierung ein.

5.4 Sicherung

Die Auflösungen von Auschwitz und Groß-Rosen im Januar 1945 wirkten sich auf Sachsenhausen aus.[164] Die Anzahl der Insass:innen wie auch des Wachpersonals stieg immer weiter an. Am 15. Januar lag die Zahl der Wachmänner bei 3.632 und die der Aufseherinnen bei 361. Zu diesem Zeitpunkt waren bei der Amtsgruppe D 66.097 Gefangene für Sachsenhausen registriert – 52.924 Männer und 13.173 Frauen.[165] Zum 26. Januar erhöhte sich die Anzahl der registrierten Insass:innen erneut auf insgesamt 68.701.[166] Mit den Deportationen aus den sich in Auflösung befindlichen Konzentrations- wie auch den ersten Sachsenhausener Außenlagern stieg die Zahl bis Ende Januar 1945 noch auf circa 71.500 weiter an.[167] Die Bedingungen in Sachsenhausen waren für die Gefangenen zunehmend durch extreme räumliche Enge und den lebensgefährdenden Mangel der ohnehin ungenügenden alimentären, hygienischen und medizinischen Versorgung gekennzeichnet. Hinzu kam die psychische Belastung

---

162 Zur Korrespondenz zwischen dem SS-WVHA und der Allianz vom 2.2. bis zum 25.3.1945 siehe Unterlagen in: BArch B, NS 3/216, Bl. 4-9; vgl. auch Gerald D. Feldman: Die Allianz und die deutsche Versicherungswirtschaft 1933-1945, München 2011, S. 485 f. Zur Kündigung von Versicherungspolicen im Zuge der Abwicklung von KL-Standorten und SS-Betrieben vgl. auch Schreiben des Amt W IV im SS-WVHA an die Dienststelle Krakau vom 19.10.1944, in: YV, M.9/467.
163 Vgl. IKRK, Dokumentation, S. 93-101.
164 Vgl. Max Opitz: Erinnerungen an das Todeslager Sachsenhausen (unveröffentlicht), o. O. 1972, in: GUMS, LAG II/1, S.
165 Vgl. Aufstellung der Amtsgruppe D vom 1. und 15.1.1945, in: BArch B, NS 3/439.
166 Vgl. Kaienburg, Sachsenhausen, S. 105.
167 Vgl. ebd., S. 470.

für die Insass:innen, die Ende Januar 1945 einsetzende Aktivität des Lagerpersonals und zunehmende Nervosität der Wachen mitzubekommen, ohne zu wissen, was bei einem weiteren Vormarsch der Roten Armee mit ihnen passieren würde.

Gegenstand des folgenden Untersuchungsabschnittes ist das Mobilisierungsgeschehen in Sachsenhausen sowie die Frage nach der Aufrechterhaltung des WVHA-Lagerregimes[168] in dem als »Spannungszeit« gefassten Zeitraum, als die Truppen der sowjetischen Streitkräfte weniger als 100 Kilometer entfernt an der Oder standen. In den Fokus gerät somit zum einen, wie das durch die Amtsgruppe D etablierte Sicherungssystem an die veränderte Kriegslage angepasst wurde. Zum zweiten geht es um die Beantwortung der Frage, mit welchen Mitteln die Insass:innen im Zuge der katastrophalen und weiter zunehmenden Überfüllung in Sachsenhausen ruhig gehalten und Aufstände unterdrückt werden sollten. Denn sowohl im Hinblick auf das WVHA-Lagersystem, das verdeutlichen die Gefangenerhebungen in Sobibór und Treblinka (1943), aber auch von Auschwitz (1944), gehörten Aufstände zum Erfahrungshorizont der Lager-SS/Polizei.[169] In Mauthausen gelang 300 sowjetischen Kriegsgefangenen am 2. Februar 1945 – dem Tag, als es in Oranienburg zur Lagebesprechung der SS- und Polizei-Führer kam – der Ausbruch.[170] Zu welchen weiteren Maßnahmen griff die Kommandantur in Sachsenhausen angesichts der als militärische Gefahrenlage interpretierten Situation an der Oder?

Wachmannschaft

Das durch die IKL etablierte Lagerregime unterschied zwischen der äußeren und der inneren Sicherung der Konzentrationslager. Das Personal der Wacheinheiten übernahm die äußere Sicherung der Lagergelände sowie die Bewachung der Gefangenen während der Wege von und zur Zwangsarbeit.[171] Zur großflächigen Etablierung der Außenlager und -kommandos hatte 1944 auch die umfangreiche Rekrutierung von Wachpersonal gehört, die eine Transformation der Wachverbände zur Folge hatte.[172] Wie dargelegt, griff die Amtsgruppe D hierfür auf ältere Wehrmachts-

---

168 Der Begriff »Lagerregime« ist sowjetischen Ermittlungsunterlagen entlehnt. Vgl. Übersetzung des Gutachtens zu den sowjetischen Ermittlungen (SMAD) in Sachsenhausen vom 4. bis zum 29.6.1945 (Gutachten), in: BArch B, DP 3, V 111/66, Bd. 4, S. 4; vgl. auch Fragen in: Gegenüberstellungsprotokoll Ludwig Rehn/Heinrich Fresemann vom 20.12.1946, Kopie in: GUMS, JSU 1/6, Bl. 51; Gegenüberstellungsprotokoll Kurt Eccarius/Paul Sakowski vom 20.12.1946, Kopie in: ebd., Bl. 29.
169 Vgl. Aleksandr Petscherski: Bericht über den Aufstand in Sobibor, hg. von Ingrid Damerow, Berlin 2018; Jean-François Steiner: Treblinka. Die Revolte eines Vernichtungslagers, Berlin 1994.
170 Vgl. Maršálek, Mauthausen, S. 255-263.
171 Vgl. Unterrichtsmaterial zu den Aufgaben und Pflichten der Wachposten in einem Konzentrationslager, in: RGVA, 1367/1/2, S. 1-4b; Allgemeine Lagerordnung K.L. Sachsenhausen, in: AA, 1.1.38.1, Dok.-ID. 4086078-87, hier 4086080.
172 Hördler, Ordnung, S. 178-230.

angehörige zurück und rekrutierte über das Mittel der Notdienstverpflichtung. Die Neurekrutierungen hielten auch 1945 an. Hierbei handelte es sich nun vor allem um Personal zur Bewachung der »Konzentrationslager auf Schienen«.[173] Darüber hinaus gelangte weiterhin WVHA-lagerexternes SS-Personal, das nach Verwundungen als »frontuntauglich« eingestuft worden war, zum Wachbataillon Sachsenhausen. SS-Angehörige kamen beispielsweise vom SS-Röntgensturmbann »Posen«,[174] dem Lazarett des 11. SS-Rekruten-Depots »Kurmark«[175] oder von an der Westfront eingesetzten SS/Polizei-Einheiten.[176]

Im Januar und Februar 1945 waren die Zugänge zu den Wacheinheiten in Sachsenhausen derart umfangreich, dass die Kompanieführer verwaltungstechnisch nicht hinterherkamen, die entsprechenden Personalakten anzulegen. Denn ab Januar waren Sachsenhausen alle SS-Eisenbahnbrigaden unterstellt, und dementsprechend wurde auch das Wachpersonal von dort aus verwaltet.[177] Die Polizei rekrutierte in Zusammenarbeit mit den Arbeitsämtern noch bis in den Februar 1945 Aushilfsheizer, Hilfsrottenführer, Betriebswarte und Ladeschaffner der Reichsbahn für den Wachdienst der Eisenbahnbaubrigaden.[178] Damit lässt sich der Zugang von 600 Wachmännern in Sachsenhausen im Zeitraum vom 1. bis zum 15. Januar 1945 erklären.[179] Um das neuzugeführte männliche Wachpersonal in die Abläufe in Sachsenhausen einzuführen, vollzog Kolb den kompanieübergreifenden Austausch von SS-Unterführern und Wachmännern.[180] Hinzu kamen ab der zweiten Januarhälfte die SS-Unterführer und Wachmänner, die die Deportationszüge mit Gefangenen des sich in Abwicklung befindlichen Komplexes Auschwitz nach Oranienburg-Sachsenhausen begleitet hatten.[181]

173 Karola Fings: Krieg, Gesellschaft und KZ. Himmlers SS-Baubrigaden, Paderborn 2005, S. 247-254.
174 Vgl. Zugangsliste der 4. Kompanie des SS-Totenkopf-Wachbataillon Sachsenhausen vom 21.2.1942, in: RGVA, 1367/1/88, Bl. 20.
175 Vgl. Zugangsliste der 12. Kompanie des SS-Totenkopf-Wachbataillon Sachsenhausen vom 21.2.1945, in: ebd., Bl. 25.
176 Vgl. ebd.
177 Vgl. Kaienburg, Sachsenhausen, S. 106.
178 Siehe Verpflichtungserklärungen zu Richard Bunde, Aloys Becker, Johannes Böhnke und Hermann Born vom 17.1.1945, 3. Kompanie des SS-Totenkopf-Wachbataillon Sachsenhausen, in: BArch WASt, Z/B 7182, A22-25.
179 Vgl. Aufstellung der Amtsgruppe D vom 1. und 15.1.1945, in: BArch B, NS, 3/439.
180 Vgl. Liste der Versetzungen (Austausch vom 23.1.1945) der 7. Kompanie des SS-Totenkopf-Wachbataillon Sachsenhausen vom 16.2.1945, in: BArch B, NS 33/6909; Liste der 2. Kompanie, SS-Baubrigade-Berlin, Kommando Auer (Austausch vom 24./25.1.1945) vom 25.1.1945, in: BArch B, NS 33/6888.
181 Aufgrund dieser Zugänge und der anschließenden Rotationen des Wachpersonals innerhalb der Mannschaften in Sachsenhausen verlor die Kommandantur zunehmend den Überblick und forderte am 20. Februar 1945 bei den Kompanieführern Zugangslisten für alle 13 Wacheinheiten an. Der Großteil dieser Listen ist überliefert. Zusammen mit den fragmentarisch erhaltenen Aufstellungen, in denen die Kompanieführer Versetzungen registrierten und den ebenfalls unvollständig erhaltenen SS-Personalakten bieten sie das

Allein aus Auschwitz kam ein Zugang von mindestens 651 SS-Unterführern und Wachmännern.[182] Im Zuge der Auflösung des schlesischen SS-Komplexes waren mit den westwärts deportierten Gefangenen mindestens 103 Männer der Wachmannschaft der Gleiwitzer Außenlager des Komplexes Auschwitz in Oranienburg-Sachsenhausen eingetroffen.[183] Im Zuge der dortigen Standortaufgabe begleiteten sie unter dem Kommando der Lagerführer Otto Moll (Gleiwitz I) und Bernhard Rakers (Gleiwitz II) einen Deportationszug nach Mauthausen, das die Aufnahme der Deportierten verweigert hatte. Der Zug war daraufhin über Prag nach Oranienburg-Sachsenhausen gelangt.[184] Darüber hinaus trafen auch Wachmänner aus Auschwitz-Laurahütte ein, die Insassen aus dem Außenlager Golleschau weiterdeportiert hatten. Unter ihnen befand sich der SS-Oberscharführer Alfred Tschiersky, der in Golleschau eine führende Rolle bekleidet hatte und fortan im Oranienburger Heinkel-Lager als zweiter Kommandoführer Verwendung fand.[185] Sachsenhausen war Ende Januar

historische Material, um das Mobilisierungsgeschehen in Sachsenhausen 1945 hinsichtlich der männlichen Wachmannschaften zu reflektieren. Vgl. Sonderbefehl der Kommandanten des KL Sachsenhausen vom 19. 9. 1944, in: RGVA, 1367/1/60, Bl. 26; Sonderbefehl des SS-Totenkopf-Wachbataillon Sachsenhausen vom 17. 1. 1945, in: ebd., Bl. 4. Die Listenerstellung ist auf den fernmündlichen und nicht überlieferten Batl. Befehl/Fspr. Nr. 496 vom 20. 2. 1945 erfolgt. Siehe Ausführungen in den Zugangslisten der 1., 2., 4., 6., 8. und 10. Kompanie des SS-Totenkopf-Wachbataillon Sachsenhausen vom 21. 2. 1945, in: RGVA, 1367/1/88, Bl. 15-23.

182 Vgl. Zugangslisten der 1., 2., 3., 4., 6., 8., 9., 10., und 12. Kompanie des SS-Totenkopf-Wachbataillon Sachsenhausen vom 21. 2. 194, in: RGVA, 1367/1/88, Bl. 12-25, sowie vgl. Zugangsliste 9. Kompanie des SS-Totenkopf-Wachbataillon Sachsenhausen vom 24. 2. 1945, in: RGVA, 1367/1/79, Bl. 4 f.

183 Vgl. Zugangsliste 9. Kompanie des SS-Totenkopf-Wachbataillon Sachsenhausen vom 24. 2. 1945, in: RGVA, 1367/1/79, S. 4 f.; Sonderbefehl der Kommandantur, Monowitz 28. 5. 1944, abgedruckt in: Standort- und Kommandanturbefehle des Konzentrationslagers Auschwitz 1940-1945, hg. von Norbert Frei u. a., München 2000, S. 452.

184 Vgl. Bericht Läbi Däsidär aus dem Jahr 1945, in: GARF, 7021/115/31, S. 91 f.; Aussage Norbert Wollheim vom 31. 8. 1950, in: BArch ZStL, B 162/28466, Bl. 32 f.; vgl. auch Urteil des LG Osnabrück vom 9. 11. 1959, in: BArch, B 162/28474, S. 8; sowie Urteil des LG Osnabrück, in: BArch ZStL, B 162/28475, S. 6; The United States Holocaust Memorial Museum (Hg.): Encyclopedia of Camps and Ghettos, 1933-1945, Vol I: Early Camps, Youth Camps, and Concentration Camps and Subcamps under the SS-Business Administration Main Office (WVHA), Bloomington 2009, S. 244.

185 Vgl. Zugangsliste der 10. Kompanie des SS-Totenkopf-Wachbataillon Sachsenhausen vom 21. 2. 1945, in: RGVA, 1367/1/88, S. 15; Aussage Alfred Tschierskys vom 20. 12. 1945, in: PRO, WO 309/438. Den Transport aus dem Kommando Golleschau nach Oranienburg-Sachsenhausen begleitete auch der SS-Unterscharführer Theodor Baingo. Vgl. Zugangsliste der 2. Kompanie des SS-Totenkopf-Wachbataillon Sachsenhausen vom 21. 2. 1945, in: RGVA, 1367/1/88, Bl. 18; Ernst Klee: Auschwitz. Täter, Gehilfen, Opfer und was aus ihnen wurde, Frankfurt a. M. 2013, S. 27. Zur Auflösung des Kommandos Golleschau vgl. Bericht Walter Simoni aus dem Jahr 1947, in: YV, O.3/989, S. 65; Jerzy Frackiewicz: Das Nebenlager Golleschau, in: Hefte von Auschwitz 9 (1966).

1945 somit aufnehmende Einrichtung für Angehörige des sich in Auflösung befindlichen SS-Komplexes Auschwitz – die sogenannte Abwicklungsstelle selbst hatte beim Konzentrationslager Mittelbau Quartier bezogen.[186] In Sachsenhausen wurde das aus Auschwitz eingetroffene männliche Wachpersonal entweder in die Wachkompanien aufgenommen oder an das Sammellager der Waffen-SS »Kurmark« abgegeben, das zur gleichen Zeit für die Heeresgruppe »Weichsel« eingerichtet wurde.

Unter den in Sachsenhausen für den Fronteinsatz rekrutierten Angehörigen des Auschwitzer Wachpersonals befand sich der aus der Slowakei stammende SS-Mann Martin Lumnitzer. Er kam 1943 als »volksdeutscher SS/Polizei-Freiwilliger«[187] zu den Wachmannschaften. Bis April 1944 übernahm er Wachdienst in Buchenwald. Anschließend war Lumnitzer in Gleiwitz eingesetzt. Nach Abschluss des Evakuierungstransports, der seine Wacheinheit zusammen mit den Deportierten aus Gleiwitz nach Oranienburg-Sachsenhausen brachte, wurde er zum Truppenübungsplatz der Waffen-SS »Kurmark« in Marsch gesetzt. Im Zuge der Aufstellung der SS-Freiwilligen-Division »30. Januar« kam Lumnitzer am 1. Februar als MG-Schütze zum Kriegseinsatz.[188] Die Einheiten dieser SS-Division setzte das OKH ab dem 5. Februar südlich von Frankfurt (Oder) bei Vogelsang mit dem Ziel ein, einen sowjetischen Oder-Brückenkopf zu bekämpfen.[189] Wie oben dargelegt, kamen auch höhere und fronterfahrene SS/Polizei-Dienstgrade aus Auschwitz zum Fronteinsatz an der Oder. So beispielsweise der Angehörige der Politischen Abteilung in Auschwitz und SS-Unterscharführer, Johann Schoberth.[190] Auch überstellten weitere Konzentrationslager, die 1945 die aus Auschwitz in das Reich deportierten Insass:innen aufnahmen, für die Oderfront rekrutierte SS-Angehörige nach Jamlitz. Als »Transportführer« eingesetzt, hatte der SS-Blockführer aus Auschwitz-Birkenau, Stefan Baretzki, im Januar den Transport von Deportierten nach Dachau überwacht. Von dort wurde er anschließend nach Jamlitz in Marsch gesetzt und kam mit der SS-Division »30. Januar« ebenfalls an der Oder zum Kriegseinsatz.[191]

Sachsenhausen galt im Januar/Februar 1945 nicht nur für Angehörige des sich in Auflösung befindlichen Komplexes Auschwitz als Aufnahme- und Verteilungslager. Zugänge sind auch aus Stutthof registriert.[192] Darüber hinaus erfolgte die Zuführung von Wachpersonal aus Groß-Rosen oder dem sich ebenfalls bereits im Auflösungs-

---

186 Vgl. Hördler, Ordnung, S. 48.
187 Zur Rekrutierungspraxis der SS/Polizei vgl. ebd., S. 182-198; Birn, Ideologie.
188 Vgl. Kriegsgefangenentschädigungsantrag Martin Lumnitzers vom 28.9.1954, in: BArch WASt, Z/B 194/09; vgl. auch Nr. 55 in Zugangsliste d. 9. Kompanie des SS-Totenkopf-Wachbataillon Sachsenhausen vom 24.2.1945, in: RGVA, 1367/1/79, Bl. 4f.
189 Rolf Michaelis: Die 32. SS-Freiwilligen-Grenadier-Division »30. Januar«, Berlin 2013, S. 35.
190 Vgl. Klee, Auschwitz, S. 362f.
191 Vgl. ebd., S. 30f.
192 Vgl. Zugangslisten der 2., 4., 6. und 12. Kompanie des SS-Totenkopf-Wachbataillon Sachsenhausen vom 21.2.1945, in: RGVA, 1367/1/88, Bl. 18, 20, 22 und 25.

prozess befindlichen Komplex Natzweiler.[193] Die geringe Zahl dieser Zugänge lässt darauf schließen, dass es sich um Rückdeportationen aus einzelnen Außenlagern, wie etwa dem Stutthofer Kommando Bromberg-Ost, handelte. Das Außenlager für weibliche Gefangene – die Mehrheit von ihnen Jüdinnen, die Zwangsarbeit für die deutsche Reichsbahn leisten mussten – war am 20. Januar 1945 zusammen mit dem Außenlager Bromberg-Brahnau mit der Zielvorgabe evakuiert worden, die Insassinnen nach Sachsenhausen zu deportieren. Während der Lagerführer des Außenlagers, SS-Scharführer Anton Kniffke, in Sachsenhausen in den Zugangslisten vermerkt ist, erreichten die zu Fuß deportierten Jüdinnen Sachsenhausen nicht – einer großen Zahl war unterwegs die Flucht gelungen, und die auf dem Gewaltmarsch verbliebenen Frauen wurden am 4. Februar 1945 von sowjetischen Einheiten befreit.[194] Darüber hinaus traf auch Wachpersonal aus Plaszow in Sachsenhausen ein.[195] Der Komplex befand sich bereits seit September 1944 in Auflösung. Die letzten Gefangenen wurden am 14. Januar 1945 nach Auschwitz deportiert und sind dort drei Tage später mitten in das Auflösungsgeschehen geraten.[196] Des Weiteren rotierte Wachpersonal auch innerhalb der Konzentrationslager, die dem WVHA 1945 im Reichsinneren noch verblieben waren. Entsprechend sind in den Zugangslisten in Sachsenhausen auch Wachmänner registriert, die aus Mittelbau und Dachau kamen.[197] Mit den Transporten, die Insassen aus Sachsenhausen nach Mauthausen deportierten, gab Sachsenhausen – je nach Anzahl der weiterdeportierten Gefangenen – größere und kleinere Kontingente an Wachmännern nach dort ab. Hierbei handelte es sich mehrheitlich um Wachmänner, die zuvor aus Auschwitz eingetroffen waren.[198] Im Frühjahr 1945 kamen erstmalig auch Aufseherinnen im Hauptlager zum Einsatz.

Nach heutigem Kenntnisstand verfügte Sachsenhausen im Januar 1945 über 26 Außenkommandos, in denen Frauen zur Zwangsarbeit eingesetzt wurden.[199] Seit

193 Vgl. Zugangsliste der 8. und 12. Kompanie des SS-Totenkopf-Wachbataillon Sachsenhausen vom 21.2.1945, in: ebd., Bl. 17 und 25.
194 Vgl. Zugangsliste der 6. Kompanie des SS-Totenkopf-Wachbataillon Sachsenhausen vom 1.1945, in: ebd., Bl. 22; vgl. auch Drywa, Extermination, S. 209 f. und S. 242 f.
195 Vgl. Zugangsliste der 12. Kompanie des SS-Totenkopf-Wachbataillon Sachsenhausen vom 21.2.1945, in: RGVA, 1367/1/88, Bl. 17.
196 Vgl. USHMM, Encyclopedia (Vol. I), S. 865.
197 Vgl. Zugangsliste der 9. Kompanie des SS-Totenkopf-Wachbataillon Sachsenhausen vom 21.2.1945, in: ebd., Bl. 24; sowie Zugangsliste der 4. und 12. Kompanie vom 21.2.1945, in: ebd., Bl. 20 und Bl. 25.
198 Vgl. Versetzungsliste der 1. Kompanie des SS-Totenkopf-Wachbataillon Sachsenhausen vom 1.3.1945, in: RGVA, 1367/1/88, Bl. 6; sowie Versetzungsliste der 3. Kompanie vom 2.3.1945, in: ebd., Bl. 5; Versetzungsliste der 9. Kompanie vom 2.3.1945, in: ebd., Bl. 3 f.; Versetzungsliste der 9. Kompanie vom 7.3.1945, in: ebd., Bl. 8-11; Versetzungsliste der 8. Kompanie vom 9.3.1945, in: ebd., Bl. 7.
199 Vgl. Anlage 1 in: Monika Knop und Christel Wickert: Weibliche Häftlinge im Konzentrationslager Sachsenhausen, 12-seitiges Manuskript samt Anlagen in: GUMS, R 132/14.

Februar nahm das Oranienburger Hauptlager erstmalig weibliche Gefangene aus Außenstandorten auf, die im Oktober 1944 von der Amtsgruppe D verwaltungstechnisch Sachsenhausen zugeordnet worden waren.[200] Damit befand sich auch weibliches Wachpersonal im Hauptlager.[201] Da Auschwitz nicht mehr zur Verfügung stand und Ravensbrück zu diesem Zeitpunkt keine schwer kranken und damit als »arbeitsunfähig« erachteten Frauen aufnahm, richtete die Kommandantur in Sachsenhausen in den als »Isolierung« und als »kleines Lager« gefassten Barackenbereichen des Hauptlagers sowie im »Revier« Bereiche für Frauen ein. Mit Ausnahme des Krankenreviers wurden die Frauenbaracken zur Aufrechterhaltung der Geschlechtertrennung mit Bretterzäunen und Wachposten versehen. Ob es sich beim kleinen Lager um eine extra eingerichtete »Sterbezone« handelte,[202] kann nicht mehr ermittelt werden. Männliche Insassen registrierten den Zugang der Frauen, die nach der Bombardierung der Auer-Werke vom 15. März in das Hauptlager gekommen waren. Ihre Zahl schwankt zwischen 1.400 und 2.000 Frauen,[203] die sich in einem sehr schlechten körperlichen Zustand befanden,[204] und sollte sich bis zum April auf 6.000 erhöhen.[205] Hinzu kam, dass mit den Rüstungsbetrieben auch die sich in unmittelbarer Nähe befindlichen Außenlager, in denen Frauen zur Zwangsarbeit eingesetzt wurden und die im März unter alliiertes Bombardement gerieten, aufgelöst wurden. Die Aufseherinnen brachten die Frauen, die die Angriffe beispielsweise auf die Oranienburger Auer-Werke überlebt hatten, in das Hauptlager. Mit der Auflösung der Frauenaußenlager ging die Entlassung von Aufseherinnen einher. Ab dem 1. März konnten die Kommandanturen diese selbstständig vornehmen.[206]

Im Unterschied zu den Aufseherinnen konnten Wachmänner nicht um Entlassung bitten – auch wenn sie es versuchten. Angesichts der desaströsen deutschen

---

200 Im September 1944 kam es zur territorialen Anpassung des Wehrkreises III an die Gaugrenzen der Mark Brandenburg. Vgl. Stellv. Generalkommando III A. K. (Wehrkreiskommando III) vom 28. 9. 1944, in: BLHA, Rep 2A I Pol, 2318. Die regionale Reorganisation gehörte zu den vorbereitenden Maßnahmen der Reichsverteidigung, die eine einheitliche Befehlsführung des RVK, Stürtz, und des HSSPF »Spree«, Heißmeyer, mit dem WK-Kommando III sicherstellen sollte. Auf die territoriale Anpassung folgte auch die Reorganisation innerhalb des KL-Systems. Außenlager Ravensbrücks wurden daraufhin verwaltungstechnisch Sachsenhausen zugeordnet. Vgl. Knop/Wickert, Häftlinge, S. 7.
201 Vgl. ebd.; Kaienburg, Sachsenhausen, S. 472.
202 Zur Errichtung von Sterbezonen vgl. Hördler, Ordnung, S. 359-363.
203 Vgl. Harry Naujoks: Versuch einer Chronologie des Konzentrationslagers Sachsenhausen 1935-1945, Hamburg 1. 9. 1958 (unveröffentlicht), in: TM, 2/1 M1 SH, S. 50. Naujoks bezieht sich hier auf die Ausführungen von Odd Nansen und Franz Ballhorn.
204 Vgl. Kaienburg, Sachsenhausen, S. 472 und S. 653, Anm. 31.
205 Vgl. Harry Naujoks, Bericht zu Sachsenhausen 1936-1945 vom 4. 4. 1961 (unveröffentlicht), in: AA, Dok.ID 1. 1. 47.0 /82353668-84, hier 82353683.
206 Vgl. Weisung der Amtsgruppe D des SS-WVHA vom 1. 3. 1945, in: AA, 1.1.0.6, Dok.-ID 82331557 f.

Kriegslage waren sie »auf Kurs« zu halten. Die Abteilung VI »Fürsorge, Schulung und Truppenbetreuung« in den Konzentrationslagern passte das Unterrichtsmaterial der »Weltanschaulichen Schulungen« entsprechend an.[207] Darüber hinaus sprach die Lagerleitung in Sachsenhausen bis in den April 1945 umfangreiche Beförderungen aus, die mit einer Erhöhung des Solds einhergingen.[208] Trotzdem nahmen Disziplinarverstöße wie das »Verlassen des SS-Standortes«[209] oder die »Entfernung vom Posten, um die Luftmeldungen im Radio zu hören«,[210] zu und es kam zu Desertationen. Deren prominentestes Beispiel in Sachsenhausen stellt sicherlich die Flucht des SS-Arztes Franz Lucas dar.[211] Zuvor in Auschwitz-Birkenau tätig, war Lucas 1944 nach Ravensbrück versetzt worden. Weil er sich dort geweigert hatte, weiterhin an Selektionen von Frauen zur Ermordung in der Gaskammer teilzunehmen, wurde Lucas im Februar 1945 nach Sachsenhausen versetzt.[212] Im März setzte sich Lucas von Oranienburg aus ab und tauchte in Berlin unter. Allerdings nicht ohne sich zuvor, so sollte Baretzki – auf Lucas' Mitwirken bei den Selektionen an der Rampe in Auschwitz-Birkenau befragt – später aussagen, eine »Rückfahrkarte besorgt« zu haben.[213] Der bevorstehenden Kriegsniederlage gewahr werdend, hatte Lucas noch in Ravensbrück eine aus Norwegen stammende Gefangene genötigt, ihm einen Persilschein auszustellen, und sich damit bis Kriegsende versteckt gehalten.

207 Vgl. Stoffunterlage für den weltanschaulichen Kompanieunterricht der Kommandantur Abt. VI, Konzentrationslager Stutthof vom 15.1.1945, in: GUMSt, I-IB-3; vgl. auch Marc Buggeln: Die weltanschauliche Schulung der KZ-Wachmannschaften in den letzten Kriegsmonaten. Der »Nachrichtendienst für die SS-Männer und Aufseherinnen in den Außenkommandos« im KZ Stutthof 1944/45, in: Bewachung und Ausführung. Alltag der Täter in nationalsozialistischen Lagern, hg. von Angelika Benz und Marija Vulesica, Berlin 2011, S. 177-190; Hördler, Ordnung, S. 203-218.
208 Vgl. Beförderungsliste des SS-Totenkopf-Wachbataillon Sachsenhausen vom 1.4.1945, in: RGVA, 1367/1/79, Bl. 5-9b.
209 Vgl. SS-Personalunterlagen zu Heinz Langer, 6. SS-Totenkopf-Wachbataillon Sachsenhausen, Strafverfügung vom 21.3.1944, in: BArch WASt, Z/B 191/12.
210 Vgl. SS-Personalunterlagen zu Franz Hoof, 8. SS-Totenkopf-Wachbataillon Sachsenhausen, Strafverfügung vom 30.3.1945, in: BArch WASt, Z/B 178/14.
211 Aussage Percival Treite vom 5.5.1945, in: PRO, WO 235/309, zit. n. Silke Schäfer: Zum Selbstverständnis von Frauen im Konzentrationslager. Das Lager Ravensbrück, Dissertationsschrift 2002. Online unter: http://webdoc.sub.gwdg.de/ebook/diss/2003/tu-berlin/diss/2002/schaefer_silke.pdf (letzter Zugriff am: 21.9.2024), S. 135.
212 Vgl. Aussage Karl Gerber vom 11.1.1965, in: Unterlagen des Fritz Bauer Instituts zum Frankfurter Auschwitz-Prozess. Online unter: https://www.auschwitz-prozess.de/resources/transcripts/pdf/Gerber-Karl.pdf (letzter Zugriff am: 12.9.2022) S. 2 f.; Erpel, Vernichtung, S. 39 f.
213 Im ersten Frankfurter Auschwitz Prozess machte Stefan Baretzki Angaben zu den begangenen Verbrechen und belastete Mitangeklagte wie Franz Lucas. Vgl. Dietrich Strothmann: Der gute Mensch von Auschwitz, in: Die Zeit, Nr. 13/1965.

Wurden »Wachvergehen«,²¹⁴ »Häftlingsbegünstigung«²¹⁵ oder als »unsoldatisch«²¹⁶ gefasstes Verhalten ermittelt, urteilten die Kompanieführer in Abstimmung mit dem Kommandanten und dem SS/Polizei-Gerichtsoffizier Schmidt rigoros mit verschärftem Arrest. Darüber hinaus versuchten Wachmänner, sich über Versetzungsersuchen dem Wachdienst im Konzentrationslager zu entziehen. So bat Fritz Bräuning, der seit April 1944 in Sachsenhausen als Wachmann tätig war, im März 1945 schriftlich darum, aufgrund von »Nervenzerrüttung« von der »Häftlingsbewachung« freigestellt zu werden.²¹⁷ Ob dem entsprochen wurde, kann nicht mehr rekonstruiert werden. Versetzungsersuche kamen im Konzentrationslagersystem ab 1944 vermehrt vor. Auch wiesen einige Notdienstverpflichtete in den Aufnahmedokumenten schriftlich daraufhin, dass sie sich nicht freiwillig zum Wachdienst in einem Konzentrationslager gemeldet hatten.²¹⁸ Da Versetzungsersuche aber von der Amtsgruppe D genehmigt werden mussten und diese selten zustimmte, war es schwierig, sich diesem zu entziehen.²¹⁹ Eine Möglichkeit war jedoch stets, sich für den Fronteinsatz zu melden. Und auch im März 1945 setzte die

214 Vgl. SS-Personalunterlagen zu Johann Deppner, 2. SS-Totenkopf-Wachbataillon Sachsenhausen, Strafverfügung vom 28.3.1945, in: BArch WASt, Z/B 160/18; SS-Personalunterlagen zu Gregor Formanek, 9. SS-Totenkopf-Wachbataillon Sachsenhausen, Strafverfügung vom 28.2.1945, weil er beim Fliegeralarm am 20.2.45 nicht zum sogenannten Bunkerdienst angetreten war, in: BArch WASt, Z/B 166/1.
215 Vgl. SS-Personalunterlagen zu Hugo Lange, 7. SS-Totenkopf-Wachbataillon Sachsenhausen, Strafverfügung vom März 1945 wegen Wachverfehlung (»Begünstigung für Kartoffeldiebstahl von Häftlingen«), in: BArch WASt, Z/B 191/8.
216 Vgl. SS-Personalunterlagen zu Hermann Dering, 9. SS-Totenkopf-Wachbataillon Sachsenhausen, Strafverfügung vom 21.3.1945 wegen »unsoldatischem Verhalten«, in: BArch WASt, Z/B 160/20.
217 Vgl. exemplarisch Versetzungsersuchen in den SS-Personalunterlagen zu Fritz Bräuning, in: BArch WASt, Z/B 178/02.
218 Vgl. Formular »Heranziehung zum langfristigen Notdienst« vom 17.10.1944 in der SS-Personalakte zu Wilhelm Ohm, in: BArch WASt, Z/B 5451/181; vgl. auch SS-Personalakte zu Wilhelm Benthien, in: BArch WASt, Z/B 4664/177.
219 Kurt Bialas war bspw. bereits ab 1941 in Auschwitz als Wachmann eingesetzt und kam dort Ende 1942 in die Hundeführerstaffel. Seinen Antrag zur Versetzung zur Luftwaffe vom 3.3.1943 genehmigte die Amtsgruppe D nicht. Bialas blieb in Auschwitz und kam im Zuge der Auflösung als Angehöriger der Wachmannschaften im Januar 1945 nach Sachsenhausen. Vgl. SS-Personalunterlagen Kurt Bialas, in: BArch WASt, Z/B 153/1; SS-Personalunterlagen zu Kurt Bialas, in: RGVA, 1367/1/96. Hans Liegel war erst im Juli 1944 als »Notdienstverpflichteter« zu den Wachmannschaften nach Auschwitz gekommen. Hier bat die Ehefrau 1944 erfolglos um seine Versetzung. Liegel kam nach der Auflösung in Gleiwitz nach Sachsenhausen und wurde hier ab dem 28. Februar in der 6. SS-Wachkompanie eingesetzt. Vgl. SS-Personalunterlagen zu Hans Liegel, in: BArch WASt, Z/B 193/4. Willi Frank war 1944 von der Wehrmacht für den Wachdienst in einem Konzentrationslager freigestellt und anschließend in Stutthof eingesetzt worden. Auf sein Versetzungsersuchen reagierte die Amtsgruppe D, indem sie ihn im November 1944 zum Wachbataillon von Sachsenhausen versetzte. Vgl. SS-Personalunterlagen von Willi Frank, in: BArch WASt, Z/B 166/18.

erneute Erfassung »kriegsverwendungsfähiger« Männer in Sachsenhausen ein.[220] Wie bereits im Zuge der Einrichtung der »Lagerpolizei« im Januar sollte die Kommandantur daraufhin im April erneut Gefangene für Ordnungsdienste heranziehen.

Lagerpolizei

Anfang 1945 stand die Amtsgruppe D vor der Überlegung, wie mit Blick auf die Kriegslage und die zunehmend extremere Überfüllung der ihr noch verbliebenen Konzentrationslager das Lagerregime, das auf die Unterdrückung und Ausbeutung der Insass:innen abzielte, aufrecht erhalten werden konnte. Angesicht der militärischen Situation an der Oder sowie der für die Insass:innen desaströsen Lage in Sachsenhausen dehnte die Kommandantur den Kreis der für den Erhalt des Lagerregimes zuständigen Personenkreise weiter aus. Hinzu kam die Reorganisation der Gefangenenblöcke im Hauptlager. So wurden Anfang Februar alle »reichsdeutschen« Insassen im ersten, dem Lagereingang am nächsten gelegenen Barackenring untergebracht.[221] Zudem wurden die als besonders loyal Erachteten unter den Gefangenen für die Bildung einer »Lagerpolizei« rekrutiert. Dieser Hilfsdienst hatte fortan für »geordnete« Abläufe innerhalb des Lagers Sorge zu tragen und bestand, wie die Recherchen des früheren Lagerältesten, Harry Naujoks, nach dem Krieg ergaben, aus zwei sogenannten Selbstschutzkompanien – »eine[r] polnische[n] und eine[r] deutsche[n]«.[222]

Die Institutionalisierung der Ordnungskräfte basierte auch auf dem Gedanken, insbesondere die Gefangenengruppen, von denen die SS/Polizei Aufstände befürchtete, einzuschüchtern und ruhig zu halten. Das Vorgehen, Hilfspolizisten bzw. Ordnungskräfte zu rekrutieren, die sie bei der Gewaltausübung unterstützen sollten, gehörte 1945 zum Maßnahmenrepertoire der SS/Polizei. Sowohl in den besetzten Gebieten als auch innerhalb der WVHA-Lagerkomplexe griff die SS/Polizei auf Hilfskräfte zur Durchsetzung und dem Erhalt ihres Sicherheitsregimes – also der Ausübung von Terror – zurück. Während in den deutsch-besetzten »Ostgebieten« hierbei vor allem ausländische Hilfskräfte zum Einsatz kamen, setzte die SS/Polizei im Konzentrationslagersystem mehrheitlich »reichsdeutsche« Gefangene oder zumindest Insass:innen als »Lager-« und »Blockälteste« ein, die der deutschen Sprache mächtig waren.[223] Wie der ehemalige Insasse Manfred Strobel nach dem Krieg dargelegt hat, wurden für die »Lagerpolizei« in Sachsenhausen zu Kriegsende mehrheitlich Insass:innen herangezogen, die gemäß dem NS-Sicherheitsregime als »Berufsverbrecher«, »Kriminelle«

---

220 Vgl. Liste der 7. Kompanie des SS-Totenkopf-Wachbataillon Sachsenhausen vom 16.3.1945, in: GUMS, LAG XI/13.
221 Vgl. Bericht Andre Grevenrath aus dem Jahr 1945, in: GUMS, LAG LII/1, S. 5.
222 Naujoks, Chronologie, S. 48. Naujoks bezieht sich hierbei auf Odd Nansen.
223 Vgl. Thomas Sandkühler: Das Fußvolk der »Endlösung«. Nichtdeutsche Täter und die europäische Dimension des Völkermordes, Bonn 2022; Benz, Handlanger. Zum Ordnungsdienst in Auschwitz siehe RJM-Bericht zur Besichtigung des Konzentrationslagers Auschwitz vom 28.6.1944, abgedruckt in: Rudorff, Auschwitz 1944/45, S. 428-433, hier S. 429.

oder »Asoziale« in den Karteien der Kommandanturen und des RSHA geführt wurden – politische Gefangene kamen in dieser Situation kaum in Betracht.[224]
Zu den Tätigkeiten der Angehörigen der Hilfspolizei gehörte, den sogenannten Norwegerblock zu bewachen, das heißt, vor anderen Gefangenen abzuschirmen. Hier befanden sich Hilfspakete, die das IKRK für skandinavische Insass:innen und später auch amerikanische und kanadische Stellen in die Konzentrationslager lieferten. Vor allem die in den Konzentrationslagern tätigen SS- und Polizei-Angehörigen bedienten sich an diesen Waren, anstatt sie insbesondere den in den Krankenbaracken liegenden Gefangenen zur Verfügung zu stellen.[225] Im Zuge des alliierten Bombardements Oranienburgs kamen Angehörige der Lagerpolizei auch als Feuerwehr zum Einsatz.[226] Des Weiteren überwachte, wie Hermann Kaienburg dargelegt hat, eine Gruppe an Insassen, die der »BVer« Richard Maschke hinter sich versammelte, die »Einhaltung der Bestimmungen und Anordnungen zum Luftschutz« im Hauptlager.[227] Vor allem aber wurde die Hilfspolizei zum Monatswechsel Januar/Februar 1945 gegen sowjetische und jüdische, aber auch polnische Mitinsass:innen mobilisiert.[228] Im Zuge der Rückdeportationen von Gefangenen aus den Außenstandorten in das Oranienburger Hauptlager hatte sie am Lagertor eintreffende Deportierte in Empfang zu nehmen und unter dem Einsatz von Gewalt in die für die Insass:innen vorgesehenen Lagerbereiche zu treiben.[229] Wie Walter Pfaff und Edgar Dankermann unmittelbar nach dem Krieg dokumentierten, agierten die als Handlanger der SS-Blockführer eingesetzten Helfer hierbei derart gewaltvoll, dass – vor allem jüdische – Mitgefangene an den Misshandlungen starben.[230]

Darüber hinaus war die Lagerpolizei auch in die Erschießungsaktion vom 1./2. Februar eingebunden und hatte zur Hinrichtung bestimmte Gefangene am Lagertor abzuliefern. Der »Lagerälteste« Kurt Bayer erhielt dazu von der Kommandantur eine entsprechende Liste.[231] Der britische Kriegsgefangene John Ashford Renshaw Starr, der seit September 1944 in Sachsenhausen interniert war, beobachtete zudem, wie Ende Januar/Anfang Februar 1945 täglich mehrere LKW bei den als »Russenlager«

224 Vgl. Bericht Manfred Strobel aus dem Jahr 1945, in: GARF, 7021/115/31, S. 43; Aussage Erich Köpf vom 13.12.1960, in: StAL, EL 51 9/BA 84, S. 6.
225 Vgl. Bericht Manfred Strobel aus dem Jahr 1945, in: GARF 7021/115/31, S. 43; Bericht Adam Harth von 1948, in: YV, O.33/5716, S. 6.
226 Vgl. Bericht John Ashford Renshaw Starr vom 1.5.1946, in: PRO, WO 311/412. Ich danke Jeff Hulbert für die Zusendung der Quelle.
227 Kaienburg, Sachsenhausen, S. 103.
228 Vgl. Aussage Erich Köpf vom 13.12.1960, in: StAL, EL 51 9/BA 84, S. 6; Bericht Manfred Strobel aus dem Jahr 1945, in: GARF 7021/115/31, S. 43.
229 Vgl. Aussage Emil Sauter vom 1.5.1946, Kopie in: GUMS, JSU 1/17/1, S. 51-53.
230 Vgl. Bericht Walter Pfaff und Edgar Dankermann vom 21.5.1945, in: GARF, 7021/115/31, S. 54 f.; Bericht Manfred Strobel aus dem Jahr 1945, in: ebd., S. 43.
231 Vgl. Aussage Emil Sauter in Gegenüberstellungsprotokoll Emil Sauter/Horst Hempel vom 10.9.1946, Kopie in: GUMS, JSU 1/19, Bl. 44. Die Aussage deckt sich mit der Hempels, in: ebd, Bl. 45.

bezeichneten Baracken vorfuhren, die sowjetische Kriegsgefangene unter Einsatz der Lagerpolizei aufluden und unter schwerer SS-Bewachung zur »Station Z« brachten.[232] Aufgrund seiner russischen Sprachkenntnisse setzte die Kommandantur Fritz Sigl nicht nur in ihrer Schreibstube, sondern auch innerhalb der »Lagerpolizei« ein. In der Nacht der Mordaktion vom 1./2. Februar zog ihn das Lagerpersonal als Dolmetscher heran.[233] Mit dem Ausrufen der Spannungszeit – als Phase erhöhter Alarmbereitschaft – für Sachsenhausen kamen die männlichen Gefangenen der »Lagerpolizei« in unterschiedlichen Bereichen und bei »Aktionen« innerhalb des »Schutzhaftlagers« zum Einsatz.

Dirlewanger

Aus Sicht der Amtsgruppe D und den Kommandanturen wurde an der Oder im Februar 1945 nicht nur die deutsche Reichshauptstadt verteidigt, sondern auch um den Erhalt der Konzentrationslager Ravensbrück und Sachsenhausen gekämpft. So verwundert es nicht, dass sowohl innerhalb der Wachmannschaften als auch unter den Gefangenen für den Kriegseinsatz im Oderbruch rekrutiert wurde. Bereits seit 1940 war es Praxis, Konzentrationslagerhäftlinge in sogenannten Bewährungsbataillonen der Wehrmacht und insbesondere unter dem Kommando des SS-Oberführers Dirlewanger für den Kriegsdienst zu rekrutieren.[234] Im Jahr 1943 galt Sachsenhausen als Sammellager für die im KL-System zwangsmobilisierten Männer. Von dort aus wurden sie nach Minsk in Marsch gesetzt und im Zuge der als »Bandenbekämpfung« bezeichneten deutschen Vernichtungskriegführung in Belarus zum Einsatz gebracht.[235] Die SS-Sonderformation war durch ihre Brutalität berüchtigt und tat sich 1944 insbesondere im Zuge der Niederschlagung des Warschauer Aufstandes und der Ausübung des Massakers im Stadtteil Wola hervor, als deren Angehörige

---

232 Vgl. Bericht John Ashford Renshaw Starr vom 1.5.1946, in: PRO, WO 311/412. Hermann Kaienburg kommt hingegen zu dem Schluss, dass die sowjetischen Kriegsgefangenen nach Buchenwald weiterdeportiert wurden. Vgl. Kaienburg, Sachsenhausen, S. 144.

233 Vgl. Aussage Heinz Junge vom 15.5.1962, Kopie in: GUMS, NL 6/28/2, Bl. 54. Aufgrund seiner Sprachkenntnisse half Sigl nach dem Krieg den ermittelnden sowjetischen Behörden. Vgl. Aussage Fritz Sigl vom 17.5.1962, in: ebd., Bl. 59; vgl. auch Todeslager Sachsenhausen. Ein Dokumentarbericht vom Sachsenhausen-Prozeß, zusammengestellt von Fritz Sigl, Berlin 1948.

234 Die SS-Sondereinheit wurde 1940 aus Gefangenen aufgestellt, die als Wilddiebe vorbestraft in das KL-System eingeliefert worden waren. Vgl. Kaienburg, Sachsenhausen, S. 164; Auerbach, Einheit Dirlewanger, S. 250. Zur Person Oskar Dirlewanger siehe: Knut Stang: Dr. Oskar Dirlewanger – Protagonist der Terrorkriegführung, in: Karrieren der Gewalt. Nationalsozialistische Täterbiographien, hg. von Klaus-Michael Mallmann und Gerhard Paul, Darmstadt 2004; Hellmuth Auerbach: Die Einheit Dirlewanger, in: Vierteljahrshefte für Zeitgeschichte 10/3 (1962), S. 250-263, hier S. 250-252.

235 Vgl. Auerbach, Dirlewanger, S. 254.

in den Kampfgruppen »Reinefarth« und »von dem Bach« eingesetzt wurden.[236] Im Zuge der Aufstellung der Heeresgruppe »Weichsel« im Januar 1945 zog Himmler alle verfügbaren Kräfte für die von ihm befehligte Oderfront zusammen. Die zu diesem Zeitpunkt in Priwitz (Prievidza) liegende »Dirlewanger«-Einheit kam zum Truppenübungsplatz »Kurmark«, wo sie ab dem 18. Februar an der Oderfront im Abschnitt Guben, und damit im südlichen Teil des Wehrkreises III (Berlin-Brandenburg), gegen die Rote Armee kämpfte.[237]

Auf Befehl der Amtsgruppe D waren 1943 nur »reichsdeutsche« Konzentrationslagerinsassen für die Entlassung in den Kriegsdienst vorgesehen, die in den Karteien als »Berufsverbrecher« und »Asoziale« geführt wurden. Dirlewanger suchte die Konzentrationslager selbst auf, um Gefangene zu mustern.[238] Aufgrund der Konkurrenz zur Wehrmacht und der desolaten deutschen Kriegslage lockerte die SS/Polizei ihre ideologischen Vorgaben im darauffolgenden Jahr.[239] Ab Herbst 1944 wurden unter der Bedingung auch politische Gefangene in die »Frontbewährungseinheit« eingezogen, dass diese sich zuvor »innerlich gewandelt« hatten und das RSHA der Freigabe zustimmte.[240] Die bis 1945 schätzungsweise 2.000 mobilisierten politischen Gefangenen blieben in der SS-Sondereinheit, die schätzungsweise zu 30 Prozent aus Gefangenen bestand, allerdings eine Minderheit.[241]

Für die Gefangenen stellte die Rekrutierung zur Einheit Dirlewangers ein Dilemma dar, das unter den »Politischen«, wie Kaienburg dargelegt hat, auch intensiv diskutiert wurde: »Die Befürworter hofften, auf diese Weise die Freiheit zu erlangen und dann bei erstbester Gelegenheit zu den feindlichen Verbänden überzulaufen. Die Skeptiker hielten dagegen, dass man seine Überzeugung nicht auf diese Weise opfern dürfe.«[242] Zu diesem Zeitpunkt war nicht zuletzt aufgrund der 1944 nach Sachsenhausen verschleppten Warschauer:innen bekannt, dass diese Sonderformation sich an den grausamen Kriegsverbrechen der deutschen Vernichtungskriegführung beteiligt hatte. Darüber hinaus wussten die aufgeforderten Männer, dass Dirlewanger zur Loyalitätserzwingung hart gegen die eigenen Soldaten vorging und die Einheit – vielerorts an vorderster Linie und damit als »Kanonenfutter« eingesetzt – durch eine hohe Sterblichkeit gekennzeichnet war.[243] Gefangene, die den Kriegseinsatz bei Dirlewanger überlebten oder denen es erfolgreich gelungen war, zu den sowjetischen

---

236 Vgl. Soraya Kuklińska: Oskar Dirlewanger. SS-Sonderkommando »Dirlewanger«, Warszawa 2021, S. 177-239.
237 Vgl. Kuklińska, Dirlewanger, S. 269-276; Auerbach, Dirlewanger, S. 262.
238 Vgl. Auerbach, Dirlewanger, S. 254.
239 Vgl. Birn, Ideologie.
240 Karin Orth: Gab es eine Lagergesellschaft? »Kriminelle« und politische Häftlinge im Konzentrationslager, in: Ausbeutung, Vernichtung, Öffentlichkeit, hg. von Norbert Frei, München 2000, S. 127; vgl. auch Kaienburg, Sachsenhausen, S. 164.
241 Vgl. Auerbach, Dirlewanger, S. 258; Rudorff, Auschwitz 1944/45, S. 265, Anm. 5.
242 Kaienburg, Sachsenhausen, S. 164.
243 Vgl. ebd.; Wachsmann, KL, S. 557.

Streitkräften überzulaufen, sollten nach dem Krieg mehrheitlich aussagen, dass die Musterungen nicht auf Freiwilligenmeldungen basierten, sondern unter Drohungen erfolgten und es bereits im Lager Versuche gab, sich der Rekrutierung zu entziehen.[244] Auch im März und April 1945 erfolgten Gefangenenrekrutierungen für die Front. Am 10. März wurden in Sachsenhausen erneut 273 Insassen für »Dirlewanger« mobilisiert, die nun als Ausbildungsabteilung der SS-Division »30. Januar« bezeichnet wurde und weiterhin den Truppenübungsplatz »Kurmark« nutzte.[245] Die zum Fronteinsatz herangezogenen Gefangenen wurden dort in Baracken des Lieberoser Außenlagers untergebracht, das erst unmittelbar zuvor auf Weisung des SS-FHA geräumt worden war.[246] Insassen, die sich in Lieberose/Jamlitz weigerten, an der Ostfront zu kämpfen, wurden – wie oben aufgezeigt – hingerichtet.

5.5 Räumungsvorbereitung

> »Our impression was, that it was simply and solely a question of getting a certain number rid, which had been ordered from above.«[247]

Im Zeitraum ab Anfang Februar bis Mitte April konzentrierten sich die Kampfhandlungen der deutsch-sowjetischen Gefechte auf die beiden Städte Frankfurt (Oder) und Küstrin. Die Rote Armee war an der Oder stehen geblieben, um sich auf die nächste Offensive vorzubereiten. Die bis zum nächsten Großangriff verbleibende Zeit stellte Spannungszeit dar, die das OKH, aber auch die Konzentrationslager-SS für sich nutzten. Denn, wie aufgezeigt, gehörte das Ergreifen spezifischer Maßnahmen zum Zeitraum erhöhter politischer Spannung. Dem Militär wie auch der SS/Polizei in Deutschland diente diese Zeit zur Zusammenführung und Dislozierung neuer Einheiten. Das von Evakuierung betroffene KL-Führungspersonal nutzte die der sowjetischen Offensive und damit auch der möglichen Räumung vorausgehende Alarmperiode, um weitere Vorbereitungen zu treffen.[248] Wie das eingangs gestellte Ermittlungsergebnis der United Nations War Crimes Commission zur Evakuierung Sachsenhausens verdeutlicht, ging es vor allem darum, die Zahl der Insass:innen zu reduzieren.[249] Welche Maßnahmen ergriff die Lagerführung in Sachsenhausen hierfür? Wer war für diese wie verantwortlich und was bedeutete das Vorgehen für die Insass:innen?

---

244 Vgl. Kaienburg, Sachsenhausen, S. 164; Auerbach, Dirlewanger, S. 254.
245 Vgl. Kaienburg, Sachsenhausen, S. 165; Weigelt, Judenmord, S. 358.
246 Vgl. Weigelt, Judenmord, S. 358.
247 UNWCC: »The Evacuation Plans of the Concentration Camp Sachsenhausen and the Carrying out There by the SS«, 3-seitiges Dokument aus dem Jahr 1946, in: PRO, WO 311/412.
248 Franziska Jahn hat das Vorgehen der SS während einer Spannungszeit 1944 für den KL-Komplex Riga-Kaiserwald beschrieben. Das dortige Vorgehen galt den darauffolgenden KL-Räumungen als Vorlage. Vgl. Jahn, Riga-Kaiserwald, S. 407-431.
249 Vgl. UNWCC, Evacuation.

Rückdeportationen

Am 29. Januar 1945 hatte Himmler als Befehlshaber der Heeresgruppe »Weichsel« angeordnet, das »rückwärtige« Gebiet der Oderlinie zu räumen. Nachdem alle östlich der Oder zur Zwangsarbeit in Küstrin und Umgebung eingesetzten Gefangenen Sachsenhausens bereits im Januar hinter den Fluss in das Außenlager in Briesen oder in das Oranienburger Hauptlager gebracht worden waren, setzte Anfang Februar die Auflösung der Nebenlager ein, die Sachsenhausen in westlicher Odernähe unterhielt. Diese erste Auflösungsphase von Außenlagern des Oranienburger Lagerkomplexes dauerte bis zum 12. Februar an. Neben dem Außenlager in Fürstenberg (Oder), das der Unterbringung von Insass:innen diente, die für die Rheinmetal-Borsig AG Zwangsarbeit leisten mussten, betraf sie auch die Nebenlager, die den SS-Standortkommandanturen in Bad Saarow und in Jamlitz unterstellt waren – also zum einen die Außenlager in Bad Saarow, Briesen, Spreenhagen, Storkow, Trebnitz und Kolpin sowie zum anderen das Außenlager in Lieberose. Die Außenlagerkomplexe in Odernähe wurden entweder geräumt oder mancherorts auch umfunktioniert. Für Insass:innen, die die SS dort bisher zur Zwangsarbeit brachte, bedeutete dies mehrheitlich, in das Hauptlager nach Oranienburg oder andere Außenlager (rück-) deportiert zu werden.

In **Bad Saarow** waren im Januar 1945 circa 1.000 Gefangene aus Sachsenhausen auf Baustellen zur Zwangsarbeit eingesetzt. Für Ende Januar ist eine Belegung dieses Außenlagers, das an der Autobahn Berlin-Frankfurt (Oder) lag und über vier Barackenunterkünfte verfügte, von 1.058 männlichen Gefangenen überliefert.[250] In der Umgebung von Fürstenwalde hatten sie Ausweichobjekte für Berliner SS/Polizei-Dienststellen zu errichten, die aufgrund der Bombardierung verlagert werden sollten.[251] Daher verfügte Bad Saarow über eine eigene SS-Standortkommandantur. Während die endgültige Aufgabe dieses Standortes erst im April erfolgte, galt Bad Saarow seit Ende Januar als Sperrgebiet und war aus Sicht der SS/Polizei entsprechend »aufzulockern«.[252] Bis zum 12. Februar wurden die Baustellen aufgelöst und die Mehrzahl der Gefangenen gruppenweise in das Hauptlager zurückgebracht. Einzig ein Kommando von 169 Insassen wurde zurückgelassen. Es hatte weiterhin am Sommerhaus des SS-Generals Sepp Dietrich, der zu diesem Zeitpunkt eine Armee an der deutschen Front in Ungarn befehligte, zu arbeiten.[253]

Ende Januar 1945 befanden sich – ebenfalls in Nähe zur Autobahn Berlin-Frankfurt (Oder) – 682 Gefangene aus Sachsenhausen im Außenlager **Briesen**.[254] In unmittelbarer Nähe zum Briesener Außenlager in der Falkenhagener Heide ließ die I. G. Farben von den Insassen einen Bunker ausbauen, um dort über eine unterirdische Kampf-

---

250 Vgl. Andreas Weigelt: Bad Saarow, in: Benz, Ort des Terrors (Bd. 3), S. 73-77, hier S. 74.
251 Vgl. ebd.
252 Vgl. Befehl des SS-FHA vom 31.1.1945, in: BArch B, NS 33/107, Bl. 17-19.
253 Vgl. Weigelt, Bad Saarow, S. 75.
254 Vgl. Veränderungsmeldungen des KL Sachsenhausen für das Jahr 1945, in: GUMS, JSU 1/101.

mittelproduktionsstätte zu verfügen. Unter dem Tarnnamen »Seewerk« wurden hier chemische Kampfstoffe hergestellt – die Herstellung des Nervengases Sarin befand sich in der Entwicklung.[255] Als Unterkunft der dort eingesetzten Gefangenen dienten bereits bestehende Holzbaracken, die »im Interesse der Posteneinsparung« mit einem elektrisch geladenen Stacheldrahtzaun umzäunt wurden.[256] Die Gefangenen waren mehrheitlich sowjetischer, polnischer und französischer Herkunft. Unter ihnen befanden sich aber auch Männer aus Belgien, Ungarn und der Niederlande. Funktionen der Gefangenenselbstverwaltung übernahmen Insassen, die von der SS/Polizei als deutsche »Kriminelle« geführt wurden. Jüdische Gefangene gab es in diesem Außenlager nur wenige.[257] Der Zwangsarbeitseinsatz war dort derart erschöpfend, dass das Lagerpersonal regelmäßig neue Gefangene anforderte und »arbeitsunfähige« in das Hauptlager rückdeportierte.[258]

Zum Monatswechsel Januar/Februar 1945 setzte die Auflösung des Außenlagers ein.[259] Die ersten Gefangenen, unter denen sich auch Insassen befanden, die kurz zuvor aus Küstrin westwärts hinter die Oder gebracht worden waren, wurden abtransportiert. Die kranken Insassen kamen per LKW nach Sachsenhausen, wo sie nicht aufgenommen, sondern nach Buchenwald weiter deportiert wurden.[260] Am 2. Februar war der Befehl ergangen, »feindbedrohte« Munitionsanstalten, in denen Kampfstoffe oder Kampfstoff-Munition gelagert waren, sofort zu räumen – darunter auch das »Seewerk« bei Briesen/Falkenhagen.[261] Das Oranienburger Hauptlager verließen an diesem Tag circa 300 Gefangene, die zusammen mit circa 800 Zwangsarbeitern aus der Umgebung den Rückbau der Fertigungsanlagen sowie deren Verladung zu tätigen hatten.[262] Gleichzeitig erfolgte ab dem Morgen des 4. Februar, wie der jüdische Ingenieur Szymon Aptowicz nach dem Krieg in Tel Aviv aussagen sollte,

---

255 Vgl. Heiner Hofmann: Objekt »Seewerk«. Vom Geheimobjekt des Dritten Reiches zum Einsatzgefechtsstand des Warschauer Vertrages, Zella-Mehlis 2003; Jenny Teichmann: Ein gescheitertes Geheim-Projekt – Die Bunkeranlage Falkenhagen 1938-45, Masterarbeit eingereicht im Fach Europäische Kulturgeschichte der Europa-Universität Viadrina Frankfurt (Oder) am 27.5.2015. Online unter: https://www.academia.edu/34433304/Ein_gescheitertes_Geheimprojekt_Die_Bunkeranlage_Falkenhagen_1938_45 (letzter Zugriff am: 21.9.2024).

256 Schreiben Chef des Amtes D II im SS-WVHA an Reg.-Baumeister Würz (Firma Max Haaf) vom 31.7.1943, in: IMT, Fall VI (I. G. Farben), pros. Ex. 1927, NI 1429 bzw. Abschrift in: AA, 1.1.38.0, Dok.-ID: 82152690.

257 Vgl. Aussage Szymin Aptowicz vom 8.12.1969, in: BArch ZStL, B 162/28382, Bl. 306.

258 Vgl. Andreas Weigelt: Briesen/Falkenhagen, in: Benz, Ort des Terrors (Bd. 3), S. 137-141, hier S. 139.

259 Vgl. J. E. von Klenck an Major Tilley vom 12.4.1946, in: PRO, FO 1031/97, Blatt 19 f.; Bericht Sergej Sergejewitsch Owraschko vom 2.10.1996, in: GUMS, P3 Owraschko, S. 39.

260 Vgl. französischer Ermittlungsbericht vom 19.12.1945, in: GUMS, LAG LII/1, Bl. 483; vgl. auch Weigelt: Briesen, S. 139.

261 Vgl. Rundschreiben des Generalquartiermeisters des Heeres, Generalmajor Toppe, vom 4.2.1945, in: BArch, RW 4/720, abgedruckt in: Hofmann, Geheimprojekt, S. 44.

262 Vgl. Weigelt, Briesen, S. 140.

die Rückdeportation der restlichen, zuvor in Briesen/Falkenhagen für die I. G. Farben zwangseingesetzten und mitunter schwer erschöpften Gefangenen:

»Zwischen dem 4. - 7. Februar wurden alle Lagerinsassen in Waggons eingeschlossen – ohne Nahrung und Wasser. Von der nahenden Ostfront wurden wir dann in zwei Transporten evakuiert. Ich kam nach Buchenwald, der zweite Transport wurde nach Sachsenhausen versandt.«[263]

Die Werksleitung des I. G. Farben-Werkes hatte sich selbstständig um zwei Transportzüge bemüht – nicht zuletzt, um sich im Moment des Vordringens der Alliierten auf deutschem Territorium der Verantwortung zu entziehen.[264] Der Transport von circa 500 Gefangenen nach Sachsenhausen dauerte mehrere Tage an.[265] Ein Teil der rückdeportierten Gefangenen kam anschließend in das Oranienburger Nebenlager in den Heinkel-Werken.[266] Circa 250 weitere Gefangene wurden nach Buchenwald weiterdeportiert.[267] Aufgrund der brutalen Transportbedingungen verstarb viele von ihnen unterwegs oder im Anschluss an die Deportation.[268]

Das Außenlager galt laut den Veränderungsmeldungen in Sachsenhausen zum 11. Februar als aufgelöst.[269] Der Rückbau der Anlagen dauerte allerdings noch bis zum 25. Februar an. Er erfolgte entsprechend den ALRZ-Weisungen, die vorsahen, Räumungsgut nach Dringlichkeitsstufen abzufahren und weitere Betriebsteile zu zerstören. Zwangsarbeiter hatten das Werk zu demontieren. 60 Waggons, die diese nach dem Rückbau zu beladen hatten, verließen daraufhin am 10. Februar den Standort, um die komplette Werksausrüstung in Bayern in unterirdischen Stollen einzulagern.[270] Die Werksleitung führte die Unterlagen der geheimen Anlage, insbesondere die Verträge zwischen der I. G. Farben und dem OKH, mit sich und hatte sie später in einem Fass vergraben lassen.[271] Kurz vor der Auflösung der Baustelle montierten

---

263 Aussage Szymon Aptowicz vom 8. 12. 1969, BArch ZStL, B 162/28382, Bl. 306-308; Ermittlungen der ZStL von 1968, Kopie in: GUMS, LAG XI/6; vgl. auch Weigelt, Briesen, S. 140.
264 Die Werksleitung versuchte sich in einem britischen Verhör 1945 mit dem Verweis auf die Bereitstellung eigener Transportzüge zu entlasten. Vgl. Schreiben J. E. von Klenck an Major Tilley vom 12. 4. 1946, in: PRO, FO 1031/97.
265 Aktennotiz der Arbeitsstatistik Sachsenhausen vom 7. 2. 1945, in: BArch ZStL h, B 162/28382, Bl. 78.
266 Vgl. Aussage Albert Lau vom 24. 4. 1946, Kopie in: GUMS, JSU 1/9 Bl. 119.
267 Vgl. Überstellungsliste Sachsenhausen-Buchenwald vom 7. 2. 1945, in: AA, Listenmaterial Buchenwald, Dok.-ID 4077443 bzw. 4076796.
268 Vgl. Teichmann, Geheim-Projekt, S. 67, Anm. 340.
269 Vgl. Veränderungsmeldungen des KL Sachsenhausen für das Jahr 1945, in: GUMS, JSU 1/101.
270 Vgl. J. E. von Klenck: Verschiedene Fragen: Pkt. 2, Geheimdokumente, Dustbin, 14. 9. 1945, in: PRO, FO 1031/97. Die Anordnung zur Aktenvernichtung ging vermutlich vom OKH aus. Vgl. Olaf Groehler: Der lautlose Tod, Berlin 1978, S. 269.
271 Nach dem Krieg wurde das Fass von den Alliierten gehoben. Der Inhalt des Fasses bildet heute den I. G. Farben-Bestand im Britischen Nationalarchiv in London, in: PRO, FO 1031/97.

die Angehörigen eines Kommandos aus 20 Sachsenhausener Häftlingen noch große Silber- und Platinplatten im Werk ab und versenkten sie in einem See. Die zum Rückbau zwangseingesetzten Männer wurden am 25. Februar nach Oranienburg zurückgebracht.[272]

Für das Außenlager in **Fürstenberg (Oder)** notierte die Lagerleitung in Sachsenhausen für den 29. Januar 1945 650 weibliche Gefangene.[273] Damit war die Zahl der Insassinnen ab November 1944, für die in der Lagerstatistik Sachsenhausens zwischen 45 und 50 Frauen vermerkt sind, stark angestiegen.[274] Die Kommandantur hatte das Außenlager zur Aufnahme weiblicher Gefangener aus sich in Auflösung befindlichen Konzentrationslagern genutzt. Aber auch Männer waren in diesem Außenlager interniert. Bei ihnen handelte es sich mehrheitlich um polnische Juden, die beim Bau eines Kraftwerks der Märkischen Elektrizitätswerk AG in Vogelsang Zwangsarbeit leisten mussten. Die weiblichen Gefangenen hatten für die Rheinmetall-Borsig AG und die Argus-Motorenwerke zu arbeiten.[275] Im Zuge der Räumung des westlichen Odergebiets wurde das Außenlager aufgelöst. Circa 150 männliche Juden trafen zwischen dem 18. und 20. Februar im Hauptlager ein. Aufgrund der späten Ankunft steht zu vermuten, dass sie von den Wachmännern des Außenlagers zu Fuß in das Hauptlager getrieben wurden. Unmittelbar nach Ankunft ermordete sie die Lager-SS in der »Station Z«.[276] Die weiblichen Insassen sind vermutlich nach Ravensbrück gebracht worden.[277]

Auch in **Glau** bei Trebbin, das circa 30 Kilometer südlich von Berlin im Kreis Teltow liegt, befand sich 1945 ein Außenlager. Gefangene hatten an diesem SS-Standort mit eigener Kommandantur Zwangsarbeit für die Waffen-SS zu leisten. Sie wurden unter anderem auf den Baustellen eingesetzt, die Kanalisations- und Straßenbauarbeiten sowie die Errichtung von Ausweichunterkünften für das SS-FHA umfassten. Jerzy Fiodorow hatte hingegen in einer Garage des SS-Fuhrparks der Standortkommandantur zu arbeiten. Für Fiodorow stellte die Zwangsarbeit in Glau eine Verbesserung seiner Internierungsbedingungen dar, nicht zuletzt weil die Unterkunftsbaracke eigene Pritschen für die Gefangenen, je zwei Decken und mehr Sauberkeit bot. Die Ernährung war besser und bei Flugalarm wurden die Gefangenen in Bunker getrieben, waren dem Bombardement also nicht direkt ausgesetzt.[278] Am Standort befand sich die SS-Artillerie-Meßschule I, eine starke Rundfunkstöranlage sowie ein Außenlager des Stalag III A Luckenwalde, in dem sowjetische Kriegsgefangene

272 Vgl. Hofmann, »Seewerk«, S. 315; Weigelt, Briesen, S. 140.
273 Vgl. Eintrag vom 29.1.1945, in den Veränderungsmeldungen des KL Sachsenhausen, in: GUMS, JSU 1/101.
274 Vgl. Eintrag vom Oktober und November 1944, in: ebd.
275 Vgl. Thomas Irmer: Fürstenberg (Oder), in: Benz, Ort des Terrors (Bd. 3), S. 177-180.
276 Vgl. Aussage Horst Hempel vom 30.8.1946, in: AS JSU 1/31; Aussage Horst Hempel vom 19.12.1946, Kopie in: GUMS, P4 Janzen, August 1/2, S. 14.
277 Vgl. Irmer, Fürstenberg (Oder), S. 179.
278 Vgl. Aussage Jerzy Fiodorow vom 19.11.1968, in: GUMS, LAG XI/10.

in einem »Sonderarbeitskommando zur Strafverbüßung für Kriegsgefangene« geführt wurden.[279] Laut der Listen der Sachsenhausener Kommandantur waren hier am 29. Januar auch 153 männliche Gefangene eingesetzt.[280] Auf ihren Befehl war die Mehrzahl von ihnen aus der Anfang Februar als besonders zu sichernden SS-Anlage nach Oranienburg zurückgebracht worden. Gerüchten zufolge hatte die Standortkommandantur zuvor noch erwogen, die Insassen zusammen mit den sowjetischen Gefangenen, die sich ebenfalls vor Ort befanden, zu erschießen. Laut Fiodorow stand die Entscheidung im Zusammenhang »mit der sich nähernden Front. Zur Erschießung der Gefangenen kam es jedoch nicht auf Grund einer anderen Entscheidung seitens des Lagerkommandanten in Sachsenhausen.«[281]

Das Lager in **Kolpin** im Kreis Beeskow-Storkow stellte zunächst ein Außenkommando des Außenlagers Bad Saarow dar und wurde ab Herbst 1944 als eigenständiges Außenlager Sachsenhausens geführt. Zwischen 350 und 400 Gefangene, unter ihnen Insassen deutscher, französischer und sowjetischer Herkunft, wurden zur Errichtung von Ausweichobjekten der Dienststelle »Canaris« später Amt »Mil.« des RSHA – also der militärischen Aufklärung – eingesetzt. Das Außenlager unterstand dem SS-Unterscharführer Karl Jüngling, der sich für eine Besserung der Existenzbedingungen der Gefangenen eingesetzt hatte. Jüngling verfolgte das Kriegsgeschehen genau und tauschte sich mit in der Lagerverwaltung eingesetzten Gefangenen diesbezüglich auch aus.[282] Die Wachmannschaft setzte sich hier mehrheitlich aus »volksdeutschen« Wachmännern zusammen. Die Auflösung des Lagers begann am 1. Februar. Die Mehrzahl der Gefangenen trieben die Wachmänner zu Fuß in das Hauptlager zurück. Transportführer war ein SS-Offizier namens Schäfer. Während des Fußmarsches kam es zu Erschießungen von Gefangenen, die nicht mehr weiterlaufen konnten und von einem hierfür am Ende mitgehenden Kommando ermordet wurden.[283] Wie viele Insassen anschließend am 13. Februar zusammen mit dem Lagerältesten, Georg Pfriem, nach Mauthausen-Ebensee weiterdeportiert wurden, kann nicht mehr geklärt werden. Am 12. Februar nahm die Kommandantur in Sachsenhausen das Außenlager aus seiner Statistik.[284] Nach der Räumung wurde sein Gelände als Flüchtlingslager genutzt.[285]

Auch **Spreenhagen** war zunächst ein Außenkommando Bad Saarows. Ab dem 8. Mai 1944 taucht es in der Lagerstatistik in Sachsenhausen als eigenständiges Außenlager auf. Zur Unterbringung wurde einige Wochen darauf ein Lastkahn verwendet, der im

---

279 Vgl. Andreas Weigelt: Glau, in Benz, Ort des Terrors (Bd. 3), S. 190-194.
280 Vgl. Veränderungsmeldungen, in: GUMS, JSU 1/101.
281 Aussage Jerzy Fiodorow vom 19.11.1968, in: AS LAG XI/10.
282 Vgl. Aussage Hans Heubach vom 28. 4.1969, in: BArch ZStL, B 162/9443, Bl. 109 f.; vgl. Bericht Karl Maldtor vom 27. 5.1945, in: ebd. Bl. 80.
283 Vgl. Aussage Hans Heubach vom 28. 4.1969, in: BArch ZStL, B 162/9443, Bl. 109 f.
284 Vgl. Vorläufiges Ermittlungsergebnis zu Kolpin vom 1969, in: BArch ZStL, B 162/9443, Bl. 96 f.; Andreas Weigelt: Kolpin, in: Benz, Ort des Terrors (Bd. 3), S. 218-220.
285 Vgl. Weigelt, Kolpin, S. 219.

Spreekanal vertäut und am Ufer von Stacheldraht umzäunt war. Am 20. Dezember 1944 waren für dieses Außenlager 133 Männer registriert worden. Sie hatten auf Baustellen zur Errichtung von SS-Behelfsheimen, die für die Umquartierung von luftkriegsgeschädigten SS-Familien vorgesehen waren, Zwangsarbeit zu leisten. Ab dem 10. Januar 1945 wurde Spreenhagen als Standort des Kommandos »c« der II. SS-Baubrigade-Berlin geführt, die Sachsenhausen unterstellt war. Der zentrale Standort dieser Baubrigade war Köpenick und einfach über den Oder-Spree-Kanal zu erreichen.[286] Berichten zufolge ist ein Teil der Gefangenen am 12. Februar von der Wachmannschaft über Bad Saarow zu Fuß in das Oranienburger Hauptlager getrieben worden.[287]

Im Außenlager in **Storkow**, das ab März 1944 als selbstständiges Außenlager geführt wurde, waren Insassen aus Sachsenhausen u. a. zum Bau einer Ausweichdienststelle für das Amt D XV II des SS-WHHA zur Zwangsarbeit eingesetzt.[288] Auch das SS-Personalhauptamt verfügte hier über eine Ausweichstelle, die 1945 neben der in Müncheberg so lange aufrechtzuerhalten war, wie die Lage es ermöglichte.[289] Ende 1944 waren dort 69 Gefangene tätig. Im Januar 1945 wurden sie vermutlich erneut im Außenlager in Bad Saarow untergebracht und später zurück in das Hauptlager rückdeportiert. Der Kommando- und SS-Unterscharführer in Storkow, Karl Schlote, blieb zumindest noch bis zum 2. Februar 1945 in dieser Funktion. Ab Anfang Februar stellte Storkow einen zentralen Stützpunkt für Alarmeinheiten des SS-FHA dar.[290] Auf dem Gut Stuttgarten in Storkow bezog der Kommandeur der Ordnungspolizei (KdO) zur Koordination der Ordnungspolizei in diesem Gebiet Quartier.[291] Die Bauarbeiten wurden hingegen eingestellt und die dort eingesetzten Gefangenen anderweitig zur Zwangsarbeit eingesetzt.

Nördlich in unmittelbarer Nähe zu Müncheberg und westlich des Oderabschnitts, an den das Küstriner Vorland anschloss, befand sich das Außenlager **Trebnitz** im Kreis Seelow. Für dieses Sachsenhausener Nebenlager waren Ende 1944 264 Gefangene registriert, die ebenfalls auf Baustellen eingesetzt waren.[292] Sie hatten auch hier eine Ausweichstelle der SS/Polizei zu errichten, zu der auch die Einrichtung eines Lagers und eines Gefängnisses gehörte. Vermutlich taten sie dies zusammen mit jüdischen Gefangenen, die im nahen Wulkow in einem Zwangslager interniert waren, das verwaltungstechnisch jedoch zu Theresienstadt gehörte und damit 1945 Adolf Eichmann unterstellt war.[293] Disziplinarisch unterstand es aber auch Sachsenhausen. So wurden

---

286 Vgl. Karola Fings: Berlin-Müggelheim (SS-Baubrigade II), in: Benz, Ort des Terrors (Bd. 3), S. 110 f.
287 Vgl. Andreas Weigelt: Spreenhagen, in: Benz, Ort des Terrors (Bd. 3), S. 272 f.
288 Vgl. Andreas Weigelt: Storkow, in: Benz, Ort des Terrors (Bd. 3), S. 274 f.
289 Vgl. Entwurf Befehl des Chefs des SS-Personalhauptamtes, Maximilian von Herff, vom 6. 2. 1945, in: BArch B, NS 34/20.
290 Vgl. Weigelt, Storkow, S. 274.
291 Vgl. der BdO im Stab des HSSPF »Spree« vom 6. 3. 1945, in: BLHA, Rep 61 A, NSDAP, 574.
292 Vgl. Andreas Weigelt: Trebnitz, in: Benz, Ort des Terrors (Bd. 3), S. 279-281, hier S. 281.
293 Vgl. ebd., S. 280.

beispielsweise Gefangene, die vom Lagerkommandanten Franz Stuschka beschuldigt wurden, Vergehen begangen zu haben, nach Sachsenhausen überstellt.[294] Anfang Februar löste die SS beide Zwangslager auf. Die Insassen aus Sachsenhausen wurden in das Hauptlager zurück- und im Heinkel-Werk untergebracht.[295] Die aus Theresienstadt hierhin zur Zwangsarbeit Deportierten, bei denen es sich am 2. Februar um 198 Männer und 17 Frauen handelte, trieben SS-Männer per Fuß zum Bahnhof, der etwa 1,5 km westlich von Wulkow lag. In vier Güterwaggons gesperrt, wurden sie in Begleitung von sieben bis acht Wachmännern nach Theresienstadt rückdeportiert, wo sie in der Nacht vom 10. zum 11. Februar ankamen. Ein fünfter Waggon enthielt Material, Proviant und Akten.[296] Am 12. Februar wurde das Außenlager in Sachsenhausen aus der Lagerstatistik genommen.[297]

Für das Außenlager **Lieberose**, das zum Zwangsarbeitseinsatz von vor allem jüdischen Deportierten für das SS-FHA zum Bau des Truppenübungsplatzes »Kurmark« eingerichtet worden war, erging am 31. Januar beim Kommandoführer erstmalig der Befehl zur Räumung.[298] Das anschließende Evakuierungs- und Auflösungsprozedere von Lieberose dauerte daraufhin bis Mitte Februar an und sollte der Kommandantur in Sachsenhausen als beispielhaft für kommende Räumungen dienen. Ende Januar 1945 hatten sich in Lieberose 3.504 männliche Insassen befunden. Bei der Mehrzahl von ihnen handelte es sich um aus Ungarn und Polen deportierte jüdische Männer.[299] Unter den Gefangenen waren auch circa 1.200 Kranke, die sich in den von der SS euphemistisch als »Schonungsblocks« bezeichneten Baracken des Krankenreviers befanden.[300] Das Außenlager lag in der Nähe zu dem sich seit 1943 in Errichtung befindlichen Truppenübungsplatz der Waffen-SS »Kurmark«. Dieser unterstand dem Kommandanten des Truppenübungsplatzes und SS-Standartenführer, Alexander Fick, der auch die Funktion des SS-Standortältesten bekleidete. Die Standortkommandantur war dem SS-FHA in Berlin unterstellt und befand sich ungefähr fünf Kilometer von der Kleinstadt Lieberose entfernt in Jamlitz,[301] das über einen Bahnhof verfügte. Auf der Baustelle des Truppenübungsplatzes wurden auch osteuropäische Zwangsarbeiter eingesetzt, und ebenso wie die männlichen Insassen in Lieberose, die Sachsenhausen verwaltungstechnisch zugeordnet waren, wurden sie zu Bau- oder Rodungsarbeiten gezwungen.

---

294 Vgl. Urteil des LG Wien Vg Vr 6995/46 vom 17.12.1949, in: Dokumentationsarchiv des österreichischen Widerstands (DÖW), 956/1-25.
295 Vgl. Weigelt, Trebnitz, S. 281.
296 Vgl. Urteil des LG Wien Vg Vr 6995/46 vom 17.12.1949, in: DÖW, 956/1-25.
297 Vgl. Weigelt, Trebnitz, S. 281.
298 Vgl. Aussage Hermann Simon vom 11.9.1961, in: BArch ZStL, B162/3926, Bl. 4-11, hier Bl. 7.
299 Vgl. Weigelt, Judenmord, S. 282.
300 Vgl. Andreas Weigelt: »Die Juden sollen zittern!« Zur Geschichte des jüdischen »Arbeitslagers Lieberose« 1943-1945 in Jamlitz, einem Außenlager des KZ-Sachsenhausen sowie zur gleichnamigen Wanderausstellung (1998), in: Gedenkstätten-Rundbrief 82 (1998), S. 14-20, hier S. 17.
301 Vgl. Weigelt, Judenmord, S. 19 f.

Die Leitung des Außenlagers hatte der SS-Hauptscharführer Wilhelm Kersten inne.[302] Kersten erhielt seine Weisungen sowohl von der Kommandantur in Sachsenhausen als auch von der SS-Zentralbauleitung »Kurmark«, die ebenfalls dem SS-FHA in Berlin unterstellt war. Deren Leitungsposition bekleidete der SS-Obersturmbannführer Heinrich Köhlinger der über die Anzahl und den Zwangsarbeitseinsatz der Gefangenen verfügte.[303] Bewacht wurden die Zwangsarbeiter allerdings vom SS-Wachbataillon 4 »Kurmark«. Das Wachbataillon bestand aus schätzungsweise 120 Wachmännern und unterstand dem Standortkommandeur Fick.[304] Darüber hinaus galt dieses Außenlager innerhalb der Amtsgruppe D im SS-WVHA seit 1944 als explizites »Judenlager« mit direkter Verbindung nach Auschwitz.[305] Da Deportationszüge auch direkt von dort – und nicht über Oranienburg – in Lieberose-Jamlitz eintrafen, verfügte das Außenlager zur Registrierung der Neuzugänge temporär über eine eigene Politische Abteilung.[306] In Lieberose befand sich zudem eine Außenstelle der Gestapo, die Frankfurt (Oder) zugeordnet war.[307] Im Hinblick auf Sachsenhausen stellte Lieberose das zweitgrößte Außenlager sowie eines derer mit den brutalsten Bedingungen dar.[308] Misshandlungen und Gewaltexzesse vonseiten der SS gehörten für die Insassen zum Alltag und blieben auch der Umgebungsgesellschaft nicht verborgen.[309]

Aus Sicht der Amtsgruppe D des SS-WVHA galt dieses in Odernähe befindliche Außenlager im Januar 1945 als durch die vorrückenden Verbände der Roten Armee möglicherweise »gefährdet«. Sowohl die Amtsgruppe D als auch die Kommandantur des Hauptlagers in Oranienburg, denen die Gefangenen zugeordnet waren, hatten daher den Befehl erteilt, Vorbereitungen zu treffen.[310] Als am 31. Januar 1945 der Räumungsbefehl erging, erteilte Kersten daraufhin Weisungen zum Ablauf der Außenlageraufgabe.[311] Westlich der Oder gelegen und damit noch nicht unmittelbar vom Vordringen sowjetischer Einheiten betroffen, stand die Auflösung des Außenlagers im Zusammenhang mit dem »Scharnhorst«-Alarm – also der Ausgabe des Mobilisierungsstichwortes. Grund hierfür war die räumliche Nähe zu den als kriegswichtig erachteten Einrichtungen der Waffen-SS. Das Gelände des Truppenübungsplatzes wurde ab dem 26. Januar 1945 zur Rekrutierung und Neuaufstellung von militärischen Verbänden genutzt, die unter dem Oberbefehl der Heeresgruppe »Weichsel« an der Oderfront eingesetzt werden sollten. Ab dem 1. Februar galt der Truppenübungsplatz als Sammel-

302 Zur Entstehung des Außenlagers vgl. ebd., S. 24 f.
303 Vgl. ebd., S. 31.
304 Vgl. ebd., S. 115-119.
305 Vgl. ebd., S. 50 f.
306 Vgl. Aussage Arno Seipel vom 28. 5. 1962, in: BArch ZStL, B 162/1907.
307 Vgl. Weigelt, Judenmord, S. 129.
308 Vgl. Kaienburg, Sachsenhausen, S. 362.
309 Vgl. Weigelt, Judenmord, S. 125-129.
310 Vgl. Urteilsschrift des LG Fulda vom 5. 11. 1967, Kopie in: IPN, BU 2586 7 90, S. 9.
311 Vgl. ebd., S. 10.

und Aufstellungslager von für die Oderfront mobilisierten SS/Polizei-Angehörigen.[312] Zur Unterbringung der Rekruten vorgesehen, wurde an der Auflösung des Außenlagers daher auch festgehalten, als sich die deutsche Front an der Oder am 1. Februar zu festigen begann und der Räumungsbefehl für den SS-Standort Oranienburg tags darauf zurückgenommen wurde.

Erste Gefangenenrückdeportationen aus Lieberose in das Hauptlager setzten, wie Hermann Simon beobachtete, bereits am 31. Januar ein. Eine kleine Gruppe – Simon schätzt 20 bis 30 Mann – wurde per LKW weggefahren.[313] Simon war 1942 von der Gestapo in Hamburg verhaftet und in Sachsenhausen eingeliefert worden. Nach seinem Zwangsarbeitseinsatz in der Rüstungsindustrie in Falkensee kam er nach Lieberose. Dort musste er in der Schreibstube des dortigen Arbeitseinsatzleiters arbeiten.[314] Diese Abteilung war für die Beschaffung der Transportmittel verantwortlich. So gelang Simon, konkrete Einblicke in die Deportationen zu erhalten. Unter den auf dem LKW Abtransportierten befanden sich die zuvor als »Blockälteste« eingesetzten Männer Alfred Burstein, Richard Pristawik und Arno Seipel – unter anderem gegen diese »Politischen« richtete Kesten, wie Seipel beschreibt, seine Willkür, behielt sie besonders im Auge und »schob« sie als erste in das Hauptlager ab.[315]

Auch der aus Norwegen stammende Aage Rolén wurde mit dem LKW weggebracht. Dabei waren ihm von dem SS-Blockführer in Lieberose, Wilhelm Peter, noch seine Lederstiefel abgenommen worden. Peter gab sie daraufhin einem Gefangenen, der den anstehenden Transport nach Sachsenhausen zu Fuß antreten sollte.[316] Ebenfalls als »politisch unzuverlässig« oder als »Geheimnisträger« in Lieberose erachtet, sollte auch Gunther Lys mit dem LKW zurück in das Hauptlager gebracht werden. Lys war 1941 wegen defätistischer Äußerungen von der Gestapo nach Sachsenhausen verschleppt worden. Dort teilte ihn die Abteilung »Arbeitseinsatz« in einem DAW-Baukommando zur Zwangsarbeit ein. 1944 wurde Lys nach Lieberose überstellt und war im Revier eingesetzt. Am 31. Januar 1945 weigerte er sich, auf dem LKW in das Hauptlager zurückzukehren – mit der Begründung, er könne die Kranken nicht allein zurücklassen.[317]

Am 1. Februar wurden darüber hinaus mehrere hundert Kranke per Zug abtransportiert.[318] Die als »marschunfähig« erachteten Männer deportierte das Wachpersonal

312 Vgl. Michaelis, Division, S. 15.
313 Vgl. Aussage Hermann Simon vom 11.9.1961, in: BArch ZStL, B162/3926, S. 7.
314 Vgl. ebd., S. 5.
315 Vgl. Bericht Arno Seipel vom 1945, in: GARF, 7021/115/31, S. 56 f.; vgl. auch Weigelt, Judenmord, S. 275.
316 Vgl. Weigelt, Judenmord, S. 275.
317 Vgl. Gunther Lys: Geheimes Leid – Geheimer Kampf. Ein Bericht über das Außenlager Lieberose des KZ Sachsenhausen, hg. von Andreas Weigelt, Berlin 2007, S. 197 f.
318 Herbert Simon schätzt die Anzahl auf 600 Gefangene, vgl. Aussage Hermann Simon vom 11.9.1961, in: BArch ZStL, B162/3926, S. 4-11, hier S. 7. Andreas Weigelt ermittelt, dass die Zahl der per Zug Abtransportierten zwischen 300 und 418 liegen müsse. Vgl. Weigelt, Judenmord, S. 282.

vom Bahnhof in Jamlitz über Falkensee nach Oranienburg-Sachsenhausen.[319] Hinzu kamen jüdische Jugendliche im Alter von 13 bis 18 Jahren, die vor allem ungarischer und griechischer Herkunft waren. Um die Anzahl der zu Fuß in das Hauptlager zurückzubringenden Gefangenen zu verringern, wurden die jugendlichen Insassen ebenfalls mit dem Zug nach Sachsenhausen gebracht, obwohl sich einige »marschbereit« gemeldet hatten. Aufgrund ihrer zuvor in Auschwitz gemachten Erfahrungen wehrten sie sich gegen die Mitführung auf dem Krankentransport – allerdings ohne Erfolg.[320] Der Lokführer der Reichsbahn, Oswald Just, hatte den Deportationszug an diesem Tag auf der Strecke Beeskow-Königs Wusterhausen zu fahren. Die kurze Eisenbahnstrecke war zu diesem Zeitpunkt vor allem für Truppen- und Munitionstransporte an die Ostfront und damit in die entgegengesetzte Richtung vorgesehen, so dass in jedem Bahnhof rangiert werden musste. Daher bekam Just die Situation in den Waggons sehr genau mit:

> »Als ich abends zum Dienst ging, hörte ich schon [aus] ca. 150 Meter ein furchtbares Gejammer wie ›Hilfe, Hilfe, ich will leben und habe Hunger, ich habe Durst, ich muß sterben, wir wollen heraus, wir wollen einen Arzt!‹ – usw. Als ich meinen Zug aufschrieb und an die Judenwagen kam, baten sie flehentlich um Wasser und Brot, sie hielten mir ihre Wassergefäße hin. Als ich ihnen Wasser geben wollte, hielten mir die SS-Leute die Maschinenpistole vor die Brust und drohten mit Erschießung […]. Es war jammervoll, den ganzen Weg mit Juden zu rangieren. Zuletzt hörte man nur noch leises Winseln, der Kot drang an der Seite zur Tür immer nur so hinaus. Es waren drei gedeckte und vier offene Wagen, die von oben mit Stacheldraht verdichtet waren.«[321]

Von Königs Wusterhausen fuhr der Todeszug weiter nach Oranienburg-Sachsenhausen, wo er am 4. Februar 1945 mit vielen Leichen ankam.[322]

Die Fußmarsch der mehr als 1.700 Gefangenen,[323] die von der SS in Lieberose als kräftig genug erachtet worden waren, um zu Fuß nach Oranienburg-Sachsenhausen zu laufen, begann am 2. Februar.[324] Aufgrund der brutalen Vorgehensweise der für die Rückdeportation der mehrheitlich jüdischen Gefangenen Verantwortlichen stellt

---

319 Vgl. Weigelt, »Die Juden«, S. 17; ders., Judenmord, S. 280-284.
320 Vgl. Weigelt, Judenmord, S. 276 f.; vgl. auch Aussage Benjamin Dorembus vom 15. 2. 1948, in: Jamlitz-Archiv, KZ JD 33, Bl. 131, zit. n. ebd., S. 275.
321 Brief Oswald Just vom 14. 11. 1959, in: BArch BStU, RHE-15-71-DDR, T 3a und 4, Bl. 165, zit. n. ebd., S. 283.
322 Vgl. Weigelt, Judenmord, S. 283 f.
323 Herbert Simon schätzt die Zahl der auf den Todesmarsch Gezwungenen auf 1.800, vgl. Aussage Hermann Simon vom 11. 9. 1961, in: BArch ZStL, B162/3926, Bl. 4-11, hier Bl. 7. Andreas Weigelt ermittelt, dass zwischen 1.791 und 1.819 Gefangene zu Fuß nach Sachsenhausen getrieben wurden. Vgl. Weigelt, Judenmord, S. 282.
324 Vgl. Aussage Hermann Simon vom 11. 9. 1961, in: BArch ZStL, B162/3926, Bl. 7.

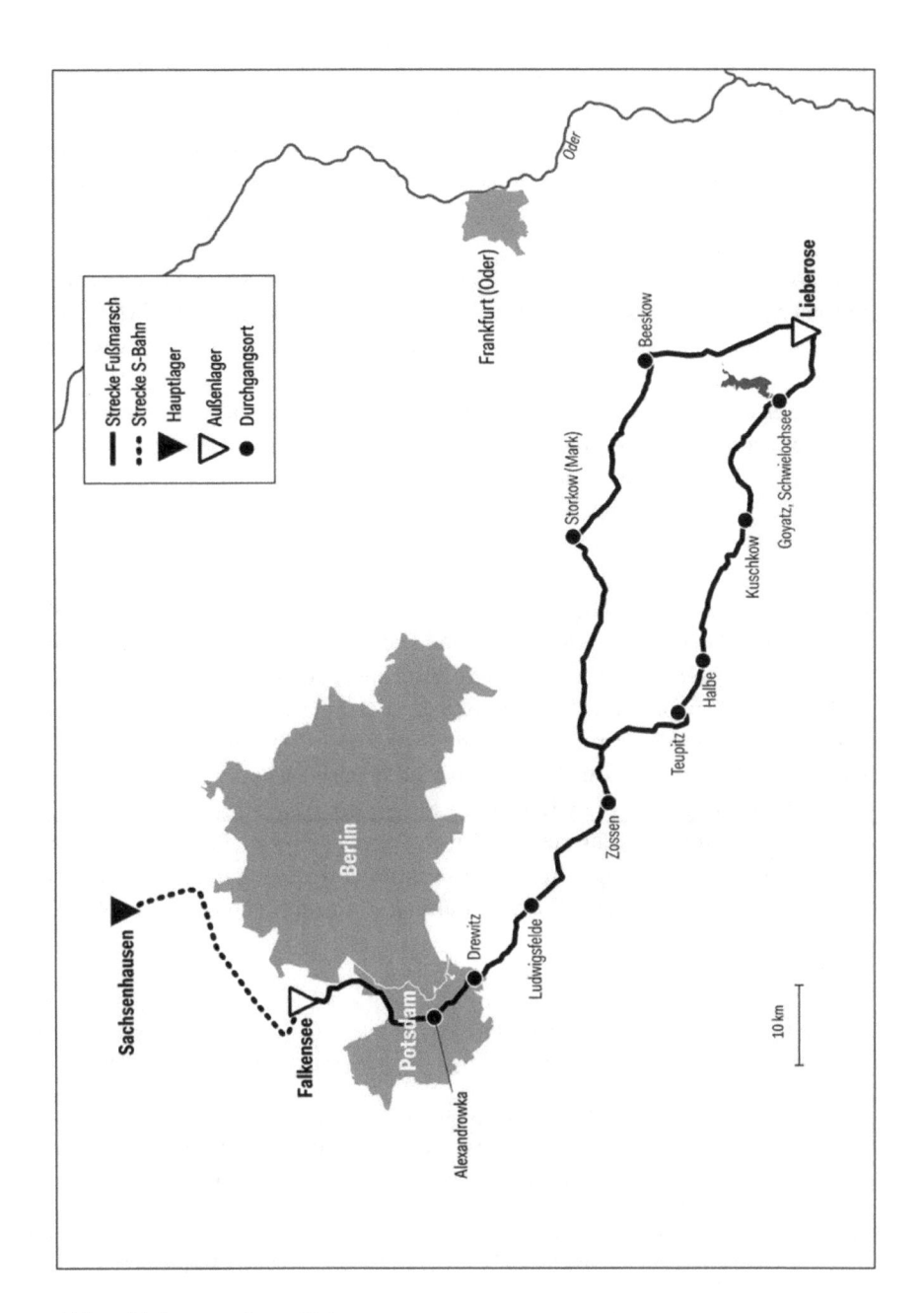

Abb. 3: Todesmarsch aus Lieberose

diese Deportation den ersten großen Gewaltmarsch im Komplex Sachsenhausen dar.[325] Der Kommandantur sollte er im April 1945 als beispielhaft für die Evakuierung des SS-Standortes Oranienburg und die Weiterverschleppung der Insass:innen dienen. Hierfür hatte der an der Spitze des Gewaltmarsches von Kersten eingesetzte SS-Blockführer, Wilhelm Peter, nach Ankunft in Oranienburg und »mit Hilfe eines Rapportschreibers des Schutzhaftlagers Sachsenhausen« einen Bericht für die Amtsgruppe D anzufertigen.[326]

Rekonstruiert werden kann, dass der vom Wachbataillon »Kurmark« bewachte Gefangenenzug, der Lieberose am 2. Februar zu Fuß zu verlassen hatte und westlich um Berlin herum verlief, die Gefangenenkolonne, die sich bis auf einen Kilometer Länge erstreckte,[327] nach Falkensee führte.[328] Um die Wege für das Militär und deren Nachschub freizuhalten, das auf Hauptstraßen ostwärts drängte, trieb das Wachpersonal die Deportierten über Nebenwege. Nach sechs Tagen hatten die Gefangenen mit dem Außenlager Falkensee das vorgegebene erste Ziel erreicht. Hier erhielten sie zum ersten Mal warme Nahrung. Bevor es am nächsten Tag weitergehen sollte, wurden die jüdischen von den nicht-jüdischen Gefangenen über Nacht getrennt im Außenlager untergebracht – was einige männliche Gefangene des Außenlagers trotzdem nicht davon abhielt, auch den völlig erschöpften jüdischen Männern Hilfe zu leisten und sie zu versorgen. Auch von Feindschaft gegenüber den Neuankömmlingen, die als Juden zu erkennen waren, wird berichtet.[329] Von Falkensee aus wurde der Transport nicht mehr geschlossen fortgeführt. Den Großteil der Gefangenen deportierten die Wachmannschaften von Spandau aus weiter per S-Bahn nach Oranienburg.[330] Eine Gruppe von etwa 50 Gefangenen wurde zudem per LKW nach Sachsenhausen gebracht.[331]

Für die Gefangenen, die wie Herbert Simon die erste Strecke nach Falkensee hatten laufen müssen, dauerte die Verschleppungsodyssee über eine Woche.[332] Simon hatte das Außenlager in Lieberose als einer der Letzten verlassen und sich auch die gesamte Zeit am Ende des Gewaltmarsches aufgehalten. Hier beobachtete

---

325 Vgl. Weigelt, Judenmord, S. 286-333.
326 Aussage Horst Hempel vom 19.12.1946, in: GUMS, P 4 Janzen, August 1/2, S. 13; Urteilsschrift des LG Fulda vom 5.11.1967, Kopie in: IPN, BU 2586 7 90, S. 13 f. Laut Monika Knop und Monika Schmidt bestimmte dieser Bericht das Vorgehen der folgenden Räumungen in Sachsenhausen. Vgl. Knop/Schmidt, Sachsenhausen, S. 22.
327 Vgl. Urteilsschrift des LG Fulda vom 5.11.1967, Kopie in: IPN, BU 2586/790, hier S. 10.
328 Vgl. Aussage Otto Kriesche vom 11.10.1961, in: BArch ZStL, B162/3926, Bl. 12-14; vgl. Urteilsschrift des LG Fulda vom 5.11.1967, Kopie in: IPN, BU 2586/790, S. 12-16.
329 Vgl. Weigelt, Judenmord, S. 298 f.
330 Vgl. Aussage Benjamin Dorembus vom 8.4.1964, in: BArch ZStL, B162/3926, Bl. 114 f.; Aussage Jakob Gutrajch vom 30.4.1964, in: ebd., Bl. 119 f.; Aussage Gerschon Gelkop vom 10.5.1964, in: ebd., Bl. 131 f.
331 Vgl. Weigelt, Judenmord, S. 300.
332 Vgl. Aussage Hermann Simon vom 11.9.1961, in: BArch ZStL, B162/3926, Bl. 7. Andreas Weigelt hat hingegen ermittelt, dass die Gefangenen am 9. Februar in Oranienburg-Sachsenhausen eintrafen. Vgl. Weigelt, »Die Juden«, S. 17.

er das die Todesmärsche der KL-Räumungen kennzeichnende Mordgeschehen aus nächster Nähe. Zurückfallende Gefangene, die – körperlich durch den Zwangsarbeitseinsatz und die Mangelversorgung immens geschwächt – bereits am ersten Tag zusammenbrachen und nicht weiterlaufen konnten, wurden von einem Nachkommando erschossen und vergraben, das dem Blockführer und SS-Rottenführer Erich Schemel unterstand.[333]

Auch der »Lagerälteste« Otto Kriesche – seit 1939 in Sachsenhausen inhaftiert und seit Sommer 1944 in Lieberose – war während des gesamten Transportes zugegen. Kriesche hatte vom Transportführer den Auftrag erhalten, die Verantwortung über die Häftlinge zu übernehmen und entsprechend seinem vorherigen – gegen jüdische Insassen auch gewaltsamen[334] – Einsatz in der Lagerverwaltung nun als »Transportältester« zu fungieren.[335] Hierfür erhielt er eine weiße Binde am Arm mit dem Aufdruck »LÄ« sowie einen Stahlhelm.[336] Selbst nicht beim Transport zugegen, hatte der Kommandoführer in Lieberose, Kersten, den SS-Unterscharführer Paul Jendrek zum »Transportführer« ernannt.[337] Jendrek war in Lieberose als Rapportführer tätig und wurde auf dem Gefangenentransport von den Blockführern Wilhelm Peter, Gerhard Lehmann, Paul Liebchen, Georg Neugebauer, Hans Zöller und Erich Schemel unterstützt. Lehmann, Neugebauer und weitere SS-Männer waren erst einige Tage später per Fahrrad zum Gewaltmarsch dazu gestoßen.[338] Kersten teilte Zöller als »Quartiermacher« ein, der für die nächtliche Unterbringung zu sorgen hatte.[339] Im Hinblick auf das Sicherheitsregime der SS/Polizei waren die Gefangenen, über Nacht in Gebäuden eingesperrt, leichter zu bewachen.[340] Als »Spitzenkommando« eingesetzt, befand sich der SS-Unterscharführer Peter am Anfang des Gefangenenzuges und hatte die Wege zu erkunden.[341] Liebchen galt als »Begleiter« und Schemel als »Einweiser« der Gefangenenkolonne. Richard Kort wurde von Kersten eben-

---

333 Vgl. Aussage Hermann Simon vom 11.9.1961, in: BArch ZStL, B162/3926, Bl. 7; Weigelt, »Die Juden«, S. 17.
334 Vgl. Weigelt, Judenmord, S. 299.
335 Vgl. Aussage Otto Kriesche vom 11.10.1961, in: BArch ZStL, B162/3926, Bl. 12.
336 Vgl. Weigelt, Judenmord, S. 288.
337 Vgl. Aussage Hermann Simon vom 11.9.1961, in: BArch ZStL, B162/3926; Aussage Otto Kriesche vom 11.10.1961, in: ebd., Bl. 12; vgl. Urteilsschrift des LG Fulda vom 5.11.1967, Kopie in: IPN, BU 2586 7 90, Bl. 10.
338 Vgl. Aussage Jakob Kurz vom 30.4.1964, in: BArch ZStL, B162/3926, Bl. 120 f.; Aussage Abraham Schmidt vom 4.5.1964, in: ebd., Bl. 127 f.; Aussage Hermann Simon vom 10.7.1964, in: BArch ZStL, B 162/21249, S. 13; Weigelt, Judenmord, S. 289.
339 Vgl. Urteilsschrift des LG Fulda vom 5.11.1967, Kopie in: IPN, BU 2586 7 90, S. 10; Weigelt, Judenmord, S. 286.
340 Vgl. Janine Fubel und Alexandra Klei: »Their turn came the next day.« In-between Spaces of the Holocaust and its Photographical Representation, in: New Microhistorical Approaches to an Integrated History of the Holocaust, hg. von Frédéric Bonnesoeur, Hannah Wilson und Christin Zühlke, Berlin 2023, S. 105-123.
341 Vgl. Urteilsschrift des LG Fulda vom 5.11.1967, Kopie in: IPN, BU 2586 7 90, S. 10.

falls als »Einweiser« sowie als Koch eingeteilt.[342] Kersten setzte Schemel zudem als »Schlußkommando« ein.[343]

Die SS-Männer waren mit Maschinenpistolen bewaffnet und mehrheitlich mit Fahrrädern ausgestattet. Die restlichen Angehörigen der Wachmannschaft verfügten über Karabiner und in einigen Fällen ebenfalls über Maschinenpistolen. Bewacht wurde der Transport von circa 30 bis 50 meist älteren Wachmännern. Unter ihnen befanden sich viele aus Ungarn stammende »Volksdeutsche«.[344] Die Sprachkenntnisse der bei der Bewachung in Lieberose eingesetzten ungarischen Wachmänner waren für das SS-Lagerregime von Nutzen, denn bei dem Großteil der im Sommer 1944 dorthin Deportierten handelte es sich um ungarische Juden. Eine große Zahl der Verschleppten kam, ebenfalls als Juden verfolgt, auch aus Polen.[345]

Als es in der Latrine still geworden und die letzte Gruppe Gefangene zum Ausmarsch aus dem Lieberoser Lager angetreten war, kam Jakob Kurz – ein aus Polen stammender jüdischer Junge – aus seinem Versteck und reihte sich in die Gruppe ein. Er hatte sich im Latrinenbereich verborgen gehalten, um den Selektionen und dem daran anschließenden Krankentransport zu entgehen. Er verließ das Außenlager mit dem Gewaltmarsch daraufhin als einer der Letzten und ohne eine Verpflegungsration erhalten zu haben.[346] Am Ausgang des Außenlagerkomplexes stand Kersten und trieb die Gefangenen mit Gewalt auf die Straße. Das Lagerpersonal schrie und trieb die Deportierten ebenfalls brutal voran. Zum Einsatz kamen hierbei auch Peitschen und Ledergerten.[347] Wie Kurz und auch der aus Łódź stammende Gerschon Gelkop nach dem Krieg aussagten, ritten einige SS-Führer, unter ihnen Schemel, den Gefangenenzug die ersten Tage auch noch zu Pferd ab[348] – ein Bild, das an die Gewaltmärsche erinnert, mit denen hunderttausende sowjetische Kriegsgefangene vor allem im Spätsommer und Herbst 1941 in deutsche Gefangenschaft laufen mussten.[349] Das Wachpersonal führte darüber hinaus auch Hunde bei sich.[350] »Wie Vieh,« so

342 Vgl. Weigelt, Judenmord, S. 286.
343 Vgl. Urteilsschrift des LG Fulda vom 5. 11. 1967, Kopie in: IPN, BU 2586 7 90, S. 10.
344 Zu Bewachung des Marsches vgl. Zwischenbericht No. 1 der Untersuchungsstelle für NS-Gewaltverbrechen beim Landesstab der Polizei, Tel Aviv 7. 6. 1964, in: BArch ZStL, B162/3926, Bl. 64-70, hier Bl. 66; Aussage Jakob Gutrajch von 30. 4. 1964, in: ebd., Bl. 119 f.; Weigelt, »Die Juden«, S. 17; ders., Judenmord, S. 287.
345 Zur Herkunft der in Lieberose zur Zwangsarbeit eingesetzten Gefangenen vgl. Weigelt, Judenmord, S. 55-73.
346 Vgl. Aussage Jakob Kurz vom 30. 4. 1964, in: BArch ZStL, B162/3926, Bl. 120 f.
347 Vgl. Weigelt, Judenmord, S. 293 f.
348 Vgl. Aussage Gerschon Gelkop vom 10. 5. 1964, in: BArch ZStL, B162/3926, Bl. 131; Aussage Jakob Kurz vom 30. 4. 1964, in: ebd., Bl. 121.
349 Vgl. exempl. berittene Posten eines Kriegsgefangenensammellagers in Minsk am 5. 7. 1941, in: Bundesarchiv, Bildarchiv 146-1975-081-21. Online unter: https://www.bild.bundesarchiv.de/dba/de/search/?yearfrom=1941&yearto=1944&query=sowjetische+kriegsgefangene&page=4 (letzter Zugriff am 22. 9. 2024).
350 Vgl. Weigelt, Judenmord, S. 294.

berichtete es eine Anwohnerin, wurde der Gefangenenzug, dem die beiden Minderjährigen angehörten, von den SS-Führern zusammen- und weitergetrieben.[351] Später nutze Schemel auch ein Motorrad, um den Gewaltmarsch abzufahren. Immer wieder griff er hierbei Kranke auf, die nicht mehr weiterlaufen konnten, und erschoss sie.[352]

Über Nacht mussten die Verschleppten im Freien campieren oder wurden in Scheunen, leeren Baracken, Bootshäusern oder sonstigen Gebäuden untergebracht, die zwar unbeheizt waren, aber zumindest Schutz vor Regen und Schnee boten.[353] Die Gefangenen, die das Tempo tagsüber nicht halten konnten, unterwegs zusammenbrachen oder nach dem Nachtlager nicht mehr aufstehen konnten, erschoss das Wachpersonal. Kam es vor, dass Gefangene sich in der Nähe der Scheunen, in denen sie mancherorts zusammengepfercht worden waren, etwas Essbares suchten und dabei ertappt wurden, ermordeten sie die SS-Männer ebenfalls.[354] Den ganzen Transport über waren Schüsse zu hören.[355] Krieische erfasste unterwegs etwa 38 Morde.[356] Simon, der sich am Ende der Kolonne aufhielt, zählte hingegen allein 60 Erschossene durch das »Schlusskommando« Schemels, das »auf dem Evakuierungsmarsch sozusagen die Nachhut [bildete]«.[357] Israelischen Ermittlungen zufolge galt er als der »aktivste SS-Funktionär während des Marsches.«[358]

Der Gefangenenzug bewegte sich durch die ländlichen Gegenden Brandenburgs, passierte aber auch Städte. Dem Sicherheitsregime der SS/Polizei folgend, wurden sowjetische Gefangene oder »Blockälteste«, die als »Politische« in der Kartei geführt wurden und dementsprechend als »unzuverlässig« galten, dabei in der Mitte des Gewaltmarschs abtransportierte.[359] Als Gefangene unterwegs am Potsdamer Güterbahnhof bei einer Ausgabestelle für Wehrmachtsverpflegung versucht hatten, an Essen zu gelangen, reagierte das Wachpersonal mit Erschießungen.[360] Dass

---

351 Aussage der Anwohnerin Erika Menze, in: Damals war ich erst siebzehn. Erika Menze, Groß Wasserburg, erlebt die Kesselschlacht von Halbe und erinnert sich, Teil 2, in: Lausitzer Rundschau vom 8. 4. 1994, zit. n. Weigelt, Judenmord, S. 306.
352 Vgl. Zwischenbericht No. 1 der Untersuchungsstelle für NS-Gewaltverbrechen, Tel Aviv 7. 6. 1964, in: BArch ZStL, B162/3926, Bl. 66.
353 Zu dieser Zeit regnete es fast täglich. Vgl. Weigelt, »Die Juden«, S. 17.
354 Vgl. Aussage Jakob Kurz vom 30. 4. 1964, in: BArch ZStL, B162/3926, Bl. 121; Aussage Chaim Piotrkowski vom 30. 4. 1964, in: ebd., Bl. 122.
355 Vgl. Aussage Chaim Piotrkowski vom 30. 4. 1964, in: ebd., Bl. 124; Aussage Abraham Schmidt vom 4. 5. 1964, in: ebd., Bl. 127 f.; Aussage Jakob Kurz vom 30. 4. 1964, in: ebd., Bl. 121.
356 Vgl. Aussage Otto Krieische vom 11. 10. 1961, in: ebd., Bl. 14.
357 Aussage Herbert Simon vom 18. 8. 1961, in: ebd., Bl. 8; Aussage Michal Dachan vom 18. 11. 1961, in: ebd., Bl. 18 f. u. 21; Aussage Gerschon Gelkop vom 10. 5. 1964, in: ebd., Bl. 131 f.
358 Zwischenbericht No. 1 der Untersuchungsstelle für NS-Gewaltverbrechen, Tel Aviv 7. 6. 1964, in: ebd., Bl. 66.
359 Vgl. Weigelt, Judenmord, S. 288.
360 Was der ehemalige Lagerälteste in seinem Bericht – vermutlich aufgrund der eigenen Verwicklung in die Gewaltanwendung – nach dem Krieg zu verschleiern suchte. Vgl. Aussage Otto Krieische vom 11. 10. 1961, in: BArch ZStL, B162/3926, Bl. 14.

zwischen der Bevölkerung und den Gefangenen während des Transportes auf strenge Trennung geachtet wurde, wie Kriesche nach dem Krieg aussagte, muss dahingehend kritisch hinterfragt werden, als das Transportbegleitpersonal unter anderem Scheunen auf Gutshöfen nutzte, um die Gefangenen leichter bewachen zu können. Vielerorts wendete sich die Bevölkerung der passierten Ortschaften von selbst ab. Die wenigen angebotenen Hilfeleistungen suchten die SS-Führer zu unterbinden.[361] Das verdeutlicht neben den Aussagen des Zugführers Jost auch der Bericht des aus Łódź stammenden jüdischen Jungen Jakob Gutrajch. In einer Ortschaft, die die Gefangenenkolonne passierte, hielt eine Anwohnerin Milch für die Gefangenen bereit und wurde deshalb von Schemel geschlagen. »[D]ie Milch«, so Gutrajch, »goss er auf die Straße.«[362]

Vor allem für die jüdischen Gefangenen galt, wie Abraham Schmidt dargelegt hat, dass sie ab dem 2. Februar durch eine gänzlich unbekannte Gegend liefen, aber zu wenig Kraft hatten, diese überhaupt wahrzunehmen, auch weil sie sich gegenseitig zu stützen suchten, das Gepäck der Blockältesten und der SS-Führer tragen oder einen Wagen, der mit Küchen- und Kammergerät der Wachmannschaften beladen war, ziehen mussten.[363] Schmidt war im Oktober 1944 mit 300 weiteren polnischen Juden aus Auschwitz-Birkenau direkt nach Lieberose deportiert worden. Am 1. Februar zu dem Güterzug geführt, der Insassen nach Sachsenhausen bringen sollte, gelang ihm die Flucht zurück ins Lager.[364] Auch er hatte, nachdem er Birkenau überlebt hatte, in Lieberose große Angst davor, nun hier mit den Kranken zur Ermordung deportiert zu werden. Auf dem Gefangenentransport, der Lieberose anschließend zu Fuß verließ, lief Schmidt ebenfalls am Ende mit. Hier wurde auch er Zeuge der Erschießungen und beobachtete, wie Mitgefangene die Spuren der Morde anschließend beseitigen mussten.[365] So war Hermann Simon mit weiteren Gefangenen von Schemel dazu gezwungen worden, die Erschossenen zu vergraben.[366] Laut Simon blieben nur jüdische Gefangene zurück,[367] was auf die Mehrfachdeportationen, den Zwangsarbeitseinsatz in besonders gefährlichen oder körperlich schweren Tätigkeiten und der permanenten Mangelversorgung zurückzuführen ist. Zudem waren jüdische Männer besonders der Gewalt ausgesetzt – auch durch Mitgefangene. Etwa ab dem dritten Tag führte

---

361 Vgl. Weigelt, Judenmord, S. 304 f.
362 Aussage Jakob Gutrajch vom 30. 4. 1964, in: BArch ZStL, B162/3926, Bl. 121; zu Hilfeleistungen vgl. auch Weigelt, Judenmord, S. 304 f.; vgl. auch Aussage Chaim Piotrkowksi vom 30. 4. 1964, in: BArch ZStL, B162/3926, Bl. 124.
363 Vgl. Abraham Schmidt vom 4. 5. 1964, in: ebd., Bl. 127; Urteilsschrift des LG Fulda vom 5. 11. 1967, Kopie in: IPN, BU 2586 7 90, S. 10; Weigelt, Judenmord, S. 288.
364 Vgl. Weigelt, Judenmord, S. 282.
365 Vgl. Aussage Abraham Schmidt vom 4. 5. 1964, in: BArch ZStL, B162/3926, Bl. 127; Aussage Chaim Piotrkowksi vom 30. 4. 1964, in: ebd., Bl. 122.
366 Vgl. Aussage Hermann Simon vom 18. 8. 1961, in: ebd., Bl. 9 f.; Aussage Chaim Piotrkowski vom 30. 4. 1964, in: ebd., Bl. 124.
367 Vgl. Aussage Hermann Simon vom 11. 9. 1961, in: ebd., Bl. S. 7.

das »Vergrabungskommando«[368] aus Insassen, die bereits im Lager als Schreibkraft, Sanitäter oder Ordnungsdienst eingesetzt waren, auch einen Handwagen und das benötigte Werkzeug bei sich.[369]

Abraham Schmidt kannte die Angehörigen des »Sonderkommandos«, die mit Simon von der SS zur Beseitigung der Leichen gezwungen wurden, nicht.[370] In der (kurzen) Zeit, die jüdische Gefangene in Lieberose waren, hatten sie kaum Kontakt zum führenden SS-Personal und zu den Abteilungen der Lagerverwaltung gehabt. Vielmehr stellten die als »Blockälteste« von der SS eingesetzten nicht-jüdischen Mitinsassen die Autorität dar, an der sie sich orientierten.[371] Der »Lager-« und die noch verbliebenen »Blockältesten« waren es auch, die vor dem Beginn des Gefangenentransportes nach Oranienburg die Verpflegungsrationen ausgaben.[372] Während des Fußmarsches waren sie über weiße Armbinden zu erkennen und hatten für »Disziplin und Ordnung« zu sorgen.[373] Aufgrund des Kontaktes zu SS-Angehörigen und des Zugangs zu Lebensmitteln war es für diese Gruppe von Gefangenen leichter, den Todesmarsch zu überstehen. Was nicht heißen soll, dass sie nicht ebenfalls der Gewalt und Willkür des Lagerpersonals ausgeliefert waren, sondern dass hier Hierarchien griffen, die, wie oben aufgezeigt, unter dem Sowohl-als-auch der »Grauzone« betrachtet werden müssen.

Während der Rückdeportationen aus Lieberose kam es zu einigen wenigen Fluchten – unter den Gefangenen wie auch unter den Wachmannschaften.[374] Die Insassen aus Lieberose, die das Hauptlager in Oranienburg nach ihren mehrtägigen Verschleppungsodysseen per Zug oder – wesentlich länger andauernd – zu Fuß lebend, aber völlig entkräftet und verschmutzt erreichten, wurden über den Eingang beim Industriehof auf das Hauptlagergelände geführt. Unter Kaindls Aufsicht führten Höhn, Baumkötter und Rehn daraufhin Selektionen durch. Die Kategorien, nach denen die Selektionen erfolgten, waren »Deutsche«, »Ausländer« und »Juden« bzw. »Juden« und »Nicht-Juden«.[375] Letztere wurden anschließend mehrheitlich in das Oranienburger Klinkerwerk überstellt. Das Außenlager stellte 1945 ein Aufnahmelager

---

368 Aussage Otto Kriesche vom 11.10.1961, in: BArch ZStL, B162/3926, Bl. 13.
369 Vgl. Aussage Hermann Simon vom 11.9.1961, in: BArch ZStL, B162/3926, Bl. 8f.; Aussage Otto Kriesche vom 11.10.1961, in: ebd., Bl. 13; Aussage Chaim Piotrkowski vom 30.4.1964, in: ebd., Bl. 124; sowie vgl. Weigelt, Judenmord, S. 316f.
370 Vgl. Aussage Abraham Schmidt vom 4.5.1964, in: BArch ZStL, B162/3926, Bl. 127; Aussage Chaim Piotrkowski vom 30.4.1964, in: ebd., Bl. 122.
371 Vgl. Aussage Gerschon Gelkop vom 10.5.1964, in: ebd., Bl. 131; Aussage Jakob Kurz vom 30.4.1964, in: ebd., Bl. 121; Aussage Isahar Rosenfeld vom 24.5.1964, in: ebd., Bl. 137f.; Aussage Jakob Gutrajch vom 30.4.1964, in: ebd., Bl. 118.
372 Vgl. Aussage Jakob Kurz vom 30.4.1964, in: ebd., Bl. 121.
373 Vgl. Weigelt, Judenmord, S. 288.
374 Vgl. ebd., S. 306.
375 Vgl. Aussage Herbert Simon vom 15.5.1962, Kopie in: GUMS, NL6/28/2, Bl. 53; Weigel, Judenmord, S. 318f.

VERLÄUFE – ENTSCHEIDUNGEN – PRAKTIKEN

Abb. 4: Odd Nansen (1945): »Sie waren lebende Teufel«

für nach Sachsenhausen (rück-) deportierte Insassen dar.[376] Des Weiteren wurden einige der aus Lieberose kommenden »reichsdeutschen« Gefangenen für die SS-Sonderformation »Dirlewanger« zwangsrekrutiert,[377] die daraufhin ebenso wie einige SS-Angehörige zum Fronteinsatz kamen. Auch der SS-Angehörige Schemel kehrte nach Lieberose zurück, wo die Waffen-SS nun Alarmeinheiten bildete. Er wurde zur Verteidigung Küstrins entsandt.[378]

Für die jüdischen Gefangenen, die aus Lieberose in Sachsenhausen eingetroffen waren, ging die Tortur hingegen weiter. Eine Gruppe von ungefähr 500 Juden, mit der Walter Pfaff und Edgar Dankermann am Abend des 9. Februar das Hauptlager erreicht hatte, musste völlig erschöpft auf dem Appellplatz ausharren, bis klar war, wie mit ihnen verblieben werden sollte, und von der Lagerleitung diesbezüglich konkrete Weisungen erfolgten. Das Krankenrevier nahm jedoch bereits 50 bis 60 Schwerkranke von ihnen auf, als der Befehl erging, alle jüdischen Insassen aus Lieberose im Hauptlager zu isolieren.[379] Hierfür nutzte das Lagerpersonal Baracken, die zuvor zur Isolierung sowjetischer Kriegsgefangener gedient hatten.[380] Anschließend trieben SS-Blockführer die mehrheitlich jüdischen Gefangenen auf den Lagerhof, wo die Lagerpolizei übernahm.[381] Unter Brüllen und Schlägen brachten die im Ordnungsdienst eingesetzten Mitgefangenen die »Lieberoser« anschließend weiter zu den Isolierungsbaracken.[382]

Die Brutalität und Grausamkeit, die die Ankunft der jüdischen Deportierten im Hauptlager und die Zeit in der von der Lagerpolizei durchgesetzten Isolierung anschließend kennzeichnete, versuchte Odd Nansen in Worte zu fassen. Nansen war 1942 von der Gestapo verhaftet und über das norwegische Lager Grini nach Sachsenhausen deportiert worden. Dort gelang es ihm, heimlich Tagebuch zu führen und dieses im Anschluss

---

376 Vgl. Fröhlich, »Der Häftlingseinsatz«, S. 175 f.
377 Weigelt, »Die Juden«, S. 17; ders., Judenmord, S. 296.
378 Vgl. Urteilsschrift des LG Fulda vom 5. 11. 1967, Kopie in: IPN, BU 2586 7 90, S. 6; Weigelt, Judenmord, S. 104 f.
379 Vgl. Bericht Walter Pfaff und Edgar Dankermann vom 21. 5. 1945, in: GARF, 7021/115/31, Bl. 54 f.
380 Weigelt, »Die Juden«, S. 17; ders., Judenmord, S. 296.
381 Aussage Emil Sauter vom 3. 8. 1946, Kopie in: GUMS, JSU 1/17/1, Bl. 51-53.
382 Bericht Walter Pfaff und Edgar Dankermann vom 21. 5. 1945, in: GARF, 7021/115/31, Bl. 54 f.

an die Inhaftierung in Deutschland bereits 1946 zu publizieren.[383] Das am 12. Februar Beobachtete »sprengte« ihm allerdings derart »die Sprache«, dass er die Gewalt, die die Angehörigen der Lagerpolizei – mit Gummischlagstöcken ausgestattet – an den Juden ausübten, über den Tagebucheintrag hinaus bildlich darzustellen suchte (Abb. 4).[384]

Andreas Weigelt hat bereits ausführlich dargelegt, dass der Umstand, dass es sich in Lieberose mehrheitlich um jüdische Gefangene handelte, Konsequenzen für die Auflösung dieses Außenlagers hatte, die nicht nur in den Morden unterwegs während des Gewaltmarsches oder der Ankunft und Isolierung im Hauptlager, sondern auch – wie weiter unten darzulegen sein wird – in der Massenerschießung der zurückgelassenen Kranken mündete. Statt die Kranken im Anschluss an die Selektionen mit entsprechenden Transportmitteln abzutransportieren, wurden zuerst die »Politischen« nach Oranienburg zurückgeschafft. Hier griff das Sicherheitsregime der SS/Polizei, die insbesondere von diesen Insassen Fluchtversuche imaginierte oder gar, dass sie die Gefangenenrückführungen zu sabotieren suchten und Aufstände provozieren würden. Ob Seipel und die weiteren auf dem LKW befindlichen Gefangenen auch deswegen am 31. Januar 1945 in das Hauptlager zurückgebracht wurden, weil sie zuvor ebenfalls für die Exekution selektiert und auf der Liste des RSHA vermerkt waren, kann nachträglich nicht mehr rekonstruiert, aber durchaus angenommen werden.

»Stabilisierung«

Am 15. Januar 1945 registrierte die Amtsgruppe D für Sachsenhausen 52.924 Männer und 13.173 Frauen – der Komplex zählte damit insgesamt 66.097 Gefangene.[385] Bis Ende Januar erhöhte sich die Zahl weiter. Die Mehrheit hatte sich, wie aufgezeigt, zu diesem Zeitpunkt noch in Außenlagern befunden. Obwohl die Insass:innen aufgrund zum Teil jahrelanger Ausbeutung, Mehrfachdeportation und Mangelversorgung erschöpft und (schwer) krank waren, galt die große Anzahl der KL-Gefangenen in der Region Berlin-Brandenburg Ende Januar 1945 aus Sicht der NS-Führung als Sicherheitsrisiko.[386] Die Gefangenenzahl in Sachsenhausen sollte reduziert und die Situation im Hauptlager so »stabilisiert« werden. Hierfür griff die Lager-SS auf die Mittel der Abschiebung und des Krankenmords zurück.

Unmittelbar nach der SS-Führerbesprechung zur Vorbereitung der Evakuierung des SS-Standortes setzten in Sachsenhausen am 2. Februar »Negativ-Selektionen«[387] ein.

---

383 Vgl. Odd Nansen: Fra Dag Til Dag (3 Bände), Oslo 1946; ders.: Von Tag zu Tag, Hamburg 1949.
384 Eintrag vom 12.2.1945, in: Nansen, Tag, S. 279-283.; vgl. auch Bericht Walter Pfaff und Edgar Dankermann vom 21.5.1945, in: GARF, 7021/115/31, Bl. 54 f.
385 Vgl. Aufstellung der Amtsgruppe D vom 1. und 15.1.1945, in: BArch B, NS 3/439 fol. 1/2.
386 Vgl. Aussage Ludwig Rehn vom 23.10.1946, Kopie in: GUMS, JSU 1/23/1, Bl. 126.
387 Der Begriff geht zurück auf Stefan Hördler. Vgl. Stefan Hördler: Rationalisierung des KZ-Systems 1943-1945. Arbeitsfähigkeit und Arbeitsunfähigkeit als ordnende Selektionskriterien,

Zusammen mit den Schutzhaftlagerführern und dem Leiter Abteilung »Arbeitseinsatz« erstellte das medizinische SS-Personal Listen.[388] Hierbei griff sie auf die zuvor im Zuge der »Aktion 14f13« gemachten Erfahrungen zurück.[389] Als »Aktion 14f13« wurde der Krankenmord im KL-System bezeichnet. Schwer kranke und erschöpfte Insass:innen, die aus Sicht der Lager-SS und der Firmen, die die Gefangenen für ihre Zwecke ausbeuteten, nicht mehr zur Zwangsarbeit eingesetzt werden konnten, wurden in die Hauptlager zurückdeportiert. In den dortigen als »Revier« bezeichneten Krankenbaracken sollten sie ohne ausreichende medizinische und hygienische Versorgung zu Kräften kommen. Geschah dies nicht, wurden sie zur Ermordung nach Auschwitz überstellt. Das (negative) Selektionskriterium hierbei war »Arbeitsunfähigkeit«.[390] Im Zuge der Räumungsvorbereitung nutze die Lager-SS hierfür »Transportunfähigkeit«.

Entsprechend der seit den 1930er Jahren vorliegenden Richtlinien zu »Freimachungen« ganzer Gebiete oder (Teil-)Räumungen militärischer oder polizeilicher Einrichtungen – zu denen auch NS-Zwangslager und Gefängnisse gehörten – waren diese standortweise durchzuführen. Die hierbei »rückzuführenden« Menschen waren dabei in »marschfähig« und »marschunfähig« einzuteilen. Vorgesehen war, nur die »marschunfähig« Erachteten – alte oder kranke Menschen sowie Kleinkinder und werdende Mütter – möglichst per LKW und Pferdewagen, wenn nötig auch per Zug, abzutransportieren. Für alle weiteren Evakuierten waren, wie aufgezeigt, Fußmärsche durchzuführen. Diese Vorgaben besaßen auch 1944/45 Gültigkeit und fanden nun vor allem bei Konzentrationslagerräumungen Verwendung[391] – auch in Sachsenhausen.

Die listenmäßige Erfassung vom 2. und 3. Februar betraf in Sachsenhausen zuerst die Gefangenen, die sich in den Krankenbaracken befanden. Dort wurden die

in: Arbeit im Nationalsozialismus, hg. von Marc Buggeln und Michael Wildt, München 2014, S. 349-370, insb. S. 357-361.
388 Daran beteiligt waren die Angehörigen der medizinischen Abteilung Baumkötter, Gabler und Winkelmann. Vgl. Übersetzung zum Gutachten der SMAD-Ermittlungen vom 4.-29.6.1945, in: BArch B, DP 3, V 111/66 Bd. 4, S. 23; Aussage Höhn in Urteilsschrift des SG beim LG Düsseldorf vom 15.10.1960, Abschrift in: GUMS, LAG XX III/17, S. 228 und S. 230. Zur Beteiligung des 3. Schutzhaftlagerführers Michael Körner vgl. Aussage Michael Körner vom 14.8.1946, Kopie in: GUMS, JSU 1/17/2, Bl. 187. Zur Beteiligung Rehns vgl. Aussage Ludwig Rehn vom 23.10.1946, Kopie in: GUMS, JSU 1, 23, Bl. 111.
389 Vgl. Aussage [Vorname unbekannt] Geissler vom 15.5.1962, in: GUMS, NL 6/32/9. Zum systematischen Krankenmord vgl. Astrid Ley: Die »Aktion 14f13« in den Konzentrationslagern, in: Morsch, Massentötungen, S. 231-243; Hördler, Ordnung, S. 110-131. In Sachsenhausen hatte der Leiter der medizinischen Abteilung, Baumkötter, bereits zuvor die Selektion von Kranken vorgenommen, die anschließend zur Ermordung nach Auschwitz überstellt wurden. Vgl. Aussage Ludwig Rehn im Gegenüberstellungsprotokoll Heinz Baumkötter/Ludwig Rehn vom 21.12.1945, Kopie in: GUMS, JSU 1/6, Bl. 43-45.
390 Hördler, Rationalisierung, S. 357-361.
391 Vgl. Aussage August Höhn im Gegenüberstellungsprotokoll August Höhn und Michael Körner vom 21.12.1946, Kopie in: GUMS, JSU 1/6, Bl. 22.

physisch kranken Insass:innen anhand der für sie geführten Fieberkurvenblätter in zwei Gruppen selektiert. Unter »A« listete das medizinische Personal Kranke auf, die für eine anvisierte Tagesstrecke von 20 Kilometern als »marschfähig« befunden wurden. Unter »B« wurden die Gefangenen aufgenommen, die für den Fall der Räumung als zu schwach für einen Fußmarsch erachtet wurden.[392] Den in den Krankenbaracken eingesetzten Gefangenenärzten, die an den Selektionen mitwirken mussten, wurde hierbei mitgeteilt, dass die Schwerkranken zur Erholung und zum Schutz vor der feindlichen Front in andere Konzentrationslager überstellt werden würden. Gefangene, die eigentlich schon genesen waren, baten daraufhin darum, auf die Liste gesetzt zu werden.[393] Auch psychisch Kranke wurden auf den Listen notiert und, wie E[…] Boers in seinem Tagebuch notiert, am 4. Februar mit den Geschwächten per Zug abtransportiert:

»Heute sind die Psychischen und 3000 Geschwächten abgeschickt, wie man sagt mit der Bahn: Die Ärzte jedoch sind am Tor zurückgeschickt worden. Wir erschöpfen uns in Mutmaßungen: Ist es ein Machtkampf zwischen der Lagerführung und den Lagerärzten, besteht in diesen Zügen kein Arztbedarf oder wollen sie uns Ärzte hier nur behalten, um Verwundete von der Front zu pflegen?«[394]

In den Außenlagern, die sich in Odernähe befanden, hatten die Selektionen schon früher begonnen. Da die Auflösung in Lieberose bereits umgehend nach der »Scharnhorst«-Ausgabe vom 31. Januar einsetzte, nahm das Lager-Personal die Selektionen dort noch am gleichen Abend vor.[395] Als Kriterium galt auch hier der körperliche Zustand und die Frage, ob die Gefangenen einen Fußmarsch in das Oranienburger Hauptlager antreten konnten. Edgar Dankermann war im »Revier« von Lieberose als Zahnarzt tätig und bekam die Selektionen aus nächster Nähe mit.[396] Wie der aus Łódź stammende Uhrmacher Benjamin Dorembus zudem aussagte, erfolgten die Selektionen in Lieberose in schwer kranke Insassen, die vor Ort bleiben sollten, und in Kranke, die – aus Sicht der Lager-SS – noch wenige Kilometer laufen konnten. Sie wurden in einer Gruppe mit dem Ziel zusammengefasst, sie vom Bahnhof in Jamlitz per Zug nach Sachsenhausen zu deportieren. Die als »marschfähig« erachteten Gefangenen sollten – als dritte Gruppe – den Weg in das Hauptlager zu Fuß zurücklegen.[397] Diese Selektionen dauerten in Lieberose bis kurz vor dem

---

392 Vgl. Bericht Andre Grevenrath aus dem Jahr 1945, in: GUMS, LAG LII/1, S. 2.
393 Vgl. Bericht Adam Harth vom Februar 1948, in: YV, O.33/5716, S. 5.
394 Eintrag vom 4.2.1945 im Tagebuch von E[…] Boers, Abschrift in: GUMS, P3 Boers, E[…].
395 Vgl. Aussage Jakob Kurz vom 30.4.1964, in: BArch ZStL, B 162/3926, Bl. 120 f.; vgl. auch Weigelt, Judenmord, S. 275-279.
396 Vgl. Weigelt, Judenmord, S. 274.
397 Vgl. Aussage Benjamin Dorembus vom 15.2.1948, zit.n. ebd., S. 275; Aussage Benjamin Dorembus vom 8.4.1964, in: BArch ZStL, B 162/3926, Bl. 113 f.

Loslaufen an.³⁹⁸ Die Ankunft im Oranienburger Hauptlager war daraufhin durch erneute Selektionen gekennzeichnet. Sowohl dort als auch in den noch bestehenden Außenlagern wurden diese Selektionsvorgänge mehrfach wiederholt und dauerten bis in den März an.³⁹⁹

Abschiebungen

Im Heinkel-Lager war beispielsweise Gyula Kohn am 13. Februar vom medizinischen SS-Personal auf die Liste der »Marschunfähigen« gesetzt worden. Kohn stammte aus Budapest und war von Beruf Dreher. Im Herbst 1944 war Kohn nach Sachsenhausen verschleppt worden, wo er im Februar 1945 auf die Krankenliste kam und am 16. Februar nach Mauthausen weiterdeportiert wurde. Er überlebte die Mehrfachdeportationen und das KL-System nicht.⁴⁰⁰ Im Februar und März 1945 erfolgte in Sachsenhausen der systematische Abtransport Kranker.⁴⁰¹ Dieser verlief aber nicht nur, wie im Falle Kohns, nach Mauthausen. Vielmehr war ursprünglich Bergen-Belsen als Aufnahmelager für die vor allem jüdischen, kranken und sterbenden Insass:innen vorgesehen. Kaindl hatte seinem Stab am 2. Februar 1945 die durch Höß ergangene Weisung der Amtsgruppe D, »arbeitsunfähige« Gefangene nach Bergen-Belsen weiter zu deportieren, bekannt gegeben.⁴⁰² Bergen-Belsen hatte von der Amtsgruppe D die Funktion eines Sammel- und Sterbelagers für jüdische Insassen erhalten.⁴⁰³ Mit Josef Kramer als seinem neuen Kommandanten war dem Konzentrationslagerkomplex ein Experte aus Auschwitz zugewiesen worden. Sachsenhausen, Buchenwald, Natzweiler, Flossenbürg und Mittelbau-Dora schoben Schwerkranke nun dorthin ab. Die Amtsgruppe D nahm hierbei die zunehmende Überlastung und den Ausbruch von Epidemien wie Tuberkulose, Ruhr und Fleckfieber in Bergen-Belsen billigend in Kauf. Aufgrund der zunehmenden Verseuchung zog sich auch das Lagerpersonal vor Ort

---

398 Vgl. Beschluss zur Eröffnung des Verfahrens gegen Wilhelm Kersten und Erich Schemel vom 7.1.1965, in: BArch ZStL, B 162/3925, Bl. 83-86.

399 So wurden im Außenlager Heinkel bspw. am 16.2.1945 Selektionen durchgeführt. Vgl. ITS-Suchkarte zu Gyula Kohn (geb. am 21.1.1901), in: AA, Dok-ID. 4375958. Auch für März 1945 sind dort Selektionen dokumentiert.

400 Vgl. ITS-Suchkarte zu Gyula Kohn, in: AA, Dok-ID. 4375958; Datenbank des USHHM zu Gyula Kohn (fälschlicherweise mit dem 21.3.1901 als Geburtsdatum). Online unter: https://www.ushmm.org/online/hsv/person_view.php?PersonId=5916293 (letzter Zugriff am: 21.9.2024).

401 Vgl. Aussage Ludwig Rehn vom 22.10.1946, Kopie in: GUMS, JSU 1/23, Bl. 100-104; Gegenüberstellungsprotokoll Anton Kaindl/Heinz Baumkötter vom 22.12.1946, Kopie in: GUMS, JSU 1/6, Bl. 15-17; Aussage Ludwig Rehn in Gegenüberstellungsprotokoll Ludwig Rehn/Heinz Baumkötter vom 21.12.1946, Kopie in: GUMS, JSU 1/6, Bl. 41; Aussage Heinz Baumkötter vom 16.2.1946, Kopie in: GUMS, JSU 21/3, Bl. 304.

402 Vgl. Aussage Ludwig Rehn vom 16.12.1946, Kopie in: GUMS, JSU 1/3/2, Bl. 10; Aussage Rehn vom 22.10.1946, Kopie in: GUMS, JSU 1/23/1, Bl. 104.

403 Vgl. Aussage Ludwig Rehn vom 22.10.1946, Kopie in: GUMS, JSU 1/23/1, Bl. 104.

»immer weiter aus den täglichen Aufgaben der Lagerführung zurück«, reduzierte die Versorgung im Februar und März zunehmend und gab die Menschen dem Dahinsiechen Preis.[404]

Mehrfach dazu befragt,[405] gab der für die Organisation der Transporte in Sachsenhausen zuständige Ludwig Rehn nach dem Krieg an, dass im Februar 1945 etwa 5.000 männliche Gefangene und damit die Mehrheit der Kranken nach Bergen-Belsen abgeschoben worden waren. Nach der Führerbesprechung Anfang Februar wurden umfangreiche Selektionen durchgeführt. Auf Basis der hierbei angefertigten Listen stellte Rehn daraufhin die Transportpapiere zusammen und forderte Züge an.[406] Alexandra-Eileen Wenck kommt in ihrer Untersuchung zu Bergen-Belsen hingegen zu dem Schluss, dass die Zahl der aus Sachsenhausen nach Bergen-Belsen Deportierten bis März 1945 bei circa 6.000 bis 7.000 lag.[407] Neben den Kranken wurden auch als »gesund« bzw. als (noch) »arbeitsfähig« erachtete Insassen weiterdeportiert. Hierbei handelte es sich um männliche Gefangene, die für Spezialarbeiten vorgesehen waren. Gemäß den Angaben Rehns sind jeweils auch zwei Züge in Richtung Buchenwald, Dachau und Flossenbürg abgefahren. Angaben dazu, wie viele Menschen jeweils darin weiterdeportiert wurden, machte Rehn nicht. Darüber hinaus steuerte ein Zug Mittelbau an.[408] Laut Rehn wurden so – zusätzlich zu den etwa 5.000 nach Bergen-Belsen abgeschobenen Kranken – circa 7.000 Gefangene in andere Konzentrationslager weiterdeportiert.[409] Gefangene wurden darüber hinaus auch nach Mauthausen gebracht.[410]

Dieser systematische Gefangenenabschub setzte in Sachsenhausen am 4. Februar 1945 ein.[411] Bei der Durchsicht der internationalen Ermittlungen zu diesen Deportationen wird deutlich, dass Rehn – um die Zahlen möglichst niedrig zu halten – hier nur den Abtransport der ersten Februartage angab und die Zahl der Weiterdeportierten weitaus höher anzusetzen ist.[412] Auf Basis des mir vorliegenden Materials ergibt sich folgendes Bild:

---

404 Alexandra-Eileen Wenck: Zwischen Menschenhandel und »Endlösung«. Das Konzentrationslager Bergen-Belsen, Paderborn 2000 (Sammlung Schöningh zur Geschichte und Gegenwart), S. 349.
405 Vgl. Aussage Ludwig Rehn vom 16.12.1946, Kopie in: GUMS, JSU 1/3/2, Bl. 10; Aussage ders. vom 22.10.1946, Kopie in: GUMS, JSU 1/23/1, S. 104.
406 Vgl. Aussage Ludwig Rehn vom 22.10.1946, Kopie in: GUMS, JSU 1/23/1, Bl. 111.
407 Vgl. Wenck, Menschenhandel, S. 347.
408 Vgl. Aussage Ludwig Rehn vom 16.12.1946, Kopie in: GUMS, JSU 1/3/2, Bl. 10.
409 Aussage Ludwig Rehn vom 12.8.1946, Kopie in: GUMS, JSU 1/23, Bl. 40.
410 Vgl. UNWCC, Evacuation, in: AA, 1.1.0.6, Dok-ID. 82329666-79, hier 82329678, vgl. auch Kaienburg, Sachsenhausen, S. 469.
411 Vgl. UNWCC, Evacuation, in: AA, 1.1.0.6, Dok-ID. 82329666-79, hier 82329678.
412 Zu diesem Ergebnis kommt auch Hermann Kaienburg, der von 18.000 Weiterdeportierten ausgeht. Vgl. Kaienburg, Sachsenhausen, S. 109 und S. 469.

Übersicht der Abschiebungen aus Sachsenhausen im Februar/März 1945 (Schätzungen)

Datum	Abgänge nach
29. Januar 1945	Bergen-Belsen, 1.239 Kranke und Schwache[413]
4. Februar 1945[414]	Bergen-Belsen, 2.200 Kranke und Schwache[415]
	Buchenwald, 250 Männer[416]
	Dachau
	Flossenbürg[417]
	Mauthausen
5. Februar[418]	Bergen-Belsen
	Buchenwald
	Dachau
	Flossenbürg
6. Februar	Bergen-Belsen[419], 2.300 Kranke und Schwache[420]
7. Februar	Bergen-Belsen[421]
	Flossenbürg
8. Februar	Bergen-Belsen, 2.300
9. Februar	Mauthausen, 3.000 ungarische Juden[422]
11. Februar	Bergen-Belsen[423], 950[424]
12. u. 13. Februar	Mauthausen, 2.500 Männer
15. Februar[425]	Mauthausen, Kommando Fälscherwerkstatt
22. Februar	Mauthausen, 1.500[426]

413 Vgl. Kaienburg, Sachsenhausen, S. 469.
414 Vgl. UNWCC, Evacuation in: AA, 1.1.0.6, Dok-ID. 82329666-79, hier 82329678. E[...] Boers gibt an, dass an diesem Tag ein Zug mit 3.000 Insassen abging. Vgl. Eintrag vom 4.2.1945 im Tagebuch von E[...] Boers, Abschrift in: GUMS, P3 Boers, E[...].
415 Vgl. Kaienburg, Sachsenhausen, S. 469.
416 Vgl. Übersetzung der französischen Zusammenstellung aus dem Jahr 1945, in: AA, 1.1.0.6, Dok-ID. 82329666-79, hier 82329678.
417 Vgl. ebd., Dok-ID 82329668 und 82329670.
418 Vgl. ebd.
419 Vgl. UNWCC, Evacuation, in: AA, 1.1.0.6, Dok-ID. 82329666-79, hier 82329678.
420 Vgl. Kaienburg, Sachsenhausen, S. 469. E[...] Boers gibt an, dass an diesem Tag ein Zug mit 1.100 Kranken abging. Vgl. Eintrag vom 6.2.1945 im Tagebuch von E[...] Boers, Abschrift in: GUMS, P3 Boers, E[...].
421 Vgl. UNWCC, Evacuation, in: AA, 1.1.0.6, Dok-ID. 82329666-79, hier 82329678.
422 Aussage Heinz Junge vom 15.5.1962, Kopie in: GUMS, NL 6/32/9.
423 Vgl. UNWCC, Evacuation, in: AA, 1.1.0.6, Dok-ID. 82329666-79, hier 82329678.
424 Vgl. Übersetzung französischen Zusammenstellung aus dem Jahr 1945, in: AA, 1.1.0.6, Dok-ID. 82329666-79, hier 82329678. Kaienburg gibt 2.748 an. Vgl. Kaienburg, Sachsenhausen, S. 469. E[...] Boers gibt an, dass an diesem Tag 40 Patienten aus dem Revier »auf Transport gehen«. Vgl. Eintrag vom 11.2.1945 im Tagebuch von E[...] Boers, Abschrift in: GUMS, P3 Boers, E[...].
425 Vgl. Aussage Arthur Levin vom 2.1.1947, Kopie in: GUMS, P4 Janzen, August.
426 Vgl. Kaienburg, Sachsenhausen, S. 469.

Datum	Abgänge nach
26. bis 28. Februar	Mauthausen, 1.200[427]
25. Februar	Mauthausen, 91[428]
26. Februar	Bergen-Belsen, 850[429]
28. Februar	AL Nürnberg, 1.000 Franzosen[430]
11. März	Mauthausen, 137[431]

Auch ohne diese Angaben überprüfen und – dort, wo sie fehlen – um Zahlen ergänzen zu können, wird deutlich, dass in Sachsenhausen insbesondere im Februar 1945 ein reges Deportationsgeschehen herrschte, das bis in den März andauerte. In mindestens einem Fall fand auch die Weiterleitung eines Zuges, der am 29. Januar 1945 aus Auschwitz-Monowitz in Oranienburg-Sachsenhausen eingetroffen war, nach Flossenbürg statt.[432] An diesem Tag setzte die Rückdeportation erster Insassen, die in Odernähe Zwangsarbeit leisten mussten, nach Oranienburg ein. Darüber hinaus war die Kommandantur in Sachsenhausen mit der Aufnahme der aus dem SS-Komplex Auschwitz eintreffenden Deportierten wie auch mit der Eingliederung der evakuierten Wachmänner überfordert und weigerte sich daher, einen weiteren Zug von dort aufzunehmen.

Auf Basis der Aussagen Rehns sowie vorliegender Ermittlungsberichte der Alliierten steht zu vermuten, dass die Züge, die Gefangene ab dem 4. Februar 1945 in andere Konzentrationslager deportierten, über unterschiedlich viel Transportraum verfügten und jeweils bis zu 3.000 Menschen aus Oranienburg und einzelnen Außenlagern abtransportierten. So ermittelte eine französische Kommission 1945 in der Registratur in Buchenwald die Ankunft von 2.496 Männern, die am 6. Februar aus Sachsenhausen ankamen, sowie von 250 weiteren am darauffolgenden Tag.[433] Von den am 12. und 13. Februar nach Mauthausen abgehenden Deportationszügen, die 2.500 Gefangene führten, kamen am 17. Februar 1945 nur noch circa 1.700 Männer lebend am Zielort an. Die bis zu fünf Tage andauernde Verschleppungsodyssee hatte damit etwa einem Drittel der Deportierten das Leben gekostet.[434] Den Ermittlungen zufolge sind außerdem 8.000 Insassen, unter ihnen 50 französischer Herkunft, über das Außenlager Landshut nach Dachau weiterdeportiert worden.[435]

427 Vgl. Übersetzung der französischen Zusammenstellung aus dem Jahr 1945, in: AA, 1.1.0.6, Dok-ID. 82329666-79, hier 82329678.
428 Vgl. Kaienburg, Sachsenhausen, S. 469.
429 Vgl. ebd.
430 Vgl. Übersetzung der französischen Zusammenstellung aus dem Jahr 1945, in: AA, 1.1.0.6, Dok-ID. 8232966679, hier 82329668 und 82329670.
431 Vgl. Kaienburg, Sachsenhausen, S. 469.
432 Vgl. Übersetzung der französischen Ermittlung aus dem Jahr 1945, in: AA, 1.1.0.6, Dok-ID. 82329666-79, hier 82329668 und 82329670.
433 Vgl. ebd., Dok-ID. 82329678 f.
434 Vgl. ebd.
435 Vgl. ebd., Dok-ID 82329668 und 82329670.

Die Deportationszüge verließen Sachsenhausen bzw. Oranienburg bis Mitte März. Danach fanden wahrscheinlich keine größeren Abschiebungen mehr statt.[436] Zum Umgang mit weiblichen Gefangenen, die in großer Zahl seit 1944 von Sachsenhausen verwaltet wurden, lassen sich in den Ermittlungsunterlagen hingegen kaum Angaben finden. Vermutlich sind diese aus den Außenlagern nach Ravensbrück weiterdeportiert worden, ebenso wie Frauen, die mit den Deportationszügen aus Auschwitz in Oranienburg ankamen.[437]

Die Weiterdeportationen zielten allerdings nicht nur darauf ab, kranke Insass:innen abzutransportieren bzw. Zwangsarbeitskräfte umzuverteilen. Sie betrafen auch die schätzungsweise noch 650 sowjetischen Kriegsgefangenen, die im Hauptlager in einem besonders eingezäunten Bereich untergebracht waren und ursprünglich in der Nacht vom 1. zum 2. Februar ebenfalls erschossen werden sollten.[438] Da die Aktion aufgrund der Fluchtversuche von sowjetischer Kriegsgefangenen mit hohen Dienstgraden vorzeitig abgebrochen worden war, erfolgte der Abtransport der noch verbliebenen Kriegsgefangenen in den Folgetagen nach Buchenwald.[439] Auch ein als Alfred Ru geführter Brite sowie ein britischer Major namens Kis sollten im Anschluss an die erste Alarmausgabe vom 31. Januar ermordet werden. Da Ru in einer der Krankenbaracken lag, wurde er nicht in diese Gefangenentötung einbezogen und am 26. Februar nach Bergen-Belsen überstellt. Der Kommandantur in Sachsenhausen fiel dies später auf. Sie ließ den Briten am 9. April 1945 nach Oranienburg zurückdeportieren. Am 11. April erschossen ihn Angehörige der Lager-SS in Sachsenhausen. Kis war fälschlicherweise nach Buchenwald überstellt worden und überlebte dort das Kriegsende.[440]

Die Kommandantur in Sachsenhausen nutzte das Mittel der Weiterdeportation zudem, um sich weiterer Insassen zu entledigen. »Geheimnisträger« und die als »Sonderhäftlinge (intern[ationale] Amtsträger)« klassifizierten Insass:innen wurden abtransportiert.[441] Ihre Weiterdeportation galt dem Ziel, sie in das durch Krankheit und Dahinsiechen gekennzeichnete Sterbelager Bergen-Belsen zu verlegen und damit dem grausamen Tod durch Nichtversorgung auszuliefern.[442] Gefangene, die zu viel wussten, wurden auch nach Mauthausen überstellt.[443] Mauthausen galt im KL-System als Lager der Stufe III, sprich als besonders brutale Inhaftierungsstätte, in der 1945

---

436 Vgl. UNWCC, Evacuation.
437 Vgl. Aussage Anton Kaindl vom 11.10.1946, in: GUMS, JSU 1/15/2, Bl. 220.
438 Vgl. Aussage Emil Sauter vom 19.6.1946, Kopie in: GUMS, JSU 1/19, Bl. 37-41. Der ehemalige Gefangene A[...] Schöning ist hingegen der Meinung, dass diese 700 Gefangenen Mitte Februar noch im Hauptlager waren. Vgl. Bericht A[...] Schöning aus dem Jahr 1945, Kopie in: GUMS, NL 6/31.
439 Vgl. Kaienburg, Sachsenhausen, S. 469.
440 Vgl. Übersetzung zum Gutachten der SMAD-Ermittlungen vom 4.-29.6.1945, in: BArch B, DP 3, V 111/66, Bd. 4, S. 29 f.
441 Vgl. ebd., S. 18.
442 Vgl. UNWCC, Evacuation.
443 Vgl. Bericht Dr. Henry Clemens Meyer aus dem Jahr 1945, in: GUMS, NL 6/32.

auch eine der Auschwitzer Gaskammern wiederaufgebaut werden sollte.[444] So war der Dolmetscher Fritz Sigl, der vom Lagerpersonal zur Unterstützung der Mordaktion am 1./2. Februar herangezogen worden war, auf die Liste gesetzt worden, nach der am 9. Februar 3.000 ungarische Juden nach Mauthausen deportiert wurden.[445] Der bei Rehn als Schreiber eingesetzte Gefangene Reinhold Scheil sollte aufgrund seines Wissens hingegen am 1./2. Februar ermordet werden. Scheil befand sich zu dieser Zeit aber im Krankenrevier und war für die Lager-SS nicht auffindbar. Ein nicht näher zu ermittelnder SS-Unterscharführer namens Rose setzte ihn daraufhin auf die Liste des Transportes, der am 7. Februar nach Bergen-Belsen abging, was Scheil – entgegen der beabsichtigten Wirkung – das Leben rettete.[446]

Darüber hinaus wurde im Februar auch das im Hauptlager isolierte »Kommando« der Fälscherwerkstatt, in der die SS mehrheitlich jüdische Deportierte zur Zwangsarbeit einsetzte, evakuiert.[447] Der Befehl, die Werkstatt rückzubauen, war schon Ende Januar ergangen. Jakob Lauber hatte daraufhin Maschinen abzumontieren und das Material auf einen Zug zu verladen: »Alles kam in einen Separatzug, wir auch, wir bekamen auch Essen. Wir führen 4-5 Tage, bis wir nach Mauthausen in Österreich gekommen sind.«[448] Lauber war Zeichner von Beruf. Die SS hatte ihn 1942 von Buchenwald, wohin er 1939 aus Krakau verschleppt worden war, nach Sachsenhausen überstellt, um ihn dort zur Devisenfälschung einzusetzen. An der Demontage war auch Arthur Levin, der von Beruf Buchdrucker und Schriftsetzer war, beteiligt. Levin war im Zuge der »Juni-Aktion« 1938 in Berlin verhaftet und nach Buchenwald verschleppt worden. In Sachsenhausen befand er sich seit 1942. Zu dieser Zeit waren die Konzentrationslager im Altreich »judenrein« zu machen. Levin wurde daraufhin mit 3.000 bis 4.000 weiteren Juden von Sachsenhausen nach Auschwitz deportiert.[449] Aufgrund seines Berufs kam er nach Sachsenhausen zurück. Die SS setzte ihn 1943/44 ebenfalls zur Devisen- und Dokumentenfälschung in den isolierten »Blöcken 18« und »19« ein.[450] Mit der Alarmausgabe am 31. Januar begann dort die Demontage.

Der Mordaktion vom 1./2. Februar sollen auch jüdische Gefangene aus der Fälscherwerkstatt zum Opfer gefallen sein.[451] Die Mehrheit der jüdischen Männer deportierte die SS im Februar jedoch bereits in den Süden des Deutschen Reiches auf vormals österreichisches Territorium. Binnen 36 Stunden mussten Lauer, Levin und die Mitgefangenen dieses Kommandos die gesamte Werkstatt auflösen. Es waren Maschinen zu zerlegen, zu kennzeichnen und zu verpacken. Die vorrätigen Devisen waren in

---

444 Vgl. Hördler, Ordnung, S. 425-431.
445 Vgl. Aussage Heinz Junge vom 15. 5. 1962, Kopie in: GUMS, NL 6/32/9.
446 Aussage Reinhold Scheil vom 14. 5. 1962, Kopie in: GUMS, NL 6/32/9.
447 Vgl. Aussage Arthur Levin vom 2. 1. 1947, Kopie in: GUMS, P4 Janzen, August; Bericht Jakob Lauber vom Mai 1956, in: YV; O.1/171.
448 Bericht Jakob Lauber vom Mai 1956, in: YV, 01/171, S. 4.
449 Vgl. Aussage Anton Kaindl vom 20. 8. 1946, Kopie in: GUMS, JSU 17/2, Bl. 222.
450 Osuch, »Blüten«.
451 Vgl. Bericht Jaroslav Purš vom 5. 5. 1964, in: GUMS, LAG XXVI/6.

wasserdichte Kisten zu verpacken.[452] Rehn orderte einen Sonderzug, der 12 Waggons umfasste. Daraufhin sind sowohl die Maschinen, das Papier und ein Teil des gefälschten Geldes als auch die Mehrzahl der als Fachkräfte erachteten Deportierten nach Mauthausen evakuiert worden. Hier gelangten die Männer nach einiger Zeit in das Außenlager Redl-Zipf, das über unterirdische Stollen verfügte, und wurden Anfang Mai nach Ebensee weiter deportiert.[453] Vermutlich 15 jüdische Männer, die der Fälscherwerkstatt angehörten, waren in Sachsenhausen allerdings zurückgelassen und dort Mitte März ermordet worden. Der Hilfsschreiber Walter Engemann hatte hinterher die Weisung erhalten, sie aus der Lagerstärke zu streichen.[454]

Krankenmord

Die Besprechung vom 2. Februar hatte, wie aufgezeigt, dazu gedient, Maßnahmen, die zur Vorbereitung der Räumung ergriffen werden sollten, durchzusprechen. Zu den Vorausmaßnahmen gehörte die Reduzierung der Gefangenen. Dies sollte jedoch nicht nur über die Weiterdeportation in andere Konzentrationslager vollzogen werden, sondern auch über die Ermordung vor Ort. Unmittelbar im Anschluss an die Mordaktion vom 1./2. Februar und auf Basis der parallel verlaufenden Selektionen setzte im Oranienburger Hauptlager die Ermordung schwer kranker und erschöpfter Insass:innen ein. Zum Ablauf und den Akteur:innen des Krankenmords kann rekonstruiert werden, dass die Tötung der kranken Gefangenen unter anderem in dem als »Station Z« bezeichneten Hinrichtungstrakt vollzogen wurde. Dieses Areal verfügte über eine Erschießungsanlage, eine Gaskammer und die Verbrennungsöfen des Krematoriums.[455] Im Zuge des Massenmordes wurde das von einer Mauer umgebene Gelände, welches unmittelbar an den Industriehof anschloss, von einer »Postenkette« umstellt.[456] Diese setzte sich aus Mitgliedern der Wachkompanien zusammen, die seit September 1944 August Kolb unterstanden.[457]

Auf Basis der Gefangenenlisten, die im Zuge der Selektionen in den »Revierblöcken« angelegt worden waren, und der Kontingentanforderungen des die Tötungen ausführenden SS-Personals wurden Gefangenengruppen aus den Krankenbaracken geholt. Hierbei kamen LKW zum Einsatz, die die Gefangenen vom Lagergelände brachten und außerhalb der Lagermauer zur »Station Z« fuhren. Um die Gefangenen ruhig zu halten, wurde ihnen mitgeteilt, dass sie zum Bahnhof gebracht und aufgrund der Frontnähe zum Schutz in andere Lager evakuiert würden. Entsprechend versammelten sie sich mit ihrer wenigen Habe und wurden von SS-Blockführern

---

452 Vgl. Aussage Arthur Levin vom 2.1.1947, Kopie in: GUMS, P4 Janzen, August.
453 Vgl. ebd.; Bericht Jakob Lauer vom Mai 1956, in: YV, 01/171, S. 4.
454 Vgl. Aussage Walter Engemann vom Juni 1961, in: STAL, EL 48/2, BA 73, Bl. 1503.
455 Vgl. Morsch, Mord, S. 135-147.
456 Vgl. Aussage Erwin Hauser vom 8.1.1946, in: BArch ZStL, B 162/30095.
457 Vgl. Sonderbefehl der Waffen-SS, Konzentrationslager Sachsenhausen vom 19.9.1944, in: RGVA, 1367/1/60, Bl. 26.

brutal auf die Fahrzeuge getrieben und »Kranke [...] mitunter wie Heringe auf die Wagen geworfen.«[458] Im Hinrichtungstrakt stand ein Exekutionskommando bereit, das sich aus erfahrenen SS-Angehörigen zusammensetzte und für Zuarbeiten auf Gefangene zurückgriff.

Zuerst wurden die an Tuberkulose (Tbc) erkrankten Gefangenen aus den Revierbaracken abgeholt und in der Gaskammer ermordet. Aufgrund der desaströsen Überbelegung Sachsenhausens breitete sich die hochinfektiöse Krankheit im Januar 1945 unter den Insass:innen aus.[459] Da die epidemische Lage im Hauptlager auch eine Gefahr für das SS-Personal darstellte, war sie aus Sicht der Lagerleitung unbedingt einzudämmen. Entsprechend fielen die Tbc-Kranken dem Krankenmord, wie Andre Grevenrath unmittelbar nach seiner Befreiung 1945 dokumentierte, als erstes zum Opfer. Am 2. Februar wurden circa 150 Tbc-Kranke aus dem »Revier IV« abgeholt. Am 3. Februar folgte der Abtransport von 116 weiteren mit Tbc Infizierten aus dem »Rekonvaleszentenblock IV« sowie aus einem der »Schonungsblöcke«, in denen kranke Gefangene ohne Versorgung dahinsiechten. Auch am darauffolgenden Tag wurden Kranke aus dem »Block R III« und aus zwei weiteren »Schonungsblöcken« weggebracht. Grevenrath war als Schreibkraft beim Rapportführer in Sachsenhausen, Böhm, eingesetzt und hatte die Kranken aus der Lagerstatistik auszutragen. Dementsprechend ahnte er, was mit den aus dem Revier abgeholten Mitgefangenen geschehen war. Bestätigung erhielt er von den als »Krematoriumsvorarbeitern« zwangseingesetzten Insassen Hans Gärtner und Johannes Wolf. Beide hatten eine Sonderration Alkohol erhalten, und Grevenrath traf sie abends schwer alkoholisiert an. Durch ihre »unbedachte[n] Äußerungen« hatte er von der Ermordung der Kranken in der Gaskammer erfahren.[460] Wie die Aufzeichnungen von Franz Ballhorn zudem verdeutlichen, ging die Ermordung Tbc-Kranker auch in den Folgetagen weiter. Ballhorn führte heimlich Tagebuch und vermerkte für den 7. Februar, dass Böhm 100 Kranke aus der Tbc-Station abholen ließ. Auch er erfuhr von den Krematoriumsgehilfen Einzelheiten zu den dieser Tage verübten Verbrechen.[461]

Der ebenfalls am Krankenmord beteiligte Rapportschreiber Hempel fuhr am 8. Februar mit dem LKW und dem Auftrag zum »Revier« des Hauptlagers, 100 Gefangene zur Ermordung abzuholen. Er brachte daraufhin 97 kranke Insassen zum Hinrichtungstrakt, wo sie innerhalb von drei Stunden ermordet und ihre Leichen beseitigt wurden.[462] Um den 9. Februar wurden weitere 40 bettlägerige Insassen aus der »Revierbaracke IV« abgeholt. Wie der dort als Arzt eingesetzte Insasse Leo Clasen

---

458 Aussage Horst Hempel vom 19.12.1946, in: GUMS, P 4 Janzen, August 1/2, S. 13; vgl. auch Aussage Erwin Hauser vom 8.1.1946, in: BArch ZStL, B 162/30095.
459 Vgl. Bericht Andre Grevenrath vom 1945, in: GUMS, LAG LII/1, S. 2; Franz Ballhorn: Der Kelter Gottes. Tagebuch eines jungen Christen, Münster 1946, S. 158 f.
460 Vgl. Bericht Andre Grevenrath aus dem Jahr 1945, in: GUMS, LAG LII/1, S. 2.
461 Vgl. Ballhorn, Kelter, S. 158 f.
462 Vgl. Aussage Horst Hempel vom 19.12.1946, in: GUMS, P 4 Janzen, August 1/2, S. 13.

aussagte, wurden die Kranken von Böhm aus dem »Revier« zu Fuß zum Lagertor getrieben und kamen nicht mehr zurück.[463] Bei den Ermordeten handelte es sich um Insassen, die aus Lieberose eingetroffen und aufgrund ihres desaströsen Zustands eigenmächtig vom »Revier« aufgenommen worden waren.[464] Gleichzeitig fanden auch Erschießungen von Gefangenen statt, die aus den Nebenlagern eingeliefert wurden.[465] »Häftlingstransporte, die ich beobachten konnte«, so sagte der ehemalige SS-Angehörige Erwin Hauser für das in Oranienburg lokalisierte Außenlager Klinker 1946 aus, »verliessen das Lager mit und ohne Kraftfahrzeuge[n].« Die Transporte führten die Kranken direkt zur Mordstätte des Hauptlagers.[466]

Laut E[...] Boers und Johann Hrycyk dauerte der Krankenmord innerhalb des Hauptlagers zwei Wochen an und kam am 15. Februar 1945 zu seinem Ende. Boers notierte für diesen Tag heimlich in seinem Tagebuch: »9 Patienten werden zum ›kleinen Transport‹ abgeholt und vergast; es sind ›Muselmänner‹, Juden und Schwerkranke. ›Muselmänner‹ sind ausgezehrte, verhungerte Patienten.«[467] Hrycyk konnte Teile des Vorgehens der SS von dem Ort, an dem ihn die SS zur Zwangsarbeit einsetzte, beobachten und tauschte sich mit einem im »Revier« eingesetzten Mitinsassen auch über das Gesehene aus, so dass sich ihm folgendes Bild ergab:

> »Der Wagen fuhr zum Krematorium. An diesem Tage wurden sie alle durch Genickschuß erledigt. Jeden einzelnen Schuß konnte ich vernehmen, manchmal wurden drei bis vier Schüsse abgegeben, manchmal ein ganzes Magazin verschossen, so daß ich ausrechnen konnte, wie viele erledigt wurden.«

Hrycyk zählt für diesen Tag 250 Ermordete.[468]

Vermutlich im an den Hinrichtungstrakt angrenzenden Industriehof zur Zwangsarbeit eingesetzt, beobachtete Hrycyk den Fluchtversuch eines Todeskandidaten, der beim Ausladen erfahren hatte, dass er zum Krematorium geführt wurde. Nachdem ihn das Wachpersonal eingefangen, ermordet und mehrere Stunden hatte liegen gelassen, musste ein im Krematorium eingesetztes jüdisches »Sonderkommando« die Leiche beseitigen. Die Angehörigen des Kommandos sah Hrycyk daraufhin nicht mehr.[469] Auch Vinzenz Kamitz hatte Einblicke in das Vernichtungsgeschehen und beobachtete von seinem Einsatzort im Industriehof aus, wie ein ankommender Frauentransport vom Leiter der medizinischen Abteilung und Selektionsverantwortlichen in Sachsen-

---

463 Vgl. Aussage Leo Clasen vom 6.3.1962, in: BArch ZStL, B 162/1906, Bl. 104.
464 Vgl. Abschrift Urteilsspruch des Sachsenhausen-Prozesses aus dem Jahr 1947, Abschrift in: BArch, B. 162/3316, Bl. 297-312, hier S. 309.
465 Vgl. Aussage Horst Hempel vom 19.12.1946, in: GUMS, P 4 Janzen, August 1/2, S. 13.
466 Aussage Erwin Hauser vom 8.1.1946, in: BArch ZStL, B 162/30095.
467 Eintrag vom 15.2.1945 im Tagebuch von E[...] Boers, Abschrift in: GUMS, P3 Boers, E[...].
468 Bericht Johann Hrycyk vom 23.5.1945, in: GARF, 7021/115/31, Bl. 73.
469 Vgl. ebd.

hausen, Baumkötter, in das Krematorium eingewiesen wurde. Die Frauen ermordete die Lager-SS vermutlich in der Gaskammer.[470]
Nicht nur im Hauptlager wurden kranke Insass:innen getötet. Für das Außenlager Lieberose war am 1. Februar 1945 der Befehl zur »Sonderbehandlung« der kranken und gehunfähigen Insassen ergangen.[471] Er betraf 1.342 mehrheitlich jüdische Männer, die sich in den beiden »Revierbaracken« und in zwei zusätzlichen, zu »Schonungsblocks« erklärten Unterkunftsbaracken befanden.[472] Diese waren am Tage vor dem Massaker, das SS-Angehörige dort ab dem 2. Februar zwei Tage lang vollziehen sollten, umzäunt worden.[473] Jakob Gutrajch befand sich in einer der eingezäunten Baracken, in der »etwa 40 Jugendliche, meistens ungarische und italienische Juden im Alter von 14-17« Jahren eingesperrt waren.[474] Er hatte sich als zu schwach für einen Fußmarsch gemeldet und befand sich nun in der Falle. Mit Hilfe eines Freundes, der das Fenster zur Baracke einschlug und ihm heraushalf, gelang es ihm doch noch, sich zum Transport zu melden.[475] Das Wissen zum (bevorstehenden) Gefangenenmord hatte sich unter den zum Loslaufen aufgestellten Insassen verbreitet.[476]

Während die kräftigeren der Gefangenen am 2. Februar 1945 aus dem Lager getrieben wurden, umstellte eine SS-Postenkette des SS-Wachbataillons »Kurmark« die umzäunten Baracken.[477] Die das Außenlagergelände verlassenden Insassen befanden sich, wie Gutrajch und Gerschon Gelkop beschreiben, noch in Hörweite, als das Massaker einsetzte.[478] Der Lagerleiter des Außenlagers, Kersten, leitete die Massenerschießung, an der sich SS-Blockführer des Außenlagers, Angehörige der SS-Zentralbauleitung »Kurmark«, des gleichnamigen SS-Wachbataillons und der SS-Standortkommandantur beteiligten.[479] Als die zurückgebliebenen SS-Männer später zu dem Gefangenenzug stießen, der sich zu Fuß in Richtung Falkensee bewegte, erfuhren einige Gefangene von dem Massenmord und einem Vorfall, bei dem Kersten schwer verletzt worden war. Der ungarisch-jüdische Deportierte und Mediziner Dr. Edmund Erdös hatte im Rahmen der (bevorstehenden) Massenerschießung zu-

---

470 Vgl. Aussage Vinzenz Kamitz vom Juni 1961, in: STAL, EL 48/2, BA 73, Bl. 1509.
471 Aussage Ludwig Rehn vom 22.10.1946, Kopie in: GUMS, JSU 1/23, Bl. 117.
472 Vgl. Morsch, Gutachten, S. 138-141; Weigelt, Judenmord, S. 344.
473 Vgl. Aussage Isahar Rosenfeld vom 24.5.1964, in: BArch ZStL, B 162/3926, Bl. 137 f.; vgl. auch Weigelt, Judenmord, S. 273 f. und S. 336 f.
474 Aussage Gerschon Gelkop vom 10.5.1964, in: BArch ZStL, B 162/3926, Bl. 131 f.
475 Vgl. Aussage Jakob Gutrajch vom 30.4.1964, in: ebd., Bl. 118 f.
476 Vgl. Aussage Isahar Rosenfeld vom 24.5.1964, in: ebd., Bl. 138.
477 Vgl. Aussage Gerschon Gelkop vom 10.5.1964, in: ebd., Bl. 131 f.; Aussage Jakob Gutrajch vom 30.4.1964, in: ebd., Bl. 118 f.; vgl. auch Weigelt, Judenmord, S. 337.
478 Beim Ausmarsch hörten die Gefangene Schüsse und Schreie. Einige nahmen auch Feuer und Rauch wahr. Der Brand betraf aber nicht das Außenlager, sondern den SS-Bauhof. Vgl. Aussage Jakob Gutrajch vom 30.4.1964, in: BArch ZStL, B 162/3926, Bl. 118 f.; Aussage Gerschon Gelkop vom 10.5.1964, in: ebd., Bl. 131 f.; vgl. auch Weigelt, Judenmord, S. 294-297.
479 Vgl. Weigelt, Judenmord, S. 337-343.

sammen mit anderen Insassen Widerstand geleistet und hierbei Kersten mit einem Messer am Hals schwer verletzt.[480]

Die Massenerschießungen in Lieberose sollten sich über drei Tage erstrecken und waren damit in mehrere Aktions- und Ruhephasen unterteilt.[481] Der Gefangenenmord wurde in den Baracken und direkt davor vollzogen – die Spuren des Massakers waren anschließend sowohl für die dort temporär im März 1945 einquartierten »Dirlewanger«-Männer als auch für die Dorfbewohner sichtbar.[482] Über Nacht stellte das SS-Mordkommando seine Tätigkeit ein.[483] Damit mussten die jüdischen Männer und Jungen im Angesicht ihrer bevorstehenden Ermordung über Nacht in den Baracken ausharren.[484] Am ersten Tag der Massenerschießung kamen Maschinengewehre zum Einsatz – die Salven waren kilometerweit zu hören.[485] Anschließend griff das Erschießungskommando auf Pistolen zurück und erschoss die Kranken in Kleingruppen von je 5 bis 6 und 15 Gefangenen. Die Leichen wurden auf einem LKW zu einer nahen Kiesgrube nach Staakow gefahren.[486]

Wie im Zuge der ersten Gefangenenmorde im KL-System 1939, insbesondere aber im Zuge des »Holocaust by Bullet« in der Sowjetunion, nutzten auch die Täter in Lieberose topografische Gegebenheiten wie Kies- oder Baugruben, Bombentrichter oder Gräben und Täler, um im Rahmen von Erschießungsaktionen den Schritt des Aushebens eines Massengrabes übergehen zu können. Anschließend wurden die Erdvertiefungen mit Sand aufgefüllt.[487] Der Zeitdruck, unter dem das Mordkommando in Lieberose – auch als »Kommando Rot« bezeichnet[488] – stand, ließ die Täter ebenfalls zu dieser Praxis greifen. Entsprechend schwer gestaltet sich die Suche nach den Opfern auch heute noch.[489] Einigen der zur Ermordung Vorgesehenen war es gelungen, sich in den Kleiderhaufen zu verstecken, die bei den Ent-

---

480 Vgl. Aussage Herbert Simon vom 18.8.1961, in: BArch ZStL, B 162/3926, Bl. 7 und 11; Morsch, Gutachten, S. 129 f.; vgl. auch Weigelt, Judenmord, S. 337-353.
481 Vgl. Weigelt, Judenmord, S. 353-357.
482 Vgl. ebd., S. 353 f.
483 Vgl. Morsch, Gutachten, S. 129-134; Weigelt, Judenmord, S. 337-343.
484 Vgl. Weigelt, Judenmord, S. 350.
485 Vgl. Aussage Jakob Gutrajch vom 30.4.1964, in: BArch ZStL, B 162/3926, Bl. 118 f.; Aussage Gerschon Gelkop vom 10.5.1964, in: ebd., Bl. 131 f.; Morsch, Gutachten, S. 129 f.
486 Vgl. Morsch, Gutachten, S. 130-133.
487 Vgl. Fubel/Klei, In-between Spaces.
488 Vgl. Aussage Heinrich Schumacher vom 23.1.1962, in: BArch ZStL, 162/1906; Aussage Siegfried Schubert vom 28.11.1946, Kopie in: GUMS, JSU 2, Bl. 26.
489 Während bei einer Exhumierung im Mai 1971 die sterblichen Überreste von etwas weniger als 600 Menschen geborgen werden konnten, blieb die Suche nach mindestens einem weiteren Massengrab, für das die SS vermutlich einen Luftschutzgraben in der Nähe des »Schonungsblocks« nutzte, bisher ohne Erfolg. Suchgrabungen legten 2008 und 2010 eine Erschießungsstätte frei, wie die vorgefundenen Alkoholflaschen und Munition in unmittelbarer Nähe zu den ehemaligen »Schonungsblocks« bezeugen. Vgl. Morsch, Gutachten, S. 121 f. und Abbildung S. 131.

kleidungen unmittelbar vor der Massenerschießung angefallen waren. Angehörige der Anfang Februar auf dem Gelände neu aufgestellten SS-Division »30. Januar«, die einige Tage in einer leeren Baracke des Außenlagers untergebracht waren, entdeckten und ermordeten sie.[490] Nach heutigem Forschungsstand hat keiner der zurückgelassenen jüdischen Gefangenen das Massaker in Lieberose überlebt.[491] Weigelt konnte in seiner 2010 publizierten Dissertationsschrift einigen von ihnen Namen und Gesicht geben.[492]

Auch die zwischen 300 und 600 Insassen aus Lieberose, die die Lager-SS per Zug nach Oranienburg-Sachsenhausen zurückdeportierte, wurden unmittelbar nach ihrer Ankunft im Hauptlager ermordet.[493] Hempel war zugegen, als die aus Lieberose zu Fuß und per S-Bahn in das Hauptlager gebrachten Gefangenen am 9. oder 10. Februar eintrafen. Im Unterschied zu den per Zug »Rückgeführten« wurden diese »Lieberoser« registriert und in die Isolierungsbaracken des Hauptlagers getrieben. Die Registrierung bei Ankunft diente vor allem der Berichterstattung.[494] Unmittelbar nach dieser Tortur wurden bereits 50 völlig erschöpfte Gefangene, die den Todesmarsch aus Lieberose hatten laufen müssen, im Krematoriumsbereich des Hauptlagers erschossen.[495] Ca. 400 weitere aus Lieberose Rückdeportierte wurden von Hempel und weiteren SS-Blockführern, unter ihnen Emil Sauter, in den folgenden Tagen aus den Isolierungsbaracken des Hauptlagers geholt, per LKW zu den Tötungseinrichtungen der »Station Z« gefahren und ebenfalls ermordet.[496]

Auch im Oranienburger Nebenlager bei den Heinkel-Werken vollzog die Lager-SS im Februar Krankenmorde. Dorthin waren zu Monatswechsel Januar/Februar auch die aus Auschwitz Deportierten gebracht worden, die die SS über Mauthausen nach Sachsenhausen weiterdeportiert hatte. Unter ihnen hatte sich Rolf Pakuscher befunden, der in Auschwitz für die I. G. Farben zwangsarbeiten musste und nach dem Krieg berichtet, wie qualvoll die Ankunft für die Überlebenden des Transportes war:

»Das Ausladen in Heinkel nun dauerte für uns eine Ewigkeit. Kotbeschmiert, verdreckt und verlaust, mußten wir antreten. Danach wurden die Toten ausgeladen. Gegen 9 Uhr abends war dann endlich der qualvolle, stundenlange Zählappell zu Ende. [...] Nun war Essenausgabe. ½ ltr Suppe. Die Kameraden überrannten fast die Essenausgeber. Schlafengehen mussten wir alle 3000 in Halle 008, auf Stroh zusammengedrängt. Bei der Essenausgabe und beim Schlafengehen regierte der

---

490 Vgl. Weigelt, Judenmord, S. 357.
491 Vgl. ebd.; Morsch, Gutachten, S. 123 und S. 129.
492 Vgl. Weigelt, Judenmord, S. 343-353.
493 Vgl. Morsch, Gutachten, S. 135 und S. 141; Weigelt, Judenmord, S. 280-284.
494 Vgl. Aussage Horst Hempel vom 19. 12. 1946, in: GUMS, P 4 Janzen, August 1/2, S. 13.
495 Vgl. Kaienburg, Stammlager, S. 65.
496 Vgl. Aussage Horst Hempel vom 19. 12. 1946, in: GUMS, P 4 Janzen, August 1/2, S. 13; Aussage Emil Sauter vom 3. 8. 1946, Kopie in: GUMS, JSU 1/17/1, Bl. 51-53; Kaienburg, Stammlager, S. 65.

Knüppel. Wenn die Halle auch ungeheizt war, so hatten wir doch wenigstens ein Dach über dem Kopf. Das ging dann ca. eine Woche so weiter. Die Verpflegung war sehr knapp. Es gab jeden Tag mit 5 Mann ein Brot und ein ltr. Suppe. Die so sehr geschwächten Menschen kamen nicht mehr zu Kräften. Den ganzen Vormittag über mußten wir in Wind und Wetter vor der Halle stehen, und eines Tages wurde wieder ein Transport zusammengestellt. Man jagte uns nachts aus dem Schlaf und (wir) mußten laufen. Wer nicht richtig laufen konnte, ging auf Transport.«

Pakuscher schätzt, dass 2.500 seiner Leidensgenoss:innen daraufhin weiterdeportiert worden sind. Wohin wusste er nicht. Er selbst wurde mit 250 weiteren – unter ihnen Personen wie Läbi Däsidir – eine Woche später zur Zwangsarbeit eingeteilt.[497] Der aus Rumänien stammende Junge Däsidir hatte sich auf demselben Transport aus Gleiwitz befunden, am Abend jedoch keine Suppe mehr, sondern nur noch einen halben Liter Kaffee erhalten. Auch Läbi berichtet, dass von dem Transport nur noch die Hälfte der »ca. 2800 Menschen übriggeblieben« waren. »Davon starben in den nächsten Tagen noch 100 an Erschöpfung.«[498] Weitere wurden vor Ort ermordet.

Dass die SS-Mediziner aus Sachsenhausen zu dieser Zeit schwer kranke Deportierte nicht nur abschoben, sondern auch im Heinkel-Werk ermordeten, konnte Leonard Hübscher nach dem Krieg berichten. Hübscher war Arzt, 1944 in den Niederlanden verhaftet und über das Gefängnis in Gerin von der Gestapo in Herzogenbusch eingeliefert worden. Dort gelang ihm die Flucht. Nach seiner erneuten Festnahme wurde er nach Sachsenhausen deportiert. Die Lager-SS setzte ihn im »Revier« im Außenlager Heinkel ein, wo er im Februar 1945 die aus Auschwitz Rückdeportierten behandelte. »[B]is Februar 1945 kamen mehrere Häftlingstransporte ins Lager [Heinkel]«, so Hübscher.[499] Hübscher behandelte die Erfrierungen der jüdischen Gefangenen, die die Tortur der Verschleppung von Gleiwitz nach Oranienburg in offenen Güterwaggons überlebt hatten.[500] Wie Hübscher konnte auch Kurt Weidner im Februar und März das Selektionsgeschehen beobachten – der Berliner war 1945 ebenfalls bei Heinkel im »Revier« als Häftlingsarzt tätig.[501]

Im Februar und März 1945 hatte mit Heinz Baumkötter und Karl Scholz das medizinische SS-Personal Selektionen im Außenlager Heinkel-Werke vollzogen und die Transportlisten »Marschunfähiger« erstellt.[502] Scholz unterstand das »Revier« bei Heinkel. Auf die Selektionen schwer kranker Insassen folgte die Überstellung in andere Konzentrationslager oder, wenn zur Ermordung vorgesehen, in das Hauptlager. Aber auch vor Ort wurden Kranke getötet. In der Lackiererei der Heinkel-Werke wurden

---

497 Bericht Rolf Pakuscher vom 24.10.1972, in: TWL, 570a und 570b.
498 Vgl. Bericht Läbi Däsidir aus dem Jahr 1945, in: GARF, 7021/115/31, S. 91 f.
499 Aussage Leonard Hübscher vom 15.6.1945, Kopie in: GUMS, JSU 1/21/3.
500 Vgl. ebd.
501 Vgl. Aussage Kurt Weidner vom 26.2.1969, Kopie in: GUMS, P4 Scholz, Karl.
502 Vgl. ITS-Suchkarte zu Gyula Kohn (geb. am 21.1.1901), in: AA, Dok-ID. 4375958.

circa 50 schwer kranke Insassen per Giftinjektion ermordet. Bei ihnen handelte es sich um Gefangene, die 14 Tage zuvor aus Auschwitz gekommen waren, an Erfrierungen litten oder Tuberkulose hatten. Am Krankenmord beteiligten sich die SS-Mediziner Baumkötter und Gaberle, SS-Sanitäter wie Karl Scholz und ein SS-Apotheker namens Thomas. Auch der SS-Rapportführer Walter Phillipp und die SS-Blockführer des Außenlagers Jakob Klaus, Franz Raddatz, Hermann Hein, Alfred Schünemann und Oskar Burkhardt wurden zu der Gefangenentötung herangezogen. Sie erhielten ihre Instruktionen vom Kommandoführer des AL Heinkel, Heinz Heidrich, und hatten in der Lackiererei der Heinkel-Fabrik, die zu diesem Zeitpunkt nicht mehr in Betrieb war, ein Arztzimmer vorzubereiten.[503]

Die zur Ermordung vorgesehenen Gefangenen wurden vom Krankenrevier bei Heinkel per Wagen in das Werk gebracht und dort von SS-Wachen bewacht. Unter der Ankündigung, sie würden eine Impfung erhalten, wurden sie einzeln in den zur Tarnung hergerichteten Raum geführt. Hier fixierten sie die SS-Sanitäter. Daraufhin erhielten sie eine Injektion in die Vene. Der grausame Todeskampf der Gefangenen dauerte dabei anfänglich bis zu 4 Minuten, woraufhin Baumkötter die Dosis erhöhen ließ. Die Blockführer luden die Leichen anschließend auf einen LKW, der sie zum Krematorium in das Hauptlager brachte. Mit der Leitung der Aktion betraut, befahl Baumkötter allen Beteiligten unter Abnahme eines Eides, Stillschweigen über die Aktion zu bewahren. Zur Zeit der Aktion war das gesamte Krankenrevier isoliert, d. h. von einer Postenkette umstellt worden.[504]

Mit einer nicht mehr mit der in den beiden ersten Februarwochen vergleichbaren Intensität wurden im Hauptlager auch in der Folgezeit – vermutlich bis Mitte März – kranke Insass:innen ermordet. So waren am 18. oder 20. Februar 1945 aus Fürstenberg (Oder) per Fußmarsch rückdeportierte jüdische Gefangene im Hauptlager angekommen. Die aus 149 schwer erschöpften Männern bestehende Gruppe wurde dem Lager über den Eingang am Industriehof zugeführt und umgehend nach ihrer Ankunft ermordet.[505] Unter den Schwerkranken befanden sich vor allem jüdische Menschen, die über die Rückdeportationen aus Auschwitz oder die Verschleppung aus Ungarn und Warschau 1944 lange Deportationsodysseen und einen besonders erschöpfend und durch Mangelversorgung gekennzeichneten Zwangsarbeitseinsatz

---

503 Vgl. Aussage Oskar Burkhardt vom 17.12.1946, Kopie in: BArch BStU, RHE-West 425-428; Gegenüberstellungsprotokoll Anton Kaindl/Heinz Baumkötter vom 22.12.1946, Kopie in: GUMS, JSU 1/6, Bl. 18; Aussage Oskar Burkhardt im Gegenüberstellungsprotokoll Oskar Burkhardt/Heinz Baumkötter vom 23.12.1946, Kopie in: GUMS, JSU 1/6; Aussage Karl Scholz vom 6.10.1945, Kopie in: GUMS, JSU 1/21/3; Aussage Alfred Schünemann vom 4.10.1946, Kopie in: GUMS, JSU 1/21/3, Bl. 311f. Aussage Leonard Hübscher vom 15.6.1945, Kopie in: GUMS, JSU 1/21/3; Aussage Kurt Weidner vom 26.2.1969, Kopie in: GUMS, P4 Scholz, Karl.
504 Vgl. ebd.
505 Vgl. Aussage Emil Sauter vom 3.9.1946, Kopie in: GUMS, J SU 1/17/1; Aussage Horst Hempel vom 19.12.1946, in: GUMS, P4 Janzen, August 1/2, S. 14; Aussage Horst Hempel vom 30.8.1946, Kopie in: GUMS, JSU 1/31.

hinter sich hatten. Durch den Ausbruch von Krankheiten, der epidemische Ausmaße annahm, sowie den existentiell zunehmend bedrohlicheren Versorgungsmangel bei weiterer Ausbeutung und der räumlicher Enge in den Unterkunftsbaracken bestand jedoch für jede:n der Insass:innen in Sachsenhausen die Gefahr, schwer zu erkranken und damit in die Selektionen zu geraten.

Weil sein Vater zu den ermordeten Kranken gehörte und er ihn im Krematorium bei den Leichen gesehen hatte, soll sich ein nicht mehr zu ermittelnder SS-Offizier über den Krankenmord auch bei der Lagerleitung beschwert haben.[506] Gleichzeitig richtete die Kommandantur in Sachsenhausen einen von den restlichen Gefangenen getrennten Bereich im Oranienburger Hauptlager ein, in das nun auch kranke Frauen gebracht wurden. Dieser aus zwei Baracken bestehende, vom Männerlager abgetrennte Bereich entwickelte sich im Frühjahr zunehmend zu einer Sterbezone, in der entkräftete und kranke Frauen sich selbst überlassen wurden. Hinzu kam, dass neben den Kranken der Tbc-Station und den aus den Außenlagern zur Ermordung Überstellten in Sachsenhausen in zunehmender Zahl auch Menschen ermordet wurden, die die Gestapo zur Hinrichtung einlieferte.

Weitere Morde

Seit 1943 und ab Anfang 1945 noch einmal verstärkt brachte die Gestapo regelmäßig Gefangene nach Sachsenhausen, die dort aufgrund von (vermeintlichen) Plünderungsdelikten ermordet werden sollten. Befanden sich Kriegsgefangene oder Zwangsarbeiter:innen nicht an ihren Arbeitsstellen und wurden festgenommen, konnte die Gestapo sie in die ihr eigenen AEL oder zur Ermordung überstellen. Von 1943 bis 1945 trafen regelmäßig Gefangenentransporte, die zehn bis fünfzig Personen führten, am Tor zur »Station Z« ein, wo sie bis 15 Uhr stehen bleiben mussten. Jaroslav Purš berichtete nach dem Krieg, dass dies die Uhrzeit des Dienstbeginns Böhms gewesen sei, der die »Liquidierung« veranlasste. Purš hatte hierfür die SS-Blockführer zu holen, die an diesem Tag die Erschießungen zusammen mit Kolb, Höhn und Baumkötter durchführten.[507] Anfang 1945 nahmen die Morde an »Externen« in Sachsenhausen zu. Die Gestapo brachte nun wöchentlich Männer und Frauen zur Ermordung. Bei ihnen handelte es sich mehrheitlich um polnische und sowjetische Zwangsarbeiter:innen, die von ihren Arbeitsstellen entfernt aufgegriffen worden waren.[508] In den ländlichen Gebieten Brandenburgs war eine große Zahl von ihnen

---

506 Vgl. Übersetzung der französischen Zusammenstellung aus dem Jahr 1945, in: AA, 1.1.0.6, Dok.-ID. 82329666-79, hier 82329667.
507 Vgl. Bericht Jaroslav Purš vom 11.12.1959, in: GUMS, LAG XXXIII/3.
508 EB Jaroslav Purš vom 8.3.1961, in: GUMS, LAG XXVI/6/48, S. 12 f.; vgl. auch Morsch, Mord, S. 209 f.

eingesetzt. Sie hatten die im Kriegsdienst befindlichen Land- und Forstarbeiter zu ersetzen.

So wurden Anfang 1945 in Sachsenhausen 27 »Ostarbeiterinnen« vergast, die auf Weisung des RSHA hingerichtet werden sollten.[509] Ab dem 5. Februar 1945 war eine Weisung zur Exekution durch die übergeordnete Instanz nicht mehr nötig. Kaltenbrunner hatte die BdS und KdS sowie die Stapo(leit)stellen an diesem Tag wie folgt angewiesen: »Über die Sonderbehandlung von Ostarbeitern bei todeswürdigem Verbrechen (weit auszulegen) entscheidet der Dienststellenleiter. [...] Erwarte von allen Dienststellen höchste Einsatzbereitschaft, Verantwortung, kräftiges Zupacken, kein Zaudern.«[510] Damit waren vor allem die sowjetischen, aber auch die polnischen Zwangsarbeiter:innen einer noch stärkeren Verfolgung unterworfen. Wie Christine Glauning dargelegt hat, konnte nun »jeder Polizei- oder Gestapobeamte seine Kompetenzen ›weit‹ auslegen. Konkrete Anweisungen zur Durchführung einer Exekution waren nicht mehr nötig.«[511] Wurde nicht vor Ort »abgeurteilt«, kamen die »Ostarbeiter:innen« zur Ermordung in das nächstgelegene Konzentrationslager.[512]

In Sachsenhausen wurden die zur Ermordung Eingelieferten nicht registriert. Die Rekonstruktion der Biografien und Schicksale einer Vielzahl von zu Kriegsende in Sachsenhausen ermordeten Menschen ist damit nicht mehr möglich. Vielfach mussten sich die von der Gestapo Verschleppten bereits vorm Tor der »Station Z« ausziehen. Von dort wurden sie im Laufschritt in den Hinrichtungstrakt getrieben.[513] Wenn die Ermordung aufgrund des großen Vernichtungsgeschehens im Februar 1945 nicht gleich bei Einlieferung möglich war, wurden die Gefangenen über die Anbringung von Zeichen an Kleidung und Körpern markiert und zu einem späteren Zeitpunkt der Hinrichtung zugeführt. Die zur Ermordung Vorgesehenen fielen den Mitgefangenen deshalb besonders auf. Unter den Insassen wurden sie aufgrund der Markierungen, die die Lager-SS ihnen zur Erleichterung des Zugriffs und Verhinderung des Untertauchens in der Lagergesellschaft im Gesicht anbringen ließ, als »Indianer«[514] oder »Tätowisten«[515] bezeichnet.

509 Vgl. Urteilsschrift des SG beim LG Düsseldorf vom 15.10.1960, Kopie in: GUMS, LAG XX III/17, S. 165 f.
510 Vgl. RSHA-Weisung vom 5.2.1945, in: BArch F, R 58/243, zit. n. Glauning, Kriegsendverbrechen, S. 104.
511 Ebd.
512 Vgl. Andreas Heusler: Die Eskalation des Terrors. Gewalt gegen ausländische Zwangsarbeiter in der Endphase des Zweiten Weltkrieges, in: Terror nach innen. Verbrechen am Ende des Zweiten Weltkrieges, hg. von Cord Arendes, Edgar Wolfrum und Jörg Zedler, Hamburg 2006 (Dachauer Symposien zur Zeitgeschichte, Bd. 6), S. 172-182, hier S. 178.
513 Bericht Jaroslav Purš vom 11.12.1959, in: GUMS, LAG XXXIII/3, S. 28.
514 Vgl. Bericht Andre Grevenrath aus dem Jahr 1945, in: GUMS, LAG LII/1, S. 1; Bericht Jaroslav Purš vom 8.3.1961, in: GUMS, LAG XXVI/6/48, S. 12 f.; Aussage Vinzenz Kamitz vom 17.5.1962, Kopie in: GUMS, NL 6/28/2, Bl. 58.
515 Bericht Jaroslav Purš vom 11.12.1959, in: GUMS, LAG XXXIII/3, S. 27.

Auch entflohene Kriegsgefangene und Konzentrationslagerinsass:innen, die von der SS/Polizei und anderen Ordnungsdiensten festgenommen wurden, überstellte die Gestapo (zurück) in die Konzentrationslager. Zu Abschreckungszwecken vollzog das Lagerpersonal im Falle Letzterer sowohl im Haupt- als auch in Außenlagern im Januar lageröffentliche Hängungen.[516] Im Februar ermordete die Lager-SS 30 ebenfalls als »Ostarbeiterinnen« bezeichnete Gefangene, die an vermeintlichen Sabotageakten in den Heinkel-Flugzeugwerken beteiligt gewesen sein sollen.[517] Im März wurden circa 35 Frauen aus Auer erschossen, die – ebenfalls als »Ostarbeiterinnen« geführt – der Sabotage beschuldigt wurden. Der an der Ermordung beteiligt gewesene Rapportschreiber Hempel sollte gegenüber sowjetischen Ermittlungsbehörden 1946 ohne Reue aussagen: »Die Aktion kostete uns höchstens 45 Min.«[518] Bei den als »Sabotage« bezeichneten Vergehen kann davon ausgegangen werden, dass es sich bei den Ermordeten um Insassinnen handelte, die (gemeinsam) Fluchtversuche unternommen hatten. Diese nahmen im Frühjahr 1945 und insbesondere in den Außenkommandos sprunghaft zu.[519]

Die Gefangenen nutzten die alliierten Luftangriffe, um zu fliehen. Belegt ist, dass in Auer eingesetzte Insassinnen den Luftalarm im März 1945 zur Flucht genutzt hatten. Margarete Beinlich aus Lehnitz half zwei aus Frankreich stammenden Frauen hierbei.[520] Die Insass:innen osteuropäischer Herkunft, denen die Flucht ebenfalls gelungen war, sind hingegen erneut gefangengenommen und zurück nach Sachsenhausen verschleppt worden. So sind in den Veränderungsmeldungen mehrfach Fluchten vermerkt, die u. a. von Andre Grevenrath notiert werden mussten. Grevenrath erinnert für das Jahr 1945 eine Veränderungsmeldung, in der die Massenflucht von 22 russischen und ukrainischen »Ostarbeiterinnen« ausgewiesen wurde, die »wiederergriffen« und anschließend von der »Häftlingsstärke abgesetzt« – also ermordet – worden waren.[521] Aber auch kleinste Vergehen wurden als »Sabotage« bezeichnet – insbesondere, wenn es sich um polnische oder sowjetische Gefangene handelte.[522] So ermordete das Lagerpersonal im Frühjahr 1945 auch in Außenlagern sowjetische Kriegsgefangene,

---

516 Laut Michael Körner wurden im Januar 1945 »zwei Holländer« im Hauptlager gehängt. Körner vollzog zudem in Lichtenrade eine öffentliche Hinrichtung per Strang. Vgl. Aussage Michael Körner, Gegenüberstellungsprotokoll August Höhn/Michael Körner vom 21.12.1946, Kopie in: GUMS, JSU 1/6, p. S. 21. Harry Naujoks recherchiert für den 13. Januar 1945 eine lageröffentliche Hängung. Vgl. Naujoks, Chronologie, S. 48. Naujoks bezieht sich hier auf die Ausführungen von Odd Nansen.
517 Vgl. Kaienburg, Stammlager, S. 65; Morsch, Mord, S. 211-215.
518 Aussage Horst Hempel vom 19.12.1946, in: GUMS, P4 Janzen, August 1/2, S. 14; Aussage Horst Hempel vom 30.8.1946, Kopie in: GUMS, JSU 1/31.
519 Vgl. Stärkemeldungen ab Januar 1945, Kopie in: GUMS, JSU 1/101. Vgl. Kaienburg, Sachsenhausen, S. 407.
520 Vgl. Monika Knop: Oranienburg (Auer), in: Benz, Ort des Terrors (Bd. 3), S. 241-244, hier S. 244.
521 Vgl. Bericht Andre Grevenrath aus dem Jahr 1945, in: GUMS, LAG LII/1, S. 3f.
522 Aussage Karl Maldtor vom 27.5.1948, in: BArch ZStL, B 162/9443.

weil sie sich an Plünderungen beteiligt hätten.⁵²³ Hierbei handelte es sich um eine Argumentationslinie, die seit 1944 Verwendung fand, um die extreme Gewalt an Kriegsgefangenen und Zwangsarbeiter:innen – insbesondere aus der Sowjetunion – zu rechtfertigen. Parallel dazu begann die Lager-SS nun damit, die Spuren der Massenmorde, die 1941 über zehntausend Rotarmisten in Oranienburg das Leben gekostet hatten, zu beseitigen.

Spurenbeseitigung

Im Januar 1945 verfügte Sachsenhausen über ein Kommando aus circa 250 männlichen Insassen, in welchem unter anderem Max Opitz und Vinzenz Kamitz im Industriehof des Hauptlagers Schuhe und Handtaschen »in einem unglaublichen Tempo« auf Wertgegenstände durchsuchen und anschließend verbrennen mussten. Die Kleidungsstücke waren kurz zuvor per Eisenbahn in Sachsenhausen eingetroffen – vermutlich aus Auschwitz, wie Opitz darlegt: »Obwohl 250 Häftlinge von früh bis spät (ohne Lagerappell) in einem unglaublichen Tempo tätig waren, wurden die Schuhberge immer höher. Immer und immer wieder rollten die mit Schuhen und Handtaschen beladenen Waggons in dieses Kommando an.«⁵²⁴ Ende Januar mussten die Gefangenen der als »Lederkommando« bezeichneten Gruppe ihre Tätigkeit unterbrechen, weil die Vernichtung von Akten des Lagers nun Vorrang hatte.⁵²⁵ Zum neuen Räumungsbefehl, den Kaindl am 2. Februar für Sachsenhausen ausgegeben hatte, war der mündliche Befehl Glücks gekommen, die Vernichtung von belastenden Dokumenten einzuleiten.⁵²⁶ Das im Februar und März folgende Vorgehen der Lager-SS/Polizei sollte darauf abzielen, sowohl die Dokumente, Werkzeuge und Anlagen als auch die menschlichen Überreste der zuvor begangenen Verbrechen zu eliminieren.

Die Spannungszeit nutzend, setzte mit der Verlagerung von Akten und Wertgegenständen nach Süddeutschland einerseits und dem Verbrennen von Dokumenten vor Ort andererseits Anfang Februar in Sachsenhausen die Spurenbeseitigung ein.⁵²⁷ Den März über wurden die als »Häftlingsstatistiken« bezeichneten Dokumente verbrannt.⁵²⁸ Zu ihnen zählten die Zugangs- und Abgangsmeldungen, Anklageakten und weitere Dokumente zur Person der Gefangenen wie Krankenakten, Verhörprotokolle

---

523 Vgl. Ermittlungen der ZStL aus dem Jahr 1968, Kopie in: GUMS, LAG XI/6.
524 Opitz: Erinnerungen, S. 36 f.; vgl. auch Aussage Vinzenz Kamitz vom 17. 5. 1962, Kopie in: GUMS, NL 6/28/2, Bl. 58. Zu diesem Kommando siehe auch Urteil des LG Düsseldorf vom 15. 10. 1960, abgedruckt in: Justiz und NS-Verbrechen, Bd. 16, hier S. 653.
525 Vgl. Opitz, Erinnerungen, S. 36 f.
526 Vgl. Aussage Anton Kaindl vom 3. 2. 1946, Kopie in: YV, O.65/60, S. 1; Opitz, Erinnerungen, S. 36 f.
527 Vgl. Aussage Anton Kaindl vom 3. 2. 1946, Kopie in: YV, O.65/60, S. 1.
528 Vgl. Manuela R. Hrdlicka: Alltag im KZ. Das Lager Sachsenhausen bei Berlin, Opladen 1992, S. 137.

und Totenscheine. Nur die Gefangenen- und SS-Personalkartei sollten erhalten und im Falle einer Räumung mitgeführt werden. Für die Dokumentenvernichtung waren die jeweiligen Abteilungen zuständig. Die dort meist zu Schreibarbeiten eingesetzten Insassen hatten die Unterlagen im Industriehof abzuliefern, wo Opitz mit dem sogenannten Sortier- und Verbrennungskommando, nun unter strenge Aufsicht gestellt, die Akten in Heizöfen vernichten musste. Trotz der Überwachung gelang es Insassen hierbei, einzelne Dokumente zu verstecken und sie somit für spätere Ermittlungen zu retten.[529] Die Karteikarten der Insassen, die ab dem 2. Februar in Sachsenhausen ermordet wurden, verließen die Lagerschreibstube hingegen nicht, sondern wurden zwecks Geheimhaltung dort vernichtet.[530]

Über das Verbrennen von Akten hinaus war auch das kriminaltechnische Gerät, über das die Politische Abteilung für die Durchführung der Verhöre verfügte, rückzubauen. Die von Angehörigen der Sicherheitspolizei geführten Politischen Abteilungen erhielten ihre Weisungen vom RSHA.[531] Ab dem 19. Januar 1945 befand sich das Ausweichquartier der Beschaffungsstelle für kriminaltechnisches Gerät des RSHA in Königinhof (Dvůr Králové nad Labem, Tschechien) und erteilte den sich auflösenden Dienststellen Weisungen zur Verlagerung ihrer Gerätschaften.[532] Über den Rückbau der Verhörgeräte und Folterwerkzeuge hinaus setzte in Sachsenhausen im März 1945 auch die Demontage der Massenmordanlagen ein.[533] Im Unterschied zu vorangegangenen WVHA-Lagerauflösungen war hier allerdings keine Evakuierung des technischen Gerätes (mehr) vorgesehen. So hatte die Lagerleitung in Auschwitz noch Teile der Verbrennungsanlagen des Krematoriums im Herbst 1944 mit dem Ziel evakuiert, diese in Mitteldeutschland erneut zum Einsatz zu bringen. Im Zuge der Standortaufgabe ließ sie die Gaskammern und Krematorien in Auschwitz-Birkenau im Januar 1945 sprengen.[534] Die technischen Einzelteile der rückgebauten Gaskammer in Sachsenhausen ließ die Lagerleitung hingegen auf dem Lagergelände verstecken und den zuvor als Gaskammer genutzten Raum in einen Duschraum umbauen. Aufgrund der Kenntnisse, die sowjetische und polnische Ermittlungsbehörden nach der Inspizierung der SS-Komplexe Majdanek im Sommer 1944 und Auschwitz Ende Januar 1945 hatten, gelang die Verschleierung durch Umgestaltung nicht.[535] Vielmehr sollten

---

529 Vgl. Opitz, Erinnerungen, S. 36 f.
530 Vgl. Aussage Ludwig Rehn vom 12.8.1946, Kopie in: GUMS, JSU 1/23/1, Bl. 26.
531 Vgl. Hördler, Abteilung.
532 Vgl. Befehlsblatt des Chefs der Sicherheitspolizei und des SD 5/6 (1945) vom 10.2.1945, in: RGVA 500/4/31, Bl. 6.
533 Vgl. Bericht Dr. Henry Clemens Meyer aus dem Jahr 1945, Übersetzung in: GUMS, NL 6/32/9, S. 15.
534 Vgl. Andrej Angrick, »Aktion 1005« – Spurenbeseitigung von NS-Massenverbrechen 1942-1945. Eine »geheime Reichssache« im Spannungsfeld von Kriegswende und Propaganda, Göttingen 2018, S. 194 und S. 197; Sybille Steinbacher: Auschwitz. Geschichte und Nachgeschichte, München 2020, S. 97 f.; Strzelecki, Endphase, S. 121-130.
535 Vgl. Morsch, Mord, S. 60 f.

einige der im Krematorium oder dem angrenzenden Industriehof von der Lager-SS zur Zwangsarbeit eingesetzten Gefangenen nach dem Krieg umfangreich Bericht zu dem Beobachteten beziehungsweise zu ihrem Einbezug in die Verbrechen erstatten.[536] Dass Gefangene, die Einblicke in das Mordgeschehen im Konzentrationslagersystem hatten, nach dem Krieg zu den begangenen Verbrechen und Tätern aussagen, versuchten die Angehörigen der Lager-SS und der in der Politischen Abteilung eingesetzten Polizei um jeden Preis zu verhindern. Sie taten dies in Sachsenhausen erstens über die Eingrenzung der bei Gefangenenmorden als Hilfskräfte herangezogenen männlichen Gefangenen. Zweitens erfolgte die Ermordung von »Geheimnisträgern« vor Ort oder deren Überstellung nach Mauthausen – einem Lager der Stufe III, wo die Gefangenen am brutalen Lagerregime und der Arbeitsüberanstrengung zugrunde gehen sollten.[537] Zu den Maßnahmen der Spannungszeit gehörte somit auch, Gefangene, die Wissen von dem Mordgeschehen hatten und – mit Blick auf erwartete alliierte Ermittlungen – dem Lagerpersonal daher »gefährlich« werden konnten, zu ermorden. Für Sachsenhausen lassen sich diese beiden Vorgehensweisen noch weiter konkretisieren.

Den Ausgangspunkt hierfür bildet die Kenntnis darüber, dass die Abteilungen »Krematorium« und »Standesamt I« und »II« für die Tarnung der im Lager begangenen Verbrechen zuständig waren.[538] Seit 1940 unterstand das Krematorium wie auch das Standesamt »Oranienburg II« dem SS-Hauptscharführer Alfred Klein. Klein war bereits 1941 für die Leichenverbrennung der circa 10.000 ermordeten sowjetischen Kriegsgefangenen verantwortlich. Innerhalb des KL-Systems bekleidete er darüber hinaus die Funktion des Leiters der Verbrennungslehrgänge.[539] Die Anlagen des Krematoriums in Sachsenhausen unterstanden den SS-Blockführern August Janzen und einem SS-Führer namens Nunike, die bei den Gefangenenmorden abwechselnd zugegen waren.[540] Die beiden Blockführer zogen Gefangene als Hilfskräfte heran, die den Opfern von Mordaktionen die aus Gold gefertigten Zahnimplantate entfernen mussten sowie zur Leichen- und Aschebeseitigung gezwungen wurden.[541] Hierbei handelte es sich um das sogenannte Krematoriumskommando aus vermutlich sieben deutschen Insassen, die in der Kartei mehrheitlich aufgrund der Kripo-Akten als »Berufsverbrecher« geführt wurden und die für ihre Zwangsarbeit Sonderrationen an Lebensmitteln, Zigaretten und Alkohol erhielten.[542]

536 Siehe dazu abgebildetes Standbild aus der sowjetischen Filmproduktion »Todeslager Sachsenhausen« von 1946/47, in: Morsch, Mord, S. 62; ders., Giftgas, S. 276.
537 Vgl. Aussage Anton Kaindl vom 20. 8.1946, Kopie in: GUMS, JSU 17/2, Bl. 219.
538 Vgl. Riedle, Angehörigen, S. 55-61.
539 Vgl. Angrick, »Aktion 1005«, S. 1110-1114; Ley/Reichert, Klein, S. 284-286; Morsch, Mord, S. 181.
540 Vgl. Aussage Michael Körner vom 2. 8.1946, Kopie in: GUMS, JSU 1/19, Bl. 16-21; Aussage August Janzen vom 18. 5.1962, Kopie in: GUMS, NL 6/28/2, Bl. 63.
541 Vgl. ebd.; Aussage Kurt Eccarius vom 4. 9.1946, Abschrift in: GUMS, LAG VII/23, Bl. 24.
542 Klein setzte den wegen Brandstiftung inhaftierten Walter Hardt als »Blockältesten« bzw. »Oberbrenner« ein. Vgl. Angrick, »Aktion 1005«, S. 1111. Des Weiteren waren im Krematoriums-

Im Februar war Odd Nansen aufgefallen, dass großen Mengen Alkohol ins Lager gekommen waren. Auch wenn Nansen dies vielleicht nicht in Verbindung bringen konnte, kündigte diese Lieferung den bevorstehenden Massenmord in Sachsenhausen an.[543] Anfang 1945 erhielt das »Krematoriumskommando« zudem Unterstützung durch »Sonderkommandos« polnischer und jüdischer Insassen. Zur Bildung von »Sonderkommandos« griff das SS-Personal im Krematorium auf Gefangene zurück. Bereits bei der Mordaktion an 27 politischen Gefangenen, die am 11. Oktober 1944 erschossen worden waren, setzte Klein erstmalig nicht mehr die regulären »Krematoriumsvorarbeiter« ein, sondern griff nun erstmalig auf polnische Männer zurück.[544] Denn bei den Ermordeten hatte es sich mehrheitlich um »prominente« deutsche Insassen – unter ihnen viele kommunistische »Blockälteste« – gehandelt, die nach den Ermittlungen einer Gestapo-Sonderkommission der Widerstandsarbeit beschuldigt wurden.[545] Weil die Kommandantur Unruhen unter den Gefangenen befürchtete, sollte unter keinen Umständen Wissen über die Ermordung dieser Insassen durchsickern. Da die als »Krematoriumsvorarbeiter« eingesetzten deutschen Insassen, über die Nunike und Janzen für die Tätigkeit an den Öfen verfügten, im Lager nicht streng isoliert wurden, hatte Klein entschieden, sie zu diesem in besonderem Maße geheim zuhaltenden Gefangenenmord nicht heranzuziehen.[546] Stattdessen verhängte der Schutzhaftlagerführer Höhn an diesem Tag Lagersperre – die Gefangenen durften die Unterkunftsbaracken nicht verlassen. Gleichzeitig griffen die für die Tötungsaktionen zuständigen Schutzhaftlagerführer auf das polnische »Sonderkommando« zurück.

Ab Ende 1944 wurden in der »Station Z« in Sachsenhausen »fast jeden zweiten Tag« Insass:innen getötet. Der Gefangenenmord betraf vor allem Männer, die vom NS-Regime als »gefährliche Elemente« verfolgt und im Zellenbau isoliert gefangengehalten wurden.[547] Zur Beseitigung der Leichen zog das SS-Krematoriumspersonal weiterhin das polnische »Sonderkommando« heran, das ebenfalls im Zellenbau isoliert wurde. Von dort brachten Wachmänner die Insassen täglich zum Krematorium. Über dieses »Sonderkommando« verfügte die Lager-SS im Krematorium »lange[...] Zeit«[548] – vermutlich bis Anfang Februar 1945. Die Gefangenen hatten damit auch die Leichen der Massenerschießung vom 1./2. Februar 1945 zu verbrennen. Kurz darauf holte Janzen

---

kommando die »BV«-Gefangenen Hans Gärtner, Johannes Wolf und [Vorname unbekannt] Weber zwangseingesetzt. Vgl. Bericht Andre Grevenrath aus dem Jahr 1945, in: GUMS, LAG LII/1, S. 2; Aussage Michael Körner vom 2.8.1946, Kopie in: GUMS, JSU 1/19, Bl. 16-21; Ballhorn, Kelter, S. 158 f.
543 Vgl. Naujok, Chronologie, S. 50. Naujoks bezieht sich hierbei auf Odd Nansen.
544 Vgl. Angrick, »Aktion 1005«, S. 1111.
545 Vgl. Kaienburg, Sachsenhausen, S. 389; Morsch, Mord, S. 115-119.
546 Vgl. Angrick, »Aktion 1005«, S. 1111.
547 Zum Zellenbau vgl. Kaienburg, Sachsenhausen, S. 154-158.
548 Aussage Kurt Ecccarius vom 4.9.1946, Abschrift in: GUMS, LAG VII/23, Bl. 22 f.

sie unter dem Vorwand, sich im kleinen Bad der »Station Z« in Ruhe waschen zu können, aus dem Zellenbau ab, um sie in der Gaskammer ebenfalls zu ermorden.[549] Anfang Februar wurde in Sachsenhausen ein neues »Sonderkommando« gebildet. Es bestand aus 24 jüdischen Männern, die ebenfalls im Zellenbau isoliert wurden. Es war dem Auschwitzer Krematoriumsspezialisten Otto Moll unterstellt, der kurz zuvor mit einem Räumungstransport aus Auschwitz eingetroffen war.[550] Moll hatte in Auschwitz über jüdische »Sonderkommandos« für die Leichenverbrennung in den Gruben bei den Bunkern I und II verfügt und anschließend den neuen Krematoriumsbereich in Auschwitz-Birkenau geleitet, bevor er als Lagerführer in Gleiwitz I tätig war.[551] Ab Anfang Februar setzte er sein Wissen in Sachsenhausen ein. Die Angehörigen der ihm unterstellten »Sonderkommandos« hatten zehn Tage lang die nichtverbrannten menschlichen Überreste der 1941 circa 10.000 ermordeten sowjetischen Kriegsgefangenen auszugraben, daraufhin erneut zu verbrennen und die Asche zu beseitigen. »[S]ie arbeiteten in 2 Schichten« – so konnte der im Zellenbau als Kalfaktor eingesetzte Gefangene Hans Appel das Geschehen beobachten. »Eines Tages kamen sie nicht wieder.«[552] Die jüdischen Männer wurden im Zellenbau von den restlichen Insass:innen isoliert und täglich, von Wachpersonal umzingelt, zu ihrem grausamen Zwangsarbeitseinsatz gebracht.[553] Nach Abschluss der »Aktion 1005« in Sachsenhausen wurden die 24 unbekannten jüdischen Männer in der Gaskammer getötet.[554]

Im Angesicht der das Gebiet östlich der Oder belagernden sowjetischen Streitkräfte vollzog die SS in Sachsenhausen nicht nur den Krankenmord. Aus Sicht der Täter hatte auch äußerste Dringlichkeit bestanden, die Spuren des 1941 an sowjetischen Kriegsgefangenen vor Ort verübten Massenmords zu beseitigen. Sie taten dies über den Rückgriff auf eine SS-Praxis, die zuvor in Süd-/Osteuropa zur Spurenbeseitigung von NS-Massenverbrechen angewendet wurde. Zwangsarbeitskommandos aus jüdischen Gefangenen hatten dort seit 1942 die sterblichen Überreste an den Tatorten von Massenerschießungen und deutschen Vernichtungszentren auszugraben, zu verbrennen und die Gelände der Verbrechen anschließend über Einebnungen und Neubepflanzungen zu tarnen. Die in die »Sonderkommandos« gezwungenen jüdischen Männer wurden anschließend ermordet.[555]

Die Evakuierungsvorbereitungen eines Konzentrationslagers und diese als »Aktion 1005« gefassten Maßnahmen liefen ab 1944 parallel und gehörten seit 1944 zu den Maß-

---

549 Vgl. ebd., Bl. 24.
550 Vgl. Dok. »Jüdische Gefangene im Zellenbau«, in: GUMS, LAG VI/9; Aussage Hans Appel vom 18. 5. 1962, Kopie in: GUMS, NL 6/28/2, Bl. 64; Ballhorn, Kelter, S. 158 f.
551 Vgl. Lieske, Moll, S. 314; Klee, Auschwitz, S. 283.
552 Aussage Hans Appel vom 18. 5. 1962, Kopie in: GUMS, NL 6/28/2, Bl. 64; vgl. auch Bericht Andre Grevenrath aus dem Jahr 1945, in: GUMS, LAG LII/1, S. 2; Ballhorn, Kelter, S. 158 f.
553 Vgl. Dokument »Jüdische Gefangene im Zellenbau«, in: GUMS, LAG VI/9.
554 Vgl. Aussage Hans Appel vom 18. 5. 1962, Kopie in: GUMS, NL 6/28/2, Bl. 64; Opitz, Erinnerungen, S. 120.
555 Vgl. Angrick, »Aktion 1005«.

nahmen der Lager-SS/Polizei während der Spannungszeit.[556] Dass das Personal aus Auschwitz-Birkenau hinsichtlich der dort praktizierten Verbrennungstechnik als Experten der »Aktion 1005« galt und bereits zuvor Leiter von anderen WVHA-Krematorien hinsichtlich der Exhumierung von Leichen bzw. sterblichen Überresten und deren (erneuter) Verbrennung schulten, hat Andrej Angrick am Beispiel des in Majdanek tätigen SS-Oberscharführers Erich Mußfeldt dargelegt.[557] Anstatt wie eigentlich vorgesehen in Mauthausen, Ende Januar/Anfang Februar 1945 in Oranienburg eingetroffen, übernahm Moll diese Tätigkeit in Sachsenhausen und verfügte hierfür über das jüdische »Sonderkommando«. Im Unterschied zu den deutschen Gefangenen, die als Hilfskräfte für das Krematorium herangezogen wurden und deren Tätigkeiten sich im Lager herumsprachen, blieben die jüdischen Männer den in der »Häftlingsverwaltung« eingesetzten Mitinsassen gänzlich unbekannt.[558] Vermutlich hatte der Zug, dem – wie im Folgenden aufzuzeigen sein wird – Moll und Bernhard Rakers Ende Januar als Transportführer vorstanden, sie aus Gleiwitz nach Sachsenhausen gebracht und sie wurden nach der Ankunft für das »Sonderkommando« selektiert.[559]

Zusätzlich zum Verbrennen der Dokumente und der »Aktion 1005« sollten Insassen die Leichen des Krankenmords, den die SS ab dem 2. Februar im Oranienburger Hauptlager, im Heinkel-Werk und im Außenlager in Lieberose vollzog, beseitigen. Die Kapazität des Krematoriums im Hauptlager reichte hierfür nicht aus.[560] Das im Krematorium eingesetzte SS-Personal griff in Zusammenarbeit mit der Politischen Abteilung, wie Opitz dargelegt hat, für den umfangreichen – und unter Zeitdruck ablaufenden – Krankenmord und dessen Spurenbeseitigung auf jüdische Deportierte für die Bildung von »Sonderkommandos« zurück:

»Parallel [zum Krankenmord] holten die SS-Halunken des Reichssicherheitshauptamtes aus der Baracke, in der sie ihre Pässe fälschten und sonstige Gemeinheiten und Verbrechen ausheckten, die dort tätigen Juden nacheinander heraus und schleiften sie zum Krematorium, wo sie helfen mussten, die Leichen ihrer Brüder zu verbrennen [...]. War dies' vorüber, wurden die Juden, die das getan oder sich weigerten dies' zu tun, getötet, verbrannt und wieder ein Dutzend andere Juden aus der oben genannten Baracke herausgeholt, die dann im Krematorium die gleiche Tätigkeit wiederholen und den gleichen Weg zu ihrem Ende gehen mußten.«[561]

---

556 Vgl. Jahn, Riga-Kaiserwald, S. 407 und S. 411 f.; Angrick, »Aktion 1005«, S. 1089-1150.
557 Vgl. Angrick, »Aktion 1005«, S. 281-283.
558 Vgl. Dok. »Jüdische Gefangene im Zellenbau«, in: GUMS, LAG VI/9; Aussage Hans Appel vom 18.5.1962, Kopie in: GUMS, NL 6/28/2, Bl. 64.
559 Vgl. Urteilschrift des LG Osnabrück vom 9.11.1959, in: BArch ZStL, B 162/28475, Bl. 21-32; Urteilschrift des LG Osnabrück vom 9.11.1959, in: BArch ZStL, B 162/28474, Bl. 8.
560 Vgl. Morsch, Mord, S. 31, S. 41, S. 55 und S. 59.
561 Opitz, Erinnerungen, S. 120.

Während die SMAD im Mai/Juni 1945 die Bildung eines »Sonderkommando[s] aus fünf Auschwitzern« ermittelte,[562] die (ebenfalls) Moll unterstellt gewesen waren, gibt Franz Ballhorn an, dass es sich um ein aus 25 jüdischen Gefangenen zusammengesetztes Kommando handelte, das unter der Aufsicht eines Dachauer SS-Oberscharführers namens Moser stand und »die Leichen aus der Gaskammer zu den Krematoriumsöfen« zu schleppen hatte.[563] Bei den zur Leichenbeseitigung eingesetzten Gefangenen handelte es sich somit vermutlich um unterschiedliche »Sonderkommandos«, die Anfang Februar 1945 sowohl die Leichen des Gefangenenmords als auch die Spuren der sterblichen Überreste der im Herbst 1941 ermordeten sowjetischen Kriegsgefangenen zu beseitigen hatte, und somit in Sachsenhausen an unterschiedlichen Orten eingesetzt waren.

Deutlich wird, dass es sich bei den im SMAD-Bericht geführten »fünf Auschwitzern« nicht – wie Günter Morsch ausführt – um einen »Trupp erfahrener SS-Mörder«,[564] sondern vermutlich eher um Insassen gehandelt hat, die im Zuge der Auflösung des Komplexes Auschwitz nach Sachsenhausen weiterverschleppt und anschließend als »Sonderkommando« eingesetzt worden waren. Die Ermittlungen der SMAD ergaben, dass die Männer »aus dem Wäschelager der SS Kombinationen, Gummistiefel und Gummimäntel« erhalten hatten[565] – Kleidung, die im Vernichtungsgeschehen dazu diente, »die verrenkten, mit Kot und Urin beschmutzten Körper aus der [Gas-]Kammer [zu] ziehen«.[566] Weder im Vernichtungsprozess innerhalb der Komplexe Auschwitz und Majdanek noch in den Vernichtungslagern der »Aktion Reinhardt« wurden zu dieser grausamen Tätigkeit SS-Angehörige herangezogen. Stattdessen zwang die SS stets jüdische Männer zum direkten Kontakt mit den Leichen, ermordete sie anschließend und ersetzte sie durch neue Gefangene. So ging sie auch im Rahmen der »Aktion 1005« vor.[567] In Sachsenhausen wurden im Februar 1945 vor allem jüdische Insassen zur Beseitigung der großen Zahl an Leichen gezwungen und anschließend ermordet. Anstatt dem – auf Basis von (abgesprochenen) Entlastungsaussagen in der historischen Forschung breit ventilierten – »Mordkommando Molls« verweisen insbesondere frühe Quellen auf den Einsatz von »Sonderkommandos« *unter* Molls Aufsicht.[568]

---

562 Übersetzung zum Gutachten der SMAD-Ermittlungen vom 4.-29.6.1945, in: BArch B, DP 3, V 111/66, Bd. 4, S. 23.
563 Ballhorn, Kelter, S. 158 f.
564 Morsch, Giftgas, S. 271.
565 Vgl. Übersetzung zum Gutachten der SMAD-Ermittlungen vom 4.-29.6.1945, in: BArch B, DP 3, V 111/66, Bd. 4, S. 23.
566 Vgl. Angrick, »Aktion 1005«, S. 1106.
567 Vgl. Eric Friedler, Barbara Siebert und Andreas Kilian: Zeugen aus der Todeszone. Das jüdische Sonderkommando in Auschwitz, München 2005.
568 Vgl. Übersetzung zum Gutachten der SMAD-Ermittlungen vom 4.-29.6.1945, in: BArch B, DP 3, V 111/66, Bd. 4, S. 23; Dok. »Jüdische Gefangene im Zellenbau«, in: GUMS, LAG VI/9; Aussage Hans Appel vom 18.5.1962, Kopie in: GUMS, NL 6/28/2, Bl. 64.

5.6 »Kommando Moll«

Während für die in Lieberose Anfang Februar vollzogene Massenerschießung eine als »Kommando Rot« bezeichnete Gruppe von SS-Angehörigen des Standortes Jamlitz zum Einsatz kam, heben die historischen Forschungsarbeiten, die sich mit dem massenhaft vollzogenen Gefangenenmord in Oranienburg zu Monatswechsel Januar/Februar 1945 befassen, unisono auf eine spezifische Gruppe von Direkttätern ab. Ein extra für den Krankenmord gebildetes »Kommando« sei dem SS-Hauptscharführer Otto Moll unterstellt gewesen. Unabhängig vom restlichen Geschehen im Konzentrationslager habe es den Krankenmord im Frühjahr 1945 vor Ort autonom durchgeführt. Anstatt das im Oranienburger Hauptlager wie auch im Heinkel-Lager 1945 vollzogene Vernichtungsgeschehen als einen arbeitsteiligen Prozess zu untersuchen, der zum einen bestimmte Akteure benötigte und in Sachsenhausen zum anderen eigenen Dynamiken unterlag, wurde in der historischen Forschung bisher einheitlich auf das »Kommando Moll« verwiesen.[569] Nach intensiver Forschungsarbeit stehe ich dieser Interpretation, die fast ausschließlich auf juristischen oder polizeilichen Ermittlungen der späten 1950er und frühen 1960er basiert, kritisch gegenüber. Ein quellenkritisches Vorgehen befördert hierbei gleich mehrere Problemstellungen zu Tage, die deutlich machen, dass die Selbstverständlichkeit, mit der in der historischen Forschung zum Krankenmord in Sachsenhausen 1945 auf dieses Exekutionskommando rekurriert wird, einer Überprüfung bedarf.

Bruchstücke

Ab der zweiten Januarhälfte kamen, wie aufgezeigt, Räumungstransporte mit vor allem jüdischen Männern, Frauen und Jugendlichen in Sachsenhausen an, die Gefangene weg von den Kriegsschauplätzen brachten. Ein Großteil von ihnen wurde daraufhin ermordet. Für das Vorgehen der Lager-SS während der Tötungsaktionen im Komplex Sachsenhausen lassen sich nur Bruchstücke rekonstruieren, aber dennoch zu einem Bild über die Abläufe des Vernichtungsgeschehens zusammenführen. So nahm das medizinische SS-Personal zusammen mit dem Arbeitseinsatzleiter bei Ankunft der Züge sowie der ab Ende Januar per Fußmarsch aus den ersten Außenlagern rücktransportierten Gefangenen Selektionen vor. Dieser Vorgang spielte sich sowohl außerhalb des Lagergeländes als auch auf dem Appellplatz ab. Die daraufhin zur Ermordung vorgesehenen Schwerkranken wurden anschließend direkt zur »Station Z« oder für kurze Zeit in zur Isolierung genutzte Baracken getrieben. Darüber hinaus erfolgten auch in den Krankenbaracken des Hauptlagers wie in denen der Nebenlager Selektionen. Die SS-Blockführer brachten kranke Gefangene anschließend per LKW

---

569 Vgl. Ley, Krankenmord, S. 45; Hördler, Ordnung, S. 447-452; Weigelt, Judenmord, S. 325-328 und S. 330-333; Orth, System, S. 297.

zur »Station Z«, wo sie ermordet wurden. Auch auf dem Gelände des Heinkel-Werks vollzogen SS-Männer Krankenmorde.

Je nach für sie vorgesehener Mordmethode und des dieser jeweils inhärenten Täuschungsverfahrens hatten sich die Gefangenen unmittelbar vor ihrer Ermordung zu entkleiden.[570] Aufgrund welcher Parameter sich die Verantwortlichen für die Gaskammer, die Erschießung oder die Injektion von Gift entschieden, kann nicht abschließend ermittelt werden. Nach dem Mord stellte das medizinische SS-Personal den Tod der Gefangenen fest und notierte diesen, um die getöteten Gefangenen später aus der Lagerstatistik zu streichen. Die Angehörigen der jüdischen »Sonderkommandos« hatten die Leichen daraufhin zum Krematorium zu schleppen, wo das seit Jahren aktive »Krematoriumskommando«, nun von jüdischen Männern unterstützt, die Verbrennung vornehmen musste. Die in den Schreibstuben der Kommandantur zwangseingesetzten Insassen trugen die Ermordeten daraufhin aus der Lagerstatistik aus. Zur Verschleierung der Morde hatten sie »auf Transport verstorben« oder bestimmte Krankheiten zu vermerken, die zum Tod geführt haben sollen. Nach Abschluss des Krankenmords wurden die jüdischen Gefangenen der 1945 eingesetzten »Sonderkommandos« in der Gaskammer umgebracht. Der in Sachsenhausen 1945 innerhalb weniger Wochen vollzogene Massenmord stellte somit einen umfangreichen und arbeitsteiligen Prozess dar. Welche Rolle nahm nun Moll in diesem ein?

Otto Moll

Sowohl mit dem Krankenmord und der daraus resultierenden, derart großen Zahl an Toten als auch dem Vorgehen der – innerhalb der SS als »Aktion 1005« bezeichneten – Beseitigung menschlicher Überreste aus Massengräbern vertraut, griff die Kommandantur in Sachsenhausen auf die Expertisen zurück, die Höß und Moll aus Auschwitz hatten. Höß unterstand der Vernichtungslagerkomplex bis Ende 1943, als er innerhalb der Amtsgruppe D in Oranienburg tätig wurde. Für die »Ungarn-Aktion« war er im Sommer 1944 noch einmal zurückgekehrt, um die Ermordung ungarischer Juden:Jüdinnen zu überwachen.[571] Moll war zuvor von 1938 bis 1941 in Sachsenhausen als Kommandoführer der Gärtnerei tätig gewesen und hier von Höß, der zu dieser Zeit ebenfalls vor Ort und als Schutzhaftlagerleiter fungierte, protegiert worden.[572]

Gemeinsam mit Franz Hößler hatte Moll ab Mai 1942 die Massentötung jüdischer Menschen bei den sogenannten Bunkern I und II geleitet. Bevor der SS-Vernichtungskomplex über die großen Gaskammern und Krematorien in Auschwitz-Birkenau verfügte, waren in zwei enteigneten Gehöften jenseits des befestigten Lagergeländes

---

570 Vgl. Aussage Oskar Burkhardt vom 17.12.1946, in: BArch BStU, RHE-West 425-428; Weigelt, Judenmord, S. 330.
571 Vgl. Rudorff, Auschwitz 1944/45, S. 38-40.
572 Vgl. Klee, Auschwitz, S. 282 f.

provisorische Gaskammern errichtet und zur Tarnung als »Bunker« bezeichnet worden. Bis November 1942 waren dort circa 120.000 Menschen ermordet und in umliegenden Massengräbern verscharrt worden.[573] Aufgrund des Gestanks, der aus den Gruben strömte, der Verunreinigung des Grundwassers durch die große Anzahl der Leichen und weil die SS/Polizei-Führung bestrebt war, den Massenmord bestmöglich geheim zu halten, wurden die Gruben geöffnet und die sterblichen Überreste der Ermordeten verbrannt. Moll oblag die Aufsicht über das hierbei eingesetzte »Sonderkommando«, das nach Abschluss der Exhumierung im Dezember 1942 ermordet wurde.[574] Anschließend unterstanden Moll der Krematoriumsbereich und die Gaskammern in Auschwitz-Birkenau, bis diese im Herbst 1944 rückgebaut wurden.[575]

Zum Zeitpunkt der Räumung im Januar 1945 war Moll Kommandoführer von Gleiwitz I, einem Außenlager von Auschwitz, das direkt am Gleiwitzer Bahnhof lag. Im Zuge der Auflösung des schlesischen KL-Komplexes wurden die letzten Insass:innen am 18. Januar zu Fuß westwärts verschleppt, im Lager Gleiwitz I und Gleiwitz II gesammelt und von dort in offenen Güterwaggons in das Reichsinnere weiterdeportiert. Der letzte am 21. oder 22. Januar 1945 aus Gleiwitz aufbrechende Zug stand unter der Transportführung von Moll und Bernhard Rakers[576] – Rakers war SS-Hauptschar- und Lagerführer in Gleiwitz II.[577] Neben mehreren tausend jüdischen Deportierten, die in offene Güterwagons gepfercht waren, führte er geschlossene Wagen mit SS-Offizieren und einer Wachkompanie sowie Waffen, Munition und Nahrungsmittel mit sich. Als Evakuierungsziel war Mauthausen vorgesehen. Der Zug kam nach einer mehrtägigen Fahrt, die durch ehemals tschechisches Gebiet führte, 20 Kilometer vor Mauthausen in Pregarten zum Stehen und fuhr am Folgetag zurück in Richtung Prag und über Dresden nach Oranienburg weiter. Mauthausen hatte die Gefangenen nicht aufgenommen. Der Zug steuerte daher Sachsenhausen an. Aufgrund langer Unterbrechungen war er damit erneut mehrere Tage unterwegs.[578]

Der Deportationszug führte männliche und weibliche Gefangene.[579] Ermittlungen zufolge hatte die Fahrt neun bis zwölf Tage gedauert.[580] Die Frauen wurden ver-

573 Vgl. Friedler, Zeugen, S. 184 f.; vgl. Gideon Greif: Im Zentrum der »Endlösung«. Alltag in der Todesfabrik Auschwitz, Tübingen 2022, S. 87-103.
574 Vgl. Greif, Zentrum, S. 103-108 und S. 352-354.
575 Friedler, Todeszone, S. 184 f.
576 Vgl. Aussage Otto Wilhelm Moll vom 29. 6. 1946, Kopie in: IPN, GK 164, 1501, S. 3.
577 Vgl. Klee, Auschwitz, S. 327 f.
578 Vgl. Bericht Läbi Däsidir aus dem Jahr 1945, in: GARF, 7021/115/31, Bl. 91 f.; Aussage Norbert Wollheim vom 31. 8. 1950, in: BArch ZStL, B 162/28466, S. 32 f.; Urteilssprüche im Ermittlungsverfahren zu Bernhard Rakers 1959/60, in: BArch ZStL, B 162/ 28474/75. Zu den Zügen, die die Gefangenen in offenen Waggons durch ehemals tschechisches Gebiet fuhren, vgl. auch Strzelecki, Endphase, S. 234 f.
579 Vgl. Bericht Däsidär Läbi aus dem Jahr 1945, in: GARF, 7021/115/31, Bl. 91 f.
580 Vgl. ebd.; Aussage Norbert Wollheim vom 31. 8. 1950, in: BArch ZStL, B 162/28466, S. 32 f.; Urteil des LG Osnabrück 4 Ks 2/52 (2/59) vom 9. 11. 1959, in: BArch ZStL, B 162/28474, S. 8; Urteil des LG Osnabrück 4 Ks 2/52 (6), in: BArch ZStL, B 162/28475, S. 6.

mutlich nach Ravensbrück weiterdeportiert. Die Wachkompanie aus Auschwitz wurde Sachsenhausen eingereiht. Rakers übernahm in Buchenwald anschließend die Funktion des Lagerführers des Außenlagers der Gustloff-Werke.[581] Aufgrund seiner vorherigen Einsatzfelder und des guten Kontakts, über den er bereits aus der gemeinsamen Zeit in Sachsenhausen und insbesondere in Auschwitz zu Höß verfügte, fand Moll vorerst in Sachsenhausen Verwendung. Auf Molls exzessives Engagement bei der Perfektionierung des Vernichtungsablaufes in Auschwitz ist es zurückzuführen, dass auf seine auf Gewaltwissen basierende Expertise Anfang Februar 1945, als die Kommandantur sich im Angesicht der herannahenden Roten Armee einer großen Anzahl kranker Insassen zu entledigen suchte, in Sachsenhausen zurückgegriffen wurde.[582] »[W]egen der bedrohlichen Lage an den Fronten« hatte der HSSPF »Spree« in Absprache mit der Amtsgruppe D die »Vorbereitung des Lagers zur Räumung« angeordnet.[583] Auf der Besprechung der SS-Führer am Standort Oranienburg vom 2. Februar 1945 war, wie aufgezeigt, das genaue Prozedere der Räumung, das auch deren Vorbereitung umfasste, für Sachsenhausen festgelegt worden. Neben Glücks war hierbei vermutlich auch der Leiter der Abteilung DI, Höß, zugegen, der die wenige Tage zuvor vollzogenen Räumungen von Auschwitz und Groß-Rosen überwacht hatte und seine diesbezüglichen Erfahrungen einbrachte. Für die – aus Sicht der Kommandantur – Herausforderung der Beseitigung der großen Anzahl der im Rahmen des vorgesehenen Krankenmords anfallenden Leichen brachte Höß seinen Vernichtungsspezialisten aus Auschwitz ins Spiel.

Zu diesem Zeitpunkt gerade erst in Oranienburg eingetroffen, war Moll somit noch nicht – wie bisher angenommen – an der »Aktion der Schutzhaftlagerführung« vom 1. zum 2. Februar 1945 beteiligt.[584] Vielmehr ist davon auszugehen, dass der Bericht, den Moll und Rakers nach der Deportation aus Gleiwitz über Mauthausen nach Sachsenhausen anfertigten,[585] ebenfalls in die Oranienburger Evakuierungsplanung einfloss und sein Wissen für die bevorstehenden Vernichtungsabläufe gefragt war. Im Anschluss an die Führerbesprechung hatte Höß – vermutlich zusammen mit Moll –

581 Vgl. Ermittlungen und Urteilssprüche im Verfahren zu Bernhard Rakers 1959/60, in: BArch ZStL, B 162/ 28474/75.
582 Vgl. Hördler, Ordnung, S. 447.
583 Vgl. Aussage Ludwig Rehn vom 22.10.1946, Kopie in; GUMS, JSU 1/23/1, Bl. 113 f.
584 Im Gegensatz zu Andreas Weigelt, Stefan Hördler und Karin Orth gehe ich auf Basis des mir vorliegenden Materials davon aus, dass der nach 1941 zweite Einsatz Otto Molls in Sachsenhausen erst am 2. Februar 1945 begann. Die Annahmen basieren auf den Aussagen von Anton Kaindl und Ludwig Rehn sowie den Ermittlungsergebnissen in der Strafsache zu Bernhard Rakers. Vgl. Aussage Anton Kaindl vom 11.10.1946, Kopie in: GUMS, JSU 1/15, Bl. 211; Aussage Ludwig Rehn vom 14.5.1962, Kopie in: GUMS, NL 6/28/2, Bl. 58; Ermittlungen und Urteilssprüche im Verfahren zu Bernhard Rakers 1959/60, in: BArch ZStL, B 162/ 28474/75. Zu dem vermeintlich früheren Einsatz Molls vgl. Hördler, Ordnung, S. 447; Weigelt, Judenmord, S. 330 f.; Orth, System, S. 296-301.
585 Die Transportführer der Lager-SS, aber auch Gefängnispersonal oder Kreisleiter hatten Berichte anzufertigen, waren Räumungen erfolgt. Vgl. Ausführungen, S. 54, Anm. 76.

Kaindl und Wessel aber über das weitere Vorgehen der für die nächsten Tage und Wochen geplanten Vernichtungsaktion beraten. Daraufhin ordnete Wessel die Bildung eines jüdischen »Sonderkommandos« an und betraute Rehn mit der Aufstellung. Das »Sonderkommando« hatte das bestehende Krematoriumskommando zu verstärken.[586] Denn zusätzlich zum umfangreich vollzogenen Krankenmord sollten auch die sterblichen Überreste der über 10.000 sowjetischen Kriegsgefangenen ausgegraben und erneut verbrannt werden. Moll überwachte das Prozedere in Sachsenhausen und forderte hierfür auch Gefangene zur Vorbereitung von Holz an.[587]

Der Krankenmord hingegen war von Wessel geleitet worden, der Kaindl täglich Bericht zu erstatten hatte.[588] Dass Moll auch hierbei tätig wurde, gab Kaindl 1946 zu Protokoll.[589] Im April 1946 selbst dazu befragt, hatte sich Moll hinsichtlich seines Einsatzes 1945 wie folgt geäußert:

»Im Januar 1945 kehrte ich [von Gleiwitz aus] nach Oranienburg zurück. [...] Im Februar 1945 bekam ich von der Amtsgruppe D (Personalstab) den Befehl, mich bei der Kommandantur Sachsenhausen zu melden. Mein Befehl lautete[,] eine Verbrennungsaktion von 1.600 Personen auszuführen, und dies tat ich vom 2. Februar an für etwa 14 Tage, wobei Tag und Nacht gearbeitet wurde. Ich leitete die Verbrennung und wir verbrannten etwa 1.600 Leichname. Ein Blockführer erzählte mir, dass viele dieser Toten an Injektionen gestorben waren, die sie im Krankenhaus erhalten hatten, und zwar weil sie kranke Menschen waren, die nicht mit dem Lager evakuiert worden wären. Zu dieser Zeit war Kaindl Kommandant des Lagers.«[590]

Auf Moll befragt, bekräftigte Rehn 1962: »Moll war evakuiert aus Auschwitz, dass er direkt nach Sachsenhausen kam – gerufen wurde – nur um zu liquidieren, glaube ich nicht. Aber er hat dann den Auftrag bekommen.«[591] Festzuhalten bleibt, dass Moll ab dem 2. Februar in Sachsenhausen in dem Lagerbereich tätig war, der die Gaskammer und das Krematorium umfasste. Hier verfügte er über (mindestens) ein eigenes »Sonderkommando«. Ihm arbeiteten zudem SS-Blockführer zu.[592] Nach einem frühen Nachkriegsprozess wurde er am 28. Mai 1946 in Landsberg am Lech hingerichtet.[593] Für weitere, an den Verbrechen in Sachsenhausen 1945 Beteiligten diente der Verweis auf Moll als Entlastungsstrategie.[594] Als die beschuldigten Männer

586 Vgl. Aussage Otto Böhm vom 3.5.1962, Kopie in: GUMS, NL 6/28/2, Bl. 20 und 24.
587 Vgl. Aussage Ludwig Rehn vom 22.10.1946, Kopie in: GUMS, JSU 1/23/1, Bl. 116-121.
588 Vgl. ebd.
589 Vgl. Aussage Anton Kaindl vom 11.10.1946, Kopie in: GUMS, JSU 1/15/2, Bl. 215.
590 Aussage Otto Wilhelm Moll vom 29.4.1946, Kopie in: IPN, GK 164/1501, S. 3.
591 Aussage Ludwig Rehn vom 14.5.1962, Kopie in: GUMS, NL 6/28/2, Bl. 58.
592 Vgl. Aussage Otto Wilhelm Moll vom 29.4.1946, Kopie in: IPN, GK 164/1501, S. 3.
593 Vgl. Klee, Auschwitz, S. 282f.
594 Ermittelnden Beamten fallen die Falschaussagen auf. Vgl. Vernehmung Hans Fabisch vom 10.5.1962, Kopie in: GUMS, NL 6/28/2, Bl. 44; Vernehmung Alois Gaberle vom 10.5.1962 in:

die Aussagen, auf die sich historische Interpretationen einheitlich stützen, in den 1950er und 1960er Jahren tätigten, war der ehemalige SS-Hauptscharführer und Chef der Vergasungsanlagen in Auschwitz bereits tot und konnte dementsprechend dazu nicht befragt werden.

Organisation und Tatbeteiligungen

In einem SMAD-Verhör zum Krankenmord befragt, gab Kaindl 1946 die Zahlen von circa 1.500 bis 1.700 im Hauptlager und 1.800 in den Nebenlagern ermordeten Kranken zu Protokoll.[595] Sowjetische Ermittlungen gingen 1945 hingegen von 4.252 im Februar in Sachsenhausen getöteten Kranken aus.[596] Diese Zahlen können nicht mehr überprüft werden. Sie gelten hier nur als ungefährer Richtwert für den Umfang des im Februar durchgeführten Krankenmordes. In den Verhören, die sowohl sowjetische als auch später deutsche Ermittlungsstellen durchführten, streiten die Kommandanturangehörigen ihre Beteiligung an diesen Morden im Frühjahr 1945 weitestgehend ab. Zur Entlastung diente ihnen hierbei der Verweis auf Moll. Die Aussagen, die von den Beteiligten an den Gewaltverbrechen in Sachsenhausen im Zuge von Nachkriegsermittlungen abgegeben wurden, werden hier mit Vorsicht behandelt. Vielmehr ist davon auszugehen, dass das Geschehen in der »Station Z« nicht mehr einzig auf die Leichenverbrennung von Todesfällen, sondern auf die aktive Vernichtung abzielte.[597] Diese stellte einen arbeitsteiligen Prozess mit vielen Akteuren dar.

Der Krematoriumsbereich in Sachsenhausen unterstand Alfred Klein. Bei Klein handelte es sich um einen der langjährigen Mordspezialisten, der sich bereits 1939 zusammen mit Paul Jude aktiv an Gefangenenschießungen beteiligt hatte. Beide stiegen so in der SS-Hierarchie auf.[598] Seit 1940 war Klein Leiter des Krematoriums.

ebd., Bl. 42. Zur Belastung bereits gestorbener SS-Angehöriger, die in die Verbrechen verwickelt waren, vgl. auch Aussage Heinz Baumkötter, in: Gegenüberstellungsprotokoll Heinz Baumkötter/Heinrich Wessel vom 10.5.1962, in: ebd., Bl. 40; Aussage Anton Kaindl, in: Gegenüberstellungsprotokoll Anton Kaindl/August Höhn vom 21.12.1946, Kopie in: GUMS, J SU 1/6, Bl. 10. Anhand der Begrüßungen der ehemaligen Kommandanturangehörigen in den Gegenüberstellungen des Landgerichts Verden hatten die Ermittlungsbeamten in der Strafsache Heinrich Wessel den Eindruck, dass die früheren SS-Angehörigen untereinander Kontakt hielten, sich bei neuen Ermittlungen warnten und bezüglich der Aussagen absprachen. Vgl. Notiz im Vernehmungsprotokoll vom 10.5.1962, Kopie in: GUMS, NL 6/28/2, Bl. 43.
595 Vgl. Aussage Anton Kaindl vom 11.10.1946, Kopie in: GUMS, JSU 1/15/2, Bl. 215.
596 Vgl. Übersetzung zum Gutachten der SMAD-Ermittlungen vom 4.-29.6.1945, in: BArch B, DP 3 V 111/66, Bd. 4, S. 19.
597 Vgl. Aussage Ludwig Rehn vom 14.5.1962, Kopie in: GUMS, NL 6/28/2, Bl. 58; vgl. auch Hördler, Ordnung, S. 364.
598 Siehe Dokumente in der Zusammenstellung des Sohns, Peter Klein, in: Archiv der Gedenkstätte Todesmarsch Belower Wald (TM), 1/X; Ley/Reichert, Klein, S. 284-286.

Zu seinen Erfahrungen hatte die Leichenverbrennung der über 10.000 im Herbst 1941 in Sachsenhausen erschossenen sowjetischen Kriegsgefangenen gehört, an deren Ablauf er optimierend mitgewirkt hatte.[599] Für seine Tätigkeit in Sachsenhausen hatte er diverse Auszeichnungen erhalten. Er führte zudem mehrtägige Lehrgänge zu den Verbrennungsvorgängen durch.[600] Zusammen mit Jude leitete Klein zudem die Standesämter »Oranienburg I« und »II«, die ebenfalls der Tarnung der Gewaltverbrechen dienten, bis zur Aufgabe des SS-Standortes im April 1945.[601]

Zum Krankenmord in Sachsenhausen befragt, schob Klein die Verantwortung für die Gewaltverbrechen vom Frühjahr 1945 in einem in den 1960er Jahren geführten Verhör auf Moll ab.[602] Der ebenfalls bis zur Evakuierung 1945 als »SS-Blockführer« im Krematoriumsbereich in Sachsenhausen eingesetzte August Janzen tat es ihm gleich. Auch er belastete 1962 – im Zuge der Verhöre des Verfahrens gegen Heinrich Wessel – Moll, der 1945 sein Nachfolger geworden sein soll.[603] Entsprechend der Hierarchie innerhalb der Lager-SS hätte Moll damit unter der Leitung Kleins gehandelt. Da Klein innerhalb der Amtsgruppe D als Verbrennungsexperte angesehen wurde, sollte von seiner aktiven Beteiligung am im Februar vollzogenen Krankenmord ausgegangen werden, denn wie der Überlebende Hermann Gramsik 1945 niederschrieb, »hatte [d]er Hauptscharführer Klein […] das Krematorium unter sich und [war] verantwortlich über [sic!] alle Hinrichtungen und Verbrennungen auf den [sic!] bekannten Industriehof.«[604] Da das im Februar 1945 tätige »Krematoriumskommando« zudem Janzen – und nicht Moll – unterstand, war auch er, und damit weiteres langjähriges Personal aus Sachsenhausen, aktiv an dem Vernichtungsgeschehen beteiligt. Nach dem Krieg sollte Molls Einsatz während der Räumungsvorbereitungen in Sachsenhausen nicht nur den SS-Männern des Krematoriums, sondern mit Baumkötter und Rehn auch weiteren SS-Führern, die 1945 in Sachsenhausen tätig gewesen waren, zur Leugnung der eigenen Beteiligung am Krankenmord dienen.

Für den Ablauf des Krankenmords in Sachsenhausen 1945 lassen sich folgende Schritte rekonstruieren: Die Ausgabe der Lagersperre und Überwachung einer »Aktion«, als welche die Ermordung der Kranken durch SS/Polizei bezeichnet wurde, erfolgte in Sachsenhausen durch den Adjutanten des Kommandanten, Wessel. Vor deren Beginn gab die Lagerführung Kontingente der zur Tötung vorgesehenen Menschen aus. Daraufhin wurden diese aus den Baracken abgeholt. Laut eigener Aussage hatte der Rapportschreiber in Sachsenhausen Hempel beispielsweise am 8. Februar 100 Karteikarten zu Gefangenen von Schutzhaftlagerführer Höhn erhalten, die in den Krankenbaracken lagen und an diesem Tag er-

---

599 Ebd., S. 285.
600 Vgl. Angrick, »Aktion 1005«, S. 281 und S. 1111.
601 Vgl. ebd.
602 Vgl. Aussage Alfred Klein vom 18. 5. 1962, Kopie in: GUMS, NL 6/28/2, Bl. 66.
603 Vgl. Aussage August Janzen vom 18. 5. 1962, Kopie in: ebd., Bl. 63.
604 Bericht Hermann Gramsik aus dem Jahr 1945, in: GARF, 7021/115/31, Bl. 2.

mordet werden sollten. Höhn teilte Hempel zur Abholung ein. Daraufhin machte Hempel drei Fahrten mit insgesamt 97 Kranken zur »Station Z«. Dort habe dann das »Kommando Moll« die Ermordung übernommen. Gegenüber den sowjetischen Ermittlern sagte Hempel aus, dass die gesamte Vernichtungsprozedur von der Abholung bis zur Einäscherung ungefähr drei Stunden gedauert habe. Hempel belastete Moll darüber hinaus auch, 149 jüdische Männer, die von den Wachmannschaften aus Fürstenberg (Oder) zu Fuß in das Hauptlager zurückgetrieben worden waren und dort am 18. oder 20. Februar völlig erschöpft ankamen, ermordet zu haben.[605] Bei den genannten Tagen handelte es sich allerdings um Zeitpunkte, als Moll schon nicht mehr vor Ort und der Massenmord an Kranken laut Kaindl bereits eingestellt worden war.[606]

Die Überstellung vom »Revier« zur »Station Z« bzw. zu dem für die Tarnung der Ermordung hergerichteten Arztzimmer im Heinkel-Werk vollzogen die SS-Blockführer, nachdem sie von den jeweiligen SS-Schutzhaftlagerführern – Kolb, Höhn, Körner –, dem SS-Rapportführer Böhm und dem SS-Mediziner Baumkötter dazu Anweisungen erhalten hatten. Die Überstellung erfolgte auf Basis der zuvor durch das medizinische SS-Personal unter Baumkötters Leitung sowie dem Arbeitsdienstleiter Rehn erstellten Listen. Mordete die Lager-SS mittels Gaskammer, wurde das SS-Krematoriumspersonal tätig und griff hierfür auf sein sogenanntes Krematoriums- sowie Sonderkommandos zurück. Dieser Bereich unterstand – wie aufgezeigt – Klein, der zur Durchführung des tausendfachen Krankenmords von Moll unterstützt wurde.

Mordete die Lager-SS durch letale Injektion, waren – wie dargelegt – SS-Mediziner und SS-Sanitätsdienstgrade tätig. Diese Tötungspraxis wurde von Baumkötter geleitet und auch durchgeführt. Bei allen drei Tötungsformen – Gas, Injektion, Erschießung – hatte medizinische SS-Personal anschließend den Tod festzustellen. Die Schutzhaftlagerführer protokollierten.[607] Für die Leichenbeseitigung im Hauptlager kamen deutsche Häftlinge und jüdische Deportierte zum Einsatz, die Aufsicht des Krematoriums-Blockführers Janzen standen oder durch Moll angewiesen wurden. Im Außenlager Heinkel-Werk erfolgte der Abtransport, wie aufgezeigt, zum Krematorium durch SS-Blockführer, wo dann die Gefangenen der »Sonderkommandos« übernahmen. Anschließend wurden die Gefangenen in den Schreibstuben des Rapportführer Böhm und des Rapportschreibers Hempel aus der Lagerstatistik ausgetragen. Unter der Leitung von Klein und Jude erfolgten der Eintrag in das Totenbuch und die Vermerke im Standesamt. Beim Vernichtungsgeschehen in Sachsenhausen im Frühjahr 1945 handelte es sich somit um ein prozesshaftes Vor-

---

605 Aussage Horst Hempel vom 19.12.1946, Kopie in: GUMS, P4 Janzen, August 1/2, S. 13 f.; Aussage Horst Hempel vom 30.8.1946, Kopie in: GUMS, JSU 1/31.
606 Vgl. Aussage Otto Wilhelm Moll vom 29.4.1946, Kopie in: IPN, GK 164/1501, S. 3; Aussage Anton Kaindl vom 11.10.1946, Kopie in: GUMS, JSU 1/15, Bl. 211.
607 Vgl. Aussage Michael Körner vom 2.8.1946, Kopie in: GUMS, JSU 1/19, Bl. 16-21.

gehen, das viele Tatbeteiligte benötigte, die im März für ihre Beteiligung mitunter noch befördert wurden.[608]

Anstatt Klein und Janzen die Abteilungen »Krematorium« und »Standesamt« temporär abzunehmen und eine eigene Schreibstube zu beziehen, so die auf Basis umfangreicher Quellenlektüre hier verfolgte These, unterstützte Moll die Sachsenhausener SS-Führer und -Unterführer im Krematoriumsbereich und hinsichtlich der »Aktion 1005«. Daraufhin sollte er Sachsenhausen Mitte Februar wieder verlassen, um in Dachau Verwendung zu finden. Trotz aller Geheimhaltungsbestrebungen wurde im Februar 1945 zusätzlich zu den jüdischen »Sonderkommandos« zudem das nicht-jüdische »Krematoriumskommando« herangezogen. Diesem standen die SS-Blockführer Nunike und Janzen vor, was auch Rückschlüsse auf deren aktive Beteiligung zulässt. Nicht zuletzt aufgrund der starken Alkoholisierung und der »unbedachten Äußerungen« der deutschen Hilfskräfte fiel Mitgefangenen auf, dass das Lagerpersonal im großen Umfang mordete.[609] Darüber hinaus zog die Krematoriumsleitung weitere nicht-jüdische Insassen zur Aschebeseitigung heran. Durch diesen grausamen Zwangseinsatz erhielt auch Vinzenz Kamitz Einblicke in das Innere der »Station Z«.[610]

Der Zeitdruck, unter dem sich die Kommandantur in Sachsenhausen im Februar und März hinsichtlich der bevorstehenden Standortaufgabe sah, machte aus Sicht der Täter ein umfangreich arbeitsteiliges Vorgehen nötig. Sowohl für den Krankenmord als auch für das Spurenbeseitigen blieb der Kommandantur nur so viel Zeit, wie die Oderfront halten sollte. In der Amtsgruppe D 1945 für Evakuierungsfragen zuständig, hatte Höß nach der Auflösung von Auschwitz, die er im Januar persönlich überwacht hatte, »die Arbeitsteilung von Birkenau wieder her[gestellt]«,[611] indem er sowohl Moll als auch jüdische Insassen, die in »Sonderkommandos« gezwungen wurden, für den Vernichtungsprozess in Sachsenhausen »abstellte«. Darüber hinaus waren auch die Sachsenhausener als Mordspezialisten zu dieser Zeit aktiv und zogen weiterhin nicht-jüdische Gefangene für die Arbeiten, die sie in direkten Kontakt zu den Leichen brachten, heran. Anders verhielt es sich in Lieberose, deren Führungspersonal im Zuge der Massenerschießung vom 2. bis zum 4. Februar 1945 selbst für die Beseitigung der Leichen zuständig war.

Im Komplex Sachsenhausen wurde 1945 auch per Waffe gemordet. Im Falle des Hauptlagers war ein Erschießungskommando aus SS-Blockführern aktiv, das der jeweilige SS-Schutzhaftlagerführer zusammenstellte und überwachte. Über das Vorgehen bei den Erschießungen findet sich in dem mir zur Untersuchung vorliegenden

---

608 Vgl. Ermittlungsunterlagen der SMAD zu Michael Körner, Kopie in: GUMS, J SU 1/19, Bl. 11.
609 Bericht Andre Grevenrath aus dem Jahr 1945, in: GUMS, LAG LII/1, S. 2; vgl. auch Aussage Karl Vollmerhaus vom 15. 4. 1953, in: BArch ZStL, B 162/20331, Bl. 93.
610 Vgl. Aussage Vinzenz Kamitz vom 17. 5. 1962, Kopie in: GUMS, NL 6/28/2, Bl. 58.
611 Angrick, »Aktion 1005«, S. 1114; Bernhard Strebel: Das KZ Ravensbrück. Geschichte eines Lagerkomplexes, Paderborn 2003, S. 567 f.

Material der Ermittlungs- und Prozessunterlagen jedoch kaum etwas. Dies ist vermutlich dem Umstand geschuldet, dass zum Krankenmord dort vor allem auf die Gaskammer und auf Giftinjektionen zurückgegriffen wurde und nicht zuletzt aufgrund der Frontnähe Munition und Waffen, die 1945 zunehmend Mangelware waren, zurückgehalten wurden. Erschossen wurden hier vor allem die von der Gestapo zur Hinrichtung eingelieferten Menschen.

Als Ende Januar 1945 der Befehl in Lieberose eintraf, die Kranken nicht in das Hauptlager rückzudeportieren, sondern vor Ort zu ermorden, war auch dort nicht klar, wie mit den Leichen verblieben werden sollte. Das geplante Krematorium befand sich zu dieser Zeit noch im Bau. Die Täter griffen dort auf Massengräber zurück.[612] In der zwei Kilometer entfernten Staakower Kiesgrube fand das SS-Personal für die Massenerschießung der über 1.300 jüdischen Deportierten die für ein Massengrab geeignete Erdvertiefung. Im Anschluss an die Erschießung hatten Insassen die Leichen auf LKW zu verladen, die SS-Angehörige zur Grube fuhren. Wachposten sperrten die Straße ab und bewachten das Kiesgrubengelände. Dort hatte ein weiteres »Sonderkommando« die Leichen ins Grab zu werfen. Mit der anschließenden Ermordung der im Zuge des Massakers eingesetzten »Sonderkommando«-Gefangenen wurde das Morden in Lieberose beendet. Es lassen sich auch Hinweise dafür finden, dass Gefangene neben der Grube, in der laut Andreas Weigelt Platz für weniger als die Hälfte der Ermordeten war, ein weiteres Massengrab anlegen mussten.[613] Weder dieses noch mögliche weitere Massengräber konnten bisher gefunden werden.[614] Denn vermutlich griff die SS auf dem Lagergelände in Lieberose auf vorhandene Erdvertiefungen wie Baugruben oder einen Löschteich zurück oder ließ eine neue Grube ausheben – für alle drei Vorgehensweisen legt Weigelt Zeugenaussagen offen, die darüber hinaus verdeutlichen, dass sowohl die offengelassenen Baugruben als auch der ausgehobene Graben und das liegen gelassene Grabwerkzeug für Unruhe unter den Insassen in Lieberose gesorgt hatten.[615]

5.7 Unruhe im Lager

Für Konzentrationslagerinsass:innen, die von der SS in Odernähe zur Zwangsarbeit eingesetzt wurden, waren die Kriegshandlungen Ende Januar deutlich zu hören. Auch im Hauptlager, das sich ungefähr 80 Kilometer westlich der Oder befand, war der Geschützdonner zu vernehmen.[616] Flugblätter, die die Alliierten abwarfen und die Informationen zum Kriegsverlauf enthielten, zirkulierten.[617] Im Hauptlager wie

---

612 Vgl. Aussage Anton Kaindl vom 31.7.1946, Kopie in: GUMS, JSU 1/15, Bl. 23.
613 Vgl. Weigelt, Judenmord, S. 361-371.
614 Vgl. Morsch, Gutachten.
615 Vgl. Weigelt, Judenmord, S. 361-371.
616 Aussage Walter Engemann aus dem Jahr 1962, in: BArch ZStL, B 162/1906, Bl. 122.
617 Bericht Ernst Altenkirch vom 23.5.1945, in: GARF, 7021/115/31, Bl. 38.

in Außenlagern kursierten Gerüchte zur bevorstehenden Räumung.[618] Insbesondere an den in der Lagerverwaltung eingesetzten Gefangenen ging die am 31. Januar 1945 einsetzende Unruhe in der Kommandantur nicht vorbei. Sie beobachteten das Geschehen der Räumungsvorbereitung durch das führende Lagerpersonal genau. Im Februar 1945 »wurde dort schon allgemein darüber gesprochen, dass bei weiterer Feindannäherung eine Evakuierung bzw. Verlegung des gesamten Lagers erfolgen würde«.[619] Durch ihre unbedachten, weil stark alkoholisierten Äußerungen brachten die seit Jahren als Krematoriumsgehilfen eingesetzten Gefangenen zudem Wissen über die Vernichtungsaktionen der SS in Umlauf.[620] Aber auch der beißende Rauch des Krematoriums wies auf den Massenmord hin. Wie versuchten die Gefangenen im Frühjahr 1945, auf diese Situationen zu reagieren?

Beobachten

Von Beginn an hing das Überleben in einem Konzentrationslager vielfach davon ab, das Verhalten des Lagerpersonals, aber auch der ihnen zuarbeitenden Funktionshäftlinge, zu denen unmittelbarer Kontakt bestand, einzuschätzen. Waren sie körperlich und mental noch dazu in der Lage, achteten die Insass:innen sehr genau darauf, was um sie herum geschah, vermieden es aufzufallen und suchten die Deckung in der Masse. Dies war auch 1945 der Fall, als das Lagerpersonal um sie herum zunehmend nervöser und entsprechend entweder gewalttätiger oder zurückhaltender wurde. Die meisten Insass:innen versuchten, sich ruhig zu verhalten und nicht aufzufallen. Für politische Gefangene wie Hugo Eicker wurde die Situation »noch einmal sehr kritisch« und, wie er ausführt, »immer bedrückender. Für uns kam es nun darauf an, die Nerven und die Ruhe zu bewahren, den betrunkenen und am meisten terroristischen Elementen in der SS aus dem Wege zu gehen.«[621]

Die in den Schreibstuben und im Industriehof beschäftigten sowie einige nur temporär im Krematoriumsbereich zur Zwangsarbeit eingesetzten Gefangenen wie auch die in den Krankenbaracken tätigen Häftlingsärzte und Pflegekräfte verfolgen das Geschehen sehr genau. Ihr aufmerksames Hinschauen, Interpretieren und Dokumentieren stellt das Fundament dar, auf dem die vorliegende Untersuchung fusst. Einzelne, durch ihre Tätigkeit in der Lagerselbstverwaltung eingesetzte und dadurch im Kontakt zum (führenden) Lagerpersonal stehende Gefangene trauten sich nun, als die Front sich näherte, das Gespräch zu suchen sowie das Gehörte und Gesehene zu dokumentieren. So begann beispielsweise Karl Maldtor mit dem Kommandoführer in Kolpin die Kriegslage zu diskutieren.[622] Der Kommandoführer

---

618 Aussage Walter Engemann von 1962, in: BArch ZStL, B 162/1906, Bl. 122.
619 Vgl. Aussage Karl Vollmerhaus vom 15. 4. 1953, in: BArch ZStL, B 162/20331, Bl. 90.
620 Vgl. ebd.
621 Bericht Hugo Eicker o. O. o. D., in: GUMS, P3 Eicker, Hugo.
622 Vgl. Aussage Karl Maldtor vom 27. 5. 1948, in: BArch ZStL, B 162/9443.

in Kremmen, Georg Heimroth, und dessen Ehefrau Charlotte führten ebenfalls Gespräche mit einigen Gefangenen, die sie – ohne dass das Hauptlager davon Kenntnis hatte – zum Bau ihres Eigenheims (aus-)nutzten.[623]

Im Haupt- wie in den Außenlagern, aber auch während der 1945 einsetzenden Rücktransporte begannen Gefangene darüber hinaus verstärkt, Tagebuch zu führen. So dokumentierte Emil Davidovic bereits 1944 seine Deportation von Sighet nach Auschwitz-Buna in einem Taschenkalender und hielt anschließend die Stationen fest, die der Deportationszug passierte, mit dem er ab dem 18. Januar von Gleiwitz nach Sachsenhausen weiterverschleppt wurde.[624] Guy Chataigne und René Trauffler sollten die Auflösung des Konzentrationslagers Sachsenhausen und den Gewaltmarsch, den sie hierbei ab April 1945 zu laufen hatten, später dokumentieren. Chataigne nutzte hierfür ein Wehrmacht-Merkbuch.[625] Trauffler verwendete ein Notizbuch.[626] Auf der Krankenstation führte Franz Ballhorn Tagebuch und dokumentierte Anfang Februar 1945 die Abholung der Kranken von der Tbc-Station.[627] Auch Odd Nansen brachte seine Eindrücke dieser Zeit in Text- und Bildform zu Papier.[628] Jaroslav Purš gelang es nach eigenen Aussagen sogar, einige wenige Dokumente der Kommandantur an sich zu nehmen, mit dem Ziel, sie vor der Vernichtung zu schützen.[629] Das mutige Vorgehen der Gefangenen diente der Dokumentation ihrer Beobachtungen und der späteren Ahndung der in Sachsenhausen begangenen Verbrechen. Die gesammelten Eindrücke und Annahmen zirkulierten allerdings bereits vor der Befreiung und verbreiteten sich unter den Gefangenen.

Gerüchte

Nur wenige Gefangene hatten aufgrund der ihnen zugewiesenen Zwangsarbeiten in der Lagerverwaltung oder als medizinisch eingesetzte Häftlinge Einblicke in das Vorgehen der Lagerführung und diese zumeist auch nur fragmentarisch, weil lediglich ihre Bereiche betreffend. Für die Mehrzahl der Gefangenen im WVHA-Lagersystem stellten Gerüchte die einzige Wissensquelle zum Geschehen vor Ort dar. Gerüchte können der Wissenschaft zwar keine gesicherten Informationen liefern, aber als das, was sie waren, untersucht werden[630] – als eine Art Seismograf, mit dem sich

---

623 Aussage Georg Heimroth vom 19.6.1968, in: StAL, EL 48/2, Bü 1837; Brief von Karl Raddatz an Charlotte Heimroth vom 9.7.1946, in: ebd.
624 Vgl. Tagebuch Emil Davidovic, in: YV, O.33/9000.
625 Ein Faksimile befindet sich in der Dauerausstellung des Museums Neuruppin.
626 René Trauffler, Tagebuch, in: Privatarchiv der Familie. Ich danke herzlich José J. Gaasch-Trauffler für das Überlassen einer Kopie.
627 Vgl. Ballhorn, Kelter, S. 158 f.
628 Vgl., Nansen, Tag.
629 Vgl. Bericht Jaroslav Purš vom 8.3.1961, in: GUMS, LAG XXVI / 6.
630 Vgl. Raul Hilberg: Die Quellen des Holocaust, Frankfurt a. M. 2002, S. 191.

Gefangene vor Gefahren warnten.[631] So beschrieb der ehemalige Krankenpfleger und »Blockälteste« im »Revier 2« und »Revier 2b«, Geissler, wie das Wissen zu der Ermordung der 27 Gefangenen im Oktober 1944 kursierte: »Wie ein Lauffeuer ging es am nächsten Tag durchs Lager, dass die 27 Kameraden nicht mehr waren.« Ausgelöst hatte dieses »Lauffeuer« der Umstand, dass die Effekten der Gefangenen »zur Kammer [kamen]«.[632] Aufgrund der Erfahrungen, die die Insassen des dort tätigen »Kommandos« zu den Gewaltpraktiken in Sachsenhausen hatten, vermuteten sie, dass ihre Mitgefangenen – unter ihnen einige langjährige »Blockälteste« – ermordet worden waren, und informierten daraufhin ihnen nahestehende Mitinsassen.

Bei den 1945 in Sachsenhausen im Umlauf befindlichen Gerüchten handelte es sich mehrheitlich um Angstgerüchte – also die Furcht vor einem negativen Ereignis.[633] In den Angstgerüchten schlugen sich die während der zuvor überlebten Deportationen und Selektionen sowie während der weiteren Internierung gemachten Erfahrungen nieder und vermischten sich dabei auch mit dem bruchstückhaften Wissen, das einzelne Gefangene zum weiteren Geschehen in Sachsenhausen erlangen konnten. Ein Ort in den Konzentrationslagern, an dem sich dazu ungestört ausgetauscht werden konnte, war der Latrinenbereich.[634]

So brachten, wie E[...] Boers heimlich notiert, die ab Ende Januar in das Hauptlager nach Oranienburg rücktransportierten Insass:innen Wissen über die Situation auf den Straßen und damit zum Kriegsgeschehen mit, das im Lager zirkulierte: »Letzte Woche erreichten uns Gerüchte über die Wege in der Umgebung, die voller Flüchtlinge und deutschen Militärs sein sollen.«[635] Aufgrund der in Sachsenhausen verbreiteten Gerüchte zur bevorstehenden Räumung wurde, wie Andre Grevenrath festhielt, die »Stimmung immer verzweifelter.«[636] Auch Boers hatten Informationen zu der von der SS anvisierten Räumung erreicht. Als Häftlingsarzt war ihm mitgeteilt worden, dass »[l]aut Plan [...] Kolonnen von 3 000 Mann losmarschieren [sollen] und jeder Kolonne 3 Ärzte und 4 Pfleger mitgegeben werden.« Boers schildert, wie »emotionsbeladen« die Gespräche über die Räumung des Lagers waren.[637] Viele der vor allem aus Osteuropa in das WVHA-Lagersystem Verschleppten und weiter nach Sachsenhausen Deportierten

---

631 Vgl. Jürgen Brokoff: Die Kommunikation der Gerüchte, Göttingen 2008; Manfred Bruhn und Werner Wunderlich (Hg.): Medium Gerücht. Studien zu Theorie und Praxis einer kollektiven Kommunikationsform, Bern u. a. 2004.
632 Aussage [Vorname unbekannt] Geissler vom 15.5.1962, Kopie in: GUMS, NL 6/32/9.
633 Vgl. Robert H. Knapp: A Psychology of Rumor, in: Public Opinion Quarterly 8/1 (1944), S. 22-37.
634 Zu Latrinen als spezifische Bereiche innerhalb von Konzentrations- und Vernichtungslagern, in denen sich Menschen zum Austausch und religiösen Praktiken trafen, vgl. Alexandra Natoli: Bodily Matters. Remembering the Auschwitz-Birkenau Latrines, in: Zeitschrift für Genozidforschung 19/2 (2021), S. 203-221.
635 Eintrag vom 4.2.1945 im Tagebuch von E[...] Boers, Abschrift in: GUMS, P3 Boers, E[...].
636 Vgl. Bericht Andre Grevenrath aus dem Jahr 1945, in: GUMS, LAG LII/1, S. 2.
637 Eintrag vom 4.2.1945 im Tagebuch von E[...] Boers, Abschrift in: GUMS, P3 Boers, E[...].

hatten zuvor die »Liquidierungen« der Gettos oder Arbeitslager erlebt, in die sie als jüdische Menschen verschleppt worden waren, oder kamen vielfach erst im Zuge der »Evakuierungen« östlicher Konzentrationslager nach Sachsenhausen. Sie wussten daher, was die Räumung insbesondere für schwer kranke Insass:innen bedeutete. Im Frühjahr 1945 zirkulierte dieses Wissen in Form von Gerüchten nicht nur im Hauptlager, sondern auch an den Außenstandorten. So kursierte im Außenlager in Glau, das der dortigen SS-Standortkommandantur unterstand, das Gerücht, demnach sowohl die Insass:innen des Außenlagers als auch die sowjetischen Kriegsgefangenen, die sich in unmittelbarer Nähe befanden, vor der Räumung erschossen werden sollten. Wie Jerzy Fiodorow nach dem Krieg aussagen sollte, war aus dem Oranienburger Hauptlager dann aber der Befehl zur Rückführung eingegangen.[638] Gleiches berichtet Stanisława Ginter, die Ende Januar 1945 in Kleinmachnow Zwangsarbeit leisten musste.[639]

Strategien

Die Gefangenen versuchten, auf das Beobachtete und vor allem auf die Gerüchte zu reagieren. Denn das »infernalische Grauen«, wie der Kommunist Max Opitz es für das Oranienburger Hauptlager – wo er sich seit 1941 befand – beschreibt, blieb ihnen nicht verborgen:

»Dies und der schwarze Qualm aus den Schornsteinen des Krematoriums sowie der sinnzerstörende Geruch des verbrannten Menschenfleisches überwogen die letzten Monate vor dem Ende des Grauens permanent das ganze Lager und schufen eine Atmosphäre der Unsicherheit, der Angst und der Verzweiflung unter den Gefangenen, gegen die anzukämpfen die schwierigste Aufgabe des Lageraktivs wurde. Kein Gefangener wusste, was ihm in der nächsten Stunde widerfahren würde.«[640]

Der Rahmen an Möglichkeiten – durch das brutale Lagerregime stark begrenzt – differierte aufgrund der unterschiedlichen Herkunft und Behandlung sowie des jeweiligen Zwangsarbeitseinsatzes allerdings grundlegend. Die große Zahl an Gefangenen, durch (Mehrfach-)Deportationen und zum Teil jahrelange Zwangsarbeit stark erschöpft und schwer erkrankt sowie 1945 zunehmend schlechter als ohnehin schon versorgt, lebte von einem Tag auf den nächsten vor allem mit dem Ziel, zu überleben und an Lebensmittel zu gelangen.

In einem »Aufräumkommando« in der Stadt Oranienburg eingesetzt, meldete sich der aus Belgien nach Sachsenhausen verschleppte jüdische Deportierte Walter

---

638 Vgl. Aussage Jerzy Fiodorow vom 19.11.1968, in: GUMS, LAG XI/10.
639 Vgl. Stanisława Ginter: Unsere große Freundschaft, in: Ich sah den Namen Bosch. Polnische Frauen als KZ-Häftlinge in der Dreilinden Maschinenbau GmbH, hg. von Ewa Czerwiakowski und Angela Martin, Berlin 2002, S. 173-184, hier S. 175.
640 Opitz, Erinnerungen, S. 120.

Simoni 1945 bei der Aufstellung im Klinkerwerk beispielsweise trotz der großen Gefahr, die diese Zwangsarbeit bedeutete. Sie war den Gefangenen bewusst, weil Henry Clemens Meyer unter anderem Insassen behandelte, die aufgrund dieser grausamen Tätigkeiten beim Räumen und Entschärfen von Blindgängern nach Luftangriffen schwer verletzt ins Lager zurückkamen.[641] Simoni ging trotzdem, weil »man durch das Feuer gebratene Kartoffeln oder Rüben finden konnte«.[642] Die Lager-SS bekam die Suche nach Lebensmitteln mit und ging dagegen vor.[643]

Um an bessere Arbeitsorte zu gelangen und damit die Möglichkeit des eigenen Überlebens zu erhöhen und der Ermordung zu entgehen, wechselten jüdische Gefangene auch die Kleidung und legten Nummern und »Winkel« von Verstorbenen an. Aufgrund der großen Zahl an Gefangenen, die im Frühjahr 1945 einerseits in das Hauptlager gelangten und andererseits von dort weiterdeportiert oder vor Ort ermordet wurden, verlor das Lagerpersonal zunehmend den Überblick. Jüdische Gefangene deutscher oder österreichischer Herkunft versuchten diese Situation für sich zu nutzen. Wie Simoni 1947 berichtete, war es einem jüdischen Österreicher – dessen Namen er nicht mehr erinnerte – in Sachsenhausen gelungen, sich als »Arier« auszugeben und so an eine Position in einer Schreibstube zu gelangen, die mit Wärme und besserer Versorgung verbunden war. Simoni kannte ihn aus dem Auschwitzer Außenlager Golleschau. Er erhielt von dem Mann Essbares, was ihm ebenfalls half, zu überleben.[644]

Gefangene wie Simoni versuchten in einigen Fällen erfolgreich, Arbeitskommandos zu wechseln, die eine Verbesserung der Versorgungssituation ermöglichten und den Körper nicht mehr so strapazierten. So gelangte Simoni noch im Frühjahr 1945 in ein neues Außenlager, das zudem über Radio und Zeitungen verfügte. Welches Außenlager das war, konnte ich nicht mehr rekonstruieren, wohl aber, wie aufmerksam Simoni dort die Heeresberichte verfolgte, »die ja damals schon nichts mehr von Siegen, sondern nur von strategischen Rückzügen berichten konnten.«[645] Während dieser Tage und Wochen 1945 – dem »letzten Meter« auf dem Weg zur Freiheit – achtete Simoni mehr denn je auf seine Gesundheit.[646] Andere Insass:innen taten es ihm gleich.

Auch Tadeusz Wolf Epstein und Oljean Ingster, die sich seit der Deportation der jüdischen Bevölkerung des polnischen Kreises Miechów im August 1942 kannten und sich seitdem sowohl in Auschwitz als auch auf den erneuten Deportationen und Zwangsarbeitseinsätzen im Reich unterstützten, war es nach ihrer Ankunft in Sachsenhausen im Dezember 1944 gelungen, sich unter falschen polnischen Namen registrieren zu lassen. Dies war möglich, weil ein in der Registratur tätiger und ihnen

---

641 Vgl. Bericht Dr. Henry Clemens Meyer aus dem Jahr 1945, Übersetzung in: GUMS, NL 6/32/9, S. 9.
642 Bericht Walter Simoni aus dem Jahr 1947, in: YV, O.33/989, S. 64.
643 Vgl. Bericht Arsene Weiss vom 1.8.1945, in: AA, Dok.-ID: 1.1.38.0/82150574.
644 Vgl. Bericht Walter Simoni aus dem Jahr 1947, in: YV, O.33/989, S. 65.
645 Vgl. ebd., S. 63.
646 Ebd., S. 64.

aus Auschwitz bekannter Insasse sie vor den Arbeitskommandos für Juden:Jüdinnen – insbesondere dem in Lieberose – gewarnt hatte und der Zug, der sie nach Oranienburg brachte, unterwegs in einen Luftangriff geraten war, bei dem die Häftlingskartei verbrannt war. »Die Unterbringung erfolgt jetzt bei den Polen und ist etwas besser, dafür herrscht ständige Angst vor Entdeckung und Denunziation durch polnische Antisemiten«, werden die beiden nach dem Krieg berichten.[647]

Für die jüdischen Gefangenen, die sich 1945 in Sachsenhausen befanden, war die Situation besonders schwer. Sie waren mehrheitlich 1944, ein Großteil auch erst 1945 in das Reichsinnere deportiert worden und teilten die Situation Joseph Rotbaum-Ribos:

»Die nächsten paar Wochen in Sachsenhausen waren sehr schwierig und elendig. Das Essen war knapper als jemals zuvor und es gab keine Flucht vor der Kälte. Viele jüngeren und stärkeren Gefangenen wurden nach Berlin gebracht[,] um dort die Straßen von Trümmern und Schutt zu säubern, welche von Häusern stammten [,] die von den Alliierten bombardiert worden waren. Andere arbeiteten in Bomben-Abbruchkolonnen. Diejenigen von uns, die nicht fit genug waren[,] um zu arbeiten und deshalb im Lager blieben, hatten genug Zeit[,] um an Hunger zu denken und an Möglichkeiten, von einem Appell zum nächsten zu überleben.«[648]

Rotbaum-Ribo war 1944 aus dem Strafarbeitslager für Juden in Pionki (Polen) nach Sachsenhausen deportiert und dort bis Mitte Februar 1945 in Glöwen zur Zwangsarbeit eingesetzt worden, bevor er zurück ins Hauptlager kam. Über die Folgen Sachsenhausen-interner Deportationen und Arbeitseinsätze schreibt auch Walter Simoni: »[W]ieder dasselbe: im Block waren wir die ›Neuen‹, die Ungewünschten, die die dortigen ›Alten‹ in ihrer Ruhe gestört hatten.«[649]

Die Ankunft der jüdischen Deportierten in Sachsenhausen bedeutete eine für alle Insass:innen spürbare Reduzierung der ohnehin schon mangelhaften Versorgung. Die Kommandantur kümmerte sich 1945 nicht um eine Anpassung an die steigende Gefangenenzahl, so dass es für alle Gefangenen bedrohlich wurde, insbesondere für die zu schwerster Zwangsarbeit eingesetzten jüdischen, die zudem tage- und wochenlange Mehrfachdeportationen hinter sich hatten. Den erst 1945 Eingetroffenen unter ihnen gelang es kaum, sich in Gruppen zu organisieren und dadurch zu unterstützen, oft waren es einzelne Kontakte, wie der von Epstein und Ingster, um am Leben zu bleiben. In wenigen Fällen legten auch im »Revier« eingesetzte Gefangene, wie der zur Zeit der ersten Deportation 34-jährige Epstein über den 13-jährige Oljean, ihre Hände schützend über die jüdischen Jugendlichen und Kinder, die sich nun auch im Hauptlager befanden – das Jüngste unter ihnen war gerade einmal vier Jahre alt, wie eine

---

647 Tadeusz Wolf Epstein und Oljean Ingster: KZ und Zwangsarbeit, unveröffentlichter Bericht aufgezeichnet von Henrik Epstein, o. O. o. D., in: GUMS, P3 Epstein, Tadeusz.
648 Bericht Joseph Rotbaum-Ribo vom Januar 1996, in: TM, 2/2.
649 Bericht Walter Simoni aus dem Jahr 1947, in: YV, O.3/989, S. 64.

VERLÄUFE – ENTSCHEIDUNGEN – PRAKTIKEN

Abb. 5: »[D]er jüngste Häftling, viereinhalb Jahre alt, bei einem Spaziergang mit seinen Freunden.«

Fotografie, die Jaroslav Šklíba an sich genommen hatte, dokumentierte (Abb. 5). Der Fotograf hatte mehrere Jahre in Sachsenhausen verbracht und musste beispielsweise 1941 die im Herbst eintreffenden sowjetischen Kriegsgefangenen für die Politische Abteilung erkennungsdienstlich erfassen. Šklíba war es vor der Evakuierung noch gelungen, Negative, die unterschiedliche Verbrechen dokumentieren, zu verstecken und auf dem Weg zurück in seine Heimat in Oranienburg noch an sich zu nehmen.[650]

Neben dem Kind verdeutlicht auch der im Bild gezeigte »Muselmann« das Inferno, das die letzten Wochen in Sachsenhausen darstellte. Diesen Menschen war kaum noch zu helfen. Andere erhielten Bluttransfusionen von Mitgefangenen, um zu Kräften zu kommen – eine solidarische Praxis, über die wir bisher sehr wenig wissen und die z. B. auch von den Häftlingsärzten in Ravensbrück durchgeführt wurde, in Lieberose jedoch verboten war.[651] Zur Aufrechterhaltung der mentalen Gesundheit für viele der jüdischen Gefangenen so wichtig, erforderten religiöse Riten – wie schon das

650 Vgl. Vlasta Měšťánková: Ravensbrück Häftlinge im Bild. Die Fotografien von Jaroslav Šklíba 1945. Entstehung und Überlieferung, Vortrag gehalten auf der Sommeruniversität der Gedenkstätte Ravensbrück am 26. 8. 2015. Ich danke Vlasta Měšťánková für die Übersendung einer Kopie des Vortragsmanuskriptes und der Gestapo-Akte Šklíbas.
651 Vgl. Bericht Dr. Henry Clemens Meyer aus dem Jahr 1945, Übersetzung in: GUMS, NL 6/32/9, S. 5 f. Meyer war auch einige Monate führender Häftlingsarzt im »Revier 7« in Lieberose. Vgl. Bericht Dr. Henry Clemens Meyer aus dem Jahr 1945, Anhang in: ebd., S. 7. Für Ravensbrück vgl. Aussage Karl Gerber vom 11. 1. 1965, in: Unterlagen des Fritz Bauer Instituts zum Frankfurter

Aufbewahren von Essen zu Jom Kippur am 26. und 27. September 1944 – nun die allergrößten, gar unmöglichen Anstrengungen.[652] An Fluchten war für diese Gruppe kaum zu denken. Gefangenen sollte diese 1945 aber gelingen.

Fluchten

Neben den nächtlichen Bombardements nutzten die nach Sachsenhausen Verschleppten die ab Ende Januar 1945 ungewisse und daher unruhige Situation auch zur Flucht. Die Versuche nahmen zu. Sowohl im Zuge von Luftalarm als auch bei Transporten zurück in das Hauptlager gelang es Insass:innen, sich dem Lagerregime zu entziehen. Um die Zeitspanne bis zum Kriegsende – bei der ungewiss war, wie lange sie andauern würde – überleben zu können, waren sie allerdings auf Unterstützung angewiesen. Entsprechend flohen sie in Gruppen oder hatten sich an Anwohner:innen wenden müssen und um Versteck gebeten, stets in der Gefahr, denunziert und von der Polizei erneut aufgegriffen zu werden. Zu fliehen war ein gefährliches Unterfangen, denn die Gefangenen der Konzentrationslager waren insbesondere aufgrund ihrer Kopfrasur, der Unterernährung und der gestreiften Gefangenen- oder zerschundenen Zivilkleidung als solche zu erkennen.[653] Angesichts der eigenen Überlebensinteressen der Umgebungsgesellschaft – nun selbst vom Luftkrieg bedroht, der Elend und Gewalt zur alltäglichen Erfahrung werden ließ – war die Solidarität mit den propagandistisch als »gefährlich« dargestellten und zerlumpten Insass:innen der Konzentrationslager selten. Vielmehr bildete die Bevölkerung, wie Karola Fings schon im Rahmen ihrer Untersuchung zu den SS-Baubrigaden betont hat, »ein Teil des Lagerzauns, der die Häftlingsbevölkerung aus dem Leben ausgrenzte.«[654]

Erfolgreiche Fluchtversuche hatte es über die gesamte Dauer des Bestehens von Sachsenhausen gegeben. Dabei war es Gefangenen sogar gelungen, in einer Kleingruppe in SS-Kleidung per Kfz und mit Munition zu fliehen.[655] Erfolgreiche Fluchtversuche ereigneten sich auch über Luftschächte und unterirdische Kanäle.[656] Aus Sicht der SS stellten aber insbesondere die Transporte kritische Situationen dar. Entsprechend wurde für Deportationen, die mehr als 20 Gefangene umfassten, die Anwesenheit eines aktiven SS-Führers festgelegt.[657] Überstellungen hatten stets in

---

Auschwitz-Prozess. Online unter: https://www.auschwitz-prozess.de/resources/transcripts/pdf/Gerber-Karl.pdf (letzter Zugriff am: 21. 9. 2024), S. 2.
652 Bericht Walter Simoni aus dem Jahr 1947, in: YV, O.3/989, S. 66.
653 Vgl. ebd., S. 410 f.
654 Fings, SS-Baubrigaden, S. 154.
655 Vgl. Schreiben Chef Amtsgruppe D des SS-WVHA, Glücks, vom 7. 8. 1942, in: YV, M.9/372.
656 Vgl. Schreiben Chef Amtsgruppe D des SS-WVHA, Glücks, vom 15. 7. 1943, in: ebd.
657 Vgl. Schreiben Chef Amtsgruppe D des SS-WVHA, Glücks, vom 13. 3. 1941, in: ebd.

Gefangenen- und nicht in Zivilkleidung zu erfolgen.[658] Gelang Gefangenen die Flucht, wurden die Wachmänner einem Verhör durch Kripo-Beamte oder durch den Gerichtsoffizier des Konzentrationslagers unterzogen, das klären sollte, ob und wie Beihilfe durch Zivilarbeiter geleistet wurde oder ob Unachtsamkeit bzw. Nachlässigkeit eines Wachpostens die Flucht ermöglicht hatte. Bei »Schutzhäftlingen« war die Flucht dem RSHA, bei »Vorbeugehäftlingen« dem Reichskriminalpolizeiamt zu melden. Auch die Amtsgruppe D und die einweisende Gestapo-Dienststelle waren zu informieren. Wurden die Gefangenen erneut festgenommen, waren die genannten Stellen ebenfalls zu benachrichtigen.[659] »Aus Gründen der Geheimhaltung« sollte dies nur fernschriftlich geschehen; Berichte sollten nur dem Kurier, der am 1. und am 16. des Monats zur Amtsgruppe D nach Oranienburg fuhr, mitgegeben werden.[660] Insbesondere für das RSHA war ein Bericht zu erstellen, in dem auch aufgeführt werden sollte, ob während der Flucht Diebstähle begangen wurden. War dies der Fall, war ein Exekutionsantrag beizufügen.[661] Denn wieder festgenommene Insass:innen – insbesondere die unter dem Vorwurf der Plünderung gestellten – wurden erneut in jene Konzentrationslager verschleppt, in denen sie zuvor inhaftiert gewesen waren, und dort zur Abschreckung auf mitunter brutalste Weise lageröffentlich ermordet.[662]

Bereits im Sommer 1944 hatte Kaindl auf die Fluchtversuche reagiert, indem er eine Verstärkung des Wachdienstes anordnete und nun auch Angehörige der Kommandantur dafür abstellte. So hatte Rehn sich z. B. jeden vierten Tag an der Sicherung des Hauptlagers zu beteiligen.[663] Mit dem Vordringen sowjetischer Einheiten nach Brandenburg nahmen die Fluchtfälle 1945 zu.[664] Wiederergriffene Insass:innen wurden weiterhin sowohl im Hauptlager als auch in Außenlagern ermordet. Der III. Schutzhaftlagerführer Körner fuhr hierfür im Februar 1945 beispielsweise nach Lichtenrade, um die Hinrichtung eines Gefangenen nach dessen Flucht

---

658 Vgl. Schreiben Chef Amtsgruppe D/I des SS-WVHA, Liebehenschel, vom 14.12.1942, in: YV, M.9/384.
659 Vgl. Schreiben Chef Amtsgruppe D des SS-WVHA, Glücks, vom 26.4.1941, in: YV, M.9/372.
660 Vgl. Schreiben Chef Amtsgruppe D des SS-WVHA, Glücks, vom 26.1.1944, in: ebd. Zur Nutzung von Kurieren vgl. auch Schreiben Chef Amtsgruppe D/I des SS-WVHA, Höß, vom 28.3.1944, in: YV, M.9/452.
661 Vgl. Schreiben Chef Amtsgruppe D des SS-WVHA, Glücks, vom 26.1.1944, in: YV, M.9/372.
662 So berichtet Margit Teitelbaum nach dem Krieg über die Grausamkeit der SS in Auschwitz und das öffentliche Verbrennen eines polnischen Juden, dem es zuvor gelungen war zu fliehen, der aber erneut festgenommen und zurück in das Lager verschleppt wurde. Eine namentlich ebenfalls nicht bekannte Jüdin hatte sich ihrer Erhängung durch Suizid zu entziehen gesucht und schlug vor den Augen der Gefangenen den SS-Blockführer nieder, der sie zum Galgen führte. Anschließend brach sie aufgrund ihrer aufgeschnittenen Pulsadern zusammen. Vgl. Bericht Margit Teitelbaum, in: YV, O.33/4680.
663 Vgl. Aussage Ludwig Rehn vom 18.6.1946, Kopie in: GUMS, JSU 1/23/1, Bl. 69.
664 Vgl. Veränderungsmeldungen, Kopien in: GUMS, JSU 1/101.

persönlich durchzuführen.⁶⁶⁵ Auch nach Bad Saarow waren die »Spezialisten« aus dem Hauptlager gekommen, um nach Fluchtversuchen lageröffentliche Morde vorzunehmen.⁶⁶⁶ Die 1945 vor allem aus den Außenlagern getätigten Fluchten unterbanden sie damit nicht. Wie Andre Grevenrath nach dem Krieg berichtet, wies eine Veränderungsmeldung, die er zu verschriftlichen hatte, die Massenflucht von 22 russischen und ukrainischen »Ostarbeiterinnen« aus,⁶⁶⁷ die allerdings »wiederergriffen« und von der Häftlingsstärke »abgesetzt«, d. h. ermordet worden waren.⁶⁶⁸ Bei ihnen handelt es sich vermutlich um Frauen aus dem Kommando Auer, die die Lager-SS in der Gaskammer ermordete.

Weil sie wussten, was sie erwartete, oder bei Ankunft von Mitgefangenen heimlich darüber informiert worden waren, hatten sich einzelne Todeskandidat:innen »vor allem falsche Nummern«, »Winkel« oder Kleidungsstücke, an denen diese angebracht waren, beschafft. Aufgrund der Verwirrung, die das Tragen der Nummer eines Verstorbenen oder bereits Abtransportierten daraufhin auslöste, war dies der Lagerleitung aufgefallen.⁶⁶⁹ Sie reagierte in Sachsenhausen – wie der ehemalige Lagerälteste Naujoks nach dem Krieg recherchierte – entsprechend brutal:

> »Häftlinge, die angeblich während der Verdunkelung Diebstähle begangen und angeblich Sabotage geübt hatten, kommen in die Isolierung als ›Todestrupp‹. Ihnen wurden schwarze Kreuze auf die Stirn gemalt. Auch jede Wange wurde mit einem Kreuz in schwarzer Farbe markiert. Diese Häftlinge wurden von dem aufgeputztem [sic!] ›Luftschutzgeneral‹ Maschke (BVer)« zum Erschießen geführt.«⁶⁷⁰

Wurden flüchtige Gefangene gefasst und nach Sachsenhausen (zurück-)gebracht, erhielten auch sie 1945 Markierungen mit schwarzer Farbe oder Teer im Gesicht, ebenso wie sowjetische Kriegsgefangene oder Zwangsarbeiter:innen, die wegen der (vermeintlichen) Flucht von ihren Arbeitsstellen aufgegriffen und von der Gestapo nach Sachsenhausen verschleppt worden waren.⁶⁷¹ Daraufhin wurden sie der wöchentlichen Hinrichtungsaktion zugeführt. Diese hatte in den Lagerabläufen in Sachsenhausen

---

665 Vgl. Aussage Michael Körner vom 2. 8. 1946, Kopie in: GUMS, JSU 1/19, Bl. 16-21.
666 Vgl. Vorläufiges Ermittlungsergebnis zu Ketschendorf aus dem Jahr 1968, in: BArch ZStL, B 162/9443.
667 Vgl. Bericht Andre Grevenrath aus dem Jahr 1945, in: GUMS, LAG LII/1, S. 3.
668 Vgl. ebd., S. 4.
669 Vgl. ebd.
670 Harry Naujoks: Versuch einer Chronologie des Konzentrationslagers Sachsenhausen 1935-1945, Hamburg 1. 9. 1958 (unveröffentlicht), in: TM, 2/1 M1 SH, S. 48. Naujoks bezieht sich hier auf die Ausführungen von Odd Nansen.
671 Vgl. Hans Coppi: Sowjetische Kriegsgefangene im Konzentrationslager Sachsenhausen, in: Jahrbuch für Forschungen zur Geschichte der Arbeiterbewegung 1 (2003), S. 23-40, hier S. 37.

einen festen Platz. Jeden Mittwochnachmittag stand das Hauptlager 1945 unter »Blocksperre«,[672] an dem die Ermordung der hierfür Vorgesehenen durchgeführt wurde.[673]

Wie Zoltan Neumann nach dem Krieg erinnerte, kam es auch unmittelbar vor den Massendeportationen, mit denen Gefangene im Februar beispielsweise nach Mauthausen weiterverschleppt wurden, zu Fluchtfällen. Zu dem Zug geführt, der ihn nach Mauthausen bringen sollte, beobachtete der 15-jährige, aus Ungarn stammende jüdische Junge, dass sich Mitgefangene nicht »wagonieren« ließen und flohen.[674] Die Erfahrungen, die Deportierte wie Neumann hatten, dessen Deportationsgeschichte die Stationen Auschwitz, Lieberose und Sachsenhausen umfasste, führten auch in Lieberose zu Fluchten, als die Weiterverschleppung bevorstand. So hatte sich beispielsweise Abraham Schmidt mit der Ahnung heimlich vom Zug entfernt, dass es sich hierbei um einen Transport mit zur Ermordung bestimmten Gefangenen handelte.[675] Schmidt war zurück ins Lager gegangen und hatte sich in die Kolonnen eingereiht, die sich zu Fuß auf den Gewaltmarsch nach Sachsenhausen machen mussten. Viele der zum Zug der schwer kranken Gefangenen geführten und eigentlich noch »marschfähigen« jüdischen Jungen hatten sich gegen das Mitfahren ebenfalls zu wehren gesucht und wurden vom Wachpersonal mit Gewalt in die Wagons getrieben. Jakob Kurz konnte sich währenddessen in der Latrine verstecken und anschließend ebenfalls dem Fußmarsch anschließen.[676] Jakob Gutrajch erhielt Hilfe, um aus der Krankenbaracke auszubrechen, in der die Gefangenen eingesperrt waren, die ab dem 2. Februar in Lieberose erschossen wurden.[677] Nicht zuletzt das Grabwerkzeug, das in deren unmittelbarer Nähe bereitlag, hatte Vermutungen unter einigen erfahrenen Insassen ausgelöst.[678]

Die Gefangenen vertrauten auf ihre Beobachtungen und schenkten Gerüchten Glauben, mochten sie auch noch so Grausames und Unvorstellbares zum Inhalt haben. Aufgrund der zuvor im deutschen Deportations- und Lagersystem gemachten Erfahrungen wussten sie sehr genau, wozu SS/Polizei-Angehörige fähig waren. Die körperlich Kräftigeren unter den vor allem jüdischen Gefangenen suchten daher nach Wegen, sich den Selektionen zu entziehen. Mehreren Tausend von ihnen gelang dies nicht. Sie fielen noch vor Ort oder in Mauthausen und Bergen-Belsen der Vernichtungsabsicht der SS/Polizei zum Opfer. Politische Gefangene, denen sich die Kommandantur in Sachsenhausen ebenfalls über den Abtransport nach Mauthausen oder Bergen-Belsen zu entledigen suchte, versuchten ihre Namen wieder von den Listen nehmen zu lassen. Andere baten ihre Mitgefangenen und auch einzelne höhere SS-Offiziere, in deren Schreibstuben sie tätig gewesen waren, sie auf die Listen zu

---

672 Die Gefangenen hatten sich dann in den Unterkunftsbaracken aufzuhalten und diese nicht zu verlassen.
673 Vgl. Aussage Wilhelm Heinskill vom 22.5.1962, Kopie in: GUMS, NL 6/32/9.
674 Bericht Zoltan Neumann vom 9.8.1945, in: YV, O.15/1267.
675 Vgl. Abraham Schmidt vom 4.5.1964, in: BArch ZStL, B 162/3926, Bl. 127.
676 Vgl. Aussage Jakob Kurz vom 30.4.1964, in: BArch ZStL, B 162/3926, Bl. 120 f.
677 Vgl. Aussage Jakob Gutrajch vom 30.4.1964, in: ebd., Bl. 118 f.
678 Vgl. Weigelt, Judenmord, S. 361.

setzen, aus Angst, dass auch sie noch vor Standortaufgabe ermordet werden würden.[679] Zur Ermordung abgeführte Gefangene versuchten, wie aufgezeigt, sich noch mitten im Vernichtungsprozess der Ermordung zu entziehen, in dem sie sich wie in Lieberose in den Kleiderhaufen der unmittelbar vor ihnen Ermordeten versteckten oder ihre Mörder angriffen und dabei auch schwer verletzen konnten.

Niemand der Männer und Frauen, die sich dem mordenden Lagerpersonal entgegenstellten oder versuchten, zu fliehen, sollte den Widerstand überleben. Die überwiegende Mehrzahl der Insass:innen, durch Zwangsarbeit und Mehrfachdeportationen schwer gezeichnet, musste die Brutalität und Grausamkeit des Lagerpersonals aufgrund der eigenen körperlichen Schwäche über sich ergehen lassen. Ziel aller Gefangenen, die bisher verschont geblieben waren, war das Erreichen des nächsten Tages und am Leben zu bleiben. Als im April 1945 die nächste sowjetische Großoffensive einsetzte und die SS/Polizei den Standort Oranienburg sowie die letzten verbliebenen Außenlager evakuierte, bedeutete das jedoch für die noch lebenden Gefangenen, in unbekannter Richtung auf Gewaltmärsche getrieben zu werden. Nur wenige hatten das Glück, dieser Tortur durch die Evakuierung des Internationalen Komitees vom Roten Kreuz zu entkommen.

5.8 Weiße Busse

Im Rahmen der als Rettungsaktion der »Weißen Busse« bezeichneten Hilfsaktion des IKRK evakuierten deren Mitarbeiter:innen im Frühjahr 1945 217 dänische, zwei schwedische und 1.942 norwegische Gefangene aus Sachsenhausen über Neuengamme nach Schweden. In sieben Transporten fuhren die Fahrer und die Mediziner Insass:innen nach ihrer Freigabe durch die Kommandantur in Sachsenhausen in Militärautos, die zuvor zum Schutz vor Angriffen weiß angestrichen und mit roten Kreuzen versehen worden waren, nach Neuengamme. Dort wurden die sich im Übergang zur Befreiung befindlichen Gefangenen in einem als »Skandinavierlager«[680] bezeichneten Bereich gesammelt. Anschließend brachte sie das IKRK weiter nach Schweden.[681] Der Freilassung dieser Gefangenen vorausgegangen waren zähe Verhandlungen sowie Hilfslieferungen, die bereits seit 1943 an skandinavische Insass:innen erfolgten und dem IKRK ermöglichten, im Frühjahr 1945 erfolgreich Gefangenenevakuierungen durchzuführen.

679 Vgl. Bericht Adam Harth vom Februar 1948, in: YV, O.33/5716, S. 5; Aussage Reinhold Scheil vom 14.5.1962, Kopie in: GUMS, NL 6/32/9; Aussage Vinzenz Kamitz vom 17.5.1962, in: ebd.
680 Vgl. Michael Grill und Ulrike Jensen: »Auf dem Weg nach Hause«. Skandinavische Häftlinge im KZ Neuengamme und im »Skandinavierlager«, in: Skandinavien im Zweiten Weltkrieg und die Rettungsaktion Weiße Busse – Ereignisse und Erinnerung, hg. im Auftrag der KZ-Gedenkstätte Neuengamme von Oliver von Wrochem unter Mitarbeit von Lars Jockheck, Berlin 2012, S. 71-93.
681 Vgl. Kühle, Todesmärsche, S. 22.

Zu Beginn des Zweiten Weltkrieges basierte die Arbeit des IKRK auf den Genfer Konventionen. Seit 1864 war darin der Umgang mit Verwundeten und Kranken bewaffneter Kräfte in zwischenstaatlichen Kriegen festgelegt, 1929 auf Kriegsgefangene ausgeweitet und mit Ausnahme der Sowjetunion von allen ab Ende der 1930er Jahre in Europa kriegführenden Staaten ratifiziert worden. Ein Entwurf, Zivilpersonen wirkungsvoll zu schützen, konnte Anfang 1940 aufgrund des Beginns des Zweiten Weltkrieges nicht mehr verabschiedet werden.[682] Insass:innen von Konzentrationslagern, zu Beginn vornehmlich deutsche Staatsbürger:innen sowie die später in den besetzten Gebieten Verhafteten, waren durch das internationale humanitäre Völkerrecht damit kaum geschützt. Das IKRK beschränkte sich entsprechend auf Personensuchdienste. Ab dem Frühjahr 1940 befand sich in Berlin eine für das Deutsche Reich und die besetzten Gebiete zuständige Delegation.[683]

Ab 1942 begann das IKRK in Berlin mit detaillierten Sondierungen, ob und wie Hilfe für die nun aus allen europäischen Ländern in die Konzentrationslager Verschleppten möglich war. Die Versorgung der Gefangenen ohne zusätzliche Kosten stieß im SS-WVHA auf Interesse, das sich auf diese Weise eine Steigerung der Arbeitskraft sowie Senkung der Sterblichkeit der Insass:innen zum Zwecke einer längeren Ausbeutung versprach.[684] Entsprechend gestattete Himmler Ende Oktober 1942 die Zustellung von Paketen Angehöriger, wenn keine verschärften Haftbedingungen für die jeweiligen Empfänger:innen vorgesehen waren. Direkte Hilfeleistungen des IKRK lehnte das Auswärtige Amt noch ab, genehmigte aber von nun an das Versenden von Lebensmittelpaketen. Ab 1943 versandten das norwegische und das schwedische Rote Kreuz Lebensmittelpakete auch nach Sachsenhausen. Deren Inhalt nutze das Lagerpersonal allerdings für sich selbst und gab die Pakete, wenn überhaupt, vermutlich nur an norwegische Gefangene aus. Entsprechend einem Erlass der Amtsgruppe D war es den Kommandanturen der einzelnen Lager gestattet, mit den Hilfspaketen nach Gutdünken zu verfahren, anstatt diese an die Gefangenen auszuliefern.[685] Bis zum Kriegsende am 8. Mai 1945 kam es zu Großversendungen von Lebensmittelpakten an die Konzentrationslager durch das IKRK. Zusätzlich suchten deren Delegierte in den letzten Kriegsmonaten nach Möglichkeiten zu Verhandlungen, die in der Evakuierung von Gefangenen durch die »Weißen Busse« münden sollten.

Erste, im Oktober 1944 zwischen dem SS-Obergruppenführer Werner Best und dänischen Stellen geführte Verhandlungen hatten bereits zur Freilassung dänischer Polizisten und Grenzbeamter geführt. Zum Jahreswechsel 1944/45 kehrten daraufhin

---

682 Vgl. Winfried Meyer und Stefanie Nathow: Liebesgaben aus Genf. Die Paketsendungen des Internationalen Komitees vom Roten Kreuz für Häftlinge des KZ Sachsenhausen und ihr Missbrauch durch die SS, in: Dachauer Hefte 22 (2006), S. 44-98, hier S. 45; Jean-Claude Favez: Das internationale Rote Kreuz und das Dritte Reich. War der Holocaust aufzuhalten? München 1989, S. 22-24.
683 Vgl. Meyer/Nathow, Liebesgaben, S. 46.
684 Vgl. ebd., S. 48; Favez, Rote Kreuz, S. 200.
685 Vgl. Meyer/Nathow, Liebesgaben, S. 79.

circa 600 Männer nach Dänemark zurück und wurden im Anschluss (erneut) im Lager Frøslev interniert.[686] Der Leiter der vereinigten Geheimdienste des SD und der Abwehr im RSHA, SS-Brigadeführer und Generalmajor der Polizei, Walter Schellenberg, nutzte im Oktober 1944 ebenfalls seine Kontakte und verhandelte im Auftrag Himmlers mit dem Schweizer Politiker Jean-Marie Musy über die Freilassung von jüdischen Gefangenen. Ziel war, Devisen sowie Kontakt zu den Westalliierten zu erhalten. Ein Zug, der circa 1.200 Juden:Jüdinnen aus Theresienstadt führte, erreichte daraufhin im Februar 1945 die Schweiz. Mit dieser und späteren Freilassungen hatte Schellenberg den SS-Obersturmführer Franz Göring beauftragt, der den Evakuierungstransport als Verbindungsoffizier bis zur Grenze begleitete. Ein zweiter, bereits vorbereiteter Sonderzug, mit dem noch etwa 1.800 jüdische Deportierte aus Bergen-Belsen Deutschland in Richtung Schweiz verlassen sollten, sowie zukünftige, ebenfalls mit Musy in Planung befindliche Gefangenenfreigaben erfolgten nicht, weil Kaltenbrunner das Vorgehen Himmlers und Schellenbergs unterminierte. Der Chef des RSHA hatte in der Presse Falschinformationen verbreiten lassen, um Hitler indirekt zu informieren. Er war damit seinem unmittelbaren Vorgesetzten, Himmler, in den Rücken gefallen. Als Hitler von den Entlassungen jüdischer Menschen in die Schweiz erfuhr, verbot er diese für die Zukunft.[687]

Durch folgende, sehr zähe Verhandlungen mit hochrangigen NS-Funktionären weitete sich das Vorgehen 1945 von der Freilassung kleiner Gefangenenkontingente in neutrale Staaten trotzdem aus. Über die Freilassung einer unbestimmten Zahl kranker Skandinavier hinaus kam es auch zur Freigabe weiterer Gefangenengruppen an das IKRK. Im Zuge der als »Bernadotte-Aktion« bezeichneten Rettung kamen auch jüdische Deportierte frei. Hierfür hatte Anfang Januar ein Mitarbeiter des Auswärtigen Amtes dem IKRK den Kontakt zum RSHA vermittelt. Ein IKRK-Delegierter hatte daraufhin am 9. Januar Kontakt mit dem Leiter des Referates IV C 2 (»Schutzhaftangelegenheiten«) im Amt IV (Gestapo), Emil Berndorff. Hinsichtlich der Frage nach Möglichkeiten der Versorgung der Insass:innen in den Konzentrationslagern

---

686 Vgl. Ulrich Herbert: Best. Biographische Studien über Radikalismus, Weltanschauung und Vernunft 1903-1989, Bonn 1996 (3. Auflage), S. 360-373; Hans Sode-Madsen: Dänische Polizisten und Grenzgendarmen im KZ Neuengamme – September 1944 bis Mai 1945, in: von Wrochem, Skandinavien, S. 63-70, S. 65; Sune Persson: Rettung im letzten Augenblick. Folke Bernadotte und die Befreiung Tausender KZ-Häftlinge durch die Aktion »Weiße Busse«, Berlin 2011, S. 91; Henrik Skov Kristensen: Eine Station auf dem Weg in die Hölle: Harrislee-Bahnhof und die Deportation dänischer Gefangener aus Frøslev in deutsche Konzentrationslager, Aabenraa 2002, S. 64.
687 Vgl. Aussage Franz Göring aus dem Jahr 1945, in: PRO, K 2/98, Bl. 223a; Hans G. Adler: Die verheimlichte Wahrheit: Theresienstädter Dokumente, Mohr 1958, S. 105-108; Walter Schellenberg: Aufzeichnungen des letzten Geheimdienstchefs unter Hitler, Köln 1956; Manfred Flügge: Rettung ohne Retter oder: Ein Zug aus Theresienstadt, München 2004; Yehuda Bauer: »Onkel Saly« – die Verhandlungen des Saly Mayer zur Rettung der Juden 1944/45, in: Vierteljahrshefte für Zeitgeschichte 25/2 (1977), S. 188-219.

verwies Berndorf den Delegierten an die Amtsgruppe D in Oranienburg. Zwei Tage später kam es zu Verhandlungen mit Richard Glücks mit dem Ziel, die Insass:innen den Kriegsgefangenen hinsichtlich der Versorgung durch das IKRK mit Lebensmitteln, Kleidung und Medikamenten gleichzustellen. Dass sich die Situation in den Konzentrationslagern existentiell zuspitzte, war auch dem IKRK nicht entgangen. Die während des Gesprächs getroffenen Vereinbarungen zur Versorgung galten vorerst für Insass:innen französischer, belgischer, niederländischer, dänischer und norwegischer Herkunft. Die Absprachen bezüglich der Überprüfung der Verteilung der Pakete in den Konzentrationslagern vor Ort und die dortige Kontaktaufnahme mit den »Lagerältesten« wurden allerdings bis in die zweite Aprilhälfte nicht umgesetzt.[688]

Am 2. Februar hatten IKRK-Delegierte erneut den Kontakt zur Amtsgruppe D gesucht. Wieder ging es um die Frage der Versorgung der Gefangenen, zu der sie sich an diesem Tag sowohl mit dem Chef der medizinischen Abteilung in der Amtsgruppe D, Lolling, als auch mit Höß in der Funktion als Glücks Adjutanten besprachen, die allerdings beide lediglich deutlich zu machen versuchten, dass die SS/Polizei alles in ihrer Macht stehende tun würde, um Epidemien zu verhindern und sie sich selbst den Weisungen Himmlers fügen müssten.[689] Himmler »hüllte sich« dieser Tage nicht nur »in Schweigen«, wie die Delegierten dokumentierten,[690] sondern war – wie aufgezeigt – mit der Situation an der Oder beschäftigt und völlig überfordert. Auch während der folgenden Gespräche, die im Februar/März 1945 mehrfach in Oranienburg stattfanden, war Himmler nicht zu erreichen. Stattdessen fanden sie mit Kaltenbrunner und Schellenberg statt. Insbesondere in Schellenberg, so gewannen die IKRK-Delegierten den Eindruck, schienen sie »einen Mann gefunden zu haben, mit dem eine Diskussion möglich ist.«[691] Im März war es zu erneuten Gesprächen zwischen dem RSHA und dem IKRK gekommen, bei denen es um die Frage der Freilassung von skandinavischen Gefangenen und die Repatriierung französischer Frauen, die nach Ravensbrück verschleppt worden waren, ging.[692]

Im Unterschied zu den IKRK-Delegierten war es dem Vize-Präsidenten des Schwedischen Roten Kreuzes, Folke Bernadotte Graf von Wisborg, im Februar und März gelungen, über dessen Leibarzt, Felix Kersten, in Kontakt mit Himmler zu treten. Nachdem Bernadotte Mitte Februar vorerst nur den deutschen Außenminister Joachim von Ribbentrop sprechen konnte sowie auf Kaltenbrunner und Schellenberg getroffen war, kam es am 19. Februar zu einer Unterredung in Hohenlychen, in dem SS-Sanatorium, in dem sich Himmler zu dieser Zeit aufhielt.[693] Bernadotte gelang es zwar nicht, Himmler davon zu überzeugen, die skandinavischen Gefangenen nach

---

688 Vgl. II. IKRK-Bericht, S. 93f.
689 Vgl. ebd., S. 94f.
690 Ebd.
691 II. IKRK-Bericht, S. 96.
692 Vgl. ebd. S. 95f.
693 Vgl. Graf Folke Bernadotte: Das Ende. Meine Verhandlungen in Deutschland im Frühjahr 45 und ihre politischen Folgen, Zürich 1945, S. 32-47; vgl. Longerich; Himmler, S. 745.

Schweden bringen zu lassen, um sie – ähnlich dem Vorgehen in Dänemark – dort zu internieren. Aber für ihre Zusammenführung auf dem Gelände in Neuengamme erteilte Himmler eine Genehmigung.[694] Hierfür sollte ein gesonderter Bereich geräumt werden, der zum Sammeln und der Versorgung der Gefangenen durch das IKRK diente. Daraufhin lief die Hilfsaktion an, die sich zur Rettungsaktion entwickeln sollte.

Da das Schwedische Rote Kreuz nicht über die benötigten Transportmittel verfügte, stellte die schwedische Regierung Militärbusse zur Verfügung, die weiß angestrichen und mit Roten Kreuzen versehen wurden, um sie vor Luftangriffen zu schützen. Der Sitz der Familie Bismarck in Friedrichsruh in der Nähe von Hamburg diente dem Schwedischen Roten Kreuz daraufhin als Logistikstützpunkt in Norddeutschland.[695] 75 Fahrzeuge – davon 36 Busse – und rund 250 Helfer:innen wurden am 8. März in Hässleholm mit dem Ziel verschifft, KL-Insass:innen zu retten.[696] Unter den geretteten Gefangenen befand sich Dr. Henry Clemens Meyer. Der dänische Mediziner war im Dezember 1943 nach Sachsenhausen deportiert worden. Dort setzte ihn die SS im Hauptlager und später auch im Lieberoser »Revier« als Häftlingsarzt ein. Mit weiteren, über 2.000 skandinavischen Insass:innen aus Sachsenhausen wurde Meyer zwischen dem 16. und dem 21. März 1945 vom IKRK in Bussen nach Neuengamme gebracht, wo sich Meyer wieder um die Versorgung der Kranken kümmerte. Einige Tage später ging es von dort weiter. Die Wagenkolonne, in der sich Meyer zur Evakuierung nach Schweden befand, brach im April 1945 in Neuengamme auf und geriet versehentlich unter alliierten Beschuss[697] – womit deutlich wird, um was für ein gefährliches Unterfangen es sich hierbei handelte. Am 27./28. April erreichten die insgesamt 2.176 evakuierten dänischen und norwegischen Gefangenen Schweden.[698] Zu diesem Zeitpunkt befand sich ein Teil der »Weißen Busse« in Brandenburg erneut im Einsatz. Dieses Mal, um die Gefangenen, die die Wachmannschaften am 21. April in Oranienburg aus dem Konzentrationslager auf die Straßen trieben und in nordwestlicher Richtung weiterverschleppten, zu versorgen und, wie im nun folgenden Kapitel aufzuzeigen sein wird, hierbei auch direkt gegen das brutale Vorgehen des Wachpersonals zu intervenieren. Die Freigabe der Gefangenen am Lagertor von Sachsenhausen, wo sie die IKRK-Angehörigen übernahmen und evakuierten, hatte unter den SS-Blockführern für Unverständnis gesorgt. Wie Jaroslav Purš beim Reinigen der Wachstube mitbekam, machten sie ihrem Unmut Luft und »schimpften« auf die Kommandanturangehörigen, die sich ihrer Meinung nach über die Freilassung Vorteile verschaffen wollten.[699]

---

694 Vgl. Persson, Rettung, S. 129-132.
695 Bernadotte war mit Ann Mari Fürstin von Bismarck persönlich bekannt. Vgl. ebd., S. 9.
696 Vgl. ebd., S. 129-132.
697 Vgl. Bericht Dr. Henry Clemens Meyer aus dem Jahr 1945, Anhang in: GUMS, NL 6/32, S. 7 f.
698 Vgl. Kühle, Todesmärsche, S. 22.
699 Schreiben Jaroslav Purš vom 25. 2. 1961, in: GUMS, LAG XXVI / 6.

6 Die letzten Wochen: Sachsenhausen im April und Mai 1945

Am 16. April griff die an der Oder in Stellung gebrachte Rote Armee, von polnischen Verbänden unterstützt, mit dem Ziel an, Berlin einzunehmen und zeitgleich an die Elbe vorzurücken, um den gegen die Sowjetunion als Vernichtungsfeldzug geführten Krieg damit endlich zu beenden. Der Lauf der Elbe galt als Demarkationslinie zu den Westalliierten. Bereits wenige Tage später erging in Sachsenhausen der Befehl, die Räumung einzuleiten. Wie nun aufzuzeigen sein wird, griff die SS/Polizei im Reichsinneren 1945 aufgrund des Treibstoffmangels wie auch der durch das westalliierte Bombardement zerstörten Verkehrsinfrastruktur auf bestimmte Praktiken mit dem Ziel zurück, die Insass:innen Sachsenhausens auf Distanz zu den vordringenden sowjetischen und polnischen Truppen zu halten. Zur Darlegung des Geschehens, das Anfang Mai in der Auflösung des Konzentrationslagers mündete, gehe ich erneut in drei Schritten vor. Zunächst wird konzise beschrieben, wie sich die Gefechtshandlungen in Brandenburg und Berlin im April 1945 gestalteten und zu Ende auch nach Mecklenburg verlagerten. Daraufhin lege ich die Situation im militärischen Hinterland dar, bevor ich mich anschließend der Frage widme, wie die Lager-SS die Räumung Sachsenhausens organisierte, mit welchen Akteur:innen, wessen Unterstützung und welchen Auswirkungen für die Insass:innen. Dabei wird auch zu klären sein, bis wohin deren Verschleppung andauerte und wie die Befreiung der Gefangenen zu denken ist.

6.1 Zwischen Oder und Elbe

Nach den im Februar und März 1945 heftig geführten Kämpfen bei Küstrin verfügte die Rote Armee über einen Brückenkopf operativen Ausmaßes, den sie für den Vormarsch auf Berlin benötigte.[1] Aufgrund der Reichsstraße 1, die den kürzesten Zugangsweg in die deutsche Reichshauptstadt bot, stellte vor allem die Küstrin gegenüberliegende Gegend um Seelow den wichtigsten Ausgangspunkt für die nächste Operation dar. Am 14. April setzten dort die Vorausangriffe gegen deutsche Einheiten ein.[2] Am 16. April begannen die an der Oder vor Berlin stehenden Einheiten der I. Belarussischen Front den Großangriff. Südlich an der Neiße stehend, starteten auch die in der I. Ukrainischen Front zusammengefassten Truppenteile ihre Angriffe. Nach Vorausangriffen, die am 16. April erfolgten, gingen die sowjetischen Einheiten der im Norden an der Oder stehenden II. Belarussischen Front vier Tage später ebenfalls zum Gefecht über. Unterstützung erhielten die sowjetischen Streitkräfte durch zwei polnische Armeen.[3]

---

1 Vgl. Duffy, Red Storm, S. 239.
2 Vgl. Lakowski, Zusammenbruch, S. 631-635.
3 Vgl. ebd., S. 635-673.

Die radargeleiteten Luftangriffe der Westalliierten auf Berlin und weitere brandenburgische Städte erfolgten noch bis zum 20. April.[4] Im Zuge ihrer Großoffensive ging die sowjetische Luftwaffe parallel dazu über, ihre Landstreitkräfte taktisch aus der Luft zu unterstützen. Den überlegenen Gegnern nachhaltigen Widerstand zu leisten, dazu war die deutsche Luftwaffe nicht mehr in der Lage.[5] Am 20. April musste der OKH-Stab seine Befehlszentrale in Zossen/Wünsdorf aufgrund vorrückender sowjetischer Einheiten verlassen. Die Verbindung zu und zwischen den Heeresgruppen riss daraufhin ab.[6] Ab dem 25. April unterstand die Führung des Heeres in Norddeutschland dem OKW.[7] Bei ihrem Vorstoß hatten sowjetische Panzerspitzen zudem Jüterbog und damit eines der größten Munitionslager der deutschen Armee erreicht, ohne dass dieses vorher zerstört worden war.[8]

Wie schon zuvor, konzentrierten sich die Kampfhandlungen auf die Städte, die von der Roten Armee in teils erbittert geführten Häuserkämpfen schrittweise eingenommen werden mussten. In Frankfurt (Oder) hatten die deutschen Verbände sich am 18. April aus der Dammvorstadt zurückzuziehen. Am Abend gegen 21 Uhr wurde auch der Oderdamm geräumt. Am darauffolgenden Morgen sprengten deutsche Pioniere die Stadtbrücke[9] – als kritische Infrastruktur erachtet, waren Teile der Eisenbahnbrücke südlich von Frankfurt bereits am 22. Februar von der Wehrmacht gesprengt worden.[10] Nun drohte die Einschließung deutscher Einheiten in der Stadt. Vom 20. bis zum 21. April griff die sowjetische Luftwaffe Frankfurt (Oder) an. Am 21. April hob Hitler sowohl deren als auch Küstrins Status als »Festung« auf und genehmigte damit den Rückzug aus den stark zerstörten Oderstädten. Die Bevölkerung Frankfurts, die nicht schon zuvor geflüchtet war, schloss sich den deutschen Militärkolonnen an, die nach Südwesten in den Spreewald zogen, wo sie in einen Kessel gerieten.[11]

Bei Halbe fand zwischen dem 24. und dem 28. April 1945 eine brutale Kesselschlacht statt. Die Rote Armee hatte dort zwischen 150.000 und 200.000 Menschen eingeschlossen. Bei ihnen handelte es sich um kaum noch kampffähige Reste deutscher Truppen, die dem Oberkommando der 9. Armee unterstanden. Durch einen südlich von Potsdam erfolgten Entsatzangriff konnte ein Teil der Eingeschlossenen, so auch Teile jener Frankfurter Zivilbevölkerung, am 29. und 30. April aus dem

---

4 Vgl. Immediate Interpretation Report No. K. 4311 vom 21. 4. 1945, in: PRO, AIR 40/848; vgl. auch Groehler, Luftkrieg; Klaus Heß und Anke Richter: Die Stadt Brandenburg im Jahre 1945, in: ebd., S. 195-222, hier S. 196-198.
5 Funkspruch vom 15. 4. 1945, in: BArch F, RL 7/543, Bl. 178 f., zit. n. Lakowski, Zusammenbruch, S. 609.
6 Vgl. ebd., S. 647 f.; Beevor, Berlin, S. 292 f.
7 Vgl. Lakowski, Zusammenbruch, S. 654.
8 Vgl. Kershaw, Ende, S. 419.
9 Vgl. Buwert, Festung Frankfurt (Oder), S. 72-76.
10 Vgl. ebd., S. 59.
11 Vgl. ebd., S. 76-79.

Kessel ausbrechen.¹² Auf deutscher Seite fielen dieser Schlacht circa 30.000 Soldaten und 10.000 Zivilpersonen zum Opfer; 120.000 deutsche Soldaten gerieten dort in sowjetische Kriegsgefangenschaft.¹³ Unter ihnen befanden sich Angehörige der SS-Einheit, die unter dem Befehl Dirlewangers gestanden hatten.¹⁴ Auch der vormalige HSSPF »Russland-Nord«, Jeckeln, geriet hier in Gefangenschaft.¹⁵ Andere SS-Führer wählten vor Ort den Suizid.¹⁶ Die sowjetische Seite hatte circa 20.000 Tote zu verzeichnen.¹⁷

Parallel zu den schweren Gefechten bei Halbe hatte sich der sowjetische Ring um Berlin geschlossen. Am 25. April hatten sich Einheiten der I. Ukrainischen Front mit denen der I. Belarussischen Front vereint. Am gleichen Tag erreichten sowjetische Stoßtrupps im südlichen Frontabschnitt der Offensive bei Torgau die Elbe. Das Zusammentreffen der Roten Armee mit amerikanischen Einheiten an der Elbe hatte das Deutsche Reich in einen Nord- und einen Südraum geteilt. Für diesen Fall hatte Hitler angeordnet, dass die militärische Führung im – für die Untersuchung zentralen – Norden an den Admiral der Marine, Karl Dönitz, übergehen sollte.¹⁸ Dönitz war es auch, der die Reichsführung von Hitler per Testament übertragen bekam, als dieser sich aufgrund des sowjetischen Vorrückens auf die Berliner Reichskanzlei dort am 30. April suizidierte. Über mehrere Eingänge in die Reichshauptstadt und sich durch die beiden Verteidigungsringe »beißend«, die am 1. Februar 1945 konzipiert und eingerichtet worden waren, stießen sowjetische Truppen in zähen Kämpfen nach Berlin-Mitte und in den Tiergarten vor. Über einen erbittert geführten und verlustreichen Straßen- und Häuserkampf erzwangen sie die Kapitulation der Reichshauptstadt. Hitlers Befehle zur Entsetzung der Stadt verfingen nicht mehr.¹⁹ Am Morgen des 2. Mai kapitulierte die Wehrmacht in Berlin.²⁰ Zuvor hatte die NS-Führung, die sich Ende April noch bei Hitler in der Reichskanzlei aufhielt, entweder wie Goebbels und seine Ehefrau Magda die Flucht in den Tod gewählt und ihre Kinder hierbei ebenfalls getötet oder wie Bormann versucht, über unterirdische Gänge zu entkommen. Zuvor hatten beide noch einen separaten Waffenstillstand für Berlin angestrebt.²¹

---

12 Vgl. Latowski, Zusammenbruch, S. 656-673; ders. und Karl Stich: Der Kessel von Halbe. Das letzte Drama, Berlin 1997; Beevor, Berlin, S. 361-368; Michaelis, Division, S. 97 f.
13 Vgl. Christian Fuhrmeister, Wolfgang Kruse, Manfred Hettling und Bernd Ulrich: Volksbund Deutsche Kriegsgräberfürsorge. Entwicklungslinien und Probleme, Berlin 2019, S. 379.
14 Vgl. Beevor, Berlin, S. 365.
15 Vgl. Förster, 1945, S. 170 f.
16 Vgl. Andreas Schulz und Günter Wegmann: Die Generale der Waffen-SS und der Polizei 1939-1945. Band 2 (Hachtel-Kutschera), Bissendorf 2006.
17 Vgl. Fuhrmeister u. a., Volksbund, S. 379.
18 Vgl. Lakowski, Zusammenbruch, S. 654 f.
19 Vgl. ebd., S. 655, S. 664 und S. 668; Kershaw, Ende, S. 466.
20 Vgl. Lakowski, Zusammenbruch, S. 656-673; Lieb, Schlacht, S. 74-100.
21 Vgl. Uwe Bahnsen und James P. O'Donnell: Die Katakombe. Das Ende in der Reichskanzlei, Reinbek 2004.

Auch südlich von Berlin, um Potsdam, war am 24. April ein zäher und verlustreicher Kampf entbrannt, der bis zum 30. April andauerte.[22] Am 26. April stießen sowjetische Verbände über den Stadtteil Görden auch nach Brandenburg (Havel) vor. Aufgrund der vehementen deutschen Verteidigung dauerte auch der Kampf um diese Stadt mehrere Tage an. Am 1. Mai zogen sich die deutschen Truppen über Kirchmöser und Genthin hinter die Elbe zurück und hinterließen die Stadt als Trümmerfeld. Aufgrund der großen Stahl- und Rüstungswerke war Brandenburg seit April 1944 mehrfach Ziel großer alliierter Luftangriffe gewesen.[23] Die tagelangen Straßen- und Häuserkämpfe taten ihr Übriges. Nördlich von Berlin war es einem Großteil der Heeresgruppe »Weichsel« am 19. April gelungen, sich der Einschließung zu entziehen.[24] Da die Verbände der II. Belarussischen Front wenige Tage später auf Prenzlau vorrückten und um die Einnahme der Stadt kämpften, musste Heinrici mit seinem Stab das Hauptquartier in Hassleben bei Prenzlau räumen und sich westwärts zurückziehen.[25]

Der sowjetische Vormarsch an der Oder war über eine Einteilung in Fronten erfolgt. Diese waren wiederum in Gefechtsstreifen unterteilt, die die an der Oder dislozierten Verbände zugewiesen bekamen. Während ihres Vordringens hatten sich die Militärverbände auch an dem Kampfgeschehen der an ihren Flanken stehenden Truppen zu orientieren. Dies bedeutete im Falle der I. Polnischen Armee, zusätzlich zum Befehl, auf Oranienburg vorzudringen, auch die Weisung zu erhalten, schneller vorzurücken, um an die 47. Armee der I. Belarussischen Front aufzuschließen und so die Sicherung der Operation bei Oranienburg zu gewährleisten.[26] Am 20. April hatte die US Air Force die Stadt ein letztes Mal aus der Luft angegriffen und nachhaltige Zerstörungen um das Bahnhofsgelände erzielt.[27] Am 21. April rückten sowjetische Stoßtrupps in die Vororte von Oranienburg vor und damit bis auf zehn Kilometer an die Stadt heran. Hierbei hatten sie sich schneller vorgekämpft als die polnischen Vorauseinheiten, die den Auftrag hatte, Oranienburg einzunehmen.[28] Während ihres weiteren Vormarsches gelangten die sowjetischen Vorauseinheiten am Abend des 22. April auf das Gelände von Sachsenhausen. Nach heftiger Gegenwehr, die Truppen der Waffen-SS am Hohenzollernkanal leisteten, um einen Vormarsch über den Kanal nach Berlin abzuwehren,[29] war es den

---

22 Vgl. Kurt Arlt und Werner Stang: Kampf um Potsdam, in: Brandenburg im Jahr 1945. Studien, hg. von Werner Stang, Potsdam 1995, S. 167-194.
23 Vgl. Heß, Brandenburg, S. 196-200.
24 Lakowski, Zusammenbruch, S. 642.
25 Vgl. Beevor, Berlin, S. 150 f. und S. 368.
26 Vgl. Peter Jahn: Die Befreiung des Konzentrationslagers Sachsenhausen im Verlauf der Kampfhandlungen zur Eroberung Berlins, in: Befreiung Sachsenhausen 1945, hg. von Günter Morsch und Alfred Reckendrees, Berlin 1996 (Schriftenreihe der Stiftung Brandenburgische Gedenkstätten, Bd. 7), S. 82-89, hier S. 84 f.
27 Vgl. Immediate Interpretation Report No. K. 4311 vom 21.4.1945, in: PRO, AIR 40/848.
28 Vgl. Jahn, Befreiung, S. 84 f.; Beevor, Berlin, S. 291.
29 Vgl. Stanisław Komornicki: Der Anteil der Polnischen Armee an der Berliner Operation, in: Zeitschrift für Militärgeschichte 4 (1965), S. 281-288, hier S. 283.

polnischen Einheiten erst am darauffolgenden Tag gelungen, Oranienburg einzunehmen. So verwundert es nicht, dass in den Berichten ehemaliger Gefangener angegeben wird, dass Sachsenhausen am 22. befreit wurde, während die I. Polnische Armee die Befreiung erst am 23. April in ihrem Kriegstagebuch führte. Wie aufzuzeigen sein wird, handelte es sich bei den Befreiten um circa 3.500 Insass:innen, die die Lager-SS zurückgelassen und auf ihrem Rückzug aus Oranienburg nicht mitverschleppt hatte.[30]

Die folgenden Tage, und parallel zum Vorstoß nach Berlin, schritten die sowjetischen und polnischen Truppen weiter Richtung Elbe vor. Bevor sie nach dem Elbabschnitt bei Torgau weitere in Sachsen-Anhalt und Mecklenburg erreichten, hatten sie noch einige Städte einzunehmen und die Havel zu überqueren. Im Norden Brandenburgs kämpften sich die Einheiten der II. Belarussischen Front über Fürstenberg (Havel) nach Wittstock an die Westgrenze des Wehrkreises III vor. Weil sich die deutschen, in der Heeresgruppe »Weichsel« gefassten Einheiten während ihrer Rückzüge noch Gefechte lieferten und keine Einkesselung gelang, war das Vorrücken der sowjetischen Verbände hier langsamer. Das ab dem 20. April 1945 noch verbliebene, unbesetzte nordwestbrandenburgische Gebiet nutzte das Oberkommando des Heeres, um sich weiter nach Norden in Richtung Lübeck zurückzuziehen. Teile der SS/Polizei-Führung taten es dem OKH gleich und setzten sich aus Berlin und vor allem aus den brandenburgischen Ausweichquartieren ebenfalls nach Norden ab. Die Gegend um Wittstock galt nun zudem als Auffanggebiet der Heeresgruppe »Weichsel«, in der erneut Alarmeinheiten gebildet werden sollten.[31] Als deutlich wurde, dass die Rote Armee auch dorthin vordringen würde, zogen sich die Einheiten der Wehrmacht und der SS/Polizei, die in den Wäldern um Wittstock Deckung gesucht hatten, in den Wehrkreis II nach Mecklenburg mit dem Ziel zurück, dort entweder in amerikanische oder britische Gefangenschaft zu gehen oder weiter nach Schleswig-Holstein und Dänemark zu flüchten.

Im Zeitraum vom 2. bis zum 4. Mai setzten sich vermutlich bis zu 200.000 deutsche Militär- und SS/Polizei-Angehörige auf der Linie zwischen Wismar und Schwerin bzw. im Raum südlich von Schwerin bis zur Elbe zu den Westalliierten ab,[32] jedoch nicht ohne die Wege hinter sich durch Brückensprengungen unpassierbar zu machen und damit der ansässigen oder zuvor dahin geflüchteten, älteren und vornehmlich weiblichen Zivilbevölkerung mit ihren Kindern die Flucht zu verunmöglichen. Die über die Menschen anschließend hereinbrechende Gewalt beim sowjetischen Einmarsch

30 Vgl. Jahn, Befreiung.
31 Seit dem 31. Januar 1945 stellte die Linie Wittstock–Nauen–Werder–Treuenbrietzen die Sperr- und Auffanglinie der Heeresgruppe »Weichsel« dar. Vgl. der Auffangkommandant in Groß-Schönebeck/Zehdenick an die Ortsgruppenleiter und den Volkssturm vom 9.2.1945, in: BLHA, Rep. 61 A, NSDAP 574; Einsatzbefehl des BdO im Stab des HSSPF »Spree« vom 6.3.1945, in: ebd.
32 Vgl. Heinrich Schwendemann: »Deutsche Menschen vor der Vernichtung durch den Bolschewismus zu retten«. Das Programm der Regierung Dönitz und der Beginn einer Legendenbildung, in: Kriegsende 1945 in Deutschland, hg. von Jörg Hillmann und John Zimmermann, München 2002 (Beiträge zur Militärgeschichte, Bd. 55/2002), S. 9-34, hier S. 19 und S. 23.

führte hier zu einem im Vergleich zu anderen Regionen hervorstechend hohen Maß an (erweiterten) Suiziden.[33] Frauen und Mädchen wurden Opfer von Vergewaltigungen.[34] Sowohl die Sieger als auch die Besiegten legten auf ihren Wegen Brände – Letztere auch durch die Sprengung von Munitionsdepots kurz vor Abzug.

Ab dem 28. April stellten sich die deutschen Truppen nur noch vereinzelt zum Kampf auf und zogen vielerorts die Flucht zu den Westalliierten vor.[35] Im Laufe des 2. Mai rückten amerikanische Panzer in Schwerin ein und hielten, bis sie von britischen Einheiten abgelöst wurden, kurze Zeit den Sitz des Gauleiters, Friedrich Hildebrandt, besetzt.[36] Die Wehrmacht kapitulierte. Am 2. Mai war Rostock von den sowjetischen Streitkräften eingenommen worden.[37] Einen Tag später rückte der Abschluss eines Waffenstillstandes zwischen dem britischen und deutschen Militär für den deutschen Norden in den Bereich des Möglichen. Am 4. Mai drangen nun auch sowjetische Vorauseinheiten auf Schwerin vor. Gleichzeitig erteilte Generalfeldmarschall Bernard Montgomery seine Zustimmung, deutsche Soldaten, die sich britischen Soldaten gegenüber ergaben, als Kriegsgefangene anzuerkennen. Die Vereinbarung trat mit der Teilkapitulation für den deutschen Nordraum am Morgen des 5. Mai in Kraft.[38] Daraufhin ordnete Keitel die Einstellung der Deportationen aller Gefangenen des NS-Regimes an.[39] Gegen die Rote Armee wurde zu diesem Zeitpunkt immer noch gekämpft. Auch behielten die Evakuierungen südlich von Berlin noch ihre Gültigkeit. Der Krieg kam erst mit der am 8. Mai in Reims und Berlin-Karlshorst unterzeichneten, bedingungslosen Kapitulation zu seinem Ende.

6.2 Rückzugsgebiet

Auch im April 1945 ging die Mobilisierung für den Krieg weiter. »Einen Unterschied zwischen Front und Heimat gab es im Frühjahr 1945 nicht mehr«, betont Richard Lakowski für die Kämpfe im Osten Deutschlands, »bestenfalls einen zwischen

---

33 Vgl. Florian Huber: Kind, versprich mir, dass du dich erschießt. Der Untergang der kleinen Leute 1945, Berlin 2015; Berit Olschewski: »Freunde« im Feindesland. Rote Armee und deutsche Nachkriegsgesellschaft im ehemaligen Großherzogtum Mecklenburg-Strelitz 1945-1953, Berlin 2009, S. 36; Lakowski, Zusammenbruch, S. 656.
34 Vgl. Olschewski, Feindesland, S. 42-47.
35 Vgl. ebd., S. 52.
36 Vgl. ebd., S. 37 und S. 93. Der Gauleiter und Reichsverteidigungskommissar Mecklenburgs hatte sich bereits am 30. April nach Schleswig-Holstein abgesetzt. Vgl. Norbert Credé: Das Ende der Todesmärsche in und um Schwerin, in: Häftlinge zwischen Vernichtung und Befreiung: die Auflösung des KZ Neuengamme und seiner Außenlager durch die SS im Frühjahr 1945, hg. von Detlef Garbe und Carmen Lange, Bremen 2005, S. 271-283, hier S. 274.
37 Vgl. ebd., S. 37; Joachim Schultz-Naumann, Mecklenburg 1945, München 1989, S. 71.
38 Vgl. ebd.
39 Vgl. Funkspruch Nr. 010012 vom 5.5.1945, in: PRO, HW 5/706.

vorderster Linie und Hinterland«.⁴⁰ Wie sah dieser Unterschied aber genau aus? Wodurch war die Situation im Hinterland in Brandenburg Mitte April 1945 bis zur bedingungslosen Kapitulation der Wehrmacht am 8. Mai gekennzeichnet? Wie richteten die Menschen ihr Tun mit Blick auf das bevorstehende Kriegsende aus? Wie wirkte sich das Kriegsgeschehen auf die Gefangenen des NS-Regimes in dieser Region aus?

Nachdem die sowjetischen Streitkräfte an der Oder den Durchbruch erzielt hatten, sollte Berlin verteidigt werden. Mobilisierungen und Dislozierungen hielten an, anstatt das Kämpfen einzustellen.⁴¹ Regionale Partei- und Wehrmachtsdienststellen griffen nun auch auf bisher freigestellte Feuerwehrmänner der Jahrgänge 1906 und jünger zu, um sie für den Fronteinsatz zu rekrutieren – im Angesicht der alliierten Luftangriffe eine Entscheidung mit verheerender Wirkung.⁴² 14-, 15- und 16-jährige Jungen gerieten, entweder über die HJ mobilisiert oder für den Volkssturm rekrutiert, Mitte April ebenfalls in das unmittelbare Kampfgeschehen.⁴³ Auch die Bildung von Alarmeinheiten in Berlin und Brandenburg hielt an. Berliner Linienbusse hatten diese noch in der Nacht vom 18. April aus der Stadt zu den Gefechtsräumen an die Oder gebracht.⁴⁴ Zuvor waren sie u. a. von Auffangkommandos der Waffen-SS, Feldjägereinheiten oder dem Wehrmachtsstreifendienst aufgegriffen worden. Himmler selbst inspizierte am 28. April in Neustrelitz, 30 km nördlich von Hohenlychen, noch »Offizierssperren«, die zur Festnahme sich zurückziehender Soldaten und der Bildung von Alarmeinheiten dienten. Anschließend zog er sich selbst über Waren (Müritz) in Richtung Lübeck zurück.⁴⁵

Mit der Front hatten sich im April auch die Zonen, in denen diese »Streifenkommandos« kontrollierten, sowie deren Sammelstellen westwärts verlagert. Feldjägerkommandos und Auffangeinheiten richteten sich temporär in Gutshöfen oder in Bauernhäusern, aber auch in Städten wie Neuruppin ein, um Soldaten, die nach Nordwesten auszuweichen suchten, festzunehmen.⁴⁶ Sie stellten zudem weiterhin fliegende Standgerichte dar, die vielerorts über (vermeintlich) Fahnenflüchtige urteilten und Hinrichtungen vornahmen.⁴⁷ Die Führung eines SS-Korps ging im April sogar so weit, Hitlerjungen an Bäumen zu erhängen.⁴⁸

Mit den militärischen Rückzügen verlagerten die SS/Polizei-Streifen ihren Einsatz im Wehrkreis III zunehmend nach Nordwesten – insbesondere in die brandenburgische Prignitz. »Im Gebiet Wittstock schienen sich größere Truppenmassen zu

---

40 Vgl. Lakowski, Zusammenbruch, S. 663.
41 Vgl. Weisung an die HGrW vom 20. 4. 1945, in: BArch F, RH 2/330, Bl. 67 f.
42 Vgl. Funkspruch vom 6. 4. 1945, in: PRO, HW 16/15.
43 Vgl. Beevor, Berlin, S. 270 und S. 368; Olschewski, »Freunde«, S. 47.
44 Vgl. Lakowski, Zusammenbruch, S. 639.
45 Vgl. Olschewski, »Freunde«, S. 49.
46 Vgl. Bericht Andre Grevenrath aus dem Jahr 1945, in: GUMS, LAG LII/1; Nachlass H. Boger, Kopie in: TM, Ordner Zootzen. Vgl. auch Michaelis, Division, S. 98.
47 Vgl. Petzold, Cottbus, S. 117 f.; Beevor, Berlin, S. 286; Pfeiler, Alltag, S. 95.
48 Vgl. Beevor, Berlin, S. 272.

konzentrieren. Hier herrschte ein lebhaftes militärisches Treiben auf den Anmarschstraßen und in der Stadt« – beobachten auch die Gefangenen aus Sachsenhausen, die, wie aufzuzeigen sein wird, Ende April ebenfalls in diese Richtung getrieben wurden.[49] Auch fanden dort Neuaufstellungen von Alarmeinheiten für die Front statt.[50] Trotz der Gewalt der Streifen gegenüber Männern, die nicht mehr bereit waren, ihr Leben für den Krieg zu riskieren, zeigten alle deutschen Einheiten bei Wittstock Auflösungserscheinungen.[51] Gegen den Verfall des deutschen Heeres kamen weder die Rekrutierung letzter Kräfte noch die Brutalität, die die Streifenkommandos zur Kampf- und Loyalitätserzwingung einsetzten, an. Die Verbote Hitlers, mit denen er ein Ausweichen nach Westen untersagte, verfingen nicht mehr.

Die Überwachung durch die SS/Polizei-Kommandos betraf auch die deutsche Bevölkerung. Denn das Hissen weißer Fahnen, die die Absicht signalisieren sollten, Städte ohne Kampfhandlungen zu übergeben, wurde als »Feigheit« oder »Zersetzung« erachtet und verfolgt. Ende März war dies von Himmler ebenfalls mit Todesstrafe belegt worden. Wurden Männer und Jungen ab 14 Jahren dabei überführt, sollten sie erschossen werden.[52] Mancherorts waren es Frauen, die trotzdem weiße Fahnen hissten oder auf die Verantwortlichen vor Ort einzuwirken suchten. Entsprechend zählten auch sie zu den Opfern der deutschen Willkürjustiz zu Kriegsende. Für das Bemühen zur friedlichen Übergabe von Hartmannsdorf, einem Ortsteil von Spreenhagen, erschossen und erschlugen Männer der SS-Leibstandarte »Adolf Hitler« in der Nacht vom 22. April 1945 noch wahllos 16 Anwohner:innen und hinterließen nach dem Massaker an der Gemeindetafel eine an die restliche Bevölkerung adressierte Drohung. Unter den Opfern befanden sich Männer, Frauen und Kinder – das jüngste war 10 Jahre alt.[53]

Weiter nördlich in Strausberg hatte der 72-jährige Georg Kurtze auf dem Rathaus am 20. April eine weiße Fahne angebracht, um die Stadt vor weiterer Zerstörung zu bewahren. Deutsche Soldaten und SS/Polizei-Angehörige hatten die Stadt kurz zuvor verlassen und sich überstürzt vor den heranrückenden sowjetischen Truppen zurückgezogen. Wer den früheren Sozialdemokraten durch einen Kopfschuss aus nächster Nähe hingerichtet hatte und ob dies aufgrund der Fahne oder möglicherweise auch als letzter Racheakt gegenüber einem politisch Andersdenkenden geschehen war, kann nicht mehr ermittelt werden – der Sozialdemokrat war bereits 1933 in ein frühes Lager verschleppt worden.[54] Im Norden Brandenburgs in Zootzen unweit Fürstenberg

---

49 Vgl. Bericht Andre Grevenrath aus dem Jahr 1945, in: GUMS, LAG LII/1, S. 7.
50 Bericht Helmut Kerl vom September 2002. Online unter: http://media.badische-zeitung.de/pdf/kriegsende/kehrl-helmut.pdf (letzter Zugriff am: 21.9.2024), S. 2f.
51 Vgl. Beevor, Berlin, S. 286.
52 OKH-Befehl vom 15.4.1945, zit. n. Kunz, Wehrmacht, S. 236; vgl. der Funkspruch Bormanns an die Gauleiter vom 10.4.1945, in: PRO, HW 16/43.
53 Vgl. Pfeiler, Alltag, S. 97.
54 Vgl. Christl Wickert: Der Freiheit verpflichtet. Gedenkbuch der deutschen Sozialdemokratie im 20. Jahrhundert, Marburg 2000, S. 194.

(Havel), wo sich vom 18. bis zum 27. April ein Feldjägerkommando der Waffen-SS aufgehalten hatte, fanden Anwohner:innen noch am 3. Mai sieben Menschen erhängt vor. Darunter befand sich eine gesamte Familie, von der alle im Dorf wussten, dass deren Ehemann und Vater nicht in der NSDAP gewesen war.[55]

Die Situation, ob im April und Mai 1945 an einem Ort noch Kampfhandlungen stattfanden, hing vielfach davon ab, ob sich dort noch deutsche Einheiten aufhielten oder ob Kreis- und Ortsgruppenleiter die Volkssturmangehörigen noch in Gefechte führten. Befanden sich auch die lokalen NS-Funktionäre auf der Flucht, konnten Kämpfe verhindert und die Ortschaften – allerdings stets in Gefahr der Rückkehr deutscher Einheiten – übergeben werden. Auch lehnten es vor allem ältere und damit erfahrene Kommandeure ab, Alarmeinheiten noch in Gefechtshandlungen zu führen, und weigerten sich, mit »derart zusammengewürfelten Haufen in die Schlacht zu ziehen.«[56] Die Situation war aber nicht nur durch Zwang, sondern auch dadurch gekennzeichnet, dass Männer nach der Einnahme von Städten oder Gegenden, beispielsweise in Senftenberg 1945, weiterhin freiwillig dem Volkssturm angehörten, umherzogen und die Kampfhandlungen erst mit der Kapitulation einstellten.[57] Zudem verfing Goebbels' »Werwolf«-Propaganda, die sowohl per Radio aus Königs Wusterhausen als auch per Lokal-Anzeiger, wie dem für Storkow und Umgebung, zum Widerstand gegenüber den Alliierten aufrief.[58]

Auch wenn es sich in erster Linie um ein Propagandaphänomen handelte, zogen im April tatsächlich Kommandos, die sich entweder nur so bezeichneten oder dem »Reichs-Werwolf« und SS-Obergruppenführer, Prützmann, unterstanden, durch Brandenburg.[59] Prützmanns Stab hatte sich, wie aufgezeigt, im März in Neuruppin einquartiert. Jene Kommandos richteten ihre Waffen allerdings eher gegen die kriegsmüde Bevölkerung und desertierende Soldaten anstatt gegen sowjetische Einheiten und wenn, dann nur gegen einzelne sowjetische Kombattant:innen wie in Bad Doberan im April und in Berlin im Mai.[60] In Eberswalde verübten sie Brandstiftungen.[61] Bot sich ihnen die Gelegenheit, plünderten sie, wie auch weitere deutsche Soldaten und Zivilist:innen, verwaiste Läden und Bauernhöfe sowie leerstehende Häuser und Wohnungen, nachdem sich die ansässige Bevölkerung auf die Flucht begeben hatte.[62]

55 Vgl. Nachlass H. Boger, Kopie in: TM, Ordner Zootzen.
56 Hans-Joachim Deppe: Der Müritzkreis 1945. Eine Chronik der Geschehnisse, Neustrelitz 1999, S. 26.
57 Vgl. Aussage Krut Cziesla vom 20. 2.1948, in: BLHA, Rep. 161 NS-Archiv des MfS ZA I 08955 A. 11.
58 Vgl. Beevor, Berlin, S. 287.
59 Vgl. Cord Arendes: Schrecken aus dem Untergrund: Endphaseverbrechen des »Werwolf«, in: Terror nach innen. Verbrechen am Ende des Zweiten Weltkrieges, hg. von Cord Arendes, Edgar Wolfrum und Jörg Zedler, Göttingen 2006, S. 149-171.
60 Vgl. Pfeiler, Alltag, S. 94; Arendes, Schrecken, S. 158.
61 Vgl. Pfeiler, Alltag, S. 94.
62 Vgl. Beevor, Berlin, S. 309.

War er bis in den März 1945 noch selbst in die als Krisenherde bezeichneten Frontabschnitte gefahren und hatte, wie im Falle des deutschen Brückenkopfes im nordbrandenburgischen Schwedt, bei Zerwürfnissen mit dem Kommandanten deren sofortige Ablösung erwirkt,[63] hielt sich Stürtz im April nur noch in Potsdam auf – zu Ende des Monats floh auch er in den nördlichen Teil Brandenburgs. Für Belange der Bevölkerung und insbesondere zu treffende Evakuierungsmaßnahmen hatte er sich bereits zu Beginn des Jahres kaum bzw. nur insofern interessiert, als sie der Weiterführung des Krieges dienten. Die Evakuierungsrichtlinien vom Januar hatten weiterhin Bestand.[64] Hatten sich Flüchtlingstrecks schon im Januar und Februar kaum noch steuern lassen, konnte im April hiervon gar nicht mehr die Rede sein.[65]

Das Bild auf den Straßen war überall durch Menschen gekennzeichnet, die sich vor der Roten Armee in Sicherheit zu bringen suchten. Bei Kriegsende 1945 glich Brandenburg »einem Durchgangsbahnhof von Ost nach West«.[66] Die Anwohner:innen begaben sich im April 1945 auf die Straßen und zogen westwärts. Im Norden Brandenburgs teilten sie sich die Wege mit Trecks, die aus Ost- und Westpreußen sowie Pommern kamen.[67] Insbesondere die Uckermark, das Ruppiner Land und die Ost- wie die Westprignitz stellten 1945 die Zufluchtsgegenden der Flüchtlingstrecks dar.[68] Weil die Gau- und die Kreisleitungen nach wie vor Verbote aussprachen, Trecks frühzeitig auf den Weg zu bringen, setzte sich die »Mehrheit der einfachen Menschen […] oft erst in letzter Minute oder gar nicht mehr in Bewegung.«[69]

Vielerorts traf die Rote Armee in den Ortschaften fast nur noch alte und gebrechliche Menschen sowie Frauen und Kinder an. Wer konnte, hatte sich in den noch unbesetzten norddeutschen Teil zurückgezogen, der der Wehrmachts- wie auch einem Teil der SS/Polizei-Führung ebenfalls als Rückzugsgebiet diente. Im Angesicht der ausweglosen Lage und die deutsche Kapitulation erwartend, kamen Anwohner:innen schon nach wenigen Tagen an ihre Heimatorte zurück. Andernorts erfolgte die Rückkehr nach zwei Wochen, konnte sich aber auch bis in den Juli ziehen.[70] Ihre Heimatstädte fanden sie dabei vielfach stark zerstört, Häuser und Wohnungen geplündert vor.[71] Ein Großteil der ostdeutschen Bevölkerung sollte nicht mehr zurückkehren. Insbesondere während der ersten Tage und Wochen der Besatzung durch die Rote Armee kam es auch hier zu Vergewaltigungen. Anwohner:innen verübten (erweiterte)

---

63 Vgl. Michaelis, Division, S. 56.
64 Vgl. OKW-Befehl vom 28.1.1945, in: Förster, 1945, S. 103 f.
65 Vgl. Klee, »Luftschutzkeller«, S. 160-162.
66 Mario Wenzel: Die Aufnahme von Flüchtlingen und Vertriebenen in Eberswalde, in: Eberswalder Jahrbuch 23 (2015), S. 136-145, hier S. 136.
67 Vgl. ebd., S. 539.
68 Vgl. ebd., S. 79.
69 Bahl, Belastung, S. 80.
70 Vgl. ebd.
71 Vgl. Buwert, Festung, S. 78 f.

Suizide.[72] Hierbei handelte es sich vielfach um Funktionäre der Kreis- und Ortsgruppenleitungen, aber auch um Frauen und Mütter, die ihre Kinder mit in den Tod nahmen[73] – nicht zuletzt, weil Funktionäre »ihre« Städte und Dörfer und damit die Bevölkerung vor der heranrückenden Roten Armee im Stich ließen und sich selbst als erstes absetzten.[74] Sie taten dies jedoch nicht, ohne noch dafür Sorge getragen zu haben, dass »Ostarbeiter:innen« rechtzeitig abtransportiert worden waren. Bis zum 27. April hielt Himmler daran fest. Erst dann erteilte er die Weisung, dass zumindest aus Osteuropa zur Zwangsarbeit nach Deutschland verschleppte Frauen »zurückgelassen werden [können].«[75] Anders verhielt es sich hinsichtlich der Gefangenen des NS-Regimes.

Bei Kriegsende waren Kriegsgefangene und Zwangsarbeiter:innen, die in Brandenburg in jedem Dorf anzutreffen waren, nach wie vor von Ausbeutung, aber auch von der Unsicherheit betroffen, nicht zu wissen, was mit ihnen im Falle von Gefechten geschehen sollte. Wurden sie zudem nicht an ihren Landarbeitsstellen oder in den Rüstungsbetrieben angetroffen, konnten sie von jeder Person festgenommen und der Polizei übergeben werden. Dazu kam es bereits seit Februar vielerorts erst gar nicht mehr. Stattdessen wurden sie Opfer roher Gewalt.[76] Sowohl in Brandenburg als auch in Berlin kontrollierten SS/Polizei-Einheiten passierende Fahrzeuge und Trecks nicht nur auf Deserteure, sondern auch auf Zwangsarbeiter:innen und Gefangene, die – während um sie herum viele Menschen flüchteten und Lager und Haftstätten geräumt wurden – versuchten, unterzutauchen. Konnten sie sich nicht ausweisen, wurden sie festgenommen, erneut verschleppt oder ermordet.[77] Weiterhin von Verfolgung betroffen waren auch Piloten, die nach Abschüssen oder Luftlandungen im April festgenommen und zu Ermittlungen sowie zur weiteren Internierung an die Gestapo übergeben wurden.[78] Während Müller als Gestapochef seinen Angestellten in Berlin bereits bei der Ausstellung von Papieren und Zeugnissen für neue Identitäten behilflich war, vollzogen Angehörige der Gestapostellen andernorts noch Ermittlungen und Gefängnisräumungen.[79]

Auch im April wurden Gefängnisse in Brandenburg geräumt, wenn sich die Front näherte. Die Zuchthäuser in den westlichen Kreisen Brandenburgs hatten zuvor Ge-

---

72 Vgl. Olschewski, »Freunde«, S. 48 f.
73 Vgl. Huber, Kind.
74 Vgl. Olschewski, »Freunde«, S. 48.
75 Funkspruch vom RFSS-Stab vom 27. 4. 1945, in: PRO, HW 5/706.
76 Vgl. Gerhard Paul: Dolchstoßängste und Kriegsendphasenverbrechen. Fremdarbeiter und Kriegsgefangene im Visier der Gestapo, in: Landunter. Schleswig-Holstein und das Hakenkreuz, hg. von Gerhard Paul, Münster 2001, S. 283-300.
77 Walter Uhlmann: Antifaschistische Arbeit, in: Sterben, um zu leben. Politische Gefangene im Zuchthaus Brandenburg-Görden 1933-1945, hg. von Walter Uhlm, Köln 1983, S. 191-240, hier S. 224.
78 Vgl. Paul Kannmann: Das Stalag XI A Altengrabow, Halle 2015, S. 379-388.
79 Vgl. David Cesarini: Adolf Eichmann. Bürokrat und Massenmörder. Biografie, Berlin 2004, S. 277.

fangene aus dem »Warthegau« und aus den Anstalten, die östlich der Oder in Brandenburg lagen, aufzunehmen und waren im April katastrophal überbelegt.[80] Auf Basis der im Januar erfolgten Räumungen von Strafvollzugsanstalten hatte das Reichsjustizministerium, wie aufgezeigt, die »Richtlinien für die Räumung von Justizvollzugsanstalten im Rahmen der Freimachung bedrohter Reichsgebiete« ausgearbeitet. Als Handlungsrichtlinien für zukünftige Anstaltsevakuierungen waren sie vermutlich auch an dem brutalen Vorgehen in Sonnenburg ausgerichtet.[81] Damit unterschieden sich diese grundlegend und in einem wesentlichen Punkt von den vor dem Krieg entwickelten Maßnahmenkatalogen: Gefangene sollten nun nicht nur »rückgeführt«, sondern politische Gefangene durch Erschießen systematisch »unschädlich« gemacht werden.[82] Gleichzeitig konnten Insass:innen entlassen werden, wie sich am Zuchthaus Brandenburg-Görden nachvollziehen lässt.[83]

Ein Teil der circa 150 über die Oder getriebenen Gefangenen Sonnenburgs befand sich im April 1945 in Brandenburg-Görden. Auch die Vollzugsbeamten waren nun dort tätig.[84] Als in der zweiten Aprilhälfte auch die Räumung dieses Zuchthauses bevorstehen sollte, setzte sich der evangelische Anstaltspfarrer namens Bartz dort zusammen mit dem Strafvollzugsoberlehrer Reichel erfolgreich dafür ein, ein zweites »Sonnenburg« und die Isolierung der politischen Gefangenen zu verhindern.[85] In der Situation des nahen Kriegsendes kam es nun zu Absprachen zwischen den Wachtmeistern und den politischen Häftlingen. Mit Zustimmung der Generalstaatsanwaltschaft wurden Teilentlassungen vorgenommen.[86] Die Beamten des Zuchthauses verließen Brandenburg-Görden samt ihren Familien am 27. April, um über die Elbe zu den Westalliierten zu gelangen. Sie führten Lebensmittel und Akten der Anstalt, sofern sie nicht vorher vernichtet worden waren, mit. Noch am selben Tag trafen sowjetische Einheiten ein.[87] Politische Gefangene waren zuvor hingegen noch in Richtung Berlin

80 Vgl. Leonore Ansorg: Politische Häftlinge im nationalsozialistischen Strafvollzug. Das Zuchthaus Brandenburg-Görden, Berlin 2015, S. 482.
81 Vgl. Garscha, Räumung, S. 16; Majchrzak, (Nicht-)Aufarbeitung, S. 201 f. Zu den Handlungsrichtlinien der Mobilmachungsbücher für die Zivilverwaltung von 1939 vgl. Ausführungen Kapitel 2.3.
82 Schreiben des Reichsministers der Justiz an den Generalstaatsanwalt von Linz vom 5.2.1945, abgedruckt in: Garscha, Räumung, S. 24 f.
83 Vgl. ebd., S. 24-26.
84 Vgl. Eduard Wald: »Opfer und Entbehrung waren nicht vergebens.« Die letzten Tage bis zur Befreiung, in: Sterben, um zu leben. Politische Gefangene im Zuchthaus Brandenburg-Görden 1933-1945, hg. von Walter Uhlmann, Köln 1983, S. 241-253, hier S. 243.
85 Vgl. ebd., S. 242.
86 Vgl. ebd., S. 243.
87 Vgl. ebd., S. 225 und S. 243; Josef Füllenbach: Die Wachtmeister flohen, in: Geschichte wird Erinnerung. Zum 50. Jahrestag der Befreiung im Land Brandenburg, hg. von Annette Leo für das Ministerium für Wissenschaft, Forschung und Kultur des Landes Brandenburg und der brandenburgischen Landeszentrale für politische Bildung, Potsdam 1995, S. 100-103, hier S. 100; Axel Drecoll und Maren Jung-Diestelmeier (Hg.): Bruchstücke '45. Von NS-Gewalt, Befreiungen

auf den Weg gebracht worden.[88] Da der Weg in die Hauptstadt versperrt war, hielten sich die Gefangenen ab dem 30. April in Wernitz auf und warteten dort ab.[89] Die restlichen Gefangenen ließen die Wachen im Zuchthaus zurück. Sie gerieten dort zwischen die Fronten und mussten ihre Freilassung durch die Rote Armee ebenfalls abwarten – beiderorts erfolgte sie am 5. Mai.[90] Vor der Räumung hatte ein Kommando im Zuchthaus Brandenburg-Görden jedoch am 20. April 1945 noch 28 politische Gefangene ermordet.[91] Bei ihnen handelte es sich um Männer, die zuvor im Widerstand tätig oder als Deserteure verdächtigt und vom Volksgerichtshof zum Tode verurteilt worden waren.[92] Nach den Hinrichtungen versenkten Beamte der JVA das Fallbeil im Plauer See.[93]

In Berlin in Plötzensee waren bereits am 18. April 30 politische Gefangene mit dem Fallbeil hingerichtet worden.[94] Im Zellengefängnis Lehrter Straße 3, das der Gestapo seit dem 20. Juli 1944 auch als Untersuchungsgefängnis diente, befanden sich am 20. April 1945 noch 110 männliche Häftlinge. Bis zum 23. April wurde ein Teil von ihnen der Justiz übergeben und unter anderem in die Vollzugsanstalt Plötzensee überstellt. Gleichzeitig kam es zu Entlassungen.[95] Diese waren auf Basis der am 15. April für alle Berliner Gefängnisse erfolgten Weisung der Gestapo vollzogen worden, die auch festlegte, wer hinzurichten war.[96] So wurden in den Nächten vom 22./23. und 23./24. April unweit der Vollzugsanstalt Plötzensee weitere 18 Gefangene ermordet.[97] Das Erschießungspeloton der Gestapo nutzte hierfür das bei den Berliner:innen beliebte Freizeitgelände des »Universum-Landesausstellungsparks« als Mordstätte. Nur ein Gefangener sollte die »Aktion« schwer verletzt überleben und nach dem Krieg konkrete Aussagen machen können.[98] Im Hausgefängnis der Gestapo in der

und Umbrüchen im Jahr 1945, Berlin 2021 (Schriftenreihe der Stiftung Brandenburgische Gedenkstätten, Bd. 65), S. 78.
88 Vgl. Uhlmann, Arbeit, S. 234; Wald, Tage, S. 252.
89 Vgl. Wald, Tage, S. 252; Robert Havemann: Der russische Passierschein, in: Leo, Geschichte, S. 104-106.
90 Vgl. Uhlmann, Arbeit, S. 234.
91 Am 20. April waren im Zuchthaus unangemeldet ein »Vollstreckungsleiter und Urkundenbeamter, Scharfrichter und zwei Henkersknechte« erschienen. Vgl. Aussage Walter Hammer vom 23.3.1945, in: BLHA, Rep. 161 NS-Archiv des MfS ZA VI 3493 A. 28.
92 Eine Namensliste aller Ermordeten befindet sich in: Leo, Geschichte, S. 97.
93 Vgl. Wald, Tage, S. 242; Ansorg, Häftlinge, S. 485 f.
94 Vgl. Beevor, Berlin, S. 270.
95 Eine Namensliste befindet sich in: Johannes Tuchel: »... und ihrer aller wartete der Strick.« Das Zellengefängnis Lehrter Straße 3 nach dem 20. Juli 1944, Berlin 2014, S. 350-357.
96 So hatten am 17. April Delegierte des IKRK erfahren, dass zwei Tage zuvor eine Weisung ergangen war, Häftlinge freizulassen. Vgl. VIII. Bericht eines IKRK-Delegierten über die politischen Häftlinge, die sich in Gefängnissen von Berlin befanden (April 1945), in: Die Tätigkeit des IKRK zugunsten der in den deutschen Konzentrationslagern inhaftierten Zivilpersonen (1939-1945), hg. vom Internationalen Komitee vom Roten Kreuz, Genf 1947, S. 130 f.
97 Vgl. Tuchel, »Strick«, S. 149.
98 Vgl. Tuchel, Zellengefängnis, S. 258 und S. 295-297.

Prinz-Albrecht-Straße ermordeten Polizeiangehörige am 23. April ebenfalls noch Gefangene.[99]

Das Vorgehen betraf laut heutigem Forschungsstand vor allem männliche Häftlinge. In Fehrbellin, etwa 50 Kilometer nördlich von Berlin, unterhielt die Gestapo-Stelle Potsdam das zentrale Frauenstraflager der Reichshauptstadt. Das »Arbeits- und Erziehungslager« bestand bis zum April 1945. Es umfasste im April noch 353 Insassinnen. Als polnische Einheiten auf Linum, die letzte Ortschaft vor Fehrbellin, vorrückten, floh die Firmenleitung der Bastfaser AG, für die die Gefangenen Zwangsarbeit leisten mussten, aus der Stadt. Auch die Wachmannschaft setzte sich ab und ließ die Insassinnen zurück, ehe polnische Soldaten vorrückten und Fehrbellin ohne größere Gefechte einnahmen.[100]

Auch das Stalag III A in Luckenwalde wurde nicht mehr geräumt. Am 23. April 1945 hatte Himmler per Funk angeordnet, Kriegsgefangene nicht mehr weiter zu deportieren. Mit Ausnahme von britischen und amerikanischen Offizieren sollten die Gefangenen den eintreffenden Einheiten des militärischen Gegners übergeben werden.[101] Nachdem Offiziere der Roten Armee das Stalag inspiziert hatten, wurden die sowjetischen Kriegsgefangenen rekrutiert und ins Gefecht geschickt.[102] Himmler reagierte darauf, wie auch auf die Weigerung der Westalliierten, zu verhandeln, und gab am 27. April den Befehl aus, nun Kriegsgefangene wieder »um jeden Preis zurückzuführen«.[103] Zu dieser Zeit sprangen britische Spezialeinheiten im Zuge ihrer »Operation Violet« bereits über Reichsgebiet ab, um Verhandlungen mit den Stalag-Kommandanturen wie der des Stalag XI A in Altengrabow im Fläming mit dem Ziel zu führen, die Weiterverschleppung der Kriegsgefangenen zu verhindern und erste Schritte hinsichtlich der Repatriierung einzuleiten.[104]

Am 30. April erging erneut die Weisung, amerikanische, britische und sowjetische Kriegsgefangene nach Schleswig-Holstein abzutransportieren. Während »Ostarbeiterinnen« zurückgelassen werden konnten, galt dies insbesondere für männliche Zwangsarbeiter aus der Sowjetunion. Für Konzentrationslagerinsassen gab Himmler gesonderte Weisungen aus.[105] Erst nach der Teilkapitulation für den deutschen Nordraum hatte Keitel am 5. Mai – nach Absprache mit Himmler – den Befehl erteilt, dass alle Kriegsgefangenen, Zwangsarbeiter:innen und in Konzentrationslagern Gefangenen an die Alliierten zu übergeben seien. Befanden diese sich bereits in der

99 Vgl. ebd., S. 383.
100 Vgl. Cord Pagenstecher: Arbeitssklavinnen für Gestapo und Hanffabrik. Die Geschichte des AEL Fehrbellin, in: Arbeitserziehungslager Fehrbellin. Zwangsarbeiterinnen im Straflager der Gestapo, hg. von der Berliner Geschichtswerkstatt, Berlin 2004 (Brandenburgische Historische Hefte, Bd. 17), S. 71-102, hier S. 82; Daniela Geppert: Erinnerungen von ZeitzeugInnen aus der Nachbarschaft, in: ebd., S. 43-48, hier S. 45.
101 Vgl. Funkspruch des Oberkommando Nordwest an das AOK 25 vom 23.4.1945, in: PRO, HW 5/706.
102 Vgl. Beevor, Berlin, S. 298.
103 Funkspruch vom RFSS-Stab vom 27.4.1945, in: PRO, HW 5/706.
104 Zur »Operation Violett« vgl. Paul Kannmann: Das Stalag XI A Altengrabow, Halle 2015, S. 379-388.
105 Funkspruch vom RMdI, Stuckart, vom 30.4.1945, in: PRO, HW 5/706.

Evakuierung, so Keitel, sollten sie unter leichter Bewachung übergeben werden: »Sie werden nicht mehr länger zurückgebracht noch werden Lager verlegt.«[106] Damit unterband der OKW-Chef, der in den 1930er Jahren federführend für die Entwicklung von Räumungsrichtlinien verantwortlich war, die Weiterverschleppung der Gefangenen des NS-Regimes, die Himmler, aber auch die Wehrmachtsführung noch als »Faustpfand« für Verhandlungen einzusetzen versucht hatten.

In Brandenburg war es in den Tagen und Wochen zuvor vielerorts noch zu Massakern gekommen. So wurden am 20. April in Brottewitz bei Mühlberg, das am Ostufer der Elbe in Südbrandenburg liegt, fünf Gefangene erschossen. Sie gehörten zu einer Gefangenenkolonne, die das Wehrmachtsgefängnis und die Feldstraflager I und II in Torgau in südöstlicher Richtung über die Elbe verlassen hatte. Die Wachmannschaft trieb noch etwa 3.000 Gefangene ostwärts über die Elbe, als sich amerikanische Truppen im April 1945 Torgau näherten. Um Fluchten zu unterbinden, wurden die Gefangenen in Fünfergruppen aneinandergekettet. Eine der Gruppen versuchte trotzdem zu fliehen. Ein Standgericht verurteilte die fünf Männer in Brottewitz und ließ sie vor Ort erschießen.[107]

Bei Treuenbrietzen erschoss ein Wehrmachtskommando am 23. April 1945 noch 127 italienische Militärinternierte. Auch die italienischen Zwangsarbeiter hatten unter der Brutalität, die sich im Reichsinneren in den letzten Kriegswochen und -tagen gegen sie Bahnen brach, sehr stark zu leiden.[108] Im ungefähr 50 Kilometer südwestlich von Berlin gelegenen Treuenbrietzen mussten damals annähernd 3.000 italienische Kriegsgefangene Zwangsarbeit leisten. Als sowjetische Einheiten gerade dabei waren, die Stadt einzunehmen, trieb ein Wehrmachtskommando eine Gruppe von 131 italienische Insassen des Zwangsarbeiter-Internierungslagers »Sebaldushof« bei Treuenbrietzen, die dort für die Rüstungsfirma Kopp & Co. arbeiten mussten, zu einer Sandgrube am Rande des nahen Kiefernwäldchens, das ihnen daraufhin als Tatort der zwei Stunden andauernden Massenerschießung diente.[109] In der Nacht vom 27. zum 28. April 1945 bewahrten Wachmänner eines Landesschützenbataillons sowjetische Kriegsgefangene, die in der Ziegelei in Streganz zur Zwangsarbeit eingesetzt waren, hingegen auch vor der Ermordung durch die SS.[110]

Die Massenerschießungen, die SS/Polizei-, aber auch Wehrmachtsangehörige in Berlin und Brandenburg vollzogen, betrafen Menschen, die sich in Gefängnissen

---

106 Funkspruch vom OKH, Keitel, vom 5.5.1945, in: ebd.
107 Bei den Männern handelte es sich um Werner Kube, Reinhold Franznick, Johann Jakobi, Erich Kindermann und Harry Prien. Vgl. Luise Kraushaar u. a.: Deutsche Widerstandskämpfer 1933-1945. Biographien und Briefe, Bd. 1, Berlin 1970, S. 535-538; Ursula Höntsch: Flucht in Ketten, in: Die Stunde Null. Tatsachenberichte über Erlebnisse aus den letzten Tagen des zweiten Weltkrieges, hg. von Ursula Höntsch u. a., Berlin 1966, S. 120.
108 Vgl. Beevor, Berlin, S. 176.
109 Vgl. »Im märkischen Sand. Nella Sabbia del Brandenburgo« – Eine Webdokumentation von Katalin Ambrus, Nina Mair und Matthias Neumann mit Bewegtbildern von Cosimo Miorelli. Online seit 2016 unter: http://www.imidoc.net/de/ (letzter Zugriff am: 21.9.2024).
110 Vgl. Pfeiler, Alltag, S. 103.

und NS-Zwangslagern befanden bzw. vom Wachpersonal weiterverschleppt wurden, als sich alliierte Verbände näherten. Bis unmittelbar vor Eintreffen erschossen deutsche Einheiten noch Gefangene. Parallel zur Vorbereitung der SS-Standortaufgabe in Oranienburg wurden am 19. und 20. April 1945 auch in Sachsenhausen noch Insass:innen ermordet.[111] Die Gestapo überstellte bis zuletzt Personen, die wie Ernst Altenkirch als politische Häftlinge galten, ebenso wie Menschen, die Plünderungsverbrechen beschuldigt und vor Ort noch ermordet wurden:

»Am 16. April gegen Abend trafen wir von Potsdam kommend (Gestapo) mit 30 Mann in Sachsenhausen ein. Mit Backpfeifen und Arschtritten wurden einzelne durch den aufnehmenden Oberscharführer empfangen. Fünf Mann, die mit uns gefesselt ankamen (Diebstahlgeschichten) abseitsgestellt und auch gesondert abgeführt.«[112]

Altenkirch hingegen hatte die im Konzentrationslager gängige Aufnahmeprozedur, zu der auch das schmerzhafte Rasieren der Haare gehörte, zu überstehen.[113] Zur gleichen Zeit nahmen alliierte Piloten Oranienburg unter intensiven Beschuss. Auch Räumungstransporte anderer KL-Komplexe trafen zu dieser Zeit noch ein – z. B. aus Neuengamme.[114] Mit einem kam Ludwig Heisterkamp aus dem Außenlager in Rottleberode nach Sachsenhausen. Das Außenlager gehörte zu Mittelbau-Dora. Die Wachmannschaften hatten die Gefangenen über den Harz getrieben. Daraufhin hatte Heisterkamp mit seinen Mitgefangenen mit dem Zug nach Sachsenhausen weiterfahren müssen.[115] Die Deportierten, die diese Tortur überlebt hatten, brachte die Lager-SS entweder im Heinkel-Werk unter oder ließ sie im Zug weiterdeportieren. Die Wachmänner bekamen Barackenräume zugeteilt, die mit Stroh ausgelegt waren.[116] Parallel zu den Neuzugängen löste die Kommandantur, nachdem tags darauf die erneute Alarmausgabe erfolgt war, die letzten Außenstandorte Sachsenhausens mittels Rücktransporten auf.

6.3 Alarm am SS-Standort

Am 18. April 1945 war das Kriegsgeschehen an der deutsch-sowjetischen Front nur noch circa 30 Kilometer von Oranienburg entfernt.[117] Damit bestand für den SS-Komplex Oranienburg-Sachsenhausen, der 1945 circa 388 Hektar umfasste,[118] aus

111 Vgl. Bericht Hans Appel vom 14. 5. 1945, in: GUMS, NL 6/31/15.
112 Bericht Ernst Altenkirch vom 23. 5. 1945, in: GUMS, NL 38/1/14, S. 1.
113 Vgl. ebd.
114 Brief des Wachmanns Hugo Behncke an Else Behnke vom 16. 4. 1945, in: DTA, 1454/I, S. 236.
115 Vgl. Bericht Ludwig Heisterkamp vom 24. 5. 1945, in: GARF, 7021/115/31, S. 93 f.
116 Vgl. Willy Mirbach: »Damit du es später deinem Sohn einmal erzählen kannst ...« Der autobiographische Bericht eines Luftwaffensoldaten aus dem KZ Mittelbau, Geldern 1997, S. 175-177.
117 Aussage Anton Kaindl vom 20. 12. 1946, Kopie in: GUMS, JSU 1/2.
118 Vgl. Riedle, Kommandaturstab, S. 13.

Sicht der SS/Polizei die Gefahr, in das militärische Geschehen der Ostfront zu geraten, er galt somit als »feindbedroht«. Heißmeyer und Glücks erteilten daraufhin Befehle zur Einleitung der Räumungsmaßnahmen.[119] Über dem Hauptlager hing erneut Lagersperre, die bis zum 20. April andauerte und von einer »seltsamen Ruhe« insbesondere in der Kommandantur gekennzeichnet war, wie dem dort zu Schreibarbeiten eingesetzten Insassen Walter Nelkowski auffiel.[120] Die Lagerleitung begann die Standortaufgabe vorzubereiten. Die hierfür zuvor ausgearbeiteten Pläne sahen vor, die weiblichen Gefangenen per Zug zum Außenlager in Neustadt-Glewe weiter zu deportieren.[121] Dieses war Ravensbrück zugeordnet und diente bereits seit Januar zur Aufnahme von Frauen aufgelöster KL-Komplexe.[122]

Für die Organisation von Transportmitteln waren die Arbeitsdienstleiter, zu deren Aufgaben im KL-System auch das »Transportwesen« zählte, und damit in Sachsenhausen Ludwig Rehn verantwortlich. Im Falle von Deportationen in andere WVHA-Lagerkomplexe oder Überstellungen an Außenlager bestellte er die benötigten Züge bei der Deutschen Reichsbahn oder die LKW aus dem SS-Fuhrpark, der sich in Oranienburg befand. Aufgrund des gravierenden Benzinmangels konnte dieser nur für den Abtransport der nötigsten Dinge genutzt werden. Himmler hatte allen nicht an der Front eingesetzten SS-Angehörigen die Nutzung von LKW und PKW mit »Otto«- und Diesel-Motoren untersagt.[123] Zu diesem Zeitpunkt – als der Zugverkehr dem Militär vorbehalten bleiben sollte und die Infrastruktur zunehmend zerstört war – stellte der Abtransport einer so großen Zahl an Gefangenen aus Sicht der SS/Polizei eine immense logistische Herausforderung dar. Züge, mit denen die weiblichen Gefangenen weiterdeportiert werden sollten, standen nicht zur Verfügung.[124] Der Bahnhof Oranienburg geriet am 20. April erneut unter das Bombardement der U.S. Air Force und galt samt den vor Ort befindlichen Waggons und Lokomotiven daraufhin als zerstört.[125]

Wird den nach dem Krieg getätigten Ausführungen Kaindls Glauben geschenkt, sollte der Rückgriff auf die Binnenschifffahrt Abhilfe leisten. Angeordnet war, die Gefangenen über das brandenburgische Kanalsystem in norddeutsches Gebiet abzutransportieren.[126] Sachsenhausen verfügte an der Lehnitz-Schleuse der Havel über ein

---

119 Vgl. Aussage Anton Kaindl vom 16.7.1946, Auszug in: AA, Dok.-ID 1.1.30.0 / 82135055; Aussage Anton Kaindl vom 20.12.1946, Kopie in: GUMS, JSU 1/2.
120 Bericht Walter Nelkowski vom 19.3.1961, in: TM, 2/2 M/P/Q.
121 Vgl. ebd.
122 Vgl. Karl-Heinz Schütt: Ein vergessenes Lager? Über das Außenlager Neustadt-Glewe des Frauen-KZ Ravensbrück, Schkeuditz 1997.
123 Wenn Fahrten unbedingt nötig seien, solle auf Generatoren-Fahrzeuge zurückgegriffen werden, so Himmler. Vgl. C.I.M.: German Police Decodes Roulette I vom 11.4.1945, in: PRO, HW 16/49.
124 Vgl. Aussage Ludwig Rehn vom 23.10.1946, Kopie in: AS, JSU 1/23/1.
125 Vgl. Immediate Interpretation Report No. K. A311 vom 21.4.1945, Locality: Oranienburg, in: PRO, AIR 40/848.
126 Vgl. Aussage Anton Kaindl vom 11.10.1946, Kopie in: GUMS, JSU 1/15/2; Aussage Anton Kaindl vom 20.12.1946, Kopie in: GUMS, JSU 1/2.

eigenes Hafenareal, das Gefangene zum Abtransport der Baumaterialien, die vor Ort produziert werden sollten, Jahre zuvor und unter schwerster Zwangsarbeit errichtet hatten. Über den Wasserweg waren sowohl im Februar als auch im April Insass:innen aus den Außenlagern nach Oranienburg rückdeportiert worden.[127] Seit 1943 lagen in Berlin Fahrgastschiffe für den »Katastrophenfall« bereit. Auf Weisung Albert Speers hatten sich die Angehörigen der brandenburgischen Binnenschifffahrt trotz ihrer Rekrutierung für den »Volkssturm« weiterhin zur Verfügung zu halten, um die Wasserstraßen zum »geheimen Abtransport von Rückführungsgut« nutzen zu können.[128] Für eine Requirierung der Schiffe sowie des benötigten Personals, war – im Unterschied zu Stutthof, wo ein Teil der Gefangenen zu dieser Zeit mit Lastschiffen über die Ostsee westwärts weiterdeportiert wurde[129] – am 18./19. April allerdings keine Zeit mehr.[130]

Nachdem er sich mit Himmler und Müller dazu besprochen und der Leiter des Kreises Niederbarnim den Räumungsbefehl für das Gebiet erteilt hatte, gab Glücks Kaindl am 20. April die Weisung aus, mit den Gefangenen nach Wittstock zu laufen und sich damit vorerst innerhalb des Wehrkreises zurückzuziehen.[131] Im Westen der Prignitz gelegen, befand sich die brandenburgische Stadt in unmittelbarer Nähe zur Wehrkreis- und Gaugrenze. Die Gegend um Wittstock galt zu dieser Zeit als westlichstes Auffanggebiet sich zurückziehender deutscher Einheiten und Soldaten und war, wie der Überlebende Pieter Jongeling nach dem Krieg beschreibt, Ende April tatsächlich »übervoll von Häftlingen, evakuierter Zivilbevölkerung und Militär.«[132] Dort würden weitere Absprachen mit den HSSPF der angrenzenden Wehrkreise II (Stettin) und X (Hamburg) sowie mit dem neuen Obersten Reichsverteidigungskommissar des Nordraums, Paul Wegner, der seine Dienstgeschäfte am 24. April aufgenommen hatte,[133] zu treffen sein. Statt eines konkreten Bestimmungsortes für die Gefangenen waren somit nur die allgemeine Marschrichtung und eine erste Station ausgegeben worden.[134]

Noch am selben Tag rief Kaindl das leitende Personal in Sachsenhausen zu einer Besprechung zusammen und instruierte die Männer zum vorgesehenen Ablauf der

---

127 Vgl. Thomas Irmer: Berlin-Oberschöneweide, in: Benz, Ort des Terrors (Bd. 3), S. 115-117.
128 Vgl. Weisungen für die Fahrkastsschiffahrt zum »Sondereinsatz Groß-Berlin im Katastrophenfall« vom August 1943, in: BLHA, 57 WASD, 3764.
129 Vgl. Drywa, Extermination, S. 285-296.
130 Vgl. Aussage Anton Kaindl vom 11. 10. 1946, Kopie in: GUMS, JSU 1/15/2, Bl. 221; Aussage Anton Kaindl vom 20. 12. 1946, Kopie in: GUMS, JSU 1/2.
131 Aussage Anton Kaindl vom 3. 2. 1946, Kopie in: YV, O.65/60; Aussage Anton Kaindl vom 20. 12. 1946, Kopie in: GUMS, JSU 1/2. Zur Ausgabe der Räumungsanordnung durch den Kreisleiter vgl. Aussage Karl Sommer vom 24. 9. 1946, Kopie in: GUMS, P7 Sommer, Karl.
132 Pieter Jongeling (Pseudonym: Pet Prins): Wettlauf mit dem Tode, o. O. o. D. (unveröffentlichter Bericht), in: TM, 2/2 I/J/K, S. 7.
133 Vgl. Dokument, das vermutlich vom Adjutanten des Oberbefehlshabers der Kriegsmarine stammte, abgedruckt in: Lakowski, Dokumente, S. 298-301.
134 Aussage Anton Kaindl vom 20. 12. 1946, Kopie in: GUMS, JSU 1/2.

Standortaufgabe und zum Verbleib der Gefangenen.¹³⁵ Auf der Besprechung anwesend waren alle SS/Polizei-Führer des Konzentrationslagers bis hinunter zu den »Blockführern«. Da kein detaillierter Plan für die Evakuierung nach Wittstock vorlag und Transportmittel nicht (mehr) zur Verfügung standen, wurden die Marschwege und die Bewachung der Gefangenen besprochen sowie, dass Gefangene, die versuchen sollten zu flüchten, und zurückfallende Insass:innen zu erschießen seien.¹³⁶ Rehn gab, 1946 auf die Evakuierung befragt, zu Protokoll: »Es wurden drei Marschrichtungen für die Kolonnen festgelegt und ausführliche Marschkarten aufgestellt.«¹³⁷ »Fragen der Garantierung der Marschdisziplin, der Bewachung der Häftlinge, der Verpflegung u. a.« waren bereits auf vorherigen Sitzungen »debattiert« worden, so Rehn.¹³⁸ Nun ging es um die konkrete Einteilung der Kolonnen und der Wachen sowie den genauen Abmarsch. Nach dieser Sitzung nahmen die jeweiligen Abteilungsleiter des Kommandanturstabes letzte Dokumentenvernichtungen vor.¹³⁹ »So wurden zum Beispiel alle Unterlagen aus der Arbeitsdienstbaracke zum Krematorium gebracht«, wie Hans von Dahlen beobachten konnte, »und dort verbrannt. Trotzdem gelang es, einige wenige Listen und Aufstellungen zu erhaschen und in der Baracke zwischen den Holzwänden zu verstecken, in der Hoffnung, daß sie dort einmal gefunden würden.«¹⁴⁰

Die Vorbereitung der Aufgabe des SS-Standortes setzte ein, die zum einen letzte Übungen des Wachpersonals für den Gewaltmarsch und den Fall des Widerstandes von Gefangenen umfassten.¹⁴¹ Zum anderen war vorgesehen, die »pathologische Abteilung« und das Krematorium zu sprengen. Nach der Versammlung besprachen sich Kaindl, Baumkötter und Rehn diesbezüglich.¹⁴² Ein unter Rehns Kommando stehendes »Sprengkommando« aus circa 40 Gefangenen sollte daraufhin in der Nacht vom 20. zum 21. April noch Zündkabel und Minen verlegen.¹⁴³ Das schnelle Vorrücken der sowjetischen und polnischen Einheiten in Richtung Oranienburg und die

---

135 Vgl. Aussage Anton Kaindl vom 11.10.1946, Kopie in: GUMS, JSU 1/15/2; Aussage Ludwig Rehn vom 16.12.1946, Kopie in: GUMS, JSU 1/3/2.
136 Vgl. Aussage Anton Kaindl vom 11.10.1946, Kopie in: GUMS, JSU 1/15/2; Aussage Ludwig Rehn vom 23.10.1946, Kopie in: GUMS, JSU 1/23/1; vgl. Ausführungen in den Prozessunterlagen zur Strafsache Heinrich Wessel, in: STAL, EL 48/2, Bü 73, Bl. 1364f.
137 Aussage Ludwig Rehn vom 23.10.1945, Kopie in: GUMS, JSU 1/23/1.
138 Ebd.
139 Vgl. Aussage Ludwig Rehn vom 23.10.1946, Kopie in: GUMS, JSU 1/23/1; Aussage Ludwig Rehn vom 16.12.1946 in: GUMS, JSU 1/3/2; British Interrogation No. 2 von 1946, in: PRO, WO 309/437.
140 Vgl. Hans von Dahlen: Todesmarsch 1945, Dortmund-Hombruch 1967 (Sachsenhausenheft, Nr. 4), S. 6.
141 Vgl. Aussage Jaroslav Purš vom 9.2.1960, in: BArch ZStL, B 162/1508, S. 4.
142 Vgl. Aussage Ludwig Rehn vom 23.10.1946, Kopie in: GUMS, JSU 1/23/1; Aussage Ludwig Rehn vom 16.12.1946, Kopie in: GUMS, JSU 1/3/2.
143 Vgl. Dokumentensammlung Nr. 2: Die Geschichte der letzten 24 Stunden des Konzentrationslagers Sachsenhausen, hg. von der Vereinigung ehemaliger politischer Konzentrationäre und politisch Inhaftierter, Düsseldorf 1946, in: GUMS, LAG II/13; UNWCC, Evacuation.

für die Lager-SS/Polizei entsprechend schwer einzuschätzende Lage führten jedoch dazu, dass dieser Plan – im Unterschied zum WVHA-Komplex Auschwitz, wo die baulichen Reste der bereits abgetragenen Krematorien im Januar 1945 gesprengt worden waren[144] – nicht mehr zur Ausführung kam.[145] Ungefähr 17 Stunden nach Verlassen der letzten SS/Polizei-Angehörigen erreichten Angehörige der polnischen Armee das Lagergelände und befreiten die zurückgelassenen Insass:innen, während Angehörige der Kommandantur und die Wachmannschaften die Mehrzahl der Gefangenen weiterverschleppten.[146] Ab dem 21. April waren bis zu 35.000 Insass:innen des Konzentrationslagers Sachsenhausen auf brandenburgische Straßen getrieben worden, die vom direkten Kriegsgeschehen wegführten – das gesamte Lager geriet in Bewegung. Nachdem Glücks Kaindl zum Abtransport des Lagers instruiert hatte, war die Mehrzahl der Angehörigen der Amtsgruppe D bereits tags zuvor aufgebrochen. Die SS-Führer hatten Oranienburg in Richtung Ravensbrück verlassen.

6.4 Amtsgruppe D

Der Alarm, der am 18./19. April für den SS-Standort Oranienburg erfolgt war, betraf alle SS/Polizei-Dienststellen am Standort und damit neben dem Konzentrationslager Sachsenhausen auch die diesem übergeordnete Inspektion. Die IKL war im März 1942 als »Amtsgruppe D« dem SS-WVHA eingegliedert worden und enthielt ihre Evakuierungsanordnung entsprechend von dort.[147] Im Frühjahr 1945 hatte Oswald Pohl zu zwei Besprechungen nach Berlin gerufen, bei denen es um die Evakuierung der den WVHA zugeordneten Dienststellen und um die Verteidigung Berlins ging. An der ersten Sitzung Anfang Februar nahmen von der Amtsgruppe D Richard Glücks, Gerhard Maurer und Karl Sommer teil. Die zweite Besprechung fand Ende März/Anfang April ohne Maurer, aber mit seiner Vertretung, Hans Moser, statt.[148] Entsprechend der Anweisung, die für Reichsministerien hinsichtlich möglicher Evakuierungen in die als Festungen »Süd« und »Nord« erklärten Gebiete Deutschlands und Dänemarks erlassen worden war, bildete auch das SS-WVHA zwei Arbeitsstäbe und teilte seine Abteilungen entsprechend auf »Süd« und »Nord« auf, »wobei die Teile jeweils arbeitsfähig bleiben sollten«.[149] In den Arbeitsstäben wurde daraufhin eruiert, wie

---

144 Vgl. Wolfgang Benz, Miriam Bistrović, Claudia Curio, Barbara Distel, Franziska Jahn, Angelika Königseder, Brigitte Mihok, Verena Buser: Auschwitz, in: Der Ort des Terrors: Geschichte der nationalsozialistischen Konzentrationslager, Bd. 5: Hinzert, Auschwitz, Neuengamme, hg. von Wolfgang Benz und Barbara Distel, München 2007, S. 79-173, hier S. 155.
145 Vgl. Aussage Ludwig Rehn vom 23.10.1946, Kopie in: GUMS, JSU 1/23/1; Dokumentensammlung Nr. 2, in: GUMS, LAG II/13.
146 Vgl. Dokumentensammlung Nr. 2, in: GUMS, LAG II/13.
147 Vgl. Schreiben des Chefs der Sicherheitspolizei und des SD vom 30.5.1942, in: YV, O.18/105.
148 Vgl. Aussage Karl Sommer vom 24.9.1946, Kopie in: GUMS, P7 Sommer, Karl.
149 Linck, »Festung«, S. 571 f.

die Dienststellen evakuiert werden sollten. Maßnahmen für die Familien wurden vorbereitet und Instruktionen für Dienststellen durchgesprochen.

Für den Fall der Evakuierung vorgesehen war, dass Pohl und sein Stab mit Omnibussen und Funkstationen über Potsdam nach Westen gehen würden. In Potsdam sollte ein erstes Ausweichquartier eingerichtet werden. Glücks hatte es im Hinblick auf die Größe des Evakuierungskonvois für sicherer gehalten, wenn die Dienststellen sich trennen, und entwickelte für die Amtsgruppe D eigene Pläne in Richtung Flensburg.[150] Das als »Festung Nord« konzipierte Gebiet an der dänischen Grenze sollte bei Absetzbewegungen aus Berlin und seinem Umland daraufhin neben der Amtsgruppe D auch dem RSHA und Himmler selbst mit seinem Stab von circa 150 Personen und mehreren HSSPF als Fluchtziel dienen.[151]

Am 15. April 1945 erteilte Himmler Pohl die Weisung, das SS-WVHA nach eigenem Ermessen zu evakuieren. Entsprechend den zuvor ausgearbeiteten Plänen gab Pohl die Weisung, dass die Amtsgruppen A, B, C noch am selben Tag in Richtung Dachau aufbrechen sollten. Eine Gruppe um Dr. jur. Walter Salpeter, den Chef im Amt A III (Rechtsamt) in der Amtsgruppe A sowie kommissarischen Leiter des Amtes W VIII (Sonderaufgaben) der Amtsgruppe W und engen Vertrauten Pohls, verblieb auf eigenen Wunsch in Berlin.[152] Während der Gefechte in Berlin gerieten die Männer daraufhin in sowjetische Kriegsgefangenschaft.[153] Für die Amtsgruppe D war stattdessen vorgesehen, sich nach Norden zurückzuziehen, sollte die Rote Armee auf Oranienburg vorrücken.[154]

In Berlin verließen die Amtsgruppenleiter noch am selben Tag ihre Dienststellen. Zuvor wurden sie mit Giftampullen ausgestattet, die im Januar 1945 in Sachsenhausen in Menschenversuchen an Gefangenen durch Baumkötter und seinen Vorgesetzten Lolling erprobt und von Letzterem anschließend an SS/Polizei-Führer verteilt worden waren.[155] Zwei Kfz des SS-WVHA brachen mit dem Ziel Dachau auf. Benötigte Akten- und Dokumentenbestände waren bereits frühzeitig dorthin auf den Weg gebracht worden.[156] Nachdem er die ganze Nacht unterwegs gewesen war, kam der Wagen, in dem sich Pohl und weitere SS-Führer befanden, am darauffolgenden Morgen in Schlackenwerth bei Karlsbad (Karlovy Vary) zum Stehen. Dort befand sich ein SS-Bekleidungslager, das den hochrangigen SS-Männern zum Ausruhen diente. Der

150 Vgl. Aussage Karl Sommer vom 24.9.1946, Kopie in: GUMS, P7 Sommer, Karl.
151 Vgl. »... zwinkerte man mit den Augen und schwieg.« Schweigekartell und Weißwäschersyndikat, oder: Wie aus NS-Tätern und ihren Gehilfen Nachbarn und Kollegen wurden, in: Lange Schatten. Ende der NS-Diktatur und frühe Nachkriegsjahre in Flensburg, hg. vom Stadtarchiv Flensburg, Flensburg 2000, S. 346-386, hier vor allem S. 346-357.
152 Vgl. britischer Ermittlungsbericht zu Oswald Pohl vom 4.6.1946, in: PRO, WO 309/2050.
153 Vgl. Schulte, Wirtschaftsimperium, S. 163-166; Klee, Personenlexikon, S. 519.
154 Vgl. britischer Ermittlungsbericht zu Oswald Pohl vom 4.6.1946, in: PRO, WO 309/2050.
155 Vgl. ebd.; Aussage Heinz Baumkötters vom 18.7.1946, Kopie in: GUMS, JSU 1/15/2; Aussage Herbert Wilhelm Siggelkow vom 14.5.1945, Kopie in: GUMS, NL 6/28/2.
156 Vgl. britischer Ermittlungsbericht zu Oswald Pohl vom 4.6.1946, in: PRO, WO 309/2050.

zweite Wagen, in dem sich Pohls Stellvertreter Georg Lörner und weitere SS-Führer befanden, war unterwegs zurückgeblieben und fuhr selbstständig weiter nach Dachau. Pohl hingegen fuhr noch am selben Tag nach Halfing im südlichen Bayern, wo er die Villa »Brüningsau« unterhielt.[157] Dort traf er mit seiner Ehefrau und den vier Kindern sowie weiteren Frauen hochrangiger SS-Männer zusammen und nächtigte vor Ort.[158] Am 17. April brach die Gruppe weiter nach Dachau auf, das ihnen als neues Hauptquartier diente. Die Amtsgruppe D befand sich hingegen noch in Oranienburg und zog sich am 20. April nach Norden zurück.[159]

Die Amtsgruppe D war auf Anordnung des SS-Gruppenführers Glücks am 15. April vorerst noch in Oranienburg geblieben. Für den Fall, dass sich das Frontgeschehen nähern würde, sollte die Dienststelle – wie viele weitere hochrangige NS-Funktionäre[160] – über Mecklenburg nach Schleswig-Holstein ausweichen. Konkrete Quartiere waren nicht festgelegt.[161] Auf Anordnung des Kreisleiters in Oranienburg, der als »Räumungsbevollmächtigter« tätig war, setzten sich die Dienststellenleiter der Amtsgruppe D – Glücks, Höß, Maurer, Burger und Lolling – in der Nacht vom 20. zum 21. April nach Ravensbrück ab. Teile der Akten waren per LKW bereits nach Wansleben (Südharz) bei Halle ausgelagert worden. Nur die notwendigen Akten – drei oder vier Kästen der Amtsgruppe D – wurden mitgeführt. Die übrigen Akten waren Anfang April vernichtet worden.[162] Der Kommandant in Sachsenhausen, Kaindl, und sein Adjutant, Wessel, fuhren am 21. April ebenfalls nach Ravensbrück. Die Amtsgruppe D bezog hier für sechs Tage zwei Räume im Kommandanturgebäude des Konzentrationslagers.[163] Gemeinsam mit ihren Ehefrauen hatten die beiden Oranienburg im PKW verlassen. Begleitet wurden sie von ungefähr 30 weiteren Personen des Kommandanturstabes, die samt Gepäck mit fünf LKW aufbrachen. In Ravensbrück wurden sie in Baracken nahe des Männerlagers untergebracht, bevor sie nach einigen Tagen weiter nach Wittstock fuhren.[164] Weitere Ehefrauen von SS-Führern des WVHA-Lagersystems wie Hedwig Höß mit ihren Kindern oder die Ehefrauen (und Kinder) von Salpeter, Glücks, Lolling und Sommer befanden sich ebenfalls in Ravensbrück vor Ort und begleiteten die SS-Männer auf ihrer Flucht nach

---

157 Dirk Riedel: Halfing-Brüningsau, in: Benz, Ort des Terrors (Bd. 2), S. 340 f.
158 Vgl. britischer Ermittlungsbericht zu Oswald Pohl vom 4. 6. 1946, in: PRO, WO 309/2050. Auf Basis der britischen Ermittlungen komme ich zu einem anderen Ergebnis als Gerhard Paul, der ausführt, dass Oskar Pohl und mit ihm die gesamte Führungsriege des SS-WVHA nach Flensburg geflohen war. Vgl. Paul, Schweigekartell, S. 347 f.
159 Vgl. ebd.
160 Vgl. ebd., S. 346-357; Klaus Hesse: »Rattenlinie Nord« – Bei Kriegsende nach Schleswig-Holstein geflüchtete NS-Funktionäre, in: Das »Dritte Reich« nach Hitler. 23 Tage im Mai 1945. Eine Chronik, hg. von Andreas Nachama, Berlin 2016, S. 224-328.
161 Vgl. Aussage Oswald Pohl vom 28. 5. 1946, in: PRO, WO 309/217.
162 Vgl. Aussage Karl Sommer vom 24. 9. 1946, Kopie in: GUMS, P7 Sommer, Karl.
163 Vgl. ebd.
164 Vgl. Aussage Kurt Eccarius vom 21. 2. 1946, in: PRO, WO 309/109 23889.

Norddeutschland bzw. fuhren voraus in dieselbe Richtung, um dort in Quartieren oder bei Familienmitgliedern unterzukommen.[165] Über den eigenen Funkwagen hatte die Amtsgruppe D noch einige Tage Verbindung nach Dachau halten können, die nach der Räumung Oranienburgs abriss.[166]

Die Evakuierung der Amtsgruppe D mit dem Ziel der »Festung Nord« war von Höß und Sommer organisiert worden,[167] nachdem Hitler am 4. Februar bekanntgegeben hatte, dass Dänemark als Aufnahmegebiet für Flüchtlinge zur Verfügung stehe.[168] Höß unterstand seit Mai 1944 die Abteilung D I (Zentralamt).[169] Sommer führte seit Mai 1942 die Abteilung D II-1 (Häftlingseinsatz). Darüber hinaus bekleidete er seit Ende 1943 auch das Amt des Stellvertretenden Amtsleiters D II im WVHA und vertrat Maurer.[170] Als am 27. April auch in Ravensbrück die Räumung einsetzte, verließ die Amtsgruppe ihr dortiges Notquartier. Maurer und Sommer waren vorgefahren, um an der Ostsee in Born, Prerow und Barth nach neuen Unterbringungsmöglichkeiten zu suchen. Am darauffolgenden Tag brachen Teile der Amtsgruppe D nach Barth auf, um im Verwaltungsgebäude eines Industriewerkes Quartier zu beziehen.[171] Hierbei handelte es sich um die Barther Heinkel-Werke, in deren unmittelbarer Nähe Ravensbrück ein Außenlager für mehrere tausend Insass:innen unterhielt. Aber auch dieses wurde am 30. April in Richtung Rostock geräumt.[172] Die Angehörigen der Amtsgruppe D zogen daraufhin weiter und richteten sich in Rendsburg (Schleswig-Holstein) ein.[173] Kaindl und Wessel brachen am 26. April hingegen von Ravensbrück nach Wittstock auf und trafen dort noch am selben Tag ein.[174]

Auf dem Weg nach Rendsburg waren der Amtsgruppe »[z]wei Lastwagen mit Gepäck und Nachrichtenmaterial [...] bei Rostock verloren gegangen, da quer über die Straßen gezogene Panzergräben nicht überwunden werden konnten.«[175] Höß war es bei Ankunft in Rendsburg zudem nicht gelungen, eine Unterkunft zu beschlagnahmen. Als Nachtlager diente den SS-Führern und deren mitgeführten Familienangehörigen daher ein

---

165 Vgl. Hördler, Ordnung, S. 165 und S. 171 f.; Paul, Schweigekartell, S. 346-357; Koop, Höß, S. 261.
166 Vgl. Dokument der War Crimes Section vom 4.12.1946, in: PRO, WO 309/2050; britischer Ermittlungsbericht zu Oswald Pohl vom 4.6.1946, in: PRO, WO 309/2050; Koop, Höß, S. 260.
167 Vgl. Aussage Karl Sommer vom 24.9.1946, Kopie in: GUMS, P7 Sommer, Karl; britischer Ermittlungsbericht zu Oswald Pohl vom 4.6.1946, in: PRO, WO 309/2050; Koop, Höß, S. 260 f.
168 Vgl. Klaus Neitmann (Hg.): »Man bleibt eben immer der Flüchtling.« Eine Quellenedition zur Flucht und Vertreibung aus dem Kreis Arnswalde 1945-1947, bearb. von Veronica Kölling, Berlin 2020, S. 16. Zum Einsetzen der Planungen im Februar vgl. auch Linck, »Festung«, S. 571.
169 Vgl. Anna-Raphaela Schmitz: Dienstpraxis und außerordentlicher Alltag eines KL-Kommandanten. Rudolf Höß in Auschwitz, Berlin 2022, S. 364-370.
170 Vgl. Schulte, Zwangsarbeit, S. 477.
171 Vgl. Aussage Karl Sommer vom 24.9.1946, in: GUMS, P7 Sommer, Karl; Koop, Höß, S. 259.
172 Vgl. Angelika Meyer: Barth, in: Benz, Ort des Terrors (Bd. 4), S. 528-532.
173 Vgl. Dokument der War Crimes Section vom 4.12.1946, in: PRO, WO 309/2050.
174 Vgl. Aussage Ludwig Rehn vom 23.10.1946, Kopie in: GUMS, JSU 1/23/1; Aussage Ludwig Rehn vom 16.12.1946, Kopie in: GUMS, JSU 1/3/2.
175 Vgl. Koop, Höß, S. 261.

Stall bei Klein Benecke, das zwanzig Kilometer nördlich von Rendsburg liegt. Tags darauf wurden die Ehefrauen und Kinder in einem Gebäude der Kolonialschule, die direkt am Nord-Ostsee-Kanal lag, einquartiert.[176] Auch der ehemalige HSSPF »Russland-Nord« und »Ukraine«, Prützmann, befand sich vor Ort, nachdem er sich mit seinem Stab aus Neuruppin zurückgezogen hatte. Glücks und Prützmann entschieden gemeinsam, mit ihren Dienststellenangehörigen nach Flensburg weiterzufahren. Der dort amtierende Polizeipräsident riet den Angehörigen der Amtsgruppe D hier, sich vorerst in einem Wald versteckt zu halten, bis Nachrichten von Himmler eintreffen würden. Als diese am Abend eingingen, begaben sich die SS-Führer in die Marineschule in Flensburg-Mürwik, wo Glücks und Höß am 3. Mai 1945 auf Himmler trafen.[177]

Seit dem 2. Mai versammelten sich neben Himmler und den circa 150 Angehörigen seines persönlichen Stabes eine Vielzahl hoher SS/Polizei-Führer, wie die Angehörigen der Amtsgruppe D, eine Reihe von HSSPF oder Einsatzgruppenführer in Flensburg. Sie wurden im Polizeipräsidium der weitläufigen Marine-Anlage Mürwik und im sogenannten Grenzlandmuseum untergebracht, was bedeutete, die nächsten Tage abwartend – teils stark alkoholisiert und narkotisiert – auf Böden und in Kellern zu nächtigen.[178] Am 3. Mai erreichte auch Dönitz, der wenige Tage zuvor die Nachfolge Hitlers angetreten hatte, mit seinem Gefolge die Marineschule und richtete sich mit seinem Stab hingegen mondän im Kommandogebäude der Anlage und im Glücksburger Schloss ein. Dönitz beließ Himmler vorerst noch als Reichsführer-SS und Chef der deutschen Polizei im Amt. Den ihm unterstellten SS/Polizei-Führern erteilte dieser aber bereits die Weisung, über die grüne Grenze nach Dänemark zu fliehen und dort in den Untergrund zu gehen. Hierfür sollten sie sich Uniformen besorgen, die sie als Unteroffiziere des Heeres tarnten.

Am 4. Mai informierte der Flensburger Polizeipräsident Höß und die Angehörigen der Amtsgruppe D über den Weg, der ihnen nach Dänemark noch verbleiben würde. Des Weiteren erhielten die Männer vom Polizeipräsidium und der Marineschule Papiere und Uniformen, mit denen sie sich als Marineangehörige ausgeben konnten.[179] Mehr als 2.000 falsche Dienstausweise gab das Polizeipräsidium dieser Tage aus.[180] Aus Rudolf Höß wurde daraufhin Franz Lang.[181] Glücks setzte sich als Erster ab und wurde

---

176 Vgl. ebd.
177 Vgl. ebd.
178 Vgl. Gerhard Paul: Der Untergang 1945 in Flensburg. Vortrag gehalten am 10. 1. 2012 aus Anlass der Ausstellung »Was damals Recht war ...« im Rathaus Flensburg, Kiel 2012 (Schriftenreihe der Landeszentrale für Politische Bildung Schleswig-Holstein), S. 10 f.
179 Vgl. ebd., S. 11 f.
180 Vgl. Herbert Reinke: »Angleichungsdienstantrag der leitenden Beamten des kriminalpolizeilichen Vollzugsdienstes beim Bundeskriminalamt.« (Wieder-)Einstieg und (weicher) Fall einer Funktionselite nach 1945, in: Die SS nach 1945. Entschuldigungsnarrative, populäre Mythen, europäische Erinnerungsdiskurse, hg. von Jan Erik Schulte und Michael Wildt, Göttingen 2018, S. 209-228, hier S. 217.
181 Vgl. Koop, Höß, S. 262.

von Maurer vertreten.¹⁸² Am 5. Mai kamen im Plenarsaal des Polizeipräsidiums letztmalig die noch verbliebenen hochrangigen SS/Polizei-Führer zusammen. An diesem Morgen war die deutsche Teilkapitulation gegenüber den Westalliierten ergangen. In der geschäftsführenden Regierung, die Dönitz am Abend bildete, hatte Himmler nun keinen Platz mehr. Am 6. Mai enthob Dönitz ihn aus allen seinen Ämtern.¹⁸³ Als Deutschland am 8. Mai gegenüber der Sowjetunion kapitulierte, sollten mit Himmler auch die letzten vor Ort verbliebenen SS/Polizei-Führer in den Untergrund gehen und dabei in den folgenden Wochen und Monaten quer durch Deutschland ziehen.¹⁸⁴ Wie seine Untergebenen legte nun auch Himmler neue Kleidung sowie eine Augenklappe an und begab sich in Norddeutschland auf die Flucht. Für den Fall, in Gefangenschaft zu geraten, führte auch er eine Ampulle mit Zyankali bei sich. Sowjetische Soldaten nahmen ihn wenig später auf einer Streife fest. In Gefangenschaft gab Himmler, der über Papiere des von der Gestapo hingerichteten Feldwebels, Heinrich Hitzinger, verfügte, seine Identität preis. Hier entzog er sich der Verantwortung für die unter seiner Führung organisierten und begangenen Gewaltverbrechen, indem er sich am 23. Mai in britischem Gewahrsam suizidierte.¹⁸⁵

6.5 Räumung des Hauptlagers

Nachdem Heißmeyer am 18. April den Befehl zur Vorbereitung der Räumung des SS-Standortes Oranienburg erteilt hatte,¹⁸⁶ bereitete die Lager-SS/Polizei diese vor. Die Vorbereitung dauerte drei Tage.¹⁸⁷ Während dieser Zeit herrschte Lagersperre, d. h., die Insass:innen rückten nicht mehr zu ihren Arbeitsstellen aus.¹⁸⁸ In der Nacht vom 20. zum 21. April 1945 erging die Weisung zur Evakuierung – um 3 Uhr morgens erteilte die Amtsgruppe D den Befehl, aufzubrechen und die Gefangenen aus Oranienburg wegzuführen. In Absprache mit Glücks hatte Höß die Weisung zum Aufbruch erteilt.¹⁸⁹ Das SS-WVHA evakuierte seine Einrichtungen aus Oranienburg.

182 Vgl. Aussage Karl Sommer vom 24. 9. 1946, Kopie in: GUMS, P7 Sommer, Karl.
183 Vgl. Paul, Untergang, S. 13-15.
184 Vgl. Dokument der War Crimes Section vom 4. 12. 1946, in: PRO, WO 309/2050; britischer Ermittlungsbericht zu Oswald Pohl vom 4. 6. 1946, in: ebd.
185 Vgl. Boris Chavkin und A. M. Kalganov: Die letzten Tage von Heinrich Himmler. Neue Dokumente aus dem Archiv des Föderalen Sicherheitsdienstes, in: Forum für osteuropäische Ideen und Zeitgeschichte 4 (2002), S. 251-287.
186 Vgl. Aussage Ludwig Rehn vom 23. 10. 1946, Kopie in: GUMS, JSU 1/23/1; Aussage Ludwig Rehn vom 16. 12. 1946, Kopie in: GUMS, JSU 1/3/2.
187 Vgl. Aussage Hans Rosenberg vom 5. 3. 1946, Kopie in: GUMS, JSU 21/3.
188 Vgl. Bericht Hugo Eicker o. O. o. D., in: BLHA, Rep 35 H Sachsenhausen, Nr. 34.
189 Vgl. Aussage Ludwig Rehn aus dem Jahr 23. 10. 1946, Kopie in: GUMS, JSU 1/23/1. Laut einem britischen Ermittlungsbericht von 1946 gab die Amtsgruppe D den Räumungsbefehl aus. Vgl. Interrogation Report No. 2, in: PRO, WO 309/437.

Zu ihnen gehörten neben der Amtsgruppe D das große Hauptlager Sachsenhausen und das Nebenlager in den Heinkel-Werken. Gleichzeitig gab die Kommandantur in Sachsenhausen Räumungsbefehle an die Außenlager aus, deren Gefangene noch nicht nach Oranienburg zurückgebracht worden waren.

Für die Evakuierung dieses Konzentrationslagerkomplexes griffen zwei unterschiedliche Zielvorgaben. In Reaktion auf die Frontverläufe wurde die Mehrzahl der Gefangenen einerseits in nordwestlicher Richtung weggeführt. Denn der Weg nach Süddeutschland, den die Planungen des Januars für den Fall einer Evakuierung Sachsenhausens vorsahen, stand unmittelbar davor, durch die Alliierten versperrt zu werden. Das verbliebene, noch unbesetzte deutsche Territorium wurde damit in einen Nord- und einen Südraum unterteilt. Als erstes Etappenziel, das für die Kolonnen, die männliche Gefangene aus nord- und westbrandenburgischen Lagerstandorten führten, galt die Stadt Wittstock in der Westprignitz, die sich in der Nähe der Gau-/Wehrkreisgrenze zu Mecklenburg befand.[190] Gefangenenkolonnen, die Frauen führten, sollte das Wachpersonal in Richtung Neustadt-Glewe treiben.[191] Die Gefangenen des im Süden Brandenburgs gelegenen Außenlagers Schwarzheide wurden hingegen mit dem Ziel auf den Weg gebracht, Theresienstadt zu erreichen. Wie gestaltete sich die Aufgabe des SS-Standortes Oranienburg-Sachsenhausen konkret?

Rückzug aus Oranienburg

Ab den frühen Morgenstunden des 21. April wurden zwischen 30.000 und 35.000 Gefangene aus dem Haupt- sowie dem Außenlager der Heinkel-Werke getrieben.[192] Zwischen 1.800 und 2.700 Kranke sowie zwischen 250 und 400 weitere, vor allem weibliche Gefangene verblieben im Hauptlager.[193] Unter ihnen befand sich Janka Galambos, die sich versteckt hielt und hierbei mitbekam, wie auch SS-Angehörige in Zivil im Geschehen der Räumungsvorbereitung im Lager untertauchten.[194] Der Abzug der SS und der Polizei aus Oranienburg dauerte bis in die Abendstunden

---

190 Vgl. Bericht A[...] Schöning aus dem Jahr 1945, in: GUMS, NL 6/31.
191 Vgl. französischer Ermittlungsbericht vom 19.12.1945, in: GUMS, LAG LII/1, Bl. 502; Aussage Heinrich Fresemann vom 19.12.1946, Kopie in: GUMS, JSU 1/3/2.
192 Heinz Baumkötter gab nach dem Krieg an, dass im April circa 30.000 Gefangene aus Oranienburg verschleppt worden waren. Vgl. Aussage Heinz Baumkötter vom 16.12.1946, Kopie in: GUMS, JSU 1/21/3, Bl. 307. Kaindl gab in einem Verhör an, dass für Sachsenhausen im April 1945 noch zwischen 35.000 und 40.000 Gefangene registriert waren. Vgl. Aussage Anton Kaindl vom 20.12.1946, Kopie in: GUMS, JSU 1/2, Bl. 39. Ehemalige Insassen sprechen nach dem Krieg von eher 35.000 verschleppten Gefangenen. Vgl. Bericht Dr. Henry Meyer aus dem Jahr 1945, in: GUMS, NL 6/32/32/9; Dokumentensammlung Nr. 2, in: GUMS, LAG II/13; Bericht Otto Twitzsch aus dem Jahr 1945, in: GUMS, LAG LII/1.
193 Vgl. Bericht A[...] Schöning aus dem Jahr 1945, in: GUMS, NL 6/31; Aussage Hans Rosenberg vom 5.3.1946, in: GUMS, J SU 21/3, Bl. 313; Bericht [Vorname unbekannt] Wieber aus dem Jahr 1946, in: GUMS, LAG LII/1.
194 Vgl. Bericht Janka Galambos vom Februar 1960, in: TWL, 1656/3/2/1178, S. 9.

des 21. April an.[195] Als Ziel des Gewaltmarsches war Wittstock vorgesehen – wie dargelegt, galt die Westprignitz der SS und deutschen Militäreinheiten im Frühjahr als Rückzugs- und Sammelgebiet, das auch die Wehrmachtsführung auf ihrem Weg nach Plön zum Oberkommando der Marine passierte. Walter Schulz, der im Berliner Bendlerblock für das Kartenmaterial zuständig war, notierte auf dem Rückzug seiner Abteilung, was sich zwischen Oranienburg und Wittstock abspielte:

> »Die erste Nacht [hinter Berlin] verbrachten wir im Durcheinander einer kleinen Stadt, die fast über Nacht in Frontnähe gerückt war, Neuruppin. In einem fluchtartig geräumten Lazarett schliefen wir. Zum Abschied kochte die Küche aus ihren vollen Beständen uns am nächsten Morgen noch eine herrliche Milchgriessuppe. In der Meierei daneben kaufte ich schnell noch 15 kg Weißkäse und weiter ging es nach Schwerin. Auf dieser Wegstrecke überholten wir viele Tausend KZ-Häftlinge, die rechts und links von SS-Wachen flankiert vor den Russen nach Norden zogen. Rechts und links im Straßengraben lagen die Opfer der SS-Banditen. Achtzehn tote KZ-Kam[eraden]. lagen mit verkrampften Gliedern erschossen an der Straße. Die meisten waren so entkräftet, daß sie knapp noch laufen konnten. Auch starke Frauengruppen waren darunter. Dies war die deutliche Visitenkarte des 3. Reiches: die Mörderfratze. Dazwischen viele Bauerntrecks. Dann zu hunderten verwundete deutsche Soldaten[,] die überstürzt, halbgeheilt erst, auf die Straße gezwungen wurden. Alle baten sie[,] mitgenommen zu werden.«[196]

Es sollte mehrere Tage dauern, bis die Wachmannschaften die Insass:innen von Sachsenhausen über Neuruppin oder andere Routen nach Wittstock getrieben hatten. In Gruppen von je circa 500 bis 600 wurden die Gefangenen ab Oranienburg mit diesem Ziel verschleppt, ohne in einer der Ortschaften, die sie passieren mussten, etwas Essbares aus den »vollen Beständen« erhalten zu haben, wie sie Schulz für das evakuierte Lazarett in Neuruppin beschreibt.[197] Bereits in Oranienburg erschossen die Wachmannschaften dabei erste, der auf den Gewaltmarsch getriebenen Gefangenen, wie die Berlinerin Liselotte Oest in ihr Tagebuch notierte, die sich in gleicher Richtung auf die Flucht begab:

> »Die Landstraße nach Löwenberg, von wo noch Flüchtlingszüge nach Schleswig-Holstein abgehen sollten, war völlig verstopft mit Autos, Pferdefuhrwerken, und allen nur möglichen Transportmitteln, so dass wir nur langsam vorwärts kamen. Zur Unterhaltung hörten wir dauernd den Geschützdonner und Gewehrfeuer. Die Chaussee führte an der Mauer des KZ Sachsenhausen entlang, und dort bot sich uns ein schrecklicher Anblick. In kurzen Abständen lagen viele Tote an der

---

195 Dokumentensammlung Nr. 2, in: GUMS, LAG II/13.
196 Eintrag für den 24. 4. 1945 im Tagebuch von Walter Schulz, in: DTA, 51-1, S. 2.
197 Harry Oberheinrich: Bericht über Sachsenhausen (unveröffentlicht) vom 20. 2. 1946, in: GARF, 7021/115/31, Bl. 25.

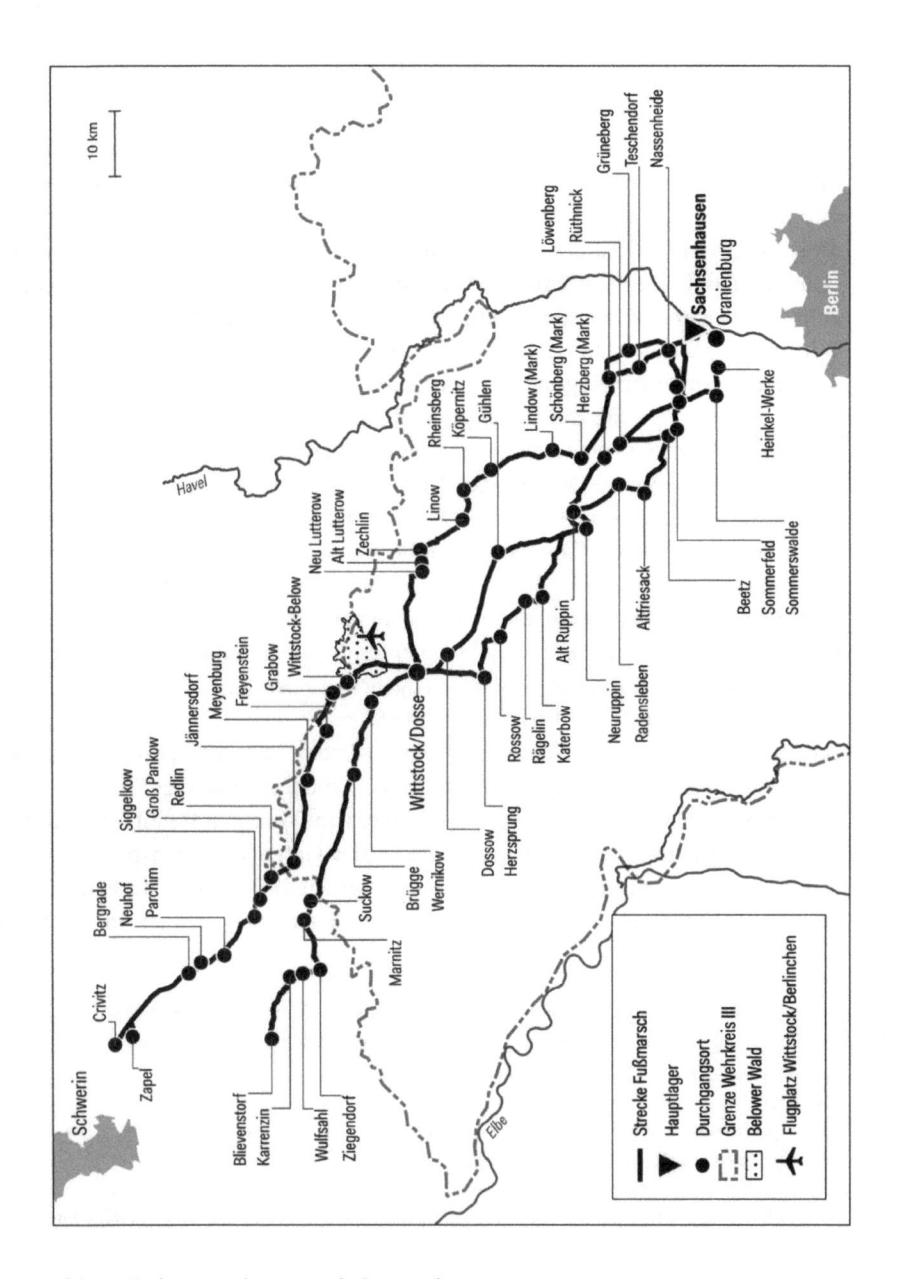

Abb. 6: Todesmarschrouten ab Oranienburg

Mauer auf dem Bauch und mit den kahlgeschorenen Köpfen zur Wand. Sie hatten gestreifte Anzüge an und lagen da so entsetzlich verlassen und dünne. Niemand sagte etwas, es war wohl jeder mit seinen Sorgen beschäftigt.«[198]

Die Route, die von Oranienburg über Löwenberg und Neuruppin nach Wittstock führte, wurde von Ludwig Rehn überwacht, der die Kolonnen mit dem Motorrad abfuhr und kontrollierte.[199] Rehn befand sich bereits am Abend des 22. April in Wittstock und traf dort mit Kolb und Lauer zusammen. Die drei Männer beschlagnahmten ein Haus, in dem sie Quartier bezogen. Auch der Gerichtsoffizier und Verbindungsführer zum HSSPF »Spree«, Schmidt, befand sich vor Ort. Von ihm erhielten die SS-Führer Weisungen. Als die ersten Gefangenen in Wittstock eintrafen, vereinbarten Rehn und Schmidt deren Unterbringung im Wittstocker Ziegelwerk.[200]

Die erste Gruppe von 500 Gefangenen, die Oranienburg am 21. April 1945 verließ, wurde um 5 Uhr früh vom Gelände des Heinkel-Werkes getrieben.[201] Seit Februar 1945 diente das Oranienburger Außenlager der Aufnahme von rückdeportierten, vor allem jüdischen Gefangenen aufgelöster WVHA-Lagerkomplexe – die Flugzeugproduktion war unter dem alliierten Bombardement bereits 1944 zum Erliegen gekommen. Die ersten Gefangenengruppen, die von dort aufbrachen, wurden mit ungenügend Brot und je einer Fleischkonserve, die sich drei Gefangene zu teilen hatten, »versorgt«.[202] Eine große Anzahl der Weiterverschleppten erhielt überhaupt keine Verpflegung.[203] Als erste SS-Transportführer, die die Gefangenen aus den Heinkel-Werken abführten, fungierten die Kommando- bzw. Blockführer Oskar Burkhardt, Heinz Heidrich, Alfred Schünemann und Alfred Tschiersky.[204] Sie verfügten über Fahrräder.[205] Angehörige des Wachbataillons bewachten die Gefangenenkolonnen unterwegs.[206]

Noch am Abend zuvor hatten die SS-Männer vom Kommandoführer in »Heinkel«, Heidrich, Instruktionen zur Durchführung des Gefangenentransportes erhalten. Heidrich gab den zu »Transportführern« ernannten SS-Männern dabei deutlich zu verstehen, dass zurückbleibende Gefangene zu erschießen seien.[207] In den frühen

198 Lieselotte Oest: Kriegserinnerungen 1943-1945, o. O. o. D., in: DTA, 4081-1, S. 9.
199 Vgl. Aussage Ludwig Rehn vom 23.10.1946, Kopie in: GUMS, JSU 1/23/1; Bericht Hugo Eicker o. O. o. D., in: GUMS, P3 Eicker, Hugo, S. 67.
200 Vgl. ebd.
201 Vgl. Aussage Alfred Schünemann vom 4.10.1946, Kopie in: GUMS, JSU 1/1/3.
202 Vgl. Bericht Friedel Malter o. O. o. D., in: BArch B, DP 3 2014.
203 Vgl. Aussage Heinrich Fresemann vom 19.12.1946, Kopie in: GUMS, JSU 1/3/2.
204 Vgl. Aussage Alfred Schünemann vom 4.10.1946, Kopie in: AS, JSU 1/21/3; Aussage Karl Glatzel vom 22.12.1945, in: GARF, 951/1/340.
205 Vgl. Aussage Oskar Burkhardt vom August 1946, Kopie in: GUMS, JSU 1/23; vgl. auch Henri Michel: Hungermarsch in die Freiheit, Eupen 1945, S. 7.
206 Vgl. Aussage Karl Glatzel vom 22.12.1945, in: GARF, 951/1/340.
207 Vgl. Aussage Alfred Schünemann vom 4.10.1946, Kopie in: GUMS, JSU 1/21/3; Aussage Heinrich Fresemanns vom 19.12.1946, Kopie in: GUMS, JSU 1/23.

Abb. 7 und 8: Erschossene Gefangene

Abb. 9 und 10: Todesmarsch aus Oranienburg

Morgenstunden des 21. April 1945 forderte die Lager-SS die Gefangenen in den Hallen der Heinkel-Werke auf, beim Rapportführer dieses Außenlagers, Phillipp, anzutreten. Der Rapportschreiber, Sommer, zählte Gruppen von 500 und 600 Mann ab, die unter Bewachung loszulaufen hatten.[208] Die Route aus diesem in Oranienburg verorteten Außenlager verlief über Herzberg, Alt Ruppin, Fretzdorf, Herzsprung und das Rittergut Ganz in Richtung Wittstock. Die erste Nacht mussten die sich nun in der (erneuten) Verschleppung befindlichen Insassen auf einem Gut in Scheunen verbringen.[209] Jeden Morgen wurde die Anzahl der Gefangenen per Zählappell überprüft.[210] Geflohene Gefangene waren wieder einzufangen. Entkräftete Gefangene, die nicht weiterlaufen konnten, wurden erschossen, wie die Aufnahmen, die der IKRK-Delegierte Willy Pfister unterwegs heimlich anfertigte, dokumentieren.

Die unbeholfenen und oft schlecht gerahmten Bilder sind zwischen dem 21. und dem 24. April und damit zu einer Zeit entstanden, als das Wachpersonal unentwegt mordete. Sie fokussieren die Leichen von Ermordeten, die die Todesschützen im Abschnitt bis Wittstock nach der Hinrichtung am Straßenrand zurückließen. Die Bilder dokumentieren die Methoden der Wachen auf dem Todesmarsch, den die Gefangenen zu laufen hatten. Diejenigen, die den Märschen nicht mehr folgen konnten, wurden circa 50 Meter hinter den Kolonnen ermordet. Die Todeskandidat:innen wurden gezwungen, sich hinzulegen oder zu knien, bevor sie einen Schuss in den Kopf erhielten. Insbesondere die Tage des 22. und 23. April stellten eine sehr schwierige Zeit für die Verschleppten dar. Nach zwei Tagen Zwangsmarsch bei ständigem Regen waren viele nicht mehr in der Lage, weiterzugehen, und es kam zu unzähligen Hinrichtungen, insbesondere in der Gegend um Neuruppin, wo Pfister direkt Zeuge wurde, wie ein SS-Angehöriger einen Häftling erschoss. Pfister machte die Leichen zum Gegenstand einer Reihe von Fotografien, die aus verschiedenen Blickwinkeln aufgenommen wurden (Abb. 7 und 8). Der Fotoschnitt und die Rahmung deuten darauf hin, dass die Bilder heimlich, das heißt schnell und unter der Angst aufgenommen wurden, vom Wachpersonal dabei gesehen und bedroht zu werden.[211] Aber auch das Marschgeschehen nahm Pfister auf und dokumentierte den Weg nach Wittstock und damit auch die eigene Anwesenheit (Abb. 9 und 10).

Nach drei bis vier Tagen hatten die Überlebenden der ersten Gefangenengruppen, die Oranienburg verließen, Wittstock erreicht. Hier befanden sich bereits die Angehörigen des Kommandanturstabs aus Sachsenhausen. Die erste Gefangenengruppe, die unter der Führung von Burkhardt in Wittstock eintraf, wurde auf Weisung Rehns

---

208 Aussage Oskar Burkhardt vom August 1946, Kopie in: GUMS, JSU 1/23.
209 Vgl. Aussage Karl Glatzel vom 22.12.1945, in: GARF, 951/1/340.
210 Aussage Oskar Burkhardt vom August 1946, Kopie in: GUMS, JSU 1/23.
211 Vgl. V. IKRK-Bericht, S. 121 f.; vgl. auch Sébastian Farré (unter Mitarbeit von Yan Schubert): From Sachsenhausen to Schwerin. The International Committee of the Red Cross (ICRC) and the death marches, in: Freilegungen. Auf den Spuren der Todesmärsche, hg. von Jean-Luc Blondel, Susanne Urban und Sebastian Schönemann, Göttingen 2012 (Jahrbuch des Internationalen Tracing Service, Bd. 1), S. 282-299, hier S. 291 f.

und Schmidts über Nacht in die örtliche Ziegelei eingesperrt.[212] Zusammen mit anderen Gruppen, die nun aus dem Hauptlager eintrafen – insgesamt schätzungsweise 4.000 Verschleppte – wurden sie am nächsten Morgen nach Below weitergetrieben. Zuvor hatte Kolb die Gefangenen zu einer »Kolonne« zusammengeführt.[213]

Im Unterschied zum Vorgehen im Heinkel-Werk waren die »Marschblöcke« des Hauptlagers vor Austritt nach Nationalitäten sortiert worden. Vorgesehen war, dass die männlichen Gefangenen das Lager in folgender Reihenfolge verlassen: Zuerst sollten die Männer tschechischer, polnischer und sowjetischer Herkunft loslaufen, daraufhin die Gruppen weiterer ausländischer Gefangener folgen. Zuletzt sollten die deutschen Insassen »ausrücken«.[214] Die Ordnung sollte der vorherigen Zusammenfassung der Gefangenen in ihren jeweiligen »Blöcken« entsprechen.[215] Sie war auf Basis von Sicherheitsüberlegungen erfolgt, die tschechische, polnische und sowjetische Insassen als größtes Risiko für eine erfolgreiche Evakuierung imaginierten. Vor Austritt aus dem Lagergelände hatten sich die Gefangenen in Fünfer-Reihen aufzustellen. Vor dem Lagertor stand ein Wagen, von dem sie Brot und Wurstkonserven erhielten, die allerdings nicht für alle Gefangenen reichten.[216]

Eine Gruppe tschechischer Gefangener, die sich zuvor auch eine Unterkunftsbaracke teilen mussten, hatte entsprechend der »Block«-Nummer die »Kolonnen«-Nummer 40 erhalten. Transportführer dieser Gefangenengruppe war der SS-Hauptsturmführer, Georg Holzmann, der seine Kolonne als Erstes aus dem Hauptlager trieb.[217] Auch der SS-Untersturmbannführer Theodor Mußmann wurde SS-Transportführer.[218] Ihm unterstanden circa 35 Wachmänner. Zur Transportdurchführung verfügte er über Kartenmaterial. Die Gefangenen, die Mußmann aus Oranienburg wegführte, hatten einen Wagen mit Effekten zu ziehen.[219] Auch der Führer der 7. SS-Wachkompanie in Sachsenhausen, Kurt Ludewig, führte eine Gefangenenkolonne und trieb brutal zur Eile. Ernst Drews gehörte zu den Wachmännern dieses Gefangenentrecks und beobachtete, wie der Transportführer die Gefangenen hierbei permanent schlug. Gefangene, die an das Ende einer Kolonne zurückfielen und nicht weiterlaufen konnten, wurden hier ebenfalls erschossen – auch Frauen.[220]

In der letzten Veränderungsmeldung, die für Sachsenhausen vorliegt, vermerkte die Kommandantur in Sachsenhausen am 19. April 12.417 Frauen.[221] Im Zuge der Räumung

---

212 Vgl. Aussage Ludwig Rehn vom 23.10.1946, Kopie: GUMS, JSU 1/23/1.
213 Aussage Oskar Burkhardt vom August 1946, Kopie in: GUMS, JSU 1/23.
214 Vgl. Bericht A[...] Schöning aus dem Jahr 1945, in: GUMS, NL 6/31; Bericht Walter Nelkowski vom 19.3.1961, in: TM, 2/2 M/P/Q.
215 Aussage Franz Wohlrab 27.1.1969, in: BArch ZStL, B 162/9334.
216 Vgl. Bericht Walter Nelkowski vom 19.3.1961, in: TM, 2/2 M/P/Q.
217 Vgl. Aussage Jarolsav Purš vom 9.2.1960, in: BArch ZStL, B 162/1508, S. 2f.
218 Vgl. Verteiler des Räumungsbefehls vom 2.2.1945, in: GARF, 7021/104/8, S. 5f.
219 Vgl. Aussage Theodor Mussmann vom 24.7.1968 in: BArch ZStL, B 162/9334.
220 Vgl. Aussage Ernst Drews vom 10.1.1946, in: GARF 951/1/340.
221 Vgl. Veränderungsmeldung vom 19.4.1945, in: AA, Dok-ID. 1.1.38.1 / 4094889 f.

wurde auch das »Frauenlager« aufgelöst und es gab Gefangenenkolonnen, die Frauen führten.[222] Ihre Zahl wurde auf 5.000 geschätzt.[223] Sie verließen das Hauptlager in Oranienburg als Letzte. Von der SS als »marschunfähig« erachtete Frauen wurden hingegen zurückgelassen. So brachen am 21. April auch Frauenkolonnen in Oranienburg mit dem Ziel auf, Neustadt-Glewe zu erreichen.[224] Die Stadt befand sich in unmittelbarer Nähe zum WVHA-Auffanglager in Wöbbelin, welches erst im Februar eingerichtet worden war, um Deportierte aus aufgelösten Konzentrationslagern aufzunehmen.[225] Es diente auch Ravensbrück als Ziel der Räumungstransporte, die weibliche Gefangene am 24. und 26. April aus dem Hauptlager westwärts führten.[226] SS-Transportführer der zwei großen Gefangenenkolonnen, die Frauen deportierten, waren der SS-Obersturmführer Heinrich Fresemann, der nach eigenen Angaben 1.000 Frauen aus Oranienburg wegbrachte,[227] und der SS-Führer Walter Dankworth.[228] Fresemann hatte bis zum 10. April das Kommando im Klinkerwerk inne, das nach einem verheerenden Luftangriff an diesem Tag aufgelöst worden war.[229] Dankworth war zuvor Kommandoführer in Kleinmachnow gewesen und hatte die weiblichen, bei Bosch eingesetzten Zwangsarbeiterinnen erst kurz zuvor nach Oranienburg gebracht.[230]

Soweit rekonstruiert werden kann, trieb das Wachpersonal die Frauen gegen 19 Uhr aus dem Lager. Der Gewaltmarsch führte einen Teil von ihnen ebenfalls über Lindow, Köpernitz, Rheinsberg, Finow, Herzsprung und Alt Ruppin nach Wittstock. Von dort wurde ein Teil der Frauen weiter in Richtung Parchim, Crivitz und Schwerin getrieben.[231] Andere Frauen mussten sich über Wernikow, Redlin, Marnitz und Suckow schleppen. In einem Waldstück zwischen Blievendorf und Neustadt-Glewe überließen die Wachmannschaften diese Frauengruppe am Nachmittag des 2. Mai sich selbst und flüchteten. Sowjetische Soldaten erreichten den Wald am darauffolgenden Tag um 14 Uhr.[232] Die Frauen hatten täglich bis zu 14 Stunden laufen

---

222 Vgl. Aussage W[...] Sörensen vom 18.7.1946, Kopie in: GUMS, JSU 1/17/3, Bl. 363-369; Britischer Ermittlungsbericht Nr. 2 aus dem Jahr 1946, in: PRO, WO 309/437.
223 Vgl. Aussage Jaroslav Purš vom 11.12.1959, in: GUMS, LAG XXXIII/3.
224 Französischer Ermittlungsbericht vom 19.12.1945, in: GUMS, LAG LII/1, Bl. 502; Aussage Heinrich Fresemann vom 19.12.1946, Kopie in: GUMS, JSU 1/3/2, Bl. 19-27.
225 Vgl. Carina Baganz: Wöbbelin. Das letzte Außenlager des KZ Neuengamme als Sterbelager, in Garbe, Häftlinge, S. 105-116; dies.: Stichwort »Wöbbelin«, in: Benz, Ort des Terrors (Bd. 5), S. 543-547.
226 Vgl. Erpel, Vernichtung, S. 168.
227 Vgl. Aussage Heinrich Fresemann vom 19.12.1946, Kopie in: GUMS, JSU 1/3/2, Bl. 19-27; Christel Trouvé: Oranienburg (Klinkerwerk), in: Benz, Ort des Terros (Bd. 3), S. 248-254.
228 Marianna Janowska: Heute denke ich, es war ein Traum, in: Muster des Erinnerns. Polnische Frauen als KZ-Häftlinge in einer Tarnfabrik von Bosch, hg. von Ewa Czerwiakowski, Berlin 2005, S. 95-97, hier S. 97.
229 Vgl. Trouvé, Oranienburg (Klinkerwerk), S. 253.
230 Janowska, Traum, S. 97.
231 Vgl. Skizze von Janina Płuska, in: Czerwiakowski, Muster, S. 90.
232 Französischer Ermittlungsbericht vom 19.12.1945, in: AS, LAG LII/1, Bl. 502; Interview mit

müssen. Sie wurden sowohl von Wachmännern als auch von Aufseherinnen angetrieben und bewacht.[233] Unterwegs waren jüdische Frauen von einem vorbeiziehenden LKW der Wehrmacht angefahren worden und in Alt Ruppin zusammengebrochen. Das Wachpersonal ließ sie im Straßengraben liegen.[234] Entkräftete Frauen, die nicht weiterlaufen konnten, wurden aber auch erschossen.[235] Ein Gefangenentreck, der Frauen führte, hatte wie die männlichen Verschleppten zudem Below passiert, wo sie ebenfalls hatten rasten müssen.[236]

Below

In Below bei Wittstock sollten die Deportationen aus Oranienburg vorerst zum Stehen kommen. Das Dorf, das von einem großen Waldgelände umgeben war, befand sich unmittelbar an der Grenze zu Mecklenburg nördlich von Wittstock und diente SS/Polizei-Einheiten als Auffang- bzw. »Sammelpunkt Below«.[237] Entsprechend lagerten dort auch Kampfverbände, die sich auf dem Rückzug befanden. Bevor der Rückzug über die Gau- und Wehrkreisgrenze nach Nordwesten weiter fortgesetzt werden konnte, waren Absprachen mit dem HSSPF »Ostsee«, Emil Mazuw, zu treffen und der weitere Verbleib der Gefangenen war zu klären.[238] Am Morgen des 23. April waren Kolb, Lauer und Rehn von Wittstock nach Below gefahren.[239] Kaindl traf dort ebenfalls am 23. oder 24. April ein. Der gesamte Kommandanturstab befand sich vor Ort. Auch die Politische Abteilung war »noch ziemlich vollständig«.[240] In einer Scheune richteten sich die Kommandanturangehörigen ein.[241] Sie verfügten über mit Lebensmitteln für die SS und anderen Sachen beladene Autos und hatten die Utensilien der Schreibstuben wie Papier, Stempel und Schreibzeug dabei.[242] Auch eine Art Befehlsstand wurde im Freien eingerichtet.[243] Das den Ort umgebende und schützende Waldgelände diente sowohl als Lagerplatz für die Angehörigen der Wachkompanien

---

Hermann R., Köpernitz 2019, in: Privatarchiv; Aussage Willi Wehren vom 7. und 13. 7. 1955, in: BStU, Pdm AU 41/56.
233 Vgl. Bericht Walter Nelkowski vom 19. 3. 1961, in: TM, 2/2 M/P/Q.
234 Vgl. Viola Volland: Die tränenlosen Augen, in: Kreiskalender Ostprignitz-Ruppin 2009, hg. von Peter Pusch und Ursula Kerfin-Pusch, S. 167-168, hier S. 167.
235 Vgl. Janina Płuska: Als Geisel nach Deutschland, in: Czerwiakowski, Muster, S. 78-79, hier S. 78.
236 Vgl. Cielszak, Freundschaft, S. 179; vgl. Skizze von Płuska, in: Martin, Muster, S. 90.
237 Aussage Kurt Erdmann vom 21. 9. 1962, Kopie in: YV, TR.19/130, Bl. 81.
238 Vgl. Aussage Heinz Baumkötter vom 4. 9. 1946, Kopie in: GUMS, JSU 1/21/1.
239 Zur Anwesenheit Kolbs in Below vgl. Aussage Karl Vollmerhaus vom 15. 4. 1953, in: BArch ZStL, B 162/20331; Aussage Kraft Werner Jaeger vom 8. 12. 1960, in: StAL, E 48/2, 1563. Zur Anwesenheit Rehns in Below vgl. Aussage Heinrich Fresemann vom 19. 12. 1946, Kopie in: GUMS, JSU 1/3/2.
240 Vgl. Aussage Kurt Erdmann vom Dezember 1945, Abschrift in: YV, TR.19/130, Bl. 90.
241 Vgl. ebd.; Aussage Krafft Werner Jaeger vom 8. 12. 1960, in: StAL, E 48/2, 1563.
242 Vgl. Aussage W[…] Sörensen vom 18. 7. 1946, Kopie in: GUMS, JSU 1/17/3.
243 Vgl. Aussage Krafft Werner Jaeger vom 8. 12. 1960, in: LABW, EL 51 9 / BA 84.

von Sachsenhausen als auch zum Sammeln und Zusammenziehen der Gefangenen.[244] Als Grenze zwischen den beiden Lagerplätzen diente eine Straße.[245]

An der als Waldlager vorgesehenen Stelle, die dem Sammeln und Zusammenziehen von schätzungsweise insgesamt 16.000 der Gefangenen aus Sachsenhausen dienen sollte,[246] nahm Rehn die eintreffenden Gruppen in Empfang. Zählappelle folgten.[247] Rehn ließ sich von den Transportführern Meldung über die Anzahl der angekommenen Deportierten erstatten und schickte diese daraufhin auf das von einer Postenkette umstellte Waldgelände.[248] Auch im Wald war die Trennung der Gefangenen nach Nationen vorgesehen. Unter ihnen befanden sich auch Kinder.[249] Nachdem sich die Verschleppten aus Ästen, Stöcken, Gras, Moos und Blättern behelfsmäßige Dächer gebaut hatten, die sie während des Biwakieren-Müssens zumindest vor Regen schützen sollten, trieben die Wachmannschaften sie auf die gegenüberliegende Seite und nutzten die prekären Unterschlupfmöglichkeiten für sich selbst.[250] Je nach Zeitpunkt des Eintreffens hatten die Gefangenen in Below drei bis vier Tage auszuharren.[251] Wie aufgezeigt, trafen auch Frauen in Below ein.[252] Weibliche Gefangene wurden zudem in der Nähe des Waldlagers in Scheunen untergebracht.[253] Die Oberaufseherin des Sachsenhausener »Frauenlagers«, welches die Lager-SS/Polizei im Frühjahr 1945 im Hauptlager eingerichtet hatte, trat am »Befehlsstand« in Erscheinung.[254] Auch weitere Aufseherinnen waren vor Ort.[255] Die letzte Kolonne, die Gefangene aus dem Komplex Sachsenhausen führte, traf am 29. April ein und damit an dem Tag, als der Gewaltmarsch die Grenze zu Mecklenburg passieren und in Richtung Schwerin fortgesetzt werden sollte. Entsprechend zog diese Gefangenengruppe nur noch durch Below, ohne zu lagern. Ihr gehörte Bertram Dietz an, der schockiert feststellte, dass es dort »aus[sah], wie nach einer Schlacht. Überall lagen Tote herum.«[256]

Nachdem Kaindl in Below eingetroffen war, hielt er eine Besprechung mit den SS-Führern ab.[257] Hierbei erteilte er Lauer und Rehn die Weisung, Lebensmittelpakete

244 Vgl. Aussage Oskar Burkhardt vom August 1946, Kopie in: GUMS, JSU 1/23.
245 Vgl. Aussage Heinrich Fresemann vom 19.12.1946, Kopie in: GUMS, JSU 1/3/2.
246 Vgl. Antje Zeiger: Wittstock (Belower Wald), in: Benz, Ort des Terrors (Bd. 3), S. 291-293, hier S. 291.
247 Vgl. Aussage Oskar Burkhardt vom August 1946, Kopie in: GUMS, JSU 1/23.
248 Vgl. Aussage Ludwig Rehn vom 23.10.1946, Kopie in: GUMS, JSU 1/23/1. Zur »dichten Postenkette« vgl. auch Jongeling, Wettlauf, S. 11.
249 Vgl. Bericht Walter Simoni aus dem Jahr 1947, in: YV, O.3/989, S. 70 f.
250 Vgl. Bericht Otto Twitzsch aus dem Jahr 1945, in: GUMS, LAG LII/1.
251 Vgl. Bericht Oskar Burkhardt vom August 1946, Kopie in: GUMS, JSU 1/23.
252 Vgl. Aussage Krafft Werner Jaeger vom 8.12.1960, in: LABW, EL 51 9 / BA 84.
253 Vgl. Zeiger, Wittstock, S. 291.
254 Aussage Krafft Werner Jaeger vom 8.12.1960, in: LABW, EL 51 9 / BA 84. Aufgrund der fehlenden Personalunterlagen zu den Aufseherinnen konnte ich nicht ermitteln, um wen es sich bei der hier genannten Oberaufseherin gehandelt hat.
255 Vgl. Michel, Hungermarsch, S. 15.
256 Vgl. Aussage Bertram Dietz vom 8.12.1960, in: StAL, EL 51 9 BA 84.
257 Vgl. Aussage Heinz Baumkötter vom 4.9.1946, Kopie in: GUMS, JSU 1/21/1.

Abb. 11: Hütten, die sich verschleppte Frauen im Wald von Below bauten, April/Mai 1945

ausgeben zu lassen, die die am 26. April in Below eintreffenden Angehörigen des Internationalen Komitees vom Roten Kreuz bereithielten. Die Ausgabe erstreckte sich über zwei Tage. Bevor die Gefangenen die für sie vorgesehenen Lebensmittelpakete erhielten, mussten die Lebensmittel an die SS-Angehörigen und das Wachpersonal verteilt werden.[258] Daraufhin reichten sie nicht mehr für alle Gefangenen.[259] Schweizer Angehörige des IKRK – unter ihnen Willy Pfister – waren den Gefangenenkolonnen mit LKW gefolgt, die mit Lebensmittelpaketen beladen waren. Sie hatten Below wahrscheinlich nach vier oder fünf Tagen erreicht und intervenierten bei Baumkötter energisch, aufgrund der vielen Leichen, die sie auf dem Weg nach Below vorgefunden hatten.[260] Zeitgleich warfen die Alliierten erneut Flugblätter ab, die die Wachmannschaften aufriefen, das Morden einzustellen.[261] Ihnen allen waren die Gefangenenmorde nicht entgangen. Vielmehr dokumentierte der Schweizer Arzt Pfister diese wie aufgezeigt unterwegs. Baumkötter erstattete Kaindl daraufhin Be-

---

258 Vgl. Aussage Ludiwg Rehn vom 23.10.1946, Kopie in: GUMS, JSU 1/23/1; Aussage Oskar Burkhardt vom August 1946, Kopie in: GUMS, JSU 1/23; Aussage Kurt Erdmann vom 22.6.1946, Kopie in: YV, 2037/NI279.
259 Vgl. Aussage Erich Köpf vom 13.12.1960, in: StAL, E 48/2, 1563.
260 Britischer Ermittlungsbericht Nr. 2 aus dem Jahr 1946 von 1946, in: PRO, WO 309/437; vgl. auch Zeiger, Wittstock, S. 291.
261 Vgl. Bericht Manfred Strobel aus dem Jahr 1945, in: GARF, 7021/115/31, S. 45; Bericht Harry Oberheinrich vom 20.2.1946, in: GARF, 7021/115/31, S. 25; Bericht Joseph Rotbaum-Ribo aus dem Jahr 1996, in: TM, 2/2, S. 5.

richt.[262] Der Kommandant erteilte auf der Besprechung des Kommandanturstabes mit den SS-(Unter-)Offizieren daraufhin die Weisung, Gefangenenmorde künftig besser zu tarnen.[263]

Die SS-Führer der Schutzhaftlagerleitung bzw. Kompanieführer der Wachmannschaften hatten in Below bereits einen zu Teilen stark alkoholisierten Kommandanturstab vor sich. Transportführer waren von Beginn des Marsches an betrunken.[264] Das Morden dieser Männer hielt auch in Below an. Die Berichte von ehemaligen Gefangenen, die auch auf Massengräber in Below verweisen, konnten bis heute nicht verifiziert werden.[265] Gleichzeitig starben Gefangene an unterlassener Versorgung und Hilfeleistung. Oft wussten sich die Hungernden und Dahinsiechenden allein durch Essen von Rinde, Blättern und Würmern zu helfen.[266] Lebensmittel, die die IKRK-Pakete enthielten, lösten dagegen schwere Koliken und Durchfall bei den Gefangenen aus, die diese erhalten hatten. Gefangene, die versuchten, außerhalb des für sie vorgesehenen Lagerplatzes an Wasser zu gelangen, wurden erschossen.[267]

Bevor der Gewaltmarsch am 29. April fortgesetzt wurde, kam es in Below aber auch zu Entlassungen. Vor Überquerung der Gau-/Wehrkreisgrenze wurde die Zahl der Gefangenen reduziert.[268] Das Kriterium, entlassen zu werden, war »deutsch«, mit Ausnahme der »Politischen«.[269] Die Nachricht von dem Vorhaben verbreitete sich schnell unter den Verschleppten. Auch Reinhold Heinen erreichte das Gerücht. Er ließ sich das Gehörte von einem SS-Offizier der Politischen Abteilung bestätigen und schilderte nach dem Krieg folgendes Entlassungsprozedere:

»Daraufhin drängten sich die Deutschen am Waldrand zusammen (Straßenrand), der durch ein einfaches[,] zwischen den Bäumen gespanntes Drahtseil abgesperrt war. Der Abzug erfolgte in der Form, daß Gruppen von 10 Deutschen abgeholt und in die Scheune des Rittergutes Breloh [sic!] gebracht wurden. Die Auswahl

262 Vgl. Aussage Anton Kaindl vom 20.12.1946, Kopie in: GUMS, JSU 1/2.
263 Vgl. Aussage Ludwig Rehn vom 23.10.1946, Kopie in: GUMS, JSU 1/23/1; Aussage Ludwig Rehn vom 16.12.1946, Kopie in: GUMS, JSU 1/3/2.
264 Vgl. Aussage Oskar Burkhardt vom August 1946, Kopie in: GUMS, JSU 1/23; Aussage Alfred Tschierskys vom 21.12.1945, in: PRO WO 309/438. Zu alkoholisierten SS-Männern vgl. auch Bericht Janka Galambos vom Februar 1960, in: TWL, 1656/3/2/1178, S. 8.
265 Vgl. Aussage Jaroslav Purš vom 11.12.1959, Kopie in: GUMS, LAG XXX III/3, Bl. 28; Bericht Andre Grevenrath aus dem Jahr 1945, in: GUMS, LAG LII/1; Bericht Wolfgang Szepansky aus dem Jahr 1945, in: ebd.; Bericht Adam Harth vom Februar 1948, in: YV, O.33/5716; Jongeling, Wettlauf, S. 12; Aussage Bertram Dietz vom 8.12.1960, in: LABW, EL 519 / BA 84, Aussage Krafft Werner Jaeger vom 8.12.1960 in: ebd.
266 Vgl. Bericht Otto Twitzsch aus dem Jahr 1945, in: GUMS, LAG LII/1, Bericht Tadeusz Falkowski vom 6.6.1981, in: TM, 2/2 M.5.
267 Vgl. Aussage Heinrich Fresemann vom 19.12.1946, Kopie in: GUMS, JSU 1/3/2.
268 Vgl. Aussage Kurt Erdmann vom Dezember 1945, Abschrift in: YV, TR.19/130, Bl. 91.
269 Vgl. ebd., Bl. 90; Bericht Joseph Rotbaum-Ribo aus dem Jahr 1996, in: YV, O.33/4874; Bericht Walter Nelkowski vom 19.3.1961, in: TM, 2/2 M/P/Q.

erfolgte nicht nach irgendeiner Liste, sondern offenkundig recht willkürlich und anscheinend durch Erdmann. Als Erdmann im Laufe des Vormittags vom 28. April 1945 wieder zur Abholung einer Gruppe von 10 Mann erschien, ging er musternd auf der tiefer liegenden Straße an den hinter dem Drahtseil sich drängenden Häftlingen vorbei und winkte sich 10 Häftlinge heraus. Darunter befand ich mich auch. Meine Bitte, meinen Freund, Fritz Müller aus Bad Lippspringe, ebenfalls in die Entlassungsgruppe zu nehmen, lehnte er ab: ich solle froh sein, daß ich entlassen werden. Wir sind dann zu der Scheune des Rittergutes Breloh [sic!] geführt worden, wo die Häftlingskartei und sogar die Konten der Kantinenguthaben (das aus Geldsendungen meiner Frau entstanden war) in Höhe von über 700,- RM auszuzahlen. Ich musste noch warten, weil soviel Geld nicht vorhanden war, und als endlich das Geld kam, konnte man mir den Rest von 40,- RM nicht mehr auszuzahlen, auf die ich dann verzichtete.«[270]

Ab April 1945 nahmen die Leiter der Politischen Abteilungen – und nicht mehr die Kommandanten[271] – zum Teil auf direkte Anweisung der jeweiligen HSSPF Entlassungen vor. In Below hatte Erdmann »sich truppweise Häftlinge vorführen« und die dazugehörigen Papiere erstellen lassen.[272] So endete auch die jahrelange Internierung von Karl Vollmerhaus in Below.[273] Am darauffolgenden Tag setzte Erdmann die Freilassung von Gefangenen fort. Insgesamt sind in Below etwa 1.000 Gefangene freigekommen.[274] Parallel war im provisorischen Lagerbereich immer wieder das Knallen von Schüssen zu hören.[275]

Während die weiblichen Gefangenen schon früher nach Neustadt-Glewe weitergetrieben wurden,[276] mussten die verbliebenen männlichen Gefangenen am 29. April in Richtung Schwerin weiterlaufen.[277] Die letzten Gefangenen verließen Below am 30. April. Gleichzeitig durchkämmte der frühere Leiter des Zellenbaus in Sachsenhausen, Kurt Eccharius, den Wald, um Gefangene, die sich nicht erheben konnten, zu ermorden.[278] Daraufhin dauerte der Gewaltmarsch, der von Below abgegangen war, noch zwei bis drei Tage an, bevor das Lagerpersonal die Gefangenen in den Gegenden um Parchim, Ludwigslust und Schwerin sich selbst überließ und ins Ver-

---

270 Aussage Dr. Reinhold Heinen vom 27.4.1962, in: BArch ZStL, B 162/1907.
271 Bis dahin waren Entlassungen nur auf Anordnung des RSHA oder des RKPA möglich und wurden vom Kommandanten unterschrieben. Vgl. Schreiben der Amtsgruppe D vom 5.6.1944, in: YV, M.9/465.
272 Aussage Kurt Erdmann vom Dezember 1945, Abschrift in: YV, TR.19/130, Bl. 90; Bericht Joseph Rotbaum-Ribo aus dem Jahr 1996, in: YV, O.33/4874.
273 Aussage Karl Vollmerhaus vom 15.4.1953, in: BArch ZStL, B 162/20331.
274 Vgl. Aussage Kurt Erdmann vom 24.9.1962, Kopie in: YV, TR.19/130, Bl. 81.
275 Vgl. Aussage Theodor Mussmann vom 24.7.1968 in: BArch ZStL, B 162/9334.
276 Vgl. Aussage Heinrich Fresemann vom 19.12.1946, Kopie in: GUMS, JSU 1/3/2.
277 Vgl. Britischer Ermittlungsbericht Nr. 2 aus dem Jahr 1946, in: PRO, WO 309/437.
278 Vgl. Zeiger, Wittstock, S. 292.

steck oder in amerikanische Gefangenschaft ging.[279] Die Kommandanturangehörigen waren bereits in Below auseinandergegangen.[280] Während Erdmann sich mit seiner Familie in Richtung Schleswig absetzte,[281] begab sich Kaindl nach Schwerin. Der Kommandant sah seine Tätigkeit am 2. Mai 1945 als beendet an.[282] Auch Kolb und Höhn setzten sich am 2. Mai ab.[283]

Die letzte Etappe, die die Gefangenen ab Below in die Gegend um Parchim und Schwerin noch zu laufen hatten, war gekennzeichnet von schier endlosen Strömen deutscher Verbände zu den amerikanischen Truppen. Wehrmacht, SS, Polizei und auch die »Armee« Wlassows zog an den Gefangenen vorbei.[284] Ab Below stellten die Wachmannschaften, wie Walter Simoni bemerkte, den Gefangenenmord zunehmend ein.[285] Trotzdem kam es an einigen Stellen noch zu Morden. Unterwegs versorgte das IKRK die Gefangenen nun direkt vom LKW und nahm hierbei zurückgelassene Gefangene auf.[286] Die Gefangenen, die die Wachmannschaften aus letzten, noch nicht aufgelösten Außenlagern auf die Straße trieben, trafen unterwegs hingegen nicht auf die Ärzte und Fahrer des IKRK und erhielten entsprechend auch keine Versorgung.

6.6 Letzte Außenlager

Am 18. April 1945, als in Oranienburg der Befehl zur Räumung erging, existierten nur noch einige wenige Außenlager, die zu Sachsenhausen zählten. Die meisten waren in den Wochen zuvor aufgelöst und die Gefangenen nach Oranienburg (zurück-)gebracht worden. Weitere Gefangene befanden sich nun, nachdem der Befehl zur Vorbereitung der Räumung des Hauptlagers ergangen war, ebenfalls auf dem Rücktransport. So beispielsweise Frauen, die in Genshagen, Berlin-Neukölln oder Kleinmachnow zur Zwangsarbeit eingesetzt worden waren.[287] Die Kommandoführer und die Wachmannschaften brachten sie von dort per S-Bahn nach Oranienburg.[288] Die zuvor in Berlin-Neukölln eingesetzten Frauen waren daraufhin nur eine Nacht im Oranienburger Hauptlager und wurden dann nach Ravensbrück überstellt.[289] Darüber hinaus erging für einige Außenlager der Befehl zur eigenständigen Räumung. Das

---

279 Vgl. Aussage Oskar Burkhardt vom August 1946, Kopie in: GUMS, JSU 1/23.
280 Aussage Kurt Erdmann vom 22. 6. 1946, Kopie in: YV, 2037/NI 279.
281 Vgl. Aussage Kurt Erdmann vom Dezember 1945, Abschrift in: YV, TR.19/130, Bl. 91.
282 Vgl. Aussage Anton Kaindl vom 3. 2. 1946, in: YV, O.65/60.
283 Vgl. Michel, Hungermarsch, S. 20.
284 Vgl. ebd., S. 17-19.
285 Bericht Walter Simoni aus dem Jahr 1947, in: YV, O.3/989, S. 71-73.
286 Vgl. ebd.
287 Vgl. Veränderungsmeldung vom 19. 4. 1945, in: AA, 1. 1. 38, Dok.-ID. 4094889f.
288 Vgl. Martin, Kleinmachnow, in: Benz, Ort des Terrors (Bd. 3), S. 210; vgl. Alexander Korb: Berlin-Neukölln, in: Benz, Ort des Terrors (Bd. 3), S. 111-115, hier S. 113 f.
289 Vgl. Korb, Berlin-Neukölln, S. 114.

Lagerführungs- und Wachpersonal hatte die Gefangenen selbstständig auf die Straße zu bringen und in vorgegebener Richtung vom Kampfgeschehen wegzuführen. Nicht alle Gewaltmärsche, die KL-Insass:innen weiterdeportierten, führten dabei in nordwestliche Richtung. Wie aufzuzeigen sein wird, hielten sich die SS-Angehörigen von Sachsenhausen nicht überall an die Weisung der Rückdeportation, sondern ließen Gefangene auch zurück und begaben sich auf die Flucht.

Das Außenlager für Frauen in **Belzig**, das Sachsenhausen seit August 1944 zugeordnet war und eine Munitionsfabrik mit Zwangsarbeiterinnen versorgte, wurde erst am 24. April 1945 aufgelöst. 72 schwer kranke Frauen ließ das Wachpersonal hierbei zurück. Circa 600 Frauen trieben die Wachmänner und Aufseherinnen auf einen Gewaltmarsch, der in Richtung Brandenburg führte. Als Ziel war die Nervenheilanstalt Brandenburg-Görden ausgegeben worden. Das Wachpersonal deportierte die Frauen jedoch stattdessen westlich über die Gau-/Wehrkreisgrenze und ließ sie auf dem Truppenübungsplatz in Altengrabow zurück. Einige der Aufseherinnen flüchteten in Richtung Elbe zu den Westalliierten. Ab dem 1. Mai waren die Frauen sich selbst überlassen. Am 3. Mai leiteten amerikanische Soldaten ihre Versorgung ein.[290]

Die Frauen, die in **Berlin-Neukölln** Zwangsarbeit in der Rüstung für die National-Krupp-Registrierkassen GmbH verrichten mussten, brachten die Wachen am 18. April per S-Bahn nach Oranienburg, wo sie eine Nacht verblieben und am nächsten Tag per Zug nach Ravensbrück weiterdeportiert wurden.[291]

In dem auch als **Berlin-Oberspree** bezeichneten Außenlager waren ebenfalls Frauen untergebracht. Sie mussten Zwangsarbeit für AEG verrichten und wurden hierfür täglich per Schiff von Köpenick zum Kabelwerk der Firma gebracht. Bei ihnen handelte es sich mehrheitlich um polnische Frauen, die 1944 im Zuge der Aufstandsniederschlagung deportiert worden waren. Unter ihnen befanden sich aber auch Frauen französischer, griechischer und sowjetischer Herkunft. Nachdem der Rückführungsbefehl am 18. oder 19. April ergangen war, wurden die 450 dort zu diesem Zeitpunkt befindlichen Insassinnen per Schiff nach Oranienburg gebracht und unmittelbar nach der Ankunft auf den Gewaltmarsch Richtung Wittstock getrieben. Ihre Weiterverschleppung endete bereits vor Wittstock in Fehrbellin, wo sie in der Nacht vom 2. auf den 3. Mai befreit wurden.[292]

Aus **Berlin-Reinickendorf** wurden am 18. und 19. April 1945 ebenfalls Frauen – insgesamt 741 – rückdeportiert. Bei den am 18. April noch 743 registrierten Gefangenen handelte es sich mehrheitlich um Jüdinnen, die 1944 aus Ungarn über Auschwitz weiter nach Ravensbrück deportiert worden waren.[293] Sie hatten bis Ende Januar bei der

---

290   Vgl. französischer Ermittlungsbericht vom 19.12.1945, Kopie in: GUMS, LAG LII/1, Bl. 486 f.; Gerhard Dorbritz: Belzig, in: Benz, Ort des Terrors (Bd. 3), S. 78-80.
291   Vgl. Korb, Berlin-Neukölln, S. 113.
292   Vgl. Thomas Irmer: Berlin-Oberschöneweide, in: Benz, Ort des Terrors (Bd. 3), S. 115-117.
293   Vgl. Horst Helas und Henning Müller: Berlin-Reinickendorf, in: Benz, Ort des Terrors (Bd. 3), S. 117-119, hier S. 117.

Argus-Motoren-GmbH Zwangsarbeit und anschließend Schanzarbeiten verrichten müssen. Die Anweisungen für die Errichtung der Verteidigungsstellung erhielten sie dabei von Wehrmachtsangehörigen. Bewacht wurden sie von »der SS«, die, wie Janka Galambos es erlebte, »jetzt noch unmenschlicher war«.[294] Da das Außenlager Berlin-Reinickendorf Sachsenhausen unterstand, deportierten die Wachmannschaften die Frauen dorthin und gerieten dabei mitten in das Räumungsgeschehen:

> »Dort herrschte bereits voelliges Chaos. Tausende von Haeftlingen, Maenner und Frauen, standen und gingen zwischen den Baracken umher, alle Ordnung war aufgeloest. Mir fiel besonders die große Zahl von Kindern auf, die man offenbar von irgendwoher gerade zu dieser Zeit hierhin getrieben hatte. SS-Leute liefen umher, einige versuchten noch irgendwelche Ordnung in das Chaos zu bringen, andere wieder waren sternhagelvoll betrunken.«[295]

Die schwer kranken, zuvor bei Argus eingesetzte Frauen ließ das Wachpersonal zurück, als sie die Gefangenen aus dem Hauptlager trieben.[296]

Auch die Frauen, die für die Pertrix Chemische Fabrik AG in **Berlin-Schöneweide** Bleibatterien für Flugzeuge anfertigen mussten, wurden ab dem 18. April 1945 nach Sachsenhausen abtransportiert. Am 18. April verließen 23 Frauen, am 19. April 134 Frauen und am 20. April 114 Gefangene das Außenlager in Richtung Oranienburg. Anschließend trieb das Wachpersonal auch sie mit auf den Gewaltmarsch in Richtung Wittstock. Einigen gelang unterwegs die Flucht.[297]

Das Außenlager in **Berlin-Spandau** zählte am 19. April noch 1.028 Insassinnen, die zur Munitionsfertigung eingesetzt wurden.[298] In diesem Außenlager waren die jüdischen von den nicht-jüdischen Frauen getrennt untergebracht.[299] Am 21. und 22. April wurde das Außenlager aufgelöst. LKW brachten die kranken Frauen in das Hauptlager nach Oranienburg. Die übrige Mehrzahl der Frauen trieben die Lagerwachen auf die Straße. Der Gewaltmarsch sollte direkt – und nicht über das Hauptlager – in Richtung Nordwesten führen. Er endete aber bereits am 23./24. April mit der Befreiung der Frauen in Nauen.[300]

Auch die Männer, die im Außenlager in **Brandenburg (Havel)** inhaftiert und beim Zeugamt der Waffen-SS, das sich im alten Zuchthaus befand, zur Zwangsarbeit eingesetzt waren, wurden nicht in das Hauptlager zurückgebracht. Sie wurden ebenfalls

---

294 Bericht Janka Galambos vom Februar 1960, in: TWL, 1656/3/2/1178, S. 7.
295 Ebd., S. 8.
296 Vgl. ebd., S. 119.
297 Vgl. Gabriele Lyer-Jung und Cord Pagenstecher: Berlin-Schöneweide, in: Benz, Ort des Terrors (Bd. 3), S. 120-123, hier S. 121 f.
298 Vgl. Veränderungsmeldung vom 19. 4. 1945, in: AA, 1. 1. 38/4094889 f.
299 Vgl. Helmut Bräutigam: Berlin-Spandau, in: Benz, Ort des Terrors (Bd. 3), S. 123-126, hier S. 123.
300 Vgl. ebd., S. 125.

direkt von dort in Richtung Wittstock getrieben. Sowjetische Soldaten befreiten sie unterwegs in Rathenow.[301]

In **Falkensee** leistete der Kommandoführer dem Befehl, die Gefangenen in das Hauptlager zurückzubringen, nicht Folge. Die Insass:innen hatten im Februar erlebt, in welchem Zustand die jüdischen Deportierten aus Lieberose in Falkensee angekommen waren, und sich gegenüber dem Kommandoführer und ehemaligen Wehrmachtangehörigen Ernst Kannenberg nach dem Einrücken in das Außenlager am Abend des 22. April 1945 geweigert, das Lagergelände zu verlassen. Zwischen Kannenberg und dem sich unter den Gefangenen gebildeten Lagerkomitee herrschte Einvernehmen, dass Letztere vor Ort verbleiben konnten. Der Lagerführer und ein weiterer im »Revier« tätiger Wehrmachtsunteroffizier setzten sich mit ihrer Hilfe und diversen Persilscheinen, die Gefangene den beiden Männern in unterschiedlichen Sprachen ausgestellt hatten, in der Nacht vom 24. zum 25. April ab. Das Lagergelände geriet am 25. April noch mitten in das Kampfgeschehen und wurde von deutschen Einheiten beschossen. Drei französische Insassen starben. Am 26. April wurden die Gefangenen von sowjetischen Soldaten aus dem Kampfgebiet evakuiert.[302]

Auch das Außenlager, das Sachsenhausen in **Genshagen** für den Zwangsarbeitseinsatz von Frauen bei Daimler-Benz unterhielt, wurde am 19. April 1945 geräumt. Von Oktober bis Dezember 1944 waren circa 1.000 bis 1.100 Insassinnen aus Ravensbrück – inklusive 30 Kinder und Jugendliche im Alter von 13 bis 16 Jahren[303] – in dieses Außenlager überstellt worden.[304] Unter ihnen befanden sich als »asozial« Verfolgte und Frauen, die im Zuge der Aufstandsniederschlagung aus Warschau in das Reich deportiert worden waren, sowie Gefangene sowjetischer, französischer, tschechischer, belgischer sowie jugoslawischer Herkunft und ungarische Jüdinnen.[305] Unmittelbar vor dem Abtransport nach Sachsenhausen waren die Frauen noch mit gestreifter Kleidung eingekleidet worden. Diese Maßnahme diente dazu, Fluchten zu verhindern.[306] Parallel wurden vor Ort noch alle Akten und Dokumente verbrannt.[307] Die Frauen, unter denen sich auch die aus Ungarn nach Deutschland deportierte Eva Fejer befand, mussten zu Fuß nach Berlin-Zehlendorf laufen:

»Von hier fuhren wir mit der U-Bahn durch Berlin durch; ich entsinne mich, dass wir den Anhalter Bahnhof passierten. Nach dem Aussteigen mussten wir wieder eine kleine Strecke gehen, bis wir beim Lagertor in Oranienburg-Sachsen-

---

301 Vgl. Constanze Kutschker: Brandenburg, in: Benz, Ort des Terrors (Bd. 3), S. 136 f.
302 Vgl. Bericht Gustav Buttgereit vom 5.5.1975, in: GUMS, P3 Buttgereit, Gustav; Bericht Gustav Buttgereit vom 11.5.1981, in: ebd.; Klaus Woinar: Falkensee: in: Benz, Ort des Terrors (Bd. 3), S. 170-173, hier S. 172.
303 Vgl. Jegielka, Genshagen, S. 57.
304 Vgl. ebd., S. 38.
305 Vgl. ebd., S. 57.
306 Vgl. ebd., S. 99.
307 Vgl. Helmuth Bauer: Genshagen, in: Benz, Ort des Terrors (Bd. 3), S. 183-186, hier S. 185.

hausen ankamen. Hier verteilte man uns auf einige Frauenblocks, die noch nicht sehr ueberfuellt waren. Da Sachsenhausen nur Maennerlager gewesen war, hatte man die Maennerblocks nicht isoliert, uns [sic!] so konnten wir die maennlichen Haeftlinge sehen.«[308]

Fejer wurde am darauffolgenden Tag mit den Jüdinnen, die aus Genshagen nach Sachsenhausen gebracht worden waren, nach Ravensbrück weiterdeportiert.
   In Sachsenhausen hatte Kaindl die Frauen in Empfang genommen. Beim Ankunftsappell vor dem Eingangstor zum Hauptlager hielt er eine Rede, in der er den Aufseherinnen für ihre Arbeit dankte. Er schlug ihnen hierbei die Entlassung aus dem Wachdienst vor, die einige annahmen.[309] Die Wachmänner hatten hingegen vor Ort zu bleiben. In Sachsenhausen wurden die nicht-jüdischen von den jüdischen Frauen getrennt. Ohne Verpflegung wurden erstere anschließend von Wachmännern auf den Gewaltmarsch getrieben.[310] Die jüdischen Frauen wurden hingegen per Zug in geschlossenen Waggons und in LKW nach Ravensbrück weiterdeportiert. Was mit ihnen daraufhin geschehen ist, ließ sich nicht mehr ermitteln.[311]
   Die 719 männlichen Gefangenen, die die Kommandantur in Sachsenhausen für das Außenlager in **Genthin** am 19. April 1945 vermerkte,[312] mussten hingegen, nachdem Räumung eingesetzt hatte und sie bereits einige Kilometer unterwegs gewesen waren, auf Weisung eines nicht näher bekannten SS-Offiziers in das Außenlager zurückkehren. Sie hatten daraufhin in der Munitionsfabrik der Silva-Metallwerke GmbH noch bis Anfang Mai weiterzuarbeiten. Angehörige der Wachmannschaften setzten sich zunehmend ab, ließen die Gefangenen am 5. bzw. 6. Mai allein zurück und flüchteten über die Elbe zu den Westalliierten. Die Rote Armee erreichte die Gefangenen am 7. Mai.[313]
   Am 19. April 1945 führte das Außenlager in **Glöwen** noch 499 Frauen.[314] Die Männer – unter ihnen Joseph Rotbaum-Ribo, der 1944 aus dem Arbeitslager Pionki nach Sachsenhausen deportiert wurde und noch in Glöwen Zwangsarbeit zu leisten hatte – waren bereits im März nach Oranienburg in das Hauptlager gebracht und dort

---

308 Bericht Eva Fejer vom Januar 1956, in: TWL, 1656/3/8/233, S. 19 f.; vgl. auch Bauer, Genshagen, S. 185; vgl. Frieda Franz Malter: Ich habe getan, was ich als Häftling tun konnte, in: Innere Bilder wird man nicht los. Die Frauen des KZ-Außenlager Daimler-Benz Genshagen, hg. von Helmut Bauer, Berlin 2011, S. 195-248, hier S. 225.
309 Vgl. Bauer, Genshagen, S. 185; Martina Dietrich: Zwangsarbeit in Genshagen. Dokumentierte Erinnerungen Betroffener, Potsdam 1996, S. 108; Jegielka, Genshagen, S. 99.
310 Vgl. Aussage Frieda Franz Malter vom 16. 9. 1946, Kopie in: GUMS, JSU 1/23/2; Aussage Frieda Franz Malter vom 12. 12. 1946, Kopie in: GUMS, P4 Janzen, August.
311 Vgl. Bauer, Genshagen, S. 185; Malter, Ich habe getan, S. 225; Dietrich, Zwangsarbeit, S. 108; Jegielka, Genshagen, S. 99.
312 Vgl. Veränderungsmeldung vom 19. 4. 1945, in: AA, 1. 1. 38/4094889 f.
313 Vgl. Monika Knop: Genthin, in: Benz, Ort des Terrors (Bd. 3), S. 186-190, hier S. 189.
314 Vgl. Veränderungsmeldung vom 19. 4. 1945, in: AA, 1. 1. 38/4094889 f.

mit anderen jüdischen Männern in einem gesonderten Bereich isoliert worden, der unmittelbar an das »Frauenlager« anschloss.[315] Die Frauen in Glöwen hatten weiterhin Zwangsarbeit für die Dynamit Aktiengesellschaft zu leisten. Nach dem 19. April wurden sie auf einen acht Tage andauernden Gewaltmarsch getrieben, der sie in das Außenlager in Malchow in Mecklenburg, das Ravensbrück unterstellt war, brachte. Dort befreiten sie sowjetischen Soldaten am 2. Mai.[316]

Im Außenlager, das Sachsenhausen in **Hennigsdorf** unterhielt, hatten sich am 19. April noch 719 Frauen befunden, die dort für AEG Zwangsarbeit leisten mussten.[317] Die Mehrzahl von ihnen war aus Polen in das WVHA-Lagersystem verschleppt worden.[318] Die Auflösung des Außenlagers wurde hier so vollzogen, dass ein Teil der Insassinnen nach Sachsenhausen laufen musste, während der andere Teil nach Ravensbrück zurückgebracht wurde – im Oktober des Vorjahres waren die Frauen von dort nach Hennigsdorf gebracht worden. Von den beiden Hauptlagern wurden sie im April jeweils auf die Gewaltmärsche getrieben, die der Lager-SS zum Rückzug dienten. Ein Teil der Frauen aus Sachsenhausen blieb hierbei bereits in Sommerfeld bei Kremmen zurück und wurde dort befreit.[319]

Mitte April 1945 stellte das Kommando, das auf der Baustelle der RSHA-Großfunkstelle Zwangsarbeit leisten musste, seine Arbeit in **Kremmen** ein.[320] Die zwölf Wachmänner und dort eingesetzten Gefangenen wurden zurück in das Hauptlager gebracht. Der Kommandoführer, Georg Heimroth, der dem SS-FHA unterstand, verblieb vorerst noch am Standort. Am 24. oder 25. April folgte er den durch Kremmen ziehenden SS-Angehörigen, die das Hauptlager mit der Verschleppung der Gefangenen nach Wittstock räumten, und begab sich anschließend in Richtung Schwerin auf die Flucht.[321]

In **Königs Wusterhausen** hatten sich sowohl ein Männerlager als auch ein Frauenlager befunden, die durch Stacheldraht voneinander getrennt waren. Anfang April befanden sich in beiden Lagern noch Gefangene. Für den 9. April sind letztmalig 238 Männer in den Veränderungsmeldungen für dieses Außenlager vermerkt.[322] Unter ihnen befanden sich viele Juden, die im Herbst 1944 aus Litzmannstadt nach Sachsenhausen deportiert worden waren. Die Gefangenen wurden wenige Tage vor der Befreiung nach Oranienburg zurückgebracht und von dort mit auf den Gewaltmarsch getrieben.[323] Erst am 19. Februar 1945 waren auch 150 Frauen nach Königs

---

315 Vgl. Bericht Joseph Rotbaum-Ribo aus dem Jahr 1996, in: YV, O.33/4874, S. 3.
316 Vgl. Thomas Irmer: Glöwen, in: Benz, Ort des Terrors (Bd. 3), S. 194-197, hier S. 196.
317 Vgl. Veränderungsmeldung vom 19.4.1945, in: AA, 1.1.38/4094889 f.
318 Vgl. Thomas Irmer: Berlin-Oberschöneweide, in: Benz, Ort des Terrors (Bd. 3), S. 115 f.
319 Vgl. Thomas Irmer: Velten, in: ebd., S. 202-205, hier S. 204.
320 Vgl. Weigelt, Kremmen, S. 221.
321 Vgl. Aussage Georg Heimroth vom 19.6.1968, in: StAL, EL 48/2, Bü 1837.
322 In den Veränderungsmeldungen erscheinen sie das letzte Mal am 9. April 1945. Vgl. Veränderungsmeldungen, in: GUMS, JSU 1/100.
323 Vgl. Andreas Weigelt: Königs Wusterhausen, in: Benz, Ort des Terrors (Bd. 3), S. 214-218, hier S. 215 f.

Wusterhausen gebracht worden, die Kisten für Munition (Krupp) und zum Schutz von Motoren (Siemens) zu fertigen hatten. Unter ihnen befanden sich Jüdinnen aus Ungarn. Am 17. April waren noch 130 von ihnen am Leben; 44 wurden an diesem Tag nach Sachsenhausen gebracht.[324] Zu der Gruppe, die in das Hauptlager rückdeportiert wurde, gehörten ebenfalls Kinder.[325] Die restlichen, in Königs Wusterhausen zurückgelassenen Frauen wurden am 26. April von der eintreffenden Roten Armee befreit.[326] Zuvor hatten die Wachmannschaften wie auch die Firmenangehörigen am 22. April den Ort in Zivilkleidung verlassen und sich auf die Flucht begeben.[327]

Das älteste Außenlager Sachsenhausens befand sich in **Prettin** im Schloss Lichtenburg. Es hatte von 1933 bis 1937 bereits als frühes Konzentrationslager gedient und stellte daraufhin bis Mai 1939 das zentrale Frauenkonzentrationslager dar, über das die IKL verfügte.[328] Zu Kriegsende 1945 mussten die dort zur Zwangsarbeit eingesetzten männlichen Gefangenen in einem SS-Bekleidungslager und für das Hauptzeugamt des SS-FHA, welches die Räume im Schloss nutze, arbeiten. Als sich die Front nach Prettin verlagerte, wurden die Angehörigen des SS-Standortes in den Kampf geschickt. Die letzten 47 Gefangenen wurden hierbei mitgeführt. Als sich die SS-Männer am 3. Mai in amerikanische Gefangenschaft begaben, galten die Gefangenen als befreit.[329]

Ungefähr anderthalb Kilometer außerhalb der brandenburgischen Stadt **Rathenow** befand sich ein Außenlager für 500 Männer, die für die ARADO-Flugzeugwerke zur Zwangsarbeit eingesetzt wurden. Im Februar waren hierhin auch Gefangene des sich in Teilräumung befindlichen Außenlagers Glöwen gebracht worden, so dass die Zahl der Internierten auf circa 800 anstieg. Zwischen dem 21. und 23. April sollten vor allem die jüdischen Gefangenen aus Rathenow abtransportiert und ebenfalls auf einen Gewaltmarsch in Richtung Wittstock getrieben werden. Dazu kam es nicht mehr. Als sowjetische Einheiten ungefähr zehn Kilometer vor Rathenow standen, setzten sich der Kommandoführer in Zivilkleidung und die Wachmannschaften ab. Noch am selben Tag trafen Rotarmisten auf dem Außenlagergelände ein. Damit waren die Gefangenen befreit.[330]

In **Schönefeld** hatte sich im April 1945 noch ein Außenlager befunden, in dem Frauen für die Henschel-Flugzeugwerke zur Zwangsarbeit eingesetzt wurden. Die Auflösung des Außenlagers setze hier ebenfalls am 18. April ein und begann mit dem Rücktransport von 65 Frauen. Am 21. April trieb das Wachpersonal die verbliebenen 537 Frauen auf einen Gewaltmarsch, der nach Oranienburg führen sollte. Entkräftete Frauen wurden unterwegs erschossen. Da polnische und sowjetische

---

324 Vgl. ebd., S. 215.
325 Vgl. ebd., S. 216 f.
326 Vgl. ebd., S. 217.
327 Vgl. ebd.
328 Vgl. Stefan Hördler: Lichtenburg. Ein deutsches Kommando, Berlin 2009.
329 Vgl. Andreas Weigelt: Prettin (Lichtenburg), in: Benz, Ort des Terrors (Bd. 3), S. 258-260.
330 Vgl. Bettina Götze: Rathenow, in: Benz, Ort des Terrors (Bd. 3), S. 260-262.

Einheiten Oranienburg bereits erreicht und die Gefangenen in Sachsenhausen dabei befreit hatten, wurden die Frauen von Berlin aus in nordwestlicher Richtung weitergetrieben und in Nauen unbeaufsichtigt zurückgelassen. Sowjetische Soldaten erreichten sie am 24. April und versorgten sie bis zur Repatriierung auf dem Gelände eines ehemaligen Lagers, in dem zuvor französische und italienische Zwangsarbeiter interniert gewesen waren.[331]

Am 18. April erging auch in **Schwarzheide** der Befehl, das Außenlager zu räumen.[332] Etwa 600 Gefangene aus Schwarzheide wurden auf einen Gewaltmarsch getrieben. Die etwa 80 bis 85 jüdischen »Marschunfähigen« wurden in der Nacht zum 19. April hingegen per Bus in das Oranienburger Hauptlager rückdeportiert.[333] Schwarzheide lag etwa 60 Kilometer westlich der Neiße. Bei den dort befindlichen Insassen handelte es sich ursprünglich um 1.000 tschechoslowakische Männer jüdischer Herkunft im Alter von 16 bis 47 Jahren, die Anfang Juli 1944 aus dem »Theresienstädter Familienlager« in Auschwitz-Birkenau nach Schwarzheide deportiert und in insgesamt zehn Baracken untergebracht worden waren. Für die Lagerselbstverwaltung waren sieben Insassen aus Sachsenhausen nach Schwarzheide verlegt worden. Bei ihnen handelte es sich um Männer deutscher Herkunft, die wegen politischer Aktivitäten bereits mehrere Jahre interniert waren.[334] Neben Lieberose gehörte Schwarzheide zu den »furchtbarsten Außenlagern« im Komplex Sachsenhausen. Beide Außenlager führten überwiegend jüdische Gefangene und hatten 1944 in direkter Verbindung zu Auschwitz gestanden.[335]

Die Gefangenen in Schwarzheide mussten auf dem Gelände des Hydrierwerkes der Braunkohlen- und Benzin AG (BRABAG, heute BASF), die Treibstoff für die deutsche Armee herstellte, Zwangsarbeit verrichten. Ab Anfang 1945 stellte das Werk das strategische Hauptziel der westalliierten Luftangriffe in Brandenburg dar.[336] Nach amerikanischen Angaben wurde das Werk insgesamt 14-mal bombardiert. Aus den Gefangenen waren Kommandos gebildet worden, die zu Aufräumarbeiten und zur Wiederherstellung des Werks nach Luftangriffen eingesetzt waren. Darüber hinaus hatten sie Munition zu entschärfen und wurden beim Bau von Bunkern eingesetzt. Bei Luftangriffen hatten sie die Vernebelungsanlagen zu bedienen, die das Werk bei Luftalarm in einem Umkreis von fünf Kilometern tarnten. Als Anfang Februar 1945 der »Festungsbau« im östlichen Brandenburg von Stürtz angeordnet worden war, wurden die Gefangenen auch zur Errichtung von Panzersperren um das Werksgelände eingesetzt. Bewacht wurden sie von Angehörigen des Wachbataillons Sachsen-

---

331 Vgl. Alexander Korb: Schönefeld, in: Benz, Ort des Terrors (Bd. 3), S. 264-268.
332 Vgl. Bericht Jakov Tsur: Osvětim-Schwarzheide-Pochod smrti. Online unter: http://www.ceskenarodnilisty.cz/clanky/jakov-tsur-osvetim-schwarzheide-pochod-smrti.html (letzter Zugriff am: 24.9.2024).
333 Vgl. ebd.; Bericht Oldrich Stransky o. O. o. D., in: GUMS, R 66/22.
334 Vgl. Tsur, Osvětim; Thomas Irmer: Schwarzheide, in: Benz, Orte des Terrors (Bd. 3), S. 268-271.
335 Kaienburg, Sachsenhausen, S. 301.
336 Vgl. Groehler, Luftkrieg.

hausen – unter ihnen befanden sich »Volksdeutsche« polnischer, rumänischer und ungarischer Herkunft. Die Wachmannschaft war zudem durch Fabrikangehörige verstärkt worden.[337]

In den frühen Morgenstunden des 16. April begannen sowjetische Truppen ihren massiven Angriff auf die Neiße. Am 18. April überquerten die angreifenden Panzer die Spree. Der Angriff richtete sich direkt gegen die 34 Kilometer entfernte Ortschaft Schwarzheide und das dortige BRABAG-Werk. Er zwang die Kommandantur in Sachsenhausen am Nachmittag, die Evakuierung nach Theresienstadt anzuordnen. Der Kommando- und SS-Hauptsturmführer in Schwarzheide, Franz Sokol, befahl dem Häftlingspfleger Heinrich Röder daraufhin, nach kranken, schwachen und gehunfähigen Häftlingen zu suchen. Diese wurden in der Nacht vom 18. zum 19. April per Bus nach Sachsenhausen gebracht. Im Unterschied zu den in Oranienburg und in weiteren Außenlagern internierten Gefangenen wurden die als »marschfähig« erachteten Insassen hier nach Theresienstadt deportiert. Sie hatten das Lagergelände am Morgen des 19. April zu verlassen.[338] Um fünf Uhr früh trieben die Wachmänner 580 Gefangene, darunter 342 jüdische Männer sowie 238 nicht-jüdische Männer polnischer, französischer und niederländischer Herkunft, auf die Straßen.[339]

Den Transport führte der SS-Unterscharführer, Hermann Bleser. Die Gefangenen schleppten sich über mehrere Tage nach Warnsdorf, das sich in vormaligem deutschtschechoslowakischen Grenzgebiet befand. Unterwegs versperrten ihnen Flüchtlingstrecks den Weg. Die Nächte mussten sie nach den Fußmärschen, die anfangs 35 Kilometer betrugen, in Scheunen und einer Ziegelei verbringen. Unterwegs sind vor allem jüdische Deportierte erschossen worden, die den Marsch nicht fortsetzen konnten. Ein »Sonderkommando« aus Mitgefangenen hatte deren Leichen zu begraben. Der »Begräbnistrupp« wurde später ebenfalls ermordet. Es kam unterwegs zudem mehrmals zum Erhängen von Männern, die versucht hatten zu fliehen. In Warnsdorf waren die Gefangenen nach dem tagelangen Marsch fast ohne Verpflegung in einer leerstehenden Baumwollspinnerei eingesperrt. Vierzehn Männer starben an Hunger, Krankheit und Erschöpfung. Das Wachpersonal hatte hier neue Weisungen abzuwarten, bevor es Anfang Mai weiterging.[340]

Am 2. Mai beobachteten die Verschleppten unterwegs, dass die Fahnen ringsum auf Halbmast hingen. Unter den Gefangenen verbreitete sich die Nachricht vom Tod Hitlers. Die Entfernung von SS-Abzeichen, die die Wachmänner an diesem Tag mit Rasierklingen an ihren Uniformen vornahmen, schien das Gerücht zu bestätigen. Am

---

337 Vgl. Tsur, Osvětim; Irmer, Schwarzheide; René Senenko: Datenblatt zum Todesmarsch Schwarzheide – Theresienstadt 1945. Online unter: http://niqolas.de/grenzlos/datenblatt.pdf (letzter Zugriff am: 24. 9. 2024).
338 Vgl. Bericht Otto B. Kraus, in: Tsur, Osvětim.
339 Vgl. Tsur, Osvětim.
340 Vgl. Tsur, Osvětim.

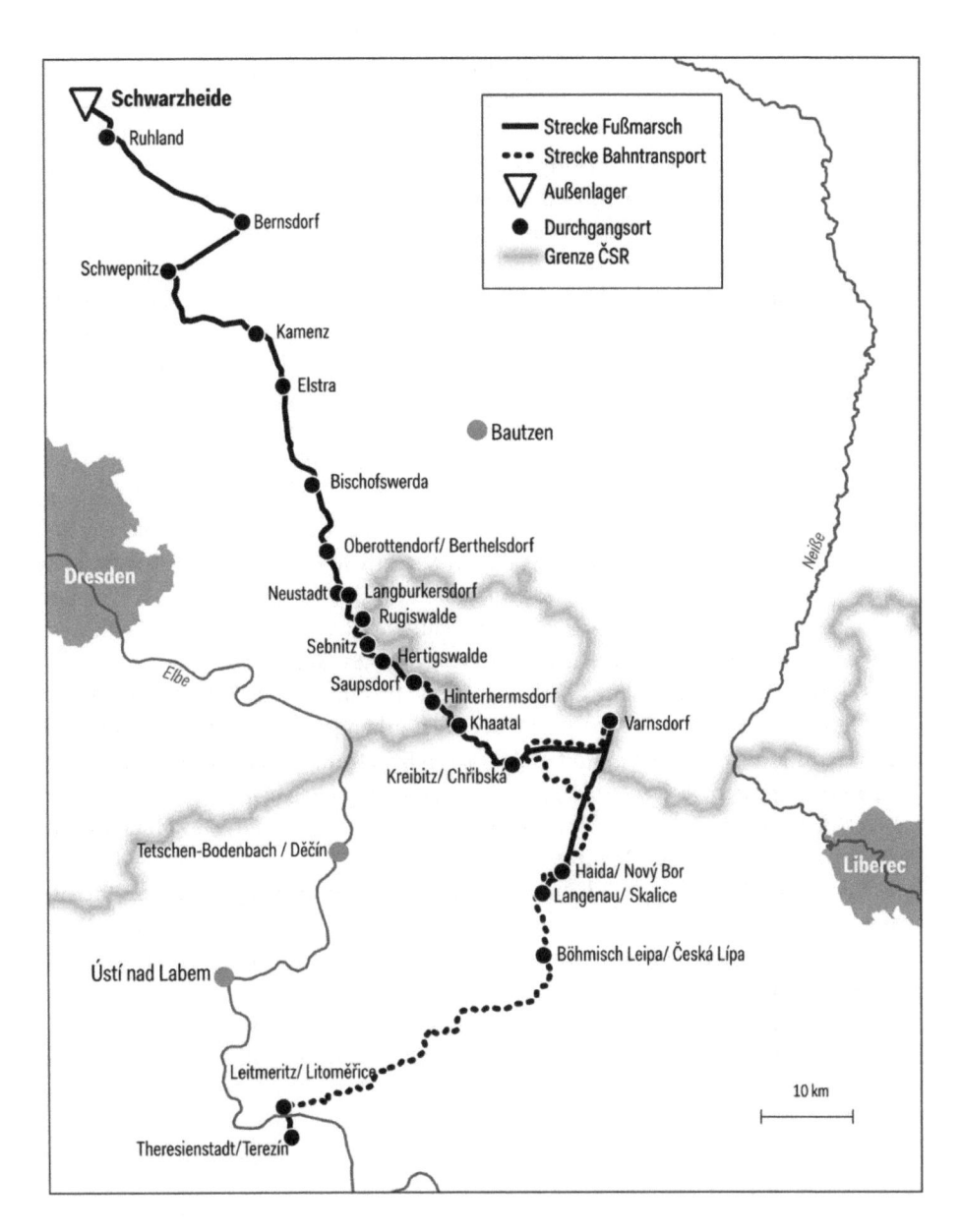

Abb. 12: Todesmarsch aus Schwarzheide

5. Mai, als die deutsche Wehrmacht in Norddeutschland kapituliert hatte,[341] wählte das SS-Transportpersonal 220 nicht-jüdische Gefangene aus und trieb sie nach Haida (Nový Bor) weiter. Die sowjetische Armee sollte die Gruppe am 10. Mai bei Langenau (Skalice) in der Nähe von Böhmisch Leipa (Česká Lípa) befreien. Etwa 300 jüdische Männer wurden in Warnsdorf hingegen auf offene Güterwagen verladen, die sich zu Tagesende in Bewegung setzten, Teichstatt passierten und in Richtung Theresienstadt fuhren. Am Morgen des 6. Mai kam der Zug mit den Gefangenen in Böhmisch Leipa an. Die überfüllten offenen Güterwagen standen daraufhin zwei Tage lang auf dem Abstellgleis. Es regnete ununterbrochen und die Deportierten bekamen nichts zu essen. 17 Deportierte verstarben hier. Bewusstlose Gefangene wurden von ihren Mitgefangenen in der Gruppe versteckt. Erst am Abend des 7. Mai fuhr der Zug weiter nach Leitmeritz (Litoměřice), kam wieder zum Stehen und fuhr nachts nach Theresienstadt. Es gab wieder Tote. Als sie das Zollhaus hinter der Elbbrücke – der damaligen Protektoratsgrenze – erreicht hatten, löste sich die Wachmannschaft auf.[342]

Unerwartet zurückgelassen, liefen die Gefangenen durch die Dunkelheit entlang des Theresienstädter Gettos. Unterwegs trafen sie auf einen IKRK-Lastwagen, der die Toten auflud und mehrere Männer mitnahm, die nicht mehr weitergehen konnten. Das Internationale Komitee vom Roten Kreuz hatte Theresienstadt am 2. Mai von der SS übergeben bekommen. Der Delegierte Paul Durant überwachte das Geschehen vor Ort während der Übergangszeit.[343] Von den 581 Gefangenen waren, wie der ehemalige Gefangene aus Schwarzheide, Jakov Tsur, nach dem Krieg ermittelte, 97 (78 Juden und 19 Nicht-Juden) erschossen oder erhängt worden. Viele sind auch an Hunger und Erschöpfung gestorben. Anderen Schätzungen zufolge begannen über 600 Häftlinge den Marsch, aber nur 228 Juden und 220 Nicht-Juden überlebten.[344] Nach der Befreiung starben zwischen dem 8. und 10. Mai noch drei Männer an den Folgen dieser grausamen Tortur.[345]

Erst Mitte November 1944 hatte Sachsenhausen in **Strausberg** östlich von Berlin ein Außenlager eingerichtet. Es befand sich in einer ehemaligen Schuhfabrik. Dort hatten circa 100 Frauen, die zuvor in Ravensbrück registriert waren, Zwangsarbeit für das Märkische Walzwerk zu verrichten und Sturmgewehre zu produzieren. Nach dem Bombardement des Oranienburger Auer-Werkes kamen weitere Frauen zur Rüstungsproduktion nach Strausberg. In Reaktion auf die militärische Situation

---

341 Vgl. ebd.
342 Vgl. Bericht Heinrich Röder, in: Tsur, Osvětim; Bericht Siegfried Zeckel, in: ebd.; Aussage Jaroslav Kafka, in: ebd.; vgl. auch Irmer, Schwarzheide, S. 270.
343 Vgl. VII. Bericht eines IKRK-Delegierten aus seiner Tätigkeit im Lager Theresienstadt, in: Die Tätigkeit des IKRK zugunsten der in den deutschen Konzentrationslagern inhaftierten Zivilpersonen (1939-1945), hg. vom Internationalen Komitee vom Roten Kreuz, Genf 1947, S. 130; Sébastian Farré: The ICRC and the detainees in Nazi concentration camps (1942-1945), in: International Review of the Red Cross 94/888 (Winter 2012), S. 1381-1408, hier S. 1400.
344 Tsur, Osvětim.
345 Vgl. Irmer, Schwarzheide, S. 270.

an der Oder wurde ein Teil der Munitionsfabrik aus Strausberg auch in einen U-Bahntunnel nach Berlin verlagert. Dies galt nicht für die Frauen, die in der Schuhfabrik arbeiten mussten. Bis zur Erteilung des Räumungsbefehls, der für die Stadt am 19. April erfolgte, hatten sie dort noch zu arbeiten. Über den Verbleib der circa 150 Frauen liegen keine Informationen vor.[346]

Auch in **Velten** befand sich Ende 1944 ein Außenlager mit 722 Frauen.[347] Sie wurden bei der Veltener Maschinenbau GmbH Ikaria zur Zwangsarbeit eingesetzt und hatten Flugzeugteile zu montieren, die für Heinkel-Kampfflugzeuge verwendet wurden. Für den 19. April sind noch immer 709 Frauen für dieses nördlich von Berlin gelegene Außenlager registriert.[348] In der Nacht zum 20. April trieb das Wachpersonal die Insassinnen vom Gelände. Sie wurden über Eberswalde auf den Weg in Richtung Nord-/Westdeutschland gebracht und bei Parchim von sowjetischen Soldaten befreit.[349]

In **Wittenberg** unterhielt Sachsenhausen ein Außenlager, in dem sich am 19. April 1945 noch 1.117 Frauen befanden, die für das ARADO Flugzeugwerk arbeiten mussten.[350] Als sich sowjetische Einheiten der Stadt im April näherten, war die Betriebsleitung bereits geflohen. Das Flugzeugwerk fanden die Rotarmisten geschlossen vor. Auch die Aufseherinnen flüchteten, nachdem der Kommandoführer, Schneider, sie entlassen hatte. Vor Ort blieben nur einige Wachmänner, die an ihren Posten verblieben und das Lager umstellten. Die Gefangenen mussten dort ohne Wasser und Nahrungsmittel hinter einem weiterhin elektrisch geladenen Zaun verharren, bis sowjetische Soldaten am 21. April eintrafen und die Frauen anwiesen, sich selbstständig ostwärts in bereits befreites Gebiet durchzuschlagen.[351]

6.7 Gewaltmärsche

Die Besprechung der führenden SS-Offiziere in Oranienburg am Morgen des 20. April hatte den Rückzug per Fußmarsch zum Gegenstand. Gefangene per Fuß zu transportieren, gehörte im KL-System zum Alltag. Ein Großteil der Insass:innen hatte von Beginn ihres Zwangsarbeitseinsatzes an die Orte, an denen sie arbeiten mussten, zu laufen. Auch die Auflösung erster Außenlager ab Ende Januar erfolgte über lange, mitunter Wochen andauernde Fußmärsche. Neu war nun der Umfang, also die große Zahl der Deportierten sowie, dass nun auch »der Personalbestand des Lagers« in seiner Gesamtheit zu evakuieren war.[352]

346 Vgl. Günter Matthes: Strausberg, in: Benz, Ort des Terrors (Bd. 3), S. 276-278.
347 Vgl. Veränderungsmeldungen, in: GUMS, JSU 1/99.
348 Vgl. Veränderungsmeldung vom 19. 4. 1945, in: AA, 1.1.38, Dok-ID. 4094889 f.
349 Vgl. Andreas Weigelt: Velten, in: Benz, Ort des Terrors (Bd. 3), S. 282-284.
350 Vgl. Veränderungsmeldung vom 19. 4. 1945, in: AA, 1.1.38, Dok-ID. 4094889 f.
351 Vgl. Renate Gruber-Lieblich: Wittenberg, in: Benz, Ort des Terrors (Bd. 3), S. 288-291.
352 Vgl. Übersetzung zum Gutachten der SMAD-Ermittlungen vom 4.-29. 6. 1945, in: BArch B, DP 3, V 111/66, Bd. 4.

Für militärisch konzipierte Mannschaften, als die auch das Wachbataillon in Sachsenhausen galt, lagen zur Durchführung von Gewaltmärschen im Falle eines Rückzuges Handlungsanweisungen vor, die auf Konzeptionen zurückgehen, die ursprünglich vom preußischen Militär entwickelt worden waren.[353] Militärhistorisch werden diese auch als Eilmärsche bezeichneten Transporte als Fußmärsche gefasst, die unter dem Einsatz von körperlicher Kraft erfolgen. Sie sind auf das schnellstmögliche Erreichen eines Zielpunktes ausgerichtet und werden mit hoher Geschwindigkeit durchgeführt, bei der die Ruhezeiten teilweise oder auch ganz ausfallen. Tagesleistungen von 30 Kilometern sind üblich. Entsprechend fordert deren Durchführung eine überdurchschnittliche physische Leistungsfähigkeit. Aus militärischer Sicht kann der Nutzen rechtfertigen, die aus einem Eilmarsch resultierende Schwächung der Mannschaften in Kauf zu nehmen. Diese resultiert aus der Verringerung der physischen Kraft der Marschierenden, des Leistungsvermögens bei Schlaf- und Versorgungsmangel, der Mannschaftsstärke durch zurückbleibende Kranke und Nachzügler und die frühzeitige Abnutzung des Materials, wie z. B. Schuhwerk. In Sachsenhausen hatten Insassen auf der sogenannten Schuhprüfstrecke Gewaltmärsche zu laufen. Diese brutale Strafarbeit diente dazu, das Material der Schuhe für Wehrmachtsangehörige auf unterschiedlichen Straßenbelägen und mit Belastung zu testen, um die Qualität zu verbessern. Viele der Häftlinge, die hierbei schwere Rucksäcke tragen mussten, überlebten diese Tortur nicht.[354] Dass durch unzweckmäßig geleitete und übertriebene Eilmärsche Mannschaften vollständig einsatzunfähig werden können, kalkulierten auch die preußischen Militärstrategen in ihre Konzeptionen ein.[355] Im Falle von Sachsenhausen im April 1945 sollte dies sowohl für ältere Wachmänner als auch – und insbesondere – für die mitgeführten Gefangenen, bei denen es sich schon vor Austritt um unterversorgte, entkräftete und (schwer) kranke Menschen handelte, zutreffen.

Sich an den Ausführungen preußischer Militärstrategen orientierend, wurde der Gefangenentransfer im Zweiten Weltkrieg bereits seit 1941 in Gewaltmärschen vollzogen, die von den deutsch-sowjetischen Kontaktlinien wegführten und sich bis zu mehrere hundert Kilometer und damit über einen Zeitraum von Wochen und Monaten erstrecken konnten.[356] Weil hierbei unterwegs bereits eine große Zahl an sowjetischen Kriegsgefangenen entkräftet zusammenbrach und erschossen wurde, werden diese Gefangenenmärsche in der historischen Forschung ebenfalls als Todesmärsche gefasst.[357] Für den Fall von langen Fußmärschen, die eine große Zahl von Gefangenen führten, sollte planmäßig nach dem preußischen »Kolonnen-

---

353 Vgl. Jakob Meckel: Grundriß der Taktik. Dritte durchgearbeitete Auflage der »Elemente der Taktik«, Berlin 1895, S. 166-186. Zur Definition von Gewaltmärschen vgl. ebd., S. 169.
354 Vgl. Anne Sudrow: Der Schuh im Nationalsozialismus. Eine Produktgeschichte im deutsch-britisch-amerikanischen Vergleich, Göttingen 2010, S. 214-249.
355 Vgl. Meckel, Grundriß, S. 169.
356 Vgl. Gerlach, Morde, S. 1093.
357 Vgl. Ausführungen, S. 11 und S. 46.

Relais-System« verfahren werden.[358] Diese ursprünglich vom preußischen Militär entwickelten Handlungsabläufe kamen »im Osten« immer dann zur Anwendung, wenn eine große Anzahl an Gefangenen von der Front wegzuführen war und für die Deportationen keine Transportmittel zur Verfügung standen, bzw. sich Zugführer weigerten, die Gefangenen mitzuführen.[359] Dass damit auf eine die Gefangenen umgebende Begrenzung, die Waggons geboten hätten, verzichtet werden musste, stellte das Wachpersonal vor besondere Herausforderungen. Zum Erhalt des Lagerregimes während der Räumung von Sachsenhausen gab die Kommandantur daher bestimmte Maßgaben für die Durchführung vor.

Die Evakuierung von Sachsenhausen, die aus Sicht der Gefangenen deren erneute Deportation und brutale Tortur darstellte, sollte im April 1945 per Fußmarsch erfolgen und sah eine Organisation vor, die sich an der des Konzentrationslagers orientierte. Die Kommandanturangehörigen übernahmen hierbei Aufgaben, die zur Organisation eines sich zurückziehenden Lagers und dem Transport zehntausender Gefangener nötig waren. Zu diesen gehörten die zentrale Überwachung der Durchführung und die Vorbereitung des Sammellagers in Wittstock, das als erstes Ziel ausgegeben worden war. Die Führung des gesamten Fußmarsches, der die Mehrzahl der Gefangenen nach Wittstock bringen sollte, hatte der I. Schutzhaftlagerführer in Sachsenhausen, Kolb, vom Kommandanten Kaindl übertragen bekommen.[360] Kaindl sowie sein Adjutant, Wessel, waren stattdessen nach Ravensbrück aufgebrochen und hielten sich dort mit den SS-Führern der Amtsgruppe D vorerst in der Kommandantur auf. Sie stießen später in Below dazu.[361]

Kolb galt damit als »Transportkommandant«, der zusammen mit dem Verbindungsführer des HSSPF, Schmidt, über Fernschreiber lokaler Gendarmerie-Stationen oder polizeilicher Dienststellen täglich Meldung über den Verlauf der Evakuierung beim Führungsstab des HSSPF zu erstatten hatte.[362] Mit Schmidt verfügte Heißmeyer auf dem Räumungstransport über einen Verbindungsoffizier, der seine Weisungen zu vertreten und zu überwachen hatte. Schmidt war seit 1943 in der Funktion des SS-Gerichtsoffiziers in Sachsenhausen und damit dem HSSPF als regionalem Gerichtsherren der SS/Polizei direkt unterstellt.[363] Er war in Wittstock zugegen und über-

---

358 Vgl. Merkblatt des Wirtschaftsstabes »Ost« über Räumungs-, Lähmungs- und Zerstörungsaufgaben vom 21.2.1943, in: BArch F, RW 31/28, Auszug abgedruckt in: Reemtsma, Verbrechen, S. 390.
359 Vgl. Fubel, »Die schießen«, S. 20-25.
360 Vgl. Aussage Anton Kaindl vom 11.10.1946, Kopie in: GUMS, JSU 1/15/2; Aussage Karl Vollmerhaus vom 15.4.1953, in: BArch ZStL, B 162/20331; Aussage Krafft Werner Jaeger vom 8.12.1960, in: LABW, EL 51 9 / BA 84.
361 Aussage W[...] Sörensen vom 18.7.1946, Kopie in: GUMS, JSU 1/17/3; Aussage Heinz Baumkötter vom 4.9.1946, Kopie in: GUMS, JSU 1/21/1; Aussage Anton Kaindl vom 11.10.1946, Kopie in: GUMS, JSU 1/15/2.
362 Vgl. Einsatzbefehl Nr. 3 der Kommandantur des KL Stutthof vom 25.1.1945, in: GUMSt, I-IB-5.
363 Vgl. Ley, Schmidt; Günter Morsch: Organisation- und Verwaltungsstruktur der Konzentrationslager, in: Benz, Ort des Terrors (Bd. 1.), S. 58-76, hier S. 64f.

wachte das Geschehen. Von ihm erhielten die Kommandanturangehörigen auch die Informationen, wie ab Wittstock weiterverfahren werden sollte.[364]

Auch die beiden weiteren Schutzhaftlagerführer, Höhn und Körner, der für den Arbeitseinsatz und das Transportwesen zuständige SS-Offizier, Rehn, sowie der für die Verwaltung und damit auch die Versorgung verantwortlich zeichnende SS-Offizier, Lauer, übernahmen entsprechend ihrer Rollen während der Evakuierung Leitungsfunktionen. Zu diesen zählten insbesondere die Überwachung der Wachmannschaften auf den drei unterschiedlichen Routen und die Organisation des Sammellagers in Below. Während Kolb die Wachmannschaften unterstanden und von ihm die Weisungen erhielten, war auch Höhn für den Ablauf der Evakuierung verantwortlich und diesbezüglich von Kaindl und Wessel instruiert worden.[365] Nachdem er das Lager abgeschlossen und die letzten SS-Blockführer zur Eile angetrieben hatte,[366] fuhr Höhn im Auto beispielsweise die Kolonnen ab und an Gefangene heran, die seiner Meinung nach zu langsam waren.[367]

Die Route, die von Oranienburg über Neuruppin nach Wittstock führte, wurde von Rehn überwacht, der die Kolonnen ebenfalls abfuhr und kontrollierte.[368] Auch Körner fuhr eine der Marschrouten ab und forderte »Transportführer« hierbei auf, zurückbleibende Gefangene zu töten. Er wurde dabei beobachtet, wie er Gefangene schlug und erschoss.[369] Am Abend des 22. April befanden sich Kolb, Rehn und Lauer bereits in Wittstock. Die drei Männer beschlagnahmten ein Haus, in dem sie Quartier bezogen.[370] In Below richtete sich Kolb einen »Befehlsstand« ein.[371] Auch der Leiter der medizinischen Abteilung in Sachsenhausen, Baumkötter, brach als einer der Letzten am 21. April mit dem Auto nach Wittstock auf.[372] Der Leiter der Politischen Abteilung, Erdmann, fuhr hingegen auf einem Wagen der Kraftfahrzeugwerkstatt mit.[373]

Den Führern des »Schutzhaftlagers« waren die »Blockführer« unterstellt, die auf dem Fußmarsch als »Transportführer« fungierten und mit Kartenmaterial ausgestattet

364 Vgl. Aussage Ludwig Rehn vom 4. 9. 1946, Kopie in: GUMS, JSU 1/23/1.
365 Aussage August Höhn vom Juni 1961, in: STAL, EL 48/2, Bü 73, Bl. 1363.
366 Bericht A[...] Schöning aus dem Jahr 1945, in: GUMS, NL 6/21.
367 Vgl. Aussage Kurt Düttchen vom 21. 8. 1946, Kopie in: GUMS, JSU 17/2.
368 Vgl. Aussage Ludwig Rehn vom 4. 9. 1946, Kopie in: GUMS, JSU 1/23/1; Aussage Ludwig Rehn vom 23. 10. 1946, Kopie in: ebd.
369 Vgl. Ermittlungsunterlagen zur Aussage von Michael Körner vom 11. 10. 1946, Kopie in: GUMS, JSU 1/19; Aussage W[...] Sörensen vom 18. 7. 1946, Kopie in: GUMS, JSU 1/17.
370 Vgl. Aussage Ludwig Rehn vom 4. 9. 1946, Kopie in: GUMS, JSU 1/23/1; Aussage Ludwig Rehn vom 23. 10. 1946, Kopie in: ebd.
371 Vgl. Aussage Krafft Werner Jaeger vom 8. 12. 1960, in: LABW, EL 51 9/BA 84.
372 Vgl. Bericht A[...] Schöning aus dem Jahr 1945, in: GUMS, NL 6/21; Dokumentensammlung Nr. 2, in: GUMS, LAG II/13.
373 Vgl. Aussage Kurt Erdmann von 3. 12. 1964, Kopie in: YV, TR.19/130, S. 2 Bl. 97; Aussage Richard Tourbier aus dem Jahr 1962, in: BArch ZStL, B 162/1906, S. 6.

wurden.[374] Das Transportführungspersonal hatte sich an der Weisung vom 2. Februar mit einem Unterschied zu orientieren – die Gefangenen waren in Gruppen zu je 500 und nicht, wie ursprünglich vorgesehen, zu je 2.500 aus dem Lager zu führen.[375] Ein bis drei als »Marschblöcke«[376] bezeichnete Gefangenengruppen zu je 500 sollten zu einer »Kolonne« zusammengestellt werden, der jeweils ein »Transportführer« vorstand. Mindestens 18 SS-Führer des »Schutzhaftlagers« und der Wachkompanien Sachsenhausens – bei denen es sich mehrheitlich um SS-Unteroffiziere handelte – waren für die »Kolonnenführung« vorgesehen.[377] »Kolonnen«, die Gefangene führten, sollten mindestens zwei SS-Unterführer vorstehen.[378] Bereits bei vorherigen Deportationen innerhalb des KL-Systems war geplant, dass bei Gefangenengruppen ab 20 Mann ein aktiver SS-Führer zugegen zu sein hatte[379] – bei den Frauengruppen wurde ein SS-Unterführer hingegen als ausreichend angesehen.[380]

Hinzu kamen in unterschiedlicher Stärke die Wachposten, zur Bewachung herangezogene Häftlinge und Hunde,[381] wie auch Franz Plura es nach dem Krieg schilderte:

> »Die Kolonnen waren etwa 500 Mann stark. An der Spitze marschierte meistens ein Hauptscharführer, an den Seiten der Kolonne die neugebackenen SS-Soldaten und 20 Meter hinter der Kolonne drei SS-Schergen mit Hunden als Erschießungskommando. Unser Kolonnenführer schien ein besonders scharfer Hund zu sein, er war aber blos [sic!] ein scharfer Marschierer, der uns nur wenige Ruhepausen gönnte, aber später hat er oft dem Erschießungskommando gewehrt und manchen Häftling gerettet.«[382]

374 Vgl. Bericht Kurt Müller vom 18. 6. 1948, in: GUMS, LAG LII/1; Bericht Adam Harth vom Februar 1948, in: YV, O.33/5716; Bericht Wolfgang Szepansky aus dem Jahr 1961, in: GUMS, LAG LII/1; Bericht Gustav Borbe vom 24. 8. 1970, in: GUMS, P3 Borbe, Gustav; vgl. auch Ausführungen in den Prozessunterlagen zur Strafsache Heinrich Wessel, in: STAL, EL 48/2, Bü 73, Bl. 1363; Bericht Günther Büllerjahn vom 17. 1. 1979, in: BLHA, Rep. 930, SED-Bezirksleitung Cottbus, 4479; Interview Ottomar Geschke vom 24. 8. 1945, in: TM, MDI-Ordner alt AS.
375 Vgl. British Interrogation No. 2 (1946), in: PRO, WO 309/437; Aussage Oskar Burkhardt vom August 1946, Kopie in: GUMS, JSU 1/23/1; Aussage Karl Glatzel vom 22. 12. 1945, in: GARF, 951/1/340; vgl. auch Ausführungen in den Prozessunterlagen zur Strafsache Heinrich Wessel, in: STAL, EL 48/2, Bü 73, Bl. 1363.
376 Vgl. Aussage Ignatz Majer vom 28. 2. 1946, in: PRO, WO 309/853; Aussage Paul Ullrich vom 14. 2. 1946, in: ebd.
377 Vgl. Verteiler des Räumungsbefehls vom 2. 2. 1945, in: GARF, 7021/104/8, S. 5 f.; British Interrogation No. 2 (1946), in: PRO, WO 309/437; Aussage Michal Dachan vom 18. 11. 1961, in BArch ZStL, B 162/3926; Materialzusammenstellung zum Sachsenhausen-Prozess gegen Höhn, Böhm und Hempel (Düsseldorf 1960) durch Willi Müller, in: GUMS, LAG XXIII/17.
378 Vgl. Aussage Oskar Burkhardt vom August 1946, Kopie in: GUMS, JSU 1/23/1; vgl. auch Einsatzbefehl Nr. 3 der Kommandantur des KL Stutthof vom 25. 1. 1945, in: GUMSt, I-IB-5.
379 Vgl. IKL-Weisung vom 13. 3. 1941, in: YV, M.9 372.
380 Vgl. Einsatzbefehl Nr. 3 der Kommandantur des KL Stutthof vom 25. 1. 1945, in: GUMSt, I-IB-5.
381 Vgl. Bericht Victor Caillé vom 15. 6. 1954, in: GUMS, P 3 Caillé, Victor.
382 Bericht Franz Plura von 1965, in: BLHA, Rep 530 8681, S. 2.

Auf das sich wandelnde Verhalten des Lagerpersonals werde ich an späterer Stelle zu sprechen kommen. Wichtig an dieser Stelle sind mir zwei Dinge: Im Vergleich zu den wenigen konkreten Berichten der Zuständigkeiten der SS-Ränge, während das Lager sich auf dem Rückzug befand, erwähnen die Verschleppten auffällig oft die Hunde, die sie sehr stark ängstigten.[383] Dies lag daran, dass die Tiere in den Konzentrationslagern in sogenannten Hundeführerschulen bzw. dem Hundewesen speziell auf die Gewalt gegenüber Häftlingen abgerichtet wurden. Die Gefangenen wussten bei Austritt aus dem Lager, wie Henri Michel für die Schäferhunde darlegt, die er unterwegs beobachtete, dass die Tiere in der Lage waren, nach Flüchtenden zu suchen und zu jagen: »Wir kennen diese Bestien, die ganz auf das Zerreißen von Häftlingen abdressiert wurden.«[384] Dem Lagerpersonal standen darüber hinaus Fahrzeuge, Motorräder und Fahrräder zur Verfügung – trotzdem mussten die Gefangenen bei Verlassen des Lagers das Gepäck des Wachpersonals auf Wagen ziehen.[385]

Der Abmarsch aus Oranienburg-Sachsenhausen erfolgte wie folgt: Die mehrheitlich jüdischen männlichen Deportierten, die sich auf dem Gelände der Heinkel-Werke befanden, sowie die als besonders widerständig erachteten und im Hauptlager internierten Männer tschechischer, polnischer und sowjetischer Herkunft wurden von den Blockführern in Oranienburg als Erste auf die Straße getrieben. Die Anordnung der als »Marschblöcke« bezeichneten Gefangenengruppen sah zudem vor, dass zwischen den polnischen und sowjetischen Insassen Gruppen mit deutschen Gefangenen geführt werden sollten. Erst dann hatten die Männer anderer Nationen in Oranienburg loszulaufen. Das Ende des Gewaltmarsches bildeten erneut »Marschblöcke«, die deutsche Gefangene führten, sowie Frauengruppen, die ebenfalls aus dem Hauptlager in Richtung Wittstock getrieben wurden. Gerade am Ende begannen sich die Gefangenengruppen allerdings schon frühzeitig zu mischen und die strikte Trennung sowohl nach Nation als auch nach Geschlecht begann zu verwischen.[386] Die vorgesehene Beibehaltung der Ordnung – eines Marsches in Fünfer-Reihen[387] –

---

383 Vgl. ebd.; Bericht Victor Caillé vom 15. 6. 1954, in: GUMS, P 3 Caillé, Victor; Wladimir Fjodorowitsch Schewtschenko: Erinnerungen, in: »Ich werde es nie vergessen.« Briefe sowjetischer Kriegsgefangener 2004-2006, hg. vom Verein »KONTAKTE-KOHTAKTbI« e. V., Berlin 2007, S. 124-125, hier S. 125; Bericht Johannes Deutsch vom 7. 5. 1945, in: TM, 2/2 B-D, S. 1.

384 Michel, Hungermarsch, S. 13, vgl. auch Bericht Johannes Deutsch vom 7. 5. 1945, in: TM, 2/2 B-D, S. 1.

385 Vgl. Tadeusz Wolf Epstein und Oljean Ingster: KZ und Zwangsarbeit, unveröffentlichter Bericht aufgezeichnet von Henrik Epstein, o. O. o. D., in: GUMS, P3 Epstein, Tadeusz, S. 4.

386 Vgl. Bericht Karl Ries aus dem Jahr 1945, in: GUMS, LAG LII/1; Bericht Andre Grevenrath aus dem Jahr 1945, in: GUMS, LAG LII/1; Bericht A[…] Schöning aus dem Jahr 1945, in: GUMS, NL 6/31; Aussage Jaroslav Purš vom 3. 3. 1960, in: BArch ZStL, B 162/1508. Zur angeordneten Geschlechtertrennung auf den Räumungstransporten vgl. Einsatzbefehl Nr. 3 der Kommandantur des KL Stutthof vom 25. 1. 1945, in: GUMSt, I-IB-5.

387 Vgl. Einsatzbefehl Nr. 3 der Kommandantur des KL Stutthof vom 25. 1. 1945, in: GUMSt, I-IB-5.

kam aufgrund des unterschiedlichen Tempos und der Erschöpfung der Gefangenen bereits unmittelbar nach dem Loslaufen nicht mehr zustande.

Gemäß den Vernichtungs- und Sicherungslogiken der SS/Polizei waren die Kolonnen also besonders angeordnet worden. Vor allem die tschechischen, polnischen und sowjetischen Gefangenen sollten den größten Abstand zum Operationsgeschehen an der Front wahren und darüber hinaus besonders streng bewacht werden. Um insbesondere ihre Fluchten einzudämmen, wurden sowjetische Gefangene in der Mitte des Gewaltmarsches geführt.[388] Entsprechend dem Vorgehen vom Februar 1945, deutsche Insassen fortan in den Baracken des äußersten Lagerringes unterzubringen,[389] sie also im »Schutzhaftlager« als zusätzliche »innere« Umzäunung der Fremd- und Feindstaatenangehörigen zu nutzen, verließen diese in der Mitte der sich zurückziehenden Kolonnen und als Letzte Oranienburg. Die Gefangenen des Zellenbaus, die in Sachsenhausen einer strengen Isolierung unterworfen waren, sowie die Schreibstube dieser Abteilung wurden darüber hinaus in der Mitte einer der »deutschen Blöcke« geführt und vom Leiter des Zellenbaus, Eccarius, streng überwacht. Zurückfallende Gefangene wurden von ihm erschossen.[390] Aufgrund ihrer Verweigerung des Militärdienstes von der Lager-SS/Polizei als friedfertig imaginiert, liefen die männlichen Zeugen Jehova ebenso am Ende des Fußmarsches wie die aufgrund ihres Geschlechtes im Falle eines Zusammentreffens mit sowjetischen Vorauseinheiten als »ungefährlich(er)« erachteten Frauen, die sich seit März im Hauptlager befanden bzw. unmittelbar zuvor nach Oranienburg gebracht worden waren. Sie dienten dem Lagerpersonal damit als Schutzschild.

Zur Verpflegung war die Ausgabe von Broten und Konserven vorgesehen.[391] Die am Lagertor bereitgestellten Nahrungsmittel reichten jedoch nicht aus und je nach dem, zu welchem Zeitpunkt die Gefangenen aus dem Lager geführt wurden und ob dann noch Nahrungsmittel zur Verfügung standen, erhielten sie – in späteren Kolonnen jeweils zu viert oder zu fünft[392] – ein Brot und eine Wurstkonserve.[393] Die Konserven stammten dabei vermutlich aus internationalen Hilfspaketen, die die Lager-SS/Polizei den Insass:innen bis dahin vorenthalten hatte.[394] Aufgrund ihres schlechten körperlichen Zustandes müssen sich bei der Ausgabe furchtbare Szenen abgespielt haben. Es war zu Plünderungen durch hungernde sowjetische Gefangene

---

388 Vgl. Bericht A[...] Schöning aus dem Jahr 1945, in: GUMS, NL 6/31.
389 Vgl. Bericht Andre Grevenrath aus dem Jahr 1945, in: GUMS, LAG LII/1.
390 Aussage Erich Köpf vom 13.12.1960, in: StAL, EL 51 9 BA 84; Interview Hermann R., Köpernitz 2019, in: Privatarchiv.
391 Vgl. Räumungsbefehl der Kommandantur des KL Sachsenhausen vom 2.2.1945, in: GARF, 7021/104/8, Bl 5.
392 Vgl. Bericht Adam Harth vom Februar 1948, in: YV, O.33/5716; Bericht Joseph Rotbaum-Ribo aus dem Jahr 1996, in: YV, O.33/4874.
393 Vgl. Aussage Anton Kaindl vom 20.12.1946, Kopie in: GUMS, JSU 1/2; Bericht Ernst Altenkirch vom 23.5.1945, in: GARF, 7021/115/31, Bl. 39.
394 Vgl. Bericht Adam Harth vom Februar 1948, in: YV, O.33/5716.

gekommen, die »versuchten, sich Brot vom Wagen [auf dem Appellplatz] zu holen.« Wie Ernst Altenkirch beobachtete, »fielen [dann] Schüsse.«[395] Für die letzten »Transportblöcke« reichten die Lebensmittel nicht mehr aus, so dass eine große Zahl der Gefangenen – Kaindl schätzte 6.000 bis 7.000 – aufbrechen musste, ohne Lebensmittel erhalten zu haben.[396]

Die im »Revier« tätigen Häftlingsärzte gaben ihren Mitgefangenen, die in Gruppen von 500 bis 600 auf die Straße getrieben wurden, medizinische Helfer und etwas von dem wenigen Material mit, über das sie in den Krankenbaracken verfügt hatten.[397] Meist in der Mitte eines Marschblockes befand sich ein Wagen, der entweder mit Pferden bespannt war oder von Gefangenen gezogen bzw. geschoben werden musste. Auf diesem führten die Transportführer ihr Proviant sowie Munition und mitunter auch ihre Familienangehörigen mit.[398] So befand sich die Ehefrau und das neugeborene Kind eines »Kolonnenführers« auf dem mit zwei Pferden bespannten Wagen, den der Gefangene Kurt Albin Müller ab Oranienburg führen musste.[399] Einige Gefangenenärzte und Pfleger, die das Hauptlager als Letztes verlassen hatten, führten auch einen Wagen mit dem Ziel mit sich, unterwegs Kranke aufzunehmen. Genutzt wurde der Wagen dann aber, um Tote aufzuladen, die mit Mund- oder Genickschüssen ermordet im Straßengraben lagen.[400] Wie Milly Mirbach, der als Posten ein zweites Mal einen Räumungstransport begleitete, nachträglich das für ihn mittlerweile ritualisierte Vorgehen der Lager-SS beschrieb, ging »am Ende des Trecks ein neues Henkerkommando mit, und bald wird es hinten wieder Tote geben.«[401]

Da sich die Ortsgruppenleiter vielerorts trotz Vereinbarung der Lager-SS mit den kommunalen Stellen weigerten, die Getöteten zu begraben, kamen – so dokumentiert es auch der IKRK-Deligierte Pfister – ab dem 23. April Häftlingskommandos zum Einsatz, die ihre ermordeten Mitgefangenen einsammeln und verscharren mussten.[402] Damit griff auch hier das Vorgehen der SS, »Sonderkommandos« zur Beseitigung der Spuren ihrer Verbrechen zu bilden. So wurden die zuvor in der »Lagerkantine« eingesetzten circa 80 bis 100 Gefangenen, die das Hauptlager als eine der Letzten

395 Bericht Ernst Altenkirch vom 23.5.1945, in: GARF, 7021/115/31, Bl. 39.
396 Vgl. Aussage Anton Kaindl vom 20.12.1946, Kopie in: GUMS, JSU 1/2; Bericht Ernst Altenkirch vom 23.5.1945, in: GARF, 7021/115/31, Bl. 39; Bericht Günther Büllerjahn vom 17.1.1979, in: BLHA, Rep. 930, SED-Bezirksleitung Cottbus, 4479; Interview Ottomar Geschke vom 24.8.1945, in: TM, MDI-Ordner alt AS.
397 Vgl. Bericht [Vorname unbekannt] Wieber aus dem Jahr 1946, in: GUMS, LAG LII/1. Dieses Prozedere gab es auch während der Auflösung des KL-Komplexes Stutthof. Vgl. Einsatzbefehl Nr. 3 der Kommandantur des KL Stutthof vom 25.1.1945, in: GUMSt, I-IB-5.
398 Vgl. V. IKRK-Bericht, S. 123; Bericht A[...] Andruszkiewicz o. O. o. D., in: TM, 2/2 M5; vgl. Heinz Hesdörfer: Bekannte traf man viele ... Aufzeichnung eines deutschen Juden aus dem Winter 1945/56, Zürich 1998, S. 211.
399 Vgl. Bericht Kurt Müller vom 18.6.1948, in: GUMS, LAG LII/1.
400 Vgl. Bericht [Vorname unbekannt] Wieber aus dem Jahr 1946, in: GUMS, LAG LII/1.
401 Mirbach, Sohn, S. 178; vgl. auch V. IKRK-Bericht, S. 121 f.
402 Vgl. V. IKRK-Bericht, S. 121 f.

verlassen hatten, unterwegs von einem LKW begleitet, um auf dem Weg die Toten einzusammeln. Unter Aufsicht des Transportführers mussten die Männer die Toten auf den LKW schleppen.[403] Auch Waldemar Quaiser oder Walter Gozell berichteten von einer »Totengräbermannschaft« aus Gefangenen, die unter Bewachung den Weg abfahren musste und »die erschossenen Kameraden an Ort und Stelle zu begraben [hatte].«[404] Wenn sie sich unbeobachtet fühlten, sprachen sie für die Ermordeten ein letztes Gebet. Anschließend mussten sie sich die grausame Zwangsarbeit von den Bürgermeistern der Ortschaften bestätigen lassen.[405]

Beim Verlassen der Lagerstandorte hatten die Angehörigen der Wachkompanien Postenketten um die Kolonnen zu bilden und Fluchtfälle zu verhindern.[406] Zwischen zehn und 35 Wachmänner waren – je nach unterstellter »Gefährlichkeit« – zur Begleitung von 500 Gefangenen vorgesehen. Die Frauenkolonnen wurden hingegen von bis zu acht Wachmännern und von Aufseherinnen bewacht.[407] Das Wachpersonal trieb die Gefangenen brutal zum Weitermarsch an.[408] Manche der Wachmänner wurden aufgrund der Lage, in der sie sich nun befanden – wie Andre Grevenrath unmittelbar nach dem Todesmarsch dokumentieren sollte – auch zunehmend milder in ihrem Umgang mit den Gefangenen. »Aber in der Nähe militärischer Sammelpunkte, so Neuruppin, im Angesicht sich zu erneutem Widerstand anschickender Truppenformationen wurde der Ton wieder der gewohnt ›zackige‹.«[409]

Dass die Gewaltmärsche auch für die vor allem älteren Wachmänner eine Strapaze darstellten, nahmen einige der Verschleppten ebenso wahr, wie dass einige wenige ihnen halfen. So hielt Pieter Jongeling nach dem Krieg festhielt: »Die Wachposten sind auch müde. Aber sie sind besser genährt. Außerdem zwingen sie uns ihre Decken und Ranzen zu tragen.«[410] Auch Willy Mirbach nutzte sein Brot, um einen russischen Gefangenen davon zu überzeugen, ihm den Rücksack zu tragen, ohne sich weiter für den Gefangenen zu interessieren.[411] Gustav Borbe führt, auf die Tortur befragt, später

---

403 Bericht Günther Büllerjahn vom 17.1.1979, in: BLHA, Rep. 930, SED-Bezirksleitung Cottbus, 4479; Interview Ottomar Geschke vom 24.8.1945, in: TM, MDI-Ordner alt AS.

404 Matthias Kamnick: Leben und Kampf des Antifaschisten Walter Gozell, Neuruppin 1977/78 (unveröffentlicht), in: GUMS, P3 Gozell, Walter; vgl. auch Bericht Waldemar Quaiser o. O. o. D., in: GUMS, P3 Quaiser, Waldemar.

405 Vgl. Bericht Waldemar Quaiser o. O. o. D., in: GUMS, P3 Quaiser, Waldemar.

406 Vgl. Bericht Karl Ries aus dem Jahr 1945, in: GUMS, LAG LII/1; Aussage Alfred Tschierskys vom 20.12.1945, in: PRO, WO 309/438; Mirbach, Sohn, S. 177.

407 Vgl. Aussage Alfred Tschierskys vom 20.12.1945, in: PRO, WO 309/438; Aussage Theodor Mussmann vom 24.7.1968, in: BArch (ZStL), B 162/9334. Der Einsatzbefehl, den die Kommandantur in Stutthof zur Evakuierung ausgab, sah eine Stärke der Wachmannschaften von 40 Mann pro Kolonne vor. Vgl. Einsatzbefehl Nr. 3 der Kommandantur des KL Stutthof vom 25.1.1945, in: GUMSt, I-IB-5.

408 Vgl. Bericht Joseph Rotbaum-Ribo aus dem Jahr 1996, in: YV, O.33/4874.

409 Bericht Andre Grevenrath aus dem Jahr 1945, in: GUMS, LAG LII/1, S. 7.

410 Jongeling, Wettlauf, S. 3; vgl. auch Bericht Franz Plura von 1965, in: BLHA, Rep 530 8681, S. 3.

411 Vgl. Mirbach, Sohn, S. 179f.

aus: »Einzelne unserer Posten haben sogar zurückbleibende Häftlinge unter den Arm gefaßt und bis zu unserem Wagen gebracht.« Der Überlebende bringt dies aber in Zusammenhang mit den Flugblättern, die die Alliierten über ihnen abwarfen: »Es war eine Warnung und Drohung (der Alliierten), daß Posten und Kommandoführer für jede Mißhandlungen [sic!] und Morde zur Verantwortung gezogen würden.«[412]

Die Bewachung zu verstärken hatten außerdem Gefangene, die entweder bereits seit Längerem der »Lagerpolizei« angehörten oder unmittelbar vor dem Absetzen aus Oranienburg im Hauptlager noch für die »Transportbegleitung« herangezogen wurden.[413] Vom 15. bis zum 20. April fanden täglich Rekrutierungen für den »Lagerschutz«[414] – auch als »Lagervolkssturm«[415] bezeichnet – statt. Die Schutzhaftlagerführer Kolb, Höhn und Körner wählten Gefangene zur Bewachung aus. Die Rekrutierten wurden in alte Uniformen gekleidet und erhielten gesonderte Rationen.[416] Unter ihnen befanden sich auch die »Lager-« und »Blockältesten«.[417] Letztere fungierten nun jeweils als »Transportälteste« einer Kolonne und hatten zusätzlich zu den in der Bewachung eingesetzten Gefangenen für Ruhe unter den Verschleppten zu sorgen.[418] Die nun zu »Transportältesten« Ernannten gaben dies unter anderem wie folgt an Mitgefangene wie Ernst Altenkirch weiter:

»›Wer nicht mitmarschieren kann, bleibt zurück, der geht mit dem Wagentransport [w]eiter[.] Wer auf dem Marsch schlapp macht, und liegen bleibt, wird erschossen. Ich selbst leite die Gruppe und werde rücksichtslos durchgreifen‹, wobei er die Waffe zeigte. […] So versuchte dann jeder, sich zuverlässigen Kameraden anzuschliessen, um den vor ihnen liegenden Strapazen gemeinsam begegnen zu können. Auch ich löste mich von der Gruppe der Isolierten, schloss mich Kameraden an, die ich von früher her kannte[,] und trat zuversichtlich den Marsch am Nachmittag an.«[419]

Insbesondere die Insassen der »Sonderabteilung Wehrmacht«, die nun in der »Lagerpolizei« eingesetzt waren, aber auch weitere beteiligten sich unterwegs an den Miss-

---

412 Bericht Gustav Borbe, o. O. o. D., in: GUMS, P3 Borbe, Gustav, S. 46. Zu den Flugblättern, die amerikanische Piloten auch Anfang Mai noch abwarfen, vgl. auch von Dahlen, Todesmärsche, S. 21.
413 Vgl. Aussage Erich Köpf vom 13.12.1960, in: StAL, EL 51 9 BA 84, Bericht Günther Büllerjahn vom 17.1.1979, in: BLHA, Rep. 930, SED-Bezirksleitung Cottbus, 4479; Interview Ottomar Geschke vom 24.8.1945, in: TM, MDI-Ordner alt AS.
414 Vgl. Bericht Kurt Hofmann aus dem Jahr 1945, in: GUMS, NL 38/1/27.
415 Aussage Willi Wehren vom 20.9.1955, in: BStU, Pdm AU 41/56, Bl. 139; Aussage Krafft Wilhelm Werner Jäger vom 8.12.1960, in: StAL, EL 51 9 BA 84.
416 Vgl. Ausführungen in den Prozessunterlagen Strafsache Heinrich Wessel, in: StAL, EL 48/2, Bü 73, Bl. 1367; Jongeling, Wettlauf, S. 4.
417 Bericht A[…] Schöning vom 1945, in: GUMS, NL 6/21.
418 Vgl. Ausführungen in den Prozessunterlagen Strafsache Heinrich Wessel, in: StAL, EL 48/2, Bü 73, Bl. 1367.
419 Bericht Ernst Altenkirch vom 23.5.1945, in: GUMS, P3, Altenkirch, Ernst, S. 1f.

handlungen der Gefangenen,[420] wie Pieter Jongeling beobachten muss. Ein ausgehungerter russischer Junge war Jongeling vor die Füße gesprungen, verfolgt von beschriebenem Lagerpolizisten, der ihm nachstellte, weil er sich bei der Räumung ein Brot vom Wagen gestohlen hatte. Der zum Hilfswachmann Ernannte kannte keine Gnade und erschoss den Jungen an Ort und Stelle.[421] Andere im »Lagervolkssturm« eingesetzte Männer halfen ihren Mitgefangenen und auch den Angehörigen des IKRK, die unterwegs versuchten, so dicht wie möglich an den Gewaltmarsch anzuschließen, um Lebensmittel zu verteilen, oder sie zogen Leichen aus Gräben und Löchern, damit Pfister heimlich Fotografien von ihnen anfertigen konnte.[422] Während des Fußmarsches konnten sich die Hilfswachmänner frei entlang der Kolonnen bewegen und erhielten so Einblicke in den Ablauf und die Organisation der Räumungstransporte.[423] Dazu, ob die zur Bewachung ihrer Mitgefangenen eingesetzten Männer alle bewaffnet wurden, liegen unterschiedliche Aussagen vor.[424] Belegt ist, wie auch Jongeling darlegt, dass sich einige von ihnen an Gefangenenmorden beteiligten. Es waren aber in erster Linie die SS-Unterführer, die die Gefangenen, die nicht weiterlaufen konnten oder sich morgens vor dem Weitermarsch versteckt hielten, erschossen.[425]

Auf der Sitzung am Morgen des 20. April hatte Kaindl den Schussbefehl für den Fall ausgegeben, dass Gefangene aufgrund von Entkräftung zurückblieben oder zu flüchten versuchten.[426] Transportführer und weitere Männer, die untere SS-Ränge bekleideten und unterwegs als »Nachhut« tätig waren oder die Verschleppten mit dem Rad abfuhren, ermordeten unterwegs erschöpfte Deportierte.[427] Die Hinrichtungen erfolgten in Straßengräben, Panzerschusslöchern, im Wald oder auf Friedhöfen in bereits ausgehobenen Gräbern.[428] Zum Einsatz kamen hierfür Schuss-

---

420 Vgl. Bericht Kurt Hofmann aus dem Jahr 1945, in: GUMS, NL 38/1/27; UNWCC, Evacuation, in: PRO, WO 311/412; Aussage Willi Wehren vom 20.9.1955, in: BStU, Pdm AU 41/56, Bl. 139.
421 Jongeling, Wettlauf, S. 2; Bericht Ernst Altenkirch aus dem Jahr 1945, in: GARF, 7021/115/31, S. 39.
422 Vgl. Aussage Krafft Wilhelm Werner Jäger vom 8.12.1960, in: StAL, EL 51 9 BA 84.
423 Vgl. Aussage Erich Köpf vom 13.12.1960, in: StAL E 48/2, 1563.
424 Laut Befehl vom 2. Februar 1945 sollte keine Bewaffnung erfolgen. Vgl. Räumungsbefehl der Kommandantur des KL Sachsenhausen vom 2.2.1945, in: GARF, 7021/104/8, Bl. 5 f. Der ehemalige SAW-Insasse, Willi Wehren, gab nach dem Krieg an, einen Karabiner erhalten zu haben. Aussage Willi Wehren vom 20.9.1955, in: BStU, Pdm AU 41/56, Bl. 139. Laut den Prozessunterlagen der Strafsache Heinrich Wessel hatte eine Bewaffnung der Hilfswachen stattgefunden, in: StAL, EL 48/2, Bü 73, Bl. 1363. Auch Hugo Eicker notiert, dass Gewehre ausgegeben worden waren, vgl. Bericht Hugo Eicker o. O. o. D., in: GUMS, P3 Eicker, Hugo, S. 66.
425 Vgl. Aussage Alfred Tschierskys vom 20.12.1945, in: PRO, WO 309/438; Bericht Karl Ries aus dem Jahr 1945, in: GUMS, LAG LII/1.
426 Vgl. Aussage Ludwig Rehn vom 16.12.1946, Kopie in: GUMS, JSU 1/3/2.
427 Vgl. Bericht Manfred Strobel aus dem Jahr 1945, in: GARF, 7021/115/31, S. 25.
428 Vgl. Aussage Ignatz Majer vom 28.2.1946, in: PRO, WO 309/853; Aussage Krafft Wilhelm Werner Jäger vom 8.12.1960, in: StAL, EL 51 9 BA 84.

waffen.⁴²⁹ Gefangene wurden auch mit Gewehrkolben erschlagen.⁴³⁰ Waren sie über Nacht in Scheunen getrieben worden, durchsuchten Wachmannschaften das Heu am Morgen mit Mistgabeln nach Gefangenen ab und erstachen diese dabei.⁴³¹ Um die Deportierten nachts besser überwachen zu können, hatten die »Transportführer« vielerorts auf Scheunen zurückgegriffen, in die die erschöpften Insass:innen während des Marsches getrieben und die von einer Postenkette umstellt wurden.⁴³²

Die auf der Besprechung zu »Transportführern« erklärten SS-Männer gaben die Weisung, von der Schusswaffe Gebrauch zu machen, an die ihnen unterstellten Wachmänner weiter.⁴³³ Kolb unterstanden seit Oktober 1944 die Wachmannschaften direkt, die nun das, wie Heinz Hesdörfer ausführt, »›flüchtende‹ KZ«⁴³⁴ zu bewachen hatten.⁴³⁵ Er gab ebenfalls Befehle zur Bewachung auf dem Eilmarsch aus und ordnete an, »dass jeder Häftling, der nicht mehr in der Lage war, weiter zu marschieren, erschossen wurde.«⁴³⁶ Auch unterwegs befahl er Erschießungen, als einige der nicht versorgten Gefangenen versuchten, Kartoffelmieten zu öffnen.⁴³⁷

Nach dem Krieg sollten die Wachmänner vor allem die SS-Unterführer belasten, die Gefangenenmorde vollzogen zu haben. So hatte ein SS-Rottenführer namens Karl Bastian nach Aussage des ehemaligen Wachmanns Ignatz Majer Gefangene fortgesetzt mit solch einem »dickem Knüppel« geschlagen und Erschießungen vorgenommen.⁴³⁸ Dass Wachmänner wie Majer in britischer Kriegsgefangenschaft in Sandbostel hinsichtlich des Todesmarschs ihre Vorgesetzten schwer belasteten, war keine Seltenheit. Im Falle Majers, dessen Sohn sich ebenfalls als Wachmann auf dem Räumungsmarsch befunden hatte, bedurfte es allerdings mehrerer Verhöre, bis beide begannen, Aussagen zu machen und weitere SS-Führer zu belasten, die sich ebenfalls in Sandbostel befanden.⁴³⁹ Auch der SS-Sturmmann Paul Ullrich belastete mehrfach transportführendes Lagerpersonal, das Gefangene, die wegen körperlicher Schwäche

---

429 Vgl. Gerichtsmedizinische Untersuchung (Übersetzung aus dem Russischen) vom 14.9.1946, Kopie in: GUMS, JSU 1/11/2.
430 Vgl. Aussage Michal Dachan vom 18.11.1961, in: BArch ZStL, B 162/3926 (Strafsache Erich Schemel).
431 Vgl. Bericht Karl Ries aus dem Jahr 1945, in: GUMS, LAG LII/1.
432 Vgl. Zwi Helmut Steinitz: Vom Holocaust-Opfer zum Blumenexport-Pionier. Von Posen durch das Krakauer Ghetto und deutsche KZs nach Israel zum Gemüseanbau im Kibbuz und zum israelischen Blumenexport 1927-2007, hg. von Erhard Roy Wiehn, Konstanz 2007, S. 354.
433 Vgl. Aussage Alfred Tschierskys vom 20.12.1945, in: PRO, WO 309/438.
434 Hesdörfer, Bekannte, S. 211.
435 Vgl. Sonderbefehl des Kommandanten von Sachsenhausen vom 19.9.1944, in: RGVA, 1367/1/60, Bl. 26.
436 Bericht Wilhelm Wehbarg vom 13.2.1946 in: GARF, 7021/115/31, Bl. 25.
437 Vgl. ebd.
438 Vgl. Aussage Ignatz Majer vom 28.2.1946, in: PRO, WO 309/853; Aussage Mathias Schmikl vom 28.2.1946, in: ebd.
439 Vgl. Aussage Ignatz Majer vom 5.2.1946, in: ebd.; Josef Majer vom 5.2.1946, in: ebd.; Aussage Ignatz Majer vom 28.2.1946, in: ebd.

nicht weiterkonnten oder an Lebensmittel zu gelangen suchten, erschoss.[440] Wie die Aussage verdeutlicht, versuchte er sich hierbei selbst zu entlasten:

»Zwischen Kyritz und Schwerin trafen wir auf Feldern mehrere Kartoffelmieten. Die Häftlinge, die schon über 5 Tage keine Verpflegung bekommen hatten, stürzten sich über die Mieten her, um Kartoffeln zu entwenden. [Der Transportführer] Breitung schlug daraufhin mit einem dicken Knüppel auf die Häftlinge ein, gab auch mehrere Schüsse mit dem Gewehr ab. Ich konnte beobachten, dass einige Häftlinge liegen blieben. Die Posten selbst durften nicht nach den Mieten laufen, da Breitung auch hier mit schiessen drohte. Ob die Häftlinge durch Erschiessen – oder durch deren Schläge liegen blieben, konnte ich nicht feststellen. Über die liegengebliebenen Häftlinge kann ich keine Auskunft geben, da ich weitergehen musste.«[441]

Auch Josef Majer versuchte, das eigene Verhalten auf dem Todesmarsch als erzwungenes darzustellen, als er aussagte, dass »[d]er Uscha Graske [...] uns Posten wiederholt [drohte], uns umzulegen[,] wenn wir nicht strenger mit den Häftlingen sind.«[442] Sein Vater Ignatz wich der Frage nach der Gewalt seiner Vorgesetzten aus, indem er angab: »Ob infolge der Misshandlungen Häftlinge gestorben sind, habe ich nicht gesehen. Ich marschierte immer an der Spitze des Transportes.«[443] An ein Flüchten schienen die Beiden nicht zu denken. Der frühere Obergefreite der Wehrmacht Willi Schneider der den Todesmarsch ebenfalls als Posten zu bewachen hatte, setzte sich hingegen unterwegs ab. Hinter Neuruppin tauchte er in einer deutschen Flüchtlingsgruppe unter, die ebenfalls nach Wittstock zog. Bei Ludwigslust schloss er sich anderen Soldaten an, die den Weg in die amerikanische Kriegsgefangenschaft suchten. Nachdem er am 2. Mai in Haft genommen worden war, übergaben ihn die amerikanischen Besatzer daraufhin den britischen.[444]

Das Wachpersonal hatte sich bereits unterwegs auf dem Gewaltmarsch über die begangenen Verbrechen ausgetauscht.[445] Unmittelbar nach dem Krieg schilderten Einzelne die Gewalt, wie dargelegt, die vor allem das transportführende Personal ausgeübt habe. Bei diesen nachträglich erfolgten Aussagen und Publikationen ist allerdings Vorsicht walten zu lassen. Vielmehr ist, wenn nicht von eigenen Verwicklungen, so doch zumindest von Duldungen der Gefangenenmorde auszugehen. Wachmänner wie der vormalige Luftwaffenangehörige Ernst Drews belasteten tote oder vermisste SS-Angehörige, aber auch andere Posten.[446] Auch bei Willy Mirbach

---

440 Aussage Paul Ullrich vom 14.2.1946, in: ebd.; Aussage Paul Ulrich vom 4.2.1946, in: GARF, 951/1/340.
441 Aussage Paul Ulrich vom 4.2.1946, in: GARF, 951/1/340.
442 Josef Majer vom 5.2.1946, in: PRO, WO 309/853.
443 Aussage Ignatz Majer vom 5.2.1946, in: ebd.
444 Vgl. Übersetzung der Aussage Willi Schneider vom 11.1.1946, in: PRO, WO 309/853.
445 Vgl. Aussage Ernst Drews vom 10.1.1946, in: GARF 951/1/340; Mirbach, Sohn, S. 188.
446 Vgl. ebd.

findet das Morden vor den Augen der Bevölkerung durch SS-Männer Erwähnung.[447] Ebenso die Situation, als ein Transportführer bereits vor Below die Wachen vor die Wahl stellte, ob der Gefangenentransport weitergehen sollte: »Der Treckführer will seine Hände in Unschuld waschen und uns Posten die Sache überlassen, wir sollten abstimmen, ob es weitergeht oder der Wehrwolf [sic!] dran ist.«

Der Gefangenenzug war unterwegs auf ein »Werwolf«-Kommando gestoßen. Die Situation, womöglich noch an die Front geschickt zu werden, wog für Mirbach und weitere Wachmänner jedoch schwerer: »Richtig, wenn die Häftlinge fort sind, kann man uns einfach irgendwo an die Front schicken.« Die »überwältigende Mehrheit« der Posten meldete sich daraufhin für den Weitermarsch.[448] Selbst als die Lager-SS sich in Neuhof bei Parchim absetzte, trieben die Wachen Gefangene, wie Nicholas Rosenberg darlegt, noch weiter:

»Am naechsten Tag verschwanden die SS-Leute, die uns bisher begleitet hatten, nach allen Windrichtungen. Einige Wehrmachtsangehoerige uebernahmen die Leitung des Zuges und wollten uns ueber Schwerin nach Luebeck bringen, aber nach kurzem Marsch kehrten wir wieder nach Neuhof zurueck. In der naechsten Nacht verschwanden auch die Wehrmachtsleute und wir richteten uns nun im Lager ein.«[449]

Dort hatte sich zuvor ein Zwangslager befunden, in dem die Männer um Rosenberg nun Schutz suchten. Die unterwegs angetroffene Ortspolizei und die passierten Kontrollposten der Feldgendarmerie untermauerten derartige Überlegungen der Posten, die Gefangenen weiterzudeportieren. Wachmänner wie Mirbach stellten ihre Tätigkeit zudem nicht ein, ohne alles, was auf die SS und ihre Tätigkeit im KL-System hindeutete, zu vernichten.[450] Zuvor waren bereits in Below das gesamte Material der Schreibstube, die die Kommandantur bei sich führte, und die Listen und Namensregister der Wachen verbrannt worden.[451]

Auch die Delegierten des IKRK rekurrieren in ihren Berichten auf die Gewalt der SS-Männer, die die Kolonnen führten oder aufgrund ihrer Uniformen als solche zu erkennen waren.[452] Aber auch die »Mentalität«[453] der Wachmänner fiel ihnen auf:

»Aus zahlreichen Gesprächen mit Gruppenbefehlshabern, Unterführern und auch mit Wachpersonal geht hervor, dass das Empfinden der SS-Angehörigen

---

447 Vgl. Mirbach, Sohn, S. 178, S. 188, S. 190 und S. 192.
448 Ebd., S. 181 f.
449 Bericht Nicholas Rosenberg vom Januar 1960, in: TWL, 1656/3/2/1164, S. 8.
450 Mirbach, Sohn, S. 213.
451 Vgl. Mirbach, Sohn, S. 183.
452 Vgl. X. IKRK-Bericht, S. 126.
453 Ebd.

erschreckend verroht ist. [...] Aus sämtlichen Zeugenaussagen ergibt sich, dass alle SS-Leute glaubten, völlig im Recht zu sein, wenn sie Häftlinge erschossen. Es war sozusagen ganz natürlich, zum Schutz des Dritten Reiches die Juden und die ›Staatsfeinde‹ auf jede Weise zu beseitigen.«[454]

Konnten Insass:innen, die die Tortur des Marsches überlebt hatten, Aussagen zu Personen machen, die die Morde vollzogen hatten, belasteten diese mehrheitlich sowohl die unterwegs angetroffenen Kommandanturangehörigen als auch die jeweiligen »Kolonnenführer«.[455] Bei Letzteren handelte es sich um die SS-Blockführer, die bereits in Sachsenhausen die Erschießungen durchführten.[456] Wohingegen die »älteren Herrschaften« unter dem Wachpersonal, »durchaus erträglich [waren]«, so Hans von Dahlen, dem »es gelang, den einen oder anderen in ein Gespräch zu verwickeln.«[457] Diese Ausführungen sollen jedoch nicht darüber hinwegtäuschen, dass Wachmänner unterwegs ebenfalls mordeten und auch Hilfswachen sich daran beteiligten, wenn Häftlinge »schlapp machten«.[458]

Die Wehrmachtsangehörigen betrachteten sich gegenseitig als »Kameraden des Häftlingstransportbegleitpersonals«[459] und mitunter als eingeschworene Gemeinschaft. Dies verdeutlicht auch die Aussage von Drews, der erst im Dezember 1944 als SS-Oberscharführer in die Wachmannschaft des KL Sachsenhausen aufgenommen worden war[460] – »nicht freiwillig«, wie er auf dem Erfassungsbogen der Waffen-SS im November 1944 notiert hatte.[461] Bis 1941 in der Luftwaffe eingesetzt, gehörte er ab Dezember 1944 zur 7. Kompanie des Wachbataillons Sachsenhausen, die auf dem Gewaltmarsch, den der Kompanieführer Ludewig leitete, »Marschblöcke« zu bewachen hatte. In seiner kurz nach dem Krieg getätigten Aussage belastete er sowohl den Transportführer als auch andere Angehörige der Wachmannschaft schwer, Gefangene misshandelt und ermordet zu haben, jedoch nicht ohne seine Strapazen mit der Tortur, die

---

454 Ebd., S. 122.
455 Vgl. Aussage Willy Jacobs vom 20. 7. 1945, in: PRO, WO 309/438; Aussage Harry Oberheinrich vom 20. 2. 1946, in: GARF, 7021/115/31, S. 25; Aussage Alfred Tschierskys vom 20. 12. 1945, in: PRO, WO 309/438; Aussage Karl Glatzel vom 22. 12. 1945, in: GARF, 951/1/340; Aussage Erwin Hauser vom 8. 1. 1946, in: ebd.; Aussage Ernst Drews vom 10. 1. 1946, in: ebd.; Aussage Heinrich Schumacher vom 23. 1. 1963, in: BArch ZStL, B 162/1906, Bl. 114; Aussage Theodor Mussmann vom 24. 7. 1968 in: BArch ZStL, B 162/9334.
456 Aussage Alfred Tschierskys vom 21. 12. 1945, in: PRO, WO 309/438; Aussage Mathias Schmikl vom 28. 2. 1946, in: PRO, WO 309/853; Aussage Ignatz Majer vom 28. 2. 1946, in: PRO, WO 309/853.
457 von Dahlen, Todesmärsche, S. 17.
458 Aussage Karl Glatzel vom 22. 12. 1945, in: GARF, 951/1/340.
459 Aussage Ernst Drews vom 14. 1. 1946, in: GARF, 951/1/340; vgl. auch exempl. Mirbach, Sohn, S. 156-283.
460 Vgl. SS-Überwachungskarte zu Ernst Drews, in: BArch B, R 9361-III/274 798.
461 Erfassungsbogen der Ergänzungsstelle Spree (III) der Waffen-SS zu Ernst Drews vom 17. 11. 1944, in: ebd.

der Gewaltmarsch für die Verschleppten bedeutete, gleichzusetzen: »Auf dem ganzen Marsch war die Verpflegungszuteilung für die Häftlinge und Begleitmannschaften eine sehr mangelhafte.«[462] Damit war er nicht allein. Auch der Wachmann Rudolf Pischel setzte seine Situation nachträglich mit der der Gefangenen gleich, um sich zu entlasten: »Wenn wir Posten selber mal zurückblieben, dann drohte [der Transportführer], uns zu erschießen. Er forderte uns Posten fortgesetzt auf, sofort auf die Häftlinge zu schießen, wenn wir es aber [nicht, FJ] täten, dann würde er uns umlegen.«

In Ausnahmen gaben Wachmänner wie Ernst Niemann nach dem Krieg gegenüber britischen Ermittlern auch zu, unterwegs Gefangene erschossen zu haben:

> »Ich war für die Wachen des 8. Trecks verantwortlich. Am dritten Tag des Marsches, am 23. April 1945. Ich erinnere mich nicht mehr an den Namen des Dorfes. Zwischen 12 und 2 Uhr waren wir auf dem Marsch. Ich marschierte am Ende der Kolonne, aber einige der Männer nahmen zu viel Platz ein, also marschierte ich die Kolonne aufwärts, um Platz für den Verkehr zu schaffen, und sah einen Gefangenen, der die Straße überquert hatte und jenseits des Grabens auf der linken Seite der Straße war. Ich rief einem der Wachmänner zu: ›Schrei oder schieß‹. Der Wachmann rief dem Gefangenen zu, aber der Gefangene reagierte nicht, also rief ich dem Wachmann erneut zu, er solle schießen, aber er zögerte, ich nahm das Gewehr des Wachmanns und schoss. Er war etwa 10 Meter entfernt und ich tötete ihn. Ich ließ die Leiche dort liegen. Er war ein Pole. Ich kannte seinen Namen nicht. Der Gefangene versuchte nicht, etwas zu trinken zu bekommen, weil es im Graben kein Wasser gab. Ich war der Meinung, dass er versuchte zu fliehen.«[463]

Niemann unterstand Heinz Heidrich, der Kommando- und Transportführer der Kolonnen war, die Heinkel verließen. Die letzten Tage im Heinkel-Werk hatte Heidrich mit der dortigen Wachmannschaft Übungen abgehalten, um die Männer auf den Gewaltmarsch vorzubereiten:

> »Heidrich ließ uns am 17., 18., 19. April vor unseren Unterkünften aufmarschieren, er sagte, wenn sich ein Häftling mehr als 3 Meter von der Kolonne entfernt, muss er als Fluchtversuch behandelt werden und es wird ein ›Loch durch sein Hemd‹ geben. ›Keiner darf lebend zurückgelassen werden‹.«[464]

Nach dem Krieg berichten die Überlebenden und auch das IKRK zudem über das Liegenlassen der Toten. Ursprünglich angeordnet worden war, die Leichen vor Ort zu

---

462 Aussage Ernst Drews vom 14.1.1946, in: GARF, 951/1/340.
463 Aussage Ernst Niemann vom 4.10.1945, Kopie in: GUMS, D 25 B 1/3. Übersetzung aus dem Englischen J. F.; vgl. auch Aussage Gustav Fischer vom 4.10.1945, in: ebd.
464 Aussage Ernst Niemann vom 4.10.1945, Kopie in: GUMS, D 25 B 1/3. Übersetzung aus dem Englischen J. F.

vergraben und die Stellen auf der mitgeführten Karte zu notieren.[465] Dieses Vorgehen stand allerdings im Widerspruch zu der Durchführung eines Eilmarsches. Vielerorts wurden die Ermordeten entsprechend nur verscharrt oder, wie Max Opitz beobachtet, am Straßenrand »in den Dreck gerollt« liegen gelassen.[466] Das Nachkommando hatte die Leichen aufzusammeln und abzutransportieren.[467] Auch Anwohner:innen hatten dafür Sorge zu tragen, dass die Leichen vor dem Eintreffen der Roten Armee verschwanden. Auf Weisung des Bürgermeisters in Teschendorf wurden im April 1945 die Leichen der ermordeten Gefangenen am Straßenrand eingesammelt und in einem zwei Kilometer entfernten Bombentrichter vergraben.[468] Während Schwerkranke im Lager zurückgelassen worden waren, ermordete das Transportführungs- wie auch das Wachpersonal sie unterwegs, wenn die Verschleppten zusammenbrachen.

6.8 Verbleib im Lager

»Der Krankenbau ist gesperrt, die berüchtigte Lagerwache ist aufgezogen. [...] Morgens 5 Uhr!! Das gesamte Krankenbaukommando muss raustreten. Einige Ärzte und Pfleger werden bestimmt um dazubleiben, alles andere geht ins Lager zum Abmarsch. --- Es regnet! --- Mieses Wetter für die armen Menschen. Der Abmarsch beginnt!«[469]

Diese Worte notierte Richard Galonska, der als Häftlingsarzt in einer der Sachsenhausener Krankenbaracken eingesetzt gewesen war, in seinem Bericht. Galonska wusste, was den Gefangenen bevorstand. Er hatte die im Januar aus Auschwitz ankommenden Männer, Frauen und Kinder behandelt und ihre Berichte gehört; er wusste, dass die Räumung bedeutete, »alle dem Elend preis[zu]geben.«[470] Während Galonska das Hauptlager verlassen musste und von den Wachmannschaften mit auf die Straße getrieben wurde, blieb Hellmut Bock mit weiteren Häftlingsärzten und Pflegern im Lager zurück. Einige hatten die Anweisung erhalten, sich um die zurückbleibenden Kranken zu kümmern, bei denen die Lagerführung entschieden hatte, dass

---

465 Vgl. Aussage Alfred Schünemann vom 4.10.1946, Kopie in: GUMS, JSU 1/21/3; Aussage Ludwig Rehn vom 23.10.1946, Kopie in: GUMS, JSU 1/23/1; Aussage Ludwig Rehn vom 16.12.1946 in: GUMS, JSU 1/3/2; British Interrogation No. 2 von 1946, in: PRO, WO 309/437.
466 Opitz, Erinnerung, S. 154; vgl. auch Angaben des Bürgermeisters in Klosterheide betr. Such- und Fahndungsaktion vom Juli/August 1945, in: BArch SAPMO, VVN DY 55, S. 1-5 V 278/2/147; Bericht eines dänischen Überlebenden (unbekannt), in: TM, EB B-2-10/7 M2.
467 Vgl. Bericht Waldemar Quaiser, in: GUMS, P3 Quaiser, Waldemar, S. 151.
468 Schreiben des Bürgermeisters der Gemeinde Teschendorf vom 9.8.1945, Kopie in: GUMS, JSU 1/11/2; Gerichtsmedizinische Untersuchung (Übersetzung aus dem Russischen) vom 14.9.1946, Kopie in: ebd.
469 Bericht Richard Galonska vom 18.8.1976, in: GUMS, P3 Galonska, Richard, S. 2.
470 Ebd., S. 3.

sie vor Ort bleiben sollten. Andere hatten sich verstecken können, und nachdem die Blockältesten, nun als Hilfswachen eingesetzt, das Hauptlager ein letztes Mal »durchkämmt« hatten und das Tor verschlossen worden war, kam auch Bock aus seinem Versteck. Bereits im Verlauf des 22. April hatten die im Lager Gebliebenen daraufhin »öfter Fühlung mit den Stoßtrupps der Roten Armee, aber erst nachmittags 17 Uhr erreichte uns eine größere Einheit, welche die Befreiung der Häftlinge durchführte.«[471]

Bock kümmerte sich nach dem Rückzug der SS um die kranken Frauen.[472] Auf Weisung der sowjetischen und polnischen Soldaten, die im Lager eingetroffen waren, stellte er mit weiteren Männern auch die vorhandenen Lebensmittel sicher, einen Selbstschutz auf und brachte die Wasser- und Stromversorgung im Lager wieder in Ordnung. Für die Tätigkeiten wurden nun zudem Oranienburger Zivilist:innen herangezogen. Nach der Befreiung des Lagers erhielt die Bevölkerung von dort Erbsensuppe. Am 29. April hatten alle Anwohner:innen das Lager und das Krematorium zu besichtigen. Während dieser Tage gab es im Lager harsche Auseinandersetzungen zwischen den ehemaligen sowjetischen Insassen und den deutschen Kommunisten. Die Konflikte stellten auch eine Reaktion der sowjetischen Überlebenden auf das brutale Vorgehen einzelner Blockältester im Lager dar, die zuvor auch mit Gewalt gegen die als »Russen« unten in der Lagerhierarchie platzierten Männer vorgegangen waren.[473] Später sollte Bock zusammen mit Walter Engemann die sowjetische Kommission, die am 22. Mai »in das Lager gekommen war, um die Verbrechen der Faschisten festzustellen«, unterstützen.[474]

Auch Janka Galambos war es, wie aufgezeigt, gelungen, sich der Kolonnenbildung zu entziehen und im Lager zu verstecken, obwohl den Frauen vom Lagerpersonal angekündigt worden war, dass das Lager gesprengt werde, um sie »freiwillig« dazu zu bewegen, sich den Kolonnen anzuschließen:

»Am Abend wurde uns von der SS verkuendet, dass alles sich in Gruppen sammeln muesse. Das Lager muesse bis Mitternacht geraeumt werden, weil es dann in die Luft gesprengt werden wuerde. Eine kleine Gruppe von uns ungarischen Juedinnen tat sich zusammen und wir beschlossen, nicht weiter zu marschieren, sondern uns zu verstecken. Wir schlichen uns in eine der groesseren Baracken und versteckten uns zwischen den Pritschen. Mehrmals oeffneten SS-Leute die Tuere und riefen, alles solle herauskommen. Aber sie wagten sich offenbar nicht ins Innere, um die Baracke zu durchsuchen. Wir schwiegen und blieben, wo wir waren. Schliesslich[,]

---

471 Bericht Hellmut Bock, Hans Pointney und Fritz Winzer vom 18.5.1945, in: GUMS, P3 Bock, Hellmut, S. 1.
472 Vgl. Bericht Hellmut Bock vom 6.5.1986, in: GUMS, P3 Bock, Hellmut.
473 Vgl. Bericht Hellmut Bock, Hans Pointney und Fritz Winzer vom 18.5.1945, in: GUMS, Bock, Hellmut, S. 1-3; Naujoks, Versuch einer Chronologie, S. 52.
474 Bericht Hellmut Bock vom 6.5.1986, in: GUMS, P3 Bock Hellmut; vgl. Christl Wickert: Die Aufdeckung der Verbrechen durch die sowjetische Regierungskommission im Sommer 1945 und ihre Folgen, in: Befreiung Sachsenhausen 1945, hg. von Günter Morsch und Alfred Reckendrees, Berlin 1996 (Schriftenreihe der Stiftung Brandenburgische Gedenkstätten, Bd. 7), S. 120-128.

als nach vielen Stunden draussen voellige Ruhe eingetreten war, schlichen wir uns ins Freie. Auch aus anderen Baracken kamen allmaehlich Gruppen zum Vorschein, die sich ebenso wie wir versteckt hatten. Wir bemerkten auch einige SS-Leute, die nicht mehr in Uniform waren, sondern Civilkleidung angezogen hatten und dem Lagerausgang zueilten.

Wir stiessen auf eine Gruppe von hollaendischen und belgischen Haeftlingen, die in etwas besserem koerperlichen Zustand waren als wir und nun die Fuehrung uebernahmen. Sie machten sich auf, um zu erkunden, ob die Wachen aus dem Lager verschwunden seien. Da ringsum von Zeit zu Zeit Schuesse zu vernehmen waren, versteckten wir uns wieder in einer anderen Baracke, die mit Leichen gefuellt war. Hinter den Leichen, zwischen Schmutz und Kot, kauerten wir laengere Zeit. Dann kamen die Hollaender und Belgier zurueck und sagten, dass die Luft rein sei. Wir kamen wieder hinaus, die SS war verschwunden, wir waren frei.«[475]

Galambos verblieb noch einige Tage im Lager, bis ein sowjetisches Lastauto sie zur Gesundung und Repatriierung nach Landsberg brachte. Am 13. August traf sie in Budapest ein. In Pecs fand sie ihren Mann und Sohn wohlbehalten wieder[476] – eine Situation, die 1945 nur wenige jüdische Deportierte erlebten.

Zu den Männern, die nach dem Abzug der SS die Führung im Lager übernommen hatten, hatte auch E[...] Boers gehört, der ebenfalls zurückgeblieben war. Als er sich doch noch dazu entschließen sollte, aufzubrechen, fand er mit den 20 Männern, die hierzu eine Gruppe gebildet hatten, das Lagertor verschlossen vor. Die Gerüchte, dass das Lager gesprengt werden sollte, beunruhigten die Männer. Als nichts passierte, versuchten sie trotz des Lärms der nahen Gefechte, den 22. April über etwas zur Ruhe zu kommen, bis sowjetische Soldaten eintrafen:

»Um halb 5 plötzlich der Aufschrei: Die Russen sind da, sie sind am Tor, wir sind frei! Ich ziehe mich an und wage mich zur Pforte vor. Dort stehen schon ganz viele Menschen. Wo kommen die denn alle her? Sind es Patienten? Auch viele Frauen darunter. Zum ersten durch das Tor hindurch. Draußen stehen einige russische Soldaten inmitte [sic!] einer Gruppe Häftlinge, die ihnen um den Hals fallen und einander küssen. Wir halten uns etwas zurück und gratulieren einander mit Tränen in den Augen (H. Schwester Tine). Eine Granate schlägt in einen Block ein: 4 Tote und 16 Verwundete.«[477]

Es war noch eine weitere Baracke getroffen worden, so dass sich die Zahl auf fünf Tote und 20 Verletzte erhöhte.[478] Am darauffolgenden Tag kamen sowjetische und

---

475 Bericht Janka Galambos vom Februar 1960, in: TWL, 1656/3/2/1178, S. 9.
476 Vgl. ebd.
477 Eintrag vom 22. 4. 1945 im Tagebuch von E[...] Boers, in: GUMS, P3 Boers, E[...], S. 6.
478 Naujoks, Versuch einer Chronologie, S. 52.

polnische Offiziere, um das Lager inspizieren. Hierbei fertigte der sowjetische Fotograf, Arkadij Schaichet, der der Einheit angehörte, Aufnahmen vom Lagergelände und von einigen schwer kranken und lebensbedrohlich abgemagerten Insassen an.[479] Die Heranschaffung von Lebensmitteln aus den SS-Bereichen in Sachsenhausen wurde am Nachmittag unterbrochen:

> »Heute Nachmittag plötzlich wieder Alarm: zur Abreise bereit machen; angeblich seien die Deutschen zum Gegenangriff übergegangen und das Lager sei wieder in Gefahr. Ich mache mich bereit (anziehen, Gepäck, Decke) und gehe zu H. Viele Patienten schon auf den Beinen. Bevor wir uns überhaupt auf den Weg machen, kommt schon wieder der Gegenbericht, daß wir doch lieber im Lager bleiben sollen. Und so geschah's dann auch. Abends wieder beruhigende Nachrichten, daß die Defensive der D[eutschen] nichts zu bedeuten hatte.«[480]

Am 25. April konnte sich Boers das erste Mal in Oranienburg umsehen. Die Lage hatte sich beruhigt. Ihm offenbarte sich eine völlig zerstörte Stadt – »[f]ast kein Haus steht unbeschädigt. Jedes Geschäft und jedes verlassene Haus wurde ausgeplündert, insbesondere die SS-Wohnungen.«[481] Nachdem am 26. April vorübergehend polnische Militärärzte und vier russische Krankenschwestern eingesetzt worden waren,[482] hatte Boers ab dem 28. April im Lager wieder als Arzt zu tun und kümmerte sich, so gut es ohne Wasser und Stromversorgung ging, um die Kranken. Er wurde aber auch außerhalb des Lagers tätig: »Heute Morgen zu einer Entbindung und heute Nachmittag zu einer Vergewaltigung ins Dorf bestellt worden.«[483] Bis zur Kapitulation hatte auch Boers noch die Möglichkeit, sich frei im und außerhalb des Lagers zu bewegen und dabei auch Dinge zu besorgen. Danach wurde der Ton der sowjetischen Besatzer, wie er in seinem Tagebuch festhält, rauer: »Die Stimmung, in den letzten Tagen durch Verhaftungen und Freiheitseinschränkungen schon verschlimmert, schlägt in akute Feindseligkeit gegen unsere Befreier um.«[484] Einige Tage später sollte sich die Lage wieder bessern und Mitte Mai konnten erste, bis dahin in ihrer Bewegungsfreiheit noch stark eingeschränkte Überlebende das Lager für immer verlassen.[485] Boers und mit ihm viele der von den Deutschen aus westeuropäischen Staaten Verschleppten

---

479 Die erschütternden Fotografien, die unmittelbar nach dem Eintreffen der polnischen und sowjetischen Soldaten in Sachsenhausen entstanden sind, können online eingesehen werden unter: https://russiainphoto.ru/search/?query=аркадий%20шайхет%20концлагерь%20заксенхаузен (letzter Zugriff am 21.9.2024).
480 Eintrag vom 23.4.1945, im Tagebuch von E[...] Boers, in: GUMS, P3 Boers, E[...], S. 6; vgl. auch Naujoks, Versuch einer Chronologie, S. 52.
481 Eintrag vom 25.4.1945 im Tagebuch von E[...] Boers, in: GUMS, P3 Boers, E[...], S. 6.
482 Vgl. Naujoks, Chronologie, S. 52.
483 Eintrag vom 28.4.1945 im Tagebuch von E[...] Boers, in: GUMS, P3 Boers, E[...], S. 6.
484 Eintrag vom 13.5.1945, in: ebd., S. 7.
485 Einträge vom 15. bis zum 19.5.1945, in: ebd.

konnten sich jedoch erst nach den Verhandlungen der Alliierten Anfang August auf den Weg machen und führten hierbei Dinge mit sich, die sie sich Anfang Mai in den verlassenen Häusern und im Truppenrevier der SS »für zu Hause organisiert« hatten.[486]

6.9 »Sippengemeinschaft«

Im Konzept der SS-Sippengemeinschaft spielte die heteronormative sowie als »arisch« besonders »rein« konzipierte Familie und damit auch die Rolle der Ehefrau eine im Vergleich zur restlichen »Volksgemeinschaft« hervorgehobene Rolle. Vordergründige Aufgabe der SS-Ehefrauen war es, Nachwuchs zu gebären. Aufgrund des Prestiges, der den SS-Angehörigen des »Schwarzen Ordens« im Nationalsozialismus zuwachsen sollte, trugen die (Ehe-)Partnerinnen – als »Frau an seiner Seite«[487] – das auf Gewalt basierende System, in dem ihre Familienangehörigen tätig waren, mit. Mitunter motivierten sie ihre Ehemänner auch aufgrund der ökonomischen und gesellschaftlichen Vorteile, die die Tätigkeiten im KL-System boten. Vielfach schufen sie das Heim, an dem sich der Mann nach getanem Dienst erholen konnte.[488] So war für die SS-Führer auch eingerichtet worden, dass sie mit ihren Familien in der unmittelbaren Nähe zu den Konzentrationslagern bzw. der IKL/Amtsgruppe D wohnten.[489] In Oranienburg hatten Insassen hierfür eine SS-Siedlung errichtet. In Reaktion auf die alliierten Luftangriffe kam 1944/45 eine Behelfssiedlung im nahen Lehnitz dazu, die der Aufnahme luftkriegsbedingt wohnungsloser SS-Familien diente.[490] Die Familienangehörigen der Wachmannschaften wohnten hingegen an den Heimatorten der Wachmänner sowie Aufseherinnen und damit mitunter weit entfernt.

Über die räumliche Nähe der Wohnquartiere zum Oranienburger Lagerkomplex und insbesondere die unterschiedlichen Zwangsarbeitseinsätze kamen Insass:innen in Kontakt mit den Ehefrauen und Kindern der Männer, die für ihre Internierung verantwortlich waren. Die Gefangenen hatten in den Häusern und Gärten der SS-Siedlung

---

486 Eintrag vom 6.5.1945, in: ebd., S. 7; und Einträge vom 3. und 4.8.1945 in: ebd., S. 10.
487 Gudrun Schwarz: Eine Frau an seiner Seite. Ehefrauen in der »SS-Sippengemeinschaft«, Hamburg 1997; Heinemann, »Rasse«, S. 50-62.
488 Vgl. ebd.; Anne Lepper und Martin Cüppers: Henriete Niemann – Ehefrau und Mutter, Mitwisserin und Profiteurin, in: Fotos aus Sobibor. Die Niemann-Sammlung zu Holocaust und Nationalsozialismus, hg. vom Bildungswerk Stanisław Hantz und der Forschungsstelle Ludwigsburg der Universität Stuttgart, Berlin 2020, S. 291-302.
489 Während des Krieges und der »auswärtigen« Einsätze von SS/Polizei-Angehörigen war dies vielfach nicht mehr gegeben. Oft befanden sich die (Ehe-)Partner:innen im Zuge der Ausdehnung des deutschen Konzentrationslagersystems an weit entfernten SS-Standorten, so dass sie faktisch alleinerziehend und weit entfernt von ihren Ehemännern lebten. Vgl. Lepper, Niemann.
490 Vgl. Schreiben des Amtschef W I im SS-WVHA vom 5.3.1945, in: BArch B, NS 3/138.

zu arbeiten.⁴⁹¹ Gefangene der Außenkommandos, die dem Außenlager Berlin-Lichterfelde unterstanden, wurden zudem zur Zwangsarbeit für die SS-Führung eingesetzt und hatten beispielsweise für Heinrich Himmler in Berlin-Dahlem und für Oswald Pohl in Berlin-Zehlendorf Villen zu restaurieren.⁴⁹² Auch niedrigere Ränge wie der SS-Unter- und Kommandoführer in Kremmen, Georg Heimroth, setzten Insassen – in diesem Falle ohne das Wissen seiner Vorgesetzten – für Bauarbeiten auf Privatbaustellen ein und beuteten sie zum eigenen Vorteil aus.⁴⁹³

Die Ehefrauen besuchten auch die Dienstorte ihrer Ehemänner.⁴⁹⁴ So betrat etwa die Partnerin Schemels regelmäßig den SS-Bereich des Außenlagers in Lieberose.⁴⁹⁵ Dass den Gefangenen auffiel, dass eine Frau, die zudem schwanger war, das als besonders katastrophale und insbesondere für jüdische Insassen vorgesehene Außenlagergelände betrat, fand in den Berichten zu Lieberose ebenso Erwähnung wie die Anwesenheit der Familienangehörigen während der Evakuierung der SS-Standorte. Wie wurden die Ehefrauen, Kinder und auch die Eltern der SS-Männer, die sich 1945 in einigen Fällen aufgrund von Umquartierung oder Flucht ebenfalls vor Ort befanden,⁴⁹⁶ in die Evakuierung des KL-Komplexes Sachsenhausen einbezogen?

Während sich die Aufseherinnen ab März 1945 vom Wachdienst freistellen lassen konnten,⁴⁹⁷ um im Angesicht der für die Deutschen desaströsen Kriegslage an ihre Heimatorte zurückzukehren, hatte das männliche Personal des WVHA-Lagersystems und mit ihnen auch die Familienangehörigen an den SS-Standorten zu bleiben, bis eine Räumungsanordnung erfolgte. Eine einheitlich organisierte und rechtzeitige Evakuierung der Familien war in den Räumungsplanungen der SS-Standorte nicht vorgesehen. Die Frauen der im Lager tätigen SS/Polizei-Angehörigen und deren Kinder zurück- und damit in die Hände der Rotarmisten oder ehemaliger Gefangenen fallen zu lassen, stellte eine Gefahrensituation dar, die die Männer wie deren Ehefrauen um jeden Preis zu verhindern suchten.

In der übergeordneten Berliner WVHA-Zentrale wie auch in Oranienburg hatten einige führende SS-Angehörige daher einerseits frühzeitig auf die bevorstehende Evakuierung reagiert, indem sie ihre Frauen und Kinder bereits im Februar, als Räumungsgut nach dort abging, in den Dachauer Raum auf den Weg brachten. Dies betraf vor allem SS-Familien, die ursprünglich von dort kamen und familiäre Bezüge in Bayern hatten. So teilten sich etwa Eleonore Pohl, die Ehefrau von Pohls Adjutant

---

491 Vgl. Aussage Willi Rehder, in: Van Dam, KZ-Verbrechen, S. 228.
492 Vgl. Jakob Kort: Berlin-Dahlem (Villa Himmler), in: Benz, Orte des Terrors (Bd. 3), S. 96; ders.: Berlin-Zehlendorf (Villa Pohl), in: ebd., S. 167.
493 Vgl. Brief Karl Raddatz an Charlotte Heimroth vom 9.7.1946, in: StAL, EL 48/2, Bü 1837.
494 Vgl. exempl. die fotografische Aufnahme von Elsa Wessel beim Besuch des Arbeitsplatzes des Adjutanten, Heinrich Wessel, abgedr. in: Morsch, Täterschaft, S. 25.
495 Aussage Ludwig Simon vom 11.9.1961, in: BArch ZStL, B 162/3926, Bl. 6.
496 Aussage Karl Sommer vom 24.9.1946, Kopie in: GUMS, P7 Sommer, Karl.
497 Vgl. Anordnung des SS-WVHA, Amtsgruppe D vom 1.3.1945, in: AA, 1.1.0.6, Dok.-ID. 82331558; vgl. auch Bericht Friedel Malter, in: BArch B, DP 3 2014.

Schiller und die Ehefrau des letzten Ordonanzoffiziers Pohls, Lilli Witt, mit ihren Kindern in Brüningsau bei Söchtenau das Haus des Chefs des SS-WVHA.[498] Auch Rosina Klein, die mit dem Leiter des Krematoriums und des Standesamtes Sachsenhausen und ihrem Sohn Alfred Jr. seit 1939 ein Haus der SS-Siedlung bewohnte, verließ Oranienburg im Februar in Richtung Dachau.[499]

Aufgrund der unsicheren Frontlagen blieben die Familien andererseits so lange wie möglich zusammen. So war Anna Kaindl mit Elsa Wessel nach der Ausgabe der Evakuierungsanordnung für Oranienburg-Sachsenhausen ebenso mit dem LKW nach Ravensbrück auf den Weg gebracht worden wie die Ehefrauen der in der Amtsgruppe D tätigen SS-Männer. Dort trafen sie am Abend des 22. April mit ihren Ehemännern zusammen. In Ravensbrück bekamen die Angehörigen der Amtsgruppe D – Sommer, Höß, Maurer, Burger und Lolling – für sich und ihre Ehefrauen Wohnungen zugewiesen.[500] Vorgesehen war, die Frauen und Kinder quasi als Vorhut von Station zu Station als Erstes auf den Weg zu bringen. Als die Evakuierungsanordnung am 25. April auch für Ravensbrück erging, wurden zuerst die SS-Familien in nordwestlicher Richtung losgeschickt. Für den 1. Mai ist daraufhin eine Besprechung zwischen Glücks und dem SS-Obergruppenführer Prützmann dokumentiert, auf der entschieden wurde, nach Flensburg weiter zu fliehen.[501] Unter den Flüchtenden befanden sich auch die Ehefrau Glücks samt Fahrer, Lolling mit Frau und Sohn sowie Sommer samt Frau und Kindern. Zu der Gruppe gehörten ferner Rudolf und Hedwig Höß mit ihren Kindern, Wilhelm Burger und die Ehefrau Matthias Kleinheisterkamps – des kommandierenden Generals des XI. SS-Armeekorps, der am 2. Mai in Halbe Suizid begehen sollte.[502] Gemeinsam flohen auch Anna Kaindl und Elsa Wessel in diese Richtung. Darüber, wie lange die beiden zusammenblieben, liegen keine Informationen vor. Kaindl war vermutlich mit ihrem Adoptivkind unterwegs.[503]

Die Familien von SS/Polizei-Angehörigen aus Sachsenhausen waren jedoch auch während des Gewaltmarsches zugegen. So führte der zum Transportführer ernannten SS-Angehörige Fresemann, der eine Gefangenenkolonne aus dem Klinkerwerk überwachte, zusammen mit seiner Ehefrau Fahrräder und Handgepäck mit sich. Der Kolonne gehörte auch Tadeusz Falkowski an, der nach der Befreiung berichten sollte, dass die Frau Fresemanns, angesichts der großen Zahl an Erschossenen während des ersten Tages, fortwährend weinte. Sie wollte, so Falkowski, »ständig Schluss machen.« Dem Bericht Falkowskis zufolge habe es keine Vorfälle in dieser Kolonne gegeben – zumindest keine, die er beobachten konnte.[504] Walter Dankworth, der

---

498 Vgl. britischer Ermittlungsbericht zu Oswald Pohl vom 4.6.1947, in: PRO, WO 309/2050, S. 5 f.
499 Vgl. Dokumentation des Sohns Peter Klein, in: TM, 1/X.
500 Aussage Karl Sommer vom 24.9.1946, Kopie in: GUMS, P7 Sommer, Karl.
501 Vgl. Koop, Höß, S. 260 f.
502 Vgl. ebd.
503 Vgl. Ley, Kaindl, S. 272.
504 Bericht Tadeusz Falkowski vom 6.6.1981, in: TM, 2/2 M.5.

zuvor als Kommandoführer des Frauenaußenlagers in Kleinmachnow eingesetzt worden war und die Insassinnen von dort im April nach Sachsenhausen gebracht hatte, übernahm die Transportführung der Frauenkolonne, die das Hauptlager in Oranienburg am 22. April 1945 verließ. Auch er führte seine Familie mit sich. Marianna Janowksa gehört zu zehn Gefangenenfrauen, die den Wagen mit dem Gepäck der Familie ziehen mussten. Auf dem Wagen hatten sich auch die schwangere Ehefrau und der Sohn Dankworths befunden. Von Letzterem wurden die Insassinnen bespuckt und beschimpft.[505] Auch Anwohner:innen aus Köpernitz bei Rheinsberg, das die Gefangenenfrauen passierten, berichten von einer derartigen Situation.[506] Dass SS-(Unter-)Offiziere wie Fresemann und Dankworth ihre Ehefrauen auf dem Gewaltmarsch mit sich führten, stellte keinen Einzelfall dar.[507]

Die zu diesem Zeitpunkt ebenfalls schwangere Ehefrau des Leiters der Politischen Abteilung, Kurt Erdmann, befand sich mit ihrem 14-jährigen Sohn ebenfalls in der Nähe des Gewaltmarschgeschehens. Sie fuhr mit ihrem Mann auf einem LKW in Richtung Wittstock mit und hatte IKRK-Pakete mit Lebensmitteln erhalten, die eigentlich für die Gefangenen vorgesehen waren.[508] Nachdem Rosina Klein mit den Kindern bereits am 10. Februar im Streit nach Dachau abgefahren war, setzte sich Alfred Klein hingegen mit seiner Geliebten Hildegard Schatz, die in Ravensbrück Aufseherin war, in Below ab. Dort waren Ende April auch Kolonnen, die Frauen aus Ravensbrück führten, eingetroffen. Trotz des Verbotes, zivile Kleidung mitzunehmen, hatte sich Klein noch welche beschafft und war gemeinsam mit Schatz bei Schwerin untergetaucht. Hierbei gab Klein seine Geliebte als seine Ehefrau aus. Beide kamen bei den Brüdern von Schatz in Lehsen bei Wittburg unter.[509]

Dass es unter dem SS-Personal zu erotischen Verhältnissen kam, war keine Seltenheit. Constanze Jaiser legt zudem dar, dass »die provisorischen Übernachtungsstellen auf Evakuierungstransporten oder auf dem Todesmarsch den SS-Wachen unverblümt als Liebesnest dienten.«[510] Auch der ehemalige Wehrmachtsangehörige Willi Wehren, der am 19. April 1945 unter den SAW-Gefangenen in Sachsenhausen für den »Lagervolkssturm« herangezogen worden war und die Frauenkolonne nun als Hilfswache begleitete, ging unterwegs eine Liebschaft mit Gertrud Riemer ein, die sich in gleicher

505 Vgl. Janowska, Traum, S. 97.
506 Vgl. Interview mit Hermann R., Köpernitz 2019, im: Privatarchiv.
507 Vgl. Tagebucheintrag vom 2.5.1945 von [Vorname unbekannt] Grodetzki, in: TM, 2/2 M.5; Bericht A[...] Andruszkiewicz, o. O. o. D., in: ebd.; Bericht Tadeusz Falkowski vom 6.6.1981, in: ebd.
508 Vgl. Aussage Kurt Erdmann vom 4.12.1964, in: YV, TR 19/130 Bl. 104 f.; Aussage Richard Tourbier aus dem Jahr 1962, in: BArch ZStL, B 162/1906, S. 6.
509 Vgl. Ausführungen des Sohns Peter Klein, in: TM, 1/X.
510 Constanze Jaiser: Repräsentationen von Sexualität und Gewalt in Zeugnissen jüdischer und nichtjüdischer Überlebender, in: Genozid und Geschlecht. Jüdische Frauen im nationalsozialistischen Lagersystem, hg. von Gisela Bock, Frankfurt a. M. 2005, S. 123-148, hier S. 126.

Richtung auf der Flucht befand. Beide setzten sich vom Todesmarschgeschehen ab.[511] Georg und Charlotte Heimroth hielten sich trotz Räumungsbefehl hingegen bis zum 24. oder 25. April 1945 in ihrem von Gefangenen in Zwangsarbeit erbauten Haus auf, mit dem sich der SS-Oberscharführer während seiner Tätigkeit als Kommandoführer in Kremmen bereichert hatte. Von dort traten sie die Flucht an, ohne Gefangene zu verschleppen, wobei sie ihren Hausrats zurückließen und nie wieder nach Kremmen zurückkehren sollten.[512]

6.10 Tortur

»Ich muss allerdings zugeben, dass der Evakuierungsweg
für die Häftlinge der Todesweg gewesen ist.«[513]

So gab Kaindl im Dezember 1946, in einem Verhör gegenüber sowjetischen Ermittlern auf das Räumungsgeschehen befragt, zu. Am 20. April 1945 hatte im Oranienburger Hauptlager, nun für alle Gefangenen zu bemerken, die Vorbereitung der Evakuierung eingesetzt. Ein Teil der Insass:innen in Sachsenhausen hatte bereits die Deportationen, die die Lager-SS zur Auflösung der Komplexe Auschwitz und Lieberose im Januar und Februar durchgeführt hatte, erlebt und wusste, was ihnen bevorstand. Andere hatten die Wege aus den Außenlagern nach Oranienburg gerade erst hinter sich gebracht, als es hieß, sich für den Weitermarsch aufstellen zu müssen. Unter den Insass:innen breitete sich Unruhe aus, Gerüchte kursierten.[514] Gefangene überlegten in Gruppen und allein, wie sie weiterverfahren sollten. Hatten sie die Kraft und das dafür nötige Wissen, nutzten sie die verbleibende Zeit, die ihnen während der Aufstellung und Bildung der Transportgruppen blieb, um sich auf den Fußmarsch vorzubereiten. D. h., sie begaben sich im Durcheinander der Appelle auf die Suche nach Bekannten, Lebensmitteln und geeigneter Kleidung, um den Weg in unbekannte Richtung zu überstehen. Einige kräftigere Deportierte waren erleichtert, das Konzentrationslager verlassen zu können.[515] Für die meisten zeichnete sich bereits bei der Kolonnenbildung ab, dass ihnen die Tortur einer erneut kräftezehrenden Verschleppung bevorsteht, von der keine:r der Gefangenen wusste, wie lange sie dieses Mal andauern und wohin sie führen sollte.[516]

---

511 Vgl. Aussage Willi Wehren vom 7. und 13.7.1955, in: BStU, Pdm AU 41/56, Bl. 40, Bl. 44 f. und Bl. 111; Aussage Gertrud Riemer, in: ebd., Bl. 310.
512 Vgl. Aussage Georg Heimroth vom 19.6.1968, in: StAL, EL 48/2, Bü 1837; Brief von Karl Raddatz an Charlotte Heimroth vom 9.7.1946, in: ebd.
513 Aussage Anton Kaindl vom 20.12.1946, Kopie in: GUMS, JSU 1/2.
514 Vgl. Bericht Joseph Rotbaum-Ribo aus dem Jahr 1996, in: YV, O.33/4874.
515 Vgl. ebd.
516 Vgl. Steinitz, Holocaust-Opfer, S. 352.

Gruppenbildung

Die Gefangenen trieb das Lagerpersonal nicht in ihrer Gesamtheit, sondern – um sie leichter bewachen zu können – in Gruppen aus dem Lager. Die Bildung der Gefangenengruppen orientierte sich dabei nur teilweise an der Ordnung der als »Blöcke« bezeichneten Unterkunftsbaracken. Entgegen der sprachlichen Mittel und Bilder militärischer Ordnung wie »Kolonne« und »Blöcke« beschreiben Überlebende die Aufstellung der Gefangenengruppen nach dem Krieg als ziemliches Durcheinander, das am frühen Morgen des 21. April einsetzte. Auf dem Frühappell informierte die Lager-SS die Gefangenen, dass keine Arbeitskommandos mehr ausrücken würden und mit dem Tageslicht die Evakuierung des Hauptlagers beginne.[517] Die als Transportführungspersonal eingesetzten SS-Blockführer begannen mit der Bildung von Gruppen, die eine Größe von 500 Gefangenen haben sollten. Insass:innen wurden abgezählt und eingeteilt.[518] Hierbei kam es zu Selektionen, die nach nationalen Zugehörigkeiten unterschieden. Als Erstes wurden die tschechischen, polnischen und sowjetischen Gefangenen gesammelt und aus dem Lager geführt.[519] In der Isolierbaracke hieß es: »Alle Reichsdeutschen antreten«, woraufhin Ernst Altenkirch seine Sachen packte. »Jeder hatte eine Decke mitzunehmen.«[520]

Jüdische Gefangene mussten sich separat aufstellen[521] – jüdische und sowjetische Gefangene wurden per Durchsage explizit aufgefordert, sich nicht in die Kolonnen, die aus deutschen Gefangenen gebildet wurden, einzureihen: »Keine Juden, keine Russen!«[522] Auf Basis der bis zu diesem Tag gemachten Erfahrungen riss sich Joseph Rotbaum-Ribo daraufhin das gelbe Dreieck ab. Andere jüdische Gefangene taten es ihm gleich und wechselten mitunter die gesamte Kleidung. Um nicht als Jude erkennbar zu sein, legte Robert Neumann die Gefangenenkluft eines toten Mitinsassen an, die ihn nun als politischen Häftling auswies.[523] Die Angst der jüdischen Deportierten, im Moment des Vorrückens der Alliierten noch ermordet zu werden, war groß.[524]

Die Zusammenstellung der Gefangenengruppen dauerte bis zum frühen Abend an und bot einigen Insass:innen damit noch Zeit, sich im Schutzhaftlager Proviant, Kleidung und insbesondere Schuhe zu besorgen, um nicht in Holzpantinen loslaufen

---

517 Vgl. Bericht Andre Grevenrath aus dem Jahr 1945, in: GUMS, LAG LII/1.
518 Vgl. Bericht Joseph Rotbaum-Ribo von 1996, in: YV, O.33/4874.
519 Vgl. Bericht A[...] Schöning aus dem Jahr 1945, in: GUMS, NL 6/31; Bericht Karl Ries aus dem Jahr 1945, in: GUMS, LAG LII/1; Aussage Jaroslav Purš vom 3.3.1960 in: BArch ZStL, B 162/1508, Bl. 8.
520 Bericht Ernst Altenkirch aus dem Jahr 1945, in: GARF, 7021/115/31, S. 38.
521 Vgl. Bericht Eugen Kartin vom Mai 1972, in: YV, O.3/4191.
522 Vgl. Bericht Joseph Rotbaum-Ribo aus dem Jahr 1996, in: YV, O.33/4874; Bericht Joseph Rotbaum-Ribo aus dem Jahr 1996, in: TM, 2/2 R, S. 4.
523 Vgl. Bericht Robert Theumann vom 5.7.1962, in: YV, O.3/2632.
524 Vgl. Bericht Joseph Rotbaum-Ribo aus dem Jahr 1996, in: YV, O.33/4874.

zu müssen.⁵²⁵ Das entsprechende Wissen auch über die Baracke, in der die Lager-SS die IKRK-Lebensmittelpakete sammelte, die sie den Deportierten vorenthielt, und wo sich die Kleiderkammer befand, hatten allerdings nur jene Gefangenen, die zuvor in Kontakt mit diesen Bereichen gekommen waren. Die Mehrzahl der Insass:innen musste sich mit dem Wenigen, was sie besaßen, auf den Weg machen. Anweisung war, Decken und persönliche Gegenstände mitzuführen.⁵²⁶ Ein Großteil der Gefangenen verließ das Oranienburger Lager daraufhin, ohne am Lagertor noch Lebensmittel von der Lager-SS erhalten zu haben, auch weil sie lange unentschlossen waren, ob sie überhaupt mit aus dem Lager laufen oder sich vor Ort versteckt halten sollten.⁵²⁷

Versorgungsmangel

Am Lagertor standen LKW bereit, von denen herab die Gefangenen beim Austritt aus dem Lager noch Brot und Konserven mit der Anweisung erhielten, sich diese »pro Reihe« – also zu fünft – zu teilen.⁵²⁸ Die Ration sollte bis Wittstock reichen.⁵²⁹ Für die Gefangenen, die sich vorher keine zusätzlichen Lebensmittel hatten »organisieren« können,⁵³⁰ wie es im »Lagerdeutsch«⁵³¹ hieß, war der Gewaltmarsch von Beginn an durch das Ankämpfen gegen Hunger und vor allem Durst gekennzeichnet. Für schätzungsweise 6.000 bis 7.000 Insass:innen hatten die Rationen nicht mehr gereicht, d. h., sie sind ohne Verpflegung von den Wachmannschaften aus dem Lager getrieben worden.⁵³² In keinem der mir vorliegenden Berichte und Ermittlungsunterlagen ist von einer Ausgabe von Wasser bei Verlassen Oranienburgs die Rede.⁵³³ Stellten einige wenige Anwohner:innen für die vorbeiziehenden Gefangenen Wasser oder gar Milch in Bottichen auf die Straße, stieß das Wachpersonal diese um.⁵³⁴ Transportführer verboten die Wasseraufnahme und schossen oder schlugen Gefangene unterwegs und in Below zurück, versuchten diese an Wasser zu gelangen.⁵³⁵ Nur um besser voranzukommen, ordneten Wachmänner irgendwann doch Landarbeiter an, Wasser für die Gefangenen zu holen – »[d]as soll eigentlich nicht sein,

---

525 Vgl. Bericht Max Preuss vom 9. 2. 1992, in: YV, O.3/6551.
526 Vgl. Bericht Joseph Rotbaum-Ribo aus dem Jahr 1996, in: YV, O.33/4874.
527 Vgl. Heilbut, Meilensteine, S. 115 f.
528 Vgl. Bericht Adam Harth aus dem Jahr 1948, in: YV, O.33/5716; Bericht Joseph Rotbaum-Ribo vom Januar 1996, in: YV O.33/4874, S. 5. Zur Fünferreihe vgl. auch Heilbut, Meilensteine, S. 115.
529 Vgl. Bericht Adam Harth aus dem Jahr 1948, in: YV, O.33/5716.
530 Vgl. ebd.
531 Zum sogenannten Lagerdeutsch vgl. Michel, Hungermarsch, S. 11.
532 Vgl. Aussage Aton Kaindl vom 20. 12. 1946, Kopie in: GUMS, J SU 1/2.
533 Vgl. Bericht Wolfgang Szepansky aus dem Jahr 1961, in: GUMS, LAG LII/1.
534 Vgl. Heilbut, Meilensteine, S. 153 f.
535 Vgl. Bericht Wolfgang Szepansky aus dem Jahr 1961, in: GUMS, LAG LII/1; Aussage Ludwig Rehn vom 23. 10. 46, Kopie in: GUMS, JSU 1/23/1.

aber wir kriegen die ohne Wasser nicht weiter.«[536] An einem Feuerlöschteich, von dem sich die Verschleppten Wasser nehmen sollten, hielten Gefangene sich mit aller Kraft zurück, um sich mit Bakterien oder auch Chemikalien nicht noch weiter zu schwächen.[537]

Einige wenige Berichte halten die Ausgabe von Kartoffeln – rohen wie gekochten – fest.[538] Unterwegs gab es immer wieder Fälle, in denen sich Gefangene auf Kartoffelmieten oder tote, am Wegesrand liegende Pferde stürzten. Bei Versuchen, an Lebensmittel zu gelangen oder aus Lachen oder Pumpen Wasser aufzunehmen, reagierte das Wachpersonal mit roher Gewalt und Mord.[539] Vonseiten der Kommandantur war nicht geplant gewesen, unterwegs Verpflegungsbasen für die Gefangenen einzurichten.[540] Und so betont Heinz Hesdörfer: »Der Hunger war unser größter Feind, und es sah nicht so aus, dass man uns Essen geben würde. Auch wussten wir nicht, was die SS mit uns vorhatte und wie es an der Front aussah.«[541]

Dort, wo es IKRK-Konvois gelang, zu den Kolonnen vorzudringen, verteilten Delegierte und Fahrer Hilfspakete an die Deportierten.[542] In Below gab das Wachpersonal Haferflocken und Weizen aus.[543] Bis die Hilfskonvois am 27. und 30. April dort eintrafen und Lebensmittel austeilen konnten, nahmen die Verschleppten auch Würmer, Käfer, Rinde, Blätter und Wurzeln zu sich.[544] Ihre Verzweiflung brachte Einzelne dazu, den herumliegenden Toten, die es in Below zu Hunderten gab,[545] Fleisch herauszuschneiden, um es zu essen.[546] Gefangene wurden wahnsinnig vor Hunger.[547] Andere überfielen tödlich Geschwächte und Dahinsiechende, um an deren Nahrung zu gelangen.[548] Krankheiten breiteten sich aus, insbesondere die Ruhr, aber auch andere Erkrankungen,[549] und »machten bald diesen Wald«, so sollte es der

---

536 Vgl. Bericht Emil Feller vom April 1965, in: Kreisarchiv Neuruppin (KrN), 1611.
537 Vgl. Bericht Joseph Rotbaum-Ribo aus dem Jahr 1996, in: YV, O.33/4874.
538 Vgl. Bericht Andre Grevenrath aus dem Jahr 1945, in: GUMS, LAG LII/1; Bericht Eugen Kartin von 1972, in: YV, O.3/4191; Bericht Wolfgang Szepansky aus dem Jahr 1961, in: GUMS, LAG LII/1; Heilbut, Meilensteine, S. 134.
539 Vgl. Bericht Kurt Hofmann aus dem Jahr 1945, in: GUMS, NL 38/1/27; Bericht Joseph Rotbaum-Ribo von 1996, in: YV, O.33/4874; Heilbut, Meilensteine, S. 164.
540 Vgl. Aussage Anton Kaindl vom 20.12.1946, Kopie in: GUMS, J SU 1/2.
541 Hesdörfer, Bekannte, S. 218.
542 Vgl. Bericht Joseph Rotbaum-Ribo aus dem Jahr 1996, in: YV, O.33/4874.
543 Vgl. Bericht Karl Ries aus dem Jahr 1945, in: GUMS, LAG LII/1.
544 Vgl. Bericht Otto Twitzsch aus dem Jahr 1945, in: ebd.; Heilbut, Meilensteine, S. 142.
545 Vgl. Bericht Andre Grevenrath aus dem Jahr 1945, in: GUMS, LAG LII/1; Aussage Bertram Dietz vom 8.12.1960, in: LABW, EL 51 9 / BA 84; Aussage Krafft Werner Jaeger vom 8.12.1960 in: ebd.
546 Vgl. ebd.; Bericht Tadeusz Falkowski, o. O. o. D., in: TM, 2/2 M.5.
547 Vgl. Bericht Otto Twitzsch aus dem Jahr 1945, in: GUMS, LAG LII/1.
548 Vgl. Bericht Andre Grevenrath aus dem Jahr 1945, in: ebd.
549 Vgl. Bericht Karl Ries aus dem Jahr 1945, in: GUMS, LAG LII/1; Bericht [Vorname unbekannt] Wieber aus dem Jahr 1946, in: ebd.; Cieliszak, Freundschaft, S. 179; Barbara Hopman u. a.: Zwangsarbeit bei Daimler-Benz, Stuttgart 1994, S. 445.

»Revierälteste« Sachsenhausens, Wieber, beschreiben, »zu einem Seuchenquartier erster Ordnung.«[550]

Die Kleidung der Verschleppten war aufgrund des Umstands, nicht aus der Gruppe treten zu dürfen, stark verschmutzt. Hinzu kam die Durchnässung vom Schnee und Regen, der im April noch fiel. Auch die provisorischen Laubdächer, die einige von ihnen in Below errichtet hatten, hielten den Regen nicht ab.[551] Die Zahl der dort an unterlassener Hilfeleistung Verstorbenen schätzten nach dem Krieg jene, die die Tortur überlebten, auf zwischen 300 und 600.[552] Gefangene hatten die Lagerplätze morgens nach Toten abzusuchen und diese zu einem Massengrab zu schleppen, das für mehr als 400 Tote ausgehoben worden war.[553] Bis heute konnte es nicht gefunden werden.

Ausgeliefertsein

Die Situation war so katastrophal, dass Deportierte trotz der Gefahr, aufgegriffen zu werden, zu fliehen begannen, um sich der Tortur des Todesmarsches zu entziehen. Die Mehrzahl hatte dazu jedoch nicht mehr die Kraft und blieb der brutalen Antreiberei durch das Transportführungspersonal und die Wachmannschaften ausgeliefert, die sie mit Schlägen und Waffengewalt zum Weiterlaufen zwangen und in Hörweite die Mitgefangenen ermordeten, die zurückblieben.[554] Die Weiterdeportation erfolgte im April und damit bei sehr wechselhaftem Wetter, das Schnee, Regen und kalte Temperaturen in der Nacht und heiße Sonnenstrahlen am Tag umfasste. Die körperliche Verfasstheit der Gefangenen war bereits dramatisch schlecht. Sie verschlechterte sich durch die Fußmärsche mit ungenügendem Schuhwerk und Nächte im Freien lebensbedrohlich weiter.

Bei Verlassen des Lagergeländes in Oranienburg war den Gefangenen, die von der Gestapo in den Jahren zuvor aus der Tschechoslowakei und Polen in das KL-System verschleppt worden waren, mit »Vergeltung« gedroht worden. Sollte ein Gefangener fliehen oder »weitere besondere Vergehen« verüben,[555] würden dafür fünf Mitgefangene sterben. Hier griff ein Prozedere, das seit Jahren zum deutschen Besatzungs- und Unterdrückungsrepertoire gehörte. Mit der Drohung, geringste Verstöße gegen die »Kolonnenordnung« mit dem Leben bezahlen zu müssen, zogen die Gefangenen in unbekannter Richtung aus Oranienburg ab. Die Wege führten sie über

---

550 Vgl. Bericht [Vorname unbekannt] Wieber aus dem Jahr 1946, in: GUMS, LAG LII/1.
551 Vgl. ebd.; Heilbut, Meilensteine, S. 163.
552 Vgl. Aussage Bertram Dietz vom 8.12.1960, in: LABW, EL 51 9 / BA 84, Aussage Krafft Werner Jaeger vom 8.12.1960 in: ebd.
553 Vgl. Bericht Andre Grevenrath aus dem Jahr 1945, in: GUMS, LAG LII/1; Bericht Wolfgang Szepansky aus dem Jahr 1945, in: ebd.; Bericht Adam Harth vom Februar 1948, in: YV, O.33/5716; Aussage Jaroslav Purš vom 11.12.1959, in: GUMS, LAG XXXIII/3; Jongeling, Wettlauf, S. 12; Aussage Bertram Dietz vom 8.12.1960, in: LABW, EL 51 9 / BA 84, Aussage Krafft Werner Jaeger vom 8.12.1960 in: ebd.
554 Vgl. Bericht Joseph Rotbaum-Ribo aus dem Jahr 1996, in: YV, O.33/4874.
555 Vgl. Bericht Karl Ries aus dem Jahr 1945, in: GUMS, LAG LII/1.

Nebenstraßen, Feld- und Waldwege, die durch Kopfsteine oder losen Sand, Wurzeln und Unebenheiten gekennzeichnet waren, was für die geschwächten Deportierten – vor allem für jene in Holzpantinen, und das war die Mehrheit[556] – äußerst beschwerlich war.[557] So auch für die Gefangenen, die für das Lagerpersonal Wagen zu ziehen bzw. zu schieben hatten.[558] Andere mussten Nachkommandos bilden, die auf dem Weg nach Wittstock Leichen einzusammeln und auf Wagen zu schleppen hatten.[559] Oft hatten die sich voranschleppenden Gefangen umzukehren, weil die Transportführer falsche Wege eingeschlagen hatten.[560] Wenn doch Hauptstraßen gelaufen oder gekreuzt werden mussten, liefen die Gefangenenkolonnen Gefahr, von westalliierten Luftflotten für Militärkolonnen gehalten zu werden und unter Beschuss zu geraten.[561]

Über nordbrandenburgischem Gebiet waren britische Jagdgeschwader im Lufteinsatz, die, da es keine deutsche Luftabwehr mehr gab, im Tiefflug Züge und militärische Nachschubkolonnen attackierten.[562] Das Anbringen von Kennzeichnungen wie weißen Fahnen oder Roten Kreuzen an mitgeführten Wagen, um sich vor Angriffen zu schützen, war verboten. Armeeführer und Feldjäger überwachten, dass die Gefangenenkolonnen nicht mit weißen Fahnen versehen wurden.[563] Für die Piloten waren diese vielerorts somit nicht als Gefangenentransporte ersichtlich. Beschossen Kampfflugzeuge die Kolonnen daraufhin, durften die Gefangenen ihnen auf der Straße nicht ausweichen und im Wald nicht in Deckung gehen.[564] Adam Harth gewann allerdings trotzdem den Eindruck, dass die Gefangenenkolonnen der Waffen-SS auch dazu dienten, ihre Truppenrückzüge zu schützen.[565] Vorbeiziehende deutsche Militärverbände stellten für die Trecks der Verschleppten ebenfalls eine Gefahr dar. Soldaten riefen den Wachmännern mitunter zu: »legt sie um!«[566] In seltenen Fällen intervenierten deutsche Soldaten aber auch während des Todesmarsches oder gaben Lebensmittel ab.[567]

556 Vgl. Jongeling, Wettlauf, S. 3.
557 Vgl. Heilbut, Meilensteine, S. 129 und S. 132.
558 Vgl. Bericht Kurt Müller vom 18.6.1948, in: GUMS, LAG LII/1; Aussage Theodor Mussmann vom 24.7.1968 in: BArch ZStL, B 162/9334; Janowska, Traum, S. 97.
559 Vgl. Bericht Günther Bullerjahn vom 17.1.1972, in: BLHA, Rep. 930 Bl. Ctb. / 4479. Das Kommando unterstand August Höhn. Vgl. Aussage August Höhn vom 1.8.1946, Kopie in: GUMS, JSU 1/15/2.
560 Vgl. Jongeling, Wettlauf, S. 4.
561 Vgl. Bericht Joseph Rotbaum-Ribo von 1996, in: YV, O.33/4874; Steinitz, Holocaust-Opfer, S. 353; Heilbut, Meilensteine, S. 142.
562 Vgl. Eintrag vom 1.3.1945, in: Kästner, Notabene, S. 45.
563 Vgl. Funkspruch des Oberbefehlshabers West, Kesselring, vom 17.4.1945, in: PRO, HW 5/706.
564 Vgl. Bericht Adam Harth vom Februar 1948, in: YV, O.33/5716.
565 Vgl. ebd.
566 Vgl. Bericht Karl Ries aus dem Jahr 1945, in: GUMS, LAG LII/1.
567 Vgl. Berichte Willy Perk, Paul Papke und Hans von Dahlen, in: Dokument »Auszug aus Erinnerungsberichten ehemaliger Häftlinge des KZ Sachsenhausen über Begegnungen mit Wehrmachtsangehörigen«, in: TM, Bildungsmaterialien.

Auf allen Strecken mussten Gefangene, die sich selbst kaum auf den Beinen halten konnten, zudem die Ranzen und Decken der Wachmänner tragen.[568] In Below ließ das führende Lagerpersonal Kleidung und Fahrräder von Gefangenen reinigen.[569]

Überleben

Um zu überleben, das hatte die teils jahrelange Konzentrationslagerhaft bereits gezeigt, war die Bildung von kleinen, schützenden Gefangenengruppen existentiell. Das galt nun insbesondere, als sich die Gefangenen über die Straßen schleppen mussten. Manchmal war es der Kontakt zu einem Mitgefangenen, der zum Überleben beitrug. Auch blieben Familienangehörige, wie Eugen Kartin mit seinem Sohn, so lange wie möglich zusammen, um die Strapazen zu überleben.[570] Fielen Frauen vor Schwäche um, halfen ihnen Mitgefangene, hoben sie hoch, stützten sie und schleppten sie weiter mit.[571] Auch Männer berichten von der Unterstützung, die sie von ihren Mitgefangenen erhielten.[572] Die kräftigeren Gefangenen, oft zuvor gezwungen, in der Lagerverwaltung zu arbeiten, schützten ihnen bekannte Gefangene vor der Erschießung – so einige, die im »Lagervolkssturm« zur Bewachung eingesetzt waren.[573] Andere luden entkräftete Gefangene unterwegs auf die Wagen, die sie für das Lagerpersonal ziehen mussten, und brachten sie so bis zum nächsten Lagerplatz, der zur Nachtpause diente. Viele hatten jedoch nicht die Kraft, anderen zu helfen und sie so vor dem Tod zu bewahren. Es blieb ihnen nur, sich in stummer Trauer selbst weiterzuschleppen. Ab Below liefen die Deportierten, die nicht entlassen, sondern vom Wachpersonal weiterverschleppt wurden, »wie betrunken«[574] und im »[b]linde[n], traumatische[n] Dahindösen«[575] weiter und verloren unterwegs zunehmend das Bewusstsein. Nur diejenigen, die so lange durchhalten konnten, bis sie in die unmittelbare Nähe sowjetischer oder amerikanischer Einheiten gelangten, überlebten. Viele starben an der Gewalt, der sie jahrelang ausgeliefert waren, und der Tortur der Räumung noch Tage und Wochen nach der Befreiung, die sie in Sammellagern oder bei der Bevölkerung einquartiert verbrachten.[576] Oder sie kamen dort zu Kräften, erholten sich aber nie wirklich.

---

568 Vgl. Jongeling, Wettlauf, S. 3.
569 Vgl. Aussage Jaroslav Purš vom 11.12.1959, in: GUMS, LAG XXXIII/3.
570 Vgl. Bericht Eugen Kartin aus dem Jahr 1972, in YV, O.3/4191.
571 Cielszak, Freundschaft, S. 179.
572 Vgl. Bericht Joseph Rotbaum-Ribo aus dem Jahr 1996, in: YV, O.33/4874.
573 Vgl. Bericht Willy Heidenreich aus dem Jahr 1948, in: GUMS, LAG LII/1.
574 Bericht Robert Theumann vom 5.7.1962, in: YV, O.3/2632.
575 Heilbut, Meilensteine, S. 153.
576 Vgl. exempl. Tagebucheintrag vom 5.5.1945 von [Vorname unbekannt] Grodetzki, in: TM, 2/2 M5.

6.11 Bevölkerung

Bereits im Zuge der Zwangsarbeitseinsätze und insbesondere während der Todesmärsche 1944/45 wuchs das Konzentrationslagersystem tief in die deutsche Gesellschaft hinein. Aufräumarbeiten und Deportationen per Fußmärsche brachten die Anwohner:innen zahlreicher Städte und Dörfer in unmittelbaren Kontakt mit den Gefangenen der SS. Niemand konnte auf Basis dieses Umstands behaupten: »Davon haben wir nichts gewusst«[577] – auch wenn das ganze Ausmaß der deutschen Verfolgungs- und Vernichtungspolitik für die Mehrheit schwer zu erschließen war. Dass die Erforschung des Verbrechenskomplexes »KL-Todesmärsche« vergleichsweise spät einsetzte, hat nicht zuletzt auch mit der Nähe der Bevölkerung zu den Taten und Täter:innen zu tun, die die Evakuierungen ganzer Lagerkomplexe vollzogen. Exemplarisch lässt sich dies auch für Brandenburg zu Kriegsende und hier beispielsweise an den Ortschaften Flecken-Zechlin und Herzsprung aufzeigen.

Mit mangelnder Versorgung wie auch ungenügenden Ruhepausen waren »mehrere tausend« Insass:innen des Konzentrationslagers Sachsenhausen am 24. und 25. April von den Wachmannschaften nach Herzsprung getrieben worden.[578] Die kleine Ortschaft liegt circa 20 Kilometer südlich von Wittstock und diente in der Ostprignitz als letzte Übernachtungsstation, bevor die Verschleppten in Below gesammelt und ihr weiterer Verbleib geklärt werden sollte. Für die Unterbringung der Gefangenen stellten der örtliche Bürgermeister, Richard Nickel, und der Ortsgruppenleiter, Wilhelm Leppin, Scheunen zur Verfügung.[579] Während der Nacht nicht zur Bewachung eingesetztes Transportwachpersonal kam unter anderem in der Gastwirtschaft des Ortsgruppenleiters unter.[580] Tags darauf trieben die Wachen die Gefangenen weiter nach Wittstock. Einigen wenigen der Deportierten war es hierbei gelungen, sich mit dem Ziel versteckt zu halten, das Eintreffen der sowjetischen Streitkräfte vor Ort abzuwarten. Während Insassen hierbei einerseits Unterstützung und Versorgung durch Anwohner:innen erhielten, kam es in Herzsprung andererseits auch zur Ermordung von Häftlingen, die in ihren Verstecken entdeckt worden waren.[581] Gegenstand des folgenden Untersuchungsabschnittes ist dieses Spannungsverhältnis, das beispielhaft für das Verhalten der lokalen Bevölkerung im Moment der vorbeiziehenden Gewaltmärsche stand, die Insass:innen des Konzentrationslager Sachsenhausen durch brandenburgische Ortschaften führten.

577 Peter Longerich: »Davon haben wir nichts gewusst!« Die Deutschen und die Judenvernichtung 1933-1945, München 2006.
578 Vgl. Aussage Wilhelm Leppin vom 12. 7. 1955, in: BStU, Potsdam, AU 41/56, Bl. 228.
579 In der Vernehmung hat Leppin jeweils einen Richard Winkel und einen Mann namens Luganski als Bürgermeister angegeben. Vgl. Aussagen Wilhelm Leppin vom 12. und 15. 7. 1955, in: ebd., Bl. 228 und Bl. 252. Vermutlich handelte es sich bei Ersterem um Richard Nickel, der zu dieser Zeit das Amt des Bürgermeisters bekleidete. Vgl. Personalunterlagen zu Richard Nickel, in: BLHA, 5E AG Pritzwalk 804.
580 Vgl. Aussage Willi Wehren vom 13. 7. 1955, in: ebd., Bl. 111-115.
581 Vgl. Winter, Gewalt, S. 176 f.

Am Beispiel Herzsprungs wird hierbei erneut und über bisherige Untersuchungen hinausgehend nach den Besonderheiten der Gewaltdynamiken vor Ort gefragt.[582]

Ab-/Anwesenheit

Mit dem Vorrücken der sowjetischen und polnischen Streitkräfte begab sich die brandenburgische Bevölkerung auch im April 1945 entweder noch auf die Flucht oder verharrte vor Ort und wartete das Kriegsende meist sehr zurückgezogen ab. Francizek Federyga fiel auf, wie menschenleer die Ortschaften waren, die sie während des Gewaltmarsches passieren mussten. »In den Ortschaften gab es keine Menschen,« so Francizek, »bzw. sie alle versteckten sich aus lauter Angst. Am Abend platzierte man uns auf freien Flächen bzw. in verlassenen Gebäuden.«[583] Richard Galonska nahm zudem die militärischen Maßnahmen wahr, weil sie für die Gefangenen zusätzliche Strapazen, Verunsicherung und Gefahr bedeuteten: »An den Ein- und Ausgängen der Orte sind überall Panzersperren, die Brücken sind zur Sprengung vorbereitet.«[584] Dass Anwohner:innen durchaus in Erscheinung traten, verdeutlichen die Ausführungen des aus Kielce stammenden jüdischen Zahnarztes Tadeusz Epstein, der während des Gewaltmarsches dieselben Erfahrungen machte, wie bereits zuvor während des Zwangsarbeitseinsatzes in der Rüstungsindustrie in Oranienburg, als er täglich bei Austritt aus dem Hauptlager auf Anwohner:innen traf: »Die Bevölkerung ist wieder ablehnend bis feindlich.«[585]

Neben männlichen Kriegsgefangenen und/oder Zwangsarbeitern befanden sich vor Ort neben der weiblichen und alten Zivilbevölkerung meist nur die Funktionsträger, die als Bürgermeister und NSDAP-Ortsgruppenleiter, aber auch als Ortsbauernführer vom Wehrdienst befreit waren, sowie Feuerwehrleute, Polizisten und Volkssturmangehörige. Die Ortsbauernführer hatten Ende 1944 noch sogenannte Ortsvertrauensmänner »zur politischen Aktivierung des Landvolkes« und Überwachung des »Arbeitsfrieden[s], [der] Arbeitsfreude und [der] Arbeitsleistung der

---

582 Mit dem in der vorliegenden Untersuchung als Massaker gefassten Gewaltereignis hat sich bereits Martin Clemens Winter im Rahmen seiner Untersuchung zu den Todesmärschen und der deutschen Bevölkerung befasst. Vgl. Winter, Gewalt, S. 92-96, S. 156, S. 176 f., S. 182 und S. 273-278. Auch bei Ulrich Sanders findet der Gefangenenmord in Herzsprung Erwähnung. Vgl. Ulrich Sanders: Mörderisches Finale. Naziverbrechen bei Kriegsende, Köln 2008, S. 143. Des Weiteren ist er Gegenstand eines Animationsfilms, den die Stiftung Brandenburgische Gedenkstätten im Rahmen ihrer Ausstellung »Bruchstücke 1945« in der Gedenkstätte Todesmarsch Belower Wald gezeigt hat. Vgl. »Herzsprung«, Animationsfilm von Cosimo Miorelli (2020). Online unter: https://www.youtube.com/watch?v=fQvYtGc__fM (letzter Zugriff am: 29.9.2024).
583 Bericht Francizek Federyga o. O. o. D., in: GUMS, P 3 Federyga, Francizek, S. 5; vgl. auch Steinitz, Holocaust-Opfer, S. 352 und S. 356.
584 Bericht Richard Galonska vom 18.8.1976, in: GUMS, P3 Galonska, Richard, S. 3.
585 Epstein, KZ und Zwangsarbeit, S. 4; vgl. auch Bericht Henri Conzett, o. O. o. D., in: TM, 2/2 M6.

deutschen Gefolgschaft und der ausländischen Arbeitskräfte« zur Seite gestellt bekommen.[586] Auch die Ordnungstruppen der Polizei waren verstärkt worden. Hinzu kamen die Angehörigen der Feldpolizei und der Auffangkommandanturen sowie die HJ-Jungen, die, wie aufgezeigt, seit Januar ebenfalls für den Einsatz im militärischen Hinterland mobilisiert wurden. Insbesondere die Funktionsträger, aber auch alle anderen Genannten traten in Erscheinung, als die Gefangenen durch die Dörfer und Städte getrieben wurden. Sie beteiligten sich – in unterschiedlichem Maße – an der Überwachung der Gegenden, durch die die Kolonnen die KL-Insass:innen führten. Bürgermeister und Ortsgruppenleiter gaben konkrete Weisungen zur Unterbringung bzw. zum zügigen Weitermarsch.[587] Sie waren jedoch nicht die einzigen Anwohner:innen, die damit in direkten Kontakt zu den Gefangenen kamen.

Zum Zusammentreffen zwischen der Bevölkerung und den Gefangenen kam es sowohl auf den Straßen als auch auf den Grundstücken und Flächen, die als Lagerplätze während der Nachtruhe dienten. »Auf den Dorfstraßen stehen wie überall die Bewohner und betrachten unseren Elendszug«, hielt Henri Michel unterwegs in seinem Tagebuch fest.[588] Im Unterschied zu Michel waren die meisten der Gefangenen, wie Victor Caillé es ausdrückt, »mit dem Durchhalten aufs Äusserste angespannt.«[589] Den ehemaligen Kommunalpolitiker und Unternehmer hatte die Gestapo des Widerstandes verdächtigt und erst im Februar aus dem Gefängnis in der Berliner Lehrter Straße nach Sachsenhausen deportiert. Von der verhältnismäßig kurzen Inhaftierung schwer gezeichnet und aufgrund seines Alters konnte sich der 59-Jährige nur mit Unterstützung des befreundeten Arztes und Mitgefangenen Ernst Riebe auf den Beinen halten.[590] Schwer erschöpft, krank und ohne bzw. mit ungenügender Versorgung war es für die Mehrheit der Gefangenen auf dem Gewaltmarsch kaum möglich, sich mit dem zu befassen, was um sie herum geschah.

Stattdessen findet das Herumstreifen von Feldgendarmerie-, Ortspolizei-, Volkssturm- und HJ-Angehörigen aufgrund der Gefahr, die von ihnen ausging, Erwähnung – ebenso, dass jene flüchtende Mitgefangene aufgriffen, zu den Kolonnen zurückbrachten oder ermordeten.[591] Unter diesem Eindruck malten sich die Kräfti-

---

586 Vgl. Kreisamt für das Landvolk (VI-Sozialbetreuung) an alle Ortsamtsleiter des Kreises Niederbarnim in Bernau vom 18.12.1944, in: BLHA, Rep. 61 574.
587 Vgl. Bericht Andre Grevenrath aus dem Jahr 1945, in: GUMS, LAG LII/1, S. 9; Jongeling, Wettlauf, S. 3.
588 Henri Michel: Hungermarsch in die Freiheit. Tagebuchaufzeichnungen eines Politischen Gefangenen, Eupen 1945, S. 11.
589 Brief Victor Cailles an [Vorname unbekannt] Hammer vom 15.6.1954, in: GUMS, P3, Caille, Victor.
590 Vgl. Winfried Meyer: Victor Caillé, in: Verschwörer im KZ. Hans von Dohnanyi und die Häftlinge des 20. Juli 1944 im KZ Sachsenhausen, hg. von Winfried Meyer, Oranienburg 1998 (Schriftenreihe der Stiftung Brandenburgische Gedenkstätten, Bd. 5), S. 187-189.
591 Vgl. Bericht Andre Grevenrath aus dem Jahr 1945, in: GUMS, LAG LII/1, S. 9; Bericht Gustav Borbe, in: GUMS, P3 Borbe, Gustav, S. 46 f.; Bericht Waldemar Quaiser aus dem Jahr 1945, in: GUMS, P3 Quaiser, Waldemar.

geren unter den Verschleppten aus, wie gut oder schlecht es um die Möglichkeit der eigenen Flucht gestellt war. Hierbei fand auch Beachtung, dass die Wachen (Spür-) Hunde dabeihatten.[592] Angehörige der örtlichen Polizei wie auch des Volkssturms und der HJ waren zudem angewiesen, die Straßen und Wälder auf »Fremdvölkische« und – so der Sprachgebrauch – »anderes unlauteres Gesindel« zu überwachen. Zur »[v]ordringliche[n] Aufgabe des Volkssturms« gehörte es, »Streifen [zu] bilden, Wälder unter Leitung von Forstbeamten zu durchstreifen[,] Meldung beim Auffangkommandanten zu erstatten« und für eine »enge Zusammenarbeit zwischen [den] Dienststellen und [der] Bevölkerung« zu sorgen. »Aufgegriffene fremdvölkische und sonstige verdächtige Personen [waren] sofort dem Bürgermeister oder einem örtlichen Polizeibeamten zuzuführen, die deren Zuweisung zu nützlichen Arbeiten bzw. ihre Festsetzung veranlassen« sollten – so die Befehlslage.[593] Nachts hatten alle Trecks und Kolonnen ihren Weg zu unterbrechen und vor Anbruch der Dunkelheit das Lager zur Übernachtung aufzuschlagen. Zwischen 19 und 7 Uhr herrschte Ausgangssperre – auch für die deutsche Bevölkerung.[594] Darüber hinaus hatten Heranwachsende wie Martin Theiß, der im Alter von 15 Jahren innerhalb der HJ in Rheinsberg zur Bewachung des Hotels »Alter Fritz« eingesetzt war, in dem neben hochrangigen SS-Männern auch der Gauleiter Stürtz nächtigte, dafür Sorge zu tragen, dass die Leichen der Ermordeten verschwanden.[595]

Der überwiegende Teil der Anwohner:innen, die sie unterwegs antrafen, brachte den aus Sachsenhausen Verschleppten wie Josef Gajarek gegenüber nur Gleichgültigkeit zum Ausdruck. »Wenn ich denke, wieviel wir Dörfer und Städte mit Tod in Armen durchgezogen sind. Es hat sich keiner gefunden, der uns eine Kante Brot oder Trinkwasser geben könnte.«[596] Gajarek schlug auch Feindseligkeit und unverhohlener Hass entgegen. Er wurde während des Marsches angespuckt.[597] »In einigen Ortschaften standen aufgehetzte Kinder an der Straße, beschimpften und bewarfen uns mit Steinen«, sollte nicht nur Zwi Steinitz, der nach den brutalen Deportationen aus Auschwitz im Januar 1945 nun die zweite, nicht minder grausame Räumung überstehen musste, später niederschreiben.[598] Derart feindseliges Verhalten war keine Seltenheit, wenn es zu Begegnungen mit Anwohner:innen oder ostdeutschen Flüchtlingen kam. Die Gefangenen hatten sich die Straßen und Fluchtwege mit ihnen zu teilen.[599] Und auch das Nachtlager in Scheunen, die wenigstens etwas Schutz vor

---

592 Vgl. Bericht Johannes Deutsch vom 7.5.1945, in: TM, 2/2 B-D, S. 1.
593 Auffangkommandant in Groß-Schönebeck/Zehdenick (Sonderstab des RFSS) vom 9.2.1945, in: BLHA, Rep. 61 574.
594 Vgl. ebd.
595 Vgl. Mitschrift zum Interview mit Martin Theiß vom 30.3.2007, in: TM, Folder C/Datei I.
596 Bericht Josef Gajarek o. O. o. D., in: TM, 2/2 M2.
597 Vgl. ebd.
598 Steinitz, Holocaust-Opfer, S. 352; vgl. auch Mikas Šlaža: Žvėrys žmogaus pavidalu: Bestien in Menschengestalt, Vilnius 1995, S. 419 f.
599 Vgl. ebd., S. 353.

Regen und Kälte boten, wurde ihnen häufig mit der Begründung verwehrt, diese für Flüchtlinge freihalten zu müssen.[600]

»Auf Befehl des Stadtkommandanten [in Crivitz] durften wir«, so sollte Andre Grevenrath unmittelbar nach dem Krieg zu Papier bringen, »die Bürgersteige in den blockierten Strassen nicht betreten: ›Verbrecher sollen auf dem Fahrdamm laufen, wie das Vieh, zu dem sie ja zählen‹.«[601] Diese Aussage verdeutlicht, wie der Großteil der Bevölkerung die an ihnen vorbeiziehenden Insass:innen der Konzentrationslager betrachtete. »Die allerorts verbreitete Meinung [war], daß sämtliche im Konzentrationslager untergebrachten Berufsverbrecher Schurken waren«,[602] oder politische Häftlinge, die sich nicht ins System einfügten und ebenfalls entsprechend zu bestrafen waren. Die Konzentrationslager an sich und die Gründe von Internierungen wurden 1945 nicht mehr bzw. nur in seltenen Fällen genauer hinterfragt. Im Angesicht ihrer großen Zahl wandten sich Anwohner:innen von den Vorbeiziehenden ab und im Moment des bevorstehenden Kriegsendes anderen, eigenen Dingen zu. Fälle offen gezeigten Mitgefühls gegenüber den Verschleppten waren so selten, dass sie einzelnen Gefangenen als Ausnahmen ebenfalls im Gedächtnis blieben.

Hilfeleistungen

Entsetzen, Mitgefühl und Hilfeleistungen sind beispielsweise bei Hans von Dahlen, der bereits Mitte der 1930er Jahre verfolgt und frühzeitig in das deutsche Konzentrationslagersystem verschleppt worden war, dokumentiert:

»Erschreckt wichen die Dorfbewohner von der Straße zurück, wir beobachteten ihre entsetzten Blicke. In diesem Fall sahen wir, daß zwei Männer eilig in ein Haus liefen und mit einem großen Waschkessel ankamen und uns in Trinkgefäßen etwas zu trinken anboten. Ein Mädchen, das an der Haustür stand, brach bei unserem Anblick in lautes Weinen aus, das dann bei einigen SS-Leuten Anlaß war, sich über das weiche Gemüt des Kindes lustig zu machen.«[603]

Bei der Bevölkerung handelte es sich 1945, wie sich am Dorf Flecken-Zechlin nachvollziehen lässt, um lokale oder in diese Räume evakuierte Angehörige einer Gesellschaft der abwesenden Männer. Ehemänner, Söhne, Brüder und männliche Nachbarn befanden sich mehrheitlich an der Front oder waren gefallen. Die Gesellschaft der Anwesenden setzte sich vor allem aus Frauen, Kindern und Jugendlichen, Alten und Kranken zusammen. Nach dem Krieg auf das Geschehen befragt, gaben die Anwohner:innen, wie die Befragung von Marie Wolff verdeutlicht, oft kaum konkrete

---

600 Jongeling, Wettlauf, S. 3.
601 Vgl. Bericht Andre Grevenrath aus dem Jahr 1945, in: GUMS, LAG LII/1, S. 9.
602 Arnold Weiß-Rüthels: Nacht und Nebel. Ein Sachsenhausen-Buch, Berlin-Potsdam 1949, S. 177.
603 von Dahlen, Todesmarsch, S. 10.

Auskunft zum Geschehen, insbesondere wenn sie in die Nähe zu den Deportierten gekommen waren, weil ihre Grundstücke als Nachtlager dienten:

»Den Tag kann ich nicht mehr sagen. Am späten Nachmittag wurde unsere Scheune mit Häftlingen belegt. Ich wagte mich nicht heraus[,] um mich genau umzusehen. Es müssen viele Häftlinge gewesen sein, die in der Scheune übernachtet haben. Ob die Häftlinge auch etwas zu essen bekommen haben[,] kann ich auch nicht sagen. Ich habe auch nicht gesehen[,] ob Häftlinge geschlagen wurden. Am anderen Morgen sind die Häftlinge weitergezogen. Tote sind nicht zurückgeblieben.
(Frau Wolff machte diese Angaben nur ungern und berief sich mehrfach darauf, daß dies doch schon so lange her sei.)«[604]

Wolff verfügte über ein Bauerngehöft in Flecken-Zechlin, »das mit Häftlingen belegt wurde«, wie Anna Matterer beobachtete, die gerade zum Brotbacken im Ofen des Hofes vor Ort war.

Machten Anwohner:innen Angaben zum Zusammentreffen, rekurrierten sie dabei vielfach auf Hilfeleistungen. »Es war ein Bild des Grauens. Was da in Lumpen gehüllt, völlig entkräftet in Holzschuhen dahinschlurfte, sah aus wie wandelnde Leichen«, so Matterer, die sich in Begleitung von drei deutschen Soldaten, die aufgrund ihrer Verwundungen vor Ort waren, an die Gefangenen herantraute und nach eigenen Angaben mit dem Wachpersonal über die Verpflegung verhandelte. Unter der Bedingung der Wachen, selbst Lebensmittel zu erhalten, verteilte die Frau anschließend Kartoffeln. Hierbei nahm sie wahr, dass einige skandinavische Gefangene über Gaben verfügten, die nur aus IKRK-Paketen stammen konnten. Ein Gespräch, das Matterer mit einem französischen Gefangenen über dessen Deportation nach Deutschland führte, unterband die Wachmannschaft brutal, indem sie den jungen Franzosen wegstieß. Die Anwohnerin wurde zudem Zeugin von Morden: »Am Ortsausgang nach Flecken-Zechlin ist ein Häftling von der SS durch Genickschuß getötet und vergraben worden. Etwas später hat sich [sic!] die faschistische Polizei danach befragt und den Toten ausgraben lassen.«[605]

Vielerorts berichten die Anwohner:innen nach dem Krieg von den Holzpantinen – »es klapperte sehr stark«[606] –, deren Geräusch sich ihnen nachhaltig ebenso einprägte, wie der brutale Einsatz von Hunden, die Gefangene in die Fesseln bissen. Die Berichte legen offen, wie nah die Bevölkerung den Todesmärschen 1945 kam. Wobei das Verweisen auf eigene Hilfeleistungen und die eigene Unwissenheit, wie im Falle Martha Zieglers, mit Vorsicht zu behandeln ist:

---

604 Befragung Marie Wolff vom April 1965, in: KrN, 1611.
605 Befragung Anna Matterer vom April 1965, in: ebd.
606 Vgl. Befragung Gertrud Winkel vom April 1965, in: ebd.

»Da unser Haus (Gastwirtschaft Mohnke) direkt an der Straße steht, sahen wir sehr viel. [...] Soweit wir blicken konnten, nahm der Zug des Grauens kein Ende. Wir wußten nichts von der Existenz dieser Konzentrationslager und deshalb war es uns [un]erklärlich[,] wo diese Menschen herkamen.«[607]

Die Anwohnerin beobachtete das Geschehen auf der Straße zusammen mit dem französischen Kriegsgefangenen, der während des Krieges im Dorf Zwangsarbeit verrichten musste und – so Ziegler – »uns schon wiederholt hatte seine Abscheu gegen den deutschen Faschismus durchblicken lassen. Er sagte ›das ist eure deutsche Kultur‹.«[608]

Wehrmachtsangehörige und Aufseherinnen hatten die Gefangenen, bei denen es sich sowohl um Männer als auch um Frauen handelte, im April durch Flecken-Zechlin getrieben.[609] Eine Gruppe verschleppter Gefangener machten auf einer Wiese von Emil Fellers Pause. Hierbei beobachtete Feller den Mord eines erschöpften Mannes, der an Ort und Stelle zusammengebrochen war. Des Weiteren hatte er auf Weisungen des führenden Wachpersonals Wasser zu holen.[610] Neben Versuchen, trinkbares Wasser an die Gefangenen auszugeben, gab es auch einige wenige Fälle, bei denen Bauern »Tröge mit gekochten Erdäpfeln auf den Straßenboden [schütteten].« So hielt Karl Vavrous nach dem Krieg fest, wie er mit den in seiner Gruppe laufenden Gefangenen »im Vorbeigehen eine Handvoll davon erwischen konnte.«[611] Und es kam unterwegs zu Tauschgeschäften zwischen einzelnen Anwohner:innen und Gefangenen.[612] Gegen Gebrauchsgegenstände wie Seife oder Geld bekamen sie Kartoffeln, von denen auch René Trauffler etwas erhielt:

»Alle fragen: ›Was essen wir heute, morgen?‹ Man verspricht uns Brot und anderes mehr. Nichts kommt. Die Deutschen, Belgier und Franzosen aus den Kolonnen 17, 19 und 20 spenden ihr letztes Geld, um dafür mit der Einwilligung der Kolonnenführer beim Bauern nebenan Kartoffeln zu kaufen. Wo sie bloß dies viele Geld herhatten. 50 Zentner Kartoffeln werden in großen Blechbehältern gekocht und gegen 17,00 Uhr ausgegeben. Wir sind annähernd 1500 hier zusammen und jeder erhält drei bis vier Stück.«[613]

607 Befragung Martha Ziegler vom April 1965, in: ebd.
608 Ebd.
609 Vgl. Befragung Getrud Winkel vom April 1965, in: ebd.
610 Vgl. Befragung Emil Feller vom April 1965, in: ebd.
611 Bericht Karl Vavrous, o. D., in: GUMS, R 121/5; sowie in: TM, 2/2 M5, S. 37.
612 So tauschte eine Gruppe Gefangener, unter denen sich Hugo Eicker befand, unterwegs Seife mit Frauen und Männern, die in einem Treck auf der Flucht waren. Sie erhielten dafür »mageren angebratenen Speck«. Bericht Hugo Eicker o. O. o. D., in: GUMS, P3 Eicker, Hugo, S. 70.
613 Trauffler, Todesmarsch, S. 209.

Auch Janina Cybulska, die die Wachmannschaften mit weiteren Frauen bis nach Schwerin treiben sollten, berichtet nach dem Krieg von Hilfeleistungen: »Die deutschen Einwohner der Dörfer versuchten uns etwas Essbares zuzuwerfen. Dies war allerdings von der SS strikt untersagt worden.«[614] Es lassen sich allerdings nur wenige derartige Zeugnisse finden. Vielfach waren die Situationen des Zusammentreffens eher dadurch gekennzeichnet, dass Anwohner:innen sich abwandten oder mit offenem Hass reagierten.[615] Nur in Einzelfällen kam es vor, dass sie Gefangene bei sich aufnahmen.

So war es in Schwanow im Ruppiner Land zwei Frauen, die aus einer Kolonne geflohen waren, gelungen, sich zu verstecken.[616] In Alt Ruppin nahm die Anwohnerin Margarethe Bülow mit ihrer Tochter Edith drei Jüdinnen auf, nachdem sie einer vorbeiziehenden Frauenkolonne mit Wasser geholfen hatte. Marie und Eva Komlosi waren zusammen mit Sara Grün am Wegesrand von den Wachmannschaften zurückgelassen worden. Die jüngste der drei Frauen war schwer verletzt im Ort zusammengebrochen, weil sie ein LKW der Wehrmacht unterwegs angefahren hatte. Die Bülows boten den Frauen heimlich Obdach und versorgten sie, bis deutlich wurde, das medizinische Hilfe nötig war. Als seine letzte Amtshandlung sorgte der Bürgermeister hier für die Überstellung in ein Krankenhaus und rettete damit Leben. Auch nach dem Krieg hielt der Kontakt der Frauen über Briefe und einen Besuch in Budapest 1965 an.[617]

Vor den Luftangriffen geflüchtet, hielt sich der Berliner Filmproduzent Georg Witt mit seiner Ehefrau und gefeierten UFA-Schauspielerin Lil Dagover, unweit von Alt Ruppin auf ihrem Landsitz in Zippelsförde auf, als Gefangene aus Sachsenhausen von den Wachmannschaften durch die Ortschaft getrieben wurden. Jelle Huismann, Johannes Geerink und Julien Vandaele gelang es, sich in der Nacht vom 24. zum 25. April 1945 von dem nahe der Ortschaft eingerichteten Nachtlager des Todesmarsches abzusetzen. Witt und Dagover nahmen die drei erschöpften Gefangenen daraufhin bei sich auf und versorgten sie mit Kleidung und Essen.[618] Damit brachten die Beiden sich selbst in Gefahr, denn die »Aufnahme und Versorgung fremder Personen, auch Wehrmachtsangehöriger, ohne Benachrichtigung des Bürgermeisters oder örtlicher Polizeibeamter« war verboten.[619] Der Kontakt zu einem der Gefangenen sollte auch hier über den Krieg hinaus anhalten.[620] In ihrer Biografie beschrieb Lil

---

614 Übersetzung des Berichts von Janina Cybulska, o. O. o. D., in: TM, 2/2 M5.
615 Brief Josef Gajarek, Cesky Krumlov o. O. o. D., in: TM, 2/2 M2.
616 Vgl. Landrat des Kreises Ostprignitz an die Provinzialverwaltung Brandenburg in Potsdam vom 17. 8. 1945, in: BArch SAPMO, VVN DY 55 V 278/2/147, S. 1-5; Antwortschreiben auf Anordnung der Such- und Fahndungsaktion nach verschollenen Häftlingen aus Sachsenhausen und Ravensbrück 1945 vom 27. 7. 1945, in: BLHA, Pr. Br. Rep. 35 H.
617 Vgl. Volland, Augen, S. 167 f.
618 Bescheinigungen vom 11. und 14. 5. 1945 über den Erhalt von Kleidung, in: TM, M2.
619 Vgl. Auffangkommandant in Groß-Schönebeck/Zehdenick (Sonderstab des RFSS) vom 9. 2. 1945, in: BLHA, Rep. 61 574.
620 Lil Dagover: Ich war die Dame, München 1979, S. 245 f.

Dagover zudem die Situation, als ein SS-Mann auf der Straße vor ihrem Grundstück eine jüdische Deportierte erschießen wollte, die erschöpft am Wegesrand hielt und nicht mehr weiterlaufen konnte. Auf Intervention der Schauspielerin ließ der Mann von ihr ab. Die Frau wurde nicht erschossen, sondern vor Ort bei Witt und Dagover zurückgelassen. Hierbei half, dass der SS-Angehörige den Filmstar erkannt hatte und sich von ihr überzeugen ließ. Lil Dagover nahm die unbekannte Frau auf und versorgte sie noch mit Essen, bevor diese weiterflüchtete.[621]

Weiter nördlich in Herzsprung wurde auch Ewald Förster durch eine Frau, die zuvor in diesen Ort »umquartiert« worden war, versteckt und versorgt, verstarb aber wenig später am 5. Mai an den Folgen seiner jahrelangen Inhaftierung.[622] Der zu diesem Zeitpunkt 49-jährige Berliner war auf Basis des § 175 erst im März 1945 in Sachsenhausen eingeliefert worden, nachdem er zuvor drei Jahre im Zuchthaus Brandenburg inhaftiert gewesen war.[623] Zur gleichen Zeit, als Förster in Herzsprung Unterschlupf gewährt worden war, fand unweit am Ortsrand ein Massaker an Mitgefangenen statt.

Das Morden

Wie gefährlich die Situation für Insass:innen der Konzentrationslager 1945 in Gegenwart der Bevölkerung war, fand unter anderem bei Gustav Borbe Erwähnung, der beschrieb, dass ein geflüchteter Gefangener, »der auf Kundschaft gewesen war«, von einem jungen Bauern »aufgerieben« wurde.[624] Welche Konsequenzen das »Aufgerieben-Werden« haben konnte, verdeutlicht eine Situation in Zapel-Ausbau. Auf die Denunziation einer Anwohnerin hin erfolgte dort die Erschießung von sich versteckenden Gefangenen aus Sachsenhausen.[625] Während sowohl die Denunziantin als auch die Todesschützen in Zapel-Ausbau nicht mehr ermittelt werden können, lässt sich der Gefangenenmord von vier Insassen aus Sachsenhausen in Herzsprung, der ebenfalls im Anschluss an eine Denunziation erfolgt war, detailliert rekonstruieren.[626]

621 Vgl. ebd., S. 244 f.
622 Vgl. Landrat des Kreises Ostprignitz an die Provinzialverwaltung Brandenburg in Potsdam vom 17.8.1945, in: BArch SAPMO, VVN DY 55 V 278/2/147.
623 Müller, Männer, S. 48.
624 Bericht Gustav Borbe o. O. o. D., in: GUMS, P3 Borbe, Gustav, S. 46.
625 Die Herkunft der Denunziantin wie auch die Identität der Täter sowie der Gefangenen ist unbekannt. Im Jahre 1949 wurden die sterblichen Überreste der Toten exhumiert und auf dem Friedhof in Crivitz bestattet. Vgl. Bericht zur Erforschung des Todesmarsches der Teilstrecke von Neuruppin nach Wittstock von 1964, in: GUMS, R 20/2, Nr. 3; Untersuchungsprotokoll über Such- und Fahndungsaktion nach verschollenen Gefangenen aus den Konzentrationslagern Sachsenhausen und Ravensbrück vom 27.7.1945, in: BArch SAPMO, DY 55/V 78/2/147.
626 Die Dienststelle des Ministeriums für Staatssicherheit in Potsdam ermittelte 1955 gegen Willi Wehren wegen vierfachen Mordes. Trotz der gebotenen quellenkritischen Vorsicht ermöglichen insbesondere die hierbei angefertigten Vernehmungsprotokolle, die situativen Um-

Späteren Ermittlungen zufolge sind in Herzsprung insgesamt zehn Gefangene, die der Gewaltmarsch von Sachsenhausen durch den Ort führte, getötet worden. An den Gefangenenmorden beteiligte sich auch die lokale Bevölkerung bzw. wohnte ihnen bei.[627] Ausgangspunkt für die Morde war, dass vier flüchtige Insassen am 30. April von der Schwester oder Schwägerin – das lässt sich nicht mehr eindeutig rekonstruieren – des Ortsgruppenleiters, Maria Leppin, auf ihrem Grundstück entdeckt worden waren, als einer der Männer versucht hatte, im Hof der Gastwirtin an Kartoffeln zu gelangen.[628] Der Anordnung Folge leistend, sich versteckende Häftlinge der Konzentrationslager, Zwangsarbeiter oder desertierende Soldaten anzuzeigen,[629] meldete die Gastwirtin – die zudem die Ehefrau eines aktiven SS-Mannes war – die sich bei ihr Versteckenden, indem sie einen ihrer Söhne zu ihrem Bruder/Schwager schickte.[630] Anschließend griff dieser, begleitet von zwei in SS-Uniform gekleideten Männern, die flüchtigen Gefangenen auf und trieb sie vor den Augen der lokalen wie der hierhin geflüchteten Bevölkerung an den Ortsrand.[631] Dort befand sich ein mit Bäumen bewachsenes Kiesgrubengelände. Da die Gefangenen ahnen konnten, dass sie zur Ermordung abgeführt

stände, den Ablauf und die Gewaltdynamiken im ländlichen Raum nachzuvollziehen. Dabei ist mitzudenken, dass nur der Angeklagte und Zuschauer vernommen werden konnten und dass damit ein erheblicher Teil der Zeug:innen, insbesondere aufgrund der sozialen Nähe, die das Zusammenleben auf einem Dorf kennzeichnet, kein Interesse daran hatte, sich selbst oder andere Tatbeteiligte zu belasten. Zur Untersuchung des Massakers wurden des Weiteren auch die Schrift zum Todesurteil des Bezirksgerichts Potsdam, das Gnadengesuch Wehrens und die Dokumente zur Zurückweisung der Berufung bei Umwandlung der Strafe zu lebenslänglichem Zuchthaus herangezogen. Die Vernehmungsprotokolle, Fotografien und eine Skizze zum Tatort der Bezirksverwaltung (BV) Potsdam des Ministeriums für Staatssicherheit (MfS) wie auch die Urteilsschrift, das Gnadengesuch und die Umwandlung der Todes- in eine Haftstrafe werden im Bundesarchiv für Stasi-Unterlagen (BStU) Berlin aufbewahrt. Die dazugehörige Signatur lautet: BStU, Potsdam, AU 41/56.

627 Vgl. Landrat des Kreises Oberprignitz an die Provinzialverwaltung Brandenburg in Potsdam vom 20.8.1945, in: BArch SAPMO, DY 55 V 278 2/147.
628 Rückschluss auf den Verwandtschaftsgrad ermöglichen der Name und die Angabe, dass Maria Leppin einen ihrer Söhne zu »Onkel Leppin« geschickt hatte, um die sich versteckenden Häftlinge zu melden. Vgl. Aussage Willi Wehren vom 13.7.1955, in: BStU, Potsdam, AU 41/56, Bl. 113. Sie wird in den Ermittlungsunterlagen zudem als Gastwirtin geführt. Bei der Gastwirtschaft handelte es sich demnach um einen Familienbetrieb. Vgl. Gegenüberstellungsprotokoll Willi Wehren/Maria Leppin vom 11.7.1955, in: ebd., Bl. 196; Aussage Helmut Gawer/Gaver vom 3.8.1955, in: ebd., Bl. 357; Bürgermeister in Herzsprung an die Nationale Mahn- und Gedenkstätte Sachsenhausen, o. O. o. D., in: GUMS, R 22/20, Bl. 18.
629 Vgl. Aufruf des Oberbefehlshabers der Heeresgruppe »Weichsel«, Heinrich Himmler, vom 30.1.1945, in: BArch F, RH 19 XV/2, Bl. 195f.
630 Vgl. Aussage Maria Leppin vom 11.7.1955, in: BStU, Potsdam, AU 41/56, Bl. 324; Aussage Willi Wehren vom 7.7.1955, in: ebd., Bl. 42; Gegenüberstellungsprotokoll Wilhelm Leppin/Maria Leppin vom 9.8.1955, in: ebd., Bl. 293; Bürgermeister in Herzsprung an die Nationale Mahn- und Gedenkstätte Sachsenhausen, o. D., in: GUMS, R 22/20, Bl. 18.
631 Vgl. Aussage Maria Leppin vom 11.7.1955, in: ebd., Bl. 326.

wurden, unternahm der körperlich Kräftigste von ihnen einen Fluchtversuch und wurde auf dem Weg zur Kiesgrube erschossen.[632] Die anderen drei Männer wurden an den Rand der Grube getrieben, dort ebenfalls erschossen und ihre Leichen anschließend vergraben.

Ausgelöst hatte das Massaker eine Denunziation.[633] Daraufhin machte sich Leppin zusammen mit zwei Männern, die temporär bei ihm im Gasthof wohnten, auf den Weg zu dem Schuppen, in dem sich die Gefangenen versteckt hielten. Bei einem der Männer handelte es sich um Willi Wehren. Wehren war als Teil der Wachmannschaften nach Herzberg gekommen, der eine letzte Gruppe von weiblichen Gefangenen aus Sachsenhausen in Richtung Wittstock trieb. Seit 1944 befand sich Wehren als SAW-Insasse in Sachsenhausen.[634] Am 19. April 1945 war er für den sogenannten Lagervolkssturm rekrutiert und am 21. April 1945 für die Bewachung der letzten Gefangenenkolonne, mit der die Frauen Oranienburg verließen, eingeteilt worden.[635] Ab Sommerfeld (im Kreis Oranienburg) war er als Kradmelder zwischen der ersten und der letzten Kolonne, die Oranienburg verlassen hatte, tätig und hatte Verpflegung zu organisieren.[636] Wehren verfügte über eine alte SS-Uniform, eine Waffe sowie ein Motorrad, mit dem er sich – sich als SS-Angehörigen ausgebend – frei bewegen konnte. Am 27. April setzte er sich in Rossow (Kreis Wittstock) vom Todesmarsch ab und kehrte mit Gertrud Riemer, deren Bekanntschaft er einige Tage zuvor gemacht hatte, in die Gastwirtschaft Leppins ein.[637]

Bei dem zweiten Mann, der Leppin zum Schuppen begleitet hatte, in dem sich die Gefangenen versteckten, handelte es sich ebenfalls um einen ehemaligen SAW-Insassen aus Sachsenhausen. Auch Josef Berger war in SS-Uniform gesteckt worden, um während der Räumung Mitgefangene zu bewachen. Berger hatte sich ebenfalls von seiner Kolonne abgesetzt und hielt sich in der Gastwirtschaft Leppins auf.[638] Des Weiteren befanden sich auch Wehrmachtsangehörige im Restaurant, die ebenfalls mit zum Schuppen liefen.[639] Inwieweit der örtliche Bürgermeister, der ebenfalls informiert worden war, bei der Szene am Schuppen zugegen war, kann nicht mehr geklärt werden.

Leppin, Wehren und Berger, die zehn Jahre später als Hauptakteur:innen des Gefangenenmordes ermittelt wurden, begaben sich, nachdem sie Nachricht von den

---

632 Vgl. Aussage Willi Wehren vom 13.7.1955, in: ebd., Bl. 113.
633 Vgl. Winter, Gewalt, S. 177-182, hier S. 182.
634 Hierbei handelt sich um Gefangene, die von der Wehrmacht zur »Disziplinierung« bzw. »Abrichtung« in das KL-System überstellt wurden. Vgl. Klausch, Wehrmacht.
635 Vgl. Aussage Willi Wehren vom 7.7.1955, in: BStU, Potsdam, AU 41/56, Bl. 39; Aussage Willi Wehren von 16.9.1955, in: ebd., Bl. 98-101; I Ks 333/55, I 394/55-Urteilsschrift gegen Willi Wehren des Bezirksgerichts Potsdam vom 13.1.1956, in: ebd., Bl. 249f.
636 Vgl. Aussage Willi Wehren vom 7.7.1955, in: ebd., Bl. 40.
637 Vgl. Aussagen Willi Wehren vom 7. und 13.7.1955, in: ebd., Bl. 44f. und Bl. 111.
638 Vgl. Aussagen Willi Wehren vom 13.7. und 20.9.1955, in: ebd., Bl. 111 und Bl. 139f.
639 Vgl. Aussagen Willi Wehren vom 7.7.1955 und 13.7.1955, in: ebd., Bl. 44 und Bl. 113.

sich versteckenden Männern erhalten hatten, umgehend zum Versteck und holten die Männer mit Gewalt heraus. Hierbei identifizierten sie die Gefangenen, die sich bereits die Nummern und Abzeichen von der Häftlingsbekleidung gerissen hatten, als polnische Insassen aus Sachsenhausen.[640] Nachdem sie sich über das weitere Vorgehen verständigt hatten, trieben sie die drei Männer zur Dorfstraße und von dort an den Stadtrand, wobei ihnen Teile der Bevölkerung – unter ihnen Kinder und Jugendliche – folgten.[641] Dort befand sich das mit Bäumen versehene Kiesgrubengelände, das als Mordstätte gewählt wurde. Wehren und Berger verfügten über Waffen.[642] Ersterer erschoss den Gefangenen, der in der Nähe der Kiesgruppe zu fliehen versucht hatte, während Berger und Leppin mehrere Meter abseits mit den anderen Gefangenen zum Stehen gekommen waren.[643] Nach dem ersten Gefangenenmord erfolgte die Erschießung der drei weiteren Gefangenen. Die Täter wählten hierfür einen Ort auf einer Anhöhe am Rand der örtlichen Kiesgruppe, der nicht eingesehen werden konnte. Entsprechend kann nachträglich nicht mehr nachvollzogen werden, wer von den Anwesenden die tödlichen Schüsse auf die drei Gefangenen abgab.[644] Jugendliche, die nach dem Mord an den Tatort herantraten, sahen dort die Leichen liegen.[645] Offenbleiben muss auch, ob Wehren die Gefangenen hinterher vergraben musste oder ob es noch zur Bildung eines »Sonderkommandos« aus »Ostarbeitern« kam, die zur Beseitigung der Leichen gezwungen wurden.[646]

Als Leppin, Berger und Wehren am Vormittag des 30. April 1945 am Schuppen eingetroffen waren und die sich dort versteckenden Polen festnahmen, standen die drei Männer vor der Entscheidung, wie mit den Insassen weiter verblieben werden sollte. Darüber hinaus war die Situation dadurch gekennzeichnet, dass die sowjetische Artillerie sich bereits in Hörweite befand und Soldaten wie Flüchtlinge westwärts vertrieb. In Herzsprung bereiteten Teile der Bevölkerung den eigenen Aufbruch vor, während vor Ort immer mehr Flüchtlinge eintrafen.[647] Anstatt die Zeit auch für sich zu nutzen und die Gefangenen im Versteck zu belassen, diskutierten und wählten Leppin, Berger und Wehren den Gefangenenmord. »Ich fragte«, so gab Wehren 1955

---

640 Vgl. Aussage Willi Wehren vom 13.7.1955, in: ebd., Bl. 113-115.
641 Zum Weg, den die Gefangenen zu ihrer Erschießung laufen mussten, siehe Bildmaterial der MfS-Ermittlungsunterlagen im Verfahren gegen Willi Wehren (1955), in: ebd., Bl. 118-125; vgl. auch Ausführungen in Aussage Ursula Schulz vom 2.8.1955, in: ebd., Bl. 354; Aussage Martin Leppin vom 16.8.1955, in: ebd., Bl. 342; Aussage Egon Leppin vom 11.7.1955, in: ebd., Bl. 330.
642 Vgl. Aussage Willi Wehren vom 7.7.1955, in: ebd., Bl. 40.
643 Vgl. Aussage Willi Wehren vom 13.7.1955, in: ebd., Bl. 114.
644 Vgl. Aussage Ursula Schulz vom 11.7.1955, in: ebd., Bl. 348; Aussage Maria Gawer/Marie Gaver vom 2.8.1955, in: ebd., Bl. 345; Aussage Helmut Gawer/Gaver vom 3.8.1955, in: ebd., Bl. 357.
645 Vgl. Aussage Egon Leppin vom 11.7.1955, in: ebd., Bl. 330.
646 Angaben zum »Sonderkommando« aus polnischen Zwangsarbeitern macht nur Egon Leppin. Vgl. ebd.
647 Vgl. Aussage Helmut Gawer/Gaver vom 3.8.1955, in: ebd., Bl. 357; Aussage Ursula Schulz vom 11.7.1955, in: ebd., Bl. 348.

in einer Vernehmung zu Protokoll, »ob man die Häftlinge dem Marschblock wieder zuführen müßte, Berger war anderer Meinung und sagte, wir hätten dadurch nur Scherereien, und Leppin pflichtete dem bei, indem er betonte: ›Man weg mit diesen Polenschweinen.‹«[648] Auch wenn die Kämpfe der deutsch-sowjetischen Gefechte bereits zu hören waren, blieb den Tätern noch Zeit, sich über das Vorgehen zu beraten, die vier polnischen Gefangenen anschließend zur Hinrichtung abzuführen und zu vergraben. Unmittelbar bevor sowjetische Soldaten am 1. Mai nach Herzsprung vordrangen, setzten sich Willi Wehren mit seiner Geliebten in Richtung Schwerin mit dem Motorrad ab.[649] Auch Berger, der Bürgermeister und die Eheleute Leppin flohen mit ihren Söhnen aus Herzsprung.[650] Während Soldaten den Ort noch verteidigten, und dabei starben und sich Anwohnerinnen aus Angst vor den Soldaten der Roten Armee suizidierten, ergriffen die Autoritäten entgegen der Befehle, bis zum letzten Moment vor Ort zu bleiben und sich kämpfenden Einheiten anzuschließen, die Flucht.[651]

Dem Mord waren Gewalthandlungen vorausgegangen, mit denen die verängstigten Männer aus dem Schuppen getrieben wurden. Die drei Direkttäter berieten sich zu ihrem weiteren Vorgehen. Zur Entscheidungsfindung führten neben der Befürchtung, bei einem sowjetischen Einmarsch mit Insassen aus Sachsenhausen angetroffen zu werden, spezifische Erfahrungshorizonte, auf die die Täter im Zuge ihrer »Problemlösung« zurückgreifen konnten.[652] Insbesondere Willi Wehren verfügte hinsichtlich der Ausübung von Gewalt gegenüber Nichtkombattant:innen über umfangreiches Wissen. 1918 in Essen geboren, war Wehren ab 1937 Mitglied in der SA-Standarte »Feldherrnhalle« in Fichtenhain bei Krefeld gewesen.[653] Die Angehörigen dieser SA-Standarte hatten sich aktiv, wenn nicht federführend, an den Novemberpogromen in Krefeld und Düsseldorf 1938 beteiligt.[654] 1939 in die Wehrmacht eingezogen, war Wehren am Einmarsch in Polen beteiligt. Nach einem kurzen Lazarettaufenthalt in Berlin war er bis 1941 in Dęblin-Irena stationiert, wo er mit seiner Einheit den dortigen Flugplatz bewachte.[655]

648 Aussage Willi Wehren vom 20.9.1955, in: ebd., Bl. 144.
649 Vgl. Aussage Willi Wehren vom 7.7.1955, in: ebd., Bl. 40.
650 Vgl. Winter, Gewalt, S. 94; Bürgermeister in Herzsprung an die Nationale Mahn- und Gedenkstätte Sachsenhausen, o. O. o. D., in: GUMS, R 22/20, Bl. 18.
651 Vgl. Sterbe- und Sterbezweitbuch des Standesamtsbezirk Herzsprung (1.5. bis 28.10.1945), in: BLHA, 46 Standesämter – Sterbezweitbücher 6663.
652 Vgl. Amos Tversky, Daniel Kahneman: Judgment under Uncertainty. Heuristics and Biases, in: Science 185 (1974), S. 1124-1131.
653 Vgl. Aussage Willi Wehren vom 16.9.1955, in: BStU, Potsdam, AU 41/56, Bl. 98; Mitgliederkartei der SA-Standarte »Feldherrnhalle«, in: BArch B, NS 23/1207.
654 Vgl. Menora auf dem Scheiterhaufen. Pogromnacht 9./10. November 1938: In Krefeld wurden 18 Geschäfte zerstört und geplündert. Online unter: https://kultur-in-krefeld.de/kultur-index/pogromnacht/ (letzter Zugriff am: 21.9.2024); Edith Raim: Justiz zwischen Diktatur und Demokratie. Wiederaufbau und Ahndung von NS-Verbrechen in Westdeutschland 1945-1949 (Quellen und Darstellungen zur Zeitgeschichte, Bd. 96), München 2013, S. 804.
655 Vgl. Aussage Willi Wehren vom 16.9.1955, in: BStU, Potsdam, AU 41/56, Bl. 99.

Seit 1940 existierte in Irena ein jüdisches Getto. Auf dem Flugplatz, den Wehren sicherte, mussten jüdische Männer, die in einem Lager auf dem Flugplatzgelände interniert waren, täglich schwerste Zwangsarbeit leisten.[656] Von Juni 1941 bis 1943 beteiligte er sich mit der Wehrmacht am Krieg gegen die Sowjetunion, wofür er mehrere Auszeichnungen erhielt. Äußerungen Wehrens lassen darauf schließen, dass er hierbei entweder Augenzeuge der vor Ort vollzogenen Massenerschießungen der – vorwiegend jüdischen und dem Sowjetregime gegenüber als loyal erachteten – Bevölkerung wurde oder aber im Rahmen seines Einsatzes in den Sicherungsverbänden der Wehrmacht selbst am Massenmord beteiligt war.[657] 1943 wurde er nach eigenen Aussagen wegen »Wehrkraftzersetzung« verhaftet. Zeitweilig war er im Warschauer Mokotów-Gefängnis inhaftiert, bevor ihn die Gestapo Ende 1943 nach Sachsenhausen überstellte. Hier hatte er »als Transportarbeiter« im Kommando »Waffenamt Wald« Munition auf Züge zu verladen und Zwangsarbeit im Bombensuchkommando in Oranienburg zu leisten, bevor er ab dem 21. April zur Bewachung von Mitgefangenen während des Todesmarsches herangezogen wurde.[658]

Insbesondere aufgrund der biografischen Stationen Wehrens überrascht es nicht, dass das Massaker in Herzsprung sowie die dazu nach dem Krieg getätigten Aussagen Parallelen zu Praktiken der Massenerschießungen im Rahmen des Holocaust »vor Ort« 1941/42 aufweisen. Neben der Praxis der Erschießung aus nächster Nähe und dem gezielten Kopfschuss ist es vor allem die Tarnung der Morde, die an das Vorgehen der Einsatzgruppen im polnisch-sowjetischen Grenzland und auf dem Territorium der Sowjetunion erinnert.[659] Die drei Männer, deren Tatbeteiligung

---

656 Vgl. Talia Farkash: Labor and Extermination. The Labor Camp at the Dęblin-Irena Airfield Puławy County, Lublin Province, Poland 1942-1944, in: Dapim. Studies on the Holocaust 29/1 (2014), S. 58-79.
657 So hatte Wehren laut eigener Aussage unter anderem das Eiserne Kreuz I und II erhalten – Abzeichen, die Wehrmachts- und SS/Polizei-Angehörige für die Beteiligung am Massenmord erhielten. Vgl. Dieter Pohl, Orden für Massenmord. Der Zweite Weltkrieg und der Holocaust haben vom Mythos des Eisernen Kreuzes wenig übriggelassen. Als Auszeichnung der Bundeswehr für Auslandseinsätze taugt es nicht, in: Die Zeit, Nr. 24/2008. Darüber hinaus gab Wehren in einer Vernehmung an, dass er »am 25.7.1943 wegen Nichtausführung eines Erschießungsbefehls« in Warschau von einem Feldgericht der Luftwaffe zum Tode verurteilt worden war. Auf sein Gnadengesuch wurde die Strafe in zehn Jahre Zuchthaus umgewandelt. Aussage Willi Wehren vom 7.7.1955, in: BStU, Potsdam, AU 41/56, Bl. 39. Dass Todesurteile für den Fall der Verweigerung von Erschießungen ausgesprochen wurden, ist als Entlastungsaussage Wehrens zu werten. Vgl. dazu Altmann, Das Unsagbare, S. 141-172. Vielmehr ist er aufgrund des vermuteten Tatbestandes der »Wehrkraftzersetzung« verhaftet worden. Vgl. Aussage Willi Wehren vom 16.9.1955, in: BStU, Potsdam, AU 41/56, Bl. 99. Für die vorliegende Untersuchung relevant ist vor allem der Umstand, dass Wehren während seines Militäreinsatzes offensichtlich in Kontakt mit Massenerschießungen gekommen war.
658 Vgl. Aussagen Willi Wehren vom 7.7.1955 und 16.9.1955, in: ebd., Bl. 38 und Bl. 99-101.
659 Vgl. Fubel/Klei, In-between Spaces; Beiträge in: The Holocaust in the Borderlands. Interethnic Relations and the Dynamics of Violence in Occupied Eastern Europe, hg. von Gaëlle Fisher und Caroline Mezger, Göttingen 2019.

sich rekonstruieren lässt, wählten ein die Tat verdeckendes Waldstück am Rande Herzsprungs und trieben die Gefangenen dorthin, anstatt sie an Ort und Stelle zu erschießen. Hierbei konnten sie auf ein Waldgelände zurückgreifen, das über eine Anhöhe samt Kiesgrube verfügte und zum einen unerwünschte Blicke abschirmte, während es zum anderen durch die vorgefundene Erdvertiefung die Beseitigung der Leichen erleichterte – ein Grab war nicht mehr auszuheben. Das Vorgehen entspricht dem der Einsatzgruppen und Wehrmachtsangehörigen, die den Holocaust »by Bullet« ausführten. Zur Tarnung der Massenerschießungen griffen die Täter auf Waldstücke oder Dünengelände zurück, die eine Einsicht in das Morden verdecken sollten.[660] Die Salven der Mordschützen waren aber stets kilometerweit zu hören.[661] Zur Beseitigung der Leichen dienten bestehende Erdvertiefungen wie Bombenkrater, Kiesgruben oder Schluchten, die einen schnelleren Vollzug der Massenmorde garantierten. Dort, wo keine Erdvertiefungen zur Verfügung standen, mussten Gefangene die Massengräber ausheben und wurden anschließend – als Zeugen der Morde – ebenfalls getötet.

Sowohl im Zuge des »Holocaust by Bullet« als auch während der Durchführung des Mehrfachmordes in Herzsprung galt Folgendes: Über das lokale Wissen über geeignete Stellen zum Vollzug von Massenerschießungen verfügten vor allem Einheimische. Darüber hinaus griffen Täter im Zuge der Morde stets auf lokale Hilfskräfte oder Wehrmachtsangehörige zurück, die das Gelände abzuschirmen hatten und die zur Ermordung vorgesehenen Menschen unter den Augen der Bevölkerung zum Tatort führten. Auch hinsichtlich des Zur-Verfügung-Stellens der Scheunen, um die Gefangenen nachts einzusperren – und somit leichter bewachen zu können[662] – oder hinsichtlich der Denunziationen bei Fluchtfällen lieferten Anwohner:innen das Fundament, auf dem die Gewaltausübung der Todesmärsche erst möglich wurde. Sie stellten somit eine Art »äußerste Postenkette« dar, die auch dann noch elementar zur Aufrechterhaltung des Konzentrationslagerregimes beitrug, als sich dieses im Zuge der Evakuierungen zu bewegen und aufzulösen begann.[663] Dass in Herzsprung Zivilpersonen – unter ihn mehrere Kinder – bewusst, aber mit etwas Abstand dem Geschehen beiwohnten und niemand Wort erhob und eingriff, als Leppin zusammen mit den Männern in SS-Uniform die Gefangenen durch das Dorf trieb, konnte als bekräftigendes Signal gedeutet werden[664] – die Gewalt gegen als Feinde erachtete Menschen war hier (noch) erlaubt.

---

660 Vgl. Konrad Kwiet: Forests and the Final Solution, in: Leerstelle(n)? Der deutsche Vernichtungskrieg 1941-1944 und die Vergegenwärtigungen des Geschehens nach 1989, hg. von Alexandra Klei und Katrin Stoll, Berlin 2019, S. 41-70.
661 Vgl. Christian Gerlach: Wie hörte sich die Vernichtung eines Dorfes an? Erinnerungen von Überlebenden, Vortrag in der Gedenkstätte Topographie des Terrors vom 6.5.2021. Online unter: https://www.youtube.com/watch?v=_r3_qKfO1sQ (letzter Zugriff am: 29.9.2024).
662 Vgl. Fubel/Klei, In-between Spaces.
663 Vgl. Fings, SS-Baubrigaden, S. 145-153.
664 Vgl. Aussagen Willi Wehren vom 7. und 13.7.1955, in: BStU, Potsdam, AU 41/56, Bl. 44 und Bl. 114.

Nicht nur Wehren und Berger konnten auf konkretes, aus ihren Wehrmachtseinsätzen stammendes Wissen zur Bewältigung derartiger Situationen zurückgreifen. Auch Leppin verfügte über spezifisches Gewaltwissen und soldatische Erfahrungen. Als Ortsgruppenleiter war er für die Ideologisierung und das Auf-Kurs-Halten der lokalen Bevölkerung im Sinne des NS-Regimes verantwortlich.[665] Als Druckmittel dienten hierbei bereits die Verschleppungen politisch Andersdenkender in die frühen Lager im nahen Neuruppin oder Oranienburg 1933/34. Leppin betrieb seit 1921 eine Gaststätte in Herzsprung. 1933 war er der NSDAP beigetreten und betätigte sich bis zum Schluss als lokaler NS-Funktionär. Er war Mitglied der Nationalsozialistischen Volkswohlfahrt (NSV) und des örtlichen Kriegervereins – der gelernte Maurer hatte im Ersten Weltkrieg gedient. 1945 unterstand ihm der lokale Volkssturm.[666] Als Mitglied des NSV war er zusammen mit dem Bürgermeister auch für die Unterbringung von Flüchtlingen verantwortlich.[667] Auf die Meldung durch seine Verwandte, die die Gefangenen entdeckt und denunziert hatte, nahm er, als lokale (Repräsentations-)Instanz des NS-Regimes im Dorf dazu berechtigt, in Herzsprung die vier Gefangenen fest.[668] Zur bewaffneten Unterstützung standen ihm Wehren und Berger zur Seite. Gemeinsam berieten sich die drei Männer über den Verbleib der Gefangenen und entschieden sich zur Ermordung. Leppins feindlich gesinnte Einstellung gegenüber den polnischen Männern, die sich im Dorf auch zur Zwangsarbeit in der Landwirtschaft eingesetzt befanden,[669] sorgte hierbei für den nötigen Nachdruck.[670] Damit handelte der Ortsgruppenleiter auch Ende April 1945 noch auf Partei- und SS/Polizei-Linie, obwohl sowjetische und polnische Einheiten bereits in Richtung Herzsprung vorrückten und der NS-Staat zusammenbrach.

Hinsichtlich der Frage nach der Stelle, an der der Gefangenenmord vollzogen werden sollte, verfügte der Ortsgruppenleiter über das nötige Wissen, um die Tat abgeschirmt vollziehen und anschließend tarnen zu können. Leppin war es auch, der die Weisung erteilte, die Ermordeten in der Kiesgrube zu vergraben.[671] Ob es hierbei tatsächlich zur Bildung eines »Sonderkommandos« aus polnischen Zwangsarbeitern kam und wenn ja, was mit diesen nach der zwangsweisen Verwicklung in das Mordgeschehen geschah, kann nicht mehr rekonstruiert werden.[672] Die Verweise auf dieses

---

665 Vgl. Aussage Wilhelm Leppin vom 12. 7. 1955, in: ebd., Bl. 231.
666 Vgl. Aussage Werner Fahrendorf vom 15. 8. 1955, in: ebd., Bl. 365.
667 Vgl. Winter, Gewalt, S. 92 f.
668 Vgl. Auffangkommandant in Groß-Schönebeck/Zehdenick (Sonderstab RF-SS) an die Ortsgruppenleiter und den Volkssturm vom 9. 2. 1945, in: BLHA, 61 A NSDAP 574.
669 Vgl. Schreiben des Bürgermeisters in Herzsprung an die Nationale Mahn- und Gedenkstätte Sachsenhausen, o. O. o. D., in: GUMS, R 22/20, Bl. 18.
670 Aussage Willi Wehren vom 20. 9. 1955, in: BStU, Potsdam, AU 41/56, Bl. 144.
671 Vgl. Aussage Willi Wehren vom 13. 7. 1955, in: ebd., Bl. 115.
672 Im Dorf kursierten Gerüchte, dass polnische Zwangsarbeiter die Leichen anschließend vergraben mussten. Vgl. Aussage Egon Leppin vom 11. 7. 1955, in: ebd., Bl. 330; Aussage Maria Leppin vom 11. 7. 1955, in: ebd., Bl. 326.

Vorgehen ebenso wie die Umstellung des Tatortes durch Wehrmachtsangehörige – Aussagen, die sich bei Wehren und bei einzelnen Familienmitgliedern Leppins finden lassen – bekräftigen den mentalen Rückgriff auf kollektives Gewaltwissen zu Massenerschießungen sowie die Nutzung dieser als »kollektive Wissensspeicher«[673] gefassten Skripte für den Gefangenenmord in Herzsprung 1945.

Darüber hinaus gehörten Konzentrationslager, in die Gegner:innen des NS-Regimes verschleppt wurden, seit 1933 zum Erfahrungshorizont der Bevölkerung; es gab kaum eine Ortschaft im Norden Brandenburgs, aus der im Jahr der nationalsozialistischen Machtübernahme nicht Teile der Bevölkerung – Familienangehörige, Nachbarn oder Bekannte – in die frühen Konzentrationslager in Neuruppin oder Oranienburg verschleppt worden waren.[674] Auch die Präsenz der SS-Angehörigen aus Sachsenhausen im nördlichen Teil der Provinz Brandenburg, die die Gefangenen zu ihren Zwangsarbeitseinsätzen begleiteten und die in ihrer Freizeit Tanzlokale und Gastwirtschaften aufsuchten, gehörte 1945 längst zum Alltag.[675] Insbesondere aber die etablierte Gegner:innenfiguration des »Konzentrationslagerhäftlings« und die begrenzte Wahrnehmungsfähigkeit bzw. -bereitschaft der Anwohner:innen hinsichtlich des Leids der Verschleppten, die auf der »weit verbreitete[n] Überzeugung [fußte, J. F.], bei den KZ-Häftlingen habe es sich um ›Kriminelle‹, ›Asoziale‹ und Regimegegner gehandelt, deren Gefangenschaft und auch harte Behandlung daher zu recht geschehe«,[676] sorgte dafür, dass niemand einschritt und das Wort gegen die brutale Behandlung der Gefangenen durch die drei Männer – Leppin, Wehren und Berger – in Herzsprung erhob. Stattdessen wurde sich entweder resignierend abgewendet oder das Geschehen begrüßend aus nächster Nähe beobachtet. Hilfe erhielten Gefangene, die sich von den Märschen absetzten, mehrheitlich nur, wenn es ihnen gelang, an die Fahrzeuge des IKRK heranzukommen.

6.12 IKRK

Als die Mehrzahl der aus Sachsenhausen weiterverschleppten Insass:innen Below erreicht hatte und dort von den Wachmannschaften in den Bereich des Waldlagers getrieben wurde, kamen sie in direkten Kontakt zu Delegierten des IKRK. Bereits

---

673 Jureit, Skripte, S. 64.
674 Vgl. Günter Morsch und Agnes Ohm (Hg.): Terror in der Provinz Brandenburg. Frühe Konzentrationslager 1933/34, Berlin 2014; Peter Pusch: Auch Neuruppin hatte ein KZ, in: Märkische Allgemeine Zeitung vom 13. 5. 2018. Online unter: https://www.maz-online.de/lokales/ostprignitz-ruppin/neuruppin/auch-neuruppin-hatte-ein-kz-RJTQYEUQ7S3EMRSNV5GSCZYXEU.html (letzter Zugriff am: 24. 9. 2024).
675 Vgl. Aussage Wehren vom 13. 7. 1955, in: BStU, Potsdam, AU 41/56, Bl. 111; vgl. auch Günter Morsch: Die Konzentrationslager-SS 1936-1945. Arbeitsteilige Täterschaft im KZ Sachsenhausen, Berlin 2018, S. 204-207.
676 Fings, Krieg, S. 147.

unterwegs erhielten Deportierte, wie Walter Gozell in Herzsprung, Lebensmittel von den IKRK-Wagen, die als Lastwagenkolonne hinter den Gefangenen herfuhr.[677] Der Delegierte Willy Pfister hatte das IKRK-Depot, das sich in Wagenitz nördlich von Berlin befand, mit zwei schweizer und zwei kanadischen Fahrern am Nachmittag des 21. April mit dem Ziel verlassen, die Gefangenen unterwegs zu versorgen.[678] Zuvor hatten die IKRK-Angehörigen in Oranienburg das Verlassen der letzten Gefangengruppen beobachten müssen, ohne selbst tätig werden zu dürfen. Der Versuch Pfisters, in der Nacht vom 20. zum 21. April Höß und Kaindl von der Weiterverschleppung der Gefangenen abzubringen, war gescheitert. Mit Verweis auf die militärischen und sicherheitspolizeilichen Richtlinien, »bei Annäherung des Feindes eine sofortige Evakuierung des gesamten Lagers mit Ausnahme des Lazaretts« vorzunehmen,[679] hatte Kaindl die Übergabe der Insass:innen an das IKRK abgelehnt.

Der ambivalenten Situation, der Verschleppung der Gefangenen beiwohnen zu müssen und den Deportierten dabei so gut es ging zu helfen, waren Versuche vorausgegangen, die SS hinsichtlich der in den Konzentrationslagern inhaftierten Menschen zu Verhandlungen zu bewegen.[680] Diese hatten bereits in den Vormonaten eingesetzt und hielten auch im April noch an. So waren am 4. April erneut Delegierte nach Oranienburg gefahren, um das Gespräch mit den Angehörigen der Amtsgruppe D zu suchen. Es gelang ihnen, sowohl mit Enno Lolling, Rudolf Höß und dessen Verwaltungsstab als auch erstmalig mit dem »Lagerältesten« in Sachsenhausen, Kurt Bayer, zu sprechen. An diesem Tag erzielten die IKRK-Angehörigen das Verhandlungsergebnis eines Empfehlungsschreibens, mit dem deren Delegierte bei den Kommandanten der noch bestehenden Konzentrationslager vorsprechen konnten und Kontakt zu den »Lagerältesten« erhalten sollten.[681] Ob Kaindl sich an diesem Tag – wie er nach dem Krieg behaupten sollte – mit Himmler im Auftrag der Amtsgruppe D, der er ebenfalls angehörte, traf und dem RFSS hierbei tatsächlich die Übergabe der Gefangenen an das IKRK vorgeschlagen hatte oder ob es sich dabei nur um eine Entlastungsaussage handelte, konnte ich im Rahmen der Untersuchung nicht verifizieren.[682] Himmler, der in den Monaten zuvor selbst versucht hatte, über den Kontakt zu leitenden Delegierten

---

677 Vgl. Bericht Walter Gozell o. O. o. D., in: GUMS, P 3 Gozell, Walter.
678 Vgl. Drago Arsenijevic: Voluntary Hostages of the S.S, Geneva 1979, S. 207; Farré, ICRC, S. 1395 f.; Farré, Sachsenhausen, S. 291.
679 V. Bericht eines IKRK-Delegierten über die Evakuierung des Lagers Oranienburg (Sachsenhausen) (April 1945, Zusammenfassung), in: Dokumentation über die Tätigkeit des Internationalen Komitees vom Roten Kreuz zugunsten der in den deutschen Konzentrationslagern inhaftierten Zivilpersonen (1939-1945), hg. vom Internationalen Komitee vom Roten Kreuz, Genf 1947, S. 120-123, hier S. 120; Arsenijevic, Hostages, S. 203-205.
680 Vgl. Farré, Sachsenhausen, S. 283.
681 Vgl. II. IKRK-Bericht, S. 98.
682 Der Dienstkalender Himmels ist nur bis zum 15. März 1945 überliefert. Vgl. Uhl u. a., Dienstkalender.

des IKRK Verhandlungen mit den Westalliierten zu erreichen, und dabei Insass:innen als Druckmittel benutzte, soll der Vorschlag nun, so Kaindl, »verärgert« haben.[683]

Ab dem 8. April intensivierte das IKRK die Versorgung mit Lebensmittelpaketen in Sachsenhausen. Nun über Kontakt zum »Lagerältesten« verfügend, wussten die Delegierten, dass sich die Situation der Gefangenen in Sachsenhausen, aber auch in Ravensbrück weiter zuspitzte und es nicht klar war, was mit den Insass:innen bei einem Vormarsch der sowjetischen Streitkräfte geschehen würde. Aufgrund früherer Konzentrationslagerauflösungen war bekannt, dass die Deportierten bei der Räumung der SS-Standorte mitgeführt wurden. Am 19. April unterrichtete Höß den kommissarischen Leiter der IKRK-Delegation in Berlin, Dr. Otto Lehner, schließlich davon, dass Sachsenhausen nun unmittelbar vor der Räumung stand.[684] Der Versuch, am 20. April diesbezüglich erneut mit Schellenberg in Kontakt zu treten, um die Evakuierung zu verhindern, scheiterte. Ein in Berlin-Wannsee mit einem sichtlich nervösen Heinrich Müller geführtes Gespräch Lehners führte nicht zu dem Ziel, die Übergabe der beiden großen Konzentrationslager an das IKRK und den Rückzug des Lagerpersonals zu erwirken. Müller verwies auf Himmler, mit dem er sich dazu erst absprechen müsse.[685]

Während die Berliner IKRK-Delegierten Müllers Rückmeldung abwarteten, suchten sie nach anderen Wegen. Nach einem schweren nächtlichen Luftangriff brach der IKRK-Konvoi, den Pfister leitete, nach Oranienburg auf. Müller hatte sich nicht mehr gemeldet. Die Gruppe musste hierbei auch die Sperrgebiete, die zur Verteidigung Berlins eingerichtet worden waren, passieren und geriet in direkte Nähe zu deutschen Militäroperationen – nur um im Anschluss an dieses gefährliche Unterfangen von Höß und Kaindl in Oranienburg zu erfahren, dass Himmler die Übergabe von Sachsenhausen und Ravensbrück an das IKRK verboten hatte. Müller schien Himmler tatsächlich über die Absichten der Delegierten informiert zu haben, der allerdings anstelle der Genehmigung mit einem Verbot reagierte. Nachdem Pfister nach Berlin zurückgekommen war und Bericht erstattet hatte, erging ein Anruf Höß', in dem er das IKRK darüber informierte, dass die Räumung Sachsenhausens Richtung Wittstock angelaufen war und über einen Fußmarsch von 100 Kilometer erfolgen sollte. Höß gab dem IKRK die ungefähre Route und einzelne Etappenorte mit dem Ziel durch, die Versorgung mit Lebensmittelpaketen zu erreichen, »da es um die Verpflegung sehr schlecht bestellt war. So eigenartig das anmuten mag: die SS-Leute waren davon

---

683 Aussage Anton Kaindl vom 3.2.1946 in: YV, O.65/60.
684 Vgl. IV. Bericht eines IKRK-Delegierten über einen Besuch im Konzentrationslager Ravensbrück mit der Absicht, die Evakuierung zu verhindern, sowie über die Evakuierung von Oranienburg (Sachsenhausen), in: Dokumentation über die Tätigkeit des Internationalen Komitee vom Roten Kreuz zugunsten der in den deutschen Konzentrationslagern inhaftierten Zivilpersonen (1939-1945), hg. vom Internationalen Komitee vom Roten Kreuz, Genf 1947, S. 111-120, hier S. 111; Arsenijevic, Hostages, S. 202.
685 Vgl. Arsenijevic, Hostages, S. 203.

überzeugt, es sei die Pflicht des Roten Kreuzes, die Häftlinge zu ernähren.«[686] Dass er damit nicht (nur) die Versorgung der Gefangenen, sondern vor allem die des Lagerpersonals meinte, sollte den IKRK-Delegierten, die sich daraufhin auf den Weg machten, bald klar werden.

Müller hatte dem IKRK in Berlin die Räumung Sachsenhausens daraufhin bestätigt. Die Delegierten standen nun vor der Frage, wie am besten vorzugehen sei. Denn obwohl das IKRK über ein Depot in Wagenitz nordwestlich von Berlin verfügte, wo sich Lebensmittelpakete befanden, stellten ein Aufbruch und das Folgen der Kolonnen ein sehr gefährliches Unterfangen dar. Aus Lübeck mussten weitere Fahrzeuge mit Lebensmitteln geholt werden, um die Versorgung der Gefangenen, bei denen das IKRK von circa 50.000 ausging, zu gewährleisten.[687] Der Raum, den die Fahrer jetzt sowohl auf dem Weg nach Lübeck als auch den Kolonnen aus Sachsenhausen folgend zurücklegen mussten, führte durch unmittelbares Luftkriegs- und deutsches Aufmarschgebiet, war also durch alliierte Luftangriffe auf deutsche Militärkolonnen gekennzeichnet, die die Hauptstraßen verstopften. Gleichzeitig zogen Flüchtlingstrecks in Richtung Westen und belegten ebenso wie die Gefangenenkolonnen die Nebenstraßen.[688] Nachdem er Lehners Bericht über die Situation in Sachsenhausen erstattet hatte, verließ Pfister am Nachmittag des 21. April mit seinem Chauffeur Berlin, um die Versorgung der Gefangenen von Sachsenhausen zu organisieren und das Geschehen persönlich vor Ort zu überwachen. In Wagenitz wurden Lebensmittelpakete aufgeladen. Anschließend fuhr der Hilfskonvoi den Gefangenenkolonnen hinterher.[689]

Unmittelbar nach dem Einbiegen auf die Route, die Gefangene aus Oranienburg wegführte, entdeckten die IKRK-Angehörigen die ersten Leichen von ermordeten Insass:innen, bevor sie auf die Gefangenenkolonnen und das Wach- und Transportführungspersonal stießen.[690] In Neuruppin wurde Pfister erstmalig selbst unmittelbarer Zeuge eines Gefangenenmordes.[691] Das sich nun auf dem Rückzug befindliche Konzentrationslager Sachsenhausen ließ sich nicht mehr – wie zuvor durch die Lagermauer – vor den Blicken der IKRK-Delegierten abschirmen.[692] Was er nun sah, spiegelt sich in dem Bericht und den Fotografien, die er unterwegs anfertigte, wider. Pfister, der die Versorgung der ersten Tage koordinierte, intervenierte bereits am 22. April bei August Höhn, das Morden einzustellen, und informierte die Stellen in Wagenitz und Berlin.[693] Lehner sendete daraufhin am 23. April den Delegierten Albert de Cocatrix nach Ravensbrück, um Höß eine Protestnote zu übergeben. De Cocatrix kam unterwegs aufgrund des Kriegsgeschehens kaum voran und traf Höß

---

686 II. IKRK-Bericht, S. 103; IV. IKRK-Bericht, S. 111; Arsenijevic, Hostages, S. 202 f.
687 Vgl. ebd.
688 Vgl. IV. IKRK-Bericht, S. 112.
689 II. IKRK-Bericht, S. 103; Arsenijevic, Hostages, S. 205; Farré, ICRC, S. 1396.
690 Vgl. Bericht Günther Bullerjahn vom 17.1.1972, in: BLHA, Rep. 930 SED BL Ctb 4479.
691 Vgl. Arsenijevic, Hostages, S. 209.
692 IV. IKRK-Bericht, S. 111.
693 Vgl. V. IKRK-Bericht, S. 122.

nicht an. Stattdessen versuchte er, auf Suhren einzuwirken, die Räumung Ravensbrücks zu unterlassen, und forderte Kaindl, der sich nun ebenfalls dort aufhielt, auf, die Einstellung der Gefangenentötungen zu befehlen.[694] Am 25. April wandte sich auch der Leiter der IKRK-Delegation in Wagenitz, Dr. Heinrich Landolt, in einer Protestnote an den Kommandanten von Sachsenhausen.[695] Parallel taten die IKRK-Angehörigen alles Mögliche, um die Verschleppten zu versorgen. Pfister intervenierte auch gegenüber den Kolonnenführern gegen das Morden, das sie insbesondere auf der Etappe von Oranienburg nach Wittstock ausübten.[696]

Versorgung im Abschnitt Oranienburg – Wittstock/Below

Die Lastwagenkolonnen des IKRK schlossen sich den Gefangenenkolonnen aus Oranienburg an. Drei Delegierte organisierten unter der Koordination Pfisters die jeweiligen Fahrten und die Verteilung der Pakete an die Verschleppten.[697] Einer von ihnen musste sich gleichzeitig noch um die Versorgung der Kriegsgefangenen und Frauen kümmern, die von den Wachmannschaften aus Sachsenhausen am 24. April aus dem Außenlager in Belzig zum Stalag XI A in Altengrabow getrieben wurden.[698] Er versuchte, mit den Fahrern, die zwischen Lübeck und Altengrabow pendelten, um Lebensmittelpakete heranzuschaffen, in Kontakt zu bleiben, und nutzte diese Verbindung auch, um schwer kranke Gefangene nach Altengrabow fahren zu lassen und später auf den Weg nach Lübeck zu bringen.[699] Die Versorgung der Deportierten zwischen Oranienburg und Below dauerte vier Tage an, bevor es später in Below am 27. und 30. April ebenfalls zur Verteilung von Paketen kam.[700] Nachts wurden die Pakete in Wagenitz verladen, was den Delegierten und Fahrern der Hilfskolonne Ruhepausen ermöglichte, sie aber auch verzweifeln ließ. Denn es war ihnen so nicht möglich, bei den Gefangenen zu bleiben, um sie insbesondere vor den morgendlichen Gewaltakten, wenn Deportierte nicht aufstehen und weiterlaufen konnten, zu schützen. So sehr die Gefangenen auch darum baten, die Heranschaffung von Lebensmitteln hatte Priorität; zudem stellte das Intervenieren gegenüber dem bewaffneten Lagerpersonal für die IKRK-Angehörigen selbst eine gefährliche Situation dar.[701] Während die Deportierten aufgrund der Unter-

---

694 Vgl. VI. IKRK-Bericht, S. 124; IV. IKRK-Bericht, S. 116; Arsenijevic, Hostages, S. 212 f.
695 Vgl. Protestnote des IKRK, Chef der Delegation des IKRK in Norddeutschland (Wagenitz), Dr. H. Landolt, an den Kommandanten des KL Sachsenhausen vom 25.4.1945, in: GUMS, G44/13-19.04; vgl. auch Dokumentensammlung Nr. 2, in: GUMS, LAG II/13.
696 Vgl. IV. IKRK-Bericht, S. 116.
697 Vgl. VI. IKRK-Bericht, S. 124; Arsenijevic, Hostages, S. 208 f.
698 Vgl. französischer Ermittlungsbericht vom 19.12.1945, in: GUMS, LAG LII/1, Bl. 486 f.
699 Vgl. ebd., S. 123 f.
700 Vgl. Farré, The ICRC, S. 1395.
701 Vgl. V. IKRK-Bericht, S. 121.

stützung, die die Anwesenheit des IKRK darstellte, Hoffnung schöpften, fühlte sich das Lagerpersonal beobachtet und reagierte mitunter entsprechend aggressiv.[702]

Am Morgen brachen die Konvois in Wagenitz auf, um zu den Deportierten zu gelangen und die Etappen der Kolonnen abzufahren.[703] Bis Below verteilten die Hilfskonvois insgesamt circa 5.000 »War-Refugee-Board«-Pakete und 3.000 US-amerikanische Hilfspakete, über die das IKRK in Wagenitz verfügte.[704] An den ersten drei Morgen fanden die IKRK-Angehörigen dabei Leichen von erschossenen Gefangenen in Straßengräben und an den Plätzen, die als Nachtlager gedient hatten, vor. Sie ließen sich von den Deportierten vom Geschehen berichten. Gemeinsam mit zu Hilfswachmännern ernannten Gefangenen zogen sie auch Leichen aus dem Dickicht hervor, in das Schwerkranke zur Ermordung geführt worden waren, um die Morde fotografisch zu dokumentieren.[705] Die Zahl der vorgefundenen Leichen nahm ab dem 23. April ab, als speziell dafür gebildete »Kommandos« die Toten einzusammeln und wegzuschaffen hatten.[706] Das IKRK nutzte die Leerfahrten der LKW vor der Rückkehr nach Wagenitz, um kranke und entkräftete Deportierte von Wittstock nach Below zu fahren und damit das Morden des Lagerpersonals zu unterbinden.[707]

Einige der mittlerweile völlig entkräfteten Deportierten waren psychisch so am Ende, dass sie sich kaum noch orientieren konnten. Sie wehrten sich mit ihren letzten Kräften gegen diesen als Unterstützung gedachten Transport, weil sie in den IKRK-Angehörigen keine Helfer:innen erkennen konnten und Angst hatten, dass sie zur Vernichtung weggebracht werden sollten.[708] Während des Abschnittes Oranienburg-Wittstock-Below, auf dem die IKRK-Kolonnen vier Tage lang unterwegs waren, ließ das Wachpersonal die IKRK-Angehörigen gewähren. Am 24. April geriet das Schloss in Wagenitz, das dem IKRK als Depot diente, in die deutsch-sowjetische Kontaktzone und auch unter Beschuss. An diesem Tag waren dort noch 130 Kriegsgefangene eingetroffen, die aus Berlin geflohen waren. Ab dem 27. April lag Wagenitz in sowjetisch besetztem Gebiet. Die Versorgung der Gefangenen konnte nun nur noch von Lübeck aus erfolgen.[709]

Versorgung in Wittstock, Below und Grabow

In Wittstock hatte eine IKRK-Lastwagenkolonne bereits ein Depot eingerichtet, das der Heranschaffung neuer Lebensmittelpakete aus Lübeck diente.[710] Von dort aus brachen die Hilfskonvois nun in den nahen Wald bei Below auf, um die Gefangenen

---

702 Vgl. IV. IKRK-Bericht, S. 119 f.; VI. IKRK-Bericht, S. 127; Arsenijevic, Hostages, S. 207.
703 Vgl. V. IKRK-Bericht, S. 121.
704 Vgl. VI. IKRK-Bericht, S. 124; vgl. auch Farré, ICRC, S. 1395.
705 Vgl. V. IKRK-Bericht, S. 121.
706 Vgl. ebd., S. 122.
707 Vgl. IV. IKRK-Bericht, S. 118.
708 Vgl. V. IKRK-Bericht, S. 123.
709 Vgl. VI. IKRK-Bericht, S. 124 f.
710 Vgl. ebd., S. 127.

zu versorgen. Beim Eintreffen flehten Gefangene die IKRK-Angehörigen vor den Augen der Wachmannschaften um Essen an. Hierbei kam es auch zu einem offenen Streit zwischen Pfister und einem Kolonnenführer. Aufgrund des großen Elends der Gefangenen hatte der IKRK-Delegierte nicht mehr an sich halten können:

»Auf der Strecke nach Wittstock, dem Sammelpunkt aller Kolonnen, bemerkte ich plötzlich, zwanzig Meter von der Straße entfernt, Evakuierte, die mir Zeichen gaben. Sie waren wie Vieh hinter einer Umzäunung zusammengepfercht: es waren ungefähr 500. Ich näherte mich dem Zaun und unterhielt mich mit einer Häftlingsgruppe. Die SS-Leute, die die Wache rings um die Absperrung versahen, rührten sich nicht. Die Häftlinge teilten mir mit, sie hätten seit drei Tagen nichts zu essen gehabt. Nun erlebte ich herzzerreissende Szenen, die das größte Mitleid hervorriefen. Die Häftlinge warfen sich auf die Knie und flehten mich mit ausgebreiteten Armen unter Tränen an, sie nicht sterben zu lassen. Ein slowakischer Anwalt, Vater von sieben Kindern, zeigte mir eine Handvoll Weizen: das war alles, was man ihnen seit drei Tagen gegeben hatte. Einer von ihnen fügte hinzu, am Vorabend habe eine Verteilung (pro Mann drei Kartoffeln) stattgefunden, aber eine Gruppe von Häftlingen habe während der Nacht ihre Kameraden angegriffen und ihnen alles wieder weggenommen. Ich verlangte, sofort den Kolonnenführer zu sprechen. Er kam nach einer halben Stunde. Ich verbarg ihm nicht meine Empörung darüber, dass die Häftlinge seit drei Tagen fast nichts zu Essen gehabt haben. Er erklärte mir, das stimme nicht. Als er erfuhr, dass ich mit den Häftlingen gesprochen hatte, geriet er in heftige Wut. Er brüllte: ›Ich verbiete Ihnen, mit den Häftlingen zu reden!‹ Ich schrie nun auch meinerseits und wurde dabei von dem treuen und ergebenen Fahrer unterstützt, der mir übrigens auf all meinen Fahrten eine grosse Hilfe war. Die SS-Leute leisteten ihrem Vorgesetzten Beistand und nahmen uns gegenüber eine drohende Haltung ein. Ich muss gestehen, ich fühlte mich keineswegs sicher. Ruhig erklärte ich ihnen, es wäre nur zu ihrem eigenen Vorteil, die Häftlinge gut zu behandeln. Andernfalls würden sie ihre Lage verschlimmern, wenn man sie zur Rechenschaft ziehen sollte. Ich verlangte, dass noch am selben Abend Lebensmittel ausgeteilt würden. Der Hauptscharführer erklärte mir, das Notwendigste veranlassen zu wollen. Er weigerte sich jedoch, mir das Ziel der Kolonne für den nächsten Abend preiszugeben. Ich wies ihn darauf hin, dass ich am selben Morgen ein Gespräch mit dem Lagerkommandanten geführt hätte und ich seinem Vorgesetzten Bericht erstatten würde. Das beeindruckte ihn offensichtlich.«[711]

In solchen Situationen, die auch Albert de Cocatrix schilderte, brachten sich die IKRK-Angehörigen selbst in Gefahr, da die bewaffneten SS-Angehörigen ihnen offen

---

711   IV. IKRK-Bericht, S. 117 f.

Abb. 13: Lager im Freien

drohten.⁷¹² Pfister hatte das beschriebene Gespräch mit den Deportierten aber auch genutzt, um eine Fotografie von dem Elend der Gefangenen anzufertigen (Abb. 13). Auf dem Weg nach Wittstock-Below hält er zudem fotografisch fest, wie sich das Lagerpersonal aus den für die Gefangenen vorgesehenen Paketen versorgte (Abb. 14).⁷¹³

In Below hatte sich der von Kolb eingerichtete Befehlsstand befunden. In den Berichten des IKRK wird er als »Ortskommandantur« bezeichnet.⁷¹⁴ Die Delegierten suchten die Angehörigen der Kommandantur auf, um gegen die Erschießungen und die mangelnde Versorgung der Deportierten zu protestieren und die direkte Ausgabe von Lebensmittelpaketen an die Gefangenen zu verlangen.⁷¹⁵ Hierbei erhielten sie die Auskunft, dass vorgesehen war, mit den Gefangenen nur wenige Tage in Below zu lagern und sich bereits um Brot und Wasser für die Gefangenen gekümmert werden würde. »Den Rest«, so hielt Pfister in seinem Bericht empört fest, »sollte das Rote Kreuz machen!«⁷¹⁶ Die direkte Übergabe von Lebensmittelpaketen an die Deportierten durfte allerdings erst erfolgen, nachdem die Wachmannschaften mit diesen versorgt worden waren. Sie wurde von Ludwig Rehn überwacht.⁷¹⁷

---

712 Vgl. Arsenijevic, Hostages, S. 220 f.
713 Vgl. Farré, Sachsenhausen, S. 294.
714 Vgl. IV. IKRK-Bericht, S. 117-119.
715 Vgl. Aussage Heinz Baumkötter vom 4.9.1946, Kopie in: GUMS, JSU 1/21/1; Aussage Anton Kaindl vom 20.12.1946, Kopie in: GUMS, JSU 1/2.
716 Vgl. IV. IKRK-Bericht, S. 119.
717 Vgl. Aussage Ludwig Rehn vom 23.10.46, Kopie in: GUMS, JSU 1/23/1.

VERLÄUFE – ENTSCHEIDUNGEN – PRAKTIKEN

Nachdem sich das Wachpersonal an den Paketen bedient hatte, waren die IKRK-Angehörigen zwei Tage lang damit beschäftigt, die Pakete zu verteilen.[718] Die Gefangenen erhielten in Fünfer- bzw. Sechser-Gruppen je ein Paket direkt vom LKW.[719] Die Rationen reichten nun nicht mehr für alle Gefangenen.[720] Insgesamt verteilte das IKRK in Below am 27. und 30. April je 56.000 kg Lebensmittel.[721] IKRK-Angehörige trugen zusammen mit kräftigeren Deportierten anschließend Todkranke auf die leeren LKW, um sie nach Grabow zu fahren, wo die Kommandantur Scheunen zum Sammeln und zur Versorgung der Gefangenen einrichten ließ.[722] Andere gelangten in »Weißen Bussen« auch nach Rostock und Lübeck, wo das IKRK über Depots und ein Lazarettschiff verfügte.[723] Im Wald gab es trotzdem viele Deportierte, die an Erschöpfung und wegen unterlassener Hilfeleistung durch das Lagerpersonal verstarben.[724] Der Ausbruch und die Verbreitung von Seuchen veranlasste Baumkötter, am 26. April selbst nach Wagenitz zu fahren, um das IKRK zu informieren und nach Medikamenten – vermutlich für erkranktes Lagerpersonal – zu fragen.[725]

Abb. 14: Wachpersonal bei der Öffnung von Hilfspaketen

Auch der »Krankenbau-Älteste« von Sachsenhausen, Wieber, fuhr in einem IKRK-LKW nach Wagenitz. Mit weiteren, kräftigeren Gefangenen half er mit, Medikamente und Lebensmittel für die Kranken zu besorgen, zu entladen und zu verteilen, unmittelbar

718 Vgl. Bericht Wolfgang Szepansky aus dem Jahr 1961, in: GUMS, LAG LII/1.
719 Vgl. ebd., Bericht Robert Theumann vom 5.7.1962, in: YV, O.3/2632.
720 Vgl. Aussage Erich Köpf vom 13.12.1960, in: StAL, E 48/2, 1563.
721 Vgl. Farré, ICRC, S. 1396.
722 Vgl. IV. IKRK-Bericht, S. 118f.
723 Vgl. Bericht Andre Grevenrath aus dem Jahr 1945, in: GUMS, LAG LII/1, S. 7.
724 Vgl. Bericht Wolfgang Szepansky aus dem Jahr 1961, in: GUMS, LAG LII/1.
725 Vgl. VI. IKRK-Bericht, S. 125.

bevor das Depot aufgelöst und nach Lübeck verlegt werden musste.[726] Gemeinsam mit dem IKRK und dem Bürgermeister, der Scheunen notdürftig herrichten und Kartoffeln und Fleisch bringen ließ, war am 25. April – außerhalb der Postenkette – in Grabow ein »Revier« eingerichtet worden. Dorthin brachten die LKW des IKRK circa 500 Schwerkranke vor der Witterung in Sicherheit. In den darauffolgenden Tagen sollte sich ihre Zahl auf 1.000 erhöhen. Die Kranken lagen auf Stroh oder Heu. Zuvor im »Revier« als Ärzte und Pfleger tätig gewesene Mitgefangene versuchten, ihnen zu helfen.[727] SS-Ärzte überwachten das Geschehen.[728] Als die Kommandantur den Weitermarsch anordnete, brachte das IKRK Kranke nach Lübeck. Unter ihnen befand sich Franz Ballhorn, der das Ziel hatte, in seine Heimatstadt Münster zurückzukehren.[729] Schwerkranke wurden in Grabow zurückgelassen. Als sowjetische Soldaten am 1. Mai eintrafen, befanden sich noch 713 von ihnen lebend vor Ort.

Versorgung ab Below

Am 29. April setzte die Weiterverschleppung der Gefangenen in Richtung Schwerin ein, die bis zum 2. und 3. Mai andauerte und auch vom IKRK begleitet wurde. Vor Abmarsch mussten deren Delegierte den Wachmännern je ein Lebensmittelpaket aushändigen, um erst daraufhin auch die Deportierten versorgen zu können. Für Letztere reichten die Pakete daraufhin wiederum nicht, so dass sie sich erneut zu fünft oder sechst eines teilen mussten. LKW, die daraufhin mit neuen Lebensmittelpaketen in Below eintrafen, mussten den Kolonnen hinterherfahren.[730] Erneut war die Situation unterwegs durch Luftangriffe in der unmittelbarer Nähe, Trecks und verstopfte Straßen und nun auch durch tote, an Erschöpfung gestorbene deutsche Flüchtlinge, die »rechts und links der Strasse« lagen, gekennzeichnet.[731] Zwischen Blumenthal und Pritzwalk trafen die IKRK-Angehörigen auf die Wachmannschaften des Stalag Alt-Drewitz, die die Gefangenen, die Ende Januar aus dem Kriegsgefangenenlager über die Oder getrieben worden waren, nun bei Dömitz über die Elbe zu verschleppen suchten.[732] Eine weitere Route, der das IKRK folgte, führte nach Parchim. Als deren Lastwagen dort ankam, befanden sich etwa 2.000 Deportierte, die zuvor vom Wachpersonal zu einer Gefangenenkolonne zusammengetrieben worden waren, auf dem Marktplatz. Das Wachpersonal machte Pause. Als der IKRK-Delegierte, Dr. Heinrich Landolt, herantrat, entdeckte er Tote unter den Gefangenen. Im Unterschied zu den ersten Tagen des Gewaltmarsches aus Oranienburg, als die Delegierten auf »erschreckend

---

726 Vgl. Bericht [Vorname unbekannt] Wieber aus dem Jahr 1946, in: GUMS, LAG LII/1; Bericht Adam Harth vom Februar 1948, in: YV, O.33/5716, S. 11.
727 Vgl. ebd.
728 Aussage Kurt Weidner vom 26.2.1969, Kopie in: GUMS, P4 Scholz, Karl.
729 Vgl. Ballhorn, Kelter, S. 158 f.
730 Vgl. VI. IKRK-Bericht, S. 126 f.
731 Ebd., S. 127.
732 Vgl. ebd., S. 126.

verroht[es]« Lagerpersonal trafen,[733] beteuerte der Transportführer gegenüber Landolt nun, den Gefangenen nichts getan zu haben.[734] Nur einzelne Wachmänner und zur Bewachung eingesetzte und in Uniformen gesteckte Gefangene hatten bereits in den ersten Tagen des Todesmarsches Kontakt zu den Männern vom IKRK gesucht und beispielsweise Pfister von dem Zwang und der Abscheu, diese Tätigkeit verrichten zu müssen, berichtet.[735] »Nach dem Verhalten der einfachen SS-Leute uns gegenüber, muss ich annehmen, dass sie das Wort Internationales Komitee für die Bezeichnung einer Untersuchungskommission für Kriegsverbrechen hielten«, notierte Landolt hinsichtlich der Wachmänner 1945 in seinem Bericht und: »Ich habe in meinem Leben noch nie so kriecherisch-unterwürfige Menschen gesehen.«[736] Ab Below, so seine Beobachtung wie auch die einzelner Gefangener, nahm das Morden ab.[737]

Eine vergleichbare Situation wie die in Parchim, wo ein gut gekleideter Mann in Zivil auf Landolt mit der Bitte zutrat, doch etwas »für diese Leute« zu tun,[738] fand in keinem der weiteren Berichte Erwähnung. Vielmehr fiel den IKRK-Angehörigen die Passivität der Bevölkerung auf, die mehrheitlich nur zuschaute.[739] Die Unterstützung, die die IKRK-Delegierten benötigten, erhielten sie vor allem von den Kriegsgefangenen, die zuvor in Wagenitz Schutz gesucht hatten und mithalfen, die LKW zu beladen. In einigen wenigen Fällen begleiteten sie auch die Fahrten.[740] In keinem der Berichte ist von der Hilfe von Anwohner:innen die Rede. In Parchim spielte sich hingegen folgende Szene ab: Eine Kolonne, die circa 5.000 Deportierte führte, zog vorbei. Sechs bis acht Gefangene mussten hier erneut einen Wagen ziehen, der dem Lagerpersonal aus Sachsenhausen zur Mitführung ihrer Sachen diente. Auf ihm befand sich die Frau eines SS-Offiziers, die sich, so die Aussage des Transportführers, den Magen an den IKRK-Lebensmittelpaketen verdorben hatte.[741] In Putlitz, durch das Wachmannschaften eine Kolonne von ebenfalls circa 5.000 Deportierten auf einer anderen Route nach Norden trieben, gelang es IKRK-Angehörigen, einen Mordversuch an neun liegengebliebenen Männern zu vereiteln und Unterkünfte im nächsten Dorf zu besorgen.[742] An einigen Stellen mordete das Lagerpersonal aber noch bis zum 2. Mai, bevor es sich auf die Flucht begab.[743]

---

733   V. IKRK-Bericht, S. 122 f.
734   Vgl. VI. IKRK-Bericht, S. 126; Arsenijevic, Hostages, S. 223.
735   Vgl. IV. IKRK-Bericht, S. 116.
736   VI. IKRK-Bericht, S. 127.
737   Vgl. ebd., S. 126; Bericht Johannes Deutsch vom 7.5.1945, in: TM, 2/2, S. 3.
738   VI. IKRK-Bericht, S. 127.
739   Vgl. ebd., S. 127.
740   Vgl. ebd., S. 130.
741   Vgl. ebd., S. 126.
742   Vgl. ebd.
743   Vgl. Bericht Wolfgang Szepansky aus dem Jahr 1961, in: AS, LAG LII/1.

6.13 Passage I: Flucht und Freilassung

Während die in Sachsenhausen zurückgelassenen kranken Insass:innen am 22. April erstmalig sowjetische Soldaten zu Gesicht bekamen, als diese das Gelände sondierten, und mit dem Eintreffen weiterer, nun auch polnischer Soldaten sowie von Sanitätspersonal am 23. April als befreit galten, stellte die Situation der zu diesem Zeitpunkt noch westwärts Deportierten einen Prozess der Befreiung dar, der mehrheitlich erst im Mai eintreten und sich teilweise ebenfalls über Zeiträume von einem bis zu mehreren Tagen erstrecken sollte. Wie auch im Hauptlager am 22. und 23. April, stand der Zeitraum in Abhängigkeit vom militärischen Geschehen des hier als »Passage« gefassten politischen Übergangs, der aus dem Rückzug des NS-Regimes aus einem Ort und seiner Besetzung durch die sowjetischen Streitkräfte resultierte.[744] Zusätzlich zu der Gefahr für die Gefangenen, ins unmittelbare Kampfgeschehen zu geraten, gestaltete sich der letzte Abschnitt ihrer Inhaftierung für die Deportierten auch deshalb so gefährlich, weil die Gegenden, durch die sie getrieben wurden, durch eine immense Präsenz von SS/Polizei-Angehörigen wie auch sich zurückziehenden Soldaten der Wehrmacht gekennzeichnet waren, mit denen der Kontakt unbedingt zu vermeiden war. Hinzu kam die körperliche und nervliche Überforderung, die aus der Internierung, Zwangsarbeit und ungewissen Verschleppung resultierte:

»Über unser Ziel waren sowohl wir als auch die SS im Ungewissen, wir wussten nur, dass wir in nordwestlicher Richtung nach der Provinz Mecklenburg überführt werden sollten, aber unser Kurs hing natürlich von den militärischen Ereignissen ab, und jede Stunde konnte unter Umständen die ersehnte Rettung bringen.«[745]

Aus Sicht der Gefangenen blieb nur, das verdeutlichen die Zeilen Heinz Hesdörfers, in der Hoffnung auf ein baldiges Eintreffen der Alliierten entweder die Fußmärsche so lange wie möglich durchzuhalten oder zu flüchten und im Versteck abzuwarten.

Flucht

Bereits die Deportationen zur »Rückführung« der Insass:innen in das Oranienburger Hauptlager im Frühjahr 1945 waren von Fluchten gekennzeichnet. So war es Gefangenen am S-Bahnhof in Berlin-Weißensee gelungen, während eines Luftangriffs zu fliehen. Sie entzogen sich so der Rückdeportation in das Hauptlager.[746] Um Fluchten zu unterbinden, ordnete die Kommandantur das Anlegen der gestreiften

---

744 Vgl. Jahn, Befreiung, S. 85.
745 Hesdörfer, Bekannte, S. 211.
746 Vgl. Bericht Gustav Possekehl aus dem Jahr 1971, in: GUMS, P3 Possekehl, Gustav; Aussage Willy Nurrek vom 6.1.1969, in: BArch ZStL, B 162/9443.

Gefangenenkleidung an.[747] Reichte die Bekleidung nicht für alle aus, bekamen Insass:innen, die in ziviler Kleidung geblieben waren, große rote Kreuze auf den Rücken gemalt.[748] Militärisch geschult, sprach Krafft Werner Jaeger nach dem Krieg auch von der Anbringung eines »Fluchtpunktes« auf der Kleidung.[749] Neben den Haarlängen verwiesen auch die abgemagerten und geschundenen Körper auf den Status als »KZ-Häftlinge«. Dass ihr Aussehen die Möglichkeiten zur Flucht erschwerte, war den Insass:innen bewusst. Trotzdem entschied sich der Teil von ihnen, der körperlich dazu in der Lage war, das Räumungsgeschehen der SS/Polizei zu nutzen, um unterzutauchen und sich trotz der Gefahr, erneut festgenommen und womöglich ermordet zu werden, der Tortur der Weiterverschleppung zu entziehen.

Im Durcheinander der Räumungsvorbereitungen glückte Gefangenen die Flucht. Walter Südmaier gelang es, die Unruhe der bevorstehenden Evakuierung des SS-Standortes zu nutzen, um zu entweichen. Er floh am 18. April 1945 zusammen mit zwei Mitgefangenen aus dem Hauptlager.[750] Hans Appel brachte das Lagerpersonal im Zuge der Räumung hingegen nach Ravensbrück. Im »Zellenbau« zuvor als »Läufer« und Heizer zur Zwangsarbeit eingesetzt, konnte er die Gefangenenmorde, die die Lager-SS/Polizei am 20. April in Sachsenhausen noch durchführte,[751] später bezeugen. Entsprechend als »Geheimnisträger« erachtet und – wie er vermutete – »zum Zwecke der Liquidierung« verschleppte ihn das Lagerpersonal mit weiteren Gefangenen daher nach Ravensbrück.[752] Unmittelbar nach der Ankunft gelang ihm dort die Flucht.[753] Miklós Benedek floh zur gleichen Zeit aus dem Hauptlager in Oranienburg. Er hielt sich in leerstehenden Gehöften versteckt, bis sowjetische Soldaten eintrafen.[754]

Auch während des Gewaltmarsches kam es immer wieder zu Fluchten. Walter Engemann gelang es, sich am dritten Tag von einer der ersten Kolonnen abzusetzen.[755] Krafft Werner Jäger floh aus dem Waldlager in Below.[756] Eine kleine Gruppe Gefangener erreichte den Wald in Below erst gar nicht, sondern war mit den Wachmännern in Flecken-Zechlin bei Rheinsberg zurückgeblieben. Den Deportierten war es mit Unterstützung

747 Vgl. Jegielka, Genshagen, S. 99; Hopmann, Zwangsarbeit, S. 397.
748 Vgl. III. IKRK-Bericht, S. 115; Malter, Ich habe getan, S. 226-228.
749 Aussage Krafft Werner Jäger vom 8.5.1962, in: BArch ZStL, B 162/1907.
750 Vgl. Aussage Walter Südmaier vom 18.9.1946, Kopie in: GUMS, JSU 17/2.
751 Unter den Ermordeten befanden sich nach den Aussagen Hans Appels Wassily Nasarow (sowjetischer Fliegeroffizier), Georg Kuncewiz (Pole, Adjutant von Jósef Piłsudsky) und Franz Rosenkranz (österreichischer Offizier). Vgl. Bericht Hans Appel vom 14.5.1945, in: GUMS, NL 6/31/15.
752 Unter den nach Ravensbrück in das Siemenslager gebrachten Gefangenen befanden sich neben Appel auch der lettische General Roberts Dambītis sowie der Weihbischof von Lublin, Vladislao Goral, und damit prominente Gefangene. Vgl. ebd.
753 Vgl. ebd.
754 Vgl. Bericht Miklós Benedek vom 10.9.1945, in: YV, O.15E/2862.
755 Vgl. Aussage Walter Engemann vom 21.12.1960, in: LABW, EL 51 9/BA 84.
756 Vgl. Aussage Krafft Wilhelm Werner Jäger vom 8.12.1960, in: ebd.

des dortigen Gendarmeriewachtmeisters und seiner Ehefrau gelungen, die Wachmannschaft vom Weitermarsch abzubringen und zu entwaffnen.[757] Hinter Rheinsberg gelang es einigen Frauen, die am Ende der Kolonnen liefen, ebenfalls, den Transportführer zu überzeugen, sie zu zurückzulassen. Nachdem ein Kradfahrer der Wehrmacht darüber informiert hatte, dass sich eine sowjetische Vorauseinheit in der Nähe befand, ließ sich der verantwortliche Transportführer darauf ein, die Gruppe Frauen, zu der auch Frieda Franz Malter gehörte, mit zwei Hilfswachmännern zurückzulassen. Die Gefangenen zogen dann gemeinsam so, als gehörten sie noch zu den Gefangenenkolonnen, Richtung Nordwesten hinterher. Nach und nach löste sich die Gruppe auf.[758] Auch im nahen Zippelsförde hielten sich – wie aufgezeigt – Gefangene mit Hilfe von Anwohner:innen versteckt; in Herzsprung hingegen wurden sich Verbergende denunziert und anschließend vor Ort ermordet. Ab Below nahmen die Fluchten weiter zu. Angehörige des Volkssturms und der HJ griffen Gefangene auch hier auf und ermordeten sie.[759] Willy Sättler sollte es dann kurz vor Parchim gelingen, zusammen mit drei Mitgefangenen zu flüchten und das Eintreffen der Alliierten im Versteck abzuwarten.[760]

Laut SMAD-Ermittlungen, war es circa 750 Gefangenen gelungen, im Evakuierungsgeschehen zu fliehen und ins Lager zurückzukehren.[761] In der nachträglichen Betrachtung erscheint die Zahl hoch, denn aufgrund ihres Gesundheitszustandes und der erlebten ablehnenden bis aggressiv feindlichen Einstellung der Bevölkerung ihnen gegenüber kam das Fliehen für die meisten der aus Sachsenhausen Verschleppten allerdings bis zum Ende des Gewaltmarsches nicht infrage.[762] Sie konnten nicht davon ausgehen, dass ihnen Versteck gewährt würde, und waren sich der Gefahr, denunziert, festgenommen und ermordet zu werden, bewusst. Der Mehrzahl von ihnen blieb nichts anderes übrig, als durchzuhalten und mit dem Wenigen, worüber sie verfügten bzw. was sie unterwegs aufnehmen konnten, zu versuchen, am Leben zu bleiben, bis die Wachen sie freiließen.

Freilassung

Zur ersten durch das Lagerführungspersonal vollzogenen Entlassung von Gefangenen war es am 27. und 28. April 1945 in Below gekommen, als Kurt Erdmann Entlassungspapiere ausstellte und die Häftlinge anwies, damit beim nächsten Arbeitsamt vorstellig zu werden. Unter den Entlassenen befand sich Joseph Rotbaum-Ribo. Der jüdische Junge hatte sich zusammen mit einem anderen, älteren Gefangenen aus dem

---

757 Vgl. Bericht Werner Klein vom 24.8.1945, in: GUMS, LAG LII/1.
758 Vgl. Malter, Ich habe getan, S. 226-228.
759 Vgl. Bericht Andre Grevenrath aus dem Jahr 1945, in: GUMS, LAG LII/1.
760 Vgl. Bericht Willy Sättler aus dem Jahr 1945, in: ebd.
761 Vgl. Gutachten SMAD-Ermittlungen vom 4.-29.6.1945, in: BArch B, DP 3 V111/66, Bd. 4.
762 Vgl. Bericht Adam Harth vom Februar 1948, in: YV, O.33/5716.

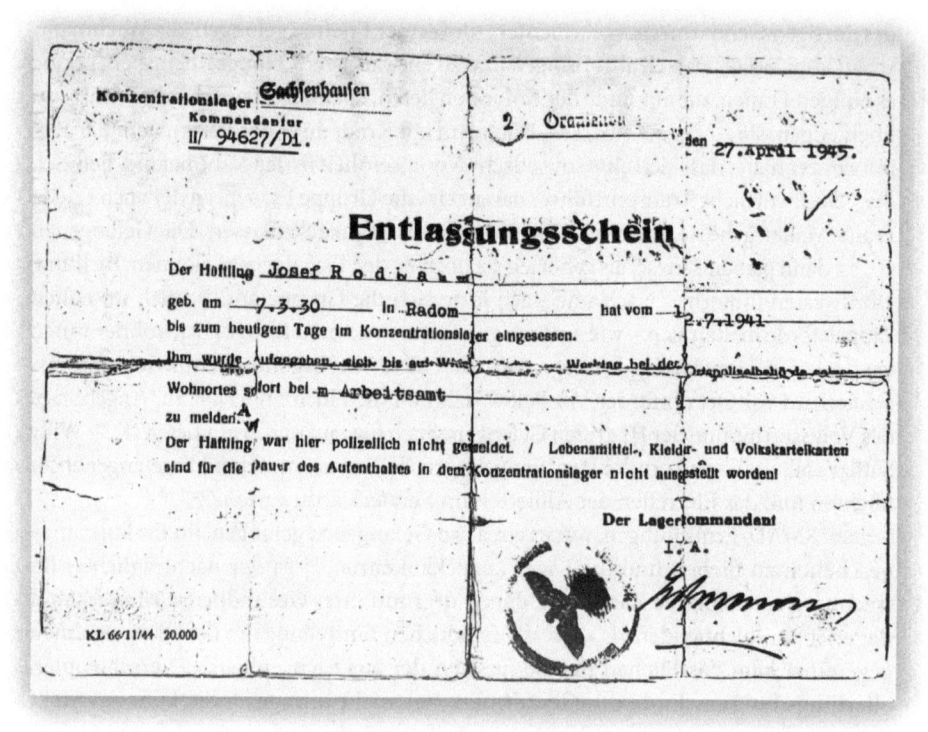

Abb. 15: Entlassungschein Josef Rodbaum alias Joseph Rotbaum-Ribo

bewachten Waldlagerbereich zurückgezogen und in einem Heuhaufen verstecken können. Gemeinsam überlegten sie, wie sie nun verfahren sollten, als Wachmänner in unmittelbarer Nähe besprachen, dass Entlassungen deutscher Gefangener bevorstanden. Erste Gefangene wurden von Wachposten ins Dorf geführt. Die beiden schlossen sich ihnen kurzerhand an, und Rotbaum-Ribo gelang es, sich als »Volksdeutscher« auszugeben und so die Freilassung zu erlangen.[763]

Vor dem Belower Gutshaus hatte sich die temporäre Kommandantur befunden, wo SS/Polizei-Offiziere an Tischen saßen und unter der Aufsicht Erdmanns Entlassungsscheine ausgaben (Abb. 15). Mit diesem kehrte Rotbaum-Ribo in den Bereich des Waldes zurück, in dem er hatte lagern müssen, um seine wenigen Sachen abzuholen. Von seinem Mitgefangenen Mendel Blufarb, mit dem er den Leidensweg seit der Zeit im Arbeitslager Pionki teilte, erhielt er das wenige Geld, das dieser noch bei sich trug und nun, da er schwer krank war und zu sterben glaubte, wohl nicht mehr brauchen würde. Auch andere wünschten dem Jungen Glück. Itzchak Flekier begleitete ihn zum Ausgang des Waldlagers, in dem die Gefangenen sich aufhalten

---

763 Vgl. Joseph Rotbaum-Ribo: Von Sachsenhausen zum »Belower Wald«, aus dem Jahr 1996 (unveröffentlicht), in: TM, 2/2 R, S. 6. Hervorhebung im Original.

mussten, und winkte zum Abschied. Rotbaum-Ribo sollte seine beiden Freunde Jahre später in Israel wiedersehen. Aus Angst, dem Lagerpersonal könnte sein Irrtum noch auffallen, schloss der Junge sich am Lagerausgang zügig einer Gruppe Entlassener an, die zur nächsten Polizeistation aufbrachen, um sich registrieren zu lassen und Passierscheine sowie Marken für Kleidung und Lebensmittel zu erhalten. Anschließend fuhren sie ein Stück auf einem Militärtransport mit Lebensmitteln mit und aßen »bis zum Erbrechen.« Da ihnen die Situation – Deutschland hatte noch nicht kapituliert – aber zu gefährlich erschien und sie sich mit dem Konvoi auch Luftangriffen ausgesetzt sahen, begaben sie sich fernab des deutschen Militärs auf den Weg nach Hamburg. Dort angekommen, belegten die Männer eine leerstehende, gut ausgestattete Wohnung und informierten sich nach der deutschen Kapitulation über die Reiserestriktionen der Alliierten. Bei der Kripo in Hamburg erhielten sie am 10. Mai neue Dokumente, die auch ihre Zeit in deutschen Konzentrationslagern belegten, sowie Marken für Essensrationen. Daraufhin schmuggelte sie ein Lebensmittelfahrer aus der Stadt. Joseph Rothbaum-Ribo sollte sich später in Hannover als Displaced Person (DP) registrieren lassen.[764]

Evakuierung

Am Freitag, den 27. April 1945 hatten in Below auch die letzten Skandinavier:innen Entlassungspapiere erhalten. Adam Harth war zuvor nicht in die Befreiungsaktion Bernadottes einbezogen worden, weil er als nach Oslo geflüchteter deutscher Jude nicht als norwegischer Staatsbürger galt. In Below gelang es ihm nun, in die Hilfsaktion einbezogen zu werden. Mit den Entlassungspapieren erhielt er den Befehl, sich mit der Gruppe skandinavischer Deportierter beim nächstbesten IKRK-Fahrzeug zu melden. Die Männer verließen den Wald von Below und warteten etwa zwei Kilometer entfernt auf zurückfahrende IKRK-Busse. Als ihnen klar wurde, dass ein kleiner Teil mit dem IKRK aufbrechen durfte, reihten sich die in Below zurückbleibenden Gefangenen entlang der Straße auf. Hatten sie noch Kraft, winkten sie zum Abschied. Andere flehten die Fahrer an, sie in den Fahrzeugen ebenfalls mitzunehmen oder schnellstmöglich zurückzukehren. Harth sollte diese grausame Szene nicht mehr vergessen. Aus Sorge, es würde zu einer größeren Unruhe unter den Gefangenen kommen, trieb das Wachpersonal die Freigelassenen zur Eile. Die IKRK-Wagen, die sie daraufhin nach Lübeck mitnahmen, brachen allerdings nicht direkt dorthin, sondern nach Ravensbrück auf, um auch schwer kranke französische und polnische Frauen zu evakuieren. Während der Fahrt, die die Evakuierten daraufhin nach Lübeck brachte, beobachtete Harth, wie deutsches Militär samt Waffen sowohl nach Westen in die Gefangenschaft als auch noch nach Osten an die Front zog. Die Wagenkolonne passierte auch Gefangene, die von Wachmännern westwärts getrieben wurden. Die

---

764 Vgl. Bericht Joseph Rotbaum-Ribo aus dem Jahr 1996, in: YV, O.33/4874.

Bevölkerung in den Ortschaften, so nahm Harth es wahr, verhielt sich abwesend und mit sich selbst beschäftigt. Soldaten wie zivile Flüchtlinge versuchten hingegen, auf die LKW des IKRK zu gelangen, wovon die Gruppe Skandinavier sie abzuhalten hatte. Chaotische Szenen spielten sich ab.[765]

Die schwierigen Fahrmanöver, die durch Gebiete führten, in denen Luftkrieg herrschte, hinterließen Spuren an den LKW, die aufgrund des Kontakts mit Baumästen und brennenden Fahrzeugen ihre schützenden weißen Planen verloren. Schlaf blieb den Fahrern nur in den Pausen, sie mussten also mit nur sehr wenig oder gar keiner Ruhe auskommen. Der Weg führte sie über Wismar, dessen Küste unter heftigem alliiertem Beschuss lag, nach Lübeck. In der völlig überfüllten Stadt befand sich das Hauptquartier des IKRK. Hier erhielten die Evakuierten nach teils tagelanger Fahrt eine erste warme Mahlzeit und wurden in einer Schule, einem Krankenhaus und weiteren Gebäuden einquartiert. Pfleger kümmerten sich um die Menschen, ein norwegischer Diplomat erschien. Noch vor Ort wurde mit der Dokumentation zu dem in Sachsenhausen und Ravensbrück Erlittenen begonnen. Nach kurzer Pause starteten die IKRK-Männer mit ihren Fahrzeugen indes erneut, um weitere Gefangene zu evakuieren.

Solange noch Krieg herrschte, war es den Evakuierten verboten, sich in Lübeck frei zu bewegen. Sie warteten darauf, auf Schiffe zu gelangen, die sie außer Landes, weg von den Deutschen brachten. Der Kontakt zur Stadtbevölkerung war zwar nicht mehr beängstigend, aber auch nicht sonderlich erbaulich. Während der Lübecker Bürgermeister mit den Briten Verhandlungen bezüglich der Übergabe der Stadt führte, herrschte am 1. Mai 1945 im Hafen reges Treiben. Die Gruppe um Harth, die Below wenige Tage zuvor verlassen hatte, erhielt Plätze auf einem Schiff nach Trelleborg. Die Überfahrt sollte ebenfalls ein schwieriges, mitunter gefährliches Unterfangen darstellen, das ein besonderes Vorgehen erforderte. So wurde das Schiff in bestimmte Bereiche unterteilt, um die Schwerkranken unter den Evakuierten in Quarantäne halten und versorgen zu können. Die Essensverteilung wurde noch vor dem Ablegen des Schiffes mit dem Kapitän und dem I. Offizier geklärt, um Konflikte auf See zu vermeiden. Freiwillige fuhren in den Rettungsbooten voraus, um das Brackwasser nach Minen abzusuchen, bevor das Schiff auf offene See fuhr.

Am 2. Mai traf das Evakuierungsschiff, auf dem sich Harth befunden hatte, in Trelleborg ein, wo bereits Krankenwagen und Sozialhilfepersonal warteten. Harths Weg führte daraufhin nach Småland (Schweden), wo er 14 Tage in Quarantäne verbrachte, medizinische Versorgung erhielt und zu Kräften kam. Daraufhin erfolgte seine Überstellung nach Ronnes-Bronn, von wo er einen Transport weiter nach Oslo nehmen konnte. Als Adam Harth endlich zu Hause ankam, erlitt seine Ehefrau einen schweren Nervenzusammenbruch – der Stress, den die Verschleppung ihres jüdischen Ehemannes und die Zeit unter deutscher Besatzung bei ihr erzeugt hatten, fiel von ihr ab. Beide mussten sich erholen und gesunden. Später entschieden sich die

---

765 Vgl. Bericht Adam Harth vom Februar 1948, in: YV, O.33/5716.

Eheleute zur Emigration in die USA, um sich mit ihren Kindern fernab von Europa eine neue Existenz aufzubauen.[766]

Einstellung der Märsche

Wie der Weg, den Harth ab Below nahm, eindrücklich verdeutlicht, war die Situation für die Deportierten vor allem ab der Zeit nach dem Belower Waldlager von einem prozesshaften Übergang gekennzeichnet.[767] Trotz Flucht oder Freigabe – so lange Deutschland nicht kapitulierte, konnten die Insass:innen der Konzentrationslager im letzten, noch unbesetzten norddeutschen Gebiet nicht als befreit gelten. Vielerorts versteckten sie sich daher eher in den Wälder, als sich in Privathäusern einzuquartieren, und warteten dort die Kapitulation ab. In Norddeutschland erfolgte die Kapitulation am 4. Mai, als Keitel die Teilkapitulation unterzeichnete und am nächsten Tag die Einstellung der Gefangenenmärsche anordnete. Für die jüdischen Deportierten, die von den Wachmannschaften aus Schwarzheide in Richtung Theresienstadt weiterverschleppt wurden, sollte die Tortur noch bis zum 7. teilweise sogar bis zum 10. Mai andauern – erst hinter Leitmeritz setzten die Wachen sich ab und überließen die Gefangenen sich selbst.

So warteten sich selbst überlassene Verschleppte aus Sachsenhausen in der Gegend östlich von Schwerin ab dem 2. Mai auf die Kapitulation Deutschlands.[768] Eine Gruppe Deportierter, die das Wachpersonal nun lose führte und die – so Wolfgang Szepansky – zusammen sangen, um sich gegenseitig zum Durchhalten zu motivieren, war an diesem Tag durch die kleine Stadt Crivitz gekommen – von dort waren es keine 30 Kilometer mehr bis Schwerin. Crivitz verfügte über eine Ortskommandantur. Entsprechend war das Geschehen im Ort durch sich sammelnde Soldaten, aber auch durch Flüchtlingstrecks gekennzeichnet, die westwärts zogen. Als die Gefangenen das Haus passierten, in dem die temporäre Kommandantur eingerichtet worden war, stellte sich ihnen einen Mann, der die Uniform eines Hauptmanns der Luftwaffe trug, entgegen. Aufgrund der losen Ordnung und des Singens der Gefangenengruppe befahl er den Wachmännern, die Deportierten wegen »Meuterei« zu erschießen.[769] Um wen es sich konkret handelte, konnte ich nicht mehr ermitteln. An dieser Stelle erscheint mir allerdings wichtig, darauf hinzuweisen, dass Angehörige der Lagerkommandantur in Below ihre Uniformen gewechselt hatten und beispielsweise August Höhn bereits dort in »Fliegeruniform« gesichtet worden war.[770] Höhn hatte sich Tarnkleidung angelegt.[771] Es ist also möglich, dass es sich um einen der SS-Offiziere aus Sachsen-

---

766 Vgl. ebd.
767 Vgl. Bericht Walter Simoni aus dem Jahr 1947, in: YV, O.3/989.
768 Vgl. Credé, Ende, S. 274.
769 Vgl. Bericht Wolfgang Szepansky aus dem Jahr 1961, in: AS, LAG LII/1; ders.: Dennoch ging ich diesen Weg, Berlin 1985, S. 204 f.
770 Aussage W[...] Sörensen vom 18.7.1946, Kopie in: GUMS, JSU 1/17/3.
771 Vgl. Michel, Hungermarsch, S. 17.

hausen handelte, der vormals auch in der Ortskommandantur in Below zugegen war. Weil sich unter den Wachmannschaften auch Gefangene befanden und niemand von ihnen etwas unternahm, zogen die Deportierten ohne Vorfall weiter und hielten sich anschließend in einem Wald nahe Crivitz auf, um dort die Nacht über zu lagern. In dieser Nacht zogen sich die Wachmänner heimlich zurück.[772] Im Waldlager bei Mueß kurz vor Schwerin ereignete sich hingegen folgender Vorfall:

> »Etwas abseits Morgenappell für die SS: Der Kommandant verkündet den Abzug zur Truppe ›Dönitz‹. Die SS zieht darauf sofort ab und überläßt die Häftlinge ihrem Schicksal. Appell und Abmarsch beobachtet Oljean Ingster, hinter einem Baum versteckt. Die Häftlinge trauen sich trotzdem nicht aus dem Wald, da sie einen Hinterhalt fürchten.«[773]

Amerikanische Soldaten erreichten sowohl das Waldlager bei Crivitz als auch das bei Mueß am nächsten Tag und »werfen nur im Vorbeifahren Säcke mit Lebensmitteln ab. Brot, Schokolade und Zigaretten.«[774] Da sich das Gebiet hinter der mit den sowjetischen Streitkräften vereinbarten Demarkationslinie befand, konnten sie erst einmal nicht mehr tun.[775] Viele der Verschleppten konnten sich nicht zurückhalten und verstarben noch am selben Tag, weil ihre Körper die (Fülle dieser) Speisen nicht vertrugen.[776]

Die beiden Waldgelände diente vielen aus Sachsenhausen Verschleppten bis zur deutschen Kapitulation als Versteck, um nicht noch aufgegriffen oder ermordet zu werden (Abb. 16 und 17). Erschießungen von Gefangenen dauerten in den Gegenden um Parchim und Crivitz noch bis zum 3. Mai an. Die Landschaft im Kreis Parchim war Anfang Mai 1945, wie M[...] Bommel dokumentierte, überall durch tote »Zwangsverschleppte« gekennzeichnet.[777] So war in dem Dorf Busch bei Parchim unmittelbar vor der Befreiung durch die Amerikaner am 2. Mai 1945 noch der aus Leers stammende Arthur Francois ermordet worden.[778] Am Waldrand des Daschower Flurs, auf dem Weg nach Plauerhagen, lag ein Gefangener in Zivilkleidung, der mit zwei Kopf-

---

772 Vgl. Bericht Wolfgang Szepansky aus dem Jahr 1961, in: GUMS, LAG LII/1; ders.: Dennoch ging ich, S. 204 f.; Bericht Franciszek Federyga o. D., in: GUMS, P 3 Federyga, Francizek, S. 6; Bericht Hugo Eicker o. O. o. D., in: GUMS, P3 Eicker, Hugo, S. 71.
773 Epstein, KZ und Zwangsarbeit, S. 4.
774 Ebd., S. 5; vgl. Bericht Wolfgang Szepansky aus dem Jahr 1961, in: GUMS, LAG LII/1; ders.: Dennoch ging ich, S. 204 f.
775 Vgl. Jongeling, Wettlauf, S. 18; Credé, Ende, S. 276 f.
776 Epstein, KZ und Zwangsarbeit, S. 5.
777 Bericht des französischen Überlebenden M[...] Bommel o. O. o. D., in: MLHA, 10.34-1/628, Bl. 246.
778 Vgl. ebd.; vgl. auch Ermittlungen der Vereinigung der Verfolgten des Naziregimes (VVN) vom 3.7.1952, in: ebd., Bl. 250.

Abb. 16 und 17: Waldlager bei Crivitz

schüssen hingerichtet worden war. Er wurde später im Wald verscharrt.[779] In der Nähe von Schwerin befand sich ein Massengrab.[780] In Severin war ein Gefangener von einem der Einwohner begraben worden.[781] Auch in Garwitz, Frauenmark, Domsühl und Lalchow[782] sowie Siggelkow, Groß Pankow und Ganzlin wurden Konzentrationäre – so die Bezeichnung in der DDR – begraben.[783] Bei Parchim sind insgesamt zwischen 48 und 50 Frauen und Männer erschossen worden.[784] Das Morden hörte somit mitnichten in Gänze auf, sondern nur an den Stellen, wo das IKRK zugegen war.

Der Augenblick, als amerikanische oder sowjetische Soldaten in den Wäldern bei Crivitz und Schwerin eintrafen, wird von den Deportierten als Moment der Befreiung erinnert. In Grabow setzte er bereits am 1. Mai und in der Gegend um Parchim, Ludwigslust und Schwerin zwischen dem 2. und 4. Mai ein und gestaltete sich mehrheitlich so, dass das SS-Personal und die Wachmannschaften sich zurückzogen, um zu fliehen, und die Gefangenen daraufhin warteten, bis Angehörige der Alliierten eintrafen.[785] Bei Crivitz trafen Männer und Frauen zusammen, die die Wachmannschaften aus Sachsenhausen auf die Straßen getrieben hatte. Sie bildeten lebenserhaltende Gemeinschaften. Unter ihnen befanden sich auch Krystyna Cielszak und Stanisława Ginter, die zuvor in Genshagen Zwangsarbeit für Daimler-Benz verrichten mussten.[786] Die Gemeinschaft im Wald von Crivitz schützte sie hier noch vor den Vergewaltigungen, die sie später während der Repatriierung durch sowjetische Soldaten erleiden mussten.[787] Die gemeinsame Zeit tschechischer Deportierter im Wald von Crivitz und den Weg zurück in das Heimatland dokumentierte der Fotograf Jaroslav Šklíba mit einer Kamera, die er bei der Beschaffung von Lebensmitteln in einem Haus in Crivitz entdeckt und an sich genommen hatte.[788]

Bis Angehörige der alliierten Militärverbände eintrafen, mussten sich die Deportierten selbst versorgen. Sie taten dies, indem sie – so in Crivitz, aber auch anderorts – in leerstehende Häuser gingen und die zum Überleben notwendigen Dinge, wie warme Kleidung, Lebensmittel, Decken, Medikamente, aber auch Planen, einfache Gartenmöbel

---

779 Bürgermeister von Daschow an den Bezirksauschuss der Opfer des Faschismus vom 23.7.1946, in: ebd., Bl. 248.
780 Vgl. Generalsekretariat der VVN Berlin an das Kreissekretariat in Parchim vom 22.4.1952, in: ebd., Bl. 251.
781 OdF-Bezirksausschuss Parchim an den Polizeirat in Parchim vom 23.4.1946, in: ebd., Bl. 275, dazugehöriges Antwortschreiben, in: ebd., Bl. 276.
782 Vgl. ebd.; OdF-Bezirksausschuss Parchim an die Bürgermeister vom 14.6.1946, in: ebd., Bl. 290.
783 Vgl. ebd.; OdF-Bezirksausschuss Parchim an die Bürgermeister vom 14.6.1946, in: ebd., Bl. 290.
784 Vgl. Aufstellung der VVN aus dem Jahr 1948, in: MLHA, 10.34-1/628.
785 Vgl. Bericht Karl Ries aus dem Jahr 1945, in: GUMS, LAG LII/1; Bericht Otto Twitzsch aus dem Jahr 1945, in: ebd.
786 Vgl. Malter, Ich habe getan, S. 220; Cielszak, Freundschaft, S. 181.
787 Vgl. Cielszak, Freundschaft, S. 181 und S. 183. Zu Vergewaltigungen befreiter KL-Insassinnen vgl. auch Sabine Kittel: »Places for the Displaced«. Biografische Bewältigungsmuster von weiblichen jüdischen Konzentrationslagerüberlebenden in den USA, Hildesheim 2006, S. 184-186.
788 Vgl. Měšťánková, Fotografien.

und Tiere für das Waldlager an sich nahmen. Andere versuchten, an Lebensmittel zu gelangen, die auf liegengebliebenen LKW der Wehrmacht verstaut waren. Soldaten schossen daraufhin auf sie.[789] Einige Gefangene wandten sich auch direkt an die Bevölkerung, baten um Unterschlupf und Lebensmittel oder schlossen sich den Trecks an.

In Grabow waren sowjetische Soldaten am 1. Mai eingetroffen.[790] Am 2. Mai richtete die Rote Armee in einigen Bauernhäusern in der Umgebung ein Kriegslazarett ein. Die schweren Fälle der im »Behelfsrevier« Zurückgebliebenen wurden bei Anwohner:innen einquartiert, die ein Zimmer mit Bett zur Verfügung zu stellen hatten. Um die Genesung der Deportierten kümmerten sich nun sowjetische Stabsärzte, Pfleger und Schwestern. Am 14. Mai war ihre Zahl in Grabow bereits von 713 auf 446 gesunken. Die Deportierten, nun im Status von »Displaced Persons«, wurden entlassen und nach Wittstock gebracht. Andere erholten sich nicht mehr und verstarben. Insgesamt hatte das Lazarett bis zu seiner Auflösung Mitte Juni 132 Tote zu verzeichnen. Die letzten Kranken kamen ins Krankenhaus nach Wittstock oder nach Parchim in ein sowjetisches Lazarett, das vom sowjetischen Militär in einem Gymnasium eingerichtet worden war.[791]

In Schwerin waren am Morgen des 2. Mai amerikanische Soldaten eingetroffen. In der Nähe hatte sich das Stalag II E befunden. Dorthin waren die ersten Deportierten aus Sachsenhausen und Ravensbrück, die von den Wachmannschaften in diese Gegend getrieben und anschließend verlassen worden waren, gelaufen. »Von einer organisierten Unterbringung der Häftlinge konnte am 2. Mai 1945 keine Rede sein. Nach ein, zwei Tagen Herumirrens, wurde ich durch Zufall von einer Schweriner aufgenommen worden [sic!] und nicht nur aufgenommen, aber auch gepflegt und geheilt«, was Stefan Kleu, der zu diesem Zeitpunkt nur noch 47 Kilogramm wog, das Leben rettete.[792] Auch Gérard Bray, den die Gestapo über das französische Compiègne 1943 nach Sachsenhausen verschleppt hatte, gelangte am 2. Mai nach Schwerin. Bray beschreibt die Ereignisse in Schwerin, die den Übergang in die Befreiung einläuteten, wie folgt:

»2. Mai 1945. Umgestürzte Autos und Pferde auf der Straße. Wieviele Tote! Das ist ein Anblick! Auch Zivilisten – durchtrennte Telefonleitungen – alle stürzten sich auf die Pferde – erhalten ein 3-kg-Paket (amerikanische Produkte) – schlechte Straßen, eine Seite unbefestigt ohne Gehweg. Wenige Kreuze auf den Friedhöfen – seit wir den Berliner Raum verlassen haben, ist die Bevölkerung freundlich – abends lagern wir 10 km von Schwerin entfernt – keine Wachen mehr – wir können machen,

---

789 Vgl. Bericht Otto Twitzsch aus dem Jahr 1945, in: GUMS, LAG LII/1.
790 Vgl. Bericht [Vorname unbekannt] Wieber aus dem Jahr 1946, in: GUMS, LAG LII/1.
791 Vgl. Bericht [Vorname unbekannt] Wieber aus dem Jahr 1946, in: GUMS, LAG LII/1; Aufstellung der VVN von 1948, in: MLHA, 10.34-1/628, Bl. 219.
792 Bericht Stefan Kleu: Nach zwanzig Jahren wieder in Schwerin, Bratislava o. O. o. D. (unveröffentlicht), in: TM, B2-10/7 M2.

was wir wollen – die Flüchtlinge werfen Lebensmittel, Möbel, Kleidungsstücke, Munition, Waffen weg.
3. Mai 1945. Wir können machen was wir wollen – die ganze Munition geht in die Luft – wir essen wie die Könige – um 17 Uhr fahren zwei amerikanische Fahrzeuge auf der Straße vorüber.«[793]

Anfang Mai war das IKRK in Schwerin gerade dabei, ein Depot für die Verteilung von Lebensmitteln und Medikamenten einzurichten. Als sich die militärische Verwaltung des Kriegsgefangenenlagers auflöste und Zivilkleidung anlegte, koordinierte Heinrich Landolt neben der Verteilung von Nahrungsmitteln auch die Aufstellung einer Hilfspolizei aus Kriegsgefangenen, die gemeinsam mit den Lager- bzw. Rangältesten für die Sicherheit der Menschen sorgen sollten. Das Gebiet nordöstlich von Schwerin war von den Alliierten als Niemandsland deklariert worden, um den direkten Kontakt zwischen amerikanischen und sowjetischen Soldaten und damit Zwischenfälle zu vermeiden. Dies war allerdings nicht der Grund für die Bildung eines nach Nationen organisierten Wach- und Streifendienstes. Vielmehr sollten die dort eingeteilten Männer die Unterkunft und Verpflegung vor deutschen Soldaten und SS/Polizei-Angehörigen schützen, die sich in der Gegend herumtrieben und den Weg in den Untergrund bzw. in amerikanische Gefangenschaft suchten. »Franzosen, jugoslawische und polnische Ex-Kriegsgefangene nahmen hier, bewaffnet mit Gewehren und Pistolen, die Kontrolle vor und durchsuchten jeden Deutschen nach Waffen«, beobachtete Pieter Jongeling, als er in Schwerin eintraf: »Sie erzählten uns voll Stolz, daß sie sich selbst befreit, ihre Bewacher eingesperrt und dann Schwerin besetzt hätten, noch bevor die Amerikaner da waren.«[794] Bei dem Kriegsgefangenenlager wird es sich um das Stalag II E gehandelt haben, das vor allem mit französischen Kriegsgefangenen belegt gewesen war. Von ihrer Selbstbefreiung, zu der bisher keine Forschung vorliegt, berichtet auch Jenö Tuvel:

»Wir kamen schließlich in den Wald von Mües/9 Kilometer vor Schwerin, Kreis Mecklenburg/, in dem sich ein französisches Kriegsgefangenenlager befand. Die Kriegsgefangenen hatten sich auf irgendeine Weise Waffen zu verschaffen gewusst, und da es ihnen bereits bekannt war, dass das Lager von der einen Seite durch die Amerikaner, von der anderen durch die Russen bedroht war, brach in dem Lager eine Revolte aus. Die französischen Kriegsgefangenen griffen die SS-Leute an, töteten die meisten von ihnen und befreiten auch uns. Am nächsten Tag rückten amerikanische Truppen in Mües ein.«[795]

---

793 Eintrag vom 2. und 3.5.1945 im Tagebuch von Gérard Bray, in: GUMS, P3 Bray, Gerard, S. 3 f.
794 Jongeling, Wettlauf, S. 18.
795 Bericht Jenö Tuvel vom 19.7.1945, in: YV, O.15E/2761 4, S. 4.

Später im Streifendienst eingesetzt, waren die befreiten Männer auch dem IKRK-Personal beim Ent- und Beladen ihrer Fahrzeuge behilflich.[796]

Am 2. Mai traf Landolt auf den Kommandeur der unweit der Elbe stehenden amerikanischen Truppen, um die Lage zu besprechen. Am nächsten Tag brachte er den amerikanischen Befehlshaber zu den verschleppten Konzentrationslagerinsass:innen, um ihm die Dringlichkeit der Organisation weiterer Hilfe vor Augen zu führen, und informierte gleichzeitig darüber, dass östlich von Schwerin noch immer Deportierte unter SS-Bewachung standen.[797] Amerikanische Einheiten brachen daraufhin auf, um die Gefangenen schließlich zu befreien. Am Stalag-Gelände postierten sich nun auch amerikanische Ordnungskräfte. Nachts kam es trotzdem zu Vorfällen im Lager, als sich ehemalige Gefangene – von jahrelanger Internierung schwer gezeichnet – um Lebensmittel stritten und gegenseitig angriffen. Bis zum 3. Mai kamen immer mehr Deportierte der Konzentrationslager Sachsenhausen und Ravensbrück nach Schwerin und suchten die schützende Nähe zum Stalag und den amerikanischen Soldaten.[798] Ihre Versorgung erfolgte zusätzlich zu den IKRK-Rationen nun auch direkt von deutschen Militär-LKW, die dort ebenfalls strandeten.

Die Berlinerin Dorothea Schlüter nahm diese Situation ebenfalls wahr: »Von Kz.-Leuten u[nd] Ausländern wurden alle Wehrmachtswagen ausgeplündert. Kaum, daß unsere Wagenkolonne stillstand, so stürzten sich wie die Hyänen diese Horden auf uns. Mit Energie wehrten wir sie ab, bis wir das Gepäck sortiert hatten.«[799] Die 23-Jährige war im Januar 1945 noch für den Fliegerhorst Wittstock/Dosse dienstverpflichtet worden, wo sie Tücher für Segelflugzeuge nähte. Gemeinsam mit dem Luftwaffen- und Flughafenpersonal hatte sie sich von dort am 29. April in Richtung Schwerin auf die Flucht begeben und hierbei »Elendskolonnen der Kz.-Leute«, die ab Below weiterlaufen mussten, passiert.[800] In ihrem Tagebucheintrag für den 3. Mai fährt sie fort:

»Ja nun musste ich mich von meinem Koffer trennen, in dem ich doch meine ›… gegenstände‹ hatten [sic!], aber es war mir möglich, meinen Rucksack, Koffer, u[nd] Handtasche zu tragen. Nun begann der Weg ins Gefangenenlager. Die plündernden Horden jagten uns derart Furcht ein, daß wir uns entschlossen, in die Gefangenschaft zu gehen, da wir sonst vollkommen schutzlos auf der Landstraße gelegen hätten.«[801]

Auch wenn ihr die Not der Deportierten in den »Elendskolonnen« offensichtlich klar war, nahm die junge Frau, wie ihre Ausführungen verdeutlichen, an ihr keinen Anteil. Darauf, dass diese Situation für die deutsche Bevölkerung, insbesondere jedoch

---

796 Vgl. ebd.
797 Vgl. VI. IKRK-Bericht, S. 128-130; Arsenijevic, Hostages, S. 227-231.
798 Vgl. Bericht Willy Ilgen vom 8.2.1946, in: GUMS, NL 31/2/1.
799 Eintrag vom 3.5.1945 im Tagebuch von Dorothea Schlüter (unveröffentlicht), in: DTA, 5182, 3TF, S. 5.
800 Eintrag vom 2.5.1945, in: ebd., S. 4.
801 Eintrag vom 3.5.1945, in: ebd., S. 5.

für Angehörige der Lager-SS, eine kritische Situation darstellen konnte, werde ich an späterer Stelle zurückkommen. Dass ein Großteil der deutschen Flüchtlinge, die zu dieser Zeit in Schwerin strandeten, die Einstellung Schlüters teilte, verdeutlichen die auch Worte der 21-jährigen Danzigerin Dietlind Erich:

> »Nun versuchte ich nochmals, durchzukommen, was mir auf Nebenstraßen auch gelang, da ich erstens der ungeheuer verstopften Straßen wegen nicht vorwärts gekommen wäre und man mir zweitens sonst das Rad fortgenommen hätte. Nun aber die Straßen: alles alles voll von Wagen, denen zum Teil die Kühler eingeschlagen waren, die von kurzsichtigen Besitzern in heilloser Flucht verlassen wurden, denen die Pferde ausgespannt waren und vieles mehr. Dazwischen hatten sich nun schon die Leute, die aus den Konzentrationslagern befreit wurden, wie Heuschreckenschwärme niedergelassen und plünderten und raubten. Kaffee, Butter, Mehl, Fleisch, Papier, alles war heillos durcheinander gewürfelt. Dazwischen Hunderte von – noch mehr zertretenden – Menschen, die hamsterten und grabschten. Am schlimmsten ist das viele ausländische Pack, die sofort ihre fremden Fahnen schwenkten und von den Amerikanern mit Rädern, Pferd und Wagen beschenkt wurden, die sie wenige Minuten zuvor unseren Deutschen geklaut hatten. Unerhört war das Bestehlen unserer Leute von ihren Gold- und Uhrenwaren.«[802]

Erich hielt sich nach ihrer Flucht aus Danzig und der Station in Potsdam nun ebenfalls in Schwerin auf. Die amerikanischen Streitkräfte beschreiben das Bild der Ankunft der Flüchtlinge in Schwerin so:

> »The fields looked as if all gypsies in the world had gathered for a gigantic convention: it was cold night and dozens of campfires blazed up everywhere. Some of the Germans and their women [...] sat around the fires and talked; others wrapped in blankets slept on the ground.«[803]

Schätzungen zufolge hielten sich Anfang Mai zwischen 200.000 und 250.000 Menschen in Schwerin auf, das 1939 65.000 Anwohner:innen zählte.[804] Unter ihnen befanden sich tausende Deportierte, die sich nun, so gut es ging, selbst zu versorgen suchten oder sich in die Obhut der amerikanischen Armee begaben. Wie sich das Geschehen aus ihrer Perspektive darstellte, verdeutlichen die Aufnahmen, die Jaroslav Šklíba bei Crivitz und in Neubrandenburg anfertigen konnte, von wo aus hunderte Überlebende Sachsenhausens den Weg zurück in die Freiheit suchten. Die Aufnahmen haben ebenfalls das lebensspendende Feuer zum Gegenstand; sie dokumentieren die

---

802 Eintrag vom 5.5.1945 im Tagebuch von Dietlind Erich (unveröffentlicht), in: DTA, 228/I,1, S. 13.
803 Bericht der amerikanischen Divisionszeitschrift »Golden Arrow« am 21. Mai über die Situation, die sich den Soldaten in Schwerin am 3. Mai bot, zit. n. Credé, Ende, S. 274.
804 Vgl. Credé, Ende, S. 274.

Abb. 18: Abwarten der deutschen Kapitulation bei Schwerin

Selbstversorgung in den Wald- und Obstwiesenlagern sowie die Situation auf den Straßen (Abb. 16, 17 und 18), als die Gruppen der ausländischen Deportierten nun gemeinsam, mit dem Nötigsten sowie mit Wagen ausgestattet, den Weg in die Freiheit zurücklegten. Dass ihnen hierbei (weiterhin) Argwohn und Hass vonseiten der deutschen Bevölkerung entgegenschlug, verdeutlichen die Worte Erichs und Schlüters.

Als sowjetische Einheiten am 4. Mai die Demarkationslinie erreicht hatten, kam der Flüchtlings-, Gefangenen- und Soldatenstrom, der durch die Gegend um Schwerin westwärts zog, zum Stillstand.[805] Am 4. Mai kapitulierte die Wehrmacht in Norddeutschland. Die Kampfhandlungen an der Straße von Schwerin nach Lübeck wurden am darauffolgenden Tag eingestellt.[806] Keitel ordnete auch die Einstellung der »Gefangenenrückführungen« an.[807] IKRK-Personal beschlagnahmte daraufhin die Adolf-Hitler-Kaserne in Schwerin, die über ein Lazarett verfügte. Das dortige medizinische Personal musste dem IKRK nun helfen, die Deportierten zu versorgen. Viele der Befreiten zogen nach Westen weiter.[808] Am 8. Mai wurden in Schwerin, noch unmittelbar vor Auflösung der Kolonnen, von der SS ermordete Deportierte beerdigt. Auf Befehl der amerikanischen Kommandantur in Schwerin, so beobachtete Hugo Eicker, hatte die Bevölkerung in den Gegenden um Mueß und Rabenfeld alle Toten zusammenzutragen und zu beerdigen –

---

805 Vgl. VI. IKRK-Bericht, S. 128-130; Arsenijevic, Hostages, S. 227-231.
806 Vgl. VI. IKRK-Bericht, S. 129.
807 Vgl. Funkspruch vom Chef des OKW, Keitel, vom 5.5.1945, in: PRO, HW 5/706.
808 Vgl. VI. IKRK-Bericht, S. 129.

»71 Tote waren es, die als erste auf dem heutigen Platz der Opfer des Faschismus beigesetzt wurden.«[809] Nachdem die SMAD die Stadt übernommen hatte, erfolgte eine weitere, feierliche Beerdigung, an der sich die gesamte Bevölkerung zu beteiligen hatte.[810]

Unmittelbar vor Schwerin wie auch in der Nähe von Parchim war es für die Menschen, die die Lager-SS und das (Hilfs-)Wachpersonal in Mecklenburg immer weiterschleppte, zuletzt noch einmal sehr gefährlich geworden. »Das war kein zurückziehendes Lager mehr. Das war die übereilte panische Flucht einer total geschlagenen Armee«, hielt Pieter Jongeling für Parchim fest:[811]

»Einen Augenblick dachte ich, hier würde ich flüchten können. Die Postenkette ist hier bereits durchbrochen, alle traben durcheinander. Aber im nächsten Moment sah ich bereits, weshalb meine Lust beträchtlich abgekühlt werden sollte. In einer Seitenstraße standen zwei Oberscharführer, deren Gesichter ich kannte. Ich hatte sie die letzten Tage verschiedene Male mit dem Motorrad an der Kolonne vorbeifahren gesehen, ohne zu wissen, was deren Auftrag war. Nun sah ich sie beschäftigt. Sie kontrollierten jeden, der sich seitwärts vom großen Strom bewegte, und verlangten Einsicht in die Ausweispapiere. Vor ihnen standen ein Mann und eine Frau, totenblaß. Wahrscheinlich hatten sie keine Papiere. Der Mann sagte noch etwas, machte eine verzweifelte Gebärde. Aber der eine SS-Mann zog bereits mit gelangweiltem Blick Gesicht seine Pistole und jagte beiden Menschen eine Kugel durch den Kopf.«[812]

Ob es sich hierbei um SS-Angehörige aus Sachsenhausen oder Männer der Auffangeinheiten der Heeresgruppe »Weichsel« handelte, die sich ebenfalls in das Gebiet zurückzog, wird aus Jongelings Ausführungen nicht deutlich – auch Feldgendarmerie kontrollierte diese Gegend sehr stark und bedrohte die Gefangenen unterwegs.[813] Deutlich wird hingegen die immense Unruhe, die unter den Deportierten herrschte: »Die SS hat Angst vor uns«, sagte ein Mitgefangener zu ihm. »Und das kann gerade gefährlich werden. Die Herren haben zulange mit dem Feuer gespielt. Tausende Häftlinge sind voller wilden Hasses.«[814] Jongeling erfährt weiter, dass »Soldaten des flüchtenden Heeres [...] ihre Gewehre weggeworfen [haben]. Einige russische Häftlinge packten sie und richteten die Waffe gegen die SS.«[815] Dass Letztere daraufhin eine gesamte Kolonne von 500 Gefangenen niederschoss, lässt sich nicht bestätigen, anhand des Berichteten aber darlegen, wie sich das Konzentrationslager endgültig auflöste.

---

809 Bericht Hugo Eicker o. O. o. D., in: GUMS, P3 Eicker, Hugo, S. 72.
810 Vgl. Bericht Willy Ilgen vom 8. 2. 1946, in: GUMS, NL 31/2/1.
811 Jongeling, Wettlauf, S. 15.
812 Ebd., S. 16.
813 Vgl. von Dahlen, Todesmärsche, S. 18; Bericht Franz Plura aus dem Jahr 1965, in: BLHA, Rep 530 8681, S. 3.
814 Jongeling, Wettlauf, S. 16.
815 Ebd., S. 17.

Pieter Jongeling und weiteren Gefangenen aus Sachsenhausen gelang es, von Parchim aus auf einem IKRK-Wagen nach Schwerin zu gelangen, der kranke Deportierte nach Lübeck brachte und berichtete, dass amerikanische Truppen dorthin vorgerückt waren. Unmittelbar vor der Stadt, die als Demarkationszone galt, hatten sie stundenlang zu warten, weil deutsche Soldaten erst entwaffnet und in Kriegsgefangenschaft genommen wurden – aus der Ferne war minutenlanges Maschinengewehrfeuer zu hören.[816] Als es im Wagen weiter gen Schwerin ging, stoppte die SS das Auto, in dem sich Jongeling befand, und durchsuchte den Wagen nach KL-Häftlingen. Jongeling weigerte sich, so dass der SS-Offizier daraufhin den Fahrer bedrohte, den Wagen aber letztlich weiterziehen ließ.[817] Am Abend in Schwerin angekommen, nahm Jongeling wahr, dass keine Zivilist:innen anzutreffen waren, die Stadt aber voller politischer Gefangener war.

In einem Waldstück vor Schwerin hatte zudem eine Gefangenengruppe lagern müssen, die in Sachsenhausen von den Blockführern aus circa 500 polnischen und slowakischen Juden gebildet worden war. Die Gruppe zählte nun nur noch circa 120 Deportierte. Eugen Kartin und sein Sohn befanden sich unter ihnen. Im Wald war das nahe Kampfgeschehen deutlich zu hören. Die Wachmannschaften, zu denen auch slowakische Männer gehörten, zogen sich zurück und überließen die Verschleppten sich selbst. Mit letzten Kräften liefen die Deportierten nach Schwerin weiter. Sich dorthin zurückziehendes deutsches Militär wies ihnen den Weg zu den amerikanischen Truppen. Um der ebenfalls auf dem Rückzug befindlichen SS/Polizei nicht zu begegnen, liefen die Männer nur auf Feldwegen. In Schwerin wurden die tödlich Erschöpften im Krankenhaus aufgenommen. Von dort aus brach Eugen Kartin mit seinem Sohn im Juni 1945 zurück in die Slowakei auf, wo beide nicht lange blieben, sondern nach Großbritannien und Australien emigrieren sollten. Die Ehefrau und die Tochter Kartins hatten den Holocaust nicht überlebt.[818]

Auch Max Preuss schleppte sich nach Schwerin. Als er dort auf einen afroamerikanischen Soldaten traf und dadurch wusste, dass das Kriegsende und damit auch das Ende der Zeit als Gefangener unmittelbar bevorstand, brach der jüdische Deportierte erschöpft zusammen und wachte erst im Krankenhaus wieder auf.[819] Überlebende berichteten mehrfach von der Aufnahme im Krankenhaus in Schwerin, in dem geschwächte Gefangene wieder zu Kräften kommen sollten, bevor sie den Weg zurück an ihre Heimatorte antreten konnten.[820] In Mueß unmittelbar vor Schwerin diente hingegen eine Garage zur Einrichtung einer Krankenstation, in der »Marschkranke« nun zurückbleiben konnten und versorgt wurden.[821] Jongeling hält fest, dass auch im mondänen Schweriner Schloss ein Hospital eingerichtet worden war. Er selbst konnte

816 Vgl. ebd., S. 17.
817 Vgl. ebd., S. 18.
818 Vgl. Bericht Eugen Kartin vom Mai 1972, in YV, O.3/4191.
819 Vgl. Interview Max Preuss vom 9. 2. 1992, in: YV, O.3/6551.
820 Vgl. Bericht Tadeusz Falkowski o. O. o. D., in: TM, 2/2 M.5.
821 Vgl. französischer Ermittlungsbericht vom 19. 12. 1945, in: GUMS, LAG LII/1, Bl. 497: Bericht Victor Caillé vom 15. 6. 1954, in: GUMS, P3 Caillé, Victor, S. 2.

im Hotel »Arsenal« nächtigen und zu Kräften kommen.[822] Sowjetische Sanitäter:innen brachten Schwerkranke später auch in das Krankenhaus in Neuruppin.[823] Wieder etwas bei Kräften, hatte Max Preuss nach seinem Krankenhausaufenthalt gemeinsam mit ehemaligen Gefangenen Obdach in Schwerin gesucht, um zur Genesung vorerst vor Ort zu bleiben. Hierbei trafen die Männer auf jüdische Soldaten in den amerikanischen Verbänden, die ihnen dabei halfen, Quartier in einem Hotel zu beziehen.[824]

Mit dem Eintreffen der amerikanischen Streitkräfte in Schwerin am 2. Mai 1945 hatte die deutsche Bevölkerung die Wohnhäuser in der Güstrower Straße zu räumen, da sich diese in unmittelbarer Nähe zur Kaserne befanden, wo die Deportierten zum Schutz vor Übergriffen gesammelt und versorgt wurden (Abb. 19). Als die sowjetischen Streitkräfte die Stadt übernahmen, wurden die ehemaligen Insass:innen der Konzentrationslager in diese Wohnungen umquartiert. Das Mehrfamilienhaus einer Schwerinerin teilten sich daraufhin 28 befreite Häftlinge – unter ihnen befand sich Kurt Schliwski.[825] Auch als diese nach und nach ausgezogen waren, erhielt die Schwerinerin ihre Immobilie nicht zurück, sondern musste mit ihren Verwandten eine neue Wohnung beziehen. Mehrere Häuser in der Güstrower Straße wurden anschließend von der SMAD genutzt und danach der Vereinigung der Opfer des Faschismus (OdF) übergeben, die lediglich Strom und Gas zu zahlen hatte.[826]

Die ehemaligen deutschen Häftlinge waren ab Mai 1945 in jenen brandenburgischen und mecklenburgischen Kreisen einquartiert, durch die die Kolonnen des Todesmarsches aus Sachsenhausen zuvor von den Wachmannschaften getrieben worden waren.[827] Hermann Gramsik kam in Körpernitz wieder zu Kräften und verfasste dort einen ersten Bericht für die SMAD, der die Täter in Sachsenhausen, die er kannte, benannte.[828] Ernst Altenkirch tat es ihm in Crivitz gleich, nachdem er sich Papier im Kaufhaus Ernst Peecks besorgt hatte.[829] In diesem Kaufhaus hatten befreite Insass:innen ein »Auffangbüro« für politische Häftlinge eingerichtet, um die Versorgung und Unterbringung zu organisieren und die Menschen, die dorthin kamen, um Berichte zu bitten[830] – später forderte die SMAD Überlebende über das Radio auf, sich zu melden, um Zeugnis abzulegen.[831] Gemeinsam mit einigen Anwohner:innen

---

822 Vgl. Jongeling, Wettlauf, S. 18.
823 Vgl. ebd.
824 Vgl. Interview Max Preuss vom 9. 2. 1992, in: YV, O.3/6551.
825 Kurt Schliwski: Mein Leben. Autobiografischer Bericht unter Mitwirkung von Regina Scheer, Schwerin 2014, S. 33 f.; vgl. auch Beschwerdeschreiben der Eigentümerin Johanna Müller vom 25. 5. 1949, in: MLHA, 10.34-1/630/1.
826 Vgl. Schriftverkehr zw. Johanna Müller und der Kripo Schwerin vom September 1947, in: ebd.
827 Dies stellte eine spezifische Nachkriegssituation in diesen Regionen dar, die Regina Scheer auch literarisch aufgegriffen hat. Vgl. Regina Scheer: Machandel, München 2014.
828 Vgl. Bericht Hermann Gramsik aus dem Jahr 1945, in: GARF, 7021/115/31, S. 2.
829 Vgl. Bericht Ernst Altenkirch vom 23. 5. 1945, in: GUMS, NL 38/1/14.
830 Vgl. Bericht Hugo Eicker o. O. o. D., in: GUMS, P3 Eicker, Hugo, S. 72.
831 Vgl. Bericht Werner Lionke vom September 1945, in: BArch B, DP 3 V 111/66, Bd. 5.

Abb. 19: DP-Camp in der Kasernenanlage

kümmerten sie sich um die Einrichtung einer Sammelunterkunft in Crivitz, in der später »etwa 86 Kameradinnen und Kameraden« zu Kräften kommen sollten – unter ihnen befand sich auch Hugo Eicker, der dort die Küche leitete.[832] Viele ehemalige politische Gefangene, unter ihnen auch Vinzenz Kamitz und Walter Gozell, sollten daraufhin ihr restliches Leben in den Gegenden verbringen, in denen sie zurück ins Leben fanden, und Positionen in den kommunalen Verwaltungen bekleiden.[833]

6.14 Passage II: Flucht oder Kriegsgefangenschaft

Hinsichtlich weiterer Verteidigungsvorbereitungen kam es in Reaktion auf den Beginn der nächsten und letzten sowjetischen Großoffensive am SS-Standort Oranienburg Mitte April 1945 zu grundlegenden Änderungen. Einerseits stellten sich die Angehörigen der Waffen-SS und der Polizei (in der Politischen Abteilung in Sachsenhausen oder dem Kriminaltechnischen Institut) auf die mögliche Verwicklung in die Kampfhandlungen ein und stellten dafür Personal ab. Andererseits setzten ab

---

[832] Ebd., S. 72.
[833] Vgl. Konvolut zu Vinzenz Kamitz, in: Privatarchiv; Matthias Kamnick: Leben und Kampf des Antifaschisten Walter Gozell, Neuruppin 1977/78 (unveröffentlicht), in: GUMS, P3 Gozell, Walter.

dem 18. April nun zum zweiten Mal konkrete Evakuierungsvorbereitungen für den Rückzug aus Oranienburg-Sachsenhausen und damit ein Auflösungsprozess ein, der erst mit der deutschen Kapitulation enden sollte. Damit schwand auch die Kontrolle über die Wachmannschaften. Auf den 1945 zunehmenden Loyalitäts- und Kontrollverlust in deren Reihen reagierte die Kommandantur mit der Verhängung von immer drakonischeren Strafen.[834] Auch wenn die Desertationen anstiegen, gerieten oder begaben sich die SS- und Hilfswachmänner mehrheitlich erst Anfang Mai in der Gegend Schwerin in Kriegsgefangenschaft. Anderen gelang es (vorerst), unterzutauchen und zu fliehen. Wie gestaltete sich diese Übergangsphase für das Lagerpersonal, und was kennzeichnete das Zusammentreffen mit den Alliierten im Mai 1945?

Am 16. April 1945 setzte der sowjetische Großangriff an der Oder mit dem Ziel ein, nach Berlin vorzudringen. Die SS-Standortführung in Oranienburg reagierte darauf, indem sie Mannschaften bildete, die zur Verteidigung der Stadt und insbesondere des Konzentrationslagerbereiches eingesetzt werden sollten. Michael Körner wurde z. B. von seinem Dienst als III. Schutzhaftlagerführer entbunden und zur 7. Kompanie des Wachbataillons Sachsenhausen versetzt. Körner verfügte über militärische Erfahrungen. Er hatte sowohl in Frankreich als auch an der Ostfront bei Poltawa und Belgorod gekämpft. Nach seiner Verwundung war er im April 1944 zur 1. Wachkompanie von Sachsenhausen gekommen und hatte den Führer der Wachkompanie, Gustav Wegner, unterstützt, bevor er im September zum III. Schutzhaftlagerführer ernannt worden war.[835] Seine militärischen Erfahrungen sollten nun in Oranienburg von Nutzen sein. Körner übernahm die Vorbereitungen zur Verteidigung Oranienburgs.[836] Gleichzeitig kam es zur Bildung des »Lagervolkssturms« aus Wehrmachtsangehörigen, die sich unter den Gefangenen in Sachsenhausen befanden.[837] Dass mit Krafft Werner Jaeger unter ihnen auch Männer waren, die dem Widerstandskreis um Stauffenberg zugeordnet wurden, spielte nun offensichtlich keine Rolle mehr. Die nach wie vor unter den Gefangenen auch als »Dirlewangers« bezeichneten Männer wurden eingekleidet und sollten im Alarmfall Waffen erhalten. In Sachsenhausen noch zum Hauptmann befördert, sollte Jaeger den »Lagervolkssturm« militärisch führen.[838]

---

834 Vgl. exempl. Strafverfügung vom 21.3.1945 wegen »Verlassen des Standortes« in der SS-Personalakte zu Heinz Langer, in: BArch WASt, Z/B 191/12; Strafverfügung über 3 Tage verschärften Arrest vom 28.3.1945 wegen »Wachvergehen« in der SS-Personalakte zu Johann Deppner, in: ebd., Z/B 160/18; Strafverfügung wegen »bei Fliegeralarm nicht zum Bunkerdienst angetreten« in der SS-Personalakte zu Gregor Formanek, in: ebd., Z/B 166/01.
835 Vgl. Aussage Michael Körner vom 1.8.1946, Kopie in: AS, JSU 1/19.
836 Vgl. Aussage Michael Körner vom 2.8.1946, Kopie in: ebd.
837 Vgl. Bericht Willy Heidenreich von 1948, in: GUMS, LAG LII/1.
838 Krafft Werner Wilhelm Jaeger: Als Häftling mit »Fluchtpunkt« im KZ Sachsenhausen, Bericht vom 1.10.1995, Auszüge abgedruckt in: Verschwörer im KZ. Hans von Dohnanyi und die Häftlinge des 20. Juli 1944 im KZ Sachsenhausen, hg. von Winfried Meyer, Berlin 1998 (Schriftenreihe der Stiftung Brandenburgische Gedenkstätten, Bd. 5), S. 278-281, hier S. 280 f.

Als sich die Lager-SS vom Standort Oranienburg zurückzog und die Gefangenen nach Wittstock verschleppte, hatten sowohl die zur Verteidigung Oranienburgs rekrutierten und unter Körners Befehl gestellten Wachmänner der 7. Kompanie als auch die Gefangenen des »Lagervolkssturms« und die ebenfalls aus Insassen zusammengesetzte »Lagerpolizei« die restlichen Wachkompanien zu unterstützen. Anstatt zur militärischen Verteidigung überzugehen, zogen sie sich mit der SS und den Wachmannschaften aus Oranienburg zurück. Die Kriminalpolizeibeamten der Politischen Abteilung in Sachsenhausen wurden hingegen am 21. April nach Berlin entlassen. Ihr Vorgesetzter, Kurt Erdmann, und die dort tätigen Angehörigen der Waffen-SS sollten den Transport hingegen ebenfalls begleiten.[839] Während sich auch höhere SS-Dienstgrade des Lagerpersonals bereits vor dem Austritt aus dem Schutzhaftlagergelände absetzten und der Kommandant, Kaindl, sowie sein Adjutant, Wessel, von Sachsenhausen nach Ravensbrück aufbrachen, um mit der Amtsgruppe D die Entwicklung an der Front abzuwarten, hielten die Schutzhaftlagerführer in Sachsenhausen, Kolb, Höhn und Körner, unterwegs in überwachender Funktion die Stellung. Sie fuhren die Kolonnen ab und wiesen die Transportführer zur Eile an.[840]

Auch der Gerichtsoffizier der SS/Polizei in Sachsenhausen, Schmidt, war zugegen, um die Durchführung der »Gefangenenrückführung« durch das Wachpersonal zu überwachen.[841] Dem HSSPF »Spree« direkt unterstellt, hatte er dafür Sorge zu tragen, dass das Lagerpersonal die aus Berlin ergangenen Befehle durchführte. Qua Amt war Schmidt befugt, Desertationen zu untersuchen, und konnte bei Missachtung von Befehlen auch standesgerichtlich zum Tode verurteilen.[842] Im Unterschied zu den Kommandanturangehörigen Kolb oder Körner wurde er jedoch nach dem Krieg nicht von ehemaligen Gefangenen belastet,[843] unterwegs Gefangenenmorde verübt oder das Vergraben von Leichen überwacht zu haben. Diese Tätigkeit bzw. deren Überwachung oblag den Schutzhaftlagerführern, die noch unmittelbar vor Crivitz Befehle ausgaben, Zurückbleibende zu erschießen,[844] also zu einem Zeitpunkt, als das Wachpersonal bereits zu fliehen begann.

---

839 Vgl. Aussage Kurt Erdmann vom 22.9.1962, Kopie in: YV, TR.19/130, Bl. 80.
840 Zu Körner vgl. Aussage [Vorname unbekannt] Linnau vom 18.3.1946 im Verhörprotokoll von Michael Körner vom 11.10.1946, Kopie in: GUMS, JSU 1/19. Zu Höhn vgl. Bericht A[...] Schöning 1945, in: GUMS, NL 6/21; Aussage Kurt Düttchen vom 21.8.1946, Kopie in: GUMS, JSU 17/2.
841 Vgl. Aussage Ludwig Rehn vom 23.10.46, Kopie in: GUMS, JSU 1/23/1.
842 Vgl. Hermann Kaienburg: Das Konzentrationslager Neuengamme, 1938-1945, Bonn 1997, S. 304; Ley, Schmidt.
843 Zu Kolb vgl. Aussage Wolfgang Szepansky aus dem Jahr 1961, in: GUMS, LAG LII/1; Aussage Jaroslav Purš vom 11.12.1959, in: GUMS, LAG XXXIII/3. Zu Körner vgl. Aussage [Vorname unbekannt] Linnau vom 18.3.1946, im Verhörprotokoll zu Michael Körner vom 11.10.1946, Kopie in: GUMS, JSU 1/19; Aussage W[...] Sörensen vom 18.7.1946, Kopie in: GUMS, JSU 1/17/3.
844 Vgl. Aussage W[...] Sörensen vom 18.7.1946, Kopie in: GUMS, JSU 1/17/3.

Desertation – Flucht – Untergrund

Angehörige der Wachmannschaften nutzten bereits die Räumungsvorbereitungen in Sachsenhausen zur Flucht oder begaben sich nach Auflösung der Außenlager nicht zurück an die ihnen übergeordnete Stelle. Der SS-Mediziner Franz Bernhard Lucas verließ Oranienburg sogar bereits im März 1945. Lucas war 1943/44 als Lagerarzt im WVHA-Komplex Auschwitz tätig gewesen. Dort hatte er sich u. a. an Selektionen beteiligt. Danach folgten weitere kurzzeitige Aufenthalte in den medizinischen Abteilungen von Mauthausen, Stutthof und Ravensbrück. Nachdem er sich in Ravensbrück im Januar 1945 geweigert hatte, an Gefangenenmorden weiterhin teilzunehmen, war er nach Sachsenhausen versetzt worden. Von dort desertierte er im März. Nicht ohne sich zuvor ein ihn entlastendes Schreiben einer Insassin besorgt zu haben, tauchte er in Berlin unter. Im April floh Lucas über die Elbe zu den Westalliierten.[845] Der Kommandoführer am SS-Standort Kremmen, Georg Heimroth, meldete sich im April 1945 nicht mehr bei seiner übergeordneten Instanz – dem SS-FHA –, sondern verblieb mit seiner Frau im Ort. Beide warteten den Rückzug vorbeiziehender Gefangenenkolonnen aus Sachsenhausen ab und begaben sich daraufhin auf der gleichen Strecke auf die Flucht.[846] Auch Wachmänner desertierten.[847]

Der Wachmann Willi Otto Schneider setzte sich bei Neuruppin ab. Der ehemalige Obergefreite der Wehrmacht war seit Oktober 1944 im Rang eines SS-Rottenführers in den Wachkompanien von Sachsenhausen tätig. Nach eigener Aussage desertierte Schneider am dritten Tag des Gewaltmarsches. Er tauchte in einem Flüchtlingstreck unter, der ebenfalls westwärts zog. Ab Wittstock schloss er sich »Wehrmachtnachzüglern« an, behielt also noch seine Uniform an, um nicht unterwegs von der Feldgendarmerie oder den Auffangeinheiten Obergs aufgegriffen und standgerichtlich belangt zu werden. Bei Ludwigslust ging Schneider am 2. Mai 1945 in amerikanische Gefangenschaft und befand sich im Januar 1946 noch im Civil Internment Camp (CIC) No. 2 des britischen Militärs in Sandbostel.[848] Auch Hilfswachmänner wie Willi Wehren und Josef Berger entzogen sich, wie aufgezeigt, unterwegs dem Einsatz und türmten. In Herzsprung blieben beide Männer zurück, als die Frauenkolonne, die sie zu bewachen hatten, weitergetrieben wurde.

Die Gefangenen nahmen das Verhalten der Männer, die sie verschleppten, sehr genau wahr. Bereits im Konzentrationslager gehörte es zum Überleben dazu, potenziell

---

845 Vgl. Bericht A[…] Schöning aus dem Jahr 1945, in: GUMS, NL 6/21; Aussage Percival Treite vom 5.5.1945, in: PRO, WO 235/309; beglaubigte Kopie der Anklageschrift Baer & andere vom 16.4.1963, in: IPN, BU 2586/326 (Frankfurter Auschwitz-Prozess, Bd. 80), S. 462-464; vgl. auch Klee, Auschwitz, S. 263.
846 Vgl. Aussage Georg Heimroth vom 19.6.1968, in: StAL, EL 48/2, Bü 1837; Brief von Karl Raddatz an Charlotte Heimroth vom 9.7.1946, in: ebd.
847 Vgl. Aussage Ernst Drews vom 10.1.1946, in: GARF, 951/1/340.
848 Vgl. Aussage Otto Schneider vom 11.1.1946 in: PRO, WO 309/853; Aussage Ernst Drews vom 10.1.1946, in: GARF, 951/1/340.

gefährliche Situationen zu erkennen. Karl Ries und Weitere beobachteten nun, wie sowohl das führende Lagerpersonal als auch die Wachmannschaften, insbesondere auf dem Weg von Below nach Schwerin, immer unruhiger wurden und sich das Verhalten Letzterer zumindest über bestimmte Etappen, die sie in Entfernung zum Führungspersonal oder Kommandostützpunkten der Feldgendarmerie brachten, änderte.[849] Die Spannbreite reichte von einem aggressiv-feindlichen Verhalten des Transportführungs- und weiteren SS-Personals bis hin zu einem milder werdenden Umgang einiger Wach- und vor allem Hilfswachmänner mit den Gefangenen[850] – gar bis zum Anschlagen väterlicher Töne: »Kinder, geht weiter und bleibt nicht zurück. Wir haben strenge Anordnung, auf jeden zu schießen.«[851]

Insbesondere für die älteren Wachmänner und die Hilfswachen, die weder über Fahrräder verfügten noch entsprechend den Anforderungen eines Gewaltmarsches versorgt wurden, stellte der Wacheinsatz zunehmend eine Herausforderung dar.[852] Nur wenige entzogen sich der Tätigkeit frühzeitig. Im Unterschied zu einzelnen Strafverordnungen, die sich in SS-Personalunterlagen für die verbotene »Verpflegung von Häftlingen« finden lassen,[853] hat keiner der mir vorliegenden Berichte ernsthafte Hilfeleistungen des Wachpersonals gegenüber Gefangenen zum Gegenstand. Erst als die Männer keinen anderen Ausweg mehr sahen, ließen sie sich auf Gespräche und Verhandlungen mit den Deportierten ein, die allerdings nur das eigene Überleben des Kriegsendes sichern sollten.[854] Anders verhielt es sich bei Hilfswachmännern, die sich durchaus, wenn auch nicht in der Gesamtheit, für eine Verbesserung ihrer Mitgefangenen einsetzten und, wie Henri Michel offen mit einigen besprechen kann, in der Gegend um Schwerin abtauchten, um nicht als SS-Angehörige in Gefangenschaft genommen zu werden:

»Bei der SS ist es still geworden, ihre Unterführer fühlen, daß etwas in der Luft liegt. Die SS-Posten verraten uns, soweit wir sie als Häftlinge persönlich gut gekannt haben, daß sie nur mehr mit ganz wenigen Tagen rechnen und alles vorbereitet haben, um sich vor der Gefangennahme in Sicherheit zu bringen. Wir verstehen es, einige unter ihnen waren mehr als 10 Jahre politische Häftlinge, vor 14 Tagen haben sie die Gefangenenkleidung gegen SS-Uniformen eintauschen müssen. Sollen sie sich jetzt noch als alte Gegner des Nationalsozialismus auf unbestimmte Dauer gefangennehmen

---

849 Vgl. Bericht Karl Ries aus dem Jahr 1945, in: GUMS, LAG LII/1.
850 Vgl. Steinitz, Holocaust-Opfer, S. 356; Michel, Hungermarsch, S. 11.
851 So zitierte Michal Dachan in seiner Aussage die Worte eines älteren, »volksdeutschen« Wachmanns. Vgl. Aussage Michal Dachan vom 18.11.1961, in: BArch ZStL, B 162/3926, Bl. 20 f.
852 Vgl. Aussage Ernst Drews vom 10.1.1946, in: GARF, 951/1/340.
853 Vgl. exempl. Strafverfügung Michael Weilmüller vom 28.3.1945 wegen »Verpflegen von Häftlingen«, in: BArch WASt, Z/B 240/10; Strafverfügung Hugo Lange vom März 1945 wegen »Wachverfehlung: Begünstigung für Kartoffeldiebstahl von Häftlingen«, in: ebd., Z/B 191/8.
854 Vgl. Bericht Willy Heidenreich von 1948, in: GUMS, LAG LII/1; von Dahlen, Todesmärsche, S. 1 und S. 17.

lassen? Auch der Sturmführer läßt verstehen, daß er sich seiner Leute nicht mehr sicher fühlt. [...] Nachmittags kommt der ehemalige Blockälteste und frischgebackene SS-Mann Erich, ein politischer Gefangener aus Essen, und nimmt Abschied von uns. Seine Waffen hat er schon irgendwo zurückgelassen, jetzt wird er seinen mitgebrachten Zivilanzug benutzen und seine SS-Klamotten ins Feuer werfen.«[855]

Diejenigen der Wachen, die sich nicht schon vorher abgesetzt hatten, überließen die Gefangenen vor Schwerin, das von der Kommandantur als nächstes Ziel ausgegeben worden war,[856] sich selbst und streckten die Waffen.[857] Norbert Credé hat diesbezüglich darauf hingewiesen, dass »das auffällige, nahezu gleichzeitige Verschwinden der Wachmannschaften in der Nacht vom 2. auf den 3. Mai »auf einen zentralen Befehl oder zumindest eine Absprache untereinander hin[weist].«[858] Auch in den umliegenden Wäldern von Parchim und Ludwigslust ließen die Wachmannschaften die Deportierten unbewacht zurück.[859] Nachdem am 2. Mai die Information ergangen war, dass amerikanische Soldaten Schwerin erreicht hatten, setzte sich auch die Transportführung der Gefangenenkolonne, die Willi Jacobs bewachte, ab. Jacobs verrichtete seit dem Sommer 1944 Wachdienst im Konzentrationslagersystem, nachdem er von der deutschen Luftwaffe zur Waffen-SS übergetreten war. Bis zum Frühjahr 1945 bewachte er Gefangene, die zu Aufräumarbeiten und zum Bunkerbau in Berlin eingesetzt waren. Bei Schwerin warf er nun die Waffen weg und begab sich im schützenden Verband mit vier weiteren Wachmännern in amerikanische Gefangenschaft.[860]

Der Weg, auf dem sich die Gefangenen von Below nach Schwerin weiterschleppen mussten, war durch unbrauchbar gemachtes militärisches Gerät gesäumt. Bis zum Schluss, als das Wachpersonal zu fliehen beschloss, war die Situation für die Deportierten unberechenbar und gefährlich. So musste Ariane Hadamik am 29. April in einer Gefangenenkolonne von Below nach Bruel weiterlaufen. Weniger als 30 Kilometer vor Schwerin hatte sie daraufhin noch tagelang und unter Bewachung in einem Waldstück auszuharren. Als die Rote Armee vormarschierte, ergriffen die Wachmänner die Flucht – auch in den Suizid. Unmittelbar zuvor hatten sie noch einen Teil der Gefangenen erschossen. Hadamik schätzte nach dem Krieg, dass es sich um circa 60 Tote handelte.[861] Ob die Männer, die Hadamik verschleppt hatten, untertauchten oder, wie Willi Jacobs, in Schwerin in Kriegsgefangenschaft gingen, konnte ich nicht mehr rekonstruieren.

---

855 Michel, Hungermarsch, S. 20 f.
856 Vgl. Mirbach, Sohn, S. 182.
857 Vgl. Interview Max Preuss vom 9. 2. 1992, in: YV, O.3/6551; von Dahlen, Todesmärsche, S. 23.
858 Credé, Ende, S. 277.
859 Vgl. Bericht Karl Ries aus dem Jahr 1945, in: GUMS, LAG LII/1; Bericht Eugen Kartin vom Mai 1972, in: YV, O.3/4191.
860 Vgl. Aussage Willy Jacobs vom 20. 7. 1945, in: PRO, WO 309/438.
861 Vgl. Bericht Ariane Hadamik o. O. o. D., in: BArch SAPMO, VVN DY 55/V278/2/147, S. 1-5, hier S. 1.

»Eine nasse Strasse mit [...] Anhöhen bildete das provisorische Gefangenenlager« in Schwerin, in das sich auch Dorothea Schlüter mit Teilen des Flughafenpersonals aus Wittstock begeben hatte, als ihre Flucht in Schwerin endete.[862] Sie verbrachte die Nacht dort mit drei weiteren Frauen »[u]nter tausenden Männern« im Freien, in der Hoffnung, das Lager am nächsten Tag als Zivilistin verlassen zu können. In Schwerin hatten die amerikanischen Streitkräfte ein vorübergehendes Lager eingerichtet, in dem sich neben den als Heeresgruppe »Weichsel« bezeichneten deutschen Truppenteilen und Alarmeinheiten auch Karl Tochtermann befand. Bis zum 2. Mai hatte Tochtermann, wie er in sein Tagebuch einträgt, 1.403 Tage im deutschen »Russlandfeldzug« verbracht. In Schwerin gelang es ihm, in die amerikanische Gefangenschaft zu gehen. Seine Aufzeichnungen geben ein Bild der Situation vor Ort, die auch das SS-Lagerpersonal betraf, das sich in Gefangenschaft begeben hatte: »Wir hausen in selbstgezimmerten primitiven Hütten, immerhin besser als auf freiem Feld wie die tausenden anderen Gefangenen.«[863] Die nächsten Tage hatte Tochtermann gemeinsam mit weiteren männlichen Kriegsgefangenen das Kasernengelände der ehemaligen Adolf-Hitler-Kaserne zu säubern. Die SMAD nutzte diese als DP-Camp.[864] Schlüter hingegen verließ das Gefangenenlager und schloss sich mit einer Bekannten aus Wittstock bis zur Kapitulation zwei Männern an, die »weder Kz.-Leute noch Ausländer waren« und einen Schutz vor den »Pygamatruppen [sic!]« – womit wahrscheinlich die in gestreifter Kleidung vor Ort anwesenden Deportierten gemeint waren – darstellen sollten.[865] Tochtermann verblieb bis Ende August in Kriegsgefangenschaft und notierte in seinem Tagebuch, dass die Verpflichtung zur Reinigung der Kasernenanlage, zu der auch das Abwaschen von Loyalität einfordernden NS-Sprüchen gehörte, vor den Augen der DPs erfolgte, die daran sichtlich Spaß hatten.[866]

Während sich vor allem die einfachen Wachmänner Sachsenhausens in Schwerin in Gefangenschaft begaben, tauchten höhere SS-Ränge unter und versuchten, in Zivilkleidung oder Uniformen der Wehrmacht gekleidet,[867] in die Regionen zu gelangen, die unter westalliierter Besatzung lagen. Gestapo-Beamte, die die IKRK-Transporte im April noch überwachten und in den Wagen der Delegierten mitfuhren, die Gefangene nach Lübeck brachten, setzten sich unterwegs ebenfalls von den Konvois ab und tauchten in Zivil unter.[868] Auch der Leiter des Krematoriums in Sachsenhausen, Klein, versuchte, sich – wie oben aufgezeigt – gemeinsam mit einer früheren Aufseherin in Zivilkleidung zu den Amerikanern durchzuschlagen. Den beiden gelang es,

---

862 Eintrag vom 3.5.1945 im Tagebuch von Dorothea Schlüter, in: DTA, 5182, 3TF, S. 5.
863 Eintrag vom 2.5.1945 im Tagebuch von Karl Tochtermann, in: DTA, 4709-1.
864 Eintrag vom 7.5.1945, in: ebd.
865 Einträge vom 4. und 5.5.1945 im Tagebuch von Dorothea Schlüter, in: DTA, 5182, 3TF, S. 5.
866 Eintrag vom 7.5.1945, in: ebd.
867 Vgl. Bericht Janka Galambos, in: TWL, 1656/3/2/1178, S. 9.
868 Vgl. Jan van Ommen: Richtung Schweden 1945. Die Evakuierung von Frauen aus den Konzentrationslagern Ravensbrück und Neuengamme, Reinbek 2020, S. 20 f.

in Lehsen bei Parchim unterzutauchen, wo sie bei Familienangehörigen unterkamen, arbeiteten und sich als Eheleute ausgaben.[869]

Um die eigene Flucht und den Wechsel der Identität zu erleichtern, legten Angehörige der Wachmannschaften auch Gefangenenkleidung an.[870] Um unerkannt zu bleiben und Ermittlungen zu entgehen, vollzogen höhere SS-Mannschaftsdienstränge unmittelbar vor ihrer Flucht noch Gefangenenmorde oder wiesen diese an. In einem Wald hinter Crivitz verübten Angehörige der Wachmannschaften aus Sachsenhausen daraufhin noch ein Massaker an politischen Gefangenen.[871] Dass der Moment, bevor sich das Lagerpersonal von den Deportierten absetzte, für bestimmte Gefangene sehr gefährlich war, schildert auch Kurt Albin Müller, der am 2. Mai kurz vor Schwerin noch Zeuge der Ermordung eines sowjetischen Gefangenen geworden war. Eine Flüchtlingsfrau, die sich auf demselben Weg befand, hatte den Gefangenen beim Transportführer denunziert, ihr während eines Luftangriffs Milch gestohlen zu haben. Der SS-Oberscharführer, der die Gefangenenkolonne führte, erschoss den Gefangenen daraufhin an Ort und Stelle und somit sowohl vor den Augen seiner Ehefrau als auch vor denen Müllers. Dem Mord wohnte auch ein weiterer SS-Angehöriger bei. Kurz bevor sich der transportführende SS-Mann am Nachmittag aus dem Waldstück vor Schwerin, wo die Gefangenen zum Schluss lagern mussten, absetzen wollte, begab er sich noch zu Müller, um auch ihn zu erschießen. Aufgrund seiner Zeugenschaft des Mordes galt Müller als »Geheimnisträger«. Er überlebte das Kriegsende nur, weil die Ehefrau des Kolonnenführers nun – und im Unterschied zur Ermordung des sowjetischen Deportierten – gegen diese Erschießung intervenierte.[872]

Kritische Situationen

Wurden sie später erkannt bzw. bekamen Gefangene sie im Moment der Flucht in die Hände, konnte die Situation für die Angehörigen der Lager-SS oder Wachmänner gefährlich werden. Laut Max Preuss versuchten Deportierte nach all dem Leid, das sie durch den Transportführer ihrer Gefangenenkolonne erfahren hatten, und in Reaktion auf die Gefangenenerschießungen, die sie unterwegs beobachten mussten, diesen in Schwerin zu töten.[873] Gérard Bray, ein anderer Gefangener, bekam am 4. Mai sogar selbst die Möglichkeit dazu:

> »Die Russen besetzen das Land. Sie sind in der Nacht gekommen – Ausplünderungen von Flüchtlingen – in dem Durcheinander ›organisieren‹ wir uns das Nötigste – ziehen in Richtung Schwerin weiter – viele tote Häftlinge am Straßenrand – nach

---

869 Vgl. Ausführungen in der Zusammenstellung von Peter Klein, in: TM, 1/X.
870 Vgl. ebd.
871 Vgl. französischer Ermittlungsbericht vom 19.12.1945, in: GUMS, LAG LII/1, Bl. 497.
872 Vgl. Bericht Kurt Müller vom 18.6.1948, in: GUMS, LAG LII/1.
873 Vgl. Interview Max Preuss vom 9.2.1992, in: YV, O.3/6551.

4 km kommen wir an eine Brücke – Demarkationslinie zwischen der russischen und der amerikanischen Zone – nach 1 km gelangen wir normal hinüber – müssen Pferd und Wagen zurücklassen – ich finde einen SS-Mann – ein amerikanischer Sergeant gibt uns einen Revolver – wir zögern und bringen ihn dann ins Stalag – Schwerin, ein amerikanischer Sergeant nimmt uns mit, und nach einigen Umwegen landen wir in einem deutschen Militärhospital – werden in kleinen Zimmern untergebracht.«[874]

Dass die Situationen für das Lager- und Wachpersonal nun kritisch war, nahm auch Pieter Jongeling wahr. So hatte ein SS-Hauptscharführer, nachdem er Jongeling und weitere Häftlinge vor Schwerin in einem IKRK-Wagen entdeckt hatte, den Fahrer mit den Worten bedroht: »Wie kommst du dazu, politische Häftlinge in dein Auto zu nehmen. Die Kerle werden uns alle die Kehle durchschneiden. Hier liegt alles voller Waffen.«[875] Der IKRK-Angehörige konnte die Situation aber deeskalieren.

Die Wut der Deportierten und über Jahre gequälten Menschen konnte sich nun Bahn brechen, wie auch die Fotografien zeigen, die Lee Miller unmittelbar nach dem Eintreffen der amerikanischen Einheit, der sie als Bildreporterin angehörte, von Wachmännern in Buchenwald anfertigte. Insassen hatten sich dort im April auf die Suche nach Wachmännern gemacht, nachdem das Lager evakuiert worden war. Sie schlugen diejenigen, derer sie habhaft wurden, zusammen und sperrten sie in die Zellen des Gefängnistraktes.[876] Leichen toter SS-Männer, die bei der Befreiung erschossen worden waren,[877] fotografierte Miller auch in unmittelbarer Nähe zum Gelände des Konzentrationslagers Dachau.[878] Mit dem Wissen um diese Gefahr bildeten die Wachmannschaften aus Sachsenhausen zum Selbstschutz Gruppen, wenn sie sich, wie Willi Jacobs bei Schwerin, auf die Flucht zu den Westalliierten begaben.[879]

Bei Parchim hatte die Lager-SS, wie Nicholas Rosenberg beobachten konnte, zudem zuerst die Gefangenen freigelassen, die sie zuvor als Funktionshäftlinge oder Hilfswachen für ihre Dienste (zwangs-)rekrutiert hatte und die so die Möglichkeit bekamen, sich in Sicherheit zu bringen:

»Am Abend des gleichen Tages wurden aus unserem Zuge die Capos durch die SS freigelassen. Sie entfernten sich eiligst mit gefuellten Rucksaecken nach hinten.

---

874 Eintrag vom 4.5.1945 im Tagebuch von Gérard Bray, in: GUMS, P3, Bray, Gérard, S. 5.
875 Jongeling, Wettlauf, S. 18.
876 Vgl. Antony Penrose (Hg.): Lee Miller. Krieg. Mit den Alliierten in Europa 1944-1945, Berlin 2015, S. 224 f.; ders.: Lee Miller's War. Beyond D-Day, London 2014, S. 164.
877 Vgl. Jürgen Zarusky: Die Erschießungen gefangener SS-Leute bei der Befreiung des KZ Dachau, in: Das Konzentrationslager Dachau. Geschichte und Wirkung nationalsozialistischer Repression, Berlin 2008, S. 103-124.
878 Vgl. Penrose, Miller, S. 224 f.
879 Vgl. Aussage Willy Jacobs vom 20.7.1945, in: PRO, WO 309/438; Anzeige Lucjan Wlodkowski vom 19.7.1945, in: PRO, WO 309/438.

Die Juden und die uebrigen Haeftlinge wurden jedoch weitergetrieben und noch an diesem Tage wurden einige Ungluekliche von der SS ermordet.«[880]

Auch für Anwohner:innen konnte die Situation Anfang Mai gefährlich werden, wenn sie sich an den Verbrechen an auf den Todesmärschen Deportierten beteiligt hatten. In Ortschaften wie beispielsweise dem brandenburgischen Zootzen, durch die Deportierte nach ihrer Befreiung ostwärts zurückzogen, um sich auf den Weg in ihre Herkunftsländer zu machen, gingen ehemalige KL-Insassen gegen ihre Peiniger vor. Nach dem Abzug der Waffen-SS-Einheit, die sich ebenfalls in Richtung Wittstock zurückzog, war es dort zu Racheakten gegenüber Anwohner:innen gekommen. Worauf die Racheaktionen basierten, also ob sich Teile der Bevölkerung – wie in Herzsprung – auch hier möglicherweise an Gefangenenmorden beteiligt hatten, lässt sich nicht mehr ermitteln. Dokumentiert ist aber, dass die bereits vor Ort befindlichen Angehörigen der Roten Armee die Männer gewähren ließ.[881]

Befreite Deportierte erkannten in Mecklenburg auch den ehemaligen Arbeitsdienstführer aus Monowitz-Buna und Gleiwitz II, SS-Oberscharführer Wilhelm Stolten, nicht zuletzt, weil er auf der Zugfahrt, mit der Gefangene im Januar 1945 »reichswärts« weiterdeportiert wurden, vor ihren Augen erschöpfte Insass:innen erschossen hatte. Sie sollen auf Stolten losgegangen sein und ihn erschlagen haben.[882] Derartige Fälle stellten allerdings Ausnahmen dar. Mehrheitlich halfen befreite Insass:innen bei den Ermittlungen der Alliierten, indem sie sich nach deren Aufrufen per Flugblatt oder im Radio bei den zuständigen Besatzungsinstanzen meldeten, Berichte bereits in Crivitz und Ludwigslust anfertigten oder in Gegenüberstellungen führendes Lagerpersonal identifizierten.[883]

Verhaftung und Kriegsgefangenschaft

Tausende Soldaten sowie Angehörige der Waffen-SS und der deutschen Polizei gingen am 2. und 3. Mai in Schwerin in amerikanische Gefangenschaft.[884] Auch Krafft Werner Jaeger wurde verhaftet. Er trug nach wie vor seine Uniform, mit der er im Februar 1945 aus dem Gefängnis in der Berliner Lehrter Straße nach Sachsenhausen deportiert worden war, und hatte, als er den »Lagervolkssturm« übernehmen und führen sollte,

---

880 Aussage Nicholas Rosenberg vom Januar 1960, in: TWL, 1656/3/2/1164, S. 8.
881 Vgl. Nachlaß H[...] Boger, in: TM, Ordner Zootzen.
882 Vgl. Bernd C. Wagner: IG Auschwitz. Zwangsarbeit und Vernichtung von Häftlingen des Lagers Monowitz 1941-1945, München 2002 (Darstellungen und Quellen zur Geschichte von Auschwitz, Bd. 3), S. 106.
883 Vgl. die frühen Berichte: Andre Grevenrath aus dem Jahr 1945 in Ludwigslust angefertigt, in: GUMS, LAG LII/1; Bericht »Eine Gruppe Häftlinge« vom 12.5.1945 in Crivitz angefertigt, in: AA, 1.1.38.0/001. Zu Gegenüberstellungen in Schwerin, um SS-Personal zu identifizieren vgl. Jaeger, Häftling, S. 280f.
884 Vgl. VI. IKRK-Bericht, S. 128.

seine Schulterstücke von Körner zurückerhalten und angelegt. Auf dem Gewaltmarsch, der Oranienburg am 21. April verließ, hatte er eine Frauenkolonne zu bewachen. Ihre Odyssee endete, nachdem diese ebenfalls in Below hatte lagern müssen, in Schwerin auf dem örtlichen Feldflughafen, wo die Wachen und Gefangenen von amerikanischen Soldaten in zwei getrennte Bereiche geleitet wurden. Jaeger begab sich dort in Gefangenschaft. Britische Ermittler der CIC baten ihn nach seinem Verhör darum, bei der Suche und Identifizierung von führenden Offizieren des Konzentrationslagers Sachsenhausen, die sich möglicherweise ebenfalls in dem Sammellager auf dem Flugplatz befanden, mitzuhelfen.[885]

In Schwerin befand sich ab dem 2. Mai ein amerikanisches und ab dem 4. Mai ein sowjetisches Hauptquartier.[886] Das Gelände des Flughafens am südlichen Rand der Stadt in Schwerin-Görries diente den amerikanischen Besatzungsbehörden zur Sammlung aller Männer, die sich in amerikanische Gefangenschaft begeben hatten.[887] Das städtische Gefängnis diente der Internierung von SS-Männern.[888] Jäger half den britischen Ermittlern, die sich ebenfalls vor Ort befanden und nach Sachsenhausener Führungspersonal suchten, die SS-Offiziere Höhn und Körner sowie einige SS-Unteroffiziersdienstgrade auf dem Feldflughafen ausfindig zu machen und zu verhaften.[889] Dem ehemaligen Rapportführer in Sachsenhausen, Böhm, war es hingegen gelungen, von dem umzäunten und stark bewachten Gelände zu fliehen.[890]

Da Kaindl und Baumkötter von Below nach Lübeck vorgefahren waren, um – nach eigener Aussage[891] – das Eintreffen der Gefangenenkolonnen vorzubereiten, gerieten sie dort im nahen Plön in Gefangenschaft. In Lübeck hatten sich ein Lazarettschiff sowie ein Depot des IKRK befunden, von dem aus Lebensmittelpakete nach Below gebracht worden waren. Das IKRK nutzte den Hafen auch zur Repatriierung skandinavischer Deportierter. Im Hafen lagen aufgrund von technischen Defekten oder Mangel an Treibstoff außerdem manövrierunfähige Schiffe wie die Cap Arkona und die Thielbeck vor Anker, die als provisorische Konzentrationslager genutzt wurden.[892] Hafenstädte entlang der westlichen Ostseeküste wie Flensburg und Lübeck dienten ab April 1945 dazu, Gefangene der Komplexe Neuengamme und Stutthof, aber auch

---

885 Vgl. Jaeger, Häftling, S. 280 f.
886 Vgl. Interview Max Preuss vom 9. 2. 1992, in: YV, O.3/6551.
887 Vgl. Jaeger, Häftling, S. 280 f.
888 Vgl. Interview Max Preuss vom 9. 2. 1992, in: YV, O.3/6551.
889 August Höhn war bereits am 1. 5. 1945 in amerikanische Gefangenschaft geraten. Vgl. Aussage August Höhn vom 15. 10. 1960, Kopie in: GUMS, LAG XX III/17. Michael Körner geriet am 3. Mai 1945 in Gefangenschaft. Vgl. Ermittlungsunterlagen zu Michael Körner von 1946, Kopie in: GUMS, JSU 1/19.
890 Vgl. Jaeger, Häftling, S. 280 f.
891 Vgl. Aussage August Höhn vom 19. 12. 1946, Kopie in: GUMS, JSU 1/2; Aussage Anton Kaindl vom 20. 12. 1946, Kopie in: ebd.; Meyer, Sachsenhausen-Prozess, S. 974 f.
892 Herbert Diercks und Michael Grill: Die Evakuierung des KZ Neuengamme und die Katastrophe am 3. Mai 1945 in der Lübecker Bucht. Eine Sammelrezension, in: Kriegsende und Befreiung, Bremen 1995, S. 175-177.

aus Sachsenhausen aufzunehmen.[893] Circa 7.000 Gefangene aus Neuengamme und circa 500 Männer, die zur Besatzung zählten und sich zur Bewachung der Gefangenen oder zur Flugabwehr ebenfalls an Bord der Cap Arkona und der Thielbeck aufhielten, gerieten daraufhin am 3. Mai unter alliiertes Bombardement. Schätzungsweise 6.400 der Deportierten verstarben.[894] Ob sich Kaindl um ein ähnliches Prozedere bemühte, also für die noch verbliebenen Gefangenen von Sachsenhausen auch Schiffe nutzen wollte, kann aufgrund der problematischen Quellenlage nicht mehr geklärt, aber nicht ausgeschlossen werden.[895] Auch der ehemalige Kommandoführer des Außenlagers »Klinker« gab in einem Verhör an, dass Kaindl auf einer Besprechung der Kolonnenführer – vermutlich der letzten in Below – angeordnet hatte, die Gefangenen von Schwerin nach Lübeck zu bringen.[896] Baumkötter geriet am 3. Mai 1945 in Lübeck in britische Gefangenschaft. Er wurde als SS-Angehöriger identifiziert und anschließend aus einem Kriegsgefangenensammellager bei Eutin in das CIC Nr. 6 überführt, welches die britische Militäradministration in Neuengamme eingerichtet hatte. Von dort gelangte Baumkötter zu Beginn des Jahres 1946 in das CIC Nr. 5 nach Paderborn-Staumühle, wo sich auch Kaindl befand.[897] Kaindl war bei Flensburg festgenommen worden.

Kaindl war am 14. Mai in Plön in Gefangenschaft geraten, wo er sich mit seiner Frau und vermutlich auch dem Adoptivkind aufhielt. Die Kleidung eines Forstaufsehers und der Name Anton Riegel, die er zuvor angelegt hatte, täuschten die britischen Ermittler nicht. Der Kommandant hatte Below nach eigenen Angaben am 27. April 1945 verlassen und war nach Lübeck weitergefahren, wo er sich bis zur friedlichen Übergabe der Stadt in amerikanische Verwaltung am 2. Mai aufhielt. Von dort führte sein Weg, der Amtsgruppe D folgend, weiter nach Flensburg. Sein Versuch, Himmler zu sprechen, blieb erfolglos.[898] In räumlicher Nähe zu seinen unmittelbaren Vorgesetzten, Glücks und Höß, tauchte er in Plön unter.[899] Bei dem Versuch, in Plön eine Anmeldebescheinigung zu erhalten, wurde er verhaftet. Britische Militärpolizei brachte ihn nach Lübeck ins Gefängnis. Dort gab er schließlich zu, Kommandant von Sachsenhausen gewesen zu sein, und wurde in das CIC Nr. 5 in Paderborn-Staumühle verlegt.[900]

893 Vgl. Paul, Untergang 1945, S. 11; Orth, Planungen, S. 43 f.
894 Christian Lotz: Der Untergang des Häftlingsschiffes Cap Arcona am 3. Mai 1945. Ein Überblick über Ereignis, Erinnerungskulturen und Forschungskontroversen, in: Die Wilhelm Gustloff: Geschichte und Erinnerung eines Untergangs, hg. von William John Niven, Halle 2011, S. 120-142; Diercks, Evakuierung.
895 Vgl. Orth, Planungen, S. 43 f.
896 Vgl. Aussage Heinz Heidrich vom 21.12.1946, Kopie in: GUMS, JSU 1/2.
897 Vgl. Meyer, Sachsenhausen-Prozess, S. 975.
898 Vgl. Aussage Anton Kaindl vom 20.12.1946, Kopie in: GUMS, JSU 1/2.
899 Dass Kaindl Himmler direkt aufsuchen sollte, wie er in seinem Verhör am 3. Juli 1946 in Nürnberg aussagte, interpretiere ich im Unterschied zu Winfried Meyer als Entlastungsaussage und gehe vielmehr davon aus, dass er lediglich der Amtsgruppe D nach Schleswig-Holstein folgte. Vgl. Meyer, Sachsenhausen-Prozess, S. 974.
900 Vgl. Preliminary Detention Report Kaindl, Anton alias Riegel, Anton vom 1.6.1945, in: PRO, WO 309/437.

Ludwig Rehn war schon am 2. Mai 1945 bei Grevesmühlen in Gefangenschaft geraten. Im Unterschied zu Kaindl und Baumkötter wurde er jedoch erst am 12. Juni 1946 verhaftet.[901] Das ehemalige Kriegsgefangenenlager in Sandbostel diente den Briten als CIC Nr. 2. Dort wurde ehemaliges Lagerpersonal aus Sachsenhausen ebenfalls interniert – vor allem ehemalige SS-Unteroffiziersränge und einfache Wachmänner, die vor Ort 1945/46 zur Räumung Sachsenhausens und zum Gewaltmarsch befragt worden waren und eidesstattliche Erklärungen abgeben mussten.[902]

Für die Verhaftungen in den Gebieten, die sich im Mai unter britischer oder amerikanischer Besatzungsverwaltung befanden, zeichnete sich somit folgendes Prozedere ab: Gerieten SS-Angehörige oder Wachmänner aus Sachsenhausen in Kriegsgefangenschaft, wurden sie wie alle anderen Männer, die in den Reihen der Deutschen gekämpft oder Militär- oder Polizeiverbänden angehört hatten, in ein Kriegsgefangenensammellager überstellt. Nach ihrer Identifizierung als Angehörige der Waffen-SS kamen sie in die britischen CIC, wo Verhöre erfolgten. Kaindl wurde 1946 auch nach Nürnberg gebracht, um in Vorbereitung der Kriegsverbrecherprozesse verhört zu werden.[903] Noch im gleichen Jahr gaben die britischen Ermittlungsbehörden führende SS-Offiziere Sachsenhausens an die SMAD in Berlin ab, die bereits einen Kriegsverbrecherprozess zum Komplex Sachsenhausen vorbereitete.[904] Der ehemalige Wachmann Willi Jacobs wurde hingegen bereits am 4. Juli 1945 aus der amerikanischen Gefangenschaft entlassen. Ab dem 6. Juli 1945 befand er sich wieder bei seiner Frau in Hamburg. Dort wurde er noch im selben Monat von dem ehemaligen Insassen Lucjan Wlodkowski erkannt und angesprochen. Nachdem Jacobs türmen konnte, brachte Wlodkowski die Ehefrau Jacobs zur Polizei und sagte über die brutale Behandlung von Gefangenen durch Willi Jacobs aus.[905] Diese Geschichte sollte sich auch in den Folgejahren und in ähnlicher Form – Überlebende treffen zufällig auf ehemaliges Lagerpersonal und zeigen diese Personen an – wiederholen.

---

901 Vgl. Aussage Ludwig Rehn vom 16.12.1946, Kopie in: GUMS, JSU 1/3/2.
902 Vgl. Aussagen von: Alfred Schünemanns vom 4.10.1945, Kopie in: GUMS, JSU 1/21/3; Ernst Drews vom 10.1.1946, in: GARF, 951/1/340; Ignatz Majer vom 28.2.1946, in: PRO, WO 309/853; Paul Ullrich vom 14.2.1946, in: PRO, WO 309/853; Mathias Schmikl vom 28.2.1946, in: PRO, WO 309/853; Erwin Hauser vom 22.1.1946, in: PRO, WO 309/374.
903 Vgl. Meyer, Sachsenhausen-Prozess, S. 974.
904 Vgl. ebd., ders., Schauprozess.
905 Vgl. Anzeige Lucjan Wlodkowski vom 19.7.1945, in: PRO, WO 309/438.

Konzentrationslager »in Bewegung« – Ein Fazit

Die Endphase des KL-Systems 1945 ist nicht allein und ausschließlich als Phase eines chaotischen, unkoordinierten Zerfalls von NS-Herrschaft zu begreifen. Vielmehr folgte das Geschehen, wie an Sachsenhausen deutlich wird, weiterhin bestimmten, zum Teil bereits vor dem Krieg entwickelten und daraufhin während des deutschen Vernichtungskrieges »im Osten« und der Rückzüge aus Polen radikalisierten Maßnahmen. Die vorliegende Studie hatte die (Selbst-)Organisation und Eigendynamik kollektiver Gewalt im Zuge der Evakuierung und Auflösung des SS-Komplexes Oranienburg-Sachsenhausen zum Gegenstand. Am konkreten Beispiel war sie von der Frage geleitet, wie das Konzentrationslagersystem 1945 endete. Diese lässt sich jedoch nicht von der trennen, wie der Krieg endete.

Im Januar 1945 verlagerte sich das Kampfgeschehen an der deutsch-sowjetischen Front in die Region Berlin-Brandenburg – die Rote Armee rückte in Brandenburg in das ehemalige Grenzgebiet zu Polen und an die Oder vor. Da die deutsche Seite nicht bereit war, bei Rückzug hinter die früheren Grenzen zu kapitulieren, führten die sowjetischen Truppen mit Unterstützung vor allem polnischer Verbände den gegen sie als Vernichtungsfeldzug geführten Krieg auf Reichsgebiet fort. In Brandenburg brach damit die Trennung von Kriegs- und Heimatgebiet zusammen. Gleiches galt für die Infrastruktur und Versorgung, da die Alliierten den Luftkrieg nun breitflächig in die Region trugen. Die Situation zu Boden war durch den Vormarsch der sowjetischen Streitkräfte an die letzte natürliche Hürde vor Berlin gekennzeichnet, wo sie am 2. Februar im Oderbruch zum Stehen kommen und in den beiden darauffolgenden Monaten bei Frankfurt und Küstrin um zentrale Brückenköpfe für ihren Angriff auf Berlin kämpfen sollte. Mitte April setze daraufhin der Vormarsch in die Reichshauptstadt und an die Elbe ein. Zu Ende des Monats trafen sowjetische Soldaten an diesem Fluss das erste Mal mit amerikanischen zusammen. Die Alliierten teilten das noch unbesetzte Reichsgebiet damit in zwei Teile. Die in Brandenburg und Berlin erbittert und verlustreich geführten deutsch-sowjetischen Kämpfe wie auch die westalliierten Bombardements gaben den Zeitrahmen für das Evakuierungs- und Auflösungsgeschehen im militärischen Hinterland vor.

Die Kämpfe in der Region Berlin-Brandenburg lassen sich in drei Phasen unterteilen, die im militärischen Hinterland umfangreiche Einsätze der SS/Polizei auslösten. Die Tage vom 31. Januar bis zum 2. Februar 1945 stellten eine erste Alarmperiode dar, auf die Mobilisierungen der Spannungszeit folgten. Diese galt bis zum Beginn der nächsten Offensive der Roten Armee und damit bis Mitte April. Der Vormarsch sowjetischer Truppen, die losbrachen, um Berlin einzunehmen, an die Elbe vorzudringen und den Krieg mit der Vereinigung der Alliierten an dieser Demarkationslinie zu beenden, stellte die zweite Alarmphase der SS/Polizei dar. Beide Alarmausgaben lassen sich, wie aufgezeigt, als spezifische Gewaltzeiten in den Blick nehmen, insbesondere wenn Gefängnisse und NS-Zwangslager geräumt werden sollten. Die Region war seit Ende Januar zudem durch ein hohes Maß polizeilicher Aufmerksamkeit gekennzeichnet. SS/Polizei-Einheiten, die als Einsatzgruppen tätig wurden, gingen hier zu einer rigorosen Verfolgungs-, Verschleppungs- und Mordpraxis über. Menschen, die nicht bereit waren weiterzukämpfen, sich der Errichtung von Abwehrstellungen oder aus anderen Gründen den deutschen Kriegsanstrengungen entzogen und diese aus Sicht des NS-Regimes damit sabotierten, gerieten in den Fokus dieser Einheiten – mit vielfach tödlichen Konsequenzen. Mit den führenden Akteuren übertrug die SS/Polizei Praktiken der »Bandenkriegführung« auf die Bevölkerung der Region, vor allem jedoch auf die sich vor Ort befindlichen Zwangsarbeiter:innen und in Kriegsgefangenen-, sogenannten Arbeitserziehungs- und Konzentrationslagern befindlichen Gefangenen.

Von der Gewalt der Räumungsmaßnahmen in Berlin-Brandenburg besonders betroffen waren ab Ende Januar 1945 die Standorte des KL-Komplexes Sachsenhausen. Bereits im Vorjahr hatte die SS/Polizei begonnen, sich insbesondere im Oranienburger Hauptlager mit Planmanövern auf eine derartige Situation vorzubereiten. Zum Jahreswechsel 1944/45 entwickelten die SS/Polizei-Führer am Standort zudem Räumungspläne für den Fall der »Feindbedrohung«. Als diese galt sowohl die Annäherung der Roten Armee als auch das Ausbrechen einer Revolte unter den Gefangenen, wenn alliierte Truppen sich aus der Luft oder zu Lande näherten. Das Vorgehen bei Räumung basierte dabei auf den von der Wehrmacht bereits vor dem Krieg entwickelten Maßnahmen, die Anfang Februar um die Erfahrungen der brutalen Räumungen von Auschwitz und Lieberose ergänzt wurden.

Ebenso wie das Kriegsgeschehen und das Vorgehen der Einsatzgruppen im militärischen Hinterland war auch die Situation in Sachsenhausen durch unterschiedliche, durch das Kriegsgeschehen vorgegebene Phasen gekennzeichnet, in denen die SS/Polizei auf verschiedene Mobilisierungsmaßnahmen zurückgriff. Auch hier dienten ihr räumliche und weitere Strategien, sowohl zur Sicherung des Konzentrationslagers als auch zum Machterhalt der Gewaltorganisation. Wie aufgezeigt, stand das Geschehen dabei sowohl in direkter Beziehung zu dem an der Ostfront als auch zu dem in den »rückwärtigen« Gebieten. Ersteres betonen die Mobilisierungen von Wachpersonal und Gefangenen, die an der Oderfront zum Kampfeinsatz kamen. Zweiteres verdeutlichen die Praktiken der Einsatzgruppen, die entweder im militärischen Hinterland selbst mordeten oder die hierfür vorgesehenen Menschen, die sie in Brandenburg und Berlin festnahmen, zur Hinrichtung nach Sachsenhausen brachten. Insbesondere zu Beginn der beiden Alarmphasen der SS/Polizei, die auf Rückzüge und Räumungen zielten, tötete das Lagerpersonal Personen, die aus Sicht das NS-Regimes als politische Gefangene oder Militärangehörige der Alliierten deren Besatzung nicht erleben sollten.

Die Kommandantur nutzte die bis zur Räumung verbleibende Zeit, um sich einer großen Zahl an Insass:innen zu entledigen. Zu Tausenden ermordete das Lagerpersonal Juden:Jüdinnen und Schwerkranke im Hauptlager, an den Außenstandorten in Lieberose und Heinkel sowie während der Todesmärsche zurück zum Hauptlager. Während die Kommandantur die Außenlager stufenweise auflöste und deren Insass:innen per LKW, Bahn, Schiff und in Gewaltmärschen rückdeportierte oder an andere Außenstandorte verschleppte, verließen gleichzeitig Züge Oranienburg, die vor allem schwer kranke, aber auch politisch unliebsame und als »arbeitsfähig« erachtete Gefangene in andere Konzentrationslager deportierten. Gleichzeitig begannen die Täter in Sachsenhausen damit, die Spuren ihrer Verbrechen zu beseitigen und sich auf den Rückzug vorzubereiten. In Bezug auf das spätere Gewalthandeln während der Räumung stellte diese Zeit für das Lagerpersonal zudem eine längere Phase eines Spannungsaufbaus dar, der sich auf dem Todesmarsch im gewaltsamen Antreiben und Morden der Insass:innen entlud.

Für die Gefangenen war die Zeit im Lager seit der ersten Alarmausgabe durch Unwissenheit und Angst sowie lebensbedrohlichen Mangel gekennzeichnet. Gleichzeitig bekamen sie zumindest im Hauptlager mit, das verdeutlichen die vielen Berichte und die in Umlauf gebrachten Gerüchte, dass die Räumung bevorstand und dass sich die Front näherte, ohne zu wissen, was genau mit ihnen geschehen sollte. Die lange Zeit des Abwarten-Müssens bei gleichzeitiger körperlicher Ausbeutung stellte eine enorme psychische Anspannung wie physische Belastung dar, die viele Insass:innen nicht überlebten.

Obwohl das Internationale Komitee vom Roten Kreuz sich mehrfach um eine Übernahme der Insass:innen bemüht hatte, trieben die Wachmannschaften in Oranienburg wie auch in den wenigen noch bestehenden Außenlagern die Gefangenen Mitte April in getrennten Gruppen und unter dem Einsatz von Waffen und Hunden auf die Straßen – das ganze Konzentrationslager geriet in Bewegung. Nach den Vorstellungen der Lager-SS sollte die innere Ordnung dabei aufrechterhalten bleiben. Unter den Rufen »Keine Juden, keine Russen!« bildeten die zu Transportführern ernannten SS-Blockführer in Oranienburg Marschgruppen nach nationaler Zugehörigkeit und Geschlecht. Im Zuge der Räumung brach sich der Hass des 1945 äußerst heterogenen Wachpersonals – SS-Angehörige, Wehrmachtangehörige, »Volksdeutsche«, Aufseherinnen und Häftlinge der sogenannten Lagerpolizei – gegen jüdische, sowjetische, aber auch polnische Insass:innen in grausamer Weise ein letztes Mal Bahn. Auch die politischen Gefangenen hatten sich nun noch mehr in Acht zu nehmen, sie wurden ständig beschimpft und bedroht – mit dem Austritt aus den Lagern auch von Wehrmachtsangehörigen und der Bevölkerung, auf die die Gefangenengruppen unterwegs trafen.

Für die deutsche Zusammenbruchsgesellschaft 1945 war aufzuzeigen, dass die Parteifunktionäre vor Ort im Sinne des NS-Regimes zentrale Tätigkeiten ausübten. Ihnen kam zu Kriegsende eine Loyalität erzwingende Bedeutung zu. Dies galt in besonderem Maße für die Ortsgruppenleiter. In jeder Ortschaft, die die Deportierten im Zuge der Räumung Sachsenhausens passierten, waren sie gemeinsam – oft auch in Personalunion – mit den Bürgermeistern für die Zuweisung der Sammelplätze verantwortlich, die zur Übernachtung hunderter Menschen pro Kolonne dienen sollten. Sie wiesen Volkssturmmänner an, die Wachmannschaften zu unterstützen, und beteiligten sich, wie der Fall von Herzsprung verdeutlicht, auch selbst an der Verfolgung und Ermordung flüchtender Gefangener. Volkssturmmänner, Forstarbeiter und HJ-Streifen patrouillierten die Wälder und Ortschaften nun ebenso wie die sich zurückziehenden SS/Polizei-Einheiten der Auffangkommandanturen oder des BdS. Anwohner:innen wie auch Flüchtlinge, die in den Orten Schutz suchten, denunzierten Gefangene, die sich von den Todesmärschen absetzten.

All dies reproduzierte nationalsozialistische Herrschaftslogiken im Kleinen, Kommunalen und stellte ebenfalls stabilisierendes Handeln dar – auch noch, als der NS-Staat zusammenbrach.[1] Es verdeutlicht die Unfähigkeit großer Teile der Bevölkerung, sich vom NS-Regime zu lösen.[2] Und so schlug den Deportierten vielerorts offener Hass entgegen, vor allem waren sie jedoch mit dem Desinteresse und der Abkehr der Bevölkerung konfrontiert. Kaum jemand nahm an dem Elend der Verschleppten Anteil. Nur in sehr wenigen Fälle kam es zu Hilfeleistungen. An Flucht war in dieser Situation kaum zu denken, trotzdem kam sie vermehrt vor. Besonders desaströs wurde es für die Verschleppten, als sie im Wald von Below bei Wittstock in der Prignitz mehrere Tage kampieren mussten – ohne Schutz vor der Witterung und ohne zu wissen, was mit ihnen geschehen würde. Erst die Hilfeleistungen des IKRK und die Einrichtung eines Reviers sorgten für Linderung, aber aufgrund der Unverträglichkeit der (Menge der) Nahrungsmittel in den verteilten Lebensmittelpaketen auch für Todesfälle.

So stellten die nordwestbrandenburgischen Kreise der Ost- und Westprignitz Ende April Aufnahmegebiete der SS/Polizei dar, in die sich deren Angehörige und deutsche Soldaten zurückzuziehen hatten. Auch ostdeutsche Flüchtlinge begaben sich unter immensen Strapazen dorthin. Die Folge war eine sehr hohe Anzahl an (führenden) Partei- und SS/Polizei-Angehörigen, die ebenso auf dem Weg westwärts waren, wie die in der Heeresgruppe »Weichsel« zusammengefassten Einheiten. Gleichzeitig verschleppte das Sachsenhausener Lagerpersonal die Mehrzahl der Insass:innen dorthin – Schwarzheide räumten die Wachmänner über einen Todesmarsch nach Theresienstadt. Für die Gefangenen in Below wie auch die anschließende Auflösung des gesamten Konzentrationslagers war besonders gefährlich, dass größere Truppenteile und in Kleingruppen zurückgehende, teils noch schwer bewaffnete Männer sich nun ebenfalls in den Gebieten um Wittstock aufhielten. Ebenso wie die Kommandanturangehörigen Sachsenhausens warteten sie hier auf die Weisungen für den Weitermarsch, der ein Übertreten der Gau- und Wehrkreisgrenze und damit neue regionale Zuständigkeiten bedeutete.

---

1 Vgl. Sven Reichardt: Faschistische Beteiligungsdiktaturen: Anmerkungen zu einer Debatte, in: Politische Gewalt in Deutschland: Ursprünge – Ausprägungen – Konsequenzen, hg. von José Brunner, Göttingen 2014, S. 133-160, hier S. 145.
2 Vgl. Mitscherlich, Unfähigkeit.

In Below hatte das Leitungspersonal die Weisung ausgegeben, nach Schwerin weiterzuziehen. Wenig später lösten sich die Transportgruppen, in denen die Wachmannschaften die Insass:innen weiterverschleppten, bei Parchim, Schwerin und Ludwigslust auf. Das Lagerpersonal und die ihm zuarbeitenden Gefangenen begaben sich in den Untergrund oder in Gefangenschaft. Vereinzelt trieben sich die Wachmänner auch noch bewaffnet in der Gegend herum – zur großen Gefahr für die Menschen, die die Tortur des Todesmarsches mit letzten Kräften bis hierhin überstanden hatten. Auch für sie stellten die ersten Maitage einen Übergang dar, der das Abwarten auf amerikanische oder sowjetische Soldaten, das Besorgen von lebensnotwendigen Dingen und den gegenseitigen Schutz vor Übergriffen umfasste, bevor sie nach der umfänglichen Kapitulation der Wehrmacht den schwierigen Weg in die Freiheit antreten konnten.[3]

Die Frage, in welchen Sinnhorizonten im Zuge der Evakuierung und Auflösung von Sachsenhausen 1945 operiert wurde, hat die Untersuchung von Beginn an begleitet. Wie aufgezeigt, ging es zu keiner Zeit darum, die Gefangenen mit dem Ziel nach Norden zu verschleppen, um sie in der Ostsee zu versenken. Vielmehr wurde in Etappen deportiert: Wittstock/Below (1. Zielvorgabe) und Schwerin (2. Zielvorgabe). Das Rekurrieren auf Lübeck, das sich in Aussagen einiger Täter finden lässt und dem Narrativ des Versenkt-werden-Sollens zuarbeitet, weil dort auf der Cap Arkona tatsächlich tausende KL-Insassinnen starben, die aus Neuengamme in Schiffen auf das Meer gebracht worden waren,[4] galt vielmehr der Entlastung des führenden Lagerpersonals. Dort befanden sich ein großes Lazarettschiff sowie Lager des IKRK, die Lebensmittelpakete enthielten – nur deshalb war Lübeck für die Lager-SS von Interesse.

Vielmehr war Sachsenhausen ab Ende Januar mit seinen vielen Außenstandorten konzeptionell in das Geschehen der deutschen Vernichtungskriegführung eingebettet. Deren Praktiken und mitunter auch Akteure, die zuvor in Auschwitz und Lieberose zur Tat geschritten waren, wurden nun auf den gesamten KL-Komplex übertragen. Die räumliche Trennung des Vernichtungsgeschehens war obsolet geworden. Sowohl im Haupt- als auch in einzelnen Außenlagern und während der Evakuierungsmärsche kam es nun zum »Holocaust ›vor Ort‹«.[5] Der Imperativ zur »Endlösung« blieb ungebrochen, vielmehr dehnte die SS/Polizei ihr Vernichtungshandeln auf weitere Personenkreise aus: politische Häftlinge und Kriegsgefangene gerieten ebenso ins Visier oder wurden aufgrund von schwerer Krankheit ermordet. In der Geiselpolitik Himmlers fand das Vorgehen zu Kriegsende jedoch eine Neuerung. Die räumliche Strategie der Evakuierung der Konzentrationslager, die auf den Gewaltmärschen des Lagerpersonals und den Weiterdeportationen der Insass:innen basierte, sollte nun dazu dienen, den Westalliierten Geständnisse abzuringen. Dafür hatten die KL-Gefangenen in den Händen der SS zu bleiben, auch wenn es galt, sich zurückzuziehen.

---

3 Vgl. exempl. Tagebucheintrag vom 5.5.1945 von [Vorname unbekannt] Grodetzki, in: TM, 2/2 M5.
4 Vgl. Lotz, Untergang.
5 Vgl. Weisbrod, Dynamik.

FAZIT

Im Zuge der Gebietsräumungen griff 1945 daher auch innerhalb des Komplexes Sachsenhausen eine Deportationspraxis, die bereits im Zuge der Gewaltmärsche 1941/42, als hunderttausende Kriegsgefangene westwärts getrieben worden waren, von den Wachmannschaften durchgeführt wurde. Auch 1944, als die jüdische Bevölkerung Ungarns zehntausendfach in das Konzentrationslagersystem verschleppt wurde, kam das Vorgehen zur Anwendung und wurde im Zuge der Räumungen auf alle Konzentrationslagerkomplexe übertragen. Um zu ergründen, wie die Weiterdeportation der Gefangenen Sachsenhausens 1945 im Konkreten organisiert war, eignet sich die analytische Denkfigur eines »Konzentrationslagers in Bewegung«. Denn für das Gefangenhalten von Menschen bedurfte es im Nationalsozialismus keiner Wachtürme, Baracken und elektrischer Zäune. Vielmehr glich die Lager-SS die Situation nun jener im Hinterland der Ostfront an, wo die Situation der Kriegsgefangenen und westwärts Deportierten von Beginn an durch Gewaltmärsche und Gefangenenlager im Freien gekennzeichnet war. Hinter der deutsch-sowjetischen Kontaktlinie kamen dabei ritualisierte Handlungsmuster zur Anwendung, die im preußischen Militär und zum Teil bereits lange vor dem Zweiten Weltkrieg entwickelt und von der SS/Polizei radikalisiert worden waren. Militärisches Vorgehen und eigene, im deutschen Verfolgungs- und Deportationssystem gemachte Erfahrungen mündeten zu Kriegsende in der Transportgewalt der Todesmärsche und -züge, die das Zusammenbrechen des NS-Regimes und mit ihm des Konzentrationslagersystems ankündigte und begleitete.

Kennzeichnend für die systematische Transportgewalt der KL-Evakuierung war 1945 in Sachsenhausen Folgendes: Die massenhaft vollzogene, extreme Gewalt unterlag der militärischen Forderung, Gebiete für Gefechtshandlungen freizumachen. Da die Räumungsbefehle erst ausgegeben wurden, wenn sich die gegnerischen Einheiten bereits auf 20 Kilometer angenähert hatten, erfolgten die Räumungen unter immensem zeitlichem Druck. Darüber hinaus hatten die Konzeptionen der »Endlösung« bei gleichzeitigem Erhalt der Zwangsarbeitskräfte bestand. Hinzu kam nun die heimliche Geiselpolitik, die Himmler gegenüber den Westalliierten verfolgte. Aus der Vernichtungslogik der Lager-SS, die auf der Unterscheidung von »Arbeitsfähigkeit« und »Arbeitsunfähigkeit« basierte, wurde im Zuge von Räumungen »Transportfähigkeit« und »Transportunfähigkeit«. Den auf die Selektionen von »Marschunfähigen« folgenden Massenmord vollzog das Lagerpersonal daraufhin »vor Ort« sowie unter Einbezug von »Sonderkommandos«. Hierbei unterstützten weitere, externe Personen, die das Lagerregime der SS damit ebenfalls bis in den Mai aufrechthielten.

Ziel der Studie war es, darzulegen, *wie* die gewaltsame Räumung in Sachsenhausen 1945 ablief und *welche* (unterschiedlichen) Formen sie annahm. Anstatt erneut einzig auf das Chaos zu Kriegsende zu rekurrieren, habe ich den Blick auf das arbeitsteilige und koordinierte Handeln der Gewaltakteure im Zuge der prozesshaften Auflösung des KL-Komplexes gelenkt. Wie aufgezeigt, stellten sowohl die Massenmorde und Weiterdeportationen im Februar und März als auch die Todesmärsche im April und Mai 1945 ein eingeübtes Vorgehen der Lager-SS/Polizei dar. In diesem griff der Mord an Juden:Jüdinnen, politischen Gegner:innen und Kriegsgefangenen ineinander. Im Angesicht des Zusammenbruchs führten sowohl im militärischen Hinterland als auch im Komplex Sachsenhausen NS-spezifische Freund-Feind-Konzeptionen zu einer letzten tödlichen Gewaltdynamik, der in den letzten Kriegsmonaten noch tausende Menschen zum Opfer fielen. Die SS/Polizei-Angehörigen und mit ihnen weitere NS-Funktionäre befanden sich hier in einem situativen Spannungsfeld zwischen realer Bedrohung durch die sowjetischen Streitkräfte und einer »Verfolgungshysterie«, die auf dem »Gespenst« von Aufständen der Gefangenen des NS-Regimes basierte.[6] Zwangsarbeiter:innen, Kriegsgefangene und insbesondere die zehntausenden KL-Insass:innen wurden in völliger Verklärung der Lage als Sicherheitsrisiko für die Verteidigung Berlins angesehen.

Die IKL- und Kommandanturangehörigen sowie weitere Offiziere am SS-Standort Oranienburg-Sachsenhausen hatten 1945 die Planung und Organisation der Räumung, zu der auch die Reduzierung der Gefangenen über Weiterdeportation und Massenmord gehörte, vollzogen und überwacht. Auf Basis militärischer Richtlinien hatten die SS-Männer dabei Verfahrensweisen entwickelt, die als »designs for action«[7] den Ablauf der Evakuierung, die letztlich der eigenen Flucht diente, ermöglichen sollte. Darüber hinaus waren sie als Schutzhaftlagerführer, wie als medizinisches und Krematoriumspersonal aktiv am Gefangenenmord beteiligt und erhielten dabei Unterstützung von SS-Männern, die zuvor in Auschwitz tätig gewesen waren. Vor allem jedoch die SS-Unteroffiziere Sachsenhausens, die als Block- und Kommandoführer tätig waren, führten die Gewalt aus – sowohl bei den Massenerschießungen im Februar und März als auch, nun als »Transportführer« tätig, während der Weiterdeportationen über Todesmärsche. Dabei arbeiteten ihnen als »Posten« eingesetzte Wachmänner und Aufseherinnen zu.

Die Gewaltsamkeit der Todesmärsche war gekennzeichnet durch das Gewähren-Lassen vor allem der zur Tat schreitenden SS-Führer, Wachmänner und auch Hilfswachen. Nachträglich betrachtet scheint bestätigt, dass es mit dem Verlassen der Gelände – des Hauptlagers wie der Außenlager – einerseits zu einer »situationsbedingte[n] Verlagerung von Entscheidungen auf die Ebene der Kolonnen- und Gruppenführer der Wachmannschaften« kam.[8] Die Durchführung der Evakuierung des Komplexes Sachsenhausen, die in der Auflösung des Konzentrationslagers mündete, wurde von diesen Männern übernommen, die das Gefühl hatten, die »Arbeit« des KL-Systems nun in die eigenen Hände nehmen zu müssen – und sie taten es in dem Gedanken einer »besseren SS« und als »Herren der Lage«. Das Verhalten ihrer Vorgesetzten betrachteten die bereits in den Vorjahren äußerst gewaltvoll im Schutzhaftlagerbereich

---

6 Paul, Dolchstoßängste, S. 298.
7 Klatetzki, Lynchmob, S. 156. Klatetzki bezieht sich hierbei auf: Thomas J. Fararo und John Skvoretz: Institutions as Production Systems, in: The Journal of Mathematical Sociology 10/2 (1984), S. 117-182.
8 Credé, Ende, S. 277.

und den Außenlagern agierenden Männer zunehmend argwöhnisch – insbesondere seit der Freigabe jüdischer Insass:innen an das IKRK im Zuge der Evakuierung der »Weißen Busse«. Während der Todesmärsche, als das Kommandanturpersonal für alle sichtbar neue Kleidung und damit neue Identitäten anlegte, fühlten sie sich von ihren Vorgesetzten verraten.

Die durch Wut, Nervosität und Angst gekennzeichnete Stimmungslage des Transportführungspersonals, aber auch des Wachpersonals schlug in brutale Antreiberei und den Massenmord der Schwächsten unter den Verschleppten um. Gemeinsam verlagerten sie die Gefangenen und trugen dadurch elementar zum Erhalt des KL-Systems bei. Die Gewaltmärsche zu Kriegsende stellten insbesondere für die transportführenden SS-Männer, bei den es sich um die Extremisten unter den Akteuren des Lagerpersonals handelte, letzte Möglichkeitsräume der Gewaltausübung dar. Sie erkannten nicht an, den Krieg längst (und erneut) verloren zu haben. Obwohl der Gefühlshaushalt dieser Männer selten Beachtung findet, scheint es, dass sich diese exzessiven Täter »in einem emotionalen Bereich, in einem Tunnel sich selbst erneuernder Energie [befanden], in dem es nur den Weg nach *vorne*«, das heißt in das Weitermorden gab.[9] Dabei wurden die Tatakteure zu Kriegsende 1945 umso extremer, je ernster es für sie wurde. Sie bezogen immer mehr Menschen in ihre destruktive Interaktion ein. Noch bis Anfang Mai ließen die meisten von ihnen nicht von der Gewalt ab. Dass Familienangehörige der SS die Gefangenengruppen begleiteten und dabei entweder die Nerven verloren oder ebenfalls mit brutaler Härte reagierten, machte die Situation für die Deportierten nicht leichter. Der Blick auf diese »Meister der Gewalt«[10] soll aber nicht darüber hinwegtäuschen, dass auch Wachmänner, Aufseherinnen und Hilfswachen brutal vorgingen und dabei ebenfalls zur Waffe griffen. Ihr Verhalten reichte von aktiver Tatbeteiligung bis hin zu Passivität. Das gewaltsame Vorgehen während der Räumung fand seine Bekräftigung nicht zuletzt darin, dass niemand ernsthaft einschritt – nicht die Wachen und auch nicht die Bevölkerung. Einzig die Angehörigen des IKRK intervenierten und brachten sich damit in Lebensgefahr.

Für den Zusammenhalt des Lagerpersonals und die Aufrechterhaltung des Lagerregimes war entscheidend, dass weder die Wachmänner noch die Aufseherinnen rebellierten. Unterstützung erhielt die Lager-SS nicht nur von den Wachen, die ebenfalls töteten, sondern auch von der Bevölkerung. Hierbei handelte es sich um Formen spontaner Ordnungsbildung im Sinne des NS-Regimes und eines »doing things together«.[11] Anspannung aufgrund von Besorgnis und Angst griffen in Bezug auf die Bevölkerung in doppelter Hinsicht – vor sowjetischen Einheiten und vor

---

9   Collins, Vorwärtspaniken, S. 221.
10 Paul Dumouchel: Massengewalt und konstitutive Gewalt, in: Gewaltmassen. Über Eigendynamik und Selbstorganisation kollektiver Gewalt, hg. von Axel T. Paul und Benjamin Schwalb, Hamburg 2015, S. 103-123, hier S. 110.
11 Klatetzki, Lynchmob, S. 154. Klatetzki bezieht sich hierbei auf Howard S. Becker: Doing things Together. Selected Papers, Evanston 1986.

KL-Gefangenen – sowie in Kombination mit Ablehnung, Wut und Hass. Dass die Reaktionen im Vergleich zur (vermeintlichen) Bedrohung durch die verschleppten KL-Insass:innen, die nun die Ortschaften passierten, völlig unverhältnismäßig waren, spielte bei den Gewalthandlungen keine Rolle. Vielmehr waren es der weitestgehende Konsens über die Einschätzung der Situation und das Fehlen von Widerstand in der dörflichen Gemeinschaft, die das Gewalthandeln unmittelbar vor dem Übergang in die sowjetische Besatzung ermöglichten.[12] Im Zuge der Todesmärsche schlug der organisierte Terror der Lager-SS und Wachmannschaften des Komplexes Sachsenhausen in kollektiv verübte Gewaltakte an Wehrlosen um, die aus Sicht der Täter:innen schon lange keine vollwertigen Menschen mehr darstellten.

Wie die Situation in Herzsprung und die Beschreibungen der Überlebenden für den gesamten Todesmarsch verdeutlichen, beteiligten sich am »nackten Terror der Kriegsendphase«[13] die Streifen der Feldgendarmerie, Wehrmachtsangehörige, lokale Polizei- und Volkssturmkräfte, NS-Funktionäre, Minderjährige der HJ und Anwohner:innen, die denunzierten. Hier griff die Ideologie einer »Volksjustiz«, die auf dem Gedanken beruht, »dass das Volk das Recht selbst in die Hand nimmt«.[14] Unter dem Vorwand oder in Reaktion darauf, dass die Verschleppten Diebstahl oder Flucht als lebensrettende Strategien ergriffen, nahmen schließlich auch kommunale und lokale Akteure die Sache selbst in die Hand. Sie griffen zu gewalttätiger Selbsthilfe und handeln damit in dem Moment »als der bessere Staat«,[15] als das NS-Regime zusammenbrach und unmittelbar davorstand, sein Gewaltmonopol zu verlieren.

Die Untersuchung der grausamen Räumung des Konzentrationslagers Sachsenhausen 1945 war neben der Frage nach dem konkreten *Wie* und *Wer* immer auch durch das *Warum* geleitet. Da die Täter:innen dazu nicht mehr befragt werden können, kann ich auf Basis des dieser Studie zur Verfügung stehenden Materials abschließend nur Interpretationen dazu anbieten, welche Faktoren eine Rolle gespielt haben mögen. Zentral erscheint mir, dass sich insbesondere im Krieg eingeübte Gewaltpraktiken schwer eindämmen lassen, wenn als kritisch oder unsicher erachtete Situationen auf Entscheidungen drängen. Was in der nachträglichen Betrachtung als irrational und schwer zu erfassen erscheint, basiert vielfach auf vormals eingeübten Vorgehensweisen der beteiligten Akteur:innen, die sie in unsicheren Situationen zur Lösung von Problemen oder zur Entscheidungsfindung heranziehen.[16] Unverändert blieb, an der Ermordung jüdischer Menschen festzuhalten und weitere Personengruppen der extremen Gewalt zu unterwerfen. Die Staatsakteure der SS/Polizei nutzten »Sicherheit« hierbei als Argument, um ihre Vernichtungspolitik weiterzuführen. Zudem

---

12 Vgl. Klatetzki, Lynchmob, S. 160.
13 Paul, Dolchstoßängste, S. 298.
14 Klatetzki, Lynchmob, S. 150.
15 Vgl. Thomas Schmidt-Lux: Vigilantismus als politische Gewalt. Eine Typologie, in: Behemoth 1 (2013), S. 98-117.
16 Vgl. Tversky, Judgment.

war an den für die Kriegführung als wertvoll erachteten Zwangsarbeitskräften der Konzentrationslager festzuhalten, auch wenn allen klar sein musste, dass sie aufgrund der Strapazen der Gewaltmärsche nicht mehr arbeiten können würden. Das Vorgehen, die Verschleppung – mit Nachdruck – auch im April und Mai noch zu befehlen, fußte darüber hinaus auf militärischen Konzeptionen der »fünften Kolonne«, egal wie entkräftet die Mehrheit der KL-Insass:innen war, und schlug sich in Brandenburg 1945 in umfangreichen Gewaltmärschen und Gefangenenmorden nieder.

Entscheidend war jedoch noch etwas anderes: Die SS-Führung – aber auch auch einzelne SS-Offiziere[17] – missbrauchte »ihre« Gefangenen nun als Geiseln. Die in den Konzentrationslagern katastrophalen Bedingungen ausgelieferten Menschen nutzen Himmler, Schellenberg und Best als »Verhandlungsmasse« einer Geiselpolitik, um an Hitler vorbei Gespräche mit den Westalliierten zu erzwingen und ihre Organisation in einem besseren Licht dastehen zu lassen. So hatte Himmler bereits Mitte Januar die Freilassung der Zeug:innen Jehovas »in feierlicher Form« angewiesen, »um gerade damit im Ausland beste politische Wirkung zu erzielen«.[18] Weitere Freigaben, wie die Evakuierung der »Weißen Busse« von vor allem jüdischen Deportierten, folgten. Immer mit dem Ziel, sich und der SS, die im Zuge des Internationalen Militärgerichtshofes 1945 in Nürnberg als »verbrecherische Organisation« eingestuft wurde, Vorteile zu verschaffen. Hatte Himmler die Menschen in den Konzentrationslagern vor dem Krieg bereits als Druckmittel zum stetigen Machtausbau – auch um in Konkurrenz zum deutschen Militär zu treten – genutzt, so ging es 1945 darum, die Kontrolle zu behalten und zu Kriegsende Devisen und Verhandlungen zu erpressen, auf die sich die Alliierten jedoch nicht einließen.

Zu keiner Zeit spielte eine Rolle, in welcher desaströsen Lage sich die Gefangenen in Sachsenhausen befanden. Die SS passte ihr Lagersystem an die Kriegsbedingungen an, auch wenn es hieß, Standorte verlassen zu müssen und ganze Lager in Bewegung zu bringen. Den Tod und das massenhafte Sterben kalkulierte sie hierbei ein. Was die in den Außenlagern und von dort zunehmend (zurück) in das Hauptlager deportierten Menschen durchmachen mussten, war nicht von Interesse und entbehrt in der nachträglichen Betrachtung jeder Vorstellung. Die Situation der Gefangenen war durch extremen Mangel an alimentärer und medizinischer Versorgung, angemessener Kleidung, Platz, Hygiene und Ruhe gekennzeichnet. Hinzu kamen die Gewalt der Lager-SS, der Wachen und der in der »Lagerpolizei« eingesetzten Mitgefangenen

17 So verließ bspw. der SS-Apotheker in Auschwitz, Viktor Capesius, am 18. Januar 1945 mit anderen SS-Angehörigen und einigen Deportierten in zwei Sanitätskraftwagen heimlich den SS-Standort, um sich nach Berlin abzusetzen. Zuvor hatte Capesius noch den eigenständigen Versuch unternommen, die jüdischen Gefangenen – die er nun mitführte und die aus der Gegend stammten, aus der auch Capesius kam – über das Deutsche Rote Kreuz gegen seine »volksdeutschen« Angehörigen in Rumänien auszutauschen. Vgl. beglaubigte Kopie der Anklageschrift Baer & andere vom 16. 4. 1963, Kopie in: IPN, BU 2586/326 (Frankfurter Auschwitz-Prozess, Bd. 80), S. 621.
18 Brief Himmlers an die Witwe Reinhard Heydrichs, Lina Heydrich vom 14. 1. 1945, abgedr. in: Heiber, »Reichsführer!«, S. 301.

sowie der das Morden begleitende beißende Gestank des Rauchs, der sich aus dem Krematorium im Februar und März über das Lagergelände legte und allen deutlich machte, dass vor Ort in großem Umfang gemordet wurde. Jegliches Menschsein war den Gefangenen – insbesondere den jüdischen und sowjetischen – in den Jahren des Krieges abgesprochen worden. Die massive Gewaltausübung gegen sie hatte dazu geführt, dass es ihnen nun vor allem darum ging, nicht aufzufallen und so lange wie möglich durchzuhalten. Einzig kleine solidarische Gemeinschaften und die Unterstützung durch das IKRK halfen, die Tortur der letzten Monate und insbesondere die der Todesmärsche zu überstehen.

Nur wenigen gelang es, sich der grausamen Räumung zu entziehen. Vielmehr gehörte diese zu den schlimmsten Abschnitten ihrer Leidenswege, die sich im Zuge der Mehrfachdeportationen und Auflösungen der WVHA-Lager »im Osten« für viele, vor allem jüdische Insass:innen wiederholte. Als Gegner:innen des Nationalsozialismus und »Volksschädlinge« angesehen, hatte die SS/Polizei die in die Konzentrationslager gepferchten Menschen aus ihrem Leben gerissen. Nun riss die Lager-SS und das ihr zur Hilfe kommende Wachpersonal sie so weit wie möglich mit in den eigenen Untergang und erhielt hierfür im April und Mai auch Unterstützung aus der deutschen Bevölkerung. Tausende – unter ihnen jüdische Deportierte, sowjetische und britische Kriegsgefangene, politische, aber auch als vorbestraft geführte Häftlinge, luxemburgische Polizisten, Homosexuelle, Pol:innen und aus allen europäischen Ländern in das KL-System verschleppte Männer, Frauen, Jugendliche und Kinder – überlebten die prozesshafte Auflösung des KL-Komplexes Sachsenhausen nicht. Ihnen ist dieses Buch gewidmet.

Danksagung

Eine wissenschaftliche Studie bedarf eines längeren Weges und ist niemals das Werk eines einzelnen Kopfes. Vielmehr ist die Zeit der Forschungsarbeit durch unterschiedliche Stationen und Diskussionen gekennzeichnet. An dieser Stelle möchte ich mich deshalb bei all jenen bedanken, die mich über die Jahre mit ihren Anregungen, ihrer Kritik, ihrer aufmerksamen Lektüre und Zeit oder ihrer Freundschaft begleitet haben.

Mein herzlicher Dank gilt meiner Betreuerin Claudia Bruns, die mich mit ihrer inspirierenden Expertise und ihrem immer hilfreichen Feedback unterstützt hat. Ebenso danke ich Michael Wildt für seine wertvollen Rückmeldungen zu dieser Dissertation und die Betreuung im letzten Abschnitt. Mein großer Dank gilt darüber hinaus Atina Grossmann, die mich seit meinem Studienabschluss und Beginn dieses Forschungsprojektes mit ihrer Expertise begleitet hat.

Ohne all die Archivar:innen und Mitarbeiter:innen in den Archiven, von denen ich aufgrund ihrer intensiven Begleitung vor allem Monika Liebscher vom Archiv der Gedenkstätte und Museum Sachsenhausen und Hans Peter Wollny aus der Deutschen Wehrmachtsauskunftstelle Berlin nennen möchte, wäre diese Arbeit nicht möglich gewesen. Ihnen allen gilt mein Dank ebenso wie Vlasta Měštánková, die mir die Ergebnisse ihrer Untersuchungen zur Verfügung stellte und mich bei meiner Recherche im tschechischen Nationalarchiv in Prag unterstützte. Mein außerordentlicher Dank gilt an dieser Stelle zudem meiner Übersetzerin in Moskau, Ludmila Grigorjeva. Herzlich danken möchte ich auch Carmen Lange von der Gedenkstätte Todesmarsch Belower Wald, die meine Forschung mit ihrem umfangreichen Wissen begleitet hat und mir immer kritische Diskussionspartnerin war.

Die Dissertation wurde durch Promotionsstipendien der Hans-Böckler-Stiftung, der Fondation pour la Mémoire de la Shoah in Paris sowie durch ein Caroline von Humboldt-Stipendium der Humboldt-Universität zu Berlin gefördert. Zudem erhielt ich für meine Promotion Forschungs- und Reisekostenunterstützung von der Stiftung Zeitlehren und dem Deutschen Historischen Institut Warschau. All das hat wesentlich zum Zustandekommen meiner Studie beigetragen. Besonders wertvoll waren auch die Rückmeldungen im Rahmen der Sitzungen des Doktorand:innenkolloquiums von Claudia Bruns am Institut für Kulturwissenschaft der Humboldt-Universität zu Berlin, die die Arbeit an meiner Dissertation über Jahre begleitet haben. Ebenso bedanke ich mich für die vielen bereichernden Diskussionen im Rahmen meines Forschungskollektivs zu »Space in Holocaust Research«, zu dem Alexandra Klei und Annika Wienert gehören. Für den fruchtbaren Austausch im Rahmen der gemeinsamen Organisation des Workshops und der dazugehörigen Publikation »Der Zweite Weltkrieg als Evakuierungskrieg. Praktiken der Deportation, Räumung und

Zerstörung im militärischen Rückzug« gilt mein Dank Felix Ackermann und Claudia Weber sowie den Beiträger:innen. Merci!

Ein großes »Danke« für inhaltliche Rückmeldungen und/oder logistische Unterstützung gilt zudem Frédéric Bonnesoeur, Liane Enderlein, Martin Gressmann, Markus Günnewig, Ulrike Jureit, Shani und Inigo Kennedy, Rainhard May, Sarah Kleinmann, Andre Rießler, Wolfgang Schulz und Christian Stein. Zum Ende meiner Dissertation haben mich zudem meine Mutter, Andrea Fubel, sowie Frederic Schulz und Falk Springer intensiv begleitet. Ich danke Euch und auch Jan Erler für die Anfertigung der Karten!

Für die Überarbeitung des Manuskriptes hat mein aktueller Arbeitsplatz, das Historische Institut der FernUniversität in Hagen, einen idealen Rahmen geboten. Unter all den inspirierenden Personen danke ich besonders Felix Ackermann für seine Unterstützung und bedanke ich mich herzlich bei den Mitarbeiter:innen unseres Lehrgebiets der Public History, Johannes Bent, Solveig Klebert und Hannah Schönwald, für ihre Hilfe bei den Korrekturen. Auch die Forschungssupervisionen mit Anita Barkhausen und Nora Würbel waren essenziell, um das Thema über Jahre bearbeiten zu können und die Studie nun vorliegen zu haben. Nicht zuletzt möchte ich mich bei meinen Freund:innen und Astor für die Ablenkungen und bei meinem Großvater, Fred Fubel, für die offenen Gespräche über seine Kindheit im Ruppiner Land bedanken.

Die Drucklegung des Buches wurde durch Druckkostenzuschüsse der Alfred Freiherr von Oppenheim Stiftung zur Förderung der Wissenschaften, der Axel Springer Stiftung, der FernUniversität in Hagen, der Hans-Böckler-Stiftung und der Stiftung Zeitlehren gefördert. Allen genannten Institutionen bin ich zu großem Dank verpflichtet.

Abkürzungsverzeichnis

AEL	Arbeitserziehungslager
AMS	Archiwum Muzeum Stutthof (Archiv des Museums Stutthofs)
BArch B	Bundesarchiv Berlin-Lichterfelde
BArch F	Bundesarchiv Freiburg im Breisgau (Abteilung Militärarchiv)
BArch L	Bundesarchiv Ludwigsburg
BArch SAPMO	Bundesarchiv – Stiftung Archiv der Parteien und Massenorganisationen der DDR, Berlin
BArch StU	Bundesarchiv – Stasi-Unterlagen-Archiv
BArch WASt	Bundesarchiv – Zentrale Personenkartei der Wehrmachtauskunftstelle im Bundesarchiv
BDC	Berlin Document Center
BdO	Befehlshaber der Ordnungspolizei
BdS	Befehlshaber der Sicherheitspolizei und des SD
BLHA	Brandenburgisches Landeshauptarchiv, Golm
CIC	Civil Internment Camp
C.I.M.	Counter Intelligence Monitor
ČSR/Č-SR	Československá republika (Tschechoslowakische Republik)
DAW	Deutsche Ausrüstungswerke GmbH
DESt	Deutsche Erd- und Steinwerke GmbH
DÖW	Dokumentationsarchiv des österreichischen Widerstands, Wien
DP	Displaced Person
d. R.	der Reserve
DTA	Deutsches Tagebucharchiv
Dulag	Durchgangslager
EdF	Erlass des Führers
GUMS	Gedenkstätte und Museum Sachsenhausen, Oranienburg
GenStdH	Generalstab des Heeres
Gestapa	Geheimes Staatspolizeiamt
Gestapo	Geheime Staatspolizei
HGrW	Heeresgruppe »Weichsel«
HSSPF	Höherer SS- und Polizei-Führer
IdS	Inspekteur der Sicherheitspolizei und des SD
IfZ	Institut für Zeitgeschichte, München
I. G. Farben	Interessengemeinschaft Farbenindustrie AG
IKL	Inspektion der Konzentrationslager
IKL/FWV	Inspekteur der Konzentrationslager und Führer der SS-Wachverbände

IKRK	Internationales Komitee vom Roten Kreuz
IMT	International Military Tribunal
IPN	Instytut Pamięci Narodowej (Archiv der Hauptkommission zur Erforschung der Verbrechen am polnischen Volk)
KdF	Kraft durch Freude
KdO	Kommandeur der Ordnungspolizei
KdS	Kommandeur der Sicherheitspolizei und des SD
KL/KZ	Konzentrationslager
KrN	Kreisarchiv Neuruppin
KTI	Kriminaltechnisches Institut der Sicherheitspolizei
MA	Militärarchiv
NA	Národní archiv (Tschechisches Nationalarchiv, Prag)
NSDAP	Nationalsozialistische Deutsche Arbeiterpartei
OKH	Oberkommando des Heeres
OKM	Oberkommando der Marine
OKW	Oberkommando der Wehrmacht
OT	Organisation Todt
PRO	Public Record Office, London
RAD	Reichsarbeitsdienst
RFSS	Reichsführer SS
RGBl.	Reichsgesetzblatt
RGWA	Russisches Staatliches Militärarchiv (Sonderarchiv, Moskau)
RSHA	Reichssicherheitshauptamt
RJM	Reichsjustizministerium
RMI	Reichsministerium des Innern
RMRuK	Reichsministerium für Rüstung und Kriegsproduktion
RMVP	Reichsministerium für Volksaufklärung und Propaganda
RSHA	Reichssicherheitshauptamt
RuSHA	Rasse- und Siedlungshauptamt
RVM	Reichsverteidigungsministerium
SA	Sturmabteilung der NSDAP
SBZ	Sowjetische Besatzungszone
SD	Sicherheitsdienst der SS
Sipo	Sicherheitspolizei
SMAD	Sowjetische Militäradministration in Deutschland
SMT	Sowjetisches Militärtribunal
SS	Schutzstaffel der NSDAP
SS-FHA	SS-Führungshauptamt
SSPF	SS- und Polizei-Führer
SS-RuSHA	SS-Rasse- und Siedlungshauptamt
SS-TV	SS-Totenkopfverbände
SS-VT	SS-Verfügungstruppe

SS-WVHA	SS-Wirtschafts- und Verwaltungshauptamt
StAB	Staatsarchiv Bremen
Stalag	Stammlager
Stapo	Staatspolizei
STAWKA	Hauptquartier des Kommandos des obersten Befehlshabers der sowjetischen Streitkräfte
Tgb	Tagesbefehl
UNWCC	United Nations War Crimes Commission
USHMM	United States Holocaust Memorial Museum, Washington
VfZ	Vierteljahrshefte für Zeitgeschichte
WL	Wiener Library, London
WASt	Wehrmachtauskunftstelle (Abteilung des Bundesarchivs in Berlin)
YV	Yad Vashem, Jerusalem
ZfG	Zeitschrift für Geschichtswissenschaft

Bildverzeichnis

1	Standorte des KL-Komplexes Sachsenhausen 1945, © Jan Erler, Janine Fubel
2	Deutsch-sowjetischer Frontverlauf Ende Januar 1945, © ZMSBw 09204-02 (Zentrum für Militärgeschichte und Sozialwissenschaften der Bundeswehr)
3	Todesmarsch aus Lieberose, © Jan Erler, Janine Fubel
4	Odd Nansen (1945): »Sie waren lebende Teufel«, in: Odd Nansen: Fra dag til dag, Oslo 1947
5	»[D]er jüngste Häftling, viereinhalb Jahre alt, bei einem Spaziergang mit seinen Freunden.«, in: Narodni Archiv, Prag, UML-Sachsenhausen 098a
6	Todesmarschrouten ab Oranienburg © Jan Erler, Janine Fubel
7	Erschossene Gefangene, Willy Pfister (April 1945), in: ICRC Genf, V-P-HIST-01548-06
8	Erschossene Gefangene, Willy Pfister (April 1945), in: ICRC Genf, V-P-HIST-01549-05
9	Todesmarsch aus Oranienburg, Willy Pfister (April 1945), in: ICRC Genf, V-P-HIST-01549-01
10	Todesmarsch aus Oranienburg, Willy Pfister (April 1945), in: ICRC Genf, V-P-HIST-01549-02
11	Hütten, die sich evakuierte Ravensbrückerinnen im Wald von Below bauten, April/Mai 1945, Mahn- und Gedenkstätte Ravensbrück, 1751
12	Todesmarsch aus Schwarzheide © Jan Erler, Janine Fubel
13	Lager im Freien, Willy Pfister (April 1945), in: ICRC Genf, V-P-HIST-01548-08
14	Wachpersonal bei der Öffnung von Hilfspaketen, Willy Pfister (21.04.1945), ICRC Genf, V-P-HIST-01548-07
15	Entlassungschein Josef Rotbaum alias Joseph Rotbaum-Ribo, in: YV, O33/4874 14
16	Waldlager bei Crivitz, in: Narodni Archiv, Prag, UML-Sachsenhausen 077a
17	Waldlager bei Crivitz, in: Narodni Archiv, Prag, UML-Sachsenhausen067a
18	Abwarten der deutschen Kapitulation bei Schwerin, in: Narodni Archiv, Prag, UML-Sachsenhausen 061a
19	DP-Camp in der Kasernenanlage, in: Narodni Archiv, Prag, UML-Sachsenhausen 132a

Quellenverzeichnis

Arolsen Archives, Bad Arolsen (AA)

1.1.0.6 / 82338850-60
1.1.0.6./82339496
1.1.0.6/82329666-79
1.1.38/4094889
1.1.38.1/4086078-87
1.1.38.0/82152690
5.1/82314727-30
5.1/82314731-33
5.1/82325119-32
Dok.-ID 4076796
Dok.-ID 4077443
Dok.-ID 4375958

Brandenburgisches Landeshauptarchiv, Golm (BLHA)

1 Oberpräsident Nr. 3738
2 Kurmärkische Kammer D 1059
2A I Pol, 2318
2A I SW 1157/1
2A III FI 16238
5E AG Pritzwalk 804
5 E Senftenberg 164
6 B Beeskow-Storkow 1275
6 B Kreisverwaltung Züllichau-Schwiebus, Nr. 169
6 B Schwerin W 23.
9 B Johanniterorden 6250
12 C Bln II Nr. 4899
37 Sachsendorf 93
41 Klaudiushof 29
41 Schönwalde/NB 4
46 Standesämter – Sterbezweitbücher 6663
52 A Treuenbrietzen 96
57 WASD/3764
61 A NSDAP 574
61 A NSDAP Brbg 16
75 Boswan Knauer 80
161 NS-Archiv des MfS Obj. 04 ZB 2944
161 NS-Archiv des MfS ZA I 08955 A. 11
161 NS-Archiv des MfS ZR 932 A. 14
161 NS-Archiv ZM 1340 A. 05
250 Ruppin, 2318.
530 SED BL Pdm 8681
Pr. Br. Rep. 35 H

Bundesarchiv (BArch B, Berlin-Lichterfelde)

DP 3 2014.
DP 3, V 111/66, Bd. 4
NS 3/138
NS 3/216
NS 3/439
N 5/10
NS 6/353
NS 19/2408
NS 19/14
NS 19/2408
NS 19/2262
NS 19/3576
NS 33/107
NS 33/6888
NS 33/6909
NS 34/20
R 3001/71865
R 9361-III/264604
R 9361-III/274798

Bundesarchiv (BArch F, Abteilung Militärarchiv Freiburg)

N 265/127
N 756/324a
R 22/1167
R 43-I/1459
R 58/415
R 58/1027, Bd. 6
R 58/2485 f., Bd. 19
RH 2/330
RH 2/331a
RH 12/21/7
RH 12-21/56
RH 12-21/7
RH 19 XV/2
RH 19 XV/3
RH 22/104
RH 53/3/37
RL 2III/1317
RL 7/543
RW 4/703
RW 4/720
RW 4/794
RW 19/944
RW 19/1877
RW 19/2414
WF 03/5082

Bundesarchiv (BArch SAPMO – Stiftung Archiv der Parteien und Massenorganisationen der DDR, Berlin)

VVN DY 55

Bundesarchiv (BArch ZStL – Zentrale Stelle zur Aufklärung nationalsozialistischer Verbrechen, Ludwigsburg)

B 162/1508
B 162/1907
B 162/3315
B 162/3316
B 162/3925
B 162/3926
B 162/9443
B 162/20331
B 162/20728
B 162/21249
B 162/28382
B 162/28466
B 162/28474
B 162/28475
B 162/30095
B 162/30120

Bundesarchiv (BStU – Stasi-Unterlagen-Archiv, Berlin)

Potsdam, AU 41/56
MfS-HA XX Nr. 5485
RHE-West 425-428
RHE-West 330/1

Deutsches Tagebucharchiv, Emmendingen

51-1
228/I,1
232-1
1454/I
4081-1
5182, 3TF

Dokumentationsarchiv des österreichischen Widerstands (DÖW)

956/1-25

Gedenkstätte und Museum Sachsenhausen (GUMS)

D 25 B 1/3
JD 1/11

QUELLENVERZEICHNIS

JD 21/34
JSU 1/3/2
JSU 1/6
JSU 1/9
JSU 1/11/2
JSU 1/15
JSU 1/15/2
JSU 1/17
JSU 1/17/2
JSU 1/19
JSU 1/21/3
JSU 1/23/1
JSU 1/23/2
AS JSU 1/31
JSU 1/101
LAG II/13
LAG LII/1
LAG V/3
LAG VI/9
LAG VII/23
LAG VII b/30
LAG XI/6
LAG XI/10
LAG XI/13
LAG XX III/17
LAG XXVI/6
LAG XXVI/6/106
LAG XXVI/6/48
LAG XXXIII/3
LSG 1/75
NL 6/28/2
NL 6/31/15
NL 38/1/27
P3 Boers, E[…]
P3 Borbe, Gustav
P3 Caille, Victor
P3 Epstein, Tadeusz
P3 Federyga, Francizek
P3 Gozell, Walter
P3 Owraschko
P3 Quaiser, Waldemar
P3 Possekehl, Gustav
P4 Janzen, August 1/2
P4 Scholz, Karl
R 22/20
R 66/22
R 132/14

443

Gedenkstätte und Museum Stutthof (GUMSt)

I-IB-3
I-IB-4
I-IB-5
I-III-3026
I-III-19272
Z-V-20

Gedenkstätte Todesmarsch Belower Wald (TM)

1/X
2/2 B-D
2/2 I/J/K
2/2 M/P/Q
2/2 M.2
2/2 M.5
2/2 M.6
MDI-Ordner alt AS
Ordner Zootzen
EB B-2-10/7 M2

Instytut Pamięci Narodowej (IPN)

BU 2586/326
BU 2586/790
GK 162/885
GK 162/887
GK 164/1501

Kreisarchiv Neuruppin (KrN)

1611

Mecklenburgisches Landeshauptarchiv, Schwerin (MLHA)

10.34-1/630/1
10.34-1/628

Moravský zemský archiv v Brně (MZAB)

Fond Gestapo, Sig. 100-196-4

Národní archiv, Prag (NA)

1799/354/109-4/99
1799/674/109-4/422
1799/2128/109-8/11
246/109-3/25

Privatarchiv

Interview mit Hermann R., Köpernitz 2019
Nachlass Richard Bucher
Nachlass Vinzenz Kamitz
Tagebuch Rene Trauffler
Vortragsmanuskript Vlasta Měšťánková: Ravensbrück Häftlinge im Bild. Die Fotografien von Jaroslav Šklíba 1945. Entstehung und Überlieferung
Zeitgenössische Postkarte. SS-Führer- und Unterführersiedlung Oranienburg

Public Record Office, London (PRO)

AIR 40/848
FO 1031/97
HW 5/706
HW 16/15
HW 16/43
K 2/98
WO 309/217
WO 235/309
WO 235/389
WO 309/374
WO 309/408
WO 309/438
WO 309/853
WO 309/2050
WO 311/412

Russisches Staatliches Militärarchiv, Moskau (RGVA)

500/4
500/4/31
1364/1/8
1367/1/5/1
1367/1/8
1367/1/60
1367/1/88
1367/2/8

Staatsarchiv Bremen (StAB)

5,4-37
7.1066-368
7.1.02.5,4-47

Staatsarchiv der Russischen Föderation, Moskau (GARF)

7021/104/8
7021/115/31

Staatsarchiv Ludwigsburg / Landesarchiv Baden-Württemberg (StAL)

EL 48/2, BA 73
EL 51 9 / BA 84
Wü 13 T 2 Nr. 2648/19

Stiftung Brandenburg (StB)

AX 0661
AX 0663
AX 0825
AX 1597

The Wiener Library (TWL)

570a
570b
049-E-0665, P. III. B No. 1164.
1656/3/8/233
1656/3/2/1178

WASt (Zentrale Personenkartei der Wehrmachtauskunftstelle im Bundesarchiv, Berlin)

Z/B 153/1
Z/B 158/7
Z/B 159-03
Z/B 160/18
Z/B 160/20
Z/B 166/1
Z/B 166/18
Z/B 178/02
Z/B 178/14
Z/B 191/8
Z/B 191/12
Z/B 193/4
Z/B 194/09
Z/B 199-10
Z/B 202/10
Z/B 210/04
Z/B 4550
Z/B 4664/177
Z/B 4674
Z/B 4684
Z/B 4794
Z/B 4801
Z/B 5451
Z/B 5451/181
Z/B 7182, A22-25

Yad Vashem Archives (YV)

2037/NI279
M.9/372
M.9/384
M.9/432
M.9/444
M.9/467
M.9/452
O.1/171
O.15/1267
O.15/2761
O.15/2862
O.3/989
O.3/2632
O.3/4191
O.3/6551
O.33/4680
O.33/4874
O.33/5716
O.33/9000
O.65/60
TR 19/130

Zentralarchiv des Verteidigungsministeriums der Russischen Föderation (CAMO)

500/12451/500
500/12451/0018
500/12467/2/0001
500/12467/3/0001
500/12724/378

Literaturverzeichnis

Sekundärliteratur

Absolon, Rudolf: Die Wehrmacht im Dritten Reich, Bd. 4: 5. Februar 1938 bis 31. August 1939, München 1998 (Schriftenreihe des Bundesarchivs, Bd. 16/V, 2. Auflage).
— Die Wehrmacht im Dritten Reich, Bd. 5: 1. September 1939 bis 18. Dezember 1941, Boppard a.Rh. 1988 (Schriftenreihe des Bundesarchivs, Bd. 16/4).
— Die Wehrmacht im Dritten Reich, Bd. 3: 3. August 1934 bis 4. Februar 1938, Boppard a.Rh. 1975 (Schriftenreihe des Bundesarchivs, Bd. 16/3).
Ackermann, Felix: Gewalt und die Verknappung von Herrschaft, Raum und Zeit. Die historischen Kontexte der Erschießung von Gefängnisinsassen nach dem deutschen Überfall auf die Republik Polen im September 1939, in: Militärgeschichtliche Zeitschrift 81/1 (2022), S. 28-61.
Ackermann, Felix/Fubel, Janine/Weber, Claudia: Der Zweite Weltkrieg als Evakuierungskrieg. Praktiken der Deportation, Räumung und Zerstörung im militärischen Rückzug, in: Militärgeschichtliche Zeitschrift 81/1 (2022), S. 1-27.
Adamowitsch, Ales/Granin, Daniil: Blockadebuch: Leningrad 1941-1944 (Neuauflage unter Mitwirkung von Ingo Schulze), Berlin 2018 (russische Erstausgabe 1979).
Adler, H.G.: Der verwaltete Mensch. Studien zur Deportation der Juden aus Deutschland, Tübingen 1974.
— Theresienstadt 1941-1945, Tübingen 1960.
Angrick, Andrej: »Aktion 1005« – Spurenbeseitigung von NS-Massenverbrechen 1942-1945. Eine »geheime Reichssache« im Spannungsfeld von Kriegswende und Propaganda, Göttingen 2018.
— Besatzungspolitik und Massenmord. Die Einsatzgruppe D in der südlichen Sowjetunion 1941-1943, Hamburg 2003.
— Erich von dem Bach-Zelewski. Himmlers Mann für alle Fälle, in: Die SS. Elite unter dem Totenkopf, hg. von Ronald Smelser und Enrico Syring, Paderborn 2000, S. 28-44.
Ansorg, Leonore: Politische Häftlinge im nationalsozialistischen Strafvollzug. Das Zuchthaus Brandenburg-Görden, Berlin 2015.
Altmann, Eva Mona: Das Unsagbare verschweigen. Holocaust-Literatur aus Täterperspektive. Eine interdiziplinäre Textanalyse, Bielefeld 2021.
Aly, Götz/Gerlach, Christian: Das letzte Kapitel. Realpolitik, Ideologie und der Mord an den ungarischen Juden 1944/45, Stuttgart 2002.
Antons, Jan-Hinnerk: Flucht ins »Dritte Reich«. Wie Osteuropäer Schutz im NS-Staat suchten (1943-1945), in: Zeithistorische Forschungen/Studies in Contemporary History 14 (2017), S. 231-257.
Arendes, Cord: Schrecken aus dem Untergrund. Endphaseverbrechen des »Werwolf«, in: Terror nach innen. Verbrechen am Ende des Zweiten Weltkrieges, hg. von Cord Arendes, Edgar Wolfrum und Jörg Zedler, Göttingen 2006, S. 149-171.
Arendes, Cord/Wolfrum, Edgar/Zedler, Jörg (Hg.): Terror nach Innen. Verbrechen am Ende des Zweiten Weltkrieges, Göttingen 2006 (Dachauer Symposien zur Zeitgeschichte, Bd. 6).
Arendt, Hannah: Elemente und Ursprünge totaler Herrschaft, München 2008 (12. Auflage, Erstausgabe 1995).

Arlt, Kurt/Stang, Werner: Kampf um Potsdam, in: Brandenburg im Jahr 1945. Studien, hg. von Werner Stang, Potsdam 1995, S. 167-194.

Arnold, Birgit: Die Freimachung und Räumung der Grenzgebiete in Baden 1939/40, Heidelberg 1996 (Heidelberger Abhandlungen zur Mittleren und Neueren Geschichte, Bd. 9).

Arsenijevic, Drago: Voluntary Hostages of the S. S., Geneva 1979.

Assmann, Aleida: Erinnerungsräume. Formen und Wandlungen des kulturellen Gedächtnisses, München 2006.

Assmann, Jan: Das kulturelle Gedächtnis. Schrift, Erinnerung und politische Identität in frühen Hochkulturen, München 2007 (Erstausgabe 1992).

Aulke, Julian: Räume der Revolution. Kulturelle Verräumlichung in Politisierungsprozessen während der Revolution 1918-1920, Stuttgart 2015 (Studien zur Geschichte des Alltags, Bd. 31).

Ayaß, Wolfgang: Die Einweisung von »Asozialen« in Konzentrationslager. Die »Aktion Arbeitsscheu Reich« und die kriminalpolizeiliche Praxis bei der Verhängung von Vorbeugungshaft, in: »minderwertig« und »asozial«. Stationen der Verfolgung gesellschaftlicher Außenseiter, hg. von Ingrid Tomkowiak, Dietmar Sedlaczek, Thomas Lutz und Ulrike Puvogel, Zürich 2005, S. 51-64.

Baberowski, Jörg: Räume der Gewalt, Frankfurt a. M. 2015.

— Einleitung. Ermöglichungsräume exzessiver Gewalt, in: Gewalträume. Soziale Ordnungen im Ausnahmezustand, hg. von Jörg Baberowski und Gabriele Metzler, Frankfurt a. M. 2012, S. 7-27.

— Gewalt verstehen, in: Zur Gewaltsoziologie von Georges Bataille, hg. von Michael Riekenberg, Leipzig 2012, S. 35-49.

Baecker, Dirk: Form und Formen der Kommunikation, Frankfurt a. M. 2005.

Baer, Ulrich (Hg.): »Niemand zeugt für den Zeugen.« Erinnerungskultur und historische Verantwortung nach der Shoah, Frankfurt a. M. 2000.

Bahnsen, Uwe/O'Donnell, James P.: Die Katakombe. Das Ende in der Reichskanzlei, Reinbek 2004.

Baird, Marie L.: The »Gray Zone« as a Complex of Tensions. Primo Levi on Holocaust Survival, in: The Legacy of Primo Levi, hg. von Stanislao G. Pugliese, New York 2005, S. 193-206.

Bajohr, Frank: Täterforschung. Probleme und Perspektiven eines Forschungsansatzes, in: Der Holocaust. Ergebnisse und neue Fragen der Forschung, hg. von Frank Bajohr und Andrea Löw, Frankfurt a. M. 2015, S. 167-185.

Bajohr, Frank/Löw, Andrea (Hg.): Der Holocaust. Ergebnisse und neue Fragen der Forschung, Frankfurt a. M. 2015.

Bajohr, Frank/Pohl, Dieter: Massenmord und schlechtes Gewissen. Die deutsche Bevölkerung, die NS-Führung und der Holocaust, Frankfurt a. M. 2014 (2. Auflage).

Balcke, Jörg: Verantwortungsentlastung durch Organisation. Die »Inspektion der Konzentrationslager« und der KZ-Terror, Tübingen 2001.

Barth, Arno: »Störfaktoren entfernen«? Minderheitenpolitik als Risikoabwägung im Langen Ersten Weltkrieg, Frankfurt a. M. 2021 (Kontingenzgeschichten, Bd. 8).

Bataille, Georges: Die Aufhebung der Ökonomie, München 1985.

— Die Erotik. Neu übersetzt und mit einem Essay versehen von Gerd Bergfleth, München 2020 (franz. Erstausgabe 1957).

— Henker und Opfer, Berlin 2016 (Erstausgabe 1946).

Bauer, Helmuth: Innere Bilder wird man nicht los. Die Frauen im KZ-Außenlager Daimler-Benz Genshagen, Berlin 2011 (Schriftenreihe der Stiftung Brandenburgische Gedenkstätten, Bd. 30).

— Genshagen, in: Der Ort des Terrors. Geschichte der nationalsozialistischen Konzentrations-

lager, Bd. 3: Sachsenhausen, Buchenwald, hg. von Wolfgang Benz und Barbara Distel, München 2005, S. 183-186.
Bauer, Yehuda: The Death Marches, January-May 1945, in: Modern Judaism 1/3 (1983), S. 1-21.
Bauernkämper, Arnd: Sicherheit und Humanität im Ersten und Zweiten Weltkrieg. Der Umgang mit zivilen Feindstaatenangehörigen im Ausnahmezustand, Bd. I: Erster Weltkrieg, Berlin 2021.
Bauman, Zygmunt: Moderne und Ambivalenz. Das Ende der Eindeutigkeit, Hamburg 2016.
— Dialektik der Ordnung. Die Moderne und der Holocaust, Hamburg 1992.
Beck, Erik/John-Stucke, Kirsten/Moors, Markus/Piron, Jörg (Hg.): Ausstellungskatalog zur Sonderausstellung. Die Körper der SS – Ideologie, Propaganda und Gewalt, Paderborn 2016 (Historische Schriftenreihe des Kreismuseums Wewelsburg, Bd. 9).
Becker, Maximilian: Mitstreiter im Volkstumskampf. Deutsche Justiz in den eingegliederten Ostgebieten 1939-1945, München 2014 (Quellen und Darstellungen zur Zeitgeschichte, Bd. 101).
Becker, Howard S.: Doing things Together. Selected Papers, Evanston 1986.
Becker, Melanie: Organisationskultur der Sicherheitspolizei im Nationalsozialismus, in: Polizei, Gewalt und Staat im 20. Jahrhundert, hg. von Alf Lüdtke, Herbert Reinke und Michael Sturm, Wiesbaden 2011 (Studien zur Inneren Sicherheit, Bd. 14), S. 249-278.
Beevor, Antony: Ein Schriftsteller im Krieg. Wassili Grossman und die Rote Armee 1941-1945, unter Mitarbeit von Luba Vinogradovna, München 2007.
— Berlin 1945. Das Ende, München 2002.
Begemann, Dieter: Distomo 1944, in: Orte des Grauens. Verbrechen im Zweiten Weltkrieg, hg. von Gerd R. Ueberschär, Darmstadt 2003, S. 30-36.
Behrens, Beate/Jahnke, Karl Heinz/Geltz, Anne/Wendt, Inge: Mecklenburg in der Zeit des Nationalsozialismus 1933-1945. Eine Dokumentation, Rostock 1998.
Benz, Angelika: Handlanger der SS. Die Rolle der Trawniki-Männer im Holocaust, Berlin 2015.
Benz, Wolfgang: Nationalsozialistische Zwangslager. Ein Überblick, in: Der Ort des Terrors. Geschichte der Nationalsozialistischen Konzentrationslager, Bd. 1: Die Organisation des Terrors, hg. von Wolfgang Benz und Barbara Distel, München 2005, S. 11-30.
Benz, Wolfgang/Distel, Barbara (Hg.): Das Ende der Konzentrationslager, Dachau 2004 (Dachauer Hefte, Bd. 20).
— (Hg.): Der Ort des Terrors. Geschichte der Nationalsozialistischen Konzentrationslager, Bd. 1: Die Organisation des Terrors, München 2005.
— (Hg.): Der Ort des Terrors. Geschichte der Nationalsozialistischen Konzentrationslager, Bd. 2: Frühe Lager, Dachau, Emslandlager, München 2005.
— (Hg.): Der Ort des Terrors. Geschichte der Nationalsozialistischen Konzentrationslager, Bd. 3: Schsenhausen, Buchenwald, München 2006.
— (Hg.): Der Ort des Terrors. Geschichte der Nationalsozialistischen Konzentrationslager, Bd. 5: Hinzert, Auschwitz, Neuengamme, München 2007.
Benz, Wolfgang/Bistrović, Miriam/Curio, Claudia/Distel, Barbara/Jahn, Franziska/Königseder, Angelika/Mihok, Brigitte/Buser, Verena: Auschwitz, in: Der Ort des Terrors: Geschichte der nationalsozialistischen Konzentrationslager, Bd. 5: Hinzert, Auschwitz, Neuengamme, hg. von Wolfgang Benz und Barbara Distel, München 2007, S. 79-173.
Berentzen, Katrin: Machtergreifung, in: Zeitgeschichtliches Wörterbuch der deutschen Gegenwartssprache, hg. von Georg Stötzel und Astrid Jährling-Marienfeld, Hildesheim 2002, S. 232-239.
Berg, Nicolas: Luftmenschen. Zur Geschichte einer Metapher, Göttingen 2014 (Essays zur jüdischen Geschichte und Kultur, Bd. 3).

Berger, Sara: Experten der Vernichtung. Das T4-Reinhardt-Netzwerk in den Lagern Belzec, Sobibor und Treblinka, Hamburg 2013.
Bergfleth, Gerd: Theorie der Verschwendung, München 1985.
Berliner Geschichtswerkstatt (Hg.): Arbeitserziehungslager Fehrbellin. Zwangsarbeiterinnen im Straflager der Gestapo, Berlin 2004 (Brandenburgische historische Hefte, 17).
Bertrand, Nicolas: Die Ordnung der Gewalt in den nationalsozialistischen Konzentrationslagern, in: Zeitschrift der Savigny-Stiftung für Rechtsgeschichte 131 (2014), S. 363-399.
Bergen, Doris L.: Holocaust und Besatzungsgeschichte, in: Der Holocaust. Ergebnisse und neue Fragen der Forschung, hg. von Frank Bajohr und Andrea Löw, Frankfurt a. M. 2015, S. 299-320.
— War & Genocide: a concise history of the Holocaust, Lanham 2003.
— The Nazi Concept of »Volksdeutsche« and the Exacerbation of Anti-Semitism in Eastern Europe, 1939-45, in: Journal of Contemporary History 29/4 (1994), S. 569-582.
Bessel, Richard: The Shadow of Death in Germany at the Ende of the Second World War, in: Between Mass Death and Individual Loss, hg. von Alon Confino, Paul Betts und Dirk Schumann, Oxford 2020, S. 51-68.
Birn, Ruth Bettina: Die SS – Ideologie und Herrschaftsausübung. Zur Frage der Inkorporierung von »Fremdvölkischen«, in: Die SS, Himmler und die Wewelsburg, hg. von Jan Erik Schulte, Paderborn 2008 (Schriftenreihe des Kreismuseums Wewelsburg, Bd. 7), S. 60-75.
— Die höheren SS- und Polizeiführer. Himmlers Vertreter im Reich und in den besetzten Gebieten, Düsseldorf 1986.
Blank, Ralf: Mobilisierung im Krieg. Der Gau Westfalen-Süd 1943 bis 1945, in: Mobilisierung im Nationalsozialismus. Institutionen und Regionen in der Kriegswirtschaft und der Verwaltung des »Dritten Reichs« 1936-1945, hg. von Oliver Werner, Paderborn 2013 (Nationalsozialistische »Volksgemeinschaft«. Studien zur Konstruktion, gesellschaftlichen Wirkungsmacht und Erinnerung, Bd. 3), S. 197-215.
Blasius, Dirk: Geschichte der Politischen Kriminalität in Deutschland (1800-1980). Eine Studie zu Justiz und Staatsverbrechen, Frankfurt a. M. 1983.
Blatman, Daniel: Die Todesmärsche 1944/45. Das letzte Kapitel des nationalsozialistischen Massenmords, Hamburg 2011.
Blondel, Jean-Luc/Urban, Susanne/Schönemann, Sebastian (Hg.): Auf den Spuren der Todesmärsche Göttingen 2012 (Freilegungen. Jahrbuch des International Tracing Service, Bd. 1).
Blumental, Nachman: From the Nazi Vocabulary, in: Yad Vashem Studies on the European Jewish Catastrophe and Resistance VI, Jerusalem 1967, S. 69-82.
— Slowa Niewinne (Unschuldige Wörter), Centralna Zydowska Komisja Historyczna przy Centralnym Komitecie Zydow w. Polsce Nr. 34, Krakow 1947.
Boberach, Heinz: Die Überführung von Soldaten des Heeres und der Luftwaffe in die SS-Totenkopfverbände zur Bewachung von Konzentrationslagern 1944, in: Militärgeschichtliche Mitteilungen 2/1983, S. 185-190.
Böhler, Jochen: Auftakt zum Vernichtungskrieg. Die Wehrmacht in Polen 1939, Frankfurt a. M. 2006.
Böckle, Karlheinz: Feldgendarmen, Feldjäger, Militärpolizisten. Ihre Geschichte bis heute, Stuttgart 1987.
Bömelburg, Hans-Jürgen/Cezary Król, Eugeniusz: Einleitung, in: Der Warschauer Aufstand 1944. Ereignis und Wahrnehmung in Polen und Deutschland, hg. von Hans-Jürgen Bömelburg, Cezary Król und Michael Thomae im Auftrag des Militärgeschichtlichen Forschungsamtes, Potsdam, und des Zentrums für Historische Forschung der Polnischen Akademie der Wissenschaften, Berlin, Paderborn u. a. 2011, S. 9-21.

Bonnesoeur, Frédéric: Im guten Einvernehmen. Die Stadt Oranienburg und die Konzentrationslager Oranienburg und Sachsenhausen 1933-1945, Berlin 2018 (Forschungsbeiträge und Materialien der Stiftung Brandenburgische Gedenkstätten, Bd. 22).

Bothe, Alina/Pickhan, Gertrud (Hg.): Ausgewiesen! Berlin, 28.10.1938. Die Geschichte der »Polenaktion«, Berlin 2018.

Brackmann, Karl-Heinz/Birkenhauer, Renate: NS-Deutsch. »Selbstverständliche« Begriffe und Schlagwörter aus der Zeit des Nationalsozialismus, Darmstadt 1988.

Brade, Fred: »… was Einmaliges im Lager, daß ein Homo solche Machtbefugnisse besaß«. Die SS-Leute Karl Schwerbel und Heinz Beerbaum, in: Homosexuelle Männer im KZ Sachsenhausen, hg. von Joachim Müller und Andreas Sternweiler, Berlin 2000, S. 331-337.

Bräutigam, Helmut: Berlin-Spandau, in: Der Ort des Terrors. Geschichte der nationalsozialistischen Konzentrationslager, Bd. 3: Sachsenhausen, Buchenwald, hg. von Wolfgang Benz und Barbara Distel, München 2005, S. 123-126.

Bremberger, Bernhard: Mobile Gaskammern und Zwangsarbeit, in: Zwangsarbeit in Berlin. Archivrecherchen, Nachweissuche und Entschädigung, hg. von Cord Pagenstecher, Bernhard Bremberger und Gisela Wenzel, Berlin 2008, S. 232-252.

— Sanitätsbaracken, Polenstationen und Ausländerkrankenhäuser. Orte der Ausgrenzung erkrankter ausländischer Zwangsarbeiter, in: Medikale Räume. Zur Interdependenz von Raum, Körper, Krankheit und Gesundheit, hg. von Nicholas Eschenbruch, Dagmar Hänel, Alois Unterkircher, Bielefeld 2010, S. 65-80.

Brokoff, Jürgen: Die Kommunikation der Gerüchte, Göttingen 2008.

Browning, Christopher R.: Ganz Normale Männer. Das Reserve-Polizeibataillon 101 und die »Endlösung« in Polen, Hamburg 2020 (Erstauflage 1993).

Broszat, Martin: Nationalsozialistische Konzentrationslager 1933-1945, in: Anatomie des SS-Staates, Bd. 2, hg. von Hans Buchheim, Martin Broszat, Hans-Adolf Jacobsen und Helmut Krausnick, München 1967 (Erstausgabe 1965).

Brücker, Eva: Heimkehr? Weiterleben nach 1945, in: Befreiung Sachsenhausen 1945, hg. von Günter Morsch und Alfred Reckendrees, Berlin 1996 (Schriftenreihe der Stiftung Brandenburgische Gedenkstätten, Bd. 7), S. 139-148.

Brühl, Reinhard: Wörterbuch zur deutschen Militärgeschichte, Bd. 2, Berlin (Ost) 1985.

Bruhn, Manfred/Wunderlich, Werner (Hg.): Medium Gerücht. Studien zu Theorie und Praxis einer kollektiven Kommunikationsform, Bern u. a. 2004.

Bruns, Claudia: »Rasse« und Raum. Überlegungen zu einer komplexen Relation, in: »Rasse« und Raum. Topologien zwischen Kolonial-, Geo- und Biopolitik. Geschichte, Kunst, Erinnerung, hg. von Claudia Bruns, Wiesbaden 2017, S. 1-44.

Buchheim, Hans: Die SS – das Herrschaftsinstrument. Befehl und Gehorsam, in: Anatomie des SS-Staates, Bd. 1, hg. von Hans Buchheim, Martin Broszat, Hans-Adolf Jacobsen und Helmut Krausnick, München 1967 (Erstausgabe 1965).

Budraß, Lutz: Ernst Heinkel, das Werk Oranienburg und der Einstieg in die Beschäftigung von KZ-Häftlingen, in: Zwangsarbeit während der NS-Zeit in Berlin und Brandenburg, hg. von Winfried Meyer, Potsdam 2001 (Bibliothek der brandenburgischen und preußischen Geschichte, Bd. 7), S. 129-162.

Buggeln, Marc: Unfreie Arbeit im Nationalsozialismus. Begrifflichkeiten und Vergleichsaspekte zu den Arbeitsbedingungen im Deutschen Reich und in den besetzten Gebieten, in: Arbeit im Nationalsozialismus, hg. von Marc Buggeln und Michael Wildt, München 2014, S. 231-252.

— Das System der KZ-Außenlager. Krieg, Sklavenarbeit und Massengewalt, Bonn 2012.

— Unterschiedliche Lebens- und Arbeitsbedingungen in den Außenlagern des KZ Neuengamme unter Wehrmachts- und unter SS-Bewachung?, in: Wehrmacht und Konzentrationslager,

hg. von Herbert Diercks, Bremen 2012 (Beiträge zur Geschichte der nationalsozialistischen Verfolgung in Norddeutschland, Bd. 13), S. 40-51.
— Die weltanschauliche Schulung der KZ-Wachmannschaften in den letzten Kriegsmonaten, in: Bewachung und Ausführung. Alltag der Täter in nationalsozialistischen Lagern, hg. von Angelika Benz und Marija Vulesica, Berlin 2011 (Geschichte der Konzentrationslager 1933-1945, Bd. 14), S. 177-190.
— Arbeit und Gewalt. Das Außenlagersystem des KZ Neuengamme, Göttingen 2009.
Burkhardt, Anika: Das NS-Euthanasie-Unrecht vor den Schranken der Justiz. Eine strafrechtliche Analyse, Tübingen 2015.
Burmeister, Jessica/Ley, Astrid: Ludwig Rehn, in: Die Konzentrationslager-SS 1936-1945. Arbeitsteilige Täterschaft im KZ Sachsenhausen. Eine Ausstellung am historischen Ort, Berlin 2018 (Schriftenreihe der Stiftung Brandenburgische Gedenkstätten, Bd. 55), S. 324-326.
Buser, Verena: Überleben von Kindern und Jugendlichen in den Konzentrationslagern Sachsenhausen, Auschwitz und Bergen-Belsen, Berlin 2011 (Geschichte der Konzentrationslager 1933-1945, Bd. 13), S. 37-102.
Buwert, Wolfgang: Festung Frankfurt (Oder). Eine Stadt am Kriegsende, in: Brandenburg im Jahre 1945. Studien, hg. von Werner Stang, Potsdam 1995, S. 38-83.
Carl, Horst: Wenn Gewaltakteure für Sicherheit sorgen sollen – Militärherrschaft und Militärdiktatur in der Neuzeit, in: Sicherheitsakteure. Epochenübergreifende Perspektiven zu Praxisformen und Versicherheitlichung, hg. von Carola Westermeier, Baden-Baden 2018, S. 47-64.
Carl, Horst/Distler, Werner: Einleitung »Gewaltakteure«, in: Sicherheitsakteure. Epochenübergreifende Perspektiven zu Praxisformen und Versicherheitlichung, hg. von Carola Westermeier, Baden-Baden 2018, S. 31-46.
Cesarini, David: Adolf Eichmann. Bürokrat und Massenmörder. Biografie, Berlin 2004.
Christ, Michaela/Gudehus, Christian (Hg.): Gewalt. Ein interdisziplinäres Handbuch, Stuttgart 2013.
Cole, Tim: Holocaust Landscapes, London 2016.
Collins, Randall: Vorwärtspaniken und die Dynamik der Massengewalt, in: Gewaltmassen. Über Eigendynamik und Selbstorganisation kollektiver Gewalt, hg. von Axel T. Paul und Benjamin Schwalb, Hamburg 2015, S. 204-230.
— Die Dynamik der Gewalt. Eine mikrosoziologische Theorie, Hamburg 2011 (engl. Erstausgabe 2008).
Conze, Eckart: Sicherheit als Kultur. Überlegungen zu einer »modernen Politikgeschichte« der Bundesrepublik Deutschland, in: Vierteljahrshefte für Zeitgeschichte 53 (2005), S. 357-380.
— Securitization. Gegenwartsdiagnose oder Historischer Analyseansatz, in: Geschichte und Gesellschaft 38 (2012), S. 453-467.
Coppi, Hans: Sowjetische Kriegsgefangene im Konzentrationslager Sachsenhausen, in: Jahrbuch für Forschungen zur Geschichte der Arbeiterbewegung 1 (2003), S. 23-40.
Coppi, Hans/Majchrzak, Kamil (Hg.): Konzentrationslager und Zuchthaus Sonnenburg, Berlin 2015.
Credé, Norbert: Das Ende der Todesmärsche in und um Schwerin, in: Häftlinge zwischen Vernichtung und Befreiung: die Auflösung des KZ Neuengamme und seiner Außenlager durch die SS im Frühjahr 1945, hg. von Detlef Garbe und Carmen Lange, Bremen 2005, S. 271-283.
Crim, Brian E.: »Our Most Serious Enemy«. The Specter of Judeo-Bolshevism in the German Military Community, 1914-1923, in: Central European History 44 (4/2011), S. 624-641.
Christoforow, Wassili S./Makarow, Wladimir G./Uhl, Matthias (Hg.): Verhört – Die Befragungen deutscher Generale und Offiziere durch die sowjetischen Geheimdienste 1945-1952, Berlin 2015.

Cüppers, Martin: Wegbereiter der Shoah. Die Waffen-SS, der Kommandostab Reichsführer-SS und die Judenvernichtung 1939-1945, Darmstadt 2005 (Veröffentlichungen der Forschungsstelle Ludwigsburg, Bd. 4).

Curilla, Wolfgang: Die deutsche Ordnungspolizei und der Holocaust im Baltikum und in Weissrussland, Paderborn 2006.

Dams, Carsten/Stolle, Michael: Die Gestapo. Herrschaft und Terror im Dritten Reich, München 2017.

Deist, Wilhelm: Die Reichswehr und der Krieg der Zukunft, in: Militärgeschichtliche Zeitschrift 45/1 (1989), S. 81-92.

Demps, Laurenz (Hg.): Luftangriffe auf Berlin. Die Berichte der Hauptluftschutzstelle 1940-1945, Berlin 2012 (Schriftenreihe des Landesarchivs Berlin, Bd. 16).

Deppe, Hans-Joachim: Der Müritzkreis 1945. Eine Chronik der Geschehnisse Neustrelitz 1999.

Desbois, Father Patrick: The Holocaust by Bullets. A Priest's Journey to Uncover the Truth Behind the Murder of 1.5 Milion Jews, New York 2008.

Diefenbach, Matthias/Maćkowiak, Michał: Zwangsarbeit und Autobahn zwischen Frankfurt (Oder) und Poznań (1940-1945), Frankfurt (Oder) – Poznań 2017.

Diehl, Paula: Macht – Mythos – Utopie. Die Körperbilder der SS-Männer, Berlin 2005 (Politische Ideen, Bd. 17).

Diercks, Herbert/Grill, Michael: Die Evakuierung des KZ Neuengamme und die Katastrophe am 3. Mai 1945 in der Lübecker Bucht. Eine Sammelrezension, in: Kriegsende und Befreiung, hg. von Kurt Buck, Bremen 1995 (Beiträge zur Geschichte der nationalsozialistischen Verfolgung in Norddeutschland, Bd. 2), S. 175-177.

Dietrich, Martina: Zwangsarbeit in Genshagen. Dokumentierte Erinnerungen Betroffener, Potsdam 1996.

Dikat, Thomas: Landschaft und Territorium. Amerikanische Literatur, Expansion und die Krise der Nation 1784-1866, Paderborn 2014.

Dingel, Frank: Waffen-SS, in: Enzyklopädie des Nationalsozialismus, München 1998.

Distel, Barbara: Frauen in nationalsozialistischen Konzentrationslagern, in: Der Ort des Terrors. Geschichte der nationalsozialistischen Konzentrationslager, Bd. 1: Die Organisation des Terrors, hg. von Wolfgang Benz und Barbara Distel, München 2005, S. 195-209.

Dorbritz, Gerhard: Belzig, in: Der Ort des Terrors. Geschichte der nationalsozialistischen Konzentrationslager, Bd. 3: Sachsenhausen, Buchenwald, hg. von Wolfgang Benz und Barbara Distel, München 2005, S. 78-80.

Drecoll, Axel/Jung-Diestelmeier, Maren (Hg.): Bruchstücke '45. Von NS-Gewalt, Befreiungen und Umbrüchen im Jahr 1945, Berlin 2021 (Schriftenreihe der Stiftung Brandenburgische Gedenkstätten, Bd. 65).

Drobisch, Klaus/Wieland, Günther: System der NS-Konzentrationslager 1933-1939, Berlin 1993.

Drywa, Danuta: The Extermination of the Jews in Stutthof Concentrations Camps 1939-1945, Gdańsk 2004.

Dülffer, Jost: Recht, Normen und Macht, in: Dimensionen internationaler Geschichte, hg. von Jost Dülffer und Wilfried Loth, München 2012, S. 169-188.

Duffy, Christopher: Red Storm on the Reich. The Soviet March on Germany, 1945, London 1991.

Dumouchel, Paul: Massengewalt und konstitutive Gewalt, in: Gewaltmassen. Über Eigendynamik und Selbstorganisation kollektiver Gewalt, hg. von Axel T. Paul und Benjamin Schwalb, Hamburg 2015, S. 103-123.

Eckl, Laura: Sowjetische Evakuierung und deutscher Rückzug – Evakuierungserfahrungen der Charkiver Bevölkerung im Zweiten Weltkrieg, in: Militärgeschichtliche Zeitschrift 81/1 (2022), S. 62-90.

Eichholtz, Dietrich/Pätzold, Kurt (Hg.): Der Weg in den Krieg. Studien zur Geschichte der Vorkriegsjahre (1935/36 bis 1939), Berlin 1989.

Elwert, Georg: Gewaltmärkte. Beobachtungen zur Zweckrationalität der Gewalt, in: Kölner Zeitschrift für Soziologie und Sozialpsychologie. Sonderheft 37 (1997), S. 86-121.

Emmett, Stuart B. T.: Strafvollzugslager der SS und Polizei. Himmler's Wartime Institutions for the Detention of Waffen-SS and Polizei Criminals, Stroud 2017.

Endlich, Stefanie/Goldenbogen, Nora/Herlemann, Beatrix/Kahl, Monika: Gedenkstätten für die Opfer des Nationalsozialismus. Eine Dokumentation, Bd. 2: Bundesländer Berlin, Brandenburg, Mecklenburg-Vorpommern, Sachsen-Anhalt, Sachsen, Thüringen, Bonn 1999.

Erpel, Simone: Zwischen Vernichtung und Befreiung. Das Frauenkonzentrationslager Ravensbrück in der letzten Kriegsphase, Berlin 2005.

Eschebach, Insa/ Zeiher, Katharina (Hg.): Ravensbrück 1945. Der lange Weg zurück ins Leben, Berlin 2016 (Schriftenreihe der Stiftung Brandenburgische Gedenkstätten, Bd. 51.)

Eschenbruch, Nicholas/Hänel, Dagmar/Unterkircher, Alois (Hg.): Medikale Räume. Zur Interdependenz von Raum, Körper, Krankheit und Gesundheit, Bielefeld 2010.

Faludi, Christian: Die »Juni-Aktion« 1938. Eine Dokumentation zur Radikalisierung der Judenverfolgung, Frankfurt a. M. 2013.

Farkash, Talia: Labor and Extermination. The Labor Camp at the Dęblin-Irena Airfield Puławy County, Lublin Province, Poland 1942-1944, in: Dapim: Studies on the Holocaust 29/1 (2014), S. 58-79.

Farré, Sébastian: The ICRC and the detainees in Nazi concentration camps (1942-1945), in: International Review of the Red Cross 94/888 (2012), S. 1381-1408.

— (unter Mitarbeit von Yan Schubert): From Sachsenhausen to Schwerin. The International Committee of the Red Cross (ICRC) and the Death Marches, in: Auf den Spuren der Todesmärsche, hg. von Jean-Luc Blondel, Susanne Urban und Sebastian Schönemann, Göttingen 2012 (Freilegungen. Jahrbuch des International Tracing Service, Bd. 1), S. 282-299.

Favez, Jean-Claude: Das internationale Rote Kreuz und das Dritte Reich. War der Holocaust aufzuhalten?, München 1989.

Feldenkirchen, Wilfried: Berlin-Haselhorst, in: Der Ort des Terrors. Geschichte der nationalsozialistischen Konzentrationslager, Bd. 3: Sachsenhausen, Buchenwald, hg. von Wolfgang Benz und Barbara Distel, München 2005, S. 82-84.

Fings, Karola: Krieg, Gesellschaft und KZ. Himmlers SS-Baubrigaden, Paderborn 2005.

Fings, Karola/Sparing, Frank: Rassismus, Lager, Völkermord. Die nationalsozialistische Zigeunerverfolgung in Köln, Köln 2005 (Schriften des NS-Dokumentationszentrums der Stadt Köln, Bd. 13).

Fisher, Gaëlle/Mezger, Caroline (Hg.): The Holocaust in the Borderlands. Interethnic Relations and the Dynamics of Violence in Occupied Eastern Europe, Göttingen 2019 (European Holocaust Studies, Vol. 29).

Fleischhauer, Markus: Der NS-Gau Thüringen. Eine Struktur- und Funktionsgeschichte, Köln 2010 (Veröffentlichungen der Historischen Kommission für Thüringen, Bd. 28).

Förschler, Silke/Habermas, Rebekka/Roßbach, Nikola (Hg.): Verorten – Verhandeln – Verkörpern. Interdisziplinäre Analysen zu Raum und Geschlecht, Bielefeld 2014.

Förster, Jürgen: Die Wehrmacht im NS-Staat. Eine strukturgeschichtliche Analyse, München 2007 (Beiträge zur Militärgeschichte – Militärgeschichte kompakt, Bd. 2).

Frei, Norbert: Vergangenheitspolitik. Die Anfänge der Bundesrepublik und die NS-Vergangenheit, München 2012 (Erstausgabe 1996).

— Der Führerstaat. Nationalsozialistische Herrschaft 1933 bis 1945, München 2013.

Frevert, Ute: Die kasernierte Nation. Militärdienst und Zivilgesellschaft in Deutschland, München 2001.

Friedländer, Saul: Den Holocaust beschreiben. Auf dem Weg zu einer integrierten Geschichte, Göttingen 2007 (Jena Center. Geschichte des 20. Jahrhunderts, Vorträge und Kolloquien, Bd. 2).

Friedländer, Saul/Kenan, Orna: Das Dritte Reich und die Juden 1933-1945. Gekürzte Ausgabe, München 2010.

Frieser, Karl-Heinz: Der Zusammenbruch der Heeresgruppe Mitte im Sommer 1944, in: Das Deutsche Reich und der Zweite Weltkrieg, Bd. 8: Die Ostfront 1943/1944 – Der Krieg im Osten und die Nebenfronten, hg. von Karl-Heinz Frieser im Auftrag des Militärgeschichtlichen Forschungsamtes, München 2007, S. 526-603.

— Der Zusammenbruch im Osten. Die Rückzugskämpfe seit Sommer 1944, in: Das Deutsche Reich und der Zweite Weltkrieg, Bd. 8: Die Ostfront 1943/1944 – Der Krieg im Osten und die Nebenfronten, hg. von Karl-Heinz Frieser im Auftrag des Militärgeschichtlichen Forschungsamtes, München 2007, S. 493-525.

Fritz, Stephen G.: Ostkrieg. Hitlers War of Extermination in the East, Lexington 2011.

Fröhlich, Anne: Hubert Lauer, in: Die Konzentrationslager-SS 1936-1945. Arbeitsteilige Täterschaft im KZ Sachsenhausen. Eine Ausstellung am historischen Ort, Berlin 2018 (Schriftenreihe der Stiftung Brandenburgische Gedenkstätten, Bd. 55), S. 294 f.

Fröhlich, L. A. W.: Preußens Militair-Verwaltung. Dargestellt nach amtlichen Quellen, Berlin 1865.

Fröhlich, Roman: »Der Häftlingseinsatz wurde befohlen«. Handlungsspielräume beim Einsatz von Häftlingen des KZ Sachsenhausen im Heinkel-Flugzeugwerk Oranienburg, Berlin 2018.

Fubel, Janine: Ein hybrides Lager. Der Konzentrationslagerkomplex Sachsenhausen zum Jahreswechsel 1944/45, in: Nationalsozialistische Konzentrationslager. Geschichte und Erinnerung, hg. von Axel Drecoll und Michael Wildt (unter Mitarbeit von Kolja Buchmeier), Berlin 2024, S. 266-279.

— Evakuierungs- und Kriegsschauplatz Mark Brandenburg. Das Aufeinandertreffen von Ostfront und »innerer« Front im Januar 1945, in: Militärgeschichtliche Zeitschrift 81/1 (2022), S. 174-208.

— Driven Captivity. Aspects of Guarding the Death March from Sachsenhausen Concentration Camp, Oranienburg 1945, in: History and Memory of National Socialist Camps and Extermination Sites. Between Resistance and Collaboration, hg. von Karoline Georg, Verena Meier und Paula Oppermann, Berlin 2020, S. 91-114.

— »Die schießen nicht mehr!« Entstehung, Wahrnehmungen und (Be-)Deutungen fotografischer Aufnahmen von ›Gewaltmärschen‹ sowjetischer Kriegsgefangener 1941-1942, in: Leerstelle(n)? Der deutsche Vernichtungskrieg 1941-1944 und die Vergegenwärtigung des Geschehens in der Bundesrepublik Deutschland nach 1989, hg. von Alexandra Klei und Katrin Stoll, Berlin 2019, S. 17-39.

Fubel, Janine/Klei, Alexandra: »›Their turn came the next day.« In-between Spaces of the Holocaust and its Photographical Representation, in: New Microhistorical Approaches to an Integrated History of the Holocaust, hg. von Frédéric Bonnesoeur, Hannah Wilson und Christin Zühlke, Berlin 2023, S. 105-123.

Fubel, Janine/Wienert, Annika: »Körper« und »Raum« im Kontext der Holocaust- und Genozidforschung: Eine multiperspektivische Einführung in: Zeitschrift für Genozidforschung 19 (2/2021), S. 159-188.

Füllenbach, Josef: Die Wachtmeister flohen, in: Geschichte wird Erinnerung. Zum 50. Jahrestag der Befreiung im Land Brandenburg, hg. von Annette Leo für das Ministerium für

Wissenschaft, Forschung und Kultur des Landes Brandenburg und der brandenburgischen Landeszentrale für politische Bildung, Potsdam 1995, S. 100-103.

Führ, Eduard: Morphologie und Topologie eines Konzentrationslagers, in: Von der Erinnerung zum Monument. Die Entstehungsgeschichte der Nationalen Mahn- und Gedenkstätte Sachsenhausen, hg. von Günter Morsch, Oranienburg 1996 (Schriftenreihe der Stiftung Brandenburgische Gedenkstätten, Bd. 8), S. 30-58.

Fuhrmeister, Christian/Ulrich, Bernd/Hettling, Manfred/Kruse, Wolfgang/Böttcher, Jakob: Volksbund Deutsche Kriegsgräberfürsorge. Entwicklungslinien und Probleme, Berlin 2019.

Gackenholz, Hermann: Zum Zusammenbruch der Heeresgruppe Mitte Sommer 1944, in: Vierteljahrshefte für Zeitgeschichte 3/3 (1955), S. 317-333.

Ganzenmüller, Jörg: Das belagerte Leningrad 1941 bis 1944. Die Stadt in den Strategien von Angreifern und Verteidigern, Paderborn 2007.

Garbe, Detlef: Konzentrationslager als Stätten des Massenmordes, in: Neue Studien zu nationalsozialistischen Massentötungen durch Giftgas. Historische Bedeutung, technische Entwicklung, revisionistische Leugnung, hg. von Günter Morsch und Bertrand Perz, Berlin 2011 (Schriftenreihe der Stiftung Brandenburgische Gedenkstätten, Bd. 29), S. 316-334.

— Zwischen Widerstand und Martyrium. Die Zeugen Jehovas im »Dritten Reich«, München 1993.

Garbe, Detlef/Morsch, Günter (Hg.): Kriegsendverbrechen zwischen Untergangschaos und Vernichtungsprogramm, Berlin 2015 (Konzentrationslager. Studien zur Geschichte des NS-Terrors, Bd. 1).

Garscha, Winfried R./Kuretsidis-Haider, Claudia: Die Räumung der Justizhaftanstalten 1945 als Gegenstand von Nachkriegsprozessen – am Beispiel des Volksgerichtsverfahrens gegen Leo Pilz und 14 weitere Angeklagte, in: Stein, 6. April 1945. Das Urteil des Volksgerichts Wien (August 1946) gegen die Verantwortlichen des Massakers im Zuchthaus Stein, hg. von Gerhard Jagschitz und Wolfgang Neugebauer, Wien 1995, S. 12-35.

Geertz, Clifford: Dichte Beschreibung. Beiträge zum Verstehen kultureller Systeme, Frankfurt a. M. 1983.

Gebhard, Manfred: Geschichte der Zeugen Jehovas mit Schwerpunkt der deutschen Geschichte, Berlin 1999.

Gentile, Carlo: Wehrmacht und Waffen-SS im Partisanenkrieg. Italien 1943-1945, Paderborn 2012.

Gerlach, Christian: Extrem gewalttätige Gesellschaften. Massengewalt im 20. Jahrhundert, München 2011.

— Kalkulierte Morde. Die deutsche Wirtschafts- und Vernichtungspolitik in Weißrußland 1941 bis 1944, Hamburg 1996.

Geßner, Klaus: Geheime Feldpolizei. Die Gestapo der Wehrmacht, Berlin 2010.

Glauning, Christine: »Es ist in allen sich zeigenden Fällen sofort und brutal zuzuschlagen.« Kriegsendverbrechen an zivilen Zwangsarbeiterinnen und Zwangsarbeitern, in: Kriegsendverbrechen zwischen Untergangschaos und Vernichtungsprogramm, hg. von Detlef Garbe und Günter Morsch, Berlin 2015 (Konzentrationslager, Heft 1), S. 97-119.

Goehler, Olaf: Der Luftkrieg gegen Brandenburg in den letzten Kriegsmonaten, in: Brandenburg im Jahr 1945, hg. von Werner Stang, Potsdam 1995, S. 9-37.

Götze, Bettina: Rathenow, in: Der Ort des Terrors. Geschichte der nationalsozialistischen Konzentrationslager, Bd. 3: Sachsenhausen, Buchenwald, hg. von Wolfgang Benz und Barbara Distel, München 2005, S. 260-262.

Gottschalk, Aenne/Kersten, Susanne/Krämer, Felix: Doing Space while Doing Gender. Eine Einleitung, in: Doing Space while Doing Gender – Vernetzungen von Raum und Geschlecht in Forschung und Politik, hg. von Aenne Gottschalk, Susanne Kersten und Felix Krämer, Bielefeld 2018 (Dynamiken von Raum und Geschlecht, Bd. 4), S. 7-40.

Grabowska, Janina: Marsz smierci. Ewakuacja piesza wiezniow KL Stutthof i jego podobozow 25 stycznia – 3 Maja 1945, Gdańsk 1992.

Grabowska-Chałka, Janina: Stutthof. Guide. Historical Information Stutthof Museum, Gdansk-Sztutowo 2011.

Greiser, Katrin: Die Todesmärsche von Buchenwald. Räumung des Lagerkomplexes im Frühjahr 1945 und Spuren der Erinnerung, Göttingen 2008.

Greiser, Katrin/Winter, Martin Clemens: Untersuchungen zu den Todesmärschen seit 1945, in: Auf den Spuren der Todesmärsche, hg. von Jean-Luc Blondel, Susanne Urban und Sebastian Schönemann, Göttingen 2012 (Freilegungen. Jahrbuch des International Tracing Service, Bd. 1), S. 73-84.

Grill, Michael/Jensen, Ulrike: »Auf dem Weg nach Hause«. Skandinavische Häftlinge im KZ Neuengamme und im »Skandinavierlager«, in: Skandinavien im Zweiten Weltkrieg und die Rettungsaktion Weiße Busse – Ereignisse und Erinnerung, hg. von Oliver von Wrochem im Auftrag der KZ-Gedenkstätte Neuengamme unter Mitarbeit von Lars Jockheck, Berlin 2012 (Neuengammer Kolloquien, Bd. 2), S. 71-93.

Groehler, Olaf: Der lautlose Tod, Berlin 1978.

Grossmann, Atina: Remapping relief and rescue. Flight, displacement, and international aid for jewish refugees during World War II, in: Freilegungen. displaced persons. Leben im Transit. Überlebende zwischen Repatriierung, Rehabilitation und Neuanfang, hg. von Rebecca Boehling, Susanne Urban und René Bienert, Göttingen 2014 (Jahrbuch des International Tracing Service, Bd. 3), S. 169-189.

— Juden, Deutsche, Alliierte. Begegnungen im besetzten Deutschland, Göttingen 2012 (Hamburger Beiträge zur Geschichte der Juden, Bd. 39).

Großmann, Johannes/Lemmes, Fabian: Evakuierungen im Zeitalter der Weltkriege. Stand der Forschung, Konzepte und Perspektiven, in: Evakuierungen im Europa der Weltkriege – Les évacuations dans l'Europe des guerres mondiales – Evacuations in World War Europe, hg. von Olivier Forcade, Fabian Lemmes, Johannes Großmann, Nicholas John Williams und Rainer Hudemann, Berlin 2014, S. 11-35.

Grünberg, Kurt: Trauma-Tradierung. Überlebende der Shoah und ihre Nachkommen in der Bundesrepublik Deutschland, in: NS-Täter aus interdisziplinärer Perspektive, hg. von Helgard Kramer, München 2007, S. 27-43.

Gruner, Wolf: Von der Kollektivausweisung zur Deportation der Juden aus Deutschland (1938-1945). Neue Perspektiven und Dokumente, in: Die Deportation der Juden aus Deutschland. Pläne, Praxis, Reaktionen 1938-1945, hg. von Birthe Kundrus, Göttingen 2004 (Beiträge zur Geschichte des Nationalsozialismus, Bd. 20), S. 21-62.

Günzel, Stephan (Hg.): Raum. Eine kulturwissenschaftliche Einführung, Bielefeld 2017.

— Texte zur Theorie des Raums, Stuttgart 2013.

Guṭman, Yiśraʾel/Jäckel, Eberhard/Yad Vashem (Hg.): Enzyklopädie des Holocaust. Die Verfolgung und Ermordung der Juden, Bd. 3, Berlin 1993.

Gutschow, Niels: Ordnungswahn. Architekten planen im »eingedeutschten Osten« 1939-1945, Gütersloh 2001.

Haar, Ingo: Biopolitische Differenzkonstruktionen als bevölkerungspolitisches Ordnungsinstrument in den Ostgauen. Raum- und Bevölkerungspolitik im Spannungsfeld zwischen regionaler Verankerung und zentralstaatlichem Planungsanspruch, in: Die NS-Gaue. Regionale Mittelinstanzen im zentralistischen »Führerstaat«, hg. von Jürgen John, Horst

Möller und Thomas Schaarschmidt, München 2007 (= Schriftenreihe der Vierteljahrshefte für Zeitgeschichte), S. 105-122.

Hachmann, Rüdiger/Schaarschmidt, Thomas/Süß, Winfried: Einleitung. Berlin im Nationalsozialismus, in: Berlin im Nationalsozialismus. Politik und Gesellschaft 1933-1945, hg. von Rüdiger Hachmann, Thomas Schaarschmidt und Winfried Süß, Göttingen 2011 (Beiträge zur Geschichte des Nationalsozialismus, Bd. 27), S. 19-38.

Hackmann, Jörg: Deutsche Ostforschung und polnische Westforschung. Eine Verflechtungsgeschichte, in: Die vergessene Grenze. Eine deutsch-polnische Spurensuche von Oberschlesien bis zur Ostsee, hg. von Dagmara Jajeśniak-Quast und Uwe Rada, Berlin 2018, S. 173-180.

Härter, Karl: Sicherheit und gute Policey im frühneuzeitlichen Alten Reich. Konzepte, Gesetze und Instrumente, in: Sicherer Alltag?, hg. von Bernd Bollinger und Henning Schmidt-Semisch, Wiesbaden 2016, S. 29-55.

Härter, Karl/de Graaf, Beatrice: Vom Majestätsverbrechen zum Terrorismus. Politische Kriminalität, Recht, Justiz und Polizei zwischen Früher Neuzeit und 20. Jahrhundert, Frankfurt a. M. 2012 (Studien zur europäischen Rechtsgeschichte, Bd. 268).

Hall, Edward T.: Die Sprache des Raumes, Düsseldorf 1976.

Hanebrink, Paul A.: A specter haunting Europe. The myth of Judeo-Bolshevism, Massachusetts 2018.

Hardt, Lucas: Gewaltraum als Forschungskonzept. Neue Perspektiven auf die Geschichte der Gewalt am Beispiel Lothringens (1870-1962), in: Gewalt vor Ort, hg. von Falk Bretschneider Ariane Jossin, Teresa Koloma Beck und Daniel Schönpflug, Frankfurt a. M. 2019, S. 275-302.

Hartmann, Christian: Wehrmacht im Ostkrieg: Front und militärisches Hinterland 1941/42 (Quellen und Darstellungen zur Zeitgeschichte, Bd. 75), Berlin 2010.

— Verbrecherischer Krieg – verbrecherische Wehrmacht? Überlegungen zur Struktur des deutschen Ostheeres, in: Der deutsche Krieg im Osten 1941-1944. Facetten einer Grenzüberschreitung, hg. von Christian Hartmann, Johannes Hürter und Peter Lieb, München 2009, S. 4-71.

Hartmann, Karen: »Schutzhaft« 1933 bis 1936, in: Konzentrationslager Oranienburg, hg. von Günter Morsch, Berlin 1994 (Schriftenreihe der Stiftung Brandenburgische Gedenkstätten, Bd. 3), S. 34-39.

Hartung, Ulrich: Zur Baugeschichte des Konzentrationslagers Sachsenhausen, in: Von der Erinnerung zum Monument. Die Entstehungsgeschichte der Nationalen Mahn- und Gedenkstätte Sachsenhausen, hg. von Günter Morsch, Oranienburg 1996 (Schriftenreihe der Stiftung Brandenburgische Gedenkstätten, Bd. 8), S. 26-29.

Hasenclever, Jörn: Wehrmacht und Besatzungspolitik in der Sowjetunion. Die Befehlshaber der rückwärtigen Heeresgebiete 1941-1943, Paderborn 2010.

Haushofer, Karl: Bausteine zur Geopolitik, Berlin 1928.

Havemann, Robert: Der russische Passierschein, in: Geschichte wird Erinnerung. Zum 50. Jahrestag der Befreiung im Land Brandenburg, hg. von Annette Leo für das Ministerium für Wissenschaft, Forschung und Kultur des Landes Brandenburg und der brandenburgischen Landeszentrale für politische Bildung, Potsdam 1995, S. 104-106.

Heer, Hannes/Streit, Christian: Vernichtungskrieg im Osten. Judenmord, Kriegsgefangene und Hungerpolitik, hg. mit einem Vorwort von Frank Heidenreich und Lothar Wentzel, Hamburg 2020.

Heiber, Helmut/von Kotze, Hildegard: Facsimile Querschnitt durch das schwarze Korps, München 1968.

Hein, Bastian: Die SS. Geschichte und Verbrechen, München 2015.

— Elite für Volk und Führer? Die Allgemeine SS und ihre Mitglieder 1925-1945, München 2012 (Quellen und Darstellungen zur Zeitgeschichte, Bd. 92).

Heinemann, Isabell: Wissenschaft und Homogenisierungsplanungen für Osteuropa. Konrad Meyer, der »Generalplan Ost« und die Deutsche Forschungsgemeinschaft, in: Wissenschaft, Planung, Vertreibung. Neuordnungskonzepte und Umsiedlungspolitik im 20. Jahrhundert, hg. von Isabell Heinemann und Patrick Wagner, Stuttgart 2006 (Beiträge zur Geschichte der Deutschen Forschungsgemeinschaft, Bd. 1), S. 45-72.

— »Rasse«, Siedlung, deutsches Blut. Das Rasse- und Siedlungshauptamt der SS und die rassenpolitische Neuordnung Europas, Göttingen 2003 (Moderne Zeit. Neue Forschungen zur Gesellschafts- und Kulturgeschichte des 19. und 20. Jahrhunderts, Bd. 2).

Heinemann, Winfried: Unternehmen »Walküre«. Eine Militärgeschichte des 20. Juli 1944, Berlin 2019 (Zeitalter der Weltkriege, Bd. 21).

Helas, Horst/Müller, Henning: Berlin-Reinickendorf, in: Der Ort des Terrors. Geschichte der nationalsozialistischen Konzentrationslager, Bd. 3: Sachsenhausen, Buchenwald, hg. von Wolfgang Benz und Barbara Distel, München 2005, S. 117-119.

Hendel, Joachim/Werner, Oliver: Regionale Mittelinstanzen im Nationalsozialismus. Materialien zur Erforschung der NS-Gaue als Mobilisierungsstrukturen, Jena 2015.

Henke, Klaus-Dietmar: Deutschland – Zweierlei Kriegsende, in: Das Kriegsende in Europa. Vom Beginn des deutschen Machtzerfalls bis zur Stabilisierung der Nachkriegsordnung 1944-1948, hg. von Ulrich Herbert und Axel Schildt, Essen 1998.

Hennig, Joachim: Rollendes KZ – Die 12. SS-Eisenbahnbaubrigade in Kamp/Rhein, Bad Kreuznach und anderswo, in: Jahrbuch für westdeutsche Landesgeschichte 41 (2015), S. 591-661.

Hensle, Michael P.: Die Verrechtlichung des Unrechts. Der legalistische Rahmen der nationalsozialistischen Verfolgung, in: Der Ort des Terrors. Geschichte der nationalsozialistischen Konzentrationslager, Bd. 1: Die Organisation des Terrors, hg. von Wolfgang Benz und Barbara Distel, München 2005, S. 76-90.

Herbert, Ulrich: Wer waren die Nationalsozialisten?, München 2021 (2. Auflage).

— Fremdarbeiter. Politik und Praxis des »Ausländer-Einsatzes« in der Kriegswirtschaft des Dritten Reiches, Bonn 1999.

— Der »Ausländereinsatz« in der deutschen Kriegswirtschaft 1939-1945, in: Zur Arbeit gezwungen. Zwangsarbeit in Deutschland 1940-1945, hg. von Rimco Spanjer, Diete Oudesluijs und Johan Meijer, Bremen 1999, S. 13-21.

— Von der Gegnerbekämpfung zur »rassischen Generalprävention«. »Schutzhaft« und Konzentrationslager in der Konzeption der Gestapo-Führung 1933-1939, in: Die nationalsozialistischen Konzentrationslager. Entwicklung und Struktur, Bd. 1, hg. von Ulrich Herbert, Karin Orth und Christoph Dieckmann, Göttingen 1998, S. 66-71.

— Best. Biographische Studien über Radikalismus, Weltanschauung und Vernunft 1903-1989, Bonn 1996.

Hertz-Eichenrode, Katharina (Hg.): Ein KZ wird geräumt. Häftlinge zwischen Vernichtung und Befreiung. Die Auflösung des KZ Neuengamme und seiner Außenlager durch die SS im Frühjahr 1945. Katalog zur Wanderausstellung, hg. im Auftrag des Freundeskreises KZ-Gedenkstätte Neuengamme e. V., 2 Bände, Hamburg 2000.

Heß, Klaus/Richter, Anke: Die Stadt Brandenburg im Jahre 1945, in: Brandenburg im Jahr 1945, hg. von Werner Stang, Potsdam 1995, S. 195-222.

Hesse, Klaus: »Rattenlinie Nord« – Bei Kriegsende nach Schleswig-Holstein geflüchtete NS-Funktionäre, in: Das »Dritte Reich« nach Hitler. 23 Tage im Mai 1945. Eine Chronik, hg. von Andreas Nachama, Berlin 2016, S. 224-328.

Hettling, Gianna/Trostmann, Julian: Interdisciplinary Matters. Doing Space while Doing

Gender. Neue Perspektiven auf Materialität, Medialität und Temporalität, Abschlusssymposium des DFG-Graduiertenkollegs 1599 am 28. und 29. Juli 2016 an der Georg-August-Universität Göttingen, GENDER 1 (2017), S. 154-159.

Heubaum, Regine/Wagner, Jens-Christian (Hg.): Zwischen Harz und Heide. Todesmärsche und Räumungstransporte im April 1945, Katalog zur Wanderausstellung der Stiftung Gedenkstätten Buchenwald und Mittelbau-Dora, Göttingen 2015.

Heusler, Andreas: Die Eskalation des Terrors. Gewalt gegen ausländische Zwangsarbeiter in der Endphase des Zweiten Weltkrieges, in: Verbrechen am Ende des Zweiten Weltkrieges, hg. von Cord Arendes, Edgar Wolfrum und Jörg Zedler, Göttingen 2006 (Dachauer Symposien zur Zeitgeschichte, Bd. 6), S. 172-182.

Hielscher, Alexander Karl: Das Kriegsende im Westen des Warthelandes und im Osten der Kurmark, Bielefeld 1987.

Hilberg, Raul: Die Quellen des Holocaust. Entschlüsseln und Interpretieren, Frankfurt a. M. 2002 (Erstausgabe 2001).

Hinze, Sibylle: Opfer von SA und Gestapo im Land Brandenburg (1933-1936), in: Terror, Herrschaft und Alltag im Nationalsozialismus. Probleme einer Sozialgeschichte des deutschen Faschismus, hg. von Brigitte Berlekamp und Werner Röhr, Münster 1995, S. 191-204.

Höffkes, Karl: Hitlers politische Generale: Die Gauleiter des Dritten Reiches – Ein biographisches Nachschlagewerk, Tübingen 1986 (Institut für deutsche Nachkriegsgeschichte, Bd. 13).

Hörath, Julia: »Asoziale« und »Berufsverbrecher« in den Konzentrationslagern 1933 bis 1938, Göttingen 2017.

Hördler, Stefan: Ordnung und Inferno. Das KZ-System im letzten Kriegsjahr, Göttingen 2020 (2. Auflage).

— »Volksdeutsche SS-Freiwillige« aus Südosteuropa. Rekrutierung, Einsatz, Gewalt 1941-1945, in: Nationalsozialismus und Regionalbewusstsein im östlichen Europa, hg. von Burkhard Olschowsky und Ingo Loose, München 2016, S. 345-367.

— Die Rationalisierung des KL-Systems 1943-1945. »Arbeitsfähigkeit« und »Arbeitsunfähigkeit« als ordnende Selektionskriterien, in: Arbeit im Nationalsozialismus, hg. von Marc Buggeln und Michael Wildt, München 2014, S. 349-370.

— Die Politischen Abteilungen im KZ-System. Polizei und SS in gutem Einvernehmen, in: Polizei, Verfolgung und Gesellschaft im Nationalsozialismus, hg. von Herbert Diercks, Bremen 2013 (Beiträge zur Geschichte der nationalsozialistischen Verfolgung in Norddeutschland, Heft 15), S. 90-104.

— Entgrenzung und Eingrenzung der Gewalt. Berliner SA, SS und Polizei (1933-1939), in: Berlin 1933-1945. Stadt und Gesellschaft im Nationalsozialismus, hg. von Christoph Kreutzmüller und Michael Wildt, München 2013, S. 297-310.

— (Hg.): SA-Terror als Herrschaftssicherung. »Köpenicker Blutwoche« und öffentliche Gewalt im Nationalsozialismus, Berlin 2013.

— Die KZ-Wachmannschaften in der zweiten Kriegshälfte. Genese und Praxis, in: Bewachung und Ausführung. Alltag der Täter in nationalsozialistischen Lagern, hrg. von Angelika Censebrunn-Benz und Marija Vulesica, Berlin 2011 (Geschichte der Konzentrationslager 1933-1945, Bd. 14), S. 127-145.

— SS-Kaderschmiede Lichtenburg. Zur Bedeutung des KZ Lichtenburg in der Vorkriegszeit, in: Lichtenburg. Ein deutsches Konzentrationslager, hg. von Stefan Hördler und Sigrid Jacobeit, Berlin 2009, S. 75-129.

Hohenhagen, André: Das Massaker im Zuchthaus Sonnenburg vom 30./31. Januar 1945, Luxemburg 1979.

Holm, Kirsten: Das sowjetische Speziallager Nr. 4 Landsberg/Warthe, Göttingen 2005.
Hopmann, Barbara/Spoerer, Mark/Weitz, Birgit/Brüninghaus, Beate: Zwangsarbeit bei Daimler-Benz, Stuttgart 1994.
Hornung, Ela: Denunziation als soziale Praxis. Fälle aus der NS-Militärjustiz, Wien u. a. 2010.
Hrdlicka, Manuela R.: Alltag im KZ. Das Lager Sachsenhausen bei Berlin, Opladen 1992.
Huber, Florian: Kind, versprich mir, dass du dich erschießt. Der Untergang der kleinen Leute 1945, Berlin 2015.
Hübner, Kristina/Rose, Wolfgang: Der brandenburgische NS-Gau – Eine Bestandsaufnahme, in: Die NS-Gaue. Regionale Mittelinstanzen im zentralistischen »Führerstaat«, hg. von John Jürgens, Horst Moller und Thomas Schaarschmidt, München 2007, S. 263-279.
Hürter, Johannes: Hitlers Heerführer. Die deutschen Oberbefehlshaber im Krieg gegen die Sowjetunion 1941/42, München 2007 (Quellen und Darstellungen zur Zeitgeschichte, Bd. 66).
Imbusch, Peter: Moderne und Gewalt. Zivilisationstheoretische Perspektiven auf das 20. Jahrhundert, Wiesbaden 2005.
Irmer, Thomas: Berlin-Oberschöneweide, in: Der Ort des Terrors. Geschichte der nationalsozialistischen Konzentrationslager, Bd. 3: Sachsenhausen, Buchenwald, hg. von Wolfgang Benz und Barbara Distel, München 2005, S. 115 f.
— Glöwen, in: Der Ort des Terrors. Geschichte der nationalsozialistischen Konzentrationslager, Bd. 3: Sachsenhausen, Buchenwald, hg. von Wolfgang Benz und Barbara Distel, München 2005, S. 194-197.
— Oranienburg (»Kommando Speer«), in: Der Ort des Terrors. Geschichte der nationalsozialistischen Konzentrationslager, Bd. 3: Sachsenhausen, Buchenwald, hg. von Wolfgang Benz und Barbara Distel, München 2005, S. 254-256.
— Schwarzheide, in: Der Ort des Terrors. Geschichte der nationalsozialistischen Konzentrationslager, Bd. 3: Sachsenhausen, Buchenwald, hg. von Wolfgang Benz und Barbara Distel, München 2005, S. 268-271.
— Velten, in: Der Ort des Terrors. Geschichte der nationalsozialistischen Konzentrationslager, Bd. 3: Sachsenhausen, Buchenwald, hg. von Wolfgang Benz und Barbara Distel, München 2005, S. 202-205.
Issinger, Jan Hendrik: Militärische Organisationskultur im Nationalsozialismus. Das Reservebataillon 61 und der Zweite Weltkrieg in Osteuropa, Göttingen 2022 (Schriften des Hannah-Arendt-Instituts, Bd. 69).
Jacobs, Tino: Himmlers Mann in Hamburg. Georg Henning Graf von Bassewitz-Behr als höherer SS- und Polizeiführer im Wehrkreis X 1943-1945, Hamburg 2001.
Jahn, Franziska: Das KZ Riga-Kaiserwald und seine Außenlager. Strukturen und Entwicklungen, Berlin 2018.
Jahn, Franziska/Machunsky, Niklaas: Oranienburg (Heinkel-Werke), in: Der Ort des Terrors. Geschichte der nationalsozialistischen Konzentrationslager, Bd. 3: Sachsenhausen, Buchenwald, hg. von Wolfgang Benz und Barbara Distel, München 2005, S. 245-248.
Jahn, Peter: Die Befreiung des Konzentrationslagers Sachsenhausen im Verlauf der Kampfhandlungen zur Eroberung Berlins, in: Befreiung Sachsenhausen 1945, hg. von Günter Morsch und Alfred Reckendrees, Berlin 1996 (Schriftenreihe der Stiftung Brandenburgische Gedenkstätten, Bd. 7), S. 82-89.
Jahnke, Karl Heinz: Hitlers letztes Aufgebot. Die deutsche Jugend im sechsten Kriegsjahr 1944/45, Essen 1993.
Jaiser, Constanze: Repräsentationen von Sexualität und Gewalt in Zeugnissen jüdischer und

nichtjüdischer Überlebender, in: Genozid und Geschlecht. Jüdische Frauen im nationalsozialistischen Lagersystem, hg. von Gisela Bock, Frankfurt a. M. 2005, S. 123-148.

Jajeśniak-Quast, Dagmara/Rada, Uwe (Hg.): Die vergessene Grenze. Eine deutsch-polnische Spurensuche von Oberschlesien bis zur Ostsee, Berlin 2018.

— Die vergessene Grenze oder Wo liegen eigentlich Neu Bentschen und Zbąszyń? in: Die vergessene Grenze. Eine deutsch-polnische Spurensuche von Oberschlesien bis zur Ostsee, hg. von Dagmara Jajeśniak-Quast und Uwe Rada, Berlin 2018, S. 9-24.

Jasch, Hans-Christian/Kaiser, Wolf: Der Holocaust vor deutschen Gerichten. Amnestieren, Verdrängen, Bestrafen, Ditzingen 2017.

Jegielka, Stephan: Das KZ-Außenlager Genshagen. Struktur und Wahrnehmung der Zwangsarbeit in einem Rüstungsbetrieb 1944/45, Marburg 2005.

Jellonnek, Burkhard: Homosexuelle unterm Hakenkreuz. Die Verfolgung Homosexueller im Dritten Reich, Paderborn 1990.

John, Jürgen: Die Gaue im NS-System, in: Die NS-Gaue. Regionale Mittelinstanzen im zentralistischen »Führerstaat«, hg. von Jürgen John, Horst Möller und Thomas Schaarschmidt, München 2007 (Schriftenreihe der Vierteljahrshefte für Zeitgeschichte), S. 22-55.

Jureit, Ulrike: Skripte der Gewalt. Städtischer Raum und kollektive Gewalt in der mittelfränkischen Provinz, in: Städte im Nationalsozialismus. Urbane Räume und soziale Ordnungen, hg. von Winfried Süß und Malte Thießen, Göttingen 2017, S. 47-65.

— Das Ordnen von Räumen. Territorium und Lebensraum im 19. und 20. Jahrhundert, Hamburg 2012.

— (Hg.): Umkämpfte Räume. Raumbilder, Ordnungswille und Gewaltmobilisierung, Göttingen 2016.

Kämper, Heidrun: Sprachgebrauch im Nationalsozialismus, Heidelberg 2019 (Literaturhinweise zur Linguistik, Bd. 9).

Kaienburg, Hermann: Das Konzentrationslager Sachsenhausen 1936-1945. Zentrallager des KZ-Systems, Berlin 2021.

— Systematisierung der Gewalt. Das KZ Sachsenhausen als neues Zentral- und Musterlager, in: Nationalsozialistische Konzentrationslager 1933-1945. Die Veränderungen der Existenzbedingungen, hg. von Hermann Kaienburg, Berlin 2010 (Geschichte der Konzentrationslager 1933-1945, Bd. 11), S. 51-72.

— Sachsenhausen: Stammlager, in: Der Ort des Terrors. Geschichte der nationalsozialistischen Konzentrationslager, Bd. 3: Sachsenhausen, Buchenwald, hg. von Wolfgang Benz und Barbara Distel, München 2005, Seite 17-72.

— Der Militär- und Wirtschaftskomplex der SS im KZ-Standort Sachsenhausen-Oranienburg. Schnittpunkt von KZ-System, Waffen-SS und Judenmord, Berlin 2006 (Schriftenreihe der Stiftung Brandenburgische Gedenkstätten, Bd. 16).

— Die Wirtschaft der SS, Berlin 2003.

— KZ-Haft und Wirtschaftsinteresse. Das Wirtschaftsverwaltungshauptamt der SS als Leitungszentrale der Konzentrationslager und der SS-Wirtschaft, in: Konzentrationslager und deutsche Wirtschaft 1939-1945, hg. von Hermann Kaienburg, Opladen 1996, S. 29-60.

— »Vernichtung durch Arbeit.« Der Fall Neuengamme. Die Wirtschaftsbestrebungen der SS und ihre Auswirkungen auf die Existenzbedingungen der KZ-Gefangenen, Bonn 1990.

Kannmann, Paul: Das Stalag XI A Altengrabow 1939-1945, Halle 2015.

Kárný, Miroslav: Waffen-SS und Konzentrationslager, in: Die nationalsozialistischen Konzentrationslager. Entwicklung und Struktur, Bd. 1, hg. von Ulrich Herbert, Karin Orth und Christoph Dieckmann, Göttingen 1998, S. 787-799.

Kassenbrock, Karl: Konzentrationslager auf Schienen. Die Geschichte der 5. SS-Eisenbahnbaubrigade, Göttingen 2019 (Schriftenreihe der Stiftung Niedersächsische Gedenkstätten, Bd. 5).

Kasten, Bernd: Zwischen Pragmatismus und exzessiver Gewalt. Die Gestapo in Frankreich 1940-1944, in: Die Gestapo im Zweiten Weltkrieg. »Heimatfront« und besetztes Europa, hg. von Klaus-Michael Mallmann und Gerhard Paul, Darmstadt 2000, S. 370-377.

Kaufmann, Franz-Xaver: Sicherheit. Das Leitbild beherrschbarer Komplexität, in: Wohlfahrtstaatliche Grundbegriffe. Historische und aktuelle Diskurse, hg. von Stephan Lessenich, Frankfurt a. M. 2003.

Kay, Alex J.: Empire of Destruction. A History of Nazi Mass Killing, Yale 2021.

Keil, André/Stibbe, Matthew: Ein Laboratorium des Ausnahmezustands. Schutzhaft während des Ersten Weltkriegs und in den Anfangsjahren der Weimarer Republik – Preußen und Bayern 1914 bis 1923, in: Vierteljahrshefte für Zeitgeschichte 68 (2020), S. 535-573.

Keller, Sven: Volksgemeinschaft am Ende. Gesellschaft und Gewalt 1944/45, Göttingen 2013 (Quellen und Darstellungen zur Zeitgeschichte, Bd. 97).

Kenkmann, Alfons/Spieker, Christoph (Hg.): Im Auftrag. Polizei, Verwaltung und Verantwortung, Essen 2001 (Schriften Geschichtsort Villa ten Hompel, Bd. 1).

Kershaw, Ian: Das Ende. Kampf bis in den Untergang NS-Deutschlands 1944/45, München 2013 (Erstausgabe 2011).

Kilian, Jürgen: Wehrmacht, Partisanenkrieg und Rückzugsverbrechen an der nördlichen Ostfront im Herbst und Winter 1943, in: Vierteljahrshefte für Zeitgeschichte 61/2 (2013), S. 173-199.

— Wehrmacht und Besatzungsherrschaft im russischen Nordwesten 1941-1944. Praxis und Alltag im Militärverwaltungsgebiet der Heeresgruppe Nord, Paderborn 1998 (Krieg in der Geschichte, Bd. 75).

Kittel, Sabine: »Places for the Displaced«. Biografische Bewältigungsmuster von weiblichen jüdischen Konzentrationslagerüberlebenden in den USA, Hildesheim u. a. 2006.

Klatetzki, Thomas: »Hang'em high.« Der Lynchmob als temporäre Organisation, in: Gewaltmassen. Über Eigendynamik und Selbstorganisation kollektiver Gewalt, hg. von Axel T. Paul und Benjamin Schwalb, Hamburg 2015, S. 147-172.

Klausch, Hans-Peter: Polizei, Wehrmacht und KZ-System. Die A-Kartei-Aktion zu Beginn des Zweiten Weltkrieges, in: Polizei, Verfolgung und Gesellschaft im Nationalsozialismus, hg. von Herbert Diercks, Bremen 2013 (Beiträge zur Geschichte der nationalsozialistischen Verfolgung in Norddeutschland, Heft 15), S. 105-118.

— Von der Wehrmacht ins KZ. Die Häftlingskategorien der SAW- und Zwischenhaft-Gefangenen, in: Wehrmacht und Konzentrationslager, hg. von Herbert Diercks, Bremen 2012 (Beiträge zur Geschichte der nationalsozialistischen Verfolgung in Norddeutschland, Bd. 13), S. 67-105

— Antifaschisten in SS-Uniform. Schicksal und Widerstand der deutschen politischen KZ-Häftlinge, Zuchthaus- und Wehrmachtsstrafgefangenen in der SS-Sonderformation Dirlewanger, Bremen 1993.

Klee, Ernst: Auschwitz. Täter, Gehilfen, Opfer und was aus ihnen wurde, Frankfurt a. M. 2013.

— Personenlexikon zum Dritten Reich. Wer war was vor und nach 1945, Frankfurt a. M. 2013 (Erstausgabe 2003).

Klee, Katja: Im »Luftschutzkeller des Reiches«. Evakuierte in Bayern 1939-1953. Politik, soziale Lage, Erfahrungen, München 1999 (Schriftenreihe der Vierteljahrshefte für Zeitgeschichte 78).

Klemperer, Victor: Die Sprache des Dritten Reiches. Beobachtungen und Reflexionen aus LTI, Ditzingen 2021 (2. Auflage).

— LTI – Notizbuch eines Philologen, Leipzig 1975 (Erstausgabe 1947).
Kluge. Etymologisches Wörterbuch der deutschen Sprache, bearbeitet von Elmar Seebold, Berlin/Boston 2011 (25., durchgesehene und erweiterte Auflage).
Knapp, Robert H.: A Psychology of Rumor, in: Public Opinion Quarterly 8/1 (1944), S. 22-37.
Knittel, Susanne C./Goldberg, Zachary J. (Hg.): The Routledge Handbook of Perpetrator Studies, London 2019.
Knop, Monika: Oranienburg (Auer), in: Der Ort des Terrors. Geschichte der nationalsozialistischen Konzentrationslager, Bd. 3: Sachsenhausen, Buchenwald, hg. von Wolfgang Benz und Barbara Distel, München 2005, S. 241-244.
— Genthin, in: Der Ort des Terrors. Geschichte der nationalsozialistischen Konzentrationslager, Bd. 3: Sachsenhausen, Buchenwald, hg. von Wolfgang Benz und Barbara Distel, München 2005, S. 186-190.
Knop, Monika/Schmidt, Monika: Das KZ Sachsenhausen in den letzten Monaten vor der Befreiung, in: Befreiung Sachsenhausen 1945, hg. von Günter Morsch und Alfred Reckendrees, Berlin 1996 (Schriftenreihe der Stiftung Brandenburgische Gedenkstätten, Bd. 7), S. 22-34.
Köhler, Stefan/Ley, Astrid: Otto Böhm, in: Die Konzentrationslager-SS 1936-1945. Arbeitsteilige Täterschaft im KZ Sachsenhausen. Eine Ausstellung am historischen Ort, Berlin 2018 (Schriftenreihe der Stiftung Brandenburgische Gedenkstätten, Bd. 55), S. 216-218.
Kogon, Eugen: Der SS-Staat. Das System der deutschen Konzentrationslager, Frankfurt a. M. 1946 (2. Auflage).
Kohl, Paul: Der Krieg der deutschen Wehrmacht und der Polizei 1941-1944. Sowjetische Überlebende berichten, Frankfurt a. M. 1995.
— »Ich wundere mich, dass ich noch lebe.« Sowjetische Augenzeugen berichten, Gütersloh 1990.
Komornicki, Stanisław: Der Anteil der Polnischen Armee an der Berliner Operation, in: Zeitschrift für Militärgeschichte 4 (1965), S. 281-288.
Kompisch, Kathrin: Täterinnen. Frauen im Nationalsozialismus, Köln 2008.
Korb, Alexander: Transformationsgewalt in Europa 1944-1950. Perspektiven auf das Ende des Zweiten Weltkriegs, in: S: I. M.O.N. – Shoah: Intervention, Methods, Documentation 2/2 (2015), S. 38-55.
— Berlin-Neukölln, in: Der Ort des Terrors. Geschichte der nationalsozialistischen Konzentrationslager, Bd. 3: Sachsenhausen, Buchenwald, hg. von Wolfgang Benz und Barbara Distel, München 2005, S. 111-115.
Koop, Volker: Rudolf Höß. Der Kommandant von Auschwitz, Köln 2014.
Koselleck, Reinhart: Vergangene Zukunft. Zur Semantik geschichtlicher Zeiten, Frankfurt a. M. 1979.
Kosthorst, Erich/Walter, Bernd: Konzentrations- und Strafgefangenenlager im Dritten Reich. Beispiel Emsland. Dokumentation und Analyse zum Verhältnis von NS-Regime und Justiz, Bd. 1, Düsseldorf 1983.
Kraus, Karl: Die dritte Walpurgisnacht, München 1965 (Erstausgabe 1933).
Kramer, Nicole: Frauen in Bewegung. Überlegungen zur Geschlechtergeschichte der Evakuierung und Umquartierung im Zweiten Weltkrieg, in: Evakuierungen im Europa der Weltkriege – Les évacuations dans l'Europe des guerres mondiales – Evacuations in World War Europe, hg. von Olivier Forcade, Fabian Lemmes, Johannes Großmann, Nicholas John Williams und Rainer Hudemann, Berlin 2014, S. 173-188.
Kranz, Tomasz: Lublin-Majdanek – Stammlager, in: Der Ort des Terrors. Geschichte der nationalsozialistischen Konzentrationslager, Bd. 7: Niederhagen/Wewelsburg, Lublin-Majdanek, Arbeitsdorf, Herzogenbusch (Vught), Bergen-Belsen, Mittelbau-Dora: Geschichte

der nationalsozialistischen Konzentrationslager, hg. von Wolfgang Benz und Barbara Distel, München 2008, S. 33-84.

Kroener, Bernhard R.: Generaloberst Friedrich Fromm. »Der starke Mann im Heimatskriegsgebiet«. Eine Biographie, Paderborn 2005.

Kühl, Stefan: Ganz normale Organisationen. Zur Soziologie des Holocaust, Frankfurt a. M. 2014.

Kühne, Thomas: The Rise and Fall of Comradeship. Hitler's Soldiers, Male Bonding and Mass Violence in the Twentieth Century, Cambridge 2017.

Kuhn, Hermann/Grabowska-Chałka, Janina (Hg.): Stutthof. Ein Konzentrationslager vor den Toren Danzigs, Bremen 2004.

Kuklińska, Soraya: Oskar Dirlewanger. SS-Sonderkommando »Dirlewanger«, Warszawa 2021.

Kunz, Andreas: Wehrmacht und Niederlage. Die bewaffnete Macht in der Endphase der nationalsozialistischen Herrschaft 1944 bis 1945, München 2007 (Beiträge zur Militärgeschichte, Bd. 64).

Kuß, Irmtraudt: Funktionshäftlinge im Konzentrationslager Sachsenhausen. Möglichkeiten und Grenzen ihrer Tätigkeit, Hamburg 2011.

Kuß, Susanne: Deutsches Militär auf kolonialen Schauplätzen. Eskalation von Gewalt zu Beginn des 20. Jahrhunderts, Berlin 2010 (Studien zur Kolonialgeschichte, Bd. 3).

Kutschker, Constanze: Brandenburg, in: Der Ort des Terrors. Geschichte der nationalsozialistischen Konzentrationslager, Bd. 3: Sachsenhausen, Buchenwald, hg. von Wolfgang Benz und Barbara Distel, München 2006, S. 136-137.

Kwiet, Konrad: Forrests and the Final Solution, in: Leerstelle(n)? Der deutsche Vernichtungskrieg 1941-1944 und die Vergegenwärtigungen des Geschehens nach 1989, hg. von Alexandra Klei und Katrin Stoll, Berlin 2019, S. 41-70.

Lakowski, Richard: Seelow 1945. Die Entscheidungsschlacht an der Oder, Hamburg 2009.

— Der Zusammenbruch der deutschen Verteidigung zwischen Ostsee und Karparten, in: Das Deutsche Reich und der Zweite Weltkrieg, Bd. 10/1: Der Zusammenbruch des Reiches 1945. Die militärische Niederwerfung der Wehrmacht, hg. von Rolf-Dieter Müller im Auftrag des Militärgeschichtlichen Forschungsamtes, München 2008, S. 491-679.

Langbein, Hermann: ... nicht wie die Schafe zur Schlachtbank. Widerstand in den nationalsozialistischen Konzentrationslagern 1938-1945, Frankfurt a. M. 1988 (Erstausgabe 1980).

Lappin-Eppel, Eleonore: Ungarisch-jüdische Zwangsarbeiter und Zwangsarbeiterinnen in Österreich 1944/45. Arbeitseinsatz – Todesmärsche – Folgen, Wien 2010.

— Die Rolle der Waffen-SS beim Zwangsarbeitseinsatz ungarischer Juden im Gau Steiermark und bei den Todesmärschen ins KZ Mauthausen (1944/45), in: Dokumentationsarchiv des österreichischen Widerstandes. Jahrbuch 2004, Wien 2004, S. 77-112.

Laub, Dori: An Event Without a Witness. Truth, Testimony and Survival, in: Testimony Crises of Witnessing in Literature, Psychoanalysis and History, hg. von Shoshana Felman und Dori Laub, Routledge 1993, S. 75-92.

Lefebvre, Henri: The Production of Space, Oxford u. a. 1991 (Erstausgabe 1974).

Lehmann, Horst-Georg: Der Gau Pommern einst – heute – morgen, in: Das Buch der deutschen Gaue. Fünf Jahre nationalsozialistische Aufbauleistung, hg. von Otto Dietrich, Bayreuth 1938, S. 71-82.

Lehmann, Sonja/Müller-Wienbergen, Karina/Thiel, Julia Elena (Hg.): Neue Muster, alte Maschen? Interdisziplinäre Perspektiven auf die Verschränkungen von Geschlecht und Raum, Bielefeld 2015.

Leleu, Jean-Luc: La Waffen-SS. Soldiers politiques en guerre, Paris 2007.

Lemmes, Fabian: Zwangsarbeit im besetzten Europa. Die Organisation Todt in Frankreich und

Italien, 1940-1945, in: Rüstung, Kriegswirtschaft und Zwangsarbeit im »Dritten Reich«, hg. von Andreas Heusler, Mark Spoerer und Helmuth Trischler, München 2010, S. 219-252.
Leo, Annette: Paul Sakowski. Der Henker von Sachsenhausen, in: Gedenkstättenarbeit und Oral History. Lebensgeschichtliche Beiträge zur Verfolgung in zwei Diktaturen, hg. von Friedhelm Boll und Annette Kaminsky, Berlin 1999, S. 113-128.
Le Tissier, Tony: The Siege of Küstrin, 1934. Gateway to Berlin, Barnsley 2009.
— Durchbruch an der Oder. Der Vormarsch der Roten Armee 1945, Berlin 1997.
Lepper, Anne/Cüppers, Martin: Henriette Niemann – Ehefrau und Mutter, Mitwisserin und Profiteurin, in: Fotos aus Sobibor. Die Niemann-Sammlung zu Holocaust und Nationalsozialismus, hg. vom Bildungswerk Stanisław Hantz und der Forschungsstelle Ludwigsburg der Universität Stuttgart, Berlin 2020, S. 291-302.
Lewin, Kurt: Kriegslandschaft, in: Kurt-Lewin Werkausgabe, B.d 4, hg. von Carl-Friedrich Graumann, Bern 1982 (Erstausgabe 1917), S. 315-325.
Ley, Astrid: Krankenmord im Konzentrationslager. Die »Aktion 14f13«, in: »Euthanasie« und Holocaust. Kontinuitäten, Kausalitäten, Parallelitäten, hg. von Jörg Osterloh und Jan Erik Schulte, Paderborn 2021 (Schriftenreihe der Gedenkstätte Hadamar; Bd. 1), S. 195-210.
— »Im Reich der Nummern, wo die Männer keine Namen haben.« Die Novemberpogrom-Gefangenen des KZ Sachsenhausen: Haft und Exil, Berlin 2020 (Schriftenreihe Brandenburgische Gedenkstätten, Bd. 58).
— August Höhn, in: Die Konzentrationslager-SS 1936-1945: Arbeitsteilige Täterschaft im KZ Sachsenhausen, hg. von Günter Morsch unter Mitarbeit von Yvonne Dörschel, Berlin 2016 (Schriftenreihe der Stiftung Brandenburgische Gedenkstätten, Bd. 55), S. 268-270.
— Dr. jur. Fritz Schmidt, in: Die Konzentrationslager-SS 1936-1945: Arbeitsteilige Täterschaft im KZ Sachsenhausen, hg. von Günter Morsch unter Mitarbeit von Yvonne Dörschel, Berlin 2016 (Schriftenreihe der Stiftung Brandenburgische Gedenkstätten, Bd. 55), S. 335-337.
— Heinrich Wessel, in: Die Konzentrationslager-SS 1936-1945: Arbeitsteilige Täterschaft im KZ Sachsenhausen, hg. von Günter Morsch unter Mitarbeit von Yvonne Dörschel, Berlin 2016 (Schriftenreihe der Stiftung Brandenburgische Gedenkstätten, Bd. 55), S. 353-355.
— Kurt Erdmann, in: Die Konzentrationslager-SS 1936-1945: Arbeitsteilige Täterschaft im KZ Sachsenhausen, hg. von Günter Morsch unter Mitarbeit von Yvonne Dörschel, S. 232-234.
— Verbrechen gegen Kranke und Geschwächte im Vorfeld der Lagerräumungen. Die Abschiebung und Ermordung »marschunfähiger« Häftlinge im KZ Sachsenhausen im Februar 1945, in: Kriegsendverbrechen zwischen Untergangschaos und Vernichtungsprogramm, hg. von Detlef Garbe und Günter Morsch, Berlin 2015 (Konzentrationslager. Studien zur Geschichte des NS-Terrors, Bd. 1), S. 37-62.
Ley, Astrid/Morsch, Günter: Medizin und Verbrechen. Das Krankenrevier des KZ Sachsenhausen, Berlin 2007 (Schriftenreihe der Stiftung Brandenburgische Gedenkstätten, Bd. 21).
Ley, Astrid/Schmidt, Annina/Wickert, Christl: Anton Kaindl, in: Die Konzentrationslager-SS 1936-1945: Arbeitsteilige Täterschaft im KZ Sachsenhausen, hg. von Günter Morsch unter Mitarbeit von Yvonne Dörschel, Berlin 2016 (Schriftenreihe der Stiftung Brandenburgische Gedenkstätten, Bd. 55), S. 272-275.
Ley, Astrid/Stötzer, Lydia: Dr. med Heinrich Baumkötter, in: Die Konzentrationslager-SS 1936-1945: Arbeitsteilige Täterschaft im KZ Sachsenhausen, hg. von Günter Morsch unter Mitarbeit von Yvonne Dörschel, Berlin 2016 (Schriftenreihe der Stiftung Brandenburgische Gedenkstätten, Bd. 55), S. 209-211.
Lieb, Peter: Konventioneller Krieg oder NS-Weltanschauungskrieg. Kriegführung und Partisanenbekämpfung in Frankreich 1943/44, München 2007 (Quellen und Darstellungen zur Zeitgeschichte, Bd. 69).

Lieske, Dagmar: Unbequeme Opfer? Berufsverbrecher als Häftlinge im KZ Sachsenhausen, Berlin 2016 (Forschungsbeiträge und Materialien der Stiftung Brandenburgische Gedenkstätten, Bd. 16).
— Dr. Alois Gaberle, in: Die Konzentrationslager-SS 1936-1945: Arbeitsteilige Täterschaft im KZ Sachsenhausen, hg. von Günter Morsch unter Mitarbeit von Yvonne Dörschel, Berlin 2016 (Schriftenreihe der Stiftung Brandenburgische Gedenkstätten, Bd. 55), S. 238-240.
— Otto Moll, in: Die Konzentrationslager-SS 1936-1945: Arbeitsteilige Täterschaft im KZ Sachsenhausen, hg. von Günter Morsch unter Mitarbeit von Yvonne Dörschel, Berlin 2016 (Schriftenreihe der Stiftung Brandenburgische Gedenkstätten, Bd. 55), S. 313-315.
Linck, Stephan: »Festung Nord« und »Alpenfestung«. Das Ende des NS-Sicherheitsapparates, in: Die Gestapo im Zweiten Weltkrieg, hg. von Gerhard Paul und Klaus-Michael Mallmann, Darmstadt 2000, S. 569-595.
Löw, Andrea: Deportiert: »Immer mit einem Fuß im Grab«. Erfahrungen deutscher Juden, Frankfurt a. M. 2024.
Longerich, Peter: Heinrich Himmler. Biographie, München 2010 (Erstausgabe 2007).
— »Davon haben wir nichts gewusst!«. Die Deutschen und die Judenverfolgung 1933-1945, München 2006.
— Die braunen Bataillone. Geschichte der SA, München 1989.
— Vom Straßenkampf zum Anstaltsterror, in: Konzentrationslager Oranienburg, hg. von Günter Morsch, Berlin 1994, S. 23-33.
Lossau, Julia: Räume von Bedeutung. Spatial turn, cultural turn und Kulturgeographie, in: Kommunikation – Gedächtnis – Raum, hg. von Moritz Csáky und Christoph Leitgeb, Bielefeld 2009, S. 29-43.
Lotz, Christian: Der Untergang des Häftlingsschiffes Cap Arcona am 3. Mai 1945. Ein Überblick über Ereignis, Erinnerungskulturen und Forschungskontroversen, in: Die Wilhelm Gustloff. Geschichte und Erinnerung eines Untergangs, hg. von William John Niven, Halle 2011, S. 120-142.
Lower, Wendy: A Ravine. A Family, a Photograph, a Holocaust Massacre Revealed, Boston 2021.
Lüdtke, Alf: Herrschaft als soziale Praxis. Historische und sozial-anthropologische Studien, Göttingen 1991 (Veröffentlichungen des Max-Planck-Instituts für Geschichte, Bd. 91).
Lüdtke, Alf/Wildt, Michael (Hg.): Staats-Gewalt. Ausnahmezustand und Sicherheitsregimes. Historische Perspektiven, Göttingen 2008 (Göttinger Gespräche zur Geschichtswissenschaft, Bd. 27).
Lumans, Valdis O.: Himmler's auxiliaries. The Volksdeutsche Mittelstelle and the German national minorities of Europe 1933-1945, Chapel Hill 1993.
Lyer-Jung, Gabriele/Pagenstecher, Cord: Berlin-Schöneweide, in: Der Ort des Terrors, Bd. 3: Sachsenhausen, Buchenwald: Geschichte der nationalsozialistischen Konzentrationslager, hg. von Wolfgang Benz und Barbara Distel, München 2005, S. 120-123.
Mailänder Koslov, Elissa: Geschichtswissenschaft, in: Gewalt. Ein interdisziplinäres Handbuch, hg. von Michaela Christ und Christian Gudehus, Stuttgart 2013, S. 323-331.
— Gewalt im Dienstalltag. Die SS-Aufseherinnen des Konzentrations-und Vernichtungslagers Majdanek, Hamburg 2009.
— »Going east«: colonial experiences and practices of violence among female and male Majdanek camp guards (1941-44), in: Journal of Genocide Research 10/4 (2008), S. 563-582.
Mallmann, Klaus-Michael: Krieg im Dunkeln. Das Unternehmen »Zeppelin« 1942-1945, in: Nachrichtendienst, politische Elite, Mordeinheit. Der Sicherheitsdienst des Reichsführers SS, hg. von Michael Wildt, Hamburg 2016, S. 324-346.
— »Volksjustiz gegen angloamerikanische Mörder.« Die Massaker an westalliierten Fliegern

und Fallschirmspringern 1944/45, in: NS-Gewaltherrschaft. Beiträge zur historischen Forschung und juristischen Aufarbeitung, hg. von Alfred Gottwaldt, Norbert Kampe und Peter Klein, Berlin 2005 (Publikationen der Gedenk- und Bildungsstätte Haus der Wannsee-Konferenz, Bd. 11), S. 202-213.

Mallmann, Klaus-Michael/Paul, Gerhard: Die Gestapo. Weltanschauungsexekutive mit gesellschaftlichem Rückhalt, in: Die Gestapo im Zweiten Weltkrieg. »Heimatfront« und besetztes Europa, hg. von Klaus-Michael Mallmann und Gerhard Paul, Darmstadt 2000, S. 499-650.

Mammach, Klaus: Der Volkssturm. Das letzte Aufgebot 1944/45, Köln 1981.

Martin, Angelika: Kleinmachnow, in: Der Ort des Terrors, Bd. 3: Sachsenhausen, Buchenwald: Geschichte der nationalsozialistischen Konzentrationslager, hg. von Wolfgang Benz und Barbara Distel, München 2005, S. 210.

Matthes, Günter: Strausberg, in: Der Ort des Terrors, Bd. 3: Sachsenhausen, Buchenwald: Geschichte der nationalsozialistischen Konzentrationslager, hg. von Wolfgang Benz und Barbara Distel, München 2005, S. 276-278.

Meckel, Jakob: Grundriß der Taktik. Dritte durchgearbeitete Auflage der »Elemente der Taktik«, Berlin 1895.

Meier, Elisabeth: Die deutsche Besatzung in Lyon im Blick der Täterforschung, Frankfurt a. M. 2016 (Moderne Geschichte und Politik, Bd. 28).

Mennel, Rainer: Die Schlussphase des Zweiten Weltkrieges im Westen (1944/45). Eine Studie zur politischen Geographie, Osnabrück 1981.

Mensing, Björn/Prinz, Friedrich (Hg.): Irrlicht im leuchtenden München? Der Nationalsozialismus in der »Hauptstadt der Bewegung«, Regensburg 1991.

Merrifield, Andy: Henri Lefebvre. A Socialist in Space, in: Thinking Space, hg. von Mike Crang und Nigel Thrift, London u. a. 2000, S. 167-182.

Měšťánková, Vlasta: Cesta z pekla: soubor fotografií Jaroslava Sklíby z cesty z koncentračního tábora Sachsenhausen do vlasti, in: Historick. fotografie 15, 2016, S. 30-41.

Meyer, Ahlrich: Täter im Verhör. Die »Endlösung der Judenfrage« in Frankreich 1940-1944, Darmstadt 2005.

Meyer, Angelika: Barth, in: Der Ort des Terrors. Geschichte der nationalsozialistischen Konzentrationslager (Bd. 4): Flossenbürg, Mauthausen, Ravensbrück, hg. von Wolfgang Benz und Barbara Distel, München 2006, S. 528-532.

Meyer, Winfried: Britischer oder sowjetischer Sachsenhausen-Prozeß? Zur Vorgeschichte des »Berliner Prozesses« vom Oktober 1947, in: Zeitschrift für Geschichtswissenschaft 45 (1997), S. 965-991.

— Verschwörer im KZ. Hans von Dohnanyi und die Häftlinge des 20. Juli 1944 im KZ Sachsenhausen, Berlin 1998 (Schriftenreihe der Stiftung Brandenburgische Gedenkstätten, Bd. 5).

Meyer, Winfried/Nathow, Stefanie: Liebesgaben aus Genf. Die Paketsendungen des Internationalen Komitees vom Roten Kreuz für Häftlinge des KZ Sachsenhausen und ihr Missbrauch durch die SS, in: Dachauer Hefte 22 (2006), S. 44-98.

Michaelis, Rolf: Die 32. SS-Freiwilligen-Grenadier-Division »30. Januar«, Berlin 2013.

Mitscherlich, Alexander und Margarete: Die Unfähigkeit zu trauern. Grundlagen kollektiven Verhaltens, München/Berlin 2020 (27. Auflage).

Mommsen, Hans: Militär und zivile Militarisierung in Deutschland 1914 bis 1938, in: Militär und Gesellschaft im 19. und 20. Jahrhundert, hg. von Ute Frevert, Stuttgart 1997 (Industrielle Welt, Bd. 58), S. 265-276.

Morsch, Günter (Hg.): Die Konzentrationslager-SS 1936-1945. Arbeitsteilige Täterschaft im KZ Sachsenhausen, Berlin 2018 (Schriftenreihe der Stiftung Brandenburgische Gedenkstätten, Bd. 55).

— (Hg.): Die Konzentrationslager-SS 1936-1945. Exzess- und Direkttäter im KZ Sachsenhausen, Berlin 2016 (Schriftenreihe der Stiftung Brandenburgische Gedenkstätten, Bd. 52).
— Die Zentrale des KZ-Terrors. Die Inspektion der Konzentrationslager 1934-1945. Eine Ausstellung am historischen Ort, Berlin 2015 (Schriftenreihe Brandenburgische Gedenkstätten, Bd. 47).
— Sachsenhausen, das »Konzentrationslager bei der Reichshauptstadt«. Gründung und Ausbau, Berlin 2014 (Forschungsbeiträge und Materialien der Stiftung Brandenburgische Gedenkstätten, Bd. 10).
— »Oranienburg – Sachsenhausen, Sachsenhausen – Oranienburg«, in: Die nationalsozialistischen Konzentrationslager. Entwicklung und Struktur, Bd. 1, hg. von Ulrich Herbert, Karin Orth und Christoph Dieckmann, Göttingen 1998, S. 111-134.
— Tötungen durch Giftgas im Konzentrationslager Sachsenhausen, in: Neue Studien zu nationalsozialistischen Massentötungen durch Giftgas. Historische Bedeutung, technische Entwicklung, revisionistische Leugnung, hg. von Günter Morsch und Bertrand Perz, Berlin 2011 (Schriftenreihe der Stiftung Brandenburgische Gedenkstätten, Bd. 29), S. 260-276.
— Gründung und Aufbau des Konzentrationslagers Sachsenhausen, in: Von der Sachsenburg nach Sachsenhausen. Bilder aus dem Fotoalbum eines KZ-Kommandanten, hg. von Günter Morsch, Berlin 2007 (Schriftenreihe der Stiftung Brandenburgische Gedenkstätten, Bd. 19), S. 87-194.
— Organisations- und Verwaltungsstruktur der Konzentrationslager, in: Der Ort des Terrors. Geschichte der nationalsozialistischen Konzentrationslager, Bd. 1: Die Organisation des Terrors: Geschichte der nationalsozialistischen Konzentrationslager, hg. von Wolfgang Benz und Barbara Distel, München 2005, S. 58-75.
— (Hg.): Mord und Massenmord im Konzentrationslager: 1936-1945, Berlin 2005 (Schriftenreihe der Stiftung Brandenburgische Gedenkstätten, Bd. 13).
— (Hg.): Jüdische Häftlinge im Konzentrationslager Sachsenhausen 1936 bis 1945, Berlin 2004 (Schriftenreihe der Stiftung Brandenburgische Gedenkstätten, Bd. 12).
Morsch, Günter/Ley, Astrid (Hg.): Das Konzentrationslager Sachsenhausen 1936-1945. Ereignisse und Entwicklungen, Berlin 2010 (Schriftenreihe der Stiftung Brandenburgische Gedenkstätten, Bd. 23).
Morsch, Günter/Ohm, Agnes (Hg.): Terror in der Provinz Brandenburg. Die frühen Konzentrationslager 1933/34, Berlin 2014 (Schriftenreihe der Stiftung Brandenburgische Gedenkstätten, Bd. 46).
— (Hg.): Vergessene Vernichtung? Polnische und tschechische Angehörige der Intelligenz im Konzentrationslager Sachsenhausen zu Beginn des Zweiten Weltkrieges, Berlin 2013 (Schriftenreihe der Stiftung Brandenburgische Gedenkstätten, Bd. 37).
Morsch, Günter/Reckendrees, Alfred (Hg.): Befreiung Sachsenhausen 1945, Berlin 1996 (Schriftenreihe der Stiftung Brandenburgische Gedenkstätten, Bd. 7).
Moltmann, Rainer: Reinhold Heinen (1894-1969). Ein christlicher Politiker, Journalist und Verleger, Düsseldorf 2005, S. 169-226.
Moses, A. Dirk: The Problems of Genocide. Permanent Security and the Language of Transgression, Cambridge 2021.
Müller, Joachim: »Unnatürliche Todesfälle.« Vorfälle in den Außenbereichen Klinkerwerk, Schießplatz und Tongruppe, in: Homosexuelle Männer im KZ Sachsenhausen, hg. von Joachim Müller und Andreas Sternweiler, Berlin 2000, S. 216-263.
Müller, Norbert: Wehrmacht und Okkupation 1941-1944, Berlin (Ost) 1971.
Müller, Philippe: Polizisten oder »Polizeisoldaten«. Planung und Einsatz der Ordnungspolizei

während des Dritten Reiches, Frankfurt a. M. 2019 (Schriftenreihe der Deutschen Gesellschaft für Polizeigeschichte e. V., Bd. 23).

Müller, Rolf Dieter: Der Bombenkrieg 1939-1945, Berlin 2004.

— Die Konsequenzen der »Volksgemeinschaft«: Ernährung, Ausbeutung und Vernichtung, in: Der Zweite Weltkrieg. Analysen, Grundzüge, Forschungsbilanz, hg. von Wolfgang Michalka, München 1997, S. 240-248.

— Es begann am Kuban. Flucht und Deportationsbewegungen in Osteuropa während des Rückzugs der deutschen Wehrmacht 1943/44, in: Flucht und Vertreibung. Zwischen Aufrechnung und Verdrängung, hg. von Robert Streibel, Wien 1994, S. 42-76.

Müller, Sven Oliver: Wissenschaft plant Kriegsverbrechen. Der Umgang der Humboldt-Universität zu Berlin mit dem nationalsozialistischen Generalplan Ost, Berlin 2022 (Neues aus der Geschichte der Humboldt-Universität zu Berlin, Bd. 4).

Müller, Tobias: Sicherheitswissen und Extremismus. Definitionsdynamiken in der deutschen Islampolitik, in: Der inspizierte Muslim. Zur Politisierung der Islamforschung in Europa, hg. von Schirin Amir-Moazami, Bielefeld 2018, S. 185-214.

Naasner, Walter: Neue Machtzentren in der deutschen Kriegswirtschaft 1942-1945. Die Wirtschaftsorganisation der SS, das Amt des Generalbevollmächtigten für den Arbeitseinsatz und das Reichsministerium für Bewaffnung und Munition, Reichsministerium für Rüstung und Kriegsproduktion im nationalsozialistischen Herrschaftssystem, Boppard a. Rh. 1994 (Schriften des Bundesarchivs, Bd. 45).

Natoli, Alexandra: Bodily Matters. Remembering the Auschwitz-Birkenau Latrines, in: Zeitschrift für Genozidforschung 19/2 (2021), S. 203-221.

Neckel, Sighard: Felder, Relationen, Ortseffekte. Sozialer und physischer Raum, in: Kommunikation – Gedächtnis – Raum, hg. von Moritz Csáky und Christoph Leitgeb, Bielefeld 2009, S. 45-55.

Neubach, Helmut: Die Ausweisungen von Polen und Juden aus Preussen 1885/86, Wiesbaden 1967.

Neitmann, Klaus (Hg.): »Man bleibt eben immer der Flüchtling.« Eine Quellenedition zur Flucht und Vertreibung aus dem Kreis Arnswalde 1945-1947, bearb. von Veronica Kölling, Berlin 2020.

Neurath, Paul Martin: Die Gesellschaft des Terrors. Innenansichten der Konzentrationslager Dachau und Buchenwald, hg. von Christian Fleck und Nico Stehr, Frankfurt a. M. 2004 (engl. Erstausgabe 1951).

Noble, Alastair: The People's Levy. The Volkssturm and Popular Mobilisation in Eastern Germany 1944-45, in: Journal of Strategic Studies 24 (2001), S. 165-187.

— Nazi Rule and the Soviet Offensive in Eastern Germany, 1944-1945. The Darkest Hour, Portland 2009.

Nolzen, Armin: Nationalsozialismus und »Volksgemeinschaft«. Plädoyer für eine operative Semantik, in: »Volksgemeinschaft« als soziale Praxis. Neue Forschungen zur NS-Gesellschaft vor Ort, hg. von Dietmar von Reeken und Malte Thießen, Paderborn 2013 (Nationalsozialistische »Volksgemeinschaft«. Studien zur Konstruktion, gesellschaftlicher Wirkungsmacht und Erinnerung, Bd. 4), S. 51-63.

— Planung und Durchführung der »Freimachungen« an der westlichen Reichsgrenze 1939/40, in: Nationalsozialistisches Migrationsregime und »Volksgemeinschaft«, hg. von Jochen Oltmer, Paderborn 2012 (Nationalsozialistische Volksgemeinschaft, Bd. 2), S. 243-263.

— Die Gaue als Verwaltungseinheiten der NSDAP. Entwicklungen und Tendenzen in der NS-Zeit, in: Die NS-Gaue. Regionale Mittelinstanzen im zentralistischen »Führerstaat«?, hg.

von Jürgen John, Horst Möller und Thomas Schaarschmidt, München 2007 (Schriftenreihe der Vierteljahrshefte für Zeitgeschichte, Sondernummer), S. 199-217.
— »Verbrannte Erde«. Der Rückzug der Wehrmacht aus den besetzten sowjetischen Gebieten, 1941/42-1944/45, in: Besatzung. Funktion und Gestalt militärischer Fremdherrschaft von der Antike bis zum 20. Jahrhundert, hg. von Günter Kronenbitter, Markus Pöhlmann und Dierk Walter, Paderborn 2006, S. 161-175.
Oltmer, Jochen: Einführung. Migrationsregime und »Volksgemeinschaft« im nationalsozialistischen Deutschland, in: Nationalsozialistisches Migrationsregime und »Volksgemeinschaft«, hg. von Jochen Oltmer, Paderborn 2012 (Nationalsozialistische Volksgemeinschaft, Bd. 2).
Olschewski, Berit: »Freunde« im Feindesland. Rote Armee und deutsche Nachkriegsgesellschaft im ehemaligen Großherzogtum Mecklenburg Strelitz 1945-1953, Berlin 2009.
Orski, Marek: Organisation und Ordnungsprinzipien des Lagers Stutthof, in: Die nationalsozialistischen Konzentrationslager. Entwicklung und Struktur, Bd. 1, hg. von Ulrich Herbert, Karin Orth und Christoph Dieckmann, Göttingen 1998, S. 285-308.
Orth, Karin: Bewachung, in: Der Ort des Terrors. Geschichte der nationalsozialistischen Konzentrationslager, Bd. 1: Die Organisation des Terrors: Geschichte der nationalsozialistischen Konzentrationslager, hg. von Wolfgang Benz und Barbara Distel, München 2005, S. 126-140.
— Planungen und Befehle der SS-Führung zur Räumung des KZ-Systems, in: Häftlinge zwischen Vernichtung und Befreiung. Die Auflösung des KZ Neuengamme und seiner Außenlager durch die SS im Frühjahr 1945, hg. von Detlef Garbe und Carmen Lange, Bremen 2005, S. 33-45.
— Das System der nationalsozialistischen Konzentrationslager. Eine politische Organisationsgeschichte, Hamburg 1999.
Osterloh, Jörg: »Es wurde ja auch darüber geschrieben, in der Zeitung ...« Die Berichterstattung im Deutschen Reich über die Häftlinge der frühen Konzentrationslager, in: »... der schrankenlosen Willkür ausgeliefert«. Häftlinge der frühen Konzentrationslager 1933-1936, hg. von Jörg Osterloh und Kim Wünschmann, Frankfurt a. M. 2017, S. 317-348.
Osterloh, Jörg/Wünschmann, Kim (Hg.): »... der schrankenlosen Willkür ausgeliefert«. Häftlinge der frühen Konzentrationslager 1933-1936/37, Frankfurt a. M. 2017.
Osuch, Florian: »Blüten« aus dem KZ. Die Falschgeldaktion »Operation Bernhard« im Konzentrationslager Sachsenhausen, Hamburg 2009 (Karl-Richter-Edition, Bd. 3).
Otters, Mareike: Fotografien sowjetischer Kriegsgefangener aus dem Konzentrationslager Sachsenhausen. Eine Untersuchung antisowjetischer »Propagandabilder«, in: Workshop zur Geschichte und Gedächtnisgeschichte der Nationalsozialistischen Konzentrationslager: Besatzung, Vernichtung, Zwangsarbeit, hg. von Frédéric Bonnesoeur, Philipp Dinkelaker, Sarah Kleinmann, Jens Kolata und Anja Reuss, Berlin 2017, S. 105-136.
Otto, Dietrich: Das Buch der deutschen Gaue, Bayreuth 1938.
Otto, Reinhard: Wehrmacht, Gestapo und sowjetische Kriegsgefangene im deutschen Reichsgebiet 1941/42, München 1998.
Overy, Richard: Russlands Krieg 1941-1945, Reinbek bei Hamburg 2012 (2. Auflage).
Pätzold, Kurt/Weißbecker, Manfred: Geschichte der NSDAP 1920-1945, Köln 1998.
Pagenstecher, Cord (Hg.): Arbeitserziehungslager Fehrbellin. Zwangsarbeiterinnen im Straflager der Gestapo, Potsdam 2004.
Pahl, Magnus: Fremde Heere Ost. Hitlers militärische Feindaufklärung, Berlin 2012.
Paul, Axel T./Schwalb, Benjamin (Hg.): Gewaltmassen. Über Eigendynamik und Selbstorganisation kollektiver Gewalt, Hamburg 2015.

Paul, Gerhard: Führungsinstanz der Gestapo. Das Amt IV des Reichssicherheitshauptamtes, in: Das Reichssicherheitshauptamt. NS-Terror-Zentrale im Zweiten Weltkrieg, hg. von Michael Wildt, Berlin 2019 (Topographie des Terrors. Notizen, Bd. 13).
— Dolchstoßängste und Kriegsendphasenverbrechen. Fremdarbeiter und Kriegsgefangene im Visier der Gestapo, in: Land unter. Schleswig-Holstein und das Hakenkreuz, hg. von Gerhard Paul, Münster 2001, S. 283-300.
— »... zwinkerte man mit den Augen und schwieg.« Schweigekartell und Weißwäschersyndikat, oder: Wie aus NS-Tätern und ihren Gehilfen Nachbarn und Kollegen wurden, in: Lange Schatten. Ende der NS-Diktatur und frühe Nachkriegsjahre in Flensburg, hg. vom Stadtarchiv Flensburg, Flensburg 2000, S. 346-386.
— »Die Erschießungen haben mich innerlich gar nicht mehr berührt.« Die Kriegsendphaseverbrechen der Gestapo 1944/45, in: Die Gestapo im Zweiten Weltkrieg. »Heimatfront« und besetztes Europa, hg. von Gerhard Paul und Klaus-Michael Mallmann, Darmstadt 2000, S. 543-568.
Penrose, Antony (Hg.): Lee Miller. Krieg. Mit den Alliierten in Europa 1944-1945, Berlin 2015 (2. Auflage).
— (Hg.): Lee Miller's War. Beyond D-Day, London 2014.
Persson, Sune: Rettung im letzten Augenblick. Folke Bernadotte und die Befreiung Tausender KZ-Häftlinge durch die Aktion »Weiße Busse«, Berlin 2011.
Perz, Betrand: Wehrmacht und KZ-Bewachung, in: Mittelweg 36 4/5 (1992), S. 69-82.
Petri, Moritz: August Kolb, in: Die Konzentrationslager-SS 1936-1945: Arbeitsteilige Täterschaft im KZ Sachsenhausen, hg. von Günter Morsch unter Mitarbeit von Yvonne Dörschel, Berlin 2016 (Schriftenreihe der Stiftung Brandenburgische Gedenkstätten, Bd. 55), S. 287-289.
Petscherski, Aleksandr: Bericht über den Aufstand in Sobibor, hg. von Ingrid Damerow, Berlin 2018.
Petzold, Heinz: Cottbus zwischen Januar und Mai 1945, in: Brandenburg im Jahr 1945. Studien, hg. von Werner Stang, Potsdam 1995, S. 106-135.
Peukert, Detlef: Volksgenossen und Gemeinschaftsfremde. Anpassung, Ausmerzen und Aufbegehren unter dem Nationalsozialismus, Köln 1982.
Pfeiler, Jürgen: »Der Krieg war plötzlich da.« Alltag westlich der Oder, Spree und Dahme zwischen Neujahr und Himmelfahrt 1945, in: Brandenburg im Jahr 1945, hg. von Werner Stang, Potsdam 1995, S. 84-105.
Pflug, Hans: Deutsche Flüsse – Deutsche Lebensadern, Berlin 1939.
Pohl, Dieter: Die deutsche Militärbesatzung und die Eskalation der Gewalt in der Sowjetunion, in: Der deutsche Krieg im Osten 1941-1944. Facetten einer Grenzüberschreitung, hg. von Christian Hartmann, Johannes Hürter und Peter Lieb, München 2009, S. 73-94.
— Die Herrschaft der Wehrmacht. Deutsche Militärbesatzung und einheimische Bevölkerung in der Sowjetunion 1941-1944, München 2008.
— Verfolgung und Massenmord in der NS-Zeit 1933-1945, Darmstadt 2003.
— Von der »Judenpolitik« zum Judenmord, Frankfurt a. M. 1993 (Münchner Studien zur neueren und neuesten Geschichte, Bd. 3).
Pomp, Rainer: Bauern und Großgrundbesitzer auf ihrem Weg ins Dritte Reich. Der brandenburgische Landbund 1919-1933, Berlin 2011.
Popitz, Heinrich: Phänomene der Macht, Tübingen 1992 (2. Auflage).
Prenninger, Alexander: Das letzte Lager. Evakuierungstransporte und Todesmärsche in der Endphase des KZ-Komplexes Mauthausen, Wien 2022 (Mauthausen Studien, Schriftenreihe der KZ-Gedenkstätte Mauthausen, Bd. 16).
Pretzel, Andreas: NS-Opfer unter Vorbehalt. Homosexuelle Männer in Berlin nach 1945, Münster 2002.

Pytel, Hendrik: Ein Fellert zurück in Fürstenberg, in: Märkische Oder-Zeitung vom 27. 6. 2017.
Pyta, Wolfram: Vorbereitungen für den militärischen Ausnahmezustand unter Papen/Schleicher, in: Militärgeschichtliche Mitteilungen 51 (1992), S. 385-428.
Queiser, Daniel: Das Massaker in der Nacht vom 30. auf den 31. Januar 1945, in: Das Konzentrationslager und Zuchthaus Sonnenburg, hg. von Hans Coppi und Kamil Majchrzak, Berlin 2015, S. 49-61.
Rahne, Hermann: Mobilmachung. Militärische Mobilmachungsplanung und -technik in Preussen und im Deutschen Reich von Mitte des 19. Jahrhunderts bis zum Zweiten Weltkrieg, Berlin (Ost) 1983 (Militärhistorische Studien, Bd. 23).
Raim, Edith: Justiz zwischen Diktatur und Demokratie. Wiederaufbau und Ahndung von NS-Verbrechen in Westdeutschland 1945-1949, München 2013 (Quellen und Darstellungen zur Zeitgeschichte, Bd. 96).
Rass, Christoph: »Menschenmaterial«. Deutsche Soldaten an der Ostfront. Innenansichten einer Infanteriedivision 1939-1945, Paderborn 2003 (Krieg in der Geschichte, Bd. 17).
Rebentisch, Dieter/Teppe, Karl: Verwaltung contra Menschenführung im Staat Hitlers, Göttingen 1986.
Reckendes, Alfred: Das Leben im befreiten Lager, in: Befreiung Sachsenhausen 1945, hg. von Günter Morsch und Alfred Reckendrees, Berlin 1996 (Schriftenreihe der Stiftung Brandenburgische Gedenkstätten, Bd. 7), S. 100-110.
Reemtsma, Jan Philipp: Vertrauen und Gewalt. Versuch über eine besondere Konstellation der Moderne, Hamburg 2013 (Erstausgabe 2008).
Reemtsma, Jan Philipp/Jureit, Ulrike (Hg.): Verbrechen der Wehrmacht. Dimensionen des Vernichtungskrieges 1941-1944. Ausstellungskatalog, Hamburg 2002.
Reichardt, Sven: Faschistische Beteiligungsdiktaturen: Anmerkungen zu einer Debatte, in: Politische Gewalt in Deutschland: Ursprünge – Ausprägungen – Konsequenzen, hg. von José Brunner, Göttingen 2014, S. 133-160.
— Faschistische Kampfbünde. Gewalt und Gemeinschaft im italienischen Squadrismus und in der deutschen SA, Köln 2002 (Industrielle Welt, Bd. 63).
Reidegeld, Eckart: Staatliche Sozialpolitik in Deutschland. Bd. 2: Sozialpolitik in Demokratie und Diktatur 1919-1945, Wiesbaden 2006.
Riedel, Dirk: Halfing-Brüningsau, in: Benz, Ort des Terrors (Bd. 2), S. 340 f.
Riedle, Andrea: Die Angehörigen des Kommandanturstabs im KZ Sachsenhausen. Sozialstruktur, Dienstwege und Biografische Studien, Berlin 2011 (Schriftenreihe der Stiftung Brandenburgische Gedenkstätten, Bd. 31).
Riekenberg, Michael: Einführende Ansichten der Gewaltsoziologie Georges Batailles, in: Zur Gewaltsoziologie von Georges Bataille, hg. von Michael Riekenberg, Leipzig 2012, S. 9-34.
Rogall, Joachim (Hg.): Die Räumung des »Reichsgaus Wartheland« vom 16. bis 26. Januar 1945 im Spiegel amtlicher Berichte, Sigmaringen 1993.
Rohde, Horst: Hitlers erster »Blitzkrieg« und seine Auswirkungen auf Nordosteuropa, in: Das Deutsche Reich und der Zweite Weltkrieg, Bd. 2: Die Errichtung der Hegemonie auf dem europäischen Kontinent, hg. von Klaus A. Maier im Auftrag des Militärgeschichtlichen Forschungsamtes, Stuttgart 1979, S. 79-157.
Rohde, Norbert: Historische Militärobjekte der Region Oberhavel. Bd. 1: Das Heinkel-Flugzeugwerk Oranienburg, Velten 2010.
Römer, Felix: Kameraden. Die Wehrmacht von innen, Bonn 2012.
Rohrkamp, René: Die Rekrutierungspraxis der Waffen-SS in Frieden und Krieg, in: Die Waffen-SS. Neue Forschungen, hg. von Jan Erik Schulte, Peter Lieb und Bernd Wegner, Paderborn 2014 (Krieg in der Geschichte, Bd. 74), S. 42-60.

Roth, Karl Heinz: Zwangsarbeit im Siemens-Konzern (1938-1945). Fakten – Kontroversen – Probleme, in: Konzentrationslager und deutsche Wirtschaft 1939-1945, hg. von Hermann Kaienburg, Opladen 1996 (Sozialwissenschaftliche Studien, Bd. 34), S. 149-168.

Roth, Thomas: Von den »Antisozialen« zu den »Asozialen«. Ideologie und Struktur kriminalpolizeilicher »Verbrechensbekämpfung« im Nationalsozialismus, in: »minderwertig« und »asozial«. Stationen der Verfolgung gesellschaftlicher Außenseiter, hg. von Ingrid Tomkowiak, Dietmar Sedlaczek, Thomas Lutz und Ulrike Puvogel, Zürich 2005.

Ruchniewicz, Krzysztof: Die deutsch-polnischen Beziehungen 1918-1939, in: Die vergessene Grenze. Eine deutsch-polnische Spurensuche von Oberschlesien bis zur Ostsee, hg. von Dagmara Jajeśniak-Quast und Uwe Rada, Berlin 2018, S. 25-33.

Rousset, David: Das KZ-Universum, Berlin 2020 (franz. Erstausgabe 1946).

Rudorff, Andrea: Frauen in den Außenlagern des Konzentrationslagers Groß-Rosen, Berlin 2014 (Geschichte der Konzentrationslager 1933-1945, Bd. 15).

— Groß-Rosen, in: Der Ort des Terrors. Geschichte der nationalsozialistischen Konzentrationslager, Bd. 3: Sachsenhausen, Buchenwald: Geschichte der nationalsozialistischen Konzentrationslager, hg. von Wolfgang Benz und Barbara Distel, München 2005, S. 197-200.

— Das KZ Auschwitz 1942-1945 und die Zeit der Todesmärsche 1944/45, Berlin/Boston 2018 (Die Verfolgung und Ermordung der europäischen Juden durch das nationalsozialistische Deutschland 1933-1945, Bd. 16).

Rürup, Miriam: Wie aus Deutschen Juden wurden. Staatsangehörigkeit von Jüdinnen und Juden in den 1930er Jahren, in: Ausgewiesen! Berlin, 28. Oktober 1938 aus Berlin. Die Geschichte der »Polenaktion«, hg. von Alina Bothe und Gertrud Pickhan, Berlin 2018, S. 50-59.

Sander, Ulrich: Mörderisches Finale. Naziverbrechen bei Kriegsende, Köln 2008.

Sack, Robert David: Human Territoriality. A Theory, in: Annals of Association of American Geographers 73/1 (1983), S. 55-74.

Salewski, Michael/ Petter, Wolfgang/Güth, Rolf (Hg.): Handbuch zur deutschen Militärgeschichte 1648-1939, Bd. 4, Abschnitt VII, VIII: Wehrmacht und Nationalsozialismus 1933-1939, München 1979.

Schaarschmidt, Thomas: »In die Höhle des Löwen«. Das ambivalente Verhältnis der NS-Führung zur Millionenmetropole Berlin, in: Städte im Nationalsozialismus. Räume und soziale Ordnungen, hg. von Winfried Süß und Malte Thießen, Göttingen 2017 (Beiträge zur Geschichte des Nationalsozialismus, Bd. 33), S. 21-46.

Scheer, Regina: Machandel, München 2014.

Scheffczyk, Fabian: Der Provinzialverband der preußischen Provinz Brandenburg 1933-1945. Regionale Leistungs- und Lenkungsverwaltung im Nationalsozialismus, Tübingen 2008.

Schenk, Dieter: Hitlers Mann in Danzig. Gauleiter Forster und die Verbrechen in Danzig-Westpreußen, Bonn 2000.

Schivelbusch, Wolfgang: Rückzug. Geschichten eines Tabus, München 2019.

Schmiechen-Ackermann, Detlef: Großstädte und Nationalsozialismus 1930-1945, in: Nationalsozialismus in der Region. Beiträge zur regionalen und lokalen Erforschung und zum internationalen Vergleich, hg. von Walter Ziegler, Horst Möller und Andreas Wirsching, München 1996 (Schriftenreihe der Vierteljahrshefte für Zeitgeschichte, Sondernummer), S. 253-270.

Schmid, Hans-Dieter: Die Aktion »Arbeitsscheu Reich« 1938, in: Ausgegrenzt: »Asoziale« und »Kriminelle« im nationalsozialistischen Lagersystem, hg. von der KZ-Gedenkstätte Neuengamme, Bremen 2009 (Beiträge zur Geschichte der nationalsozialistischen Verfolgung in Norddeutschland, Bd. 11), S. 31-42.

Schmidt-Lux, Thomas: Vigilantismus als politische Gewalt. Eine Typologie, in: Behemoth 1 (2013), S. 98-117.

Schmincke, Imke: Körper, in: Doing Space while Doing Gender – Vernetzungen von Raum und Geschlecht in Forschung und Politik, hg. von Aenne Gottschalk, Susanne Kersten und Felix Krämer, Bielefeld 2018 (Dynamiken von Raum und Geschlecht, Bd. 4), S. 63-74.

Schmitz, Anna-Raphaela: Dienstpraxis und außerordentlicher Alltag eines KL-Kommandanten. Rudolf Höß in Auschwitz, Berlin 2022.

Schmitt, Carl: Der Begriff des Politischen, Berlin 2009 (Erstausgabe 1932).

Schnell, Felix: Ukraine 1918. Besatzer und Besetzte im Gewaltraum, in: Gewalträume. Soziale Ordnungen im Ausnahmezustand, hg. von Jörg Baberowski und Gabriele Metzler, Frankfurt a. M. 2012, S. 135-168.

Schneider, Gottfried: Die Kurmark – Grenzland im deutschen Osten, in: Das Buch der deutschen Gaue. Fünf Jahre nationalsozialistische Aufbauleistung, hg. von Otto Dietrich, Bayreuth 1938, S. 109-117.

Schramm, Percy Ernst (Hg.): Die Niederlage 1945. Aus dem Kriegstagebuch des Oberkommandos der Wehrmacht, München 1962.

Schüler-Springorum, Stefanie: Masseneinweisungen in Konzentrationslager. Aktion »Arbeitsscheu Reich«, Novemberpogrom, Aktion »Gewitter«, in: Der Ort des Terrors. Geschichte der nationalsozialistischen Konzentrationslager, Bd. 1: Die Organisation des Terrors: Geschichte der nationalsozialistischen Konzentrationslager, hg. von Wolfgang Benz und Barbara Distel, München 2005, S. 156-164.

Schulte, Jan Erik: Die Konzentrationslager 1939 bis 1941. Fortsetzung der Expansion und Verschlechterung der Existenzbedingungen der Gefangenen, in: Heinrich Himmlers Taschenkalender 1940. Kommentierte Edition, hg. von Markus Moors und Moritz Pfeiffer, Paderborn 2013 (Schriftenreihe des Kreismuseums Wewelsburg, Bd. 9), S. 141-154.

— London war informiert. KZ-Expansion und Judenverfolgung. Entschlüsselte KZ-Stärkemeldungen vom Januar 1942 bis zum Januar 1943 in den britischen National Archives in Kew, in: Hitlers Kommissare. Sondergewalten in der nationalsozialistischen Diktatur, hg. von Rüdiger Hachtmann und Winfried Süß, Göttingen 2006 (Beiträge zur Geschichte des Nationalsozialismus, Bd. 22), S. 207-225.

— Zwangsarbeit und Vernichtung. Das Wirtschaftsimperium der SS. Oswald Pohl und das SS-Wirtschaftsverwaltungshauptamt 1933-1945, Paderborn 2001.

— Rüstungsunternehmen oder Handwerksbetrieb? Das KZ-Häftlinge ausbeutende SS-Unternehmen »Deutsche Ausrüstungswerke GmbH«, in: Die nationalsozialistischen Konzentrationslager. Entwicklung und Struktur, Bd. 1, hg. von Ulrich Herbert, Karin Orth und Christoph Dieckmann, Göttingen 1998, S. 558-583.

Schultz-Naumann, Joachim: Mecklenburg 1945, München 1989.

Schulz, Andreas/Wegmann, Günter: Die Generale der Waffen-SS und der Polizei 1939-1945. Bd. 2: Hachtel – Kutschera, Bissendorf 2006.

Schumann, Wolfgang (Hg.): Deutschland im Zweiten Weltkrieg (Bd. 6). Die Zerschlagung des Hitlerfaschismus und die Befreiung des deutschen Volkes (Juni 1944 bis zum 8. Mai 1945), Berlin (Ost) 1988.

Schwartz, Johannes: »Weibliche Angelegenheiten.« Handlungsräume von KZ-Aufseherinnen in Ravensbrück und Neubrandenburg, Hamburg 2018 (Studien zur Gewaltgeschichte des 20. Jahrhunderts, Bd. X).

Schwarz, Gudrun: Frauen in Konzentrationslagern. Täterinnen und Zuschauerinnen, in: Die nationalsozialistischen Konzentrationslager. Entwicklung und Struktur, Bd. 1, hg. von Ulrich Herbert, Karin Orth und Christoph Dieckmann, Göttingen 1998, S. 800-821.

— Eine Frau an seiner Seite. Ehefrauen in der »SS-Sippengemeinschaft«, Hamburg 1997.

— Die nationalsozialistischen Lager, Frankfurt a. M. 1990.

Schwendemann, Heinrich: »Verbrannte Erde«? Hitlers »Nero-Befehl« vom 19. März 1945, in: Kriegsende in Deutschland, Hamburg 2005, S. 158-167.
— »Deutsche Menschen vor der Vernichtung durch den Bolschewismus zu retten«. Das Programm der Regierung Dönitz und der Beginn einer Legendenbildung, in: Kriegsende 1945 in Deutschland, hg. von Jörg Hillmann und John Zimmermann, München 2002, (Beiträge zur Militärgeschichte, Bd. 55/2002), S. 9-34.
Schwertfeger, Ruth: A Nazi camp near Danzig. Perspectives on shame and on the Holocaust from Stutthof, London 2022.
Sémelin, Jacques: Säubern und Vernichten. Die politische Dimension von Massakern und Völkermorden, Hamburg 2007.
— Elemente einer Grammatik des Massakers, in: Mittelweg 36 15/6 (2006), S. 18-40.
— Introduction. Violences extrêmes. Peut-on comprendre? in: Revue international des sciences sociales 147 (2002), S. 479-481.
Siemens, Daniel: Stormtroopers. A New History of Hitler's Brownshirts, New Haven 2017.
Simmel, Georg: Über räumliche Projektionen sozialer Formen, in: Georg Simmel. Aufsätze und Abhandlungen 1901-1908, Frankfurt a. M. 1995 (Erstausgabe 1903), S. 201-220.
Sode-Madsen, Hans: Dänische Polizisten und Grenzgendarmen im KZ Neuengamme – September 1944 bis Mai 1945, in: Skandinavien im Zweiten Weltkrieg und die Rettungsaktion Weiße Busse – Ereignisse und Erinnerung, hg. von Oliver von Wrochem im Auftrag der KZ-Gedenkstätte Neuengamme unter Mitarbeit von Lars Jockheck, Berlin 2012 (Neuengammer Kolloquien, Bd. 2), S. 63-70.
Sofsky, Wolfgang: Die Ordnung des Terrors. Das Konzentrationslager, Frankfurt a. M. 2008 (Erstausgabe 1997).
— Zeiten des Schreckens. Amok, Terror, Krieg, Frankfurt a. M. 2002.
Soja, Edward: Postmodern Geographies. The Reassertion of Space in Critical Social Theory, London 1989.
Sommer, Robert: Das KZ-Bordell. Sexuelle Zwangsarbeit in nationalsozialistischen Konzentrationslagern, Paderborn 2009.
— »Sonderbau« und Lagergesellschaft. Die Bedeutung von Bordellen in den KZ, in: Theresienstädter Studien und Dokumente 14 (2007), S. 288-339.
Spohr, Johannes: »Evakuierende« und »Evakuierte«. Die doppelte Rolle der ukrainischen Hilfspolizei im Kontext der Kriegswende 1943/44, in: Militärgeschichtliche Zeitschrift 81/1 (2022), S. 116-145.
Stargardt, Nicholas: Der Deutsche Krieg. Zwischen Angst, Zweifel und Durchhaltewillen. Wie die Menschen den Zweiten Weltkrieg erlebten 1939-1945, Frankfurt a. M. 2015.
Stein, Christian: Kontrollverlust und unumkehrbare Tatsachen: Die deutschen Rückzüge im Zweiten Weltkrieg, in: Militärgeschichtliche Zeitschrift 81/1 (2022), S. 91-115.
Stein, Luise: Grenzlandschicksale. Unternehmen evakuieren in Deutschland und Frankreich, 1939/40, Berlin 2018 (Schriftenreihe zur Zeitschrift für Unternehmensgeschichte, 31).
Steinbacher, Sybille: Die Geschichte des Konzentrations- und Vernichtungslagers Auschwitz-Birkenau 1940-1945, in: Der Frankfurter Auschwitz-Prozess (1963-1965). Kommentierte Quellenedition, Bd. 1, hg. von Raphael Gross und Werner Renz, Frankfurt a. M. 2013, S. 17-54.
— Die Stadt und ihr Konzentrationslager. Das Beispiel Dachau, in: »… mitten im deutschen Volke.« Buchenwald, Weimar und die nationalsozialistische Volksgemeinschaft, hg. von Volkhard Knigge, Göttingen 2008, S. 58-70.
— Auschwitz. Geschichte und Nachgeschichte, München 2007 (2. Auflage).
— »Musterstadt« Auschwitz. Germanisierungspolitik und Judenmord in Oberschlesien, München 2000.

Steiner, Jean-François: Treblinka. Die Revolte eines Vernichtungslagers, Berlin 1994.
Stich, Karl: Der Kessel von Halbe. Das letzte Drama, Berlin 1997.
Strähle, Volker: Gustav Wegner, in: Die Konzentrationslager-SS 1936-1945: Arbeitsteilige Täterschaft im KZ Sachsenhausen, hg. von Günter Morsch unter Mitarbeit von Yvonne Dörschel, Berlin 2016 (Schriftenreihe der Stiftung Brandenburgische Gedenkstätten, Bd. 55), S. 287-289.
Strände, Thorkel: Die »Aktion Weiße Busse«, in: Befreiung Sachsenhausen 1945, hg. von Günter Morsch und Alfred Reckendrees, Berlin 1996 (Schriftenreihe der Stiftung Brandenburgische Gedenkstätten, Bd. 7), S. 42-51.
Stránský, Pavel/Wiehn, Erhard R.: Als Boten der Opfer. Von Prag durch Theresienstadt, Auschwitz, Schwarzheide und zurück. Tschechisch-jüdische Schicksale 1939-1997, Konstanz 1997.
Straub, Jürgen (Hg.): Unverlierbare Zeit. Psychosoziale Spätfolgen des Nationalsozialismus bei Nachkommen von Opfern und Tätern, Tübingen 2001.
Strebel, Bernhard: Das KZ Ravensbrück. Geschichte eines Lagerkomplexes, Paderborn 2003.
Strehle, Markus: Der NS-Gau Thüringen als Evakuierungs- und Verlagerungsgau (1939-1945), in: Evakuierung im Europa der Weltkriege, hg. von Olivier Forcade, Fabian Lemmes, Johannes Großmann, Nicholas John Williams und Rainer Hudemann, Berlin 2014, S. 95-108.
Streit, Christian: Keine Kameraden. Die Wehrmacht und die sowjetischen Kriegsgefangenen 1941-1945, Bonn 1991.
Stone, Dan: The Liberation of the Camps. The End of the Holocaust and Its Aftermath, London 2015.
Strzelecki, Andrzej: Endphase des KL Auschwitz. Evakuierung, Liquidierung und Befreiung des Lagers, Oświęcim-Brzezinka 1995.
Stutz, Rüdiger: »Rassebollwerke« und »Rüstungsschmieden« des »Dritten Reiches«. Eine Skizze zur Typologisierung der NS-Gaue in den Vorkriegsjahren, in: Couragierte Wissenschaft. Eine Festschrift für Jürgen John zum 65. Geburtstag, hg. von Rüdiger Stutz, Monika Gibas und Justus H. Ulbricht, Jena 2007, S. 44-59.
Sudrow, Anne: Der Schuh im Nationalsozialismus. Eine Produktgeschichte im deutsch-britisch-amerikanischen Vergleich, Göttingen 2010.
Thalhofer, Elisabeth: Entgrenzung der Gewalt. Gestapo-Lager in der Endphase des Dritten Reiches, Paderborn 2020.
Tannenbaum, Jessica: Medizin im Konzentrationslager Flossenbürg 1938 bis 1945. Biografische Annäherungen an Täter, Opfer und Tatbestände, Frankfurt a. M. 2016.
Tessin, Georg: Verbände und Truppen der deutschen Wehrmacht und Waffen-SS im Zweiten Weltkrieg 1939-1945, Bd. 16: Standortverzeichnis. Gegliedert nach Wehrkreisen bzw. außerdeutschen besetzten Ländern, Teil 1: Wehrkreise I-VI, Osnabrück 1996.
— Verbände und Truppen der deutschen Wehrmacht und Waffen-SS im Zweiten Weltkrieg 1939-1945, Bd. 1: Waffengattungen – Gesamtübersicht, Osnabrück 1977.
The Merriam-Webster New Book of Word Histories, Springfield 1991.
Theweleit, Klaus: Das Lachen der Täter. Breivik u. a. Psychogramm der Tötungslust, Salzburg 2015.
— Männerphantasien, München 1995 (Erstausgabe 1977).
Tewes, Ludger: Die Panzergrenadierdivision »Grossdeutschland« im Feldzug gegen die Sowjetunion 1942 bis 1945, Essen 2020.
Thomas, Georg: Geschichte der deutschen Wehr- und Rüstungswirtschaft (1918-1943/45), Boppard a. Rh. 1966 (Schriftenreihe des Bundesarchivs, Bd. 14).
To, Lars (= Magnussen, Odd): Vi Venet – Wir warteten. »Nachrichtenbunker Fuchsbau«, Fürstenwalde 1996.
Toussaint, Jeanette: Nach Dienstschluss, in: Im Gefolge der SS. Aufseherinnen des Frauen-KZ

Ravensbrück. Ausstellungskatalog, hg. von Simone Erpel, Berlin 2007 (Schriftenreihe der Stiftung Brandenburgische Gedenkstätten, Bd. 17), S. 89-100.

Trouvé, Christel: Oranienburg (Klinkerwerk), in: Der Ort des Terrors. Geschichte der nationalsozialistischen Konzentrationslager, Bd. 3: Sachsenhausen, Buchenwald: Geschichte der nationalsozialistischen Konzentrationslager, hg. von Wolfgang Benz und Barbara Distel, München 2005, S. 248-254.

— Das Klinkerwerk Oranienburg (1938-1945), Dissertationsschrift, Technische Universität Berlin 2004.

Tuchel, Johannes: »… und ihrer aller wartete der Strick.« Das Zellengefängnis Lehrter Straße 3 nach dem 20. Juli 1944, Berlin 2014.

— Registrierung, Misshandlung und Exekution. Die »Politische Abteilung« in den Konzentrationslagern, in: Die Gestapo im Zweiten Weltkrieg. »Heimatfront« und besetztes Europa, hg. von Gerhard Paul und Klaus-Michael Mallmann, Darmstadt 2000, S. 127-140.

— Planung und Realität des Systems der Konzentrationslager, in: Die nationalsozialistischen Konzentrationslager. Entwicklung und Struktur, Bd. 1, hg. von Ulrich Herbert, Karin Orth und Christoph Dieckmann, Göttingen 1998, S. 43-59.

— Die Systematisierung der Gewalt – Vom KZ Oranienburg zum KZ Sachsenhausen, in: Konzentrationslager Oranienburg, hg. von Günter Morsch, Berlin 1994 (Schriftenreihe der Stiftung Brandenburgische Gedenkstätten, Bd. 3), S. 117-128.

— Konzentrationslager. Organisationsgeschichte und Funktion der »Inspektion der Konzentrationslager« 1934-1938, Boppard a. Rh. 1991 (Schriften des Bundesarchivs, Bd. 39).

— Die Todesurteile des Kammergerichts 1943 bis 1945. Eine Dokumentation, Berlin 2016.

Tversky, Amos/Kahneman, Daniel: Judgment under Uncertainty. Heuristics and Biases, in: Science 185 (1974), S. 1124-1131.

Twardochleb, Bogdan: In einem anderen Land. Nationale Minderheiten im deutsch-polnischen Grenzgebiet, in: Die vergessene Grenze. Eine deutsch-polnische Spurensuche von Oberschlesien bis zur Ostsee, hg. von Dagmara Jajeśniak-Quast und Uwe Rada, Berlin 2018, S. 98-107.

Tyrichter, Jean Conrad: Die Erhaltung der Sicherheit. Deutscher Bund, politische Kriminalität und transnationale Sicherheitsregime im Vormärz (Studien zur Policey, Kriminalitätsgeschichte und Konfliktregulierung), Frankfurt a. M. 2019.

Ueberschär, Gerd R.: Der militärische Umsturzplan »Walküre«, in: Widerstand gegen die nationalsozialistische Diktatur 1933-1945, hg. von Peter Steinbach und Johannes Tuchel, Bonn 2004 (Schriftenreihe der Bundeszentrale für politische Bildung, Bd. 438), S. 489-504.

Uhlmann, Walter: Antifaschistische Arbeit, in: Sterben um zu leben. Politische Gefangene im Zuchthaus Brandenburg-Görden 1933-1945, hg. von Walter Uhlmann, Köln 1983.

Umbreit, Hans: Deutsche Militärverwaltungen 1938/39. Die militärische Besetzung der Tschechoslowakei und Polens, Stuttgart 1977 (Beiträge zur Militär- und Kriegsgeschichte), S. 80-82.

United States Holocaust Memorial Museum (Hg.): Encyclopedia of Camps and Ghettos, 1933-1945, Vol. 1, Bloomington 2009.

Valdis, O. Lumans: Himmler's auxiliaries. The Volksdeutsche Mittelstelle and the German national minorities of Europe 1933-1945, Chapel Hill 1993.

van Ommen, Jan: Richtung Schweden 1945. Die Evakuierung von Frauen aus den Konzentrationslagern Ravensbrück und Neuengamme, Reinbek 2020.

Vogel, André/Klar, Uwe: Brennpunkt »Ostwall«. Die Kämpfe um die Festungsfront Oder-Warthe-Bogen im Winter 1945, Aachen 2015.

Volland, Viola: Die tränenlosen Augen, in: Kreiskalender Ostprignitz-Ruppin 2009, hg. von Peter Pusch und Ursula Kerfin-Pusch, S. 167-168.
von Clausewitz, Carl : Vom Kriege, Berlin 2010 (Erstausgabe 1832).
von Glasenapp, Gustav (Hg.): Neue Militärische Blätter. XXVIII. Land (Erstes Semester 1886), Potsdam 1886.
von Hentig, Hans: Die Besiegten. Zur Psychologie der Masse auf dem Rückzug, München 1966.
von Köckritz, Moritz: Die deutschen Oberlandesgerichtspräsidenten im Nationalsozialismus (1933-1945) Frankfurt a. M. 2011 (Rechtshistorische Reihe, Bd. 413).
von Trotha, Trutz: Die Zukunft von Gewalt, in: Kursbuch 147 (2002), S. 161-173.
— Zur Soziologie der Gewalt, in: Soziologie der Gewalt, hg. von Trutz von Trotha, Opladen 1997 (Kölner Zeitschrift für Soziologie und Sozialpsychologie, Sonderheft 37/2007), S. 9-57.
Wachtturm Bibel- und Traktat-Gesellschaft (Hg.): Lila Winkel – die »vergessenen Opfer« des NS-Regimes. Die Geschichte eines bemerkenswerten Widerstandes. Begleitheft zur Ausstellung, Selter/T. 1996.
Wachsmann, Nikolaus: KL. Die Geschichte der nationalsozialistischen Konzentrationslager, Berlin 2016 (Schriftenreihe der Bundeszentrale für politische Bildung, Bd. 1708).
Wachsmann, Nikolaus/Steinbacher, Sybille (Hg.): Die Linke im Visier. Zur Errichtung der Konzentrationslager 1933, Göttingen 2014 (Dachauer Symposien zur Zeitgeschichte, Bd. 14).
Wald, Eduard: »Opfer und Entbehrung waren nicht vergebens.« Die letzten Tage bis zur Befreiung, in: Sterben um zu leben. Politische Gefangene im Zuchthaus Brandenburg-Görden, hg. von Walter Uhlmann, Köln 1983, S. 241-253.
Wagner, Jens-Christian: Produktion des Todes. Das KZ Mittelbau-Dora, Göttingen 2001.
Wagner, Bernd C.: IG Auschwitz. Zwangsarbeit und Vernichtung von Häftlingen des Lagers Monowitz 1941-1945, München 2002 (Darstellungen und Quellen zur Geschichte von Auschwitz, Bd. 3).
Waever, Ole: Securitization and Desecuritization. International Security, in: Widening Security 3/2007, S. 66-99.
Wegner, Bernd: Hitlers Politische Soldaten. Die Waffen-SS 1933-1945. Leitbild, Struktur und Funktion einer nationalsozialistischen Elite, Paderborn 1999 (Erstausgabe 1982).
Weindling, Paul: Epidemics and Genocide in Eastern Europe 1890-1945, Oxford 2000.
Weigelt, Andreas: Judenmord im Reichsgebiet. Lieberose: Außenlager des KZ Sachsenhausen, Berlin 2011.
— Bad Saarow, in: Der Ort des Terrors. Geschichte der nationalsozialistischen Konzentrationslager, Bd. 3: Sachsenhausen, Buchenwald: Geschichte der nationalsozialistischen Konzentrationslager, hg. von Wolfgang Benz und Barbara Distel, München 2005, S. 73-77.
— Briesen/Falkenhagen, in: Der Ort des Terrors. Geschichte der nationalsozialistischen Konzentrationslager, Bd. 3: Sachsenhausen, Buchenwald: Geschichte der nationalsozialistischen Konzentrationslager, hg. von Wolfgang Benz und Barbara Distel, München 2005, S. 137-141.
— Kremmen, in: Benz, Der Ort des Terrors. Geschichte der nationalsozialistischen Konzentrationslager, Bd. 3: Sachsenhausen, Buchenwald: Geschichte der nationalsozialistischen Konzentrationslager, hg. von Wolfgang Benz und Barbara Distel, München 2005, S. 220-222.
— Königs Wusterhausen, in: Der Ort des Terrors. Geschichte der nationalsozialistischen Konzentrationslager, Bd. 3: Sachsenhausen, Buchenwald: Geschichte der nationalsozialistischen Konzentrationslager, hg. von Wolfgang Benz und Barbara Distel, München 2005, S. 214-218.
— Prettin (Lichtenburg), in: Der Ort des Terrors. Geschichte der nationalsozialistischen Konzentrationslager, Bd. 3: Sachsenhausen, Buchenwald: Geschichte der nationalsozialistischen Konzentrationslager, hg. von Wolfgang Benz und Barbara Distel, München 2005, S. 258-260.

— »Komm, geh mit! Wir gehn zum Judenschiessen ...« Massenmord bei der Auflösung des KZ-Aussenlagers Lieberose im Februar 1945: in: Dachauer Hefte. Studien und Dokumente zur Geschichte der nationalsozialistischer Konzentrationslager 20 (2004), S. 179-193.

— »Die Juden sollen zittern!« Zur Geschichte des jüdischen »Arbeitslagers Lieberose« 1943-1945 in Jamlitz, einem Außenlager des KZ-Sachsenhausen sowie zur gleichnamigen Wanderausstellung (1998), in: Gedenkstätten-Rundbrief 82 (1998), S. 14-20.

Weisbrod, Bernd: Die Dynamik der Gewalt und der Holocaust »vor Ort«, in: Werkstatt Geschichte 58 (2011), S. 87-97.

Weise, Niels: Eicke. Eine SS-Karriere zwischen Nervenklinik, KZ-System und Waffen-SS, Paderborn 2013.

Weiss, Yfaat: Deutsche und polnische Juden vor dem Holocaust. Jüdische Identität zwischen Staatsbürgerschaft und Ethnizität 1933-1940, München 2000.

Weissbecker, Manfred/Noack, Gerd: »Die Partei als Rückgrat der inneren Front«. Mobilmachungspläne der NSDAP für den Krieg (1937 bis 1939), in: Der Weg in den Krieg. Studien zur Geschichte der Vorkriegsjahre (1935/36 bis 1939), hg. von Dietrich Eichholtz und Kurt Pätzold, Berlin (Ost) 1989, S. 67-90.

Welzer, Harald: Täter. Wie aus ganz normalen Menschen Massenmörder werden, Frankfurt a. M. 2013 (Erstausgabe 2005).

Wenck, Alexandra-Eileen: Zwischen Menschenhandel und »Endlösung«: Das Konzentrationslager Bergen-Belsen, Paderborn 2000 (Sammlung Schöningh zur Geschichte und Gegenwart).

Wendt, Bernd Jürgen: Deutschland 1933-1945. Das »Dritte Reich«. Handbuch zur Geschichte, Hannover 1995.

Wenzel, Mario: Die Aufnahme von Flüchtlingen und Vertriebenen in Eberswalde, in: Eberswalder Jahrbuch 23 (2015), S. 136-145.

Werlen, Benno: Sozialgeographie alltäglicher Regionalisierungen, Bd. 2: Globalisierung, Region und Regionalisierung, Stuttgart 1997.

Werner, Oliver (Hrsg.): Mobilisierung im Nationalsozialismus. Institutionen und Regionen in der Kriegswirtschaft und der Verwaltung des »Dritten Reichs« 1936-1945, Paderborn 2013 (Nationalsozialistische »Volksgemeinschaft«. Studien zur Konstruktion, gesellschaftlichen Wirkungsmacht und Erinnerung, Bd. 3).

Wesel, Reinhard: Internationale Regime und Organisationen, Konstanz 2012.

Westermeier, Carola/Carl, Horst (Hg): Sicherheitsakteure. Epochenübergreifende Perspektiven zu Praxisformen und Versicherheitlichung, Baden-Baden 2018.

Wickert, Christl: Der Freiheit verpflichtet. Gedenkbuch der deutschen Sozialdemokratie im 20. Jahrhundert, Marburg 2000.

— Die Aufdeckung der Verbrechen durch die sowjetische Regierungskommission im Sommer 1945 und ihre Folgen, in: Befreiung Sachsenhausen 1945, hg. von Günter Morsch und Alfred Reckendrees, Berlin 1996 (Schriftenreihe der Stiftung Brandenburgische Gedenkstätten, Bd. 7), S. 120-127.

Wildt, Michael (Hg.): Nachrichtendienst, politische Elite, Mordeinheit. Der Sicherheitsdienst des Reichsführers SS, Hamburg 2016.

— Generation des Unbedingten. Das Führungskorps des Reichssicherheitshauptamtes, Hamburg 2015 (Erstausgabe 2002).

— Von Apparaten zu Akteuren. Zur Entwicklung der NS-Täterforschung, in: Bewachung und Ausführung. Alltag der Täter in nationalsozialistischen Lagern, hg. von Angelika Benz und Marija Vulesica, Berlin 2011, S. 11-22.

— Gewalt als Partizipation. Der Nationalsozialismus als Ermächtigungsregime, in: Staats-Ge-

walt. Ausnahmezustand und Sicherheitsregimes, hg. von Alf Lüdtke und Michael Wildt, Hamburg 2008 (Göttinger Gespräche zur Geschichtswissenschaft, Bd. 27), S. 215-240.
— Volksgemeinschaft als Selbstermächtigung. Gewalt gegen Juden in der deutschen Provinz 1919 bis 1939, Hamburg 2007.
Wildt, Michael/Kreutzmüller, Christoph (Hg.): Berlin 1933-1945. Stadt und Gesellschaft im Nationalsozialismus, München 2013.
Willems, Bastiaan: Violence in Defeat. The Wehrmacht on German Soil, 1944-1945, Cambridge 2021 (Cambridge Military Histories).
Winter, Martin Clemens: Entgrenzte Gewalt zwischen Räumung und Befreiung. Die Todesmärsche als Gesellschaftsverbrechen, in: Geschichte und Erinnerung der nationalsozialistischen Konzentrationslager, hg. von Axel Drecoll und Michael Wildt, Berlin 2024, S. 114-122.
— Gewalt und Erinnerung im ländlichen Raum. Die deutsche Bevölkerung und die Todesmärsche, Berlin 2018.
Wirth, Andrej: Raum – Region – Tirol. Die (De-)Konstruktion politischer Räume am Beispiel der Europaregion Tirol – Südtirol – Trentino, Frankfurt a. M. 2011.
Woinar, Klaus: Falkensee, in: Der Ort des Terrors. Geschichte der nationalsozialistischen Konzentrationslager, Bd. 3: Sachsenhausen, Buchenwald: Geschichte der nationalsozialistischen Konzentrationslager, hg. von Wolfgang Benz und Barbara Distel, München 2005, S. 170-173.
Zámečník, Stanislav: Kein Häftling darf lebend in die Hände des Feindes fallen. Zur Existenz des Himmler-Befehls vom 14.-18. April 1945, in: Dachauer Hefte. Studien und Dokumente zur Geschichte der nationalsozialischer Konzentrationslager 1/1 (1985), S. 219-231.
Zarusky, Jürgen: Die Erschießungen gefangener SS-Leute bei der Befreiung des KZ Dachau, in: Das Konzentrationslager Dachau. Geschichte und Wirkung nationalsozialistischer Repression, Berlin 2008, S. 103-124.
Zeidler, Manfred: Kriegsende im Osten. Die Rote Armee und die Besetzung Ostdeutschlands östlich von Oder und Neiße 1944/45, München 1996.
Zeiger, Antje: Die Todesmärsche, in: Befreiung Sachsenhausen 1945, hg. von Günter Morsch und Alfred Reckendrees, Berlin 1996 (Schriftenreihe der Stiftung Brandenburgische Gedenkstätten, Bd. 7), S. 64-72.
Ziegler, Walter: Gaue und Gauleiter im Dritten Reich, in: Nationalsozialismus in der Region. Beiträge zur regionalen und lokalen Erforschung und zum internationalen Vergleich, hg. von Walter Ziegler, Horst Möller und Andreas Wirsching, München 1996 (Schriftenreihe der Vierteljahrshefte für Zeitgeschichte, Sondernummer), S. 139-160.
Zwierlein, Cornel: Sicherheitsgeschichte. Ein neues Feld der Geschichtswissenschaften, in: Geschichte und Gesellschaft 3/38 (2012), S. 365-386.

Online-Publikationen

Gedenkstätte Neuengamme (Hg.): Polizisten, Zollbeamte und Reichsbahnangehörige im KZ-Wachdienst. Online unter: https://www.lernwerkstatt-neuengamme.de/medien/pdf/ss3_1_thm_1930.pdf (letzter Zugriff am: 21.9.2024).
Gerlach, Christian: Wie hörte sich die Vernichtung eines Dorfes an? Erinnerungen von Überlebenden, Vortrag in der Gedenkstätte Topographie des Terrors vom 6.5.2021. Online unter: https://www.youtube.com/watch?v=_r3_qKfO1sQ (letzter Zugriff am: 29.9.2024).

Gesetz zur Wiederherstellung des Berufsbeamtentums.vom 7. April 1933. Online unter: https://de.wikisource.org/wiki/Gesetz_zur_Wiederherstellung_des_Berufsbeamtentums#§_4 (letzter Zugriff am: 21.9.2024).

Gierke, Dana: Schicksale. Familie Kurt Fellert. Online in: juedischesvirtuellesfrankfurt.de (letzter Zugriff am 21.9.2024).

Kohlase, Fritz: Küstrins Untergang im Jahre 1945. Eine militärhistorische Zusammenfassung. Online unter: https://www.vfdgkuestrins.de/texts/kohlase/kunt1945.html (letzter Zugriff am: 21.9.2024).

Mengoni, Martina: The gray zone. Power and privilege in Primo Levi, 2012. Online unter: https://auschwitz.be/images/_inedits/mengoni.pdf (letzter Zugriff am: 21.9.2024).

Menora auf dem Scheiterhaufen. Pogromnacht 9./10. November 1938. In Krefeld wurden 18 Geschäfte zerstört und geplündert. Online unter: https://kultur-in-krefeld.de/kultur-index/pogromnacht/ (letzter Zugriff am: 21.9.2024).

Pohl, Dieter: Orden für Massenmord. Der Zweite Weltkrieg und der Holocaust haben vom Mythos des Eisernen Kreuzes wenig übriggelassen. Als Auszeichnung der Bundeswehr für Auslandseinsätze taugt es nicht, in: Die Zeit, Nr. 24/2008. Online unter: https://www.zeit.de/2008/24/Eisernes-Kreuz (letzter Zugriff am: 21.9.2024).

Pusch, Peter: Auch Neuruppin hatte ein KZ, in: Märkische Allgemeine Zeitung vom 15.5.2018. Online unter: https://www.maz-online.de/lokales/ostprignitz-ruppin/neuruppin/auch-neuruppin-hatte-ein-kz-RJTQYEUQ7S3EMRSNV5GSCZYXEU.html#:~: text= Auch%20 Neuruppin%20hatte%20ein%20KZ&text= Von%20Januar%201948 %20bis%20April%20 1949 %20war%20er%20Bürgermeister%20der%20Stadt%20Neuruppin.&text= Missliebige%20Kommunisten%20wie%20Erich%20Schulz, die%20Stadt%20geführt%20–%20 zur%20Abschreckung. (letzter Zugriff am: 21.9.2024).

Räumung des Häftlingslagers 1939/1940. Ausstellungstafel des Hauses der Bayrischen Geschichte. Online unter: https://www.hdbg.de/dachau/pdfs/07/07_03/07_03_01.pdf (letzter Zugriff am: 21.9.2024).

wollheim memorial. Online unter: http://www.wollheim-memorial.de/de/luftangriffe_auf_auschwitz (letzter Zugriff am: 21.9.2024).

Online-Archive

Bundesarchiv Bildarchiv

Fotografie eines berittenen Posten im Kriegsgefangenensammellager in Minsk von [Vorname unbekannt] Weidner am 5.7.1941, in: Bundesarchiv, Bildarchiv 146-1975-081-21. Online unter: https://www.bild.bundesarchiv.de/dba/de/search/? yearfrom=1941&yearto=1944&query= sowjetische+kriegsgefangene&page=4 (letzter Zugriff am 22.9.2024).

Datenbank der Hungarian Jewish Relief Organisation, National Committee for Attending Deportees (DEGOB)

Vier anonyme ungarisch-jüdische Frauen, Bericht vom 8.7.1945. Online unter: http://degob.org/index.php? showjk=296 (letzter Zugriff am: 21.9.2024).

Anonyme Budapester Ärztin, Bericht vom 20.7.1945. Online unter: http://degob.org/index.php? showjk_img_full=884 (letzter Zugriff am: 21.9.2024).

LITERATURVERZEICHNIS

Fritz Bauer Institut

Aussage Karl Gerber vom 11.1.1965, in: Unterlagen des Fritz Bauer Instituts zum Frankfurter Auschwitz-Prozess. Online unter: https://www.auschwitz-prozess.de/resources/transcripts/pdf/Gerber-Karl.pdf (letzter Zugriff am: 21.9.2024).

Russianinphoto.ru

Fotografien von Arkardij Schaichet vom April 1945, in: https://russiainphoto.ru/search/?query=аркадий%20шайхет%20концлагерь%20заксенхаузен (letzter Zugriff am 21.9.2024).

United States Holocaust Memorial Museum

Informationen zu Gyula Kohn. Online unter: https://www.ushmm.org/online/hsv/person_view.php?PersonId=5916293 (letzter Zugriff am: 21.9.2024).

University of Southern California – Shoah Foundation Institute Testimonies

Franciszek Federyga, Interview vom 7.6.1998. Online unter: https://collections.ushmm.org/search/catalog/vha48543 (letzter Zugriff am: 21.9.2024).

Wartime Memories Project – STALAG 3c POW Camp

Bericht des Sohns von Sgt. Gordon Pack, James Pack, der die Erlebnisse seines Vaters anhand von Gesprächen dokumentiert hat, o. O. o. D. Online unter: https://web.archive.org/web/20130821040651/http://www.wartimememories.co.uk/pow/stalag3c.html (letzter Zugriff am: 21.9.2024).
Bericht von William P. Hall: Escape From III-C, o. O. o. D. Online unter: https://web.archive.org/web/20081203021424/http://www.rb-29.net/HTML/52E(Speed)Homan/52.RelatedStories/52.RStory02.02.htm (letzter Zugriff am: 21.9.2024).
Bericht von Maurice J. A. Markworth: All Hell Can't Stop Us, o. O. 1968. Online unter: https://web.archive.org/web/20150605180828/http://www.coulthart.com/134/markworth.htm (letzter Zugriff am: 21.9.2024).
Bericht des ehemaligen Kriegsgefangenen Harold Marsch, o. O. o. D., in: POW Stories. Online unter: http://www.pegasusarchive.org/pow/harold_marsh.htm (letzter Zugriff am: 21.9.2024).

Weitere Online-Berichte

Helmut Kerl vom September 2002. Online unter: http://media.badische-zeitung.de/pdf/kriegsende/kehrl-helmut.pdf (letzter Zugriff am: 21.9.2024).
René Senenko: Datenblatt zum Todesmarsch Schwarzheide – Theresienstadt 1945. Online unter: http://niqolas.de/grenzlos/datenblatt.pdf (letzter Zugriff am: 24.9.2024).
Jakov Tsur: Osvětim-Schwarzheide-Pochod smrti. Online unter: http://www.ceskenarodnilisty.cz/clanky/jakov-tsur-osvetim-schwarzheide-pochod-smrti.html (letzter Zugriff am: 26.9.2022).

Gedruckte Zeitzeug:innenberichte und Memoiren

Andreas-Friedrich, Ruth: Der Schattenmann. Tagebuchaufzeichnungen 1938-1945, Berlin 1977 (2. Auflage).

Büge, Emil: 1470 KZ-Geheimnisse. Heimliche Aufzeichnungen aus der Politischen Abteilung des KZ Sachsenhausen Dezember 1939 bis April 1943, Berlin 2010 (ÜberLebenszeugnisse, Bd. 5).

Franz Malter, Frieda: Ich habe getan, was ich als Häftling tun konnte, in: Innere Bilder wird man nicht los. Die Frauen des KZ-Außenlager Daimler-Benz Genshagen, hg. von Helmut Bauer, Berlin 2011, S. 195-248.

Gelfand, Wladimir: Deutschland-Tagebuch 1945-1946. Aufzeichnungen eines Rotarmisten, hg. von Elke Scherstjanoi, Berlin 2008.

Ginter, Stanisława und Stanisława Ginter: Unsere große Freundschaft, in: Ich sah den Namen Bosch. Polnische Frauen als KZ-Häftlinge in der Dreilinden Maschinenbau GmbH, hg. von Ewa Czerwiakowski und Angela Martin, Berlin 2002, S. 173-184.

Gorączko, Alfreda: Die Strafe war lebenslänglich, in: Ich sah den Namen Bosch. Polnische Frauen als KZ-Häftlinge in der Dreilinden Maschinenbau GmbH, hg. von Ewa Czerwiakowski und Angela Martin, Berlin 2002, S. 149-153.

Höß, Rudolf: Kommandant in Auschwitz. Autobiografische Aufzeichnungen, hg. von Martin Broszat, München 1998 (Erstausgabe: 1958).

Heilbut, Peter: Meilensteine. Gestapohaft in Dresden, KZ-Sachsenhausen, Todesmarsch (1943-1945), Berlin 2012 (Reihe Überlebenszeugnisse, Bd. 6).

Janowska, Marianna: Heute denke ich, es war ein Traum, in: Muster des Erinnerns. Polnische Frauen als KZ-Häftlinge in einer Tarnfabrik von Bosch, hg. von Ewa Czerwiakowski, Berlin 2005, S. 95-97.

Kästner, Erich: Notabene 45. Ein Tagebuch, Zürich 2018 (2. Auflage).

— Das Blaue Buch. Geheimes Kriegstagebuch 1941-1945, hg. von Sven Hanuschek in Zusammenarbeit mit Ulrich von Bülow und Silke Becker, Zürich 2018.

Levi, Primo: Die Untergegangenen und die Geretteten, München 2015.

Lys, Gunther R.: Geheimes Leid – Geheimer Kampf. Ein Bericht über das Außenlager Lieberose des KZ Sachsenhausen, hg. von Andreas Weigelt, Berlin 2007.

Mirbach, Willy: »Damit du es später deinem Sohn einmal erzählen kannst ...« Der autobiographische Bericht eines Luftwaffensoldaten aus dem KZ Mittelbau, Geldern 1997.

Nansen, Odd: Fra dag til dag, Oslo 1947.

Naujoks, Martha (Hg.): Mein Leben im KZ Sachsenhausen 1936-1942. Erinnerungen des ehemaligen Lagerältesten Harry Naujoks, Berlin 1989.

Piéchota, Louis: Ich überlebte den »Todesmarsch«, in: Der Wachtturm verkündigt Jehovas Königreich, 1980, S. 5-10.

Janina Płuska: Als Geisel nach Deutschland, in: Muster des Erinnerns. Polnische Frauen als KZ-Häftlinge in einer Tarnfabrik von Bosch, hg. von Ewa Czerwiakowski, Berlin 2005, S. 78-79.

Schliwski, Kurt: Mein Leben. Autobiografischer Bericht unter Mitwirkung von Regina Scheer, Schwerin 2014.

Schwetschenko, Wladimir Fjodorowitsch: Erinnerungen, in: »Ich werde es nie vergessen.« Briefe sowjetischer Kriegsgefangener 2004-2006, hg. von »KONTAKTE-КОНТАКТЫ« e. V., Berlin 2007, S. 124-126.

Skov Kristensen, Henrik: Eine Station auf dem Weg in die Hölle: Harrislee-Bahnhof und die Deportation dänischer Gefangener aus Frøslev in deutsche Konzentrationslager, Aabenraa 2002.

Steinitz, Zwi Helmut: Vom Holocaust-Opfer zum Blumenexport-Pionier. Von Posen durch das

Krakauer Ghetto und deutsche KZs nach Israel zum Gemüseanbau im Kibbuz und zum israelischen Blumenexport 1927-2007, hg. von Erhard Roy Wiehn, Konstanz 2007.
Szepansky, Wolfgang: Dennoch ging ich diesen Weg, Berlin 1985.
von Dahlen, Hans: Todesmarsch 1945, Dortmund 1967 (Sachsenhausenheft, Bd. 4).
Wunderlich, Rudolf: Konzentrationslager Sachsenhausen bei Oranienburg 1939 bis 1944. Die Aufzeichnungen des KZ-Häftlings Rudolf Wunderlich, hg. von Joachim S. Hohmann, Frankfurt a. M. 1997.

Historische Druckschriften

Berliner Tageszeitung vom 8.9.1939
Reichsgesetzblatt (RGBl), I 1939; I 1945 I; I (4) 1945
Leipziger Neueste Nachrichten vom 26.8.1944

Quelleneditionen

Förster, Gerhard und Richard Lakowski (Hg.): 1945. Das Jahr der endgültigen Niederlage der faschistischen Wehrmacht. Dokumente, Berlin 1975.
Friedman, Tuviah: Die drei ältesten SS-Generale Himmlers. SS-Obergruppenführer August Heyssmayer [sic!], SS-Obergruppenführer Wilhelm Reinhard, SS-Obergruppenführer Udo von Woyrsch. Eine dokumentarische Sammlung, hg. vom Institute of Documentation in Israel for the Investigation of Nazi War Crimes, Haifa 1998.
Fröhlich, Elke (Hg.): Die Tagebücher von Joseph Goebbels, Diktate 1941-1945, Bd. 2/15: Januar-April 1945, München 1995.
Golovchansky, Anatoly/Osipov, Valentin/Prokopenko, Anatoly/Daniel, Ute (Hg.): »Ich will raus aus diesem Wahnsinn«. Deutsche Briefe von der Ostfront 1941-1945. Aus sowjetischen Archiven, Wuppertal 1991.
Gross, Raphael/Renz, Werner (Hg.): Der Frankfurter Auschwitz-Prozess (1963-1965). Kommentierte Quellenedition, Band 1, Frankfurt a. M. 2013.
Heiber, Beatrice und Helmut: Die Rückseite des Hakenkreuzes. Absonderliches aus den Akten des Dritten Reiches, München 1993.
Heiber, Helmut (Hg.): Reichsführer!.... Briefe an und von Himmler, Stuttgart 1968.
Heim, Susanne, Ulrich Herbert, Michael Hollmann, Horst Mäller, Dieter Pohl, Sybille Steinbacher, Simone Walther-von Jena und Andreas Wirsching (Hg.): Die Verfolgung und Ermordung der europäischen Juden durch das nationalsozialistische Deutschland 1933-1945, Bd. 16: Das KZ Auschwitz 1942-1945 und die Zeit der Todesmärsche 1944/45, bearbeitet von Andrea Rudorff, Berlin/Boston 2018.
Hubatsch, Walter (Hg.): Hitlers Weisungen für die Kriegführung 1939-1945. Dokumente des Oberkommandos der Wehrmacht, Frankfurt a. M. 1962.
International Military Tribunal: Der Prozeß gegen die Hauptkriegsverbrecher vor dem Internationalen Militärgerichtshof Nürnberg. 14. November 1945-1. Oktober 1946, 42 Bände, Nürnberg 1947-1949.
Internationales Komitee vom Roten Kreuz (Hg.): Die Tätigkeit des IKRK zugunsten der in

den deutschen Konzentrationslagern inhaftierten Zivilpersonen (1939-1945), Genf 1947 (3. Ausgabe).

Keller, Rolf und Silke Petry (Hg.): Sowjetische Kriegsgefangene im Arbeitseinsatz 1941-1945. Dokumente zu den Lebens- und Arbeitsbedingungen in Norddeutschland, Göttingen 2013 (Schriften der Stiftung Niedersächsische Gedenkstätten, Bd. 2).

Kirchner, Klaus: Flugblattpropaganda im 2. Weltkrieg. Europa, Bd. 7: Flugblätter aus England und den USA 1944/1945, Erlangen 1980.

Michaelis, Herbert (Hg.): Ursachen und Folgen. Vom deutschen Zusammenbruch 1918 und 1945 bis zur staatlichen Neuordnung Deutschlands in der Gegenwart; eine Urkunden- und Dokumentensammlung zur Zeitgeschichte, Bd. 21: Das Dritte Reich. Der Sturm auf die Festung Europa. Emigration und Widerstand, die Invasion der Anglo-Amerikaner, der 20. Juli 1944, der Zusammenbruch der Mittelfront im Osten, das polnische Problem, der totale Kriegseinsatz, Berlin 1975.

Moll, Martin: »Führer-Erlasse« 1939-1945: Edition sämtlicher überlieferter, nicht im Reichsgesetzblatt abgedruckter, von Hitler im Zweiten Weltkrieg schriftlich erteilter Direktiven aus den Bereichen Staat, Partei, Wirtschaft, Besatzungspolitik und Militärverwaltung, Stuttgart 1997.

Uhl, Matthias, Thomas Prischwitz und Martin Holler (Hg.): Die Ordnung des Terrors. Der Dienstkalender Heinrich Himmlers, München 2020.

Namensregister

Adam, Otto 108
Altenkirch, Ernst 299, 340, 342, 408
Appel, Hans 255, 392, 488

Bach-Zelewski, Erich von dem 179, 186, 188
Baer, Richard 162, 196
Ballhorn, Franz 241, 257, 269, 389
Baretzki, Stefan 203, 206
Bastian, Karl 344
Bassewitz-Behr, Georg-Henning Graf von 75-78, 80
Baumkötter, Heinz 108, 170, 195, 229, 246-248, 264f., 302, 304, 309, 319, 336, 388, 419-421
Bayer, Kurt 167, 209, 305, 381
Beinlich, Margarete 250
Benedek, Miklós 392
Berger, Josef 374-376, 379f., 412
Bernadotte Graf von Wisborg, Folke 282
Berndorff, Emil 281
Berzarin, Nikolaj Ėrastovič 134, 136
Best, Werner 280
Bialas, Kurt 207
Biehler, Ernst 178, 189
Bismarck, Otto von 23, 283
Bleser, Hermann 330
Blufarb, Mendel 394
Bock, Hellmut 349
Boers, E[...] 161f., 233, 236, 242, 270, 351f.
Böhm, Otto 106, 166f., 169, 241f., 248, 265, 419
Bommel, M[...] 398
Borbe, Gustav 341, 372
Bormann, Martin 83, 138, 154, 286
Bräuning, Fritz 207
Bray, Gérard 401, 416
Bülow, Edith 371
Bülow, Margarethe 371
Burger, Wilhelm 355
Burkhardt, Oskar 247, 312, 314, 319
Burstein, Alfred 221
Busse, Theodor 176, 178, 180

Caillé, Victor 366
Capesius, Viktor 432
Chataigne, Guy 269
Christiansen, M[...] 167
Cielszak, Krystyna 400
Clasen, Leo 241
Cocatrix, Albert de 383, 386
Cybulska, Janina 371

Dachan, Michael 413
Dagover, Lil 371, 372
Dahlen, Hans von 302, 347, 368
Dankworth, Walter 316, 355, 356
Dankermann, Edgar 209, 230, 233
Davidovic, Emil 269
Darré, Richard Walther 87
Däsidir, Läbi 162, 246
Dietrich, Sepp 213
Dietz, Bertram 318
Dirlewanger, Oskar 124, 188, 210, 211, 212, 286, 410
Dohm, Martin 188
Dönitz, Karl 131, 286, 288, 307f., 398
Dorembus, Benjamin 233
Drews, Ernst 315, 345, 347
Durant, Paul 332
Duwner, Adolf 116

Eccharius, Kurt 321
Eichmann, Adolf 218
Eicke, Theodor 72, 88, 90, 102, 111, 165
Eicker, Hugo 173, 268, 405, 409
Eisenhower, Dwight D. 78
Enderle, Lotte 180
Engemann, Walter 240, 350, 392
Epstein, Tadeusz Wolf 272f., 365
Erdmann, Kurt 104, 195, 317, 321f., 336, 356, 393f., 411
Erdös, Edmund 243
Erich, Dietlind 184, 404

Falkowski, Tadeusz 355
Francizek, Federyga 365
Fegelein, Hermann 48, 132
Fejer, Eva 325f.
Feller, Emil 370
Fellert, Emma 192
Fellert, Kurt 192
Fellert, Martin 192
Fellert, Siegfried 192
Fick, Alexander 219, 220
Fiodorow, Jerzy 216f., 271
Flekier, Itzchak 394
Flöter, Kurt 188
Forster, Albert 83-85
Förster, Ewald 372
Francois, Arthur 398
Franz Malter, Frieda 326, 393
Fresemann, Heinrich 316, 355f.

NAMENSREGISTER

Gaberle, Alois 247
Gajarek, Josef 367
Galambos, Janka 309, 324, 350, 351
Galonska, Richard 349, 365
Gärtner, Hans 241
Gebhardt, Karl 180
Geerink, Johannes 371
Geissler, [Vorname unbekannt] 270
Gelfand, Wladimir 136, 172, 174
Gelkop, Gerschon 226, 243
Ginter, Stanisława 271, 400
Glücks, Richard 88, 103, 153, 155, 159, 171, 194, 199, 251, 261, 282, 300 f., 303-305, 307 f., 355, 420
Gramsik, Hermann 264, 408
Grase, Martin 139, 182
Graske, [Vorname unbekannt] 345
Greiser, Arthur 82, 83, 186
Grevenrath, Andre 162, 241, 250, 270, 277, 341, 368
Grossman, Wassili 143
Guderian, Heinz 131, 132, 171, 180, 183
Gutrajch, Jakob 228, 243, 278
Goebbels, Magda 286
Goebbels, Joseph 33, 60, 63, 74, 138, 154, 176, 185, 187, 286, 292
Göring, Franz 281
Göring, Hermann 181
Gozell, Walter 341, 381, 409
Greiser, Arthur 82 f., 186
Grün, Sara 371

Hadamik, Ariane 414
Hardt, Walter 253
Harth, Adam 362, 395, 396, 397,
Hauser, Erwin 242
Heidrich, Heinz 247, 312, 348
Heimroth, Charlotte 269, 357
Heimroth, Georg 269, 327, 354, 357, 412
Hein, Hermann 247
Heinen, Reinhold 320
Heinrici, Gotthard 180, 287
Heinskill, Wilhelm 170
Heisterkamp, Ludwig 299
Heißmeyer, August 63, 78 f., 110, 137, 144, 147, 150, 152 f., 155 f., 158 f., 165, 172, 185, 193, 195, 205, 300, 308, 335
Hempel, Horst 157, 164, 166, 209, 241, 245, 250, 264 f.
Hesdörfer, Heinz 344, 360, 391
Heß, Rudolf 99
Heydrich, Reinhard 88, 100
Hildebrandt, Friedrich 81, 289
Himmler, Heinrich 26, 32, 45, 47, 63, 73-75, 77, 80, 85-88, 90 f., 119, 131-134, 137-139, 142, 147-150, 152 f., 156, 171, 175 f., 179 f., 183, 185 f., 188, 191, 195, 211, 213, 280-283, 290 f., 294, 297 f., 300 f., 304, 307 f., 354, 381 f., 420, 427 f., 432
Hitler, Adolf 21, 23, 26, 46 f., 59 f., 62, 77, 81, 83, 87 f., 110, 120, 123, 131, 133, 150, 171, 175-180, 182, 281, 285 f., 290 f., 306 f., 330, 405, 415, 432
Höhn, August 105, 156 f., 166 f., 168 f., 170, 195, 229, 248, 254, 264 f., 322, 336, 342, 362, 383, 397, 411, 419
Holzmann, Georg 315
Höß, Hedwig 305, 355
Höß, Rudolf 153 f., 156 f., 172, 194, 199, 234, 259, 261, 266, 282, 305 f., 307 f., 355, 381 f., 383, 420
Hößler, Franz 259
Hrycyk, Johann 242
Hugo, Helmut 188
Hübscher, Leonard 246
Huismann, Jelle 371

Ingster, Oljean 272 f., 398

Jacobs, Willi 414, 417, 421
Jaeger, Krafft Werner 124, 392, 410, 418 f.
Janzen, August 253 f., 264-266
Jeckeln, Friedrich 179, 186, 286
Jendrek, Paul 225
Jongeling, Pieter 301, 341, 343, 402, 406, 407, 417
Jude, Paul 105, 263
Jüngling, Karl 217
Just, Oswald 222

Kaindl, Anton 103 f., 148, 150-153, 155-158, 164, 166, 168-172, 194 f., 198, 229, 234, 251, 261-263, 265, 276, 300-303, 305 f., 309, 317-319, 322, 326, 335 f., 340, 343, 355, 357, 381 f., 384, 411, 419, 420, 421
Kaindl, Anna 103, 355
Kaltenbrunner, Ernst 88, 190, 249, 281 f.
Kamitz, Vinzenz 242, 251, 266, 409
Katzmann, Fritz 84
Kannenberg, Ernst 325
Kartin, Eugen 363, 407
Kästner, Erich 180, 188, 190
Keitel, Wilhelm 7, 26, 67, 70, 77, 138, 140, 147, 171, 182, 289, 297 f., 397, 405
Kersten, Felix 282
Kersten, Wilhelm 164, 220, 224-226, 243 f.
Kimmenstiel, Albert 162
Kis, [Vorname unbekannt] 238
Klaus, Jakob 247
Klein, Alfred 105, 253 f., 263-266, 356
Klein, Rosina 355 f.
Kleinheisterkamp, Matthias 178, 355
Kleu, Stefan 401

489

NAMENSREGISTER

Kniffke, Anton 204
Koch, Erich 83, 85
Köhlinger, Heinrich 220
Kohn, Gyula 234
Kolb, August 105, 107, 117, 151, 157, 195, 201, 240, 248, 265, 312, 315, 317, 322, 335 f., 342, 344, 387, 411
Kort, Richard 225
Komlosi, Eva 371
Komlosi, Marie 371
Körner, Michael 105, 157, 170, 195, 232, 250, 265, 276, 336, 342, 410 f., 419
Kramer, Josef 234
Kriesche, Otto 225, 227 f.
Krüger, Friedrich-Wilhelm 178 f., 186
Kube, Wilhelm 59
Kuncewiz, Georg 392
Kurtze, Georg 291
Kurz, Jakob 226, 278
Kutter, Rudi 139

Lai, Georg 187 f.
Lammerding, Heinz 132
Landolt, Heinrich 384, 389, 390, 402, 403
Lang, Franz 307
Lang, Hugo 113
Lauber, Jakob 239
Lauer, Hubert 107, 239, 312, 317 f., 336,
Lehner, Otto 382 f.
Lehmann, Gerhard 225
Leppin, Maria 373, 374, 376, 378
Leppin, Wilhelm 364, 375 f., 379 f.
Levin, Arthur 239
Liebchen, Paul 225
Liegel, Hans 207
Lolling, Enno 108, 172, 199, 282, 304 f., 355, 381
Lorenz, Werner 186
Lörner, Georg 305
Lucas, Franz Bernhard 206, 412
Ludewig, Kurt 167, 315, 347,
Lukewitsch, [Vorname unbekannt] 143
Lumnitzer, Martin 203
Lys, Gunther 221

Majer, Ignatz 344
Majer, Josef 345
Maldtor, Karl 268
Mamorosch, [Vorname unbekannt] 190
Maschke, Richard 209, 277
Matterer, Anna 369
Maurer, Gerhard 303, 305, 306, 308, 355, 379
Mayerhofer, Josef 108
Mazuw, Emil 317
Meitzel, Friedrich 191

Metzner, [Vorname unbekannt] 167
Meyer, Henry Clemens 272, 283
Michel, Henri 338, 366, 413
Miller, Lee 417
Mirbach, Willy 340 f., 345 f.
Moll, Otto 170, 202, 255-266
Montgomery, Bernard 289
Moser, Hans 303
Müller, Fritz 321
Müller, Heinrich 88, 104, 155-157, 294, 301, 382 f.
Müller, Kurt Albin 416
Mußfeldt, Erich 256
Mussolini, Benito 75
Musy, Jean-Marie 281
Mußmann, Theodor 315

Nansen, Odd 161, 230, 250, 254, 269
Nasarow, Wassily 392
Naujoks, Harry 105, 124, 163, 208, 277
Nelkowski, Walter 300
Neugebauer, Georg 225
Neumann, Robert 358
Neumann, Zoltan 278
Nickel, Richard 364
Nickel, Wilhelm 145
Niemann, Ernst 348
Nunike, [Vorname unbekannt] 253 f., 266

Oberg, Carl 55, 139, 142, 144, 147, 182, 412
Oest, Liselotte 310
Opitz, Max 251 f., 256, 271, 349

Pakuscher, Rolf 162, 245 f.
Paulussen, [Vorname unbekannt] 167
Peecks, Ernst 408
Peter, Wilhelm 221, 224 f.
Pfaff, Walter 209, 230
Pfister, Willy 314, 319, 340, 343, 381-387, 390
Pfriem, Georg 217
Phillipp, Walter 247, 314
Piłsudsky, Józef 392
Pischel, Rudolf 348
Plura, Franz 337
Pohl, Eleonore 354
Pohl, Oswald 88, 103, 152 f., 194, 198 f., 303-306, 354 f.
Preuss, Max 407 f., 416
Pristawik, Richard 221
Prützmann, Hans-Adolf 186, 292, 307, 355
Purš, Jaroslav 169, 191, 248, 269, 283

Quaiser, Waldemar 341

Raddatz, Franz 247
Rakers, Bernhard 202, 256, 260 f.

490

Rehn, Ludwig 106 f., 166, 195, 198, 229, 235, 237, 239 f., 262-265, 276, 300, 302, 312, 314, 317 f., 336, 387, 421,
Reichel, [Vorname unbekannt] 295
Reinefarth, Heinz 139, 144, 178 f., 187, 211
Reuland, [Vorname unbekannt] 168
Ribbentrop, Joachim von 282
Richter, Heinz 145
Riebe, Ernst 366
Riemer, Gertrud 356, 374
Ries, Karl 413
Röder, Heinrich 330
Röhm, Ernst 90
Rolén, Aage 221
Rose, [Vorname unbekannt] 239
Rosenberg, Nicholas 346, 417
Rosenkranz, Franz 392
Rotbaum-Ribo, Joseph 273, 326, 358, 393, 394, 395
Ru, Alfred 238

Salisch, Karl Otto von 188
Salpeter, Walter 304, 305
Sättler, Willy 393
Sauckel, Fritz 50
Sauer, Albert 105
Sauter, Emil 157, 167, 245, 247
Schach, Gerhard 154
Schaichet, Arkadij 352
Schatz, Hildegard 356
Scheil, Reinhold 166, 239
Schellenberg, Walter 281, 282, 382, 432
Schemel, Erich 225-228, 230, 354
Schlote, Karl 218
Schmidt, Abraham 228 f., 278
Schmidt, Fritz 110, 312, 315, 335, 411
Schneider, Willi Otto 333, 345, 412
Schiller, [Vorname unbekannt] 355
Schliwski, Kurt 408
Schlüter, Dorothea 403-405, 415
Schoberth, Johann 203
Scholz, Karl 246 f.
Schulz, Harald 193
Schulz, Walter 310
Schulz jr., Walter 193
Schünemann, Alfred 247
Schwede, Franz 83, 85
Seipel, Arno 221, 231
Sigl, Fritz 167, 210, 239
Simon, Herbert 224
Simon, Hermann 221, 224, 227-229
Simoni, Walter 272 f., 322
Šklíba, Jaroslav 34, 274, 400, 404

Skorzeny, Otto 75, 179, 188
Sokol, Franz 330
Sommer, Karl 303, 305 f., 314, 355
Speer, Albert 96, 301
Stalin, Josef 30, 136, 175
Starr, John Ashford Renshaw 209
Steinitz, Zwi Helmut 367
Stolten, Wilhelm 418
Stuschka, Franz 219
Strache, [Vorname unbekannt] 157
Strobel, Manfred 208
Stülpnagel, Joachim von 66
Stürtz, Emil 60, 63, 81, 132, 140, 143-145, 147, 154, 205, 293, 329, 367
Südmaier, Walter 392
Suhren, Fritz 384
Szepansky, Wolfgang 397

Teitelbaum, Margit 276
Theiß, Martin 367
Thiele, Johannes 75, 80
Tochtermann, Karl 415
Trauffler, René 269, 370
Tschiersky, Alfred 202, 312
Tsur, Jakov 332
Tuvel, Jenö 402

Ullrich, Paul 344

Vandaele, Julien 371
Vavrous, Karl 370
Vollmerhaus, Karl 321

Wegner, Paul 301
Wegner, Gustav 109, 410
Wehren, Willi 343, 356, 372-380, 412
Weidner, Kurt 246
Weiss, Arsene 196
Wessel, Elsa 104, 355
Wessel, Heinrich 103 f., 156 f., 164, 167, 169, 195, 262-264, 305 f., 335 f., 411
Wieber, [Vorname unbekannt] 360
Witt, Georg 371
Witt, Lilli 355
Wlassow, Andrej 179, 322
Wohler, Walther 84
Wolf, Johannes 241, 254
Wolff, Marie 368 f.
Wollheim, Norbert 162

Ziegler, Martha 369 f.
Zöller, Hans 225
Žukov, Georgij K. 130 f., 134, 174
Zwaart, Johannes 157

Ortsregister

Alt-Drewitz (Stalag) 100, 146, 147, 177, 389
Alt Ruppin 314, 316, 317, 371
Altengrabow 297, 323, 384
Auschwitz (Außenlager)
   Birkenau 203, 206, 228, 252, 255, 256, 259, 260, 266, 329,
   Buna 269, 418
   Gleiwitz 161, 162, 202, 203, 207, 246, 255, 256, 260, 261, 262, 269, 418
   Golleschau 202, 272
   Laurahütte 202
   Monowitz 202, 237, 418
Auschwitz (Konzentrationslager) 10, 74 f., 90, 107, 122, 125, 153, 159, 161-194, 196 f., 199-208, 211 f., 222, 232, 234, 237 f., 239, 245-247, 251 f., 255, 257, 259-262, 266, 272 f., 276, 278, 303, 323, 329, 349, 357, 367, 412, 424, 429, 432

Bad Doberan 292
Baryrssau 52 f.
Beeskow 217, 222
Belgorod 410
Below 315, 317-322, 335 f., 346, 356, 359-361, 363-365, 380, 384-397, 403, 413 f., 419 f., 426 f.
Belzec (Vernichtungslager) 112
Belzig 384
Bergen-Belsen (Konzentrationslager) 77, 100, 156, 163, 166, 198, 234-239, 278, 281
Berlin 8, 42, 56, 59 f., 62 f., 78 f., 84, 88, 93, 94, 98, 105, 110 f., 114, 130-136, 140, 143, 147 f., 162, 171 f., 174-177, 180-183, 185, 187, 190, 193, 198 f., 206, 213, 219 f., 239, 273, 280, 284-290, 292, 294-296, 301, 303 f., 310, 325, 328, 332 f., 354, 366, 373, 376, 382 f., 385, 401, 410-412, 414, 418, 421, 423, 429
Berlin-Brandenburg (Region) 8 f., 25, 30, 32, 39 f., 42, 58 f., 62 f., 78, 119, 122, 127, 129-131, 137, 147, 150, 154, 174, 176, 181, 183, 191 f., 197, 211, 231, 284, 290, 294, 298, 423 f.
Berlin-Grunewald 110
Berlin-Karlshorst 129
Berlin-Moabit 124
Berlin-Plötzensee 296
Berlin-Schmargendorf 62
Berlin-Schöneweide 324
Berlin-Spandau 63, 185, 224
Berlin-Wannsee 382
Berlin-Weißensee 391

Berlin-Zehlendorf 325
Bernburg 99
Blumenthal 389
Bobrujsk 53
Böhmisch Leipa 332
Born 306
Brandenburg-Görden 295 f., 323
Brandenburg-Kirchmöser 287
Brätz (Lager) 144 f., 160,
Bremen 75
Bromberg 188
Brottewitz 298
Bruel 414
Brüningsau 305, 355
Buchenwald (Konzentrationslager) 90, 145, 156 f., 159, 160 f., 195, 199, 203, 210, 214 f., 234-239, 261, 417
Budapest 234, 351, 371

Columbia-Haus (Konzentrationslager) 93
Compiègne 401
Crivitz 316, 368, 372, 397-400, 404, 408 f., 411, 416, 418,

Dachau (Konzentrationslager) 90 f., 102, 156, 165, 187, 195, 199, 203 f., 235-237, 249, 257, 266, 304-306, 354-356, 417
Danzig 31, 84 f., 118, 131, 163, 184, 188, 404
Danzig-Westpreußen (Gau) 83 f.,
Dęblin-Irena (Arbeitslager) 376
Dömitz 389
Domsühl 400
Dubrowki 53
Düsseldorf 376

Eberswalde 192, 292, 333
Essen 376
Esterwegen (Konzentrationslager) 69, 93
Eutin (CIC 6) 420

Falkenburg 175
Farge 77
Fichtenhain 376
Fehrbellin 323
Fehrbellin (Lager) 297
Flecken-Zechlin 364, 368-370, 392,
Flensburg 304 f., 307, 355, 419 f.
Flensburg-Mürwik 307
Flossenbürg (Konzentrationslager) 90, 234-237

ORTSREGISTER

Frankfurt (Oder) 32, 59, 62, 83, 98, 100, 133, 138, 141, 144 f., 161, 174, 176, 178, 182 f., 189, 191 f., 196, 203, 217, 220, 285
Frauenmark 400
Fretzdorf 314
Friedrichsruh 283
Finow 316
Frøslev (Lager) 281
Fürstenberg (Oder) 100, 191, 213, 216, 247

Ganzlin 400
Garwitz 400
Genthin 287
Gerin 246
Golzow 176
Grabow 388 f., 400 f.
Grevesmühlen 421
Griebo (Elblager) 146
Grini (Lager) 230
Groß Born-Rederitz 100
Groß Pankow 400
Groß-Rosen (Konzentrationslager) 10, 90, 94, 100, 117 f., 154, 160, 194, 199, 203, 261
Guben 188, 211
Gunzenhausen 20

Haida 332
Halbe 227, 285 f., 355
Halle 395
Hamburg 75, 77-80, 85, 153, 181, 221, 283, 301, 395, 421
Hammerstein 100
Hannover 395
Hartmannsdorf 291
Hässleholm 283
Hassleben 287
Herzberg 314, 374,
Herzogenbusch (Vught, Konzentrationslager) 10, 54, 90, 246
Herzsprung 314, 316, 364 f., 372 f., 375-381, 393, 412, 418, 426, 431,
Hohenlychen 180, 186, 282, 290

Jamlitz 151, 183, 188, 203, 212 f., 219 f., 222, 233, 258,
Jüterbog 285

Karlsbad 304
Kauen (Konzentrationslager) 54, 90
Ketschendorf 193
Ketzin 180
Kielce 365
Kienitz 134
Kietz 187
Klein Benecke 307

Kolditschewo 53
Königs Wusterhausen 222, 292
Königsberg (Neumark) 143, 188
Köpernitz 316, 356
Krakau 239
Krefeld 376
Kremmen 327
Krössinsee 148
Küstrin 133-136, 146, 174, 160-169, 183, 187, 189 f., 212, 218, 230, 284 f., 423
Kyritz 345

Landsberg (Lech) 262
Landsberg (Warthe) 172, 189, 351
Lebus 175
Lehnitz 250, 300, 353
Lehsen 356, 416
Leitmeritz 332, 397
Leningrad 22, 44
Lindow 316
Linum 297
Litzmannstadt (Getto) 122, 327
London 7, 33, 59,
Łódź 226, 228, 233
Loslau 161
Löwenberg 310, 312
Luckenwalde (Stalag) 146, 216, 297,
Ludwigslust 321, 345, 400, 412, 414, 418, 427
Lübeck 288, 290, 383-385, 388 f., 395 f., 405, 407, 415, 419 f., 427
Lublin 90, 112, 392
Lyon 55

Maly Trostinec 53
Majdanek (Konzentrationslager) 10, 54, 90, 107, 127, 252, 256 f.
Marnitz 316
Masyr 52
Mauthausen (Außenlager)
    Ebensee 217
Mauthausen (Konzentrationslager) 90, 112, 160, 162, 173, 200, 202, 204, 234-240, 245, 253, 256, 260 f., 278, 412
Mecklenburg 119, 284, 288, 305, 309, 317 f., 327, 391, 402, 406, 408, 418,
Meseritz 141, 143, 144
Miechów 272
Minsk 52 f., 101, 210
Mittelbau-Dora (Außenlager)
    Rottleberode 196, 299
Mittelbau-Dora (Konzentrationslager) 196, 234, 299
Molkenburg (bei Fürstenwalde) 183
Moskau 11, 35, 46, 110, 136

ORTSREGISTER

Mueß 398, 405, 407
Mühlberg 298
Müncheberg 177, 218
München 60
Münster 389

Natzweiler-Struthof (Konzentrationslager) 10, 54, 90
Nauen 288, 324, 329
Neubrandenburg 100, 404
Neuengamme (Konzentrationslager) 77, 80, 90, 94, 107, 115, 168, 199, 279, 283, 299, 419 f., 427
Neuhof 346
Neuruppin 290, 292, 307, 310, 312, 314, 336, 341, 345, 372, 379 f., 383, 408, 412
Neuruppin (frühes Lager) 379
Neustrelitz 290
New York 59
Niederbarnim 301
Niederlande 54, 90, 214, 246
Nordhausen 196
Nürnberg 71, 237, 421, 432

Oerbke 100
Oderberg 175
Oranienburg 8, 11, 30 f., 34, 38 f., 69, 86, 88, 90, 93-96, 100-105, 108-111, 114, 130, 148, 151-163, 171 f., 174, 181, 193 f., 196-206, 209, 213-224, 229, 231, 233 f., 237 f., 240, 242, 245 f., 248, 251, 253, 256, 258-262, 264, 270 f., 273 f., 276, 279, 282, 287 f., 299-317, 322-332, 336, 338-342, 350, 352-361, 365 f., 374, 377, 379-385, 389, 391 f., 409-412, 419, 423-425, 429
Oranienburg (frühes Lager) 379
Osarici 51
Oslo 395 f.
Ostwall 51, 61, 83, 132 f., 141

Paderborn-Staumühle (CIC 5) 420
Parchim 316, 321 f., 333, 346, 389 f., 393, 398, 400 f., 406 f. 414, 416 f., 427
Pecs 351
Pionki (Arbeitslager) 273, 326, 394
Plaszow (Konzentrationslager) 204
Plauerhagen 398
Plön 419 f.
Polen 25, 40, 44, 46, 55, 60, 71 f., 81, 83, 109, 112, 121, 124, 144 f., 163, 219, 226, 273, 327, 361, 375 f., 423
Poltawa 410
Posen 82, 85, 130 f., 133, 159,
Potsdam 59, 62, 98, 145, 148, 184, 197, 227, 285, 287, 293, 297, 299, 304, 372 f., 404
Prenzlau 133, 171, 287

Prerow 306
Prignitz 290, 301, 426
Pritzwalk 389
Priwitz 211
Putlitz 390

Rabenfeld 405
Rathenow 325
Ravensbrück (Außenlager)
  Barth 306
  Malchow 327
  Neustadt-Glewe 300, 309, 316, 321
Ravensbrück (Konzentrationslager) 90, 116-119, 121 f., 154, 159, 175, 199, 205 f., 210, 216, 238, 261, 274, 282, 300, 303, 305 f., 316, 322 f., 325-327, 335 f., 371, 382-384, 392, 395 f., 401, 403, 411 f.
Redlin 316
Reims 289
Rendsburg 306 f.
Rheinsberg 186, 316, 356, 367, 392 f.
Riga-Kaiserwald (Konzentrationslager) 53 f., 90,
Ronnes-Bronn 396
Rossow 374
Rostock 298, 306, 388

Sachsen-Anhalt 288
Sachsenhausen (Außenlager)
  Auer-Werke 181, 205, 332
  Bad Saarow 213, 217 f., 277
  Belzig 323
  Berlin-Dahlem 354
  Berlin-Haselhorst 115
  Berlin-Lichterfelde 94, 354
  Berlin-Köpenick 218, 323
  Berlin-Neukölln 117, 122, 322 f.
  Berlin-Oberschöneweide 301, 323, 327
  Berlin-Oberspree 323
  Berlin-Reinickendorf 323 f.
  Berlin-Schöneweide 324
  Berlin-Spandau 324
  Berlin-Wannsee 382
  Berlin-Weißensee 391
  Berlin-Zehlendorf 354
  Brandenburg (Havel) 94, 287, 324
  Briesen/Falkenhagen 159, 213-216
  Falkensee 221 f., 224, 243, 325
  Fürstenberg (Havel) 94, 288, 291 f.
  Genshagen 400, 322, 325 f.
  Genthin 326
  Glau 271
  Glöwen 273, 326-328
  Heinkel-Werke 96, 162, 181, 202, 215, 219, 234, 245-247, 250, 256, 258 f., 265, 299, 306, 309, 312, 314 f., 333, 338, 348

494

ORTSREGISTER

Hohenlychen 94
Kleinmachnow 94, 121, 271, 316, 322, 356
Klinkerwerk 94, 96, 229, 242, 272, 316, 355, 420
Kolpin 213, 217, 268
Königs Wusterhausen 327 f.
Kremmen 269, 327, 354, 357, 412
Küstrin 159, 213 f.
Lichtenburg (Prettin) 93 f., 328
Lieberose 151, 163-165, 183, 187, 212 f., 219-233, 242-245, 256, 258, 266 f., 273 f., 278 f., 325, 328 f. 354, 357, 424 f., 427
Lübben 160
Rathenow 328
Schönefeld 328 f.
Schwarzheide 181, 184, 309, 329-332, 397, 426
Spreenhagen 213, 217 f., 291
Storkow 213, 218
Strausberg 332 f.
Trebnitz 213, 218
Velten 333
Wulkow 151, 163, 165, 218 f.
Sachsenhausen (Konzentrationslager) 8-13, 17, 24-32, 34-39, 54, 64, 75, 85-127, 129 f., 137, 145, 147 f., 150-167, 170-172, 174, 177, 184, 190-225, 228, 230-241, 245-266, 269-274, 277-280, 283 f., 287 f., 291, 299-305, 308-310, 314 f., 318, 321-339, 343 f., 347, 349 f., 352, 354-357, 361, 364, 366-368, 371-384, 387-393, 396-403, 406-412, 415-421, 423-433
Sandbostel (CIC 2) 344, 412, 421
Sangerhausen 196
Schlackenwerth 304
Schwanow 371
Schwedt 176, 179, 188, 293
Schweiz 281
Schwerin (Kreis) 141, 143
Schwerin (Mecklenburg) 288 f., 310, 316, 318, 321, 327, 345 f., 356, 371, 376, 389, 397 f., 400-420, 427
Schwetig (Lager) 144 f., 160 f.
Schwiebus 144
Seelow 177, 179, 218, 284
Severin 400
Senftenberg 292
Siggelkow 400
Sighet 269
Småland 396
Sobibór (Vernichtungslager) 112, 200
Söchtenau 355
Sommerfeld 327, 374
Sonnenburg (Neumark) 31 f., 145, 160 f., 196 f., 295

Sonnenstein/Pirna 99
Sowjetunion 25, 40, 42-46, 48, 53, 55, 64, 83, 99, 101, 112, 130, 138, 145, 179, 244, 251, 280, 284, 297, 308, 377,
Spreewald 285
SS-Baubrigaden 97, 114-116, 124, 197, 201, 218, 275
Staakow 244, 267 ????
Stalingrad 22, 42, 46, 49
Stargard 100
Storkow 292
Straguth 146
Strausberg 291
Streganz 298
Stettin 131, 301
Stutthof (Außenlager)
  Bromberg-Brahnau 163, 204
  Bromberg-Ost 163, 204
Stutthof (Konzentrationslager) 10, 31, 53 f., 84 f., 90, 157-159, 163, 199, 203 f., 207, 301, 341, 412, 419
Suckow 316

Teichstatt 332
Teltow 216
Teschendorf 349
Theresienstadt (Konzentrationslager) 163, 218 f., 281, 309, 329 f., 332, 397, 426
Tirschtiegel 132, 142
Torgau 286, 288, 298
Trawniki 112
Treblinka (Vernichtungslager) 112, 200
Trelleborg 396
Treuenbrietzen 288, 298
Tschechoslowakei 361

Uckermark 175, 293

Vaivara (Konzentrationslager) 54
Versailles 58

Wagenitz 381, 383-385, 388, 390
Wansleben (Südharz) 305
Waren (Müritz) 290
Warnsdorf 330, 332
Warschau 47, 77, 130, 178 f., 188, 210, 247, 325, 377
Wartheland (Reichsgau) 82 f., 131, 141, 186,
Washington DC 11
Wernikow 316
Wernitz 296
Wietzendorf 100
Wismar 288, 396,
Wittenberg 333
Wittenberge 190, 192
Wittenburg 356

495

Wittstock 288, 290 f., 301 f., 305 f., 309-328, 335 f.
 338, 345, 356, 359, 362, 364, 372, 374, 382-387,
 401, 403, 411 f., 415, 418, 426 f.
Wjasma 137
Wöbbelin (Konzentrationslager) 316
Wola 188, 210
Wünsdorf 285

Zapel-Ausbau 372
Zerbst (Anhalt) 146
Zippelsförde 371, 393
Zootzen 290 f., 418
Zossen 42, 148, 285
Zühlsdorf 141
Züllichau-Schwiebus (Kreis) 140 f., 143